KB052316

－漢詩 810人選－

漢詩 作家·作品 事典 ㊤

衆山 田鶴洙 編著

(중산 전관수 편저)

국학자료원

머리말

　한시漢詩는 내용면에서 다양한 수사기교修辭技巧와 고사故事 등을 바탕으로 함축성含蓄性과 상징성象徵性을 특징으로 하고, 형식면에 있어서는 기승전결起承轉結·대구對句·압운押韻·평측平仄 등의 규칙에서 오는 형식미形式美가 갖추어 있어서 읽을수록 묘미妙味가 나는 운문문학韻文文學이다. 그러함에도 시대의 변천과 가치관의 변화에 따라 현대에는 그 값어치를 모르고 지나쳐버린다. 우리 조선祖先들은 수많은 한시를 창작하여 각종 문헌 자료에 남기고 있건만 널리 읽히지 못하고 몇몇 관심이 있는 분들만 한시에서 풍겨 나오는 은은한 향내를 맡을 뿐이다.

　한시 작가 작품 사전 -漢詩810人選한시810인선- 은 그 많은 작품 중 1,449 수를 소개하여 독자들의 관심을 환기하고자 엮었다. 빙산일각격氷山一角格이나마 우리나라 작자作者 683명과 중국 당唐 나라 작자를 중심으로 134명, 도합 817명을 두루 '가나다' 순으로 차례차례 숫자 번호를 붙여 수록했는데, 한 작자의 여러 작품도 제목을 보아 역시 '가나다' 순으로 번호를 붙여 배열하였다. 예를 들어 초당初唐의 시인 낙빈왕駱賓王은 52 번인데 그의 작품은 52-1에서 52-3까지 세 수가 수록된 것이다. 선정된 작자나 작품은 편저자 나름대로 뽑은 것이므로, 유명한 분이 누락되었을 수도 있고 수록한 작품이 그분의 대표작이라 할 수도 없다. 그러나 여러 자료에서 뽑은 시이므로 대표성에서 크게 어긋나지는 않으리라 생각된다. 빠뜨렸던 작자는 맨 뒤 補遺보유에서 추록하였다.

　이 책은 한시 감상을 위주로 했지만 작자의 행적이 작품과 관련이 깊으므로, 인물 사전 등을 참고하여 지은이를 비교적 자세히 소개했고, 모든 내용은 한자를 앞에 쓰고 그 음을 괄호 안에 조금 작은 활자로 달아 두어 읽기에 편하도록 했다. 다만, 참고로 제시한 한문이나 한시는 음을 달지 않고 풀이만 해 두었다.

　번역은 의역意譯보다 원시原詩에 충실하려 했고, 함축된 의미도 곁들여 풀이하여 이해를 도왔다. 처음에 원시를 제시하고 한글로 음을 달았으며 다음으로 그 작품을 우리

말로 풀이했다. 그 뒤 [語句어구] 난에서 그 작품에 나오는 주요 어구를 풀이했으며, 이어 [鑑賞감상] 난에서는 편저자 나름의 감상과 해설을 하였고 압운과 평측 배열 등 작품의 형식적 특징을 시마다 곁들였다. 가끔 다른 분의 해설과 감상을 참고하거나 인용하여 올바른 감상이 되도록 나름으로 애쓰기는 하였다. 5언절구五言絕句나 7언절구七言絕句는 전문全文을 실었으나 율시律詩, 배율排律, 장편시長篇詩는 일부분만 뽑아 수록한 경우도 있어 작품 전체의 감상에는 미흡한 점이 있다.

‘차례’에서 작자作者를 찾아볼 수 있겠고, 맨 뒤의 ‘詩題索引시제색인’에서는 시의 제목, 지은이 및 수록 페이지 등을 알 수 있게 해 두었다. 다른 작자나 작품을 참고해 보라고 제시한 → 뒤의 숫자는 페이지가 아니고 작자나 작품을 나타낸 것이다. 예를 들어 ‘→30.’은 30번째 작자인 ‘金富軾김부식’을 참고해 보라는 것이며, ‘→234-65’는 234번째 작자인 ‘李白이백’의 65번째 시 ‘黃鶴樓送孟浩然之廣陵황학루송맹호연지광릉’을 참고하라는 뜻인 것이다.

이 책은 2002년부터 5년 동안 조금씩 정리해 이루어진 것이다. 바라건대, 이 책을 통하여 한시에 관한 이해가 깊어지고 한시의 감상과 창작에까지 번져나가기를 기대해 본다.

어려움 속에서도 이 책을 출판해 주신 국학자료원 정구형 이사님과 편집실 여러분께 깊은 고마움을 표하고, 집안의 삼지남三指南이셨던 東皐동오, 東湖동호 종형님들과 伽山가산 사백형, 나를 아껴주시던 외재종형 蘂堂예당께서들 살아계셨더라면 이 책을 얼마나 대견하게 여기셨을까 혼자 감상感傷에 젖으며 이 글을 마친다.

2007년 丙戌 8월

衆山 田鸛洙

(중산 전관수)

차례

(한글 필기체는 중국 작자거나 중국 시임)

238.李象秀(이상수) 239.李尙信(이상신) 240.李商隱(이상은) 241.李商在(이상재) 242.李尙迪(이상적)

243.李穡(이색) 244.李溆(이서) 245.李書九(이서구) 246.李瑞雨(이서우) 247.李石亨(이석형)

248.李先齊(이선제) 249.李涉(이섭) 250.李晟(이성) 251.李誠中(이성중) 252.李世仁(이세인)

253.李昭漢(이소한) 254.李需(이수) 255.李睟光(이수광) 256.李塾(이숙) 257.李淑琪(이숙기)

258.李舜臣(이순신) 259.李崇仁(이숭인) 260.李承召(이승소) 261.李承休(이승휴) 262.李時楷(이시해)

263.李植(이식) 264.李紳(이신) 265.李深源(이심원) 266.李氏(이씨) 267.李安訥(이안눌)

268.李嵒(이암) 269.李彦迪(이언적) 270.李彦瑱(이언진) 271.李永瑞(이영서) 272.李巘(이오)

273.李瑢(이용) 274.李用休(이용휴) 275.李瑀(이우) 276.李原(이원) 277.李黿(이원)

278.李元翼(이원익) 279.李裕元(이유원) 280.李殷相(이은상) 281.李義健(이의건) 282.李宜顯(이의현)

283.李珥(이이) 284.李瀷(이익) 285.李益(이익) 286.李翊臣(이익신) 287.李仁老(이인로)

288.李仁復(이인복) 289.李資玄(이자현) 290.李藏用(이장용) 291.李縡(이재) 292.李適之(이적지)

293.李婷(이정) 294.李廷龜(이정구) 295.李鼎輔(이정보) 296.李禔(이제) 297.李齊賢(이제현)

298.李兆年(이조년) 299.李存吾(이존오) 300.李種元(이종원) 301.李佐薰(이좌훈) 302.李冑(이주)

303.李浚慶(이준경) 304.李俊民(이준민) 305.李知深(이지심) 306.李志完(이지완) 307.李之氐(이지저)

308.李智活(이지활) 309.李稷(이직) 310.李集(이집) 311.李昌符(이창부) 312.李詹(이첨)

313.李最中(이최중) 314.李春元(이춘원) 315.李賀(이하) 316.李昰應(이하응) 317.李夏鎭(이하진)

318.李學逵(이학규) 319.李恒老(이항로) 320.李恒福(이항복) 321.李海壽(이해수) 322.李荇(이행)

323.李行(이행) 324.李玄錫(이현석) 325.李玄逸(이현일) 326.李好閔(이호민) 327.李混(이혼)

328.李華(이화) 329.李滉(이황) 330.李後白(이후백) 331.李羲發(이희발) 332.李喜朝(이희조)

333.印份(인빈) 334.麟坪大君(인평대군) 335.一然(일연) 336.林慶業(임경업) 337.任奎(임규)

338.林樸(임박) 339.任堕(임방) 340.任叔英(임숙영) 341.林億齡(임억령) 342.任元濬(임원준)

343.林惟正(임유정) 344. 任有後(임유후) 345.林悌(임제) 346.林椿(임춘)

<ㅈ> ....

440.趙光祖(조광조) 441.趙龜錫(조구석) 442.趙國賓(조국빈) 443.趙斗淳(조두순)

444.趙明鼎(조명정) 445.趙文命(조문명) 446.曹文秀(조문수) 447.曹尙治(조상치)

448.曹庶(조서) 449.趙錫胤(조석윤) 450.朝鮮太祖(조선태조) 451.趙聖期(조성기)

452.趙成夏(조성하) 453.趙須(조수) 454.曹守誠(조수성) 455.趙承肅(조승숙) 456.曹植(조식)

457.曹植(조식) 458.曹伸(조신) 459.曹臣俊(조신준) 460.趙彦觀(조언관) 461.祖詠(조영)

462.趙永仁(조영인) 463.趙昱(조욱) 464.朝雲(조운) 465.趙云仡(조운흘) 466.曹偉(조위)

467.趙緯韓(조위한) 468.趙胤(조윤) 469.趙仁規(조인규) 470.趙仁璧(조인벽) 471.趙仁永(조인영)

472.趙任(조임) 473.趙載浩(조재호) 474.曹操(조조) 475.趙浚(조준) 476.趙持謙(조지겸)

477.趙冲(조충) 478.趙泰億(조태억) 479.趙泰采(조태채) 480.趙通(조통) 481.趙䃜(조하)

482.曹漢英(조한영) 483.趙憲(조헌) 484.趙顯命(조현명) 485.趙徽(조휘) 486.趙熙龍(조희룡)

487.趙希逸(조희일) 488.朱慶餘(주경여) 489.朱大畜(주대축) 490.朱灣(주만) 491.朱槃(주목)

492.朱世鵬(주세붕) 493.朱汝翼(주여익) 494.朱悅(주열) 495.朱義植(주의식) 496.朱椗(주정)

497.朱震楨(주진정) 498.朱熹(주희) 499.竹西朴氏(죽서박씨) 500.曾鞏(증공) 501.池天錫(지천석)

502.陳陶(진도) 503.秦韜玉(진도옥) 504.陳尙漸(진상점) 505.陳溫(진온) 506.陳宇(진우)

507.陳祐(진우) 508.陳義貴(진의귀) 509.秦益重(진익중) 510.陳子昂(진자앙) 511.眞宗(진종)

512.陳澕(진화)

<ㅊ> ....

513. 車雲輅(차운로) 514.車天輅(차천로) 515.昌壽(창수) 516.蔡錦紅(채금홍) 517.蔡聖龜(채성구)

518.蔡壽(채수) 519.蔡裕後(채유후) 520.蔡濟恭(채제공) 521.蔡之洪(채지홍) 522.蔡洪哲(채홍철)

523.處能(처능) 524.處黙(처묵) 525.草衣(초의) 526.崔慶昌(최경창) 527.崔匡裕(최광유)

528.崔國輔(최국보) 529.崔奇男(최기남) 530.崔南善(최남선) 531.崔讜(최당) 532.崔大立(최대립)

612.咸承慶(함승경) 613.涵虛堂(함허당) 614.項斯(항사) 615.許景胤(허경윤) 616.許誡(허계)
617.許珙(허공) 618.許蘭雪軒(허난설헌) 619.許穆(허목) 620.許伯(허백) 621.許篈(허봉)
622.許筬(허성) 623.許少由(허소유) 624.許邕(허옹) 625.許源(허원) 626.許蔣(허장)
627.許稠(허조) 628.許琮(허종) 629.許采(허채) 630.許琛(허침) 631.許佖(허필) 632.許澣(허한)
633.許渾(허혼) 634.玄錡(현기) 635.玄德升(현덕승) 636.玄鎰(현일) 637.玄楫(현즙)
638.邢君紹(형군소) 639.慧諶(혜심) 640.慧超(혜초) 641.混脩(혼수) 642.洪侃(홍간)
643.洪慶臣(홍경신) 644.洪貴達(홍귀달) 645.洪奎(홍규) 646.洪鸞祥(홍난상) 647.洪萬朝(홍만조)
648.洪萬宗(홍만종) 649.洪瑞鳳(홍서봉) 650.洪奭周(홍석주) 651.洪暹(홍섬) 652.洪世泰(홍세태)
653.洪愼猷(홍신유) 654.洪龠(홍약) 655.洪良浩(홍양호) 656.洪彦博(홍언박) 657.洪彦忠(홍언충)
658.洪宇遠(홍우원) 659.洪瑋(홍위) 660.洪葳(홍위) 661.洪履祥(홍이상) 662.洪翼漢(홍익한)
663.洪逸童(홍일동) 664.洪子藩(홍자번) 665.洪迪(홍적) 666.洪鍾應(홍종응) 667.洪柱世(홍주세)
668.洪柱元(홍주원) 669.洪處亮(홍처량) 670.洪春卿(홍춘경) 671.黃景源(황경원)
672.黃啓沃(황계옥) 673.黃瑾(황근) 674.皇甫冉(황보염) 675.黃石奇(황석기) 676.黃暹(황섬)
677.黃汝一(황여일) 678.黃汝獻(황여헌) 679.黃五(황오) 680.黃庭堅(황정견) 681.黃廷彧(황정욱)
682.黃眞伊(황진이) 683.黃徵(황징) 684.黃赫(황혁) 685.黃玹(황현) 686.黃鉉(황현)
687.黃衡(황형) 688.黃喜(황희)

補遺(**보유**) ....

<ㄱ>689.耿湋(경위) 690.高時彦(고시언) 691.高兆基(고조기) 692.歐陽修(구양수)
693.權溥(권부) 694.奇大升(기대승) 695.金坵(김구) 696.金九容(김구용) 697.金德齡(김덕령)
698.金得臣(김득신) 699.金萬重(김만중) 700.金方慶(김방경) 701.金尙憲(김상헌) 702.金聖鐸(김성탁) 703.金壽增(김수증) 704.金湜(김식) 705.金安國(김안국) 706.金堉(김유) 707.金應河(김응하) 708.金麟厚(김인후) 709.金馹孫(김일손) 710.金長生(김장생) 711.金載明(김재명) 712.金淨(김정) 713.金祖淳(김조순) 714. 金宗瑞(김종서) 715.金之岱(김지대) 716.金榗(김진)

1. 賈島(가도 Chia Tao 779~843) : 中唐(중당)의 詩人(시인). 字(자) 浪仙(낭선). 號(호) 碣石 山人(갈석산인). 僧侶名(승려명) 无本(무본). 河北省汜陽(하북성 범양) 사람. 출가하여 중이 되 고 뒤에 還俗(환속)하여 과거를 보았으나 급제 못 했으며 문서를 맡는 하급관리인 長 江主簿(장강주부)를 역임하여 賈長江이라 별칭했다. 시의 표현에 많은 고심을 하여 韓 愈(한유)에게서 詩才(시재)를 인정받았고 '推敲(추고 · 퇴고)' 일화를 남겼으며, 文集(문집)에 '長江集(장강집, 10권)'이 있다.

[推敲逸話 퇴고일화] 賈島赴擧至京 騎驢賦詩 得僧推月下門之句 欲改推作敲. 引手 作推敲之勢 未決. 不覺衝大尹韓愈. 乃具言 愈曰 敲字佳矣. 遂並轡論詩久之.(가도 가 과거 보려고 서울에 이르러, 나귀를 타고 시를 지으며 '중은 달 아래 문을 미네.' 란 구절을 얻은 바, 이 중의 '추(퇴)-밀다' 자를 '고-두드리다' 자로 고치려 하여, 손을 펴서 밀거나 두드리는 시늉을 해도 어느 글자가 좋은지 정하지 못했다. 이러다가 알 지 못하는 사이에 서울 市長格시장격인 한유의 행차와 부딪치고 말아, 부딪친 까닭을 자세히 말하니, 한유가 말하기를 '고 자가 좋겠다.' 하며 가도와 말고삐-말머리-를 나 란히 하여 가면서 오랜 시간 동안 시에 대하여 논했다.)<唐詩記事卷40 賈島>

1-1 渡桑乾(도상건) 상건 강물을 건너다

客舍幷州已十霜 歸心日夜憶咸陽 無端更渡桑乾水 却望幷州是故鄉.
　　(객사병주이십상 귀심일야억함양 무단갱도상건수 각망병주시고향)

　병주에서의 타향살이 10년 동안, 밤낮 없이 함양으로 돌아가리 생각뿐이었는데,

　이제 느닷없이 상건 강물을 건너, 되돌아 병주 땅을 보니 아아 거기가 바로 고향인 것을.

[語句] *桑乾 : 山西省(산서성) 북부에서 하북의 北京(북경)과 涿縣(탁현) 사이를 흐르는 강. 桑干河(상간하). 그 하류가 永定河(영정하)임. *客舍 : 객지의 숙소. 客館(객관). *幷 州 : 지금의 산서성 太原市(태원시). 당시에는 太原府(태원부)였음. *十霜 : 10년. 서 리가 내리는 계절을 열 번 맞이했다는 뜻임. *咸陽 : 당 나라 서울 장안 서북에 있는데, 현재의 陝西省(섬서성) 咸陽市(함양시). 秦(진)의 서울이었고, 여기서는 장안을 가리킴. *無端 : 무단히. 아무 까닭 없이. 뜻밖에. *却望 : 돌려 바라봄.

[鑑賞] 고향을 그리는 정을 읊었다. 고향은 떠날 수는 있지만 잊을 수 없는 곳이라 했 다. 병주 땅에서 10년을 살다가 상건수를 건너 북쪽 지방으로 가려니, 그래도 고향 장안에 더 가까운 병주가 고향같이 느껴진다. 늘 고향으로 가야 한다며 살 아왔는데 이제 고향 땅과는 더 먼 곳으로 왔으니 고향 생각이 더 간절하리라.

7言絶句(7언절구). 押韻(압운)은 霜, 陽, 鄕 자로 平聲(평성) '陽(양)' 平韻(평운)에 해당되며, 平仄(평측)은 차례로 '仄仄平平仄仄平, 平平仄仄仄平平, 平平仄仄平平仄, 仄仄平平仄仄平'으로 구성되어 규칙에 맞으니, 각 행의 제 2-4-6 자만을 따져 볼 때 첫 행부터 '仄-平-仄, 平-仄-平, 平-仄-平, 仄-平-仄'이 되는 것이 7언절구 仄起式(측기식, 첫 행 둘째 자가 仄聲측성인 시 형식)의 평측 또는 簾(염)의 규칙인 것이다(해당 자를 적으면 각각 '宿-州-十, 心-夜-咸, 端-渡-乾, 望-州-故'임). 簾은 '한시에서 음운의 높낮이를 맞추는 형식의 하나[가새염]'로 拈(념)으로도 쓴다.

1-2 三月晦日贈劉評事(삼월회일증유평사) 삼월 그믐에 유 평사에게 주다

三月正當三十日 風光別我苦吟身 共君今夜不須眠 未到曉鍾猶是春.
　　(삼월정당삼십일 풍광별아고음신 공군금야불수면 미도효종유시춘)

3월도 30일 바로 그 그믐에, 괴로이 시 지으려는 나를 두고 봄은 떠나는가.

그대와 함께 이 밤 자지 않으려 하나니, 새벽 종소리 들릴 때까지는 아직 봄 아닌가.

[語句] *晦日 : 그믐날. *評事 : 당 나라 太子三少(태자삼소)의 관직 이름. *正當 : 바로 해당됨. 바르고 옳음. *風光 : 경치. *苦吟 : 괴롭도록 여러 번 생각하며 애써서 시를 지음. *不須眠 : 잠잘 필요가 없음. 모름지기 잠자지 않음. *猶 : 오히려. 가히. 여전히. 아직도. 같다.

[鑑賞] 음력 3월은 봄이 다 가는 暮春(모춘)이다. 봄이 저무는 안타까움을 절실히 읊은 작품으로, 蘇軾(소식)도 '春宵一刻直千金(봄밤의 한 시각은 천금같은 값이라)'<春夜>이라 읊었다. → 119-6. 새벽이 되면 이미 여름이 되어버리니 어찌 잠을 잘 수 있는가, 새벽 종소리 들릴 때까지라도 잠자지 말자고 끝구에 그 심정이 잘 나타나 있다.

7言古詩 短篇(7언고시 단편). 압운은 身, 春 자로 평성 '眞(진)' 평운에 해당되며, 평측은 차례로 '平仄仄平平仄仄, 平平仄仄仄平平, 仄平平仄仄平平, 仄仄仄平平仄平'이라 절구의 규칙에 맞지 않고 셋째 구 끝에 平聲(평성) '眠[眞 운]'을 써서 7언절구에서 벗어났다.

1-3 尋隱者不遇(심은자불우) 은자를 찾아갔지만 만나지 못하다

松下問童子 言師採藥去 只在此山中 雲深不知處.
　　(송하문동자 언사채약거 지재차산중 운심부지처)

소나무 아래에서 동자에게 물으니, 스승은 약초를 캐러 가셨다 하네.

다만 이 산 속에 있으련마는, 구름이 짙어 어딘지 찾을 길 없구나.

[語句] *隱者 : 속세를 피하여 숨어 사는 사람[선비]. 隱士(은사). *童子 : 사내아이. 은자

를 모시고 사는 아이. *言 : ①말하다. ②接辭(접사)로 풀이하지 않을 수도 있음.

[鑑賞] 산속에 은거하는 사람 또는 스님을 찾아가니, 약초 캐러 갔다는 그분을 구름 깊어 찾을 길 없다. 속세를 벗어난 한적한 모습이 드러난다. 言師採藥去 구절 뒤 모두가 동자의 말이라 할 수도 있다.

5언고시 단편. 압운은 去, 處 자인데 去聲(거성) '御(어)' 운으로 仄韻(측운)이어서 고시에 속한다. 평측은 차례로 '平仄仄平仄, 平平仄仄仄, 仄仄仄平平, 平平仄平仄'으로 끝구는 二四不同(이사부동, 둘째 자와 넷째 자의 운이 달라야 함) 규칙에 맞지 않다.

1-4 自述(자술) 스스로 말하다

兩句三年得 一吟雙淚流 知音如不賞 歸臥故山秋.
　　　(양구삼년득 일음쌍루류 지음여불상 귀와고산추)

시 두 구절 3년만에 얻어, 한 번 읊으매 두 줄기 눈물 흐르네.
친구들 칭찬이야 하든 말든, 가을 고향에 돌아가 살리.

[語句] *知音 : 음악 곡조를 잘 아는 일. 옛 중국의 거문고 명수 伯牙(백아)가 타는 곡 조[峨洋曲아양곡]를 친구 鐘子期(종자기)가 잘 알아들은 일에서 온 말로, '마음 통하는 친한 벗 곧 知己(지기)'를 뜻함. *賞 : 상 주다. 칭찬하다. *臥 : 눕다. 숨어 살다. *故山 : 고향 산. 고향.

[鑑賞] 가도가 '獨行潭樹影 數息池邊身(홀로 가노라니 못에 그림자 짓고, 못가에서 몸 자주 쉬게 되는구나.)'의 두 싯귀를 짓는 데에 3년이 걸렸다는 故事(고사)와 관련되는 작품으로 시 짓기의 어려움과 고심을 읊고, 남이야 알아주든 말든 나로서는 만족이라는 심경이 담겼다.

5言絕句(5언절구). 압운은 流, 秋 자로 평성 '尤(우)' 평운에 해당되며, 평측은 차례로 '仄仄平平仄, 仄平平仄平, 平平平仄仄, 平仄仄平平'으로 규칙에 맞다.

2. 姜碩德(강석덕 1395~1459) : 조선 초기의 名臣(명신). 자 子明(자명). 호 玩易齋(완역재). 諡號(시호) 戴民(대민). 本貫(본관) 晉州(진주). 父(부) 維伯(유백). 子(자) 希顔, 希孟(희안, 희맹). 영의정 沈溫(심온)의 사위로 蔭仕(음사)로써 啓聖殿直(계성전직)이 되고 楊根郡守(양근군수)에 이어 세종 때 司憲府執義(사헌부 집의), 吏曹·刑曹參判(이조·형조참판), 開城留守(개성유수), 知敦寧府事(지돈녕부사)를 역임했고, 청렴결백하며 효성이 지극했다. 시와 글씨에 능하여 향을 피우며 단정히 앉아 시를 짓고 글을 썼다.

2-1 瀟湘八景圖有宋眞宗宸翰 煙寺暮鍾(소상팔경도유송진종신한 연사모종) 3首中 1, 2首
　　송 진종의 어필이 적힌 소상팔경 그림 이내에 싸인 절의 저녁 종 3수 중 두 수
　　茂陵宸翰照蒼旻 虎臥龍跳儘絶倫 自是當時聊遣興 那知睿奬異時新.<제1수>
　　　(무릉신한조창민 호와용도진절륜 자시당시료견흥 나지예장이시신)

　　한무제 같은 진종의 친필이 창공을 비추는데,
　　누운 범과 꿈틀거리는 용이 모두 뛰어나구나.
　　이 소상팔경도는 그 당시 송적(宋迪)이 흥에 겨워 그렸을 터인데,
　　뒷날에 임금님의 칭찬이 새로워졌음을 어찌 알았으리.

[語句] *瀟湘八景圖 : 중국 호남성의 瀟水(소수)와 湘江(상강)이 모이는 곳에 있는 8 곳
　　　의 아름다운 경치를 소상팔경이라 이르는데, 송 나라 송적이 이 소상 8경을 그
　　　렸음. 소상8경의 畫題(화제)는 평사낙안, 원포귀범, 산시청람, 강천모설, 동정추
　　　월, 소상야우, 연사만종, 어촌석조 등임. *眞宗 : 북송의 3대 황제(968~1022).
　　　이름 元侃(원간). 太宗(태종)의 셋째아들로 처음 襄王(양왕)에 봉해졌다가 태종의
　　　殁後(몰후)에 즉위, 25년간 재위했고, 유명한 '勸學文(권학문)' 시를 지었음. →
　　　511. *茂陵 : 漢(한) 나라 武帝(무제)의 陵號(능호). *宸翰 : 임금의 편지나 친필.
　　　*蒼旻 : 푸른 가을 하늘. *虎臥龍跳 : 범이 웅크리고 용이 박차고 날아오름.
　　　산세를 형용한 말임. *儘 : 다하다. '盡(진)'과 같음. *絶倫 : 아주 뛰어남. 絶等
　　　(절등). *遣興 : 즉흥을 따름. *睿奬 : 임금이 칭찬함. 睿는 '지혜롭다. 임금에
　　　관한 경칭'임. *異時 : 다른 때. 뒷날.

2-2 解衣盤礴問何人 意匠經營妙入神 試向晴窓時一展 怳然坐我洞庭濱.<제2수>
　　　(해의반박문하인 의장경영묘입신 시향청창시일전 황연좌아동정빈)

　　옷 벗어 양 다리 뻗고 앉은 저 사람 누구인가,
　　착상과 그림 배치가 묘하기 신의 경지에 들었네.
　　어떤지를 보려고 밝은 창앞에서 한 번씩 펴 보면,
　　놀랍게도 나를 동정호 가에 앉혀 주는구나.

[語句] *盤礴 : 키와 같은 모양으로 양 다리를 죽 뻗고 앉음. 걸터앉음. *意匠 : 그
　　　림이나 詩文(시문)을 지음에 있어 착상에 골몰함. *經營 : 그림을 구상하고 화면
　　　배치를 함. 入神 : 기술 같은 것이 오묘한 경지에 이름. *怳然 : 놀라 쳐다보
　　　는 모양. 마음이 팔리는 모양. *洞庭 : 중국 호남성에 있는 중국 최대의 호수.

동정호. 악양루와 瀟湘八景(소상팔경)이 부근에 있음.

[鑑賞] 소상8경 중 저녁 종소리가 울리는, 안개나 연기에 싸인 절의 풍경을 그린 그
림을 읊었다. 더구나 그 그림에는 진종의 친필 글씨가 씌어 있으니 더욱 값지
다. 셋째 수는 '푸른 연기는 아득히 높은 봉우리들을 감쌌는데, 소나무와 전나
무 아득한 숲속 길 구불구불하네. 절간은 어느 곳에 잠겼는지 궁금한데, 한 번
울리는 종소리 흰 구름 끝에 떨어지는구나.'라 읊었다.

7言絕句(7언절구) 2 수. 압운은 롯, 倫, 新과 人, 神, 濱 자인데 평성 '眞(진) 평운이며, 제2
수 둘째 연의 神 자는 去聲(거성) '眞(치) 측운으로 표기된 字典(자전)이 있으나 이는 잘못된 것
으로, 음운상으로도 '眞' 운이어야 한다. 평측은 차례로 '仄平平仄仄平平, 仄仄仄平仄仄平,
仄仄平平平仄仄, 仄平仄仄仄平平; 仄平平仄仄平平, 仄仄平平仄仄平, 仄仄平平平仄仄, 仄
平仄仄仄平平'이고, 제3수는 평운 '寒(한)'으로 압운했다.

2-3 秀庵卷子(수암권자) 수암 두루말이 글

點斷煙霞心自閑 茅茨高架碧屛顔 飢食倦睡無餘事 春鳥一聲花滿山.
(점단연하심자한 모자고가벽잔안 기식권수무여사 춘조일성화만산)

여기저기 흩어진 안개에 마음 한가로우니, 푸르고 험한 산에 초가 한 간 높이 얽었네.
배고프면 먹고 싫증나면 잠잘 뿐 할 일 없어, 봄이 오니 새 울고 산에는 꽃 가득하구나.

[語句] *秀庵 : 어느 사람의 아호인 듯함. *卷子 : 卷子本(권자본). 두루말이로 만들어
진 책자. 중국 당나라 때의 제본 양식이라 함. *點斷 : 점점이 끊어짐. 여기저
기 흩어짐. *煙霞 : 보얗게 피어오르는 안개. 고요한 산수의 경치. *茅茨 : 띠
풀로 이은 지붕. 초가집. *屛顔 : 산이 험준한 모양. 험악한 바위. *餘事 : 다
른 일. 여가에 하는 일.

[鑑賞] 한적한 곳에서 자연을 벗삼아 살아가는 隱士(은사) 또는 퇴직하고 落鄕(낙향)한
노경에 든 人士(인사)의 소박함이 드러난다. 우리 先人(선인)들은 누구나 이 시와
같은 생활을 동경했던 것이다. 인간도 자연의 한 부분이라 자연에 살다 자연으
로 돌아가게 마련 아닌가!

7言絕句(7언절구). 압운은 閑, 顔, 山' 자로 평성 '刪(산) 평운이다. 평측은 차례로 '仄仄平平平
仄平, 平平平仄仄平平, 平仄仄仄平平仄, 平仄仄平平仄平'인데, 3 행 '食' 자는 평성이 올 자
리인데 仄聲(측성)이라 二四不同二六對(이사부동이륙대, 二四不同二六同)의 규칙에 위배된다.

3. 姜瑋(강위 1820~1884) : 조선말 한문학자. 자 仲武(중무). 호 秋琴, 古懽子(추금, 고환

쟈). 본관 晉州(진주). 경기도 廣州(광주) 태생. 監役(감역)을 역임했고 滄江 金澤榮(창강 김택영 →49), 梅泉 黃玹(매천 황현 →685)과 함께 조선말 3 시인이라 불린다. 閔魯行(민노행)에게서 시를 배워 재질을 나타냈고 제주도에 유배된 秋史 金正喜(추사 김정희 →44)를 찾아가 많은 감화를 받았다. 강화도 조약에 참석한 뒤로 일본과 청국을 드나들며 뒤진 국운을 바로잡으려 애썼고 皇城新聞(황성신문) 발기에 참여했으며 국문 연구에도 힘썼다. 문집에 '古懽堂集(고환당집 3권)'이 있다.

3-1 壽春道中(수춘도중) 춘천 가는 길에

襪底江光綠浸天 昭陽芳草放筇眠 浮生不及長堤柳 過盡東風未脫綿.
(말저강광녹침천 소양방초방공면 부생불급장제류 과진동풍미탈면)

발 아래 강물빛 하늘 따라 푸르고, 소양강 강가 꽃다운 풀 대막대 몰라라 졸고 있네.
덧없는 인생 긴 둑의 버들만 못하여, 봄바람 불었는데도 아직 솜옷 벗지 못했구나.

[語句] *壽春 : 강원도 春川(춘천)의 별칭. *襪底 : 버선이나 양말 아래. 곧 발아래. *浸天 : 하늘에 스며듦. 하늘을 적심. *昭陽 : 소양강. 강원도 춘천 지방을 흐르는 강으로 북한강의 상류임. *放筇 : 대나무 지팡이를 거리끼지 않음. *浮生 : 덧없는 인생. *綿 : 솜. '棉衣(면의, 겨울의 솜옷)'의 뜻으로 쓴 말임.

[鑑賞] 옛 시인들은 춘천 가는 길의 소양강에 대하여 많이 읊었다. 그만큼 그 길은 경치가 빼어났었다 할 수 있으니, 지금도 경춘가도는 경치 좋기로 이름나지 않았는가. 버들개지는 봄을 맞아 파릇하게 물들었는데 나는 아직 겨울옷을 벗지 못했으니 이 얼마나 계절감이 느린가? 지은이의 '渡漢江(도한강)'이란 시도 시상이 같으니, '杜宇聲中又一年 斜陽芳草放筇眠 人生不及長堤柳 過盡東風未脫綿(두견새 울음 속에 또 한 해 지나니, 석양의 꽃다운 풀들 대막대 몰라라 조는구나. 인생이 긴 둑의 버들에 미치지 못함인가, 동풍 불어 봄임에도 나는 겨울 옷 못 벗었네.)'<文璇奎 韓國漢文學史>이라 읊었는데, 같은 작품을 제목만 달리한 듯하다.

7언절구. 압운은 天, 眠, 綿 자인데 평성 '先(선)' 평운이다. 평측은 차례로 '仄仄平平仄平平, 平平平仄平平平, 平平仄仄平平仄, 仄仄平平仄仄平'으로 규칙에 어긋나지는 않으나, 2행은 측성이 한 글자뿐이라서 아쉬우며 이런 경우를 피하는 것이 통례이다.

4. 姜淮伯(강회백 1357~1402) : 고려말의 명신. 자 伯父(백보). 호 通亭(통정). 본관 晉州(진주). 父著(시). 陽村 權近(양촌 권근)의 문하에서 성리학을 전공하고 禑王(우왕) 때 문과에 급제, 공양왕 때 密直司事, 大司憲(밀직사사, 대사헌)이 되었다. 이성계파인 趙浚(조준),鄭道傳(정도전) 등과

반목하다가 조선이 건국되자 晉陽(진양)으로 귀양갔고, 뒤에 東北面巡閱使(동북면순열사)를 지냈다. 인품이 총명하고 義憤(의분)에 격하기를 잘했다고 한다. 문집에 '通亭集(통정집)'이 있다.

4-1 寄證明師(기증명사) 증명 스님에게 주다

人情蟬翼隨時變 世事牛毛逐日新 想得吾師禪榻上 坐看東海碧潾潾.

(인정선익수시변 세사우모축일신 상득오사선탑상 좌간동해벽린린)

인정은 매미 날개처럼 얇아 수시로 변하고, 세상일 쇠털같이 많아 날로 새로워지네.
우리 스님이 선탑에 앉아서 본다면, 동해의 푸른 물도 환히 비치리라 생각되네.

[語句] *證明 : 어느 스님의 법명인 듯함. *蟬翼 : 매미의 날개. *日新 : 결점을 고쳐 날로 새롭게 됨.<大學> *禪榻 : 참선할 때 올라앉는 平床(평상). *潾潾 : 물이 맑아 바닥의 돌이 보이는 모양. 달빛이 맑고 밝은 모양.

[鑑賞] 세상사가 날로 새로운 일들만 생겨나니, 사람이 미처 대처하지 못해 인정이 얇을 수밖에 없다. 부처님같이 세상일을 꿰뚫어 보는 慧眼(혜안)을 가진 스님이야 이 모든 일을 훤히 알 수 있으리라. 제1, 2구는 對句(대구)를 이루었으니, '人情 : 世事, 蟬翼 : 牛毛, 隨時變 : 逐日新'이 각각 좋은 짝이 되었다.

7言絶句(7언절구). 압운은 新, 潾 자인데 평성 '眞(진)' 평운이다. 제1행 끝에도 압운함이 일반적이지만 압운하지 않아도 큰 흠은 되지 않는다. 평측은 차례로 '平平平仄平平仄, 仄仄平平仄仄平, 仄仄平平平仄仄, 仄平平仄仄平平'이다.

5. 姜希孟(강희맹 1424~1483) : 조선 초기의 명신. 자 景醇(경순). 호 私淑齋, 萬松岡(사숙재, 만송강). 시호 文良(문량). 본관 晉州(진주). 父 碩德(석덕 →2). 兄 希顔(희안 →6). 세종 29년(1447) 문과에 장원급제하고 세조 때 刑曹判書(형조판서), 예종 때 南怡(남이 →729) 장군을 죽인 공으로 翊戴功臣(익대공신)이 되고 晉山君(진산군)에 봉해졌다. 성종 때 佐理功臣(좌리공신)이 되었으며 吏曹判書, 左贊成(이조판서, 좌찬성)을 역임했다. 經史(경사)에 밝고 문장과 글씨에 뛰어났으며 '私淑齋集(사숙재집)'이 있다.

5-1 農謳-雨暘若(농구-우양약) 농사 노래-비와 햇볕이 따르다

聖君建皇極 玄德潛通 雨暘時旣若 雨暘極備 無一切傷我穡
塊不破枝不揚 絪縕調玉燭 吁老農豈知蒙帝力 熙熙但耕鑿.

(성군건황극 현덕잠통 우양시기약 우양극비 무일체아상색

괴불파지불양 인온조옥촉 우노농기지몽제력 희희단경착)

어진 임금님이 바른 법을 세워, 깊은 덕을 몰래 통하게 했으니, 비와 햇볕이 철따라 따르고,

비 오고 날 갬이 지극히 갖추어지면, 우리 농사를 해치는 일이 일체 없으리.

흙덩이 부서지지 않고 나뭇가지 흔들리지 않을 만큼 비 오고 바람 불어,

천지의 기운이 고르고 태평하게 되면, 아아 늙은 농부들이야 어찌 임금의 힘입은 줄 알랴,

오직 화락하게 밭 갈고 우물 파는 일만 하리.

[語句] *雨暘若 : 서경 周書 洪範(주서 홍범)에 '時雨若 時暘若'이라 있는데, '철에 맞게 비가 순조로이 따르고, 때에 맞게 햇볕이 순조롭게 따름'을 뜻함. 若은 '순하다'임. *皇極 : 임금이 세운 만민의 準則(준칙). 치우침이 없는 中正(중정)의 道(도).<書經 周書洪範> *玄德 : 깊고도 원대한 덕. 천지의 현묘한 도리. *塊不破枝不揚 : 論衡(논형)에 '太平之世 五日一風 十日一雨 風不鳴枝 雨不破塊(태평한 시대에는 5일에 한 번 바람 불고 10일에 한 차례 비가 오는데, 바람은 나뭇가지를 울리지 않게 솔솔 불고, 비는 흙덩이를 부수지 못할 정도로 조용히 내린다.' 했으니 기후가 순조로움을 뜻함. *絪縕 : 하늘과 땅의 기운이 서로 잘 어울림. 화창한 봄. *玉燭 : 사철 기후가 고르고 천하가 태평함. 四時和謂之玉燭(사철이 화평함을 옥촉이라 한다.)<爾雅 釋天> *吁 : 탄식함. 아아. *熙熙 : 화락한 모양. 아주 넓은 모양. *耕鑿 : 耕田鑿井(경전착정)을 줄인 말로 '밭 갈고 우물을 팜. 백성이 생업을 즐겨 평화로이 살아감.'을 뜻함. 아래의 '鑑賞' 참조.

[鑑賞] 지은이가 지은 농구 14 수의 하나로, 임금이 올바르게 정치를 하고 기후가 고르면 풍년이 들 것이고 백성들은 擊壤歌(격양가)를 부르리라 읊었다. 중국 堯(요) 임금 시절의 모습을 읊었다는 작자미상의 격양가인 '日出而作 日入而食 鑿井而飮 耕田而食 帝力於我何有哉(해 뜨면 일하고 해 지면 쉬네. 우물 파 물 마시고 밭 갈아 밥 먹으니 임금님의 힘 어찌 내게 미친다 하리.)'가 연상된다.

雜言古詩(잡언고시, 雜體詩 잡체시). 이런 시는 한 수 속에 3言(언)에서 8언까지의 구가 혼용되어 있다. 압운은 뚜렷하지 않으나, 2, 6행만 제하고는 모두 측운으로 끝맺었지만 같은 운자는 極, 稙, 力이 입성 '職(직)' 운이고, 若, 鑿이 입성 '藥(약)' 운이며 燭은 입성 '沃(옥)' 운, 備는 去聲(거성) '寘(치)' 운이다. 평측은 차례로 '仄平仄平仄, 平仄平平, 仄平平仄仄, 仄平仄仄, 平仄仄平仄仄, 仄仄仄平仄平, 平平平仄仄, 平仄平仄平平仄仄, 平平仄平仄'이다.

5-2 農謳-濯足(농구-탁족) 농사 노래-발을 씻다

濯足不用十分濯 還家瞌眠鷄咿喔 鷄咿喔鋤還握 十二時何時可伸脚

夏夜短休幾刻 濯足不用十分濯.

(탁족불용십분탁 환가갑면계이악 계이악서환악 십이시하시가신각 하야단휴기각 탁족불용십분탁)

발 씻으려면 아주 깨끗이 씻을 것 없나니, 집에 돌아와 눈 붙이면 닭이 꼬끼오 우네.
닭 꼬끼오 울면 다시 호미 잡아야 하니, 하루라 열 두 때 언제 다리 뻗고 쉴 수 있으리.
여름 밤 짧아 몇 시각이나 쉬리오, 발을 씻더라도 깨끗이 씻지를 마오.

[語句] *十分 : 넉넉히. 충분히. *瞌眠 : 피곤해 좀. 잠을 잠. 瞌은 '졸음오다'임. *咿
喔 : ①닭 우는 소리. ②선웃음 소리. 아첨하여 웃는 모양. ③노 젓는 소리. *
十二時 : 하루를 열둘로 나누어 12支(지)의 이름을 붙인 말. 곧 子(자, 밤 11시~1
시)·丑·寅·卯·辰·巳(축·인·묘·진·사)·午(오, 낮 11시~1시)·未·申·酉·
戌·亥(미·신·유·술·해)의 각 시각.

[鑑賞] 농구 14 수의 하나로, 농삿일에 여념이 없는 농부의 바쁨을 발 씻을 사이도
눈 붙일 새도 없다고 읊었다. 지난날의 우리 농촌은 기계화 農法(농법)이 도입되
지 못하여 모두 인력에 의지했기로 농사철에는 쉴 사이도 없었던 것이다.

　雜言古詩(잡언고시). 압운은 仄韻(측운)으로 濯, 喔, 握, 濯은 측성 '覺(각)' 운이며 脚은 측성
'藥(약)' 운, 刻도 측성 '職(직)' 운으로, '覺, 藥, 職' 운은 通韻(통운)이 되지 않는다. 평측은 차
례로 '仄仄仄仄仄平仄, 平平仄平平平仄, 平平仄平平仄, 仄仄平平平仄平仄, 仄仄仄平仄仄,
仄仄仄仄仄平仄'이다.

5-3 答仲平(답중평) 중평에게 답하다

杉松影裏一村家 急雨顚風睡若何 冷暖辛酸曾染指 世間眞味到閑多.
(삼송영리일촌가 급우전풍수약하 냉난신산증염지 세간진미도한다)

삼나무 소나무 그늘 속의 한 촌가, 비바람 몰아치는데 잠을 자 보니 어떠한가.
세상살이의 단맛 쓴맛은 일찍 맛보았겠거니, 세상의 참맛은 한가로울 때에야 많아진다네.

[語句] *仲平 : 李守恭(이수공 1464~1504)의 자. 본관 廣州(광주). 조부 克培(극배). 벼슬이
司成(사성)에 이르렀으나 연산군 10년(1504) 갑자사화 때 피살되었음. *顚風 :
뒤집듯 부는 바람. 거센 바람. *冷暖辛酸 : 서늘함과 더위 및 맵고 심. 곧 세
상살이의 쓴맛 단맛. 炎涼辛酸(염량신산). *染指 : 손가락을 적심. 손가락에 국물
을 찍어 맛을 봄. 중국 고대 鄭(정) 나라 子公(자공)과 靈公(영공)의 자라 요리에
얽힌 故事(고사)가 있음.<左傳 宣公4年> *眞味 : 참맛. 참된 뜻.

[鑑賞] 한적한 시골 초가집, 비바람 몰아치는 속에서 하룻밤 자고 나니 한가로움이
절실히 느껴져 여태 세파에 시달리며 살아온 일이 덧없음을 읊었다.

　7言絕句(7언절구). 압운은 家, 何, 多 자로 평성 '歌(가)' 평운이다. 평측은 차례로 '仄平仄仄仄

平平, 仄仄平平仄仄平, 仄仄平平平仄仄, 仄平平仄仄平平'으로 7언절구 규칙에 합치되었다.

5-4 摩尼塹城(마니참성) 마니산의 참성[해자성垓字城]

海上孤城玉界寒 風吹沆瀣露凝溥 步虛人在靑冥外 吟罷瓊章月滿壇.
(해상고성옥계한 풍취항해노응단 보허인재청명외 음파경장월만단)

바다위 외로운 성의 신선 세계가 서늘하고,

바람은 밤의 이슬 기운에 불어 둥글게 이슬 맺히네.

허공을 걷는 사람 푸른 하늘 밖에 있어,

좋은 글 읊어 마치자 달빛이 단에 가득하구나.

[語句] *摩尼塹城 : 강화도 남단의 마니산 산 위의 '摩尼塹星壇(마니참성단)' 주변의
성. 마니참성단은 고려 중기부터 문헌에 나타난 단군의 제천지로 알려져 존숭
되어 온 단으로, 네모꼴의 돌을 쌓은 단이지만 몇 번이나 수축되어 그 원형을
알아볼 수 없게 되었고, 강화도 길상면에 있는 삼랑성과 함께 단군 관계 유적
으로 가장 중요한 것의 하나라 함. *玉界 : 옥황상제가 산다는 천상의 세계.
白玉京(백옥경). *沆瀣 : 깊은 밤중에 내리는 이슬 기운. 신선이 이것을 먹고 사
는데 천지의 精液(정액)이 새벽에는 항해가 되고 낮에는 正陽(정양)이 된다고 함.
*溥 : 이슬방울이 맺힘. *步虛 : 공중 곧 허공을 걸음. 曹操(조조)의 아들 陳思
王 曹植(진사왕 조식)이 산에 오르니 공중에서 불경 읽는 소리가 들렸는데 이를
'步虛聲(보허성)'이라 하며, 이는 신선이 허공을 걸으며 낸 소리였다고 함. *靑冥
: 푸른 하늘. *瓊章 : 구슬 같은 글. '남의 글' 미칭.

[鑑賞] 國祖 檀君(국조 단군)을 祭祀(제사)하는 신성한 곳이니 여기는 인간 세계가 아닌
신선 세계인 것이다. 휘영청 밝은 달 아래 신선들이 노니는 듯함을 읊었다.

7언절구. 압운은 寒, 溥, 壇 자로 평성 '寒(한)' 평운이다. 평측은 차례로 '仄仄平平仄仄平,
平平仄仄仄平平, 仄平平仄平平仄, 平仄平平仄仄平'으로 규칙에 맞다.

5-5 烟籠江水(연롱강수) 이내가 강물에 서리어

江空噴虛白 匹練橫江中 忽然聞欸乃 知在蘆花叢.
(강공분허백 필련횡강중 홀연문애내 지재노화총)

강이 텅 비어 환한 빛을 뿜어내니, 바랜 몇 필 명주 폭이 강 가운데를 비낀 듯 흰데,
홀연히 뱃노래 들리니, 갈대 꽃밭 속임은 알겠구니.

[語句] *虛白 : 虛室生白(허실생백). 텅 빈 방이 문을 열거나 틈새로 들어온 빛으로 하여 환
　　　해지는 일. 텅 빈 마음이 밝아짐.<莊子 人間世> *匹練 : 명주 몇 필을 마전함[바램,
　　　희게 함]. *忽然 : ①문득 잠시 나타나는 모양. ②갑자기 사라지는 모양. 忽焉(홀
　　　언). *欸乃 : 배를 저으며 부르는 노랫소리. 뱃노래. 노 젓는 소리. *蘆花 : 갈대꽃.
[鑑賞] 안개나 연기로 자욱한 강에 강물이 뿜어내는 희미한 빛이 강줄기를 짐작케 하
　　　는데, 갈대 꽃밭 속에서 뱃노래 또는 노 젓는 소리가 들린다. 평화로운 강촌
　　　풍경을 연상케 한다.

　　5言絕句(5언절구). 압운은 中, 蘆 자로 평성 '東(동)' 평운이다. 평측은 차례로 '平平仄平仄,
仄仄平平平, 仄平仄仄仄, 平仄平平平'으로 5언절구 규칙인 '(平)平平仄仄, (仄)仄仄平平,
(仄)仄平平仄, 平平(仄)仄平'에 어긋나고 제 3, 4구의 평측이 대조를 이루었다.

6. 姜希顏(강희안 1419~1465) : 조선 세종 때 名臣(명신). 자 景愚(경우). 호 仁齋(인재). 본관
晉州(진주). 父 碩德(석덕 →2). 弟 希孟(희맹 →5). 세종 23년(1441) 문과에 급제하여 집현전
직제학, 仁壽府尹(인수부윤)을 지냈으며 六臣被禍(육신피화)의 변에 연좌되었으나 성삼문의
변호로 참화를 면했다. 詩書畫(시서화)의 三絕(삼절)로 시는 韋柳(위류), 서는 王趙(왕조), 화는
劉郭(유곽)의 수준이라 칭송되었고 세종이 '體天牧民永昌後嗣(체천목민영창후사)'라는 여덟
자를 주고는 玉璽(옥새)로서 篆書(전서)로 쓰도록 했다. 만년에는 시서화로 소일했으나 천
한 기술이라 하여 남의 부탁에 응하지 않았다. 정인지, 박팽년, 신숙주, 성삼문과 함께
訓民正音解例(훈민정음해례)를 修纂(수찬)했고 저서에 '養花小錄(양화소록)'이 있다.

6-1 詠梅題徐剛中四佳亭(영매제서강중사가정)
　　　매화를 읊어 강중 서거정의 사가정에 제하다
　　白放天寒暮 黃肥雨細時 看兄一生事 太早亦遲遲.
　　(백방천한모 황비우세시 간형일생사 태조역지지)

추운 겨울에 흰꽃 터뜨리더니 매우梅雨 가랑비 뿌리는 늦봄에서야 열매 익네.
매화의 일생을 보니, 너무 일찍 꽃 피지만 열매 익기가 늦기도 하구나.

[語句] *題 : 題詞(제사). 그 책에 관계되는 글이나 시를 책머리에 적은 것. *剛中 : 徐
　　　居正(서거정 1420~1488)의 자. 조선 초기의 큰 학자로 호가 四佳亭(사가정), 시호는 文
　　　忠(문충)이며 좌찬성을 역임하고 達成君(달성군)에 봉군되었음. →101. *天寒 : 날씨
　　　가 추움. 겨울. *黃肥 : 노랗고 도톰함. *兄 : 梅兄(매형)으로 매화의 별칭임. 중국
　　　黃山谷(황산곡, 庭堅 →680)이 수선화 시에서 '山礬是弟梅是兄(궁궁이는 아우요 매화

는 형이라)'이라 읊은 이후 시인들이 매화를 매형이라 부르게 되었음. *太早 : 너무 이름. '서거정이 벼슬길에 오른 것이 너무 이르다'는 뜻을 隱喩(은유)하고 있음. *遲遲 : 더디고 더딤. 서거정의 벼슬이 높아지기가 아주 더디다는 뜻을 은유함.

[鑑賞] 추운 겨울에 매화는 흰 꽃을 터뜨리지만, 익기는 봄이 다 가는 늦은 봄이라야 열매 익으니 일찍 피어나지만 열매 익기는 퍽 느리다. 서거정 당신도 이와 마찬가지로 일찍이 벼슬길에 들었으나, 높이 오르기가 늦은 것이 매화와 같구나 했다.

5언절구. 압운은 時, 遲 자로 평성 '支(지)' 평운이고, 평측은 차례로 '仄仄平平仄, 平平仄仄平, 平平仄平仄, 仄仄仄平平'으로 규칙에 크게 어긋나지는 않지만, 셋째 구가 二四不同(이사부동)에 맞지 않는 平-平 곧 '兄-生'이 모두 평성이라 아쉽다. 한편 첫 구의 이사부동이 '仄-平'이면 둘째 구의 이사부동은 '平-仄'으로 반대가 되어야 하는데 이를 反法(반법)이라 하니, 이 시에서 '放[측성]-寒[평성], 肥[평성]-細[측성]'으로 구성되어 반법이 이루어진 것이다.

7. 桂花(계화 ?) : 南原 妓生(남원 기생).

7-1 廣寒樓(광한루) 남원의 광한루

織罷氷綃獨上樓 水晶簾外桂花秋 牛郞一去無消息 烏鵲橋邊夜夜愁.
  (직파빙초독상루 수정렴외계화추 우랑일거무소식 오작교변야야수)

하얀 비단 짜고 나서 광한루에 오르니, 수정 발 바깥 계수나무 꽃이 핀 가을일세.
견우 낭군 가신 후 소식 없으니, 오작교 다리 가에서 밤마다 시름겹구나.

[語句] *廣寒樓 : 전북 남원시에 있는 보물 281호의 누각. 조선 시대에 건립되었고 규모는 작으나 돌기둥 위에 세운 樓亭(누정)으로 본래는 廣通樓(광통루)였으나, 세종 16년(1434)에 중건되어 정인지에 의해 광한루라 개칭되었음. 지금 건물은 인조 13년(1635)에 재건했고 춘향전 전설로 유서 깊은 곳임. *氷綃 : 얼음같이 깨끗하고 흰 비단. *水晶 : 보석의 일종. 무색투명한 石英(석영)의 하나임. 水玉(수옥). *牛郞 : 견우. *烏鵲橋 : 까막까치의 다리. 7월 칠석날 밤에 견우와 직녀 두 별을 만나게 하려고 까마귀와 까치 들이 모여 은하수에 놓는다는 상상의 다리임.

[鑑賞] 牽牛(견우)와 織女(직녀)는 음력 7월 7일 칠석날에 만나지만 지금은 이미 가을이라 애틋한 두 별이 만날 수 없구나. 기생으로서 情人(정인)을 기다리는 간절한 심정이 숨겨져 있다.

7언절구. 압운은 樓, 秋, 愁 자로 평성 '尤(우)' 평운이다. 평측은 차례로 '仄仄平平仄仄平, 仄平平仄仄平平, 平平仄仄平平仄, 平仄平平仄仄平'으로 평측 규칙에 합치되는 좋은 작품이다.

8. 高敬命(고경명 1533~1592) : 조선 선조 때 의병장. 자 而順(이순). 호 霽峯, 苔軒(제봉, 태헌). 시호 忠烈(충렬). 본관 長興(장흥). 父 孟英(맹영). 명종 13년(1558)에 문과 급제하여 修撰(수찬), 持平(지평), 영암 및 서산 군수, 承文院判校(승문원판교)를 거쳐 東萊府使(동래부사)를 역임했고, 임진왜란 때 60세 나이로 柳彭老(유팽로)와 함께 의병 6천여 명을 거느리고 선조의 행궁이 있는 평안도로 가는 길에 금산에서 왜군[小早川軍隊 소조천 군대]을 맞아 싸우다가 아들 因厚(인후)와 함께 전사했다. 성품이 청렴결백하고 우애가 깊은 유학자로 문장, 시, 글씨에 뛰어났으며 문집에 '霽峯集(제봉집 6권)'이 있다.

8-1 詠黃白二菊(영황백이국) 노란 국화와 흰 국화 둘을 읊다

正色黃爲貴 天姿白亦奇 世人看自別 均是傲霜枝.
(정색황위귀 천자백역기 세인간자별 균시오상지)

순수한 노란빛 국화를 귀하다 하지만, 타고난 자태 가진 흰 국화도 기이하구나.
사람들은 누르느니 희느니 말들이 많지만, 둘 다 오상고절의 꽃가지임은 똑같으리.

[語句] *正色 : 순수한 빛깔. 5 방위와 5 행에 따른 빛깔로 靑(청, 東·木), 赤(적, 南·火), 黃(황, 中央·土), 白(백, 西·金), 黑(흑, 北·水) 등의 5 色(색). *天姿 : 타고난 모습. *傲霜 : 傲霜孤節(오상고절). 된서리에도 굴하지 않고 외로이 지키는 절개. 菊花(국화)를 비유하는 말임.

[鑑賞] 노랗거나 희거나 국화는 된서리 추위에 굽히지 않는 절개를 가지기는 마찬가지다. 사람도 이와 같이 지위 고하를 막론하고 위국충절을 가졌다면 똑같은 평가를 받아 마땅하리라.

5言絕句(5언절구). 압운은 奇, 枝 자로 평성 '支(지)' 평운이다. 평측은 차례로 '仄仄平平仄, 平平仄仄平, 仄平平仄仄, 平仄仄平平'으로 二四不同(이사부동)이 이루어졌고, 첫 구의 이사부동이 '色[측성]-爲[평성]'이며 둘째 구의 이사부동은 '姿[평성]-亦[측성]'이니 反法(반법)이 된 것이다. 또 셋째 구는 둘째 구와 같은 平[人]-仄[自]이 되었으니 이를 粘法(점법)이라 한다.

9. 高適(고적 Kao Shih 702~765) : 盛唐(성당)의 시인, 문관. 자 達夫, 仲夫(달부, 중부). 河北省 滄州(하북성 창주) 사람. 일설에는 山東省(산동성) 사람이라 하며, 諫議大夫(간의대부), 西川節度使(서천절도사), 刑部侍郎(형부시랑), 左散騎常侍(좌산기상시), 勃海侯(발해후) 등을 역임했다. 성격이 豪放豁達(호방 활달)하여 청년 시절에 방랑 생활을 하다가, 50을 넘겨 시를 공부하여 재능을 발휘, 격조 높은 작품이 많으며 특히 塞外(새외)를 읊은 작품은 애송되었고, 岑參(잠삼 →348)과 함께 高岑(고잠)이라 일컫는다. 이백, 두보와 친했고 특히 두보에게

는 물질적 도움을 많이 주었다. 방랑 중 吐蕃(토번) 정벌에 공이 많은 武將 哥舒翰(무장 가 서한)에게 발견되어 벼슬길에 들었다 하며, 문집에 '高常侍集(고상시집 8권)'이 있다.

9-1 別董大(별동대) 동대와 이별하며

十里黃雲白日曛 北風吹鴈雪紛紛 莫愁前路無知己 天下誰人不識君.
    (십리황운백일훈 북풍취안설분분 막수전로무지기 천하수인불식군)

10리에 누런 구름 해는 저무는데, 북풍에 기러기 날고 눈발도 어지럽네.
가는 길에 친한 친구 없다 걱정하지 말라, 이 세상 어느 누가 그대를 모르리.

[語句] *董大 : 董廷蘭(동정란). 거문고[琴금]의 명수 이름. *白日 : 빛나는 태양. 한낮. *
    曛 : 땅거미. 어둑어둑함. *紛紛 : 흩어져 어지러움. *知己 : 참된 친구. 내 진심
    과 참된 값어치를 잘 알아주는 진정한 친구. 知音(지음). *誰人 : 어느 사람. 누구.
[鑑賞] 먼 길을 가는 동정란이, 가는 길에 지기가 없어 외로울 것이라 걱정하니 지은
    이는 거문고로 유명한 그대를 모르는 사람이 없을 것이라 안심시키는 우정이
    담긴 작품이다.

    7言絶句(7언절구). 압운은 曛, 紛, 君 자로 평성 '文(문)' 평운이다. 평측은 차례로 '仄仄平平
仄仄平, 仄平平仄仄平平, 仄平平仄平平仄, 平仄平平仄仄平'으로 7언절구 규칙에 맞고 二
四不同二六對(이사부동이륙대)에 어긋남이 없으며 反法, 粘法(반법, 점법)도 잘 이루어졌다.

9-2 咏史(영사) 역사를 읊다

尙有綈袍贈 應憐范叔寒 不知天下士 猶作布衣看.
    (상유제포증 응련범숙한 부지천하사 유작포의간)

지금도 가지고 있는 수가가 준 명주 솜옷, 수가는 범숙의 가난을 가엾이 여겼지만,
천하의 뛰어난 선비임을 알지 못하고, 아직도 벼슬 없는 포의로 보고 있었네.

[語句] *綈袍 : 두꺼운 솜을 넣은 웃옷. *范叔 : 范雎(범저). 叔은 그의 자임. 중국 전
    국시대 魏(위)의 변설가로 위의 大夫(대부) 須賈(수가)의 미움을 사서 거의 죽을 번
    했을 때 도망하여 秦(진) 나라에 들어가 丞相(승상)이 되어 張祿(장록)이라 변성명
    했는데, 수가가 진에 사신으로 갔을 때 범저가 헤어진 옷을 입고 그를 찾아가
    니, 수가가 음식을 대접하며 "범숙이 여전히 빈한하구나." 하며 두꺼운 명주 솜
    옷인 제포를 주었음.<十八史略> 나중에 수가가 범저의 내용을 알고 그에게 가
    사죄하니, 범저는 수가를 뜰아래 앉히고 "너의 머리털을 다 뽑아도 네 죄를 모

두 헤아릴 수 없으나 그대가 죽음을 면한 것은 그 제포로 옛 사람의 정을 잊지 않았기 때문이다.”라 꾸짖고 용서했음. *天下士 : 세상에서 뛰어난 선비. 國士(국사). *布衣 : 베옷. 벼슬 없는 선비. 白衣(백의).

[鑑賞] 사람을 외양만으로 평가할 수는 없는 것이며, 그 사람의 진면목을 꿰뚫어 볼 줄 아는 慧眼(혜안)을 가져야 함을 경계하는 시이다. 수가도 범숙을 미워했었지만, 타국에서 만난 그를 아끼는 우정은 가지고 있었다 하겠다.

5言絕句(5언절구). 압운은 寒, 看 자로 평성 ‘寒’ 평운이다. 평측은 차례로 ‘仄仄平平仄, 平平仄仄平, 仄平平仄仄, 平仄仄平平’으로 절구의 규칙에 맞다.

9-3 人日寄杜二拾遺 終聯(인일기두이습유 종련) 인일에 두 2 습유에게 부치다 끝 연

一臥東山三十春 豈知書劍老風塵 龍鍾還忝二千石 怪爾東西南北人.
　　(일와동산삼십춘 기지서검노풍진 용종환첨이천석 괴이동서남북인)

한 번 동산에 누워 30년이 흘렀으니, 문무로 이 풍진 속에서 늙을 줄 어찌 알았으리.

늘그막에 2천 석 자사 벼슬 살고 있으니, 동서남북을 맘대로 다니는 그대에게 부끄럽구려.

[語句] *人日 : 사람의 날 곧 정월 초이렛날. 이 날에 文士(문사)들은 명절처럼 시를 주고받았음. 東方朔占書(동방삭 점서)에 정월 초하루를 닭의 날, 이틀을 개의 날, 사흘을 돼지의 날, 나흘을 양의 날, 닷새를 소의 날, 엿새를 말의 날, 이레를 사람의 날, 여드레를 곡식의 날이라 하는데, 그 날이 맑으면 생육에 좋고 흐리면 재앙이 든다고 했음. *杜二 : 당의 詩聖 杜甫(시성 두보). 二는 排行(배항)이라 하는데 형제를 연령순으로 번호를 붙여 부르는 일을 말하며 두보는 형제 순서로 두 번째라는 뜻임. 배항은 從兄弟(종형제), 재종형제, 삼종형제 나아가 족형제까지 넓혀 붙이기도 했음. *拾遺 : 당의 벼슬 이름으로 諫官(간관)의 하나였음. 습유는 ‘빠진 글이나 행위의 결점을 보충함’의 뜻을 가졌음. *東山 : 중국 浙江省 紹興縣(절강현 소흥현) 동쪽에 있는 산으로 술로 유명하고 晉(진)의 宰相 謝安(재상 사안)이 은거한 곳이며, 뜻이 고상한 사람이 사는 곳을 가리키기도 함. *書劍 : 글과 칼. 文武(문무). *風塵 : 바람에 날리는 먼지. 마구 변하는 세태. *龍鍾 : 눈물 흘리는 모양. *二千石 : 곡식 2천 섬으로 太守(태수, 刺史자사)의 祿俸(녹봉)임. *東西南北人 : 유람 다니는 사람. 사는 곳이 일정하지 않은 사람.<禮記 檀弓上>

[鑑賞] 12구로 된 시로 앞부분은 ‘인일에 시를 지어 두보에게 보내며 그대가 고향을 그리워하리라 생각한다. 봄빛을 희롱하는 버들가지 차마 못 보겠고 가지마다 핀 매화는 애끊는 마음 달래는구나. 나는 남쪽에 태수로 있어 벼슬에 참예 않

지만 천 가지 만 가지 걱정을 품어, 올 인일에는 헛되이 그리워하고만 있으나 내년 이 날에는 어디에 가 있을는지.'인데, 두보는 이 시를 고적의 사후에 문갑 속에서 발견하고는 추도 삼아 '追酬故高蜀州人日見寄(추수고고촉주인일견기)' 7言古詩(7언고시) 24구를 지었다. 마음 내키는 대로 여기저기를 유람하는 두보가 부럽다는 정이 담겨 있다.

7언고시 단편. 압운은 春, 塵, 人 자로 평성 '眞(진)' 평운이다. 한편 이 앞의 처음 4구는 평운 '陽(양)'이며 두 번째 4구는 仄韻(측운) '御(어, 上聲상성)'이다. 평측은 차례로 '仄仄平平平仄平, 仄平平仄仄平平, 仄平平仄仄平仄, 仄仄平平平仄平'으로 절구 규칙에 맞다.

9-4 除夜作(제야작) 섣달 그믐날 밤에 짓다

旅館寒燈獨不眠 客心何事轉凄然 故鄕今夜思千里 霜鬢明朝又一年.
　　(여관한등독불면 객심하사전처연 고향금야사천리 상빈명조우일년)

여관 쓸쓸한 등불 아래 홀로 잠 못 드는 제,
나그네 된 이 마음 무슨 일로 이리 쓸쓸한가.
고향에서는 오늘밤 천 리 먼 곳 나를 생각하겠고,
내 하얗게 센 수염 내일 또 한 살 더하리.

[語句] *寒燈 : 쓸쓸히 비치는 등불. *客心 : ①나그네의 마음. ②딴마음. *凄然 : 쓸쓸하고 구슬픈 모양. *霜鬢 : 희게 센 귀밑털. 흰 구레나룻. *明朝 : 내일 아침.

[鑑賞] 思鄕詩(사향시). 새해를 타향에서 맞이해야 하는 쓸쓸한 심정을 읊었다. 고향에서는 오늘 섣달 그믐 밤에 가족들이 모여 앉아 멀리 있는 나를 생각하며 걱정하리라.

7言絶句(7언절구). 압운은 眠, 然, 年 자로 평성 '先(선)' 평운이다. 평측은 차례로 '仄仄平平仄仄平, 仄平平仄仄平平, 仄平平仄仄平平仄, 平仄平平仄仄平'으로 규칙에 맞다.

9-5 邯鄲少年行 初頭(한단소년행 초두) 한단 소년을 읊다 첫머리

邯鄲城南遊俠子 自矜生長邯鄲裡 千場縱博家仍富 幾處報仇身不死.
　　(한단성남유협자 자긍생장한단리 천장종박가잉부 기처보구신불사)

한단 성남의 협기 있는 젊은이들, 한단에서 나고 자랐음을 스스로 자랑하네.
가는 곳마다 방종해도 집은 부자요, 몇 곳의 원수를 갚고도 몸은 죽지 않는다네.

[語句] *邯鄲 : 중국 전국시대 趙(조) 나라 서울. 河北省(하북성)에 있으며, 헛된 꿈을 비유하는 '邯鄲之夢(한단지몽)', 걸음걸이를 바르게 배우지 못했다는 '邯鄲學步(한단학

보’ 등의 고사가 생겨난 곳임. *行 : 한시에 있어서 제목에 ‘~歌(가)’나 ‘~行’이 붙은 작품은 樂府題(악부제)로 歌行體(가행체)라 하여 대개 古體詩(고체시)임. *遊俠子 : 俠氣(협기) 있는 사람. 협기는 ‘호탕하고 용맹스러움’을 뜻하는 말임. *自矜 : 제 스스로의 자랑. 자긍심. *千場 : 천이나 되는 장소. 여러 곳. *縱博 : 아무 거리낌 없이 함부로 놀아남. 放縱(방종). *報仇 : 원수를 갚음.

[鑑賞] 한단의 유협 소년들은 의리를 중히 여기며 자부심이 강함을 그렸다. 이 뒤에도 10구가 이어지는데, 그 대강은 ‘집 안에서는 담소로 시끄럽고 문밖에는 車馬(거마) 가 모여들어 옛 平原君(평원군)이 연상된다. 지금 사람들의 사귐은 돈뿐이지만 그렇다고 어찌할 수 없으니 젊은이들과 술 마시며 산에 가 사냥이나 하리.’이다.

7言古詩(7언고시). 압운은 子, 裡, 死 자로 상성 ‘紙(지)’ 측운이다. 고시이기에 평측은 규칙적이 아니니 차례로 ‘平平平平平仄仄, 仄平平平平平仄, 平平平仄平平仄, 仄仄仄平平仄仄’이다.

10. 郭預(곽예 1232~1286) : 고려 후기 文臣(문신). 자 先甲(선갑). 본관 淸州(청주). 고종 때 문과에 급제하여 禮賓主簿(예빈주부) 겸 直翰林院(직한림원)을 지내고 충렬왕 때 左承旨(좌승지), 大司成(대사성) 등을 역임했다. 監察大夫(감찰대부)로 성품이 담백하고 학문도 깊었으며 筆法(필법)에도 일가를 이루었다. 한림원에 있을 때 비가 오면 맨발로 龍化池(용화지)에 나가 연꽃을 바라보고는 했으며, 賀聖節使(하성절사)로 元(원) 나라에 다녀오다가 사거했다. * 預는 옛 음이 ‘여’여서 ‘곽여’라고도 부름.

10-1 賞蓮(상련) 연꽃을 감상하다

賞蓮三度到三池 翠蓋紅粧似舊時 唯有看花玉堂老 風情不滅鬢如絲.
(상련삼도도삼지 취개홍장사구시 유유간화옥당로 풍정불멸빈여사)

연꽃을 보려고 세 번째 삼지에 오니,

푸른 양산 같은 잎에 붉게 단장한 꽃은 옛날과 같구나.

연꽃 구경하는 홍문관의 노인 있어, 풍류스런 멋은 줄지 않는데 구레나룻은 실같이 희네.

[語句] *三度 : 세 번. 세 번째. *翠蓋 : 푸른 비단 양산. 연잎을 두고 한 말임. *紅粧 : 붉은 화장. 연꽃을 두고 한 말임. *玉堂 : 홍문관. 三司(삼사)의 하나로 宮內府(궁내부)의 經籍, 文翰, 經筵(경적, 문한, 경연) 등을 맡았음. *風情 : 풍류 있는 정. 재미있고 시원스러운 모양이나 회포. *鬢如絲 : 구레나룻이 실 같음. 수염이 흼.

[鑑賞] 지은이가 비 오는 날 맨발로 연꽃을 감상하던 일을 회상하며 다시 蓮池(연지)에 가 연꽃을 본 감회를 읊었다. 연꽃은 예 그대로 피지만 나는 이렇게 늙었으니

어찌하리. 玉堂老는 지은이 자신을 가리킨다.

7언절구. 압운은 池, 時, 絲 자로 평성 '支(지)' 평운이다. 평측은 차례로 '仄平平仄仄平平, 仄仄平平仄仄平, 平仄平平仄平仄, 平平仄仄仄平平'으로 규칙에 맞으나, 3행은 二四不同二六對(이사부동이륙대)에 어긋나니 '측-평-측'이라야 하는데 '측-평-평'[有-花-堂]이 되었다.

11. 郭再祐(곽재우 1552~1617) : 임진왜란 때 의병장, 紅衣將軍(홍의장군). 자 季綏(계수). 호 忘憂堂(망우당). 시호 忠翼(충익). 본관 玄風(현풍). 父 越(월). 南冥 曺植(남명 조식 →457) 문하에서 수학, 34세에 庭試(정시)에 급제했으나 말한 것이 왕의 뜻에 거슬리어 罷榜(파방)이 되니 이로부터 낚시질로 소일하다가 임진왜란이 일어나자 宜寧(의령)에서 의병을 일으켰다. 홍의를 입고 선두에서 싸워 많은 전공을 세우니 홍의장군이라 불리었고, 선조 30년(1597) 정유재란 때에는 昌寧 火旺山城(창녕 화왕산성)을 지켰는데 內艱喪(내간상)을 당하여 蔚珍(울진)으로 돌아가 3년 服喪(복상)한 뒤에, 察理使(찰리사)로 영남 지방을 순찰하며 時事(시사)를 상소하다가 洪汝淳(홍여순)에게 탄핵되어 영암에 유배되었다. 1년 후 방면되자 琵瑟山(비슬산)에 들어가 仙術(선술)을 배운다 했다. 광해군 1년(1609)에 嶺南節度使(영남절도사), 水軍統制使(수군통제사)에 임명되었으나 모두 사퇴했고, 광해군 4년에 副摠管(부총관), 左尹(좌윤)을 거쳐 咸鏡監司(함경감사)에 제수되었으나 낙향하여 鷲山(취산) 倉巖(창암)에 忘憂亭(망우정)을 짓고 여생을 보냈다.

11-1 退居琵琶山(퇴거비파산) 비파산에 물러나 살며

朋友憐吾絕火烟 共成衡宇洛江邊 無饑只在啖松葉 不渴惟憑飮玉泉
守靜彈琴心淡淡 杜窓調息意淵淵 百年過盡亡羊後 笑我還應稱我仙.
　　(붕우련오절화연 공성형우낙강변 무기지재담송엽 불갈유빙음옥천
　　수정탄금심담담 두창조식의연연 백년과진망양후 소아환응칭아선)

친구들은 내가 세속과 멀리함을 가련히 여겨,
이 낙동강 강변에 오두막집을 지어 주었네.
솔잎을 씹으니 굶주림을 모르겠고, 옥 같은 샘물 마시니 목마름을 몰라라.
정적을 지켜 거문고 타니 마음 담담하고, 문 닫아 걸고 쉬니 생각 더욱 편하네.
양을 잃은 뒤에야 평생 후회하니, 나를 비웃지 말고 돌이켜 신선이라 불러 주게나.

[語句] *琵琶山 : 산이름. 琵瑟山(비슬산)이 아닌가 함. *火烟 : 불과 연기. '음식을 익히고 방구들에 불을 때어 따뜻하게 하는 일상 세속적인 삶'을 뜻함. *衡宇 : 형문으로 된 집. 오두막집. 형문은 두 개의 기둥에 한 개의 가로목을 가로질러 만

든 허술한 대문임. *洛江 : 낙동강. *玉泉 : 옥같이 맑은 샘. *彈琴 : 거문고나 가야금을 탐. *淡淡 : 마음이 고요하고 맑음. *杜窓 : 창문을 막음. 창을 닫음. *淵淵 : 깊고 고요한 모양. *亡羊 : 亡羊之歎(망양지탄, 양을 잃은 탄식). 楊子(양자)의 이웃사람이 달아나는 양을 좇아가다가 길이 여러 갈래로 난 곳에 이르러 어느 갈랫길을 가야 할지 몰라 탄식하고 말았다는 이야기에서 온 말임.

[鑑賞] 친구들 덕분으로 신선의 길을 배우려고 한적한 곳에 가서 생식을 하며 도를 닦노라니 마음이 고요하고 맑아진다. 고요에 잠기고 거문고 타며 한가로이 살면서 문 닫아 거니 마음 한결 한가롭다. 사람들은 내 이 참뜻을 몰라주는구나. 琵琶山은 大邱市 達成郡(대구시 달성군) 유가면 瑜伽寺(유가사) 뒷산인 비슬산(1,083m)이 아닌가 싶다.

7言律詩(7언율시). 압운은 烟, 邊, 泉, 淵, 仙 자로 평성 '先(선)' 평운이다. 평측은 차례로 '平仄平平仄仄平, 仄平平仄仄平平, 平仄平仄仄平仄, 仄仄平平仄仄平, 仄仄仄平仄仄仄, 仄平平仄仄平平, 仄平仄仄平平仄, 仄仄平平仄平平'으로 이사부동이륙대가 잘 이루어졌다. 첫 구의 이사부동이륙대가 '仄-平-仄'이고 둘째 구는 '平-仄-平'이니 反法(반법)이 되었고, 셋째 구도 '平-仄-平'인데 셋째 구는 둘째 구와 이사부동이륙대가 같아야 하니 이를 粘法(점법)이라 한다. 그리고, 넷째 구는 다시 셋째 구와 반법이 되어야 하는 것이다.

12. 郭震(곽진 656~713) : 初唐(초당) 시인. 자 元振(원진). 魏州 貴鄕(위주 귀향) 사람. 18세에 진사가 되고 凉州都督(양주도독)과 兵部尙書(병부상서)를 지냈으며 代國侯(대국후)에 봉해졌다. '詩集(시집 1권)'이 있다.

12-1 子夜四時歌 春歌(자야사시가 춘가) 자야 네 계절의 노래 봄 노래

陌頭楊柳枝 已被春風吹 妾心正斷絕 君懷那得知.
(맥두양류지 이피춘풍취 첩심정단절 군회나득지)

길거리의 버들가지 봄바람에 휘날리는데,
이 내 심사 진정 애끊어지나니, 임이 이 속내를 어찌 알리오.

[語句] *子夜歌 : 樂府 曲名(악부 곡명). 東晉(동진) 때 자야라는 여인이 지은 민요조의 애절한 노래인데, 후에 시인들이 '子夜四時歌(자야사시가)'를 잇달아 지었음. *陌頭 : 길가. 길바닥. *楊柳 : 버드나무. 楊은 '갯버들', 柳는 '수양버들'임. *妾心 : 少妾(소첩)의 마음. 저의 마음. *那 : 어찌.

[鑑賞] 자야가는 남녀의 애정을 읊은 노래인데 이 작품은 그 중 봄의 노래이다. 봄이

와 길가의 버들가지는 봄빛을 자랑하건만 임은 이 내 심정을 알기나 하리, 속 타는 마음 그지없어라.

5言絶句(5언절구). 압운은 枝, 吹, 知 자로 평성 '支(지)' 평운이다. 평측은 차례로 '仄平平仄 平, 仄仄平平平, 仄平仄仄仄, 平平仄仄平'으로, 3행은 2행과 같은 평측 곧 粘法(점법, 2행의 제 2, 4 자가 仄-平이므로 3행의 제2, 4 자도 仄-平이어야 하는 규칙 →11-1)이 되어야 하는데 그렇지 못하고 더구나 평성이 한 글자뿐이어서 규칙에 어긋난다.

13. 權健(권건 1458~1501) : 조선 초기 문인. 자 叔强(숙강). 시호 忠敏(충민). 본관 安東 (안동). 父 擘(람 →15). 성종 7년(1476)에 문과에 급제했으며 知中樞院事(지중추원사)를 역 임하고 문장과 글에 능했다.

13-1 祈雨醮罷呈政院諸公(기우초파정정원제공) 기우 초제를 마치고 승정원 여러분께 드리다
玉案天香七寶臺 靈風半夜肅然來 湏知一念通眞宰 膏乳從今遍八垓.
　　(옥안천향칠보대 영풍반야숙연래 수지일념통진재 고유종금편팔해)

옥으로 된 상에 고상한 향 풍기는 칠보대 위에,
신령한 바람이 밤중에 고요하고 엄숙하게 오네.
모름지기 비를 비는 염원이 하늘에 통하여,
기름진 젖 같은 단비 이제 온 세상에 두루 내리리.

[語句] *醮罷 : 醮祭(초제)를 마침. 초제는 '별들에 지내는 제사'임. *政院 : 승정원의 별칭. 승정원은 왕명의 출납을 맡는 비서직 같은 관청. 왕이 내리거나 왕께 올 리는 모든 문서를 맡으므로 직책이나 임무가 막중했음. *天香 : 하늘에서 풍기 는 향기. 아주 좋은 향기. *七寶臺 : 7가지 보배로 꾸민 대. 아주 훌륭한 단. *半夜 : 한밤중. *肅然 : 삼가 두려워하는 모양. 고요하고 엄숙한 모양. *湏知 : 須知(수지). 마땅히 알아야 함. *一念 : 한결같은 마음. *眞宰 : 조물주. 天帝 (천제) 곧 하느님. *八垓 : 팔방의 끝 곧 온 세계. 八極(팔극).

[鑑賞] 기우제를 정성껏 지냈으니 이제 하늘이 감응하여 비가 올 것을 바라는 심정을, 비서들을 통해 임금님께 알리고 안심하시도록 하려는 작품이다.

7언절구. 압운은 臺, 來, 垓 자로 평성 '灰(회)' 평운이다. 평측은 차례로 '仄仄平平仄仄平, 平平仄仄仄平平, 仄平仄仄平平仄, 平仄平平仄仄平'으로 절구 규칙에 맞다.

13-2 日本躑躅(일본척촉) 일본 철쭉

聞說名花在海東 遠來枝葉尙蒙蘢 人心自是分區域 物性何曾有異同
風送細香薰麝腦 露霑芳臉膩猩紅 至今却笑乘槎客 獨取葡萄種漢宮.

(문설명화재해동 원래지엽상몽롱 인심자시분구역 물성하증유이동

풍송세향훈사뇌 노점방검니성홍 지금각소승사객 독취포도종한궁)

일본에 이름난 꽃 있다 들었더니, 멀리 여기 왔음에도 가지나 잎 싱싱하구나.

사람들 스스로 이 나라 꽃 저 나라 꽃 하며 편 갈랐지,

꽃이야 어찌 다르느니 같느니 했으랴.

바람이 가느다란 향기 보내어 사향과 장뇌의 향 풍기니,

이슬에 젖은 고운 꽃잎 붉게 번지르르하네.

지금 보니 신선 배 탔던 장건이,

포도만 가져다가 한 나라 궁전에 심은 일이 도리어 우습구나.

[語句] *躑躅 : 철쭉. 高千丈上有躑躅花盛開(높이가 천 길인데 그 위에 철쭉꽃이 활
짝 피어 있었다.)<三國遺事卷2 水路夫人> *海東 : 바다 동쪽. '우리나라'의 별칭으
로 쓰는 말인데 여기서는 '일본'을 가리킴. *蒙蘢 : 덮어 가릴 만큼 무성함. *
自是 : 스스로 옳다고 함. 스스로 그러하다 함. *物性 : 물건의 성질. 여기서는
'꽃의 성질'임. *麝腦 : 麝香(사향)과 樟腦(장뇌) 곧 사향노루의 배꼽과 녹나무에서
나는 독특한 향기. *芳臉 : 꽃다운 뺨. '꽃잎'을 이름. *膩 : 미끄럽다. 살찌다.
*猩紅 : 붉은 斑點(반점). *却笑 : 돌이켜 보니 우스움. *乘槎客, 葡萄種漢宮 :
後漢 武帝(후한 무제) 때 張騫(장건)이 신선 배인 뗏목을 타고 은하수에 가서 직녀
성을 만났으며, 서역에 사신으로 갔다 오면서 포도 종자를 가져와 심었다고 함.
[鑑賞] 일본 철쭉은 참 좋은 꽃인데, 남의 나라 꽃이라 시답잖게 여기는 듯하다. 장건
은 서역에서 포도만 가져다 심을 게 아니라 일본 철쭉도 심었더라면 좋았을
것이다. 이 편 저 편 가르는 게 못 마땅한 것은 부친 권남이 세조의 편에 섰던
것에 대한 합리화의 측면도 있으리라.

7언율시. 압운은 東, 蘢, 同, 紅, 宮 자로 평성 '東' 평운이다. 평측은 차례로 '仄仄平平仄
仄平, 仄平平仄仄平平, 平平仄仄平平仄, 仄仄平平仄平平, 平仄平平平仄仄, 仄平平仄仄平
平, 仄平仄仄平平仄, 仄仄平平仄仄平'으로 율시 평측 규칙에 합치되는 모범적인 작품이다.

13-3 冒雪山行(모설산행) 눈을 무릅쓰고 산에 가다

山橋日暮少人行 野店炊烟一抹橫 緩轡微吟歸得得 馬蹄隨處踏瑤瓊.

(산교일모소인행 야점취연일말횡 완비미음귀득득 마제수처답요경)

산기슭에 해 저물어 오가는 이 적고, 들 주막의 밥 짓는 연기 한 줄기로 엷게 비꼈구나.
말고삐 늦추고 나직이 글 읊으며 모처럼 돌아오니,
말발굽 가는 곳마다 예쁜 구슬 밟듯 하네.

[語句] *山橋 : '산기슭 곧 山脚(산각)'의 뜻으로 쓴 듯함. '징검다리'라는 풀이도 있음.
*野店 : 들판에 있는 주막 또는 가게. *一抹 : 한 번 길게 칠한 듯한 연기 같
은 줄. *微吟 : 작은 소리로 읊음. *得得 : 모처럼. 중국 당 나라의 속어임.
貫休(관휴)란 중이 촉 땅에 가서 '一甁一鉢垂垂老 千水千山得得來(물병 하나
바리 하나로 칠십 노인 되어, 천 줄기 물길과 많은 산들을 지나 모처럼 찾아왔
소.)'라 써서 시인 王建(왕건 →159)에게 던지니, 왕건이 읽고는 기뻐하여 그를
'得得和尙(득득화상)'이라 호를 내렸다 함.<全唐詩話> *瑤瓊 : 예쁜 구슬. 눈 밟히
는 소리가 뽀드득 하는 게 구슬을 밟듯 하다는 뜻임.

[鑑賞] 한 폭의 설경도를 보는 듯하다. 눈 내리는 산길에 인적은 없고 다만 주막집
밥 짓는 연기만이 한 줄기 향연같이 비껴 있는데, 말발굽에 밟히는 눈은 구슬
같은 뽀드득 소리를 낸다.

7언절구. 압운은 行, 橫, 瓊 자로 평성 '庚(경)' 평운이다. 평측은 차례로 '平平仄仄仄平平,
仄仄平平仄仄平, 仄仄平平平仄仄, 仄平平仄仄平平'인데 절구 규칙에 합치된다.

14. 權近(권근 1352~1409) : 조선초 학자, 명신. 초명 晉(진). 자 可遠, 思叔(가원, 사숙).
호 陽村(양촌). 시호 文忠(문충). 본관 安東(안동). 고려의 정승 溥(부 →693)의 증손, 父 僖
(희). 고려 공민왕 18년 18 세로 문과 丙科(병과)에 급제하여 春秋檢閱(춘추검열)이 되고
공민왕 23년(1374) 직강, 응교, 左司議大夫(좌사의대부)를 거쳐 簽書密直司事(첨서밀직사
사)가 되었으며 명나라에 사신으로 다녀왔다. 공양왕이 즉위하자 창왕의 外祖 李琳(외
조 이림)의 일파로 몰려 극형을 받게 되었으나 이성계의 구원으로 모면, 이색 등과 함
께 淸州獄(청주옥)에 갇혔다가 수해로 용서받아 益州(익주)에 있으면서 '入學圖說(입학도
설)'을 저술했다. 조선이 개국되자 태조 2년(1393)에 왕명으로 鄭摠(정총)과 함께 定陵
(정릉)의 비문을 짓고 中樞院使(중추원사)가 되었다. 태조 5년(1396) 撰表(찬표)를 잘못 쓴
정도전을 대신하여 자진해 명에 들어가 해명을 잘하여 명 황제의 극진한 예우를 받고
돌아왔다. 태종이 즉위하자 佐命功臣(좌명공신)의 호를 받고 吉昌君(길창군)에 피봉 되었
으며, 이후 찬성사, 대제학에 이르렀고 늘 文翰(문한)의 관직에 있었다. 정몽주의 문하
에서 수학하여 성리학에 조예가 깊었고 문장에 능하여 조정의 모든 글을 찬술했으니,

春亭 卞季良(춘정 변계량 →95)과 함께 국가의 공식적인 글인 館閣文字(관각문자)를 전담한 대표적 인물이었다. 문집으로 '陽村集(양촌집 10冊)'과 '五經淺見錄(오경천견록)' '四書五經口訣(사서오경구결)' '입학도설' 등의 저서가 있다.

14-1 擊甕圖(격옹도) 격옹을 그린 그림

玉斗碎時虧覇業 珊瑚擊處有驕心 爭如幼日多奇氣 倉卒全人慮已深.
(옥두쇄시휴패업 산호격처유교심 쟁여유일다기기 창졸전인여이심)

장량張良이 준 옥 국자를 범증范增이 부술 때 항우의 패업은 이지러졌고,
석숭石崇이 왕개王愷의 산호수를 치니 교만한 마음 있었네.
어찌 어릴 때의 기특한 기상이 많았음을 따지리,
급할 때 사람을 건지니 사마광司馬光의 생각이 깊었어라.

[語句] *擊甕圖 : 중국 宋(송) 나라 司馬光(사마광 1019~1086, 名臣명신·文章家문장가, 資治通鑑자치통감 294권을 지었음)이 어렸을 때 물이 깊은 독에 빠진 아이를 돌로 독을 깨는 기지로 구해 낸 일을 그린 그림. *玉斗碎時虧覇業 : 항우와 유방이 鴻門(홍문)에 모여 잔치할 때 范增(범증)이 항우에게 유방을 죽이라고 권했으나 듣지 않아, 유방이 빠져 나가면서 張良(장량)을 시켜 옥 국자[玉斗옥두]를 범증에게 선사하니 범증이 분하여 劍(검)으로 옥두를 깨어버렸는데, 이 때 유방을 죽이지 못하여 항우의 패업은 망하게 되었다는 뜻임. 패업은 覇者(패자)의 사업인데 무력으로 천하를 잡아 왕이나 제후가 되는 覇道(패도)를 이루는 일을 말함. 이에 반하여 仁德(인덕)으로 정치를 하는 왕의 일을 '王道(왕도)'라 함. *珊瑚擊處 : 중국 晉(진)의 王愷(왕개)와 石崇(석숭)은 서로 재물 많기를 다투는 사이인데, 왕개가 武帝(무제)에게서 받은 두 자 길이의 산호수를 석숭에게 보이니 석숭이 쇠망치로 부수고는, 제 집에 있는 산호수를 모두 가져오게 한 바 석 자와 넉 자 산호수가 예닐곱 개요 왕개의 것과 같은 것은 매우 많더라함. 여기서 석숭의 교만한 마음을 엿볼 수 있다는 뜻임. *驕心 : 교만한 마음. *奇氣 : 기이하거나 기특한 기상. *倉卒 : 아주 급작스러움.
[鑑賞] 임기응변의 기지가 필요함을 보이는 격옹도요, 楚漢(초한)의 역사적 사례를 격옹도를 보며 연상한 일종의 敎訓詩(교훈시)이다. 어떤 곤경을 당하여 그 곤경을 슬기롭고 올바르게 넘기는 자세는 우리 모두가 갖추어야 할 마음가짐이리라.

7언절구. 제2, 4구에만 압운했으니 心, 深 자로 평성 '侵(침)' 평운이다. 평측은 차례로 '仄仄平平仄仄, 平平仄仄仄平平, 平平仄仄平平仄, 平仄平平仄仄平'으로 절구 규칙에 맞다.

14-2 金剛山(금강산) 금강산

雪立亭亭千萬峰 海雲開出玉芙蓉 神光蕩漾滄溟近 淑氣蜿蜒造化鍾

突兀岡巒臨鳥道 淸幽洞壑秘仙蹤 東遊便欲陵高頂 俯視鴻蒙一盪胸.

　　(설립정정천만봉 해운개출옥부용 신광탕양창명근 숙기완연조화종

　　돌올강만임조도 청유동학비선종 동유편욕능고정 부시홍몽일탕흉)

눈이 우뚝우뚝 선 듯한 천만 많은 봉우리, 바다 구름 흩어지자 옥 연꽃 드러나네.

신비한 빛 넘실거리는 게 푸른 바다와 같고, 맑은 기운 구불구불 길게 뻗혀 조화를 모은 듯.

우뚝 솟은 멧부리는 조도에 다가 있고, 맑고 깊숙한 골짜기에는 신선의 자취 감추었구나.

이 동쪽을 유람하는 분들 높은 정상에 올라가,

우주를 내려다보며 가슴속 한 번 씻어 내리라.

[語句] *金剛山 : 강원도 북부에 있는 우리나라 명산. 높이 1,638m. 흑운암과 화강
암으로 이루어진 기암괴석이 많으며 1만 2천 봉 곳곳에 폭포, 못, 사찰이 있어
그 경치가 세계적으로 유명함. 철 따라 봄에는 金剛山, 여름에는 蓬萊山(봉래산),
가을에는 楓岳山(풍악산), 겨울에는 皆骨山(개골산)이라 별칭하기도 하며 내금강,
외금강, 해금강으로 나누어짐. *亭亭 : 우뚝 솟은 모양. 멀리 까마득한 모양. *
玉芙蓉 : 옥으로 만든 연꽃. 봉우리 모양을 형용한 말임. *蕩漾 : 출렁거리는
모양. 넘실거림. *滄溟 : 너르고 큰 바다. 滄海(창해). *淑氣 : 자연이나 봄의 맑
은 기운. *蜿蜒 : 길게 뻗친 모양. 꿈틀꿈틀 굽어 꺾인 모양. *鍾 : 모이다. 뭉
치다. *突兀 : 우뚝 솟음. *岡巒 : 언덕과 산. *鳥道 : 산이 높고 험하여 사람
이 다닐 수 없고 새만이 날아 지날 수 있는 곳. *洞壑 : 골. 골짜기. 산천으로
둘린 경치 좋은 곳. 洞天(동천). *俯視 : 아래를 내려다봄. 俯瞰(부감). *鴻蒙 :
천지자연의 元氣(원기). 천지가 갈라지지 아니한 때의 宇宙(우주). *盪胸 : ①가슴
속을 씻어냄. ②갑옷의 가슴받이.

[鑑賞] 금강산은 세계적인 명산이라 예로부터 문인, 화가들이 시문으로 짓고 그리기를
많이 했다. 그리하여 중국인들이 '願生高麗國 一見金剛山(바라건대 고려에 태
어나, 금강산을 한 번 보고싶구나.)'라는 소원까지 남겼다는 게 아닌가. 옥으로
빚은 듯한 연꽃 모양의 기이한 봉우리, 살아 꿈틀거리듯 뻗친 산등, 신비에 싸
인 아름다운 골짜기 이 모두 신선의 경개요, 한번 오르면 가슴 속에 쌓인 속세
의 찌꺼기를 홀홀 털어내어 씻어 버릴 만하리라.

　　7言律詩(7언율시). 압운은 峰, 蓉, 鍾, 蹤, 胸 자로 평성 '冬(동)' 평운이다. 평측은 차례로 '仄
仄平平平仄平, 仄平平仄仄平平, 平平仄仄平平仄, 仄仄平平仄仄平, 仄仄平平仄仄平, 平平

仄仄仄平平, 平平仄仄平平仄, 仄仄平平仄仄平'으로 율시 규칙에 들어맞다.

14-3 紀地名詩 三首 第2首(기지명시 삼수 제2수) 지명을 따라 쓴 기행시 세 수 둘째 수

雨暗沙門島 風高碣石山 燕鴻今已至 遼鶴幾時還
水接蓬瀛闊 雲橫海岱閑 扶蘇何處在 夢繞紫霞間.

(우암사문도 풍고갈석산 연홍금이지 요학기시환

수접봉영활 운횡해대한 부소하처재 몽요자하간)

비가 오니 사문도가 어둡고, 바람은 북쪽 갈석산에 높구나.
제비와 기러기같이 길 어긋남이 되었는데, 정영위처럼 요동의 학이 되어 언제 돌아가려나.
물은 신선 사는 봉래와 영주에 접하여 넓고, 구름은 너른 산동山東 땅에 비껴 한가롭구나.
부소산은 어느 곳에 있는가, 꿈은 고려의 서울 송도 사이를 둘러 있네.

[語句] *沙門島 : 중국 지명. *碣石山 : 중국 遼寧省(요녕성) 渤海(발해) 연안의 산. *燕鴻
: 제비와 기러기. 제비는 가을에 남으로 가고 기러기는 가을에 북에서 오므로 서
로 만날 수 없기에, '서로 만나지 못함'을 뜻하는 말임. 燕鴻之歎(연홍지탄). *遼鶴
: 요동학. 道士 丁令威(도사 정영위)가 학으로 화한 뒤 천년만에 고향 요동땅에 찾아
온 고사에서 온 말임. *蓬瀛 : 삼신산의 蓬萊山(봉래산)과 瀛洲山(영주산). 중국 먼
동쪽 바다에 삼신산이 있다 했음. *海岱 : 바다에서 태산까지의 지역. 중국 순 임
금 때 12주의 하나인 靑州(청주)로 지금의 산동성 지역. *扶蘇 : 충남 부여의 북쪽
산. 백제의 옛 궁전터 등 고적이 많음. 부소산. *紫霞 : ①자줏빛 노을. ②신선이
사는 곳. 자하동. ③고려의 서울 송도 송악산 아래의 동네 이름. 자하동.

[鑑賞] 이 시는 모두 세 수인데 중국 동부 지방을 여행하며 지은 기행시이다. 첫 수는
桑乾水(상건수)를 건너고 남경과 齊(제)와 魯(노) 땅, 셋째 수는 발해와 嗚呼島(오호도)
를 지났다. 그리고, 각 수 마지막 연[7, 8행]에서는 우리나라를 읊은 것이 특징이
다. 지금 귀로에 오르려고 바닷가에서 배를 기다리는 모습이 아닌가 싶으니, 앞은
삼신산이 있는 넓은 바다요 뒤는 산동 지방인데 구름 속에 잠겨 있다고 그렸다.

5언율시. 압운은 山, 還, 閑, 間 자로 평성 '刪(산)' 평운인데, 첫 수는 평운 '江(강)'이고 셋
째 수는 평운 '侵(침)'이었다. 평측은 차례로 '仄仄平平仄, 平平仄仄平, 仄平平仄仄, 平仄仄
平平, 仄仄平平仄, 平平仄仄平, 平平平仄仄, 仄仄仄平平'으로 율시 규칙에 합치되었다.

14-4 春日城南卽事(춘일성남즉사) 봄날 성남에서 읊다

春風忽已近淸明 細雨霏霏晚未晴 屋角杏花開欲遍 數枝含露向人傾.

(춘풍홀이근청명 세우비비만미청 옥각행화개욕편 수지함로향인경)

봄바람 느닷없이 불어 청명이 가깝고, 보슬비 부슬부슬 저물도록 개지 않네.

집 모퉁이 살구꽃 활짝 피려고, 몇 가지 이슬에 젖어 나를 향해 늘어졌구나.

[語句] *卽事 : 지금 당장의 사물을 즉흥으로 읊는 일. *淸明 : 24 절기의 하나로 양력 4월 5, 6일 경이며 한식날과 비슷하게 있음. *霏霏 : 비나 눈이 계속 내리는 모양. 今我來思 雨雪霏霏(지금 우리가 돌아와 보니, 비와 눈이 보슬보슬 내리네.)<詩經 小雅采薇> *屋角 : 지붕 모서리. *遍 : 두루. 널리.

[鑑賞] 봄바람이 예고 없이 불더니 봄비가 소리 없이 내린다. 청명 좋은 계절이 다가와 살구꽃이 피려고 꽃봉오리가 한껏 부풀어 보슬비를 이기지 못하고 나를 보라는 듯 휘어 늘어져 있구나. 조선초의 학자 鄭道傳(정도전 →390)은 평하기를 "이 시는 자연의 조화를 빼앗아 온 修飾(수식)으로 해서 노숙한 솜씨를 誇示(과시)했다."고 했다는 것이다.

7언절구. 압운은 明, 晴, 傾 자로 평성 '庚(경)' 평운이다. 평측은 차례로 '平平仄仄仄平平, 仄仄平平仄仄平, 仄仄仄平平仄仄, 仄平平仄仄平平'으로 율시 규칙에 어긋나지 않다.

14-5 耽羅(탐라) 제주도

蒼蒼一點漢羅山 遠在洪濤浩渺間 人動星芒來海國 馬生龍種入天閑

地偏民業猶生遂 風便商帆僅往還 聖代職方修版籍 此方雖陋不須刪.

(창창일점한라산 원재홍도호묘간 인동성망내해국 마생용종입천한

지편민업유생수 풍편상범근왕환 성대직방수판적 차방수루불수산)

푸르고도 푸른 한 점 같은 한라산, 멀리 큰 파도 넓고 아득한 속에 있구나.

사람이 별을 따라 바다 나라에서 왔었고, 말은 준마를 낳아 황제의 마굿간에 들었네.

벽지라서 백성들 생업은 겨우 살아가는 편이고, 바람결에 장삿배가 겨우 오고갈 뿐일세.

성대의 지도 맡은 직방에서 판적을 수정할 때, 이 고장이 누추하나 부디 빠뜨리지 마시라.

[語句] *耽羅 : 제주도의 옛 이름. 耽牟羅(탐모라), 屯羅(둔라). 우리나라 제일 큰 섬으로 동서 71km, 남북 41km, 주위 240km, 면적 1,846 평방 km의 타원형 섬임. *漢羅山 : 漢拏山(한라산). 제주도 중앙의 주봉. 높이 1,950m로 정상에 둘레 3km의 분화구인 백록담이 있고 냉대, 온대, 난대의 식물이 울창함. *浩渺 : 넓고 아득함. *人動星芒來海國 : 옛날 탐라 사람이 신라에 來朝(내조)할 때 客星(객성)이 보이므로 왕이 그에게 '星子(성자)'란 호를 주었고, 탐라 시조 高乙那(고을나)의 15대

손인 高厚(고후)와 高淸(고청)이 바다 건너 耽津(탐진)에 배를 대니 남쪽 하늘에 객성이 보여 신라왕이 고후를 '별한[星主성주]'이라 일컬었음<高麗史 地志> 객성은 '혜성같이 한때 나타나는 별', 芒은 '꼬리별'의 뜻임. *龍種 : ①용의 씨[종자]. ②임금의 자손. ③재주 있는 사람. ④훌륭한 말. 駿馬(준마). *天閑 : 중국 황제의 마굿간. 제주도의 말이 중국에 조공된 일이 있음. *民業 : ①백성들의 생업. ②민간인이 경영하는 사업. ↔관업. *往還 : 갔다가 다시 돌아옴. 왕복. *聖代 : 어진 임금이 다스리는 시대. *職方 : 벼슬 이름. 천하의 지도와 사방의 조공을 주관했음<周禮> *版籍 : 토지나 호구를 적은 책. *刪 : 깎다. 지워버리다.

[鑑賞] 제주도의 위치, 내력, 주민들의 생활상 등을 읊고, 보잘 것 없는 섬이지만 지도에 올려 실어야 할 중요한 섬이라 말했다. 사실 제주도는 우리나라에서는 독특한 풍물을 가진 섬이라 관광객이 많고 신혼 여행지로 유명하지 않은가. 3, 4구와 5, 6구는 각각 對句(대구)이다.

7言律詩(7언율시). 압운은 山, 間, 閑, 還, 刪 자로 평성 '刪' 평운이다. 평측은 차례로 '平平仄仄仄平平, 仄仄平平仄仄平, 平仄平平平仄仄, 仄平仄仄仄平平, 仄平平仄平平仄, 平仄平平仄仄平, 仄仄仄平平仄仄, 仄平平仄仄仄平'으로 율시 규칙에 맞다.

15. 權擥(권남 1416~1465) : 조선 세조 때 功臣(공신). 자 正卿(정경). 호 所閑堂(소한당). 시호 翼平(익평). 본관 安東(안동). 조부 近(근). 父 蹈(제 →19). 문종 때 親策(친책)에 급제하고 世祖靖難(세조정난)에 韓明澮(한명회)와 같이 공을 세워 1등공신으로 이조참판이 되고 吉昌府院君(길창부원군)에 봉해졌다. 이후 우찬성, 좌의정에 올랐고 蓄財(축재)에 힘써 사치가 대단했다고 한다.

15-1 次昌平東軒韻(차창평동헌운) 창평 동헌을 읊은 시에 차운하다
王佐之才不是疎 孔明猶自臥茅廬 丈夫出處何容易 掩柩方知事乃除.
(왕좌지재불시소 공명유자와모려 장부출처하용이 엄구방지사내제)

왕을 보좌하는 재주는 이곧 엉성하지 않으니,
제갈공명도 오히려 스스로 초가집에 숨었네.
장부의 출세와 은둔을 어찌 함부로 하겠는가,
관 뚜껑이 덮이고서야 일의 끝남을 알게 되느니.

[語句] *昌平 : 전라남도 담양군 창평면 지방. 원래 백제의 屈支縣(굴지현)인데 신라 경덕왕 때 祈陽縣(기양현)으로 바뀌었다가 고려 때 창평 또는 鳴平(명평)이 되었음. *東軒 : 고을원 등이 공무를 처리하던 대청이나 집. *王佐之才 : 왕을 보좌할 만한 인재. *

孔明 : 諸葛孔明(제갈공명, 181~234). 중국 삼국시대 촉한의 정승. 이름 亮(량). 자가 공명임. 시호 忠武(충무). 瑯琊(낭야, 山東) 사람. 湖北 襄陽(호북 양양)의 隆中(융중)에 은거하여 臥龍(와룡)이라 했는데, 劉備(유비)의 三顧之禮(삼고지례)에 감격하여 촉한을 위해 天下三分(천하삼분)의 계교를 썼고, 오 나라와 연합하여 赤壁大戰(적벽대전)에서 魏(위)의 조조 대군을 격파했음. 先主(선주) 유비의 사후 후주를 보좌하여 柱石之臣(주석지신)으로 위와의 五丈原(오장원) 싸움에서 진중 사망했음. '죽은 공명이 산 仲達(중달, 사마의司馬懿)을 도망케 한다.'고 할 만큼 지략이 뛰어났고 '諸葛武侯文集(제갈무후문집)'이 있음. →437. *茅廬 : 초가집. *出處 : 나아가 관직에 오르는 것과 물러나 집에서 거처하는 일. *事乃除 : 일이 덜어짐. 일이 끝남. 乃는 위아래의 말을 잇는 접속사임.

[鑑賞] 중국 당의 시성 두보는 '君不見簡蘇徯(군불견간소혜)' 시에서 '丈夫蓋棺事始定(대장부는 그의 관 뚜껑이 닫힌 뒤라야 그 사람의 한 일이 정해진다-죽은 뒤라야 평할 수 있다.)'고 했다. 사실 업적의 평가는 역사가 말해 주어야 하는 것이리라. 작자의 충성심을 나타내기도 했지만, 그가 세조의 王位簒奪(왕위 찬탈) 주동자이므로 자기를 死後(사후)에 평가해 달라는 뜻이 숨겨져 있다 하리라.

7言絕句(7언절구). 압운은 疎, 廬, 除 자로 평성 '魚(어)' 평운이다. 평측은 차례로 '平仄平平仄仄平, 仄平平仄仄平平, 仄平仄仄平平仄, 仄仄平平仄仄平'인데 절구 규칙에 합치된다.

16. 權呾(권단 1228~1311) : 고려 忠烈王(충렬왕) 때 文臣(문신). 자 晦之(회지). 호 夢巖(몽암). 시호 文淸(문청). 본관 安東(안동). 조부 守平(수평). 父 韙(위). 子 溥(부 →693). 일찍이 중이 되려 했으나 아버지의 만류로 門下錄事(문하녹사)로 있다가 宰相 柳璥(재상 유경)의 권유로 문과에 급제하여 閤門祗侯(합문기후)가 되고 충렬왕 때 典理摠郎(전리총랑) 역임 후 東京留守(동경유수) 등 3道(도)를 다스려 낡은 폐단을 일소했다. 國子祭酒(국자좨주), 左司議大夫(좌간의대부)를 역임하고 判衛尉寺事(판위위시사)로서 과거를 맡아 명사들을 많이 뽑았다. 민폐를 줄인 청백리라 남의 비위를 맞추지 못해 三品職(삼품직)에 10년간 있다가 承旨(승지), 密直提學(밀직제학), 知僉議府事(지첨의부사)로 退官(퇴관)하니 贊成事(찬성사)가 加資(가자)되었다. 청렴결백하고 불교를 믿어 40년간 고기를 멀리했으며 만년에 禪興寺(선흥사)에 들어가 삭발했다.

16-1 書懷(서회) 회포를 쓰다

宦途猶似厄黃楊 誰記疎狂訪草堂 洞密烟深車馬少 枕書閑臥睡偏長.

(환도유사액황양 수기소광방초당 동밀연심거마소 침서한와수편장)

벼슬길은 마치 윤년이면 줄어드는 회양목의 재액과 같아,

누가 상도常道에서 벗어난 나를 기억해 초당을 찾아오리.

골짜기는 깊고 이내는 짙어 거마가 적은데,
책을 베고 한가하게 누우면 잠이 아주 길더라.

[語句] *厄黃楊 : 黃楊厄. 회양목[도장나무]의 재액. 이 나무는 해마다 한 치씩 자라
다가 윤년이 되면 세 치가 줄어든다는 속설이 있음. *疎狂 : 너무 수수하고 황
당하여 常道 常規(상도 상규)에서 벗어남. *草堂 : 집 본 채 밖 따로 떨어진 곳
에 지은 조그만 집채. *車馬少 : 수레나 말이 적음 곧 찾아오는 손님이 적음.
*枕書 : 책을 베개 삼음. 책을 벰.
[鑑賞] 벼슬길이란 무상한 것이라, 벼슬을 그만두고 한적한 곳에 은거하니 찾아오는
사람이 적다. 편벽된 곳이라 할 일도 별로 없어 책을 보다가 그 책을 베고 잠
드니 그 잠 길기도 하다. 지은이의 청백리 행적에 걸맞는 작품이다. 중국 당의
정승 李適之(이적지)도 '罷相(파상)' 시에서 '爲問門前客 今朝幾箇來(집사람에게
묻노니 오늘 아침에는 문앞에 손님 몇 녀석이나 오셨던고?)'라 읊어 평소 친하
던 벼슬아치들이 찾아오지 않음을 섭섭하게 여겼다. →292-1.

7言絕句(7언절구). 압운은 楊, 堂, 長 자로 평성 '陽(양)' 평운이다. 평측은 차례로 '仄平平仄
仄平平, 平仄平平仄仄平, 仄仄平平平仄仄, 仄平平仄仄平平'으로 절구 규칙에 맞다.

17. 權德輿(권덕여 759~818) : 中唐(중당)의 시인. 자 戴之(대지). 德宗(덕종) 때 太常博士
(태상박사)를 지냈고 憲宗(헌종) 때에는 禮部尙書同平章事(예부상서동평장사)를 역임했다. 그
의 문장은 盛唐(성당)의 풍격이 있다는 평이고 문집에 '權文公集(권문공집)'이 있다.

17-1 玉臺體(옥대체) 옥대 시체

昨夜裙帶解 今朝蟢子飛 鉛華不可棄 莫是藁砧歸.
(작야군대해 금조희자비 연화불가기 막시고침귀)

어제 밤에는 치마 띠가 절로 풀리더니, 오늘 아침에는 줄 타는 납거미를 보게 되네.
화장하기를 그만두지 못하나니, 혹시나 그이가 오지 않을까 해서라.

[語句] *玉帶體 : 중국 陳(진) 나라 徐陵(서릉)이 편찬한 '玉帶新詠(옥대신영)'에서 비롯된
詩體(시체). 艷情詩(염정시)라는 주장과 그렇지 않다는 주장이 있음.<滄浪詩話> *裙
帶 : 치마의 허리띠. *蟢子 : 납거미, 갈거미. 몸이 가늘고 길며 다리가 특히
긴데, 집 안의 벽에 집을 짓고 살면서 해충을 잡아먹음. 낮에 이 거미를 보면
기쁜 일이 생길 징조라 함. *鉛華 : 여인네들이 얼굴에 바르는 분. *藁砧 : 짚

자리와 다듬잇돌. 남편. 쇠로 만든 砧이 모탕인 바, 그것으로 사람을 죽일 때 침을 쥔 사람을 鈇(부, 작두 또는 도끼)라 하는데, 鈇는 음이 '지아비 夫(부)'와 같아서 '丈夫(장부)'라는 은어로 썼음. 자리를 함께 하는 장부이니까 남편을 지칭함.

[鑑賞] 남편을 기다리는 염정시. 치마 띠가 절로 풀리는 것은 부부 화합의 징조요 아침에 납거미까지 보이니, 꼭 멀리 가신 남편이 돌아올 것이라 가슴 두근거리며 화장을 한다. 아내의 애틋한 정을 화장하기를 그만두지 못한다는 구절에 감추고 있다.

5言絶句(5언절구). 압운은 飛, 歸 자로 평성 '微(미)' 평운이다. 평측은 차례로 '仄仄平仄仄, 平平仄仄平, 平平仄仄仄, 仄仄仄平平'인데, 첫 구는 二四不同(이사부동) 원칙에 어긋나 '仄-平'이어야 할 것이 '仄-仄[夜-帶]'이 되었다.

18. 權敏手(권민수 1466~1517) : 조선 중종 때 문관. 자 叔達(숙달). 호 岐亭, 退齋(기정, 퇴재). 본관 안동. 父 琳(림). 弟 達手(달수). 성종 25년(1494)에 문과에 급제하여 吏曹正郎(이조정랑)에 올랐으며 연산군 10년(1504) 갑자사화에 항의하여 동생은 처형되고 그도 직언한 탓으로 嶺外(영외)로 귀양 갔다가 중종 때 다시 기용되어 대사헌이 된 후 충청도관찰사로 있다가 사망했다.

18-1 病中無聊錄呈寓菴求和 二首(병중무료록정우암구화 이수)
　　　병중에 무료하여 우암이 화운(和韻)해 주기를 구하여 써 드리다 두 수

一身東西南北 百年三萬六千 古來夷跖同盡 醉鄕唯有聖賢.<제1수>
　　(일신동서남북 백년삼만육천 고래이척동진 취향유유성현)

한 몸 동서남북으로 다니고, 백년은 3만 6천 날이라.
옛날의 백이와 도척은 함께 없어졌고, 취향에는 오직 맑은 술과 막걸리가 있구나.

[語句] *寓菴 : 洪彦忠(홍언충 1473~1508)의 호. 조선 연산군 때 문관. 자 直卿(직경). 본관 缶溪(부계). 연산군 1년(1495)에 문과 급제하여 예조정랑을 역임했고 중종이 불렀으나 나가지 않고 시와 술을 즐기다 병사했음. →657. *百年三萬六千 : 음력에서 1년은 360일이기에 백년이면 36,000일이 됨. 李白(이백)의 시 '襄陽歌(양양가)'에 '百年三萬六千日 一日須傾三百杯(백년은 삼만 육천 날이니, 하루에 모름지기 삼백 잔 술을 마셔야지.)'라 있음. *夷跖 : 伯夷(백이)와 盜跖(도척). 백이는 중국 殷(은) 나라의 제후 孤竹君(고죽군)의 아들로 동생 叔齊(숙제)와 함께 周武王(주무왕)이 은의 紂王(주왕)을 치려는 것을 말리다가 듣지 않자 首陽山(수양산)에 들어가 고사리를 캐어 먹으며 숨어 살다가 굶어 죽었음. 도척은 옛 중국의 큰 도둑으로

부하 9천 명을 거느리고 천하를 횡행했으며 태산 기슭에서 사람의 간을 회로 썰어 먹었다 함. *醉鄕 : 술을 마시어 느끼는 즐거운 경지. 당의 王績(왕적)이 '醉鄕記(취향기)'에서 설정한 가상의 세계임. *聖賢 : 淸酒(청주, 聖人)와 濁酒(탁주, 賢人). 중국 魏(위) 나라 鮮于輔(선우보)가 "취객들이 술 중에서 맑은 것을 성인, 탁한 것을 현인이라고 말하오."라 했음<三國魏志> →234 - 42, 291 - 1.

18-2 短世黃粱半熟 長歌白酒三盃 相如但有四壁 彭澤欲賦歸來.<제2수>
(단세황량반숙 장가백주삼배 상여단유사벽 팽택욕부귀래)

짧은 세상은 한단지몽같이 조밥 익을 동안이요, 장가에 술 석 잔일세.

사마상여는 다만 네 벽뿐 가난했고, 도연명은 귀거래사를 지어 전원으로 돌아갔네.

[語句] *黃粱半熟 : 좁쌀밥이 반쯤 익음. 헛되고 덧없는 부귀. 옛날 盧生(노생)이 邯鄲(한단)에서 道士 呂洞賓(도사 여동빈)의 베개를 빌어 베고, 좁쌀밥을 지을 동안 잠이 들었다가 부귀와 영화를 50년간 한껏 누린 꿈을 꾸었다 함. 邯鄲之夢(한단지몽), 黃粱夢(황량몽), 盧生夢, 一炊之夢(일취지몽). *長歌 : 장편으로 된 노래나 시. *白酒 : ①빛깔이 흰 술. 막걸리. ②배갈[←白干백간]. 白乾兒(백건아). 高粱酒(고량주). *相如 : 司馬相如(사마상여 179~117B.C.). 漢武帝(한무제)때 문인. 자 長卿(장경). *四壁 : 네 벽. 四壁靜(사벽정, 집안이 가난하여 네 벽뿐으로 쓸쓸함). *彭澤 : 중국 지명. 중국 晉(진)의 陶淵明(도연명)이 팽택 현령을 지냈기로 그를 가리키기도 함. 도연명(365~427)은 전원시인으로 이름이 潛(잠)이며 '歸去來辭(귀거래사)'가 유명함. →62.

[鑑賞] 인생이라 해 보았자 3만 6천 날밖에 더 되는가. 백이숙제 같은 지사나 도척 같은 악인이나 죽기는 마찬가지. 그러니 술로 취향에 들 수밖에 없다. 황량의 꿈같이 짧은 인생이라 술 취해 노래 부를 뿐 부귀와 공명이 무슨 소용 있으랴. 사마상여처럼 가난을 탓하지 않고 도연명과 같이 벼슬 버리고 전원으로 은거하는 게 좋으리라. 병중의 지은이라 염세적으로 읊은 작품이다 하겠다.

6言絕句(6언절구) 두 수. 6언절구는 한 구가 6자인 절구로 漢(한)의 谷永(곡영)이 처음 지었다 하며, 평측은 7言句의 다섯째 자를 각 구에서 생략한 형식이다. 이 시의 압운을 보면 첫 수는 千, 賢 자로 평성 '先(선)' 평운, 둘째 수는 盃. 來 자로 평성 '灰(회)' 평운이다. 평측은 차례로 '仄平平平平仄, 仄平平仄仄平, 仄平平仄平仄, 仄平平仄仄平'과 '仄仄平平仄仄, 平平仄仄平平, 平平仄仄仄仄, 平仄仄仄平平'으로 평측 규칙을 따질 수 없다.

18-3 送士美省親南州(송사미성친남주) 남주로 부모님 뵈러 가는 사미를 보내며

送君今日出城闉 脫得紛紛擾擾身 詩覓江樓最高處 仍留夏日遠行人
世間得失無窮事 堂上晨昏有幾春 我亦思歸未歸去 不堪淸夢往來頻.

(송군금일출성인 탈득분분요요신 시멱강루최고처 잉류하일원행인

세간득실무궁사 당상신혼유기춘 아역사귀미귀거 불감청몽왕래빈)

오늘 그대를 송별하며 성문을 나가니,

우리 모두 어지럽고 시끄러운 것들을 벗어난 몸일세.

시를 찾아 강가 누대의 가장 높은 곳에서, 여름날 멀리 가는 사람 잠시 머무르게 하네.

세상의 얻고 잃는 일 끝이 없는데, 부모님께의 혼정신성 문안이 몇 해나 남았을꼬.

나도 돌아가고자 하나 아직 못 가, 맑은 꿈속에서 고향 자주 오가는 일 견디기 어렵다네.

[語句] *士美 : 어느 사람의 자. *南州 : 지명. *城闉 : 성문. 闉은 성의 이중문임. *
紛紛 : 흩어져 어지러움. *擾擾 : 소란한 모양. *晨昏 : 새벽과 저녁. 昏定晨
省(혼정신성)을 줄인 말. 저녁에는 자리를 펴서 부모가 편히 쉬게 해 드리고, 아
침에는 문안을 드려 안부를 살핌. 부모에 대한 자식의 예절. 定省溫淸(정성온정)
<禮記 曲禮上> *幾春 : 몇 봄. 몇 해.

[鑑賞] 부모님이 어떠하신지 뵈러 고향으로 가는 친구를 배웅하러 성문을 나가 시로
써 보낸다. 부모는 늙어가니 혼정성신하는 일이 얼마나 남았겠는가? 나도 고향
에 가 보고자 하나 못 가고 다만 꿈속에서만 자주 갈 뿐이니 송구해 견딜 수
없구나. 옛 분들의 효성을 읊었으니 현대 사람들이 본받아야 할 것이다.

　7言律詩(7언율시). 압운은 闉, 身, 人, 春, 頻 자로 평성 '眞(진)' 평운이다. 평측은 차례로 '仄平
平仄仄平平, 仄仄平平仄仄平, 平仄平平仄仄仄, 平平仄仄仄平平, 仄平仄仄平平仄, 平仄平平
仄仄平, 仄仄平平仄平仄, 仄平平仄平平平'으로 二六同(이륙동)에 어긋나는 곳이 둘이니, 3行
'覓-高[측-평]'과 7행 '亦-歸[측-평]'이다. 反法, 粘法(반법, 점법)은 그로 하여 불완전하다.

19. 權踶(권제 1387~1445) : 조선 태종 때의 重臣(중신). 자 仲義, 仲安(중의, 중안). 호 止
齋(지재). 시호 文景(문경). 본관 安東(안동). 父 近(근 →14). 子 擥(남 →15). 공신의 아들로
벼슬에 나아가 司憲監察(사헌 감찰)에 승진되고 태종 14년(1414)에 문과 親試(친시)에 장
원 급제하여 藝文館大提學(예문관 대제학), 中樞院事(중추원사)를 거쳐 同知中樞院事(동지
중추원사), 우찬성을 역임했다. 총명박학하고 談論(담론)을 잘했으며, 세종의 명으로 '龍
飛御天歌(용비어천가)'를 撰進(찬진)했고 '高麗史(고려사)'를 編修(편수)하였다.

19-1 題首安寺澄公方丈(제수안사징공방장) 수안사 징공의 장실에 쓰다

古人猶着舊麻衣 曾笑龍門約已違 三聖山靈應自慶 四枝丹桂映朝暉.
　　(고인유착구마의 증소용문약이위 삼성산령응자경 사지단계영조휘)

'옛 친구 오히려 전날의 베옷 그대로 입었구나' 하고,

용문사의 약속 어긴 걸 일찍이 웃었지만,

삼성산 신령도 경하해 주는지, 붉은 계수 네 가지가 아침해에 비치는구나.

[語句] *方丈 : ①사방 열 자 되는 큰 상. ②높은 스님의 처소. 장실. 중. 주지. *古
　　　人猶着舊麻衣 : 중국 송나라의 정승 呂蒙正(여몽정)이 읊은 시구. 그가 일찍이
　　　낙양의 용문사에서 친구와 글을 읽어 과거에 급제하여 정승이 되었고, 친구는
　　　숨어서 임금이 불러도 나오지 않으므로 여몽정이 그 친구에게 보내는 시 속에
　　　있는 구절임. *丹桂 : 붉은 계수나무. *朝暉 : 아침 햇빛.

[鑑賞] 여몽정의 친구처럼 징공도 함께 벼슬하기를 약속했던 사이인가 보다. 그러나,
　　　벼슬 않고 절에 있는 게 오히려 경하할 일인지도 모를 일이니, 삼성산의 붉은
　　　계수나무 가지가 영롱하게 빛나지 않는가. 한적하게 도를 닦는 일도 벼슬 못지
　　　않게 인생을 바로 사는 일일 것이다.

　　　7언절구. 압운은 衣, 違, 暉 자로 평성 '微(미)' 평운이다. 평측은 차례로 '仄平平仄仄平平,
平仄仄平仄仄平, 平仄平平平仄仄, 仄平平仄仄平平'으로 절구 규칙에 맞다.

20. 權韠(권필 1569~1612) : 조선 선조 때 문인. 자 汝章(여장). 호 石洲(석주). 父 擘(벽).
　　李安訥(이안눌 →267)과 함께 二才(이재)로 불리었고 시에 전념하느라 과거를 미루었으며
　　童蒙敎官(동몽교관), 製述官(제술관)을 지냈다. 광해군 때 詩案(시안)으로 冤死(원사)하고 인
　　조 때 伸冤(신원)되었으며 문집에 '石洲集(석주집 4책)'이 있다.

20-1 過松江墓(과송강묘) 송강의 묘소를 지나며

空山木落雨蕭蕭 相國風流此寂寥 惆悵一杯難更進 昔年歌曲卽今朝.
　　(공산목락우소소 상국풍류차적료 추창일배난갱진 석년가곡즉금조)

'잎 진 빈 산에 비 쓸쓸히 내리는' 그대로인 지금,

한 세상 풍류 정승 여기 적막하게 묻혔네.

한 잔 술 또 못 올리니 애닯기도 한데,

지난 날 지으신 그 노래 오늘을 두고 읊으셨던가.

[語句] *松江 : 鄭澈(정철 1536~1593)의 호. 선조 때 명신, 문인. 가사의 제1인자로 '관동별곡' '사미인곡' 등 작품이 많음. →424. *蕭蕭 : 바람이나 빗소리가 쓸쓸함. *相國 : 정승. 재상. *風流 : 세속을 벗어나 멋이 있게 살거나 노는 일. 운치 있는 일. *寂寥 : 고요하고 쓸쓸함. '무덤'을 비유한 말임. '적요'로도 읽음. *惆悵 : 근심하고 슬퍼함. 실심한 모양.

[鑑賞] 지은이는 편지로 송강의 제자가 된 사이라 한다. 한 시대의 정치와 글을 석권하던 스승의 산소를 참배하고 추창한 심정을 읊었다. 첫 구는 송강이 '山寺夜吟(산사야음)'에서 읊었던 "蕭蕭落木聲 錯認爲疎雨~(우수수 지는 낙엽 소리, 성기게 내리는 빗소리로 잘못 알아~)"를 인용했고, 끝구에서는 송강의 사설시조 將進酒辭(장진주사)의 "한 잔 먹세 그려, 또 한 잔 먹세 그려~"를 두고 썼다. 그는 인생의 덧없음을 되새기며 스승의 묘 앞에서 혼자 술잔을 거푸 기울였으리라. 許筠(허균)은 그의 글이 '매우 아름답고 밝다'고 평했었다.<答李生書>

7言絶句(7언절구). 압운은 蕭, 寥, 朝 자로 평성 '蕭(소)' 평운이다. 평측은 차례로 '平平仄仄仄平平, 仄仄平平仄仄平, 平仄仄平平仄仄, 仄平平仄仄平平'으로 절구 규칙에 맞다.

20-2 讀杜詩偶題(독두시우제) 두보의 시를 읽고 얼핏 떠오르는 생각을 짓다

杜甫文章世所宗 一回披讀一開胸 神飇習習生陰壑 天樂嘈嘈發古鐘
雲盡碧空橫快鶻 月明滄海戲群龍 依然步立仙山路 領略千峯更萬峯.
    (두보문장세소종 일회피독일개흉 신표습습생음학 천악조조발고종

    운진벽공횡쾌골 월명창해희군룡 의연보립선산로 영략천봉갱만봉)

두보의 문장은 세상의 으뜸이라, 한 번 펴 읽으면 가슴 확 트이네.
그늘진 골짜기에 신령스런 바람 일고, 예스런 쇠북에서 하늘 풍류 울리는구나.
구름 걷힌 창공에 독수리 비껴 날고, 달 밝은 창해에 용이 넘노는 듯하네.
그대로 신선 길 걸어 들자니, 천 봉우리 넘었는가 싶으면 또 만 봉우리 나타나네.

[語句] *偶題 : 偶吟題(우음제). 얼핏 떠오르는 생각을 읊어 적음. *披讀 : 펴 읽음. *飇 : 회오리바람. *習習 : 바람이 살랑거리는 모양. *天樂 : 하늘의 음악, 풍류. 궁중의 음악. *嘈嘈 : ①작은 소리로 지껄임. ②박자가 소란스럽도록 급함. *碧空 : 푸른 하늘. 碧天(벽천). *快鶻 : 빠른 독수리. 豪快(호쾌)한 독수리. *依然 : 그대로. 전과 다름없음. *領略 : 대강을 짐작해 앎.

[鑑賞] 평생을 두보의 시를 읽은 지은이인데도 조금 이해했다 싶으면, 다시 일만 봉우리 넘어야 할 고개가 앞에 나타나 가로막듯 하니 탄식 탄복만 나온다. 두시

에는 신령스러운 바람이 일고 예스런 모습에 하늘의 풍류가 담겼으며, 푸른 하늘을 멋대로 날아다니는 독수리 같고 달 밝은 푸른 바다에 뭇 용들이 꿈틀거리는 그런 모습이 담겼다는 것이다.

7언율시. 압운은 宗, 胸, 鐘, 龍, 峯 자로 평성 '冬(동)' 평운이다. 다만 龍 자는 평운 '冬'이지만, '용, 임금'의 뜻일 때는 '용'으로 읽고 상성 '腫(종, 측운), '둔덕'의 뜻이면 '롱'으로 읽고 평성 '冬', '잿빛'의 뜻이면 '방'으로 읽어 평성 '江(강, 평운)이라는 字典(자전)도 있다. 평측은 차례로 '仄仄平平仄仄平, 仄平平仄仄平平, 平平仄仄平平仄, 平仄平平仄仄平, 平仄仄平平仄仄, 仄平平仄仄平平, 平平仄仄平平仄, 仄仄平平仄仄平'으로 율시 규칙에 합치된다.

21. 權漢功(권한공 ?~1349) : 고려 충선왕 때 문신. 호 一齋(일재). 시호 文坦(문탄). 본관 안동. 父 戚(척). 충렬왕 때 과거에 급제하여 태자 源(원, 후의 충선왕)을 따라 원 나라에 갔다. 충선왕 즉위 후 密直副使, 僉議評理(밀직부사, 첨의평리)를 거쳐 都僉議政丞(도첨의정승)이 되고 醴泉府院君(예천부원군)으로 봉군되었다. 충선왕이 吐蕃(토번)으로 귀양 가니 충숙왕은 그가 권세를 부리며 賣官賣爵(매관매작)한 일을 추궁하기 위해 理問所(이문소)에서 힐문토록 하매, 탈출했으나 다시 잡혀 귀양 가게 되었는데 원 나라 황제의 명으로 특사되었다. 그 후 충숙왕을 원망하여 충숙왕 8년(1339)에 審王(심왕) 延安君 暠(연안군 고, 충숙왕의 조카)를 왕으로 세우려 했으나 실패했다.

21-1 琵琶行(비파행) 비파 노래

公主烏孫萬里程 江州司馬淚千行 後人豈解絃中趣 淸夜沈沈月轉廊.
(공주오손만리정 강주사마누천항 후인기해현중취 청야침침월전랑)

한漢의 공주는 오랑캐 오손에게 가는 먼 길을 떠났고,
강주사마 백낙천은 천 줄기 눈물 흘렸네.
뒷사람들 어찌 그 비파 줄 속의 뜻을 알랴,
맑은 밤 깊어가는데 달은 행랑行廊을 도는구나.

[語句] *琵琶行 : 비파의 노래. '行'은 樂府(악부)의 題名(제명)임. 당의 백낙천이 지은 '琵琶行'이 유명함. →90-13. *烏孫 : 중국 漢(한) 나라 때의 오랑캐 이름. 西域 大宛國(서역 대완국) 동북 2천리에 있고 흉노와 풍습이 같다고 하며, 한의 공주가 그 왕 昆莫(곤막)에게 시집가며 슬픈 회포를 비파 곡조로 탄 일이 있음. 또 궁녀 王昭君(왕소군)도 흉노의 왕인 呼韓邪單于(호한야선우)에게 시집가며 말등에 비파를 놓고 타면서 애절한 심정을 하소연했음. *江州司馬 : 강주의 軍事(군사)를 맡은 벼슬아치. 백낙천이 강주사마로 좌천된 적이 있어 그를 가리키기도 하

는데, 그가 潯陽江(심양강)에서 妓女(기녀)였던 商人(상인)의 아내가 타는 비파 소리
를 듣고 지은 비파행 끝 연에 '여인의 비파 소리를 듣고 누가 가장 눈물 많이
흘렸던고, 바로 강주사마 나였다네[就中泣下誰最多 江州司馬靑衫濕].'이라고
읊었음. *沈沈 : 밤이 깊어가는 모양.

[鑑賞] 비파 곡조에 얽힌 고사 두 가지를 읊고는 후세 사람들이 그 가락에 담겼던 뜻
을 온전히 알지 못하리라 했다. 오랑캐에게 볼모로 시집가는 공주나, 강주로
귀양 와 제대로 된 풍악을 즐기지 못하던 백낙천이 상인의 아내가 심양강에서
타는 비파곡을 듣고는 한 번 더 타 달라고 청하여 들으며, 그 여인의 신세타령
에 자기의 좌천된 처지를 투영해 가장 많은 눈물을 흘린 그 심정을 누가 알
수 있으랴. 江州는 九江市(구강시)로 潯陽이라고도 했다.

7언절구. 압운은 [程], 行, 廊 자인데 모두 평성이지만 程은 '庚(경)'운, 行은 '가다, 행하다'
의 뜻이면 '행'으로 읽어 같은 '庚' 운이고 '항렬, 줄[行伍]'의 뜻이면 '항'으로 읽어 '陽(양)'운
이며, 廊은 '陽'운이다. 庚운과 陽운은 통운이 되지 않기에 이 시의 압운 자는 行(항)과 廊으로
평운 '陽'으로 보는 게 합당하나(7언절구에서 첫 구에 압운 않는 경우도 있음), 그리되면 첫
행의 끝 程이 평성이라 규칙에 어긋나게 되는 것이다. 평측은 차례로 '平仄平平仄仄平, 平平
平仄仄平平, 仄平仄仄平平仄, 平仄平平仄仄平'이 되어 절구 규칙에 어긋나지 않는다.

21-2 與元朝馮子振待制(여원조풍자진대제) 원 나라 조정의 풍자진 대제에게 주다

玉樹淸風滿九天 紫皇香案一儒仙 太平文物重興後 圖畫凌烟尙少年.
(옥수청풍만구천 자황향안일유선 태평문물중흥후 도화능연상소년)

옥수의 맑은 바람 온 하늘에 가득한데, 옥황상제의 상 앞에 한 신선 선비일세.
태평성대의 문물이 다시 일어난 뒤, 능연각에 그 화상이 그려지니 아직 소년이어라.

[語句] *待制 : 중국 당나라 때 처음 설치된 관명.<文獻通考> 고려 때 經筵(경연)과 장
서를 맡는 寶文閣(보문각)의 벼슬임. *玉樹 : ①옥나무. 재능이 뛰어난 사람. ②
느티나무. *九天 : 9방위의 하늘. 높은 하늘. 궁중. *紫皇 : 옥황상제. *香案 :
향로와 香盒(향합)을 올려놓는 상. *儒仙 : 신선 같은 선비. *文物 : 문화에 관
한 사물. 禮樂典章(예악전장) 즉 법률, 학문, 예술, 종교 등의 총칭. *重興 : 거듭
흥하게 됨. *圖畫 : 그림이나 초상을 그림. 그림. *凌烟 : 凌烟閣(능연각). 당 태
종 때 공신 24명의 초상을 그려 걸어두고 기념하던 전각. 功臣閣(공신각).

[鑑賞] 원 나라 풍자진을 칭송한 頌詩(송시). 옥나무 같은 그대로 하여 하늘 가득 청풍
이 감돌고 하늘나라에나 있을 仙風道骨(선풍도골)의 모습이다. 元(원)의 문물이 중

홍된 뒤 공신각에 소년 같은 그대 모습 그려져 걸릴 것이다.

7언절구. 압운은 天, 仙, 年 자로 평성 '先(선)' 평운이다. 평측은 차례로 '仄仄平平仄仄平, 仄平平仄仄平平, 仄平平仄平平仄, 平仄平平仄仄平'으로 二四不同二六對(이사부동이륙대)와 反法, 粘法(반법, 점법) 등이 잘 이루어졌다. 첫 구의 九는 '모든'의 뜻으로 상성 '有(유)'이다.

22. 權興(권흥 ?) : 고려말의 文人(문인)?

22-1 草堂(초당) 초당에서

懶讀詩書臥草堂 夢魂不到利名場 子雲識字終何補 臨老方爲執戟郞.
(나독시서와초당 몽혼부도이명장 자운식자종하보 임로방위집극랑)

시경 서경을 읽다가 게을러져 초당에 누우니, 꿈에라도 명리의 마당에는 가지 않네.
양자운이 글자 알아 무슨 도움 되었던고, 늙바탕에 겨우 겨우 집극랑이 되었어라.

[語句] *草堂 : 집의 원채 밖 따로 떨어진 곳에 짚이나 억새로 지붕을 인 조그마한 집채. *懶 : 게으르다. 습관으로 '난'으로도 읽음. *詩書 : 중국 고전인 시경과 서경. *利名 : 名利. 명예와 이익. 세속의 일. *子雲 : 楊子雲(양자운). 중국 漢(한) 나라 사람으로 학문이 깊고 기이한 글자를 잘 알았지만 벼슬은 궁중에서 창을 잡고 궁내를 지키는 執戟郞官(집극낭관)의 하급에 불과했음. *識字 : 글자를 아는 일. 글을 앎.
[鑑賞] 명예를 중시하는 官界(관계)나 이익을 추구하는 사업계의 상호 경쟁은 치열하다. 큰 안목으로 볼 때 이 얼마나 속된 일인가? 글을 읽어 아는 것이 많다고 해도 양자운처럼 하급 관리로 있을 바에야 애써서 공부할 것도 없다. 일찍이 소동파도 '人生識字憂患始(인생식자우환시, 사람이 글자를 알게 된 것이 근심 걱정의 시작이니라.)'라 읊었다.<石蒼舒醉墨堂詩> 그러나, 인생에서 생업은 있어야 하고, 교양 있는 품위와 뜻 있는 삶을 위해서는 공부를 아니 할 수 없는 것이리라.

7言絕句(7언절구). 압운은 堂, 場, 郞 자로 평성 '陽(양)' 평운이다. 평측은 차례로 '仄仄平平仄仄平, 仄平仄仄仄平平, 仄平仄仄平平仄, 平仄平平仄仄平'으로 절구 규칙에 맞다.

23. 吉再(길재 1353~1419) : 고려말·조선초의 학자. 자 再父(재보). 호 冶隱, 金烏山人(야은, 금오산인). 시호 忠節(충절). 본관 善山(선산) 또는 海平(해평). 李穡(이색 →243), 鄭夢周(정몽주 →393), 權近(권근 →14)의 제자로 성리학을 공부했으며, 우왕 12년(1386) 進士試(진사시, 文科문과)에 급제하여 淸州牧 司錄(청주목 사록)에 임명되었으나 받지 않았고, 이듬해에 成均館學正(성균관 학정)이 되고 박사에 이르러 국자감 학생을 교육하고 집에서는 양가 자제들을 훈도했다.

창왕 1년(1389)에 門下注書(문하주서) 직책을 받아 다음해에 벼슬을 버리고 고향에 돌아가 노모를 섬겨 충효의 도를 다했다고 평가받았다. 조선 정종 2년(1400)에 함께 공부한 바 있는 태자 芳遠(방원)이 太常博士(태상박사)를 내렸으나 두 임금을 섬길 수 없다며 받지 않았다. 세간에서는 그의 높은 충절을 존경하여 牧隱(목은) 이색, 圃隱(포은) 정몽주와 함께 고려말의 三隱(삼은)이라 했고, 금오산에 은거했는데 그의 학문적 계보는 江湖 金淑滋(강호 김숙자), 佔畢齋 金宗直(점필재 김종직→46), 寒暄堂 金宏弼(한훤당 김굉필 →25), 一蠹 鄭汝昌(일두 정여창 →405)으로 이어졌으며 조선조儒學(유학)의 개창자로서 학계에 그의 비중이 컸다.

23-1 卽事(즉사) 즉흥으로 읊다

盥手淸泉冷 臨身茂樹高 冠童來問字 聊可與逍遙.

(관수청천냉 임신무수고 관동내문자 요가여소요)

손 씻을 맑은 샘물이 차고, 몸 붙일 무성한 나무 높구나.
어른과 아이들 와서 글을 물으니, 그런대로 더불어 소요할 만하네.

[語句] 卽事 : 눈앞 사물을 즉흥으로 읊음. *盥手 : 손을 씻음. *冠童 : 관을 쓴 사람과 아이 곧 어른과 아이. *聊 : ①애오라지[마음이 부족하나마 겨우]. 좀. 잠시. ②즐거워하다. ③편안하다. *逍遙 : 한가로이 이리저리 거닐음. 산책.

[鑑賞] 淸泉과 茂樹로 이미 공간적 배경이 속세와 떨어진 한적한 곳임을 알게 한다. 세상일을 떨쳐 버리고 은거하며 연구에 몰두하는 여가에 저 아랫마을 젊은이들을 薰陶(훈도)하노라니, 함께 천진한 그들의 이야기도 들으며 한 때를 즐길 만하다.

5언절구. 압운은 高, 遙 자인데 高는 평성 '豪(호)' 평운이고 遙는 평성 '蕭(소)' 평운이며 이 두 운자는 通韻(통운)이 되므로 잘못은 없다. 평측은 차례로 '仄仄平平仄, 仄平仄仄平, 平平平仄仄, 平仄仄平平'이다. 각 구의 제 2, 4자의 평측을 보면 차례로 '仄-平, 平-仄, 平-仄, 仄-平'이라, 둘째 구는 첫 구에 대해 反法(반법 →6-1)이 되었고 셋째 구는 둘째 구와 粘法(점법 → 11-1, 12-1)이 되었으며, 넷째 구는 셋째 구에 대해 또 반법이 되었으니 규칙에 맞다.

23-2 閑居(한거) 한가하게 살다

臨溪茅屋獨閑居 月白風淸興有餘 外客不來山鳥語 移床竹塢臥看書.

(임계모옥독한거 월백풍청흥유여 외객불래산조어 이상죽오와간서)

시냇가 초가집에 홀로 한가로이 사노라니, 달 밝고 바람 맑아 흥취 가득타.
오는 손은 없고 산새 지저귀니, 대밭으로 평상 옮겨 쉬엄쉬엄 글을 읽노라.

[語句] *茅屋 : 띠풀로 지붕을 이은 집. 초가집. '자기 집'의 겸칭. *月白風淸 : 달 밝고 바람 시원함. 月白風淸 如此良夜何(달이 밝고 바람이 맑으니, 이 좋은 밤을 어찌하면 좋을꼬.)<蘇軾 後赤壁賦> *外客 : ①외부에서 오는 손님. ②남자 손님. ↔內客(내객). *竹塢 : 대나무 언덕 곧 대밭. *臥 : 눕다. 쉬다. *看書 : 책을 눈으로 읽음.

[鑑賞] 앞의 '卽事' 시와 같은 발상의 작품이다. 시냇가에 초가집을 얽고 한가롭게 사니 밝은 달과 맑은 바람, 지저귀는 새 소리가 한결 정겹다. 찾아오는 손님도 드물 수밖에 없어 한가로이 시원한 대밭에서 댓잎 소리 들으며 책을 읽는다. '臥看書'는 '누워서 책을 본다'는 뜻보다는 '쉬엄쉬엄 독서한다'는 뜻이리라.

7言絶句(7언절구). 압운은 居, 餘, 書 자로 평성 '魚(어)' 평운이다. 평측은 차례로 '平平平仄仄平平, 仄仄平平仄仄平, 仄仄仄平平仄仄, 平平仄仄仄平平'으로 절구 규칙에 맞다.

24. 金勘(김감 1466~1509) : 조선 중종 때 文臣(문신). 자 子獻(자헌). 호 一齋, 仙洞(일재, 선동). 시호 文敬(문경). 본관 延安(연안). 父 元臣(원신). 성종 20년(1489) 사마시를 거쳐 문과에 급제하여 대제학, 좌찬성에 이르러 연산군이 우의정에 임명했으나 굳이 사양했고, 연산군의 지나친 인명살상을 간하였다. 任士洪(임사홍) 부자의 시기로 慶尙道觀察使(경상도관찰사)로 나갔다가 소환되자 중종반정에 가담하여, 靖國功臣(정국공신)의 호를 받고 延昌府院君(연창부원군)에 봉군된 후 領經筵事(영경연사) 겸 병조판서를 역임했다. 서자 출신 金公著(김공저)와 朴耕(박경)의 원로대신 습격 미수 사건이 일어나자 柳子光(유자광)의 모함으로 錦山(금산)에 귀양 갔다가 곧 풀렸으나, 병으로 퇴관하고 나라에 큰 일이 있을 때만 의론에 참가하였다. 그는 성품이 명랑하고 문장이 아름답고 굳세다는 평을 받았다.

24-1 貫虹樓 初頭(관홍루 초두) 관홍루 첫머리

千年景運啓厖鴻 當宁淸明萬化隆 宵旰每勞思繼述 宴安爲戒念瘝恫
盈成大業要持守 密勿同心競奮庸 蕩蕩乾坤皆在御 滔滔江漢盡朝宗
瞳曨紅日行黃道 靉靆卿雲繞紫宮 玉燭光風開橐籥 璇衡叶氣運鴻濛.

　　(천년경운계방홍 당저청명만화륭 소간매로사계술 연안위계염관동

　　영성대업요지수 밀물동심경분용 탕탕건곤개재어 도도강한진조종

　　동롱홍일행황도 애체경운요자궁 옥촉광풍개탁약 선형협기운홍몽)

천년의 빛나는 큰 운수가 두텁고 크게 열리니, 임금님이 청명하사 온갖 교화 융성하네.
정치에 부지런해 소의간식宵衣旰食으로 늘 수고로이 조상의 뜻을 생각하고,
안일함을 경계 삼아 병든 백성들을 염려하시네.

가득 이룩한 대업을 조심해 지켜 가며,
한마음으로 부지런히 힘써 다투어 공적을 드날리네.
넓고 큰 하늘과 땅을 거느려 제어하고,
거침없이 흐르는 강물이 바다에 모이듯 모두 모으네.
돋아오르는 붉은 해는 황도로 가고,
자욱히 낀 상서로운 구름은 자미궁 같은 궁궐을 둘렀구나.
태평하고 빛나는 바람은 풀무를 열고,
선기옥형璿璣玉衡은 천기와 화합해 천지자연의 원기를 운행하네.

[語句] *景運 : 크고 빛나는 운수. 運數(운수, 사람에게 어쩔 수 없이 돌아오는 吉凶禍福길흉화복).
*厖鴻 : 두텁고 큼. *當宁 : 天子가 조회 받는 자리에 이름. 임금. *萬化 :
'千變萬化'의 준말. 천만 가지로 변화함. 변화가 한이 없음. '온갖 교화'의 뜻
으로도 씀. *宵旰 : 소의간식. 날이 새기 전에 일어나 옷을 입고 늦게야 밥을
먹음. 임금이 정사에 부지런하고 걱정이 많음을 뜻함. *繼述 : 조상의 뜻과 사
업을 이어나감.<中庸> *宴安 : 심신이 한가하고 편안함. 燕閑(연한). *瘝侗 : 병
든 사람. 瘝은 '병들다', 侗은 '성년이 되지 못한 사람[未成器之人]'의 뜻임. *
大業 : 큰 사업. 나라를 세우는 일. *密勿 : 힘써 부지런히 함. 임금 곁에서
기밀에 참여하는 일. *奮庸 : 공을 떨침. 힘써 일함<書經 舜典> *蕩蕩 : 넓고
큰 모양. *滔滔 : 광대한 모양. 큰물이 흘러가는 모양. 洋洋(양양). *江漢 : 양자
강과 漢水(한수).<孟子 滕文公上> 큰 강. *朝宗 : 제후가 천자를 우러러 뵙고 따
름. '강물이 분주히 흘러 바다로 모여드는 일'을 말하기도 함.<詩經 小雅沔水> *
曈曨 : 먼동이 터 해가 돋음. *黃道 : 태양이 운행하는 길. 지구가 태양을 도
는 궤도. *靉靆 : 구름이 낀 모양. *卿雲 : 상서로운 구름. 태평성대에 하늘에
나타난 서기. 慶雲(경운). *紫宮 : 紫薇宮(자미궁). 天帝의 궁전. 황궁. 자미는 '북
두성 북쪽의 별 이름'임.<漢書 天文志> *玉燭 : 사철 기후가 고르고 천하가 태
평함. *光風 : 비 온 뒤의 맑은 바람. *橐籥 : 풀무<老子道德經5章> *璇衡 : 璇
璣玉衡(선기옥형). 천체의 운행을 관측하는 기구. 渾天儀(혼천의). *叶氣 : 協氣(협
기). 화합하는 기운. 서로 돕는 기상 *鴻濛 : ①천지자연의 원기. 천지가 갈라
지지 아니한 때의 우주. 광대한 모양. ②도에 통달한 신선 이름.<莊子 外篇在宥>

[鑑賞] 이 시는 모두 80구의 장편인데 인용된 것은 첫머리 12구이다. 어려운 어휘가
많이 쓰이었고 모두 임금의 높은 덕과 나라의 융성을 그렸다. 왕과 사직에 대
한 송축시여서 표현이 鎭重莊嚴(진중장엄)한 특징을 가졌다. 한시의 한 體(체)인

排律(배율)이므로 첫 聯(연) 곧 처음 두 구부터 모두 對句(대구) 곧 對語聯句(대어연구)로 구성되어야 하는데, 첫 연은 대구가 아닐 수 도 있다. 베율은 중국 남북조 때 宋(송)의 顔延之(안연지)와 謝瞻(사첨)부터 비롯되었다고 한다.

7言排律(7언배율). 배율은 10구 이상으로 이루어지는데, 두 구가 반드시 대를 이루도록 지어야 한다. 이 시도 제1, 2구가 대를 이루었으니, '千年-當宁, 景運-淸明, 啓庬鴻-萬化隆'으로 대가 되었고 다음 3, 4구도 마찬가지인 것이다. 압운은 鴻, 隆, 侗, 庸, 宗, 宮, 濛 자인데, 庸, 宗은 평성 '冬(동)' 평운이고, 나머지는 모두 평성 '東(동)' 평운으로 이 두 운은 通韻(통운)이 된다. 평측은 차례로 '平平仄仄仄平平, 平仄平平仄仄平, 平仄平平平仄仄, 仄平平平仄平平 ; 平平仄仄平平仄, 仄仄平平仄仄平, 仄仄平平平仄仄, 平平平仄仄平平 ; 平平平仄平平仄, 仄仄平平仄仄平, 仄仄平平平仄仄, 平平仄仄仄平平'인데, 7언율시와 마찬가지 평측으로 '二四不同二六對(이사부동이륙대)'와 反法, 粘法(반법, 점법) 등의 규칙에 어긋남이 없이 이루어졌다.

25. 金宏弼(김굉필 1454~1504) : 조선초 학자. 자 大猷(대유). 호 寒暄堂, 蓑翁(한훤당, 사옹). 시호 文敬(문경). 본관 瑞興(서흥). 父 紐(유). 서울 정동에서 출생하여 軍資監主簿(군자감 주부), 사헌부감찰 등을 거쳐 형조좌랑을 역임하고 사후에 우의정이 추증되었고, 그의 사원이 玄風(현풍)의 道東書院(도동서원)이니 賜額(사액)되었다. 김종직에게 배웠고 무오사화 때 김종직 일파로 몰려 熙川(희천), 順天(순천)에 유배되었다가 갑자사화 때 순천 臨淸臺(임청대)에서 사사되었다. 6경에 몰두하고 성리학에 정진해 실천궁행의 정신으로 행동하여 김종직이 시문을 위주로 함에 반하여 실천을 중시했다. 文廟(문묘)에 배향된 조선 5 현의 한 분인데, 5현은 그를 필두로 鄭汝昌(정여창), 趙光祖(조광조), 李彦迪(이언적), 李滉(이황)이며 광해군 2년(1610) 이황, 조광조와 함께 문묘에 배향되고 조광조, 金正國(김정국), 李長坤(이장곤) 등이 그의 제자였다. 어렸을 때 성품이 호방하여 시중을 달리며 채찍으로 사람을 치니 사람들이 그를 보면 숨었고, 자라서는 학문에 분발하여 성리학에 잠심하며 '小學(소학)'으로 학문을 세워 제자들이 많이 모였다 한다. 저서로 '家範(가범)', '景賢錄(경현록)'이 있다.

25-1. 路傍松(노방송) 길가의 소나무

一老蒼髯任路塵 勞勞迎送往來賓 歲寒與汝同心事 經過人中見幾人.
　　(일로창염임노진 노노영송왕래빈 세한여여동심사 경과인중견기인)

늙은 소나무 푸른 수염을 길 먼지 속에 맡긴 채,

오가는 손님들 맞이하고 배웅하기 수고롭구나.

추운 겨울 너와 같은 마음을 가지는 일, 지나는 사람들 중 몇이나 보았는고.

[語句] *蒼髯 : 푸른 구레나룻(수염). '소나무'를 형용하는 말임. *勞勞 : 몹시 애를

씀. *迎送 : 맞이하는 일과 보내는 일. 송영. *往來賓 : 오고가는 손님. *歲寒 : 추운 계절 곧 겨울. '松竹梅(송죽매)'를 세한 三友(삼우)라 함. *同心事 : 같은 마음을 가지는 일. *經過 : 거쳐 지나감.

[鑑賞] 길가에 선 큰 소나무를 읊었다. 지나는 손들이 그 나무 밑에서 쉬어가기도 하니 소나무가 사람을 맞이하고 보내는 것과 같아 그 표현이 절실하다. 그런데, 그 많은 사람들 중 소나무가 추운 겨울을 견디듯 절조가 굳은 사람이 몇이나 되겠는가 묻고 있다.

7言絶句(7언절구). 압운은 塵, 賓, 人 자로 평성 '眞(진)' 평운이다. 평측은 차례로 '仄仄平平仄仄平, 平平平仄仄平平, 仄平仄仄平平仄, 平仄平平仄仄平'으로 절구 규칙에 어긋나지 않는다.

25-2 書懷(서회) 회포를 쓰다

處獨居閒絶往還 只呼明月照孤寒 憑君莫問生涯事 萬頃煙波數疊山.
(처독거한절왕환 지호명월조고한 빙군막문생애사 만경연파수첩산)

홀로 한가하게 사니 왕래가 끊이어, 다만 밝은 달이 불려 와 고한한 모습 비칠 뿐일세. 그대에게 부탁하노니 내 사는 일 묻지를 말게, 만경연파에 몇 겹의 청산뿐이니.

[語句] *往還 : 갔다가 돌아옴. 오고감. 往來(왕래). 往復(왕복). *孤寒 : 매우 쓸쓸하고 가난한 생활. *憑 : 부탁하다. *生涯事 : 세상을 살아가는 일. 생활의 일. *萬頃煙波 : 넓은 물안개. 안개 자욱한 넓은 물. *數疊山 : 몇 겹으로 겹쳐 있는 산들. 深深山中(심심산중).

[鑑賞] 한적한 곳에서 홀로 살아가니 찾아오는 사람 없고 밝은 달만이 동무가 되어 준다. 내 생활 어떠한가를 물을 필요가 없나니, 안개 낀 큰물에 산은 첩첩이 둘러 있다네. 귀양 간 곳에서 읊었는지 은둔한 곳에서 읊었는지 알 수 없으나, 외로움이 묻어 있어 읽는 이로 하여금 서글프게 한다. 끝 행은 인생길의 험함이 깃들여 있는 표현이다.

7언절구. 압운은 還, 寒, 山 자로 還과 山은 평성 '刪(산)' 평운이고, 寒은 평성 '寒' 평운인데 이 두 운은 통운이 된다. 평측은 차례로 '仄仄平平仄仄平, 仄平平仄仄平平, 平平仄仄平平仄, 仄仄平平仄仄平'으로 이사부동이륙대와 반법, 점법 등이 모두 잘 이루어졌다.

26. 金克己(김극기 ?) : 고려 명종 때(1170~1197) 학자. 호 老峰(노봉). 본관 廣州(광주). 어려서부터 문장에 조예가 깊어 입을 열면 바로 글이 이루어져 이름이 높았다. 진사에 올랐으나 권세를 즐기기보다는 산림 속에서 시 읊기를 즐겼다. 명종이 그의 인품을 보고 翰林

(한림)을 시켰으나 얼마 되지 않아 死去(사거)했다. 당시 시인들이 "언어의 구사가 맑고 활달하여 내용이 풍부하다."고 평했고, 고려말에 간행된 '三韓詩龜鑑(삼한시귀감)'에 그의 本集(본집) '金員外集(김원외집)'이 150권이라 한 것으로 보아 작품이 많았음을 짐작할 수 있다.

26-1 讀林太學詩卷 五首 第3首(독임태학시권 오수 제3수) 임 태학의 시권을 읽고 다섯 수 셋째 수

曾訪徐侯共醉歸 別來燕雁喜相違 我今紫塞君黃壤 終始暌離似此稀.
(증방서후공취귀 별래연안희상위 아금자새군황양 종시규리사차희)

일찍이 서 사또를 찾아가 함께 취하여 돌아왔는데,

헤어진 뒤 만나려던 기쁨이 제비와 기러기 길 어긋나듯 했네.

나는 이제 변방에 있고 그대는 땅 밑에 묻혔으니, 끝내 어긋남이 이와 같기는 정말 드물리라.

[語句] *林太學 : 林椿(임춘)으로 추측됨. 임춘은 고려 인종 때 문인으로 자는 耆之(기지)요 본관은 西河(서하)로 한문과 唐詩(당시)에 뛰어났고 江左七賢(강좌칠현)의 한 사람이며 '麴醇傳(국순전)', '孔有傳(공유전)', '西河先生集(서하선생집)' 등의 저작이 있음. *詩卷 : 시를 모은 책. 詩集(시집). *徐侯 : 서 아무개 사또. 侯는 '고을 사또의 姓(성) 밑에 붙이는 존칭'임. *燕雁 : 제비와 기러기. 서로 만나기 힘든 경우. *相違 : 서로 어긋남. *紫塞 : 변방 지역. 중국 만리장성 또는 북방 국경 雁門(안문). *黃壤 : 누르고 부드러운 땅. 무덤. 厥土惟黃壤(그 흙은 누렇고 부드러운 것이니)<書經 禹貢> *終始 : 나중이나 처음이나 똑같음. 시종. *暌離 : 어그러져 떠남. 暌携(규휴). 이 시에서는 '규휴'보다 '규리'가 평측에 맞음.

[鑑賞] 친구 弔喪詩(조상시) 연작 5수 중 셋째 수이다. 전에 친구로서 같이 술 마시며 취하기도 했었지만, 서로 멀리 떨어져 있다가 이제 그대가 저세상으로 갔다 하고 시집을 보내와 읽으니, 이 변방에 있기로 弔問(조문)도 못했구나. 영영 못 볼 그대의 시를 읽으니 감회가 남다르다. 세상에 이렇게 어그러지는 일도 있는가, 嗚呼痛哉(오호통재).

7언절구. 압운은 歸, 違, 稀 자로 평성 '微(미)' 평운이다. 평측은 차례로 '平仄平平仄仄平, 仄平仄仄仄平平, 仄平仄仄平平仄, 平仄平平仄仄平'으로 절구 규칙에 맞다.

26-2 西樓晚望(서루만망) 저녁에 서루에서 바라보다

江風習習獵春叢 塞日濛濛臥晚空 水色連天煙覆地 樵蹊釣瀨有無中.
(강풍습습렵춘총 새일몽몽와만공 수색연천연복지 초혜조뢰유무중)

강바람 살랑살랑 봄 숲을 누비고, 변방의 해는 흐릿하게 저녁 하늘에 누웠구나.

물빛은 하늘에 닿았고 연기는 땅을 덮어, 나뭇군 오솔길과 낚시 여울은 보일 듯 말 듯하네.

[語句] *習習 : 바람이 살랑거림. *塞日 : 변방에서 보는 해. *濛濛 : 비나 안개로
  자욱한 모양. *晚空 : 저녁때의 하늘. *蹊 : 지름길. 오솔길. *瀨 : 여울. 물결.
  *有無中 : 있는 듯 없는 듯한 속.

[鑑賞] 처음 두 구는 對句(대구)가 되었으니, '江風-塞日, 習習-濛濛, 獵春叢-臥晚空'
  이 각각 한 짝인 것이다. 봄날의 저녁 풍경을 보이는 대로 사실적으로 그렸으
  니, 강에서 불어오는 봄바람이 봄 숲을 사냥하듯 지나고 이 변방의 해는 저녁
  하늘에 누웠으며, 물과 하늘이 한 빛이 되고 연기는 땅에 가득 깔려 오솔길이
  나 낚시터는 보일 듯 말 듯하다는 표현이 그것이다.

  7언절구. 압운은 叢, 空, 中 자로 평성 '東(동)' 평운인데, 2행의 '濛濛'도 東 운이어서 '몽
몽'이란 어휘를 피하고 다른 말을 찾아 넣었더라면 좋았을 것이다. 압운과 같은 운에 속하는
글자는 가능한 대로 피하는 것이 좋다고 한다. 평측은 차례로 '平平仄仄仄平平, 仄仄平平仄
仄平, 仄仄平平平仄仄, 平平仄仄仄平平'으로 7언절구의 典型(전형) 같다.

26-3 書情 二首(서정 이수) 시를 쓴 느낌 두 수

  晚年佐邑竟何成 唯有千篇寫客情 邊吏不知詩有味 幾回相哂絶冠纓 <제1수>
  　(만년좌읍경하성 유유천편사객정 변리부지시유미 기회상소절관영)

  늘그막에야 고을의 속관 되어 무얼 이루었는고,
  오직 나그네 정을 읊은 천 편의 시뿐일세.
  변방 아전들은 시의 맛을 알지 못하고, 몇 번이나 서로 웃다가 갓끈 끊어졌구나.

[語句] *晚年 : 늙은 나이. 노년. *佐邑 : 고을을 보좌함. 고을원 또는 고을원을 돕는
  속관. *客情 : 객지에서의 심정. 나그네의 회포. *邊吏 : 변방의 벼슬아치. 변
  방 衙前(아전, 말단 행정실무 담당관리). *絶冠纓 : 하늘을 우러러 크게 웃으니 갓끈이
  끊어졌다는 말이 있음.

26-4 鳥散楊花落屋除 樓頭一榻黑甜餘 家童火急供執扇 正是炎風用事初 <제2수>
  　(조산양화낙옥제 누두일탑흑첨여 가동화급공집선 정시염풍용사초)

  새들이 버들꽃을 헤쳐 섬돌에 떨어뜨리니, 다락 머리 평상에서 낮잠 자다 일어난 뒤라.
  아이놈이 불현듯 부채질해 주니, 때는 바로 뜨거운 바람이 움직일 때가 되는구나.

[語句] *楊花 : 버드나무의 꽃. *屋除 : 처마 밑의 섬돌. *榻 : 平床(평상, 나무 寢床침
  상). 긴 걸상. *黑甜 : 낮잠. 깜깜하고도 맛이 달다는 뜻으로 중국 북쪽 사람들

이 쓰는 말임.<西淸詩話> *家童 : 집안 심부름을 하는 어린 사내 종. *火急 :
매우 급함. *執扇 : 부채를 잡음. *正是 : 바로. 마침. *炎風 : 찌는 듯 더운
바람. 北東風(북동풍). *用事 : 일을 처리함. 활동함.

[鑑賞] 늙바탕에 고을의 벼슬을 살면서 사무는 못 본 체하고 오직 시나 읊조렸다. 아
전들이야 시 짓는 멋이나 시에 담긴 뜻을 알기나 하랴. 늦은 봄 한가로이 낮잠
을 즐기노라니 이미 여름에 접어들어 더위가 다가온다. 둘째 수는 民俗畫(민속
화)로 그려 볼 수 있도록 절실하다.

　7언절구 2수. 첫 수의 압운은 成, 情, 纓 자로 평성 ‘庚(경)’ 평운이고, 둘째 수는 除, 餘,
初 자로 평성 ‘魚(어)’ 평운이다. 평측은 차례로 ‘仄平仄仄仄平平, 平仄平平仄仄平, 平仄仄平
平仄仄, 仄平平仄仄平平’과 ‘仄仄平平仄仄平, 平平仄仄仄平平, 平平仄平平仄仄, 仄仄平
平仄仄平’으로 둘째 수 셋째 구만 二六同(이륙동) 규칙에 어긋났으니, ‘평-평’이어야 할 것이
‘평-측[童- 執]’이 되어 버렸다.

26-5 漁翁(어옹) 어부 늙은이

　天翁尙未貰漁翁 故遣江湖少順風 人世險巇君莫笑 自家還在急流中.
　　（천옹상미세어옹 고견강호소순풍 인세험희군막소 자가환재급류중）

　하늘은 아직도 어부 노인에게 너그럽게 해 주지 못하여,
　짐짓 강호에 순풍을 적게 하는구나.
　인간 세상 험하다고 어부여 웃지 마오, 그대도 오히려 급류 속에 몸 부쳐 있으니까.

[語句] *漁翁 : 고기잡는 늙은이. 어부. *天翁 : 하느님. 조물주. *未貰 : 빌려주지
　　않음. 주지 아니함. *故遣 : 그런 까닭으로 보냄. 짐짓 보냄. *江湖 : 강과 호
　　수. 세상. *順風 : 순하게 부는 바람. ↔逆風(역풍). *人世 : 사람 사는 세상. *
　　險巇 : 험하고 가파름. *自家 : 자기. 스스로.

[鑑賞] 조물주는 순한 바람만을 바다에 주는 게 아니니, 어부여! 인간이 사는 세상이
　　험하더라고만 말하지 말라. 그대도 폭풍 노도 속에 있을 수 있다네. 조선 인조
　　때 문인이요 정치가인 張晚(장만 1566~1629 호 洛西낙서)의 시조 ‘풍파에 놀란 사공
　　배 팔아 말을 사니, 구절양장이 물도곤 어려웨라. 이 후란 배도 말도 말고 밭
　　갈기만 하리라.’와 主題(주제)가 유사하다.

　7언절구. 압운은 翁, 風, 中 자로 평성 ‘東(동)’ 평운이다. 평측은 차례로 ‘平平仄仄仄平平,
仄仄平平仄仄平, 平仄仄平平仄仄, 仄平平仄仄平平’으로 절구 규칙에 맞다.

26-6 有感 三首 第2首 中段(유감 삼수 제2수 중단) 감상 세 수 둘째 수 중간

膏肓負泉石 繮索嬰笏脩 若非入醉鄕 拘迫何時休.
　　　(고황부천석 강삭영홀수 약비입취향 구박하시휴)

고질이 된 자연을 즐기는 성벽을 저버리고, 벼슬에 밧줄로 묶이었구나.

만약 취향에 들지 않으면, 얽매임과 핍박이 언제 그치리.

[語句] *膏肓泉石 : 자연을 사랑하고 즐기는 性癖(성벽). 중국 당 나라 은사 田遊巖(전유암)이 箕山(기산)에 들어가 사는데, 고종이 친히 그 집을 찾아가니 野服(야복)으로 나와 영접하므로 고종이 "선생은 근일에 편안하신가?" 하니까, 그가 "신은 이른 바 '산수를 즐김이 뱃속 깊이 들고 [泉石膏肓], 자연을 즐김이 고질병처럼 된 [烟霞痼疾 연하고질]' 자입니다."라 대답하더라함. *繮索 : 밧줄. 繮은 '말고삐', 索은 '동아줄, 새끼'임. *嬰 : 둘리다. 얽히다. *笏脩 : 홀과 수. 벼슬. 笏은 '신하가 朝服(조복)을 입고 임금을 뵐 때 오른손에 쥐던 牌(패)', 脩는 '脯(포). 다스리다'임. *醉鄕 : 술을 마시어 느끼는 즐거운 경지. 당 나라의 王績(왕적)이 '醉鄕記(취향기)'란 글에서 설정한 가상의 세계. *拘迫 : 붙잡힘과 逼迫(핍박, 바짝 죄이어 괴롭힘).

[鑑賞] 산과 물 곧 자연을 즐기는 사람인데 벼슬살이에 얽매여 즐기지 못하니 얼마나 답답하랴. 그리하여, 술에 취하여 취향에라도 들어야지 그렇지 않을 때, 벼슬이 주는 고됨과 마음의 불만을 어떻게 털어버릴 수 있겠는가. 지은이의 취향을 진솔하게 표현한 작품이다.

7言古詩(7언고시) 세 수 중 둘째 수의 중간이다. 이 시는 첫 수가 20 구, 둘째 수가 18 구, 셋째 수도 20구로 구성되었다. 압운은 脩, 休 자로 평성 '尤(우)' 평운이고, 평측은 차례로 '平平仄平仄, 平仄平仄平, 仄平仄仄平, 平仄平平平'인데 고시이기 때문에 二四不同(이사부동)이 1, 2구에서 지켜지지 않았다.

26-7 梨花-秋日梨花(이화-추일이화) 배꽃-가을날의 배꽃

凄風冷雨濕枯根 一樹狂花獨放春 無奈異香來聚窟 漢宮重見李夫人.
　　　(처풍냉우습고근 일수광화독방춘 무내이향내취굴 한궁중견이부인)

쓸쓸한 바람에 찬비는 마른 뿌리 적시는데,

한 나무의 엉뚱하게 핀 꽃 홀로 봄을 펼치네.

기이한 향기 신선 사는 취굴주에서 오니, 한 나라 궁중에서 다시 이 부인을 보듯 하네.

[語句] *凄風 : 몹시 쓸쓸하게 부는 바람. *冷雨 : 찬 비. *狂花 : 미친 꽃. 제 철이 아

닌 겨울에 핀 꽃. *無奈 : 어찌할 도리가 없음. 無那(무나). *異香 : 이상스럽고 좋은 향기. *聚窟 : 聚窟洲(취굴주). 신선이 사는 10주의 하나로 返魂香(반혼향)이 나는데, 반혼향이란 영혼이 돌아오는 향기로 이 향내가 풍기는 곳에서는 죽은 사람이 다시 살아나고 죽은 혼이 집으로 돌아온다고 함<博物志> *李夫人 : 중국 漢(한)나라 李延年(이연년)의 누이로 武帝(무제)가 사랑하던 미인인데, 죽을 때 무제가 한 번 얼굴을 보고자 했으나 이불을 뒤집어쓰고 보이지 않았으며, 죽은 뒤 무제가 너무 그리워하므로 李少君(이소군)이 方術(방술)을 써서 그녀의 혼령을 未央宮(미앙궁)으로 불러와 얼굴을 잠깐 다시 보게 했다 함. 고려 때 李奎報(이규보)는 '通齋記(통재기)'에서 '아직 피지 않은 꽃은 이 부인이 이불을 가린 것과 같다.'고 표현했음.

[鑑賞] 늦가을에 피어난 배꽃을 소재로, 그 기이함이 취굴주에서 나는 반혼향이 풍겨 漢武帝(한무제)의 愛姬(애희)인 이 부인이 다시 소생한 듯하다고 읊었다. 광화 하나를 보고 '박물지'와 이부인 故事(고사)를 끌어내어 절실하게 그리는 詩眼(시안)은 경탄할 만하다 할 것이다.

　　7言絶句(7언절구). 압운은 根, 春, 人 자인데 根은 평성 '元(원)' 평운, 春, 人은 평성 '眞(진)' 평운으로 이 두 운은 通韻(통운)이 된다. 평측은 차례로 '平平仄仄仄平平, 仄仄平平仄仄平, 平仄仄平平仄仄, 仄平平仄仄平平'이라 절구 규칙에 맞다.

26-8 春日(춘일) 봄 날

柳岸桃溪淑氣浮 枝間鳥語苦啁啾 春工與汝爭何事 慢罵東風不自休.
　　(유안도계숙기부 지간조어고주추 춘공여여쟁하사 만매동풍부자휴)

버들 기슭 복숭아 냇물 화창함이 떠 있는데, 나뭇가지 사이 새 소리 매우 지저귀네.
봄이 너 새로 더불어 무얼 다투기에, 동풍 꾸짖기를 쉬지 않는고.

[語句] *桃溪 : 복숭아 꽃잎이 떠내려가는 시냇물 또는 언덕에 복숭아꽃이 핀 시내. *淑氣 : 봄 또는 자연의 맑은 기운. 화창함. *鳥語 : 새가 지저귀는 소리. *啁啾 : ①새가 지저귀는 소리. ②뒤섞여 들리는 악기 소리. *春工 : 봄. 봄이 만물을 이루어내는 공교로움이 있어서 하는 말임. *慢罵 : 만만히 여겨 함부로 꾸짖음. 거만스럽게 꾸짖음. *自休 : 스스로 쉼. 절로 그침.

[鑑賞] 봄날을 읊은 명작이다. 봄이 와 삼라만상이 화창한데, 나뭇가지 사이에서 참새들이 조잘거린다. 그 새들이 마치 봄과 무엇에 대하여 다투는 듯한데, 동풍이 봄의 편이라 생각되는지 새들은 동풍을 거만스럽게 꾸짖노라 짹짹거린다. 생동하는 봄을 풍자와 재치로 그렸다.

　　7언절구. 압운은 浮, 啾, 休 자로 평성 '尤(우)' 평운이다. 평측은 차례로 '仄仄平平仄仄平,

平平仄仄仄平平, 平平仄仄平平仄, 仄仄平平仄仄平'으로 절구 규칙에 딱 합치되니, 7언절구의 偏格(편격)인 仄起式(측기식)의 定式(정식) '仄仄平平仄仄平, 平平仄仄仄平平, 平平仄仄平平仄, 仄仄平平仄仄平'과 똑같지 않은가! 시의 내용과 더불어 명작인 것이다.

26-9 醉時歌 初頭(취시가 초두) 취했을 때의 노래 첫머리

釣必連海上之六鼇 射必落日中之九烏 六鼇動兮魚龍震蕩 九烏出兮草木焦枯
男兒要自立奇節 弱羽纖鱗安足誅.

　　(조필련해상지육오 사필락일중지구오 육오동혜어룡진탕 구오출혜초목초고

　　남아요자입기절 약우섬린안족주)

낚으려면 바닷속 육오를 잇달아 낚아 내고, 쏘려면 해에 사는 구오를 쏘아 떨궈야지.
육오가 거동하면 어룡이 뒤흔들리고, 구오가 나타나면 초목이 말라 시드네.
사나이라면 마땅히 기특한 지조를 세워야지, 병아리나 송사리를 잡아 무엇하리오.

[語句] *釣必連 : 낚으려면 반드시 잇달아 낚음. *六鼇 : 여섯 마리 큰 자라. 六鰲(육오). 渤海(발해) 동쪽 바다에 다섯 산이 있는데 그 뿌리가 박히지 않아 물결 따라 흔들리니, 上帝(상제)가 노하여 西極(서극)으로 귀양 보냈는데 뭇 聖人(성인)들이 살 곳을 잃게 되어 큰 자라 6마리를 시켜 머리에 이도록 했다 함. *九烏 : 해에 살고 있다는 아홉 마리 까마귀. 이 까마귀들은 발이 세 개가 달려 있어 三足烏(삼족오)라 하며 해를 '陽烏(양오)'라고도 함. *魚龍 : 물고기와 용. 水族(수족) 총칭. *震蕩 : 울리고 흔들림. 震盪(진탕). *焦枯 : 타듯이 마름. 말라 시듦. 枯焦. *弱羽纖鱗 : 약한 날개와 가늘고 여린 비늘. *安足誅 : 어찌 베었다고 만족하리. 誅는 '베다. 벌주다. 꾸짖다'임.

[鑑賞] 대장부라면 큰 포부를 가져야지 자질구레한 일에 매여서는 안 된다. 첫 두 구는 중국 시성인 두보의 '射人先射馬 擒賊先擒王(사람을 쏘려면 먼저 그 말을 쏘고, 도적을 잡으려면 먼저 그 두목을 잡을지니라.)<前出塞9首>와 시상이 유사하다. 이 시는 모두 22구인데, 이 뒤의 대강 내용은 "양반 자손으로서 큰 포부를 가졌었지만, 이룬 일 없이 쓰러져 가는 집에서 시나 짓고 처자식만 헐벗게 했구나. 때로 치미는 울화를 땅을 치거나 한숨 쉬며 후회하지만 어느 때 태평성대를 이루어보리. 능연각의 초상들은 文武臣(문무신)이 반반이로구나."로 북받치는 신세타령을 술에 취한 척하고 토로한 넋두리라 하겠다.

7언고시. 전 22구 중 처음 6구. 압운은 烏, 枯, 誅 자로 평성 '虞(우)' 평운인데 첫 구 끝鼇는 평운 '豪(호)'로 虞 운과 통운이 되지 않는다. 근체시라면 작법에 어긋나지만 고체시이므로 잘못이라 할 수 없다. 그리고 첫 네 구는 8언 곧 여덟 자로 이루어졌는데, 이 시의 맨 끝 두 구는 '君不見凌煙閣上圖形容 半是書生半武夫(그대 보지 못했는가, 능연각에 그려진 분들 절

반은 선비요 절반은 장수인 것을'로 '君不見' 석 자가 더하여 10언이다. 이 석 자는 옛시에서 자주 보이는 표현으로 그걸 제하면 7언이다. 평측은 차례로 '仄仄平仄仄平仄平, 仄仄仄仄平平平, 仄平仄平平仄仄仄, 平平仄平仄仄平平, 平平仄仄仄平仄, 仄仄平平平仄平'이다.

26-10 通達驛(통달역) 통달역에서

煙楊窣地拂金絲 幾被行人贈別離 林外一蟬語客恨 曳聲來上夕陽枝.
(연양졸지불금사 기피행인증별리 임외일선암객한 예성래상석양지)

이내 낀 버들이 땅을 쓸며 금빛 실가지를 흔드니,

멀리 가는 사람 몇 번이나 이별해 보냈던가.

숲가의 한 마리 매미는 나그네의 한을 알아,

맴맴 소리 길게 끌며 석양의 가지 위를 오르네.

[語句] *窣地 : '솔지'로도 읽음. ①땅을 쓸 듯이 끎. ②갑자기. 문득. 猝地(졸지). *金絲 : 금실. '금빛 버들가지'의 뜻으로 쓴 말임. *行人 : 길가는 사람. 여행하는 사람. *贈別離 : 이별에 줌. 옛날 중국에서 이별할 때 버들가지를 꺾어 주며 송별한 일을 두고 하는 말인데, 長安(장안) 동쪽 灞水(파수) 다리에 이르러 버들가지를 꺾어 주며 灞亭(파정)에 올라 송별의 뜻을 표하는 풍습이 있어 이를 '灞橋折柳(파교절류)'라 함. *語 : 알다. 외다. 숙달하다. *曳聲 : 소리를 길게 끎.

[鑑賞] 통달역에서 이별할 때의 주변 풍경을 그렸다. 땅을 스치며 흔들거리는 버들가지는 파교절류를 연상케 하고, 미류나무의 매미는 마치 이별의 한을 아는 듯이 울음소리를 길게 하며 석양의 높은 가지를 오른다. 석양으로 하여 시간적 배경이 저녁때임을 알 수 있다.

7言絕句(7언절구). 압운은 絲, 離, 枝 자로 평성 '支(지)' 평운이다. 평측은 차례로 '平平仄仄仄平平, 仄仄平平仄仄平, 平仄仄平平仄仄仄, 仄平平仄平平平'으로 절구 규칙에 맞다.

27. 金萬英(김만영 ?) : 조선 仁祖(인조) 무렵(1623~1649) 進士(진사). 洗馬(세마) 제수를 거절했다.

27-1 詠西瓜(영서과) 수박을 읊다

色如秋天初霽後 形如太極未分前 擊破丹心珠露滴 相如從此懶尋泉.
(색여추천초제후 형여태극미분전 격파단심주로적 상여종차나심천)

색깔은 비로소 산뜻하게 갠 가을 하늘 같고, 모양은 태극이 나뉘기 전의 둥근 꼴이라.

탁 쪼개니 붉은 속이 구슬 이슬처럼 시원하게 방울졌으니,

사마상여가 이 맛으로 하여 샘물 찾기 게을러졌겠구나.

[語句] *西瓜 : 수박. 水瓜(수과). *太極 : 우주 만물이 나누어지기 전의 본체 곧 둥근
모양. *擊破 : 깸. 쳐서 부숨. *丹心 : 붉은 속. 정성스러운 마음. *相如 : 司
馬相如(사마상여 B.C179?~117). 漢(한) 나라 문인. 그는 消渴症(소갈증, 당뇨)이 있어 물
을 많이 마셨음. *懶 : 게으르다.

[鑑賞] 수박의 색깔은 비가 오다가 처음 갠 가을 하늘 같은 맑은 하늘빛이요, 그 모양은 태
극이 음양으로 나누어지기 전의 둥근 모양이다. 그 수박을 짜개니 붉은 속이 구슬과
이슬 같고 단 물이 방울진다. 당뇨병을 앓는 사마상여가 이런 수박을 즐겨 먹느라고
샘물 찾아갈 필요가 없었으리라. 수박을 스물 한 자로 잘 읊었고, 한시 작법에서 요
구되는 用事(용사)를 곁들였으니 秀作(수작)이라 하겠다. 용사란 지금의 의미나 일[今意
금의, 今事금사]의 표현을 위해 古事, 古意(고사, 고의)를 끌어 오는 것을 말한다.

　　7언절구. 압운은 前, 泉 자로 평성 '先(선)' 평운이며 첫 구에 압운하지 않았다. 평측은 차례
로 '仄平平平平仄仄, 平仄仄仄仄平平, 仄仄平平平仄仄, 平仄平仄仄平平'으로 이사부동이륙
대가 이루어진 곳은 셋째 구뿐이다. 첫 구는 '平-平-仄[如-天-霽]', 둘째 구는 '仄-仄-平[如-極
-分]', 넷째 구는 '仄-仄-平[如-此-尋]'이 된 것이다.

28. 金炳淵(김병연 1807~1863) : 조선 후기의 방랑시인. 자 性深(성심). 호 蘭皐(난고).
속칭 김삿갓[金笠김립]. 조부 益淳(익순). 서울 壯洞(장동) 김씨 가문에서 출생하여 순조
11년(1811) 嘉山(가산)에서 일어난 홍경래 난 때 선천 부사인 그의 조부가 홍경래에게
항복하여 가문이 적몰되었다. 이에 굴욕을 느껴 벼슬을 단념했으며 삿갓을 쓰고 죽장
을 짚고는 방랑생활을 했다. 풍자와 해학으로 퇴폐해 가는 세상을 개탄, 저주, 조소하
는 기발한 시구를 가는 곳마다 쏟아놓으며 세월을 보내, 그의 많은 한시가 口傳(구전)
되고 있다. 그의 조부 김익순은 홍경래가 관군에게 잡히자 자기 죄를 면하려고 천 냥
을 주기로 하고, 농민 趙文亨(조문형)을 시켜 賊將 金昌始(적장 김창시)의 목을 베어다 자
기가 죽인 양 조정에 바쳤으나, 조문형의 고발로 사형 당했다.

28-1 詠錢(영전) 돈을 읊다

周遊天下皆歡迎 興國興家勢不輕 去復還來來復去 生能捨死死能生.
（주유천하개환영 흥국흥가세불경 거부환래내부거 생능사사사능생）

온 천하를 돌아다녀도 모두에게 환영 받고,
나라와 가문을 흥하게 하니 그 세력 가볍지 않네.

갔다가는 도로 오고 왔다가는 다시 가니,

살아서는 죽음을 버릴 수 있고 죽을 자리에서도 살아날 수 있구나.

[語句] *周遊天下 : 온 세상을 두루 돌아다니며 구경함. *還來 : 갔다 다시 돌아옴. 回還.

[鑑賞] 돈을 풍자적으로 읊었다. 돈은 한 자리에 머물러 있지 못하고 이 사람 저 사
람 손으로 돌아다니게 마련이며 현대와 같이 황금만능시대에는 그 힘이 막강하
니, 주유천하하는 셈이 되고 生死與奪權(생사여탈권)을 가졌다 할 것이리라. 어느
학자는 김 삿갓의 시는 재주로 엮은 글자 모둠일 따름이며 다부진 풍자가 보
이기는 해도 한시 문학이라 볼 수 없다고 했다.

7언절구. 압운은 迎, 輕, 生 자로 평성 '庚(경)' 평운이다. 평측은 차례로 '平平平仄平平平,
平仄平平仄仄平, 仄仄平平平仄仄, 平平仄仄仄平平'으로 7언절구 규칙에는 어긋나지 않으나,
첫구는 측성이 한 자뿐이라 평측이 치우쳐 있어 피해야 하는 표현인 것이다.

28-2 贈某女 後半(증모녀 후반) 어느 여인에게 주다 뒷부분 절반

昭君玉骨胡地土 貴妃花容馬嵬塵 世間物理皆如此 莫惜今宵解汝身.

(소군옥골호지토 귀비화용마외진 세간물리개여차 막석금소해여신)

왕소군의 고운 몸 오랑캐 땅의 흙이 되고,

양귀비의 꽃 같은 얼굴 마외 언덕의 티끌 되었네.

세상 만물의 이치 모두 이와 같으니, 오늘밤 그대 몸 풀기를 아끼지 마오.

[語句] *昭君 : 王昭君(왕소군). 중국 한 나라 元帝(원제) 때의 후궁. →21-1. *玉骨 :
옥같이 희고 깨끗한 뼈. 고결한 사람. *胡地 : 오랑캐들이 사는 땅. *貴妃 :
楊貴妃(양귀비 719~756). 중국 唐玄宗(당 현종)의 愛妃(애비). 가무와 음악에 통달했고
미인에 또 총명하여 현종의 총애가 두터웠음. 755년 안록산의 난 때 현종과 함
께 蜀(촉) 땅으로 피난, 군사들의 항의에 따라 馬嵬坡(마외파)에서 6촌 오라비인
楊國忠(양국충)과 함께 賜死(사사)되었음. *花容 : 꽃같이 곱고 아름다운 얼굴. *
世間 : 세상. 이 세상. *物理 : 사물의 이치나 원리. *今宵 : 오늘밤. 금야.

[鑑賞] 해학과 풍자가 담긴 求愛詩(구애시). 요즘의 안목으로는 별문제가 없을는지도 모
르나 당시로서는 양반들이 눈살을 찌푸릴 에로틱한 작품이었으리라. 화용월태
의 미녀라도 죽어지면 그만인 법, 젊을 때 사랑도 하며 인생을 즐기라는 퇴폐
적인 嘲笑(조소)가 숨겨져 있다. 전반부 네 구는 "나그네 잠자리 쓸쓸해 잠 못
이루는데 하늘의 찬 달 이웃을 비추네. 푸른 대와 솔은 천고의 절개요 붉은 복

사꽃과 흰 배꽃은 봄 한 때라 하네."이다.

7언절구. 압운은 塵, 身 자로 평성 '眞(진)' 평운이다. 평측은 차례로 '平平仄仄平仄仄, 仄平平平仄平平, 仄平仄仄平平仄, 仄仄平平仄仄平'으로 이사부동이륙대 규칙에서 벗어남이 많으니, 첫 구 '평-측-측[君-骨-地]'과 둘째 구 '평-평-평[妃-容-嵬]'이 벗어났고, 1구와 4구의 평측, 2구와 3구의 평측이 같아야 하는데 그렇지 못하여 古詩(고시)로 볼 수도 있겠다.

29. 金炳學(김병학 1821~1879) : 조선말 고종 때의 文臣(문신). 자 景敎(경교). 호 潁樵(영초). 시호文獻(문헌). 본관 安東(안동). 父 이조판서 洙根(수근). 숙부 汶根(문근). 弟 炳國(병국). 헌종 때 진사, 철종 2년(1851)에 문과에 급제하여 벼슬이 올라 翰林(한림), 玉堂(옥당) 등 淸職(청직) 要職(요직)을 역임하고 대제학을 거쳐 영의정에 이르렀으며 大院君(대원군)과도 가까웠다.

29-1 金剛山神仙峯(금강산신선봉) 금강산 신선봉

朱欄曲曲繞淸流 玉笛橫吹碧落秋 三十二峯仙不見 白雲惆悵滿虛舟.
　　(주란곡곡요청류 옥적횡취벽락추 삼십이봉선불견 백운추창만허주)

붉은 난간 굽이굽이 맑은 물 감싸 흐르고,
푸른 가을 하늘에서 비껴 부는 옥피리 소리 들리네.
서른 두 봉우리에 신선은 안 보이고, 흰 구름만 빈 배를 채우듯 해 구슬프구나.

[語句] *朱欄 : 붉은 칠을 한 난간. *玉笛 : 옥피리. 大琴(대금)과 비슷한 吹樂器(취악기). *碧落 : 푸른 하늘. 道家(도가)에서 東方第一天(동방제일천)에 푸른빛 안개가 충만해 있는 곳이라 함. *惆悵 : 근심하고 슬퍼함. *虛舟 : 짐을 싣지 않은 배. 둘러싼 봉우리들을 배에 비겨 쓴 말임.

[鑑賞] 금강산의 신선봉을 읊었다. 정자 난간에서 보니 굽이굽이 맑은 물이 감싸며 흘러가고 푸른 가을 하늘에서 옥피리 소리 들리는 듯한데, 신선의 모습 보이지 않고 흰구름만이 온 골을 감싸고 있어, 바다[하늘]에 뜬 배에 구름만 가득 실린 듯한 모습이라 슬퍼진다.

7言絶句(7언절구). 압운은 流, 秋, 舟 자로 평성 '尤(우)' 평운이다. 평측은 차례로 '平平仄仄仄平平, 仄仄平平仄仄平, 平仄仄平平仄仄, 仄平平仄仄平平'으로 절구 규칙에 맞다.

30. 金富軾(김부식 1075~1151) : 고려 인종 때 名臣, 史家(명신, 사가). 자 立之(입지). 호 雷川(뇌천). 父 覲(근). 형 富弼, 富佾(부필, 부일). 제 富儀(부의, 富轍부철). 숙종 때 과거 급제하여 한림원에 들고 좌사간, 中書舍人(중서사인)을 지냈다. 인종의 외조부 李資謙(이자

겸)이 권세를 잡자 군신의 예를 논하였고, 戶部尙書(호부상서), 한림원 학사를 거쳐 平章事(평장사), 守司空(수사공)을 역임했다. 인종 12년(1134) 妙淸(묘청)의 서경 천도 주장을 극력 반대, 이들이 이듬해에 묘청의 난을 일으키자 元帥, 中軍將(원수, 중군장)으로서 동생 부의, 李周衍(이주연)을 거느리고 반란 모의자인 鄭知常(정지상 →421), 白壽翰(백수한), 金安(김안) 등을 죽이고 서경으로 진격해 이듬해에 소탕했다. 이 공로로 輸忠定難靖國功臣(수충정난정국공신)의 호를 받았고 집현전 태학사, 태자태사와 同德贊化功臣(동덕찬화공신)의 호를 더했다. 인종 23년(1145) '三國史記(삼국사기 50권)'편찬을 끝냈고 의종이 즉위하자 樂浪國開國侯(낙랑국개국후)로 봉해졌다. 宋(송)의 徐兢(서긍)이 '高麗圖經(고려도경)'에 그의 집안을 실어 송 나라에까지 유명해졌다. 어려서부터 총명하고 博學强記(박학강기)하여 문장에 능했고 그의 문집인 '銀臺文集(은대문집 20여 권)'은 전하지 않는다.

30-1 甘露寺次惠遠韻(감로사차혜원운) 감로사에서 혜원 스님의 시에 차운하다

俗客不到處 登臨意思淸 山形秋更好 江色夜猶明
白鳥高飛盡 孤帆獨去輕 自慚蝸角上 半世覓功名.

(속객부도처 등림의사청 산형추갱호 강색야유명

백조고비진 고범독거경 자참와각상 반세멱공명)

속세의 손님 오지 않는 곳이라, 올라 보니 마음 맑아지는구나.

산 모습은 가을이라 더욱 좋고, 강빛은 밤 되어 오히려 흰하네.

흰 새는 높이 날아 가뭇해지고, 외로운 돛단배 홀로 경쾌히 떠가는구나.

부끄럽구나, 달팽이 뿔 위와 같은 세상에서 반평생 공명만을 좇아다닌 일이.

[語句] *惠遠 : 중국 晉(진)의 고승. 慧遠(혜원). 遠公(원공). 廬山(여산)의 龍泉精舍(용천정사)와 東林寺(동림사)에서 白蓮社(백련사)를 만들고 30여 년간 지내면서 산을 나온 일이 없었다 하며, '虎溪三笑(호계삼소)'의 일화를 남겼음. *俗客 : 불교에서 '속세의 손님'을 이름. *登臨 : ①높은 곳에 올라 내려다봄. ②산에 오르고 물에 다다름. 登山臨水(등산임수). *意思 : ①생각. ②마음. ③뜻. *白鳥高飛盡 : 중국 당의 詩仙 李白(시선 이백)의 시 '獨坐敬亭山(독좌경정산)' 첫머리에 '衆鳥高飛盡 孤雲獨去閑(뭇 새는 높이 날아 사라지고, 외로운 구름 한가로이 홀로 흐르는구나.)'라 있어 이 구절을 인용했음. *孤帆 : 외로이 떠 있는 작은 배. 孤舟(고주). *蝸角 : 달팽이 뿔. 좁은 곳을 비유하는 말임. *覓 : 찾다. *功名 : 공을 세워 떨치는 이름.

[鑑賞] 어쩌다 세속 생활에서 벗어나 속세 사람들이 찾지 않는 깊은 산속 절간에 오니, 가을 산과 강물은 한 가지로 맑고 한가로이 날아가는 산새와 강 위를 달리는 돛

단배가 정겹다. 돌아보니 반편생을 벼슬에 매달려 살았던 지난날이 부끄러울 따름이다. 忙中閑(망중한) 속에서 자신을 되돌아보는 여유가 담긴 멋진 작품이다.

5言律詩(5언율시). 압운은 淸, 明, 輕, 名 자로 평성 '庚(경)' 평운이다. 평측은 차례로 '仄仄仄仄仄, 平平仄仄平, 平平平仄仄, 仄仄仄平平, 仄仄平仄仄, 平平仄仄平, 仄平平仄仄, 仄仄仄平平'으로 첫 구만 제하고는 규칙에 맞다. 첫 구가 '仄仄平平仄'이었더라면 완벽했겠다.

30-2 結綺宮(결기궁) 아름다운 궁전을 만들다

堯階三尺卑 千載餘其德 秦城萬里長 二世失其國
古今靑史中 可以爲觀式 隋皇何不思 土木竭人力.

(요계삼척비 천재여기덕 진성만리장 이세실기국

고금청사중 가이위관식 수황하불사 토목갈인력)

요 임금 궁전 충계는 석 자 높이로 낮지만, 천추에 그 덕을 길이 남겼고,

진시황이 쌓은 성 만리나 되지만, 2세만에 그 나라 잃고 말았네.

고금의 역사 속에서, 그 일을 거울삼을 만하건만,

수 나라 황제는 어찌 이 생각을 못 하여, 토목 공사로 백성들의 힘을 말려 버렸던고.

[語句] *綺宮 : 비단같이 아름다운 궁전. *堯階 : 고대 중국 요 임금 궁전의 계단. *秦城萬里 : 만리장성. *二世 : 秦始皇(진시황)과 2세 황제. 진시황은 이름이 政(정)으로 기원전 247~210까지 재위했고 2세 황제는 胡亥(호해)로 기원전 210~207년까지 재위했으며, 그 뒤 秦王 子嬰(진왕 자영)이 있었음. *靑史 : 역사. 기록. *觀式 : 본보기. 거울삼을 만한 사례.

[鑑賞] 수 나라의 아름다운 궁전을 본 소감을 읊은 시. 백성을 위하는 임금의 나라는 오래 기억되지만 폭정을 펴는 임금은 이내 망하고 만다. 殷鑑不遠(은감불원, 은 나라 백성은 夏(하)의 멸망 원인을 거울삼아야 함)으로 수 나라 황제는 진시황의 폭정을 거울삼을 만했건만, 도리어 비단같이 아름다운 궁전을 세우느라 백성들의 힘을 다 앗아갔구나. 以民爲天(이민위천, 백성을 하늘 삼아야 함)의 교훈을 정치가들에게 주는 작품이다.

5言古詩(5언고시). 압운은 德, 國, 式, 力 자로 入聲(입성) '職(직)' 측운이다. 평측은 차례로 '平平平仄平, 平仄平平仄, 平平仄仄平, 仄仄仄平仄, 仄平平仄仄, 仄仄平平仄, 平平平仄平, 仄仄仄平仄'으로 二四不同(이사부동)은 지켜졌으나 反法, 粘法(반법, 점법)은 이루어지지 않았다.

30-3 赤道寺(적도사) 적도사

聖祖樓船憩此中 江山王氣尙葱葱 當時故事無人識 除却堂堂十八公.

(성조누선계차중 강산왕기상총총 당시고사무인식 제각당당십팔공)

왕건 성조의 다락배 이곳에서 쉬었거니, 강산의 왕기는 아직 무성하구나.
그 당시의 일을 아는 이 없는데, 저 당당한 소나무만은 알고 있으리라.

[語句] *聖祖 : 거룩한 조상. 여기서는 고려 태조 '王建(왕건)'을 말함. *樓船 : 다락이
있는 배. 2층으로 된 배. *王氣 : 왕이 나거나 될 징조. *葱葱 : 무성한 모양.
*故事 : 예부터 전해 내려오는 유서 깊은 일. *堂堂 : 의젓함. 버젓함. *十八
公 : 소나무. 松(송) 자를 破字(파자)하여 이르는 말이니, 木(목) 자를 나누면 十八
이 되고 거기에 公을 더하여 十八公이 됨.

[鑑賞] 고려 태조 왕건이 戰船(전선)을 이끌고 전북 羅州(나주) 지방을 간 적이 있어 그
때의 일을 회상한 듯하다. 人傑地靈(인걸지령, 뛰어난 인물은 땅의 영험스러운 기운을 받아 태
어남)이라 이 곳이 영험스러워 왕기가 아직도 가득 차 있다. 태조가 왔던 일을
아는 사람은 모두 사망하고 없으나, 오래된 저 소나무만은 그 당시의 일을 알
고 있으리라. 충성심을 감추고 있는 작품이다.

7언절구. 압운은 中, 葱, 公 자로 평성 '東(동)' 평운이다. 평측은 차례로 '仄仄平平仄仄平,
平平平仄仄平平, 平平仄仄平平仄, 平仄平平仄仄平'으로 절구 규칙에 맞다.

30-4 題良梓驛(제양재역) 양재역에서 짓다

萬里江南人未歸 此中愁緒足堪悲 門前枯草秋霜後 窓外寒山夕照時
貪吏畏人如虺蜮 虛堂無主有狐狸 褒城古事無人問 唯有漁樵動所思.

(만리강남인미귀 차중수서족감비 문전고초추상후 창외한산석조시

빈리외인여훼역 허당무주유호리 포성고사무인문 유유어초동소사)

머나먼 강남에 간 임 아직 안 돌아오니, 이런 가운데 수심을 참자니 아주 슬프리라.
문앞의 풀은 가을 서리 맞아 시들고, 창밖의 산들 석양 되니 쓸쓸하구나.
가난뱅이 아전은 뱀과 물여우 보듯 사람을 두려워하고,
빈 집에는 주인 없어 여우와 삵만 있네.
포성의 옛 일을 묻는 사람 없는데, 어부와 나무꾼들만 내 회포를 흔드는구나.

[語句] *良梓驛 : 옛 果川縣(과천현) 동쪽 15 리에 있던 驛站(역참)으로 지금의 良才洞(양재동) 부근.
*江南 : 강의 남쪽. ①우리나라 한강 이남 지역. ②중국 양자강 남쪽 지방. *
愁緒 : 근심스러운 마음. 수심. *虺蜮 : 뱀과 물여우. 남을 해치는 사악한
사람. *虛堂 : 빈 마루. 빈 집. *狐狸 : 여우와 삵. 몰래 나쁜 짓을 하는

사람. *褒城 : 褒斜(포사)의 성? 포사는 '중국 蜀(촉)의 고을 이름'이기도 한데, 여기서는 '長安(장안)에 있는 終南山(종남산)의 험한 계곡'인 듯함. *古事 : 옛 일. *漁樵 : 고기잡이와 나무하는 일. 어부와 나무꾼. *所思 : 생각하는 바. 懷抱(회포).

[鑑賞] 너무 한적하여 인적이 드물고 짐승이 날뛰는 양재역을 읊었다. 남녘땅에 장사차 간 남편은 돌아오지 않으니 그 근심 오죽하랴. 더구나 늦가을이라 사방이 을씨년스러운데, 고을의 아전도 사람을 만나면 소스라치게 놀라고 사람이 살지 않는 빈 집에는 산짐승들이 우글거린다. 궁벽한 땅의 삶이 어떤가를 묻는 사람 없는데, 가끔 나타나는 어부와 나무꾼들만 내 마음을 흔든다. 題는 '그 제목으로 시나 글을 짓다'의 뜻인데 '짓다'로 풀이했다.

7언율시. 압운은 悲, 時, 狸, 思 자로 평성 '支(지) 평운이다. 첫 행의 歸 자도 압운 자로 볼 수 있으니, 평운 '微(미) 운으로 '支' 운과는 통운이 된다. 평측은 차례로 '仄仄平平平仄平, 仄平平仄仄平平, 平平平仄平平仄, 平仄平平仄仄平, 平仄仄平平仄仄, 平平平仄仄平平, 平平仄仄平平仄, 平仄平平仄仄平'으로 율시 규칙에 어긋나지 않는다.

31. 金富儀(김부의 1079~1136) : 고려 인종 때 명신. 일명 富轍(부철). 자 子由(자유). 시호 文懿(문의). 본관 경주. 父 覲(근). 형 부필, 부일, 부식. 셋째 형이 송의 소식을 숭모하여 자기는 富軾(부식)이라 하고, 부의는 소식의 동생 蘇轍(소철)의 이름을 따서 富轍(부철)이라 이름을 고쳐 주었다. 형 3명이 이미 登第(등제)하여 세 아들이 과거에 급제하면 그 어머니에게 연간 곡식 30섬을 주는 제도에 따라 곡식을 받고 있었는데, 부의가 숙종 2년(1097) 과거 급제하자 그의 집안은 40섬씩 받게 되었다. 직한림원이 되고 예종 6년(1111) 서장관으로 추밀원부사 金緣(김연)을 따라 송 나라에 다녀오자 감찰어사가 되고, 金(금) 나라가 遼(요)를 치고 강성해져서 고려에 국교를 맺자고 청하자 그는 뭇 정승들의 반대를, 성종 때 변방 방어에 실패했던 예를 들어 상소하여 금과 화친케 했다. 인종이 동궁이었을 때 詹事府司直(첨사부사직)으로 문학을 진강하고 인종이 즉위하자 御史中丞(어사중승)에 승진하여 吏·戶·禮(이·호·예)의 尙書(상서), 한림학사, 승지를 역임했으며, 인종 13년(1135) 묘청의 난 때 平西10策(평서 10책)을 상소, 좌군의 원수가 되어 형 부식의 휘하에서 평란의 공을 세우고 金帶(금대)를 받았다. 시문에 능하여 금의 사신 韓昉(한방)이 왔을 때 館伴(관반)이 되어 수10편의 시를 주고받아 그를 놀라게 했고, 知樞密院事(지추밀원사)에 이르러 사망하니 왕이 애도하여 守司空尙書左僕射(수사공상서좌복야), 正堂文學(정당문학), 判尙書禮部(판상서예부), 修國史柱國(수국사주국)을 추증했다.

31-1 洛山寺(낙산사) 낙산사

一自登臨海岸高 回頭無復舊塵澇 欲知大聖圓通理 聽取山根激怒濤.
　　(일자등림해안고 회두무부구진로 욕지대성원통리 청취산근격노도)

한 번 오르니 해안이 높고, 머리 돌리매 묵은 티끌이 큰 물결에 씻기어 없구나.
관음보살의 널리 통달한 이치를 알고자 하면,
산밑에 부딪치는 노한 파도 소리 들어야 하리.

[語句] *洛山寺 : 강원도 양양군 해안에 있는 절. 신라 문무왕 11년(671) 때 의상대사
　　가 창건했고 헌안왕 2년(858)에 梵日(범일)이 중건했는데 6·25 때 불타 1953년
　　에 다시 지었음. 절 주위에 조선 세조 13년(1467)에 다시 세운 7층 석탑과 숙종
　　9년(1683)에 釋謙(석겸)이 보석을 공중에서 얻어 두었다는 공중사리탑이 있고 관동
　　8경의 하나임. *登臨 : 산에 오름. *澇 : 큰 물결. *大聖 : 가장 덕행이 높은 성
　　인. *圓通 : 널리 통달함. 佛菩薩(불보살)의 妙悟(묘오, 미묘한 깨달음). 관세음보살의 이
　　칭. 圓通大士(원통대사). *山根 : ①산줄기가 벋어 나가기 시작한 곳. 산밑. ②콧마
　　루와 눈썹 사이. *激 : 부딪쳐 흐르다. *怒濤 : 노한 파도. 몰려오는 큰 파도.
[鑑賞] 한적한 해안 가까이에 있는 낙산사는 관세음보살이 현신했던 절이라, 뒤쪽 언
　　덕의 義湘臺(의상대)에 서면 세찬 파도 소리가 그대로 들린다. 관세음보살은 세
　　상의 온 가지 소리를 모두 들을 수 있다는 것이다. 지금은 관광객으로 붐비지
　　만 옛적에는 이 시와 같이 한적했으리라.

　　7언절구. 압운은 高, 澇, 濤 자로 평성 '豪(호)' 평운이다. 평측은 차례로 '仄仄平平仄仄平,
平平平仄仄平平, 仄平仄仄平平仄, 平仄平平仄仄平'으로 절구 규칙에 맞다.

31-2 僧舍晝眠(승사주면) 절 방에서 낮잠 자다

天靜無氛麗景遲 僧家良與睡相宜 無人喚起華胥夢 盡日疎簾寂寞垂.
　　(천정무분여경지 승가양여수상의 무인환기화서몽 진일소렴적막수)

하늘 고요히 나쁜 기운 없고 고운 햇빛 더디 지니, 절간이란 정말로 잠자기에 알맞구나.
화서의 꿈꾸는 낮잠 깨우는 이 없으니, 종일토록 성긴 발이 적막하게 드리웠네.

[語句] *氛 : 기운. 흉한 기운. *麗景 : 고운 햇빛. *僧家 : 절. 중이 사는 집. *相宜 :
　　마땅함. 좋게 도와줌. *華胥夢 : 아주 잘 다스려진 나라인 화서국에 가 본 꿈. 낮
　　잠. 중국의 전설적 임금인 黃帝(황제)가 낮잠을 자면서 꿈에 화서에 가서 그 나라의
　　태평스러운 모양을 보고 깊이 깨달았다고 함.<列子 黃帝> *疎簾 : 성기게 엮은 발.

[鑑賞] 공무에 분주하다가 소풍 삼아 절에 가서 피곤한 몸을 뉘니 낮잠이 소르르 든다. 공기는 맑고 주변은 잠이 깰 만한 시끄러움이 없이 고요한데다가 깨우는 사람조차 없으니 낮잠 자기 아주 알맞은 곳이다. 망중한의 정취가 돋보이고 정겨운 작품이다.

　7言絶句(7언절구). 압운은 遲, 宜, 垂 자로 평성 '支(지)' 평운이다. 평측은 차례로 '平仄平平平仄平, 平平平仄仄平平, 平平仄仄平平仄, 仄仄平平仄仄平'으로 절구 규칙에 어긋나지 않는다.

32. 金富賢(김부현 ?) : 조선 인조 때 문인. 자 禮卿(예경). 호 巷東(항동). 본관 光山(광산).

32-1 三淸洞(삼청동) 삼청동
溪上離離草　侵人坐處生　不知衣露濕　猶自聽溪聲.
　　(계상이리초 침인좌처생 부지의로습 유자청계성)

시냇가에 풀 무성해, 사람 앉는 자리마다 돋아났구나.
이슬에 옷 젖음을 알지 못하고, 오직 졸졸 흐르는 물소리만 듣고 있네.

[語句] *三淸洞 : 서울 종로구 경복궁 뒤의 마을 이름. 골이 깊고 산수가 아름다워 삼청공원과 유적이 많음. 예로부터 서울 시내에서 경치 좋기로는 첫째 삼청동, 둘째 인왕동, 셋째 쌍계동, 넷째 백운동, 다섯째 청학동으로 쳤고, 삼청동의 수석, 필운대의 살구꽃, 北屯(북둔)의 복숭아꽃, 興仁門(흥인문, 동대문) 밖의 버들, 천연정의 연꽃, 蕩春臺(탕춘대)의 수석 등이 볼 만하다 했음. 삼청이란 도교의 玉淸, 上淸, 太淸(옥청, 상청, 태청)의 세 신을 말하며 삼청동에 三淸殿(삼청전)이 있어 봄가을에 天祭(천제)를 행해 왔는데, 조선 중종 12년(1517) 조광조가 제후는 천제를 못 지내는 법이라고 반대하여 폐지되었음. *離離 : 곡식이나 벼 이삭이 고개를 숙인 모양. 초목이나 꽃 또는 과실이 번성하고 늘어진 모양. *坐處 : 앉은 자리. *猶 : 오히려. 가히.
[鑑賞] 경치 좋은 삼청동에서 물소리에 취한 모습을 읊었으니, 이슬에 젖은 풀이 무성한 물가에 앉아 옷이 젖는 것도 모른 채 졸졸 흐르는 물소리에만 온 마음이 팔려 있는 陶醉境(도취경)이다. 옛 분들의 고아한 풍류가 드러나 있다.

　5언절구. 압운은 生, 聲 자로 평성 '庚(경)' 평운이다. 평측은 차례로 '平仄平平仄, 平平仄仄平, 仄平平仄仄, 平仄平平平'으로 절구 규칙에 맞으나 끝 행은 측성이 한 글자뿐이라 아쉽다.

33. 金尙鉉(김상현 1811~1890) : 조선말 고종 때 문신. 자 渭師(위사). 호 經臺(경대). 시호 文獻(문헌). 본관 光山(광산). 沙溪 金長生(사계 김장생 →710)의 9세손. 父 在崑(재곤). 순조 때 17세로 진사가 되고 철종 10년(1859) 문과에 급제하여 大司憲, 吏曹判書(대사헌, 이조판서)를 역임했다. 저서에 '樊悠合稿(번유합고)'가 있다.

33-1 練光亭(연광정) 연광정

蘇杭金粉未爲多 雨露桑麻處處歌 四十二州涵聖化 大同江水是恩波.
(소항금분미위다 우로상마처처가 사십이주함성화 대동강수시은파)

소주와 항주 같으나 금빛 누각 많지 않고, 농부들 태평한 노랫가락 곳곳에서 들리네.
평안도 마흔 두 고을 모두 임금님 덕 입으니, 대동강 강물이 이 곧 임금님 은혜로구나.

[語句] *練光亭 : 평안남도 평양 대동강 가의 덕암 바위 위에 있는 정자. 조선 중종 때
　　　평안감사 許硡(허굉)이 세웠는데 경치 좋기로 유명함. 임진왜란 때 일본의 小西行
　　　長(소서행장)과 명의 沈惟敬(심유경)이 강화 담판을 하던 곳임. *蘇杭 : 중국의 소주와
　　　항주. 명승지로 유명하니 강소성 소주는 동양의 베니스라 하며 한산사, 호구공원,
　　　拙政園(졸정원) 등이 있고, 절강성 항주에는 육화탑, 서호, 영은사 등이 있음. *金粉
　　　: 금가루. 금빛 가루. *雨露 : 비와 이슬. 비와 이슬이 만물을 키워 주는 것과 같
　　　이 임금이 내려주는 큰 은혜. 雨露之澤(우로지택). *桑麻 : 뽕과 삼. 농사. 桑麻蠶績
　　　(상마잠적, 뽕으로 누에 치고 삼으로 길쌈함). *四十二州 : 조선 시대 평안도 관할의 마흔 두
　　　고을[州郡縣주군현]. *涵 : 젖다. 잠기다. *聖化 : 임금의 德化(덕화, 德行敎化덕행교화).
　　　*大同江 : 평안남도의 큰 강. 길이 439km. *恩波 : 은혜의 파도. 은혜가 넘침.
[鑑賞] 경치 좋은 연광정에 올라보니 평화로운 평안도 마을 곳곳에서 풍년가가 들리
　　　고 대동강은 유유히 흐른다. 이 태평세월 모두 임금님의 은혜라, 대동강의 넘
　　　실거리는 물결이 왕의 은혜와 같이 출렁거린다. 충성심이 담긴 작품이다.

　　7언절구. 압운은 多, 歌, 波 자로 평성 '歌(가)' 평운이다. 평측은 차례로 '平平平仄仄平平,
仄仄平平平平平, 仄仄仄平平仄仄, 仄平平仄仄平平'으로 절구 규칙에 맞다. 다만 1~3 구의
평측이 고르지 못한 것이 흠이라면 흠이다.

34. 金誠一(김성일 1538~1593) : 조선 선조 때 명신. 자 士純(사순). 호 鶴峰(학봉). 시호 文
　　忠(문충). 본관 義城(의성). 父 璡(진). 큰형 克一(극일). 퇴계 이황의 제자. 27세에 중형 雲巖
　　(운암), 아우 南嶽(남악)과 同榜(동방)으로 사마시에 오르고 선조 원년(1568)에 문과 급제하여
　　史局(사국, 實錄廳실록청 등)에 들어갔으며, 호당을 거쳐 부제학을 역임했다. 선조 23년(1590)
　　통신부사로서 정사 黃允吉(황윤길), 서장관 許筬(허성 →622)과 함께 일본을 다녀왔는데, 윤
　　길은 반드시 일본의 침략이 있을 것이라 했으나 그는 상반되는 의견을 조정에 보고했다.
　　이로 인하여 慶尙道右兵使(경상도 우병사)로 부임할 때 임진왜란이 일어나자 선조는 대로하
　　여 처벌을 명했으나, 좌의정 柳成龍(유성룡 →184)의 변호로 용서되어 招諭使(초유사)로 종군
　　하여 죽산, 함양 등지에서 격문을 돌려 金沔(김면), 鄭仁弘(정인홍 →414), 郭再祐(곽재우 →11)

등의 도움을 받아 의병을 일으켜 晉州城(진주성)을 사수하다 순직했다. 그는 어릴 때부터 영명 준수하고 남에게 굴치 않는 성품이었다고 한다. 문집에 '鶴峯集(학봉집 16권)'이 있다.

34-1 卽事(즉사) 즉흥으로 읊다

明月掛天心 分明兩鄕見 浮雲亦何意 能成片時眩.
(명월괘천심 분명양향견 부운역하의 능성편시현)

밝은 달이 하늘 복판에 걸렸으니, 분명히 두 고을을 보리라.
뜬 구름은 또 무슨 뜻을 가졌길래, 잠깐 동안 달을 가려 현혹케 하는고.

[語句] *天心 : ①하늘의 중심. ②하늘 곧 천제의 마음. *兩鄕 : 두 고을. '고향[또는 조선] 과 여기 일본'을 말함. *片時 : 잠깐 사이. 잠시. *眩 : 어지럽다. 어둡다. 현혹되다.
[鑑賞] 지은이가 통신사 부사로 일본에 갔을 때 지은 思鄕詩(사향시). 그의 '海槎錄(해사 록)'에 실린 작품으로 하늘 복판에 뜬 보름달을 보며 고향이나 조국을 그리워하며 지었으리라. 구름이 달을 잠시 가리지만 고향 생각이야 어찌 끝이 나리. 중국 당 의 시성 杜甫(두보)의 '月夜(월야)' 시 첫머리 '今夜鄜州月 閨中只獨看(오늘밤 부 주 땅에도 떴을 저 달, 아내는 혼자서 바라보고 있으리)'가 연상되는 작품이다.

　5言古詩(5언고시). 압운은 見, 眩 자로 거성 '霰(산)' 측운이다. 평측은 차례로 '平仄平平, 平平仄平平, 平平仄平仄, 平平仄平仄'으로 첫 구만 二四不同(이사부동)에 합치되고 反法(반법) 과 粘法(점법)은 고시이기에 지켜지지 않았다.

34-2 矗石樓(촉석루) 촉석루

矗石樓中三壯士 一盃笑指長江水 長江萬古流滔滔 波不渴兮魂不死.
(촉석루중삼장사 일배소지장강수 장강만고유도도 파불갈혜혼불사)

촉석루 안의 세 장사들, 술잔 들고 웃으며 긴 강물 가리켜 그 물과 같이 되자 맹세했네.
강물은 만고에 도도히 흐르나니, 물결 마르지 않듯 그들의 충혼 영원하리.

[語句] *矗石樓 : 경상남도 진주시 본성동에 있는 누각. 고려 말기 부사 김충광 등이 건립한 것으로 전해 오며, 촉석성의 남단 남강 쪽에 임한 벼랑 위에 자리잡아 정면 5 간, 측면 4 간의 단층 팔작 건축물로 촉석성의 主將臺(주장대)가 됨. 임 진왜란 때 논개가 왜장 毛谷村六助(모곡촌육조)의 허리를 끼고 함께 남강으로 투 신해 순국한 곳이기도 하며, 왜란 때 파괴된 것을 연산군 10년(1504)에 兵使 南以興(병사 남이흥)이 재건했고 6·25 동란 때 불탄 것을 1959년 다시 세웠음.

*三壯士 : 임진왜란 때인 선조 26년(1593) 진주성을 지키다가 전사한 세 장사. 지은이인 金誠一·趙宗道(조종도)·李魯(이노) 또는 黃進(황진)·金千鎰(김천일)·崔慶會(최경회)라는 등 설이 많음. *萬古 : ①아주 오랜 옛적. ②한없는 세월. *滔滔 : 거칠 것 없이 물이 질펀하게 흐르는 모양. 물 흐르듯 말을 잘 하는 모양. *兮 : 감동을 나타내는 어조사. 소리의 가락을 돕거나 韻文(운문)의 어구 중간이나 끝에 붙여 잠시 말을 멈추었다가 다시 語勢(어세)를 높이는 구실을 함.

[鑑賞] 임진왜란 이후 人口(인구)에 膾炙(회자)되어 온 시로 세 분 장사의 충성심을 읊었다. 아군이나 왜군이나 진주성은 중요한 길목이요 要塞(요새)라 필사적인 공격과 방어가 이루어졌지만, 결국 병사의 수나 兵器(병기)에 있어 열세에 있던 아군이 빼앗기고 말았다. 세 분 장사들이 촉석루에서 필사적인 사수를 남강을 두고 맹세했으나 모두 殉國(순국)하고 말았으니, 그 충혼이 남강과 함께 영원하리라.

7언고시. 압운은 士, 水, 死 자로 상성 '紙(지) 측운이다. 평측은 차례로 '仄仄平平平仄仄, 仄平仄仄平平仄, 平平仄仄平平平, 平仄仄平平仄仄'으로 이사부동이륙대가 잘 지켜졌다. 셋째 행을 '長江之水流滔滔'라고도 하는데, 이는 '平平平仄平平平'이 되어 평측이 치우친다.

35. 金壽寧(김수녕 1436~1473) : 조선 성종 때 문신. 자 順叟, 頤叟(순수, 이수). 호 素養堂(소양당). 시호 文悼(문도). 본관 安東(안동). 단종 원년(1453) 문과 급제하여 湖堂(호당, 독서당)에 들고 집현전 부수찬 등을 거쳐, 세조 12년(1466)에 左承旨(좌승지)와 工曹參議(공조참의), 성종 2년(1471)에 大司諫(대사간)이 되고 佐理功臣(좌리공신), 福昌君(복창군)에 봉해졌다. 호조·공조 참판에 이르렀고 강원도관찰사를 역임했다. 문장이 뛰어나고 經史(경사)에 밝아 세조 9년(1463) 梁誠之, 徐居正(양성지, 서거정 →101)과 함께 '東國通鑑(동국통감)'을 편찬했다.

35-1. 次金天使湜詩(차김천사식시) 중국 사신 식의 시에 이어 짓다

海天飛馹獨登樓 豪氣元龍浩不收 漠漠長空迷去鳥 深深茅草沒行牛
分溪白石灘聲急 夾路靑山樹影稠 好雨已隨車馬至 陂塘五月欲先秋.

(해천비일독등루 호기원룡호불수 막막장공미거조 심심모초몰행우

분계백석탄성급 협로청산수영조 호우이수거마지 파당오월욕선추)

바닷가로 역말 달려 혼자 누각 오르니, 호기로운 산 원줄기 널리 퍼져 걷잡을 수 없네.
막막한 넓은 하늘에 새는 날아 멀어져 가고,
풀은 무성하게 자라서 소가 감추어지는구나.
시냇물을 가르는 흰 바위로 여울물 소리 빠르고, 좁은 길 푸른 산에 나무들 빽빽하네.
단비 지나매 수레 몰아 이르니, 5월 연못 둑이 가을 온 듯 서늘해라.

[語句] *金 : 성인지 金(금)나라인지 불명임. *天使 : 천자의 사신 곧 중국의 사신. *
海天飛馹 : 말이 바다 하늘을 날아감. '바닷가를 말이 빨리 달림'는 뜻임. 馹
은 '역말. 驛站(역참)에 대기해둔 말'임. *豪氣 : 씩씩하고 장한 기상. *元龍 :
산의 원줄기. *收 : 모으다. 거두다. 잡다. *漠漠 : 넓고 멀어 아득함. *茅草 :
띠풀. 줄기 1m쯤 자라는 포아(Poa)풀과의 다년생 풀. *灘聲 : 여울의 물 흐르는
소리. *夾路 : 큰길에서 갈린 좁은 길. 狹路(협로). *好雨 : 때 맞추어 내리는
알맞은 비. *陂塘 : 둑. 연못둑.

[鑑賞] 5월 좋은 계절에 누각에 올라 바라본 경치를 잘 읊었다. 산줄기는 굼틀거리듯
벋어 있고 맑은 하늘에 새 아득히 날아가며 풀 우거져 소가 묻힐 지경으로 더
부룩 자랐다. 비 온 뒤라 여울물 소리 콸콸거리고 오솔길에 나무들 우거졌다.
서늘한 맛이 가을 같구나.

　7言律詩(7언율시). 압운은 樓, 收, 牛, 稠, 秋 자로 평성 '尤(우)' 평운이다. 평측은 차례로 '仄
平平仄仄平平, 平仄平平仄仄平, 仄仄平平平仄仄, 平平平仄仄平平, 平平平仄仄平仄, 仄仄
平平仄仄平, 仄仄仄平平仄仄, 平平仄仄仄平平'으로 율시 규칙에 합치된다.

35-2. 次文川板上詩韻(차문천판상시운) 문천 시판의 시에 차운하다

盛漢當千載 匈奴値百年 掃氛長白嶺 歇馬黑龍川
聖德元和上 戎功大雅前 燕然須勒頌 留取後來傳.

　　（성한당천재 흉노치백년 소분장백령 헐마흑룡천

　　성덕원화상 융공대아전 연연수륵송 유취후래전）

융성한 한 나라는 천년이었지만, 흉노는 망하고 말 백년 운수에 다다랐구나.
흉한 기운은 장백산 영마루에 쓸어버리고, 말은 흑룡강 냇가에 쉬게 하리.
거룩하고 큰 덕은 오랑캐를 정벌한 당 헌종보다 위요,
훈공은 시경 대아 속의 전공을 노래한 시보다 앞일세.
몽고의 연연산에 모름지기 공을 기록해 새기어, 후세에 오래 전하게 하리라.

[語句] *文川 : 함경남도 남부의 군. 원래 妹城(매성)인데 고려 때 방어사를 두었었고
　　　조선 태종 13년(1413)에 문천이라 고쳤음. *板上 : 판자 위. 詩板(시판) 위. *盛
　　　漢 : 융성한 한 나라(전한 206B.C~5A.D. 후한 25~220). *匈奴値百年 : 흉노
　　　는 중국 북쪽 오랑캐로 몽고족 또는 터어키 족의 분파라 함. '오랑캐는 100년의
　　　운이 없다[胡無百年之運호무백년지운]'이라는 말이 있음. *氛 : 기운. 흉한 기운. *
　　　長白 : 장백산맥 또는 백두산. *歇 : 쉬다. *黑龍 : 흑룡강. 동부 시베리아와

중국 만주 동북부의 경계를 흐르는 큰 강. 송화강과 합쳐 間宮海峽(간궁해협)으로 흘러 들어감. *聖德 : 임금의 큰 덕. 거룩한 덕. *元和 : 중국 당 나라 憲宗(헌종)의 연호(806~820). 헌종이 발호하는 藩鎭(번진)들을 소탕한 바 있음. *戎功 : 큰 공훈. 대공. *大雅 : ①훌륭하고 고상함. ②시경의 편명으로 가장 전아한 글이며 왕도의 융성을 노래했음. *燕然 : 몽고의 산 이름. 漢(한) 나라 竇憲(두헌)이 永平(영평) 원년에 흉노 北單于(북선우)를 쳐서 공을 이루고는 班固(반고)에게 글을 짓게 하고 이 산의 바위에 새겼음. *勒 : ①굴레. ②다스리다. ③새기다. 여기서는 ③의 뜻임. *留取 : 오래 가짐. 오래 남도록 함.

[鑑賞] 문천은 고려 때 방어사를 두었던 국방의 요지여서 북방 민족과의 전투와 관련된 시판이 많이 걸렸을 것이라, 그 어떤 시에 차운한 戰頌歌(전송가)라 할 수 있는 작품이다. 어느 왕 또는 장수가 북쪽 국경 지방을 괴롭히던 이민족의 침입을 막아 평화로운 곳으로 이룩한 공을 기렸다. 중국과 마찬가지로 우리나라도 여진족 등 북방 민족의 침략이 많았었다.

5언율시. 압운은 年, 川, 前, 傳 자로 평성 '先(선)' 평운이다. 평측은 차례로 '仄仄平平仄, 平平仄仄平, 仄平平仄仄, 仄仄仄平平, 仄仄平平仄, 平平仄仄平, 平平仄仄仄, 平仄仄平平'으로 5언율시 평측 규칙에 합치되었다.

35-3. 次三陟竹西樓臥水木橋(차삼척죽서루와수목교) 죽서루의 와수목교 시에 차운하다

槎牙古木截前灘 步步寒心幾駭瀾 平地風波人不識 到橋猶作畏途看.
(사아고목절전탄 보보한심기해란 평지풍파인불식 도교유작외도간)

앙상한 고목 베어 앞 여울에 걸쳤으니,

걸음걸음 오싹한 마음 물결에 몇 번이나 놀랐던가.

평지에도 풍파 있음을 사람들은 알지 못하고, 이 다리에 이르러서야 오히려 두렵다 하네.

[語句] *竹西樓 : 강원도 삼척시에 있는 누각. 관동팔경의 하나로 2 층인데 흰 바위 위에 조선 태종 3년(1403)에 세워진 명승지임. *臥水木橋 : 냇물에 걸친 나무 다리. *槎牙 : 모가 난 모양. 나뭇가지가 엇벤 듯이 모가 지게 얽힌 모양. *截 : 끊다. 자르다. *寒心 : ①몹시 두려워 몸이 떨림. ②기가 막힘. *平地風波 : 평평한 육지에 바다에나 있을 풍파가 일어남. 뜻밖에 분쟁이 일어남. 平地起波瀾(평지기파란). *畏途看 : 이 외나무다리 길을 두렵게 봄.

[鑑賞] 물살이 빠른 여울에 외다리로 통나무 하나를 걸쳐 놓았으니, 건너는 사람들이 얼마나 조마조마하랴. 그러나, 인생길에는 평탄하다가도 갑작스러이 나타나는

더 큰 모진 시련이 닥쳐오기 마련인데, 사람들은 그걸 모르고 외나무다리 건너 기만을 겁내고 있으니 한 치 앞을 모르는 것이 사람인가보다.

7언절구. 압운은 灘, 瀾, 看 자로 평성 '寒(한)' 평운이다. 평측은 차례로 '平平仄仄仄平平, 仄仄平平仄仄平, 平仄平平平仄仄, 仄平平仄仄平平'으로 절구 평측 규칙에 맞다.

36. 金守溫(김수온 1409~1481) : 조선 세조·성종 때 학자. 자 文良(문량). 호 乖崖, 拭疣(괴애, 식우). 시호 文平(문평). 본관 永同(영동). 父는 訓(훈)이고 고승 信眉(신미)가 형이다. 세종 23년(1441) 문과에 급제하여 승문원 교리로 집현전에서 醫方類聚(의방유취)를 편찬했고, 부사직 때 釋迦譜(석가보)를 증수했으며 훈련주부, 집의, 병조정랑, 知製敎(지제교)를 지냈다. 세조 2년(1457) 중시에 뽑혀 성균사예가 되고 중추원부사로 명 나라에 다녀왔으며 한성판윤, 상주목사, 공조판서, 판중추부사에 이르렀다. 성종 2년(1471)에 佐理功臣(좌리공신)에 永山府院君(영산부원군)이 되었고 영중추부사에 올랐다. 고전에 밝고 문장이 능하여 세조의 명으로 원각사비명을 지었고 금강경을 번역했으며, 불법에 깊어 한 때 檜巖寺(회암사)에서 중이 되려고 한 바가 있다. 세조 때 幹事僧(간사승)이 고을을 소란히 하고 고을원을 능욕하니 그가 그 중과 서로 불교를 강론하여 지는 쪽이 笞杖(태장)을 맞기로 약조하여 겨루니, 중이 미처 한 마디도 대답하지 못해 매를 맞고 달아난 일이 있었다 한다. 문집에 '拭疣集(식우집)'이 있다.

36-1. 奉敎題日出扶桑圖(봉교제일출부상도) 임금의 명을 받들어 일출부상도 시를 짓다

天衢漠漠夜分央 喎唽金鷄響曉光 羲馭暗從來厚地 火輪飛躍出扶桑
蒼凉半露虞淵面 蕩暖初添黍谷陽 照徹覆盆寧有碍 恩加蔀屋自無彊
蓬萊隱映三山杳 海若蹁躚百鬼忙 誰信聖輝罩八表 卻從堯典頌平章.

(천구막막야분앙 주찰금계향효광 희어암종내후지 화륜비약출부상

창량반로우연면 탕난초첨서곡양 조철복분녕유애 은가부옥자무강

봉래은영삼산묘 해약편선백귀망 수신성휘담팔표 각종요전송평장)

하늘 거리는 아득하고 밤은 복판으로 나뉘어, 꼬끼오 금계 소리 새벽빛을 울리네.

희화가 슬그머니 몰아 대지에서 나오매, 불바퀴 같은 해가 부상에서 나와 약동하는구나.

서늘하게 우연에서 얼굴 반쯤 드러내고, 따뜻함을 움직여 서곡에 양기를 처음 보태네.

엎어둔 동이 속도 비추니 어찌 장애됨이 있으며, 오막살이집에도 은혜 베풀어 가이없구나.

봉래산은 은은히 비치어 삼신산이 아득하고, 바다의 신 해약이 춤추니 온갖 귀신 바쁘구나.

거룩한 빛 팔방에 뻗을 줄 그 누가 믿었으리, 다시 서경 요전편의 평장 구절을 외노라.

[語句] *奉敎 : 임금이나 웃어른의 가르침을 받듦. *扶桑 : 해가 뜨는 동쪽 바다 속에 있다는 상상의 신령스러운 나무. 해가 뜨는 곳. *天衢 : 하늘의 거리. 하늘의 구획. *漠漠 : 넓고 멀어 아득함. *喖哳 : ①새 소리. ②여러 악기 소리. *金鷄 : 하늘의 桃都山(도도산)에 산다는 닭. 이 닭은 해가 뜨자 우는데 이 때 천하의 닭이 따라 울게 된다고 함. *羲 : 羲和. ①중국 요 임금때 해를 맡은 羲와 달을 맡은 和. 해와 달. ②해를 모는 사람. 희화국의 羲和란 여인으로 俊(준) 임금의 아내이며 10개의 해를 낳았다고 함.<山海經 大荒南經> *火輪 : 불바퀴. 태양. *虞淵 : 해가 지는 곳. 해 돋는 곳인 暘谷(양곡)과 같은 뜻으로도 씀. *黍谷 : 중국 燕(연)나라 골짜기 이름. 너무 추운 곳이어서 곡식이 되지 않았는데 齊(제)의 陰陽家 鄒衍(음양가 추연)이 음률로 양기를 불어 넣었더니 따뜻해져서 기장이 자라나기에 서곡이라 했다함. *覆盆 : ①엎은 동이. ②동이의 물을 뒤집어 엎음. '소나기'를 형용하는 말로도 쓰임. *蔀屋 : 초가집. 오막살이집. *蓬萊 : 삼신산의 하나. *三山 : 삼신산. 신선이 산다는 蓬萊, 方丈, 瀛洲(봉래, 방장, 영주)의 세 전설적인 산. 이 산은 발해 가운데에 있다고 함. *海若 : 북해의 신. 바다의 신. 해신. *蹁躚 : ①비틀거리는 모양. ②휘날리는 모양. 빙 도는 모양. *覃 : 깊고 넓다. 뻗다. 미치다. *八表 : 사방. 온 세계. '동서남북 사방과 그 사이의 네 방향'임. *堯典 : 서경의 편명. *平章 : 평화롭고 밝게 함. 공정한 정치를 함. 서경 요전에 '克明俊德 以親九族 九族旣睦 平章百姓 百姓昭明 協和萬邦 黎民於變時雍(큰 덕을 밝히시어 구족을 화목하게 하시고, 구족이 화목하니 백성이 밝게 다스려지고, 백성이 밝으니 온 세상이 화평하게 되어, 온 백성이 아아 바뀌었구나 이 화목함이여!'라 있어 '백성을 고루 밝게 잘 다스림'을 '평장백성'이라 함.

[鑑賞] 왕의 명에 따라 동쪽 부상에서 해가 돋는 그림을 보며 지은 작품이다. 하늘이 깜깜하다가 한밤이 지나니 금계가 울고 해를 모는 희화가 부상에서 나온다. 솟아오르는 해는 온 세상을 빠뜨림이 없이 모두 비추고 삼신산이 아득히 보이며, 바닷물도 출렁이니 온 세상이 태평해진다. 임금님 명에 따라 지은 시이니 표현이 장엄하며, 이 모두 임금님의 크신 은혜에서 오는 것이라는 말이 감추어져 있다.

7言排律(7언배율). 모두 6연[12행]으로 첫 연 외에는 모두 대를 이루었으니, 이는 배율시의 규칙인 것이다. →24-1. 압운은 央, 光, 桑, 陽, 疆, 忙, 章 자로 평성 '陽' 평운이다. 평측은 차례로 '平平仄仄仄平平, 平仄平平仄仄平, 平仄仄平平仄仄, 仄平平平仄仄平, 平平仄仄平平仄, 仄仄平平仄仄平, 仄仄仄平平仄仄, 平平仄仄仄平平, 平平仄仄平平仄, 仄仄平平仄仄平, 平仄仄平平平仄仄, 仄平平仄仄平平'으로 7언율시와 같은 簾(염, 平仄평측)이라 규칙에 맞다.

36-2. 題高峯雲月軒(제고봉운월헌) 고봉의 운월헌을 두고 짓다

雲有浮沉月晦明 從來未若大虛淸 憑君爲語高遁客 莫把陰晴弄一生.

(운유부침월회명 종래미약태허청 빙군위어고둔객 막파음청농일생)

구름에는 부침이 있고 달에는 어둡고 밝음이 있는데,

그것은 본디부터 하늘의 맑음만 못하다네.

그대를 두고 숨은 선비에게 말하나니,

속세의 개고 흐림을 따라 일생을 희롱하지 말기를.

[語句] *高峯 : ①높은 봉우리. ②경기도 고양의 옛 이름. *浮沉 : 뜨고 가라앉음. *晦明 : 어둠과 밝음. 주야. *從來 : 이제까지. 지금까지 내려온 그대로. *大虛 : 太虛(태허). 하늘. 우주의 근본 원리. 大는 '태'로도 읽음. *憑 : 의지하다. 부탁하다. *高遁客 : 세상을 피해 사는 높은 선비. 고상한 은사. 遁은 '숨다. 달아나다'임. *把 : 잡다. 헤치다. *陰晴 : 흐림과 맑음.

[鑑賞] 지은이가 잘 아는 汝南梅子(여남매자)가 운월헌을 건립하고 지어 달라 청하여 지었다는 自註(자주)가 있는데, 고봉이 위 [語句]의 어느 뜻인지는 확인 못했다. 자연에는 모두 興亡盛衰(흥망성쇠)가 있는 법인데 인간도 이에서 벗어나지 못하니, 세태의 변화에 따라 마음이 움직이지 말고 하늘의 본질을 본받아 지조를 끝까지 굳게 지키라는 교훈적인 내용이다.

7言絕句(7언절구). 압운은 明, 淸, 生 자로 평성 '庚(경)' 평운이다. 평측은 차례로 '平仄平平仄仄平, 平平仄仄仄平平, 平平仄仄平仄仄, 仄仄平平仄仄平'으로 절구 규칙에 맞으나, 끝구의 '晴' 자는 압운과 똑같은 '庚' 운이라 피했으면 좋았겠다.

37. 金壽恒(김수항 1629~1689) : 조선 현종 때 문신. 자 久之(구지). 호 文谷(문곡). 시호 文忠(문충). 본관 安東(안동). 조부 尙憲(상헌 →701). 부 光燦(광찬). 아들 昌集(창집 →719). 18세에 사마시[진사시]에 장원하고 23세에 謁聖文科(알성문과)에도 장원했으며, 28세에 중시에 급제하여 통정에 올랐다. 31세에 가선, 34세에 자헌을 거쳐 44세에 우의정이 되었다. 당시 許積(허적)이 현종의 총애를 독점하여 많은 신하들이 물러났으나 그는 좌의정에 승진되었고 尹鑴(윤휴), 洪宇遠(홍우원 →658), 趙嗣基(조사기) 등의 동궁에 대한 불손한 언사를 탄핵했지만 오히려 남쪽땅에 유배되었다. 숙종 6년(1680) 종실인 楨(정), 柟(남)의 모역이 발각되어 윤휴 등이 주살되고 그 일당인 남인이 모두 쫓겨나매, 배소에서 불려 올라와 옥사를 다스리고 영의정이 되었으며, 이 때부터 한동안 당쟁이 잠잠하고 조정의 기강이 유지되었으나, 숙종 15년(1689) 윤휴의 무리들이 간계를 꾸며 모함에 빠뜨리니[己巳翻局 기사번국],

珍島(진도)로 귀양 갔다가 거기서 賜死(사사)되었다. 문집에 '文谷集(문곡집 28권)'이 있다.

37-1 次玄洲韻(차현주운) 현주의 시에 차운하다

自甘窮巷靜無依 門掩靑苔過客稀 每到夜深吟不寐 坐看窓月轉淸輝.

(자감궁항정무의 문엄청태과객희 매도야심음불매 좌간창월전청휘)

외딴 시골에서 집착 않고 고요히 스스로 즐기며,

문 닫으니 푸른 이끼 긴 길에 찾아오는 이 없네.

밤 깊도록 늘 잠 못 들어, 창 너머 달 맑게 빛남을 앉아서 보게 되는구나.

[語句] *玄洲 : 李昭漢(이소한 1598~1645)의 아호. 그는 연안 이씨로 조선 인조 때 명신이며 형조참판을 역임했고 月沙 李廷龜(월사 이정구)의 아들임. *窮巷 : 외딴 시골. *無依 : 의지하지 않음. 사물에 집착하지 아니함. *靑苔 : ①푸른 이끼. ②김. 海苔(해태). *淸輝 : 맑은 빛. 맑게 빛남.

[鑑賞] 한적한 곳에서 외로이 사노라니 찾아오는 친구도 드물다. 밤늦도록 잠을 이루지 못해 창으로 스며드는 달빛을 벗하며 살아간다. 고독하다는 표현은 없으면서도 말속에 외로움이 젖어 있는 작품이다. 선인들은 이렇게 은둔 비슷한 삶을 즐겼던 것이다.

7언절구. 압운은 依, 稀, 輝 자로 평성 '微(미)' 평운이다. 평측은 차례로 '仄平平仄仄平平, 平仄平平仄仄平, 仄仄仄平平仄仄, 仄平平仄仄平平'으로 절구 규칙에 맞다.

38. 金時習(김시습 1435~1493) : 조선 단종 때 생육신. 자 悅卿(열경). 호 梅月堂, 東峰, 淸寒子(매월당, 동봉, 청한자). 법명 雪岑(설잠). 시호 淸簡(청간). 본관 江陵(강릉). 父 日省(일성). 서울에서 태어나 5세 때 중용, 대학을 깨우쳐 신동이라 했고, 집현전 학사 최치운이 그의 재주를 경탄해 이름을 時習이라 지어 주었으며, 세종이 불러 재주를 시험해 보고는 비단 50필을 내려주었다 한다. 단종 3년(1455) 21세 때 삼각산 중흥사에서 독서하다가 수양대군이 단종을 쫓아내고 왕위에 올랐다는 소식을 듣고는 문을 닫고 3일간 통곡했으며, 세상을 비관해 책을 불사르고 중이 되어 지금 서울의 水落山(수락산)과 강원도, 경상도 등지를 두루 방랑하며 글을 지어 세상의 허무함을 읊었다. 성종 때 머리를 길러 47세에 安氏(안씨)의 딸을 아내로 맞았고 유학자를 만나면 불도를 말하지 않았다 한다. 사육신을 고발한 영의정 鄭昌孫(정창손)을 길에서 만나 면박을 준 일이 있으며, 세인들이 모두 그와 사귀기를 두려워했으나, 종실인 李貞恩(이정은), 南孝溫(남효온 →55), 安應世(안응세), 洪裕孫(홍유손) 등 네 사람만은 시종 변하지 않고 교분을 가졌다 한다. 상처한 뒤 재취하지 않고 鴻山(홍산)의 無量寺(무량사)에서 입적했는

데, 유언대로 절 옆에 묻었다가 3년 뒤 파보니 얼굴이 산 사람과 같았다 한다. 뒤에 浮屠(부도)가 세워졌고 선조는 李栗谷(이율곡 →283)을 시켜 그의 전기를 쓰게 했으며, 숙종 때에는 '해동의 伯夷(백이)'라 했고 執義(집의)를 추증했다. 이어 중종은 이조판서를 추증하고 시호를 내렸으며 남효온과 함께 영월의 六臣祠(육신사)에 배향하였다. 우리나라 최초의 소설 '金鰲新話(금오신화)'를 지었고 '梅月堂集(매월당집)'이 있다.

38-1 落葉(낙엽) 낙엽

落葉不可掃 偏宜淸夜聞 風來聲慽慽 月上影紛紛

敲窓驚客夢 疊砌沒苔紋 帶雨情無奈 空山瘦十分.

　　(낙엽불가소 편의청야문 풍래성척척 월상영분분

　　고창경객몽 첩체몰태문 대우정무내 공산수십분)

낙엽이라고 쓸어버릴 것 없나니, 맑은 밤 구르는 소리 두루 듣기 좋으이.

바람이 불면 그 소리 우수수 슬퍼지고, 달이 뜨면 그림자 어질어질 어지럽네.

창을 두드려 나그네 꿈 놀라게 하고, 섬돌에 쌓여 이끼 무늬를 없애네.

비를 띠고 있는 그 정경 어찌할 수 없어, 빈산이 더욱 여위었구나.

[語句] *偏宜 : 두루 좋음. *慽 : 근심하다. 슬프다. *紛紛 : 흩어져 어지러움. *砌 : 섬돌. 문지방. *苔紋 : 이끼로 하여 생긴 무늬. *無奈 : 어찌하지 못함. 어쩔 수 없음. *十分 : 넉넉하게. 아무 부족함이 없이.

[鑑賞] 낙엽의 여러 가지 구실을 읊었다. 맑은 밤 낙엽 구르는 소리, 바람에 우수수 떨어지는 소리, 달빛 아래 휘날려 달빛이 어지러워지는 모습, 창에 부딪쳐 사람을 놀라게 하고, 섬돌에 쌓여서는 이끼를 모조리 덮어버린다. 비가 오려는 산의 나무들 잎새 모두가 떨어져 바짝 말라버렸구나. 頷聯(함련 3~4구), 頸聯(경련 5~6구)은 對句(대구)가 잘 이루어졌다.

　5言律詩(5언율시). 압운은 聞, 紛, 紋, 分 자로 평성 '文(문)' 평운이다. 평측은 차례로 '仄仄仄仄仄, 平平平仄平, 平平平仄仄, 仄仄仄平平, 仄平平仄仄, 仄仄仄平平, 仄仄平仄仄, 平平仄仄平'으로 평측이 고르지 못하고 율시 규칙에 맞지 않은 데가 많다.

38-2. 登昭陽亭(등소양정) 소양정에 올라

　鳥外天將盡 愁邊恨不休 山多從北轉 江自向西流

　雁下沙汀遠 舟回古岸幽 何時抛世網 乘興此重遊.

(조외천장진 수변한불휴 산다종북전 강자향서류

안하사정원 주회고안유 하시포세망 승흥차중유)

날아가는 새 따라 하늘은 끝나려는데, 시름 따라 한스러움도 그치지 않는구나.

산들은 북쪽에서 많이 굴러오고, 강물은 절로 서쪽을 향해 흐르네.

기러기 내리는 모래톱은 멀고, 배 돌아오는 옛 언덕 그윽하구나.

언제나 세상 그물을 던져버리고, 흥을 타고 다시 여기 와서 놀거나.

[語句] *昭陽亭 : 강원도 춘천 소양강 가에 있는 누각. *沙汀 : 물가의 모래사장. 沙渚
(사저). *世網 : 세상 그물. 세속의 번잡한 일에 얽매이는 일. *乘興 : 흥을 탐. 乘
興而來興盡而去(흥이 나서 왔다가 흥이 없어져 돌아가다). 마음이 외물의 속박을
벗어날 때 참된 쾌락을 맛볼 수 있다는 뜻으로 씀. 중국 晉(진)의 王獻之(왕헌지)가
山陰(산음)에 살 때 밤에 눈이 개고 달이 밝아 혼자 술 마시며 左思(좌사)의 招隱詩
(초은시)를 읊다가, 문득 剡溪(섬계)에 있는 戴逵(대규)가 그리워 작은 배를 저어 문앞
까지 갔다가 되돌아오며 남들이 왜 대규를 만나지 않고 가느냐고 묻는 말에 "흥
을 타고 왔다가 흥이 다해 돌아가나니 하필 대규를 만나 보랴." 하더라 함.

[鑑賞] 한이 많은 지은이라서 모든 것이 한에 얽힌 듯 보이기 마련이다. 시름은 멀리
날아가는 새를 따라 하늘 저편으로 보내려 하나 잘 되지 않는다. 눈길을 내리
니 산은 북에서 빙 돌아오고 강물은 서쪽을 향해 흐른다. 저 멀리 기러기 내려
오고 배도 멀리 보인다. 떠도는 몸이라 이 승경을 언제 다시 와서 보게 되려는
고? 소양강과 소양정의 경관을 대구로 잘 읊었다.

5언율시. 압운은 休, 流, 幽, 遊 자로 평성 '尤(우)' 평운이다. 평측은 차례로 '仄仄平平仄, 平
平仄仄平, 平平平仄仄, 平仄仄平平, 仄仄平平仄, 平平仄仄平, 平平平仄仄, 平仄仄平平'으로
율시 평측 규칙에 맞다. 끝 행의 興은 '일어나다'의 뜻이면 평운 '蒸(증)', '흥겹다'의 뜻이면 거성
'徑(경)' 측운이 되고, 重은 '무겁다'이면 상성 '腫(종)' 측운, '거듭하다'이면 평운 '冬(동)'이 된다.

38-3. 俯仰(부앙) 내려다보고 쳐다보다

俯仰杳無垠 其中有此身 三才參並立 一理自相分
形役爲微物 躬行卽大君 古今何間斷 堯舜我同群.
(부앙묘무은 기중유차신 삼재참병립 일리자상분

형역위미물 궁행즉대군 고금하간단 요순아동군)

내려다보고 쳐다봐도 가이없이 아득한데 그 속에 이 몸 놓이어,

하늘 땅 사람이 나란히 서서 한 가지 이치를 나누어 가졌구나.

정신이 육체에 매이면 미물이 되지만 몸소 실천해 가면 큰 군자일세.
예와 지금이 어찌 끊겼겠는가, 요순 임금들도 우리와 같은 무리인데.

[語句] *俯仰 : 하늘을 우러러보고 세상을 굽어봄. *垠 : 지경. 경계. 하늘 가장자리.
　　　 *三才 : 만물을 지배하는 하늘·땅·사람[天地人천지인]. *形役 : 心爲形役(심
　　　 위형역). 마음이 육체의 부림을 당함. 물질적인 만족으로 인하여 정신이 육체의
　　　 노예가 됨, 곧 본심을 지키지 못하고 생활방편에 매이는 일. *微物 : 변변치
　　　 못하고 작은 사람이나 물건. *躬行 : 몸소 행함. 실천함. *堯舜 : 중국 고대의
　　　 요 임금과 순 임금. '성군, 明君(명군)'의 뜻으로 씀.
[鑑賞] 가이없는 하늘과 땅 사이에 놓인 조그만 인간, 하지만 마음가짐에 따라 성인군자도
　　　 될 수 고 아무 쓸모없는 미물이 될 수도 있으니, 이 얼마나 미묘한 자연의 섭리인
　　　 가. 옛 요순 임금은 먼데 있는 남의 이야기가 아니라 바로 나일 수도 있는 것이다.

　　5언율시. 압운은 垠, 身, 分, 君, 群 자로 垠과 身은 평성 '眞(진) 평운, 分·君·群은 평성
'文(문)' 평운인데 두 운은 通韻(통운)이 된다. 평측은 차례로 '仄仄仄平平, 平平仄仄平, 平平平
仄仄, 仄仄仄平平, 平仄平平仄, 平平仄仄平, 仄平平仄仄, 平仄仄平平'으로 평측 규칙에 맞다.

38-4 乍晴乍雨(사청사우) 갰다 비 오다 하다

乍晴還雨雨還晴 天道猶然況世情 譽我便應還毁我 逃名却自爲求名
花開花謝春何管 雲去雲來山不爭 寄語世人誰記認 取歡無處得平生.
　　(사청환우우환청 천도유연황세정 예아편응환훼아 도명각자위구명

　　화개화사춘하관 운거운래산부쟁 기어세인수기인 취환무처득평생)

갰다가는 비 오고 비 오다가는 또 개네. 천도도 이러하거늘 세정이야 말해 무엇하리.
나를 칭찬 하는가 했더니 곧 나를 헐뜯고, 이름을 피한다더니 도리어 얻고자 애쓰는구나.
꽃이 피고 진들 봄이 어이 상관하며, 구름이 가고 옴을 산은 다투지 않네.
세상 사람들 누구나 알아둘 것이, 어디서든 즐거워함은 평생에 득이 되느니.

[語句] *乍晴乍雨 : 맑다가 비 오다 함. 乍晴은 '오랜 비가 그치고 잠깐 갬', 乍雨는 '갑자기
　　　 비가 내림'임. *天道 : 천지자연의 도리. *世情 : 세상인심. *逃名 : 이름 곧 명예를 피
　　　 함. 지조를 지켜 세속과 화합하지 아니함. *花開花謝 : 꽃이 피고 짐. 花開花落(화개화락).
[鑑賞] 人心朝夕變(인심조석변)이라 이를 탓할 것이 못 되나니, 맑던 하늘이 갑자기 짙게
　　　 흐리며 소나기가 내리고, 갤 가망이 보이지 않던 하늘도 씻은 듯 활짝 맑아지는
　　　 일이 천지자연에도 있음에랴. 칭찬이 비난으로 바뀌고, 명예는 바라지 않는다고

公言(공언)하면서도 속으로는 명예를 찾아다니는 게 세상 형편이다. 꽃이 피고 지는 거나 구름이 흘러 왔다가는 가 버리는 것이 어찌 누가 시켜 된 것인가 절로 이루어지는 것이니 어디서나 어느 경우에서나 마음 편히 가지어라. 承聯(승련 3, 4구)과 轉聯(전련 5, 6구)은 율시 구성 원칙에 따라 각각 對(대)를 이루었는데, 전련의 '花開花謝春何管 雲去雲來山不爭'은 아주 멋진 짝을 이룬 名句(명구)이다.

7言律詩(7언율시). 압운은 晴, 情, 名, 爭, 生으로 평성 '庚(경)' 평운이다. 평측은 차례로 '仄平平仄仄平平, 平仄平平仄仄平, 平仄平平平仄仄, 平平仄仄仄平平, 平平仄仄平平仄, 平仄平平平仄平, 仄仄仄平平仄仄, 仄平平仄仄平平'으로 율시 簾(염)에 합치된다.

38-5 書金鼇新話後 二首(서금오신화후 이수) 금오신화 지은 뒤에 쓰다 두 수

矮屋靑氈暖有餘 滿窓梅影月明初 挑燈永夜焚香坐 閒著人間不見書.<제1수>
(왜옥청전난유여 만창매영월명초 도등영야분향좌 한저인간불견서)

나지막한 집의 푸른 담요 따스함이 넉넉하고, 달은 밝아 들창 가득 매화 그림자 비추는데, 등잔 심지 돋우고 긴긴 밤 향 사르면서 앉아, 한가로이 인간에서 보지 못하는 글을 지었네.

[語句] *金鼇新話 : 김시습이 지은 우리나라 최초의 한문 소설. 그가 만년에 경주의 金鼇山(금오산, 남산)에 들어가 지었는데, 우리나라를 배경으로 하고 인물과 풍속을 사실대로 그렸음. 2책인데 전하는 것은 萬福寺樗蒱記(만복사저포기), 李生窺墻傳(이생규장전), 醉遊浮碧亭記(취유부벽정기), 龍宮赴宴錄(용궁부연록), 南炎浮州志(남염부주지)의 5편뿐이며, 중국 명 나라 瞿佑(구우)의 '剪燈新話(전등신화)'를 다분히 본땄다고 평가하고 있음. *矮屋 : 낮고 작은 집. *靑氈 : ①짐승 털로 만든 푸른 빛 담요. ②대대로 전해 오는 물건이나 세업. *挑燈 : 등잔 심지를 돋우어 불을 밝게 함. *焚香 : 향을 사름. 향료를 불에 피움.

38-6 玉堂揮翰已無心 端坐松窓夜正深 香罐銅瓶烏几靜 風流奇話細搜尋<제2수>
(옥당휘한이무심 단좌송창야정심 향관동병오궤정 풍류기화세수심)

옥당에서 글 짓는 일은 마음에 없어, 소나무 보이는 창앞에 단정히 앉으니 한밤중이로구나. 향 그릇과 구리병과 검은 책상은 고요한데, 풍류스러운 기이한 이야기를 자세히 찾아보았네.

[語句] *玉堂 : 홍문관. 三司(삼사)의 하나로 궁내부의 경적과 문한, 經筵(경연) 등을 맡아보았음. *揮翰 : 글을 지음. 揮는 '글을 쓰거나 그림을 그림'의 뜻임. *無心 : 아무런 생각이 없음. 관심이 없음. *端坐 : ①단정하게 앉음. ②할 일 없이 그

날그날을 그냥 지냄. *香罐 : 향을 담는 그릇. 罐은 '물동이, 양철통'의 뜻임. *銅瓶 : 구리로 만든 병. 구리 물병. *烏几 : 검은 빛 책상 또는 안석. *風流 : 운치 있는 일. 고상한 멋. *奇話 : 이상야릇하고 재미나는 이야기. 기담.

[鑑賞] 금오신화를 지을 때의 분위기를 그렸다. 신비스러움이 감도는 금오산 외진 초가집에서 밤을 새워 가며 인간 세상에는 있을 수 없는 기이한 이야기들을 찾아 지었다는 것이다. 이렇게 짓고 나니 만족스럽다는 심정이 숨어 있다 하겠다.

　7言絕句(7언절구) 두 수. 첫 수의 압운은 餘. 初, 書 자로 평성 '魚(어)' 평운이고, 둘째 수는 心, 深, 尋 자로 평성 '侵(침)' 평운이다. 평측은 차례로 '仄仄平平仄仄平, 仄平平仄仄平平, 仄平仄仄平平仄, 平仄平平仄仄平 ; 仄平平仄仄平平, 平仄平平仄仄平, 平仄平平平仄仄, 平平平仄仄平平'으로 절구 평측 규칙에 합치되었다.

38-7 渭川魚釣圖(위천어조도) 위천 냇가에서 낚시질 하는 그림

　風雨蕭蕭拂釣磯 渭川魚鳥識忘機 如何老作鷹揚將 空使夷齊餓採薇.
　（풍우소소불조기 위천어조식망기 여하노작응양장 공사이제아채미）

비바람 쓸쓸히 낚시터에 불어제치니, 위수의 고기와 새들 기심 잊었음을 알겠네.
늙은 태공망은 어찌하여 무용을 떨쳐서, 쓸데없이 백이숙제가 고사리 캐며 굶주리게 했던고.

[語句] *渭川魚釣 : 고대 중국 周文王(주문왕)의 스승인 太公望(태공망, 呂望여망, 呂尙여상)이 渭水(위수)의 물가에서 곧은 낚시로 낚시질을 하다가 문왕의 눈에 띄어 등용된 뒤 주나라 건국에 공헌했음. 위수는 감숙성에서 발원하여 華陰縣(화음현) 북쪽을 거쳐 황해로 들어가는 강이고, 문왕은 주의 초대 임금 무왕의 아버지임. *蕭蕭 : 쓸쓸함. →20-1. *釣磯 : 낚시터. *忘機 : 機心(기심)을 잊음. 기심은 機械之心(기계지심)으로 '기회를 보아 움직이는 마음 곧 책략을 꾸미는 마음'임. *鷹揚 : 매가 날아오름. 무용을 떨침. 여기서는 '태공망'을 가리킴. *夷齊 : 백이숙제. 은 나라 제후인 孤竹君(고죽군)의 두 아들인 백이와 숙제. 이들은 주문왕이 은의 紂王(주왕)을 치려는 것을 말리다가 듣지 않자 수양산에 들어가 숨어 고사리를 캐어 먹으며 견디다가 굶어 죽었다 함. '굳은 절조'를 뜻하는 말로도 쓰임. *採薇 : 고사리 순을 꺾음.

[鑑賞] 비바람이 쓸쓸하게 낚시터에 몰아치니 낚시하는 사람들이 없으므로 위수의 물고기와 물새들은 사람이 자기들을 잡으려는 마음을 가지고 있음을 잊었다. 더구나 태공망은 곧은 낚시를 드리웠으니, 물고기들이 그가 기심이 없음을 알아차려 親狎(친압)했는데, 어찌해 인간 세상에는 용맹을 떨쳐 은 나라의 백이숙제 선비들이 고사리를 캐어 먹다 굶어 죽게 했는가. 오직 사람에게만 기심을 썼던 것으로

구나. 태공망은 주 나라 건국에는 공로가 많지만, 은 나라의 곧은 선비들인 백이와 숙제를 죽게 했으니, 인간의 역사는 이렇게 양면성이 있는 것이다. 위수에서 낚시질하는 태공망을 그린 그림을 보고 지은 諷刺詩(풍자시)라 하겠다.

7언절구. 압운은 磯, 機, 薇 자로 평성 '微(미)' 평운이다. 평측은 차례로 '平仄平平仄仄平, 仄平平仄仄平平, 平平仄仄平平仄, 平仄平平仄仄平'으로 절구의 염에 맞다.

39. 金良鏡(김양경 ?~1235) : 고려 중기의 학자, 정치가. 일명 仁鏡(인경). 시호 貞肅(정숙). 본관 慶州(경주). 義珍(의진)의 현손. 父 永固(영고). 재주가 뛰어나고 총명하여 隷書(예서)를 잘 쓰고 명종 때 을과에 급제했다. 고종 초에 趙冲(조충 →477)이 강동성의 글안(契丹)을 토벌할 때 판관이 되어 갔는데, 몽고와 東眞(동진)도 글안을 공격하여 고려에 군사 식량을 청하자 양경이 사신으로 들어가 孫吳兵法(손오병법)을 역이용하여 글안을 물리쳤으며, 그 공으로 樞密院右承宣(추밀원 우승선)이 되었다. 그 후 상주목사, 형부상서, 한림학사, 左僕射(좌복야), 정당문학, 이부상서, 監修國史(감수국사) 등을 거쳐 中書侍郎平章事(중서시랑평장사)에 이르렀다. 翰林別曲(한림별곡)에서 '良鏡詩賦(양경시부)'라 읊은 바 있다.

39-1 石不可奪堅 終聯(석불가탈견 종련) 돌의 굳음은 빼앗지 못한다 끝 연

鐵慚融作器 銅恥鑄成錢 比若賢良士 操心固莫遷.
(철참융작기 동치주성전 비약현량사 조심고막천)

쇠는 녹여져서 그릇이 됨이 부끄럽고, 구리는 틀에 부어져 엽전이 됨이 창피한 일이니, 비유컨대 어질고 착한 선비들은 돌같이 되어, 조심하며 줏대를 옮기지 말기를.

[語句] *鐵慚融作器 : 쇠는 녹아서 그릇으로 되는 것이 부끄러운 것이 됨. 본성이나 지조를 잃음. *賢良 : 어질고 착함. *操心 : 마음을 써서 그릇되거나 틀림이 없도록 함.

[鑑賞] 금속은 센 불에 녹아져서 그릇이 되거나 엽전이 되는 등 그 본바탕이 변해지는 것이 부끄러운 일이다. 사람도 금속과 같이 본질이 바뀌는 일이 있어서는 안 되며, 오직 돌처럼 그 굳음을 지켜 지조를 잃지 말아야 할 것이다. 6연 곧 12구로 된 5言排律(5언배율)의 끝 4구인데, 앞 연에서는 '음양이 갈라진 뒤 우주 속의 물건이 만 가지이나, 돌은 그 속에 굳은 바탕을 가져 누구든 그 굳음을 빼앗지 못했다. 견디지 못하면 부서져 버릴망정 본성은 잃지 않는 게 돌이니, 그 바탕은 본디 타고난 것이라 옮겨지지 않는 것이다.'라 읊었다.

5언배율. 6연 중 마지막 부분으로 압운은 錢, 遷 자로 평성 '先(선)' 평운이다. 평측은 차례로 '仄平平仄仄, 平仄仄平平, 仄仄平平仄, 平平仄仄平'으로 평측 규칙에 잘 합치되었다.

40. 金永暾(김영돈 ?~1348) : 고려 충혜·충목왕 때 정치가. 자 那海(나해). 호 龜峯(구봉). 본관 安東(안동). 조부 方慶(방경 →700), 父 恂(순). 충렬왕 때 과거에 오르고 충혜왕 때 推誠秉義翊 贊功臣(추성병의익찬공신), 上洛府院君(상락부원군)이 되었다. 충혜왕이 원 나라에 잡혀갈 때 사면 해달라는 글을 元(원)에 냈으나 이루어지지 않았고, 충목왕 때 좌정승으로서 우정승 王煦(왕후) 와 함께 判整治都監事(판정치도감사)가 되어 권세가들이 남의 땅을 빼앗는 일을 바로잡았다.

40-1 扈從白馬山應御製(호종백마산응어제)
　　　임금님을 모시고 백마산에 가서 임금님의 시에 따라서 짓다
翠葆行尋滄海上 玉簫吹送白雲間 紅塵一片飛難到 萬點螺分雨後山.
　　(취보행심창해상 옥소취송백운간 홍진일편비난도 만점나분우후산)

어가를 받들고 푸른 바닷가를 찾아가나니, 옥퉁소 소리는 흰 구름 사이로 퍼져 나가네.
속세의 티끌 한 조각도 날아들기 어려운데,
비 온 뒤 많은 산들 소라같이 올망졸망 놓였구나.

[語句] *扈從 : 임금을 수행함. *白馬山 : 평안북도 의주에 있는 산인 듯함. *應御製 : 임금의 명을 받아 시문을 지음. 임금의 지은 글에 따라 지음. *翠葆 : 임금 의 수레. 御駕(어가). 葆는 '양산. 일산'임. *滄海 : 크고 넓은 바다. 창명. *玉 簫 : 옥퉁소. *紅塵 : 붉게 비치는 티끌. 번거로운 세상 일. *萬點螺分 : 수많 은 소라가 갈라 놓임. 많은 산이 놓인 모양을 형용한 말임.

[鑑賞] 왕의 행차를 호종해 바닷가를 지날 때는 악공들이 부는 퉁소 소리가 흰 구름 사이로 퍼지고, 백마산에 올라보니 속세의 티끌 하나도 날아들지 못하고 올망 졸망한 산들이 소라 껍질이 놓인 듯 내려다 보인다. 끝 행의 표현이 여실하다.

　　7言絕句(7언절구). 압운은 間, 山 자로 평성 '刪(산)' 평운이다. 절구의 경우 첫 행은 압운 않을 수도 있다. 평측은 차례로 '仄仄平平平仄仄, 仄平平仄仄平平, 平平仄仄平平仄, 仄仄平 平仄仄平'으로 규칙에 맞고 평측의 배열이 잘 된 작품이다.

41. 金禮蒙(김예몽 1406~1469) : 조선 세조 때 정치가. 자 敬甫(경보). 시호 文敬(문경). 본관 光山(광산). 父 遡(소). 성품이 온아 淸秀(청수)하고 매우 학문을 좋아했다. 세조 12 년(1466)에 문과와 重試(중시)에 급제하여 집현전에 들었고, 成均司成(성균사성)으로 있 으면서 製述(제술)에 능한 사람을 표창 장려했다. 공조판서를 역임하고 병으로 충주에 내려갔다가 거기서 死去(사거)했다.

41-1. 次襄陽樓韻(차양양루운) 양양루 시에 차운하다

澄淸敢望范公前 遊賞猶能及壯年 影逐峴山官道月 夢尋華岳御爐煙
恩深欲報嗟無地 任重難堪愧有天 佳境逢來饒逸興 興狂還似飮狂泉.

(징청감망범공전 유상유능급장년 영축현산관도월 몽심화악어로연

은심욕보차무지 임중난감괴유천 가경봉래요일흥 흥광환사음광천)

천하를 맑게 하기를 범공보다 앞서기 바라랴마는, 구경 다니기는 장년과 같이 한다네.

내 그림자는 현산의 양호와 같은 선정의 벼슬길 비추는 달을 따르고,

내 꿈은 서울 대궐 임금님 향로 연기를 찾아간다네.

임금님 은혜 깊으나 갚을 길 없어 탄식하고,

맡겨진 큰 일 감당키 어려워 하늘에 부끄럽네.

좋은 경치 만나면 풍류스런 흥이 넘쳐, 흥에 미치어 마치 광천 물 마신 듯하여라.

[語句] *襄陽 : 강원도 동해안의 군. 고구려 때 翼峴縣(익현현)이었고 신라 때 翼嶺(익
령)으로 개칭, 守城郡(수성군, 간성군杆城郡)에 속했다가 조선 태종 16년(1416)에 양
양으로 개칭되었음. 계조암, 오대산, 낙산사, 청간정 등 명승고적이 있음. *澄
淸 : 맑음. 어지러움을 다스려 맑게 함. *敢望 : 감히 바람. *范公 : 중국 후
한 桓帝(환제) 때 淸詔使 范滂(청조사 범방). 지방 수령들의 비행을 적발하는 임무
를 띠고 수레에 올라 말고삐를 잡으며 천하를 맑게 할 뜻을 밝혔고, 冀州(기주)
의 뭇 도적을 평정하였음. *遊賞 : 유람하며 인정이나 경치를 감상함. *壯年 :
혈기가 한창 강성한 서른 안팎의 나이[사람]. *峴山 : 중국 호북성 襄陽縣(양양
현) 남쪽에 있는 산. 晉(진)의 羊祜(양호)가 襄陽太守(양양태수)로 있으면서 선정을
베풀고 산수를 좋아해 늘 현산에 올랐는데, 그가 죽자 고을 사람들이 현산에
비석을 세우고 사당을 지어 명절에 제사를 올리며 모두 눈물을 흘리니, 西晉(서
진)의 杜預(두예)가 이 비를 '墮淚碑(타루비)'라 했다 함. *官道 : 벼슬길. 官途(관
도). *華岳 : 華山(화산). 중국 五嶽(오악)의 하나인 西嶽(서악)으로 섬서성 華陰(화음)
남쪽에 있는데, 산 모양이 위아래가 평평하다고 함. 여기서는 서울 북쪽의 '삼
각산'을 가리킴. *御爐 : 임금 앞에 놓인 향로. '御前(어전)'의 뜻임. *無地 : 자
리가 없음. 방도가 없음. '惶恐無地(황공무지)'의 뜻임. *任重 : 등에 진 짐이 무
거움. 맡은 일이 중요함. 任重道遠(큰 일을 맡아 책임이 무거움)<論語 泰伯> *
佳境 : 경치 좋은 곳. *逸興 : 逸遊(일유)의 흥. 세속을 벗어난 풍류스러운 흥
취. *狂泉 : 마시면 미치게 되는 샘.<宋書 袁粲傳>

[鑑賞] 마음가짐은 범방의 맑은 세상 이루기와 양호와 같은 어진 정치를 베풀고 싶고,

산수를 좋아하는 일도 그를 따르고 싶기에 지은이는 좋은 정치를 베풀 것이다. 왕의 깊은 은총은 갚을 길 없는데 맡은 일도 힘에 벅차다. 그런데도 명승을 만나면 거기 함빡 빠지니 이것이 광천 물 마신 징후와도 같구나. 강원도 양양이 마침 중국의 양양과 이름이 같아 양호가 떠올랐으리라. 承聯(승련, 領聯함련 3~4구), 轉聯(전련, 頸聯경련 5~6구)은 對句(대구)가 잘 이루어졌다.

7言律詩(7언율시). 압운은 前, 年, 煙, 天, 泉 자로 평성 '先(선)' 평운이다. 평측은 차례로 '平平仄仄仄平平, 平仄平平仄仄平, 仄仄仄平平仄仄, 仄平平仄仄平平, 平平仄仄平平仄, 仄仄平平仄仄平, 平仄平平平仄仄, 仄平平仄仄平平'으로 율시 염에 맞다.

42. 金倫(김윤 1277~1348) : 고려 충숙왕 때 賢臣(현신). 자 無己(무기). 호 竹軒(죽헌). 시호 貞烈(정렬). 父 賆(변). 충렬왕 16년(1290) 원 나라의 哈丹(합단)이 쳐들어오자 14세로 가족을 이끌고는 난을 피해 강화도에 갔다. 문벌로 하여 鹵簿判官(노부판관), 神虎衛護軍(신호위호군)을 거쳐 辨正都監副使(변정도감부사)를 지내고 뒤에 監察侍丞(감찰시승)일 때는 모든 소송 사건을 신속 정확하게 처리하여 공정을 기했다. 일찍이 충렬왕을 따라 원에 건너가 審陽王 暠(심양왕 고)를 고려의 왕으로 세우려는 무리들의 연판장 서명을 거절하며 두 임금을 섬기지 않는 대의를 밝혔다. 慶尙·全羅 都巡問使(경상·전라 도순문사), 僉議評理(첨의평리), 商議會議都監事(상의회의도감사), 三司右使(삼사우사)에 임명되었다. 충혜왕 때 推誠贊理功臣(추성찬리공신)과 彦陽君(언양군)에 봉해지고 그의 부모 처자들도 爵位(작위)와 祿田(녹전)을 받았다. 충목왕 때 贊成事(찬성사)를 거쳐 左政丞(좌정승)이 되고 府院君(부원군)에 被封(피봉)되었다.

42-1 送草亭員外歸京師 終聯(송초정원외귀경사 종련)
　　초정 원외가 원 나라 서울로 돌아감을 송별하다 끝 연
此去調鼎鼐 竭力輸忠勤 餘波及鰈海 未老歸桑枌.
　　(차거조정내 갈력수충근 여파급접해 미로귀상분)

이제 가거든 정승들을 조화되게 하고, 힘을 다해 충성과 근면함을 다하여,
그 남은 덕택이 우리 고려에 미치게 하고, 늙기 전에 부디 전원으로 돌아오라.

[語句] *員外 : 관직 이름. 정원 외의 관직으로 중국 수 나라 문제 때 시작되었음. *京師 : 서울. 여기서는 원의 서울 북경을 가리킴. *鼎鼐 : 가마솥. 정승의 지위. 가마솥이 발이 셋이므로 삼정승에 비유해 씀. *竭力 : 있는 힘을 다해 애씀. *忠勤 : 충성스럽고 근실함. 성실하게 근무함. *餘波 : 뒤에까지 미치는 영향. *

鰈海 : 우리나라 근해. 넙치가 많이 잡히기에 하는 말로 우리나라 별칭임. *桑
枌 : 뽕나무와 흰느릅나무. '고향, 시골 농촌, 田園(전원)'의 뜻인 桑梓(상재)와 같
음. 한편 桑楡(상유)는 '뽕나무와 느릅나무'로 '저물 녘, 해 지는 서쪽, 노경'임.

[鑑賞] 본국에 가거든 충성을 다하고 그 덕이 우리 고려에까지 미치도록 하고 늙기
전에 농촌으로 돌아가 쉬라는 송별시이다. 모두 14구의 마지막 4구로 앞의 내
용은 '그대는 젊어 과거에 오르고 청운의 뜻을 펴 유명하여 천문을 움직일 만
하다. 이별 자리 펴 이별하자니 말은 시끄럽게 울고 앞에 놓인 이별 술잔 마시
지 못할 만큼 서러워 하소연하노라.'이다.

5言古詩(5언고시). 압운은 勤, 枌 자로 평성 '文(문)' 평운이다. 평측은 차례로 '仄仄平仄仄,
仄仄平平平, 平平仄仄仄, 仄仄平平平'으로 첫 행의 평측이 고르지 못하고 둘째 행부터 二四
不同(이사부동)이 한 행씩 번갈아 이루어져 율시 평측 규칙에 어긋나므로 고시에 속한다.

43. 金益精(김익정 ?~1436) : 조선 세종 때 정치가. 자 子斐(자비). 본관 安東(안동). 태조
5년(1396)에 문과 급제하여 拾遺(습유), 獻納(헌납), 司諫(사간), 大司憲(대사헌)을 거쳐 충
청 · 전라 · 경기 등의 觀察使(관찰사)를 역임하였다. 후에 同知摠制(동지총제), 慶昌府尹
(경창부윤), 이조 · 형조 · 예조 등의 參判(참판)을 지냈다.

43-1 送秋(송추) 가을을 보내며

西風吹欲盡 白日向何歸 砌下蛩音斷 天涯鴈影稀
山應臨別瘦 葉爲送行飛 來往光陰變 衰翁也獨悲.
 (서풍취욕진 백일향하귀 체하공음단 천애안영희
  산응임별수 엽위송행비 내왕광음변 쇠옹야독비)

서풍은 다 불어 버리려는데, 밝은 해는 어디를 향해 돌아가는고.
섬돌 밑 귀뚜라미 소리 끊이고, 하늘가에는 기러기 그림자 드무네.
산은 가을과의 이별로 수척해졌고, 잎은 가을을 보내노라 이리저리 날리는구나.
오고 가는 세월이 변하니, 쇠약해진 늙은이 홀로 슬퍼하노라.

[語句] *白日 : 빛나는 해. *砌下 : 섬돌 밑. 문지방 밑. *蛩音 : 귀뚜라미 소리. 蛩聲(공
성). *天涯 : 하늘 끝. 아주 먼 곳. *臨別 : 헤어짐에 이름. *瘦 : 여위다. 파리하
다. *光陰 : 세월. 때. 光은 해요, 陰은 달을 뜻함. *衰翁 : 늙은이. 쇠약한 노인.
[鑑賞] 가을이 다 가려는 무렵의 경치와 심정을 읊었다. 서풍은 잦아들고 해가 짧아
지니, 귀뚜라미 소리 끊어지고 기러기도 모두 날아왔다. 나뭇잎은 가을과 이별

하려고 떨어져 산은 앙상해졌고 낙엽은 이리저리 마구 뒹군다. 또 한 해가 저 무려 하니 늙어가는 이 몸 구슬프구나.

5언율시. 압운은 歸, 稀, 飛, 悲 자로 앞 석 자는 평성 '微(미)' 평운이고, 悲는 평운 '支(지)' 인데 通韻(통운)이 되어 잘못은 없다. 평측은 차례로 '平平平仄仄, 仄仄仄平平, 仄仄平平仄, 平平仄仄平, 平平平仄仄, 仄仄仄平平, 平仄平平仄, 平平仄仄平'으로 율시 염에 합치된다.

43-2 呈大使(정대사) 대사에게 주다

欲歸歸未得 人事苦相牽 回互路何遠 玄黃馬不前
秋風催落葉 白髮報殘年 兩地相思恨 難成一夜眠.

（욕귀귀미득 인사고상견 회호로하원 현황마부전

추풍최낙엽 백발보잔년 양지상사한 난성일야면）

돌아가려 하지만 돌아가지 못하니, 사람의 일 괴롭게도 서로 얽히네.
돌고 도는 길 어찌 그리 멀던지, 말은 머뭇거리며 가지를 않았네.
가을바람은 낙엽을 재촉하고, 백발은 여생이 얼마 안 남았음을 알리는구나.
두 곳에서 서로 그리워하는 한 때문에, 하룻밤 잠을 이루기 어렵네.

[語句] *相牽 : 잡아당김. 서로 이끎. *玄黃 : ①검정말이 누렇게 병드는 일. 말이 헐뜯임. ②하늘빛은 검고 땅빛은 누름. 天地玄黃(천지현황)<千字文천자문> ③검정 색 또는 황색 폐백. 여기서는 ①임. *殘年 : 늙어서 죽기까지 얼마 남지 않은 나머지 나이. 여생. *相思 : 서로 그리워함.

[鑑賞] 헤어지기 아쉬운 사이라서 생각은 얽히고 길은 멀기만 하다. 가을바람에 낙엽 은 마구 날고 그 낙엽처럼 우리 늙은 나이 여생이 얼마 남지 않았구나. 이렇게 헤어지고 나서 그리워해야 할 심정을 생각하니 잠도 오지 않을 듯하다. 이별의 정을 對句(대구)를 곁들여 절실하게 읊은 名作(명작)이다.

5言律詩(5언율시). 압운은 牽, 前, 年, 眠 자로 평성 '先(선)' 평운이다. 평측은 차례로 '仄平 平仄仄, 平仄仄平平, 平仄仄平仄, 平平仄仄平, 平平平仄仄, 仄仄仄平平, 仄仄平平仄, 平 平仄仄平'으로 평측 규칙에 맞다.

44. 金正喜(김정희 1786~1856) : 조선 후기의 고증학자, 금석학자, 서도가. 자 元春(원춘). 호 阮堂, 秋史, 禮堂, 詩庵, 果坡, 老果(완당, 추사, 예당, 시암, 과파, 노과) 등. 본관 慶州(경주). 父 이조판서 魯敬(노경). 어머니 俞氏(유씨)가 임신한지 24개월만에 출산했다는 말이 있다. 박제가에게 배우고 순조 14년(1814) 문과 급제하여 벼슬이 대사성, 병조참판에 이르렀다.

20세 때 아버지를 따라 연경에 가서 거유인 阮元(완원), 翁方綱(옹방강) 등과 막역하게 지냈고, 완원은 자기가 지은 '蘇齋筆記(소재필기)'를 처음으로 초하여 기증하기까지 했다. 헌종 6년(1840)에 尹尙度(윤상도)의 옥사에 관련되어 제주도로 유배되었고, 철종 2년(1851) 權敦仁(권돈인)의 憲宗廟遷(헌종묘천) 문제로 북청으로 귀양 가니 나이 66세였으며 유배 생활이 모두 13년이나 되었다. 그는 특히 금석, 도서, 시문, 篆隷學(전예학), 묵화 등에 뛰어났고, 書法(서법)도 독창적인 추사체를 이룩한 명필가였다. 고증학에 뜻을 두어 중국학자들과 文緣(문연)을 맺고 우리나라에 고증학을 도입했으며, 북한산의 신라 眞興王巡狩碑(진흥왕순수비)를 발견 고증하는 등 공로가 크다. 저서에 '阮堂集(완당집)', '金石過眼錄(금석과안록)', '實事求是說(실사구시설)' 등과 墨竹圖, 墨蘭圖(묵죽도, 묵란도) 및 서예 작품 등이 전해 온다.

44-1 悼亡妻(도망처) 죽은 아내를 애도하다

聊將月姥訴冥司 來世夫妻易地爲 我死君生千里外 使君知我此心悲.
(요장월모소명사 내세부처역지위 아사군생천리외 사군지아차심비)

달할미더러 염라대왕에게 호소토록 해서, 내생에는 우리 부부 바꾸어 태어나게 하고자.
내가 죽고 그대 살아 멀리 떨어져, 지금의 내 슬픔 그대가 알게 하고 싶구나.

[語句] *聊 : 애오라지. 원하다. *月姥 : 달에 사는 신선 할미. 결혼 중매를 맡는 月下老. 月姆(월모). *冥司 : 저승 곧 冥府(명부)를 맡은 벼슬아치. 閻羅大王(염라대왕). *來世 : 죽은 뒤에 다시 태어나 산다는 미래의 세상. ↔前世(전세). *夫妻 : 남편과 아내. 부부. *易地 : 처지를 바꿈.

[鑑賞] 먼저 사거한 아내를 못 잊어 하는 지극한 정을 그렸다. 오죽 안타까우면 이 다음 세상에서는 내가 먼저 죽어, 지금의 내 슬픈 마음을 아내가 알도록 해 주고 싶어 했으랴. 連理枝(연리지)를 연상케 하는 부부애가 담긴 작품이다.

7언절구. 압운은 司, 爲, 悲 자로 평성 '支(지)' 평운이다. 평측은 차례로 '平平仄仄仄平平, 平仄平平仄仄平, 仄仄平平平仄仄, 仄平平仄仄平平'으로 절구 평측 규칙에 맞다.

44-2 驟雨(취우) 소나기

樹樹薰風葉欲齊 正濃黑雨數峰西 小蛙一種靑於艾 跳上蕉梢效鵲啼.
(수수훈풍엽욕제 정농흑우삭봉서 소와일종청어애 도상초초효작제)

나무마다 훈풍 불어 잎사귀들 하늘거리고, 먹장 구름 봉우리 지나며 소나기 내리려 하네.
조그만 청개구리 한 놈이 파랗게 질려, 파초 가지에 뛰어 올라 요란히도 울어대네.

[語句] *薰風 : 첫여름에 훈훈하게 부는 바람. 黃雀風(황작풍). *欲齊 : 가지런해지려고 함. '가지런해지려고 살랑거림'의 뜻임. *濃 : 짙다. 두텁다. *黑雨 : 하늘이 어두워지며 내리는 비. 소나기. *數 : 자주. 빠르다. *小蛙 : 작은 개구리. 청개구리. *艾 : 쑥. 쑥같이 하얘지다. *蕉梢 : 파초의 가지. *效鵲啼 : 까치의 우는 소리를 본땀. 요란하게 옮. 效鵲噪(효작조).

[鑑賞] 소나기가 내리려는 직전의 정경을 읊었다. 비가 오려 하면 개구리가 우는데, 이는 '水經'에 나오는 아비의 말을 잘 안 듣던 很子(한자)의 얘기를 본따, 말 안 듣던 새끼 청개구리가 자기가 죽거든 물가에 묻어 달라는 어미의 유언을 어길 수 없다 하여 어미를 물가에 묻고는 비가 오면 어미의 시신이 떠내려가지 않을까 하는 걱정에서 운다는 이야기가 연상된다.

7언절구. 압운은 齊, 西, 啼 자로 평성 '齊(제) 평운이다. 평측은 차례로 '仄仄平平仄仄平, 仄平仄仄仄平平, 仄平仄仄平平仄, 平仄平平仄仄平'으로 절구의 평측 규칙에 합치되었다.

45. 金齊顔(김제안 ?~1368) : 고려 공민왕 때 문신. 자 仲賢(중현). 본관 안동. 증조 명장 方慶(방경 →700). 문과에 급제하여 정몽주, 이숭인, 정도전 등과 사귀었다. 공민왕 13년(1364) 좌정언으로 있을 때, 변방에서의 공이 있어 첨의평리에 특진된 韓暉(한휘), 李龜壽(이구수)의 告身(고신, 職牒직첩, 辭令狀사령장)에 서명하지 않았다가 왕명으로 강제 서명하여 파면되었다. 공민왕 15년(1366) 軍簿佐郎(군부좌랑)으로 田祿生(전녹생)의 서장관이 되어 河南王(하남왕) 쿼쿼티무르[擴廓帖木兒]에 사신으로 가던 도중 연경에 이르렀으나, 양국의 수교를 반대하는 원의 황태자에 의해 귀환 명령이 내리니, 녹생을 돌려보내고 병을 핑계로 연경에 머물다가 홀로 하남에 가서 국서를 전달했다. 하남왕의 上奏(상주)에 의해 中書兵部郎中簽書河南江北等處行樞密院事(중서병부낭중첨서하남강북등처행추밀원사)가 되고 이어 하남왕의 報聘使(보빙사) 郭永錫(곽영석)과 함께 돌아오자, 공민왕은 그 노고를 치하하여 代言(대언)에 임명하려 했으나 중 辛旽(신돈)의 저지로 內書舍人(내서사인)이 되었고 이어 典校副令(전교부령)으로 좌천되었다. 그 후 密直副使(밀직부사) 金精(김정) 등과 함께 신돈을 죽이려다가 누설되어 피살당했다.

45-1 休暇(휴가) 쉬는 여가

天下紛紛事鬪爭 黎民何日見昇平 水沈烟裏茅堂靜 時復挑燈憶孔明.
(천하분분사투쟁 여민하일견승평 수침연리모당정 시부도등억공명)

온 세상이 어지러이 싸움만 일삼으니, 백성들은 어느 때 태평세월 만나리.
물에 잠긴 이내 속에 내 초당 조용하여, 때로 등잔 심지 돋우며 제갈공명을 그리워하노라.

[語句] *紛紛 : 흩어져 어지러움. 뒤얽혀 갈피를 잡을 수 없음. *鬪爭 : 다투어 싸움. *黎民 : 머리 검은 백성. 서민은 관을 쓰지 않으므로 검은 머리카락이 보인다 해서 쓰는 말임. *昇平 : 나라가 태평함. *水沈 : 물에 가라앉음. 물에 잠김. *茅堂 : 띠집. 초가집. *挑燈 : 등불을 돋우어 불을 밝게 함. *孔明 : 중국 삼국 때 촉한의 정승. 諸葛亮(제갈량).

[鑑賞] 여가를 얻어 초당에서 한가로이 지내면서 나라를 걱정하는 심정을 읊었다. 천하가 이런 저런 일로 시끄러워 백성들이 편할 날이 없으니, 劉備(유비)를 잘 보필했던 제 갈공명 같은 어진 신하가 나와 國泰民安(국태민안)토록 해 주었으면 얼마나 좋겠는가.

7言絶句(7언절구). 압운은 爭, 平, 明 자로 평성 '庚(경)' 평운이다. 평측은 차례로 '平仄平平 仄仄平, 平平平仄仄平平, 仄平平仄平平仄, 平仄平平仄仄平'으로 평측 규칙에 맞다.

46. 金宗直(김종직 1431~1492) : 조선 초기의 학자. 자 孝盥(효관), 季昷(계온). 호 佔畢齋(점필재). 시호 文簡(문간). 본관 善山(선산). 父 叔滋(숙자). 밀양 태생으로 세조 5년 (1459) 문과에 급제하여 성종 때 형조판서를 지냈다. 유학 경서의 학문 곧 經術(경술) 과 문장이 뛰어났고, 冶隱 吉再(야은 길재 →23)의 학통을 이어받아 수백 명의 제자를 길러, 金宏弼(김굉필), 鄭汝昌(정여창), 金馹孫(김일손), 俞好仁(유호인), 曹偉(조위), 南孝溫(남 효온), 洪裕孫(홍유손), 李宗準(이종준) 같은 뛰어난 유학자를 배출했다. 세칭 士林派(사림파, 嶺南學派 영남학파)의 宗祖(종조)로 관료적인 勳舊派(훈구파)와 반목했고, 단종의 폐출을 빗댄 '弔義帝文(조의제문)'은 사화의 불씨가 되었다. 사후 연산군 때의 戊午士禍(무오사화)로 剖棺斬屍(부관참시)를 당했고 문집도 소각된 바 있다. 저서에 '佔畢齋集(점필재집)', '靑丘風雅(청구풍아)', '東文粹(동문수)', '彛尊錄(이존록)' 등이 있다.

46-1 送大虛歸覲 二首 第2首(송대허귀근 2수) 대허가 귀근한다기에 송별하며 두 수 둘째 수

冠佩立憲憲 子足開親顔 故鄕白雲下 手撫桑中鐶
我今颯華髮 慙愧侍從班 三年憂患餘 土木形骸頑
時時看篋癖 涕淚空自濟 平生江海志 難與鴻鴈還 因君寄消息 好在鹿門山.
　　(관패입헌헌 자족개친안 고향백운하 수무상중환
　　아금삽화발 참괴시종반 삼년우환여 토목형해완
　　시시간추전 체루공자산 평생강해지 난여홍안환 인군기소식 호재녹문산)

관을 쓰고 패옥을 차서 헌칠하게 서니, 그대 모습에 양친의 얼굴 활짝 펴지리라.
고향은 흰 구름 뜬 저 먼 곳, 어릴 적 가지고 놀던 물건 어루만지리.
나는 지금 백발 흩날리며 조정 벼슬에 매였음이 부끄럽고,

또 3 년이나 우환을 겪은 나머지, 몸치장을 하지 않아 몰골이 느리고 둔해졌는데,

때때로 종아리 매 맞은 자리 들여다보면, 흐르는 눈물 부질없이 글썽해지네.

평생을 강이나 바다 있는 시골서 살려 했지만, 기러기처럼 돌아가기가 어려워,

그대에게 안부 전해 주기를 부탁하노니, '내 돌아가 살 녹문산아 잘 있었더냐'고 전해 주게나.

[語句] *歸覲 : 고향에 돌아가 어버이를 뵘. 귀성. *冠佩 : 관과 패옥. 관을 쓰고 옷허리에 패옥을 늘인 벼슬아치의 복장. *憲憲 : 성함. 헌칠함. *桑中鐶 : 뽕나무 속의 가락지. 중국 晉(진) 나라 태수인 羊祜(양호)가 다섯 살 때 유모더러 "내가 가지고 놀던 금가락지를 달라." 하매 유모가 "원래 그런 물건을 가진 일이 없었소." 하니, 양호는 이웃 李氏(이씨)의 동산 뽕나무 속에서 금가락지를 찾아냈는데, 주인이 놀라 "이것은 내 죽은 아이가 잃어버렸던 것이다." 하여 유모가 자세히 이야기한 바, 양호는 곧 이씨 죽은 아이의 후신이더라는 설화가 있음. 여기서는 '어릴 적에 가지고 놀던 물건'의 뜻으로 썼음. *颯 : 바람 소리. 바람이 불다. *華髮 : 백발. *慙愧 : 부끄럽게 여김. *侍從 : 임금 옆에서 여러 가지 일을 받드는 일. 조정 벼슬살이. *土木形骸 : 외양을 꾸미지 않음. 몸차림을 하지 않아 허술함. 形骸는 '사람의 몸과 뼈'임. *頑 : 느리고 어리석다. *箠癜 : 회초리로 매맞은 자리의 흉터. *泪 : 涙(눈물 루). *潸 : 눈물 흘리거나 글썽이다. *江海 : 강과 바다. 시골. *鴻鴈 : 큰 기러기와 작은 기러기. *鹿門山 : 중국 후한말 襄陽(양양)의 은사인 龐德(방덕)이 은거했던 산. 은퇴하여 숨어 살 산.

[鑑賞] 동향인 대허 가 귀성한다 하여 그를 보내면서 고향 생각이 간절해 지은 시다. 자네 이제 가면 부모님이 얼마나 기뻐하며 지난 날 가지고 놀던 물건을 어루만지며 감회에 젖으리라. 나는 오랜 우환으로 몸도 부실하고 가끔 종아리의 매맞은 자국을 보며 부모님을 그리워한다네. 시골 강호에 가 사는 게 꿈일세마는 돌아가지 못하고 있으니, 자네 가거들랑 장차 내 가서 살고자 하는 녹문산 같은 그 산이 잘 있는지 보고 오게나.

한편 똑같이 14 구로 된 앞 수는 '가을바람에 그대 타고 갈 말이 빛나니, 껑충껑충 잘도 달려가면 부모님과 일가친척들 얼마나 반기리. 내 어머니는 돌아가셨으니 어린 딸이 홀로 時食(시식)을 薦新(천신)하리라. 넋이 있으시다면 자네에게 내 안부를 물으시련만, 그리 할 수 없으리라 생각하니 그대와의 작별에 임해 눈물 한 주먹일세.'라 읊었다.

5언고시 두 수 중 둘째 수. 압운은 顔, 鐶, 班, 頑, 潸, 還, 山으로 평성 '刪(산)' 평운이다. 앞수는 상성 '馬, 架(마, 가)' 운과 거성 '簡, 禡(간, 마)' 운이 씌었다. 평측은 차례로 '平仄仄仄仄, 仄仄平平平, 仄平仄平仄, 仄仄平平平, 仄平仄平仄, 平仄仄平平, 平平平仄平, 仄仄平平平, 平平平仄仄, 仄仄平仄平, 平平平仄仄, 平仄平仄平, 平平仄平平, 仄仄仄平平'이다.

46-2 十絶歌 十首 迎鳳里(십절가 십수 영봉리) 십절가 열 수 영봉리

鄕人從古重膠庠 翹楚年年貢舜廊 一片城西迎鳳里 靑衿猶說壯元坊 <第4首>
(향인종고중교상 교초년년공순랑 일편성서영봉리 청금유설장원방)

마을 사람들 예부터 학교를 중히 여겨, 해마다 뛰어난 인물들이 임금 조정에 올려지네.
성의 서편 한 모퉁이 영봉리에서, 선비들은 아직도 장원 동네라 이야기한다네.

[語句] *十絶歌 : 경상북도 선산의 명승고적 10곳을 읊은 시가. 그 열 곳은 부토성,
태조산, 순충공구거, 영봉리, 야은고거, 烈女藥哥里(열녀약가리), 월파정, 보천탄,
제성단, 도리사임. *鄕人 : 한 마을에 사는 사람. 고향 사람. *膠庠 : 학교. 향
학. 학교를 고대 중국의 夏(하)에서는 校(교), 殷(은)에서는 序(서), 周(주)에서는 庠
(상) 또는 膠(교)라고 했음. *翹楚 : 뛰어남. 똑똑한 인물. *舜廊 : 순 임금의 행
랑 곧 조정. *一片 : 한 조각. 한 모퉁이. *靑衿 : 푸른 옷깃. 유생. 부모를 모
시고 있는 사람이나 학생은 푸른 깃이 달린 옷을 입었음에서 쓰는 말임. *壯
元坊 : 과거에서 첫째로 급제한 선비가 많이 배출되는 동네.

[鑑賞] 영봉리는 선산의 서편 한 모퉁이의 작은 동네이지만, 배움의 열기가 높아 서
당을 세우고 젊은이들이 열심히 학문을 닦아, 과거에 장원 급제하는 선비가 많
이 배출되어 조정에서 발탁해 쓴다. 그리하여 장원 동네라는 별칭까지 붙었다.

7言絶句(7언절구). 압운은 庠, 廊, 坊 자로 평성 '陽(양)' 평운이다. 평측은 차례로 '平平平仄
仄平平, 平仄平平仄仄平, 仄仄平平平仄仄, 平平平仄仄平平'으로 절구 평측 규칙에 맞다.

46-3 十絶歌 十首 寶泉灘(십절가 십수 보천탄) 십절가 열 수 보천탄

寶泉灘上集商帆 千室人人食有鹽 誰要脂膏營什一 古來長吏罕能廉 <第8首>
(보천탄상집상범 천실인인식유염 수요지고영십일 고래장리한능렴)

보천탄 물가에 장사배들 모이는데도, 많은 집의 백성들은 소금엣밥을 먹는다네.
누가 애써 얻은 이익을 빼앗고자 십일조를 만들었나,
예부터 장리들은 청렴한 분이 드물었네.

[語句] *灘上 : 여울 가. 上은 '위' 말고도 '가[邊변]'의 뜻도 있음. *千室 : 일천 집. 많
은 집. *食有鹽 : 鹽飯(염반)을 먹음. 염반은 '소금엣밥 곧 반찬 없는 밥'임. *脂膏
: 애써 심신을 다하여 얻은 이익. *什一 : 十一税(십일세) 또는 十一租(십일조). 생산
량의 10분의 1을 바치는 조세를 말함. *長吏 : 고을원. 요즘의 군수, 면장 등. *罕
能廉 : 능히 청렴함이 드묾. 착하고 청렴함이 드묾. 能은 '착하다'의 뜻도 있음.

[鑑賞] 보천 어울가에는 장사하러 모여 드는 배들이 많은 포구라 백성들이 풍족하게 살 법하지만, 어찌된 일인지 소금엣밥만을 먹고 살아간다. 그 까닭을 살피니 고을원이 이 지방에 십일조라는 가혹한 세금을 부과하기 때문이다. 자고로 고을원이란 청렴한 사람이 드문 법이니 이를 어이하리. 두보의 '鹽井(염정)' 시가 연상된다. →64-29.

　　7언절구. 압운은 帆, 鹽, 廉 자로 帆은 평성 '咸(함)' 평운이고 鹽과 廉은 평성 '鹽' 평운으로 이 두 운자는 통운이 된다. 평측은 차례로 '仄平平仄仄平平, 平仄平平仄仄平, 平仄平平平仄仄, 仄平仄仄仄平平'으로 절구 평측 규칙에 합치된다.

46-4 呈藏義寺讀書諸公 七首 第3首(정장의사독서제공 칠수 제3수)
　　　　장의사에서 사가독서賜暇讀書하는 선비들에게 주다 일곱 수 셋째 수
韋編久作杏壇塵 萬古淵源只一春 魚躍鳶飛潑潑地 子思曾是指南人 <第3首>
　　(위편구작행단진 만고연원지일춘 어약연비발발지 자사증시지남인)
책은 행단에서 먼지에 쌓인 지 오래 되었고, 만고의 본바탕은 오로지 이 봄에 있나니,
물고기 뛰고 솔개 나는 생동하는 경지를,
자사는 일찍이 중용에서 사람이 갈 길로 제시했네.

[語句] *藏義寺 : 서울 서대문구 신영동에 있던 절. 신라 무열왕 3년(656)에 건립되었는데, 신라가 백제와 싸울 때 전사한 長春郎(장춘랑)과 罷郎(파랑) 두 장수의 명복을 빌기 위해 세운 것이라 함. 조선 세종 8년(1426)에 집현전 학사 중 젊고 훌륭한 사람을 뽑아 이 절에 독서당을 차리고 공부에 전념하도록 하다가 연산군 때 폐지되었음. 그 후 總戎廳(총융청)이 되었다가 현재 세검정 초등학교가 되었음. 지금 학교 운동장에 남아 있는 幢竿支柱(당간지주)는 보물 235호로 지정되었고 조선 때 '藏義尋僧(장의심승, 장의사 절에 가서 중을 찾음)'이라 하여 京都十詠(경도십영)의 하나였음. *賜暇讀書 : 왕이 선비에게 휴가를 주어 독서에 전념토록 하던 일. *韋編 : 책을 맨 가죽끈. 여기서는 '책'으로 풀이했음. *杏壇 : 은행나무가 있는 단. 공자묘나 사당에는 대개 은행나무를 심었고, 공자가 제자들에게 글을 가르치던 곳이 행단이어서 향교나 학교를 행단이라 함. *淵源 : 사물의 근본. 본바탕. 본원. *魚躍鳶飛 : 鳶飛魚躍. 솔개가 날고 물고기가 뜀. 천지 만물은 자연의 바탕에 따라 움직여 저절로 그 즐거움을 얻음. 곧 도는 천지에 가득 차 있음을 뜻하는 말인데, 시경 대아 旱麓(한록)에 '鳶飛戾天 魚躍于淵(솔개는 날아서 하늘에 이르고, 고기는 뛰어 연못에 놀도다.)'라 있고, 中庸(중용)에서는 이 구절을 인용하고 나서 '言其上下察也(그 위 아래

가 뚜렷함을 이르느니라.)'라 했음. *潑潑 : 활발함. 고기가 기세 좋게 물에서 노는 모양. *子思 : 공자의 손자. 이름은 伋(급)이요 子思는 자임. 증자에게 배웠고 중용을 지었다고 함. *指南 : '남쪽 방향을 가리킴'이니, '이끌어 가르침'을 뜻함.

[鑑賞] 사가 독서하는 선비들에게 주는 시로 모두 7수의 절구이다. 천지에 가득찬 도를 이 봄에 거두어 주기를 당부했다. 앞 두 수에서는 '그대들 여섯 선비는 특히 뽑힌 분들이라 쇠벼루가 평평하게 닳도록 공부에 정진해 헛이름만 찾는 사람이 되지 않도록 하라.' 했고, 뒤 네 수에 서는 '司馬遷(사마천)과 司馬光(사마광), 韓退之(한퇴지, 愈유 →599)와 歐陽脩(구양수 →692), 杜甫(두보 →64)가 유명한데, 그대들은 시경 속의 思無邪(사무사, 사삿됨이 없는 공정함)을 명심하시라. 내 이 말이 하루살이가 큰 나무를 흔드는 격이라 우습구나.'라 읊었다.

7언절구. 압운은 塵, 春, 人 자로 평성 '眞(진)' 평운이다. 평측은 차례로 '平平仄仄仄平平, 仄仄平平仄仄平, 平仄平平仄仄仄, 仄平平仄仄平平'으로 평측 규칙에 어긋나지는 않으나, 3행 끝이 '仄仄仄'으로 仄三連(측삼련)이 되어 아쉽다.

46-5 寒食(한식) 한식 날

清明寒食一年春 節物斑斑入眼新 紅襯山花蒸躑躅 青挑野菜細茵陳
殘年官況知無味 晚節交情覺倍親 相望故人違咫尺 一杯恨不共良辰.

(청명한식일년춘 절물반반입안신 홍친산화증척촉 청도야채세인진

잔년관황지무미 만절교정각배친 상망고인위지척 일배한불공양신)

청명과 한식은 1년의 봄이라, 시절 물건들 아롱지며 눈에 들어 새롭구나.
붉은 빛은 산꽃에 다가들어 철쭉이 쪄 낸 듯이 붉고,
푸른빛은 들나물을 끌어내어 촘촘한 자리 편 듯하네.
벼슬살이 남은 형편 재미없을 줄 알겠고, 늘그막에야 사귄 우정 갑절 친함을 깨닫네.
묘지를 바라보니 옛 친구 지척이라 할 수는 없다마는,
한 잔 술 나누며 좋은 때를 함께 못 하는 게 한스럽구나.

[語句] *寒食 : 동지 후 105일째 되는 날. 이 날은 불을 금하고 식은 음식을 먹는 명절인데, 중국 晉文公(진문공)의 충신 介子推(개자추)가 논공행상에 불만이 있어 산에 들어가 나오지 않으므로, 임금 문공은 그 산에 불을 놓아 나오기를 바랐으나 나오지 않고 불에 타 죽으니, 이를 애도하여 火食(화식)을 금한 데서 생긴 풍속임. 우리나라에서는 요즘 이 날에 성묘를 함. *清明 : 24절기의 하나로 양력 4월 4~5일경인데, 한식과 청명이 겹치는 해가 많음. *節物 : 철따라 나는 물건. *斑

: 아롱지다. 알록달록하다. *襯 : ①다가가다. ②베풀다. ③속옷. 여기서는 ①의 뜻임. *蒸 : 찌다. 섶. *躑躅 : 철쭉. *挑 : 끌어내다. 뛰다. *茵 : 요. 사철쑥. *殘年 : 늙어서 죽기까지 얼마 남지 않은 나이. 餘生(여생). *官況 : ①벼슬 형편. ②지방 관청의 봉급. *晩節 : 늙바탕. 晩年(만년). *相望 : 바라봄. 서로 바라봄. *故人 : 오래 사귄 친구. 죽은 친구. *咫尺 : 서로 떨어진 사이가 아주 가까움. *良辰 : 좋은 날. '양진'으로 읽을 수도 있음.

[鑑賞] 청명과 한식 좋은 철이 오니 산에는 철쭉이 붉고 들나물 지천이라. 곧 물러나야 할 벼슬살이 재미도 없겠고 늘그막의 우정이 그리워지는데, 옛 친구 저 묘지에 누웠으니 이 좋은 때를 함께 못해 혼자서 술잔 기울일 수밖에 없구나. 頷聯(함련, 제3~4구)과 頸聯(경련, 제5~6구)의 대가 잘 이루어졌으니, 紅-靑, 襯-挑, 山花-野菜, 蒸-陳, 躑躅-細茵 및 殘年-晩節, 官況-交情, 知無味-覺倍親 등이 짝을 이룬 것이다. 이와 같이 율시에서는 함련, 경련은 對句(대구)가 되도록 지어야 하는 것으로 이 시는 名作(명작)이다.

7言律詩(7언율시). 압운은 春, 新, 陳, 親, 辰 자로 평성 '眞(진)' 평운이며, 평측은 차례로 '平平平仄平平仄, 仄仄平平仄仄平, 平仄平平平仄仄, 平平仄仄仄平平, 平平平仄平平仄, 仄仄平平仄仄平, 平仄仄平平仄仄, 仄平仄仄仄平平'으로 평측도 규칙에 맞게 잘 배치되었다.

47. 金終弼(김종필 ?) : 조선 인조 때 문인. 자 諧中(해중). 호 楓巖, 楓潭(풍암, 풍담). 본관 淸風(청풍). 선조 때 출생하여 어린 나이로 司馬試(사마시)에 급제하고 특히 시에 뛰어났으며 인조때 사망했다. 문집으로 '楓巖集(풍암집)'이 있다.

47-1 放言(방언) 거침없이 말하다

丘壑棲遲乏善名 唯堪慵拙養殘生 藜羹不羨千鍾饗 肉食終危五鼎烹
雕俎加肩非彘願 廟巾笥骨豈龜榮 焚香默坐蒲團上 此理知誰可聽瑩.

(구학서지핍선명 유감용졸양잔생 여갱불선천종향 육식종위오정팽
조조가견비체원 묘건사골기구영 분향묵좌포단상 차리지수가청영)

산골에 숨어 살아 좋은 이름 없으니, 오직 게으름과 옹졸함으로 남은 삶을 기르리.
명아주국은 고관대작이 먹는 진수성찬을 부러워 않고,
기름진 고기 음식은 마침내 오정의 삶음이 될까 위태롭구나.
죽어 그 고기살이 제기祭器에 담기는 게 돼지의 소원은 아닐 것이며,
죽어 묘당廟堂의 상자에 뼈가 간직되는 게 어찌 거북의 영광이 되리.
향을 피우며 방석에 고요히 앉으니, 누가 이 이치를 알도록 밝게 들려 주려는고.

[語句] *放言 : 거침없이 말함. 나오는 대로 무책임하게 지껄이는 말. *丘壑 : 언덕과 골짜기. 산골. 속세를 떠난 곳. *棲遲 : 편안히 놀며 지냄. 은퇴하여 살아감. *慵拙 : 게으르고 못남. 庸劣(용렬)하고 졸렬함. *殘生 : 나머지 삶. 여생. *藜羹 : 명아주 잎을 넣어 끓인 국. 검소한 음식. *千鍾 : 많은 양. 높은 관직의 녹봉. 천종록. *五鼎烹 : 죄인을 솥에 넣어 삶아 죽임. 오정은 '5개의 솥에 다섯 종류의 고기를 담아 신에 바치는 일'임. 중국 漢의 主父偃(주보언)이 "대장부가 살아 5정으로 먹지 못하면 죽어 5정에 삶기리라(生不五鼎食 死則五鼎烹생불오정식 사즉오정팽)"이라 했음. *雕俎加肩 : 옥으로 만든 제기에 어깨를 얹음. 죽어 제물로 바쳐짐. *彘 : 돼지. 돝. *廟巾笥骨 : 비단으로 싸서 상자에 넣어 묘당 위에 보관함(巾笥而藏之廟堂之上건사이장지묘당지상). 거북을 죽여 그 껍질 뼈를 보자기에 싸서 묘당에 보관하던 일을 두고 하는 말인데, 莊子(장자) 秋水篇(추수편)에 '죽어 뼈만 남기어 존귀하게 되는 것보다 살아서 진흙 속에 꼬리를 끌며 (曳尾塗中예미도중) 사는 게 낫다'는 말이 있음. *焚香 : 향을 사름. *黙坐 : 말 없이 잠잠히 앉음. *蒲團 : 부들방석. 방석. *瑩 : 밝다. 맑다. 귀막이옥.

[鑑賞] 속세의 부귀영화가 무슨 소용일꼬. 권모술수가 많고 妬忌(투기)가 판을 치는 인간 세상에 몸을 두기 두려운 게 사실이다. 먹고 살아갈 최소한의 재물이 있다면 한가로이 은퇴해 자연을 벗하며 사는 것이 모든 이들의 바램일 것이다. 그러나, 그 살아갈 길이 막연해 직장을 가지며 사업을 벌여야 하는 것이 인간의 생활이다. 바라건대 정직하고 성실하게 살아가는 일이 온 세상에 번졌으면 싶다.

7언율시. 압운은 名, 生, 烹, 榮, 瑩으로 평성 '庚(경)' 평운이다. 평측은 차례로 '平仄仄平仄仄平, 平平平仄仄平平, 平平仄仄平平仄, 仄仄平平仄仄平, 平仄平平平仄仄, 仄平平仄仄平平, 平平仄仄平平仄, 仄仄平平仄仄平'으로 二四不同二六對(이사부동이륙대)와 反法, 粘法(반법, 점법) 등이 염에 완전 합치되고, 함련과 경련의 對句(대구)도 잘 이루어진 名作(명작)이다.

48. 金澍(김주 1512~1563) : 조선 중종 때 문관. 자 應霖(응림). 호 寓菴(우암). 본관 안동. 중종 34년(1539) 문과에 장원하여 湖堂(호당)에 뽑혔고 벼슬이 예조참판에 이르렀다. 명종 18년(1563) 璿系辨誣(선계변무) 문제로 명나라에 들어가 사명을 완수했으나 客舍(객사)에서 사망했는데, 선조 23년(1590)에 나라를 빛낸 공훈으로 花山君(화산군)에 피봉 되었다. 李滉(이황 →329), 金麟厚(김인후 →708), 林亨秀(임형수) 들과 가까이 사귀었고 문집에 '寓菴遺集(우암유집)'이 있다.

48-1 三聖臺(삼성대) 삼성대

老龍擡首飮江流 五月登臨爽愈秋 羽翰欲生頻擧腋 雲霄怕觸爲低頭
長空淡淡夕陽盡 遠水溶溶孤島浮 舒嘯一聲林木動 杖藜乘興下滄洲.

(노룡대수음강류 오월등림상유추 우한욕생빈거액 운소파촉위저두

장공담담석양진 원수용용고도부 서소일성임목동 장려승흥하창주)

늙은 용이 머리 들어 강물 마시는 듯하고, 대에 오르니 5월임에도 가을같이 상쾌하네.
날개 돋아나려나 겨드랑이 들먹여지고, 하늘을 찌를까봐 머리 숙여지는구나.
넓은 하늘 빛 맑어 저녁 해 지려하고, 멀리 흐르는 강물 질펀한데 섬 하나 떠 있구나.
휘파람 한 마디에 숲속 나무 흔들리고, 지팡이 짚고 흥에 겨워 창주로 내려가네.

[語句] *三聖 : 단군신화의 환인, 환웅, 단군의 세 분. 황해도 구월산에 삼성사가 있
는데, 이 시의 삼성대는 어디인지 미상임. *擡 : 머리를 들다. *登臨 : 높은 곳
에 오름 또는 올라 내려다봄. *愈 : 낫다. 심하다. 더욱. *羽翰 : 날개. 翰은
'①날개. 줄기. ②붓. 글.' 등의 뜻임. *擧腋 : 겨드랑이를 듦. *雲霄 : 하늘.
구름이 떠 있는 푸른빛 하늘. *怕 : 두렵다. *淡淡 : 맑다. 말쑥하다. *溶溶 :
넓고 조용히 흐르는 모양. *孤島 : 외딴 섬. *舒嘯 : 휘파람을 붊. 한가로이
시를 읊음. *杖藜 : 명아줏대로 만든 지팡이. 그 지팡이를 짚다. *乘興 : 흥을
탐. 흥취가 크게 일어남. *滄洲 : 동쪽 바다 가운데 있다는 신선이 사는 곳.
맑고 푸른 물가. 隱者(은자)가 사는 곳.

[鑑賞] 삼성대 아래의 바위 모양이 용머리를 닮았고 삼성대는 높아 가을같이 서늘하고
하늘을 날아갈 듯하다. 석양 무렵의 경치 맑은데 강 저쪽에 섬 하나 떠 보인다.
휘파람 불며 물가로 다시 내려온다. 敍景(서경)과 敍情(서정)이 잘 어울리게 그렸다.

7언율시. 압운은 流, 秋, 頭, 浮, 洲 자로 평성 '尤(우)' 평운이다. 평측은 차례로 '仄平平仄
仄平平, 仄仄平平仄仄平, 仄仄仄平平仄仄, 平平仄仄仄平平, 平平仄仄仄平仄, 仄仄平平仄
仄平, 平仄仄平平仄仄, 仄平平仄仄平平'으로 율시 평측 규칙에 합치되었다.

49. 金澤榮(김택영 1850~1927) : 韓末(한말)의 유학자, 문학가. 자 于霖(우림). 호 滄江,
韶濩堂主人(창강, 소호당주인). 문장에 능했고 평양과 금강산 등지에서 수양했다. 고종 28
년(1891) 進士(진사) 급제 후 編史局 主事(편사국 주사), 中樞院 書記官(중추원 서기관) 등을
지내다가 고종 33년(1896) 모든 관직에서 물러나 개성에 내려갔다. 광무 7년(1903)
通政大夫(통정대부)가 되고 學部 編輯委員(학부 편집위원) 역임 후 을사보호조약으로 일본
의 간섭이 심해지자 1908년 중국에 건너갔다. 저서로 '韓國小史(한국소사), 韓史榮(한사

계), 麗韓十家文鈔(여한십가문초 11권)'등이 있다.

49-1 聞義兵將安重根報國讐事 三首 第1首(문의병장안중근보국수사 삼수 제1수)
의병장 안중근의 나라 원수를 갚은 거사를 듣다 세 수 첫째수

平安壯士目雙張 快殺邦讐似殺羊 未死得聞消息好 狂歌亂舞菊花傍.

(평안장사목쌍장 쾌살방수사살양 미사득문소식호 광가난무국화방)

평안도 장사가 두 눈을 부릅떠, 나라 원수 죽이기를 양을 잡듯 했구나.

내 죽지를 못했는데 이 소식 듣고는 하도 좋아,

국화 곁에서 미친 듯 노래하며 덩실 춤추네.

[語句] *安重根(1879~1910) : 伊藤博文(이등박문)을 암살한 의사. *平安壯士 : 평안도
출신의 장사 곧 안중근. *邦讐 : 나라의 원수 곧 이등박문. *未死 : 국치를 당
하고도 아직 죽지 못했음.

[鑑賞] 우리나라 침략의 주동자요 나라의 원수인 이등박문을 하르빈 역에서 안 의사가 암
살했다는 소식을 듣고 기뻐서 지은 시. 이 다음 두 수는 "해삼위에서 독수리 맴돌
듯하다가, 하르빈 역에 와서 번개 번쩍였으니, 온 세상 호걸들 이 소식 듣고 일시
에 수저를 떨구었네. 예부터 안 망한 나라 없지만 어린애 장난같이 망해 버린 나
라라. 하늘을 찌르는 이 거사를 보니 망할 때 망할망정 광명이 있구나."이다.

7言絕句(7언절구). 압운은 張, 洋, 傍 자로 평성 '陽(양)' 평운이다. 평측은 차례로 '平平仄仄
仄平平, 仄仄平平仄仄平, 仄仄仄平平仄仄, 平平仄仄仄平平'으로 二四不同二六對(이사부동이
륙대)와 反法, 粘法(반법, 점법) 등 평측 규칙에 모두 합치되었다.

50. 金訢(김흔 1448~?) : 조선 성종 때 문신, 시인. 자 君節(군절). 호 顏樂堂(안락당). 본관
延安(연안). 父 友臣(우신). 아들 安老(안로). 김종직의 문인으로 세조 13년(1468) 진사에 오
르고 성종 2년(1471) 문과에 장원하여 檢閱(검열)에 등용되었으며 성균전적, 병조좌랑을
역임했다. 부교리로서 성종 10년(1479)에 통신사 서장관으로 대마도에 이르렀으나 병으
로 되돌아와 校理(교리)가 되었다. 성종 12년(1481) 質正官(질정관)으로 명 나라에 다녀와
서 성종 15년(1484) 直提學(직제학)에 승진되고 성종 17년에는 侍講官, 工曹參議(시강관,
공조참의) 등을 역임한 뒤 行護軍(행호군)을 거쳐 성종 21년(1490) 行副司果(행부사과)를 지
냈다. 詩文(시문)으로 유명했으니 문장이 정묘한 경지에까지 이르렀고 율시에 능했으며,
당세의 유명 인사라도 겨룰 사람이 없었다한다. 문집에 '顏樂堂集(안락당집)'이 있다.

50-1 葵丘會 初頭(규구회 초두) 규구회 첫머리

膠舟漢水濱 烽火驪山下 王綱一以墜 黍離不復雅.

(교주한수빈 봉화여산하 왕강일이추 서리불부아)

주 소왕周昭王이 곧 파선할 아교로 붙인 배를 타고 한수에 떴으며,

거짓 봉화는 여산 아래에 올랐네. -소왕이나 주 유왕周幽王은 멸망하고 말았구나.

왕의 권위가 한꺼번에 추락하니, 시경의 서리 시편詩篇이 고상한 노래가 되지 못하는구나.

[語句] *葵丘會 : 규구의 회맹. 중국 고대 齊(제) 나라 桓公(환공)이 제후들을 송 나라 규구에 모아 周(주) 왕실을 존숭할 것을 맹약한 모임. *膠舟漢水濱 : 주 나라 昭王(소왕)이 남쪽을 巡幸(순행)할 때 楚(초) 나라 사람들이 소왕이 탈 배를 아교로 붙여 만들어 타게 하니, 한수의 중류에 이르자 아교가 녹아 배가 파선해 왕이 익사했음. *烽火驪山下 : 주의 幽王(유왕)이 총애하는 褒姒(포사)가 웃는 일이 없었는데, 한 번은 잘못 되어 여산에 봉화를 올렸던 바 사방 제후들이 군사들을 거느리고 구원하러 왔다가 헛걸음을 하니까 그제야 포사가 웃어서, 유왕은 포사를 웃기기 위해 간혹 헛봉화를 올렸음. 그 후 외적이 정말로 침입해 와 급히 봉화를 올리니, 제후들이 또 헛봉화거니 하고 오지를 않아 서울이 함락되고 유왕은 피살, 포사는 포로가 되었다고 함. *王綱 : 왕의 법도. 왕의 권위. *黍離 : 시경 王風(왕풍)의 편명. 주 나라가 서쪽의 鎬(호)에 도읍한 西周(서주) 때에는 그 노래가 대아와 소아의 雅(아)로 고상한 노래의 대접을 받았으나, 平王(평왕)이 서울을 하남의 洛陽(낙양)으로 옮겨 東周(동주)가 된 뒤로는 세력이 약해져서 그 노래는 격이 낮은 國風(국풍)의 하나인 王風(왕풍)이 되고 말았음. 서리편은 어느 대부가 옛 서울에 갔다가 종묘와 궁전이 폐허가 된 것을 보고 슬퍼 부른 노래임.

[鑑賞] 종주국이었던 주 나라가 세력이 약해지니 사방 제후들이 주 나라 받들기를 꺼리어, 신의와 힘이 큰 제 환공이 제후들을 규구에 모이도록 해서 다시 주 왕실을 받들도록 하자는 맹약을 맺은 일을 읊은 10연 20구의 작품이다. 첫 구는 제후국인 초의 반역이요 둘째 구는 유왕이 국정을 문란케 한 일을 말하였고, 이어 이렇게 내외적으로 나라의 기강이 흩어지니 나라의 노래마저 격이 낮아지고 말았다고 읊었다. 이 뒤로는 규구회와 제의 管仲(관중)을 칭송하고 공자의 春秋筆法(춘추필법)과 주 나라의 禮樂(예악)을 재건하려는 의지를 높이 평가했다.

　5言古詩(5언고시) 20구 중 첫머리 4구인데 압운은 下, 雅 자로 상성 '馬(마)' 측운이다. 이 뒤로 쓰인 韻字(운자)는 차례로 '상성 馬 운, 거성 禡(마) 운이 둘, 馬 운, 상성 哿(가) 운 넉 자' 로 되었다. 평측은 차례로 '平平仄仄平, 平仄平平仄, 平平仄仄仄, 仄平仄仄仄'으로 이사부동은 지켜졌다.

50-2 落花巖 初頭(낙화암 초두) 낙화암 첫머리

扶餘王氣日衰替 月滿當虧枉黷筮 鼓角聲殷炭峴動 樓船影壓白江蔽

藥石忠言口初苦 宴安鴆毒臍終噬 三千歌舞委沙塵 紅殘玉碎隨水逝.

(부여왕기일쇠체 월만당휴왕독서 고각성은탄현동 누선영압백강폐

약석충언구초고 연안짐독제종서 삼천가무위사진 홍잔옥쇄수수서)

부여의 왕기는 날로 쇠미해져 가는데, 달도 차면 기우는 법 애꿎은 점장이만 죽였구나.

북 소리 피리 소리 탄현 고개를 뒤흔드는데, 다락배 그림자 백마강을 눌러 덮었구나.

약과 침 같은 성충成忠의 충언이 처음에는 입에 써서,

안일하게 지내다가 짐독처럼 번져 끝내 사향노루 제 배꼽 물 듯 후회했네.

삼천 궁녀 가무는 모래 먼지처럼 흩어져, 꽃 지고 옥 부서지듯 물 따라 흘러갔구나.

[語句] *落花巖 : 충청남도 부여의 부소산 서쪽 끝 큰 바위. 백제가 망할 때 의자왕과
태자가 熊津城(웅진성, 지금의 공주)으로 피한 후 3천 궁녀가 몸을 던져 죽었다는 곳
임. *扶餘 : 충남 부여군 군청 소재지. 백제 26대 성왕에서 31대 의자왕까지의
수도였는데 당시에는 泗沘(사비)라 했음. *王氣 : 임금이 나거나 될 징조. 왕자의
기상. *月滿當虧 : 달이 가득차게 둥글면 당연히 이지러짐. 백제 의자왕 때 땅
에서 거북 한 마리를 파냈는데, 등에 '百濟同月輪 新羅如月新(백제는 보름달과
똑같고, 신라는 새로 생기는 달과 같다)'라 씌어 있어 왕이 점장이에게 물으니,
보름달은 가득 차 있어 곧 시들어진다고 풀기에 노하여 그를 죽였다고 함.<三國
史記 권28 百濟本紀> *枉 : 원통하다. *黷 : 더럽다. 무례하다. *鼓角 : 북과 나팔.
*炭峴 : 충남 옥천에서 대전평야로 넘어 오는 고개. 백제 의자왕 20년(660) 김
유신이 이끄는 신라군이 이 탄현을 넘어 황산벌[黃山原]에서 계백 장군이 거느
리는 백제군과 격전을 벌여 사비성[부여]이 함락되고 백제가 멸망했음. *樓船 :
다락이 있는 배. 2층으로 된 배. 높고 큰 배. *白江 : 금강의 하류. 일명 백마
강. 백제 때의 요새로 의자왕 20년 당 나라 소정방이 신라와 연합하여 백제를
침공할 때 당군이 여기를 쉽게 상륙했다 함. *藥石忠言 : 약이나 침 같은 충성
된 말. 백제 의자왕 때 충신인 成忠(성충 ?~656)이 왕이 주색에 빠짐을 타이르다
옥에 갇히고 단식하며 죽을 때 왕에게 글을 올려 "적병이 침입하면 적군이 탄
현을 넘지 못하게 하고, 적의 수군은 백강을 들어오지 못하게 하여 그 험난한
지형을 의지해 막으면 되옵니다." 했으나 의자왕이 돌보지 않았다 함. *宴安 :
편안히 쉼. 놀고 즐김. *鴆毒 : 짐새의 독. 짐새는 중국 廣東(광동)에 사는 새로
그 고기에 독이 있다 함. *臍噬 : 噬臍. 배꼽을 묾. 사람에게 쫓긴 사향노루가

제 배꼽 향내 때문에 잡힌다 여겨 자기 배꼽을 물어뜯으려 하지만 이미 때가 늦었더라는 이야기에서 온 말로, '후회해도 소용없음'의 뜻임. *三千 : '삼천궁녀'의 뜻임. *萎 : 시들다. 쇠하다. 맡기다. *沙塵 : 바람에 날려 오는 모래 먼지. *紅殘玉碎 : 붉은 꽃이 지고 옥이 부서짐. '미인의 죽음'을 비유한 말임.

[鑑賞] 역사적인 사실이나 일화 및 고사가 많이 인용되거나 참고된 어구가 많은 작품이니, 이는 지은이의 박식함을 미루어 알 수 있게 한다. 백제의 운명이 다하려 하매 여러 가지 어긋나는 일들만 생기고, 후회한들 기회는 이미 지나가 버려 어찌할 수 없는 일이 아닌가. 이 뒤로 이어지는 10구는 '虞姬(우희)로 하여 항우가 망하고 南齊(남제)의 東昏侯 妃(동혼후 비)인 潘氏(반씨)로 해서 남제가 망했으니, 백제 또한 이와 비슷해 그 한스러움이 그칠 때가 없구나.' 했고 마지막구인 제 19구에서는 '莫遣江水如帶 石若礪(막견강수여대석약려 ; 제발 강물이 띠같이 줄어들고 바위가 숫돌처럼 닳지 말게 하오)'라 끝맺었다.

5언고시 19구 중 8구이다. 압운은 替, 筮, 蔽, 噬, 逝 자로 거성 '霽(제)' 측운이다. 평측은 차례로 '平平平仄仄平仄, 仄仄平平仄仄仄, 仄仄平平仄仄仄, 平平仄仄仄平仄, 仄仄平平仄平仄, 仄平仄仄仄平仄, 平平平仄仄平平, 平平仄仄平仄仄'으로 제5, 8구 이외에는 이사부동 이륙대 규칙이 잘 지켜졌다.

50-3 東郊觀獵三十韻應製 中(동교관렵30운응제 중)
동교에서 사냥을 관람하며 임금님 명에 따라 30 운을 짓다 중간

鼓角響空驚霹靂 旌旗蔽日欲昏黃 魚麗整整軍容肅 鶴翼堂堂陣勢長.
(고각향공경벽력 정기폐일욕혼황 어리정정군용숙 학익당당진세장)

북과 피리 소리 허공을 울리어 벼락인가 놀라고, 깃발들이 해를 가리니 황혼인가 싶은데, 어리진은 가지런하여 군사의 위용이 엄숙하고, 학익진은 당당하여 진의 형세가 기다랗네.

[語句] *東郊 : 동쪽 교외. 봄의 들판. 서울의 동대문 밖. *三十韻 : 30 聯(연)과 같은 뜻으로, 한 운이나 한 연은 시의 두구 곧 두 詩行(시행)을 뜻하니, 30운은 30연 [60 구]임. *應製 : 임금의 명을 받아 글을 지음. *鼓角 : 북과 나발. *霹靂 : 벼락. *旌旗 : 정과 기. 깃발. 旌은 '깃대 끝에 꿩의 꽁지 깃 곧 장목을 묶어 꽂은 기'임. *蔽日 : 해를 가림. *魚麗 : 진법의 하나로 물고기가 떼지어 나아가는 모양처럼 대형이 둥글고 조금 긴 陣形(진형). *整整 : 가지런함. 잘 정돈된 모양. 整然(정연). *軍容 : 군대의 형편이나 偉容(위용). *鶴翼 : 학이 나래를 편 듯이 좌우에서 적을 포위하는 진형.

[鑑賞] 七言排律(7언배율) 30운 중에서 중간의 15~16연이다. 연[2구]마다 대를 이루는

것이 배율시의 특징이어서 鼓角-旌旗, 魚麗-鶴翼같이 대가 되었다. 응제시는 엄숙 위엄이 드러나게 짓는 것 또한 필수적이어서 이 작품도 중국 왕조의 史實(사실)을 곁들여 태평성대를 희구했다.

압운은 黃, 長 자로 평성 '陽(양)' 평운인데, 이 작품 전체가 陽 운으로 압운했으니 짓기에 고심한 흔적이 엿보인다. 평측은 차례로 '仄仄仄平平仄仄, 平平仄仄仄平平, 平平仄仄仄平平仄, 仄仄平平仄仄平'으로 二四不同二六對(이사부동이륙대)와 反法, 粘法(반법, 점법)에 합치되었다.

50-4 詠對馬島 中(영대마도 중) 대마도를 읊다 중간

椎髻齒多染 合掌背微傴 睚眦生忿狠 慓悍輕殺掠.
(추계치다염 합장배미구 애자생분한 표한경살략)

뾰족 상투에 이빨 물들이기를 많이 했고, 합장할 때면 등을 약간 구부리는구나.
눈 흘김에도 분노하고 사나운데다가, 급하고 표독하여 살략을 경솔히 하네.

[語句] *對馬島 : 일본 九州(구주)와 우리나라 부산 사이에 위치한 섬. 고대에는 우리 땅이라는 주장도 있으나, 현재 일본 長崎縣(장기현)에 속하며 상도와 하도의 두 섬으로 이루어졌음. 면적 68㎢에 농경지는 면적의 3.4%요 그 밖의 땅은 삼림과 모래밭임. 예부터 우리나라와 일본의 중개 역할을 맡아왔고, 고려말부터 우리나라에 조공을 바치고 쌀과 콩 등 곡물을 답례로 받아갔음. 왜구의 소굴이 되자 조선 시대에 들어와 그들에 대한 회유책으로 통상의 편의와 歸化政策(귀화정책)을 써서 우대를 해 주었지만, 왜구의 행패가 여전하여 세종 때에는 대마도 정벌의 강경책을 쓰기도 했음. 대마도주 宗氏(종씨)의 간청으로 통상을 위해 3浦(포)를 개항하는 등 다시 편의를 도모해 주었으나 임진왜란 때에는 일본 수군의 중요 근거지가 되었음. *椎髻 : 복상투 곧 뾰족 상투. 椎頭髻(추두계). 椎結(추결, 추계). *合掌 : 두 손바닥을 마주 합침. *傴 : 구부리다. 구푸리다. *睚眦 : 눈을 치뜨면서 약간 흘김. 눈을 흘김. *忿 : 성내다. 분하다. *狠 : 사납다. *慓悍 : 성질이 급하고 사나움. *殺掠 : 사람을 죽이고 재물을 빼앗음.

[鑑賞] 대마도 주민은 당시로서는 섬 오랑캐들이라 우리나라에서 제대로 대우해 주었을 리가 없으므로, 그들을 보는 시각도 편벽되었으리라. 이 앞의 10연에서는 '소금을 굽고 아이도 칼을 차며 여인들도 노를 젓는다. 대울타리에 바다 게들이 우글거리고 조개로 양식을 대신한다. 쑥 뜸으로 병을 고치며 부처를 받들고 죄 지으면 神社(신사)로 도망쳐 모인다. 신을 벗어 어른 공경하고 한 자리에 앉아 아비를 피하지 않는다.'고 읊었고, 뒤의 8연은 '많이 지껄이고 씨름을 좋아하며 술 권하

는 예절이 우습고, 주고받는 말은 새가 짹짹거리는 듯 풍악은 개구리가 꽥꽥거리는 듯. 몸을 흔들며 칼춤 추고 탈을 쓴다. 나그네도 흥겨운 맛있으나 信美非吾土(실로 아름다우나 내 고향 아니니 일찍 돌아감만 같지 못하리)'라 했다.

5言古詩(5언고시) 20연 중 제 11~12연이다. 전체적으로 압운은 없고, 평측은 차례로 '平仄仄平仄, 仄仄仄平仄, 平仄平仄仄, 平仄仄仄仄'으로 평측 규칙이 지켜지지 않았다.

50-5 元日(원일) 설날

門戶何曾施鬱壘 杯盤未見頌椒花 家貧自是輕佳節 唯覺年華上鬢華.
　　(문호하증시울루 배반미견송초화 가빈자시경가절 유각연화상빈화)

문에는 어찌해 일찍 우울한 덩어리를 펴두었는고, 술상은 볼 수 없고 새해 축사만 외네.
집이 가난해 좋은 명절을 절로 가벼이 여긴 것이리니,
가는 세월이 구레나룻만 세게 한 것을 깨닫게 되는구나.

[語句] *門戶 : 집의 출입구. 집. 가문. *壘 : ①陣(진). ②벽. ③덩어리. 여기서는 ③의 뜻임. *杯盤 : 술상에 차려 놓은 그릇이나 거기 담긴 음식. *頌椒花 : 산초나무의 꽃을 칭송함. 새해의 축사. 중국 晉(진) 나라 劉蓁(유진)의 아내가 설날에 남편에게 椒花頌(초화송)을 지어 바쳤음.<晉書烈女傳> *佳節 : 좋은 철. 좋은 명절. *年華 : 세월. 광음. 年光(연광). *鬢華 : 구레나룻이 셈.

[鑑賞] 가난으로 해서 집이 우울에 젖었으니, 설빔인들 할 수 있었으랴. 교양이 있는 아내라 술상 마련은 못했을망정, 새해를 축하하는 글을 지어 남편에게 주니 얼마나 흐뭇했으리오. 새해라 하니 하얗게 세어 가는 머리칼만 많아진다. 신라 慈悲王(자비왕 458~479) 때 百結先生(백결선생)이, 살림이 가난해 歲暮(세모)에도 음식 준비를 못하고 상심해 앉아 있는 아내를 거문고로 위로해 碓樂(대악, 방아 찧는 소리를 흉내낸 악곡)을 탔다는 이야기가 연상된다.

7言絕句(7언절구). 압운은 花, 華 자로 평성 '麻(마)' 평운이다. 평측은 차례로 '平仄平平平仄仄, 平平仄仄仄平平, 平平仄仄平平仄, 平仄平平仄仄平'으로 절구 평측 규칙에 맞다.

50-6 太極圖 中(태극도 중) 태극도 중간

梁頹大德隱 幻語徒啾喧 誰言混沌死 愚俗驚鵬鯤
濂溪繼洙泗 斯道夜復暾 爲我重指掌 揭圖垂不諼.
　　(양퇴대덕은 환어도추훤 수언혼돈사 우속경붕곤
　　염계계수사 사도야부돈 위아중지장 게도수불훤)

성인이 돌아가시니 대덕이 숨어, 허황된 말로만 시끄럽게 조잘거리는구나.

혼돈이 죽었다고 누가 말하는고, 우매한 속인들이 대붕과 곤어에 놀라네.

염계 주돈이가 공자를 이어, 유교 도덕이 밤에 해가 돋듯 했으니,

우리를 위해 거듭 손바닥 가리키듯, 태극도 그림을 그려 잊지 않도록 가르쳤구나.

[語句] *太極圖 : 중국 북송의 周敦頤(주돈이)가 태극에 대하여 그림으로 나타내어 만든 도형. 이 태극도에 250자의 설명을 더하여 '태극도설' 책을 만들었는데, 태극도 는 원래 도가의 설에서 나왔으나 주돈이는 '태극→음양→오행→만물→성인'의 관계를 약술했음. 태극도설 첫머리의 '無極而太極(무극이태극)'의 5 자가 성리학 의 기본으로 思辨(사변, 순수한 思惟사유를 통해 인식에 도달함)을 깊게 하는 계기가 되었음. 朱子(주자)는 近思錄(근사록) 첫머리에 이 태극도설을 싣고 태극을 理(이) 곧 법칙성 으로 풀이했고, 우리나라에도 태극도설이 성리학과 함께 들어와 성리학의 기본서 로 애독되어 연구 대상이 되었음. 태극은 우주 만물이 나누어지기 전의 본체로 '易經 繫辭上(역경 계사상)'에 "태극은 곧 無極(무극)으로 여기서 음양, 動靜(동정)의 兩儀(양의)가 생기고 양의에서 老陽, 老陰, 少陽, 少陰(노양, 노음, 소양, 소음)의 四象 (사상)이 생겼으며, 사상에서 八卦(팔괘)가 생겨 길흉이 정해진다." 했으니, 태극은 만물의 근원으로 음양과 동정 등 二元(이원)의 기본인 것임. *梁頹 : 대들보가 무 너짐. 성인의 죽음. '禮記 檀弓上(예기 단궁상)'에 "泰山其頹乎 梁木其壞乎 哲人 其萎乎(태산이 무너지려는가, 대들보가 꺾어지려는가, 성인이 병들려는가.)"라 있 음. *大德 : 넓고 큰 덕. 도덕과 명망이 높은 사람. 덕이 높은 스님. *幻語 : 허 황된 말. *啾喧 : 지껄임. 시끄럽게 조잘거림. *混沌 : ①천지 개벽초에 천지가 아직 갈라지지 않았던 때의 상태 곧 우주의 비밀. ②중앙의 帝王(제왕). 南海(남해) 의 제왕이 儵(숙)이요 北海(북해)의 제왕이 忽(홀)인데, 숙과 홀이 때로 혼돈의 땅에 서 만날 때, 혼돈이 매우 대접을 잘하므로 숙과 홀이 혼돈의 은덕을 갚으려고 "사람은 모두 일곱 구멍이 있어 이것으로 보고 듣고 먹고 숨쉬고 하는데, 혼돈만 은 가지고 있지 않으니 우리가 시험하여 뚫어 줍시다." 하여 하루에 한 구멍씩 뚫었더니, 이레만에 혼돈이 죽고 말더라함. *愚俗 : 어리석고 속됨. 어리석고 속 된 사람. *鵬鯤 : 전설적인 큰 새인 붕과 큰 물고기인 곤. 鯤鵬. 북극 바다에 사 는 곤이 새로 변하여 붕이 되는데, 그 크기가 몇 천리인지 알 수 없고 태풍이 불면 하늘 구만리를 날아올라 6 개월 만에 남극 바다로 간다함.<莊子 逍遙遊> * 濂溪 : 北宋(북송)의 대유학자 周敦頤(주돈이 1017~1073)의 호. 자 茂叔(무숙). 시호 元 公(원공). 程顥, 程頤(정호, 정이) 형제의 스승이며 宋學(송학)의 鼻祖(비조)로 '通書(통서)'

'태극도설' 등의 저서가 있음. 송학은 '濂洛關閩之學(염락관민지학)'이라 하여 염계 주돈이, 洛陽(낙양)의 정호·정이, 關中(관중)의 張載(장재), 閩中(민중)의 朱子(주자, 朱熹주희 →498) 등 여러 학자의 학문을 통틀어 일컬음. *洙泗 : 중국 山東省(산동성)의 두 강인 洙水(수수)와 泗水(사수). 공자의 학문, 유학. 泗洙. 수수는 공자의 집 부근의 강, 사수는 공자가 그 근처에서 제자를 가르치던 곳의 강임. *斯道 : 이 도 또는 도덕, 곧 유교 도덕. *曍 : 해가 돋다. *指掌 : 손바닥을 가리킴. 손바닥을 가리키듯 알기 쉬움. *揭圖 : 그림을 높이 내어 걺. *誼 : 잇다. 시끄럽다.

[鑑賞] 태극도를 보며 지은 21연 42구의 장시 중 제 9~12연이다. 공자가 돌아가시니 노자, 장자, 묵자 등 제자백가가 저마다 유교 도덕과 다른 학문을 주장하여 사람들이 현혹되기도 하는데, 곤붕 같은 공자의 학문을 그 누가 따를 수 있으랴. 염계가 공자를 이어 밤에 해가 돋듯 유학을 밝혀, 우리에게 태극도 그림을 그려 주어 손가락으로 가리키듯 잊지 않게 하셨으니 그 얼마나 고마운 일인가. 이 앞에서는 '천지가 개벽하여 만물의 교화가 이루어지고, 공자가 韋編三絶(위편삼절)로 주역을 읽어 모든 것을 밝혀 놓았다.' 했고, 이 뒤로는 '태극의 이치를 설명하고 더욱 힘써 궁구해 나가야 하겠구나.' 하고 읊었다.

5言古詩(5언고시). 21연 42구의 9~12연이다. 압운은 喧, 鯤, 曍, 誼 자로 평성 '元(원)' 평운인데 이 시 모두 이 운자를 썼다. 평측은 차례로 '平平仄仄仄, 仄仄平平平, 平平仄仄仄, 仄仄平平平, 平仄仄仄仄, 平仄仄仄平, 仄仄平仄仄, 仄平平仄平'으로 5~6행과 7행 외에는 二四不同(이사부동)이 지켜졌다.

51. 羅隱(나은 833~909) : 唐末(당말)의 시인. 본명 橫(횡). 자 昭諫(소간). 自號 江東生(자호 강동생). 餘杭(여항) 사람. 일찍부터 시인으로 알려졌으나 재능을 스스로 믿는 불손한 태도는 식자들의 미움을 샀고, 수차 진사 과거에 낙방하자 뒤에 隱이라 개명하여 급제했다고 하며, 재상 鄭畋(정전)이나 李蔚(이울) 등의 지우를 받았고 여항에서 평생을 마쳤다. 그의 시는 당 나라 조정을 비난하여 풍자와 조소를 주로 했고, 또 시 속에 속어를 쓰는 경향이 있었으며 문집에 '甲乙集(갑을집)'이 있다.

51-1. 人日立春(인일입춘) 인일이자 입춘날에

一二三四五六七 萬木生芽是今日 遠天歸鴈拂雲飛 近水遊魚迸出水.
(일이삼사오륙칠 만목생아시금일 원천귀안불운비 근수유어병출수)

하루 이틀 사흘 나흘 닷새 엿새 자꾸 가서 이렛날 인일 되니,
온갖 나무 오늘에야 싹이 나네.
먼 하늘 구름 헤치며 기러기 돌아가고, 가까운 물에는 물 솟구치며 고기 뛰노는구나.

[語句] *人日 : 사람의 날 곧 정월 초 7일. →9-3. *立春 : 24 절기의 하나. 봄이 시작된다는 뜻으로 양력 2월 3, 4일경임. *歸鴈 : 봄철이 되어 다시 북쪽으로 돌아가는 기러기. *迸出 : 물이 용솟음쳐 나옴.

[鑑賞] 음력 정월 초이렛날 입춘이자 인일을 맞이하여 자연의 변화를 읊었다. 一二三四五六七의 숫자 나열의 시구가 독특하고 운자가 드러나지 않아 긴 작품의 한 부분 같다. 온갖 나무는 싹이 트고 기러기는 북쪽으로 날아 돌아가며, 물고기들이 봄을 맞이해 활발히 움직인다. 입춘이면 봄의 시작이니 바야흐로 봄기운이 찾아든 것이다.

7言古詩(7언고시). 압운으로 볼 수 있는 글자는 七, 日, 水 자인데 七과 日은 입성 '質(질)' 측운이고 水는 상성 '紙(지)' 측운이라 통운도 되지 않아 압운하지 않았다고 보겠다. 평측도 차례로 '仄仄平仄仄仄仄, 仄仄平平仄平仄, 仄平平仄仄平平, 仄仄平平仄仄仄'으로 끝 두 구에서만 二四不同二六對(이사부동이륙대) 규칙이 지켜졌다.

52. 駱賓王(낙빈왕 650~684) : 初唐四傑(초당 사걸) 시인. 자는 미상인데 浙江省(절강성) 義鳥(의조) 사람으로 소년 시절부터 시재를 보여 특히 5언시에 능했다. 武功, 長安主簿(무공, 장안주부) 등을 역임하고 則天武后(측천무후) 때에는 臨海丞(임해승)으로 좌천되었으며, 徐敬業(서경업)의 반란에 가담하여 무후를 비판하는 檄文(격문)을 썼는데 난이 실패하자 끝내 행방불명이 되었다. 문집에 '駱臨海集(낙임해집 10권)'이 있다.

52-1 易水送別(역수송별) 역수에서의 송별

此地別燕丹 壯士髮衝冠 昔時人已沒 今日水猶寒.
　　(차지별연단 장사발충관 석시인이몰 금일수유한)

여기는 진왕秦王을 암살하러 가는 형가荊軻가 연의 태자 단과 이별한 곳,

형가 장사는 분기로 머리칼이 관을 찔렀었네.

옛날 그 형가는 이미 갔으나, 오늘은 역수물만 그 때의 장한 기운 머금어 오히려 차갑구나.

[語句] *易水 : 중국 河北省 易縣(하북성 역현)의 강 이름. *燕丹 : 중국 전국시대 연 나라의 태자인 단. 秦王(진왕, 후의 진시황)을 암살하러 가는 자객 荊軻(형가)를 역수까지 전송했음. 형가는 선조가 齊人(제인)이며 衛(위) 나라 사람인데, 연 나라에서 秦으로 보내어 진왕을 죽이려 하니 진왕은 형가의 칼에 쫓기어 대궐 기둥을 돌며 피했음. 이에 앞서 형가가 떠날 때 진왕의 환심을 사기 위해 연의 비옥한 땅인 督亢(독항)의 지도와 망명 와 있던 樊於期(번어기)의 머리를 가지고 갔는데, 지도 속에 匕首(비수)를 숨겼었음. *壯士 : 기개가 굳센 사람. 여기서는 '형가'를 가리킴. *髮衝冠 : 머리칼이 관을 뚫음. 노여움이 극도에 달함.

[鑑賞] 지은이가 지금 있는 역수 강가는 전송 나온 태자 단과 진왕을 암살하러 가는 형가가 이별한 유서 깊은 곳이다. 형가는 태자의 전송에 감격하여 '風蕭蕭兮 易水寒 壯士一去兮不復還(바람 쓸쓸히 불어 역수 물은 찬데, 장사는 한 번 가서 돌아오지 않는구나.)'라 읊은 바, 이 시 끝구에 '水猶寒'이라고 인용했다. 진왕에 대한 분노로 형가의 머리칼이 쭈뼛이 섰고 장부의 기개가 역수 물같이 냉철했는데 그 장했던 기상이 아직도 남았는가, 역수는 오늘도 차갑게 흘러가고 있구나. 人口(인구)에 膾炙(회자)되는, 氣槪歌(기개가)로 유명한 작품이다.

　5言古詩(5언고시). 압운은 冠, 寒 자로 평성 '寒' 평운인데 첫 행 丹 자도 같은 운자이다. 평측은 차례로 '仄仄仄平平, 仄仄仄平平, 仄平平仄仄, 平仄仄平平'으로 이사부동은 이루어졌으나 反法(반법)과 粘法(점법)이 지켜지지 않아 고시로 처리했는데, 5言絕句(5언절구)라 해도 크게 잘못된 것은 아니라 할 수도 있겠다. 그리고 燕 자는 '제비. 잔치. 쉬다'의 뜻으로 쓰이면 去聲(거성) '霰(산)' 측운이지만 '연 나라'의 뜻이면 평운 '先(선)'이며, 衝 자도 '찌르다'의 뜻이면 평운 '冬(동)'이나 '요충. 사북'의 뜻이면 거성 '宋(송)' 측운이며, 冠 자도 '갓. 새의 볏'의 뜻이면 평운 '寒(한)'이지만 '갓쓰다. 어른이 되다. 으뜸'의 뜻으로 쓰이면 거성 '翰(한)' 측운인 것이다. 한자는 이렇게 뜻에 따라 운이 달라지는 경우가 허다하여 평측에 주의를 요한다.

52-2 靈隱寺(영은사) 영은사

鷲嶺鬱岧嶢　龍宮鎖寂寥　樓觀滄海日　門對浙江潮

桂子月中落　天香雲外飄　捫蘿登塔遠　刳木取泉遙

霜薄花更發　氷輕葉互凋　夙齡尙遐異　披對滌煩囂

待入天台路　看我渡石橋.

(취령울초요 용궁쇄적료 누관창해일 문대절강조

계자월중락 천향운외표 문라등탑원 고목취천요

상박화갱발 빙경엽호조 숙령상하이 피대척번효 대입천태로 간아도석교)

영취산 같은 비래봉 봉우리 울창하게 높이 솟았고, 용궁 같은 절간 적료하게 잠겼구나.

누각에서는 바다의 솟는 해가 보이고, 절문을 나서면 절강의 조수 우뢰 같네.

달 속의 계수나무 열매 떨어져, 그 그윽한 향기 구름 밖까지 감도는데,

담쟁이 덩굴 그러잡아 멀리 있는 탑까지 오를 수 있고, 홈통을 통해 저 먼 샘물을 받는구나.

겨울에는 서리가 얇아 꽃은 바뀌며 잇달아 피고, 얼음도 두껍지 않아 잎이 서로 달리 시드네.

젊은 나이에 불교를 숭상하여, 가슴을 열어 번거롭고 시끄러운 세상 일 모두 씻어내네.

멀지 않아 신선 사는 천태산 길에 들리니, 그 생사를 초월한 돌다리를 건너는 나를 보게 되리.

[語句] *靈隱寺 : 중국 절강성 항주에 있는 大乘(대승) 10대 사찰의 하나인 절. 東晉(동진) 성제 때인 326년 인도의 慧利(혜리) 스님이 세웠음. *鷲嶺 : 靈鷲山(영취산). 중인도 摩竭陀國(마갈타국)의 王舍城(왕사성) 동북쪽에 있는 산. 석가여래가 이 곳에서 법화경과 무량수경을 강하였다 함. 여기서는 영은사가 있는 飛來峰(비래봉)을 가리킴. *岧嶢 : 산이 높이 솟은 모양. *龍宮 : 용왕의 궁전. *寂寥 : 고요하고 쓸쓸함. *浙江 : 절강성의 강으로 錢塘江(전당강)의 상류임. *桂子 : 계수나무의 열매. *天香 : 하늘의 향기. 고상한 향기. *蘿 : ①새삼넌출. ②댕댕이넌출. ③담장이 넌출. ④무(무우). 여기서는 ③이 알맞을 듯함. *刳木 : 나무홈. 나무를 움푹하게 파서 물받이를 만듦. *更 : ①'고치다. 바꾸다. 대신하다'의 뜻이면 경 음으로 평운 '庚(경)'이고, ②'다시'의 뜻이면 갱 음으로 측운 '敬(경)' 去聲(거성)인데 여기서는 ①이어야 평측이 맞음. *互 : 서로. 어그러지다. 비교하다. *夙齡 : 이른 나이. 젊은 나이. *遐異 : 보통과 다름. '불교'를 가리킴. *披對 : 흉금을 터놓고 마주함. *煩囂 : 囂煩. 시끄럽고 번거로움. *天台 : 天台山(천태산). 중국 浙江省 天台縣(절강성 천태현)에 있는 산으로 신선이 사는 산이라 함. 隋(수) 나라 智顗大師(지의대사)가 머물렀고 돌다리인 天台石橋(천태석교)가 있는데, 이 다리는 생사를 초월한 사람이라야 건널 수 있다 함.

[鑑賞] 영은사는 당시 3천 스님이 기거하던 큰 절이라 그 규모가 대단히 크다. 처음 5연[10구]은 영은사의 모습을 그리면서 대를 이루었고, 6, 7연에서 지은이의 심정을 읊었다. 절은 비래봉에 있어 고요하기 그지없고 높은 누각에 오르면 바다에서 뜨는 해를 볼 수 있으며 절문을 나서면 절강의 조수 소리가 들린다. 신선 세계인 양 그윽한 향기 감돌고 담쟁이덩굴을 잡아 탑에 오를 수 있으며 나무 홈통을 통해 먼 샘의 맑은 물을 받아쓴다. 겨울이 춥지 않아 꽃이 번갈아 피며 잎도 한꺼번에 시들지 않고 나무에 따라 달리 시든다. 이런 곳에 있노라니 속세를 떠나 신선 사는 천태산으로 들어가고 싶어진다.

7연으로 된 7言排律(7언배율). 압운은 嶢, 寥, 潮, 飄, 遙, 凋, 囂, 橋 자인데 평성 '蕭(소)' 평운이다. 평측은 차례로 '仄仄仄平平, 仄平仄仄平, 平平平仄仄, 平平仄仄平, 仄仄仄平仄, 平平平仄平, 平平平仄仄, 平仄仄平平, 平仄平仄仄, 平平仄仄平, 仄仄平仄仄, 平仄仄平平, 仄仄平平仄, 平平仄仄平'으로 율시 평측 규칙에 맞으나, 11구[夙齡尚遐異]만은 '仄平仄平仄'으로 二四不同(이사부동)에 어긋나고 또 對 자가 4구와 12구에 거듭 쓰이어 아쉽다.

52-3 帝京篇 中 1首(제경편 중 1수) 제경편 중에서 한 수

春去春來苦自馳 爭名爭利徒爾爲 久留郞署終難遇 空掃相門誰見知.
   (춘거춘래고자치 쟁명쟁리도이위 구류낭서종난우 공소상문수견지)

봄이 오고 봄이 가듯 세월 가는데 부지런히 달려,
명리를 다투어 얻어야 쓸데없는 일 아닌가.
벼슬아치 처소에 오래 머물러 보았자 끝내는 등용되기가 어렵고,
부질없이 정승집 대문 앞을 쓸어보아야 누가 알아주리오.

[語句] *帝京篇 : 낙빈왕이 당의 서울 장안을 읊은 시. 모두 98구의 장편으로 '唐詩選(당시선)'에서 가장 긴 작품임. *苦 : 괴롭다. 부지런하다. *徒爾爲 : 徒爾. 쓸데없는 일일 뿐임. *郞署 : 벼슬아치의 처소. 관공서. *難遇 : 좋은 계기를 만나기 어려움. 難遇合(난우합). 우합은 '우연히 만남. 어진 임금을 만나 등용됨'의 뜻임. *空掃相門 : 부질없이 정승의 집 대문 앞을 청소함. '史記 齊悼惠王世家(사기 제도혜왕세가)'에 魏勃(위발)이 齊相 曹參(제상 조참)을 만나고 싶으나, 만날 방도가 없어 늘 일찍 일어나 조참의 숨人(사인, 마름) 집 문앞을 쓸어 마름의 눈에 띄어 목적을 이루었다는 이야기가 있음.

[鑑賞] 명예와 이익, 벼슬자리는 억지로 구한다고 얻어지는 게 아니다. 어느 계기가 있고 시운이 따라야 하는 법이니, 헛고생 말고 자기 할 일이나 해 나가자는 뜻

이 담겼다 하겠다. 첫째 구와 둘째 구, 셋째 구와 넷째 구는 각각 대를 이루었으니 '春去春來-爭名爭利', '苦自馳-徒爾爲'가 짝이요 '久留-空掃', '郎署-相門', '終難遇-誰見知'가 각각 짝이 된다.

7言律詩(7언율시). 압운은 馳, 爲, 知 자로 평성 '支(지)' 평운이고, 평측은 차례로 '平仄平平仄仄平, 平平平仄平仄平, 仄平平仄平平仄, 平仄仄平平仄平'으로 율시 평측 규칙에 맞으나, 2행과 4행 끝이 '平仄平'이 되어 孤仄(고측, 한 구의 끝 석 자에서 평성 사이에 측성 하나가 끼어 있는 경우)이어서 아쉬운데, 당 나라 초기에는 이런 규칙이 엄격하지는 않았다.

53. 南公轍(남공철 1760~1840) : 조선 후기의 문장가, 정치가. 자 元平(원평). 호 思穎, 金溪(사영, 금계). 시호 文憲(문헌). 본관 宜寧(의령). 父 대제학 有容(유용). 정조 8년(1784) 蔭仕(음사)로 洗馬(세마)가 되고 산청과 임실의 縣監(현감)을 역임하고, 정조 16년(1792) 문과 급제하여 이조판서, 대제학을 거쳐 순조 때 領議政(영의정)에 이르렀다. 어려서부터 독서를 즐겨하여 경전을 널리 연구하고 중국 漢唐宋(한당송)의 여러 사람 글을 읽어, 歐陽修(구양수 →692)의 글을 숭상하여 본받았다. 시에도 뛰어나 북경까지 문명을 떨쳤고 글씨도 잘 썼는데, 정조 임금이 그의 문고를 보고는 "雅潔(아결)하여 古法(고법)이 있다."고 하였다. 저서에 '金陵集(금릉집 24권)' '歸恩堂集(귀은당집 10권)' '高麗名臣傳(고려명신전 12권)' '穎翁續稿(영옹속고 5권)' '穎翁再續稿(영옹재속고 3권)' 등 많이 있다.

53-1 茅亭一架成(모정일가성) 모정 한 칸을 짓고

閑寂堪逃俗 淹留幾日回 愁多憑酒散 病不厭花開
鹿臥松陰靜 龍吟雨氣來 茅亭新入望 突兀出浮埃.

(한적감도속 엄류기일회 수다빙주산 병불염화개

녹와송음정 용음우기래 모정신입망 돌올출부애)

정자가 한적하매 속세를 피하려고, 이따금 며칠 묵고 돌아가네.

근심이 많아지면 술잔 들어 없애고, 병들었지만 꽃 피는 게 싫지 않구나.

사슴이 솔 그늘에 누운 모습 고요함을 더하는데,

멀리서 울리는 우레 소리 비가 오려는가보다.

모정에 새로이 들어가 바라보노라니, 티끌 뜬 속세를 벗어나 우뚝 솟은 느낌이로구나.

[語句] *茅亭 : 짚이나 띠풀로 지붕을 이은 정자. 草家亭子(초가 정자). 草亭. *閑寂 : 한가롭고 고요함. *堪 : 견디다. *淹留 : 오랫동안 머묾. *憑 : 의지하다. 빙자하다. *龍吟 : 용이 끙끙거림. '멀리서 들리는 우레 소리'를 말함. 吟은 '읊다. 끙

끙거리다. 탄식하다'임. *雨氣 : 비가 올 듯 한 기색. *突兀 : 우뚝 높이 솟음.

[鑑賞] 한적한 곳에 초가 정자 하나를 얽고는 마음이 울적할 때면 와서 묵는다. 술로 울분을 달래거나 꽃 피는 모습을 보며 마음을 안정시킨다. 소나무 그늘에서 노루는 잠자고 이따금 먼 우레 소리 울리는, 속세를 벗어난 이 곳이 참으로 좋구나. 忙中閑(망중한)을 즐김이 옛 선비의 풍류라 시 내용이 산뜻하다.

5언율시. 압운은 回, 開, 來, 埃 자로 평성 '灰(회)' 평운이다. 평측은 차례로 '平仄平平仄, 平平仄仄平, 平平平仄平, 仄仄仄平平, 仄仄平平仄, 仄平仄仄平, 平平平仄仄, 仄仄仄平平'으로 5언율시 簾(염, 평측 배열)이 잘 맞으니, 正格(정격)인 '仄仄平平仄, 平平仄仄平, 平平平仄仄, 仄仄仄平平, 仄仄平平仄, 平平仄仄平, 平平平仄仄, 仄仄仄平平'과 견주어 보면 뚜렷이 드러난다.

54. 南在(남재 1351~1419) : 조선 개국공신. 자 敬之(경지). 초명 謙(겸). 호 龜亭(구정). 시호 忠景(충경). 본관 의령. 父 乙蕃(을번). 이색의 제자로 진사에 급제하여 좌부대언, 判典校寺事(판전교시사)를 지냈으며, 동생 誾(은)과 함께 이성계를 추대하여 개국에 힘썼으나 태조 원년(1392) 論賞(논상)을 피하여 지방에 숨었다. 그 후 태조가 찾아내어 '在'라는 이름을 하사하고 개국1등 공신으로 중추원학사에 대사헌을 겸하게 하여 宜城君(의성군)에 봉하였고, 정당문학에 이르러 태조 5년(1396)에 金士衡(김사형)과 함께 대마도를 정벌했다. 태조 7년(1398) 第一王子亂(제일왕자난, 방석난芳碩亂) 때 동생은 주살되었으나 그는 관련되지 않았다는 태종의 변호로 특사되고, 태종이 즉위하자 趙浚(조준 →475)과 함께 세자의 스승이 되었으며 경상도관찰사, 議政府贊成事(의정부찬성사)를 거쳐 우의정으로서 宜寧府院君(의령부원군)에 피봉되었고 領議政(영의정)을 역임했다. 태조의 廟庭(묘정)에 배향되었고 경제에 밝아 算術(산술)을 잘하여 당시에 '南算'이라 별칭했다고 한다.

54-1 次廣州淸風樓韻(차광주청풍루운) 광주의 청풍루 시에 차운하다

自憐阿堵已生花 尙且逢場發興多 可笑此翁猶矍鑠 百端無計駐韶華.
(자련아도이생화 상차봉장발흥다 가소차옹유확삭 백단무계주소화)

눈에는 안화 피어 이미 흐려진 게 가련하나,
그래도 알맞은 자리 만나면 무척 흥겨워진다네.
우습다 이 늙은이 오히려 건장하지마는, 백방으로 애써도 젊음에 머무를 계책은 없구나.

[語句] *廣州 : 경기도의 광주시. 고려 태조 23년(940)부터 광주라 했음. *阿堵 : '이것'이란 말인데, 돈을 말하기도 하고 눈을 가리키기도 함. 여기서는 '눈[眼]'임. *生花 : 眼花(안화)가 생김. 안화는 '안력이 쇠하여 눈앞에 불꽃같은 것이 어른

거리는 현상'임. *發興 : 일어남. 흥이 남. *矍鑠 : 늙어서도 기력이 정정함. *百端 : 온갖 일의 실마리. *韶華 : 봄경치. 젊음. 청년 시절. 韶光(소광).

[鑑賞] 河崙(하윤)의 '題廣州淸風樓(제광주청풍루)'에 차운한 시. →584-1. 봄이 무르익은 청풍루에 올라보니 늙어 눈은 흐릿해 잘 보이지 않지만 흥겹게 노는 젊은이들의 봄놀이 마당에는 끼이어 함께 놀고 싶다. 늙었다 하나 아직은 건장함을 자부하건만, 젊은이들이 끼워줄 리 없고 봄이 가 버리듯이 청춘에 머무를 수 없구나. 중국 당 나라 劉廷芝(유정지)가 지은 '代悲白頭翁(대비백두옹)' 시 속의 '此翁白頭眞可憐 伊昔紅顔美少年(이 늙은이의 백발은 참 가련하기도 하나, 지난 날에는 그도 홍안의 고운 소년이었다네)' 구절이 떠오른다. →199-1.

7언절구. 압운은 花, 多, 華 자인데 花와 華는 평성 '麻(마)' 운이고 多는 평성 '歌(가)' 운이다. 이 두 운은 평운으로 통운이 되어 함께 쓸 수 있다. 평측은 차례로 '仄平仄仄仄平平, 仄仄平平仄仄平, 仄仄仄平平仄仄, 仄平平仄仄平平'으로 절구 평측 규칙에 합치된다.

55. 南孝溫(남효온 1454~1492) : 조선 세조 때 生六臣(생육신). 자 伯恭(백공). 호 秋江, 杏雨, 最樂堂(추강, 행우, 최락당). 시호 文貞(문정). 본관 의령. 5대조 영의정 在(재 →54). 父 恮(전). 김종직의 문인. 아버지를 일찍 여의고 모친께 효성을 다했으며, 사육신의 충성을 보고는 '六臣傳(육신전)'을 지었는데 오랫동안 묻혀 있다가 숙종 때 비로소 간행되었다. 세조의 꿈에 단종의 어머인 顯德王后 權氏(현덕왕후 권씨)가 나타나 아들의 살해를 책했다 하여, 세조에 의해 물가에 이장된 昭陵(소릉)의 복위를 성종 12년(1481) 28세 때 상소하였으나 도승지 임사홍, 영의정 정창손의 저지로 상달되지 못하고 사람들이 미친 사람이라 하니 세상의 일에 흥미를 잃었다. 일찍 사마에 올랐으나 스스로 벼슬할 생각을 버리고 각지를 유랑하다가 39세에 병사했다. 연산군의 甲子士禍(갑자사화) 때 그가 김종직의 제자요 소릉 복위를 상소한 일이 있다 하여 부관참시를 당했고, 아들 世忠(세충)도 따라서 사형을 당했다. 그 후 2년만에 중종이 즉위하자 이 사실을 듣고는 좌승지에 추증했으며, 숙종에 이르러 咸安 伯夷山(함안 백이산) 밑에 西山書院(서산서원)을 세우고 그와 李孟專(이맹전), 趙旅(조여), 元昊(원호), 金時習(김시습 →38), 成聃壽(성담수 →763) 등을 함께 배향하니 이들을 생육신이라 불렀고, 정조 6년(1782)에는 그에게 이조판서를 추증했다. 저서에 '秋江冷話(추강냉화)' '師友錄(사우록)' 등이 있다.

55-1 西江寒食(서강한식) 서강의 한식날

天陰籬外夕烟生 寒食東風野水明 無限滿船商客語 柳花時節故鄕情.

(천음이외석연생 한식동풍야수명 무한만선상객어 유화시절고향정)

하늘 음침하고 울 밖에 저녁 이내 이는데, 한식절의 샛바람에 들 물이 뚜렷하구나.
만선의 장삿군들 하는 말이, 버들꽃 피는 시절이 고향 생각 더욱 끝없더라 하네.

[語句] *西江 : 서울의 마포구 지명. 서강동. 한강의 여러 부분적 이름 중 서쪽에 속
한 강이라 하여 일컫는 말임. *寒食 : 동지 후 105일째 되는 날. →46-5. *滿
船 : 고기를 가득 실은 배.

[鑑賞] 한식날의 서강의 모습을 그리고, 상인들의 말을 들어 이 때쯤이 고향이 가장
그리워진다고 했다. 날씨 온화해지고 삼라만상이 봄기운에 함빡 젖어 있으니,
오래 타관을 돌아다니며 장사를 하는 사람들이 얼마나 고향땅이 그리워지랴.
敍景(서경)을 앞에 보이고 敍情(서정)을 이어 펴서 두 가지가 잘 표현된 산뜻한
느낌을 주는 작품이다.

7언절구. 압운은 生, 明, 情 자로 평성 '庚(경)' 평운이다. 평측은 차례로 '平平平仄仄平平,
平仄平平仄仄平, 平仄仄平平仄仄, 仄平平仄仄平平'으로 절구 평측 규칙에 합치되었다.

55-2 自詠 十一首 第4~6首(자영 11수 제4~6수) 스스로 읊다 열 한 수 제 4, 5, 6 수
達道子雲著法言 生憎屈子反離騷 雖然投閣求生辱 千載何如溺死高 <제4수>
(달도자운저법언 생증굴자반이소 수연투각구생욕 천재하여익사고)

양웅揚雄은 도를 통달해 양자법언을 지었는데,
굴원屈原을 미워하여 이소에 반대되는 것이더라.
비록 높은 누각에서 몸 던졌지만 살려고 했더라면 욕되었을 것이니,
멱라수 물에 몸 던져 죽은 굴원의 높은 절개는 만고에 그 어떠한고.

[語句] *達道 : 도에 통달함. 천하고금의 공통된 대도인 오륜<中庸> *子雲 : 중국 전한
말기의 학자인 揚雄(양웅 53B.C~18A.D)의 자. 촉의 성도 사람으로 新(신)을 세운 王
莽(왕망)의 대부가 되어 莽大夫(망대부)로도 불림. 長楊賦(장양부)를 지었고 易(역)에 비
겨 쓴 太玄經(태현경), 논어에 비겨 쓴 揚子法言(양자법언), 蒼詰(창힐)로 자처하여 쓴
訓纂(훈찬), 揚子方言(양자방언) 등이 있는데, 태현경을 초할 때 꿈에 흰 봉황을 토
했다 함. 왕망이 신 나라를 세우니 진 나라의 과실을 폭로하고 신 나라의 미덕을
칭찬하는 글을 올리니 이를 '劇秦美新(극진미신)'이라 하며, 늘 "적막으로 덕을 지
킨다." 하다가 劉歆(유흠)의 죄에 연루되어 체포당하게 되자 누각에서 몸을 던져
죽으니 사람들이 "寂寞(적막)은 投閣(투각)이로세."라 비꼬았다고 함. *法言 : 바른

도리로 법도가 되게 하는 말. *屈子 : 중국 전국시대 말 楚(초)의 귀족으로 불우하게 일생을 마친 시인인 屈原(굴원 B.C 343~277?). 남방 문학을 대표하는 초사의 시형을 처음 이루었고, 懷王(회왕)을 도와 三閭大夫(삼려대부)가 되었으나 소인들의 무고로 추방되어 강남을 떠돌다 汨羅水(멱라수)에 몸 던져 죽었음. 작품에 '離騷(이소)' '九歌(구가)' '漁父辭(어부사)' 등 20편이 있음. *離騷 : 굴원이 지은 장편 서정시. 소인 간신의 참언으로 宮廷(궁정)에서 쫓긴 굴원이 왕의 신임을 받지 못함을 실망하여 썼다 함. 離는 '만남', 騷는 '근심'의 뜻임. *千載 : 천년. 오랜 세월.

[鑑賞] 이 앞 세 수에서는 연속된 흉년으로 집 없는 사람들, 메마른 우물, 길가에 자식을 버리는 일 등 삶의 고달픔을 읊었고, 여기서는 적막을 덕으로 삼는다는 양웅의 거짓을 미워하고 굴원의 절조를 찬양했다. 양웅은 큰 학자였으나 漢(한)나라를 배반하고 新(신)을 세운 왕망에 협조했으니 끝내는 그 자살이 당연하며, 더 살려고 애걸했으면 도리어 욕이 되었을 것이다.

7언절구. 압운은 騷, 高 자로 평성 '豪(호)' 평운이다. 첫 구의 言은 '말씀'이란 뜻으로 평운 '元(원)'인데, '은'으로 읽으면 거성 '願(원)' 측운으로 뜻이 '마음 화평하다'가 되어 이 시에서 쓰인 뜻과는 달라진다. 평측은 차례로 '仄仄仄平仄仄平, 平平仄仄仄平平, 平平平仄平平仄, 平仄平平仄仄平'인데 율시 평측 규칙에 어긋나지는 않으나 평측 배열이 고르지 못하다.

55-3 退之刻意如夫子 顏氏簞瓢意若輕 當日上書人不齒 至今留說四科名 <제5수>
(퇴지각의여부자 안씨단표의약경 당일상서인불치 지금유설사과명)

한퇴지는 공자가 되려 애썼고, 안연顏淵은 가난을 가벼이 여겼네.
당시 한퇴지의 상서는 사람들이 쳐 주지 않았으나,
안연은 지금까지도 사과에 이름남아 있네.

[語句] *退之 : 中唐(중당)의 유학자, 문인인 韓愈(한유 768~824)의 자. 시호 文公(문공). 南陽(남양, 河南修武縣하남수무현) 사람. 唐宋八大家(당송팔대가)의 한 사람. 어려서 부모를 잃고 고생하며 진사에 급제했는데, 성격이 강직하여 남들과 불화했으며 太學博士(태학박사)를 오래 지냈고 吏部侍郎(이부시랑)에 이르렀음. 고문복고운동을 일으켜 문장의 자연 복귀와 고문 부흥을 주창했고, 문집 '昌黎集(창려집 40권)'과 '外集(외집 10권)'이 있음. →599. *刻意 : 많이 애씀. 고심. 뜻을 고상하게 가짐. *夫子 : 인격이 아주 높아서 모든 사람의 거울이 될 만한 사람 존칭. 공자 존칭. *顏氏 : 공자의 수제자 顏回(안회 513~482 B.C). 자 淵(연), 子淵(자연). 존칭 顏子(안자). 학덕이 뛰어나고 덕행이 첫째여서 亞聖(아성)이라 함. 가난을 괴롭게 여기지 않았고

어떤 일에도 성내지 않았으며 잘못은 두 번 다시 저지르지 않았다고 함. 29세에 백발이 되었고 32세에 사망했음. *簞瓢 : 도시락과 표주박. 양이 적고 초라한 음식. 一簞食一瓢飮(일단사일표음, 한 도시락 밥과 한 표주박의 물). *當日 : 그 날. 옛날. *上書 : 글을 올림. 웃어른에게 올리는 편지. *不齒 : ①호적이 없음. 사람축에 들지 못함. 옛날 나이에 따라 호적부에 기록했기에 생긴 말임. ②멀리 쫓아 등용하지 아니함. 여기서는 ①의 뜻. *四科 : 공자가 門人(문인)들에게 가르친 德行, 言行, 政事, 文學(덕행, 언행, 정사, 문학) 등 네 종류의 학과<論語 先進>

[鑑賞] 앞 수와 같이 한유와 안회를 대비했다. 한유는 아무리 학문이 높아도 아성이라 존칭되는 안회의 인격을 따를 수 없어서, 한유는 당시 사람들에게 호감을 받지 못하였고 안회는 아직도 덕행과 언행과 정치와 문학 등에 그 명성이 남아 있으니, 부귀나 학문의 깊이보다 사람됨이 중요함을 강조한 작품이다. 처음 두 구는 對句(대구)를 이루었다.

7언절구. 압운은 輕, 名 자로 평성 '庚(경)' 평운이다. 평측은 차례로 '仄平仄仄平平仄, 平仄仄平仄仄平, 平仄仄平平仄仄, 仄平平仄仄平平'이어서 절구 평측 규칙에 합치되었다.

55-4 胡廣中庸世更賢 六朝丞相萬人先 當時自笑西山餓 死後諂名汚幾年<제6수>

(호광중용세갱현 육조승상만인선 당시자소서산아 사후첨명오기년)

제 몸 보전만 한 호광의 중용을 세상에서 어질다 해, 6대에 걸친 정승으로 만인에 앞섰네.

굶어 죽은 백이숙제를 당시에는 웃었지만, 호광은 사후에 아첨꾼이란 오명이 몇 해를 따랐던가.

[語句] *胡廣 : 중국 漢(한) 나라 정승. 자 伯始(백시). 經學(경학)에 통달하고 나라의 원로로 三公(삼공)의 지위에 있으면서 모든 정무를 잘 처리하여 사람들이 "일이 처리되지 않거든 백시에게 물어보라. 천하의 중용은 胡公(호공)에 있네." 했음. 그러나, 당시 王氏(왕씨)가 세력을 부려 나라를 빼앗았는데도 호광은 나라보다 제 몸만을 보전하니, 후세에 이를 '호광의 중용'이라고 譏弄(기롱)했음. *中庸 : 어느 쪽으로나 치우침이 없이 곧고 바름[中正중정]. 君子中庸小人反中庸(군자는 중용이요 소인은 중용과 반대이다.)<中庸 2章> *更 : 경-평운 庚(경) ; 고치다, 바꾸다, 시간 단위. 갱-측운 거성 敬(경) ; 다시. *六朝 : 중국 남경에 도입했던 吳, 東晉, 宋, 齊, 梁, 陳(오, 동진, 송, 제, 양, 진)의 여섯 나라. 여기서는 '여섯 대 왕의 조정'의 뜻임. *丞相 : 정승. 중국의 관명. 相은 '서로'의 뜻이면 평운 '陽(양)'이고 '보다,

돕다, 재상'의 뜻이면 측운 '漾(양)'임. *西山餓 : 殷(은)의 의사였던 伯夷 叔齊(백이 숙제)가 首陽山(수양산, 西山)에서 고사리를 캐어 먹다 죽은 일. 周武王(주무왕)이 은을 정벌하는 것을 만류하다 듣지 않아 그리되었음. *詔名 : 아첨한다는 평판.

[鑑賞] 이 시에서는 호광과 백이숙제를 대비했다. 호광은 학문도 깊고 政務(정무)도 잘 처리했지만, 왕씨의 跋扈(발호)를 막지 못하여 후세에 오명을 얻게 되었다. 한편 백이숙제는, 주색에 빠진 못된 임금인 殷 紂王(은 주왕)을 정벌함이 당연하여 당시 사람들의 비웃음을 샀지만, 영원히 의사로서 그 명성이 높다. 이렇게 세상 살아가기가 어려우니, 지은이가 스스로 대비하며 읊었는지도 모른다. 李光洙(이광수)의 '端宗哀史(단종애사)'와 金東仁(김동인)의 '大首陽(대수양)'도 똑같은 史實(사실)을 두고 견해가 다르지 않았던가?

7언절구. 압운은 賢, 先, 年 자로 평성 '先(선)' 평운이다. 평측은 차례로 '平仄平平仄仄平, 仄平平仄仄平平, 平平仄仄平平仄, 仄仄平平平仄平'으로 절구의 簾(염)에 어긋나지 않으나, 끝구가 '仄仄平平仄仄平'이었더라면 完璧(완벽)했겠다.

56. 盧公弼(노공필 1445~1516) : 조선 중종 때 명신. 자 希亮(희량). 호 菊逸齋(국일재). 본관 交河(교하). 父 영의정 思愼(사신 →57). 세조 12년(1466) 문과에 급제하고 都承旨(도승지), 大司憲(대사헌), 공조 등 六曹判書(육조판서)를 역임했다. 參贊(참찬), 贊成(찬성)에 올랐다가 연산군의 갑자사화 때 茂長(무장)에 杖流(장류)되었으나, 중종이 즉위하자 우찬성, 輔國領經筵(보국영경연)에 올랐으며, 왕위 계승의 승인을 얻으려고 명 나라에 갔으나 뜻을 이루지 못했다. 후에 領中樞府事(영중추부사)가 되었고 효성이 지극했으며 古事(고사)와 詩文(시문)에 밝았다.

56-1 次南浦詩韻(차남포시운) 남포 시에 차운하다

珊珊環佩集群仙 拉我還登萬斛船 日落烟波望不極 白鷗飛去水如天.
　　(산산환패집군선 납아환등만곡선 일락연파망불극 백구비거수여천)

쟁그렁 패옥 소리 내며 신선들 모여들어, 나를 끌어서는 만곡이나 싣는 큰 배에 오르네.
해가 져 이내 낀 물결 바라보매 가이없고,
백구는 하늘과 물이 한 빛인 곳으로 날아가는구나.

[語句] *南浦 : 남쪽 포구. ①중국 福建省 浦城縣(복건성 포성현) 남문 밖 지명. ②평양 대동강의 포구. 두 곳이 모두 이별하는 곳으로 유명함. *珊珊 : 쟁그렁 하는 옥소리. 佩玉(패옥) 소리. *環佩 : 몸가짐을 갖출 때 金冠朝服(금관조복)의 좌우에 늘어뜨리는 옥을 단 줄. 옥패. *萬斛 : 아주 많은 분량. 斛은 '열 말들이 분량'

임. *烟波 : 자욱하게 낀 연기 또는 연기 낀 듯 멀리 희미하게 보이는 수면 또는 파도. *白鷗 : 갈매기.

[鑑賞] 남포는 신선들이 사는 곳인 선경으로 떠나는 곳이다. 지은이가 꼭 배를 타고 가는 것이 아니라도 좋다. 큰 배가 신선 같은 승객들을 싣고 포구를 떠나는 것을 보노라니, 이내 낀 가없는 물결에 하늘 물이 한 빛이요 저 멀리 갈매기 날아간다. 이런 풍경이 어찌 선경이 아니랴. 그런 곳에 가 보고 싶은 지은이의 소망이 담긴 시라 할 것이다.

7言絶句(7언절구). 압운은 仙, 船, 天 자로 평성 '先(선)' 평운이다. 평측은 차례로 '平平平仄仄平平, 仄仄平平仄仄平, 仄仄平平平仄仄, 仄平平仄仄平平'으로 7언절구의 평측 규칙인 이사부동이륙대와 反法(반법, 둘째 구의 2-4-6 자의 평측이 첫 구의 2-4-6 자의 평측과 달라야 함)과 粘法(점법, 셋째 구의 2-4-6 자의 평측이 둘째 구의 그것과 같아야 함) 등이 맞게 구성되었다. 즉 첫 구의 2-4-6 자가 '평-측-평'인데 둘째 구의 그것은 '측-평-측'이니 반법이요, 셋째 구는 '측-평-측'으로 둘째 구와 똑 같으니 점법이요, 넷째 구는 '평-측-평'이니 셋째 구에 대해 반법이 되는 것이다.

57. 盧思愼(노사신 1427~1498) : 조선 연산군 때 재상. 자 子胖(자반). 호 葆眞齋(보진재), 天隱堂(천은당). 시호 文匡(문광). 본관 교하. 父 物載(물재). 단종 원년(1453)에 문과에 급제하여 집현박사, 지평, 문학에 이르고, 세조 때 도승지를 거쳐 호조판서로 있을 때 왕명으로 '경국대전' 중 戶典(호전)을 맡아 편찬했으며 拔英, 登俊(발영, 등준) 양과에 연이어 급제했다. 勳舊派(훈구파)로 嶺南出身(영남출신) 사림파와 맞지 않아 正言 趙舜(정언 조순)의 탄핵을 받은 일이 있다. 예종 때 翊戴功臣(익대공신)이 되고 성종 때 佐理功臣(좌리공신)이 되어 이조판서, 우의정, 좌의정을 역임한 후 성종 25년(1494)에 부원군에 봉군되었고 연산군 초에 영의정에 올랐다. 앞서 성종 즉위 초에 그는 대간의 拷問(고문)과 太學生(태학생)의 流配(유배) 등을 모두 찬성하여 사림의 원한을 샀으나 연산군 4년(1498) 무오사화가 일어나 尹弼商(윤필상), 유자광, 성준 등이 청렴한 선비를 싫어하여 이 기회에 일망타진하려 할 때 그가 홀로 한사코 구출하여 많은 선비들을 살리고 그 해 9월에 사망했다. 그는 聰敏(총민)하고 독서를 좋아해 박식했다고 전한다.

57-1 次晉山韻贈學專上人 二首 第1首(차진산운증학전상인 이수 제1수)
　　진산의 시에 차운하여 학전상인에게 주다 두 수 첫째 수

呂枕五十年 一覺空彷彿 欲知夢幻境 試問瞿曇佛
晉山世緣盡 思歸衣欲拂 昨夜夢山林 眼前無俗物
白雲生杖屨 豈復戀朱紱.
　　(여침오십년 일각공방불 욕지몽환경 시문구담불

진산세연진 사귀의욕불 작야몽산림 안전무속물 백운생장구 기부연주불)

도사道士 여동빈呂洞賓의 베개 벤 헛된 영화 50년, 깨고 나니 헛것과 똑같구나.

덧없음의 경지를 알아보고자, 성도成道하기 전의 석가釋迦 구담불에게 물어보네.

진산은 세상 인연 다하고, 피안彼岸으로 돌아가려고 옷소매 떨쳤으니,

지난밤에 꾼 산림에 숨어 살려는 꿈, 눈앞에는 속된 것 하나 없어라.

막대 짚고 발끝 가는 곳에 흰 구름 이는데, 어찌 다시 벼슬길에 연연하리.

[語句] *上人 : 스님. 유가의 '先生(선생)'과 같은 존칭임. *呂枕 : 도사 呂洞賓(여동빈)의 베개. 헛된 영화. 옛날 중국의 노생이 邯鄲(한단)에서 여동빈의 베개를 빌어 베고 좁쌀 밥을 지을 잠깐 동안 잠이 들었다가 부귀와 영화를 50년간 한껏 누린 꿈을 꾸었다 함. 한단지몽. *彷彿 : 거의 비슷함. 그럴 듯하게 같음. *夢幻 : 꿈과 幻想(환상). 덧없음. *試問 : 시험삼아 물음. *瞿曇佛 : 성도하기 전의 석가모니 부처. 瞿曇은 '인도 석가족의 姓(성)'임. *世緣 : 세상의 온갖 인연. 속세 인연. 緣자는 원본에서 무슨 글자인지 몰라 추정한 글자임. *杖屨 : 지팡이와 미투리. 도사나 중을 가리키는 말로도 씀. *朱紱 : 官印(관인)의 붉은 끈. 붉은 옷. 벼슬.

[鑑賞] 반평생을 벼슬에 매여 허둥지둥 살아왔다. 지나고 보니 그 삶이 얼마나 헛되었던가. 이제 세상 모든 것을 떨쳐버리고 신선이나 부처가 도를 닦는 산속으로 들어가 常樂(상락)의 경지인 피안에서 살고자 한다. 거기는 속물이 하나도 없으니 흰구름을 벗삼아 지내리라. 둘째 수에서는 '사슴을 감추었던 鄭(정) 나라 사람이나 잠이 많은 莽(망) 나라 사람들은 생시를 꿈인가 여기고 꿈을 생시로 여겼는데, 생시나 꿈이나 모두 구름과 연기 같아 머물지 않고 흘러가 버린다. 그러니 깨어 있음이나 잠에 빠진 것이나 모두 잊어버리는 게 상책이다.'라 읊었다.

5言古詩(5언고시). 압운은 佛, 佛, 拂, 物, 紱 자로 入聲(입성) '物(물)' 측운이다. 평측은 차례로 '仄仄仄仄平, 仄仄平平仄, 仄平仄仄仄, 仄仄平平仄, 仄平仄平仄, 平平平仄仄, 仄仄仄平平, 仄平平仄仄, 仄平平仄仄, 仄仄仄平仄'으로 평측이 고르지 못하고 규칙에도 맞지 않으니 고시이기 때문이다.

58. 盧守愼(노수신 1515~1590) : 조선 명종・선조 때 名臣(명신). 자 寡悔(과회). 호 蘇齋, 伊齋(소재, 이재). 시호 文懿(문의). 본관 光州(광주). 父 鴻(홍). 장인인 李延慶(이연경)에게 배우고 20세에 博士(박사)로 뽑혔으며 27세에 李彦迪(이언적)을 찾아 크게 계발되었다. 중종 38년(1543) 문과의 초시, 회시, 전시에 연달아 장원하여, 성균전적, 시강원사서를 거쳐 李退溪(이퇴계)와 같이 독서당에 뽑혀 학문을 통해 서로 친근한 사이였다.

인종 원년(1545)에 사간원 정언이 되어 정미사화에 李芑(이기)를 파면시켰고, 명종이 즉위하자(1545) 尹元衡(윤원형), 李芑의 옥사인 乙巳士禍(을사사화)가 일어나 그들에게 파면당하고 이듬해에 順天(순천)에 유배되었다가 壁書(벽서)의 변이 일어나자 죄가 더해 져서 진도로 옮겨져 19년간 귀양 살다가 명종 20년(1565) 槐山(괴산)으로 옮겨졌다. 선 조 2년(1569)에 누명이 벗겨져 弘文館直提學(홍문관직제학), 부제학, 이조판서 겸 대제 학, 우의정 등을 역임 후 선조 18년(1585) 영의정에 올랐다. 선조 22년(1589) 鄭汝立 (정여립)이 난을 일으키려다가 발각되자 己丑獄事(기축옥사)가 크게 일어나, 정여립의 일 당인 金宇顒(김우옹)을 천거했다는 죄로 유배설이 있었으나 왕명으로 파직에 그쳤다. 평생에 지은 책이 많았으나 난리통에 모두 흩어져 없어지고 '蘇齋集(소재집, 13권)'이 남 아 있고 글씨 또한 능했다고 전해 온다.

58-1 十三日到碧亭待人(십삼일도벽정대인) 열 사흗날 벽정에 이르러 사람을 기다리며

曉月空將一影行 黃花赤葉政含情 雲沙目斷無人問 倚遍津樓八九楹.
(효월공장일영행 황화적엽정함정 운사목단무인문 의편진루팔구영)

부질없이 새벽달과 함께 가는 외로운 그림자,
노란 국화와 붉은 단풍잎은 바로 정을 담뿍 품었구나.
구름 낀 모랫벌 아득한데 물어볼 사람조차 없어,
나루터 누각 아홉 기둥 에워돌며 서성거리네.

[語句] *將 : 함께하다. *黃花 : 누런 꽃. 국화. *政 : 바로. =正(정). *目斷 : 멀어서 더 보이지 않음. 아득함. *倚 : 기대다. 의지하다. *遍 : 두루. *楹 : 기둥. 난간.

[鑑賞] 그 情景(정경)이 그림처럼 뚜렷이 머리에 떠오르는 시다. 노란 국화와 단풍이 붉 게 물든 새벽 나루 길을 새벽달에 외로운 자기 그림자를 밟고 간다. 모래밭은 구름 끼어 사람 그림자도 없으니 물어볼 길 없고 만나려는 사람도 오지 않아, 초조한 마음에 누각 기둥 또는 누각 난간을 서성거릴 뿐이다. 李丙疇(이병주) 박 사의 이 시에 대한 감상을 들어보자. "시는 그 글자만으로는 나타낼 수 없는 정 경과 분위기를 그려내야 한다. 눈에 보이지 않는 상황을 눈에 보이듯이 그려 놓 을 때 시를 읽는 이는 감동한다. 이 시를 읽으면 약속한 사람이 오지 않아서 끌 탕하는 외로움과 초조함이 잘 묘파되어 있다. 아득한 모랫벌이나 텅 빈 다락만 덩그런 정자를 그린 것은 모두 시인의 가슴이 그와 같이 텅 비어 있기 때문이 다. 곧 자기의 마음을 주변의 소재로 대치한 것이다."<韓國漢詩의 理解>

7언절구. 압운은 行, 情, 楹 자로 평성 '庚(경)' 평운이다. 평측은 차례로 '仄仄平平仄仄平,

平平仄仄仄平平, 平平仄仄平平仄, 仄仄平平仄平平'으로, 끝 행이 二四不同(이사부동)은 이루어
졌으나 二六同(이륙동)이 이루어지지 않아, 仄-仄이어야 할 것이 仄-平 곧 遍-九 자가 되었다.

59. 盧照鄰(노조린 650~687) : 初唐四傑(초당 사걸) 시인. 자 昇之(승지). 호 幽憂子(유우자).
하북성 范陽(범양, 漁陽어양) 사람. 벼슬이 新都縣尉(신도현위)에 이르렀으나 신경통으로 관
직을 사임하고 太白山(태백산), 東龍門山(동용문산)에서 요양 생활을 했지만 차도가 없어
潁水(영수)에 투신자살했다. 우수에 찬 시를 지었고 '長安古意(장안고의)' 시는 유명하며
'幽憂子集(유우자집 7권), 附錄(부록 1권)'이 있다.

59-1 長安古意 中 1首(장안고의 중 1수) 장안 회고의 정 중에서 한 수

節物風光不相待 桑田碧海須臾改 昔時金階白玉堂 只今惟見靑松在
寂寂寥寥揚子居 年年歲歲一牀書 獨有南山桂花發 飛來飛去襲人裾.
(절물풍광불상대 상전벽해수유개 석시금계백옥당 지금유견청송재

적적료료양자거 연년세세일상서 독유남산계화발 비래비거습인거)

계절 따른 경치는 그대로 있지 않아, 상전이 벽해되듯 잠간 새에 변하네.
지난날 금빛 계단과 백옥으로 꾸몄던 저택은, 지금 오직 푸른 소나무뿐이로구나.
고요하고 적막한 양웅의 집은, 해마다 바뀜 없이 책상의 가득한 책뿐인데,
있다는 건 오로지 남산의 계수나무 꽃 피어, 그 꽃잎 날아들어 내 옷자락을 스칠 뿐이라.

[語句] *長安 : ①중국 당 나라 서울. 지금의 섬서성 西安市(서안시) 부근임. ②서울. 수도.
*古意 : 회고의 情(정, 마음). 고풍의 생각. *節物 : 철 따라 나는 물건. 제 철을 따
라 나거나 생기는 산물이나 경치. *桑田碧海 : 뽕나무밭이 변하여 푸른 바다가
됨. 육지가 바다가 됨. 세상일의 덧없음. *須臾 : 잠깐 동안. 刹那(찰나). *白玉堂 :
흰 옥돌로 꾸민 집. 훌륭한 저택. *寂寂寥寥 : 寂寥. 고요하고 쓸쓸함. *揚子 :
前漢末(전한말)의 揚雄(양웅). 자 자운. →55-2. 여기서는 지은이 자신을 빗대어 썼음.
*年年歲歲 : 해마다. *南山 : 장안 남쪽에 있는 산. 終南山(종남산). 대개 도시의
남쪽 산이 '남산'임. *襲 : 반복하다. 거듭하다. *裾 : 옷자락. 옷뒷자락.

[鑑賞] 이 앞 수에서는 장안의 번화함을 그렸는데, '장안의 큰길은 유흥가 狹斜(협사)
좁은 길과도 통하여 온갖 수레가 연락부절이다. 화려한 가마와 금안장의 말 들
이 고관의 집을 드나드니, 아침 햇발에 수레의 장식이 빛나고 봉황 무늬의 깃
발 술이 저녁노을에 번쩍이며, 아지랑이는 숲을 둘렀고 새들은 떼지어 꽃 속에
서 울고 있구나.'라 읊었다. 이렇듯 화려하던 장안이 상전벽해가 되어 폐허처럼

푸른 소나무만 우거졌다. 적료한 내 집에는 오직 책상 가득한 책뿐, 남산의 계수나무 꽃잎만이 흩날려 든다. 지은이의 병마에 고달픈 심정이 그대로 투영되어, 화려했던 지난날의 장안과 자기의 과거 벼슬살이를 회고했다.

　7言律詩(7언율시). 압운은 전반이 待, 改, 在 자로 상성 '賄(회)' 측운이고, 후반은 居, 書, 裾자로 평성 '魚(어)' 평운이어서, 한 작품에서 측운에서 평운으로 轉韻(전운)하였다. 평측은 차례로 '仄仄平平仄仄仄, 平平仄仄仄平仄, 仄平平平仄仄平, 仄仄平仄平平仄, 仄仄平平平仄平, 平平仄仄仄平平, 仄仄平平仄平仄, 平平平仄仄平平'으로 3, 7행은 이사부동이륙대에 어긋났다.

60. 樓穎(누영 ?) : 盛唐(성당)의 시인. 玄宗 天寶年間(현종 천보연간, 742~755)에 進士及第(진사급제)했고 '全唐詩(전당시)' 제203권에 시 5수가 실려 있다 한다.

60-1 西施石(서시석) 서시의 빨래터 돌

西施昔日浣紗津 石上青薹思殺人 一去姑蘇不復返 崖傍桃李爲誰春.
　　(서시석일완사진 석상청대사쇄인 일거고소불부반 애방도리위수춘)

그 옛날 서시가 빨래하던 완사 나루, 빨래터 돌에 난 푸른 평지나물 못내 시름겹구나.
그녀는 오왕吳王 부차夫差의 고소대로 간 뒤 다시 돌아오지 않았는데,
벼랑 곁의 복숭아 오얏은 누굴 위해 봄을 맞아 꽃 피었는고.

[語句] *西施 : 중국 춘추시대 越(월) 나라미인. 西子(서자). 苧羅山(저라산) 나뭇군의 딸로 월왕 句踐(구천)이 會稽(회계)에서 오 나라에 패하자, 范蠡(범여)가 미인계를 써서 서시를 吳王夫差(오왕부차)에게 바쳤는데, 부차는 결국 구천의 침공을 받아 멸망했음. 서시는 若耶溪(약야계)에서 연밥을 따기도 하고 저라산 밑 石跡水(석적수)에서 비단을 빨았는데, 지금도 빨래하던 받침돌 浣紗石(완사석)이 있다고 함. 완사석은 西施石(서시석)이라고도 하며 회계의 土城山(토성산) 밑에 있다고도 함. *薹 : 띠풀 또는 겨자과의 평지나물. 薹薹(운대). *殺 : 어조사로 앞 글자를 강조해 씀. *姑蘇 : 姑蘇臺(고소대). 춘추시대 오 나라 지금의 江蘇省 蘇州市(강소성 소주시)에 있던 대. 오왕 부차가 월왕 구천을 쳐서 항복받으니, 구천은 미인 서시를 바치며 퇴각하는 길을 열어 달라 하여 허락받았고, 부차는 서시를 극히 총애하여 고소대를 지어 향락에 빠지게 되었음. *桃李 : 복숭아와 오얏[자두].

[鑑賞] 서시는 워낙 미인이라 관련 고사성어가 많으니, 西施捧心(서시봉심, 서시가 속병으로 가슴을 움켜 안고 있으니 그 용모가 오히려 아름다웠음)과 效顰(효빈, 서시의 찡그림을 본받음), 西施有所醜(서시유소추, 서시에게도 미운 데가 있음) 등이 있으며 시의 소재로도 많이 읊었다.

서시가 빨래하던 완사석에는 풀이 무성하고 그녀가 즐기던 복숭아, 오얏꽃은 그 임자 없는 지금도 화사하게 핀다. 이런 풍광을 바라보는 시인은, 자연은 그 냥 있기도 하고 바뀌어도 조금씩 변하는데 사람은 한 번 가고 나면 다시 볼 수 없구나 하는 感傷(감상)에 젖어 이 시를 지었으리라.

7言絕句(7언절구). 압운은 津, 人, 春 자로 평성 '眞(진)' 평운이다. 평측은 차례로 '平平仄仄 仄平平, 仄仄平平平仄平, 仄仄平平仄仄仄, 平平平仄仄平平'으로 절구 평측 규칙인 二四不 同二六對(이사부동이륙대)와 反法, 粘法(반법, 점법) 등이 모두 잘 이루어져 내용면과 함께 佳作(가 작)이라 할 만하다.

61. 戴叔倫(대숙륜 732~789) : 中唐(중당)의 시인. 자 幼公(유공). 강소성 潤州 金壇(윤주 금단) 사람으로 撫州刺史(무주자사)를 지냈고 성질이 온화하여 남의 호의를 얻었다 한다. 杭州(항주)에 있다가 長安(장안)으로 돌아오는 도중 客死(객사)했으며 시집이 전해 온다.

61-1 除夜宿石頭驛(제야숙석두역) 섣달 그믐날 밤에 석두 역에서 유숙하다

旅館誰相問 寒燈獨可親 一年將盡夜 萬里未歸人
寥落悲前事 支離笑此身 愁顔與衰鬢 明日又逢春.

(여관수상문 한등독가친 일년장진야 만리미귀인

요락비전사 지리소차신 수안여쇠빈 명일우봉춘)

여관방이라 누가 찾아오리, 쓸쓸한 등불하고만 친할 뿐이네.
한 해도 다 가려는 밤, 만리 먼 고향에 못 가는 사람이로구나.
적막하고 처량하게 지난 일 슬퍼하며, 헤어져 있는 이 몸 우습구나.
시름겨운 얼굴에 센 구레나룻으로, 내일이면 또 새 해 봄을 맞이하네.

[語句] *寒燈 : 쓸쓸히 비치는 등불. *寥落 : 적막하여 볼 만한 것이 없는 모양. 영락된 모양. 별이 적은 모양. *支離 : 서로 갈라져 흩어진 모양. *衰鬢 : 희게 센 구레나룻.

[鑑賞] 그믐과 새 해는 마땅히 고향 집에서 보내고 맞이하는 것이 상례건만, 어쩌다 타관에서 그믐밤을 보낸다. 묵는 여관에 찾아올 사람도 없으니 쓸쓸히 등잔불만 바라보고 있다. 집에 가지 못하는 처지이니 자연 지난날들이 떠오르고, 이렇게 헤어져 새해를 맞이하니 백발이 되어 가는 신세 가엾기도 하구나. 3, 4행과 5, 6행 곧 頷聯(함련)과 頸聯(경련)은 율시 규칙대로 對句(대구)를 이루었다.

5言律詩(5언율시). 압운은 親, 人, 身, 春 자로 평성 '眞(진)' 평운이다. 평측은 차례로 '仄仄平平仄, 平平仄仄平, 仄平平仄仄, 仄仄仄平平, 平仄平平仄, 平平仄仄平, 平平仄仄仄, 平仄仄平平'으로 제7행만이 二四不同(이사부동)이 되지 못했고 反法, 粘法(반법, 점법)은 이루어졌다.

62. 陶潛(도잠 365~427) : 東晉(동진)의 시인, 문학가. 자 元亮(원량). 시호 靖節(정절). 일명 淵明(연명)인데, 潛은 晉이 멸망한 후에 가진 이름이라는 설도 있다. 大司馬 侃(대사마 간)의 증손. 손자 峴(현). 潯陽 柴桑(심양 시상) 사람으로 젊어서부터 고상한 취미에 박학했고 글을 잘 하였으며, 관리 생활을 하다가 彭澤縣令(팽택현령)으로 있을 때 상부에서 督郵(독우)가 와서 관복을 갖추고 現身(현신)하기를 재촉하니 "내 닷 말 祿俸(녹봉)으로 하여 허리를 굽힐 수는 없다." 하고는, 그 날로 벼슬을 버리고 '歸去來辭(귀거래사)'를 짓

고는 고향의 전원으로 돌아가 隱逸(은일) 생활을 했다. 후에 著作郞(저작랑)으로 초빙 받았으나 가지 않고 전원생활을 즐겼으며 420년 이후 그가 봉사하던 晉이 망하고부터는 만년 생활을 더욱 청정하게 시와 술을 즐기며 자연의 풍취를 벗삼아 살았다. 문앞에 5그루의 버들을 심어 자칭 五柳先生(오류선생)이라 부르며 자기자신을 모델로 '五柳先生傳(오류선생전)'을 지었다. 그는 淸高純眞(청고순진)한 시인이었으며 불평을 품고 세상일을 버린 은자가 아니라 진심에서 자연을 사랑하고 전원을 즐겼던 참다운 전원시인이라 할 수 있다. 저서에 '陶淵明集(도연명집 10권), 陶靖節集(도정절집 4권)'이 있다.

62-1 歸去來辭 初頭(귀거래사 초두) 고향으로 돌아가는 글 첫머리

歸去來兮 田園將蕪胡不歸 旣自以心爲形役 奚惆悵而獨悲
悟已往之不諫 知來者之可追 實迷塗其未遠 覺今是而昨非
舟搖搖而輕颺 風飄飄而吹衣 問征夫以前路 恨晨光之熹微.

(귀거래혜 전원장무호불귀 기자이심위형역 해추창이독비

오이왕지불간 지래자지가추 실미도기미원 각금시이작비

주요요이경양 풍표표이취의 문정부이전로 한신광지희미)

돌아가야지, 논밭이나 동산이 장차 거칠어지려는데 내 어찌 돌아가지 않으리.

내가 본심을 잃고 살아가는 방편에 매였던 것이니, 어찌 근심하며 홀로 슬퍼하고만 있으리.

이미 지난 일은 못하게 할 수 없음을 깨달았고,

장차 닥치는 일은 이를 거울삼아 바르게 할 수 있음을 알겠노라.

실로 길을 잘못 들었으나 멀리 간 것은 아니니,

이제부터는 옳게 가겠고 어제까지는 잘못이었음을 깨달았노라.

고향 가는 배는 흔들흔들 팔랑거리고, 바람은 자꾸 불어 옷자락 나부끼네.

나그네에게 앞으로 가야 할 길 얼마인지 묻나니, 새벽빛이 희미해 알지 못함이 한스러워라.

[語句] *歸去來 : 돌아감. 고향으로 감. *兮 : 어조사. 감동을 나타내며 시구의 중간이나 끝에 붙어 '~이여, ~인가'로 풀이됨. *田園 : 논밭과 동산. 시골. 교외. *胡 : 어찌. *心爲形役 : 마음이 육체[形]의 부림을 당함. 본심을 지키지 못하고 생활 방편에 매임. *奚 : ①어찌. ②종. 하인. ③오랑캐 종족 이름. *惆悵 : 근심하고 슬퍼함. 실심한 모양. *諫 : 간하다. 충고하다. '못하게 하다, 고치다'의 뜻임. *可追 : 옳게 따름. '바르게 행할 수 있음'의 뜻임. *塗 : 바르다. 길. 여기서는 '途(길 도)'와 같은 뜻으로 썼음. *搖搖 : 연달아 흔들거림. *颺 : 날리다. 팔랑거리다. *飄飄 : 바람에 옷자락이 날리는 모양. 정처없이 떠도는

모양. *征夫 : 가는 사나이. 나그네. *晨光 : 새벽빛. 아침 햇빛. 曙光(서광). *熹微 : 햇빛이 밝지 못하고 희미함.

[鑑賞] 이 작품은 시가 아니고 辭이다. 이 귀거래사는 워낙 유명하고 시와 산문의 중간 형태이면서 운자와 대구가 있어서 실은 것이다. 辭는 楚(초)의 屈原(굴원)에서 시작된 중국 남방문학인 楚辭(초사)에서 시작되어, 漢代(한대)에 들어와 낭송을 위한 서사적인 운문 문학인 賦(부)로 변하니 흔히 辭賦(사부)라고 부르게 되었다. 여기 인용한 첫머리는 전원이 황폐해 감을 걱정하고 고향으로 돌아가는 심정과 정경을 그렸다. 이 뒤로는 집에 돌아간 지은이는 한적한 생활에 만족하는 심경을 읊고, 만년의 삶을 생각하여 優遊自適(우유자적)하며 자연의 攝理(섭리)에 따르려는 평화롭고 밝은 인생관을 보였다. 朱子(주자 →498)는 말하기를 “도잠은 높은 지조가 있어 세속과 타협할 수 없었고, 晉(진)이 멸망해 슬프지 않은 것은 아니지만 이 작품에 깃든 마음은 구애됨이 없이 활달하며 원망하는 절박함이 없다.” 하였다.

辭(사) 60 句(구) 중 12 구. 對句(대구)는 ‘5, 6구’ ‘9, 10구’ ‘11, 12구’의 세 곳이며, 압운은 歸, 悲, 追, 非, 衣, 微 자로 悲와 追 자는 평성 ‘支(지)’ 평운이고, 나머지 자는 평성 ‘微(미)’ 평운으로 두 운은 통운이 된다. 평측은 따질 필요가 없지만 참고로 알아보면 차례로 ‘平仄平平, 平平平平平仄平, 仄仄仄平平平仄, 平平仄平仄平, 仄仄仄平仄仄, 平平仄平仄平, 仄平平平仄仄, 仄平仄平仄平, 平平平平平仄, 平平平平平平, 仄平仄平仄平, 仄平平平平平’이다.

62-2 四時(사시) 네 계절

春水滿四澤 夏雲多奇峰 秋月揚明輝 冬嶺秀孤松.
<small>(춘수만사택 하운다기봉 추월양명휘 동령수고송)</small>

언 땅 녹은 봄물 못마다 가득, 여름 구름 기이한 봉우리 많구나.
가을 달 드높이 밝게 비추고, 겨울 영마루 소나무 하나 빼어나네.

[語句] *四時 : 봄, 여름, 가을, 겨울, 네 철. 이 밖에도 ‘한 달 중의 달의 모양에 따른 네 때 곧 晦, 朔, 弦, 望(회, 삭, 현, 망)’, ‘하루의 네 때 곧 旦, 晝, 暮, 夜(단, 주, 모, 야)’ 등의 뜻도 있음. *四澤 : 사방의 못. *明輝 : 밝게 빛남. *孤松 : 외따로 서 있는 소나무.

[鑑賞] 자연의 미를 주제로 한 작품으로 춘하추동 네 계절의 특징을 단적으로 읊었다. 봄철의 가득한 못물, 여름의 기이한 봉우리를 이루는 구름, 가을의 맑은 하늘에 둥실 뜬 밝은 달, 나뭇잎이 모두 떨어진 속에 우뚝 선, 겨울 영마루의 청송 등은 각 계절을 대표하는 풍물이며 조물주의 오묘한 재주에 경탄을 금치 못한

다. 그러한 데도 조물주는 사람에게 대가를 구하지도 않는다. 말하자면 '四時 之序 成功者去(네 계절의 질서는 각기 공을 이루고는 가 버린다.)'인 것이다. 이 시는 晉(진)의 山水畵家(산수화가) 顧愷之(고개지)가 지었다는 설도 있다.

5言古詩(5언고시) 短篇(단편). 압운은 峰, 松 자로 평성 '冬(동)' 평운이다. 고시여서 평측이 고르지 못하니, 차례로 '平仄仄仄仄, 仄平平平平, 平仄平平平, 平仄仄平平'으로 첫 구와 둘째 구의 평측이 대조적이며 셋째 구의 끝 자는 측운이 옴이 원칙인데 평운이다.

62-3 雜詩 一(잡시 일) 잡시(느끼는 대로 쓴 시) 하나

結廬在人境 而無車馬喧 問君何能爾 心遠地自偏
採菊東籬下 悠然見南山 山氣日夕佳 飛鳥相與還
此間有眞意 欲辯已忘言.

(결려재인경 이무거마훤 문군하능이 심원지자편

채국동리하 유연견남산 산기일석가 비조상여환 차간유진의 욕변이망언)

오두막 지어 사람들 속에 살아도, 수레와 말이 오가는 시끄러움을 모르네.

묻노니 어찌하여 그런고? 마음이 세속에서 멀어지니 사는 곳도 절로 외진 곳이 되더라.

동편 울타리 밑 국화를 따다가 허리 펴니, 한가로이 남산이 눈에 비쳐 오는구나.

산 모습은 아침 저녁으로 좋은데, 날짐승은 무리 지어 날아드는구나.

이러한 속에 진의가 담겨 있으니, 뭐라 해야 할는지 말을 잊었노라.

[語句] *廬 : 오두막. 주막. *人境 : 사람이 살고 있는 곳. 마을 안. *問君 : 그대에게 물음. 여기서는 '자문자답'임. *爾 : 그러함. '然(연)'과 같은 뜻임. *心遠 : 마음이 속세를 떠남. *自偏 : 절로 구석진 곳이 됨. *悠然 : 한가하고 태연한 모양. 침착하고 여유 있는 모양. *南山 : 마을 남쪽에 있는 산. →59-1. *山氣 : ①산의 빼어난 기세나 모습. ②산 특유의 맑은 공기 또는 산에 끼는 아지랑이. *眞意 : 참뜻. 자연의 도리. 모든 현상을 있게 하는 본체.

[鑑賞] '陶淵明詩集(도연명시집)'의 '飮酒(음주)'라는 제목의 20수 중 제 5수요 '文選(문선)'에서 '雜詩(잡시)'라 제목을 붙였다는, 그의 시 중에서 가장 유명한 작품이다. 외진 곳에 사는 것이 아니라 마을에 섞여 오두막집을 짓고 살면서도, 마음이 세속적인 것에서 떠나니 외딴 곳에 있는 듯 자연을 즐기며 살게 된다. 엎드려 국화꽃을 따다가 허리 펴 고개를 들면 한가하고도 여유 있게 남산이 눈에 들어오고, 아침, 저녁의 산은 아름다운데 새들은 낮에 여기저기서 놀다가 저녁에는 무리 지어 숲으로 돌아온다. 이는 천성을 좇아 이루어지는 자연의 섭리라 나

또한 그 섭리에 따르며 살아가는 존재이니 할 말이 없다. 지은이는 자연의 풍경을 통해 자연이 지닌 오묘한 진리를 파악했다 할 것이다. 蘇軾(소식)은 이 시의 悠然見南山에서 見을 望(망) 자로 쓰지 않은 것을 칭송하여 "시는 글자 한 자로 하여 그 우열이 드러난다." 하고는 "望을 쓰면 국화도 따고 남산도 보아 詩趣(시취)가 끝나버린다." 했다.<東坡志林>

　5언고시 단편. 압운은 喧, 偏, 山, 還, 言 자인데 喧, 言은 평성 '元(원)' 평운, 偏은 평운 '先(선)'이며 山, 還은 평운 '刪(산)' 운으로 이 운자들은 모두 通韻(통운)이 된다. 평측은 고시여서 고르지 못하지만 차례로 들면 '仄平仄平仄, 平平平仄平, 仄平平平仄, 平仄仄仄平, 仄仄平平仄, 平平仄平平, 平仄仄仄仄, 平仄平平仄, 仄平仄平仄, 仄仄仄平平'으로 二四不同(이사부동)이나 反法, 粘法(반법, 점법) 등은 불규칙하거나 이루어지지 않았다.

62-4 雜詩 二(잡시 이) 잡시 또 한 수

　　人生無根蔕　飄如陌上塵　分散逐風轉　此已非常身
　　落地爲兄弟　何必骨肉親　得歡當作樂　斗酒聚比鄰
　　盛年不重來　一日再難晨　及時當勉勵　歲月不待人.

　　　(인생무근체 표여맥상진 분산축풍전 차이비상신

　　　낙지위형제 하필골육친 득환당작락 두주취비린

　　　성년부중래 일일재난신 급시당면려 세월부대인)

　인생은 밑바탕이 없는 것, 한길 위의 먼지처럼 바람에 나부끼네.

　흩어져 바람 따라 뒤집히니, 이로써 이미 영원한 몸은 아닐세.

　세상에 태어나 형이요 아우요 하니, 하필 혈족 사이에서만 한할 것인가.

　기쁜 일 만나면 마땅히 즐길 것이니, 말술을 갖추고 이웃들을 불러 모으라.

　젊은 시절은 두 번 오지 않고, 하루에 다시 또 아침 되기 어려우니,

　좋은 때를 잃지 말고 마땅히 힘써야 하리니, 세월은 사람을 기다리지 않는다네.

[語句] *根蔕 : 뿌리와 과실꼭지. 사물의 토대. 根柢(근저). *陌 : 밭둑길. 한길. *常身 : 떳떳한 몸. 늙거나 병들지 않는 영원한 몸. 불변신. *落地 : 땅에 떨어짐. 이 세상에 태어남. *何必骨肉親 : 하필 골육의 친척 사이에서만 형이니 아우니 하랴. 四海之內 皆兄弟也(이 세상 모두가 형제니라)<論語 顏淵> 骨肉은 '부자, 형제 등 가까운 혈족'임. 骨肉之親(골육지친). *斗酒 : 말술. 많은 술. 斗酒不辭(말술을 사양 않음. 주량이 셈). *比鄰 : 이웃 사람들. 比는 '즐비하게 늘어섬'을 뜻하는 말임. *盛年 : 혈기 왕성한 젊은 시절. *及時 : 좋은 때가 이름. 때를 잃지 않음.

[鑑賞] 인생은 식물의 뿌리나 과실의 꼭지 같은 밑바탕이 있는 존재가 아니어서, 길위의 먼지가 바람에 이리저리 날리는 것과 다름없이 떠도는 하찮은 몸이다. 그러한 존재에 지나지 않으니 하필 피붙이들 끼리만 형이니 아우니 할 것은 무언가. 四海之內(사해지내)가 모두 형제인 것이니 기쁜 일이 있거든 술상을 갖추고 이웃을 불러 함께 즐김이 마땅하리라. 하루에 아침이 한 번이듯 젊은 시절도 다시 오지 않는 것이니 때를 놓치지 말고 노력함이 좋으리라. 세월은 나를 기다리지 않고 가 버린다네. 허무적인 느낌을 주다가 끝에 가서 인생은 헛되이 보내버릴 것이 아니라는 유교적 교훈을 담았다. 이러한 노력의 강조는 다분히 그의 증조부 侃의 "위대한 禹(우) 임금은 성인이었으나 寸陰(촌음)을 아꼈다. 모든 사람들은 더 말할 것도 없이 1분 1초를 아끼며 살아가야 하리라."는 사상을 이어받음에서 왔으리라. 끝 네 구는 人口(인구)에 膾炙(회자)되는 名句(명구)이다.

　5言古詩 短篇(5언고시 단편). 6연으로 된 작품이다. 압운은 塵, 身, 親, 鄰, 晨, 人 자로 평성 '眞(진)' 평운이다. 평측은 차례로 '平平平平仄, 平平仄仄平, 平平仄平仄, 仄仄仄平平, 仄仄平平平, 平仄仄仄平, 仄平平仄仄, 仄仄仄仄平, 仄平仄平平, 仄仄仄平平, 仄平平仄平, 仄仄仄仄平'으로 평측이 고르지 못한데, 첫 구와 끝 구의 평측이 반대로 구성되어 묘미가 있다.

63. 杜牧(두목 TuMu 803~852) : 晚唐(만당) 시인. 자 牧之(목지). 호 樊川(번천). 별칭 小杜, 紫微(소두, 자미). 京兆 萬年(경조 만년, 지금의 陝西省長安섬서성 장안 부근) 사람. 조부 佑(우). 26세에 진사, 현량과에 급제하여 江西團練府巡官(경조단련부순관), 감찰어사, 侍御史(시어사), 江西宣州團練判官(강서선주단련판관), 殿中侍御史內供奉(전중시어사내공봉), 黃州·池州·睦州(황주, 지주, 목주) 등의 刺史(자사), 司勳員外郎(사훈원외랑), 湖州刺史(호주자사), 中書舍人(중서사인) 등을 역임했다. 만당의 첫째가는 시인으로 詠史(영사)의 시에 능했고 시풍이 부드럽고 아름다웠다. 성격이 강직하고 호탕하여 여러 벼슬을 역임했지만 늘 만족하지 못하고 그 심정을 시로 나타내면서, 揚州(양주)와 秦州(진주) 등 당시의 유명한 환락가를 떠돌아다녔다. 杜甫(두보 →64)를 '大杜(대두)'라 함에 대하여 '小杜(소두)'라 했고, 별장이 번천에 있어 '樊川'을 호로 삼았다. 문집에 '樊川文集(번천문집 20권), 外集(외집 1권)'이 있다.

63-1 江南春(강남춘) 강남의 봄

千里鶯啼綠映紅 水村山郭酒旗風 南朝四百八十寺 多少樓臺烟雨中.
　　(천리앵제녹영홍 수촌산곽주기풍 남조사백팔십사 다소누대연우중)

천리 멀리 꾀꼬리 소리에 푸른 잎에 붉은 꽃이 어우러지고,
강마을 산마을에는 술집 깃발이 곳곳에서 펄럭이네.

남조 때의 사백 팔십이나 되는 절들, 그 많은 누대들이 보슬비 속에 싸여 있구나.

[語句] *江南 : 양자강 하류의 동남 지역인 초와 월 땅. *山郭 : 산으로 둘러싸인 마을. *酒旗 : 술집 앞에 광고를 겸하여 세운 깃발. *南朝 : 남북조 시대에 남경에 도읍했던 宋, 齊, 梁, 陳(송, 제, 양, 진) 등의 왕조. *多少 : ①많고 적음. ② 많음. 여기서는 ②임. *烟雨 : 안개처럼 부옇게 내리는 보슬비.

[鑑賞] 두목의 대표적 작품. 강마을 산마을 모두 녹음에 싸여 천리 멀게 이어진 속에 꾀꼬리 울고 때는 봄이라 푸른 잎과 붉은 복숭아 꽃 어우러졌다. 또 웬 술집은 그리 많은지 가는 곳마다 술집 깃발인 속에 그 많은 절간의 누각들은 보슬비 속에 싸여 멀리 부옇게 보인다. 이런 정겨운 속을 그냥 지나칠 수 있으랴. 가는 곳마다 술청에 들어 한 잔씩 기울이노라.

7言絶句(7언절구). 압운은 紅, 風, 中 자로 평성 '東(동) 평운이다. 평측은 차례로 '平仄平平仄仄平, 仄平平仄仄平平, 平平仄仄平仄仄, 平仄平平平仄平'으로 셋째 구에서 二四不同二六對(이사부동이륙대)가 이루어 지지 않아 아쉽고, 마지막 구 끝도 孤仄(고측, 烟雨中-平仄平)이 되어 작법에서 꺼리는 바다. 형식은 그러하더라도 내용이 워낙 뛰어나 名作(명작)인 것이다.

63-2 遺懷(견회) 회포를 풀다

落魄江湖載酒行 楚腰纖細掌中輕 十年一覺揚州夢 嬴得靑樓薄倖名.
(낙박강호재주행 초요섬세장중경 십년일각양주몽 영득청루박행명)

실의 속에 강호를 술 마시고 다닐 때, 초 지방의 여인들 허리 가늘어 손바닥에 가벼웠네. 10년 만에 환락가의 꿈 한 번 깬 오늘, 청루의 탕아라는 이름만 불행히도 많이 얻었구나.

[語句] *落魄 : 때를 못 만나 뜻을 펴지 못하고 실의에 빠짐. '낙탁, 낙백'으로도 읽는데, 魄은 '넋 백' '넋 잃을 박·탁' 자임. *江湖 : 강과 호수. 자연. *載酒 : 술과 안주를 실음. 載酒問字(재주하여 遊學유학하다)<漢書 揚雄傳> *楚腰 : 초나라 여인의 허리. 가늘기로 유명함. '楚王好細腰故朝有餓人(초의 靈王영왕이 가느다란 허리를 좋아하였기에 조정에는 굶어 죽는 사람들이 있더라.)'<荀子 君道>는 말이 있음. *揚州 : 江蘇省(강소성)에 있는 도시. 아름답고 화려하며 환락가가 많았음. *嬴得 : 많이 얻음. *纖細 : 가느다람. 가늘고 호리호리함. *靑樓 : 푸르게 색칠한 누각 곧 기생집. 妓樓(기루). *薄倖 : 불행. 薄情(박정).

[鑑賞] 지은이가 강남을 유랑하며 주색에 빠졌다가 다시 마음을 가다듬고 나서 지은 작품이리라. 모든 게 마음에 차지 않아 희망을 잃고 술과 여인들에게 미혹하였

었다. 10년을 허송하고 깨달은 지금, 나에게 돌아오는 평판은 청루의 탕아라는 좋지 않은 이름뿐일세. 중국 강남의 吳 越 齊 楚(오 월 제 초) 지방은 미인이 많아 韓愈(한유 →599)가 候喜(후희)를 두고 지은 시에 '越女一笑三年留(월 나라 여인의 한 번 웃음에 3년을 머물렀네.)'라고 읊은 바가 있다.

7언절구. 압운은 行, 輕, 名 자로 평성 '庚(경)' 평운이다. 평측은 차례로 '仄仄平平仄仄平, 仄平平仄仄平平, 平平仄仄平平仄, 平仄平平仄仄平'으로 절구 염에 맞고 이사부동이륙대도 제대로 이루어졌으며 反法(반법)과 粘法(점법)도 잘 되었다.

63-3 泊秦淮(박진회) 진회에 배를 대다

烟籠寒水月籠沙 夜泊秦淮近酒家 桑女不知亡國恨 隔江猶唱後庭花.
　　(연롱한수월롱사 야박진회근주가 상녀부지망국한 격강유창후정화)

이내는 찬 강물을 싸고 달은 모랫벌을 둘렀는데, 밤에 묵는 진회에는 술집이 가깝네.
술집 여자들은 망국의 설움을 알지 못하고,
강 건너에서 아직도 망국의 가곡 옥수후정화를 부르는구나.

[語句] *秦淮 : 江蘇省 江寧縣(강소성 강녕현)에 있는 강. 이 주변이 육조 때 陳(진)의 도읍지였음. *桑女 : 술집 여자들. *亡國恨 : 나라가 망한 데 대한 한탄. 망국지한. 망국지탄. 陳의 멸망에 대한 탄식을 말함. *後庭花 : 악곡 이름. 玉樹後庭花(옥수후정화). 남북조 때 陳 나라 後主(후주)가 지은 가곡으로 음란해서 陳의 멸망 계기가 되었으니, 후주는 미녀 張麗華(장여화)와 함께 잔치를 베풀고 이 가곡을 들으며 즐기다가 패망했음.

[鑑賞] 앞 두 구는 寫景(사경)이요 뒤의 두 구는 敍事(서사)이다. 미인의 고장이니 달밤도 정취가 있고, 나그네를 유혹하는 음란한 노래 옥수후정화가 들려온다. 술집 기생들이야 이 노래에 얽힌 悲史(비사)를 알기나 하겠는가. 그저 손님을 이끌어 들이는 노래쯤으로 알고 부르리라. 유래를 알고 있는 지은이는 술집으로 가려는 유혹을 떨치고 이 시를 지었으리라.

7언절구. 압운은 沙, 家, 花 자로 평성 '麻(마)' 평운이다. 평측은 차례로 '平平平仄仄平平, 仄仄平平仄仄平, 平仄仄平平仄仄, 仄平平仄仄平平'으로 절구 평측 규칙에 어긋남이 없다.

63-4 山行(산행) 산에 가다

遠上寒山石徑斜 白雲生處有人家 停車坐愛楓林晚 霜葉紅於二月花.
　　(원상한산석경사 백운생처유인가 정거좌애풍림만 상엽홍어이월화)

비스듬한 돌길 따라 추운 산을 멀리 오르노라니, 흰구름 이는 곳에 인가 있구나.

수레 멈추고 앉아 늦단풍을 아끼노라니, 그 단풍잎들 2월의 봄꽃보다 더 붉어라.

[語句] *石徑 : 돌이 많은 좁은 길. *楓林 : 단풍 든 숲. *霜葉 : 서리 맞은 잎. 단풍 든 잎.

[鑑賞] 우선 산뜻한 느낌을 주는 작품이다. 어려운 어휘를 쓰지 않았으면서도 군더더기가 없고 글자 하나하나가 제 자리를 차지하고 있다. 늦가을 돌길 따라 비스듬한 산길을 멀리 오르니, 흰 구름 자욱한 저편에 절간 같은 사람 사는 집이 보이고, 수레 멈추고 앉아 쉬며 단풍 든 숲을 보며 자연을 즐기노라니, 단풍든 잎들이 봄 2월의 꽃보다도 더 붉구나. 그래서 불타는 단풍이라는 표현도 있지 않은가. 끝 구는 명구로 지금도 人口(인구)에 膾炙(회자)된다.

7언절구. 압운은 斜, 家, 花 자로 평성 '麻(마)' 평운이다. 평측은 차례로 '仄仄平平仄仄平, 仄平平仄仄平平, 平平仄仄平平仄, 平仄平平仄仄平'으로 규칙에 맞다.

63-5 惜別(석별) 애틋한 이별

多情却似總無情 惟覺樽前笑不成 蠟燭有心還惜別 替入垂淚到天明.

(다정각사총무정 유각준전소불성 납촉유심환석별 체입수루도천명)

다정이 도리어 무정과 같아졌는가, 술통을 앞에 두고도 웃음이 안 나오는구나.

촛불도 유심하여 이별을 애틋하게 여기는 듯, 갈아 켤 적마다 눈물 흘려 새벽이 다 되었네.

[語句] *惜別 : 애틋한 이별. 이별을 애틋하게 여김. *却 : ①물리치다. 반대하다. ②어조사. 화제를 돌리거나 해 버림을 나타내어 '그러나, 도리어'로 풀이함. 본자는 '卻(각)'임. *惟覺 : 오직 알겠음. 오직 깨달음. *蠟燭 : 꿀 찌꺼기로 만든 초, 촛불. 밀촉. *有心 : 뜻이 있음. 주의를 기울임. *天明 : 하늘이 밝을 무렵. 새벽. 黎明(여명).

[鑑賞] 어느 이별 치고 애타지 않는 헤어짐이 있으랴. 사랑도 역시 애틋함이 있어 불교에서도 愛別離(애별리, 사랑과 이별)를 生老病死(생로병사)와 마찬가지로 5가지 괴로움[오고五苦]에 넣고 있다. 너무 아쉬운 이별이기에 술단지를 앞에 놓고서도 즐거운 웃음이 나오지 않으며, 촛불마저도 우리의 이 이별을 서러워하는지 연신 눈물 촛농을 흘리고 있다. 杜甫(두보)는 '夢李白(몽이백)' 시에서 '死別已吞聲 生別常惻惻(사별이라면 목이 메이겠으나, 산 이별이라 언제나 그리워하네.)'라 읊었었다.

7言絶句(7언절구). 압운은 情, 成, 明 자로 평성 '庚(경)' 평운이다. 평측은 차례로 '平平仄仄仄平平, 平仄平平仄仄平, 仄仄仄平平仄仄, 仄仄平仄仄平平'으로 끝 구가 二四不同二六同(이사부동이륙동)이 되지 않아 반법과 점법도 온전하지 못하다.

63-6 淸明(청명) 청명

淸明時節雨紛紛 路上行人欲斷魂 借問酒家何處有 牧童遙指杏花村.

(청명시절우분분 노상행인욕단혼 차문주가하처유 목동요지행화촌)

청명 시절인데 어지러이 비 내리니, 길 가는 나그네 시름겨워 하네.
술집 주막 어디 있는가 물으니, 목동은 멀리 살구꽃 핀 마을을 가리키는구나.

[語句] *淸明 : 양력 4월 5, 6일경. →46-5. *紛紛 : 흩어져 어지러움. 뒤얽혀 갈피를 잡을 수 없음. *斷魂 : 넋을 잃을 정도로 애통함. *借問 : 찾아 물음. 시험 삼아 물음. *牧童 : 마소에 풀을 뜯기는 아이. 목장에서 일하는 아이. 牧者(목자). *杏花村 : 살구꽃 핀 마을. 주막이 있는 마을.

[鑑賞] 봄이 한창인 청명 한식 무렵인데, 비는 바람에 날려 어지러워서 길 가는 사람을 시름겹게 한다. 주막에 들어 막걸리나 한 잔 하며 비도 긋고자 목동에게 술집이 어디 있느냐고 물으니, 목동은 말없이 저편 살구꽃 핀 마을을 가리킨다. 봄비 속에 옷은 젖었고 방갓을 쓴 村老(촌로)의 을씨년스러운 모습에 멀리 살구꽃이 무더기로 핀 모습을 그린 그림이 연상된다. 말하자면 詩中有畫(시중유화)의 절실한 표현인 것이다.

7언절구. 압운은 紛, 魂, 村 자로 紛은 평성 '文(문)' 평운이고 魂과 村은 평성 '元(원)' 평운인데, 두 운은 通韻(통운)이 되며 통운이 되지 않는다 해도 魂, 村만으로 압운에 잘못은 없다. 평측은 차례로 '平平平仄仄平平, 仄仄平平仄仄平, 仄仄仄平平仄仄, 仄平平仄仄平平'으로 이사부동이륙대와 반법, 점법 등이 잘 이루어진 멋진 작품이다.

64. 杜甫(두보 TuFu 712~770) : 盛唐(성당)의 대시인, 詩聖(시성). 자 子美(자미). 호 少陵, 杜陵(소릉, 두릉). 별칭 杜拾遺, 杜工部, 草堂, 老杜[大杜](두습유, 두공부, 초당, 노두[대두]). 시호 文眞(문진). 杜預(두예)의 13대손. 조부 初唐文章 4友 審言(초당문장 4우 심언 →738). 父 兗州(연주) 관리 閑(한). 河南(하남)의 鞏縣 瑤灣(공현 요만) 출생. 어머니 崔氏(최씨)는 당의 종실로 일찍 사망했고 동생들은 모두 계모 盧氏(노씨)의 소생이며, 洛陽 建春門(낙양 건춘문) 안의 고모집에서 자랐다. 23세에 吳越(오월)에서 낙양으로 돌아와 향시를 거쳐 진사 과거에 낙방하고, 山西, 江蘇, 浙江, 山東(산서, 강소, 절강, 산동)과 河北(하북) 등지를 735년에서 740년까지 여행하여 견문을 넓혔고 744년 李白(이백 →234)을 만났다. 낙양에 돌아와서는 尸鄕亭(시향정) 마을에 집을 장만하고 楊怡(양이)의 딸과 결혼하여 취직자리를 찾거나 약을 팔며 또 친구의 도움으로 생계를 이어갔다. 751년 集賢院待制(집현전대제)가 되고 기근이 심해져 정부의 구제미를 받다가 754년에 가족을 陝西省 奉先縣(섬서성 봉선현)으로 소개시켰다. 755년[天

寶(천보 14년] 安祿山(안록산)의 난이 일어날 무렵 병참과 수위장을 겸한 右衛率府兵曹參軍(우위솔부병조참군)의 벼슬을 얻었지만 만족하지 않았다. 7년을 계속된 안록산과 史思明(사사명)의 安史大亂(안사대란)은 그에게는 한 전기가 되었다. 756년 숙종의 행재소로 가는 도중 도둑에 잡혀 장안에 갇혔다가 탈출하여 大雲寺(대운사) 주지 贊公(찬공)의 도움을 받아 鳳翔(봉상)에 가서 임금을 배알하고 758년[乾元건원 1년] 47세 때 임금의 비서관인 左拾遺(좌습유)의 벼슬을 얻었다. 서울이 회복되고 房琯(방관) 파직의 부당함을 상소하여 숙종의 노여움을 사 그 해에 華州(화주)의 司功參軍(사공참군)으로 좌천되었으며, 759년 사직하고는 가족과 함께 감숙성 秦州(진주)로 가서 한약을 지어 팔며 끼니를 이어갔다. 그 해 10월 同谷(동곡)을 거쳐 12월에 成都(성도)에 가서 草堂寺(초당사)에 머물다가 彭州刺史(팽주자사)와 成都尹(성도윤)을 지낸 高適(고적 →9)의 도움을 받아 浣花草堂(완화초당)을 지어 안주하며 약초와 야채 경작을 했고, 친구인 嚴武(엄무)가 劍南東西川節度使(검남동서천절도사)여서 두보는 안온과 평화를 누리는 행복을 맛보았다. 762년 중앙으로 전출하는 엄무를 배웅하러 奉濟(봉제, 綿州면주)까지 가서 徐知道(서지도)의 반란을 만나 梓州(재주)로 갔다가 성도로 돌아왔다. 764년 53세에 엄무가 다시 성도윤 겸 검남동서천절도사로 부임하여 그 막부 참모인 檢校工部員外郞(검교공부원외랑)이 되니 요즘의 次官(차관) 대우였다. 그러나, 동료의 시샘으로 이듬해인 대종 永泰元年(영태 원년) 벼슬을 그만두고 터밭을 가꾸며 나날을 보냈다. 엄무가 사망하고 병란이 일어나니 가족과 함께 성도를 떠나 重慶(중경)을 거쳐 雲陽(운양, 雲安운안)에 이르렀다. 그는 지병으로 폐병과 당뇨병을 앓았는데 더욱 쇠약해져서 초조감과 함께 매우 고생했다. 2년간은 夔州(기주, 지금의 四川省奉節사천성 봉절)에서 요양하고 768년에 巫峽(무협)을 떠나 江陵, 公安, 岳陽, 潭州, 衡州(강릉, 공안, 악양, 담주, 형주)로 유랑하며 약을 팔아 생활하다가, 770년 耒陽(뇌양)에서 큰 장마를 만나고 담주로 다시 가려다가 岳州(악주) 중간에서 長安(장안)을 바라보며 사망했다고 한다. 기주 시대의 시는 완성의 경지에 도달하여 '秋興八首(추흥 8수)' 등 명작이 많다. 그는 중국 문학사상 첫째 가는 시인으로 불리며 율시를 완성하고 漢魏(한위) 樂府(악부), 민요의 精華(정화)를 도입함으로써 古體詩(고체시)를 새롭게 바꾸었으며, 더욱이 종래의 문학 전통 집대성이라는 서정시, 서사시를 창조했다. 많은 고난은 그를 폭넓은 휴머니스트가 되게 했고, 그러한 자기를 성실하게 작품에 표현했다. 李白(이백)과 두 大作家(대작가)로 병칭되어 이백을 詩仙(시선), 두보를 詩聖(시성)이라 존칭하는 것이다. '杜工部集(두공부집 20권)'이 전해지는데 古體(고체) 399수, 近體(근체) 1,006수가 수록되어 있다.

64-1 可歎 初頭(가탄 초두) 탄식할 만하다 첫머리

天上浮雲如白衣 須臾改變如蒼狗 古往今來共一時 人生萬事無不有.

(천상부운여백의 수유개변여창구 고왕금래공일시 인생만사무불유)

하늘에 뜬 구름 흰 옷 같더니, 잠깐 사이에 복슬강아지 모양으로 바뀌어 버리네.

옛날부터 지금까지 이렇게 모두 한 때의 일이니, 인생 만사에 있지 아니한 게 없도다.

[語句] *須臾 : 잠시 동안. *蒼狗 : 흰털 강아지. 복슬강아지. *古往今來 : 옛날부터
지금까지. 古今. *無不 : ~ 아닌 것이 없음.

[鑑賞] 장편 고시인 이 작품은 王季友(왕계우)의 유교적 도덕과 노력 및 성공을 칭송하
면서 자기의 그러하지 못함을 탄식하는 내용이다. 첫 연은 이후의 시인들 작품
에 많이 援用(원용)되는 명구이다. 이 시의 마지막 연은 '吾輩碌碌飽飯行 風后
力牧長回首(우리는 하잘 것 없이 배부르게 살아가며, 黃帝황제 때의 어진 신하
풍후와 역목을 머리 돌려 바라볼 뿐이라)'라 읊었다.

7言古詩(7언고시) 17연 중의 첫 머리. 압운은 狗, 有 자로 上聲(상성) '有(유)' 측운인데, 고시
는 측운을 쓰는 일이 많고, 압운하지 않는 구의 끝 자에 평성을 두니 衣, 時 자 모두 평성인
것이다. 평측은 차례로 '平仄平平平仄平, 仄平仄仄平平仄, 仄仄平平仄仄平, 平平仄仄平仄
仄'으로 끝 구만 제외하고는 二四不同二六對(이사부동이륙대)가 잘 이루어졌다.

64-2 甘林 中(감림 중) 감림 중에서

喧靜不同科 出處各天機 勿矜朱門是 陋此白屋非.

(훤정부동과 출처각천기 물긍주문시 누차백옥비)

시끄러운 곳에 살거나 조용한 곳에 사는 것이 모두에게 똑같지 않듯이,

출세와 은퇴도 각각 천기에 달려 있다네.

붉은 대문 고관 집이 옳다 하여 자랑 말며,

이 가난한 초가집은 그르다 하여 더럽게 여기지 말라.

[語句] *喧靜 : 시끄러움과 조용함. *科 : 품질이나 등급. *出處 : 나아가 관직에 오르
는 일과 물러나 집에 거처하는 일. *天機 : 모든 조화를 꾸미는 하늘의 기밀. 하
늘의 뜻. *朱門 : 붉은 칠을 한 문. 高官(고관)의 집. *白屋 : 가난한 집. 초가집.

[鑑賞] 인생사 모두 팔자소관이니 하늘에서 주는 대로 살아가면 된다. 벼슬아치가 되
고 못 되는 일이나, 시끄러운 시장 바닥에 살든 산속 조용한 곳에 살든 모든
것이 운명인 것이다. 저택에 산다고 자랑 말며, 쓰러져 가는 초가집에서 가난

하게 사는 것을 더럽게 여기지도 말 것이니, 사람답게 살아가는가 어떤가 정직하고 행복하게 사는가 어떤가가 문제인 것이다.

5言古詩(5언고시) 16연[32구] 중에서 제7~8연이다. 압운은 機, 非 자로 평성 '微(미)' 평운이다. 고시로 보는 것은 압운 않는 첫 구 끝자가 평운 科 자인 것도 한 까닭이 된다. 평측은 차례로 '平仄仄平平, 仄仄仄平平, 仄平平平仄, 仄仄仄仄平'으로 3, 4구에서 이사부동이 이루어지지 않았다.

64-3 江村(강촌) 강 마을

清江一曲抱村流 長夏江村事事幽 自去自來堂上燕 相親相近水中鷗
老妻畫紙爲棋局 稚子敲針作釣鉤 多病所須唯藥物 微軀此外更何求.

(청강일곡포촌류 장하강촌사사유 자거자래당상연 상친상근수중구

노처화지위기국 치자고침작조구 다병소수유약물 미구차외갱하구)

맑은 강물 한 구비 마을을 안고 흐르니, 긴 여름 이 강촌이 일마다 한가롭구나.

멋대로 왔다 멋대로 가기는 마루 위의 제비요, 서로 친하고 가깝기는 물에 노는 갈매기라.

아내는 종이에 장기판을 그리고, 아들놈은 바늘 두드려 낚시를 만드네.

숱한 내 병에 오직 약만이 소용되나니, 하찮은 이 몸 이밖에 또 뭘 바라랴.

[語句] *江村 : 강가의 마을. 浣花溪(완화계)의 별칭. 760년 두보의 완화 초당 마을을 말하는데, 成都(성도) 성 밖의 碧鷄坊(벽계방) 북쪽 완화계와 萬里橋(만리교) 서쪽에 있었음. *一曲 : 한 구비. 한 곡조. *幽 : 그윽하다. 조용하다. 한가롭다. *堂上 : ①마루 위. 대청 위. ②부모. 公卿(공경). *棋局 : 바둑판. 장기판. 碁局(기국). *稚子 : 어린아이. *釣鉤 : 낚시바늘. *藥物 : 약. 藥材(약재)가 되는 물건. *微軀 : 미약한 몸. '자기'의 겸칭.

[鑑賞] 긴 여름날의 강마을 조용한 풍경이 그림같이 펼쳐졌다. 맑은 강은 마을을 안아 흐르고 마음대로 날아다니는 집 둘레의 제비들과 서로 어울려 평화롭게 노는 강물 위의 갈매기, 아내는 심심한지 종이에 장기판을 그리고 아들은 바늘을 꼬부려 낚시를 만드느라 열심이다. 병든 나로서는 병을 고칠 약 말고는 무엇이 소용되리오. 한가로운 풍경 속에서도 人間事(인간사)의 눈물이 스미어 있는 작품이다. 이 시는 우리나라 국어와 고전 교과서에 실리는 명작이다.

7言律詩(7언율시). 압운은 流, 幽, 鷗, 鉤, 求 자로 평성 '尤(우)' 평운이다. 평측은 차례로 '不平仄仄仄平平, 平仄平平仄仄平, 仄仄平平平仄仄, 平平平仄仄平平, 仄平仄仄平平仄, 仄仄平平仄仄平, 平仄平平平仄仄, 平平仄仄仄平平'으로 二四不同二六對(이사부동이륙대)와 反法,

粘法(반법, 점법) 등이 잘 이루어진 7언율시의 典型(전형)이다.

64-4 江漢(강한) 강한

江漢思歸客 乾坤一腐儒 片雲天共遠 永夜月同孤

落日心猶壯 秋風病欲蘇 古來存老馬 不必取長途.

(강한사귀객 건곤일부유 편운천공원 영야월동고

낙일심유장 추풍병욕소 고래존노마 불필취장도)

한수에서 고향 가려는 나그네, 천지간의 한 진부한 선비라.

조각구름 떠가는 하늘과 고향은 함께 멀고, 기나긴 밤 달과 똑같이 나도 외롭구나.

지는 해와 같은 신세지만 마음만은 장년이고, 가을바람에 병도 나아지는 듯하구나.

예부터 늙은 말을 그냥 두는 것은, 길잡이로 두는 게지 먼 길 타고 가려는 건 아니라네.

[語句] *江漢 : 양자강과 漢水(한수). 漢江. *乾坤 : 하늘과 땅. *腐儒 : 낡은 사상을
가진 쓸모없는 선비. 陳腐(진부)한 선비. 시시한 학자. *落日 : 서쪽으로 지는
해. 늙바탕. *老馬 : 늙은 말. 지은이 자신을 비유한 말임. *長途 : 먼 길. 長
道(장도). 오래 걸리는 여행. '장대한 뜻'도 됨.

[鑑賞] 나는 한강에서 고향 長安(장안)으로 가려는 낡아 새롭지 못한 썩은 선비이다.
조각구름이 뜬 하늘과 고향은 한가지로 멀고 밤새 떠 있는 달과 같이 나도 외
로운 신세. 석양과 같은 존재지만 기개는 장년이요 가을바람에 내 병도 나아지
는 듯하다. 그러나, 늙은 말 같은 내 신세는 다만 시인들의 길라잡이나 될 수
있으려나. 타관을 떠도는 외로움에 나이 들고 병들어 아무것도 할 수 없는 신
세 타령이 담긴 작품이라고나 할까. 3, 4구와 5, 6구 곧 頷聯(함련, 承승)과 頸聯
(경련, 轉전)의 對句(대구)가 잘 이루어졌고, 첫 구 두 자를 따서 제목으로 삼았다.

5言律詩(5언율시). 압운은 儒, 孤, 蘇, 途 자로 평성 '虞(우)' 평운이다. 평측은 차례로 '平仄
仄平仄, 平平仄仄平, 仄平平仄平, 仄仄仄平平, 仄仄平平仄, 平平仄仄平, 仄平平仄仄,
仄仄仄平平'으로 5律의 평측 규칙에 맞아 이사부동, 반법, 점법 등이 잘 조화된 작품이다.

64-5 客夜 前半(객야 전반) 객지의 밤 앞 절반

客愁何曾着 秋天不肯明 入簾殘月影 高枕遠江聲.

(객수하증착 추천불긍명 입렴잔월영 고침원강성)

나그네의 시름 속에 잠이 일찍 오리오, 가을 밤 길어 지새기가 쉽지 않네.

발에 스며 비치는 새벽달 그림자, 베개맡에 들려오는 먼 강물 소리 드높아라.

[語句] *客愁 : 객지에서 느끼는 시름. 旅愁(여수). *秋天 : 가을 하늘. 여기서는 '가을
　　　밤'의 뜻으로 풀이했는데 가을밤은 길지 않지만 나그네가 된 처지라 길게 느껴
　　　진다는 것임. *不肯 : 응낙 하지 않음. 듣지 아니함. '어렵다'의 뜻으로 썼음.
　　　肯은 '즐기다. 긍정하다. 뼈 사이의 살'임. *殘月 : 져 가는 달. 새벽녘의 달. *
　　　高枕 : 높은 베개. 高枕安眠(고침안면, 편안히 잠을 잠).

[鑑賞] 지은이가 梓州(재주)에서 지은 시로, 徐知道(서지도)의 반란을 만나 가족이 있는
　　　성도로 못 가고 객지인 재주로 가 가족을 그리며 지었다. 객수가 깊어 잠이 오
　　　지 않으니 길지 않은 가을밤이 더디 샌다. 새벽 달 그림자, 드높게 들려오는
　　　먼 강물 소리 모든 것이 시름겹게 한다. 후반의 내용은 '나는 주변머리가 없어
　　　살림이 엉망이고, 막다른 처지에서 친구의 도움만 받고 있다. 아내에게 편지를
　　　쓰자니 가지 못한다는 사연뿐이로구나.'이다.

　5언율시 앞 부분. 압운은 明, 聲 자로 평성 '庚(경)' 평운인데, 후반도 운자가 生, 情으로
'庚' 운이다. 평측은 차례로 '仄平平平仄, 平平仄仄平, 仄平仄平仄, 平仄仄平平'으로 첫 구
는 이사 부동이 되지 못하고 '평-평[愁-曾]'이 되었다. 이 구가 近體(근체) 5언율시에 맞게 되자
면 '仄仄平平仄'으로 구성되어야 한다. 한두 구의 변칙으로 하여 古體(고체)라고 보지 않으니
이 시도 근체 5언율시로 분류한다.

64-6 客至(객지) 손님이 오다

　舍南舍北皆春水　但見群鷗日日來　花徑不曾緣客掃　蓬門今始爲君開
　盤飧市遠無兼味　樽酒家貧只舊醅　肯與隣翁相對飮　隔籬呼取盡餘杯.

　　　(사남사북개춘수　단견군구일일래　화경부증연객소　봉문금시위군개

　　　반손시원무겸미　준주가빈지구배　긍여인옹상대음　격리호취진여배)

　집 앞뒤가 온통 봄물인데, 다만 갈매기떼 날마다 와서 노네.
　꽃잎 떨어져 깔린 길은 손님 위해 쓸어본 적이 없고,
　사립문은 이제야 그대 위해 처음 여노라.
　장터가 멀어 차린 음식 맛깔 없고, 집이 가난해 묵은 술독에서 다시 짜낸 술일세.
　그대 좋다고 하면 이웃 영감과 함께 마시세, 울 너머 그를 불러 남은 술마저 마시세나.

[語句] *舍南舍北 : 집 남쪽과 북쪽 곧 집 앞과 뒤. *花徑 : 꽃길. 꽃이 피어 있거나 꽃잎이
　　　떨어져 있는 오솔길. *蓬門 : 지붕을 쑥대로 이은 문. 거적문. 가난한 집. *飯飧 : 밥.
　　　밥상에 차린 음식. 飯은 '밥. 먹다', 飧은 '저녁밥. 물을 만 밥. 먹다'의 뜻임. *兼味 :
　　　맛을 갖춤. *樽酒 : 통술. 통에 넣어 담은 술. 한 통 되는 술. *舊醅 : 오래 전에 괸

술. 오래된 술. 酷는 '술이 괴다'의 뜻임. *肯與 : 함께 즐김. 肯은 '즐기다'임.

[鑑賞] 한적한 시골 생활에 갑자기 손님이 왔다. 눈 녹은 봄 강물이 집을 둘렀고, 갈매기들이 떼를 지어 놀고 있는 조용한 곳이라 낙화 깔린 길을 쓸 필요가 없었으며 사립문도 손님이 옴으로 해서 비로소 여는 판이다. 반찬 사러 장에 갈 새도 없고 묵은 술밖에 없으니 손님 대접이 말 아니게 되었다. 비록 안주는 시원찮지마는 이웃 영감님을 불러 함께 술을 마시는 것이 어떠할까. 소박한 시골 風情(풍정)이 물씬 풍기는 작품이다.

7言律詩(7언율시). 압운은 來, 開, 醅, 杯로 평성 '灰(회)' 평운이다. 평측은 차례로 '仄平仄仄平平仄, 仄仄平平仄仄平, 平仄仄平平仄仄, 平平仄平仄平平, 平平仄仄平平仄, 平仄平仄平平仄平, 仄仄平平平仄仄, 仄平平仄仄平平'으로 평측 규칙에 맞고 二四不同二六對(이사부동이륙대)도 잘 합치되었다. 함련, 경련의 對句(대구)도 잘 이루어져 7언율시의 모범이라 하겠다.

64-7 遣興 五首 第5首(견흥 오수 제5수) 즉흥을 좇아 읊다 다섯 수 끝 수

朝逢富家葬 前後皆輝光 共指親戚大 緦麻百夫行

送者各有死 不須羨其强 君看束縛去 亦得歸山岡.

(조봉부가장 전후개휘광 공지친척대 시마백부항

송자각유사 불수선기강 군간속박거 역득귀산강)

아침에 부잣집 장례를 보니, 앞뒤가 모두 빛나네.

모두 친척이 번성하다 하듯, 상복 입은 사람의 긴 행렬이더라.

보내는 이도 각각 죽음이 있나니, 구태여 그 집안의 강성함을 부러워 말라.

그대는 얽매여 가는 이를 보라, 역시 산언덕으로 갈 뿐이니라.

[語句] *遣興 : 당장의 흥취를 따라 읊음. 遣은 '보내다. 좇다'의 뜻임. '심심풀이의 노래'라고도 함. *輝光 : 빛이 남. 비치는 빛. *緦麻 : 喪服(상복). 석 달 동안만 입는 상복. *行 : 行伍(항오, 行列 행렬). *送者 : 葬送者(장송자). 시신을 장사할 곳으로 보내는 사람. *束縛 : 몸을 얽어맴. 죽은 이를 殮襲(염습)한 것을 말함. *山岡 : 산등성이. 산언덕. '墓地(묘지)'를 뜻함.

[鑑賞] 아침에 부잣집 장례 행렬을 보니 긴 행렬 앞 뒤 상복 입은 사람들이 헤아릴 수 없이 많아 모두들 번성한 가문이라 경탄한다. 그러나, 상복 입은 이들도 언젠가는 죽나니 그 집안의 강성함을 부러워할 게 없다네. 온몸이 묶여 관 속에 누운 죽은이를 생각해 보라, 역시 산언덕에 묻히기는 누구에게나 마찬가지가 아닌가. 이 連作詩(연작시)는 각 수마다 주제가 다르다.

5言律詩(5언율시). 압운은 光, 行, 强, 岡 자로 평성 '陽(양)' 평운이다. 평측은 차례로 '平平仄平仄, 平仄平平平, 仄仄平仄仄, 平平仄平平, 仄仄仄仄仄, 仄仄仄平平, 平平仄仄仄, 仄仄平平平'으로 평측이나 二四不同(이사부동)이 고르지 못하다.

64-8 曲江 二首 第2首(곡강 이수 제2수) 곡강 두 수 둘째 수

朝回日日典春衣 每日江頭盡醉歸 酒債尋常行處有 人生七十古來稀
穿花蛺蝶深深見 點水蜻蜓款款飛 傳語風光共流轉 暫時相賞莫相違.

(조회일일전춘의 매일강두진취귀 주채심상행처유 인생칠십고래희

천화협접심심현 점수청정관관비 전어풍광공유전 잠시상상막상위)

조정에서 돌아올 때는 날마다 봄옷을 전당 잡혀, 매일 곡강 가에서 한껏 취해 돌아오네.

가는 곳마다 술빚은 으레 있고, 인생이 일흔 살기는 예부터 드물거니.

꽃을 찾는 나비는 날아가 숨었다가는 또 나타나고, 물을 차는 잠자리는 즐거이 날고 있네.

전해 오는 말이 봄 경치나 사람이나 쉴 새 없이 변해 간다고 하나니,

잠시나마 우리 서로 서로 봄놀이를 어기지 말았으면 하네.

[語句] *曲江 : 당 나라 서울이었던 섬서성 西安(서안)의 동남쪽 宜春苑(의춘원)에 있는 勝景地(승경지). *朝回 : 조정에서 돌아옴. 조정의 아침 조회를 마치고 돌아옴. *典 : 전당 잡힘. *江頭 : 강변. 강가의 나룻배 타는 곳. *尋常 : 보통. 흔히 있는 일. 대수롭지 않음. *穿花 : 꽃을 뚫음. '꽃에서 꽃으로 날아다니는 모양'의 뜻임. *蛺蝶 : 나비. 표범나비. *深深見 : 깊숙이 숨었다가 나타남. 見은 '現(나타날 현)'과 같음. *點水 : 물에 꼬리를 댐. 물을 참. *蜻蜓 : 잠자리. *款款 : 느린 모양. 혼자 즐기는 모양. *傳語 : ①전해 오는[기록에 있는] 말. ②남의 말을 전함. *風光 : 경치. *共流轉 : 시간과 함께 경치도 사람도 다같이 변해 감. 流轉은 '쉴 사이 없이 변천함'의 뜻임. *相違 : 서로 어긋남. 서로 틀림.

[鑑賞] 가는 봄 늦 꽃에는 나비 분주히 날고 잠자리는 물 위를 즐거이 떠돈다. 지나가는 시간과 함께 자연의 경치나 사람도 바뀌어가니, 때를 놓치지 않고 계절의 아름다움을 즐기노라고 벼슬아치로서 퇴근할 때마다 봄옷 잡혀 술 마신다. 옷을 전당 잡히고 술을 마시는 까닭은 흘러가는 자연의 풍광에도 있지만, 예로부터 드문 나이인 일흔 살 먹으며 유수같이 변하는 人生無常(인생무상)에도 그 所以(소이)가 있다는 것이다. '人生七十古來稀'는 명구로 일흔 살을 '古稀'라 하는 어원이 되었다. 이 앞 수는 '꽃잎 하나 떨어짐에 봄빛이 줄어드는데 바람에 흩날리는 낙화는 시름겹게 한다. 눈앞을 스치는 꽃잎을 보며 몸에 해롭다고 술

아니 마실 수 있는가, 강가에는 비취새가 집을 짓고 동산 언덕에는 기린이 누운 평화로운 풍경인데. 이런 세상 이치 살피며 인생을 즐겨야지 덧없는 이름과 명예에 몸을 매어둘 것은 무언가.'라 읊었다.

7언율시. 압운은 衣, 歸, 稀, 飛, 違 자로 평성 '微(미)' 평운이다. 평측은 차례로 '平平仄仄仄平平, 仄仄平平仄仄平, 仄仄平平平仄仄, 平平仄仄仄平平, 平平仄仄平平仄, 仄仄平平仄仄平, 仄仄平平仄仄仄, 平平仄仄平平平'으로 제 7구만이 이사부동이륙대에 어긋나 '측-평[語-流]'가 되었고 반법과 점법은 그런대로 이루어졌다.

64-9 哭張孫侍御(곡장손시어) 장손 시어를 곡하다

道爲詩書重 名因賦頌雄 禮闈曾擢桂 憲府舊乘驄

流水生涯盡 浮雲世事空 唯餘舊臺栢 蕭瑟九原中.

(도위시서중 명인부송웅 예위증탁계 헌부구승총

유수생애진 부운세사공 유여구대백 소슬구원중)

시경 서경을 익혀 인의仁義를 위하였기에 그의 도道가 중하고,

부와 송을 잘 지었음으로 해서 그 명망이 뛰어나네.

예부禮部에서는 일찍이 인재를 잘 가려 뽑았었고, 헌부에서는 오래 천리마를 탔었느니.

흐르는 물 같은 생애 다하니, 뜬 구름 같은 세상 일 텅 비는구나.

오직 오래도록 어사대御史臺의 잣나무로 남아, 구천에서 얼마나 춥고 쓸쓸하리.

[語句] *侍御 : 임금을 모시는 벼슬아치. 侍從院(시종원)의 관리. *詩書 : ①시경과 서경. 仁義(인의). ②시와 글씨. *賦頌 : 문체인 부와 송. 賦는 시경의 六義(육의)에서 '사물에 관해 직언하는 글'이라고 했는데 일반적으로 '감상을 적은 운문이나 산문'을 뜻하고, 頌은 육의에서 '주 나라 왕의 큰 덕을 찬미하여 종묘 제례에서 연주되는 시'라고 했는데 일반적으로는 '덕을 칭송하는 시나 산문'임. *禮闈 : 禮部(예부) 또는 禮曹(예조). 闈는 '대궐의 中門(중문)'을 뜻함. *擢桂 : 계수나무 가지를 뽑음. '인재 선발을 잘함'의 뜻임. 折桂(절계)는 '계수나무 가지를 꺾는다는 뜻으로 과거에 급제함'을 뜻하고, 桂林一枝(계림일지)도 '계수나무 숲의 한 가지로 과거 급제'를 뜻함. *憲府 : 御史臺(어사대) 또는 사헌부. 정치에 대해 논의하거나 벼슬아치의 비행이나 문란 행위를 적발하며 풍속을 바로잡는 일을 하는 관청임. *驄 : 총마. 총이말. 천리마. 푸른빛에 흰 색 털이 섞인 말임. *生涯 : ①살아 있는 동안. 일생. ②생활. ③생계. *臺栢 : 어사대의 잣나무. 어사대의 별칭이 栢臺임. *蕭瑟 : 춥고 쓸쓸함. *九原 : 묘지. 九泉(구천). 황천. 중국 전국시대 晉(진) 나라

卿大夫(경대부)들의 묘가 있던 지명이 '九原'이었음.

[鑑賞] 장손 시어를 조상한 挽詩(만시). 먼저 그의 학문이 깊어 인의의 도가 높았고, 부와 송 등 글을 잘 지어 명성이 드러났음을 칭송했다. 이어 예조에 근무하며 인재 발탁을 잘 했으며, 사헌부에서는 천리마를 타고 세상을 돌며 바로잡아 올바른 정치를 펴 나갔다고 평가했다. 이러한 그도 저세상으로 가버리니 흐르는 물과 뜬구름처럼 인생이 허망해졌고, 그 뚜렷한 모습은 어사대의 높은 잣나무가 되어 저승에서 쓸쓸히 추위에 떨고 있는 신세가 아닐까. 참으로 인생무상이요 寂滅(적멸)이다. '流水生涯盡 浮雲世事空'이 뭉클하게 하는 名句(명구)이다.

5言律詩(5언율시). 압운은 雄, 聰, 空, 中 자로 평성 '東(동)' 평운이다. 평측은 차례로 '仄仄平平仄, 平平仄仄平, 仄平平仄仄, 仄仄仄平平, 平仄平平仄, 平平仄仄平, 平平仄平仄, 平仄平平平'으로 제 7구만 이사부동이 '平-仄'이어야 하는데, '平-平[餘-臺]가 되었다. 다른 구는 규칙에 모두 맞다.

64-10 瞿塘兩崖(구당양애) 구당의 양쪽 벼랑

三峽傳何處 雙崖壯此門 入天猶石色 穿水忽雲根
猱玃鬚髯古 蛟龍窟宅尊 羲和冬馭近 愁畏日車飜.

(삼협전하처 쌍애장차문 입천유석색 천수홀운근

노확수염고 교룡굴택존 희화동어근 수외일거번)

삼협은 어디를 일러 말하는가, 두 암벽 벼랑이 문같이 마주해 장관이로다.

하늘에 들어가도 오히려 돌빛뿐이요, 물을 뚫고 들어가도 홀연히 바위로구나.

어미 원숭이의 수염은 오래되었고, 교룡이 사는 굴은 높직하게 있구나.

희화가 겨울을 몰아옴이 가까우니, 해를 실은 그 수레가 뒤집힐까 두려워 근심하노라.

[語句] *瞿塘, 三峽 : 蜀(촉) 땅인 호북성 巴東縣(파동현)의 세 골짜기 곧 서릉협, 귀향협, 무협이 삼협이며, 그 중에 瞿塘峽이 있음. 양쪽 기슭 7백 리에 걸쳐 바위산이 이어져 있어 하늘과 해를 가리므로 한낮이 아니면 해와 달을 볼 수 없다고 함. 구당협의 협구에 灩澦堆(염예퇴)가 강심에 솟아 있어 뱃길이 매우 험악함. *雲根 : 바위. 구름이 생겨나는 밑뿌리란 뜻임. *猱玃 : 큰 원숭이. *鬚髯 : 턱수염과 구레나룻. *蛟龍 : 이무기와 용. 비늘 있는 용. *羲和 : 해를 담은 수레와 달을 담은 수레를 각각 모는 사람. 해와 달. 요 임금 때 해를 맡은 羲氏와 달을 맡은 和氏라는 벼슬로 이들은 曆法(역법)을 관장했음.<書經 堯典>

[鑑賞] 구당협의 험함을 읊었다. 삼협은 강을 사이하여 바위 벼랑이 높이 솟아 두 문

처럼 보이고 하늘과 물이 온통 돌뿐이다. 수염 긴 원숭이들이 살고 있고 용이 서린 듯한 물속 굴도 저 높은 곳에 보이니 그 벼랑이 높으며 물 또한 그 위에서 흘러내린다. 때는 겨울에 접어드니, 해를 보기가 더욱 어렵게 되리라.

    5言律詩(5언율시). 압운은 門, 根, 尊, 飜 자로 평성 '元(원)' 평운이다. 평측은 차례로 '平仄平平仄, 平平仄仄平, 仄平平仄仄, 平仄仄平平, 平仄平平仄, 仄平仄仄平, 平平平仄仄, 平仄仄平平'으로 5언율시 평측 규칙에 모두 맞다.

64-11 君不見簡蘇傒(군불견간소혜) 그대는 간소혜를 보지 못했는가

    君不見道邊廢棄池 君不見前者摧折桐 百年死樹中琴瑟 一斛舊水藏蛟龍
    丈夫蓋棺事始定 君今幸未成老翁 何恨憔悴在山中
    深山窮谷不可處 霹靂魍魎兼狂風.
        (군불견도변폐기지 군불견전자최절동 백년사수중금슬 일곡구수장교룡

      장부개관사시정 군금행미성노옹 하한초췌재산중 심산궁곡불가처 벽력망량겸광풍)

    그대 길가에 버려진 듯한 못을 보지 못했는가,
    그대 앞에 놓인 꺾이고 부러진 오동나무를 보지 못했는가.
    백년 오래 죽은 나무가 거문고 만들기에 알맞고,
    한 섬들이만한 오래된 물에 교룡이 잠겼다네.
    장부는 관 뚜껑이 닫힌 뒤라야 일생의 일이 평가되는데,
    그대 이제 다행히 늙은 할아비 되지 못했으니,
    산중에 있음을 뭐 초췌해지도록 슬퍼하리오.
    심산궁곡은 있을 곳이 못 되니, 벼락과 도깨비에 미친 듯 사나운 바람이 겸하였음에랴.

[語句] *簡蘇傒 : 사람 이름. 누구인지 불명이나 '두시언해 권19'에 '贈蘇傒(증소혜, 소혜에게 주다)'란 시도 있음. *池 : 못. '교룡이 사는 못, 훌륭한 인물의 거처'를 뜻함. 뒤의 桐도 '거문고를 만드는 오동나무, 뛰어난 인물'을 비유한 것임. *摧折 : 꺾이고 부러짐. *琴瑟 : 거문고. *斛 : 열말들이. *蛟龍 : 이무기와 용. → 63-10. *蓋棺 : 관 뚜껑을 덮음. *憔悴 : 몸이 여위고 파리함. *深山窮谷 : 깊숙하고 고요한 산과 골짜기. 深山幽谷(심산유곡). *霹靂 : 벼락. *魍魎 : 도깨비. 세 살 어린애 같고 적흑색이라 함. *狂風 : 미친 듯 부는 사나운 바람.

[鑑賞] 간소혜는 가난하였으나 지조가 높은 사람이었던가보다. 최절한 오동나무와 같고 버려진 못물과 같은 그였지만, 거문고를 만들 수 있는 훌륭한 재목이요 교룡이 깃들인 오래된 못과 같은 존재였던 것이다. 산속에 은거한다고 해서 도인

이 되는 게 아니라 閭巷(여항)에 살더라도 몸과 마음가짐을 선비와 같이 하면 되는 것이다. 사람은 죽은 다음이라야 올바른 평가가 이루어지게 마련이다. 첫머리의 '中琴瑟'이나 '藏蛟龍'은 '선비가 뜻을 기르고 있다'는 뜻을 내포하고 있으며, '丈夫蓋棺事始定'은 유명한 구라 하겠다.

7言古詩(7언고시)로 全文(전문)이 9구로 이루어졌다. 압운은 桐, 龍, 翁, 風 자로 龍만은 평성 '冬(동)' 운이고 나머지는 평성 '東(동)' 운으로 通韻(통운)이 된다. 평측은 고시이기에 따질 필요가 없지만 참고로 제시하면 차례로 다음과 같다. '平仄仄仄平仄仄平, 平仄仄平仄平仄平, 仄平仄仄仄平仄, 仄仄仄仄平平平, 仄平仄平仄仄仄, 平平仄平仄平, 平仄平仄仄平平, 平平平仄仄仄仄, 仄仄仄仄平平平'. 그리고, 3행의 '中'은 '맞다. 적중하다'의 뜻이어서 去聲(거성) '送(송)' 측운이고, 7행의 '中'은 '가운데. 속. 안'의 뜻이라서 평성 '東' 평운이 된다.

64-12 倦夜(권야) 고달픈 밤

竹凉侵臥內 野月滿庭隅 重露成涓滴 稀星乍有無
暗飛螢自照 水宿鳥相呼 萬事干戈裏 空悲淸夜徂.

(죽량침와내 야월만정우 중로성연적 희성사유무

암비형자조 수숙조상호 만사간과리 공비청야조)

대숲의 서늘함이 방안으로 기어들고, 들판의 달은 뜰 구석까지 훤히 비추네.
거듭 내리는 이슬이 물방울 되고, 드문드문 보이는 별 반짝였다 없어졌다 하는구나.
어두운 밤에 날아다니는 개똥벌레 스스로 반짝이고, 강가에 자는 새는 서로 불러대는구나.
난리 속에 갖가지 할 일도 많은데, 맑은 밤이 그냥 지나감을 서러워하노라.

[語句] *臥內 : 침실 안. 잠자리. *涓滴 : 물방울. 涓은 '물방울 떨어지다. 가리다'의 뜻임. *稀星 : 드물게 보이는 별. 밝은 달빛으로 하여 별이 얼마 보이지 않는다는 뜻임. *乍 : 잠깐. 언뜻. *干戈 : 창과 방패. 전쟁. 난리. *淸夜 : 맑게 갠 밤. 淸宵(청소). *徂 : 가다. 죽다.

[鑑賞] 미풍이 불어 사각거리는 댓잎 소리 시원하게 방안으로 스며들고 달은 뜰 구석까지 훤히 비추는 밤이다. 이슬은 거듭 내려 방울되어 떨어지고 드물게 보이는 별은 깜박거리며 나타났다 없어졌다 한다. 반딧불은 제 세상을 만난 듯 반짝이고 물새들은 짝을 찾는지 서로 불러댄다. 온 나라가 난리통 속인데 이 맑은 밤이 微物(미물)들보다 못하게 지나가니 못내 서러워지는구나. 생략과 倒置(도치)가 이루어진 작품이니, 첫 행의 '竹凉'은 '竹叢之凉風(죽총지양풍)'의 생략이요, 5행과 6행은 각각 '自照暗飛螢'과 '相呼水宿鳥'의 도치형이라는 것이다.

5言律詩(5언율시). 압운은 隅, 無, 呼, 徂로 평성 '虞(우)' 평운이다. 평측은 차례로 '仄平平仄
仄, 仄仄仄平平, 平仄平平仄, 平平仄仄平, 仄平平仄仄, 平仄仄平平, 仄仄平平仄, 平平平
仄平'으로 율시의 평측 규칙에 맞고 이사부동도 규칙에 맞게 잘 구성되었다.

64-13 潼關吏 終聯(동관리 종련) 동관의 벼슬아치 마지막 연

丈人視要處 窄狹容單車 艱難奮長戟 萬古用一夫

哀哉桃林戰 百萬化爲魚 請囑防關將 愼勿學哥舒.

(장인시요처 착협용단거 간난분장극 만고용일부

애재도림전 백만화위어 청촉방관장 신물학가서)

"어르신은 저 요충지를 보십시오,

길 폭이 아주 좁아 수레 한 대만이 겨우 지날 수 있다오.

난리가 나더라도 긴 창을 휘두르면,

언제까지라도 한 장정으로 여기를 지킬 수 있다오." 하네.

슬프구나 지난 날 도림의 싸움에서는,

반군에 패하여 백만 대군이 물고기 밥이 되었던 것을.

이 동관을 지키는 장수에게 간절히 부탁하노니,

제발 삼가서 가서한처럼 패전을 본받지 마오.

[語句] *潼關 : 陝西省(섬서성) 동쪽 渭南市(위남시)에 있는, 장안에서 낙양으로 통하는 요
지. 이 때 相州(상주, 鄴城업성)에서 패한 관군이 동관을 보수하며 적을 대비하고
있었음. *丈人 : '어른' 존칭. 동관리가 지은이 두보를 이른 말임. *要處 : 중요
한 곳. 요충지. *窄狹 : 폭이 아주 좁음. *艱難 : 전란이나 가난 등으로 몹시
곤란함. *用一夫 : 장정 하나만 소용됨. 一夫當關 萬夫莫開(한 장정이 관문을
지켜도, 만 명 군사들이 그 관문을 깨뜨려 열지 못하네.)<李白 蜀道難>의 뜻임. *
桃林 : 河南省 靈寶縣(하남성 영보현)의 지명. 동관의 華山(화산) 동편 언덕으로 周
武王(주 무왕)이 殷(은) 나라를 토벌하고 나서 城砦(성채)였던 여기에 소를 풀어 놓
아 기르게 한 곳인데, 이후 소를 '桃林處士(도림처사)'라 별칭함. 玄宗 天寶(현종 천
보) 15년(756) 6월 哥舒翰(가서한) 병마사가 반군 안록산 군사와 여기서 싸우다가
크게 패하여, 20만 관군 중 黃河(황하)에 익사한 병졸이 수만 명이었다고 함. *請
囑 : 부탁함. 간절히 당부함. 懇囑(간촉). *勿學 : 배우지 말라. 본받지 말라.

[鑑賞] 두시에서 유명한 중편을 고른다면 三吏(삼리)와 三別(삼별)의 여섯 편을 드는데,
삼리는 '新安吏(신안리)' '石壕吏(석호리)'와 이 '동관리'요 삼별은 '新婚別(신혼별)'

'無家別(무가별)' '垂老別(수로별)'이다. 이 시들은 안사의 난 후 장안과 낙양이 수복되었으나 아직 반군이 많은 상태에서, 지은이는 華州(화주)에서 낙양으로 왔다가 다시 화주로 돌아가면서 보고들은 바를 소재로 남을 대신해 지은 듯한 형식의 시이다. 그리고, 이 시들은 寫實主義(사실주의)의 극치로 두보의 서민에 대한 憐憫(연민)의 정과 전쟁으로 인한 백성들의 고통을 그렸다.

이 시의 앞부분 6연은 "병졸들이 동관성을 보수하느라 애쓰는데 큰 성은 철옹성이요 작은 성은 만 길로 높다. 동관리는 이 관문을 보수하여 오랑캐에 대비한다며, 나더러 말에서 내리라 하여 산모퉁이를 가리키는데, 거기는 철책이 구름에 이어져 날아가는 새라도 넘지 못할 듯하더라. 오랑캐가 쳐들어와도 여기만 지키면 서울 장안을 걱정할 것 없겠더라."는 내용으로 요새지의 보수 공사로 하여 병사들의 고통과 드러나지 않은 주민의 피곤이 엿보인다.

5言古詩(5언고시). 전 10연[20구]인데 인용한 부분은 마지막 4연이다. 압운은 시 전체를 통해 평운 '魚(어)'와 '虞(우)' 운으로 압운했는데 이 두 운은 통운이다. 인용 부분의 압운은 車, 夫, 魚, 舒 자로 夫만 '虞' 운이고 나머지는 '魚' 운이다. 평측은 차례로 '仄平仄仄仄, 仄仄平平平, 平仄仄仄平仄, 仄仄仄仄平, 平平平平仄, 仄仄仄仄平, 仄仄平平仄, 仄仄仄平平'으로 평측이 고르지 못하다. 비록 압운은 평운이지만 10연의 평측이 고르지 못하므로 고시로 분류하는 것이다.

64-14 登岳陽樓(등악양루) 악양루에 올라

昔聞洞庭湖 今上岳陽樓 吳楚東南坼 乾坤日夜浮
親朋無一字 老病有孤舟 戎馬關山北 憑軒涕泗流.

　　(석문동정호 금상악양루 오초동남탁 건곤일야부

　　친붕무일자 노병유고주 융마관산북 빙헌체사류)

예부터 동정호는 들어 왔었지만, 이제 그 악양루에 오르니,

오와 초 땅은 동남으로 탁 트이었고, 하늘과 땅은 밤낮으로 물에 떠 있구나.

친척과 벗은 편지 한 장 없고, 늙어 병 든 몸 외로운 배로 떠돌다니.

고향 산 북녘은 아직 난리판이라, 난간에 기대어 눈물만 흘리네.

[語句] *岳陽樓 : 호남성 악양현의 동정호 동쪽 기슭에 있는 누각. 唐(당)의 燕國公 張說(연국공 장열)이 이 곳에 올라 시를 읊은 뒤 유명해졌고, 滕子京(등자경)이 누각을 수리하고 范仲淹(범중엄)이 '岳陽樓記(악양루기)'를 지었으며 蘇軾(소식)이 글씨를 쓰고 邵疎(소소)가 篆額(전액)을 쓰니 이를 四絕(사절)이라 했음. *洞庭湖 : 호남성에 있는 중국 최대의 호수. 우리나라 경기도만한 크기에 주위가 5백 리라 바다

와 같음. 호숫가에 악양루가 있고 瀟湘八景(소상팔경)이 부근에 있으며 주변에서 유명한 귤이 생산됨. 九江(구강). *吳楚 : 옛날의 오 나라와 초 나라. 동정호의 동쪽 지역[오]과 남쪽 지역[초]. *坼 : 터지다. 찢다. *乾坤 : 하늘과 땅. *日夜 : 낮과 밤. 밤낮. *一字 : 한 마디의 글이나 편지. *戎馬 : 전쟁에 쓰는 말. 전쟁. 병마. *關山 : ①고향을 둘러싼 산. 고국. ②변방 국경 지방. *憑 : 기대다. 의지하다. *涕泗 : 눈물과 콧물. 눈물 흘림.

[鑑賞] 이 시는 중국의 시집 치고 들어 있지 않은 책이 없으며 우리나라에서도 지난날 과거의 시제로 자주 출제되었고 각급 학교의 교재에도 수록되어 있다. 또한 각 나라의 말로 번역되어 중국시의 대표격으로 우대받는 작품인데, 代宗 大曆(대종 대력) 3년(768) 겨울 두보가 57세 때 지었다 한다. '동정호가 유명하다는 말은 이미 들었으나 이제야 그 물가의 악양루에 오르니, 동쪽과 남쪽 옛 오와 초 땅은 확 트이었고 하늘과 땅이 밤낮 없이 물에 잠긴 듯 호수는 넓기도 하다.' 여기까지는 경치를 읊은 사경이다. '친척이나 친구들은 소식 하나 없고 내 늙어 병든 몸은 외롭게 배를 타고 떠돌아다닌다. 고향 땅 저 북녘은 아직도 난리 속에 있으니 돌아갈 길 막막해 악양루 난간에 기대어 서니 눈물만 흘러내리는구나.' 하고 심경을 읊으니 서정이다. 첫 연과 끝 연은 이후의 여러 시인들 작품에 인용되거나 援用(원용)되는 명구이다.

5言律詩(5언율시). 압운은 樓, 浮, 舟, 流자로 평성 '尤(우)' 평운이며 첫 행의 끝 湖도 평운 '虞(우)'이다. 평측은 차례로 '仄仄仄平平, 平仄仄平平, 平仄平平仄, 平平仄仄平, 平平平仄仄, 仄仄仄平平, 平仄平平仄, 平平仄仄平'으로 염이 맞다. 다만 첫 행의 聞은 '듣다'이면 평운 '文(문)'인데 여기서는 '들리다'의 뜻으로 보아 측운 '問(문)'으로 판단했다.

64-15 無家別 終聯(무가별 종련) 살림살이를 이루지 못한 이별 끝 연

近行只一身 遠去終轉迷 家鄉旣盪盡 遠近理亦齊
永痛長病母 五年委溝谿 生我不得力 終身兩酸嘶
人生無家別 何以爲蒸黎.

(근행지일신 원거종전미 가향기탕진 원근이역제

영통장병모 오년위구계 생아부득력 종신양산시 인생무가별 하이위증려)

가까운 곳에 가도 다만 내 한 몸이요, 먼 곳으로 가면 미혹되어 헤매게 되네.
내 집이나 내 고향이나 온통 없어져 버렸으니,
먼 곳이나 가까운 곳이나 가족과 살림살이가 없기는 마찬가지라.
오래도록 가슴 아파라, 오랜 병을 앓다가 돌아가신 어머니여.
다섯 해 동안이나 도랑 구렁에 버리듯 했네.

나를 낳으셨지만 나는 어머니의 힘이 되어 드리지 못하고,
우리 모자는 둘 다 아프게 울면서 지내왔구나.
인생살이에서 살림을 이루지 못한 이별을 하여 어머니를 봉양하지 못했으니,
이러고도 나를 백성이라고 할 수 있겠는가.

[語句] *無家別 : 가정을 이루지 못한 이별. '이별할 가족도 살림도 없음'의 뜻. 無家 를 두시언해에서는 '不成家計(불성가계, 살림살이를 이루지 못함)'라 했음. *轉迷 : 迷惑 (미혹)에 헤맴. 떠돌게 됨. *家鄕 : 자기 집이 있는 고향. 자기 집과 고향. *盪盡 : 모조리 없어짐. 盪은 '씻다. 진동하다. 밀치다'의 뜻임. *理亦齊 : 이치가 역 시 똑같음. '어디를 가나 가족이나 家計가 없기는 마찬가지'란 뜻임. *永痛 : 영원히 가슴 아픔. *委 : 버리다. 맡기다. *溝谿 : 도랑과 골짜기. 구렁. 계곡. 溝壑(구학). *酸嘶 : 아프게 욺. 애처로이 욺. 酸은 '아프다'의 뜻임. *蒸黎 : 명 아주를 삶아 나물로 먹음, 곧 일반 백성.

[鑑賞] 두보의 三吏三別詩(삼리삼별시) 중 삼별의 하나로[→63-13], 안록산의 난에 참전 했다가 고향으로 돌아온 장정의 이야기를 그 장정이 말하는 듯이 읊었다. 이 앞 부분의 내용은 '玄宗 天寶 年間(현종 천보 연간)의 난리로 집과 논밭은 황폐해 지고 100여 가구 마을 사람들은 사방으로 흩어졌다. 장정이 마을로 돌아와 보 니 산 사람은 소식 없고 죽은 자는 흙이 되었으며, 마을은 텅 비고 햇빛마저 흐렸더라. 다만 여우와 삵만이 독살스럽게 짖을 뿐, 사방으로 찾아보아야 홀로 된 늙은 할멈 한둘이다. 그래도 내 고향이니 떠날 수 없어 봄에 농사일을 하는 데, 고을의 벼슬아치는 나를 불러 전투에 쓰는 북인 戰鼓(전고)를 두드리는 일에 徵發(징발)한다. 고을로 使役(사역)을 나가기는 하지만 집안에는 배웅해 주는 가족 이라고는 없구나.'이다. 끝부분에 자기 한 몸은 어디서 죽은들 아무 상관이 없 으나, 작고한 어머니의 장례를 제대로 치르지 못함이 한스럽다고 토로하여 효 도로 끝맺으니 독자로 하여금 비감에 잠기게 한다.

5言古詩(5언고시). 전 16연[32구] 중 마지막 5연 10구로 압운은 迷, 齊, 谿, 嘶, 黎 자로 평 성 '齊(제)' 평운이다. 고시여서 평측은 고르지 못하여 차례로 '仄平仄仄平, 仄仄平仄平, 平平 仄仄仄, 仄仄仄仄平, 仄仄平仄仄, 仄平仄平平, 平仄仄仄仄, 平平仄平仄, 平平平平仄, 平 仄平平平'이다. 二四不同(이사부동)은 제 1, 3, 10 구에서만 이루어졌다.

64-16 法鏡寺 終聯(법경사 종련) 법경사 끝 연

柱策忘前期 出蘿已亭午 冥冥子規叫 微逕不敢取.

(주책망전기 출라이정오 명명자규규 미경불감취)

지팡이 짚고 서서 앞길을 잊었는데, 댕댕이 넝쿨 숲 지나니 이미 대낮일세.

어둑어둑한 숲에서 소쩍새 우니, 으슥한 오솔길은 갈 바가 못 되는구나.

[語句] *法鏡寺 : 甘肅省 劍閣山(감숙성 검각산) 험한 언덕에 있는 절. *拄: 버티다. 고
이다. *策 : 쇠지팡이. 지팡이. *前期 : 앞으로 당할 일. 앞길. *蘿 : 새삼넌출.
댕댕이넌출. 담쟁이넌출. *亭午 : 正午(정오). 한낮. *冥冥 : 어두운 모양. *子規
: 소쩍새. 두견이. *微逕 : 희미한 작은 길.

[鑑賞] 759년[乾元건원 2년]에 두보가 감숙성의 秦州(진주)에서 감숙성 同谷(동곡, 지금의 成
縣성현)으로 갔다가 이내 사천성의 成都(성도)로 갔는데, 진주에서 동곡에 이르는 동
안 기행시 12편을 지었고 동곡에서 성도까지 사이에 역시 12편의 기행시를 지은
바, 이 시는 동곡을 떠나 성도로 가는 길에 검각산 험로에 있는 절을 읊은 기행
시이다. 이 시는 敍景(서경)의 표본이라는 평가를 받는다. 모두 8연 16구인데 마지
막 2연만 제시했다. 앞부분의 대강은 '다급하게 다른 고장으로 가려니 고달파,
검각산 깊은 산길은 아찔했는데 법경사가 보이니 근심이 줄었다. 뜰의 파란 이끼
조촐하고 바람에 사르르 날리는 대 거풀 한 자리에 모인다. 산밑 시냇물 굽이쳐
휘돌고 솔잎의 물방울 비처럼 후두둑 떨어지네. 맑은 새벽이지만 구름을 끌어 해
가 가물거리다가 치솟으니 문살을 셀 수 있을 만큼 환해지네.'로, 험하고 어둑어
둑한 산길을 연상케 하는 사실적 묘사가 두드러진다.

5언고시로 8연[16구] 중 끝 2연이다. 압운은 이 시 모두 상성 '麌(우)' 측운으로 午, 取 자이
며 평측은 차례로 '仄仄仄平平, 仄平仄平仄, 平平仄平仄, 平仄仄仄仄'으로 불규칙하다.

64-17 兵車行 中(병거행 중) 병거의 노래 중에서

信知生男惡 反是生女好 生女猶得嫁比隣 生男埋沒隨百草.
(신지생남오 반시생녀호 생녀유득가비린 생남매몰수백초)

아들 낳기를 싫어하고, 딸 낳기를 좋아함을 참으로 알겠거니,

딸은 그래도 시집가서 인척 이웃 많아지는데, 아들은 온갖 잡초 속에 묻히고 마는 것을.

[語句] *兵車 : 전쟁에 쓰는 수레. 전차. *行 : 樂府體(악부체)의 시. →9-5. *信知 :
참으로 알겠음. *惡 : 미워하다. 부끄러워하다. 욕하다. *比隣 : 가까운 이웃.
이웃. *埋沒 : 파묻음. 파묻힘. *百草 : 여러 가지 풀. 잡초.

[鑑賞] 전쟁으로 인한 처참함을 출정하는 병졸이 말하는 듯 읊은 작품이다. 당 나라

玄宗 天寶(현종 천보) 10년(751) 위정자들은 임금의 환심을 사려고 변방 개척을 서둘러, 鮮于仲通(선우중통)은 雲南(운남)을 정벌하다가 패하여 6만의 병사들을 잃었고 李林甫(이임보)의 사주를 받은 安祿山(안록산)은 글안(契丹)을 치느라고 많은 희생자를 내어, 楊國忠(양국충)은 이 손실을 보충하려고 御史(어사)를 각 지방으로 보내어 청장년들을 마구 잡아들여 싸움터로 보냈다 한다. 이러한 현실을 본 두보는 전장에 끌려가는 한 병사의 입을 빌어 "咸陽(함양)의 다리 앞에 군에 징집된 아들이나 남편의 옷을 잡고 통곡하는 가족을 보라. 열 다섯 살에 황하의 전방을 방위하고 마흔 살에 군대의 농사를 짓다가 백발되어 돌아오면 또다시 국경 수비라. 이러니 온 마을이 황폐하여 논밭은 잡초가 우거졌고 여인네들이 쟁기질을 해 보나 이랑이 삐뚤빼뚤하니 농사가 될 리가 없다. 거기다가 개나 닭 같은 가축은 모두 벼슬아치들이 몰아가고 세금 독촉에는 견딜 길이 없다. 그리하여 모두들 아들 낳기를 꺼리고 딸 낳기를 좋아하니, 아들은 군에 가 죽어 잡초와 함께 묻혀 버리지만 딸은 시집을 가 이웃이 생기기도 하고 잘 하면 楊貴妃(양귀비) 같은 영화를 누릴 수도 있지 않겠는가. 靑海(청해) 땅의 호숫가에는 백골이 쌓여, 흐리거나 비 오는 날에는 그 귀신들이 울부짖는 곡성이 처량하다네."라고 했다. 특히 마지막 귀신들이 울부짖는다는 구절 '新鬼煩怨舊鬼哭 天陰雨濕聲啾啾(신귀번원구귀곡 천음우습성추추, 새 귀신은 원통해 하고 오래된 귀신은 울부짖으니, 날씨 음침하고 비나 오면 그 소리 웅얼웅얼 처량하다네).'를 瘧疾(학질)에 걸린 사람의 등에 써 붙이면 그 학질이 떨어진다고까지 했다는 것이다.

樂府體(악부체)로 7언이 중심인 고시. 5언, 6언, 7언, 10언의 여러 시형이 쓰이었다. 압운은 好, 草 자로 上聲(상성) '皓(호)' 측운이다. 평측은 따져볼 필요가 없지만 참고로 보이면, 차례로 '仄平平平仄, 仄仄平仄仄, 平仄平仄仄仄平, 平平平仄平仄仄'으로 이루어졌다.

64-18 奉贈韋左丞丈 二十二韻 初頭(봉증위좌승장 이십이운 초두)
위 좌승장께 받들어 드리다 22운 첫머리

紈袴不餓死 儒冠多誤身 丈人試靜聽 賤子請具陳
甫昔少年時 早充觀國賓 讀書破萬卷 下筆如有神.

(환고불아사 유관다오신 장인시정청 천자청구진

보석소년시 조충관국빈 독서파만권 하필여유신)

비단옷 입은 이는 주려 죽는 법 없고, 유관 쓴 선비는 몸을 망치는 사람이 많다오.
어른께서 내 말을 조용히 들어 보소서, 천한 이 몸 모조리 말씀 드리오리다.
저 두보가 전에 젊었을 때에는, 일찍이 과거를 볼 수 있는 천거를 받았었고,

책은 만권을 모조리 읽었으며, 붓 대고 글을 짓고 쓰는 게 신이 들린 듯했었다오.

[語句] *奉贈 : 받들어 드림. *韋 : 韋濟(위제). 두보와는 姻戚間(인척간)으로 조정에 두보
를 천거했으나 뜻대로 되지 않았음. *左丞丈 : 좌승 벼슬에 있는 어른. 좌승은
尙書省(상서성)의 次官(차관)임. *紈袴 : 비단바지. 귀족. *餓死 : 굶어 죽음. *儒冠
: 선비가 쓰는 관. 선비. *丈人 : 어른 존칭. *具陳 : 갖추어 진술함. *觀國賓 :
과거를 볼 수 있게 초청된 손님. 易經 觀卦(역경 관괘)에 '觀國之光이니 利用賓于
王하나라(나라의 형편을 살펴보니 임금께 손님 대접을 받음이 이롭다.)'라 있고 관
국지광은 손님을 존경하는 것이라 했으며, 觀光은 과거보러 감을 뜻하는 말로
쓰임. *讀書破 : 책을 죄다 읽음. 讀破. *下筆 : 붓을 댐. 詩文(시문)을 지음.

[鑑賞] 두보의 30대 작품으로 벼슬길을 얻고자 한 陳情詩(진정시)이다. 자기의 포부를 말
하고 벼슬길도 막연해서 다시 洛陽(낙양)으로 물러가는 심정을 호소했는데, 그의
장편시 중에서 뛰어난 작품이라고 평가한다. 1, 2연에서는 재물이 많은 부자들은
굶어 죽는 일이 없지만, 선비들은 가난하여 굶기를 밥 먹듯 하거나 벼슬길에 든
다 해도 자칫하면 士禍(사화)에 얽히든지 정적의 모함에 빠져 몸을 망치기 일쑤임
을 말했고, 3, 4연에서는 시운이 닿지 않아 벼슬에 오르지 못한 것이라는 자부심
을 털어놓았다 하겠다. 선비는 생활을 위해 벼슬을 얻으려는 진정을 했으니, 고려
李奎報(이규보 →220)의 '上趙相詩(상조상시)'나 '上右諫議(상우간의)' 시도 이와 같다.

5言古詩 長篇(5언고시 장편). 전 22연[44구] 중 첫머리 4연 8구만 실었다. 압운은 身, 陳, 賓, 神
자로 평성 '眞(진) 평운이다. 평측은 차례로 '平仄仄仄仄, 平平平仄平, 仄平仄仄平, 仄仄仄仄
平, 仄仄仄平平, 仄平平仄平, 仄平仄仄仄, 仄仄平仄仄'으로 평측 배치가 고르지 못하다.

64-19 復愁 十一首 第3首(부수 십일수 제3수) 다시 시름하다 열한 수 셋째 수

萬國尙防寇 故園今若何 昔歸相識少 早已戰場多.
（만국상방구 고원금약하 석귀상식소 조이전장다）

온 천하가 적을 막기 바쁜데 고향은 지금 어쩌할꼬.
전에 갔을 때도 아는 이 적었는데, 일찍부터 내리 전장 판이었음에랴.

[語句] *萬國 : 온 지방. 모든 나라. 온 천하. *防寇 : 도둑을 막음. 외적을 방어함.
寇는 '떼도둑'임. *故園 : 옛 뜰. 자기가 살던 고향. 두보가 고향이라 하는 곳
은 하남성의 낙양 또는 陝西省(섬서성) 장안임. *相識 : 서로 안면이 있음. 아는
사람. *戰場 : 전쟁이 일어난 곳. 싸움터.

[鑑賞] 지은이가 代宗(대종) 大曆(대력) 2년(767) 56세 때 成都(성도)를 떠나 江陵(강릉)으로 가려
고 三峽(삼협)의 어귀인 夔州(기주)에 잠시 머물 때 지은 작품으로 여러 詩選(시선)에 인
용되는 명시이다. 첫 구와 둘째 구는 지금을, 셋째와 넷째 구는 옛날을 말했다. 전
쟁이 계속되어 온 세상이 피폐해지니 평화에의 希求(희구)가 강하게 드러난 시이다.

5言絶句(5언절구). 모두 11수 중에서 세 번째 시이다. 압운은 何, 多 자로 평성 '歌(가)' 평운
이다. 평측은 차례로 '仄仄仄平仄, 仄平平仄平, 仄平平仄仄, 仄仄仄平平'으로 5언절구 평측
규칙에 어긋남이 없이 二四不同(이사부동)도 잘 이루어져 反法(반법, 두 구의 제 2, 4 자의 平仄이 반대
됨)과 粘法(점법, 두 구의 제2, 4 자의 平仄이 같음)에도 어긋남이 없다.

64-20 貧交行(빈교행) 가난한 사귐의 노래

翻手作雲覆手雨 紛紛輕薄何須數 君不見管鮑貧時交 此道今人棄如土.
(번수작운복수우 분분경박하수수 군불견관포빈시교 차도금인기여토)

손바닥 뒤집으면 구름이요 엎으면 비가 되니,
이처럼 변덕스러운 무리들을 어찌 다 헤아리리오.
그대 보지 못했는가, 관중과 포숙아의 가난했을 때의 사귐을.
요즈음 사람들은 이 도리를 흙같이 버리고 만다네.

[語句] *貧交 : 가난할 때의 사귐. *行 : 악부체의 시. →9-5. *翻手 : 손바닥을 폄.
손을 뒤집음. *覆手 : 손바닥을 엎음. 손을 아래로 덮음. *紛紛 : 어지럽게 휘
날림. 흩어져 어지러움. 뒤얽혀 갈피를 잡을 수 없음. *輕薄 : 輕佻浮薄(경조부박).
말과 행동이 진중하지 못하고 가벼움. *何須數 : 마음을 어찌 헤아릴 수 있으
랴. *君不見 : 악부체에 쓰는 글투로 누구를 지목하는 것이 아니고 막연히 널
리 쓰는 대명사임. '君不聞(그대 듣지 않았는가)'도 같음. *管鮑貧時交 : 관중과 포숙
아의 가난했을 때의 사귐. 管仲(관중, 이름 夷吾이오)과 鮑叔牙(포숙아, 이름 叔숙)는 齊
(제)나라 사람으로, 두 사람이 젊었을 때 南陽(남양)에서 장사를 했는데, 이익 분배
를 관중은 속여 포숙아보다 항상 많이 했음. 포숙아는 '관중에게는 모친이 있고
가난하기 때문'이라 생각하여 그를 나쁘게 생각하지 않았는데, 후에 포숙아는
제의 공자 小白(소백)을 섬기고 관중은 소백의 형 糾(규)를 섬겼음. 소백이 즉위하
여 桓公(환공)이 되자 규는 죽음을 당하고 관중은 옥에 갇혔는데, 포숙아는 관중
을 등용해 쓰자고 환공에게 건의해 그 건의가 받아들여져 관중은 재상으로 정치
에 힘써 환공이 그의 덕택으로 천하의 覇者(패자)가 되었음. 관중은 "나는 지난날
가난하게 살 때 포숙아와 장사를 했는데, 내 몫 이익을 많게 해도 포숙아는 나

를 탐하는 자라 말하지 않았고, 세 번이나 벼슬길에 올랐다가 主君(주군)에게 추방된 일이 있어도 포숙아는 나를 不肖(불초)하다고 하지 않았다. 또 세 번이나 전쟁터에 나갔다가 번번히 패주했지만 포숙아는 나를 비겁하다고 말하지 않았으니, 나에게 老母(노모)가 계심을 알기 때문이었다."고 말하고 "生我者父母 知我者鮑子也(나를 낳은 분은 부모시지만, 나를 참으로 이해해 주는 이는 포숙아다.)"라 했음<史記 管晏列傳> *此道 : 교우의 도리. 아름다운 우정.

[鑑賞] 손바닥을 뒤집듯 인정이 수시로 바뀌니, 그 변덕스러운 무리들은 헤아릴 수조차 없이 많다. 옛날의 변함없던 管鮑之交(관포지교) 도타운 교우 관계를 요즈음 사람들은 흙먼지 털어버리듯 미련 없이 버리고 만다. 우정의 바뀜을 불과 네 구절로 설파한 명작이라, 너무 짧은 탓에 앞뒤 구절이 없어진 게 아닌가 의심했다고 한다. 玄宗(현종) 天寶(천보) 11년(751) 지은이가 40세 때 서울 장안에서 '三大禮賦(삼대예부)'를 임금께 올리고 기다렸으나 벼슬을 얻지 못하니, 가난에다가 몸도 병들어 친구들의 대접마저 허술해짐을 개탄해 지었으리라.

　　7언고시. 압운은 雨, 數, 土 자로 상성 '麌(우)' 측운이다. 평측은 차례로 '平仄仄平仄仄仄, 平平仄仄平仄仄, 平仄仄仄仄平平平, 仄仄平平仄平仄'으로 이사부동이륙대에 맞지 않다.

64-21 寫懷 二首 第1首 初頭(사회 이수 제1수 초두) 감회를 그리다 두 수 첫 수 첫머리

勞生共乾坤 何處異風俗 冉冉自趨競 行行見羈束

無貴賤不悲 無富貧亦足 萬古一骸骨 隣家遞歌哭.

(노생공건곤 하처이풍속 염염자추경 행행견기속

　무귀천불비 무부빈역족 만고일해골 인가체가곡)

천지간에 다 함께 삶에 애쓰니, 어느 곳 풍속인들 다르랴.

스스로 멀리 멀리 가나, 가면 갈수록 얽매임만 보게 되네.

귀함을 업신여기니 천함이 섧지 않고, 부함을 업신여기니 가난 또한 만족일세.

만고에 한 해골 될 몸, 이웃집들에서는 기쁨과 슬픔이 겹치는 것을.

[語句] *勞生 : 생활에 애를 씀. 노고가 많은 인생. *乾坤 : 하늘과 땅. 천지. *冉冉 : ① 점점 나아가는 모양. ②부드럽고 약한 모양. 부드러워 늘어지는 모양. *趨 : 달아나다. *羈束 : 얽어맴. *無貴 : 귀함이 없음. '귀함을 업신여김'의 뜻으로 썼음. 뒤의 '無富'도 '재물이 많음을 업신여김'의 뜻임. *萬古 : 한없는 세월. *骸骨 : 죽어 살이 썩고 남은 뼈. *遞歌哭 : 노래와 울음이 서로 번갈아 듦. '아기의 출생 등 경사로 인한 기쁨과, 初喪(초상) 등 언짢은 일로 인한 슬픔이 섞바뀌며 이루어짐'의 뜻임.

[鑑賞] 고달픈 인생살이와 풀리지 않는 스스로의 처지를 읊었다. 모두가 삶에 얽매어 있고 어느 곳이나 풍속은 같아서, 아무리 멀리 가 보아도 내 몸만 구속당할 뿐 심신이 안정되는 곳이란 없다. 그래서, 부귀를 업신여겨 버리니까 내 천하고 가난함이 아무렇지도 않게 된다고 했다. 모두 12연 24구 중 네 연인데, 이 뒤로는 자기의 지난날의 자랑과 곤궁한 현실을 엮어 나갔고, 마지막에는 '曲直吾不知 負暄候樵牧(곡직오부지 부훤후초목, 굽었다거나 곧다거나 하는 걸 나는 모르고, 오직 햇볕 쬐며 앉아 나무하고 마소치는 사람을 기다리노라.)'고 맺었다. 높은 벼슬살이를 하지 못했던 지은이의 하소연 비슷한 自責(자책)의 심정이 감추어졌다고도 볼 수 있겠으나, 시인으로서의 곧음을 나타내 보였다는 것이 올바른 평가이라.

5言古詩(5언고시). 전 12연[24구]. 압운은 俗, 束, 足, 哭 자로 앞 석 자는 입성 '沃(옥)' 仄韻(측운)이고 哭 자는 입성 '屋(옥)' 측운인데 이 두 운자는 통운이다. 평측은 차례로 '平平仄平平, 平仄仄平仄, 仄仄仄平仄, 平平仄平仄, 平仄仄仄平, 平仄平仄仄, 仄仄仄平仄, 平平仄平仄' 인데, 고시이므로 二四不同(이사부동)이나 反法(반법), 粘法(점법)에 맞지 않다.

64-22 石壕吏 前半(석호리 전반) 석호 마을의 벼슬아치 앞부분 반

暮投石壕村 有吏夜捉人 老翁踰墻走 老婦出門看
吏呼一何怒 婦啼一何苦 聽婦前致詞 三男鄴城戍
一男附書至 二男新戰死 存者且偸生 死者長已矣.

（모투석호촌 유리야착인 노옹유장주 노부출문간

이호일하노 부제일하고 청부전치사 삼남업성수

일남부서지 이남신전사 존자차투생 사자장이의）

날 저물어 석호 마을에 묵고 있자니, 밤중에 아전이 들이닥쳐 사람을 잡아대는데,
할아비는 담을 넘어 도망해 달아나고, 할미가 문을 나와 눈치를 보더라.
아전은 어찌 저리 노하여 호통치고, 할미는 울음 터져 어찌 저리 쓰라린고.
할미가 다가가 사뢰는 말을 들어보자니, 아들 셋이 업성 싸움에 나가,
한 아들이 보낸 편지 받아를 보니, 아들 두 놈은 요즈음 전투에서 전사했다 하더라며,
산 놈은 목숨 하나 겨우 부지하지만, 죽은 놈은 그걸로 그만 아니겠소 하네.

[語句] *石壕 : 하남성 삼문협시 陝縣(섬현)의 마을. *暮投 : 날 저물어 투숙함. *有 : 發語詞(발어사)로 번역하지 않는 글자임. *捉 : 사로잡다. *老翁 : 할아버지. 老叟(노수). *踰墻 : 담장을 뛰어넘음. *一 : 온통. 오로지. *致詞 : 드리는 말. 致辭(치사). *鄴城 : 하남성 臨漳縣(임장현) 相州(상주)의 지명으로 魏(위) 나라의 서울이었음. 여

기서는 안록산의 아들 安慶緒(안경서)를 치러 간 곳임. *附書 : 글이나 편지를 부침. *存者 : 산 사람. *偸生 : 목숨을 아낌. 죽어 마땅할 때 죽지 못하고 욕되게 살기를 탐냄. *長已 : 영원히 그만임. 已는 '그치다. 버리다'임.

[鑑賞] 이 시는 지은이의 유명한 중편 고시 '三吏三別(삼리삼별)' 중의 하나이다. →
63-13. 당의 관군은 肅宗 至德(숙종 지덕) 2년(757)에 장안과 낙양을 수복하고 玄宗(현종)과 숙종도 장안에 돌아와 계속해서 안경서의 본거지인 相州(상주)를 공격했으나 사사명의 반란으로 패하여 낙양으로 후퇴했다. 이 때 두보는 낙양에서 華州(화주)로 가던 길에, 장정이 모자라 벼슬아치들이 사내라면 닥치는 대로 징발하고 군수품 보급을 위한 세납도 가혹함을 목격했다. 이 석호 마을에도 관리가 밤에 들이닥쳐 장정을 강제로 잡으러 왔다. 바깥노인은 담을 넘어 달아나고 노파가 관리에게 하소연한다. 이미 아들 셋이 징발되어 가 둘은 죽었다고 한 아들에게서 편지가 왔다. 이 뒤로는 "'집안에 오직 젖먹이 손자가 있는데 며느리인 그 어미는 입고 나설 치마조차 없소. 그러니 이 늙은 시어미가 나으리를 따라가 급한 대로 군사들 새벽밥 짓는 것은 거들 수 있겠소.' 하고 노파가 말했다. 밤 깊어 말소리 끊기고 낮게 흐느끼는 소리만 들린다. 날 밝아 길을 떠날 제 오직 할아비만이 나를 작별해 주는구나."로 이어졌다. 두보는 전란으로 인해 모조리 파괴된 한 집안의 悲史(비사)를 사실적이고도 예리하게 그렸다. 그러면서 누구를 원망함이 없이 담담한 심정으로 사실대로만 그리면서, 전란에 시달리는 백성들에게 무한한 사랑과 동정을 숨기고 있다 하리라.

5언고시. 이 시의 압운은 독특하다. 4구마다 전운한 바, 첫 4구의 村, 人, 看 자는 차례로 평성 '元(원), 眞(진), 寒(한)' 평운으로 모두 通韻(통운)이 되고, 둘째 4구에서는 전운하여 怒, 苦 자는 상성 '麌(우)' 측운, 戍는 거성 '遇(우)' 측운이다. 세 번째 4구에서도 전운하여 至는 거성 '寘(치)' 측운, 死, 矣 자는 상성 '紙(지)' 측운인 것이다. 전운할 때에는 첫 구에도 압운해야 하므로, 怒와 至 자는 압운한 것으로 보는 것이다. 아무튼 이 시 끝 자들의 평측을 보면 차례로 '平-平-仄-平, 仄-仄-平-仄, 仄-仄-平-仄'으로 규칙적임을 알 수 있다. 평측은 차례로 '仄平仄平平, 仄仄仄仄平, 仄平平平仄, 仄仄仄平平; 仄平仄平仄, 仄平仄仄仄, 平仄仄平平, 平平仄平仄; 仄平仄平仄, 仄平平仄仄, 平仄仄平平, 仄仄平仄仄'으로 二四不同(이사부동)에 어긋난 구가 제 2, 3, 5, 6, 7, 8, 9, 12구로 많다.

64-23 城西陂泛舟(성서파범주) 성서 언덕 아래에 배를 띄우다

青蛾皓齒在樓船 橫笛短簫悲遠天 春風自信牙檣動 遲日徐看錦纜牽
魚吹細浪搖歌扇 燕蹴飛花落舞筵 不有小舟能盪槳 百壺那送酒如泉.

(청아호치재누선 횡적단소비원천 춘풍자신아장동 지일서간금람견
어취세랑요가선 연축비화낙무연 불유소주능탕장 백호나송주여천

어취세랑요가선 연축비화낙무연 불유소주능탕장 백호나송주여천)

고운 미인들이 다락배를 탔고, 울리는 풍악 소리 먼 하늘에 구슬프네.

봄바람에 돛대 움직임을 믿어, 긴 봄날 누선은 천천히 비단 닻줄 끌고 가는구나.

가객의 입놀림은 물고기가 잔물결 뿜는 모습이요,

무희의 춤추는 태는 꽃잎 차는 제비로다.

작은 배가 없다면야 어찌 노를 저어, 백 항아리 술을 받아 술의 샘을 이룰 수 있었으리.

[語句] *陂 : 파[支지 평성]-언덕, 방죽. 파[歌가 평성]-된비탈. 피[寘치 상성]-기울어지다. 치우치다. *泛舟 : 물에 배를 띄움. '배를 타고 놀이를 함'의 뜻으로 썼음. *靑蛾 : 누에나방의 더듬이털. 곱게 그린 푸른 눈썹. 미인의 눈썹. *皓齒 : 하얗고 깨끗한 이빨. 미인의 고운 이. *樓船 : 다락배. 2층으로 된 큰 배. *橫笛 : 저. 가로로 입에 대고 부는 피리 종류. *短簫 : 퉁소보다 짧은 관악기. 구멍이 앞에 다섯, 뒤에 하나가 있음. *自信 : 절로 믿음. *牙檣 : 끝이 상아 모양인 돛대. 좋은 돛대. *遲日 : 해가 더디 지는 날. 봄날. *錦纜 : 비단 닻줄. *魚吹細浪 : 물고기가 물을 뿜어 잔물결이 일어남. '歌客의 입놀림'을 형용한 말임. 吹浪(취랑). *燕蹴飛花 : 제비가 꽃을 차니 꽃잎이 자리에 날려 떨어짐. '춤추는 옷자락이 날리는 모습'을 형용한 말임. *小舟 : 작은 배. '下人(하인)들이 작은 배로 술과 안주를 거듭 실어 나름'의 뜻을 나타냄. *盪槳 : 삿대를 저음. 盪은 '움직이다. 밀치다', 槳은 '상앗대. 작은 노'임. *酒如泉 : 술이 샘물 같음. 많은 술. 酒泉(주천).

[鑑賞] 흥겨운 뱃놀이를 읊은 작품이다. 기생인지도 모르나 아름다운 여인들과 악공들을 함께 태워 가무를 곁들여 즐기는 풍류가 돋보인다. 다락배는 봄바람에 돛을 맡기어 비단 닻줄이 천천히 끌려가는 게 보이는데, 歌客(가객)은 붕어 입 오물거리듯 노래하고 舞姬(무희)들은 옷소매를 펄럭이며 춤을 추니 바로 제비가 떨어뜨린 꽃잎 같다. 종들은 조그만 배로 술과 안주를 연해 실어 나르니 주천이 따로 없구나. 지은이가 직접 놀이에 참가했는지 高官(고관)과 富豪(부호) 들이 펼치는 船遊(선유)를 멀리서 바라보며 그린 것인지 불명이나 호쾌한 놀이 광경을 묘사했다.

7言律詩(7언율시). 압운은 船, 天, 牽, 筵, 泉 자로 평성 '先(선)' 평운이다. 평측은 차례로 '平平仄仄仄平平, 平仄仄平平仄平, 平平仄仄平平仄, 平仄平平仄仄平, 平平仄仄平平仄, 仄仄平平仄仄平, 仄仄仄平平仄仄, 仄平仄仄仄平平'으로 二四不同二六對(이사부동이륙대)에는 맞으나, 3행과 4행이 바꾸어 놓였더라면 粘法(점법)과 反法(반법)에 맞았을 것이다. 즉 이사부동이륙대가 차례로 '평-측-평, 측-평-측, 측-평-측, 평-측-평, 평-측-평, 측-평-측, 측-평-측, 평-측-평'이 되어야 규칙에 맞는 한시가 되기 때문이다.

64-24 垂老別 終聯(수로별 종련) 늘그막의 이별 끝 연

萬國盡征戍 烽火被岡巒 積屍草木腥 流血川原丹

何鄕爲樂土 安敢尙盤桓 棄絕蓬室居 塌然摧肺肝.

（만국진정수 봉화피강만 적시초목성 유혈천원단

하향위낙토 안감상반환 기절봉실거 탑연최폐간）

온 지방이 변방을 지키러 모두 갔고, 봉화는 언덕과 산을 뒤덮었구나.

시체가 쌓여 풀과 나무에서도 비린내 나고, 흘린 피는 물 마른 강바닥을 붉게 했네.

어느 고장에 낙토가 있으랴마는, 어찌 아직까지 머뭇거려 망설이고 있는가.

오막살이 초가삼간 살림이나마 버려 버리자니, 가슴속 억장이 꺾이어 떨어져 내린다오.

[語句] *垂老 : 늘그막에 듦. 70이 가까운 노인. *萬國 : 온 지방이나 나라. *征戍 : 변
　　방에 나가 지킴. 변방의 수비. *烽火 : 지방의 변란을 서울까지 연달아 알리는 불
　　이나 연기. *岡巒 : 언덕과 산. *積屍 : 시체가 쌓임. 시체를 쌓음. *川原 : 하천
　　유역의 들 또는 냇물이 말라 모래와 자갈이 있는 강바닥. *樂土 : 살기 좋은 땅.
　　낙원. *安敢 : 어찌 감히. 어찌 그대로. *盤桓 : 머뭇거리며 멀리 떠나지 아니함.
　　맴돌며 망설임. *棄絕 : ①버리어 끊음. 단호히 떠남. ②天主敎(천주교)에서의 破
　　門(파문). *蓬室 : 초가집. 가난한 집. 蓬廬(봉려). *塌然 : 떨어져 내림. 塌은 '낮은
　　땅. 떨어지다. 뜻을 잃다'임. *摧 : 꺾어지다. *肺肝 : 허파와 간. 깊은 마음속.

[鑑賞] 전장에 징발되어 가는 늙은이의 심정을 읊은 작품으로 '삼리삼별' 시의 하나이
　　다. 이 앞부분은 "사방이 아직 안정되지 않아 늙은 이 몸도 편치 못하니, 아들
　　들 다 전사해 나만 홀로 살아남겠는가. 집을 나와 싸움터로 갈 때 징발된 사람
　　들마저 나를 보고 늙었다고 가슴 아파하나 아직 이빨이 성해 다행이노라. 갑옷
　　입고 아전에게 절해 이별하니 길바닥에서 울고 있는 늙은 아내는 겨울인데도
　　홑겹 옷 입고, 이 길이 죽음의 길일지도 모르는데 몸조심하라고 거듭 당부하는
　　구나. 인생에는 만남과 이별이 있어 젊고 늙음을 가리지 않으니 옛날을 회상하
　　며 길게 탄식하노라."이다. 전쟁의 비참한 상황이 종련에 드러나 있다.

　　5言古詩(5언고시). 전 16연[32구] 중 마지막 4연으로, 압운은 巒, 丹, 桓, 肝 자로 평성 '寒
(한)' 평운이다. 近體詩(근체시) 같으면 운자가 없는 구는 측운이 옴이 원칙인데 고시이기에 腥,
居 자 같은 평운이 쓰인 것이다. 평측은 차례로 '仄仄仄平仄, 平仄仄平平, 仄平仄仄平, 平
仄平平平, 平平平仄仄, 平仄仄平平, 仄仄平仄平, 仄平平平仄平'으로 二四不同(이사부동)에 맞
는 구도 있으나 규칙적이 아니다. 이는 고시이기에 평측은 지켜지지 않아도 되기 때문이다.

64-25 新安吏 初頭(신안리 초두) 신안의 벼슬아치 첫머리

客行新安道 喧呼聞點兵 借問新安吏 縣小更無丁
府帖昨夜下 次選中男行 中男絶短小 何以守王城.

(객행신안도 훤호문점병 차문신안리 현소갱무정

부첩작야하 차선중남행 중남절단소 하이수왕성)

나그네 되어 신안 길을 가자니까, 시끄럽게 병졸 점호하는 소리 들리네.

웬일이냐고 신안의 아전에게 물으니, 이 신안현은 좁고 작아 이제는 장정이 없는데,

간밤에 고을에서 소집 영장이 내리기를, 다음 차례의 중남을 뽑아 보내라고 했다 하네.

중남은 몸집이 몹시 작은데, 어찌 왕성을 지킬 수 있으리.

[語句] *新安 : 하남성 신안현으로 낙양시 옆에 있음. *喧呼 : 떠들며 부름. *點兵 :
병졸들을 점검함. 兵籍記錄簿(병적기록부)에 표를 해 가면서 호명함. *借問 : 일
부러 물음. 찾아 물음. 남에 대해 물음. *更 : 갱[상성敬경 운]-다시. 경[평성庚
경 운]-고치다. 여기서는 '갱'임. *丁 : 스무살 된 사나이. 壯丁(장정). *府帖 :
고을 관청의 문서. 소집 영장. *中男 : ①丁男(정남, 16 세 이상의 장정)의 다음가는
남자. ②둘째아들. 차남. *絶短小 : 몹시 몸집이 작음. 絶은 '으뜸. 다시 없이'
의 뜻임. *王城 : 천자의 都城(도성). 서울. 궁성. 王都(왕도).

[鑑賞] '삼리삼별' 시의 하나로 모두 28구이다. 이 뒤의 대강은 "좀 부유한 집에서는
전송 나왔으나 야윈 장정은 외로이 홀로 서 있는데, 황혼의 강물은 동으로 흐
르고 청산은 통곡하는 듯. 모두들 눈물 거두었으면 하나니 천지는 본래 무정하
기 때문이라. 관군이 相州(상주)를 쳐 세상이 평정되기 바랐으나 적군에 패하여
군사들은 별같이 흩어져 버렸다네. 하지만 반격 준비가 철저하며 관군은 정의
의 군대라 장정들을 보살핌이 지극할 것이니, 가족들이여 피눈물 내며 울지를
마오. 군사령관도 부형처럼 인자한 분이라오."이다. 두보는 전란에 시달리는 백
성들의 처참함에 깊이 동정하면서도, 국가의 안정을 위해서는 私(사)를 버려야
한다고 피력한 충성심 깊은 애국자였다고 하지 않을 수 없다.

5언고시. 전 14연 28구 중 앞부분 4연으로 압운은 兵, 丁, 行, 城 자로 兵, 行, 城은 평성
'庚(경)' 평운, 丁은 평성 '靑(청)' 운으로 通韻(통운)이 된다. 평측은 차례로 '仄平平平仄, 平平
仄仄平, 仄仄平平仄, 仄仄仄平平, 仄仄仄仄仄, 仄仄平平平, 平平仄仄仄, 平仄仄平平'이다.
이사부동은 첫째와 다섯째의 두 구에서만 어긋났다.

64-26 新婚別 初頭(신혼별 초두) 신혼의 이별 첫머리

兎絲附蓬麻 引蔓故不長 嫁女與征夫 不如棄路傍

結髮爲夫妻 席不暖君床 暮婚晨告別 無乃太忽忙.

(토사부봉마 인만고부장 가녀여정부 불여기노방

결발위부처 석불난군상 모혼신고별 무내태총망)

새삼이 쑥과 삼 같은 작은 풀에 붙어 자라면, 덩굴이 뻗어 자라지 못하고,

출정하는 병사에게 딸을 시집보내면, 길가에 버리는 것만 같지 못하다고 하더니만,

머리 얹어 부부가 되자, 우리 자리 포근할 겨를도 없이,

저녁에 혼인하고 새벽에 이별하니, 이렇게 급하고 바쁜 일 더는 없겠지요.

[語句] *新婚 : 갓 결혼함. *兎絲 : 새삼. 잎이 없어 다른 초목에 가느다란 줄기를 감아 기생하는 덩굴풀. 열매는 한약재로 씀. 兎絲附女蘿(새삼덩굴풀이 나무겨우살이풀 여라에 얽힌 듯하네.)<중국 古詩> *蓬麻 : 쑥과 삼. *引蔓 : ①덩굴을 잡아당김. ②덩굴이 뻗음. 여기서는 ②의 뜻임. *故 : 그러므로. 일부러. 과연. *長 : '陽(양)'운-길다. 크다. 오래다. '養(양)'운-어른. 크다. 자라다. *征夫 : 군에 가 싸움터로 나가는 군사. 出征兵士(출정병사). *不如 : 같지 않음. ~만 못함. *路傍 : 길 옆. *結髮 : 상투를 틀거나 쪽을 찜. 머리를 얹음. 시집감. *夫妻 : 남편과 아내. 가시버시. 부부. *席不暖 : 자리가 덥지 않음. 오래지 않음[未久미구]. *君床 : 그대[임]의 자리[침상]. *暮婚 : 저녁에 혼인함. *告別 : 이별을 고함. 이별함. *無乃 : 아마도. 너무. ~이 아님. *忽忙 : 매우 급하고 바쁨.

[鑑賞] '三吏三別(삼리삼별)' 시의 하나로 신혼한 부부의 이별을 신부가 읊듯이 쓴 풍자시라 하겠다. 자칫 反戰(반전)의 시로 느끼기 쉽지만, 결혼하자마자 이별에 임하는 신부의 맹세는 어지러운 현대의 세태에도 거울이 될 만한 충성의 그림자가 드리워져 있다. 이 뒷부분을 보자. "서방님 가시는 곳 하양 땅이라 멀지는 않지만, 소첩의 며느리된 신분 분명치 않아 시부모님을 어떻게 뵈리오. 우리 부모 나를 키우시며 밤낮으로 착하다 쓰다듬어 주시며, 딸이란 가야 할 곳 있으니 개나 닭도 몫으로 챙기라 하셨다오. 이제 임께서 죽음의 땅 같은 전장으로 가시니 걱정이 오장에 사무치어, 한사코 따라가고 싶지만 형세가 도리어 어수선하네요. 아내가 軍幕(군막)에 끼어 있으면 병사들의 사기가 오르지 못할 게니, 신혼임을 염두에 두지 마시고 힘써 군사 일에 열중하소서. 소첩 가난한 집 딸로 오랜만에 비단옷 입었으나, 이제부터 벗어버릴게고 서방님 앞에서 얼굴 화장도 지우겠소. 하늘을 보니 뭇 새들 쌍쌍이 나는데, 우리 人間事(인간사)는 어찌 이리 뒤틀리어 우리 둘이 그저 바라보기만 해야 하다니요."

5언고시 16연 32구 중에서 첫 부분 4연만 제시했다. 압운은 長, 傍, 床, 忙 자로 평성 '陽 (양)' 평운인데 이 작품 끝까지 같은 운이다. 평측은 차례로 '仄平仄平平, 仄仄仄仄平, 仄仄仄 平平, 仄平仄平平, 仄仄平平平, 仄仄平平平, 仄平平仄仄, 平仄仄平平'으로 1, 2구 외에는 이사부동이 지켜졌다.

64-27 哀江頭 前段(애강두 전단) 강가에서 슬퍼하다 앞 단락

少陵野老吞聲哭 春日潛行曲江曲 江頭宮殿鎖千門 細柳新蒲爲誰綠
憶昔霓旌下南苑 苑中萬物生顏色 昭陽殿裏第一人 同輦隨君侍君側
輦前才人帶弓箭 白馬嚼齧黃金勒 翻身向天仰射雲 一笑正墜雙飛翼.

(소릉야로탄성곡 춘일잠행곡강곡 강두궁전쇄천문 세류신포위수록

억석예정하남원 원중만물생안색 소양전리제일인 동련수군시군측

연전재인대궁전 백마작설황금륵 번신향천앙사운 일소정추쌍비익)

나 시골 늙은이 소리 죽여 울면서, 봄날 남모르게 곡강 가로 나왔네.

강가의 궁전 문 모두 잠겼는데, 하늘대는 버들가지와 새로 돋는 창포싹은 누굴 위해 파릇한가.

지난 날 임금이 오색 깃발로 남원에 납시면, 동산 안 만물이 제 모습으로 생생히 빛났어라.

소양전의 으뜸 미인 양귀비는, 임금님과 함께 가마 타고 가까운 곁에서 임금을 모시었네.

가마 앞 재인들은 활과 화살통을 허리에 찼고,

황금 굴레 씌운 백마는 재갈 갈며 씩씩하더라.

몸 돌려 하늘 향해 쳐다보며 구름을 쏘니, 쌍으로 날던 새들 한 번 웃음에 떨어지더라.

[語句] *江頭 : 강 가. 섬서성 長安(장안, 西安서안) 동남쪽 朱雀街(주작가)에 있는 호화로운 놀이터 曲江(곡강) 가. 玄宗(현종) 임금의 별장이 있고, 현종이 양귀비와 함께 자주 거둥하던 곳임. *少陵野老 : 소릉의 농촌 늙은이. '두보' 자칭. 少陵은 '장안 남 쪽으로 漢代(한대)의 황후 許氏(허씨)의 능이 있는 곳'인데, 두보의 선조가 漢宣帝 (한선제)의 능인 杜陵(두릉)과 소릉에 살았기로 두보는 少陵을 호로 삼았음. 野老는 '농촌 또는 시골 노인'임. *吞聲 : 소리를 삼킴. 소리를 제대로 내지 못하고 흐 느낌. *潛行 : 남 몰래 감. 숨어 다님. *曲江曲 : 곡강의 굽은 곳. *鎖 : 닫히다. *細柳 : 실버들. *新蒲 : 새싹 돋는 菖蒲(창포), 부들 또는 갯버들. *霓旌 : 무지 개처럼 찬란한 천자의 旌旗(정기). 찬란한 깃발. *南苑 : 남쪽 동산. 곡강의 芙蓉 苑(부용원). *顏色 : 얼굴빛. 기색. 色彩(색채). *昭陽殿 : 漢成帝(한성제)의 총애를 받 던 趙飛燕(조비연)의 동생 昭儀 趙合德(소의 조합덕)이 살던 궁전. 양귀비를 조비연에 비겨 양귀비의 처소를 소양전이라 하기도 함. *同輦 : 임금의 가마에 함께 탐. *

侍君側 : 임금 가까운 곁에서 임금을 모심. *才人 : ①宮女 女官(궁녀 여관). 정4품임. ②재주를 넘는 광대. *弓箭 : 활과 화살. 弓矢(궁시). *嚼齧 : 씹음. 깨묾. *勒 : 굴레. 재갈(말의 입에 물리는 쇠로 된 물건). *翻身 : 몸을 뒤침. 몸을 돌림. *一笑 : 양귀비의 한 번 웃음. *雙飛翼 : 한 쌍으로 날던 날개. 두 마리 새.

[鑑賞] 이 시는 지은이가 안록산의 반란군에 연금되어 있던 肅宗(숙종) 至德(지덕) 2년(757)에 그들의 눈을 피해 곡강을 거닐며 읊은 작품으로, 지난해에 난을 피해 촉 땅으로 가는 馬嵬(마외)에서 현종이 부득이 양귀비를 죽인 비극을 연상하며 그들의 애틋한 사랑과 인생무상을 슬퍼했다. 이 '哀江頭'는 中唐(중당)에 들어 白居易(백거이 → 90)의 '長恨歌(장한가)'와 陳鴻(진홍)의 '長恨歌傳(장한가전)'으로 부연되고, 원 나라에 이르러 白仁甫(백인보)의 '梧桐雨雜劇(오동우잡극)', 청나라 洪昉思(홍방사)의 '長生殿傳奇(장생전전기)'로 이어졌다고 한다. 이 뒤의 네 연에서는 "아름다운 양귀비 지금 어디 있는가, 피로 물든 넋 오고 싶어도 못 오리. 渭水(위수) 강물 흐르고 劍閣山(검각산)은 깊기도 하여 현종 임금과 양귀비는 피차간 소식 없으리라. 인생이란 다정하여 눈물로 가슴 적셔, 저 강물 저 꽃을 보니 눈물 그칠 날 없겠구나. 황혼에 오랑캐들 성 안에 우글거리니, 남쪽을 가려고 하나 임금 계신 북쪽을 바라보네."라 읊었다.

7言古詩(7언고시) 10연 20구 중에서 6연[12구]만 제시했다. 압운은 哭, 曲, 綠, 色, 側, 勒, 翼 자인데, 모두 입성 측운으로 哭은 '屋(옥)', 曲과 綠은 '沃(옥)' 운이며, 그 뒤는 모두 '職(직)' 운이다. 屋과 沃 운은 通韻(통운)이고 5행부터는 職 운으로 轉韻(전운)했다. 평측은 차례로 '仄平仄仄平平仄, 平仄平平仄平仄, 平平平仄仄平平, 仄仄平平仄仄仄, 仄仄仄仄平平仄, 仄平仄仄平平仄, 平平仄仄仄仄平, 平仄平平仄平仄, 仄平平平仄平仄, 仄仄平仄平平仄, 平平仄平仄平平, 仄仄仄平平仄'으로 二四不同二六對(이사부동이륙대)가 이루어진 구는 첫째, 셋째, 여섯째의 세 곳뿐이다.

64-28 野望 後半(야망 후반) 들을 바라보며 뒷부분

惟將遲暮供多病 未有涓埃答聖朝 跨馬出郊時極目 不堪人事日蕭條.
(유장지모공다병 미유연애답성조 과마출교시극목 불감인사일소조)

늙어가면서 오직 병이 많아지니, 임금님 은혜에는 조그마한 보답도 못해 드렸구나.
말 타고 교외에 나가 양껏 바라보니, 사람의 일이 날로 쓸쓸해 가 견딜 수가 없네.

[語句] *野望 : ①들을 바라봄. 들에서 바라봄. ②남 몰래 품고 있는 큰 희망. ③무리한 욕심을 이루려는 희망. *遲暮 : 늙어감. 노쇠해짐. *多病 : 병이 많음. 자주 앓음. *涓埃 : 물방울과 티끌. 극히 작은 것. *聖朝 : 어진 임금이 다스리는 조정. '지금의 王朝(왕조)' 존칭. *跨 : 넘다. 걸터앉다. *郊 : 들. 도시의 바

갗. 교외. *極目 : 눈으로 바라볼 수 있는 곳까지 봄. *不堪 : 견딜 수 없음. 견디지 못함. *蕭條 : 쓸쓸한 모양.

[鑑賞] 지은이 두보의 '野望'이란 제목의 작품이 모두 네 편인데, 이 시를 비롯한 7언율시 2수, 5언율시 2수가 있다. 이 작품은 교외로 말을 타고 나가 들판을 바라보면서 느끼는 감상을 읊었다. 전반에서는 "蜀(촉) 땅 서산의 흰 눈이 三城(삼성)을 지키고 南浦(남포)의 맑은 강에 萬里橋(만리교) 놓였구나. 온 나라가 난리에 휩싸여 아우들 모두 흩어져, 하늘 저 멀리 눈물 보내며 내 한 몸 멀리도 와 있구나."라 했고, 늙고 병들어 임금님 은혜 조금이라도 갚지 못한 채 너른 들판 바라보니 내 인생사는 날로 쓸쓸해져 견디기 어렵다고 했다. 가족은 물론 同氣(동기)와도 헤어져 외로이 떠돌면서도 전란에 대한 미움보다도 임금의 은혜에 보답 못함을 안타까워했으니, 충성심을 숙명적으로 버릴 수 없는 詩聖 杜甫(시성 두보)인 것이다.

7言律詩(7언율시). 압운은 朝, 條 자로 평성 '蕭(소)' 평운이며, 평측은 차례로 '平平平仄平平仄, 仄仄平平仄仄平, 平仄仄平平仄仄, 仄平平仄仄平平'으로 이사부동이륙대에 어긋남이 없고 전반 네 구와 함께 볼 때 粘法(점법)과 反法(반법)에도 맞는 좋은 작품이다.

64-29 鹽井 後段(염정 후단) 소금 우물 뒷 단락

汲井歲搰搰 出車日連連 自公斗三百 轉致斛六千
君子愼止足 小人苦喧闐 我何良歎嗟 物理固自然.

(급정세골골 출거일련련 자공두삼백 전치곡육천

군자신지족 소인고훤전 아하량탄차 물리고자연)

우물물 긷기를 해 다 가도록 힘쓰니, 수레로 소금 실어내기가 날마다 이었더라.
관청에 내는 세금은 한 말에 삼백 전인데, 장삿군이 돌려 팔아 한 섬에 육천 전이라.
군자는 삼가서 만족이다 하면 그치는데, 소인은 심히 더 탐내어 시끄럽네.
내 무슨 일로 오래 몹시 탄식하는고, 사물의 이치가 바로 그러한 것인데.

[語句] *鹽井 : 소금 우물. 중국 成州(성주)에 이 우물이 있는데 우물물을 퍼서 끓이면 소금이 된다고 함. *汲井 : 우물물을 길음. '염정의 물을 길어 소금을 굽는다'는 뜻으로 썼음. *搰搰 : 힘을 쓰는 모양. *出車 : 수레로 소금을 실어냄. *連連 : 이어 끊이지 않는 모양. *自公 : 관청에서. '관청에는 당연히'의 뜻임. *斗三百 : 한 말에 삼백 전. '관청에 納錢(납전, 세금)으로 내는 돈이 소금 한 말에 3백 전'이란 뜻임. *轉 : 돌리다. '상인이 소금을 돌려 팔다[轉販(전판)]'의 뜻임. *斛 : 열 말. 한 섬. *君子 : 학식과 덕행이 높은 사람. *止足 : 만족하면 그침. 知足

知止(분수를 지켜 탐내지 않고, 분에 넘치지 않도록 그칠 줄 안다)<老子 道德經44
장> *小人 : 무식하고 천한 사람. 간사하고 도량이 좁은 사람. *苦 : 모질게.
심히. *喧闐 : 시끄럽게 지껄임. 시끄러움. *何良 : 무엇 때문에. 어찌해서. *歎
嗟 : 탄식함. 嗟歎. *物理 : 사물의 이치. 만물의 이치. *自然 : 절로 그리 됨.
사물의 본성. '이익 되는 것이 있으면 반드시 다투게 마련'의 뜻임.

[鑑賞] 6연[12구]의 5言古詩(5언고시)로 이 앞 4구는 "소금기 섞인 땅 鹹地(함지)에 풀과
나무는 희끗한데, 푸른 것은 관청 주관으로 소금 굽는 연기로 그 연기는 냇물
을 둘러 있구나."이다. 이렇게 구워내는 소금은 실제로 소금 굽는 백성들에게
이문이 돌아가지 않고, 벼슬아치와 상인들의 이익으로 되고 만다. 군자라면 知
足知止(지족지지)하여 自制(자제)하겠지만, 소인들 사회에서는 이익을 탐하는 것이
본성인데 내가 부질없이 탄식만 하고 있다고 읊었다. 관리와 상인들의 非理(비
리)를 고발한 작품이라 하겠다.

5언고시. 압운은 連, 千, 闐, 然 자로 평성 '先(선)' 평운이다. 평측은 차례로 '仄仄仄仄仄,
仄平仄平平, 仄平仄平仄, 仄仄仄仄平, 平仄仄仄仄, 仄平仄平平, 仄平仄仄仄, 仄仄仄仄平'
으로 고시이므로 韻字(운자)는 맞지만 二四不同(이사부동) 등 평측은 고르지 못하다.

64-30 詠懷古跡 二首 第1首(영회고적 이수 제1수)
고적에 대한 회포를 읊다 두 수 첫 수

蜀主窺吳幸三峽 崩年亦在永安宮 翠華想像空山裏 玉殿虛無野寺中
古廟杉松巢水鶴 歲時伏臘走村翁 武侯祠屋長隣近 一體君臣祭祀同.
  (촉주규오행삼협 붕년역재영안궁 취화상상공산리 옥전허무야사중
  고묘삼송소수학 세시복랍주촌옹 무후사옥장인근 일체군신제사동)

촉한 임금 오 나라를 노려 삼협에 행차하니, 돌아가신 그 해에도 영안궁에 계셨느니라.
왕의 비취 깃발 빈 산에 휘날렸음이 상상되고, 대궐은 시골 절간이었으니 덧없구나.
옛 사당의 삼나무 소나무에는 수학이 둥지 틀고, 복사와 납향 때 되면 마을 노인들 부산하네.
제갈공명의 사당집 늘 이웃에 있어, 임금과 신하 한 몸이라 제사도 함께 잡숫는다네.

[語句] *詠懷 : 회포를 시나 노래로 읊음. *蜀主 : 촉한의 임금. 유비. *窺吳 : 오 나
라를 엿봄. 유비가 221년에 촉한의 황제 소열제로 즉위하고 魏(위) 나라 조조의
아들 曹丕(조비)를 치다가 223년 죽었음. *三峽 : 촉 땅의 험한 세 골짜기. →
64-10. *崩年 : 황제가 죽은 해. 사망 호칭 5등급으로 崩(붕, 왕의 죽음), 薨(훙, 제후
의 죽음), 卒(졸, 大夫대부의 죽음), 不祿(불록, 선비의 죽음), 死(사, 서민의 죽음)가 있음.<禮記 曲

禮下> *永安宮 : 사천성 夔州府(기주부, 현재의 重慶市 巫山縣중경시 무산현)의 백제성 안에 있던 궁전. 유비가 오를 치다가 크게 패하여 돌아오다가 죽은 곳으로, 원래 기주의 魚腹浦(어복포)를 영안으로 개명하고 대궐을 지었는데, 영안궁은 臥龍寺(와룡사) 절이었다 함. *翠華 : 임금의 일산. *空山 : 사람이 살지 않는 산중. *玉殿 : 옥같이 고운 궁전. 대궐. *虛無 : 텅 빔. 덧없음. *野寺 : 시골 절간. 앞의 '와룡사'를 말함. *古廟 : 옛 祠堂(사당, 神主신주를 모신 집). 오래된 사당. *杉松 : 삼나무와 소나무. *水鶴 : 학의 일종으로 야반에 운다고 함. 물새. *歲時 : 1년 중의 그 계절. 명절. *伏臘 : 三伏(삼복, 初中末伏초중말복으로 가장 더운 때)과 臘日(납일, 동지 뒤 셋째 未日미일). 여름 제사인 伏祀(복사)와 겨울 제사인 臘享(납향). *武侯 : 촉한의 명신인 諸葛亮(제갈량). 諸葛武侯(제갈무후). →437. *隣近 : 근처. 이웃. 제갈량의 사당은 사천성 成都(성도, 錦官城금관성) 서북 교외에 있어 유비의 사당과는 거리상 멀리 있지만 정신적, 영적으로 가깝다는 뜻인 듯함. *君臣 : 임금과 신하.

[鑑賞] 지은이의 '영회고적' 제목의 시는 모두 5편이 있는데, 먼저 '詠懷古跡 三首'는 각각 庚信(유신, 北周북주의 문학자요 표기대장군), 宋玉(송옥, 전국시대 楚초의 문장가), 王昭君(왕소군, 漢元帝한 원제 때의 후궁으로 흉노에게 시집갔음)을 읊었고, '詠懷古跡 二首'는 소열제를 읊은 이 시와 제갈량을 읊은 두 수인데, 이 작품들은 연작시이면서도 주제가 각기 달라 독립된 작품들이다. 소열제는 오 나라를 치다가 패해 분을 참지 못해서인가 영안궁에서 죽었다. 출정 당시의 위용에 비겨 지금 궁전의 모습은 그 얼마나 허무한가. 사당의 나무에는 물새들이 집을 짓고 마을 노인들은 제향 준비에 바쁜 현재의 눈앞 모습이다. 마지막으로 임금과 신하는 上下(상하)가 있을지언정 팔 다리와 같이 믿는 신하인 제갈량이라 군신일체가 되어 함께 제향을 받는다고 맺었다. 여섯째 구 '歲時伏臘走村翁'은 우리나라 科擧 試題(과거 시제)로 자주 나온 글귀라 하니, 東方禮儀之國(동방예의지국)의 國是(국시)에 따른 당연한 출제라 하겠다.

7言律詩(7언율시). 압운은 宮, 中, 翁, 同 자로 평성 '東(동)' 평운이다. 평측은 차례로 '仄仄平平仄平仄, 平平仄仄仄平平, 仄平仄仄平平仄, 仄仄平平仄仄平, 仄仄平平平仄仄, 仄平仄仄仄平平, 仄平平仄平平仄, 仄仄平平仄仄平'으로 첫 구만 二四不同二六對(이사부동이륙대)에 어긋나고, 反法(반법)과 粘法(점법)은 거의 이루어졌다.

64-31 月(월) 달

　四更山吐月　殘夜水明樓　塵匣元開鏡　風簾自上鉤
　兎應疑鶴髮　蟾亦戀貂裘　斟酌姮娥寡　天寒奈九秋.
　(사경산토월 잔야수명루 진갑원개경 풍렴자상구

토웅의학발 섬역연초구 집작항아과 천한내구추)

이른 새벽 사경에 산이 달을 토해 내니, 새벽 녘 물빛이 누각에 밝도다.

달이 처음 돋음이 먼지 낀 화장갑에서 거울을 막 꺼내는 것 같고,

바람에 날리는 발이 절로 초승달 모양의 갈고리를 보이듯 하는구나.

달 속의 토끼는 응당 내 센 머리를 의심하고, 두꺼비도 내가 입은 가죽옷을 이상타 하리.

항아가 혼자 삶을 짐작하나니, 추운 날씨 오랜 세월에 그 어떻게 지내는고.

[語句] *四更山吐月 : 사경에 산이 조각달을 토함(조각달이 떠 있음). 명구로 칭송받는데, 율곡 李珥(이이)의 '花石亭(화석정)' 시에서도 '山吐孤輪月(산이 둥근 달 하나를 토해냈구나)'라 읊었음. →283-4. 四更은 '새벽 1시부터 3시까지의 시간. 축시. 丁夜(정야)'임. *殘夜 : 새벽녘. 未明(미명). *塵匣 : 먼지 낀 화장궤(상자). *風簾 : 바람에 날리는 발. *鉤 : 갈구리. 簾鉤(염구). 발을 거는 갈구리로 초생달 모양이어서 썼음. *兎 : 토끼. 옛 사람들은 달 속에 토끼와 두꺼비가 산다고 믿었음. *疑 : 의심하다. 뒷 구의 '戀'과 호응되어 '이상하게 보다'의 뜻임. *鶴髮 : 학의 깃같이 흰 머리칼. 백발. *貂裘 : 담비 가죽으로 만든 옷. 갖옷. *斟酌 : 어림으로 헤아림. *姮娥 : 달에 산다는 선녀. 본디 하 나라 명궁인 羿(예)의 아내로 남편이 崑崙山(곤륜산)의 선녀 서왕모에게 청하여 얻은 불사약을 훔쳐 먹고는 달로 도망했다는 것임. *天寒 : 날씨가 추움. *九秋 : ①긴 세월. 三秋(삼추). ②가을 90일 동안. ③가을. 여기서는 ①의 뜻으로 썼음.

[鑑賞] 지은이의 '月'이란 제목의 시는 모두 5수가 있는데, 그 중 하나는 '가을 하늘 차가우니 인간 세상의 달그림자 맑아, 달 속의 두꺼비는 은하수에 들어도 빠지지 않고 토끼는 약 절구 찧으며 장생하네. 일편단심에 괴로움은 늘어가고 백발만이 뚜렷이 더해지는구나. 천지가 온통 난리판이라 제발 서쪽 군영을랑 비추지 말아다오.'라 읊었고, '月 三首'는 고향 같은 장안을 생각하며 달을 노래했으며 나머지 한 수가 이 시이다. 이밖에도 달과 관련되는 시가 '杜詩諺解(두시언해) 12권'에 여러 수 있다. 이 시는 새벽 下弦(하현) 달을 보며 자신의 처지를 달 속의 토끼, 두꺼비, 항아 등에 비겨 늙고 외로운 심정을 드러냈다.

5言律詩(5언율시). 압운은 樓, 鉤, 裘, 秋 자로 평성 '尤(우)' 평운이다. 평측은 차례로 '仄平平仄仄, 平仄仄平平, 平仄平平仄, 平平仄仄平, 仄平平仄仄, 平仄仄平平, 平仄平平仄, 平平仄仄平'으로 二四不同(이사부동)에 어긋남이 없고, 反法(반법)과 粘法(점법)에도 맞는 작품이다. 다만 마지막 행의 九 자는 어떤 자전에는 '아홉, 많은 수'의 뜻이면 평성 '尤' 운이고, '모으다'의 뜻이면 상성 '有(유)' 운이라 하여 이것이 옳겠으나, 평측 규칙으로 보아 여기서는 측성으로 처리했다.

64-32 月夜(월야) 달 밤

今夜鄜州月 閨中只獨看 遙憐小兒女 未解憶長安

香霧雲鬟濕 淸輝玉臂寒 何時倚虛幌 雙照淚痕乾.

(금야부주월 규중지독간 요련소아녀 미해억장안

향무운환습 청휘옥비한 하시의허황 쌍조누흔간)

오늘밤 부주땅에도 떴을 저 달을, 아내는 혼자서 바라보고 있으리.

가엾어라 어린 자식들은, 그 어미 장안의 나를 그리는 줄 알지 못하겠지.

향긋한 밤안개는 아내의 큰머리를 적실 게고, 맑은 달빛은 아내의 흰 팔을 차갑게 하리라.

어느 때에야 얇은 창가리개에 기대어, 우리 둘의 눈물 자국 마르는 걸 저 달은 비추려노.

[語句] *鄜州 : 섬서성의 지명. 현재의 富縣(부현). 장안에서 북쪽 60km 떨어진 조그만 고을인데, 안록산의 난이 일어나자 숙종 至德(지덕) 원년(756) 6월에 두보는 가족을 여기로 피난시켰음. *閨中 : 안방 안. 부녀자의 처소. *獨看 : 홀로 바라봄. *遙憐 : 멀리서 가련히 여김[생각함]. *兒女 : 사내아이와 계집애. 아들과 딸. *長安 : ①섬서성 西安市(서안시)의 도시. 漢, 隋, 唐(한수 당) 나라의 서울이었음. ②서울. 京兆(경조). *香霧 : '향긋한 안개'의 뜻이지만 '규중에 안개가 차 부인 몸의 향기가 안개에 배어 있음'을 가리킴. *雲鬟 : 부인의 쪽진 머리. 큰머리. 雲髻(운계). *淸輝 : 맑은 빛. 맑은 달빛. *玉臂 : 옥같이 흰 팔뚝. *虛幌 : 얇아서 밝은 빛이 비치는 창가리개 곧 커튼. *雙照 : 둘에게 달빛이 비춤. *淚痕 : 눈물 흔적. *乾 : 건[평성 先선 운]-하늘. 임금. 사내. 간·건[평성 寒한 운]-마르다. 말리다. 여기서는 寒 운으로 '간'임.

[鑑賞] 달은 고향과 가족을 상기시키는 촉매제다. 근엄하고 충성심의 상징인 지은이에게 도 밤하늘에 외로이 밝게 떠 있는 달은, 가족과 고향 그리고 특히 사랑하는 아내를 생각나게 했으리라. 가족이 있는 부주에도 저 달은 떠 있어 아내는 저 달을 하염없이 쳐다보며 나를 생각하며 그리워하겠고, 철없는 어린 아들 딸 들은 어미의 이런 심정을 알기나 하랴. 안개에 젖은 아내의 향긋한 큰머리의 냄새가 느껴지며, 달빛에 드러난 아내의 하얀 팔은 차디차리라. 아아, 언제 우리 만나 평화로운 속에서 서로의 지난 날 어려움을 눈물로 하소하며 서로 위로하게 되려나. 독자는 지은이와 함께 울어주고 싶은 감동을 느끼리라 싶은 훌륭한 작품이다.

5言律詩(5언율시). 압운은 看, 安, 寒, 乾 자로 평성 '寒' 평운이다. 평측은 차례로 '平仄平平仄, 平平仄仄平, 平平仄仄仄, 仄仄仄平平, 平仄平平仄, 平平仄仄平, 平平仄仄仄, 仄仄仄平平'으로 제 3, 7구만 二四不同(이사부동)에 어긋나 '平-仄'이어야 할 것이 '平-平[憐-兒, 時-虛]'이 되었다.

64-33 月夜憶舍弟(월야억사제) 달밤에 동생을 생각하다

戍鼓斷人行 邊秋一雁聲 露從今夜白 月是故鄉明

有弟皆分散 無家問死生 寄書長不達 況乃未休兵.

(수고단인행 변추일안성 노종금야백 월시고향명

유제개분산 무가문사생 기서장부달 황내미휴병)

수자리 북소리로 하여 다니는 사람 끊기고, 변방 가을에는 외기러기만 우네.

백로 절기라 이슬은 오늘밤부터 하얗고, 달은 바로 고향의 그 달로 밝구나.

아우들 있지만 뿔뿔이 흩어져, 집조차 모르니 그들 생사를 어디다 물으리.

부치는 편지마다 이르지 못하거든, 하물며 난리 아직 끝나지 않았음에랴.

[語句] *舍弟 : '자기의 아우' 겸칭. 두보의 동생은 穎(영), 觀(관), 占(점), 豊(풍)의 넷인데 모두 繼母盧氏(계모 노씨)의 소생임. *戍鼓 : 수자리의 북소리. 국경 지방이나 戰場(전장)에서 통행을 금하는 북소리. *人行 : 사람의 왕래. *邊秋 : 변방 지방의 가을. *雁聲 : 기러기 울음소리. *露白 : 이슬이 흼. '이슬이 서리처럼 희게 되려고 함'으로 節氣上(절기상) 음력 8월 초 중순(양력 9월8일경)인 백로 때가 되었다는 뜻임. *是 : 이. 이것. 곧. *分散 : 갈라져 이리저리 흩어짐. *無家問 : 집을 몰라 물어볼 수 없음. *死生 : 죽음과 삶. 生死. *寄書 : 편지를 부침. *況 : 더욱이. 하물며. *未休 : 그치지 않음. 끝나지 아니함. *兵 : 군사. 전쟁. 兵亂(병란).

[鑑賞] 달밤에 기러기 울음소리 들리니 불현듯 동생들 생각이 나서 지은 작품이다. 달이나 기러기는 그리움의 대상을 일깨우는 계기가 되니, 기러기의 행렬인 雁行(안항)은 형제를 뜻하지 않는가. 우리나라 고등학교 고문 교과서에 빠짐없이 실리는 유명한 시이다. '杜詩諺解(두시언해)'에서 풀이한 것을 현대 철자법으로 바꾸어 본다면, "防戍(방수)하는데 붚에 사람 다니리그츠니, 邊方(변방) 가알에 한 그려기 소리로다. 이슬은 오날밤을 조차 희니, 달은 이 녯 고을에 밝았나니라. 있는 아우 다 흩어가니, 집이 죽으며 사롬 물을 데 없도다. 부쳐 보내는 書信(서신)이 댱샹 사맛지 못하거늘, 하말며 兵戈(병과) 말지 아니하놋다."이다.

5言律詩(5언율시). 압운은 行, 聲, 明, 生, 兵으로 평성 '庚(경)' 평운이다. 평측은 차례로 '仄仄仄平平, 平平仄仄平, 仄平平仄仄, 仄仄仄平平, 仄仄平平仄, 仄平平仄仄, 仄平平仄仄, 仄仄仄平平'으로 이사부동이나 反法, 粘法(반법, 점법) 등이 모두 규칙에 맞는 5언율시의 典型(전형)이 되는 작품이다.

64-34 遊修覺寺(유수각사) 수각사를 유람하다

野寺江天豁 山扉花竹幽 詩應有神助 吾得及春遊

徑石相縈帶 川雲自去留 禪枝宿衆鳥 漂轉暮歸愁.

(야사강천활 산비화죽유 시응유신조 오득급춘유

경석상영대 천운자거류 선지숙중조 표전모귀수)

절이 들판에 있어 강 하늘이 훤하고, 절문의 꽃과 대나무 그윽하고 깊구나.

시는 응당 귀신의 도움이 있으매, 나는 드디어 봄 유람을 얻었도다.

길바닥의 돌과 자갈은 서로 얽혀 이었고, 냇물 위의 구름은 절로 오락가락 하네.

절간의 나뭇가지에 뭇 새들이 깃드니, 이리저리 떠돌다 저녁에 돌아오는 게 시름겹구나.

[語句] *修覺寺 : 어디 있는 절인지 미상임. *野寺 : 들에 있는 절. *江天 : 멀리 보이는 강 위의 하늘. *山扉 : 산의 사립문. 절간의 문. *詩應有神助 : 시는 마땅히 신의 도움이 있어야 좋은 시를 지을 수 있음. 晉(진)의 謝靈運(사영운)이 '池塘生春草(지당생춘초 ; 못가에 봄풀 돋아나네)'란 구절을 얻고는 귀신이 일러주었다 했음. 또 中唐(중당)의 시인 錢起(전기 →371)가 어릴 때 길을 가다가 驛亭(역정)에서 자는데, 밖에서 '曲終人不見 江上數峯靑(곡종인불견 강상수봉청 ; 곡이 끝나자 사람은 보이지 않고, 강가의 두어 봉우리 푸르기만 하구나)' 하고 읊는 소리가 있어서, 문을 열어보니 사람이 없어서 귀신의 글귀라 생각했는데, 뒤에 과거에서 '湘靈鼓瑟(상령고슬, 상수의 넋인 아황과 여영이 비파를 타다)'이란 試題(시제)에 이 구절을 끝귀로 써서 급제했다고 함. *春遊 : 봄놀이. 봄에 유람함. *徑石 : 길의 자갈이나 돌. *相縈 : 서로 얽힘. *川雲 : 내에 서린 구름. *去留 : 떠남과 머무름. *禪枝 : 절의 나뭇가지. *宿 : 깃들이다. 특히 물새의 깃들임을 宿이라고 함. *漂轉 : 정처 없이 굴러다님. *暮歸 : 저물어서 돌아옴. 새들이 낮에 다른 곳으로 날아갔다가 저물녘이 되어 깃으로 돌아옴. 지은이 스스로의 떠돎을 비겨 썼음.

[鑑賞] 1, 2구는 首聯(수련, 머리와 같은 연)으로 起(기)이니, 수각사의 자연 환경을 읊어 '수각사 절은 들의 낮은 산에 있어 저기 강물 위의 하늘은 훤히 틔었고, 절문은 꽃과 대나무 밭 안 그윽한 곳에 자리잡았다.' 했다. 3, 4구는 頷聯(함련, 턱과 같은 연)으로 承(승)이다. '시는 신의 도움이 있어야 좋은 구절이 이루어지는데, 내가 봄 유람을 하게 되어 시를 지을 수 있겠구나.' 하여 수련을 敍情(서정)으로 이어받았으니, 이를 虛接(허접)이라 한다. 5, 6구는 頸聯(경련, 목과 같은 연)으로 轉(전)이다. '절 길은 돌과 자갈길이요, 냇물 위 구름은 자유자재로 오락가락 한다.'고 전환했으니 이는 敍景(서경, 寫景사경)으로 實接(실접)이다. 경련은 腹聯(복련, 배와 같은 연)이라고도 한다. 마지막 7, 8구는 尾聯(미련, 꼬리와 같은 연)으로 結(결)이다. '절의 나뭇가지에는 많은 새들이 깃들이는데, 낮에 이리저리 흩어져 날다가 저녁에 모여드는

걸 보니 내 처지가 연상되어 시름겹다.'고 읊어 서경과 서정을 아울러 표현하며 시를 맺었다. 그리고, 함련과 경련은 두 구가 對句(대구)를 이루었으니, '詩-吾, 應-得, 有神助-及春遊' 및 '徑石-川雲, 相縈帶-自去留'로 짝이 되었다.

　5言律詩(5언율시). 압운은 幽, 遊, 留, 愁 자로 평성 '尤(우)' 평운이다. 평측은 차례로 '仄仄平平仄, 平平平仄平, 平平仄平仄, 平仄仄平平, 仄仄平平仄, 平平仄仄平, 平平仄仄平, 平仄仄平平'으로 제3구 외에는 二四不同, 反法, 粘法(이사부동, 반법, 점법) 등 모두가 규칙에 맞다. 5언율시는 첫 구에 압운하지 않아도 되며, 제2구가 측성이 竹 한 글자뿐이어서 잘못이라 할 수는 없지만 아쉽다면 아쉽다.

64-35 飮中八仙歌 第3~5段(음주팔선가 제3~5단) 술 즐기는 여덟 신선 노래 3~5 단락

　左相日興費萬錢 飮與長鯨吸百川 銜杯樂聖稱避賢 宗之蕭灑美少年
　舉觴白眼望靑天 醉如玉樹臨風前 蘇晉長齋繡佛前 醉中往往愛逃禪.
　　(좌상일흥비만전 음여장경흡백천 함배락성칭피현 종지소쇄미소년

　　거상백안망청천 취여옥수임풍전 소진장재수불전 취중왕왕애도선)

　좌상 이적지李適之는 날마다 술값 만 전을 쓰며, 큰 고래가 온 냇물 들이키듯 마시는데,
　잔을 들고는 성인 곧 청주淸酒는 즐겨도 현인 곧 탁주濁酒는 꺼린다 했네.
　최종지는 깨끗한 미소년 같아, 잔 들어 말쑥한 눈으로 푸른 하늘을 볼 때면,
　술에 취해 해맑은 옥 같은 나무가 바람에 흔들거리듯 몸 가누지 못하더라.
　소진은 수놓은 불상 앞에서 늘 재계하는데, 취하면 이따금 참선을 핑계로 술잔을 사양하더라.

[語句] *飮中八仙歌 : 지은이가 40대에 지은 작품으로 '술을 즐기는 여덟 酒豪(주호)들의 시'란 뜻인데, 그 8명은 賀知章(하지장), 李璡(이진), 李適之(이적지), 崔宗之(최종지), 蘇晉(소진), 李白(이백), 張旭(장욱), 焦遂(초수)임. *左相 : 左政丞(좌정승). 좌의정. 李適之(이적지, ?~747). 그는 왕족 출신으로 본디부터 손님을 좋아하고 술은 말술을 마셔도 흔들리지 않았으며 현종 天寶(천보) 원년에 좌상이 되고, 후에 李林甫(이임보)의 모함으로 좌천되어 천보 6년에 스스로 음독해 죽었음. *日興 : 날마다 흥겹게 즐김. *長鯨 : 큰 고래. *吸百川 : 백 냇물을 들이마심. 木華(목화)의 '海賦(해부)'에 '橫海(횡해)의 고래가 물결을 불면 백천이 거꾸로 흐른다.' 했음. *銜杯 : 잔을 입에 묾. 술을 마심. *樂聖稱避賢 : '성인은 즐겨도 현인은 피한다고 말함'이 겉뜻이지만, '청주는 즐겨 마셔도 濁酒(탁주)는 꺼림'을 뜻함. 이적지의 '罷相(파상)' 시에 있는 말이며 삼국 때 조조가 금주령을 내린 후 鮮于輔(선우보)가 말하기를 "취객들이 맑은 술을 聖人(성인)이라 하고, 탁한 술을 賢

人(현인)이라 한다.”고 했음.<三國魏志> *宗之 : 최종지(?). 재상 崔日用(최일용)
의 아들로 侍御史(시어사)를 지냈음. *蕭灑 : 말쑥하고 깨끗함. 속됨이 없이 풍
류 있음. *美少年 : 얼굴이 예쁘게 생긴 소년. *白眼 : 눈의 흰자위. 晉(진)의
阮籍(완적)이 속된 사람이나 남을 냉대하여 볼 때에는 백안으로 보고, 친근한 사
람을 볼 때에는 푸른 눈 곧 청안으로 맞이한다고 했는데, 여기서는 ‘말쑥한 눈’
으로 풀이함이 알맞을 듯함. *皎 : 달 밝다. 희다. 햇빛. *玉樹 : ①옥같이 아
름다운 나무. ②몸가짐이 단정하고 재주가 뛰어난 사람. ③느티나무. *臨風前
: 바람 앞에 섬. ‘술에 취해 몸이 흔들거리는 것이 바람 앞의 나무가 흔들리듯
함’의 뜻임. *蘇晉(?~734) : 蘇珦(소향)의 아들. 藍田(남전) 사람으로 진사에 올라
戶部侍郎(호부시랑)을 역임했으며 불도를 배우면서 중 慧澄(혜징)과 친했고, 수놓은
彌勒佛(미륵불) 하나를 모시고는 “이 부처님이 米汁(미즙, 쌀뜨물 곧 막걸리)을 좋아하
시니 내 마음에 꼭 맞다.” 했음. *長齋 : 오래 재계함. 부정한 것을 오랫동안
꺼리어 피하는 일. *繡佛 : 수를 놓은 부처. *往往 : 이따금. 때때로. *愛逃禪
: 여러 가지 풀이가 있는 구절로, ‘속세를 피하여 坐禪(좌선)하기를 좋아함’ ‘취
중에 좌선에서 벗어나기를 즐김’ ‘술에 취하여 잠들어 버림’ ‘참선을 핑계로 돌
아오는 술잔을 사양함’ 등인데, 여기서는 마지막 풀이를 취했음.

[鑑賞] 먼저 인용하지 않은 부분을 보기로 한다. (1, 2 단)-初唐(초당) 시인 賀知章(하지장
659~744)이 술 취해 말 타고 가는 양은 배를 탄 듯 흔들거리며 우물에 떨어져서도
존다. 汝陽王 李璡(여양왕 이진)은 서 말 술을 마시고야 朝會(조회)에 들고 누룩 실은
수레만 봐도 침을 흘리며 벼슬자리를 酒泉(주천)으로 옮기지 못해 한이라 했다.
(6~8 단)-詩仙 李白(시선 이백)은 술 한 말에 시 백 편을 짓고 장안 시장 술집에서 녹
초가 되어 자는데, 임금이 불러도 배에 오르지 않으면서 자칭하기를 “臣(신)은 酒
中仙(주중선, 술취한 신선)입니다.” 했다. 草聖 張旭(초성 장욱)은 술 석 잔에 초서의 聖
人(성인)이 되며 王公(왕공)들 앞에서도 관을 벗은 맨머리로 대하고 붓을 휘두르면
종이에 구름 안개가 서린 듯했다. 마지막으로 平民 焦遂(평민 초수)는 말을 더듬어
평소에 말이 없다가도 닷 말 술을 마시고 나면 고담과 웅변으로 같이 앉은 사람
들을 깜짝 놀라게 한다. 이와 같이 8 선들의 술버릇 특징을 예리하고 풍자적으로
읊었는데, 지은이도 술이라면 남에게 빠지지 않아 九仙(구선)이라 함이 마땅하리라.

   7言古詩(7언고시). 모두 11연 22구로 내용상 8단락이다. 압운은 전체 22구 각 구마다 평성
‘先(선)’ 평운으로 압운한 것이 특징이니, 제시된 부분의 압운 자는 錢, 川, 賢, 年, 天, 前, 禪
이다. 평측은 차례로 ‘仄仄仄平仄仄平, 仄仄平平平仄平, 平平仄仄平仄仄, 平平平仄平仄平,
仄平仄仄平平平, 仄平仄仄平平平, 平仄平平仄仄平, 仄平仄仄仄平平’으로 평측은 고르지
못하나, 3, 4구를 제하고는 二四不同二六對(이사부동이륙대)가 잘 이루어졌다.

64-36 倚杖(의장) 지팡이를 짚다

看花雖郭內 倚杖卽溪邊 山縣早休市 江橋春聚船

狎鷗輕白浪 歸鴈喜靑天 物色兼生意 凄凉憶去年.

(간화수곽내 의장즉계변 산현조휴시 강교춘취선

압구경백랑 귀안희청천 물색겸생의 처량억거년)

꽃을 보기로는 비록 성 안이라도 좋지만, 지팡이 짚고 나서 보니 곧 시냇가로구나.

산골 고을인 염정현은 일찍 장이 끝났고, 강의 다리에는 봄을 맞아 배들 모여 있네.

친근한 갈매기는 흰 물결을 우습게 여기고,

북으로 돌아가는 기러기는 푸른 하늘을 즐기도다.

만물의 풍경이 생기를 겸하여 가졌으니, 지난해의 처량했던 일을 생각해 보노라.

[語句] *倚杖 : 지팡이에 의지함. 지팡이를 짚음. *看花 : 꽃을 봄. 꽃 감상을 함. *郭內 : 성곽 안. 성 안. *溪邊 : 시냇물 가. *山縣 : 산골 고을. 여기서는 '鹽亭縣(염정현)'임. *休市 : 장 곧 저자를 쉼. 市場의 가게들이 장사 않고 쉼. *狎鷗 : 갈매기와 친하게 놂. 친근한 갈매기. *輕白浪 : 흰 물결을 가벼이 여김. 희게 이는 큰 파도를 우습게 여김[마음 편히 여김]. *歸鴈 : 봄이 되어 북으로 다시 돌아가는 기러기. *物色 : 사물의 빛깔. 모양. 풍경. 속내. *生意 : 생생한 모양. 만물이 힘차게 활동하며 크는 모양. 萬物生生(만물생생)한 현상. *凄凉 : 매우 쓸쓸함. 가련함. 초라하고 구슬픔. *憶 : 생각하다. 회상하다. *去年 : 지난 해. 작년.

[鑑賞] 산골 고을인 염정현에서 지팡이 짚고 봄 시냇가에 나가 본 광경을 읊었다. 산골이라 장은 일찍이 파했고 장사하는 배들도 강의 다리 옆에 한가로이 모여 있다. 갈매기는 흰 물결과 어울려 날고 북으로 돌아가는 기러기는 푸른 하늘을 마음껏 날아간다. 삼라만상이 이렇게 생동하는 모습을 보며 지난날의 처량했던 일들이 회상된다. 함련과 경련은 대가 잘 이루어졌으니, '山縣-江橋, 早-春, 休市-聚船 ; 狎鷗-歸鴈, 輕-喜, 白浪-靑天'이 그것이다. 그리고, 頷聯(함련 3~4구)이 人間事(인간사)라면 頸聯(경련 5~6구)은 自然現象(자연 현상)을 그렸다.

　5言律詩(5언율시). 압운은 邊, 船, 天, 年 자로 평성 '先(선)' 평운이다. 평측은 차례로 '平平平仄仄, 仄仄仄平平, 平仄仄平仄, 平平平仄平, 仄平平仄仄, 平仄仄平平, 仄仄平平仄, 仄平仄仄平'으로 二四不同(이사부동)과 反法(반법), 粘法(점법) 등이 모두 잘 이루어졌다.

64-37 耳聾(이롱) 귀가 먹다

生年鶡冠子 歎世鹿皮翁 眼復幾時暗 耳從前月聾

猿鳴秋淚缺 雀噪晚愁空 黃落驚山樹 呼兒問朔風.

(생년갈관자 탄세녹비옹 안부기시암 이종전월롱

원명추루결 작조만수공 황락경산수 호아문삭풍)

한 해 한 해를 살아가는 갈관 쓴 은자隱者에, 세상을 한탄하는 녹비옹의 신세로다.

눈은 다시 언제 어두워지려는가, 귀는 지난달부터 먹었는데.

잔나비가 울어도 듣지 못하니 가을의 눈물 없어졌고,

새가 조잘거려도 저녁의 시름 없어졌네.

누렇게 단풍 져 떨어지는 나무들을 보고는 놀라, 아이 불러 삭풍이 부느냐고 묻는다네.

[語句] *耳聾 : 귀가 먹어 들리지 않음. 귀머거리. *生年 : 태어난 해. '한 해를 살아 감'의 풀이도 있음. *鶡冠子 : '할관자'로도 읽음. ①책 이름. 노자의 도덕경을 근본으로 하여 法家(법가)의 사상을 섞어 쓴 작자 미상임(19편). ②갈관을 쓴 사람. 鶡冠은 鶡旦(갈단·할단, 산꿩의 일종) 새의 깃으로 장식한 관. ㉮虎賁牛林之士(호분우림지사, 임금의 날랜 근위병)들이 쓰는 관. ㉯은사가 쓰는 관. 이 첫 구절을 '杜詩諺解 (두시언해)'에서는 "내가 난 해에 할관 쓴 사람이 있었다."라 풀이하고, "세상이 武 (무)를 숭상하던 시기"였다고 주해했음. *歎世 : 세상을 한탄함. *鹿皮翁 : 녹비 관을 쓴 노인. 隱者(은자). '두시언해'에 "녹비옹은 열선전에 菑川(치천) 사람으로 쏙山(잠산)에 살았는데, 두보가 자신을 녹비옹에 비겼다."라 했음. 鹿皮는 사슴 가죽이며, 녹비관은 사슴 가죽을 양쪽에 늘어뜨린 관으로 은사가 썼는데, 중국의 남조 때 何尙之(하상지)가 집에서 이관을 썼다는 기록도 있음. *秋淚 : 가을 눈 물. 가을이 되면 감상에 젖어 흐르는 눈물. *晚愁 : 저녁 시름. 해 저물녘에 느 끼는 시름. *黃落 : 나뭇잎이 누렇게 단풍 들어 떨어짐. *朔風 : 겨울 북풍.

[鑑賞] 지은이가 56세 때 외진 곳 夔州(기주)에 살면서 지은 작품이다. 나이 먹어 늙으니 귀가 멀어 소리를 들을 수 없어 얼마나 답답한가. 거기다가 눈도 언젠가 어두워 져 사물을 제대로 보지 못하게 되는지 모르는 일이다. 가을에 잔나비가 울면 자 기도 모르게 감상에 젖어 눈물이 나오는 법인데 소리를 들을 수 없으니 그 눈물 이 나오지 않고, 참새들이 해질 녘에 조잘거리면 밤이 옴에 따른 시름이 이는데 참새 소리를 듣지 못하니 그 시름 또한 있을 수 없는 것이다. 또한 산의 누런 단풍든 잎들이 우수우 떨어져 날림을 보고는 바람 소리를 들을 수 없어, 아이를 불러서는 지금 북풍이 부느냐고 묻는다는 것이다. 아무데도 소용없는 늙은이가

되고 말았다는 自嘲(자조)가 스며 있고, 함련과 경련의 對句(대구)가 잘 이루어졌다.

5언율시. 압운은 翁, 聾, 空, 風 자로 평성 '東(동)' 평운이다. 평측은 차례로 '平平仄平仄, 仄仄仄平平, 仄仄仄平仄, 仄平平仄平, 平平平仄仄, 仄仄仄平平, 平仄平平仄, 平平仄仄平' 으로 이사부동은 첫 구만 어긋나고 반법, 점법은 규칙에 맞게 배열되었다.

64-38 日暮(일모) 날이 저물다

牛羊下來夕 各己閉柴門 風月自淸夜 江山非故園

石泉流暗壁 草露滿秋根 頭白燈明裏 何須花燼繁.

(우양하래석 각기폐시문 풍월자청야 강산비고원

석천류암벽 초로만추근 두백등명리 하수화신번)

소와 양이 산에서 집으로 내려온 저녁이라, 사람들은 제각기 사립문을 닫았네.

바람과 달이 절로 맑은 이 밤, 강산은 내 고향이 아니로구나.

바위 새 샘물은 그늘진 절벽에서 흘러내리고,

풀잎 이슬은 떨어져 가을 풀뿌리를 푹 적시네.

머리 허연 노인 등불 앞에 있거니, 불꽃은 어이 저리 밝아 백발을 뚜렷이 비출 건 뭔고.

[語句] *日暮 : 날이 저묾. 해가 짐. *牛羊 : 소와 양 등 가축. *下來夕 : 산에서 내려온 저녁. '시경국풍 君子于役(군자우역)'에 "日之夕矣 羊牛下來(날이 저물어 양과 소도 방목하던 산에서 집으로 돌아오는데)"라 있는데, 이 시에서는 夕 대신 '久(구, 오래다)'로 보기도 함. *柴門 : 사립문. 나뭇가지를 엮어 만든 대문. *故園 : 옛 뜰[동산]. 예전에 살던 곳. 고향. *石泉 : 바위틈에서 나오는 샘물. 石間水(석간수). *草露 : ①풀잎에 맺힌 이슬. ②사물의 덧없음. *滿 : 가득차다. '滴(적, 물방울 떨어지다)' 자를 잘못 쓴 것으로 보기도 함. *頭白 : 머리털이 흼. 백발노인. *燈明 : ①등불이 밝음. ②신이나 부처에 바치는 등불. *須 : 모름지기. 반드시. *花燼 : 등불 심지의 불꽃. 花炷(화주). 燼은 '깜부기불. 촛불똥'을 뜻하는 글자임.

[鑑賞] 지은이의 '日暮'란 제목의 시는 두 수가 있는데, 하나는 成都(성도)에서 지은 것이고 여기 인용한 시는 56세 때 夔州(기주) 시절의 작품이다. 산에 놓아먹이던 가축들이 저물녘이 되며 집으로 내려왔으니 집집마다 사립문을 닫았고, 바람과 달이 맑은 밤이지만 이 땅은 내 고향이 아니로구나. 절벽에서 석간수 떨어지는 소리 들리니, 풀잎에 맺힌 이슬이 방울져 떨어지며 그 밑 땅이 가득 젖겠다. 센 머리로 등불 앞에 앉으니, 심지 불꽃은 어찌 저다지도 밝아 내 백발만 뚜렷하게 할 건 무언가. 한적한 시골 마을의 밝은 달, 맑은 바람이 좋으나 내 고향

아닌 타향이니 적막감만 더한다. 漢(한) 나라 王粲(왕찬)도 타향 荊州(형주)에 있을 때, "信美非吾土(신미비오토 ; 실로 아름다운 풍경이나 내 고장은 아닐세.)"라 읊지 않았던가.

5언율시. 압운은 門, 園, 根, 繁 자로 평성 '元(원)' 평운이다. 평측은 차례로 '平平仄平仄, 仄仄仄平平, 平仄仄平仄, 平平平仄平, 仄平平仄仄, 仄仄仄平平, 平仄平平仄, 平平平仄平'으로 첫 구 외에는 이사부동이 지켜졌고 반법과 점법도 규칙대로 되었다.

64-39 立秋後題 後半(입추후제 후반) 입추 뒤에 짓다 후반부

平生獨往願 惆悵年半百 罷官亦由人 何物拘形役.
(평생독왕원 추창연반백 파관역유인 하물구형역)

평생을 홀로 은거함이 원하던 바이나, 나이 쉰이 되니 슬프구나.
벼슬 그만둠도 사람으로 말미암음이니, 무슨 일로 마음이 몸에 얽매이리.

[語句] *立秋 : 24 절기의 하나. '가을이 시작됨'이란 뜻으로 양력 8월 7일경임. *獨往 : 혼자 감. '홀로 隱居(은거)함'의 뜻임. *惆悵 : 근심하고 슬퍼함. *半百 : 100살의 반 곧 50세. *罷官 : 관직을 罷職(파직)당함. 벼슬살이를 그만둠. *何物 : 무슨 물건. 어떠한 것. *形役 : 마음이 육체의 부리는 바가 됨. 본심을 지키지 못하고 생활 방편에 매임. 心爲形役(심위형역). →62-1.

[鑑賞] 이 시의 전반부는 '해와 달이 서로 넉넉하지 못해, 철이 어젯밤으로 달라졌구나. 쓰르라미는 울음을 그치지 않고, 가을 제비는 이미 손님이 되었구나.(日月不相饒 節序昨夜隔 玄蟬無停號 秋燕已如客)'이다. 지은이가 48세 때 華州(화주)의 司功參軍(사공참군)이란 하찮은 벼슬을 사직한 후 秦州(진주)로 가서 지은 작품으로 추측된다. 나이는 먹어 가고 생계도 막연한 시절이라, 입추가 되니 곧 겨울이 닥쳐올 것이매 추창한 심정을 읊었다. 이 모든 어려움이 나로 말미암음이라 남을 원망하는 빛이 없어 이른바 '由我之歎(유아지탄, 모든 것이 내 탓이다)'의 심정을 담았다. 사실 두보는 남으로 말미암아 불이익을 당한 일도 있었지만, 원망하는 시 작품이 없는 것이 그 人品(인품)을 짐작케 한다.

5言古詩(5언고시). 압운은 전반부까지 볼 때 隔, 客, 百, 役 자로 입성 '陌(맥)' 측운이다. 평측은 차례로 '平平仄仄仄, 平仄平仄仄, 仄平仄平平, 平仄平平仄'으로 평측이 규칙에 맞지 않으니 고시이기 때문이다.

64-40 絶句 二首(절구 2수) 절구 두 수

遲日江山麗 春風花草香 泥融飛燕子 沙暖睡鴛鴦.<제1수>
(지일강산려 춘풍화초향 이융비연자 사난수원앙)

해 더디 지는 봄날 강과 산은 아름다운데, 봄바람은 화초 향기 싣고 솔솔 불어오네.

진흙 눅진해지니 집 지으려는 제비들 날아들고,

모랫벌 따스해지니 원앙이 짝지어 조는구나.

[語句] *遲日 : 해가 늦게 져 낮이 긴 날. 겨울에 비해 낮이 긴 봄날. *泥融 : 진흙이
부드러워짐. *燕子 : 제비. 子는 접미사의 구실임. <예> 刀子(도자·칼). 自家(자가·나,
자기). '燕子飛'를 도치하여 '飛燕子'라 했음은, 뒷 구와의 대구 및 押韻(압운)에서
그리 된 것임. *沙暖 : 모래가 햇볕을 받아 따스함. *鴛鴦 : 오리과의 물새. 암
수가 서로 떨어지지 않아 사이가 좋기에 '부부의 다정함'에 비유함.

64-41 江碧鳥逾白 山靑花欲燃 今春看又過 何日是歸年.<제2수>
(강벽조유백 산청화욕연 금춘간우과 하일시귀년)

강물이 파라니 새 더욱 희고, 산이 푸르니 꽃은 타는 듯 더 붉구나.

올 봄도 이렇게 지나가거니, 고향에 돌아가는 날 그 언제일꼬.

[語句] *碧·靑 : 모두 '푸르다'이나, 碧은 '深靑色(심청색, 짙은 푸른 빛)'이요 靑은 '東方
木色(동방목색, 五行오행에서 말하는 동쪽의 상징색)으로 녹색이 낀 푸른빛'이라 하겠음. *
逾 : ①가다. ②넘다. 지나다. ③더욱. 여기서는 ③의 뜻임. *欲 : 하고자 하
다. 장차 ~하려 하다. *看又過 : 보이는 대로 또 지나감. 看은 '일부러 보려고
하지 않아도 절로 보이다'의 뜻이 담겼음. *何日 : 어느 날. *歸年 : 돌아가는
해. 고향으로 갈 해[날].

[鑑賞] 봄을 소재로 한 5언절구 두 수이다. 두 작품의 시적인 경지가 비슷하고 깨끗
하게 표현한 對句(대구)에 담긴 자연의 모습과 본성에 순응하는 만물의 모습을
절묘하게 그렸다 하리라. 李丙疇(이병주) 박사의 해설·감상을 인용한다. "이 두
수도 향수에 잠긴 시다. 고향쪽 동으로 흘러가는 강물, 철에 따라 가고 오는
철새, 봄이면 피고 지는 꽃, 그 모두가 눈의 가시였으나 부러움의 대상이었다.
따라서 향수는 이미 虛頭(허두)부터 시작됐다. … 첫 수는 봄 경치를 불과 스무
자로 그려낸 솜씨, 과연 귀신이 붙었다. 기나긴 봄날이니 강산은 더욱 곱다랗
고, 바람에 묻어오는 화초의 내음은 아예 글자에 향을 곁따른 느낌이다. 한편
날씨가 풀리자 깃을 치고자 부지런히 나드는 제비, 행복에 잠겨 서로 어울려
낮잠을 자는 원앙새, 모두가 자신의 초라한 삶에 비겨 월등하기만 해서, 자연
의 섭리를 빌어 허전한 앙가슴을 여미는 두보였다. …제2 수는 색채로 아로새

긴 컬러 사진이다. 詩中有畫(시중유화)는 바로 이와 같은 시를 말한다. 난만한 봄 경치로 흥을 일으켜 만단의 정회를 귀향으로 감쌌다. 이 그지없는 향수는 임을 그리는 至情(지정)에서이니, 두시의 정법이자 두보의 정칙이다. 열없이 '碧白靑 紅[燃](벽백청홍[연])'으로 개칠한 거기에 천성의 눈물로 먹을 갈아 시를 마물렀다. 물론, '看又過'의 看 자와 又 자가 눈물의 주머니다."<韓國漢詩의 理解> 첫 수는 1, 2구와 3, 4구가 각각 대를 이루었으니 '遲日-春風, 江山-花草, 麗-香 ; 泥 融-沙暖, 飛-睡, 燕子-鴛鴦'이 대이며, 둘째 수는 1, 2구만 대가 되었으니 '江 碧-山靑, 鳥逾白-花欲燃'이 그것이다.

　5言絕句(5언절구) 두 수. 첫 수의 압운은 香, 鴦 자로 평성 '陽(양)' 평운이며, 둘째 수는 燃, 年 자로 평성 '先(선)' 평운이다. 첫 수의 평측은 차례로 '平仄平平仄, 平平平仄平, 平平平仄仄, 平 仄仄平平'이고, 둘째 수의 평측은 차례로 '平仄仄平仄, 平平平仄平, 平平平仄仄, 平仄仄平平' 으로, 두 수 모두 二四不同(이사부동)은 물론 反法(반법), 粘法(점법) 모두 절구 규칙에 맞다.

64-42 絕句 四首 第3首(절구 4수 제3수) 절구 네 수 셋째 수

兩個黃鸝鳴翠柳 一行白鷺上靑天 窓含西嶺千秋雪 門泊東吳萬里船.
　　(양개황려명취류 일행백로상청천 창함서령천추설 문박동오만리선)

두 마리 꾀꼬리는 푸른 버들에서 울고, 해오라기는 푸른 하늘에 한 줄로 날아오르네.
창 밖으로 아미산의 만년설이 보이고, 문 밖에는 멀리 동쪽 강남으로 갈 배가 대어 있구나.

[語句] *兩個 : 두 개. 두 마리. *黃鸝 : 꾀꼬리. *翠柳 : 푸른빛 버들. *一行 : 한 줄. *白鷺 : 해오라기. 날개 길이 30cm 쯤이고 몸은 백색, 눈 주위는 황백색이며 긴 부리와 다리는 검은색인데, 연못이나 논 또는 강에서 서식함. 白鳥(백조). *窓含雪 : 창밖은 눈을 머금고 있음. 산의 눈을 창으로 바라봄. '窓外含雪(창외함설)'의 뜻임. *西嶺 : 서쪽 영마루. 지은이가 夔州(기주)에 있을 때 지은 작품으로 추정되어, 사 천성의 峨眉山(아미산, 3,099m)인 듯함. *千秋雪 : 오래고 긴 세월에 걸쳐 쌓인 눈. 萬年雪(만년설). *門泊船 : 문 밖에 배가 대어 있음. '門外泊船(문외박선)'의 뜻임. *東吳 : 동쪽의 옛 오 나라 지방. 강남. *萬里船 : 머나먼 물길을 가려는 배.
[鑑賞] 눈에 보이는 모습을 그린 서경시지만, 작자의 심정이 담긴 작품이다. 하기는 아무리 경치만 그린다 해도 작자의 느낌이 담기게 마련이 아닌가. 꾀꼬리 한 쌍은 푸른 버들에서 즐겁게 울고 백로는 푸른 하늘에 한 줄로 날아오른다. 그 자유스러운 두 情景(정경)을 보니 내 처지는 왜 저러하지 못한지 부러운 마음이 든다. 또 서쪽 영마루의 만년설이 창밖으로 보이고 문밖에는 멀리 강남으로 갈

배가 정박해 있어, 나도 불현듯 고향과 가족이 있는 곳으로 달려가고 싶은 생각이 간절하다. 그리고, 1·2구와 3·4구는 각각 대를 이루고 있다

7言絕句(7언절구). 압운은 天, 船 자로 평성 '先(선)' 평운이다. 평측은 차례로 '仄仄平平平仄仄, 仄平仄仄仄平平, 平平平仄平平仄, 平仄平平仄仄平'으로 이사부동이륙대, 반법, 점법 등 절구 구성 원칙에 부합되는 작품이다.

64-43 絕句 六首 第2首(절구 6수 제2수) 절구 여섯 수 둘째 수

藹藹花蘂亂 飛飛蜂蝶多 幽棲身懶動 客至欲如何.

　　(애애화예란 비비봉접다 유서신라동 객지욕여하)

우거지듯 한 꽃술이 어지럽고, 이리저리 나는 벌나비 많네.

깊숙한 곳에서 살아가매 몸 움직이기 게으르니, 손님이라도 오면 어찌하려뇨.

[語句] *藹藹 : 성하고 많은 모양. 초목이 우거진 모양. *花蘂 : 꽃술. 꽃의 암술과 수술. *飛飛 : 이리저리 날아다니는 모양. *蜂蝶 : 벌과 나비. *幽棲 : 그윽한 속에 삶. 속세를 떠나 조용히 살아감. *懶動 : 게으르게 움직임. 움직이기 게을러짐. 懶怠(나태)함. *如何 : 어찌하여. 어떠한가. 어찌할꼬.

[鑑賞] 봄이 한창이라 가득 피어난 꽃들이 꽃술을 잔뜩 펴고 있으니, 꽃을 찾아드는 벌과 나비들이 이리저리 날고 있는 좋은 철이다. 성도의 浣花草堂(완화초당)에 숨어 살 듯 살고 있으니 몸을 움직이기 자꾸 게을러진다. 이런 때 손님이라도 찾아오면 어찌할 것인지 걱정이 되는구나. 사실 찾아올 손이 별로 없음을 번히 알면서 한 번 기대를 걸어 보는 것이리라. 처음 두 구는 寫景(사경)이면서 대를 이루었으니 '藹藹-飛飛, 花蘂-蜂蝶, 亂-多'가 짝이 되는 것이다. 3, 4구는 敍情(서정)이다. 만물이 생동하는 봄에 이렇게 웅크리고 있는 자신의 신세 한탄이 곁들인 심심파적으로 읊은 절구이다. 이 '絕句 6首'는 두보가 代宗(대종) 廣德(광덕) 2년(764) 완화 초당 안팎의 경치를 읊은 5언절구들이다.

5言絕句(5언절구). 압운은 多, 何 자로 평성 '歌(가)' 평운이며, 평측은 차례로 '仄仄平仄仄, 平平平仄平, 平仄平仄仄, 仄仄平平平'으로 1, 3구는 二四不同(이사부동)이 지켜지지 않았고 反法, 粘法(반법, 점법)도 온전치 못하다. 따라서 형식상으로는 좋은 작품이라 할 수 없겠다.

64-44 早花(조화) 이르게 핀 꽃

西京安穩未 不見一人來 臘月巴江曲 山花已自開

盈盈當雪杏 豔豔待春梅 直苦風塵暗 誰憂客鬢催.

(서경안온미 불견일인래 납월파강곡 산화이자개

영영당설행 염염대춘매 직고풍진암 수우객빈최)

서경에 가 계신 임금님 편안하신가 어떠신가, 소식 전해 주는 사람 하나도 못 보겠구나.

설달 파강 구비에는, 어느덧 산꽃이 절로 피어났으니,

단정하고 고운 것은 눈을 맞은 살구꽃이요, 아리따운 것은 봄을 기다리는 매화로구나.

병란兵亂의 암울함을 바로 겪고 있으니, 누가 나그네의 구레나룻 셈을 근심하리오.

[語句] *西京 : ①西周(서주)의 서울 鎬京(호경). ②漢(한)과 唐(당)의 서울 長安(장안). ③唐 玄宗 至德(당 현종 지덕) 2년(757) 이후 잠시의 서울 鳳翔府(봉상부). ④後唐 莊宗(후당 장종, 923) 때의 서울 太原(태원). ⑤渤海(발해) 5京(5경)의 하나인 鴨綠府(압록부). ⑥ 고려 4京(4경)의 하나였던 平壤(평양). 여기서는 ③을 말하는데, 代宗 廣德(대종 광덕) 2년(763) 8월 吐蕃(토번)이 침입하여 서울이 함락되므로 대종이 이듬해에 봉상부로 피난했음. *安穩 : 조용하고 편함. *臘月 : 설달. 12월. *巴江 : 巴 지방의 강. 巴는 지금의 重慶市(중경시)임. 한편 蜀(촉)은 四川省 成都(사천성 성도) 지방이어서 '巴蜀'으로 아울러 쓰임. *盈盈 : 단정하고 곱거나 아름답게 치장한 모양. *當雪 : 눈을 맞음. *豔豔 : 고운 모양. 윤이 흐르는 모양. *待春 : 봄을 기다림. *風塵 : ①바람에 날리는 먼지. ②세상의 어지러운 일. 이 세상. ③거친 전쟁판. 兵亂(병란). *鬢催 : 구레나룻을 재촉함 곧 구레나룻이 희게 셈. 백발이 되어감.

[鑑賞] 지은이가 54세 때 성도에서 설달에 일찌감치 핀 꽃을 보며 읊은 서정시이다. 유교적 도덕에 젖은 두보라 첫머리에 피난해 있는 임금의 안부부터 궁금해 했다. '눈을 이고 있는 살구꽃은 영영하고 봄을 기다리고 있는 매화는 염염하다' 하여 좋은 대구를 이루었다. 마지막 結聯(결련)에서는 병란에 휩싸인 어두운 시대에 누가 남의 일을 챙겨줄 여지가 있으랴 하고 자탄하며 늙어감을 아쉬워했고, '直苦-誰憂, 風塵-客鬢, 暗-催'로 대를 이루었다 하겠다.

5言律詩(5언율시). 압운은 來, 開, 梅, 催 자로 평성 '灰(회)' 평운이며, 평측은 차례로 '平平平仄仄, 仄仄仄平平, 仄仄平平仄, 平平仄仄平, 平平平仄仄, 仄仄仄平平, 仄仄平平仄, 平平仄仄平'으로 平仄配置(평측 배치), 이사부동과 반법, 점법 등이 모두 규칙에 맞는 5언율시의 典型(전형) 같은 시이다.

64-45 種萵苣 終聯(종와거 종련) 상추를 심다 끝 연

登于白玉盤 藉以如霞綺 苴也無所施 胡顔入筐篚.

(등우백옥반 자이여하기 현야무소시 호안입광비)

상추는 궁중의 백옥 소반에 담겨, 구름 노을 같은 비단보에 덮여 임금께 진상되는데,
비름이야 아무 소용에 닿지 않아, 무슨 면목으로 광주리에 들겠는가.

[語句] *萵苣 : 상추. 부루. *白玉盤 : 흰 색 옥으로 만든 소반이나 쟁반. *藉 : 깔
다. 드리다. 빙자하다. *霞綺 : 노을같이 얇고 고운 비단. 비단 보자기. *莧 :
①비름. 비름과의 1년초. 줄기와 잎은 식용함. ②자리공. 商陸草(상륙초). *無所
施 : 쓸 데가 없음. 쓰이는 바가 없음. *胡 : 어찌. *顔 : 얼굴. '낯, 면목'의
뜻으로 쓴 말임. *筐筐 : 광주리. 대광주리.

[鑑賞] 지은이가 검각산을 넘어 성도에 와서 浣花草堂(완화초당)을 짓고 살던 49세 때의
작품으로 序文(서문)이 있는 21연 42구의 장시이다. 상추는 백옥반에 담기고 비단
보자기에 싸여 임금의 수랏상에 진상되는데, 하찮은 비름나물은 아무 소용에 닿
지 않으니 무슨 면목으로 캐어 광주리에 담을 수 있으랴 했다. 상추를 군자에 비
유하고 비름은 소인에 비겨, 군자가 임금에게 쓰임을 받게 되면 소인들은 반드시
물러나게 마련임을 隱喩(은유)했다. 서문에도 "가을 비 오다가 개어 집 앞 채마밭
에 두어 이랑 상추를 심은 지 스무 날이 되도록 싹이 나지 않고 비름만 푸르게
자랐다. 이에 군자가 혹시 늙었으나마 낮은 관직을 얻어도 운이 닿지 않아, 벼슬
길에 나아가지 못하지나 않을는지 상심이 되어 이 시를 짓는다." 하였다.

5言古詩 長篇(5언고시 장편)으로 전체가 21연 42구이다. 압운은 綺, 筐 자로 모두 측성인데
綺는 '紙(지)' 측운, 筐는 '尾(미)' 측운으로 通韻(통운)이 되며, 이 앞 구들도 압운이 '紙' 운이
다. 평측은 차례로 '平平仄仄平, 仄仄平平仄, 仄仄平仄平, 平平仄平仄'으로 끝 두 구에서
이사부동이 되지 않았다.

64-46 淸明 終聯(청명 종련) 청명 끝 연

弟姪雖存不得書 干戈未息苦離居 逢迎少壯非吾道 況乃今朝更祓除.
　　(제질수존부득서 간과미식고이거 봉영소장비오도 황내금조갱불제)

아우와 조카들 있지만 편지 받지 못하니, 전쟁 그치지 않아 멀리 떠나 사는 게 괴롭네.
젊은이의 뜻을 맞추어 불제하는 것이 이 늙은이의 도리는 아니겠지마는,
하물며 오늘 아침 그 청명 명절을 또 맞이하니 마음 아픔이 없지 않구나.

[語句] *淸明 : 24절기의 하나. 양력 4월 5, 6일경. *弟姪 : 아우와 조카. *書 : 글월.
편지 *干戈 : 창과 방패. 무기. 전쟁. *離居 : 멀리 떨어져 삶. *逢迎 : ①맞이
하여 접대함. ②남의 뜻을 맞추어 줌. *少壯 : 젊고 기운이 왕성함. 젊은이. *吾

道 : 나의 길. 내 도리. *況 : 하물며. *祓除 : 상서롭지 못한 것을 물리쳐 버림.

祓禊(불계, 3월 삼짇날에 동쪽으로 흐르는 물에서 묵은 때를 씻어 몸과 마음을 정결히 하던 세시 풍속).

[鑑賞] 두보의 '淸明' 시는 모두 세 수인데, 제시한 작품은 전 8연 16구의 장시이고 나머지는 '淸明 二首'로 각각 6연 12구이다. 각 작품은 청명의 풍물에 곁들여 명절을 맞은 사람들의 모습과, 전란이나 자신의 노쇠에 따른 감상이 主潮(주조)를 이루고 있다. 제시한 시의 앞부분의 대강은 "이 곳 長沙(장사)는 오늘 따라 번화해 주민 모두가 밖으로 나온 듯, 나루터의 버들길에 타고 오는 말들이 무릎을 물 듯 줄을 이었다. 장수들까지 군중에서 몰려나와 사람들은 湘西寺(상서사)와 술 파는 靑樓(청루)에서 즐기니, 지난날의 병란으로 인한 고난과 오늘의 즐거움을 함께 펼친 듯하다."이다. 지은이도 아우와 조카들 소식을 듣지 못하고 있지만, 젊은이들과 어울려 어쩔 수 없이 청명 불제에 동참한다는 것이다.

7言古詩(7언고시). 압운은 이 시 전체에서 세 번 轉韻(전운)했으니, 첫 단락 4구의 압운은 입성 '質(질)' 운 日, 出, 膝 자이고, 둘째 단락 4 구는 거성 '寘(치)' 운 寺, 至, 事 자이며, 셋째 단락 4구는 상성 '阮(완)' 운 晩, 遠 자와 通韻(통운)이 되는 '銑(선)' 운 遣 자이다. 그리고 제시한 마지막 단락의 운자는 書, 居, 除 자로 평성 '魚(어)' 평운이다. 그리고 보니 이 시는 平上去入(평상거입)의 四聲(사성)을 모두 운자로 썼으니 특이하다 하겠다. 평측은 차례로 '平仄平平仄仄平, 平平仄仄仄平平, 平平仄仄平平仄, 仄仄平平仄仄平'으로 二四不同二六對(이사부동이륙대)에 맞고 운자도 평운이며 近體詩(근체시)의 反法(반법), 粘法(점법)에도 맞으니, 이 단락만으로 7言絕句(7언절구)라 해도 형식상의 무리는 없겠다.

64-47 蜀相(촉상) 촉한의 정승

丞相祠堂何處尋 錦官城外栢森森 映堦碧草自春色 隔葉黃鸝空好音
三顧頻煩天下計 兩朝開濟老臣心 出師未捷身先死 長使英雄淚滿襟.

(승상사당하처심 금관성외백삼삼 영계벽초자춘색 격엽황려공호음

삼고빈번천하계 양조개제노신심 출사미첩신선사 장사영웅누만금)

승상의 사당을 어디서 찾을꼬, 금관성 밖의 잣나무 우거진 곳이로구나.

층계의 파란 풀 절로 봄빛이요, 잎 사이의 꾀꼬리 부질없이 곱게 우네.

삼고초려한 번거로움은 천하를 위한 계책이요,

두 임금 조정을 건짐은 늙은 신하의 단심이라.

출병하여 이기지 못하고 몸 먼저 죽으니, 길이 후세 영웅들 눈물이 옷섶에 가득케 하네.

[語句] *蜀相 : 촉한의 정승. 諸葛亮(제갈량, 181~234 →437)을 말하며 제목도 '蜀相廟(촉상묘)'라 함이 합당함. *丞相 : 정승. *祠堂 : 신주를 모셔 놓은 집. 제갈량의 사

당이 사천성 成都(성도) 서북 교외에 있다 함. *何處 : 어디. 어느 곳. *錦官城 : 성도의 별칭. 錦城. *栢 : '柏'의 속자. 잣나무. *森森 : 나무가 많이 벌여 선 모양. 우거진 모양. *墀 : 섬돌. 뜰. 늑階(계). *碧草 : 파릇한 풀. *黃鸝 : 꾀꼬리. 털빛이 노랗기에 黃 자를 썼음. *好音 : 좋은 소리나 소식. *三顧 : 세 번 돌아봄. 세 번을 찾아감. 三顧草廬(삼고초려, 유비가 제갈량이 사는 초가를 세 번 찾아가 軍師군사 곧 군사령관으로 맞아들인 일). *頻煩 : 횟수가 잦아 번거로움. 바쁨. 頻繁(빈빈). *天下計 : 온 세상을 위한 계획. 천하 통일의 계략. *兩朝 : 두 조정. 두 임금 곧 昭烈帝(소열제) 유비와 後主 劉禪(후주 유선). *開濟 : 열어 건짐. *老臣 : 나이가 많은 신하. 신분이 높은 신하. 重臣(중신). *出師 : 군사를 동원함. 出兵(출병). *未捷 : 이기지 못함. 捷은 '사냥하다. 이기다. 빠르다'임. *長使英雄 : 길이 영웅들로 하여금. *滿襟 : 옷섶에 가득. 가슴에 가득함.

[鑑賞] 이 '蜀相'은 너무도 유명하여 고등학교를 다닌 사람은 누구나 읽고 감상한 시이다. 제갈공명의 사당 주변에는 잣나무가 가득 들어서 있어, 꾀꼬리는 잎 사이에 숨어 울고 봄풀은 다시 돋아나 가고 없는 제갈 정승을 그리워하게 한다. 유비의 삼고초려를 받아들여 기울어져 가는 漢(한) 나라를 유비를 중심으로 다시 세우려 했지만, 뜻을 이루지 못하고 몸이 먼저 가고 말았으니 후세 영웅들의 통한을 금치 못하게 한다. 우리는 '三國志(삼국지)'를 읽으면서 늘 劉備玄德(유비 현덕) 편에 서서 그를 괴롭히는 曹操(조조)나 다른 사람들을 미워하니, 이는 지은이 두보의 생각과 통하는 것일 게다. 頷聯(함련 3~4구, 承承)과 頸聯(경련 5~6구, 轉전)은 각각 두 구가 대를 이루어 '映墀-隔葉, 碧草-黃鸝, 自春色-空好音'은 寫景(사경, 서경)이요, 경련의 '三顧-兩朝, 頻煩-開濟, 天下計-老臣心'은 敍情(서정)이다.

7言律詩(7언율시). 압운은 尋, 森, 音, 心, 襟 자로 평성 '侵(침)' 평운이다. 평측은 차례로 '平仄平平平仄平, 仄平仄仄仄平平, 仄平仄仄仄平仄, 仄仄平平平仄平, 平仄平平平仄仄, 仄平平仄仄平平, 仄平仄仄平平仄, 平仄平平仄仄平'으로 이사부동이륙대뿐 아니라 반법, 점법 등이 7언율시 규칙에 조금도 어긋남이 없는 시이다.

64-48 秋雨歎 三首 第3首(추우탄 삼수 제3수) 가을비를 한탄하다 세 수 셋째 수

長安布衣誰比數 反鎖衡門守環堵 老夫不出長蓬蒿 稚子無憂走風雨
雨聲颼颼催早寒 胡雁翅濕高飛難 秋來未曾見白日 泥污后土何時乾.

(장안포의수비수 반쇄형문수환도 노부불출장봉호 치자무우주풍우

우성수수최조한 호안시습고비난 추래미증견백일 이오후토하시간)

장안의 포의를 그 누가 셈에 넣겠는가, 도로 형문을 걸어 닫고 좁은 울만 지키노라.

이 늙은이 나다니지 않으니 온 사방에 쑥대만 자랐는데,

아이들은 아무렇지 않게 비바람 속을 뛰노는구나.

비는 죽죽 쏟아져서 이른 추위 재촉하는데, 북쪽 기러기 날개 젖어 높이 날지 못하네.

가을 들어 아직도 갠 날을 못 보겠으니, 진흙으로 더럽혀진 이 땅이 어느 적에 마를거나.

[語句] *秋雨 : 가을비. '가을 장마비'를 두고 한 말임. *長安 : 당 나라 서울. → 64-32. *布衣 : 베옷. 벼슬 없는 선비. *比數 : 견주어 헤아림. 셈에 넣음. *衡門 : 일각 대문. 두 기둥에 한 개의 가로목을 가로질러 만든 허술한 대문. 은 자나 가난한 집의 대문. *環堵 : 작은 방이나 담장. 사방이 한 발쯤 되는 방이 나 울타리. *老夫 : '늙은이' 자칭. '이 늙은이'의 뜻임. *蓬蒿 : 쑥. *稚子 : 어린아이. 어린 아들. *無憂 : 근심 걱정이 없음. *風雨 : 바람과 비. 비바람. *颼颼 : 비바람 소리. 썰렁한 모양. *早寒 : 이른 추위. 겨울 추위가 일찍 오 는 일. *胡雁 : 기러기. 북쪽 오랑캐 지방에서 오는 기러기. *未曾 : 없음. 일 찍이 ~ 없음. *白日 : 밝은 해. 맑게 갠 날. *泥汚 : 수렁. 흙탕물. 汚泥. *后 土 : ①토지. 국토. ②토지의 신. 地祇(지기).

[鑑賞] 이 '秋雨歎 三首'는 지은이가 43세 때인 玄宗 天寶(현종 천보) 13년(754) 정부의 구호미로 생활하다가 가을에 석 달간의 큰 장마로 생활의 질서가 혼란하고 백성 들이 도탄에 빠져, 가족들을 섬서성 奉先縣(봉선현)으로 疏開(소개)시키던 무렵의 작품이다. 첫 수에서는 "가을 장마로 모든 풀이 문드러지고 없는데, 오직 決明 茶(결명차) 풀만은 생생하여 비취 차일 같은 잎에 다닥다닥 핀 꽃이 황금 엽전 같 다. 허나 찬 바람 불면 너 결명풀도 더 이상 서 있기 어려울 게니 백발 서생인 나는 네 향기를 맡으며 눈물짓노라." 했고, 둘째 수에서는 秋收期(추수기)의 장마 로 벼 이삭에는 싹이 나고 기장은 검게 썩어 곡식 값이 폭등한 내용을 읊었다. 이 셋 째 수에서 지루한 장마로 모든 것이 정상에서 벗어나 있음을 한탄했다.

7언고시. 압운은 네 구마다 轉韻(전운)했으니, 첫 4구는 數, 堵, 雨 자로 상성 '麌(우)' 측운이 고 뒤의 4구는 寒, 難, 乾 자로 평성 '寒' 평운으로 압운했다. 이렇게 8구에서 4구마다 전운하 는 일은 드문 경우라 하겠으니 고시이기에 가능하리라. 평측은 차례로 '平平仄平平仄仄, 仄仄平平仄平仄, 仄平仄仄平平平, 仄仄平平仄平仄, 仄平平平平仄平, 平仄仄仄平平平, 平平 仄平仄仄仄, 平仄仄仄平平平'으로 이사부동이륙대나 반법, 점법 등이 맞지 않음은 고시이기 에 당연하다 하겠다.

64-49 秋興 五首 第2首(추흥 오수 제2수) 가을 감흥 다섯 수 둘째 수

蓬萊宮闕對南山 承露金莖霄漢間 西望瑤池降王母 東來紫氣滿函關

雲移雉尾開宮扇 日繞龍麟識聖顔 一臥滄江驚歲晚 幾回靑鎖點朝班.

(봉래궁궐대남산 승로금경소한간 서망요지강왕모 동래자기만함관

운이치미개궁선 일요용린식성안 일와창강경세만 기회청쇄점조반)

봉래궁 궁궐은 종남산을 마주하고, 승로반의 금경 기둥이 하늘에 치솟았네.

서쪽 요지를 보면 서왕모 내리는 모습 보이고, 동에서 오는 붉은 기운 함곡관에 그득하네.

구름 모양 휘장이 치미 가리개로 옮아 둥근 부채 열리고,

햇살이 곤룡포 용의 비늘 수를 둘러싸니 임금님 용안을 알리로다.

병으로 무협에 자리잡아 이 해도 저물어 감을 놀라나니,

조회 반열에 끼어 대궐문을 드나들던 게 그 몇 번이던가.

[語句] *秋興 : 가을에 이는 감흥. *蓬萊宮 : 삼신산의 하나인 봉래산에 있는 신선 궁궐. 여기서는 '漢(한) 나라 永安宮(영안궁)'임. '宮闕'은 '高闕(고궐)'로 보기도 함. *南山 : 漢唐(한당)의 서울 長安(장안) 남쪽의 산. 종남산. *承露金莖 : 承露盤(승로반)과 금경 기둥. 승로반은 漢武帝(한무제)가 건장궁에 설치한 구리 쟁반으로 넓이가 7아름이고, 이슬을 받아 내리는 기둥이 금경인데 길이 20丈(장)으로 위에 선인장을 두어 이슬을 받아서는 옥가루를 타서 장수의 약으로 마셨다 함. *霄漢 : 푸른 하늘. 창공. *瑤池 : 신선이 사는 곳. 崑崙山(곤륜산)에 있으며 周(주)의 穆王(목왕)이 팔준마를 타고 가서 西王母(서왕모)를 만나 노래로 화답했다고 함. *王母 : 서왕모. 곤륜산의 선녀. *紫氣 : 자줏빛 기운. 紫色 雲氣(자색 운기). 老子(노자)의 신선 사상을 상징한다고도 함. *函關 : 함곡관. 山東(산동)에서 6국으로 통하던 관문으로 낙양 서쪽에 있는데, 험하기로 유명하여 '天下第一險關(천하제일험관)'이라 함. 紫氣關(자기관). *雲 : 구름 무늬의 揮帳(휘장, 커튼). *雉尾 : ①장목. 꿩의 꽁지깃. ②雉尾扇. 장목으로 만들거나 장식한 부채 같은 가리개. *宮扇 : 궁중에서 쓰던 둥근 모양의 부채. *龍麟 : 용의 비늘. '袞龍袍(곤룡포)에 수놓은 용의 비늘 모양'임. *聖顔 : 임금의 얼굴. 天顔(천안). 龍顔(용안). *一臥 : 한 번 누움. 병으로 누움. 자리잡아 살아감. 臥는 高(고)의 뜻으로 '은거하여 지조를 지킴'을 뜻하기도 함. *滄江 : 푸른 강. '巫峽(무협)'을 말함. *歲晚 : 한 해가 저무는 때. 세밑. 세모. *靑鎖 : 天子(천자)의 대궐문. 宮門(궁문). *點 : 더럽다. '오점을 찍음'의 뜻으로 조회 반열에 참여함을 겸손하게 쓴 글자임. *朝班 : 朝會 班列(조회 반열). 조정의 의식이나 회합에서 벼슬아치가 서는 차례. 朝列(조열).

[鑑賞] 이 '秋興 五首'는 代宗大曆(대종대력) 원년(766) 지은이가 55세 때 夔州(기주, 현재 重慶市巫山縣중경시 무산현)에 머물 때의 작품으로, 뒤에 제시하는 '秋興 三首'와 더불어 모두 8수가 같은 제목이다. 이 작품들은 그의 가난과 시름과 신병과 노쇠와 망향 그리고 충성 등이 점철되어 있어서, 北周(북주)의 庾信(유신, 자 子安자안)의 '哀江南賦(애강남부)'에 비기는 명작이다. 이 앞 첫 수는 장안의 모습을 남에게서 들은 형식으로 써서 安祿山(안록산)이나 吐蕃族(토번족)에게 점령당하고 정치가들은 아무 계책 없이 갈팡질팡하는 등 박장기판 같으며, 귀족의 저택은 새 임자로 바뀌고 文物(문물)이 전과 달라졌는데도 자기로서는 어찌할 수 없는 안타까움과 함께 지난날을 회고해 보게 된다고 했다. 인용한 둘째 수는 태평했던 지난날의 조정을 묘사하면서 관직에 있을 때 임금을 뵙던 추억을 더듬었다. 셋째 수에서는 曲江(곡강)의 놀이를 회상하며 장안의 지금 형편을 안타까워했고, 넷째 수에서는 昆明池(곤명지)를 들어 漢武帝(한무제)의 偉業(위업)을 현종 임금과 비기었다. 마지막 수는 美陂湖(미피호)의 뱃놀이를 회고하며 지난 날 자기의 글솜씨는 강산을 눌렀는데 지금 백발로 고개 숙인 처지를 슬퍼했다.

7言律詩(7언율시). 압운은 山, 間, 關, 顏, 班 자로 평성 '刪(산)' 평운이다. 평측은 차례로 '平平平仄仄平平, 平仄平平平仄平, 平仄平平仄仄仄, 平平仄仄仄平平, 平平仄仄平平仄, 仄仄仄平仄仄平, 仄仄平平平仄仄. 仄平平仄仄平平'으로 二四不同二六對(이사부동이륙대)와 反法, 粘法(반법, 점법) 등이 모두 이루어졌다. 제 3구의 王 자는 '임금'의 뜻이면 평운 '陽(양)'이요, '임금노릇하다'의 뜻이면 거성 '漾(양)' 측운인데 여기서는 '漾' 운이 합당할 것이다.

64-50 秋興 三首 第1首(추흥 삼수 제1수) 가을 감흥 세 수 첫 수

玉露凋傷楓樹林 巫山巫峽氣蕭森 江間波浪兼天湧 塞上風雲接地陰
叢菊兩開他日淚 孤舟一繫故園心 寒衣處處催刀尺 白帝城高急暮砧.

　(옥로조상풍수림 무산무협기소삼 강간파랑겸천용 새상풍운접지음

　총국양개타일루 고주일계고원심 한의처처최도척 백제성고급모침)

옥같이 맑은 이슬이 단풍나무 숲을 시들게 하고, 무산과 무협의 가을빛은 조용하고 쓸쓸쿠나.
장강長江의 파도는 하늘 닿을 듯 용솟음치고,
변방 산 관문關門의 바람과 구름은 평지까지 내려 닿아 어둑어둑하네.
국화꽃 무더기로 피어남을 지난해에 이어 또 보니 앞날의 눈물거리가 되겠고,
작은 배 한 척 매어 두고 있음은 고향으로 돌아가려는 마음에서일세.
곳곳마다 겨울 옷 마름질하기에 한창이라,
백제성 높은 곳 저녁에 다듬잇방망이 소리 다급하기도 하구나.

[語句] *玉露 : 옥 같은 이슬. 맑은 가을 이슬. *凋傷 : 시들어 상함. 매우 쇠약해짐. *楓樹林 : 단풍나무숲. *巫山 巫峽 : 현재의 重慶市 巫山縣(중경시 무산현)과 그 무협 골짜기. 무협은 양편에 암벽이 높이 솟아 낮에도 해가 보이지 않을 정도이며 험하기로 유명함. 그 골짜기로 장강 곧 양자강이 흐르는데, 무협과 西陵峽(서릉협), 瞿唐峽(구당협)을 삼협이라 하며 부근에 白帝城(백제성) 같은 명승고적이 많음. *蕭森 : 조용하고 쓸쓸함. *波浪 : 파도. 큰 물결 작은 물결. 波瀾(파란). *兼天湧 : 하늘을 아우를 듯 솟구침. 하늘까지 솟음. *塞 : 변방. 국경 지방. *風雲 : 바람과 구름. *叢菊 : 국화 무더기. *兩開 : 두 번 핌. 두 번째로 핌. 지은이가 成都(성도)를 떠나 '두 번째로 국화꽃이 피는 걸 본다'는 뜻임. *他日 : 다른 날. ①지난 날. ②앞 날. *孤舟 : 외따로 있는 작은 배. *一繫 : 꼭 붙들어 매어둠. *故園 : 옛 동산. 고향. 故園心은 '고향으로 돌아가려는 마음'임. *寒衣 : 겨울옷. 동복. *催 : 재촉하다. 가까이 다가와 절박하다. *刀尺 : 가위와 자. 옷을 마름질함. *白帝城 : 무협 부근의 성. 漢末, 公孫述(한말, 공손술)이 이 곳에 웅거했는데 흰 용이 우물 속에서 나오는 것을 보고 이름 붙였다 하며 촉한의 劉備(유비)가 여기서 죽었음. 여기서 호북성 江陵(강릉, 형주荊州)까지 1,300리요 골짜기 길이가 700리라고 함. 白帝는 '가을을 맡은 서쪽 神(신)'의 뜻이 있음. *暮砧 : 저녁의 다듬이질. '저녁에 옷을 다듬이질하느라 두드리는 방망이 소리'를 뜻함. 砧은 '다듬잇돌'임.

[鑑賞] 이 시는 '秋興 三首'의 첫 수로 '杜詩諺解(두시언해)'에는 '秋興 五首'의 뒤에 실렸으나, 사실상 추흥 여덟 수의 발단과 같은 작품이다. 1연[1, 2구]은 起(기)로 가을이 되어 만물이 시드는 소삼한 기운을 읊었고, 2연[3, 4구]은 承(승)으로 寫景(사경)인데 무협 장강의 파도는 하늘로 치솟고 산에 낀 구름은 평지에까지 깔려 사방이 어둡다는 것이다. 3연[5, 6구]은 轉(전)으로 작년에 이어 국화꽃 핀 것을 또 봄으로 해서 내용이 전환되어, 고향 가려던 일이 어긋나 언제 가게 되는지 기약 없어 이 국화가 앞날의 눈물의 씨앗이 되지 않으려나 불안하며, 짐을 풀지 못하고 타고 갈 배 한 척을 강가에 매어 두고 있다는 것이다. '他日淚'는 '지난날을 회상하는 눈물'이라는 풀이도 있다. 마지막 연[7, 8구]은 結(결)로 겨울 준비를 하느라 백성들은 바빠 다듬잇방망이 소리가 백제성에 드높으니, 언제 고향으로 가게 되는지 방망이 소리가 가슴을 때린다. 더구나 '白帝'는 가을 신이니 마음만 조급하다. 제2 수는 기주의 저녁과 밤경치를 읊고 절도사 친구 嚴武(엄무), 신선 길을 더듬은 漢(한)의 張騫(장건)을 떠올리노라니 시간은 흘러 둥근 달은 어느덧 중천으로 와서 강가의 갈대꽃을 비춘다 했다. 이것이 아침의 전조가 되어 제3수에서는 기주와 무협의 아침 풍경에 자기의 감회를 폈

으니, "나는 남들보다 글솜씨가 뒤지지 않건만 同接(동접) 친구들은 성공했다(同學少年多不賤 五陵衣馬自輕肥동학소년다 불천 오릉의마자경비)"라고 맺었다.

7언율시. 압운은 林, 森, 陰, 心, 砧 자로 평성 '侵(침)' 평운이다. 평측은 차례로 '仄仄平平平仄平, 平平平仄仄平平, 平平平仄平平仄, 仄仄平平仄平平, 平仄平仄平平仄, 平平仄仄平平仄, 仄仄平平仄平平'으로 이사부동이륙대, 반법, 점법 등이 모두 잘 이루어졌다.

64-51 春日憶李白(춘일억이백) 봄날에 이백을 생각하다

白也詩無敵 飄然思不群 清新庾開府 俊逸鮑參軍

渭北春天樹 江東日暮雲 何時一樽酒 重與細論文.

(백야시무적 표연사불군 청신유개부 준일포참군

위북춘천수 강동일모운 하시일준주 중여세론문)

이백의 시는 당할 이 없어, 자유분방한 그 생각 위낙 뛰어나,

청신한 북방의 유신庾信에다가, 헌칠하고 뛰어난 남방의 포조鮑照를 겸하였네.

봄 나무들 싱그러운 위북의 나, 저무는 날 구름에 마음 설렐 강동의 그대.

언제 둘이서 술잔을 나누며, 다시금 자상하게 시와 글에 대해 논하여 볼꼬.

[語句] *李白(706~762) : 당의 詩仙(시선). 자 太白(태백). 호 靑蓮(청련), 醉仙翁(취선옹). 翰林供奉(한림공봉)을 지냈음. →234. *白也 : 李白이[의]. 也는 '친근이나 강조하는 呼格(호격)'으로 낮추어 말하는 의미도 있음. *無敵 : 겨룰 만한 상대가 없음. *飄然 : 훌쩍 떠나거나 나타나는 모양. 세상일에 구애받지 않고 自由奔放(자유분방)한 모양. *不群 : 무리에서 뛰어남. *清新 : 깨끗하고 새로움. 斬新(참신)함. *庾開府 : 庾信(유신 513~581). 六朝(육조) 시대 北周(북주)의 문인. 開府儀同三司(개부의동삼사)를 지냈기로 '유개부'라 별칭함. *俊逸 : 재능이 뛰어남. *鮑參軍 : 鮑照(포조 405~466). 남북조 시대 남조 宋(송, 劉宋유송)의 시인. 南齊(남제)의 謝朓(사조)와 함께 남방을 대표하는 시인으로 荊州(형주)의 참군 벼슬을 지냈음. *渭北 : 북쪽 위수 곧 長安(장안). 위수는 '현재의 渭河(위하)로 장안 북쪽의 강'임. *春天 : 봄 하늘. 봄. *江東 : 동쪽 양자강 지역. 강남. 이백이 永王 李璘(영왕 이린)의 반란에 연루되어 夜郎(야랑)으로 귀양 갔던 곳을 말함. *日暮雲 : 해가 저무는 무렵의 구름. 저녁노을이 진 구름. *一樽酒 : 한 통(동이)의 술. *重 : 거듭. 다시. *細論文 : 글에 대하여 자세히 논의함.

[鑑賞] 이 시는 비교적 많이 읽힌 작품으로 玄宗 天寶(현종 천보) 6년(747) 36세 때에 지었다고 한다. '두시언해'에서 이백과 관련된 시는 모두 8수인데, 이 시 외에 '冬

日有懷李白(동일유회이백) '夢李白(몽이백)' '送孔巢父謝病歸遊江東兼呈李白(송공소
보사병귀유강동겸정이백)' '與李十二白同尋范十隱居(여이12백동심범10은거)' '贈李白(증이백 2
수)' '天末懷李白(천말회이백)' 등이 있다. 이 시는 첫머리에 '白也'라 하여 이백을
높이지 않았으나, 이어서 '無敵'이니 '不群'이라 표현하여 최고의 讚辭(찬사)를
보내고, 이어 2연[3~4구]에서는 유신과 포조를 들어 그를 찬양했다. 3 연[5~6
구]에서 전환하여 그를 그리는 정을 표출하여 '그대가 없는 여기 장안의 봄이
무슨 뜻이 있으며, 그대가 있는 강남의 저녁노을 구름도 내가 없으니 제 빛을
내랴.' 하고 읊어, 이백을 향한 지극한 정을 나타내었다. 이 구절은 특히 對句(대
구)가 멋져서 '渭水江雲, 暮雲春樹, 雲樹之懷, 春樹暮雲情(위수강운, 모운춘수, 운수지
회, 운수모운정)'이라는 새로운 語彙(어휘)가 생기게 되어 '먼 곳의 벗을 생각하는 간
절한 정'을 표현하는 말로 쓰이고 있으니, 시인의 어휘 창조가 얼마나 큰 영향
을 끼치는가를 보여 준다. 그리고는 언제 만나 함께 술 마시며 시와 글에 대해
논할 수 있으랴 하고 시인답게 끝맺어, 더불어 대화할 상대는 오직 이백뿐이라
는 뜻을 숨겼다. 그런데도 이 둘은 이후 만나지 못했다고 하니 안타깝다.

5言律詩(5언율시). 압운은 群, 軍, 雲, 文 자로 평성 '文' 평운이다. 평측은 차례로 '仄仄平平
仄, 平平仄仄平, 平平仄平仄, 仄仄仄平平, 仄仄平平仄, 平平仄仄平, 平平仄平仄, 平仄仄平
平'으로 二四不同(이사부동)이 제3, 7구에서 어긋나 反法(반법)과 粘法(점법)은 온전치 못하다.

64-52 八陣圖(팔진도) 팔진의 도형

功蓋三分國 名成八陣圖 江流石不轉 遺恨失吞吳.
　　(공개삼분국 명성팔진도 강류석부전 유한실탄오)

세운 공은 셋으로 나뉜 천하를 뒤덮었고, 그 명성 팔진도로 이루었네.
강물은 흘러도 그 돌들은 굴러 없어지지 않으니,
남은 한은 오를 치라는 말씀 따른 실책이어라.

[語句] *八陣圖 : 촉한의 제갈량이 만든 8가지 진형의 도형. 魚復縣(어복현, 현재의 重慶
市奉節縣중경시봉절현) 강가에 돌들을 모아 만들었는데, 골의 물이 크게 불어나 큰
나무 등걸이 물에 떠내려갔으나 이 팔진도 돌만은 그대로 지금까지도 남아 있
다고 함. 8진은 天・地・風・雲(천 지 풍 운)의 네 진과 龍(용, 비룡飛龍)・鳥(조, 상
조翔鳥)・虎(호, 호익虎翼)・蛇(사, 사반蛇蟠) 등의 네 진을 말함. *蓋 : 뚜껑. 가리우
다. 뒤덮다. *三分國 : 중국 땅이 위・오・촉한으로 갈라져 삼국시대가 이루
어진 일. *石不轉 : 8 진도를 만들었던 강가의 돌들이 큰물에 굴러가지 않았

음. *遺恨 : 원한을 남김. 잊혀지지 않는 한. *呑吳 : 오 나라를 併呑(병탄, 평정해 제 것으로 함)코자 함.

[鑑賞] 어복현 강가에 아직도 남아 있는, 지난날 제갈량이 군사 훈련을 위해 만든 팔진도 돌무더기 유적을 보고 지은 시이다. 그의 공적은 천하를 3분해 유비를 촉한의 황제로 삼은 일에서 드러나고 명성은 팔진도로써 뚜렷해졌다. 200년간의 거센 물결에도 그 진형은 여전히 남아있으니, 소열제 유비의 오 나라를 치라는 명을 따른 것이 큰 실책이어서 천추의 한이 되었구나. 제갈량은 위의 조조를 제거하는 것이 상책임을 주장했으나 받아들여지지 않아 오 나라 정벌의 무리를 하지 않았던들, 천하를 통일하고 벼슬에서 은퇴하여 고향 南陽(남양)에서 여생을 편히 보냈을텐데 생각사록 안타까운 일이라는 뜻이 숨어 있다. 제갈량은 너무도 큰 인재 라 지은이는 '枯栢行(고백행)' 시 마지막에 '志士幽人莫怨嗟 古來材大難爲用(지사유인막원차 고래재대난위용, 뜻이 큰 선비나 그윽히 숨어 사는 위인은 원망과 탄식을 말라, 예로부터 재목이 크면 쓰이기가 어렵다네.)'이라고 읊은 바 있다.

5言絶句(5언절구). 압운은 圖, 吳 자로 평성 '虞(우)' 평운이다. 평측은 차례로 '平仄平平仄, 平平仄仄平, 平平仄仄仄, 平仄仄平平'으로 이사부동, 반법, 점법 등이 5언절구 규칙에 조금도 어긋남이 없는 전형적인 작품이다.

64-53 熒火(형화) 반딧불

幸因腐草出 敢近太陽飛 未足臨書卷 時能點客衣

隨風隔幔小 帶雨傍林微 十月淸霜重 飄零何處歸.

（행인부초출 감근태양비 미족임서권 시능점객의

수풍격만소 대우방림미 시월청상중 표령하처귀)

썩은 풀에서 요행스러이 생겨났으니, 감히 밝은 대낮 가까이야 날 수 있으랴.

차윤車胤의 책 곁에서 형설의 공 이루게 할 뿐 아니라,

때로는 나그네의 옷에 앉아 반짝이네.

바람 불면 장막에 막혀 반짝임이 작고, 비가 오면 숲을 곁따르기에 희미하게 비추네.

시월에 희고 맑은 서리 심하게 내리면, 이리저리 떠돌며 어디로 돌아가는고.

[語句] *熒火 : 반딧불. 熒=螢(형, 개똥벌레). *腐草 : 썩은 풀. *未足 : 아직 넉넉하지 못함. 만족하지 않음. *臨書卷 : 책에 다가감. 중국 晉(진)의 車胤(차윤)이 여름에 불을 켜는 기름이 없어서 개똥벌레를 얇은 주머니에 잔뜩 잡아넣어 그 불빛으로 공부해 尙書郞(상서랑)으로 성공한 故事(고사)를 두고 한 말인데, 孫康(손강)은 겨울에

눈을 잔뜩 모아 담아 책을 비춰 가며 공부해서 御史大夫(어사대부)가 되었으므로 이를 아울러 '螢雪之功(형설지공)'이란 고사성어가 이루어졌음. *點 : 점찍다. 점. 불켜다. '반짝이다'의 뜻으로 썼음. *幔 : 장막. 휘장. 커튼. *淸霜 : 맑고 하얀 서리. *重 : 무겁다. 심하다. 거듭하다. *飄零 : ①나뭇잎 같은 것이 나부껴 떨어짐. ②신세가 딱하게 되어 떠돌아다님. 여기서는 ②의 뜻임. *何處 : 어느 곳. 어디.

[鑑賞] 개똥벌레가 내는 반딧불을 보며 지은 시이다. 반딧불은 가을에 반짝이므로 객지에서는 향수를 불러일으키고, 자기 고향에 산다 하더라도 情感(정감)을 주는 광경이다. 썩은 풀에서 생겨났으니 감히 대낮 햇빛 아래에서는 반짝이지 못하지만, 차윤에게 불빛을 제공하여 성공하게 했고 그것도 모자라 나그네의 옷에 붙어 반짝이니 얼마나 정겨운가. 바람 부는 날이면 장막에 가려 보이지 않고 비라도 오는 날이면 불빛이 희미해진다. 시월 모진 서리 내리는 철이 다가오는데, 너 개똥벌레는 어디로 떠돌게 되려는고. 漂迫(표박)하는 사람의 신세와 같아 많은 동정이 가게 되는 것은, 지은이도 일생 여기저기 떠돌이 생활을 한 바라 자기 신세에 비기어 비감에 젖었으리라.

5言律詩(5언율시). 압운은 飛, 衣, 微, 歸 자로 평성 '微' 평운이다. 평측은 차례로 '仄平仄仄仄, 仄仄仄平平, 仄仄平平仄, 平平仄仄平, 平平仄仄仄, 仄仄平平平, 仄仄平平仄, 平平平仄平'으로 二四不同, 反法, 粘法(이사부동, 반법, 점법) 등에는 맞으나, 첫 구는 평성이, 끝 구는 측성이 한 자뿐이라 아쉽고, 7행의 重 자는 '무겁다. 심하다'의 뜻이면 상성 '腫(동)' 운이요 '거듭하다. 겹치다'이면 평성 '冬(동)' 운인데, 여기서는 평측 규칙으로 보아 상성 측운이 옳겠다.

64-54 火 中段(화 중단) 불[산불] 중간 단락

靑林一灰燼 雲氣無處所 入夜殊赫然 新秋照牛女.
(청림일회신 운기무처소 입야수혁연 신추조우녀)

푸른 숲이 한결같이 재가 되니, 구름은 몸 붙일 곳이 없구나.
밤들어 더욱 뻘겋게 되니, 첫 가을 7월에 견우 직녀 별을 비추리로다.

[語句] *靑林 : 나무가 꽉 들어찬 푸른 숲. *灰燼 : 모조리 타버림. 불타고 남은 재. *雲氣 : 구름 기운. 구름이 움직이는 모양. *處所 : 머무는 곳. 있는 곳. *赫然 : ①불길이 이글거리는 모양. ②사람을 놀라게 해 움직이도록 하는 모양. ③벌컥 성을 내는 모양. 여기서는 ①의 뜻임. *新秋 : 첫 가을. 음력 7월. *牛女 : 牽牛星(견우성)과 織女星(직녀성). 견우 직녀.

[鑑賞] 楚(초) 지방에 산불이 나 한 달이나 계속되는 광경을 보며 지은 5言古詩(5언고시)

이다. 나무들이 꽉 들어찬 숲이 한결같이 타 버리니 비를 내릴 구름은 볼 수가 없다. 밤이 되면서 더욱 뻘겋게 바라다보이니 견우 직녀가 만나는 7월이라 그 두 별까지 비칠 수 있겠다. 이 시의 앞에서는 '큰 불로 가뭄이 들었는데 비를 부르는 풍속으로 蛟龍(교룡)에 연기를 씌우면 놀라 우레와 비를 부른다고 했으니, 굴속에 숨은 도깨비도 놀라고 온 강물도 뜨거워 비가 오게 되는지 모를 일이라.' 했고, 뒷부분은 '바람이 불어 큰 불꽃을 이루니 강의 배 돛대도 연기 기둥으로 덮였고, 불길은 곤륜산을 태울 듯하며 물가까지 불의 뜨거움이 쬐인다. 비린내 나니 긴 뱀이 타는가 하고 범의 부르짖는 소리 들리니 아마 불길에 싸였나 보다.' 등으로 읊었다.

5언고시 전 14연[28구]. 인용한 부분은 제5, 6연으로 압운은 所, 女 자로 상성 '語(어)' 측운이며, 시 전체를 보면 通韻(통운)이 되는 '語'와 '麌(우)' 측운으로 押韻(압운)했는데 '語' 운이 넉 자요 나머지 10자는 '麌' 운이다. 평측은 차례로 '平平仄平仄, 平仄平仄仄, 仄仄平仄平, 平平仄平仄'인데 二四不同(이사부동)이 이루어지지 않았다.

64-55 戲爲六絕 第1, 2首(희위육절 제1, 2수) 익살로 지은 여섯 절구 첫째, 둘째 수

庚信文章老更成 凌雲健筆意縱橫 今人嗤點流傳賦 不覺前賢畏後生 <제1수>
(유신문장노갱성 능운건필의종횡 금인치점유전부 불각전현외후생)

북주北周 유신의 글은 늘그막에 더욱 격조 높아, 글 지음이 구름을 넘고 뜻도 자유자재라.
요즘 사람들 유신의 애강남부哀江南賦를 꼬집어 뇌까리지만,
옛 현인이 후생이 두렵다 한 말 깨닫지 못하는구나.

[語句] *庚信 : 北周(북주)의 문인. '哀江南賦(애강남부)'를 지었음. →64-51. *老更成 : 더욱 숙련됨. 경험을 쌓아 일에 더욱 익숙함. 更은 '다시'의 뜻인데 여기서는 '더욱'이 알맞음. *凌雲 : 구름을 지남. 구름을 넘나듦. *健筆 : 글씨를 힘있게 씀. 시나 글을 잘 지음. *縱橫 : 생각대로. 自由自在(자유자재). 縱橫無盡(종횡무진, 자유자재로 거침없이 마음대로 함). *嗤點 : 비웃고 뒷손가락질함. *流傳 : 널리 퍼져 전함. *賦 : 문체의 하나. 敍事的 韻文文學(서사적 운문 문학). 여기서는 유신의 '애강남부'를 말함. *前賢 : 예전의 賢人(현인, 聖人성인 다음가는 어질고 총명한 사람). *畏後生 : 後生可畏(후생가외). 후배들이 두려움. '후배는 선배보다 나이가 젊어 학문을 더 쌓을 수 있기에 선배보다 나아질 가능성이 높으므로 두려운 존재가 될 수 있음.'의 뜻임.<論語 子罕>

[鑑賞] 이 '희위 6절'은 지은이가 시로써 시를 논한 論詩(논시)로 논시의 嚆矢(효시)가

되며, 시론이기는 하되 제목이 '戱爲~'라 正論(정론)이 아닌 희론이지만 정론에 못지않다고 말한다. 이 첫 수는 六朝(육조)의 문학을 대표하는 유신의 시문을 옹호했다. "庾信의 문장은 더욱 노성해져서 그 기상이 구름을 넘나들고 담긴 뜻은 자유자재요 종횡무진이다. 요즘 사람들이 그의 '애강남부'를 두고 日可日否(왈가왈부)하나, 후생가외란 공자님 말씀을 따라 공부나 더 하라."고 했다. 이 시에서 '前賢'을 누구로 푸는가에 따라 시의 비중이 달라질 수도 있지만, '전현이 말씀하신 後生可畏(후생가외)란 말이 합당하지 않으니 요새 사람들이 육조 때의 유신보다 나아간 바가 없구나.'의 뜻으로 보면 무난하겠다.

7言絕句(7언절구). 압운은 成, 橫, 生 자로 평성 '庚(경)' 평운이다. 평측은 차례로 '仄仄平平仄仄平, 平平仄仄仄平平, 平平平仄平平仄, 仄仄平平仄仄平'으로 二四不同二六對(이사부동이륙대)는 물론 반법, 점법 등 7언절구 평측에 모두 합치되는 작품이다.

64-56 楊王盧駱當時體 輕薄爲文哂未休 爾曹身與名俱滅 不廢江河萬古流 <제2수>
(양왕노락당시체 경박위문신미휴 이조신여명구멸 불폐강하만고류)

양경楊烱 왕발王勃 노조린盧照鄰 낙빈왕駱賓王의 당시 글체를 두고,

경박한 무리들이 비웃음을 마지않으나,

너희야 몸과 이름 함께 사라져 버리겠지만, 이 4걸들은 강물 같아 끊임없이 만고에 흐르리라.

[語句] *楊王盧駱 : 당 나라 초기의 네 文豪(문호)인 楊烱(양경), 王勃(왕발, 647~674 →160), 盧照鄰(노조린, 650~687 →59), 駱賓王(낙빈왕, 650~684 →52). 初唐四傑(초당사걸). *輕薄 : 말과 행동이 가벼움, 또는 그런 사람. 輕佻浮薄(경조부박). *哂 : 비웃다. *未休 : 그치지 아니함. *爾曹 : 너희 무리. 너희들. *俱滅 : 다 없어짐. 함께 멸망함. *不廢 : 폐하지 않음. 무너지지 않음. *江河 : ①양자강과 황하. ②큰 강. *萬古流 : 영원토록 흘러감. 그 명성이 영원토록 전해짐.

[鑑賞] 이 둘째 수는 초당4걸을 칭송했다. 그들이 이루어 놓은 문체를 두고 경박한 요즘 사람들이 비웃으나, 이렇다 할 문학적 업적이 없는 너희는 육체와 함께 이름도 사라져 없어져 버리겠지만, 초당4걸들은 큰 강물과 같아 그 명성이 영원히 남으리라고 읊었다. 다음 제3수에서도 초당 4걸을 천리마인 龍文(용문)과 虎脊(호척)에 비유하여 요즈음 사람들에게 그 내달림이 보이지 않으리라 했고, 제4수는 현재의 문인들에게도 '난초 위의 비취새' 보이듯 아름다운 글귀는 더러 있으나 바닷속 고래를 낚아내는 듯한 큰 문장이 없다고 했다. 마지막 5, 6수는 마무리로 좋은 글귀는 본받아서 옛날의 굴원이나 송옥과 6조의 문학을

　　뛰어넘어, 거짓 글본을 가려내고 시경의 경지에까지 올라, 고전을 스승으로 삼
고 정진해 나아가야 하리라 했다.

　7언절구. 압운은 休, 流 자로 평성 '尤(우)' 평운이며, 평측은 차례로 '平平平仄平平仄, 仄仄平
平仄仄平, 仄平平仄平平仄, 仄平平平仄仄平'으로 이사부동이륙대는 잘 이루어졌으나, 점법이
지켜지지 않았다. 곧 3연과 4연의 2, 4, 6자가 바뀌면 점법과 반법에 모두 합치되는 것이다.

64-57 戲題王宰畫山水圖歌(희제왕재화산수도가)

왕재가 그린 '산수도' 그림에 장난삼아 시를 짓다

十日畫一水　五日畫一石　能事不受相促迫　王宰始肯留眞跡

壯哉崑崙方壺圖　掛君高堂之素壁

巴陵洞庭日本東　赤岸水與銀河通　中有雲氣隨飛龍　舟人漁子入浦漵

山木盡亞洪濤風

尤工遠勢古莫比　咫尺應須論萬里　焉得幷州快剪刀　翦取吳松半江水.

　　(십일화일수　오일화일석　능사불수상촉박　왕재시긍유진적

　　장재곤륜방호도　괘군고당지소벽

　　파릉동정일본동　적안수여은하통　중유운기수비룡　주인어자입포서　산목진아홍도풍

　　우공원세고막비　지척응수논만리　언득병주쾌전도　전취오송반강수)

열흘에 강물 하나를 그리고, 닷새에 바위 하나를 그렸네.
뛰어난 재주는 재촉과 서두름을 받아들이지 않아,
왕재는 비로소 참된 그림 솜씨를 남겼구나.
웅장하구나 곤륜산과 방호의 그림이여, 그대 집 흰 벽에 걸렸네.

파릉과 동정호와 해가 솟는 동쪽과, 적안의 물이 은하수로 통하니,
그 속에 용이 구름을 타고 하늘로 오르는구나.
뱃사공과 어부는 갯가로 들어가고,
산의 나무는 큰 파도 일으키는 바람으로 다 기울어졌네.

멀리 보이는 모양을 더욱 들어맞게 그려 옛 그림과 비할 수 없으니,
지척 같은 가까운 곳을 두고도 응당 만리 먼뎃일을 의논하겠구나.
병주의 잘 드는 칼을 어찌 구하여, 오송강의 절반을 저렇게 베어 가져 왔는고.

{語句} *戲題 : 장난삼아 지음. *王宰 : 화가 이름. 미상. *山水圖 : 산과 물 곧 자연

경치를 그린 그림. 산수화. *能事 : ①할 수 있는 일. 완수해야 할 일. ②특별히 뛰어난 재주. 여기서는 ②의 뜻임. *促迫 : ①재촉하고 서두름. ②기한이 바싹 다가옴. 여기서는 ①의 뜻임. *始 : 비로소. 바야흐로. 시작하다. *肯 : 즐기다. 긍정하다. *眞跡 : 자신이 직접 쓰거나 그린 솜씨. 眞筆(진필). 친필. *壯哉 : 장하구나. 웅장하도다. *昆崙 : 중국 서쪽에 있다는 영산. 서방낙토로 선녀 서왕모가 살며 아름다운 옥이 나고 산위에 醴泉(예천), 瑤池(요지)가 있다 함. 곤륜산. *方壺 : 渤海(발해) 동쪽 바다에 있다는 신선이 사는 산으로 5仙山(선산)의 하나임. 5선산은 岱輿(대여), 員嶠(원교), 瀛州(영주), 蓬萊(봉래)와 방호임. *高堂 : ①높고 훌륭한 집. ②남의 부모나 집의 경칭. *素壁 : 흰 벽. *巴陵 : 현재의 重慶市(중경시)의 지명으로 巫峽(무협)이 있는 곳임. *洞庭 : 동정호. 호남성에 있는 중국 최대의 호수. 호숫가에 악양루가 있고 瀟湘八景(소상팔경)이 부근에 있으며 주변에서 유명한 귤이 생산됨. 九江(구강). *日本 : 해의 뿌리. 태양이 솟아오르는 본바탕. *赤岸 : 지명 또는 아침 해로 붉게 물든 물가. *銀河 : 하늘 남북의, 구름 모양으로 길게 보이는 별의 무리. 강 같음에 비유하여 은하수라 함. *雲氣 : 구름 기운. → 63-54. *飛龍 : 날아오르는 용. 飛龍乘雲(비룡승운, 용이 구름을 타고 하늘에 오름). *舟人 : 배를 탄 사람. 뱃사공. *漁子 : 고기잡는 사람. 어부. *浦漵 : 갯가. 바닷가. *亞 : ①아[측성 '禡(마)' 운]-버금. 이어서. ②아[평성 '麻(마)' 운]-나뭇가지 모양으로 갈라지다. 기울어지다. 여기서는 ②의 뜻임. *洪濤 : 큰 파도. *尤工 : 더욱 들어맞음. 더욱 교묘함. *遠勢 : 멀리 보이는 형세[모양]. *咫尺 : 아주 가까움. 跬步(규보, 반걸음. 반걸음쯤 되는 거리). *應須 : 마땅히 ~함. 응당 ~ 함. *萬里 : 아주 먼 길이나 일. *焉得 : 어찌 얻음[구함]. *幷州 : 山西省(산서성)의 지명. → 1-1. *快剪刀 : 잘 드는 칼이나 가위. *翦 : 베어 없앰. '剪'의 本字(본자)임. *吳松 : 강명 또는 지명. 어디인지 미상이나 上海市(상해시)에 '吳淞(오송)'과 '吳淞江(오송강)'이 있는데, 양자강의 支流(지류)인 黃浦江(황포강)의 갈래임.

[鑑賞] 이 시는 세 단락으로 이루어졌으니, 제1단락은 1~6구로 왕재는 서두르지 않고 구상을 가다듬어 치밀하게 참된 산수도를 그렸다는 것이다. 열흘만에 물 한 줄기를 그리고 닷새만에 바위 하나를 그린다는 것은 구상과 구도를 신중히 하고 치밀하게 묘사했음을 뜻하는 말이다. 조금도 서두름이 없이 차분하게 그려 나가니 참 솜씨가 나타나 신선이 사는 곳인 곤륜산이나 방호산 같은 웅장한 작품을 이루어 걸어 놓을 수 있었다는 것이다. 제2단락은 7~11구로 그림의 내용을 읊었다. 그려 놓은 물줄기는 모두 하늘의 은하수와 통하여 용이 구름을 타고 하늘로 오르고, 포구에는 뱃사람들이 돌아오며 산의 나무들은 큰 파도를

일으키는 바람에 늘 시달리다 보니 한편으로 쏠리게 그려 있다. 제3단락은 12~15구로 그림을 보고 느낀 감상과 감탄을 그렸다. 옛 화가와는 달리 遠景(원경)을 교묘하게 그렸고 지척에 있는 사물도 먼 곳의 사물을 비추어 많은 논의를 일으킬 만하게 묘사했다. 잘 드는 칼로 오송의 강물을 반으로 뚝 잘라 가져다 놓은 듯 실감이 느껴지는 그림이라고 감탄한 것이다.

7言古詩(7언고시). 처음 두 구는 5언이지만 이 연은 導入(도입)이며 7언이 주가 되었으므로 7언고시로 본 것이다. 압운은 1단락에서 石, 迫, 跡, 壁 자로 입성 '陌(맥)' 측운인데 壁 자만은 '陌'과 통운이 되는 '錫(석)' 운이다. 2단락에서는 東, 通, 風 자로 평성 '東' 평운이며, 3단락은 比, 里, 水 자로 상성 '紙(지)' 측운이다. 그러니 한 편의 시에서 韻字(운자)를 세 번 바꾼 것이다. 평측은 차례로 '仄仄仄仄仄, 仄仄仄仄仄, 平仄仄仄平仄仄, 平仄仄仄平平仄, 仄平平平平平平, 仄平平平平仄仄 ; 平平仄平仄仄平, 仄仄仄仄平平平, 平仄平仄平平仄, 平平仄仄仄仄仄, 平仄仄平平平平 ; 平平仄仄仄仄仄, 仄仄平仄平仄仄, 平仄平平仄仄平, 仄仄平平仄平仄'으로 평측이 극히 고르지 못하다. 고시는 측운으로 압운하기도 하고 평측에도 구애받지 않는 것이 일반적이다.

65. 馬尙遠(마상원 -1597-) : 조선 宣祖(선조) 때 成均進士(성균 진사). 자 而重(이중). 호 八㙷(팔해). 본관 木川(목천).

65-1 咏懷(영회) 회포를 읊다

浮世百年內 此生能幾何 中宵彈鋏處 萬事一長歌.
(부세백년내 차생능기하 중소탄협처 만사일장가)

뜬세상 백년 안쪽인데, 이 삶이 얼마나 가리오.

제 나라 풍환은 밤중에 칼을 퉁기며 불평했으나,

세상만사 한바탕의 노래에 지나지 않는 것을.

[語句] *咏懷 : 회포를 읊음. 생각을 노래함. 咏=詠(영). *浮世 : 뜬세상. 덧없는 이 세상. *此生 : 이승. 이 세상. *幾何 : 얼마. *中宵 : 한밤중. *彈鋏 : 긴 칼을 퉁김. 불만을 드러냄. 옛 중국 齊(제) 나라 孟嘗君(맹상군)의 식객 馮驩(풍환)이 처음 맹상군을 찾아갔을 때, 하등객으로 대접하기에 풍환이 長鋏(장협, 긴 칼)을 퉁기며 "칼아, 돌아가자. 밥상에 생선 반찬이 없구나(長鋏歸來乎 食無魚장협귀래호 식무어)." 하고 노래하니, 맹상군이 이 말을 전해 듣고 대접을 잘 하더라 함. 이를 '食無魚' 또는 '彈鋏' 故事(고사)라 함. *萬事 : 여러 가지 많은 일. 백사. *一長歌 : 한 긴 노래. 長篇詩歌(장편 시가). 長을 場(장)으로 고치면 '한바탕 노래'가 되어 좋을 듯함. 長이나 場은 모두 평성 '陽(양)' 운이라 평측에는 관계없음.

[鑑賞] 사람이 나이를 먹어 죽음을 앞에 두게 되면 지난날을 되돌아보게 되는데, 과거를 회고해 보면 누구나 후회되는 일이 많은 법이 아닐까. 그러기에 '五十而知非(오십이지비 ; 나이 쉰이 되고 보니 지난 마흔 아홉 해가 모두 잘못되고 후회되는 일뿐이라)'라는 말도 있지 않은가. 지은이도 덧없는 이 세상 기껏 살아봐야 백년인데 바랄 게 무언가. 풍환처럼 밤중에 칼을 퉁기며 후회한들 세상만사가 一場春夢(일장춘몽)이라고 읊었으리라.

5言絶句(5언절구). 압운은 何, 歌 자로 평성 '歌' 평운이다. 평측은 차례로 '平仄仄平仄, 仄平平仄平, 平平仄仄仄, 仄仄仄平平'으로 二四不同(이사부동), 粘法(점법), 反法(반법) 등 규칙에 모두 합치되었다. 한편, 幾는 '몇. 얼마'의 뜻이면 상성 '尾(미)' 운, '낌새. 거의. 바라건대'의 뜻으로 쓰이면 평성 '微(미)' 운이다. 中도 '가운데. 안. 속. 사이'의 뜻이면 평성 '東(동)' 운, '맞다. 적중하다'이면 거성 '送(송)'이 되며, 長도 '길다. 오래다. 멀다. 뛰어나다'의 뜻이면 평성 '陽(양)'운, '어른. 자라다'의 뜻이면 상성 '養(양)' 운이 됨을 참고로 밝혀 둔다.

66. 孟郊(맹교 751~824) : 中唐(중당)의 시인. 자 東野(동야). 湖州 武康(호주 무강, 절강浙江) 사람. 남과 잘 사귀지 못하는 성격이었으며, 50세에 진사 급제하여 韓愈(한유)의 칭찬을 받았고 溧陽縣尉(인양현위, 漢陽尉한양위라고도 함)가 되었으나 오래 있지 못했다. 여생을 불우하게 보냈으며 그의 시는 深玄優雅(심현우아, 심오하고 우아함)하다 하여 당시에는 칭송을 받았으나 적막한 감이 깊어 賈島(가도)의 시와 함께 '郊寒島瘦(교한도수, 맹교는 차고-寒酸한산, 가도는 여위었다-枯瘦고수)'라는 평이 있다. 문집에 '孟東野集(맹동야집 10권)'이 있다.

66-1 遊子吟(유자음) 멀리 가는 아들을 읊다

慈母手中線 遊子身上衣 臨行密密縫 意恐遲遲歸 誰言寸草心 報得三春暉.
(자모수중선 유자신상의 임행밀밀봉 의공지지귀 수언촌초심 보득삼춘휘)

인자하신 어머니가 바느질감을 들고, 먼 길 떠나는 아들이 입을 옷에,
떠날 때 한 땀 한 땀 꼼꼼히 기움은, 이 아들이 어쩌다 더디 올까 두려워서라.
누가 말했던가, 저 조그만 풀이 따뜻한 봄빛 은혜 갚을 수 있을까 하고.

[語句] *遊子 : 먼 곳에 있는 아들. 나그네. *慈母 : 인자한 어머니. 사랑이 깊은 어머니. *線 : 실. 바느질하다. *身上 : 몸. *臨行 : 그 자리에 감. 여기서는 '떠남에 다달아'의 뜻임. *密密 : 빽빽함. 꼼꼼함. *遲遲 : 더디고 더딤. *寸草心 : 한 치 풀같이 짧은 마음. '자식의 부모를 향한 마음'을 뜻함. *三春暉 : 봄의 따스한 햇빛. '어머니의 사랑'을 비유함. 三春은 '봄 석 달'임. '아들[寸草]이 어머니[三春暉]를 생각하는 마음이, 어머니가 자식을 생각하는 사랑에 비하여 너무 보잘 것 없음'을 뜻하는 구절임.

[鑑賞] 이 시는 지은이가 인양현위로 있을 때인 54세 때 지은 작품으로, "어머니를 빨래하는 냇가에서 맞이하여 지었다."고 스스로 밝힌 주석이 있다고 하고, 또 '길손의 노래'로 길 떠나는 나그네가 자기를 생각하고 있을 어머니의 慈情(자정)을 느껴 지은 시라고도 한다. 아무튼 아주 단순한 내용을 묘하게 표현하여 자식된 사람으로서 어머니를 그리워하며 눈물짓게 하는 명작이다. '어머니는 멀리 떠나려는 자식에게 못 가도록 말리지는 못하고, 아들이 입고 갈 옷을 다시 한 번 살피며 해진 곳을 다시 꼼꼼히 꿰매신다. 이렇게 꼼꼼히 손보는 것은 혹시라도 사랑하는 이 아들이 더디 돌아오지나 않을까 하는 마음에서이다. 생각이 짧은 아들이야 어머니의 이 깊은 심중을 알기나 할까. 아마도 모를 것이 당연하나니 부모의 은혜를 모두 갚는 자식이 세상에 있을 수 있겠는가.' 하는 내용으로 끝 연은 名句(명구)이다. 5행의 誰言을 '難得(난득)'이라 하고 6행의 暉 자를 '輝(휘)'로 쓴 자료도 있다.

六句體 五言詩(6구체 5언시). 평운으로 압운했지만 6행뿐인데다가 평측도 고르지 못해 '5言古風詩(5언 고풍시)'라고도 하며, 제목에 '吟'을 붙였으므로 樂府體詩(악부체시)라 하기도 한다. 압운은 衣, 歸, 暉 자로 평성 '微(미)' 평운이다. 평측은 차례로 '平仄仄平仄, 平仄平仄平, 平平仄仄平, 仄仄平平平, 平平仄仄平, 仄仄平平平'으로 둘째 구가 이사부동에 어긋나고 점법이나 반법에 맞지 않음은 당연한 일이지 이 시의 欠缺(흠결)은 아닌 것이다.

67. 孟思誠(맹사성 1359~1438) : 조선 세종 때 정승. 자 誠之(성지). 호 古佛, 東浦(고불, 동포). 시호 文貞(문정). 본관 新昌(신창). 父 고려 典敎副令(전교부령) 希道(희도). 어려서 權近(권근 →14)에게 배우고 10살에 모친이 사망하자 효성이 지극하여 7일간 단식했으며 3년간 죽을 먹으면서 侍墓(시묘)하니 고향에 효자문이 세워졌다. 고려 우왕 때 문과에 장원했고 조선에 들어와 大司憲(대사헌)으로 平壤君 趙大臨(평양군 조대림)을 신문하다가 태종의 노여움을 사서 죽음을 당할 뻔했고 세종 때 우의정과 좌의정을 역임했다. 성격이 청렴결백하여 공사를 분별하였고 淸白吏(청백리)의 본이 되었으며 퉁소 불기를 즐겼다. 孟古佛로서의 逸話(일화)가 많이 전해오며 그가 지은 시조 '江湖四時歌(강호사시가)'는 연시조의 嚆矢(효시)라고도 한다.

67-1 燕子樓(연자루) 연자루

駕洛遺墟幾見春 首王文物亦隨塵 可憐燕子如懷古 來傍高樓喚主人.
(가락유허기견춘 수왕문물역수진 가련연자여회고 내방고루환주인)

가락국의 남은 옛터 몇 년 세월 지났던가, 김수로왕의 문물 또한 티끌 따라 없어졌구나.
가련타, 제비는 옛날을 회고하는 듯이 이 높은 누각 가까이 와서 주인을 부르는구나.

[語句] *燕子樓 : 누각 이름인데 미상임. 중국에는 당의 상서 張建封(장건봉)의 애첩 盼盼(혜혜)가 상서가 죽은 뒤 연자루에서 수절했다 함.<長慶集> *駕洛 : 駕洛國(가락국 42~562). 고대에 낙동강 유역에 있던 나라. 신라 3대 儒理王(유리왕) 19년(42) 때 金首露王(김수로왕)이 세웠고 낙동강 하류를 중심으로 6伽耶(가야)가 있었으며 신라 진흥왕 23년(562) 신라에 합병되었음. *遺墟 : 남은 옛터. 遺址(유지). *首王 : 金首露王(김수로왕). 가락국의 시조. 일명 首陵(수릉). 서기 42년 金官國(금관국) 북쪽 龜旨峰(구지봉)에 하늘에서 떨어진 6개의 금빛 알에서 6사람이 태어나 6가야의 임금이 되었는데, 김수로왕이 맏이로 金海金氏(김해김씨)의 시조임. 阿踰陁國(아유타국)의 許黃玉(허황옥) 공주를 맞이하여 妃(비)로 삼고 199년까지 158세를 살았다 함. *文物 : 문화에 관한 사물. 문물제도. *可憐 : 딱하고 가엾음. 불쌍함.

[鑑賞] 5백년 이상을 누렸던 가락 나라를 연자루를 통해 회고한 시이다. 하도 오랜 세월이 흘러 가야의 유허가 김수로왕 당시의 문물과 함께 모두 없어져 버린 지금, 오직 제비만이 연자루에 가까이 와서 김수로왕에게 알현하려는 듯 지저귀고 있다. 세월 따라 모든 게 바뀌기 마련이지만 연자루와 제비만은 예 그대로 역사를 말해 준다는 것이다. 사실이야 그 제비도 옛날 그 때의 제비일 리가 없지만 사람의 느낌이란 그런 이치는 잊기 마련이다.

　　7言絶句(7언절구). 압운은 春, 塵, 人 자로 평성 '眞(진)' 평운이다. 평측은 차례로 '仄仄平平仄仄平, 仄平平仄仄平平, 仄平仄仄平平仄, 平仄平平仄仄平'으로 二四不同二六對(이사부동이륙대)와 反法, 粘法(반법, 점법) 등이 모두 이루어졌다. 다만, 끝구의 傍 자는 '가까이하다. 의지하다'의 뜻이면 거성 '漾(양)' 운, '곁. 시중들다'의 뜻이면 평성 '陽(양)' 운인데, 평측을 고려할 때 거성으로 보는 게 타당하여 그렇게 처리했다.

68. 孟浩然(맹호연 Meng Hao-jan 689~740) : 盛唐(성당) 자연파 시인, 處士(처사). 이름 浩(호). 자가 浩然이며 호북성 襄陽(양양) 사람이다. 일찍이 세상에 뜻이 없어 각지를 방랑하다가 鹿門山(녹문산)에 은거하였다. 40세에 서울 長安(장안)에 나와 과거를 보았으나 낙방했지만, 詩才(시재)를 인정받아 張九齡(장구령 →351), 王維(왕유 →164) 들과 교유했고 장구령이 荊州刺史(형주자사)로 좌천되었을 때 그 밑에서 일을 보았다. 그는 속세를 떠난 한적한 경지를 좋아하면서도 벼슬에 대한 욕망도 있어 갈등을 느끼며 고민했다. 그의 시풍은 淸高(청고)를 바탕으로 자연을 사랑하고, 왕유의 시풍을 닮았으며 비감과 처량한 느낌을 주는 작품을 썼다. 성당 문단의 한 자리를 차지했고 문집에 '孟浩然集(맹호연집 4권)'이 있다.

68-1 與諸子登峴山 後半(여제자등현산 후반) 여러 사람들과 현산에 오르다 뒷부분 절반

　　水落魚梁淺 天寒夢澤深 羊公碑尙在 讀破淚沾巾.
　　　　(수락어량천 천한몽택심 양공비상재 독파누첨건)

　　물 줄어 어량이 드러나고, 날 차가워 몽택이 깊구나.
　　양호의 비석 아직 그대로 있어, 비문 다 읽으매 눈물에 젖네.

[語句] *諸子 : 여러 사람. 여러분. 제군. *峴山 : 호북성 양양현 남쪽에 있는 산. 晉(진)의 羊祜(양호)가 양양태수가 되어 선정을 베풀며 산수를 좋아해 늘 이 산에 올라 시를 읊었는데, 한 번은 從事 鄒湛(종사 추담)과 일행을 돌아보며 "이 우주가 생기자 이 산이 있었고 이 산이 있자 그대들과 나처럼 이 산에 올라 노는 사람이 많았을 것이지만, 지금 모두 간 곳이 없으니 슬픈 마음이 생긴다. 내 죽어 혼백이 있다면 응당

이 산에 오르리라." 했음. 양호가 죽자 고을 사람들이 이 현산에 비석을 세우고 명절에 제사 드리며 그 비를 바라보는 사람 모두 눈물을 흘렸으므로, 西晉(서진)의 杜預(두예)가 이 비석을 '墮淚碑(타루비, 눈물 흘리는 비)'라 이름지었다함. *水落 : 물이 마름. 水落石出(수락석출, 물이 말라 들어 밑바닥 돌이 드러남). *魚梁 : 물이 한 군데로 흐르도록 물길을 막고는 그 곳에 통발을 놓아 고기를 잡도록 한 장치. *天寒 : 날씨가 추움. *夢澤 : 못 이름. 雲夢澤(운몽택). 楚 나라의 7개 큰 못 중의 하나로 洞庭湖(동정호) 옆에 있는데, 사방이 9백 리라 하니 동정호의 별칭으로 쓰기도 하는 듯함.<史記 司馬相如傳> *羊公 : 양호. *讀破 : 끝까지 모두 다 읽음. *沾巾 : 수건을 적심.

[鑑賞] 여러 사람과 함께 유서 깊은 현산에 올라 경치와 감상을 읊은 5언율시이다. 이 앞 네 구에서는 '인간의 일에는 묵은 것은 가고 새 것이 오는 변천이 있는데, 오늘이 가고 내일이 오는 사이에 옛날과 지금이 있게 된다. 이 강산에 훌륭한 자취가 남아 있어, 우리들이 다시 여기 오르게 되는구나.' 했다. 인용한 첫 두 구는 대구가 잘 이루어진 寫景(사경)이요, 끝 두 구는 양호의 타루비를 읽으매 눈물이 흐름을 금할 수 없으니 우리도 저 양호처럼 언젠가는 스러져 버릴 존재가 아닌가 비감에 젖는 심경을 나타냈다.

5言律詩(5언율시). 이 시의 압운은 독특한 바, 전 8구 중 셋은 평성 '侵(침)' 운이니 이 앞의 今, 臨 자와 인용 부분의 深 자가 그것이요, 끝구의 巾 자는 평성 '眞(진)' 운이라 같은 평운이기는 하지만, 通韻(통운)이 되지 않는 것이다. 평측은 차례로 '仄仄平平仄, 平平仄仄平, 平平平仄仄, 仄仄仄平平'으로 이사부동, 반법, 점법 등 모두 규칙에 맞다.

68-2 六言詩(육언시) 여섯 자로 이룬 시

花嬋娟沃春泉 竹嬋娟籠曉烟 雲嬋娟不長妍 月嬋娟眞可憐.
(화선연옥춘천 죽선연농효연 운선연부장연 월선연진가련)

꽃이 선연하니 봄 샘물이 풍성하고, 새벽안개와 연기에 싸인 대나무 곱구나.
구름이 선연하나 오래 곱지 못하고, 달도 선연하나 참으로 가련하네.

[語句] *六言詩 : 한 구가 6자로 구성된 시. 漢(한)의 谷永(곡영)이 처음 지었다 하며 唐(당) 나라에서도 6言絕句(6언절구)라 하여 지었고, 평측은 7언의 다섯째 글자를 생략한 형식이라 함. *嬋娟 : 곱고 아름다움. 품위 있고 아름다운 모양. *春泉 : 봄철의 샘물. *籠曉烟 : 새벽 연기, 안개에 둘러싸임. *長妍 : 오래 고움. 오래 사랑스러움. *可憐 : ①불쌍함. ②귀여움. ③맵시가 고움.

[鑑賞] 꽃과 대나무와 구름과 달 등 자연 현상을 두고 그 특색을 6언시로 읊었다. 풀

이하기에 일관성이 없도록 되었으니 첫 구는 '봄 샘물이 풍성하니 꽃이 곱다.'
고 해도 좋겠는데, 둘째 구를 '대나무 고우니 새벽안개 둘러싸네.'라 하면 어색
하지 않을까. 셋째 구에서 구름은 그냥 있지 않고 갖가지로 모양이 바뀌며 흘
러가니 오래 두고 볼 것이 못 되며, 넷째 구의 달은 가련한데 '가련'의 풀이는
어느 뜻이라도 다 어울리겠다.

6언절구. 압운은 각 구마다 두어 泉, 烟, 妍, 憐 자로 평성 '先(선)' 평운이다. 평측은 차례
로 '平平平仄平平, 仄平平平仄平, 平平平仄平平, 仄平平平仄平'으로 평측이 고르지 못하다.
6언은 다섯째 글자를 줄인 형태라 하니, 二四不同二六對(이사부동이륙대)가 二四不同二五對(이사
부동이오대)여야 할 것인데 이 작품은 그마저 맞지 않아 따져볼 필요가 없다.

68-3 臨洞庭上張丞相(임동정상장승상) 동정호에 이르러 장승상께 올리다

八月湖水平 涵虛混太淸 氣蒸雲夢澤 波撼岳陽城
欲濟無舟楫 端居恥聖明 坐看垂釣者 徒有羨魚情.

　　(팔월호수평 함허혼태청 기증운몽택 파감악양성

　　욕제무주즙 단거치성명 좌간수조자 도유선어정)

8월의 동정호는 아주 편편해서, 허공을 담아 하늘과 어울렸구려.
더운 기운은 운몽 못을 찔 듯하고, 물결은 거세어 악양성을 뒤흔드오.
건너려 해도 배가 없으니, 이렇게 한가로이 살아가는 게 임금님께 부끄럽네요.
앉아서 낚시꾼을 바라보며, 헛되이 물고기만 부러워하고 있소이다.

[語句] *洞庭 : 동정호. →64-57. *張丞相 : 荊州刺史 張九齡(형주자사 장구령)인 듯함.
　　丞相은 중국 官制(관제)에서 '정승'을 말함. *水平 : 수면이 편편함. *涵虛 : 虛
　　에 잠김. 허공을 담음. *太淸 : 하늘. 道家(도가)의 하늘. *雲夢澤 : 못 이름.
　　→68-1. *撼 : 흔들다. 깨뜨리다. *岳陽城 : 동정호 동쪽 기슭의 성. →64-14.
　　*舟楫 : 배와 노. 배. '임금의 정치를 돕는 신하'의 뜻도 있음. *端居 : 한가하
　　게 살아감. 일상생활. *聖明 : 임금의 밝은 덕. 임금 존칭. *垂釣 : 낚싯대를
　　물속에 드리움. *羨魚情 : 물 속의 물고기를 잡았으면 하고 부러워하는 마음.
　　臨淵於羨魚 不如退結網(임연어선어 불여퇴결망 ; 못가에서 고기를 부러워하는 것은, 물러나 그물
　　을 짜는 것보다 못하리라.)<漢書 董仲舒傳>

[鑑賞] 동정호에 와서 장 승상에게 바치는 시로 지은이의 대표작이라고도 한다. 음력 8
　　월은 가을에 접어들었기에 하늘과 물이 맑은 철이라 드넓은 동정호는 물인지 하
　　늘인지 분간이 되지 않는 모습이라고 첫 연에서 말하고, 운몽 못은 찌는 듯 덥고
　　악양성에 물결이 높다고 대구로 이었으니, 이 두 연에서는 동정호의 풍경을 그렸

다. 셋째 연에서 전환하여 동정호를 건너려 해도 배가 없으니 하는 일 없이 그저 한가로이 지내는 것은 임금님께 부끄러운 일이라 했다. 이는 벼슬길에 들어 임금의 은혜에 보답해야 하는데 이끌어 줄 사람이 없음을 비유했다 하리라. 낚시질하는 사람을 바라보며 물고기를 잡았으면 하고 부질없이 부러워하고 있다고 맺었다. 한편, 벼슬하려는 마음이 없기에 이렇게 말한 것이라는 풀이도 있다.

5言律詩(5언율시). 압운은 平, 淸, 城, 明, 情 자로 첫 구에도 압운했는데 평성 '庚(경)' 평운이다. 평측은 차례로 '仄仄平仄平, 平平仄仄平, 仄平平仄仄, 平仄仄平平, 仄仄平平仄, 平平仄仄平, 仄平平仄仄, 平仄仄平平'으로 二四不同(이사부동)은 첫 구만이 '仄-平'이어야 할 것이 '仄-仄[月-水]'이 되어 어긋나고 나머지 구는 모두 맞으며, 粘法(점법)이나 反法(반법)은 모두 규칙에 맞게 되었다.

68-4 舟中曉望(주중효망) 배 안에서 새벽 경치를 보다

挂席東南望 靑山水國遙 舳艫爭利涉 來往任風潮
問我今何適 天台訪石橋 坐看霞色曉 疑是赤城標.

(괘석동남망 청산수국요 축로쟁이섭 내왕임풍조

문아금하적 천태방석교 좌간하색효 의시적성표)

잠자리를 걷고 동남쪽을 바라보니, 푸른 산과 물의 고장이라 저 멀리까지 아득하구나.
이물 고물은 뱃길 잘 건너기를 분별하고, 오고 가는 것은 바람과 조수에 맡기네.
묻노니 나는 지금 어디로 가는가, 생사를 초월한 천태산 돌다리를 찾아가는 길일세.
앉은 채 새벽 노을빛을 보니, 그것이 바로 천태산 가까운 적성산이란 표지가 아닌가.

[語句] *挂席 : 挂는 掛(괘)와 같은 자로 '걸다. 달다'이고, 席은 '자리. 돗자리. 깔다. 걷다'임. '침구를 걷어 걸다, 잘 때 쳤던 커튼 같은 것을 걷다'의 뜻인 듯한데, 席을 '돛대'로 보아 '돛을 달다'로 풀이하는 주장도 있음. *水國 : 물의 나라. 호수나 늪 또는 냇물이 많은 지방. *舳艫 : 고물[舳, 배의 꼬리]과 이물[艫, 배의 머리]. 船首船尾(선수선미). *利涉 : 건너기가 편리함. 航海(항해). *來往 : 오고 감. *風潮 : 바람과 조수. 바람 따라 흐르는 조수. *問我 : 나에게 물음. 자문자답. *何適 : 어디로 가는가. 어찌 가는가. *天台 石橋 : 천태산의 돌다리. 생사를 초월한 사람만이 건널 수 있다고 함. 천태산은 절강성 天台縣(천태현)에 있는데 수 나라 智顗大師(지의대사)가 머문 산으로 천태종의 발상지임. *霞色 : 노을빛. 霞影(하영). *赤城 : 적성산. 천태산 어귀에 있는 산. 천태산과 적성산은 '신선이 사는 곳'으로 비유해 씀. *標 : 標識(표지). 특징이 될 만한 모양이나 징후.

[鑑賞] 배 안에서 밤을 새우고 새벽에 바깥을 내다보니, 청산과 호수와 강물이 무한 대로 펼쳐져 어디까지가 끝인지 아득하기만 하다. 사공은 뱃길을 잘 알아 바람과 조수에 배의 가는 길을 맡긴 채 잘도 달린다. 그런데 나는 지금 어디로 가는 겐가? 옳지, 신선 사는 저 천태산 돌다리를 찾아가려는 길이 아닌가. 새벽노을 찬란하게 저 편 산마저 붉게 물들었으니, 그 산이 바로 천태 석교를 건널 수 있는 적성산이라는 징후로구나. 산천 유람하는 즐거움을 읊은 시로, 자연 경관은 사람을 매혹하기에 누구나 자연을 즐기는 '樂山樂水(요산요수)'의 심정을 가지고 있는 것이 아닌가 한다.

　5언율시. 압운은 遙, 潮, 橋, 標 자로 평성 '蕭(소)' 평운이다. 평측은 차례로 '仄仄平平仄, 平平仄仄平, 仄平平仄仄, 平仄仄平平, 仄仄平平仄, 平平仄仄平, 仄平平仄仄, 平仄仄平平'으로 이사부동과 반법, 점법 등에 조금도 어긋남이 없는 작품이다. 첫 구의 끝 자 '望'은 '보다. 원망하다'이면 평성 '陽(양)' 운, '바라보다. 우러러보다. 보름날'의 뜻이면 거성 '漾(양)' 운이다.

68-5 春曉(춘효) 봄날 새벽

　春眠不覺曉 處處聞啼鳥 夜來風雨聲 花落知多少.
　　(춘면불각효 처처문제조 야래풍우성 화락지다소)

　봄잠이라 새벽임을 모르다가, 사방의 새들 지저귀는 소리에 잠이 깨었네.
　지난 밤 사이 비바람 소리 들렸거니, 아마도 꽃잎 많이 떨어졌으리.

[語句] *春眠 : 봄 잠. 봄철의 노곤한 잠. *啼鳥 : 우는 새. 지저귀는 새. *夜來 : 야간. 밤새. '지난밤'이란 뜻으로 썼음. *多少 : ①많음과 적음. ②많음. 여기서는 ②의 뜻임.

[鑑賞] 봄날의 새벽을 단 스무 글자로 묘사한 그림 같은 시이다. 그림으로 말하면 소묘요 소품이라고나 할까. 봄잠이 얼마나 노곤한지 새벽인데도 일어나지지를 않아, 사방에서 지저귀는 새소리를 듣고서야 잠이 깬다. 참, 엊저녁 자리에 들 때 비바람 치는 소리 들렸는데, 뜰에는 떨어진 꽃잎으로 뒤덮였겠구나. 꽃은 피었지만 날씨는 쌀쌀해 예로부터 '꽃샘바람'이니 '꽃샘잎샘[새봄에 꽃이 피고 잎이 나기 시작할 때의 추위]'이란 말이 있고, '꽃샘잎샘에 반늙은이 얼어 죽는다.'는 속담까지 있으니, 이 시의 소재가 절실하다.

　5言古詩 短篇(5언고시 단편). 압운은 曉, 鳥, 少로 상성 '篠(소)' 측운이다. 첫 구에도 압운한 것이 독특하고 측운으로 압운했으므로 고시인 것이다. 평측은 차례로 '平平仄仄仄, 仄仄平平仄, 仄平平仄平, 平仄平平仄'으로 이사부동은 잘 이루어졌고 점법에는 어긋나니 고시이기 때문이다.

69. 無名氏(무명씨) : 中國 古代 無名氏(중국 고대 무명씨, 지은이 이름이 드러나지 않은 사람).

69-1 蠶婦(잠부) 누에치는 아낙네

昨日到城郭 歸來淚滿巾 遍身綺羅者 不是養蠶人.
　　(작일도성곽 귀래누만건 편신기라자 불시양잠인)

어제 성안에 갔다가 돌아올 때는 수건에 눈물 가득 적시며 울었네,
온몸에 비단옷을 두른 사람은 하나같이 누에치는 사람이 아니었기에.

[語句] *蠶婦 : 누에치는 여자. 蠶女(잠녀). *城郭 : 성 안. 성의 둘레. 城은 안쪽 성이요 郭
은 바깥 성임. *歸來 : 돌아옴. *滿巾 : 수건에 가득함. *遍身 : 온 몸. 全身(전신).
온 몸에 두루 퍼짐. *綺羅 : 비단. 무늬 있는 비단[綺]과 얇은 비단[羅]. 아름다운 옷
또는 그런 옷을 입은 사람. *不是 : 아님. 이것이 아님. *養蠶人 : 누에치는 사람.

[鑑賞] 고생하며 어렵게 누에를 쳐 그 고치로 실을 켜고 그 실들을 베틀에 걸어 명주
비단을 짜내어 돈이 될까 하고 내다 팔려고 장터에 갔다. 명주를 판 몇 푼돈을
쥐고 돌아올 때에는 자꾸 눈물이 흘러 내려 수건을 다 적시었으니, 장터에 나
온 아낙네들은 하나같이 비단옷으로 온 몸을 두르고 우쭐거리는데, 그들은 결
코 나와 같이 농촌에서 누에치는 농삿군 아낙네들이 아니었기 때문일세. 공산
국가에서는 이 시를 프롤레타리아 문학이라 하여 찬양한다고 한다. 과거 우리
사회에서도 농민들은 가난했고 상인이나 월급장이들은 잘 살기도 했는데, 자기
역할에 대한 이해를 가진다면 눈물 흘릴 것까지야 없지 싶다. 내가 짜낸 비단
을 저자 사람들이 옷을 만들어 즐겨 입으니 오히려 흐뭇하지 않겠는가. 조선
초기의 姜希孟(강희맹 →5)도 '농사 노래[農謳농구]' 중 '농삿일을 자랑함[誇農과
농]'이란 시에서 "저자 장사아치들 利文(이문) 있다 자랑 마소. 금과 옥을 쌓은
것도 생각해 보면 다 우리 농가에서 낸 것임을 알게요." 했다.

5言絶句(5언절구). 압운은 巾, 人 자로 평성 '眞(진) 평운이다. 평측은 차례로 '仄仄仄平仄,
平平仄仄平, 仄平仄平仄, 仄仄仄平平'으로 셋째 구만 二四不同(이사부동)에 어긋났고, 反法(반
법)과 粘法(점법)에는 맞으니 옛 시 치고는 형식이 갖추어진 작품이다.

70. 文克謙(문극겸 1122~1189) : 고려 毅宗, 明宗(의종, 명종) 때 명신. 자 德柄(덕병). 시호
忠肅(충숙). 본관 南平(남평). 父 集賢殿太學士 公裕(집현전 태학사 공유). 백부 公仁(공인)의
주선으로 刪定都監判官(산정도감판관)이 되었으며, 의종 때 과거에 급제하여 左正言(좌정
언)이 되어 당시 정치의 부패를 상소하니, 왕의 뜻에 거슬린다 하여 黃州判官(황주판관)

으로 좌천되었다가 殿中內給事(전중내급사)로 승진하였다. 의종 25년(1170) 鄭仲夫(정중부)의 난을 피하여 남쪽으로 갈 때 의종은 "내가 일찍 극겸의 말대로 했던들 어찌 이런 욕을 당할 것이냐." 하고 탄식하면서 극겸의 바른말과 선견지명에 탄복했다고 한다. 명종이 즉위하자 右承宣御史中丞(우승선어사중승), 判尙書吏部事(판상서이부사)에 이르고 재상으로 上將軍(상장군)을 겸임하니 文武兼任(문무겸임)의 최초였다. 崔世輔(최세보)와 함께 의종실록을 편찬했고 명종의 廟庭(묘정)에 배향되었다.

70-1 和應製詩(화응제시) 임금님이 지은 시에 화답해 짓다

年光荏苒暗相侵 輔國思量日漸深 自顧君恩猶未報 無情白髮已盈簪.
(연광임염암상침 보국사량일점심 자고군은유미보 무정백발이영잠)

세월은 자꾸만 가서 아무도 모르게 죄어드니, 나랏일 돕자는 생각 날로 깊어만 가네.
돌아보니 임금님 은혜 아직 갚지를 못했는데, 무정한 백발은 이미 상투에 가득하구나.

[語句] *應製 : 임금이 지은 글에 따라 지음. 應制(응제). *年光 : ①변하는 사철 경치. ②젊은 나이. ③세월. *荏苒 : 점점 나아감. 세월이 미루어짐. 어른거림. *暗 : 몰래. *侵 : 침범하다. 점점 죄다. *輔國 : 나라의 일을 도움. *思量 : 생각해서 헤아림. 마음 써서 생각함. 思慮(사려). *君恩 : 임금의 은혜. *已 : 이미. *盈 : 가득차다. 가득하다. *簪 : 비녀. 동곳(상투 머리칼이 풀어지지 않도록 상투에 꽂는 물건).

[鑑賞] 명종 임금이 지은이를 위해 지어준 시에 화답하여 지은 작품으로, 명종이 지은 시는 "一寸靈臺萬事侵 唯餘憂慮日加深 短懷拙智一難斷 白髮千莖已滿簪(한 치 되는 마음이 만사를 죄어들어, 오직 근심 걱정만 날로 깊어지는구나. 짧은 생각 옹졸한 지혜 한꺼번에 끊기 어려워, 백발 여러 줌이 이미 상투에 가득일세.)"이다. 압운 자[侵, 深, 簪]를 그대로 좇아 짓는 것을 次韻(차운)이라 하는데, 이 작품도 왕의 시에 차운한 것이라 하겠다. 이루어 놓은 일 없이 몸은 늙어 가고 임금님이 베풀어 주신 은혜 갚지 못하고 있다는 충성심을 드러낸 시이다.

7言絶句(7언절구). 압운은 侵, 深, 簪 자로 평성 '侵' 평운이다. 평측은 차례로 '平平仄仄仄平平, 仄仄平平仄仄平, 仄仄平平平仄仄, 平平仄仄仄平平'으로 二四不同二六對(이사부동이륙대), 反法(반법), 粘法(점법) 등 7언절구의 평측 구성 규칙에 조금도 어긋남이 없는 모범적인 작품이다. 왕의 시에 차운한 작품이니 더욱 규칙에 어긋나게 지을 수 없는 것이리라.

71. 文選(문선) : 중국 남북조 때 南朝 梁(남조 양) 나라의 시조 武帝(무제, 재위 502~549)의 昭明太

子蕭統(소명태자 소통, 帝位를 잇지 못했음)이 고대에서 양 나라까지 127명의 詩(시)와 文(문)을 뽑아 편찬한 책으로 모두 30권이다. 이 중에 古詩(고시) 19수가 실려 있고 제 17 권이 文賦(문부)이다.

71-1 古詩 第1首(고시 제1수) 옛 시 첫째 수

行行重行行 與君生別離 相去萬餘里 各在天一涯
道路阻且長 會面安可期 胡馬依北風 越鳥巢南枝
相去日已遠 衣帶日已緩 浮雲蔽白日 遊子不復返
思君令人老 歲月忽已晩 棄捐勿復道 努力加餐飯.

　　(행행중행행 여군생별리 상거만여리 각재천일의

　　도로조차장 회면안가기 호마의북풍 월조소남지

　　상거일이원 의대일이완 부운폐백일 유자불복반

　　사군영인로 세월홀이만 기연물부도 노력가찬반)

가고가고 또 가신 그대, 그대와 생이별한 나.

서로 떨어진 곳 천리요 만리, 각각 하늘 한 끝에 있구나.

길은 험하고도 멀어, 만나볼 일 어찌 기약되겠는가.

호마는 북풍 따라 북으로 머리 돌리고, 월 땅의 새는 남쪽 나뭇가지에 깃들인다네.

헤어져 떠난 날짜 오래 되니, 몸 여위어 의대가 헐거워졌구나.

떠다니는 구름 해를 가리고, 멀리 간 그대는 돌아오지 않아,

그대 그리워 이 내 몸은 늙어만 가고, 세월은 덧없이 흘러 올해도 저무는구나.

날 버리고 가셨다고 다시 원망 않을 테니, 모쪼록 힘써 부디 몸조심이나 하오.

[語句] 重 : 두 번. 거듭. '두 번'의 뜻이면 운자가 상성 '腫(종)' 운이고, '거듭'의 뜻이면 평성 '冬(동)' 운인데, 이 구는 평성 行 자가 거듭 쓰이어 重은 상성으로 봄이 좋을 듯함. *生別離 : 생이별. 살아 있으면서 이별함. ↔사별. *相去 : 서로 떨어진 거리. *天一涯 : 하늘 한쪽 끝. 天涯. 涯 자는 '물가. 가. 끝'의 뜻인데, '애'로 읽으면 평성 '佳(가)' 운이고 '의'로 읽으면 평성 '支(지)' 운인데 여기서는 '의'로 읽어야 압운이 맞음. *阻且長 : 막히고도 멂. *會面 : 얼굴을 마주함. 만남. *安可期 : 어찌 기대하랴. 어찌 기약이 되리. *胡馬 : 중국 북쪽이나 만주의 오랑캐 지방에서 나는 말. *依北風 : 북녘에서 부는 바람을 의지함[향함]. 북풍을 그리워함. '고향을 그리워함'의 뜻임. *越鳥 : 중국 남쪽 越[지금의 절강성] 지방의 새. *巢南枝 : 남쪽으로 향한 가지에 깃을 틂. '고향을 그리워함'의 뜻임. *衣帶緩 : 옷의 띠가 헐거워짐. '근심으로 몸이 여윔'의 뜻임. *蔽白日 : 밝은

해를 가림. *遊子 : 길나선 사람. 나그네. '멀리 간 남편'을 말함. *復返 : 돌아옴. 復은 '복-돌아오다, 회복하다' **부**-다시, 또'의 뜻을 가졌는데, 여기서는 **복**으로 읽음이 좋으나 **부**로도 볼 수 있음. 이를 '顧反(고반)'이라 쓴 자료도 있음. *令 : 하여금. 평성 '庚(경)' 운인데 '명령하다. 규칙. 우두머리'의 뜻이면 거성 '敬(경)' 운임. *忽 : 문득. 홀연. *棄捐 : ①내어 버림. ②재물을 내어 남을 도와줌. 義捐(의연). 여기서는 ①임. *道 : 말하다. *加餐飯 : 식사를 많이 하여 몸을 保養(보양)함. 몸을 소중히 함. 헤어질 때의 인사말로도 씀. 餐은 '먹다. 밥. 반찬. 안주'의 뜻이고 飯은 '밥'의 뜻이면 거성 '願(원)' 운이요, '먹다. 먹이다.'의 뜻이면 상성 '阮(완)' 운인데 여기서는 '阮' 운이어야 압운에 맞음.

[鑑賞] 부인이 멀리 가 있는 남편을 그리워하며 지은 戀慕詩(연모시). 돌아올 줄 모르는 남편이 야속하기도 하지만, 이왕에 타향에서 고생할 것인 그분이라 식사 잘 하여 몸을 소중히 하라는 동양적인 婦德(부덕)이 담겨 있다. 어떤 중국학자는 이 시를 정치적인 것으로 해석하여 애매하게 추방당한 충신의 심정을 읊었다 하여 임금을 白日에, 간신을 浮雲에 비겨 썼다고 풀이한다지만 순수한 서정적 작품으로 보는 것이 좋을 듯하다. 특히 '胡馬依北風 越鳥巢南枝'는 對句(대구)가 멋지게 이루어져 지금에도 고향을 떠나 사는 사람들이 읊조리며 고향 생각에 젖어 눈물 흘리는 名句(명구)이다. 이 시를 漢(한) 나라 枚乘(매승)이 지었다는 주장도 있으나 확증이 없다고 한다.

5言古詩(5언고시). 전 8연[16구]. 압운은 4연마다 바뀌어 앞부분은 離, 涯, 期, 枝 자로 평성 '支(지)' 평운이고, 뒷부분은 緩, 返, 晩, 飯 자로 緩은 상성 '旱(한)' 측운, 나머지 석 자는 상성 '阮(완)' 측운으로 이 두 운자는 通韻(통운)이 된다. 이와 같이 압운이 달라서 이 시를 네 연씩 나누어 두 편의 작품이라는 견해도 있다. 평측은 차례로 '平平仄平平, 仄平平仄平, 平平仄平仄, 仄仄平仄平, 仄仄仄仄仄, 仄仄平仄平, 平仄平仄平, 仄仄平平平 ; 平仄仄仄仄, 平仄仄仄仄, 平平仄仄仄, 平仄仄仄仄, 平平平平仄, 仄仄仄仄仄, 仄平仄仄仄, 仄仄平平仄'으로 평측이 고르지 못하니 이는 고시이기 때문이다.

71-2 古詩 第15首(고시 제15수) 옛 시 열 다섯째 수

生年不滿百 常懷千歲憂 晝短苦夜長 何不秉燭遊 爲樂當及時
何能待來玆 愚者愛惜費 俱爲塵世嗤 仙人王子喬 難可以等期.

（생년불만백 상회천세우 주단고야장 하불병촉유 위락당급시

하능대내자 우자애석비 구위진세치 선인왕자교 난가이등기）

살아 백넌도 차지 않는데, 늘 천년의 근심 걱정 품고 사네.

낮은 짧고 밤은 길어 괴로우니, 어찌 촛불 켜고 밤에 놀지 못하랴.

즐김에는 마땅히 때를 놓치지 말아야 하나니, 무엇 때문에 내년을 기다릴 것인가.

어리석은 이는 노는 비용을 아까워하지만, 이 모두 속세의 웃음거리로세.

신선이 된 주周의 태자는 장생불사했다지만, 누구나 그와 수명을 같이하기는 어려운 일 아닌가.

[語句] *生年 : ①출생한 해. ②사는 나이. 사는 동안. 한 평생. 여기서는 ②의 뜻임. *千歲憂 : 천 년의 근심. 일생 동안 없어지지 않을 오랜 근심. *苦夜 : 괴로운 밤. '근심 걱정이 많아 잠이 오지 않는 밤의 괴로움'을 말함. *何不 : 어찌 ~하지 않는가. *秉燭遊 : 등불이나 촛불을 밝혀(손에 잡고) 놀이함. 경치 좋은 시절 낮에 놀던 흥이 남아 있어 밤까지 이어 불 켜고 놀이를 계속한다는 뜻임. 秉燭夜遊(병촉야유). *及時 : 때를 맞춤. 좋은 때에 다다름. *來茲 : 내년. 茲는 음이 '자'로 '이에. 흐리다'의 뜻인데, '검다'의 뜻이면 '현'으로 읽음. 초두[艹]밑이 아닌 자임. *愚者 : 어리석은 사람. *愛惜 : 아까워 중하게 여김. *塵世 : 티끌 많은 세상. 이 세상. 俗世(속세). *嗤 : 비웃다. *仙人 : 신선 같은 사람. 신선. *王子喬 : 옛 중국의 周(주) 나라 靈王(영왕)의 태자인 晉(진). 도사 浮丘公(부구공)과 함께 술법을 얻어 신선이 되고 緱氏山(구씨산)에서 白鶴(백학)을 타고 생황을 불며 구름 사이로 사라져 영원의 생명을 얻었다고 함.<列仙傳> *可以 : ~할 수 있음. 可而(가이). 허가나 가능성을 나타내는 말임. *等期 : 기간이나 때를 같이함. 長壽(장수)를 함께 함. '期'는 '백 살, 百年(백년)'의 뜻이 있음.

[鑑賞] 이 시는 앞에 인용한 시와는 달리 유흥을 권장하는 내용의 작품이다. 인생은 덧없고 짧은 것이니, 즐거움을 누릴 수 있는 시절 곧 젊을 때나 즐길 기회가 있을 때에는 놓치지 말고 마음껏 즐기라는 것이다. 우리 민요 가락에도 "노자, 젊어서 놀아. 늙어지면은 못 노나니, 花無十日紅(화무십일홍)이요 달도 차면 기우나니~"라 읊지 않았던가. 특히 "何不秉燭遊"는 李白(이백)의 '春夜宴桃李園序(춘야연도리원서)'에도 인용된 명구로 퇴폐적인 유흥이 아닌 고상한 淸遊(청유)로 받아들여졌다. 놀이는 인간의 본능이라 하지만 건전한 놀이가 아닐 때에는 사회의 지탄을 받고 해독을 끼치는 것임을 명심하며 이 시를 감상해야 할 것이다.

5언고시. 전 5연[10구]. 압운은 앞의 시처럼 둘로 나누어지니, 1~4구는 憂, 遊 자로 평성 '尤(우)' 평운이요 그 뒤는 時, 茲, 嗤, 期 자로 평성 '支(지)' 평운이다. 평측은 차례로 '平平仄仄仄, 平平平仄平, 仄仄仄仄平, 平仄仄仄平 ; 平仄平仄平, 平平仄平平, 平仄平仄仄, 平平平仄平, 平平平仄平, 平仄仄仄平'으로 평측이 고르지 못하다.

72. 閔台鎬(민태호 1834~1884) : 조선말 고종 때의 정치가. 자 景平(경평). 호 杓庭(표정). 시호 忠文(충문). 본관 驪興(여흥). 俞莘煥(유신환, 1801~1859 호 鳳棲봉서)의 제자로, 고종 7년

(1870) 문과에 급제하여 摠戎使(총융사), 御營大將(어영대장), 武衛都統使(무위도통사), 吏曹判書(이조판서), 大提學(대제학) 등을 역임했다. 왕가의 외척에 事大黨(사대당)의 우두머리로 위세가 당당했으나, 甲申政變(갑신정변) 때 閔泳穆(민영목), 趙寧夏(조영하) 등과 함께 피살되었다.

72-1 題七艮亭(제칠간정) 칠간정에서 짓다

睥睨東頭石作臺 縱橫十笏小亭開 海光野氣週遭地 萬丈須彌芥孔來.
　(비예동두석작대 종횡십홀소정개 해광야기주조지 만장수미개공래)

동편을 얼핏 보니 높고 평평한 바위에, 종횡 10홀 되는 작은 정자 이루었구나.
바다 풍경 들판 기세 두루 둘러보는 곳이라,
만 길 높은 수미산도 겨자씨 같은 좁은 틈으로 들어와 보이네.

[語句] *七艮亭 : 어디 있는 정자인지 미상임. *睥睨 : 흘겨봄. 몰래 봄. 들여다봄. *東頭 : 동쪽 위. 동편. *石作臺 : 바위가 높고 평평한 땅을 이룸. 돌로 대를 만듦. *縱橫 : 세로와 가로. 가로세로. *十笏 : 열 개의 홀을 놓을 수 있는 넓이. 좁은 면적. 笏은 '신하가 朝服(조복, 禮服 예복)을 입고 임금을 뵐 때 띠에 끼우거나 오른손에 쥐던 牌(패, 手版 수판). *海光 : 바다 경치. *野氣 : 들판 기세. 들 풍경. *週遭 : 두루 만남. 두루 둘러있음. *萬丈 : 만 길. 매우 길거나 높음. *須彌 : <佛>수미산. 불교에서 상상한, 세계의 중심에 솟아 있다는 큰 산. 金輪(금륜) 위에 우뚝 솟아 있는데 해가 이 산의 둘레를 돌고 꼭대기에는 帝釋天(제석천), 중턱에는 四天王(사천왕)이 살며 높이가 8만 由旬(유순, 1유순은 40~80리임)이라 함. 妙高山(묘고산). 雪山(설산). 蘇迷盧(소미로). *芥孔 : 겨자 씨만한 조그만 구멍이나 틈.

[鑑賞] 칠간정이 어디 있는 정자인지는 알 수 없으나, 바다와 들판을 모두 살펴볼 수 있는 퍽 높게 자리했는가보다. 널찍한 바위 위에 정자를 세웠는지, 아니면 돌로 돈대를 쌓아 그 위에 세웠는지 십홀밖에 안 되는 작은 정자이다. 그 높다는 수미산이 조그만 틈으로 들어와 보인다 함은 과장법이지만, 상대적으로 칠간정이 높은 곳에 위치함을 알 수 있게 한다.

　7言絶句(7언절구). 압운은 臺, 開, 來 자로 평성 '灰(회)' 평운이다. 평측은 차례로 '仄仄平平仄仄平, 平平仄仄仄平平, 仄平仄仄平平仄, 仄仄平平仄仄平'으로 二四不同, 反法, 粘法(이사부동, 반법, 점법) 등의 절구 평측 규칙에 합치된다.

73. 朴漑(박개 1511~1568) : 조선 선조 때 金堤郡守(김제군수). 자 大均(대균). 호 烟波處士(연파처사). 본관 忠州(충주). 父 右尹 祐(우윤 우). 동생 淳(순 →75).

73-1 宿僧舍(숙승사) 절간에서 묵다

小屋高懸近翠微 月邊僧影渡江飛 西湖處士來相宿 東嶽白雲沾草衣.
(소옥고현근취미 월변승영도강비 서호처사내상숙 동악백운첨초의)

작은 절간 정상 가까이 높이 매달리듯 했고, 달 아래 그림자 짓는 스님 강 건너기 바쁘네. 서호의 처사 같은 한가한 몸 여기 와 묵으려니, 동편 산의 흰 구름이 내 옷을 적시는구나.

[語句] *僧舍 : 절. 사원. *翠微 : 산꼭대기에서 조금 내려온 곳[산의 8분 정도의 곳]. '산의 푸른 빛'이란 뜻도 있음. *月邊 : 달의 곁이나 아래. *西湖處士 : 서호에 은거하는 처사. 宋(송)의 林逋(임포, 字 和靖화정). 그는 서호에서 20년간 숨어 살며 매화와 학을 매우 좋아하여 '매화는 아내, 학은 아들이라(梅妻鶴子매처학자)'라는 말을 들었고, 송의 蘇軾(소식, 호 東坡→119)이 '和秦太虛梅花(화진태허매화)' 시에서 그를 '서호처사'라 했음. 西湖는 절강성 杭州(항주)에 있는 크고 아름다운 호수요, 處士는 '초야에 묻혀서 벼슬하지 않고 사는 선비'임. *東嶽 : 동쪽의 큰 산. *草衣 : 隱者(은자)의 옷. 은자

[鑑賞] 조그만 암자나 작은 절에서 묵으며 감상을 읊은 시. 조그만 절간은 산꼭대기 가까이 다가 있고 저 아래 달 곁으로는 바삐 강을 건너는 스님의 그림자가 보인다. 송적과 같이 은거하는 몸이라 한가로이 이 절에서 묵노라니, 동편 높은 산의 흰 구름이 내 옷을 적시는 듯하구나. 한적하고도 높은 산속에 지은 작은 절이라 동쪽 산은 바로 이웃이요 달은 저 아래로 내려다보인다는 것이다.

7言絕句(7언절구). 압운은 微, 飛, 衣 자로 평성 '微(미)' 평운이다. 평측은 차례로 '仄仄平平仄仄平, 仄平平仄仄平平, 平平仄仄平平仄, 平仄仄平平仄平'으로 二四不同(이사부동), 粘法(점법), 反法(반법) 등 절구 簾(염)에 합치되는 작품이다.

74. 朴珪壽(박규수 1807~1877) : 조선 고종 때의 정치가, 서예가. 자 桓卿(환경). 호 桓齋(환재). 시호 文翼(문익). 본관 潘南(반남). 조부 趾源(지원, 호 燕岩 →82). 父 宗禾(종화). 순조 7년(1807) 서울 桂洞(계동)에서 출생했고 헌종 14년(1848) 문과에 급제했으며, 철종 11년(1860)에 熱河副使(열하부사)로 燕京(연경)에 다녀왔고 고종 원년(1864)부터 병조참판, 대제학을 지냈다. 고종 3년(1866) 평안도 관찰사로 있을 때 미국 상선 Sherman호가 대동강에 들어와 행패를 부리므로 이를 공격하여 불질렀으니, 이것이 후에 江華

島(강화도)를 미국 함대가 침범한 辛未洋擾(신미양요, 고종5년 1871)의 빌미가 되었다. 이후 대제학, 우의정을 역임했으며 외국과의 通商論(통상론)을 주창했고 서양 사정을 대강 알았던 선각자였다. 벼슬을 이어 한 집안에 천품이 뛰어나 어려서부터 재주 있다는 평판을 얻었고 翼宗(익종)이 微服(미복)으로 그의 집에 온 일이 있었으며, 아내가 녹봉의 여분을 아껴 산 토지 문서를 불태워버렸다는 고결한 인품을 보이는 일화가 있다. 문집에 '桓齋集(환재집 12권)'이 있다.

74-1 江陽竹枝詞(강양죽지사) 합천의 죽지사

秋入陽江水不波 凌雲石塔皓嵯峨 一林疎雨紅流路 誰復騎牛訪脫簑.
(추입양강수불과 능운석탑호차아 일림소우홍유로 수부기우방탈사)

가을 들어 강물은 물결 일지 않고, 구름에 닿은 석탑 희게 우뚝 솟았구나.

숲에 내리는 성긴 빗발 단풍길 타고 흘러, 누가 다시 소를 타고 도롱이 벗으며 찾아올꼬.

[語句] *江陽 : 경남 陜川(합천)의 신라 때 이름. *竹枝詞 : 당 나라 한시의 한 형식. 대개 7언절구의 연작으로 경치, 풍속, 인정 등을 주로 읊었음. 본래 蜀中(촉중, 巴東파동)의 민요로 그 지방의 풍물을 노래했는데, 당의 시인 劉禹錫(유우석 →192)이 建安(건안)에 갔을 때 아이들이 '竹枝'라는 노래를 부르는 걸 듣고 그 음조로 남녀의 정을 읊었다 함. *陽江 : 강양 지방의 강. *凌雲 : 구름을 지나감. 구름에 닿음. *嵯峨 : 산 같은 것이 높이 솟아 험한 모양. *一林疎雨 : 숲에 한 차례 내리는 성긴 비. 한 차례 지나가는 소나기. *紅流路 : 붉게 단풍 든 길을 흐름. *騎牛訪脫簑 : 소를 타고 도롱이 벗으며 찾아옴. 南溟 曺植(남명 조식 →457)이 친구와 海印寺(해인사)에 모이기로 약속하고 소를 타고 가는 중에 비를 만나 겨우 절로 들어가니, 친구는 이미 와서 도롱이를 벗으며 다락에 오르는 중이더라는 이야기가 있음. 簑는 蓑(사)와 같은 자임.

[鑑賞] 가을철에 합천 해인사나 그 부근에서 지은 작품 같다. 가을이 되니 강물은 조용히 흐르고 구름을 두를 만한 높은 돌탑이 흰 모습으로 우뚝 솟아 있다. 단풍 든 산길에 소나기 한 줄기 훑고 지나 숲길이 물길로 되었는데, 이런 날 옛날 남명 선생 이야기같이 벗이 소를 타고 도롱이 두르고는 찾아올 것만 같다. 산 속의 한적한 풍경 곧 敍景(서경)을 주로 하고 마지막 구에서 느낌 곧 抒情(서정)으로 마무리했다.

7언절구. 압운은 波, 峨, 簑 자로 평성 '歌(가)' 평운이다. 평측은 차례로 '平仄平平仄仄平, 平平仄仄仄平平, 仄平平仄平平仄, 平仄平平仄仄平'으로 이사부동과 점법, 반법 등에 어긋남이 없는, 形式美(형식미)가 갖추어진 작품이다.

75. 朴淳(박순 1523~1589) : 조선 선조 때의 정치가, 학자. 자 和叔(화숙). 호 思庵(사암).
시호 文忠(문충). 본관 충주. 父 右尹祐(우윤 우). 兄 漑(개 →73). 徐敬德(서경덕 →103)에게서
글을 배우고 같은 門人(문인)인 退溪 李滉(퇴계 이황 →329)과 사귀어 그에 의해 계발된
바 많았다 한다. 명종 8년(1553) 庭試(정시)에 장원 급제하고 韓山郡守(한산군수), 吏曹參
議(이조참의), 대사헌을 거쳐 선조 5년(1572)에 우의정, 선조 12년(1579)에 영의정이 되
었다. 퇴계와 栗谷 李珥(율곡 이이 →283)를 도와 西人(서인)으로 주목받았고 동서분당이
확실해지자 永平 白雲山(영평 백운산)에 숨어 살았다. 문필에 모두 뛰어나 문장은 당의
이백과 두보를 따르고 글씨는 松雪體(송설체)를 썼으며 崔慶昌(최경창 →526), 白光勳(백광훈
→755), 李達(이달 →222) 같은 제자를 배출했다. 문집에 '思庵集(사암집 6권)'이 있다.

75-1 訪曹雲伯 二首(방조운백 이수) 조운백을 찾아가다 두 수
靑山獨訪考槃來 袖拂秋霧坐石苔 共醉濁醪眠月下 鶴翻松露滴空杯<제1수>
(청산독방고반래 수불추무좌석태 공취탁료면월하 학번송로적공배)

청산에 홀로 숨어 사는 친구 찾아가서는, 소매로 가을 안개 떨치며 이끼 낀 바위에 앉아,
둘이서 막걸리에 모두 취해 달 아래에서 조느라니,
학이 날자 소나무의 이슬이 빈 잔에 방울져 떨어지네.

[語句] *曹雲伯 : 曹駿龍(조준룡). 雲伯은 자. 그가 은둔 생활을 하고 있었음. *考槃 :
은거하여 산수 간을 거닐며 즐기는 일. 또는 악기를 타며 즐기는 일.<詩經 衛風
考槃> 考는 '이루다. 악기를 두드리다'이고, '槃'은 '즐겁다. 머뭇거리다'임. *石
苔 : ①바위에 난 이끼. ②돌김. *濁醪 : 막걸리. 탁주. *翻 : 날다.

75-2 醉睡仙家覺後疑 白雲平壑月沈時 儵然獨出脩林外 石逕筇音宿鳥知<제2수>
(취수선가각후의 백운평학월침시 소연독출수림외 석경공음숙조지)

취해 자다 깨어나니 아리송한데, 흰구름 골을 덮고 새벽달 넘어가네.
허둥지둥 걸어 숲밖으로 빠지려니, 자갈 길 지팡이 소리에 자던 새 놀라누나.

[語句] *仙家 : 신선의 집. 신선이 되는 도를 닦는 사람. 여기서는 '조운백의 집'을
비유해 썼음. *平壑 : 구름이 골짜기를 평평하도록 덮어 깔았음. *儵然 : 빠른
모양. 허둥지둥 하는 모양. 사물에 얽매이지 않는 모양. *脩林 : 길다란 숲. *
石逕 : 돌이 많은 길. 산길. *筇音 : 지팡이 소리. 筇은 '대나무'의 일종임. *
宿鳥知 : 자는 새들이 깨어남. 자던 새가 놀라 깸.

[鑑賞] 명작으로 치는 시 작품. '은거하는 산속 친구 집을 찾아가 안개를 헤치며 이끼 낀 바위에 앉아 막걸리 잔을 주고받다가 둘 다 취하여 달 아래 누웠더니, 소나무 가지에 앉았던 학이 날자 솔잎에 맺혔던 이슬이 빈 술잔에 방울져 떨어진다. 친구의 초가집에서 자다가 깨니 어찌된 일인지 모르겠는데, 온 골짜기에 흰 구름이 깔리고 달은 지려는 이른 새벽이더라. 지팡이 찾아 들고 혼자 긴 숲을 빠져 나오자니 돌에 부딪치는 내 대막대 지팡이 소리에 자던 새들이 화들짝 놀란다'. 참으로 익숙한 묘사에 낭만적인 내용이라, 정조 때의 학자 紫霞 申緯(자하 신위 →132)는 '東人論詩絶句(동인논시절구)'에서 둘째 수 1, 2구를 그대로 옮기고 이어 '淸修苦節無人及 想見詩中絶俗姿(깨끗하고 높은 절개 따를 사람 없으니, 시 속에는 속세를 떠난 모습이 담겨 있구나.)' 하였다. 그리고, 맨 끝 '宿鳥知'는 절실하고도 익살스러운 명구라, 지은이를 '숙조지 선생'이라고 별칭하게 되었다는 것이다.

7言絶句(7언절구) 2수. 압운은 첫 수가 來, 苔, 杯 자로 평성 '灰(회)' 평운이고, 둘째 수는 疑, 時, 知 자로 역시 평성 '支(지)' 평운이다. 평측은 차례로 '平平仄仄仄平平, 仄仄平仄仄仄平, 仄仄仄平平仄仄, 仄平平仄仄平平 ; 仄仄平平仄仄平, 仄平平仄仄平平, 平平仄仄平平仄, 仄仄平平仄仄平'으로 反法, 粘法(반법, 점법)은 이루어졌으나, 二四不同二六對(이사부동이류대)만은 첫 수 둘째 구에서 어긋났다.

75-3 送退溪先生南還(송퇴계선생남환) 퇴계 선생이 고향으로 감을 송별하다

鄕心不斷若連環 一騎今朝出漢關 寒勒嶺梅春未放 留花應待老仙還.
　(향심부단약연환 일기금조출한관 한륵영매춘미방 유화응대노선환)

고향 그리는 심정 잇댄 쇠고리 같아 끊임이 없어,
오늘 아침 한 필 말 타고 한양성을 나가시네.
한륵 고개 매화는 봄이건만 아직 안 피어났으리니,
마땅히 신선 같은 퇴계 선생 돌아오심을 기다리노라 그러할 것일세.

[語句] *退溪 : 李滉(이황, 1501~1570) 선생의 雅號(아호). 조선의 대학자요 東方朱子(동방주자)로 추앙됨. *南還 : 남쪽으로 돌아감. 퇴계의 고향이 안동이라 '남쪽 고향으로 돌아감'의 뜻임. *鄕心 : 고향을 그리워하는 마음. *連環 : 고리를 잇대어 펜 쇠사슬. *漢關 : 漢陽城(한양성). 지금의 서울. *寒勒 : 산 고개 이름. *嶺梅 : 산 고개의 매화. *未放 : 꽃망울을 터뜨리지 않음. 꽃이 피어나지 않음. *留花 : 꽃이 피기를 미루어 둠. *老仙 : 노인 신선. 퇴계 선생.

[鑑賞] 퇴계 선생이 벼슬을 버리고 귀향함을 배웅한 송별시. 퇴계는 인종 원년(1545)

을사사화 이후 세 번 벼슬을 사양하고 고향으로 돌아갔는데 어느 때 지은 시인지 알 수 없으나 뜻이 아주 曲盡(곡진)하다. '퇴계 선생은 늘 고향으로 돌아가려는 마음뿐이었는데, 드디어 오늘 아침 한 필 말만 타고 서울을 떠나는구나. 고향 가까운 한륵령에는 피어 있어야 할 매화가 아직 피지 않았으리니, 이는 선생이 돌아올 때 활짝 피려고 기다리기 때문이리라.'는 것이다. 동문수학한 사이이면서 존경하는 분이라 '先生' 호칭을 써서 지은이의 인격이 돋보이며, 퇴계를 아끼고 존경하는 정이 끝 연에 담뿍 담겼다 하리라.

7언절구. 압운은 環, 關, 還 자로 평성 '刪(산)' 평운이다. 평측은 차례로 '平平仄仄仄平平, 仄仄平平仄仄平, 平仄仄平平仄仄, 平平平仄仄平平'으로 이사부동이륙대, 반법, 점법 등 7언절구 평측 규칙에 어긋남이 없다.

76. 朴永善(박영선 ?) : 조선말 文士(문사). 호 竹尊(죽존). 본관 密陽(밀양). 무과에 급제하여 고종 13년(1876) 2월 일본수신사 金綺秀(김기수)의 書記 副司果(서기 부사과)로 수행하여 동경 順天堂醫院(순천당의원)의 오오다끼[大瀧富三]에게 種痘法(종두법)을 배우고 구가[久我克明]의 '種痘龜鑑(종두귀감)'을 구해 와 池錫永(지석영)에게 주었다. 지석영은 이를 알기 위해 고종 16년(1879) 10월부터 부산의 일본 병원장의 지도를 받았다. 박영선은 고종 20년(1883) 博文局(박문국)에서 발간한 '漢城旬報(한성순보)'에 姜瑋(강위 →3), 鄭秉夏(정병하) 등과 함께 주필로 활약했다. 고종 26년(1889) 10월에 경북[당시는 강원도] 蔚珍縣令(울진현령)으로 부임했는데, 이 시기는 나라가 날로 부패해 가던 때라 늘 술에 취하여 시문을 읊으며 郡政(군정)을 돌보지 않으니, 田鎬基(전호기) 등 지방 선비들이 一正稧(일정계)란 정치 탄압 단체를 조직하여 그의 군정을 돌보지 않는 책임을 추궁했다. 이에 박영선은 간섭 많은 그들을 귀찮게 여겨 울진을 평하는 시에 "惡姓田朱南 物多魚虎柿(고약한 성씨는 전·주·남 세 성이요, 산물이 많으니 생선과 호피와 곶감이라.)"했다. 그리고는 이듬해 8월에 政內禁將(정내금장)으로 승진해 갔다.<1991판 蔚珍郡誌>

76-1 寧越懷古(영월회고) 영월의 옛 일을 회고하다

越中兒女哭如歌 越樹蒼蒼越水波 蜀魄飛來人不見 魯陵三月落花多.
(월중아녀곡여가 월수창창월수파 촉백비래인불견 노릉삼월낙화다)

영월의 아녀자들 울음이 처량한 노래 같고, 나무들 울창하고 냇물 물결 높네.
두견개 날아오나 임은 보이지 않고, 장릉 봄 삼월에 꽃잎 많이 지는구나.

[語句] *寧越 : 강원도 영월군. 고구려 때 奈生郡(내생군), 신라 때 奈城郡(내성군), 고려

때 영월현으로 原州(원주)에 소속되었다가 고려 공민왕 21년(1372)에 군으로 승격되었음. 莊陵(장릉), 淸泠浦(청령포), 子規樓(자규루) 등 단종 임금과 관련된 유적이 있고 '寧越題詠(영월제영 1책)'이 전해옴. *懷古 : 옛 일을 돌이켜 생각함. *兒女 : '사내아이와 계집아이. 남녀들. 계집. 여자.' 등의 뜻이 있음. *越樹, 越水 : 영월 땅의 나무, 강물. *蒼蒼 : 빛이 아주 푸름. *蜀魄 : 촉 나라 望帝(망제)의 넋. 杜鵑(두견). 두견이. 소쩍새. 촉의 임금 杜宇(두우)가 신하 鱉靈(별령)에게 왕위를 내어주고 西山(서산)에 은신하여 望帝라 일컫고 두견새로 화했다고 함.<蜀王本紀> 端宗(단종)의 일을 촉왕에 비겼음. *人 : 조선 7대 왕 단종. *魯陵 : 魯山君(노산군)의 능 곧 莊陵(장릉). 단종이 首陽大君(수양대군)에 의해 왕위를 빼앗기고 영월로 추방될 때의 降封(강봉)이 노산군임. 노산군은 숙종 때 복위되어 단종이라 했으며 관련 기록에 '莊陵誌(장릉지 4권 2책)'가 있음.

[鑑賞] 강원도 영월과 정선은 민요 '정선 아리랑'으로 유명한 고장이니, 그 애틋한 가락이 단종의 불우한 일생을 조상하는 듯 슬프다. 어릴 때부터 그 민요 가락에 젖어 있는 곳이라 여자 아이들 울음마저 그 민요 곡조를 닮아 슬픈 가락으로 들린다. 우거진 숲은 푸르디푸르고 동강 물은 파도치며 흐른다. 단종의 넋인 두견새는 날아와 구슬피 울고 있건만 그 비극의 주인공 단종의 모습은 보이지 않고, 때는 3월이라 그 임금이 잠든 장릉에는 꽃잎만이 덧없이 가득 지고 있다. 단종에 얽힌 옛 일을 회상해 눈물짓는 지은이의 모습이 떠오르는 가작이다.

7언절구. 압운은 歌, 波, 多 자로 평성 '歌' 평운이다. 평측은 차례로 '仄平平仄仄平平, 仄仄平平仄仄平, 仄仄平平平仄仄, 仄平平仄仄平平'으로 이사부동, 반법, 점법 등 모두 규칙에 어긋남이 없다.

77. 朴元亨(박원형 1411~1469) : 조선 세조 때 문신. 자 之衢(지구). 호 晩節堂(만절당). 시호 文憲(문헌). 본관 竹山(죽산). 父 병조참의 翺(고). 아들 安性(안성). 일찍부터 시문으로 이름을 떨쳤고 세종 14년(1432) 사마시, 2년 뒤 謁聖試(알성시)에 각각 급제하여 啓功郞(계공랑), 禮賓直長(예빈직장), 義禁府都事(의금부도사), 司僕小尹知製敎(사복소윤지제교)를 역임했다. 문종 때 좌승지, 세조 때 도승지가 되고 靖難功臣(정란공신)으로 延城君(연성군)에 피봉되어 좌의정에 이르렀다. 성격이 엄격하고 도량이 넓어 재상으로 손색이 없으며 매우 검소하게 살아, 淸白(청백)을 가훈으로 아들에게 전한 당대의 명신이라 했다.

77-1 義州東軒用前韻(의주동헌용전운) 의주의 동헌을 이전의 운자로 읊다

漂泊曾同一小舟 功名老去足封留 早將憂樂關天下 客裏情懷不用愁.

(표박증동일소주 공명노거족봉유 조장우락관천하 객리정회불용수)

떠돌아다님은 한 조각배 같은 것,

공명은 늘그막에 장량이 받았던 유후留侯 정도면 족하네.

일찍이 근심과 즐거움은 천하와 상관이 되나니, 나그네 된 회포 근심할 것 없어라.

[語句] *義州 : 평안북도 서북쪽의 의주군. 북방 수비의 첫째 요진으로 統軍亭(통군정), 威化島(위화도) 등 명승고적이 있음. *東軒 : 고을 원이 공사를 처리하는 대청 또 는 집. *漂迫 : 정처없이 떠돌아다님. *曾同 : 일찍이 같음. *小舟 : 작은 배. 조각배. 편주. *功名 : 공을 이룬 명성. *封留 : 留 땅에 봉해짐. 유 땅의 사또 가 됨. '조그만 고을의 원'을 뜻함. 漢高祖 劉邦(한고조 유방)을 도와 큰 공을 이룬 개국공신 張良(장량)이 넓은 齊(제) 땅에 봉해 주려는 것을 마다하고 조그만 유 땅 의 사또를 자청했다 함. *憂樂 : 걱정스러운 일과 즐거운 일. *客裏 : 객지에 있 는 동안. 나그네로 있음. 客中(객중). *情懷 : 정과 회포. 품고 있는 생각과 정.

[鑑賞] 전에 지은 바 있는 시의 운자를 따라 의주군의 동헌에서 지은 작품이다. 운자 는 舟, 留, 愁이다. '정처 없이 떠돌아다니는 생활은 한 조각배와 같아서 늘그 막에 부귀공명을 찾을 것은 무언가, 한의 장량과 같이 조그만 의주 고을의 원 노릇하면 만족일세. 근심이나 즐거움이란 본시 이 세상 따라 생겨나는 것이니, 나그네 되었다고 근심 걱정의 회포를 품어 무엇하리.'라 읊었다. 하기는 표박의 삶이라 해서 근심만 있는 것은 아니리라.

7言絶句(7언절구). 압운은 舟, 留, 愁 자로 평성 '尤(우)' 평운이다. 평측은 차례로 '平仄平平 仄仄平, 平平仄仄仄平平, 仄平平仄平平仄, 仄仄平平仄仄平'으로 7언절구 仄起式(측기식) 구 성법에 조금도 어긋남이 없는 작품이다. 측기식은 첫 구 둘째 자가 仄韻(측운)인 시를 말하니, 이 시에서는 泊 자로 入聲(입성)이어서 측운에 해당된다.

78. 朴誾(박은 1479~1504) : 조선 연산군 때 천재 시인. 자 仲悅(중열). 호 挹翠軒(읍취헌). 본관 高靈(고령). 父 聃孫(담손). 申用漑(신용개 →774)의 사위. 연산군 2년(1496) 18세에 문과 급제하여 홍문관 正字(정자), 修撰(수찬)을 거쳐 經筵(경연)에 5년 동안 재직했다. 바른 말을 잘하므로 연 산군에게 꺼림을 받았고, 원로인 成俊(성준), 李克均(이극균), 柳子光(유자광) 등을 탄핵하다가 파 직되었다. 연산군 9년(1503) 다시 관직 없이 官階(관계)만 가지는 散官(산관)으로 있다가 東萊 (동래)에 유배되어 사형되었는데, 사형당할 때 얼굴빛이 변치 않고 仰天大笑(앙천대소)했다고 한다. 그는 네 살에 글읽기를 시작하고 8세에 大義(대의)를 알았으며 15세에 문장이 능통하 고 총명한 才士(재사)여서, '5백년 詩壇(시단)의 제일인자'라 일컫는 사람들이 많았고 容齋 李 荇(용재 이행, 자 擇之택지 →322)과 가장 친했다고 한다. 문집에는 '挹翠軒集(읍취헌집)'이 있다.

78-1 宿葛山(숙갈산) 갈산에서 하룻밤 묵다

鸕鷀窺魚立漁磯 人語舟行忽驚飛 雙雙自入烟霧中 我不如君早見機.
(노자규어입어기 인어주행홀경비 쌍쌍자입연무중 아불여군조견기)

가마우지 낚시터에서 물고기 엿보다가, 인기척에 배 지나가니 놀라며 날아올라,
쌍쌍이 안개 속으로 날아 들어가니, 나는 낌새를 빨리 알아차리기가 너희보다 못하구나.

[語句] *葛山 : 지명. 미상. *鸕鷀 : 가마우지. 더펄새. *窺魚 : 물고기 잡을 기회를 노
림. *漁磯 : 낚시터. *人語舟行 : 사람의 말소리 나며 배가 지나감. *忽驚 : 깜
짝 놀람. *烟霧 : 연기와 안개. *見機 : 기회나 기틀을 봄. 낌새를 알아차림.

[鑑賞] 가마우지들이 낚시터에 서서 물속의 고기를 잡으려고 엿보다가 사람 소리 나
며 배가 지나가니, 깜짝 놀라며 날아올라 짝을 지어 안개를 뚫고 저 멀리 날아
가버린다. 그 재빠른 알아차림이 우리 인간으로서는 따를 수 없도록 기민함이
놀랍다. 28자로 한 순간의 모습을 잡아 그린 한 폭 그림 같은 작품이다.

　7言古詩(7언고시). 압운은 磯, 飛, 機 자로 평성 '微(미)' 평운이다. 평측은 차례로 '平平平平仄平
平, 平仄平平仄平平. 平平仄仄平仄平, 仄仄平平仄仄平'으로 절구의 簾(염) 규칙에 맞지 않다.

78-2 夜臥有懷士華承旨(야와유회사화승지) 밤에 누우니 사화 승지가 생각나다

故人自致靑雲上 老我孤吟黃菊邊 高盖何堪容陋巷 酒盃終不負新篇
一年秋興南山色 獨夜悲懷缺月懸 旅鴈似知無伴侶 數聲飛過沉寥天.
(고인자치청운상 노아고음황국변 고개하감용누항 주배종불부신편

일년추흥남산색 독야비회결월현 여안사지무반려 수성비과혈료천)

오랜 친구는 절로 높은 지위에 올랐는데,
늙은 나는 노란 국화 곁에서 외로이 시나 읊조리네.
높은 가마가 어찌 이 누추한 곳에 쉽게 받아들여지겠는가,
술잔은 마침내 내 새로 지은 시 작품을 저버리지 않는구나.
한 해의 가을 홍취는 남산 경치에서 느끼겠고, 외로운 밤의 회포는 조각달에 달려 있네.
날아가는 기러기도 내게 친구 없음을 아는 듯,
몇 마디 소리 내며 맑은 하늘을 날아가는구나.

[語句] *士華 : 조선 성종~중종 때 문인, 문신인 南袞(남곤 1471~1527)의 자. *承旨 : 承
政院(승정원) 의 관명. 임금의 명을 들이거나 내는 직무를 맡은 관청. *故人 : 오
랜 벗. *靑雲 : 푸른 구름. 높은 명예나 벼슬. *孤吟 : 외로이 시나 노래를 읊

조림. *高盖 : 높은 가마나 일산. 고귀한 사람이 타는 가마. 盖는 '蓋(개-덮다. 덮개)'의 속자임. *堪 : 견디다. 이기다. 맡다. *陋巷 : 좁고 더러운 길거리. 가난한 사람들이 사는 곳. *新篇 : 새로 지은 글. *南山 : 남쪽 산. 서울 시내 남쪽의 산. *悲懷 : 슬픈 심사. 슬픈 생각. *缺月 :이지러진 달. 새벽달. *旅鴈 : 먼 곳으로 떠나가는 기러기. *伴侶 : 친구. 짝이 되는 동무. *沈寥天 : 높고 맑게 갠 가을 하늘. 沈은 '횅하다. 비다'이고, 寥는 '쓸쓸하다. 고요하다. 횅하니 비다'임.

[鑑賞] 가을밤 잠이 잘 들지 않아 문득 승지 벼슬을 하는 친구 사화가 그리워서 지은 시이다. 친구는 벼슬이 올라 청운에 오른 듯한데, 늙은 나는 중국의 陶淵明(도연명)처럼 국화 옆에서 시나 읊조린다. 고관의 행차가 어찌 이 누추한 곳까지 오기를 바라랴. 술잔 들어 몇 잔 마시노라니 詩想(시상)은 잘 떠오르는 편이다. 남산을 바라보며 가을 풍경을 느끼고 새벽달을 쳐다보며 외로움에 젖는데, 남으로 가는 기러기는 내 외로움을 아는지 울며 날아간다. 頷聯(함련, 3~4구)과 頸聯(경련, 5~6구)은 율시 구성 원칙에 맞게 각각 對句(대구)를 이루었다.

7言律詩(7언율시). 압운은 邊, 篇, 懸, 天 자로 평성 '先(선)' 평운이다. 평측은 차례로 '仄平仄仄平平仄, 仄仄平平平仄平, 平仄平平平仄仄, 仄平平仄仄平平, 仄平平仄平平仄, 仄仄平平仄仄平, 仄仄仄平平仄仄, 仄平平仄仄平平'으로 二四不同二六對(이사부동이륙대)와 反法, 粘法(반법, 점법) 등이 모두 원칙에 맞게 잘 이루어졌다.

79. 朴寅亮(박인량 1010~1096) : 고려 초기 학자. 자 代天(대천). 호 小華(소화). 시호 文烈(문열). 본관 竹州(죽주, 竹山). 문종 때 문과에 급제하여 5대의 임금을 섬겼는데, 右副承旨(우부승지), 禮部侍郎(예부시랑), 翰林學士(한림학사)를 거쳐 右僕射參知政事(우복야참지정사)에 이르렀다. 문장이 우아하고 아름다워 중국에 보내는 문서를 집필했고, 한시에 조예가 깊었는데 특히 아래에 인용하는 '사주 구산사' 시는 그 절의 현판에 새겨져 후세에까지 길이 전해 내려온다. 또 '古今錄(고금록 10권)'을 편찬해 宋(송) 나라에도 전해져서 찬탄을 받았고, 설화집 '殊異傳(수이전)'을 지었다.

79-1 使宋過泗州龜山寺(사송과사주구산사)
송에 사신으로 가다가 사주 구산사를 지나며

嶄巖怪石疊成山 上有蓮芳水四環 塔影倒江翻浪底 磬聲搖月落雲間
門前客棹洪濤疾 竹下僧碁白日閑 一奉皇華堪惜別 更留詩句約重攀.

(참암괴석첩성산 상유연방수사환 탑영도강번랑저 경성요월낙운간

문전객도홍도질 죽하승기백일한 일봉황화감석별 갱류시구약중반)

높고 험한데다 괴상한 바위들 겹쳐 산을 이루고, 그 위의 절간에는 물이 사방을 둘렀구나.

탑 그림자는 강물에 거꾸로 져서 물결 속에서 일렁이고,

풍경 소리는 달을 흔들어 구름 사이에 메아리 치네.

문앞의 나그네 탄 배 빠른 물살 저어가고, 대밭 아래 중들은 대낮에 한가로이 바둑 두네.

임금님 위덕을 받든 사신의 몸이라 이별이 아쉬워,

시 한 수 써 두면서 다시 오기 기약하노라.

[語句] *使宋 : 송 나라에 사신으로 감. *泗州 龜山寺 : 미상이나 山東省 泗川縣(산동성 사천현) 지방이 아닌가함. *巉巖 : 바위가 높고 위태함. *怪石 : 괴상하게 생긴 돌. 기석. *蓮芳 : 연꽃 향기. 연꽃 향기가 풍기는 곳인 절. 蓮境(연경). *塔影倒江 : 탑의 그림자가 강물에 거꾸로 비쳐 보임. *翻 : 번득이다. 엎치락뒤치락하다. *磬聲搖月 : 풍경 소리에 달이 흔들림. 풍경 소리가 물결 퍼지듯 달빛을 타고 퍼져 나감. *落雲間 : 구름 사이에 떨어짐. 구름 속에 메아리 침. *客棹 : 나그네의 노. 나그네가 탄 배. *洪濤 : 큰 파도. 너른 물결. *僧碁 : 스님의 바둑. 중이 바둑을 둠. *白日 : 대낮. 한낮. *皇華 : 임금의 큰 덕. *惜別 : 작별을 섭섭하게 여김. 애틋한 이별. *重攀 : 거듭 오름. 다시 산을 올라 이 절을 찾아옴.

[鑑賞] 이 시는 명작으로 崔致遠(최치원 →566)의 '潤州慈和寺(윤주 자화사)'와 朴仁範(박인범 →80)의 '涇州 龍朔寺(경주 용삭사)'와 함께 고려 이전 7언율시의 대표적인 3시라 하며, 앞에서 언급한 대로 구산사의 현판에 새겨져 걸려 있다고 한다. 起聯(기련 1, 2구)에서는 구산사의 자연 배경을 그렸고, 承聯(승련 3, 4구)에서는 절의 탑과 풍경 소리를 읊었다. 그림자는 물에 거꾸로 비치게 마련이라 높은 탑 그림자가 물결 따라 일렁거리는데, 풍경 소리는 달을 흔드는 듯 물결처럼 허공을 번져 구름 사이에서 메아리쳐 들린다. 이 승련은 대구가 멋지게 이루어져 중국사람들에게까지 칭송받는 명구이다. 轉聯(전련 5, 6구)은 눈을 돌려 사람의 모습이다. 절문 앞 강물에는 이 절 방문객인지 나그네인지를 태운 배가 빠르게 노 저어가고, 대밭 곁에는 스님들이 한낮의 무료함을 달래는 듯 바둑을 두고 있다. 중이 예불을 않고 바둑 둔다는 핀잔의 비평도 있으나, 절의 고요함을 돋보이게 하고 신선 놀이 같은 忙中閑(망중한)의 모습을 그렸기로 흠이 되지 않으며 대구를 이루는 좋은 표현이라 하리라. 마지막 結聯(결련 7, 8구)에서는 지은이의 심경을 밝혔다. 사신이란 중책을 띠고 온 몸이라 더 머물고 싶지만 헤어지지 않을 수 없어서, 다시 오기를 기약하며 이 시 한 수를 남기노라 했다. 詩中有畫(시중유화)라더니 한폭의 名畫(명화)를 보는 것 같은 작품이다.

7言律詩(7언율시). 압운은 山, 環, 間, 閑, 攀 자로 평성 '刪(산)' 평운이다. 평측은 차례로 '平平仄仄仄平平, 仄仄平平仄仄平, 仄仄仄平平仄仄, 仄平平仄仄平平, 平平仄仄平平仄, 仄仄平平仄仄平, 仄仄平平平仄仄, 仄平平仄仄平平'으로 二四不同二六對(이사부동이륙대)는 물론 反法(반법)과 粘法(점법) 등 七律의 典型(전형)이요 명작인 것이다.

79-2 伍子胥廟(오자서묘) 오자서의 사당

掛眼東門憤未消 碧江千古起波濤 今人不識前賢志 但問潮頭幾尺高.
　　(괘안동문분미소 벽강천고기파도 금인불식전현지 단문조두기척고)

동문에 걸린 눈 분이 사그라지지 않아, 천고의 푸른 강물에 파도만 일으키네.
지금 사람들은 옛 어진이의 뜻을 알지 못하고,
다만 절강의 조수가 몇 자 높이나 되는지 물을 뿐이로구나.

[語句] *伍子胥 : 중국 춘추시대 楚(초) 나라 사람. 이름 員(원). 부형이 모두 초의 平王(평왕 재위 B.C 529~516)에게 죽임을 당하자 오 나라에 망명하여 吳王 闔閭(오왕 합려)를 도와 초를 쳐서 평왕의 무덤을 파헤치고 그 시체를 3백 번 두들겼음. 그도 참소를 입어 오왕이 주는 칼을 물고 자살했으며 오왕은 그 시신을 술항아리에 넣어 강물에 던졌는데, 오자서는 죽을 때 "장차 사슴들이 姑蘇臺(고소대, 오왕 夫差부차가 지은 누대)에서 놀 것이다. 내 눈을 빼어 성의 동문에 걸어 두라. 越(월) 나라가 오를 쳐서 오 나라가 망하는 것을 보리라." 했음. 浙江(절강, 현재의 杭州灣항주만과 錢塘江전당강)의 조수가 극히 맹렬한 것은 오자서의 憤氣(분기) 때문이라고 전해옴. *廟 : 신주를 모신 건물. 廟堂(묘당). 祠堂(사당). *東門 : 동쪽 문. 동쪽을 향한 문. *碧江 : 물빛이 푸른 강. '전당강'을 말함. *千古 : 오랜 옛적. 오랜 세월. *潮頭 : 조수 머리. 조수의 가장 높은 부분.

[鑑賞] 오자서묘를 보고 그를 회고해 賢人(현인)이라 했다. 사람들은 오자서에 얽힌 역사적 사실은 이미 잊어버리고 다만 전당강의 조수 높이가 어느 정도인지에만 관심을 보이니 역사는 오래 지나면 잊혀지기 마련인가보다. 사실 우리의 역사도 우리 자신보다 외국인이 더 잘 알고 있는 경우가 허다하지 않은가. 국민이라면 제 나라와 민족의 역사는 개략이라도 알고 있어야 하는데, 우리의 현실은 국사 교육에 소홀한 면이 많아 먼 장래에 국가적 수치를 가져오게 되지 않을는지 의구심을 가지지 않을 수 없다.

7言絶句(7언절구). 압운은 消, 濤, 高 자인데 消는 평성 '蕭(소)', 濤와 高는 같은 평성 '豪(호)' 운으로 이 두 운은 通韻(통운)이 된다. 평측은 차례로 '仄仄平平仄仄平, 仄平平仄仄平平, 平平

仄仄平平仄, 仄仄平平仄仄平’으로 7絕(7절, 7언절구)의 평측 규칙에 합치되는 작품이다.

80. 朴仁範(박인범 ?) : 신라 때 학자, 문인. 당 나라에 가 공부하여 賓貢科(빈공과)에 급제한 뒤 시문으로 명성을 떨쳤으며, 귀국하여 翰林學士(한림학사), 守禮部侍郞(수예부시랑)을 역임했다. 孝恭王(효공왕) 2년(898)에 중 道詵(도선)이 죽자 왕명으로 그의 비문을 지었으며, ‘東文選(동문선)’에 그의 시 10수가 전한다.

80-1 涇州龍朔寺閣(경주용삭사각) 경주의 용삭사 누각
翬飛仙閣在靑冥 月殿笙歌歷歷聽 燈撼螢光明鳥道 梯廻虹影倒巖扃
人隨流水何時盡 竹帶寒山萬古靑 試問是非空色理 百年愁醉坐來醒.
<blockquote>(휘비선각재청명 월전생가력력청 등감형광명조도 제회홍영도암경

인수유수하시진 죽대한산만고청 시문시비공색리 백년수취좌래성)</blockquote>

날렵한 절간이 하늘에 솟아 있어, 월궁月宮의 풍악 소리 역력히 들려오는 듯.
등불은 깜박깜박 반딧불인 양 오솔길을 밝히고, 층계는 무지개같이 빙 돌아 바위문에 다다르네.
인생은 흐르는 물 따라 언제 다하려는고, 대나무는 추운 산을 둘러 만고에 푸른 것을.
옳고 그름이나 공과 색의 이치를 물어보자니, 평생의 얽힌 시름 앉은 자리에서 깨달아지네.

[語句] *涇州 龍朔寺閣 : 중국 경주의 용삭사 누각. 涇州는 현재의 ‘감숙성 平凉地區 涇川縣(평량 지구 경천현)’임. 이 시의 原題(원제)는 ‘涇州龍朔寺閣兼柬雲栖上人(경주용삭사각겸간운서상인, 경주의 용삭 사 누각에 겸하여 운서 스님에게 편지하다)’임. 운서상인은 스님인데 미상이며, 雲栖는 ‘구름 속에 삶, 세속을 떠나 삶’의 뜻을 가졌고 ‘上人’은 중의 존칭으로 儒家(유가)의 ‘先生(선생)’과 같은 말임. *翬飛 : 새가 날개 치듯 하는 아름답고 훌륭한 모양. 翬는 ‘날개 훨훨 치다. 꿩.’의 뜻임. *仙閣 : 신선의 누각. ‘절 또는 용삭사의 훌륭한 누각’을 두고 한 말임. *靑冥 : 푸른 하늘. 청천. *月殿 : 달나라의 궁전. ‘달이나 하늘나라에 있다는 상상의 궁전’임. *笙歌 : 생황 소리와 노래. 풍악 소리. *歷歷 : 분명하고 또렷함. 자취가 하나 하나 똑똑함. *燈撼 : 등불이 흔들리거나 깜박거림. 撼은 ‘흔들다. 움직이다’임. *螢光 : 반딧불. *鳥道 : 새가 다니는 길. 산이 험하여 사람은 다닐 수 없고 오직 새만이 날아 지날 수 있는 곳. *梯廻 : 사닥다리나 층계가 빙 돌아서 가도록 됨. *虹影 : 무지개 그림자. 무지개 모습. *巖扃 : 바위 문. 바위에 의해 만들어진 문. *寒山 : 추운 산. 겨울 산. *試問 : 시험 삼아 물어봄. *是非 : 옳음과 그름. *空色 : 공과 색. 虛無(허무)와 形象(형상). 空은 ‘본래 텅 비어 없는

것'이요, 色은 '환각으로 하여 공이 물질적 현상으로 나타난 것'임. 色空不二(색과 공은 둘이 아니요 하나이다). 色卽是空 空卽是色(색즉시공 공즉시색 ; 색이 곧 공이요, 공이 곧 색이니라.)<般若心經> *愁醉 : 시름에 취함. 근심 걱정 등에 빠져 있음.

[鑑賞] 이 시도 앞의 79-1에서 말한 대로 '三詩(삼시)'의 하나이다. '하늘로 치솟은 날렵한 절간은 달나라의 궁전을 연상케 하여 선녀들이 생황을 불며 노래하는 소리가 역력히 들리는 듯하다. 절길을 인도하려고 세워둔 등불은 바람에 깜박거려 마치 반딧불 같아 새들이나 날아 건널 수 있는 험한 길을 겨우 비쳐 주고, 오르는 계단과 건널 다리는 똑바르지 않아 이 바위 저 바위 사이를 걸쳐 있으니 구불구불 돌아야 되는 게 마치 무지개를 타고 건너는 것 같다. 흐르는 냇물은 끊임이 없어 우리 인간이 어찌 그 물과 같이 영원할 수 있으며, 저 겨울 산의 대나무처럼 만고토록 청청할 수 있으랴. 생각이 여기에 미치니 옳다는 것과 그르다는 것을 누가 판별할 자격이 있는가, 또 색이 공이요 공이 색이라는 佛家(불가)의 심오한 이치가 깨달아지는 듯하니, 참으로 諸行無常(제행무상)이 아닌가.' 특히 3, 4구는 중국에까지 膾炙(회자)되었고 고려의 李奎報(이규보 →220)는 '華國名手(화국 명수)'의 예로 이 두 구를 들었다.

7言律詩(7언율시). 압운은 冥, 聽, 扃, 靑, 醒 자로 평성 '靑' 평운이다. 평측은 차례로 '平平平仄仄平平, 仄仄平平仄仄平, 平仄平平平仄仄, 平平平仄仄平平, 平平平仄平平仄, 仄仄平平仄仄平, 仄仄平平平仄仄, 仄平平仄仄平平'으로 二四不同二六對(이사부동이륙대), 粘法(점법), 反法(반법) 등 7 律의 평측 구성 원칙에 모두 합치되었다.

81. 朴齊家(박제가 1750~1815) : 조선 후기 시인, 서화가. 자 次修(차수). 호 楚亭(초정), 貞蕤(정유), 葦杭道人(위항도인). 본관 밀양. 朴栗(박율)의 6세손. 연암 박지원에게 글을 배웠고 문장과 7언율시, 서화를 잘 하였다. 영조 52년(1776, 정조 즉위년) 규장각이 신설되자 文士로서 檢書官(검서관)에 뽑혀 承文院吏文學官(승문원 이문학관)을 겸임했고 徐理修(서이수), 柳得恭(유득공 → 179), 李德懋(이덕무 →224)와 함께 세칭 四檢書(사검서)라 했으며 縣監(현감)을 지냈다. 또 이덕무, 유득공, 李書九(이서구 →245)와 그를 문장과 시의 後四家(후사가)라 한다. 청 나라에 수차 사신으로 가서 명사들과 교유하며 견문을 넓혀 新學風(신학풍)을 수입했으니, 이것이 곧 실학파 중 北學(북학)이었고 그는 北學派(북학파)에 속했다. 저서에 '北學議(북학의)' '明農草藁(명농초고)' '貞蕤詩稿(정유시고)' 등이 있다.

81-1 嬋娟洞(선연동) 선연동

春城花落碧莎齊 終古芳魂此地棲 何限人間情勝語 死猶求溺浣紗溪.

(춘성화락벽사제 종고방혼차지서 하한인간정승어 사유구익완사계)

봄꽃은 이미 지고 잔디만 파린데, 자고로 고운 넋들이 여기 산다네.
말을 넘어서는 한량들의 따스한 정이 어찌 끝이 있으리,
죽어도 서시의 완사 시냇물에 빠져 보고 싶다 하네.

[語句] *嬋娟洞 : 평안북도 평양의 칠성문 밖에 있는 기생 공동묘지. *春城 : 봄 성.
봄날의 평양성. *碧莎 : 파란 잔디. 무성한 잔디. *終古 : 옛날. 늘. 영원히. *芳
魂 : 꽃다운 넋. 죽은 기생들의 고운 혼. *此地 : 이 곳. 여기. 선연동. *人間 :
사람. 남자 한량. *情勝語 : 정이 말보다 나음. 말이 정을 넘지 못함. *浣紗溪 :
중국 춘추시대 越(월) 나라의 미인 西施(서시)가 빨래하던 냇물. 현재의 浙江省 諸
暨市(절강성 제기시)의 苧羅山(저라산) 밑 石跡水(석적수)라 하기도 하고, 같은 절강성의
會稽(회계, 지금의 紹興市소흥시)의 土城山(토성산) 밑에 있다고도 함.

[鑑賞] 이 시는 지은이가 이덕무를 배웅하며 지은 '平壤雜絶(평양잡절)' 중의 하나이다.
'평양성의 봄꽃은 이미 져 버려 잔디만 파랗게 펼쳐졌는데, 아리땁던 젊은 기
녀들의 영혼이 이 선연동에 모여 잠들었다. 사나이들의 정이 어찌 한이 있으랴,
죽더라도 완사계 냇물에 빠져 보고 싶듯 이 미인의 곁에 있어 보고자 한다.'
실제로 중국의 한량들은 서시가 빨래하던 완사계에서 다투어 목욕했다고 전해
오니, 미인을 향한 사내의 정은 동서가 다르지 않으리라.

7言絶句(7언절구). 압운은 齊, 棲, 溪 자로 평성 '齊(제)' 평운이다. 평측은 차례로 '平平平仄
仄平平, 平仄平平仄仄平, 平仄平平平仄仄, 仄平平仄仄平平'으로 이사부동이륙대와 반법,
점법 등 율시 구성 원칙에 어긋남이 없는 작품이다.

82. 朴趾源(박지원 1737~1805) : 조선 후기의 학자. 자 中美(중미). 호 燕岩(연암), 煙湘(연
상). 시호 文度(문탁). 본관 潘南(반남). 父 지돈녕부사 弼均(필균). 서울에서 났으나 벼슬을
싫어해 황해도 金川(금천) 산속에서 정치, 경제, 군사, 문학 등을 공부하고 洪大容(홍대용)
과 함께 자연과학에 열중하여 지동설을 주장했다. 정조 4년(1780) 錦城尉 朴明源(금성
위 박명원, 영조의 화평옹주가 부인임)의 수행원으로 청에 들어가 중국학자들과 지내면서 식견을
넓혔다. 귀국 후 '熱河日記(열하일기 26권)'를 저술하여 당시의 사상계에 큰 영향을 주었
고, 50세에 처음으로 관직에 올라 繕工監監役(선공감감역), 漢城府判官(한성부판관), 安義
縣監(안의현감), 沔川郡守(면천군수), 襄陽府使 (양양부사) 등을 역임했다. 농사 정책에 관해
정조 임금의 요청을 받고 정조 23년(1799) '課農小抄(과농소초)'에 '限民田議(한민전의)'를
첨가하여 토지 소유의 제한과 농정 개혁을 강조했다. '양반전' '허생전' '호질' '광문자

전' 등 단편 한문소설을 지었고, 노론파의 홍대용, 박제가와 함께 북학파에 속하여 선진적 외국 문화의 섭취를 주장했으며, 丁若鏞(정약용 →404) 등과 실학 연구에 힘을 썼다. 그는 詩文書畵 四絶(시문서화 4절)의 한 사람이었으니, 시에 申緯(신위), 문에 박지원, 서에 金正喜(김정희), 화에 金弘道(김홍도)였다. 문집 '燕岩集(연암집 10권)'.

82-1 山行(산행) 산에 가다

叱牛聲出白雲邊 危嶂鱗塍翠揷天 牛女何須烏鵲渡 銀河西畔月如船.
　(질우성출백운변 위장인승취삽천 우녀하수오작도 은하서반월여선)

소 모는 소리 구름가에서 들리고, 높은 산봉우리들은 푸르게 나란히 겹치며 하늘을 찌르네. 견우 직녀는 어찌하여 오작교로만 건너려 하는고, 은하 서쪽에 달이 배가 되어 떠 있는데.

[語句] *叱牛聲 : 소를 꾸짖는 소리 곧 소 모는 소리. *危嶂 : 잇달은 높은 산봉우리. 嶂은 '산봉우리가 둘리다. 험하게 연달아 있는 봉우리'임. *鱗塍 : 고기비늘처럼 겹겹이 이루어진 두둑. '산들이 나란하게 겹쳐 놓인 모양'임. 塍은 '밭두둑. 큰 들'임. *揷天 : 하늘에 꽂음. 하늘을 씨름. *牛女 : 견우와 직녀. 견우성 직녀성. *何須 : 어찌 ∼하려 하는가. 須는 조동사로 '마땅히 ∼해야 한다. 반드시 ∼하다'임. *烏鵲 : 까마귀와 까치. 烏鵲橋(오작교, 7월 칠석날에 견우와 직녀 두 별을 서로 만나게 하려고 오작이 모여 은하수에 놓는다는 가상의 다리). *西畔 : 서편 가 또는 언덕.

[鑑賞] 산에 올라 바라본 모양을 읊은 산뜻한 시이다. 소를 모는 소리는 멀리 구름 저편에서 들려오고, 몇 겹이나 겹친 산들이 평평한 밭두둑같이 되어 고기비늘처럼 나란히 층을 이루며 하늘에 닿아 보인다. 하늘 저 서편에는 낮 조각달이 배가 되어 떠 있으니, 견우직녀는 하필 오작교가 만들어지기를 기다릴 것 없이 저 달 조각배를 타면 서로 만날 수 있으련만 하는 생각이 든다. 3, 4 구의 착상이 두드러진다 하리라.

　7言絶句(7언절구). 압운은 邊, 天, 船 자로 평성 '先(선)' 평운이다. 평측은 차례로 '仄平平仄仄平平, 平仄平平仄仄平, 平仄平平平仄仄, 平平平仄仄平平'으로 二四不同二六對(이사부동이륙대)와 反法, 粘法(반법, 점법) 등의 규칙에 어긋남이 없는 작품이다.

83. 朴椿齡(박춘령 ?) : 고려 仁宗, 毅宗(인종, 의종) 때 侍郎(시랑).

83-1 登採眞亭(등채진정) 채진정에 올라

蕭然一上採眞亭 目極征鴻入杳冥 往事回頭同夜夢 故人屈指半晨星

鬢絲斗覺今年白 山色仍猶舊日靑 自慶重來還自愧 腹中未有孝先經.

　　(소연일상채진정 목극정홍입묘명 왕사회두동야몽 고인굴지반신성

　　빈사두각금년백 산색잉유구일청 자경중래환자괴 복중미유효선경)

쓸쓸히 홀로 채진정에 올라, 기러기 아득히 날아감을 보일 때까지 바라보네.

지난 일 생각하니 모두가 꿈이요, 친구들 손 꼽아보니 절반은 새벽별처럼 얼마 안 남았네.

구레나룻 올해 들어 하얗게 세었음을 깨달았는데, 산은 오히려 예 그대로 푸르기만 하구나.

여기 다시 온 일은 잘한 듯하나 스스로 부끄러운 바 있나니,

뱃속에 변효선의 오경 상자가 없어 많은 글을 공부해 오지 못한 일이라.

[語句] *蕭然 : 쓸쓸한 모양. 텅 비어 있는 모양. *一上 : 한 번 오름. 오름. 一上一下(혹은 오르고 혹은 내리다, 한 번 뛰고 한 번 내려앉다)<莊子 山木> *目極 : 눈으로 볼 수 있는 데까지 봄. 極目. *征鴻 : 날아가는 기러기. *杳冥 : 깊고 어두움. *往事 : 지나간 일. *夜夢 : 밤에 꾸는 꿈. 헛된 일. *故人 : 친구. 옛 친구. *屈指 : 손가락을 꼽으며 셈. *晨星 : 새벽 별. 샛별. *鬢絲 : 구레나룻. *斗覺 : 문득 깨달음. *仍 : 그대로. 거듭하다. *舊日 : 지난날. 옛날. *自愧 : 스스로 부끄러움. *孝先經 : 변효선의 경전. ‘五經笥(오경사)’를 말함. 漢(한) 나라 邊韶(변소, 자 孝先효선)는 제자 수백 명을 가르쳤는데, 하루는 낮잠을 자고 있으려니 제자들이 “배가 뚱뚱하여 낮잠만 주무신다.”고 조롱하는 글을 지으매, 변소가 그 글을 보고는 “뚱뚱한 배는 오경의 상자니라(腹便便五經笥복편편오경사).”라고 한 말에서 온 말로, ‘알고 있는 경전 글이나 지식이 많음’의 뜻임.

[鑑賞] 외지에서 고향에 돌아와 채진정 정자에 올라 감회를 읊은 작품이다. 옛 친구들 거의 저세상으로 가고 없어 외로이 쓸쓸함을 안고 올라 날아가는 기러기만 보일 때까지 바라볼 뿐이다. 돌이켜 보니 지난날의 일들이 모두 헛되었고, 올해 들어 수염만 세어 늙어가는데 저 푸른 산만은 늙을 줄 몰라 예 그대로 청청하다. 돌아오기는 잘한 듯하나 스스로 부끄러움을 떨치지 못하겠으니, 오래 고향을 떠나 있으면서 보람찬 공부 하나 못 하고 늘그막을 맞이한 것뿐이다. 인생은 이렇게 후회하며 끝마치는 것인지도 모른다.

　7언율시. 압운은 亭, 冥, 星, 靑, 經 자로 평성 ‘靑’ 평운이다. 평측은 차례로 ‘平平仄仄仄平平, 仄仄平平仄仄平, 仄仄平平平仄仄, 仄平仄仄仄平平, 仄平仄仄平平仄, 平仄平平仄仄平, 仄仄平平平仄仄, 仄平仄仄仄平平’으로 이사부동이륙대와 점법, 반법 등 모두 규칙대로이다.

84. 朴忠佐(박충좌 1287~1349) : 고려 말기 학자. 자 子華(자화). 호 恥菴(치암). 본관 咸

陽(함양). 父 莊(장). 일찍이 문과 급제하여 충숙왕 때 全羅按察使(전라안찰사)가 되어 가니 嬖臣(폐신, 왕에게 아첨하는 신하) 朴連(박연)이 양민을 종으로 삼으므로 극력 반대하니, 박연이 왕에게 "안찰사가 임금님의 뜻을 거스린다." 하여 海島(해도)에 유배되었다. 후에 소환되어 藝文應敎(예문응교)가 되고 경상도 鹽稅(염세)를 감독했다. 이후로 內書舍人(내서사인), 密直提學(밀직제학), 開城府尹(개성부윤)을 역임하고 충목왕 때 贊成事(찬성사)가 되어 왕에게 '貞觀政要(정관정요)'를 시강했으며, 이어 判三司事(판삼사사)와 純誠輔德協贊功臣(순성보덕협찬공신)이 되고 咸陽府院君(함양부원군)에 봉군되었다. 성미가 온후하고 검소하여 정승이 되었어도 집과 의복이 평소와 다름없었다고 전한다.

84-1 寄許迂軒邕(기허우헌옹) 우헌 허옹에게

水在山中可濯沿 或因高士得流傳 自從許子休官去 人道丹溪似潁川.
(수재산중가탁연 혹인고사득유전 자종허자휴관거 인도단계사영천)

산 속에 물이 있어 발 적시며 갈 수 있기도 하고,
높은 선비가 삶으로 해서 이름 널리 퍼지나니,
우헌 허옹 공이 벼슬 버리고 단계로 떠난 뒤,
사람들은 그 단계가 옛날 허유許由가 귀를 씻었던 영천과 같다고 하네.

[語句] *許迂軒邕 : 許邕(?). 고려 충숙왕 때 典理判書(전리판서). 호 迂軒. 본관 丹城(단성). 성품이 강직하기로 유명했고, 아들 繼道(계도)는 開城小尹(개성소윤)으로 효자였음. →624. *沿 : 물 따라 내려가다. 좇다. *高士 : 인격이 고결한 사람. 뜻이 높은 선비. *流傳 : 널리 퍼짐. 널리 전해짐. *許子 : 허옹. *休官 : 벼슬을 그만둠. *道 : 말하다. *潁川 : 강 이름. 중국 고대 요 임금 때 높은 선비인 許由(허유)가 나라를 맡아 달라는 요 임금의 말을 듣고는 더러운 말을 들었다면서 귀를 씻은 냇물임.

[鑑賞] 전리판서를 지내던 허옹 공은 강직한 분이라 벼슬도 과감히 버리고 산 속으로 은거하니, 이는 옛 선비들이 많이 걷던 길인 것이다. 그가 숨은 단계는, 마치 옛 중국의 높은 선비 허유가 요 임금에게서 나라를 맡아달라는 더러운 말을 들었다고 귀를 씻은 영천과 같다고 사람들이 일러 온다는 것이다. 허 공의 절조를 칭송한 작품이다.

7언절구. 압운은 沿, 傳, 川 자로 평성 '先(선)' 평운이다. 평측은 차례로 '仄仄平平仄仄平, 仄平平仄仄平平, 仄平仄仄平平仄, 平仄平平仄仄平'으로 이사부동이륙대와 반법, 점법 등이 모두 규칙에 합치되었다.

85. 朴彭年(박팽년 1417~1456) : 조선초 학자, 충신[사육신]. 자 仁叟(인수). 호 醉琴軒
(취금헌). 시호 忠正(충정). 본관 順天(순천). 父 大司憲 閑碩堂 仲林(대사헌 한석당 중림). 세종
16년(1434) 문과에 급제하여 成三問(성삼문)들과 集賢殿學士(집현전학사)로 여러 편찬 사
업에 참가했다. 세종의 유명으로 皇甫仁(황보인), 金宗瑞(김종서) 등과 문종을 보필했고,
문종의 顧命(고명)을 받아 어린 단종을 돕다가 忠淸道觀察使(충청도관찰사)가 되었다. 그
외직에 있을 때 수양대군이 황보인, 김종서와 安平大君(안평대군)을 죽이고 왕위를 찬탈
한 뒤 그를 형조참판으로 임명했는데, 박팽년은 성삼문들과 단종 복위를 모의하다가
金礩(김질)의 밀고로 탄로되어 아버지와 함께 잡혀 죽었다. 이 때 화를 입은 성삼문·
하위지·이개·유성원·유응부와 더불어 사육신이라 한다. 아우 大年(대년)과 아들 憲
(헌)도 처형되니 일문 모두가 화를 당한 것이다. 뒤에 숙종이 누명을 벗기고 관작을 복
구하며 시호를 내리고 절개를 표창했다. 저서에 '醉琴軒千字文(취금헌천자문)'이 있다.

85-1 哭尹大提學淮(곡윤대제학회) 돌아가신 대제학 윤회 공을 곡하다

孫桐祖栗繼箕裘 華國文章第一流 揚子夢中成吐鳳 庖丁眼底欠全牛
人間未畢抽金櫃 天上誰催記玉樓 惆悵九原難可作 遺書應傍茂陵求.

(손동조율계기구 화국문장제일류 양자몽중성토봉 포정안저흠전우

인간미필추금궤 천상수최기옥루 추창구원난가작 유서응방무릉구)

동헌桐軒-尹紹宗-의 아들, 율정栗亭-尹澤-의 손자로 대대로 가통을 이어,

나라 빛낸 문장 첫째러라.

양웅揚雄은 꿈속에서 흰 봉황을 토했고, 백정의 눈에는 온전한 모습의 소가 없었다네.

이승에서 아직 금궤 열어 책 다 펴보지 못했는데,

하늘에서 누가 백옥루의 글짓기를 재촉했나.

애달파라, 지하에서 다시 글 짓지 못하시리니,

남기신 글은 마땅히 사마상여司馬相如 살던 무릉에서 구하듯 댁에서 찾아야 하리.

[語句] *大提學 : 弘文館(홍문관)이나 藝文館(예문관)의 정2품 벼슬로 본인이 사퇴하지 않
으면 종신토록 재임했음. 文衡(문형). *尹淮(1380~1436) : 조선 세종 때 병조판서,
예문관 대제학. 자 淸卿(청경). 호 淸香堂(청향당). 시호 文度(문탁). 본관 茂松(무송).
태종과 세종의 지극한 아낌을 받았음. *孫桐祖栗 : 桐軒 尹紹宗(동헌 윤소종
1345~1393, 동지춘추관사 역임)의 아들이요 栗亭 尹澤(율정 윤택 1289~1370, 공민왕 때 정당문학,
찬성사 역임)의 손자. '父桐祖栗'이라 함이 합당함. *箕裘 : 키와 가죽. 기구지업.
키를 만드는 일과 가죽 다루는 일 곧 家業(가업). '대장장이의 아들은 대장간 일의

기초가 되는 가죽을 기워 갖옷을 만드는 일을 배우고, 활을 만드는 사람의 아들은 버들가지를 휘어 키를 만드는 일을 먼저 배운다'<禮記 學記>는 데서 하는 말임. *華國文章 : 나라를 빛내는 글. *第一流 : 첫째가는 등급. 최고급에 속하는 사람. *揚子 : 揚雄(양웅 53B.C~ 18A.D)의 존칭. 前漢(전한) 말기의 학자. 자 子雲(자운). 별칭 莽大夫(망대부). 太玄經(태현경)을 초할 때 꿈에 흰 봉황을 토했다고 함. *疱丁 : 백정. '莊子 養生主(장자 양생주)'에 백정이 文惠君 (문혜군)을 위해 소를 잡으며 말하기를 "이제 저의 칼이 19년을 지내오는 동안 수천 마리의 소를 잡았지만 칼날은 늘 새로 숫돌에 갈아 놓은 것 같습니다. 소의 뼈마디에는 틈이 있고 칼날은 두께가 없으니, 칼날이 틈을 찾아들면 칼날을 놀림에 있어 반드시 여지가 생깁니다." 했음. 이는 백정의 눈에 온전한 소란 존재하지 않는다는 뜻도 있음. *眼底 : 눈 속. 눈. *欠 : 이지러지다. 모자라다. 흠집. 하품. *金櫃 : 금속으로 만든 궤[상자]. 한의 司馬遷(사마천)이 石室(석실)에 보관된 금궤를 열어 그 속의 책을 꺼내 보며 史記(사기)를 썼다 함<史記 自敍> *記玉樓 : 천상의 白玉樓(백옥루) 記文(기문)을 지음. 당 나라 시인 李賀(이하)가 죽을 때 天使(천사)가 찾아와서 "上帝(상제)의 백옥루가 완공되어 너를 불러 들여 그 기문을 짓도록 정했노라." 하더라 함. *惆悵 : 근심하고 슬퍼함. *九原 : 묘지. 저승. 황천. *遺書 : ①남긴 글. 소장하고 있던 책. ②유언하는 글. *茂陵 : 漢武帝(한무제)의 능이 있는 지명. 司馬相如(사마상여)가 병으로 벼슬을 그만두고 무릉에 살고 있을 때, 무제가 "상여가 병이 심하다 하니 가서 그가 저술한 글을 모두 가져오라. 그러지 않으면 나중에 없어지리라." 하여, 사자가 가니 상여는 이미 죽고 집에 책도 없어서 그의 처 卓文君(탁문군)에게 물으니, 상여가 죽을 때 사자가 오면 주라고 일러두었던 封禪書(봉선서, 하늘과 산천에 지내는 제사에 관해 쓴 글) 한 권을 주더라함.

[鑑賞] 윤회 선생을 조상한 弔詩(조시). 그는 대대로 벼슬한 班族(반족)인데다가 글과 인품 또한 뛰어나 세인의 중망을 받은 분이다. 양웅 같은 문장에 문혜군의 백정처럼 사리 판단이 뛰어나고 사마천과 같은 분이며 이하와 마찬가지로 천상 백옥루의 기문을 지으려고 하늘이 불러간 분이다. 사마상여와 같이 댁에서 남기신 글들을 찾아야 하리라 했다. 지난날 '朝鮮語讀本(조선어독본)'에서 읽은 글을 소개해 본다. 윤회가 젊었을 때 어느 대감의 집을 찾아가 마당에서 기다리노라니, 그 댁 어린 도령이 가지고 놀던 구슬이 땅에 떨어져 그 구슬을 거위가 삼켜버렸다. 후에 그 집에서는 난리가 났으니 누가 구슬을 훔쳤다는 것이다. 그래 윤회가 의심을 받아 대문 옆에 결박당했다. 결박당하면서 윤회는 주인더러 거위를 자기 옆에 붙들어 매어 달라 하여 이튿날 거위가 눈 똥에 구슬이 섞여 나왔다. 그제야 주인은 백배

사죄하며 왜 진작 거위가 삼켰다는 말을 하지 않았느냐고 했다. 윤회는 "내가 그렇게 말하면 주인 영감 성격에 거위를 그냥 두었겠소? 당장 거위를 죽였을 게 아니오." 하더라는 것이다. 그의 도량과 인내심을 보이는 일화리라.

7言律詩(7언율시). 압운은 裘, 流, 牛, 樓, 求 자로 평성 '尤(우)' 평운이다. 평측은 차례로 '平平仄仄仄平平, 平仄平平仄仄平, 平仄仄仄平仄仄, 平平仄仄仄平平, 平平仄仄仄平仄, 平仄平平仄仄平, 平仄平平平仄仄, 平平仄仄仄平平'으로 二四不同二六對(이사부동이륙대)와 反法, 粘法(반법, 점법) 등이 잘 이루어졌다. 다만 5행의 抽 자는 압운인 '尤' 운이라 피해야 하는 글자여서 흠이 된다 하겠으니, 이는 압운과 같은 운인 글자는 되도록 피해야 하기 때문이다.

85-2 題剛中家梅竹蓮海棠四詠(제강중가매죽연해당사영)
강중 집의 매화, 대나무, 연꽃, 해당화 등 넷을 소재로 읊다

剛中吾執友 嗜好異尋常 竹愛霜餘靜 梅吟臘底香
水明搖淨植 風嫋泛崇光 揮洒閑中興 黃庭一兩章.

<blockquote>
(강중오집우 기호이심상 죽애상여정 매음납저향

수명요정식 풍요범숭광 휘쇄한중흥 황정일양장)
</blockquote>

강중 서거정徐居正은 내 친구, 즐기고 좋아하는 취미가 남다르다네.

대나무가 서리 내린 뒤 고요해짐을 아끼고, 매화의 섣달 세밑 향기를 음미하며,

연꽃이 맑은 물에 조촐하게 서 있음을 즐기고,

해당화가 바람이 나긋할 때 고상한 빛을 띄움을 사랑한다네.

한가한 속에 흥이 나서 글씨 휘갈기니, 도가道家의 황정경 한두 장일세.

[語句] *剛中 : 조선 초기 학자 徐居正(서거정 1420~1489)의 자. →101. *四詠 : 네 가지를 읊음. *執友 : 친구. 뜻을 같이하는 벗. *嗜好 : 즐기고 좋아함. *尋常 : 예사스러움. 대수롭지 않음. 凡常(범상). *臘底 : 섣달 뒤 무렵. 세밑. *淨植 : 깨끗하게 심어져 있음. 조촐하게 서 있음. 香遠益淸 亭亭淨植(향기는 멀리 풍기며 빛깔이 맑고, 물 속에 우뚝 조촐하게 서 있다.)<周敦頤 愛蓮說> *嫋 : 간들거리다. 하늘거리다. 휘늘어지다. *崇光 : 고상한 빛. *揮洒 : 붓을 휘두르고 먹을 종이에 뿌림. 글씨를 쓰고 그림을 그림. 揮灑(휘쇄). *黃庭 : 황정경. 道家(도가)의 경전. 신선이 되는 長生法(장생법)을 7言詩(7언시)로 썼음. 老子黃庭經(노자황정경)<唐書 藝文志>

[鑑賞] 서거정은 호가 四佳亭(사가정)으로 四佳는 이 시의 소재인 매화, 대나무, 연꽃, 해당화를 말하는 것이며 집안에 이 네 식물을 심고 사가정 정자를 지어 그 식물들을 감상하며 스스로의 아호로 삼았으리라. 지하철 7호선 면목동과 중곡동

사이에 '사가정역'이 있으니 그 부근에 사가정이 있었겠다. 이 시는 起聯(기련, 1~2구)에서 친구 강중의 기호가 남다르다고 소개하고, 承聯(승련, 3~4구)에서는 서리 내린 뒤의 대나무의 청청함과 세밑에 피는 매화를 그가 좋아함과 아울러 轉聯(전련, 5~6구)에도 이어 연못에 조촐하게 선 연꽃과 바람이 살랑거릴 때의 해당화 향기를 기린다고 했다. 結聯(결련, 7~8구)에서는 망중한 때 흥이 나면 붓 휘둘러 글씨를 쓰니 곧 장생법을 일곱 글자씩으로 나타낸 황정경 한두 구절이라 했다. 글씨를 누가 쓰는가와, 두 분 모두 유교에 돈독한 선비들인데 하필 異端(이단)이라 꺼리는 道家(도가) 경전 글을 쓴다 할 것은 무언가에 대한 논란이 있을 법 하다. 지은이인 박팽년보다는 주인공 서거정이 사가정에서 흥에 겨워 글씨를 휘갈겨 쓴다는 게 합당하고, 이 시기에는 불교 이외의 이단 배격 사상이 깊지 않아 쓰다 보니 황정경 구절이 아닌가 추측될 뿐이다.

　　5言律詩(5언율시). 압운은 常, 香, 光, 章 자로 평성 '陽(양)' 평운이다. 평측은 차례로 '平平平仄仄, 仄仄仄平平, 仄仄平平仄, 平平仄仄平, 仄平平仄仄, 平仄仄平平, 平仄仄仄仄, 平平仄仄平'으로 二四不同, 反法, 粘法(이사부동, 반법, 점법) 등에 맞다. 제 7 구의 中 자는 '예상에 맞다'의 뜻으로 보아 去聲(거성) '送(송)' 운으로, 興 자도 '흥겹나'의 뜻이라 거성 '徑(경)'으로 처리하였으니 평측으로 보아 합당한 것이다.

　　86. 朴恒(박항 1227~1281) : 고려 충렬왕 때 左丞相(좌승상). 초명 東甫(동보). 자 革之(혁지). 시호 文懿(문의). 본관 春川(춘천). 고종 때 과거에 급제하여 고종, 원종, 충렬왕의 3대를 섬겼다. 원 나라 세조가 일본을 정벌하려고 병기, 군량, 군장비 등을 징발할 때 좌정승으로서 원 나라 감독관들의 횡포를 견제했다. 성품이 관대하고 문장이 뛰어났으며 매사에 공명정대했다.

86-1 北京路上(북경노상) 북경 길을 가면서

一色平蕪觸處同 四時無日不狂風 淺山白日能飛雨 古塞黃沙忽放虹
地隔四千天共遠 堠磨雙隻路何窮 漢家信美非吾土 歸夢時時落海東.
　　(일색평무촉처동 사시무일불광풍 천산백일능비우 고새황사홀방홍

　　지격사천천공원 후마쌍척노하궁 한가신미비오토 귀몽시시낙해동)

닥치는 곳마다 똑같은 거친 벌판인데, 사철 어느 때나 광풍이 불어오네.
얕은 산에는 해가 밝은데도 소낙비 내리고, 옛 요새 황사에는 문득 무지개 걸리는구나.
4천 리나 떨어진 고국 하늘 멀고, 쌍으로나 외짝으로 선 이정표들에 길은 끝없어라.
중국 땅 아름다우나 내 고장이 아니니, 돌아갈 꿈은 시시로 해동에서 멎는구나.

[語句] *平蕪 : 곡식을 심지 않은 거친 들판. 평평한 들판. *觸處 : 가며 부닥치는 곳. 닥치는 곳. *無不 : ~ 않음이 없음. *狂風 : 미친 듯 부는 사나운 바람. *飛雨 : 바람에 흩날리는 비. 소나기 같은 빗살. 黃沙 : 누런빛 모래. 사막. *地隔四千 : 우리나라와 중국이 4천리 떨어져 있음. *堠磨 : 다듬은 돌 이정표. 돌장승. 里堠(이후). *雙隻 : 한 쌍이거나 외짝. *漢家 : 한 나라 왕실. 한 나라 곧 중국. *信美非吾土 : 실로 아름다우나 내 고장은 아님. 漢의 王粲(왕찬, 자 仲宣)이 岳陽樓(악양루)에 올라 고향을 그리워한 '登樓賦(등루부)'의 한 구절임. *歸夢 : 고국이나 고향으로 돌아갈 꿈. *海東 : 바다 저 동쪽. 우리나라 별칭.

[鑑賞] 중국 북경에 사신으로 가서 지은 기행 작품이리라. 중국 땅 하도 넓어 가는 곳마다 평평한 들판이요, 사철 어느 때나 거센 바람 불지 않을 때가 없다. 저 얕은 산에는 햇빛 쨍쨍하건만 이쪽은 소나기 같은 빗발이 날리고, 저편으로 보이는 옛 요새 사막에는 홀연히 무지개 떠 있다. 우리나라와는 4천리 땅이 격해 있어 하늘 또한 그만큼 멀고, 이정표 장승들 잇달아 서 있어 길은 끝나지 않을 듯하다. 이 중국 땅 실로 아름답기는 하나 내 고장은 아닌 것이니, 고국 돌아갈 내 꿈은 저 동녘 바다에 가 멎고 마는구나.

7言律詩(7언율시). 압운은 同, 風, 虹, 窮, 東 자로 평성 '東' 평운이다. 평측은 차례로 '仄仄平平仄仄平, 仄平平仄仄平平, 平平仄仄平平仄, 仄仄平平平仄平, 仄仄仄平平仄仄, 平平仄仄平平仄, 平平仄仄平平仄, 平仄平平仄仄平'으로 이사부동이륙대, 점법, 반법 등에 모두 합치되었다.

87. 朴弘美(박홍미 1571~1642) : 조선 인조 때 문관. 자 君彦(군언). 호 灌圃(관포). 본관 慶州(경주). 宣祖(선조) 때 문과에 급제하여 벼슬이 吏曹參判(이조참판)에 이르렀다.

87-1 東京懷古呈澤堂(동경회고정택당) 경주의 옛일을 회상하여 택당에게 주다

鷄林遺事杳無憑 極目蕭條感廢興 流水一千年故國 寒烟四十八王陵
瞻星臺古飢烏集 半月城高野鹿登 漠漠平郊秋草合 斷橋孤渡夕陽僧.

(계림유사묘무빙 극목소조감폐흥 유수일천년고국 한연사십팔왕릉

첨성대고기오집 반월성고야록등 막막평교추초합 단교고도석양승)

신라의 오랜 사적들 아득하여 입증을 못 하고, 눈에 보이는 것 모두 쓸쓸하여 감흥이 없네.
유수같이 흘러간 천년 옛 나라 신라요, 적막한 안개 속에 묻힌 마흔 여덟 왕릉이로구나.
첨성대 오래라 주린 까마귀들 모여 들고, 반월성 높아 들 노루 사슴 올리가네.
들판에는 가을 풀 아득하게 덮였는데, 끊어진 다리를 외로이 건너는 석양인 스님이여.

[語句] *東京 : 경상북도 경주. 신라의 서울이었고 고려 때 4경의 하나였음. *懷古 : 옛날을 회상함. *澤堂 : 李植(이식 1584~1647)의 아호. 荇(행)의 玄孫(현손)으로 인조 때 이조판서를 지냈음. →263. *鷄林 : 신라의 이칭. 경주의 옛 이름. 우리나라 별칭. *遺事 : 전해 오는 자취와 史蹟(사적). *杳 : 아득하다. *無憑 : 사실을 입증할 만한 증거가 없음. *極目 : 육안으로 보이는 데까지 봄. *蕭條 : 쓸쓸함. *感廢興 : 느낌에 흥취가 없음. 감흥이 없어짐. *故國 : 역사가 긴 옛 나라. 곧 신라. *寒烟 : 찬 연기. 쓸쓸한 안개. *四十八王陵 : 신라의 48왕릉. 신라는 B.C 57년에서 935년까지 992년 56대 왕이 통치한 왕조임. *瞻星臺 : 신라 선덕여왕 때 세운 동양에서 가장 오래된 천문대. 돌로 둥글게 쌓아 올렸는데, 밑변의 직경 5.5m, 맨위의 직경 2.5m, 높이 9m임. *飢烏 : 굶주린 까마귀. *半月城 : 반달 모양으로 된 성. 경주와 부여에 각각 있음. *野鹿 : 산이나 들에 사는 노루나 사슴. *漠漠 : 넓고 멀어서 아득함. *平郊 : 교외나 성 밖의 넓고 평평한 들. 들 밖. *孤渡 : 홀로 물을 건넘. 외로이 건넘.

[鑑賞] 가을날 저녁 무렵 경주에서 옛 신라를 회고하며 느끼는 감상을 읊어 택당에게 주는 시작품이다. 신라는 너무 오래된 나라라 그 문물이 남아 있지 않고, 보이는 곳마다 쓸쓸하여 감흥도 일지 않는다. 세월은 흐르는 물이라더니 신라 천년이 아득한 옛날이 되었고, 그 호사스러웠던 임금들의 왕릉이 안개 속에 적막히 싸여 있을 뿐이로구나. 첨성대나 반월성은 그 화려했던 지난날을 잃어 지금은 짐승들의 놀이터가 되고 말았고, 너른 들판에는 가을 풀만 나부끼는데 끊어진 다리를 외로이 건너는 스님의 모습만이 처량하게 刻印(각인)된다. 頷聯(함련 3, 4구)과 頸聯(경련 5, 6구)은 對句(대구)가 이루어졌고, 마지막의 '斷橋孤渡夕陽僧'이 뛰어나다.

7언율시. 압운은 憑, 興, 陵, 登, 僧 자로 평성 '蒸(증)' 평운이다. 평측은 차례로 '平平平仄仄平平, 仄仄平平仄仄平, 平仄仄平平仄仄, 平平仄仄仄平平, 平平仄仄平平仄, 仄仄平平仄仄平, 仄仄平平平仄仄, 仄平平仄仄平平'으로 이사부동이륙대, 반법, 점법 등 규칙과 합치되었다.

88. 潘岳(반악 247~300) : 西晉(서진)의 문인. 大康年間(대강연간, 280~289)에 활약한 시인들 곧 三張二陸二潘一左(3장2육2반1좌)의 한 사람이다. 이들은 張協·張載·張華(장협 장재 장화), 陸機·陸雲(육기 육운), 반악·潘尼(반니), 左思(좌사)로 그 詩風(시풍)은 漢魏(한위)의 文理(문리) 중시에서 修辭(수사) 중시로 옮아가는 과도기의 모습이었다고 한다.

88-1 悼亡詩 中(도망시 중) 아내를 애도하는 시 중간

凜凜凉風升 始覺夏衾單 豈日無重纊 誰與同歲寒

歲寒無與同 朗月何朧朧 輾轉眄枕席 長簟竟牀空.

(늠름양풍승 시각하금단 기왈무중광 수여동세한

세한무여동 낭월하농롱 전전면침석 장점경상공)

북풍이 싸늘하게 이어 불어오니, 비로소 여름 이불 홑것임을 아네.

어찌 솜이불이 없다 하랴만, 누구와 이 추운 겨울을 나리.

겨울을 함께 할 그대 없으니, 밝은 달이 어찌 차츰 밝아지겠는가.

엎치락뒤치락하며 자는 자리 엿보니, 긴 자리에는 결국 빈 침상뿐이로구나.

[語句] *悼亡 : 망인을 애도함. *凜凜 : ①위엄이 있고 의젓함. ②추위가 심함. 凜烈(늠렬). *涼風 : 서늘한 바람. 북풍. *升 : 오르다. =昇(승). *夏衾 : 여름 이불. 衾은 '옷깃. 도포. 옷고름. 이불'의 뜻임. *重纊 : 겹솜. '솜을 겹으로 놓은 이불'의 뜻으로 쓴 말임. *歲寒 : 추운 계절. 겨울. *朗月 : 밝고 맑은 달. *朧朧 : 흐릿한 모양. 희미하게 밝아지는 모양. *輾轉 : 누워서 몸을 이리저리 뒤척임. *眄 : 곁눈질하다. 엿보다. *枕席 : 베개와 자리. 자는 자리. *簟 : 삿자리. 대나무 자리. 竹席(죽석). *牀 : 평상. 마루. 寢牀(침상, 침대).

[鑑賞] 이 시는 모두 14연 28구의 5언시로 인용된 부분의 앞 2연으로 "창으로 스미는 교교한 달이 우리 집 남쪽을 비추는데, 서늘함이 가을 따라 오고 더위는 절기 따라 사그라든다."이다. 그리고, 인용한 부분의 뒤로는 8연이 이어지는데 그 내용은 "빈 침상에 먼지 쌓이고 방이 비어 쓸쓸한 바람기만 인다. 李延年(이연년)의 누이 李夫人(이 부인)의 혼령은 없으련만 그대 모습 그와 비슷해 옷깃 만지며 장탄식하니, 모르는 새 눈물이 가슴을 적신다. 가슴 적시는 그 눈물 어이 그치리오, 슬픈 회포는 억장에서 이는 것을. 잠이 깨면 그대 모습 눈 안에 있고 은은한 음성은 귀에 쟁쟁하다. 위로는 동문에 눈을 걸었던 伍子胥(오자서)에게 부끄럽고 아래로는 莊子(장자)의 鼓盆之戚(고분지척)에 부끄럽구나. 시로써 내 이 뜻을 말하려 하나 생각이 말라 잇지를 못해, 내 운수 이러하려니 하고 길이 슬픔에 잠길 뿐이다."이다. 먼저 간 아내를 그리워하는 정이 절절한 작품인 것이다.

5言古詩(5언고시). 전 14연[28구]. 이 시는 세 단락으로 나누어 볼 수 있는데, 단락이 바뀔 때마다 앞 단락 끝의 두 글자를 새 단락의 첫머리로 삼고 압운도 바꾸어 轉韻(전운)했다. 이런 전운 방법을 蟬聯法(선련법) 또는 蛛絲接法(주사접법)이라 한다. 즉 인용 부분의 앞 2연과 "誰與同歲寒"까지가 첫 단락인데, 압운은 평성 '寒' 평운이고, 그 다음 단락 첫 구에 "歲寒"을 첫 머리로 써서 "歲寒無與同"으로 이어 평성 '東(동)' 평운으로 전운해서는 인용 부분 뒤로 3연까지 "不覺涕霑胸(불각체점흉, 눈물이 가슴 적심을 알지 못했네)"으로 맺고는, 다시 셋째 단락이 되면서는 "霑胸安能已(점흉안능이, 가슴 적시는 게 어찌 그치리)"를 시작으로 상성 '紙(지)' 측운으로 전운하니,

첫 구는 역시 "霜胸"으로 시작된 것이다. 인용 부분의 압운은 單, 寒 자가 평운 '寒'이고, 同, 朧, 空 자는 평운 '東'이다. 평측은 차례로 '仄仄平平平, 仄仄仄平平, 仄仄平平仄, 平仄平仄平; 仄平平仄平, 仄仄平平平, 仄仄仄仄仄, 平仄平平平'으로 이사부동은 어느 정도 이루어졌으나, 고시이기에 규칙을 따질 필요가 없다.

89. 班婕妤(반첩여 ？) : 前漢(전한) 成帝(성제)의 後宮(후궁). '婕妤'는 女官(여관) 명칭이다. 父 左曹越騎校尉(좌조월기교위) 班況(반황). 어려서부터 재주와 글에 뛰어나 성제의 후궁으로 들어가 총애를 받았으나, 성제가 趙飛燕(조비연)을 사랑하게 되면서 임금을 저주한다는 조비연의 무고까지 당해 소외되었다. 성제가 죽은 뒤 그 능인 園陵(원릉)을 지켰다.

89-1 怨歌行(원가행) 원망하는 가행체 노래

新裂齊紈素 皎潔如霜雪 裁爲合歡扇 團圓似明月
出入君懷袖 動搖微風發 常恐秋節至 涼飈奪炎熱
棄捐篋笥中 恩情中道絕.

(신렬제환소 교결여상설 재위합환선 단원사명월

출입군회수 동요미풍발 상공추절지 양표탈염열 기연협사중 은정중도절)

새로 끊어 낸 제 나라 흰 비단, 희고 조촐하기 서리와 눈 같네.
말라서 합환 부채 만드니, 둥글기는 밝은 달 같아라.
임의 품안과 소매 속을 드나들며, 흔들려 움직여서 산들바람을 일으키는구나.
항상 두려운 바는 가을철이 되어, 선들바람이 더위와 열을 앗아갈까 함이더니,
대 상자 속에 버려져서, 임의 정이 중도에 끊어지고 말았구나.

[語句] *怨歌 : 원망하는 노래. *行 : 樂府題(악부제) 또는 歌行體(가행체)의 시. *齊紈素 : 제[山東省 산동성]에서 생산되는 흰 비단. *皎潔 : 희고 깨끗함. *合歡扇 : 부채의 안팎 곧 양면을 종이나 깁을 겹으로 붙여 만든 부채. '합환'은 '기쁨을 같이함. 부부화합'의 뜻임. *團圓 : ①둥긂. ②단란함. ③결말. 여기서는 ①의 뜻임. *微風 : 산들바람. *涼飈 : 서늘한 바람. 飈는 '회오리바람'임. *炎熱 : 매우 심한더위. 炎暑(염서). *棄捐 : ①내버림. ②재물을 내어 남을 도와줌. 義捐(의연). 여기서는 ①의 뜻임. *篋笥 : 대나무 오리로 엮어 만든 상자. 채롱. 광주리. *恩情 : 恩愛(은애)의 마음. 인정스러운 마음.

[鑑賞] 지은이가 조비연의 무고를 당해 長信宮(장신궁, 西宮서궁)으로 피해 가서 지은 원망의 시로 일명 '紈扇詩(환선시)'라고도 한다. "이름난 제 땅의 흰 비단으로 만든 둥근 부채는 더운 여름에 임의 소매 속으로 드나들며 부치어 산들바람을 일으

키면서 임을 시원하게 했다. 이는 마치 내가 성제 임금님을 극진히 모신 일과 같은 것이다. 그러나, 시원한 바람이 불어오는 가을이 되면 이 부채는 소용이 없게 되어 쓰레기를 버리는 대광주리 속에 던져져 소용에 닿지 않게 되는 게 늘 두려웠는데 드디어 가을이 와 그대로 되고 말았다. 바로 나 자신이 임금의 총애를 잃어 이 부채와 같은 신세가 되고 말았구나." 하며 하소연하고 슬퍼하는 내용이다. 冬扇夏爐(동선하로, 겨울 부채와 여름 화로)라는 말도 있고, 秋扇(추선), 班女扇(반녀선)이란 고사성어가 이루어졌다.

5언고시. 전 5연[10구]. 압운은 雪, 月, 發, 熱, 絶 자인데, 雪, 熱, 絶 자는 입성 '屑(설)' 측운이고, 月, 發 자도 입성 '月' 측운으로 이 두 운자는 通韻(통운)이 된다. 평측은 차례로 '平仄平平仄, 仄仄平平仄, 平平仄平仄, 平平仄平仄, 仄仄平平仄, 仄平平平仄, 平仄平仄仄, 平平仄平仄, 仄平仄仄平, 平平平仄仄'으로 평측이 고르지 못하고 압운도 측운이라 고시로 분류되는 것이다.

90. 白居易(백거이 Po Chui-I 772~846) : 中唐(중당) 최고의 시인으로 이백, 두보와 함께 당나라 3大詩人(대시인)의 한 사람이다. 자 樂天(낙천). 호 醉吟先生(취음선생), 香山居士(향산거사). 섬서성 下邽(하규, 渭南위남) 사람. 父 彭城縣令 季慶(팽성현령 계경). 대여섯 살 때 시짓기를 배웠고 15세에 장안에 와서 顧況(고황)에게 시를 보이니 감탄하더라 한다. 29세에 進士(진사), 35세에 製策(제책) 과거에 4등으로 뽑혔고 한림학사, 左拾遺(좌습유)를 지냈다. 40세에 京兆府判司(경조부판사)를 자청하여 모친상을 복상하고 憲宗 元和(헌종 원화) 9년(814) 43세에 太子左贊善大夫(태자좌찬선대부)가 되었다. 원화 10년 재상 武元衡(무원형)이 吳元濟(오원제) 등 반도들이 보낸 자객에게 살해되자 백거이는 역적들의 체포를 상소했으나, 조정에서는 그가 諫官職(간관직)이 아니면서 상소했다는 죄명으로 江州司馬(강주사마)로 좌천시키니 이 때 유명한 '琵琶行(비파행)'이 이루어졌다. 원화 13년(818) 47세에 忠州刺史(충주자사, 현 重慶市忠縣중경시충현), 이듬해에 尙書司門員外郞(상서사문원외랑), 主客郞中知制誥(주객낭중지제고)로 임명되었고, 이후 朝散大夫(조산대부), 中書舍人知制誥(중서사인지제고), 杭州刺史(항주자사), 左庶子(좌서자), 蘇州刺史(소주자사), 秘書監(비서감), 刑部侍郞(형부시랑) 등을 거쳐 文宗 太和(문종 태화) 3년(829)에 관직을 사퇴하고, 낙양으로 돌아와 太子賓客(태자빈객), 河南尹(하남윤)이 되었다가 75세로 사거하니 尙書右僕射(상서우복야)가 추증되었다. 그의 시는 평민을 위한 시인의 모습을 지니어 시가 이루어지면 동네 노파에게 보여 이해하지 못하면 쉬운 말로 고쳐 지으니 詩句(시구)가 알기 쉽다는 평을 받으며, 그는 자신의 시를 諷諭(풍유), 閒適(한적), 感傷(감상), 雜律(잡률)의 넷으로 분류했다. 元稹(원진)과 병칭되어 '元白', 劉禹錫(유우석)과 병칭되어 '劉白'이라 불리었고, 新樂府(신악부)를 지어 사회를 풍자하고 도의를 세우려 했기로 '廣大敎化主(광대교화주)'라고도 했다. 저서에 '白氏文集(백씨문집, 75권)' '白香山

詩集(백향산시집, 40권)'이 있고, '長恨歌(장한가)'와 '비파행'은 불후의 명작이다.

90-1 感興(감흥) 감흥

吉凶禍福有來由 但要深知不要憂 只見火光燒潤屋 不聞風浪覆虛舟
名爲公器無多取 利是身災合少求 雖異匏瓜難不食 大都食足早宜休.

　　(길흉화복유래유 단요심지불요우 지견화광소윤옥 불문풍랑복허주

　　명위공기무다취 이시신재합소구 수이포과난불식 대도식족조의휴)

길흉화복은 연유가 있어 오나니, 깊이 그 까닭을 살피되 근심하지는 말라.

큰 불길이 윤택한 집을 태우는 것을 보지만,

풍랑이 빈 배를 뒤집는다는 말은 못 들었네.

명예란 공공의 물건이니 많이 취하지 말며,

이익은 내 몸의 재난거리라 조금만 구해야 하네.

사람은 비록 표주박과 달라 먹지 않을 수 없지만,

대강 배부르면 일찌감치 그만두어야 하리.

[語句] *感興 : 깊이 감동되어 일어나는 흥취. *吉凶禍福 : 좋은 일과 나쁜 일 및 재
　　앙과 복록. *來由 : 사물의 내력. 由來. 원인. *深知 : 깊이 생각함. *火光 : 불
　　빛. 불길. *潤屋 : 윤택한 집. 부잣집. *風浪 : 바람이 불어 일어나는 큰 파도. *
　　虛舟 : 아무것도 싣지 않은 빈 배. *名爲公器 : 명예는 공중의 것임. 명예란 공
　　을 세운 사람에게 公共(공공)으로 주어지는 것임. *身災 : 몸에 닥치는 재난. *匏
　　瓜 : 표주박. 한 자리에만 매여 있는 것.<論語 陽貨> *大都 : 대략. 대개. *宜休
　　: 쉬는 게 좋음. 그치는 것이 마땅함.

[鑑賞] 지은이의 감흥을 읊었다고 제목을 붙였지만, 내용을 보면 일반 사람들에게 주는
　　교훈이 담 긴 일종의 警世詩(경세시)이다. 길흉화복은 모두 까닭이 있어 오는 것이
　　니 그 원인을 잘 알아보되 너무 근심하지는 말라. 우연한 불길은 큰 저택을 불태
　　워버리지만, 아무리 심한 풍랑이라도 텅 비어 있는 배를 뒤집는 일은 없는 것이
　　니, 마음을 비우면 세상살이를 바르게 할 수 있는 것이다. 명예는 남들이 공동으
　　로 주는 것이지 혼자 구한다고 되는 게 아니니 너무 많이 얻으려고 하지 말 것
　　이며, 이익이란 것도 내 몸의 재난이 되는 수가 있으니 조금만 얻어야 하리라.
　　사람이란 한 자리에 붙박혀 있는 표주박 같은 존재가 아니라 먹고 살아야 하는
　　활동체이니 먹을거리가 있어야 하지만, 너무 배부르도록 먹지 말고 탐내어 많이
　　얻으려 하지 말며 적당한 정도에서 그만두어야 하리라. 분수를 알고 알맞은 정도

에서 만족하는 安分知足(안분지족)을 강조하고 권장하는 이해하기 쉬운 작품이다.

7言律詩(7언율시). 압운은 由, 憂, 舟, 求, 休 자로 평성 '尤(우)' 평운이다. 평측은 차례로 '仄平仄仄仄平平, 仄仄平平仄仄平, 仄仄仄平平仄仄, 仄平平仄仄平平, 平平平仄平平仄, 仄仄平平仄仄平, 平仄平平平仄仄, 仄平仄仄仄平平'으로 二四不同二六對(이사부동이륙대), 粘法(점법), 反法(반법) 등 7律의 평측 규칙에 잘 합치된다.

90-2 江南送北客因憑寄徐州兄弟書(강남송북객인빙기서주형제서)
강남에서 북으로 가는 손이 있어 그 편에 서주의 형제에게 주는 편지를 부치다

故園望斷欲何如 楚水吳山萬里餘 今日因君訪兄弟 數行鄕淚一封書.
　　(고원망단욕하여 초수오산만여리 금일인군방형제 수행향루일봉서)

고향 땅 바라보나 막히어 어찌할 수 없나니,

초의 강과 오의 산으로 만리나 떨어져 있네.

오늘 그대가 우리 형제 찾아간다 하니,

고향 생각에 눈물 흘리며 몇 줄 편지 적어 보내노라.

[語句] *江南 : 양자강 남쪽 지방. *因憑 : 그것으로 인해 부탁함. *寄書 : 편지를 보냄. *徐州 : 江蘇省(강소성) 서주시. *故園 : 전에 살던 곳. 고향. *望斷 : 바라보니 끊어져 있음. *楚水吳山 : 초 땅의 강과 오 땅의 산. 곧 湖南·湖北省(호남 호북성) 일대의 강물과 江蘇省(강소성) 일대의 산들. *鄕淚 : 고향이 그리워 흐르는 눈물. *封書 : 겉봉을 봉한 편지.

[鑑賞] 지은이가 15세 때 지은 작품이다. 당시 그의 부친은 彭城縣令(팽성현령)을 지낸 후 囊州別駕(낭주별가)였고 동기는 4형제와 두 누이였는데, 모두 북쪽 땅에 살고 그는 피난 차 강남에 있었다고 한다. 마침 고향으로 가는 사람이 있어 형제들에게 주는 편지를 써 보낸다. 가 보고 싶지만 산과 물로 떨어지기 만리나 되니 갈 수가 없어 그리움에 눈물 흘리며 써서 보낸다는, 소년 시절의 작품이지만 시인의 자질을 드러내어 보이는 절실하게 지은 시이다.

7言絶句(7언절구). 압운은 如, 餘, 書 자로 평성 '魚(어)' 평운이다. 평측은 차례로 '仄平平平仄平平, 仄仄平平仄仄平, 平仄平平仄平仄, 仄平平仄仄平平'으로 셋째 구는 이사부동이륙대에 어긋나서 '측-평-측'이 되어야 할 것이 '측-평-평[日-君-兄]'이 되었고, 따라서 점법에도 어긋나게 되었다. 마지막 구의 行 자는 '항'으로 읽어야 원칙이지만 습관음으로 '행'으로 읽었다.

90-3 丘中有一士 二首 第2首 中(구중유일사 이수 제2수 중)

산 속에 숨은 한 선비 두 수 둘째 수 중에서

不飮濁泉水 不息曲木陰 所逢苟非義 糞土千黃金.

(불음탁천수 불식곡목음 소봉구비의 분토천황금)

흐린 샘물은 마시지 않고, 굽은 나무의 그늘에서 쉬지 않네.

의義에 어긋난 걸 만나게 되면, 천근의 황금도 분토같이 버린다네.

[語句] *丘中 : 언덕이나 산 속. *濁泉 : 물이 흐린 샘물. *曲木陰 : 굽은 나무의 그
늘. 渴不飮盜泉水 熱不息惡木陰(목마르다고 도둑이란 이름이 붙은 샘물을 마
시지 않고, 더워도 나쁜 나무의 그늘에서는 쉬지 않는다.)<陸機 猛虎行> *所逢 :
만나는 바. 마주치는 것. *苟 : 다만. 진실로. 겨우. 만일. *非義 : 의리에 어긋
남. 도리에 맞지 않음. *糞土 : 썩은 흙. 더러운 물건. *千黃金 : 천근의 황금.
천 냥 값나가는 황금. 많은 돈. 千金.

[鑑賞] 이 시는 산중에 숨어 사는 고고한 선비를 읊은 작품으로 각각 8연[16구]으로
된 五言詩(5언시) 두 수이다. 첫 수에서는 "무명의 은사가 산속에 살며 고생, 근
심의 기색 없이 늘 화평한 모습으로, 평생 궁핍하게 살면서도 탄식하는 일이
없으니 난새나 학 같은 모습이다." 했고, 둘째 수 인용부분의 앞은 4구인데
"오랜 세월 도를 지키며 새끼로 허리띠 삼고 無絃琴(무현금)을 탄다." 했으며, 인
용 부분 뒤에서는 "마을 사람들은 그의 감화를 받아 어리석고 약한 사람을 괴
롭히지 않아, 내 그 선비를 찾아가려다가 멈칫 하나니 그를 구태여 만날 필요
가 있는가, 그의 고고한 마음만 배우면 되지."라 읊었다. 그의 다른 작품 '朱陳
村(주진촌)' 같은 理想鄕(이상향)을 그리고 참다운 인생의 모습을 제시하려 했으며,
儒佛仙(유불선) 사상이 융합되어 있는 시라 하겠다.

5言古詩(시5언고시). 두수. 압운은 陰, 金 자로 평성 '侵(침)' 평운인데, 첫 수는 평성 '庚(경)'
평운이다. 평측은 차례로 '仄仄仄平仄, 仄仄仄仄平, 仄平仄平仄, 仄仄平平平'으로 이사부동
은 제 2, 3구 에서 어긋나 반법과 점법이 이루어지지 않았다.

90-4 落花古調賦(낙화고조부) 낙화에 대한 옛 가락의 시

留春春不住 春歸人寂寞 厭風風不定 風起花蕭索.

(유춘춘부주 춘귀인적막 염풍풍부정 풍기화소삭)

봄은 붙들어도 그 봄 머물지 않아, 봄이 가면 사람만 적막해지고.

꽃샘바람 싫어해도 그 바람 그치지 않아, 바람이 일면 꽃만 쓸쓸히 지고 마느니.

[語句] *古調 : 옛 곡조나 가락. *賦 : 문체의 하나. 한시에서는 감상을 쓴 작품, 한
문체에서는 韻(운)을 달고 對(대)를 맞추어 짓는 글, 科擧(과거)의 글로는 6언으로
한 구를 만드는 글임. *留春 : 봄을 머물게 함. *不住 : 살지 않음. 머물지 아
니함. *寂寞 : 고요하고 쓸쓸함. *厭風 : 바람을 싫어함. *不定 : 일정하지 않
음. 蕭索 : 아주 쓸쓸함. 蕭條(소조).

[鑑賞] 산뜻한 小品(소품)이다. 金時習(김시습)의 '花開花謝春何管 雲去雲來山不爭(꽃이
피고 진들 봄이 어이 상관하며, 구름이 가고 옴을 산은 다투지 않네.)'<乍晴乍雨
→38-4>가 연상된다. 봄, 인간, 바람, 봄꽃을 素材(소재)로 꽃샘바람이 야속하게 일
어나 화사한 봄꽃들을 오래 즐기지 못하는 아쉬움을 20자로 읊은 명작이다.

　5言古詩(5언고시). 압운은 寞, 索 자로 入聲(입성) '藥(약)' 측운이다. 평측은 차례로 '平平平仄
仄, 平平平仄仄, 仄平平仄仄, 平仄平平仄'으로 이사부동은 이루어졌으나 점법, 반법에는 맞
지 않고 각 구의 끝이 모두 측운인 것이 독특하다.

90-5 對酒 三首 第2首(대주 삼수 제2수) 술을 대하다 세 수 둘째 수

　蝸牛角上爭何事 石火光中寄此身 隨富隨貧且歡樂 不開口笑是癡人.
　　(와우각상쟁하사 석화광중기차신 수부수빈차환락 불개구소시치인)

달팽이 뿔같이 좁은 세상에 무슨 일로 다투는고,
부싯돌 불빛 같은 빠른 세월 속에 이 몸 부쳐 있는데.
부귀와 빈천은 주어진 대로 즐기는 것이거늘, 입 벌려 웃지 않는 사람은 이곧 바보로세.

[語句] *蝸牛角 : 와우 곧 달팽이의 뿔. 아주 좁은 곳. 달팽이의 두 촉수 중 오른쪽 뿔의 나
라는 蠻(만)이요 왼쪽 것의 나라는 觸(촉)인데, 이 두 나라가 전쟁을 하여 수만 명의 시
체가 났다고 함.<莊子 則陽> 이 싸움을 '蝸角之爭(와각지쟁)'이라 하는데 '하찮은 일로 다
투며, 다투어 얻으려 는 바가 극히 보잘 것 없는 것'을 비유함. *石火 : 돌과 돌이 마
주 부딪혀 나는 불. 부싯돌불. '아주 날쌘 동작 또는 극히 짧은 시간'을 가리킴. *寄此
身 : 이 몸이 부쳐 있음. 이 몸을 의지 하고 있음. *隨富隨貧 : 가멸음을 따라 가난을
따라. 부귀는 부귀대로 빈천은 빈천대로. *且 : 또. 우선. 잠시. *歡樂 : 기뻐하고 즐거
워함. *開口 : 입을 엶. 입을 벌림. '開口而笑者 ～ 不過 四五日而已矣(한달에 입을
벌려 웃고 지내는 날은 불과 4, 5일이다.)'<莊子 盜跖> *癡人 : 어리석고 못난 사람.

[鑑賞] 電光石火(전광석화) 같은 세월 속에 잠깐 목숨을 맡기고 있는 인생에서 하찮은
일로 다툴 것은 무엇인가. 부자는 부자대로 가난한 사람은 그 나름대로 즐기면
되는 것이니, 입을 벌려 크게 웃어 가며 살지 못하는 사람은 이곧 바보가 아니

겠는가. 첫째 수는 "잘났느니 못났느니 슬기롭다거니 어리석다거니 시비를 가릴 것 없이 함빡 술에 취하여 機心(기심)을 잊어라. 하늘과 땅은 넓고도 좁아서, 사나운 매[소인배]도 상서로운 봉황[유덕자]도 제각기 날고 있다." 했고, 셋째 수에서는 "봄철에 맑은 날 얼마 되지 않듯, 백 살을 살아도 건장한 시절은 짧은 것이라네. 모처럼 만났으니 사양 말고 술에 취해, 陽關(양관)에서 王維(왕유)가 친구와 이별할 때 읊은 시 '양관 삼첩곡'을 들어보세나."고 지었다.

　7言絶句(7언절구). 압운은 身, 人 자로 평성 '眞(진)' 평운이다. 한편 첫 수는 평운 '微(미)'이며 셋째 수는 평운 '庚(경)'이다. 평측은 차례로 '平平仄仄平平仄, 仄仄平平仄仄平, 平仄平平仄仄仄, 仄平仄仄仄平平'으로 셋째구만 二四不同二六對(이사부동이륙대)에 어긋나 '측-평-평'이 되었지만, 反法(반법), 粘法(점법)은 그런대로 이루어졌다.

90-6 途中感秋(도중감추) 길을 가면서 가을을 느끼다

節物行搖落　年顏坐變衰　樹初黃葉日　人欲白頭時
鄕國程程遠　親朋處處辭　唯憐病與老　一步不相離.
(절물행요락 연안좌변쇠 수초황엽일 인욕백두시

향국정정원 친붕처처사 유련병여로 일보불상리)

가을 철 모든 것은 갈수록 시들어 떨어지고, 나이 따라 얼굴도 헛되이 늙어가네.
나뭇잎이 처음 누렇게 단풍 드는 날이, 내 머리 백발 되려는 때로구나.
고향과는 길 더욱 멀어지고, 친한 친구들과 이 곳 저 곳에서 작별을 했는데,
병드는 일과 늙어가는 것이, 한 발자국도 내게서 떨어지지 않는 게 가련하구나.

[語句] *節物 : 철 따라 나는 물건. *搖落 : 흔들어 떨어뜨림. 가을에 나뭇잎이 떨어짐. *年顏 : 나이와 얼굴. *坐 : 헛되이. 바야흐로.<副詞부사> *人 : '지은이 자신'임. *白頭 : 하얗게 센 머리. 白首(백수). *鄕國 : 고향. 고국. *程程 : 길. '길이 멂'을 강조함. *親朋 : 친한 벗. *相離 : 서로 떨어짐.

[鑑賞] 지은이가 江州司馬(강주사마)로 좌천되어 가면서 가을과 함께 늙어가는 자신의 悲感(비감)을 읊은 작품이다. 낙엽은 떨어지고 나이에 비례하여 얼굴도 쭈그러든다. 나뭇잎이 낙엽 되기 시작하자 내 머리칼도 백발이 되어가는구나. 고향이 자꾸 멀어짐에 따라 친했던 친구들과 곳곳마다에서 이별했는데, 어찌하여 병마와 늙음은 나와 이별할 줄 몰라 한 발자국도 나에게서 떨어지지 않는가. 3, 4구와 5, 6구는 作詩(작시) 원칙에 맞게 對句(대구)를 잘 이루었다.

　5言律詩(5언율시). 압운은 衰, 時, 辭, 離 자로 평성 '支(지)' 평운이다. 평측은 차례로 '仄仄

平平仄, 仄平仄仄平, 仄平平仄仄, 平仄仄平平, 平仄平平仄, 平平仄仄平, 平平仄仄仄, 仄仄仄平平'으로 이사부동과 반법, 점법 등이 5언율시 평측 원칙에 합치되는 秀作(수작)이다.

90-7 讀老子(독노자) 노자를 읽고

言者不知知者黙 此語吾聞於老君 若道老君是知者 緣何自著五千文.

(언자부지지자묵 차어오문어노군 약도노군시지자 연하자저오천문)

말하는 사람은 알지 못하는 것이고 아는 이는 말하지 않는다고,

이 말은 노자에게서 들었네.

만약 노자가 실로 아는 이라 한다면, 무엇 때문에 도덕경 5천 자나 되는 글을 지었던고.

[語句] *老子 : 중국 고대 周(주) 나라 시대의 철학자, 사상가. 성명 李耳(이이). 자 伯陽(백양). 시호 聃(담). 藏書室(장서실)의 벼슬아치를 지냈고 道家(도가)의 시조로 자연 법칙에 기초를 둔 도덕의 절대성을 역설했음. 저서에 '道德經(도덕경, 일명 老子 2권)'이 있는데, 노자는 가공의 인물이라는 설도 있고 도덕경도 孟子(맹자)의 뒤 荀子(순자)의 앞 대략 B.C 3세기에 쓴 책이라는 주장도 있음. *言者 : 말하는 사람. 어떤 주장을 하는 사람. *知者 : 지식이 많은 사람. 사물의 도리에 밝은 사람. *知者黙 : 지자는 그 재주와 지식을 감추어 함부로 말하지 않음. 知者不言 言者不知(도의 참모습을 아는 사람은 자기주장을 내세워 말하지 않고, 유별나게 자기주장 을 내세워 떠벌리어 말하는 사람은 실제로 도의 진상을 알지 못하는 것이니라.)<老子 道德經56장> *老君 : 노자 존칭. *五千言 : 5천 글자. 곧 도덕경의 5천자.

[鑑賞] '知者는 不言하고 言者는 不知니라'는 말을 노자가 지은 책에서 읽었는데, 만일 "노자는 참으로 지자니라." 하고 말한다면, 그는 지자이면서 왜 5천 글자로 된 도덕경을 지었던가. 이는 노자가 결코 지자는 아니라는 증표가 되지 않는가? 지은이는 老莊思想(노장사상)의 영향을 받았으면서도 거기에 맹종 않고 취할 것은 취하고 버릴 것은 따르지 아니한 사람이라고 한다. 노자와 도덕경을 익살로 비꼰 작품이다.

7言絶句(7언절구). 압운은 君, 文 자로 평성 '文' 평운인데 첫 구에는 압운하지 않았다. 평측은 차례로 '平仄仄平平仄仄, 仄仄平平平仄平, 仄仄平仄仄平仄, 平平仄仄仄平平'으로 二四不同二六對(이사부동이륙대)는 셋째구 외에는 맞으나, 反法(반법)과 粘法(점법)이 이루어지지 않았다.

90-8 讀道德經(독도덕경) 도덕경을 읽다

玄元皇帝著遺文 烏角先生仰後塵 金玉滿堂非己物 子孫委蛻是他人

世間盡不關吾事 天下無親於我身.

(현원황제저유문 오각선생앙후진 금옥만당비기물 자손위세시타인

세간진불관오사 천하무친어아신)

노자가 도덕경을 지어 남기니, 검은 두건 쓴 은자隱者들이 우러러 뒤를 따르는구나.

금과 옥이 집에 가득해도 내 것이 아니라 하고,

자손들도 매미 허물 같아 이곧 남이라 하네.

세상일 모두 나와는 상관이 없고, 천하에 내 몸과 친한 이 아무도 없다는구나.

[語句] *道德經 : 노자가 지었다는 도교 경전. 2편으로 상편은 道經으로 37장, 하편은 德經으로 34장이며 잣수는 5천여 자임. 일명 '老子' 또는 '老子道德經'. *玄元皇帝 : 노자를 추존한 이름. 唐玄宗(당 현종) 때 노자를 당 나라 황실의 조상으로 받들어 추존했음. *遺文 : 남긴 글. '도덕경'을 말함. *烏角先生 : 검은 색 두건을 쓴 선생. '숨어 사는 隱者(은자)'를 가리킴. *後塵 : 사람이 걸어가거나 수레로 갈 때 뒤에 일어나는 먼지. 남의 뒤를 따름. *金玉滿堂 : 금과 옥 같은 귀중한 재물이 집에 가득함. '어진 신하가 조정에 가득함'을 비유하기도 함. *委蛻 : 뱀이나 매미 따위의 허물. *世間 : 세상.

[鑑賞] 도교는 우주나 천지 만물의 本源(본원)인 混沌(혼돈)을 설정하여 이 無形無狀(무형무상)을 道(도)라 이름 붙였다. 이는 儒家(유가)에서 설정한 道인 仁義禮智信(인의예지신)보다 한 차원 높은 것이었다. 그리고, 본래의 자연 소박한 모양은 無爲(무위), 無知(무지), 無欲(무욕), 虛(허)로 보아 無爲自然(무위자연)을 주장했다. 그러니, 아무리 많은 재물이라도 그것이 어찌 내 것이며, 아들 딸 손자 들이 어찌 내가 될 수 있으랴. 따라서, 세상일 모두가 나와는 상관없고 이 천지간에 내 몸과 친한 것은 아무것도 없다는 것이다. 삼강오륜을 주장하는 유교의 관점에서 볼 때 이 얼마나 패륜적인가. 그러기에 유가에서는 異端(이단)이라 배척할 수밖에 없었으리라.

六句體 7言詩(6구체 7언시). 압운은 塵, 人, 身 자로 평성 '眞(진)' 평운이다. 평측은 차례로 '平平平仄仄平平, 平仄平平仄仄平, 平仄仄平平仄仄, 仄平仄仄仄平平, 仄平仄仄平平仄, 平仄平平平仄平'으로 이사부동이륙대, 반법, 점법 등이 7언율시 평측 규칙에 맞다.

90-9 母別子 終聯(모별자 종련) 어미가 아들과 이별하다 마지막 연

新人新人聽我語 洛陽無限紅樓女 但願將軍重立功 更有新人勝於汝.

(신인신인청아어 낙양무한홍루녀 단원장군중입공 갱유신인승어여)

새댁이여 새댁이여 내 말 들어 보오, 낙양에는 기생집의 미인들이 수없이 많으니,

장군이 다시 한 번 무공을 세우게 되면, 그대보다 더 나은 미녀를 새로 얻을 게요.

[語句] *母別子 : 어머니가 자식과 이별함. '남편이 새 아내를 맞이하니 어미가 낳은 아들과 생이별을 하게 됨'을 말함. *新人 : 새 사람. 새댁. *洛陽 : 河南省(하남성) 洛水(낙수) 북쪽의 도시. 東周(동주), 後漢(후한), 魏(위), 西晉(서진), 北魏(북위), 唐(당) 등의 서울이었음. *紅樓 : 기생집. *無限 : 많음. 無數(무수). *重立功 : 다시[거듭] 공을 세움. *勝於汝 : 그대보다 나음.

[鑑賞] 11연 22구의 장시로 앞 내용은 다음과 같다. "어미와 자식이 헤어지니, 해는 빛을 잃고 울음도 처량타. 변방 장군이 지난해에 적을 부수고 공을 세워 2백 만 하사금으로 낙양의 꽃 같은 미인을 맞으니, 자연 옛 아내 버리기를 손 안의 연꽃과 눈의 가시같이 한다. 送舊迎新(송구영신)이 슬픈 건 아니지만, 집에 남겨 둔 두 아이를 생각하매 더욱 슬퍼, 한 놈은 겨우 걸음마 하고 한 놈은 앉을락 말락 하는데, 둘 모두 울며불며 옷자락 잡고 매달린다. 그대들 새 짝으로 하여 우리 모자들 생이별이라, 우리 신세 숲 속의 까막까치보다 못하나니 어미새는 새끼를 잊지 않고 암수 함께 짝을 짓네. 또 우리는 뜰 안 오얏이나 복숭아 같아 바람 따라 꽃잎 지고 열매만 달랑 남은 듯하구나." 쫓겨나는 전처는 남편과 새 시앗을 원망하면서 도 시앗에게는 조심하라고 충고한다. 즉 장군이 다시 공을 세울 때는 그대보다 더 잘 생긴 새 시앗을 얻어 그대도 나처럼 쫓겨나지 말라는 법이 없다는 것이다.

樂府體 7言古詩(악부체 7언고시). 압운은 語, 女, 汝 자로 상성 '語' 측운이며 이 앞 연에서는 압운이 다르다. 평측은 차례로 '平平平平平仄仄, 仄平平仄平平仄, 仄仄仄平平仄平, 仄仄平平仄平仄'으로 2, 3구만 이사부동이륙대가 이루어졌고 반법과 점법은 무시되었다.

90-10 微雨夜行(미우야행) 이슬비 속에 밤길을 가다

漠漠秋雲起 悄悄夜寒生 自覺衣裳濕 無點亦無聲.
(막막추운기 초초야한생 자각의상습 무점역무성)

어둡고 아득하게 가을 구름 일고, 외롭고 처량하게 밤의 찬 기운 스미네.
옷이 젖는 줄은 알겠으나, 빗방울 떨어지지 않고 비오는 소리마저 없구나.

[語句] *微雨 : 보슬보슬 내리는 비. 가랑비. 이슬비. *漠漠 : 넓고 멀어 아득함. *悄悄 : 근심하는 모양. 외롭고 처량한 모양. *衣裳 : 옷. 저고리와 치마. *無點 : 빗방울이 없음. 빗방울이 지지 않음. *無聲 : 소리가 없음. 비 오는 소리가 없음.

[鑑賞] 가을비는 속성이 쓸쓸하기 마련이다. 가을 길을 가다가 뜻하지 않은 비를 만났다. 보슬보슬 내리는 비로 하여 몸은 한기가 들고 모르는 새에 옷은 젖어드는데, 빗방울도 없고 비 오는 소리도 없이 옷이 젖으니 가을비는 더욱 처량하다. 당장에 이

는 흥취를 즉흥으로 읊은 작품이니 어려운 어휘를 쓰지 않았으면서도 첫 두 구는 좋은 對句(대구)를 이루었다. 곧 '漠漠-悄悄, 秋雲-夜寒, 起-生'으로 짝이 되었다.

　5言絶句(5언절구). 압운은 生, 聲 자로 평성 '庚(경)' 평운이다. 평측은 차례로 '仄仄平平仄, 仄仄仄平平, 仄仄平平仄, 平仄仄平平'으로 이사부동은 이루어졌으나 모두가 '仄-平'으로 일관해 반법이나 점법이 지켜지지 않았다.

90-11 放言(방언) 거침없이 말하다

　泰山不要欺毫末 顔子無心羨老彭 松樹千年終是朽 槿花一日自爲榮
　何須戀世當憂死 亦莫嫌身漫厭生 生死去來都是幻 幻人哀樂繫何情.
　(태산불요기호말 안자무심선노팽 송수천년종시후 근화일일자위영

　　하수연세당우사 역막혐신만염생 생사거래도시환 환인애락계하정)

　태산은 작은 털끝이라도 속일 필요 없을 것이고,
　요절한 안회는 장수한 팽조를 부러워 않네.
　소나무는 천 년 산다지만 끝내 말라 죽는데,
　무궁화는 하루일망정 절로 영화를 누리는구나.
　어찌 이 세상에 연연하며 죽음을 걱정하랴,
　그렇다고 내 육신을 싫어하거나 삶을 귀찮아 말라.
　죽고 사는 일이나 오고 가는 인생사 모두가 꿈이거니,
　환상 속에 사는 인생이라 어찌 애환의 정에 매이리오.

[語句] *放言 : 거침없이 말함. 함부로 하는 말. *泰山 : 山東省泰安市(산동성태안시)에 있는 명산. 중국 5 嶽(악)의 하나임. 東嶽(동악). 垈宗(대종). *毫末 : 털끝. 썩 작은 것. *顔子 : 공자의 首弟子(수제자)인 顔回(안회, 513~482 B.C). →55-3. *無心 : 어떤 생각이 없음. *老彭 : 중국 고대 堯(요) 임금의 신하로 殷(은) 나라말에 7백 살인데도 노쇠하지 않았다 함. 顓頊(전욱)의 玄孫(현손)임. *終是 : 나중까지 끝이 나도록. 끝내. *朽 : 썩다. 쇠하다. *槿花 : 무궁화. *何須 : 어찌 ~하랴. *戀世 : 이 세상을 잊지 못함. 현세에 연연함. *憂死 : 죽음을 걱정함. *嫌身 : 내 몸을 싫어함. 肉身(육신)을 혐오함. *漫 : 두루. 부질없다. 아득하다. *厭生 : 삶을 싫어함. 목숨이 귀찮음. *生死去來 : 나고 죽고 가고 옴. 인생의 변천. *都是 : 도무지. 온통. 모두. *幻 : 헛것. 환상. 꿈. *幻人 : 헛것에 얽매인 사람. 꿈속에 사는 사람. *哀樂 : 슬픔과 즐거움. *繫 : 얽다. 맺다. 묶다. 잇다. 머물다.

[鑑賞] 태산처럼 큰 것은 하찮은 것이라도 즐거이 받아들이나니, 壽夭長短(소요장단)이란

큰 의미가 있는게 아니다. 다만 어떻게 뜻있는 삶을 이루어 가는가가 중요한 것
이다. 세속의 일이나 가정사에 매여 어찌 죽을 수 있는가 걱정 말며, 그렇다고
싫을 포기하거나 내 몸을 함부로 굴리지 말라. '淮南子(회남자)'에 "生寄死歸(생기
사귀, 삶은 잠깐 동안 머물러 있음에 지나지 않고 죽음은 본래의 곳으로 되돌아가는 것이니라)"라 했다.
인간사는 모두 한바탕 꿈같은 것이고 인생도 환상 속에 사는 것과 같으니 기쁨
과 슬픔의 감정에 매여 지낼 게 없는 것이다. 이 시는 老莊思想(노장사상)에 따라
세상의 명예나 이익의 추구를 배척하면서도, 현실 생활과 자기 육신의 소중함에
충실해서 인생을 자연적 법칙과 도리에 맞게 살아가야 한다고 주장하고 있다.

7言律詩(7언율시). 압운은 彭, 榮, 生, 情 자로 평성 '庚(경)' 평운이다. 평측은 차례로 '仄平
仄仄平平仄, 平仄平平仄仄平, 平仄平平平仄仄, 仄平仄仄仄平平, 平平仄仄平平仄, 仄仄平
平仄仄平, 平仄仄平平仄仄, 仄平平仄平平平'으로 二四不同二六對(이사부동이륙대)와 反法, 粘
法(반법, 점법) 등이 7律의 簾(염)에 모두 맞다.

90-12 不致仕 初頭(불치사 초두) 벼슬에서 물러나지 않는 일 첫머리

七十而致仕 禮法有明文 何乃貪榮者 斯言如不聞

可憐八九十 齒墮雙眸昏 朝露貪名利 夕陽憂子孫.

　　(칠십이치사 예법유명문 하내탐영자 사언여불문

　　가련팔구십 치타쌍모혼 조로탐명리 석양우자손)

나이 일흔이면 벼슬을 사직하라고, 예법에 분명히 씌어 있는데,

어찌하여 영화를 탐내는 자들은, 이 말을 못 들은 체하는지.

가련타, 나이 여든 아흔이 되어, 이빨은 빠지고 두 눈마저 어두운데,

아침 이슬 같은 인생에 명리를 탐하고, 죽을 때가 되었는데도 자손들을 걱정하는 일이란.

[語句] *致仕 : 늙어 벼슬에서 물러남. 致事(치사). 七十致事(일흔 살이 되면 관직을
　　내놓고 물러난다. 事는 仕의 뜻으로 썼음)<禮記 內則> *禮法 : 예로써 지켜야 할 법
　　규. *明文 : 사리를 명백히 밝힌 글. 명백하게 증거가 되는 문서. *貪榮 : 영
　　화로움을 탐냄. *斯言 : 이 말. '七十致仕'란 말. *可憐 : 불쌍함. 보기에 딱
　　함. *雙眸 : 두 눈동자. 두 눈. *朝露 : 아침 이슬. '인생이 짧음'을 비유함.
　　人生如朝露(인생은 해가 뜨면 곧 스러지고 마는 아침의 이슬 같다.)<漢書 蘇武
　　傳> *名利 : 명예와 이익. *夕陽 : 저녁 해. 老年(노년).

[鑑賞] 예기에 일흔 나이면 벼슬에서 물러나야 한다 했건만, 영화를 탐하여 이런 법
　　칙은 모른 척한다. 8, 90세 되어 이빨은 빠지고 눈도 어두워 얼마 안 있어 죽

을 나이인데도 자손들을 호강시키지 못했다고 걱정이니 이런 가여운 인생도 있는가. 이 뒤로는 "푸른 관끈과 붉게 칠한 수레 아까워 벼슬 못 버리고, 허리에 찬 금 官印(관인)이 무거워 허리 꾸부려 대궐에 드는구나. 누군들 부귀와 임금의 은총을 좋아하지 않으랴만, 나이 들면 스스로 물러나고 공을 세운 뒤에는 은퇴함이 옳다네. 젊어서는 늙은이들이 물러나지 않는다고 비꼬았으면서도 자신이 늙어서는 그들 따라 그만두지 못하는구나. 漢宣帝(한선제) 때의 疏廣(소광)과 疏受(소수)는 70에 스스로 벼슬에서 물러났으니 그 얼마나 현명했던가. 그 뒤로는 벼슬에서 물러나는 길인 東門路(동문로)가 적막하니 그들의 뒤를 잇는 자들이 없어졌구나."라 읊었다. 老子(노자)도 '道德經(도덕경) 9장'에서 "功遂身退天之道(공을 이루고 물러나는 게 하늘의 도이니라.)" 했다.

  5言 長篇詩(5언 장편시) 11연[22구]. 압운은 文, 聞, 昏, 孫 자로 文과 聞은 평성 '文' 평운이요 昏과 孫은 평운 '元(원)'이며, 이 뒤로 평운 '眞(진)'으로 압운했는데 '文, 元, 眞' 운은 通韻(통운)이 된다. 평측은 차례로 '仄仄平仄仄, 仄仄仄平平, 平仄平平仄, 平平平仄平, 仄平仄仄仄, 仄仄平平平, 平仄平平仄, 仄平平仄平'으로 이사부동은 첫 구만 어긋났고 첫 구만 예외로 친다면 반법, 점법도 잘 이루어진 작품이다. 첫 구가 '仄平平仄仄'이 되었더라면 5律(율)에 조금도 어긋나지 않겠다.

90-13 琵琶行 抄(비파행 초) 비파행 뽑음

潯陽江頭夜送客 楓葉荻花秋瑟瑟 主人下馬客在船 擧酒欲飮無管絃 <初頭>
大絃嘈嘈如急雨 小絃切切如私語 嘈嘈切切錯雜彈 大珠小珠落玉盤 <中段 1>
門前冷落鞍馬稀 老大嫁作商人婦 商人重利輕別離 前月浮梁買茶去 <中段 2>
凄凄不似向前聲 滿座重開皆掩泣 就中泣下誰最多 江州司馬靑衫濕 <終聯>
　(심양강두야송객 풍엽적화추슬슬 주인하마객재선 거주욕음무관현

　　대현조조여급우 소현절절여사어 조조절절착잡탄 대주소주낙옥반

　　문전냉락안마희 노대가작상인부 상인중리경별리 전월부량매다거

　　처처불사향전성 만좌중개개엄읍 취중읍하수최다 강주사마청삼습)

심양강 가에서 밤에 손님을 전송할 적에, 단풍잎 갈대꽃에 바람 일어 가을 쓸쓸한데,
주인인 나는 말에서 내렸고 손은 배에 있어,
술잔 들어 마시고자 하나 풍류 소리 없었네.

비파 큰 줄은 소나기 퍼붓는 소리 같고, 작은 줄은 가냘프기 속삭이는 말소리 같더라.
굵은 소리 가는 소리를 뒤섞어 비파를 타니, 큰 구슬 작은 구슬을 옥쟁반에다 굴리는구나.

집안 몰락하니 찾아오는 귀한 손님 드물고, 늙어 기생 노릇 못 해 상인의 아내 되었소.
장사꾼은 이익만 중히 알고 이별은 가볍게 여겨, 지난 달 부량으로 차를 사러 갔다오.

구슬픈 음조 아까 듣던 소리와는 달라, 둘러앉은 사람들 모두 얼굴 가리며 울었는데,
그 중에서도 누가 가장 많이 울었던가,
바로 강주사마인 나의 푸른 옷소매 함빡 젖었었네.

[語句] *琵琶行 : 비파 노래. 비파는 ‘넉 줄이나 다섯 줄을 맨 絃樂器(현악기)’임. →
21-1. *潯陽江 : 현재 강서성 九江市(구강시)를 흐르는 양자강의 별칭. 구강에 潯
陽樓(심양루)가 있음. *楓葉 : 단풍나무의 잎. * 荻花 : 갈대꽃. 蘆花(노화). *瑟瑟 :
바람이 솔솔 부는 소리. 매우 쓸쓸함. 적막함. *擧酒 : 술잔을 듦. 擧酒杯(거주배).
*管絃 : 관악기와 현악기. 음악. 풍악소리[風樂聲풍악성]. *大絃 : 비파의 굵은
줄. ‘저음을 내는 줄’임. *嘈嘈 : 소리가 시끄러운 모양. 굵은 소리의 형용. *急
雨 : 급작스럽게 쏟아지는 비. 소나기. *小絃 : 비파의 가는 줄. 고음을 내는 줄.
*切切 : ‘가늘게 이어지는 가냘픈 소리’의 형용. 매우 간절히 생각하는 모양. *
私語 : 속삭이는 말. *錯雜 : 뒤섞이어 복잡함. *大珠小珠 : 큰 구슬 작은 구슬.
*玉盤 : 옥쟁반. *冷落 : 쓸쓸함. 쌀쌀함. *鞍馬 : 안장을 갖춘 말. 부귀한 사람
[손님]. *老大 : 나이가 지긋함. 매우 늙음. *浮梁 : 현재 강서성 景德鎭市(경덕진
시)의 지명인데 茶(차)의 집산지임. *凄凄 : 구슬픔. 춥고 쓸쓸한 모양. *向前 : 얼
마전. 아까. 지난번. *滿座 : 여러 사람이 모여 앉은 자리. *掩泣 : 얼굴을 가리
고 욺. *就中 : 그 중에서도 특히. 그 가운데 특별히. *江州司馬 : 강서성 九江
(구강) 지방의 사마. 司馬는 ‘군사의 일을 맡은 벼슬’임. 지은이 자신을 가리키는
데 그가 44세 때 강주사마로 좌천되었음. *靑衫 : 남빛 적삼. 선비의 옷.
[鑑賞] 이 시는 지은이의 대표적 걸작 중의 하나로, 자신의 신변에 있었던 일을 주제
로 한 7言樂府(7언악부)로 주관적이요 서정적인 長詩(장시)이다. 지은이가 쓴 序文
(서문)을 보자. “元和十年(원화 십년, 당 헌종 때인 815년) 내가 구강군 사마로 좌천한 이
듬해 가을에 손을 湓浦口(분포구)로 전송할 때, 밤에 배 안에서 비파를 타는 사람
이 있어 그 소리를 들으니 높고도 맑기가 서울 장안의 세련된 가락이었다. 그
사람을 찾아 물으니 본디 장안의 기생으로 일찍이 비파를 穆(목)과 曹(조)의 두
명수에게서 배웠다고 했다. 나이 먹고 얼굴이 시드니 할수없이 상인의 아내가
되어 이 곳에 와 있다는 것이었다. 다시 술자리를 베풀어 그 여인더러 몇 곡을
타게 했고 연주가 끝나자, 여인은 슬픈 표정으로 젊었을 적의 즐겁던 일을 말하

고 이제 늙어 영락하여 이렇게 파리한 꼴로 강호를 유랑하는 애처로운 신세를 털어놓았다. 나도 지방 관리로 나와 2년이 되지만 그 동안 덤덤하게 지내왔었는데, 이 여인의 얘기를 듣고 나니 느끼는 바 있어 오늘밤에야 비로소 귀양살이를 하는 설움을 깨달았다. 그리하여, 긴 구절의 노래를 지어 이 여인에게 주기로 하니 모두 616언이라 이름하여 琵琶行이라 하였다." 이 작품은 일종의 풍류문학으로 후세에 미친 영향이 컸다고 평한다.

7言樂府體 長篇詩(7언악부체 장편시). 전 88 구. 압운은 고르지 못해 四聲(사성)이 불규칙적으로 쓰이었다. 예를 초두의 각 구 끝 자의 운자를 든다면 '陌(맥, 입성), 質(질, 입성), 先(선, 평성), 先'이다. 평측은 차례로 '平平平平仄仄仄, 平仄仄平平仄仄, 仄平仄仄仄仄平, 仄仄仄仄平仄平; 仄平平平平仄仄, 仄平仄仄平平仄, 平平仄仄仄平仄, 仄平仄平仄仄平; 平平仄仄平仄平, 仄仄仄仄平平仄, 平平仄仄平平平, 平仄平平平平仄; 平平仄仄平平平, 仄仄平平仄仄仄, 仄平仄仄平平平, 平平平仄平平仄'이라 二四不同二六對(이사부동이륙대)가 이루어진 것도 몇 구 밖에 되지 않으니 매우 불규칙한 작품이다.

90-14 宿竹閣(숙죽각) 죽각에서 묵다

晚坐松簷下 宵眠竹閣間 淸虛當服藥 幽獨抵歸山
巧未能勝拙 忙應不及閒 無勞別修道 卽此是玄關.
(만좌송첨하 소면죽각간 청허당복약 유독저귀산

교미능승졸 망응불급한 무로별수도 즉차시현관)

저녁에는 소나무 처마 밑에 앉고, 밤에는 대나무 누각에 잠자네.
마음이 맑고 깨끗한 게 좋은 약을 먹은 듯하고, 그윽하고 조용하기 산속에 든 듯하네.
재치나 꾀는 우직함을 뛰어넘지 못하고, 바쁨은 응당 한가로움에 미치지 못하네.
도 닦으려고 따로이 애쓸 것 없나니, 여기 이 죽각이 바로 수양하는 도로 드는 문일세.

[語句] *竹閣 : 대나무로 지은 집 또는 대숲 속의 누각. *松簷 : 소나무가 맞닿은 처마 또는 소나무 가지가 처마처럼 이루어진 자리. *淸虛 : 마음에 잡된 생각이 없이 아주 맑고 깨끗함. *服藥 : 약을 먹음. *幽獨 : 한적하여 외로움. *抵 : 당하다. 다다르다. *巧拙 : 교묘함과 졸렬함. 익숙함과 서투름. 수완이 있음과 없음. 재치와 愚直(우직). *修道 : 도를 닦아 수양함. *玄關 : <佛>玄妙(현묘)한 도로 들어가는 문.

[鑑賞] 저녁에 소나무 처마 아래 앉았다가 죽각에서 자노라니, 신선들의 仙藥(선약)을 먹은 듯 청허 하고 산속에 들어온 듯 한적하다. 巧보다는 拙이 낫고 바쁨은 한가로움보다 못할 수도 있으니, 따로 수도를 위해 深山幽谷(심산유곡)을 들어갈 것 없이 여기 송첨과 죽각이 바로 도로 드는 문이로구나. 도교적 신선 사상을

바탕한 시라 할 것이다. 끝 구의 '玄關'은 불교 용어인데, 道德經(도덕경)에 나오는 '玄門(현문)'이라 해도 좋을 것을 押韻(압운) 관계로 '關' 자를 썼다고도 할 수 있으니 굳이 불교적인 시라 할 수는 없겠다. 承聯(승련, 3·4구)과 轉聯(전련, 5·6구)은 對句(대구)가 잘 이루어졌다.

　5言律詩(5언율시). 압운은 間, 山, 閒, 關 자로 평성 '刪(산)' 평운이다. 평측은 차례로 '仄仄平平仄, 平平仄仄平, 平平平仄仄, 平仄仄平平, 仄仄平平仄, 平平仄仄平, 平仄仄平仄, 仄仄仄平平'으로 5律 평측 규칙에 맞다. 다만 제5구의 '勝'은 '이기다. 낫다'의 뜻이면 거성 '徑(경)' 운이고 '맡다. 가지다. 들다'이면 평성 '蒸(증)' 운인데 여기서는 평측 규칙으로 보아 평성으로 처리했고, 제7구의 '勞'도 '일하다. 수고롭다'의 뜻이면 평성 '豪(호)' 운, '위로하다'이면 거성 '號(호)' 운인데 뜻과는 관계없이 거성으로 보았으니 물론 反法(반법)과 이사부동에 맞기 때문이다.

90-15 夜雨(야우) 밤 비

早蛩啼復歇 殘燈滅又明 隔牕知夜雨 芭蕉先有聲.
　　(조공제부헐 잔등멸우명 격창지야우 파초선유성)

초가을 귀뚜라미 울다 그치고, 새벽 등불 꺼질 듯 다시 밝아지네.
창밖에 밤비 내리는 걸 알겠나니, 파초 잎에 빗방울 듣는 소리 먼저 들리네.

[語句] *早蛩 : 첫가을에 우는 귀뚜라미. *歇 : 쉬다. 그치다. *殘燈 : 거의 다 꺼져 가는 등불. 깊은 밤의 희미한 등불. *滅又明 : 꺼질 듯하다가 다시 밝아짐. 明滅(명멸). *隔牕 : 창으로 막힘. 창을 사이에 둠 곧 창 너머. *芭蕉 : 파초과의 다년생 풀. 중국 원산으로 높이 3m쯤 이고 잎은 긴 타원형으로 넓으며 관상용으로 심음.
[鑑賞] 가을은 어딘가 쓸쓸한 느낌을 주는데, 밤 귀뚜라미는 울다가 그치고 꺼져 가는 등불은 밝았다 어두웠다 하는 게 어쩐지 이상하다. 파초 잎에 후두둑 떨어지는 비 오는 소리. 그렇거니, 밤비가 내리니 귀뚜라미가 울음을 그쳤고 방안 공기의 가벼운 흐름으로 등잔불이 깜박거렸던 것이다. 조그맣게 움직이는 계절감을 섬세하게 포착한 명작이다. 첫 구와 둘째 구는 對(대)가 되었으니 '早蛩-殘燈, 啼復歇-滅又明'이 그것이며, 끝구 '芭蕉先有聲'이 신선하다.

　5言絕句(5언절구). 압운은 明, 聲 자로 평성 '庚(경)' 평운이다. 평측은 차례로 '仄平平仄仄, 平平仄仄平, 仄平仄仄仄, 平平仄仄平'으로 이사부동은 잘 이루어졌으나, 모든 구의 둘째와 넷째 자가 '平-仄'으로 일관해 반법이 이루어지지 않아 古詩(고시)라 할 수도 있겠지만 압운이 평운 이어서 절구로 처리했다. 그리고, 끝구의 先 자는 '먼저'의 뜻이면 평성 '先' 운, '앞서다'의 뜻이면 거성 '霰(산)' 운인데, 뜻으로 보거나 평측 배열로 보아 거성으로 보았다.

90-16 遊雲居寺贈穆三十六地主(유운거사증목삼십륙지주)

운거사를 유람하며 목 지주에게 드리다

亂峯深處雲居路 共蹋花行獨惜春 勝地本來無定主 大都山屬愛山人.

(난봉심처운거로 공탑화행독석춘 승지본래무정주 대도산속애산인)

어지러운 봉우리 깊은 곳 운거사 가는 길, 꽃 밟고 가면서 봄이 감을 아까워하네.

경치 뛰어난 곳은 본디 정해진 주인이 없으니, 대체로 산은 산을 아끼는 사람의 것이리.

[語句] *穆三十六 : 목씨 성을 가진 36번째 排行(배항)의 사람. 배항은 '형제들을 연령순으로 번호를 붙이는 것'임. →9-3. *地主 : 그 지방의 主君(주군) 또는 領主(영주). '절의 住持(주지)'로 볼 수도 있음. *亂峯 : 크거나 작은 봉우리들이 얽힌 산봉우리. *蹋 : 밟다. 제기 차다. *勝地 : 경치 좋고 아름다운 곳. *大都 : 대략. 대개.

[鑑賞] 긴 시의 일부분 같이 보이는데, 이것이 全文(전문)이라도 7言絕句(7언절구)로서 완벽하다. 산봉우리들이 서로 얽힌 듯한 깊은 산속 절로 꽃 밟으며 가노라니 저무는 봄이 아쉽기만 하다. 명승지는 정해진 주인이 없는 법으로, 그 곳을 아끼는 사람이 곧 주인이라 하리라. 끝 두 구 가 모두에게 공감을 주는 유명한 구절이다.

7언절구. 압운은 春, 人 자로 평성 '眞(진)' 평운이다. 평측은 차례로 '仄平平仄平平仄, 仄仄平平仄仄平, 仄仄仄平平仄仄, 仄平平仄仄平平'으로 二四不同二六對(이사부동이륙대)와 反法, 粘法(반법, 점법) 등 평측 규칙에 모두 맞다.

90-17 履道西門 二首 第1首(이도서문 이수 제1수) 이도의 서문 두 수 첫째 수

履道西門獨掩扉 官休病退客來稀 亦知軒冕榮堪戀 其奈田園老合歸

跛鼈難隨騏驥足 傷禽莫趁鳳凰飛 世間認得身人少 今我雖愚亦庶幾.

(이도서문독엄비 관휴병퇴객래희 역지헌면영감련 기내전원노합귀

파별난수기기족 상금막진봉황비 세간인득신인소 금아수우역서기)

낙양 이도 마을 서문에 홀로 살며 대문 닫으니,

벼슬 그만두고 병든 몸이라 찾는 손 없구나.

높은 벼슬의 부귀영화를 그리워할 만하겠지만,

늙으면 돌아갈 곳 시골 고향임을 어이하리.

절뚝거리는 자라는 천리마를 따라가기 어렵고, 날개 상한 새는 봉황을 좇지 못하네.

세상에는 자신의 처지를 잘 알아 판단하는 이가 적으니,

지금 내가 어리석지만 이도에 은거했으니 도에 가깝다 하겠구나.

[語句] *履道 : ①도를 실천함. ②洛陽(낙양)의 동네 이름. 지은이가 58세 때 太子賓客(태자빈객)이 된 이후 이 곳에서 한가로이 지냈다고 함. *掩扉 : 사립문을 지침. 대문을 닫음. *軒冕 : 고관 들이 타는 수레인 軺軒(초헌)과 冕(면). 高官大爵(고관대작). *堪戀 : 그리워할 만함. 堪은 '견디다. 이기다. 맡다'임. *其奈 : 그 어찌하여. *跛鼈 : 절뚝발이 자라. *騏驥 : 千里馬(천리마). *鳳凰 : 상상의 상서로운 새. *庶幾 : 거의. 가까움. 道(도)에 가까움. 顔氏之子 其殆庶幾乎(안씨의 아들 顔回안회가 거의 도에 가깝다.)<易經 繫辭傳下> 子日回也其庶乎(공자 말씀하시기를 '안회는 그 도에 가깝다.' 하셨다)<論語 先進>

[鑑賞] 낙양의 이도리는 글자 뜻 그대로 도를 실천하는 사람들이 모여 사는 동네인가 보다. 지은이도 태자빈객이라는 명목뿐인 벼슬 이름만 가지고 이 마을에 와 살고 있노라니, 찾아오는 손님도 없이 외롭지만, 부귀영화를 누리다가 늙어 그 모든 것을 벗어던지고 돌아갈 곳은 이 동네 같은 田園(전원)인 것이 常道(상도)인 것이라 어쩔 수 없다. 다리를 절뚝거리는 자라가 천리 준마를 따라갈 수 없듯이, 날개 상한 새가 어찌 봉황을 따라 하늘을 훨훨 날 수 있으랴. 그런데도 세상 사람들은 자신의 능력이나 처지를 바르게 판단하지 못하고 높은 벼슬자리나 부귀영화를 탐내어 그것을 얻고자 혈안이 되어 있으니 가엾게 생각된다. 지은이의 隱居(은거)가 돋보이는 작품으로, 承聯(승련, 頷聯함련 3, 4구)과 轉聯(전련, 頸聯경련 5, 6구)은 對句(대구)가 잘 이루어졌다.

7言律詩(7언율시). 압운은 扉, 稀, 歸, 飛, 幾 자로 평성 '微(미)' 평운이다. 평측은 차례로 '仄仄平平仄仄平, 平平仄仄仄平平, 仄平平仄平平仄, 仄仄平平仄仄平, 仄仄平平平仄仄, 平平仄仄仄平平, 仄平仄仄平平仄, 平仄平平仄仄平'으로 이사부동이륙대와 반법, 점법 등 평측 定式(정식)에 어긋남이 없다.

90-18 慈烏夜啼 初頭(자오야제 초두) 까마귀가 밤에 울다 첫머리

慈烏失其母 啞啞吐哀音 晝夜不飛去 經年守故林
夜夜夜半啼 聞者爲沾襟 聲中如告訴 未盡反哺心.

(자오실기모 아아토애음 주야불비거 경년수고림

야야야반제 문자위첨금 성중여고소 미진반포심)

까마귀는 어미를 잃고, 까악까악 슬픈 울음 토하며,

밤낮으로 둥지에서 날아가지를 않고는, 한 해를 넘기도록 자라난 숲을 지키고 있구나.

밤마다 한밤중에 울어, 듣는 이로 하여금 옷깃 적시게 하나니,

그 울음소리는 마치 반포의 효성 못 다함을 호소하는 듯하네.

[語句] *慈烏 : 까마귀. 까마귀는 자란 뒤 어미 까마귀에게 먹이를 가져다 주어서 길러준 은혜를 갚는다 하여 '反哺孝鳥(반포효조, 먹여 주던 일을 되갚는 효성스러운 새)'라고도 함. *啞啞 : 기러기나 까마귀가 우는 소리. *哀音 : 슬픈 소리. *經年 : 한 해를 넘김. 해를 지남. *故林 : 옛 숲. '오래 깃들던 숲'을 말함. *夜半 : 한밤중. 밤 12시경. *沾襟 : 눈물이 옷깃을 적심. *告訴 : 하소연함. *未盡 : 아직 다하지 못함. 反哺 : 먹여 주던 일을 되갚음. 까마귀의 새끼가 자라면 늙은 어미 까마귀에게 먹을 것을 물어다 주는 일. 자식이 자라 부모의 은덕을 보답함. 哺는 '먹이다. 씹어 먹다'임.

[鑑賞] 어미를 잃은 까마귀가 밤낮을 가리지 않고 애타게 우는데, 특히 밤에 우는 소리를 들으며 지은, 효심을 주제로 한 9연[18구]의 장시이다. 이 뒷부분은 "새마다 어미가 있겠는데 너만 유독 슬퍼하는 정이 깊으니, 네 어미의 사랑이 커서 그러한 게 아니겠느냐. 옛날 衛(위) 나라 의 吳起(오기)는 모친의 장례에 가지를 않아, 새만도 못한 무리가 된 것이 슬프구나. 까마귀야 까마귀야, 너는 바로 새 중의 曾參(증삼)이로구나."인데, 증삼은 공자의 제자로 효도에 뛰어났고 孝經(효경)을 지었다는 분이다. 사람들에게 유교의 바탕이 되는 효를 강조한 敎訓詩(교훈시)라 하겠다. 효도를 주제로 한 지은이의 시에는 '燕詩示劉叟(연시시유수, 제비에 관한 시를 지어 유 노 인에게 보이다)'가 또 있다.

5言長詩(5언장시). 압운은 音, 林, 襟, 心 자로 평성 '侵(침)' 평운이다. 평측은 차례로 '平平仄平仄, 仄仄仄平平, 仄仄仄平仄, 平平仄仄平, 仄仄仄平仄, 平仄平平平, 平平平仄仄, 仄仄仄仄平'으로 평측 규칙에 맞지 않는 곳이 많다. 첫 구의 其는 '그. 그것'의 뜻이면 평성 '支(지)' 운, 단순히 助辭(조사, 토)로 쓰이면 거성 '寘(치)' 운인데, 조사로만 썼다고 할 수도 있어 이사부동에 맞게 볼 수 있다. 다섯째 구와 끝 구의 둘은 이사부동에 어긋났다.

90-19 長恨歌 抄(장한가 초) 장한가 뽑음

漢皇重色思傾國 御宇多年求不得 楊家有女初長成 養在深閨人未識
天生麗質難自棄 一朝選在君王側 回頭一笑百媚生 六宮粉黛無顏色 <初頭>

　　(한황중색사경국 어우다년구부득 양가유녀초장성 양재심규인미식

　　천생여질난자기 일조선재군왕측 회두일소백미생 육궁분대무안색)

한의 황제는 미모를 중히 여겨 경국지색傾國之色을 구하더니,

나라 다스린 지 오래도록 얻지 못했네.

양씨 집에 딸이 있어 갓 장성했으나, 깊은 규중에서 자라 아무도 알지 못하더라.

하늘이 내린 아리따운 자태는 그대로 버려지지 못해,

하루아침에 뽑혀 임금 곁에 올랐더라.

고개 한 번 돌려 웃으면 백 가지 교태 나니, 육궁의 모든 미녀들 무색해지고 말았다네.

[語句] *長恨歌 : 唐玄宗(당 현종)과 楊貴妃(양귀비)의 사랑과 비극을 주제로 한 譚話體(담화체) 敍事長詩(서사장시). 백거이가 陳鴻(진홍), 王質夫(왕질부)와 함께 仙遊寺(선유사)에 유람할 때, 양귀비의 이야기가 나와 왕질부가 백거이더러 이 희귀한 이야기를 시로 읊으면 어떻겠느냐 하여 지었고, 진홍은 양귀비의 傳記小說(전기소설)을 썼다 하며 시 끝구의 "天長地久有時盡 此恨綿綿無絶期"에서 따서 '長恨歌'라 했음. *漢皇 : 漢 나라 武帝(무제). 사실은 당의 현종이지만 현종은 당시 왕조의 임금이므로 이전의 한 무제와 李夫人(이부인)의 사랑 이야기로 假托(가탁)한 것임. *重色 : 여인의 미모 곧 女色(여색)을 중하게 여김. *傾國 : 그 매력이 나라를 기울어지게 할 만큼 아름다운 절세의 미인. 한의 李延年(이연년)이 제 누이인 이 부인을 임금에게 천거한 노래에 "北方有佳人 絶世而獨立 一顧傾人城 二顧傾人國 寧不知傾城與傾國 佳人難再得(북방에 미인이 있으니, 더 없을 만큼 뛰어나 우뚝하네. 한 번 돌아보면 성곽이 기울어지고, 두 번 돌아보아 반하게 되면 나라도 기울어져 망한다네. 제후의 성이나 임금의 나라가 망하게 됨을 어찌 알지 못하랴마는, 이러한 미인은 다시 얻기 어려우리)"라고 읊은 데서 온 말임. 傾國之色(경국지색). 傾國之美(경국지미). *御宇 : 임금이 나라를 다스리는 동안. '상하와 사방을 다스림'의 뜻임. 御世(어세). *楊家有女 : 양씨 집안에 딸이 있음. 곧 양귀비를 말하는데 그녀의 아버지는 弘農華陰(홍농화음) 출신의 楊琰(양염)으로 蜀(촉)의 司戶(사호)를 지내, 양귀비는 촉에서 태어나 이름이 玉環(옥환)으로 어려서 河南府士曹(하남부사조)인 숙부 玄珪(현규) 밑에서 자랐다 함. *深閨 : 여자가 거처하는 깊숙한 방. *天生 : 하늘로부터 타고남. 날 때부터. *麗質 : 아름다운 바탕. 청초하고 고운 체질. *自棄 : 스스로 제 몸을 버림. *一朝 : 하루아침. 양옥환 곧 양귀비는 현종 開元(개원) 28년에 궁중에 들어왔고 현종은 그 때 나이 58세였음. *百媚 : 온갖 아름다운 매력. *六宮 : 천자의 后妃婦女(후비부녀)의 궁전. 천자는 황후 외에 妃嬪御(비빈어) 등 다섯 후궁을 거느렸음. *粉黛 : 분과 눈썹먹. 화장품. '곱게 화장한 여인들'이란 뜻으로 쓴 말임. *無顔色 : 面目(면목)이 없음. 보잘 것 없이 무색함. 안색은 '얼굴빛. 면목'임.

[平仄] 압운은 國, 得, 識, 側, 色 자로 입성 '職(직)' 측운이다. 평측은 차례로 '仄平仄仄平平仄, 仄仄平平平仄仄, 平平仄仄平平平, 仄仄平平平仄仄, 平平仄仄平平仄, 仄平仄仄平平仄, 平平仄仄仄仄平, 仄平仄仄平平仄'으로 二四不同二六對(이사부동이륙대)에 어긋난 곳은 다섯째와 일곱째 구의 둘이고 反法, 粘法(반법, 점법)은 불규칙하다.

姉妹弟兄皆列土 可憐光彩生門戶 遂令天下父母心 不重生男重生女＜中段 1＞
(자매제형개열토 가련광채생문호 수령천하부모심 부중생남중생녀)

형제자매 양귀비 덕으로 봉토를 나누어 받아, 아아 광채가 그 일가에 비추었으니,

마침내 세상 부모들 마음에,

아들을 중히 여기지 않게 하고 딸 낳음을 소중히 여기게 했네.

[語句] *列土 : 領地(영지)가 잇달아 있음. 많은 땅을 다스림. '分封國(분봉국)의 제후가 됨'을 뜻하는 데, 양귀비의 큰언니는 韓國夫人(한국부인), 셋째는 虢國夫人(괵국부인), 여덟째는 秦國夫人(진국부인)이 되었고, 사촌오빠 銛(섬)은 鴻臚卿(홍로경), 錡(기)는 駙馬都尉(부마도위), 육촌오빠 釗(쇠, 후의 國忠국충)는 정승이 되었으며, 그 밖의 일가친척들도 황실과 인척 관계를 맺었다고 함. *可憐 : 아아＜감탄사＞ *光彩 : 찬란한 빛. 不重生男 : 아들 낳음을 귀중하게 여기지 않음. 당시의 민요에 "男不封侯女作妃(사내는 제후로 봉책받지 못해도 딸은 왕비가 될 수 있네)"라 했음.

[平仄] 압운은 戶, 女 자인데 모두 上聲(상성)으로 측운이면서 戶는 '麌(우)' 운, 女는 '語(어)' 운이어서 通韻(통운)이 된다. 평측은 차례로 '仄仄仄平平仄仄, 仄平平仄平平仄, 仄平平仄仄仄平, 仄仄平平仄仄仄'으로 셋째 구만 이사부동이륙대에 어긋났다. 이 네 구만을 두고 본다면 반법, 점법은 그런대로 지켜졌다 하리라.

六軍不發無奈何 宛轉蛾眉馬前死 花鈿委地無人收 翠翹金雀玉搔頭＜中段 2＞
(육군불발무내하 완전아미마전사 화전위지무인수 취교금작옥소두)

군사들 꼼짝 않고 양귀비를 처단하라 하니 어쩔 수 없어,

아리따운 그 모습 군마軍馬 앞에서 죽고 말았네.

황금 꽃 모양의 비녀는 땅에 떨어진 채 거두는 사람 없고,

취교와 금작과 옥소두 따위 장식품도 마찬가지였어라.

[語句] *六軍 : 천자의 군대. 六師(육사). 1군은 12,500명인데 거느릴 수 있는 한도에 있어서는 천 자가 6군, 큰 나라는 3군, 중간 나라는 2군, 작은 나라가 1군이었음＜周禮 地官＞ *不發 : 떠날 길을 떠나지 않음. 안록산의 반란이 양귀비로 하여 일어났다 하여 그녀를 처단하라고 근위병 사령관 陳玄禮(진현례)가 주장하여 행군을 멈추었던 일을 말함. *無奈何 : 어찌할 수 없음. *宛轉 : 아름답고 고움. 婉轉(완전). *蛾眉 : 누에나방의 촉수. 미인의 눈썹. 미인. *花鈿 : 꽃비녀. 금으로 꽃모양처럼 만들어서 앞머리에 꽂는 장식품. *委地 : 땅에 버림. 땅에 떨어짐. *

翠翹 : 날개처럼 길다랗게 만든 비취빛 머리 장식품. *金雀 : 공작새 모양의 금비녀. *玉搔頭 : 옥으로 만든 비녀. 玉簪(옥잠). 搔頭는 '머리를 긁음. 비녀.'이고 한 무제가 이 부인을 불러 옥잠으로 머리를 긁게 했다고 함.<西京雜記>

[平仄] 이 네 구는 끝 자가 차례로 '歌(가), 紙(지), 尤(우), 尤' 운인데, 歌와 尤는 평성, 紙는 상성이라 압운이 되지 않았다 하겠다. 평측은 차례로 '仄平仄仄平仄平, 仄仄平平仄平仄, 平平仄仄平平平, 仄平平仄仄平平'으로 끝 두 구만 이사부동이륙대가 이루어졌다.

蜀江水碧蜀山靑 聖主朝朝暮暮情 行宮見月傷心色 夜雨聞鈴腸斷聲<中段 3>
　　(촉강수벽촉산청 성주조조모모정 행궁견월상심색 야우문령장단성)

촉 땅의 강물 푸르고 산빛마저 파란데, 임금님 비통한 심정 밤과 낮으로 이어졌다네.
행궁에서 보는 달도 상심하는 기색이요,
밤비에 울리는 풍경 방울 소리 간장을 에이는구나.

[語句] *蜀江水碧蜀山靑 : 촉 땅의 산수는 늘 푸름. '인간 사회의 변천 곧 양귀비의 죽음 같은 일에 상관없이 대자연은 조금도 변하지 않음'을 비유함. *聖主 : 어진 임금. 聖君(성군). *朝朝暮暮 : 매일 아침 저녁. 날마다. 언제나. *行宮 : 임금이 궁궐을 떠나 머물러 있는 곳이나 別宮(별궁). *傷心色 : 마음 아파하는 기색. *夜雨聞鈴 : 밤비 오는 소리에 풍경이나 방울 소리가 섞이어 들림. "임금이 촉을 향해 斜谷(사곡)에 드니 장마비가 열흘에 걸쳐 내리는데, 棧道(잔도)에서 방울 소리와 빗소리가 섞이어 들리더라. 이에 임금님이 양귀비를 애도하여 빗소리와 방울 소리를 취하여 '雨霖鈴曲(우림령곡)'을 짓고는 그 곡조에 당신의 恨(한)을 부치더라."<明皇雜錄> *腸斷 : 창자가 끊어짐. 斷腸(단장).

[平仄] 압운은 靑, 情, 聲 자인데 靑은 평성 '靑' 평운, 情과 聲도 평성 '庚(경)' 운으로 통운이 된다. 평측은 차례로 '仄平仄仄仄平平, 仄仄平平仄平平, 平平仄仄平平仄, 仄仄平平平仄平'으로 둘째 구만 평측이 치우쳤고 나머지는 이사부동이륙대가 이루어졌다.

在天願作比翼鳥 在地願爲連理枝 天長地久有時盡 此恨綿綿無絕期.<終聯>
　　(재천원작비익조 재지원위연리지 천장지구유시진 차한면면무절기)

나는 새가 되거든 남방의 비익조같이 함께 날고,
나무가 되거든 연리지가 되어 떨어지지 말자던 임금님 말씀.
천지는 유구悠久해도 다할 때가 있겠지만, 마음 속 이 한은 끊일 때가 없으리.

[語句] *在天 : 하늘에 있음. *比翼鳥 : 황하 서쪽의 崇吾山(숭오산)에 사는 새. 물오리와 같은 모양인데 청적색이며 눈과 날개가 각각 하나밖에 없어서 혼자서는 날 수 없고 한 쌍이 합쳐야 날 수 있는데, 사람의 눈에 띄면 천하에 큰 홍수가 난다고 함. 鶼鶼鳥(겸겸조)<山海經 西次三經> *連理枝 : 서로 다른 나뭇가지가 맞닿아 결이 통하여 하나로 된 가지. 화목한 부부나 남녀 사이. 춘추시대 晉(진)의 趙簡子(조간자)가 나루터 衙前(아전)의 딸을 소실로 데려오니, 그의 처가 靑陵臺(청릉대)에서 떨어져 자결했는데 후에 그 부부의 무덤이 따로 있었으나, 두 무덤에서 나무가 나고 가지가 서로 향해 뻗어가 하나로 합치더라고 함. *天長地久 : 하늘과 땅이 영구히 변함없음<老子 道德經 7장> 사물이 길이 이어 나감. *縣縣 : 실이 잇달아 끝이 없는 상태처럼 한없이 오래 이어짐. 綿綿(면면). *絕期 : 끊어질 시기. 끊어질 때.

[平仄] 압운은 枝, 期 자로 평성 '支(지)' 평운이다. 평측은 차례로 '仄平仄仄仄仄仄, 仄仄仄平平仄平, 平平仄仄仄平仄, 仄仄平平平仄平'으로 첫 구만 二四不同二六對(이사부동이륙대)가 되지 않았고 反法(반법)이나 粘法(점법)은 무시되었다.

[鑑賞] 장한가는 낭만적이요 서정적이면서 서사적인 작품이라 그 이야기 줄거리를 대강 살펴본다. 처음에 양귀비가 궁중에 등장하니 그 미모는 천하절색으로 육궁에서 으뜸이요 현종 임금의 총애는 극진하였다. 그녀의 영화와 환락과 행복한 생활 속에 돌연 안록산의 난이 일어나, 피난 중 馬嵬坡(마외파)에서 군사들의 강력한 요구로 양귀비는 죽음을 당한다. 현종은 촉 지방의 행궁에서 양귀비를 그리워하는 비탄에 잠기고, 수복된 서울에 돌아와서는 더욱 그녀에의 그리움과 추모의 정으로 편히 잠드는 날이 없게 된다. 임금의 이러한 심정을 안타까워한 道士(도사)가 方術(방술)로 양귀비의 영혼을 찾아 현종의 마음을 전하니, 그녀는 궁중에서 쓰던 비녀와 장식품을 내보이며 마음만 굳으면 天上(천상)과 인간 사이지만 만날 수도 있다면서, 생전에 長生殿(장생전)에서 칠석날 밤 임금이 그녀에게 몰래 서약한 "우리가 만약 새가 되거든 비익조가 되고 나무가 되거든 연리지가 되어 떨어지지 말자."는 말을 했다. 이 시는 천하에 유행하여 백거이를 長恨歌主(장한가주)라 불렀다고 하며 후세에까지 소설로, 희곡으로 개작되었다.

歌行體 7言古詩 長篇(가행체 7언고시 장편). 전 60연[120구]. 압운은 여러 운으로 바뀌었고, 위의 抄錄(초록)에서 본 바와 같이 평측이 고르지 못하다. 이는 고시인데다가 840자의 장편이니 어쩔 수 없었겠다.

90-20 重賦 中(중부 중) 과중한 세금 부과 중에서

身外充征賦 上以奉君親 國家定兩稅 本意在愛人.

(신외충정부 상이봉군친 국가정양세 본의재애인)

쓰고 남는 것을 세금으로 바치어, 임금님께 봉양해 올리기 마련이라.

나라에서 여름 가을 두 번만 세금 내는 법을 제정함은,

본래 백성을 사랑하는 뜻이었으리.

[語句] *身外 : 내 몸 이외. '身外無物(신외무물, 몸이 다른 무엇보다도 가장 귀중함)'이라 '내가 쓰고 남음'의 뜻임. *征賦 : 세금 징수. 征稅(정세). *奉君親 : 임금을 어버이처럼 받들어 모심. *兩稅 : 여름과 가을의 두 차례만 세금을 징수하는 제도. 당나라 德宗(덕종) 때 楊炎(양염)이 제정했다고 함. *本意 : 근본 뜻. *愛人 : 남을 사랑함. 백성을 아끼고 사랑함.

[鑑賞] 이 시는 벼슬아치들이 백성들에게 명목없는 세금을 부과하여 수탈해 감을 고발한 작품이다. '秦中吟(진중음)' 10수 중의 하나로 "애초에는 세금의 과잉 징수를 못 하도록 엄격하게 통제했으나, 세월이 흐르자 겨울과 봄에도 마구 거두어들이어, 짜고 있는 피륙이 채 한 필이 되기도 전에 거두어 간다. 노소 없이 겨울 추위를 떨며 지내는데, 관청의 곳간에는 피륙이 산같이 쌓였고, 임금의 창고인 瓊林庫(경림고)에는 쌓인 곡식과 비단을 하도 오래 쌓아 두어, 썩어 먼지로 화해 간다."는 내용이다. 문인들은 바른 도덕을 세우기 위해 사회의 비리를 고 발함이 그 사명이기도 하여, 杜甫(두보)도 '三吏三別(삼리삼별)' 시에서 백성들의 어려운 생활상을 그렸고, 조선 광해군 때 說話文學者(설화문학자)인 劉夢寅(유몽인)도 "낭군의 겨울옷 마련코자 무명필을 짜는데, 이튿날 세금 독촉 아전에게 한 폭 베어 주었더니, 그 아전 가자마자 또한 아전이 달려드네"라 읊었었다.<貧女吟> →181-1.

5言長詩(5언장시). 전 19연[38구]. 압운은 親, 人 자로 평성 '眞(진)' 평운인데, 이 시에서는 '文(문), 元(원)' 운도 썼으니 이 세 운자는 通韻(통운)이 된다. 평측은 차례로 '平仄平平仄, 仄仄仄平平, 仄平仄仄仄, 仄仄仄仄平'으로 앞 세 구는 二四不同(이사부동)이 이루어졌으나 反法(반법), 粘法(점법)이 되지 않았다.

90-21 采地黃者 初頭(채지황자 초두) 지황을 캐는 사람 첫머리

麥死春不雨 禾損秋早霜 歲晏無口食 田中采地黃

采之將何用 持以易餱糧 凌晨荷鋤去 薄暮不盈筐.

(맥사춘불우 화손추조상 세안무구식 전중채지황

채지장하용 지이역후량 능신하서거 박모불영광)

봄에는 비가 내리지 않아 보리는 시들어 말랐었고, 가을에는 이른 서리 내려 벼농사 망쳤네.

세밑인데도 입에 먹을 게 없어, 밭에 나가 지황을 캐고 있구나.

지황을 캐어 무얼 하려는고, 가져 가 양식과 바꾸어 먹으려 하네.

꼭두새벽에 호미 메고 나가 캐어도, 저녁까지 광주리에 가득차지 못한다 하네.

[語句] 采 : ①캐다. 採(채). ②무늬. 색비단. 彩(채). ③풍채. ④食邑(식읍). 여기서는 ①
의 뜻. *地黃 : 현삼과의 다년생 약초. 중국 원산으로 뿌리는 補血劑(보혈제)로
씀. 地髓(지수). *損 : 덜다. 잃다. 상하다. *歲晏 : 한 해가 저묾. 晏은 '늦다.
편안하다. 하늘이 맑다'임. *餱糧 : 밥을 말려서 만든 양식. 식량. 먼 길을 가
는 사람이 준비하는 식량. *凌晨 : 날샐 녘을 넘음. 이른 새벽. 凌은 '지나다.
넘다. 업신여기다', 晨은 '샛별. 날샐 녘'임. *荷鋤 : 호미를 멤. 괭이를 멤. *
薄暮 : 땅거미. 해가 막 떨어져 어스레한 때.

[鑑賞] 이 시도 앞의 '重賦'와 마찬가지로 백성의 어려운 삶을 읊었다. 이렇게 지황을
캐어서는 "붉은 칠을 한 고관대작이나 부호들의 집에 가져 가서 그 댁 도령에
게 넘기면, 그 도령은 지황을 말에 먹여 그 말이 땅을 비칠 듯 윤나게 된다.
원컨대 말이 먹다가 남긴 곡식이라도 바꾸어 주면 굶주린 창자를 채우고 싶
다." 하고 시가 이어졌다. 그 얼마나 처참한 광경의 묘사인가. 세상에 유행하는
'富益富貧益貧(부익부 빈익빈)'이라는 말이 실감난다.

5言古詩長篇(5언고시 장편). 전 7연[14구]. 압운은 霜, 黃, 糧, 筐 자로 평성 '陽(양)' 평운이며
이 뒤의 세 연도 陽 운으로 일관했다. 평측은 차례로 '仄仄平仄仄, 平仄平仄平, 仄仄平仄仄,
平平仄仄平, 仄平平仄仄, 平仄平仄平, 平仄仄平仄, 仄仄仄平平'으로 이사부동이 이루어진
구는 제 4, 6, 8구이고 반법, 점법도 지켜지지 않은 고시이다.

90-22 初貶官過望秦嶺(초폄관과망진령) 처음 벼슬이 강등되어 망진령을 넘어가다

草草辭家憂後事 遲遲去國問前途 望秦嶺上回頭立 無限秋風吹白鬚.
　　(초초사가우후사 지지거국문전도 망진령상회두립 무한추풍취백수)

시름 속에 집 떠나며 뒷일 걱정하고, 느리게 고향 떠나니 앞길 막막타.

망진령에서 고개 돌려 고향 바라보니, 끝없이 부는 가을바람은 수염만 날리누나.

[語句] *貶官 : 벼슬을 낮추고 좌천시킴. *望秦嶺 : 당 나라 서울 長安(장안)의 남쪽에
있는 고개. '秦 곧 장안을 바라보는 영마루'란 뜻을 가졌는데, 이 고개를 넘으면
장안이 보이지 않게 되므로 장안을 떠나는 사람들이 이 고개에 이르면 뒤돌아
장안을 다시 바라본다고 함. *草草 : 바쁜 모양. 근심하는 모양. 怱怱(총총). *辭

家 : 집을 떠남. *遲遲 : 더디고 더딤. *去國 : 고향 땅을 떠남. 나라를 떠남.
*問前途 : 앞길을 물음. '앞으로 가야 할 길이 물어보나마나 막막함'의 뜻임. *
回頭立 : 고개 돌려 (장안을 바라보며) 섬. *白鬚 : 허옇게 센 수염.

[鑑賞] 이 작품은 지은이가 憲宗 元和(헌종 원화) 10년(815)에 정승 武元衡(무원형)이 吳
元濟(오원제) 등 叛徒(반도)들에게 살해되자, 반도들의 체포를 상소했다가 諫官(간
관) 직책이 아니면서 상소했다 하여, 江州司馬(강주사마)라는 하찮은 벼슬로 좌천
되어 서울을 떠나면서 망진령에 올라 장안을 되돌아보며 읊은 시이다. 가정과
조정을 떠나는 안타까운 심정과 늙어가는 몸에 政爭(정쟁)으로 인해 좌천되는
비참함을 토로했다. 이 때 그의 나이 44세였다.

7言絶句(7언절구). 압운은 途, 鬚 자로 평성 '虞(우)' 평운이다. 평측은 차례로 '仄仄平平仄仄
仄, 平平仄仄仄平平, 平平仄仄平平仄, 平仄平平平仄平'으로 二四不同二六對(이사부동이륙대)
와 反法, 粘法(반법, 점법) 등 7언절구의 평측 규칙에 합치되는 작품이다.

90-23 春題湖上-西湖(춘제호상-서호) 봄에 서호 호수에서 짓다
湖上春來似畫圖 亂峰圍繞水平鋪 松排山向千重翠 月點波心一顆珠
碧毯線頭抽早稻 靑羅裙帶展新蒲 未能抛得杭州去 一半句留是此湖.

(호상춘래사화도 난봉위요수평포 송배산향천중취 월점파심일과주

벽담선두추조도 청라군대전신포 미능포득항주거 일반구류시차호)

호수에 봄이 드니 마치 그림 같은데,
크고 작은 봉우리들 둘러섰고 물은 평평히 펼쳤구나.
소나무는 산을 덮어 천 겹으로 푸르고,
달은 물 가운데에 점을 찍은 듯 한 알 구슬이로구나.
올벼는 푸른 담요의 실끝같이 자랐고,
새로 돋는 부들은 푸른 비단의 치마띠를 펼친 듯.
이 항주를 버리고 떠날 수 없어, 시 한 수를 지어 이 호수에 남기노라.

[語句] *西湖 : 浙江省(절강성) 항주에 있는 아름다운 호수. 주위가 30리로 미인 西施
(서시)를 닮았다 하여 西子湖(서자호) 또는 錢塘湖, 明聖湖, 上湖(전당호, 명성호, 상호)
등으로 부름. →73-1. *畫圖 : 그림. 여러 종류의 그림을 총칭하는 말임. *亂
峰 : 어지러운 봉우리들. 크고 작은 봉우리들. *圍繞 : 둘러쌈. *鋪 : 펴다. *
松排山向 : 소나무들이 산을 향해 뻗어 있음. *波心 : 물결의 한가운데. 호수
의 중앙. *毯 : 담자리. 담요. *早稻 : 올벼. *靑羅 : 푸른빛 비단. *裙帶 : 치

마와 허리띠. 치마띠. *杭州 : 절강성의 도시. 중국의 7大古代首都(7대 고대 수도) 도시의 하나 임. →33-1.

[鑑賞] 이 시는 지은이가 穆宗 長慶(목종 장경) 2년(822) 51세에 杭州刺史(항주자사)로 부임하여 2년 후 떠나면서 지은 작품이다. "넓은 서호는 평평하고 주변은 크고 작은 산봉우리가 감싸 그림 같으며, 산은 소나무로 짙푸르고 달은 물 가운데 비쳐 떠서 한 알 구슬이다. 벼의 새싹은 담요의 털처럼 돋아났고 부들의 새 줄기는 푸른 비단의 치마띠 같다. 이 좋은 호수를 가진 항주를 떠나는 아쉬움으로 시 한 수를 지어 서호에 남겨 두노라." 하고 서호의 봄 풍경을 절실하게 읊었다. 서호는 넓으면서 아름다운 호수라 편저자도 2001년 9월에 서호를 유람하고 이 시에 다음과 같이 次韻(차운)하였다. 水陸和成淡墨圖 雨奇晴好饗筵鋪 韓公抉漢天分彩 上帝施恩地賜珠 蘇白長堤飄細柳 荷花曲院列黃蒲 人人歎賞風光秀 越女蛾眉有此湖(물과 뭍이 잘 어울려 담묵의 그림 이루었고, 비 오든 개든 늘 경치 좋아 잔치 자리 펼친 듯. 韓退之(한퇴지) 공이 은하수를 움켜잡아 일월성신 하늘 무늬 가르듯, 조물주는 은혜 베풀어 이 땅에 구슬 같은 호수를 내렸구나. 蘇堤(소제)와 白堤(백제)의 긴 둑에는 가는 버들가지 나부끼고, 서호 10경 연꽃 피는 곡원에는 누런 부들 줄지어 섰네. 사람마다 경치 빼어났음을 감탄하면서 보나니, 월 나라 미녀 西施(서시)의 고운 자태 이 서호에 있구나).

7언율시. 압운은 圖, 鋪, 珠, 蒲, 湖 자로 평성 '虞(우)' 평운이다. 평측은 차례로 '平仄平平仄仄平, 仄平平仄平平平, 平平平仄平平仄, 仄仄平平仄平平, 仄仄仄平平仄仄, 平平平仄平平平, 仄平平仄平平仄, 仄仄平平仄仄平'으로 이사부동이륙대와 반법, 점법 등이 평측 규칙에 모두 합치되었으며, 承聯(승련, 頷聯함련 3, 4구)과 轉聯(전련, 頸聯경련 5, 6구)은 대구가 잘 이루어졌다. 제 3구의 重 자는 '무겁다. 두텁다. 중요하다'의 뜻이면 상성 '腫(종)' 측운이고 '거듭하다. 겹치다'의 뜻으로 쓰이면 평성 '冬(동)' 평운인데 여기서는 평운으로 쓰이었다.

90-24 太行路 抄(태행로 초) 태행산 길 뽑음

太行之路能摧車 若比君心是坦途 巫峽之水能覆舟 若比君心是安流
君心好惡苦不常 好生毛髮惡生瘡 與君結髮未五載 豈期牛女爲參商 <初頭>
(태행지로능최거 약비군심시탄도 무협지수능복주 약비군심시안류

군심호오고불상 호생모발악생창 여군결발미오재 기기우녀위삼상)

태행산 길은 험해 수레를 부수어 놓지만, 그대 마음에 비하면 이곤 평탄한 길일세.

무협의 물은 배를 뒤집기도 하지만, 그대 마음에 비하면 순탄한 흐름일세.

그대의 마음 좋았다 싫었다 변덕이 심하여,

좋으면 생색나게 하지만 싫어지면 상처나게 하네.

그대와 결혼한 지 5년이 안 되는데,

견우직녀 같던 좋은 사이가 삼성參星 상성商星같이 동서로 멀리 떨어질 줄 어이 알았으리.

[語句] *太行 : 태행산. 河南省(하남성)과 山西省(산서성) 경계에 있는 산. *摧車 : 수레를 꺾어 망가뜨림. 北上太行山 艱哉何巍巍 羊腸阪詰屈 車輪爲之摧(북쪽 태행산을 오르자니, 어찌나 높고 험한지 어렵기도 하여라. 꾸불꾸불 양의 창자처럼 굽이굽이 돌아, 수레바퀴가 꺾어지네)<魏武帝 曹操 苦寒行>→474-1. *坦道 : 평탄한 길. *巫峽 : 湖北省 巴東縣(호북성 파동현)에 있는 三峽(삼협)의 하나. 험하기로 유명한 곳임. →64-10. *覆舟 : 배를 뒤집어엎음. *安流 : 조용히 흐르는 물. *好惡 : 좋아함과 싫어함. *苦不常 : 한결같지 않아 괴로움. *好生毛髮 : 좋아하게 되면 털이 남. '좋아하게 되면 새가 날개나 털로 몸을 감싸듯 모든 것을 감싸 덮어 주어 좋은 평판을 듣게 함'의 뜻으로, 所好生毛羽 所惡生瘡痏(좋아지면 감싸주고, 싫어지면 부스럼나고 멍들게 하네)<文選 西京賦>란 말이 있고, 이 구절을 '好生毛羽'로 쓰기도 함. *結髮 : 머리를 얹어 묶음. 결혼해 어른이 됨. *載 : ①싣다. ②해[年연]. 여기서는 ②임. *豈期 : 어찌 바랐으리. 이 말 대신 '忽從(홀종, 갑작스레)'이라 쓰기도 함. *牛女 : 牽牛星(견우성)과 織女星(직녀성). 사이좋은 부부. *參商 : 參星(삼성)과 商星(상성)의 두 별. 사이가 멀리 벌어짐. 옛날 高辛氏(고신씨)의 두 아들 閼伯(알백)과 實沈(실침)이 서로 불목하여 날마다 무기로 싸우므로, 임금이 알백을 商丘(상구)에 옮겨 동쪽의 상성을 맡도록 하고 실침은 大夏(대하)에 옮겨 서쪽의 삼성을 다스리게 했다고 함.

[平仄] 압운은 처음 두 연의 끝 자가 車, 途, 舟, 流로 구마다 평운으로 맺었는데, 車는 평성 '魚(어)' 운, 途는 평성 '虞(우)' 운으로 通韻(통운)이 되고 舟와 流는 평성 '尤(우)' 운이며, 다음 두 연은 常, 瘡, 商 자로 평성 '陽(양)' 평운이다. 평측은 차례로 '仄平平仄平平平, 仄仄平平仄仄平, 平仄平仄平仄平, 仄仄平平仄平平, 平平仄仄仄仄仄, 仄平平仄平平平, 仄仄平仄仄仄仄, 仄平平仄平平平'으로 평측이 고르지 못한데, 이사부동이륙대가 된 구는 제 1, 2, 6, 8구뿐이다.

行路難 難重陳 人生莫作婦人身 百年苦樂由他人 行路難 難於山險於水
不獨人間夫與妻 近代君臣亦如此 君不見左納言右納史 朝承恩暮賜死
行路難 不在水不在山 只在人情反覆間 <終聯>

(행로난 난중진 인생막작부인신 백년고락유타인 행로난 난어산험어수

부독인간부여처 근대군신역여차 군불견좌납언우납사 조승은모사사

행로난 부재수부재산 지재인정반복간)

인생길 어려움 말로 다 할 수 없네.

세상에 나려거든 여자 몸 되지 말 것이, 백년 고락이 남을 좇아 생기누나.

인생길 어렵기는 산보다도 어렵고 물보다도 험하다네.

비단 백성 부부 사이만이 아니라, 요즘의 임금과 신하 사이도 또한 이와 같다네.

그대 못 보았는가, 좌납언과 우납사가

아침에는 임금의 은총을 받다가 저녁에는 사사되는 일을.

인생길 어렵기는 물길에도 산길에도 있지 않고,

다만 사람의 정이 뒤집히는 그 속에 있다네.

[語句] *行路難 : 세상살이의 어려움. *難重陳 : 거듭 말하기 어려움. *百年苦樂 : 한 평생의 어려움과 즐거움. *不獨 : 그 하나만이 아님. *左納言 : 고대 舜(순) 임금 때의 벼슬 이름. 上意下達(상의하달, 임금의 뜻을 백성들에게 알림)과 下情上通(하정상통, 백성들의 생각을 임금이 알게 함)하는 직책으로 周(주)의 內史(내사), 漢(한)의 尙書(상서), 魏晉(위진) 이후의 中書門下(중서문하) 등이 이 직책임. 左는 접두사로 왕의 곁에 있음을 뜻하며 뒤의 右納史에서 右도 같음. *右納史 : 주의 내사와 같은데 궁중에서 정치에 관한 일을 기록하는 벼슬임. *承恩 : 신하가 임금에게서 특별한 은혜를 받음. *賜死 : 죽음을 내림. 죽일 죄인을 대우하여 사약을 내려 자결토록 하는 일. *反覆 : 말이나 행동을 잇달아 이랬다저랬다 하며 바꿈. 생각을 엎치락뒤치락 함.

[平仄] 압운은 몇 단락으로 나누어 볼 수 있는데, 陳, 身, 人 자는 평성 '眞(진)' 평운이고, 水, 此, 史, 死 자는 상성 '紙(지)' 측운이며 山, 間 자는 평성 '刪(산)' 평운이다. 평측은 차례로 '平仄平, 平平平, 平平仄仄仄平平, 仄平仄仄平平平, 平仄平, 平平平仄平仄, 仄仄平平平仄平, 仄仄平平仄仄仄, 平仄仄仄平平仄仄仄, 平平平仄仄仄, 平仄平, 仄仄仄仄仄平, 仄仄平平平平平平'으로 長短句(장단구)가 혼재하여 평측 규칙은 살피지 않고 생략한다.

[鑑賞] 험한 태행산을 넘어가기와 무협의 사나운 물길을 건너기가, 사람 마음의 변덕스러움에 비하면 오히려 낫다고 인생살이의 어려움을 토로했고, 지은이는 '白氏文集(백씨문집)'에서 "부부를 빌어서 임금과 신하를 풍자한 작품"이라 했다. 제목도 첫 구에서 따서 '太行路'라 했으며, 인용하지 않은 중간 부분의 내용은 "예로부터 늙어 미모가 없어지면 버림을 받는다는 말이 있어서, 그 때의 미인들은 이런 말을 원망하고 버림받아 뉘우쳤다지만, 어찌된 일인가, 지금 거울에 비친 내 얼굴 아직도 변치 않았거늘 그대 마음 변했으니, 그대를 위해 옷에 향내 풍기게 해도 그대는 난꽃 향기와 사향을 향기롭다 하지 않고, 그대를 위해 화사하게 꾸몄건만 그대는 금붙이와 진귀한 구슬과 비취 패물을 보고도 아무 표정이 없어라."이다. 특히 '人生莫作婦人身 百年苦樂由他人'은 사람들이 즐겨 외는 명구로 봉건 시대에는 딱 들

어맞는 말이었고, 지금도 시집 한 번 잘못 가면 신세 기구해지는 게 아닌가. 하긴 사내도 장가 한번 잘못 들어 인생을 망치는 수가 많은 요즘 세태임에랴.

新樂府體 雜言詩(신악부체 잡언시). '古文眞寶(고문진보)'에서는 '長短句(장단구)'로 분류했나. 모두 15연[29구]로 3언구에서 5, 6, 7, 9언구까지 두루 씌었고 평측이 고르지 못하며, 압운도 전운이 많이 이루어진 古體詩(고체시)라 할 수 있다.

90-25 八月十五夜禁中獨直對月憶元九(팔월십오야 금중독직 대월억원구)

8월 보름날 밤에 궁중에서 혼자 숙직하다가 달을 보며 원구를 생각하다

銀臺金闕夕沈沈 獨宿相思在翰林 三五夜中新月色 二千里外故人心
渚宮東面煙波冷 浴殿西頭鐘漏深 猶恐淸光不同見 江陵卑濕足秋陰.

(은대금궐석침침 독숙상사재한림 삼오야중신월색 이천리외고인심

저궁동면연파냉 욕전서두종루심 유공청광부동견 강릉비습족추음)

웅장 화려한 궁궐에 밤의 장막이 내려 깊어가는데,

한림원에서 홀로 숙직하며 그대를 생각하노라.

8월 보름날 밤 이제 막 솟은 맑은 달빛을 대하니,

2천 리 먼 거기도 이 달빛 그대로 비추어 그대도 보고 있으려니 하노라.

그대가 있는 저궁의 동편 안개 자욱한 물에 달빛 차갑게 빛나겠고,

내가 있는 욕전의 서쪽 종소리와 물시계 소리 밤이 깊음을 알려 주네.

이 맑은 달빛을 우리 똑같게 보고 있을는지 염려되나니,

거기 강릉 땅은 낮고도 축축하여 가을 하늘도 자주 흐린다고 하니까.

[語句] *禁中 : 대궐안. 宮中(궁중). *獨直 : 혼자서 숙직함. *元九 : 元稹(원진 778~831). 中唐(중당)의 정치가, 시인. 자 微之(미지). 지은이의 친구로 과거 공부를 함께 했고 元和元年(원화 원년, 806)에 동시에 과거 급제했는데, 원진이 장원, 백거이는 4등이었다고 함. 九는 排行(배항)임. → 9-3. *銀臺金闕 : 궁중의 건물. 금과 은으로 꾸민 웅장하고 화려한 궁중 전각. 臺는 '樓臺(누대)', 闕은 '宮城(궁성)의 문'임. *沈沈 : 어둑어둑함. 밤이 깊어가는 모양. *翰林 : 한림원. 임금의 詔勅(조칙)을 기초하는 비서직의 관청. 學士院(학사원). 이 때 백거이가 한림학사였다고 함. *三五 : 보름[15일]. 3×5하면 15가 되므로 쓰는 말임. *新月 : 초생달. 여기서는 '동녘 하늘에 막 돋은 달'을 말함. *故人心 : 오랜 친구의 마음. 또는 친구를 생각하는 내 마음. *渚宮 : 물가에 있는 궁전. 전국시대 楚(초) 나라 왕의 궁전이 江陵(강릉, 지금의 湖北省荊州市(호북성 형주시) 물가에 있었음. *煙波 : 안개나 아지랑이가 낀 水面(수면).

*浴殿 : 궁중의 大明宮(대명궁) 안에 있는 浴堂殿(욕당전). *鐘漏 : 때를 알리는 종과 刻漏(각루, 물시계). 시각을 알리는 기구. *猶恐 : 오히려 두려움. 가히 염려됨. *清光 : 맑은 달빛. *卑濕 : 지대가 낮고 습기가 많음. *秋陰 : 가을날의 흐림.

[鑑賞] 지은이가 한림학사로 있을 때인 원화 5년(810)에 멀리 호북의 강릉으로 좌천된 친구 원진을 그리워하며 지었다. 이들은 함께 시의 복고를 주장했는데, 이 復古運動(복고운동)은 '시는 詩經(시경)의 정신으로 돌아가, 정치와 도덕을 위해 있어야 한다.'는 것이었다. 원화 10년(815)에 지은이도 정쟁으로 인해 강주사마로 좌천되면서 복고사상은 끊어졌는데, 이들의 복고시는 정치와 벼슬아치들의 도덕을 풍자한 것이어서 高官大爵(고관대작)들의 미움을 샀다고 한다. 頷聯(함련, 承聯승련 3, 4구)과 頸聯(경련, 轉聯전련 5, 6구)은 대구가 되어야 하는 요건대로 대가 잘 이루어졌고 특히 '三五夜中新月色 二千里外故人心'은 絶唱(절창)으로 꼽힌다.

7言律詩(7언율시). 압운은 沈, 林, 心, 深, 陰 자로 평성 '侵(침)' 평운이다. 평측은 차례로 '平平平仄仄平平, 仄仄平平仄仄平, 平仄仄平平仄仄, 仄平仄仄仄平平, 仄平平仄仄平仄, 仄仄平仄平平仄平, 仄平平仄平仄仄, 平平平仄仄平平'으로 二四不同二六對(이사부동이륙대)는 제7구만 어긋났고, 反法(반법)과 粘法(점법)은 규칙대로 되었다. 둘째 구의 翰 자는 '벼슬 이름'으로 쓰이면 평성 '寒(한)'운인데, 우리나라에서는 '翰林(한림)'의 翰 자를 길게 발음하므로 거성 '翰' 측운으로 처리했다.

90-26 邯鄲冬至夜思家(한단동지야사가) 한단에서 동짓날 밤에 고향집을 생각하며

邯鄲驛裏逢冬至 抱膝燈前影伴身 想得家中夜深坐 還應說着遠行人.
(한단역리봉동지 포슬등전영반신 상득가중야심좌 환응설착원행인)

한단역에서 동지를 맞이하여, 무릎 안고 등불 앞에 앉으니 그림자만 짝이 되네.
멀리 우리집을 생각하니, 아마도 먼 길 떠난 나를 이야기하며 밤 늦게 모여 앉았으리라.

[語句] *邯鄲 : 전국시대 趙(조) 나라 서울. 하북성에 있음. →9-5. *冬至 : 24절기의 22번째로 밤이 가장 길며 양력 12월 22일경임. 亞歳(아세). *伴身 : 내 몸을 짝함. *想得 : 생각함. 得 자는 해석하지 않음. *還應 : 돌이켜 응당. 아마. 도리어. *說着 : 이야기함. 着 자는 해석하지 않음. *遠行人 : 먼 곳으로 가 있는 사람. '지은이 자신'을 말함.

[鑑賞] 타향에서 고향을 생각하는 思鄕詩(사향시). 타향인 한단역 동네에서 작은설인 동지를 맞게 되는데, 아는 이 없이 홀로 주막방에서 등불만을 마주하니, 내 동무는 오직 내 그림자뿐 외롭기 그지없다. 불현듯 집 생각을 하니 응당 멀리 떠나 있는 나에

대해 이야기하며 밤 깊어 가는 줄 모르고 있으리라. 타관에서의 외로움과 고향 그리는 심정을 눈이 시리도록 묘사한 佳作(가작)이다. 각 구를 起承轉結(기승전결)로 볼 때, 기와 승에서는 타향 한단역에서 홀로 등불만 마주한 외로움을 읊고, 전에서 문득 고향으로 생각을 돌렸으며, 결에서는 고향의 밤중 광경을 상상하며 시를 맺었다.

　7言絕句(7언절구). 압운은 身, 人 자로 평성 '眞(진)' 평운이다. 평측은 차례로 '平平仄仄平平仄, 仄仄平平仄仄平, 仄仄平平仄仄仄, 平平仄仄仄平平'으로 反法(반법), 粘法(점법)은 잘 이루어졌으나, 셋째 구 곧 轉換句(전환구)만 二四不同二六對(이사부동이륙대)에 어긋나서 '仄-平-平[得-中-深]'이 되었다. 사실 深 자는 '깊다. 으슥하다. 멀다'의 뜻이면 평운 '侵(침)'이지만 '재다[度], 옷 이름[深衣심의]'의 뜻이면 去聲(거성) '沁(심)' 운으로 仄韻(측운)이 되는 것이니, 牽强附會(견강부회)하면 측운으로 보아 이사부동이륙대에 합치되는 것이다.

90-27 後宮詞(후궁사) 후궁의 노래

　涙盡羅巾夢不成 夜深前殿按歌聲 紅顔未老恩先斷 斜倚熏籠坐到明.
　　(누진나건몽불성 야심전전안가성 홍안미로은선단 사의훈롱좌도명)

　비단 수건 눈물에 젖고 꿈도 안 꾸어지는데, 밤 깊어 앞 전각에서는 노랫소리 들리네.
　홍안은 아직 늙지 않았건만 왕의 은총 먼저 끊어져,
　향내 풍기는 옷농짝에 비스듬히 기대어 앉아 어느덧 새벽이 되는구나.

[語句] *後宮 : ①왕의 正妃(정비) 이외의 부인. ②주가 되는 궁전 뒤에 있는 전각. 궁녀가 거처함. *羅巾 : 비단 수건. *按 : 어루만지다. 撫(무)와 같은 뜻으로 쓰이어 '박자를 돕다. 노래에 맞추어 박수 치다'의 뜻인 듯함. *歌聲 : 노래 부르는 소리. 노랫소리. *紅顔 : 젊고 아름다운 얼굴. *恩 : 은혜. 임금의 恩寵(은총). *斜倚 : 비스듬히 기댐. *熏籠 : 향을 넣어둔 옷장. 향내 나는 농. *到明 : 날이 밝기에 이름. 새벽.
[鑑賞] 후궁의 슬픔을 노래한 시로 궁중의 후궁이나 궁녀들의 심정을 설파한 시를 '宮詞(궁사) 또는 宮女詞(궁녀사)'라 하여 시인들이 많이 읊었다. 앞 궁전에서는 왕과 왕비들이 즐겁게 노래 부르며 온 대궐이 떠나갈 듯하건만, 쓸쓸히 후궁 처소에서 장롱에 기대어 눈물만 흘리고 있노라니 처량하기 그지없다. 아무리 따져보아도 내 얼굴 아직 홍안이건만 임금님이 찾은 것은 그 언제였던가. 혼자서 애태우노라니 잠도 오지 않아 임금님 찾아오는 꿈조차 꿀 수 없고 어느덧 새벽이 다 되었으니, 이 억울한 심정 알아줄 이 그 누구던고.

　7언절구. 압운은 成, 聲, 明 자로 평성 '庚(경)' 평운이다. 평측은 차례로 '仄仄平平仄仄平, 仄平平仄仄平平, 平平仄仄平平仄, 平仄平平仄仄平'으로 이사부동이나 반법, 점법 등 7언절구의 평측 규칙에 합치되는 모범적 작품이다.

91. 白文寶(백문보 ?~1374) : 고려 恭愍王(공민왕) 때 유학자, 충신. 자 和父(화보). 호 淡庵(담암). 시호 忠簡(충간). 본관 稷山(직산). 충숙왕 때 과거에 급제하여 春秋館檢閱(춘추관 검열). 右常侍(우상시)를 지내고 공민왕 초에 典理判書(전리판서)가 되었다. 공민왕 10년(1361)에 홍건적의 화를 입어 史局(사국)에 있던 역사 원고와 실록의 대부분이 없어져 왕이 淸州(청주)에 머물면서 供奉(공봉) 鄭樞(정추)를 시켜 나머지 책들을 해인사에 옮기도록 명하니, 백문보는 왜구의 침입이 있을 뿐 아니라 갑자기 國史(국사)를 옮기면 민심이 동요될 우려가 있다고 건의하여 중지케 했다. 또 신라 시대의 崇佛思想(숭불사상)이 나라에 미친 폐단을 논하고 중이 되려면 관청에서 허가장을 발급받도록 했다. 왕이 還都(환도)하여 還安都監(환안도감)을 설치하니 平陽君 金敬直(평양군 김경직)과 함께 그 일을 보았다. 이어 政堂文學(정당문학)이 되고 田祿生(전녹생 →372) 과 함께 왕자 江寧大君(강녕대군, 후의 禑王우왕)의 師傅(사부)로 임명되고 稷山君(직산군)에 피봉되었다. 천성이 검소 결백하고 강직하여 異端(이단)에 빠지지 않았으며 문장에도 능했으나 아들이 없었다.

91-1 次鏡浦臺韻(차경포대운) 경포대 시에 차운하다

何人詩接謝宣城 自覺高遊不世情 美酒若空瓶屢臥 澄江如練句還成
得兼康樂登山興 未必知章騎馬行 月白鑑湖餘一曲 休官明日負休明.

(하인시접사선성 자각고유불세정 미주약공병루와 징강여련구환성

득겸강락등산흥 미필지장기마행 월백감호여일곡 휴관명일부휴명)

누구의 시가 사조謝朓를 이을까, 고상한 유람은 세속의 정 벗어났음을 깨닫게 되네.
좋은 술은 허공을 담은 듯 해서 마신 빈 병들이 잇달아 눕혀지고,
'맑은 강이 비단 같다'는 글귀 같은 것이 얼른 이루어지는구나.
사영운謝靈運의 등산 흥을 겸하고, 하지장賀知章처럼 말 타고 갈 필요는 없겠구나.
달 밝은 감호 같은 경포 호수 한 굽이 남았으니, 다음 날 벼슬 버리고 가면 마음 밝아지리라.

[語句] *鏡浦臺 : 강원도 강릉시 동쪽 7km에 고려 충숙왕 13년(1326) 朴淑(박숙)이 세운 누대. 조선 중종 3년(1508) 韓汲(한급)이 이축했는데, 그 단청은 지금도 이채로운 것이라 함. 주위 3km의 경포 호수와 주변의 솔밭, 동해의 갈매기, 추석 달맞이 등은 佳景(가경)이며 關東八景(관동팔경)의 하나임. →563-1, 688-1. *謝宣城 : 謝朓(사조 464~499)의 별칭. 남북조 때 南齊(남제)의 문인. 자 玄暉(현휘). 어려서부터 재주

있기로 이름났고 초서와 예서에 능했으며 5언시를 잘 지었음. 宣城太守(선성태수)를
지냈기로 '사선성'이라 별칭하며 남조 宋(송)의 謝靈運(사영운)에 비겨 '小謝(소사)'라
고도 함. 그의 청신하고 독창적인 시는 후세 시인들의 존대를 받았고 특히 李白
(이백 →234)이 그를 존경했음. →759. *高遊 : 고상한 유람. *世情 : 세상의 사정.
세상 인심. *美酒 : 아주 맛좋은 술. *澄江如練句 : 사조가 읊은 '澄江靜如練
(맑은 강이 조촐하기 바래는 비단 같구나.)'란 싯귀를 말함. *還成 : 빨리 이루어
짐. 還은 '빠르다. 돌다. 가볍다'로 쓰이어 '선'으로 읽어야 하나 일반적인 음인
'환'으로 읽었음. *康樂 : 남조 송의 시인 사영운(385~433)의 별칭. 康樂侯(강락후)
의 봉작을 이어받아 '사강락'이라 하며, 山水詩人(산수시인)으로 자연의 묘미를 체득
했다는 평을 받음. 물려받은 유산이 많아 높은 산을 나막신으로 오르는데, 올라갈
때는 신의 앞굽을 빼고 걷고 내려올 때는 뒷굽을 뺐다고 하며 이를 '木屐登山(목
극등산)'이라 함.<世說 任誕下> *知章 : 賀知章(하지장 677~744). 당 나라 초기 시인. 자
季眞(계진). 自號(자호) 四明狂客(사명광객). 현종 때 禮部侍郎(예부시랑) 역임 후 고향에
돌아가 道士(도사)가 되었는데, 현종 임금이 절강성 紹興縣(소흥현)의 鑑湖(감호, 일명
鏡湖경호)의 한 굽이를 하사하여 이 호수를 '賀監湖(하감호)'라고도 함. 술을 좋아하
여 두보의 '飮中八仙歌(음중팔선가)' 첫 머리에 "하지장은 말을 타기를 배에 오르듯
하며 눈앞이 어른거려 그대로 우물에 빠져 잠들기도 했네"라 읊었음. →587,
64-35. *休官 : 벼슬을 쉼. 벼슬을 그만둠. *休明 : 아주 밝음. 매우 명랑함.

[鑑賞] 누가 이전에 지은 경포대 시의 운자를 따라 지은 차운 작품으로 故事(고사)를 많
이 인용했으니, 남제의 문인 사조와 '澄江靜如練(징강정여련)' 구, 남조 송의 시인
사영운의 산행 취미, 唐初(당초)의 시인 하지장의 好酒(호주)와 乘馬癖(승마벽) 및 감
호 한 굽이를 임금에게서 하사받은 사실 등이 그것이다. 경포대의 풍경이나 주변
환경을 읊기보다는 유람에 따른 홍취와 앞으로 벼슬을 그만두면 여기 와서 살고
싶다는 바람을 피력하여 경포대와 호수의 아름다움을 간접적으로 표현했다.

7言律詩(7언율시). 압운은 城, 情, 成, 行, 明 자로 평성 '庚(경)' 평운이다. 평측은 차례로 '平
平平仄仄平平, 仄仄仄平仄仄平, 仄仄仄平平仄仄, 平平平仄仄平平, 仄平平仄平平仄, 仄仄平
平平仄平, 仄仄平平平仄仄, 平平平仄仄平平'으로 二四不同二六對(이사부동이륙대)와 反法, 粘法
(반법, 점법) 등은 이루어졌지만 평측이 고르지 못한 편이니, 평성이나 측성이 한 구에 각각 두 자
뿐이거나 첫머리가 '평평평' 또는 '측측측'으로 이어진 일 같은 것이 부자연스럽다.

92. 白文節(백문절 ?~1282) : 고려 元宗(원종) 때 정치가, 학자. 자 彬然(빈연). 호 淡巖(담암). 본관
藍浦(남포). 신라의 諫官 仲鶴(간관 중학)의 후손. 고종 때 문과 급제하여 中書舍人(중서사인), 吏
部侍郎(이부시랑), 國子祭酒(국자좨주)를 거쳐 충렬왕 때 司議大夫(사의대부), 國學大司成(국학대사성),

寶文閣學士(보문각학사)를 역임했다. 글이 풍부하고 필법도 뛰어나 사람들의 추앙을 받았으면서도 그 재주를 자부하지 않았다 하며, 원종에게 눈물로 간하여 왕이 감동한 바도 있었다.

92-1 光武(광무) 광무 황제

百戰車中講六經 八珍案上憶蕪亭 雲臺滿壁丹靑濕 七里灘頭訪客星.
(백전거중강육경 팔진안상억누정 운대만벽단청습 칠리탄두방객성)

백 번 싸우는 수레에서 6경을 강하였고,
팔진미가 놓인 상 앞에서도 무루정 콩죽을 생각하네.
공신각 운대 온 벽 가득 단청이 마르지 않았고, 칠리탄 머리에서 객성인 엄광이 찾아왔네.

[語句] *光武 : 後漢(후한)의 초대 황제인 世祖 光武帝(세조 광무제, 劉秀유수 재위 25~57). *六經 : 유교의 6경전. 대개 시경, 서경, 악경, 역경, 예경, 춘추경을 말함. *八珍 : 8가지 진귀한 음식. 곧 용의 간, 봉황의 골, 토끼의 태, 잉어 꼬리, 독수리[물수리] 고기 구이, 곰 발바닥, 원숭이 혓바닥, 뱃속의 표범 새끼 등. 잘 차린 음식. *案上 : 밥상 위. 수라상 앞. *蕪亭 : 蕪蔞亭(무루정). 후한 광무제가 일찍이 적병에게 쫓기어 도망하다가 무루정에 이르러 배가 고팠을 때 馮異(풍이)가 콩죽 한 그릇을 얻어다 바쳤는데, 뒷날 황제가 된 뒤에도 풍이를 보면 "무루정 콩죽을 내 어이 잊으리오." 했다고 함. *雲臺 : 功臣閣(공신각)인 南宮雲臺(남궁운대). 광무제가 여기에 국가 중흥의 명장 鄧禹(등우) 등 28명의 화상을 그려 붙였음. *七里灘 : 嚴光(엄광, 자 子陵자릉)이 70리를 걸어 낚시하던 桐江(동강) 여울. 엄광은 광무제와 함께 공부하던 친구로 벼슬을 받지 않고 富春山(부춘산)에 은거하여 농사지었음. *客星 : 혜성처럼 일시적으로 나타나는 별. 광무제와 엄광이 함께 잠잘 때 엄광이 잠결에 광무제의 배위에 다리를 얹은 적이 있었는데, 太史(태사)가 상주하기를 "어젯밤에 객성이 御座(어좌)를 침범하였나이다." 하더라 함. 그리하여 엄광을 '객성'이라 부른 것임.

[鑑賞] '後漢書(후한서)'나 광무제의 전기를 읽고 그 행적을 읊은 시. 광무제는 여러번의 싸움에서 여유 있게 유교의 경전을 강론하고, 황제로 즉위한 후에도 무루정에서 배고플 때 콩죽을 얻어먹은 것을 진수성찬 앞에서도 잊지 않았으며, 남궁 운대 공신각을 세워 국가 중흥에 공이 많은 장수들의 화상을 그려 붙여 기념했다. 또 함께 글공부한 엄광과 함께 자면서 엄광의 무엄한 짓을 나무라지 않았으니, 가히 明君(명군)이라 할 만하다고 칭송했다. 사실 광무제도 북방 민족의 침입에 쫓겨 강남으로 와서 한 나라의 명맥을 겨우 유지하였던 것이다.

7言絶句(7언절구). 압운은 經, 亭, 星 자로 평성 '靑(청)' 평운이다. 평측은 차례로 '仄仄平平仄

仄平, 仄平仄仄仄平平, 平平仄仄平平仄, 仄仄平平仄仄平'으로 이사부동이류대와 반법, 점법 등 7絶의 평측 규칙[簾염]에 어긋남이 없다. 다만 3행의 靑 자는 압운과 같은 운자라 피했더라면 좋았겠으니, 압운과 같은 운을 가진 자를 구의 중간에 쓰지 않는 것이 원칙이기 때문이다.

92-2 訪山寺 二首(방산사 이수) 산의 절간을 찾아가다 두 수

十笏禪房花木深 丁東山溜響於琴 解衣盤礴雙楓下 時有人間未見禽 <제1수>
樹陰無罅小溪流 一炷淸香滿石樓 苦熱人間方卓午 臥看初日在松頭. <제2수>

(십홀선방화목심 정동산류향어금 해의반박쌍풍하 시유인간미견금

수음무하소계류 일주청향만석루 고열인간방탁오 와간초일재송두)

십홀 넓이의 좁은 절간 방은 꽃과 나무 우거진 속에 있고,
산골 물 떨어지는 소리 거문고에 울리는 소리로다.
옷고름 풀고 두 신나무 밑에 발 뻗고 앉으니,
때때로 인간 세상에서 보지 못하던 새가 보이네.
나무 그늘은 틈이 없고 작은 개울물 흐르는데, 한 줄기 맑은 향이 바위 누각에 가득차네.
속세에서는 한낮 더위가 한창 괴로울 때인데,
소나무 끝에 걸린 해를 누운 채 처음 보는구나.

[語句] *十笏 : 홀 10개를 놓아 둘 수 있는 넓이. '좁음'을 뜻하고 笏은 '벼슬아치가 朝服(조복)을 입고 왕을 뵐 때, 띠에 끼우거나 손에 들던 牌(패)'를 말함. *禪房 : 參禪(참선)하는 방. 절간의 방. *丁東 : 풍경 소리나 佩玉(패옥) 소리. 여기서는 '물방울 떨어지는 소리'임. 丁當(정당). *山溜 : 산에서 나오는 물이 떨어짐. *解衣 : 옷을 벗음. *盤礴 : 키와 같은 모양으로 양다리를 죽 뻗고 앉음. 걸터앉음. *無罅 : 틈이 없음. 금간 데가 없음. *一炷 : 한 심지. 한 줄기. *苦熱 : 지독한 더위. 더위로 인한 고통. *卓午 : 한낮. 正午(정오). *臥看 : 누워서 봄.

[鑑賞] 좁은 선방이 꽃과 나무로 싸인 깊숙한 곳에 자리 잡았고 거문고 소리와 같이 산골 물이 똑 똑 소리 내며 떨어진다. 옷고름 풀고 두 단풍나무 아래 두 다리 뻗고 앉았노라니 저 아래 마을에서는 보지 못하는 낯선 새가 보인다. 나무 그늘은 땅을 꽉 덮었고 개울물 흐르며 한 줄 맑은 향이 돌 누각에 가득찬다. 지금은 한낮이라 저 속세에서는 지독한 더위로 괴로워할 때인데, 여기서는 소나무 끝에 달린 해를 누워서 처음 보니 시원하기 신선 사는 곳에 든 듯하구나. 산속 절간 광경을 그려볼 수 있게 잘 표현한 작품이다.

7언절구 두 수. 압운은 첫 수가 深, 琴, 禽 자로 평성 '侵(침)' 평운, 둘째 수는 流, 樓, 頭

자로 역시 평성 '尤(우)' 평운이다. 평측은 첫 수가 차례로 '仄仄平平平仄平, 平平平仄仄平平, 仄平平仄平平仄, 平仄平平仄仄平平'이고, 둘째 수는 '仄平平仄仄平平, 仄仄平平仄仄平平, 仄仄平平平仄仄, 仄平平仄仄平平'이다. 두 수 모두 이사부동이륙대나 반법, 점법 등 절구 평측 규칙에 어긋남이 없는 秀作(수작)이다.

93. 白元恒(백원항 ?) : 고려 忠惠王(충혜왕) 때 贊成事(찬성사). 충혜왕을 따라 元(원) 나라에 유학한 적이 있다.

93-1 金連川(금련천) 금련강

平野殘山遠入烟 川流不盡草無邊 此行償得男兒志 打破醯鷄甕裏天.

(평야잔산원입연 천류부진초무변 차행상득남아지 타파혜계옹리천)

너른 들판의 나지막한 산들은 멀리 이내 속에 싸였고,
냇물은 끊임없이 흐르고 풀밭 끝없구나.
이번 여행의 값으로 사나이 뜻이 얻어지면, 술독 속 초파리의 좁게 보는 하늘을 쳐부수리라.

[語句] *金連川 : 어디에 있는 강인지 미상이나, 唐(당) 나라 5都督府(5도독부)의 하나로 '金連'이란 곳이 있어서, 시의 내용과 결부시켜 볼 때 중국의 강인 듯함. *殘山 : ①나지막한 산. ②전란을 겪고 남은 황폐한 산. 여기서는 ①의 뜻임. *償 : 갚다. 보답하다. 代價(대가). *醯鷄 : 초파리. 눈에놀이. 술이나 초에 생기는 작은 벌레로 술독이나 醋瓶(초병) 안에서만 산다고 함. *甕裏天 : 항아리 안에서 보이는 하늘. 옹기 항아리 안에서 보는 하늘은 극히 일부분이므로 '시야나 소견이 좁음'을 비유함. 甕裏醯鷄(옹리혜계, 옹기 속의 초파리).

[鑑賞] 중국 땅을 여행하다가 금련 냇물 가에서 쉬면서 지은 작품일 것이라 추측된다. 넓은 평야 저편으로 나지막한 산들이 연기 속에 싸였고, 끊임없이 흐르는 강가에는 풀밭 또한 어디까지 이어지는지 끝이 없다. 이번의 중국 여행에서 얻는 보람은, 좁디좁은 우리 땅에서 눈을 돌려 넓은 중국 땅을 보면서 내 시야를 넓히고 넓은 도량과 원대한 생각을 가지는 확트인 사내대장부로 다시 태어나는 일이 되리라. 중국 大地(대지)의 넓음에 감탄하면서 앞으로의 포부를 밝혔다.

7言絶句(7언절구). 압운은 烟, 邊, 天 자로 평성 '先(선)' 평운이다. 평측은 차례로 '平仄平平仄仄平, 平平仄仄仄平平, 仄平平仄平平仄, 仄仄平平仄仄平'으로 二四不同二六對(이사부동이륙대)와 反法, 粘法(반법, 점법) 등이 잘 이루어졌다.

93-2 贈少年李異同 終聯(증소년이이동 종련) 이이동 소년에게 주다 끝 연

人生聚散如旋蓬 羲和汲汲催龍轡 勸君須惜紅顔年 勸君須知結交地
古人愛士信陵君 能爲侯生入屠肆 直窮下客靑松心 東海生塵北斗墜.

(인생취산여선봉 희화급급최용비 권군수석홍안년 권군수지결교지

고인애사신릉군 능위후생입도사 직궁하객청송심 동해생진북두추)

인생의 모이고 흩어짐은 바람에 날리는 쑥대 같은데,

희화가 바쁘게 용의 고삐 재촉하듯 세월은 빨리도 간다네.

그대에게 권하노니 모름지기 젊은 시절을 아끼고, 또 사람 사귈 줄 알아 달라.

옛날 신릉군은 선비를 사랑하여, 어진 노인 후생을 위해서는 백정의 집에도 들어갔었네.

아랫사람에게는 푸른 솔 같은 절조 곧은 마음을,

동해에 티끌이 일고 북두성이 떨어지도록 영원히 다해야 하리라.

[語句] *李異同 : 지은이 스승의 아들인데 미상임. *聚散 : 모임과 흩어짐. *旋蓬 : 바
람에 날리는 쑥대. 사방으로 흩어짐. 蓬轉(봉전). *羲和 : 태양을 모는 사람. 옛
요 임금 때 해를 맡은 벼슬이 희씨요 달을 맡은 벼슬이 화씨였음.<書經 堯典> →
36-1. *龍轡 : 용의 고삐. 해를 담은 수레를 끄는 용에 잡아맨 고삐. *紅顔年 :
홍안의 나이. 젊은 시절. 紅顔은 '젊고 고운 얼굴' 임. *結交地 : 교분을 맺는
바탕. 사람과 사귀는 일. *信陵君 : 전국시대 魏(위) 나라 公子(공자). 성문을 지키
는 侯生(후생)이란 노인이 어질다는 말을 듣고 잔치에 초대하기 위해 친히 영접하
러 가서 수레로 모시고 오는데, 중도에 후생이 "나와 친한 사람인 朱亥(주해)가
백정들 속에서 살고 있으니 잠깐 들러서 갑시다." 하여 신릉군이 수레를 몰아 그
리로 갔음. 후생은 주해와 일부러 오랫동안 서서 이야기를 나누니, 함께 간 신릉
군의 하인들이 모두 가만히 후생을 욕했지만 신릉군은 말고삐를 잡고 더욱 공손
히 했던 바, 후일 후생과 주해의 도움으로 趙(조) 나라를 구하는 공을 이루었다고
함. *屠肆 : 푸주. 푸줏간. 疱廚(포주). *直窮 : 곧기를 다함. 아주 정직함. *東海
生塵北斗墜 : 동해가 육지가 되어 먼지가 일고 북두칠성이 땅에 떨어짐. '영원
함'을 비유하니, 애국가의 "동해물과 백두산이 마르고 닳도록"과 같은 맥락임.

[鑑賞] 스승의 어린 아들을 격려 칭찬한 38구의 長詩(장시). 앞부분의 내용은 "남산의
호랑이 새끼는 난 지 사흘 만에 소를 잡아먹으려 하고, 봉황의 병아리는 한 번
울면 왕자의 기상이 나타난다. 그대의 자질이 범상하지 않아 어린 적부터 청운
의 바탕이 있었으니, 글 읽기에 애쓰지 않고도 얼핏 보고는 모두 외고, 시 짓기
에 골몰하지 않고도 묘하게 지어냈다. 또 열두 살에 빙옥 같은 자질이라 東璧(동

벽) 별이 우리나라에 태어나 글을 맡았는가 싶고, 紫霞洞(자하동)의 신선이 우연히 인간에 내려와 장난하는가 싶었다. 아니면 조물주의 마음이 한편에 치우쳐 재주와 얼굴을 그대에게만 갖추어 주었든지. 과거 보면 장원이 될 게 뻔하고, 將相(장상)의 공명이 그대 것임을 미리 알 수 있었다. 나는 그대 선친의 門下(문하)에서 처음 그대를 알아 한번 보고는 평생 뜻을 같이하리라 생각했었다. 그 전 해에는 중양절에 서로 보았고 작년에는 동짓날에 만났건만, 금년에는 어디서 만나 동이 술을 함께 마시려는고. 서쪽 절간에는 두견화 반쯤 졌고 황금 같은 꾀꼬리 뜰 앞 푸른 나무에서 요란히 울어쌓는데.”이다.

　7言古詩長篇(7언고시 장편). 모두 19연 곧 38구인데 5言句(5언구)도 더러 섞여 있다. 압운은 轡, 地, 肆, 墜 자로 去聲(거성) ‘寘(치)’ 측운인데, 시 전체가 같은 운자이다. 평측은 차례로 ‘平平仄 仄平平平, 平平仄仄平平仄, 仄平平仄平平平, 仄平平平仄平仄, 仄平仄仄仄平平, 平仄平平 仄平仄, 仄平仄仄平平平, 平仄平平仄仄仄’으로 이사부동이륙대가 이루어지지 않은 구는 제 4, 6구이고 압운하지 않는 1, 3, 5, 7구는 모두 평운으로 맺었다.

94. 白頤正(백이정 1247~1323) : 고려 후기의 유학자. 호 彝齋(이재). 본관 藍浦(남포). 父 文節(문절 →92). 忠宣王(충선왕) 때 僉議評理(첨의평리), 商議會議都監事(상의회의도감사) 가 되었고 후에 上黨君(상당군)에 피봉되었다. 元(원) 나라에 가서 朱子學(주자학)을 연구 하고 돌아와 李齊賢(이제현 →297), 朴忠佐(박충좌 →84) 등에게 전수하여 고려말 주자학의 기초를 세웠는데, 동방의 주자학도인 安珦(안향 →150)의 후배였다.

94-1 燕居(연거) 한가하게 살다

矮屋蕭條十肘餘 焚香靜讀聖人書 自從人爵生天爵 情欲秋林日漸疎.
　　(왜옥소조십주여 분향정독성인서 자종인작생천작 정욕추림일점소)

나지막한 집 쓸쓸히 열 팔꿈치 남짓으로 좁은데, 향 사르며 고요히 성인들의 글을 읽네.
인작으로부터 천작이 생겨나게 하니, 온갖 욕망이 가을 숲 낙엽지듯 날마다 줄어드네.

[語句] *燕居 : 한가하게 살아감. 閒居(한거). *矮屋 : 낮고 작은 집. *蕭條 : 쓸쓸함. *十肘 : 열 팔꿈치. ‘아주 가깝거나 좁음’을 뜻함. 肘는 ‘팔꿈치. 팔뚝’임. *焚 香 : 향을 피움. *自從 : ~으로부터. *人爵 : 사람이 만들어 낸 벼슬이나 직 위. 임금이 내리는 公卿大夫(공경대부) 등. *天爵 : 하늘에서 받은 벼슬. 사람에 게 갖추어진 자연스럽고도 존경받을 만한 미덕이나 덕행. 仁義禮智忠信(인의예지 충신) 등. “옛 사람들은 천작을 닦으면 인작이 절로 따랐는데, 요즘 사람들은 천

작을 닦아 인작을 구하여 얻고 나면 천작을 버린다.”<孟子 告子上> *情欲 : 마음에 일어나는 온갖 욕망. *疎 : 드물다. ‘낙엽이 지면서 나무에 달린 잎이 점점 드물어지듯 정욕이 줄어듦’의 뜻으로 썼음.

[鑑賞] 조그만 오두막집 좁은 방에서 향을 피우고 옛 성인들이 쓴 글을 읽는다. 인작인 벼슬을 버리고 인간 본연의 미덕인 천작을 수양하노라니, 속세에 대해 가졌던 온갖 욕망이 가을 낙엽처럼 하나하나 떨어져 나가, 이제야 인생의 참모습으로 돌아온 듯하여 마음 한가롭고 편안해지는구나. 옛 분들은 관직에서 은퇴하면 모두 초야로 돌아가 한거하는 것이 상례였다. 현대에도 정년이나 명예퇴직을 하면 많은 인사들이 시골 고향으로 낙향하는 사례가 있지만, 서울에서만 살면서 관직에서 누렸던 헛 영예를 계속하려는 고관들이 훨씬 많은 편이다.

　7言絶句(7언절구). 압운은 餘, 書, 疎 자로 평성 ‘魚(어)’ 평운이다. 평측은 차례로 ‘仄仄平平仄仄平, 平平仄仄仄平平, 仄平平仄平平仄, 平仄平平仄仄平’으로 二四不同二六對(이사부동이륙대)나 反法, 粘法(반법, 점법) 등이 잘 이루어져 7언절구의 典型(전형)이 되는 작품이다.

95. 卞季良(변계량 1369~1430) : 조선 초기의 문신, 학자. 자 巨卿(거경). 호 春亭(춘정). 시호 文肅(문숙). 본관 密陽(밀양). 父 고려의 판서 玉蘭(옥란). 형 仲良(중량 →96). 고려말 李穡(이색)의 제자로 14세에 進士(진사), 15세에 生員(생원), 17세에 문과에 각각 급제하여 典校主簿(전교주부), 進德博士(진덕박사)를 지냈고, 조선 태조 때 千牛衛右領中郎將 兼 典醫監丞醫學敎授官(천우위우령중랑장 겸 전의감승의학교수관), 태종 7년(1407) 禮曹右參議(예조우참의)를 역임했다. 權近(권근 →14)과 함께 나라의 외교 문서 등 공식적인 글인 館閣文字(관각문자)를 전담했고, 태종 15년 가뭄이 심하므로 축문을 지어 하늘에 제사하여 큰 비가 내리니 임금이 말을 하사했다. 세종 때에는 大提學(대제학)을 지내고 右軍都摠制府使(우군도총제부사)로 사망했다. 시와 글을 잘하여 문명이 높았고 시조 작품도 많이 전해오며, 저서에 ‘國朝寶鑑(국조보감)’ ‘春亭集(춘정집)’이 있다.

95-1 試闈(시위) 궁중의 과거 시험장에서

春闈曾見士如林 萬萬花容有淺深 李白桃紅都自取 天公造物本無心.
　　(춘위증견사여림 만만화용유천심 이백도홍도자취 천공조물본무심)

봄 대궐 문에서 얼핏 보니 선비들 숲을 이루었고,
천만 가지 꽃 모양 짙고 옅어 여러 가지라.
오얏꽃 희고 복사꽃 붉기는 모두 제나름으로 얻어지나니,
조물주의 만물 창조하는 뜻은 본래 무심한 것이어라.

[語句] *試闈 : 궁중 과거 시험장의 문. 闈는 '궁중의 中門(중문, 왕래하는 문)'임. *曾見 : 일찍이 봄. 얼핏 봄. *萬萬 : 대단히. 매우. 千萬(천만). *花容 : 꽃의 모양. *淺深 : 얕음과 깊음. *自取 : 스스로 취함. 잘되고 잘못되고 간에 자기 스스로 만들어서 됨. *天公 : 하느님. 조물주. 上帝(상제). 天帝(천제). *造物 : 천지의 모든 물건을 만듦. *無心 : 아무런 생각이 없음. 자연스러움. 순진함. 인위적으로 애쓰지 아니함. 老子(노자) '道德經(도덕경) 5장'의 "天地不仁(천지불인)"도 '하늘과 땅이 만물을 生成化育(생성화육, 생겨나게 하고 기름)함에 있어 자연 그대로 둠'을 뜻하니 이 시의 끝구와 같은 맥락임.

[鑑賞] 대궐 안에서 치르는 과거인 殿試(전시)를 보며 지은 짧은 시이다. 과거 시험장에는 함부로 들어갈 수 없어 궁중 문에서 얼핏 보니 과거 보는 선비들로 사람 숲을 이루었고, 여러 가지 꽃들이 짙은 색깔로 또는 얕은 빛으로 가지각색 피어난 것이, 마치 거기 모인 선비들의 얼굴이나 옷차림이 제 각각인 것과 같다. 오얏꽃은 희고 복숭아꽃은 붉은 것이 각각 그 꽃 스스로가 택한 것이지, 조물주가 그렇게 마음 써서 만든 게 아니다. 마찬가지로 이 선비들이 급제하거나 낙방하는 것은 각자 자신에게 달린 것이지 試官(시관)이나 임금님에게 달린 것은 아닌 것이다. 과거의 공정성을 비유적으로 읊은 시라 하겠다.

7언절구. 압운은 林, 深, 心 자로 평성 '侵(침)' 평운이다. 평측은 차례로 '平平平仄仄平平, 仄仄平平仄仄平, 仄仄平平平仄仄, 平平仄仄仄平平'으로 이사부동이륙대와 반법, 점법 등이 규칙에 맞고 평측 배열도 고르게 되어 7언율시 형식의 모범적인 작품이다.

96. 卞仲良(변중량 ?~1398) : 조선 초기 문신. 호 春堂(춘당). 본관 密陽(밀양). 父 玉蘭(옥란). 弟 季良(계량 →95). 조선 태조의 형인 元桂(원계)의 사위. 고려말에 문과 급제하여 密直(밀직)에 이르렀고, 조선조에서 右副承旨(우부승지)를 역임했으며 시로써 이름이 높았다.

96-1 寧海(영해) 영해

二月江城霽景遲 芳洲散策動春思 少年流落傷豪氣 半日娛歡遇舊知
梅柳開時難把酒 樓臺多處謾題詩 京華北望幾千里 每賦瓜亭獨自悲.

(이월강성제경지 방주산책동춘사 소년유락상호기 반일오환우구지

매류개시난파주 누대다처만제시 경화북망기천리 매부과정독자비)

2월 강가의 성에 날씨 아직 맑지 않지만, 꽃 핀 물가를 거니노라니 봄 정서 이는구나.
젊어 타관을 떠도느라 호탕한 기운에 젖어, 옛 친구 만나 한 나절을 즐겼네.
매화와 버들개지 피는 철에 술잔 잡기 어려워, 누대 많은 곳인데도 시 짓기 게으르네.

북쪽 서울을 바라보니 몇 천리인고, 늘 정과정곡鄭瓜亭曲을 읊으며 홀로 설워하노라.

[語句] *寧海 : 경북 영덕군 영해면. 본래 고구려의 于尸郡(우시군)인데 신라 경덕왕 때 有
隣郡(유린군)으로 고쳤고 고려초에 禮州(예주)로 바뀌었으며, 충선왕 2년(1310)에 寧海
府(영해부)로 고쳤음. 조선에 들어와 鎭(진)을 두었고 都護府(도호부)가 되었으며 1914년
영덕군에 편입되었고, 觀魚臺(관어대) 등 명승이 있는 班村(반촌)으로 이름 있음. *江
城 : 강가에 있는 성. *霽景 : 비가 그친 뒤의 경치. *芳洲 : 꽃이 핀 강가. *春思
: 봄철에 느끼는 감정. 봄의 정서. *流落 : 고향을 떠나 타향에서 살아감. *豪氣 :
씩씩하고 장한 기상. *娛歡 : 즐거워하고 기뻐함. *舊知 : 전부터 아는 사이. 아는
사람. *把酒 : 술잔을 잡음. 술을 마심. *謾 : 느리다. 속이다. '게으르다'의 뜻으로
봄. *題詩 : (제목을 붙여) 시를 지음. *京華 : 번화한 서울. *瓜亭 : 鄭敍(정서)의
호. 고려 인종 때 문신. 본관 東萊(동래). 父 知樞密院事(지추밀원사) 沆(항 →432). 벼슬
이 內侍郎中(내시낭중)에 올랐고, 아내가 인종 왕비인 恭睿大后(공예대후)의 동생이라
왕의 총애를 받았음. 성격이 경박했으나 문예에 뛰어났으며 의종 5년(1151)에 鄭誠
(정함), 金存中(김존중) 등의 참소로 동래에 귀양 가서 임금을 그리워하는 '鄭瓜亭曲(정
과정곡)'을 지어 유명해졌고, 이후 용서되어 다시 조정에 나왔음. →398.

[鑑賞] 동생인 季良(계량)의 스승인 李穡(이색 →243)의 外家(외가)가 영해였으니, 형인 지은
이도 영해에 아는 사람이나 친구가 있었을 것이다. 서울보다 남쪽인 영해에서
겨울을 나고 음력 2월 봄이 오매, 봄 정서에 젖어 산책도 하고 아는 사람들과
어울려 즐거운 하루를 보낸다. 매화 꽃 피고 버들개지 파란 철에 술 마실 기회
드무니 누각과 정자가 많은 고장인데도 시 짓기가 게을러진다. 북쪽을 바라보니
서울의 조정과 집은 천리나 먼 곳이라, 접동새의 심정에 비겨 임금을 그리워한
정서의 '정과정곡'을 읊조리며 고향을 떠나 있는 내 슬픈 심정을 달랠 뿐이다.
頷聯(함련 3~4구)과 頸聯(경련 5~6구)은 對句(대구)가 잘 이루어졌다.

7言律詩(7언율시). 압운은 遲, 思, 知, 詩, 悲 자로 평성 '支(지) 평운이다. 평측은 차례로 '仄
仄平平仄仄平, 平平仄仄仄平平, 仄平平仄平仄仄, 仄仄平平仄仄平, 平平平平平仄仄, 平平
平仄仄平平, 平平仄仄平平仄, 仄仄平平仄仄平'으로 이사부동이륙대와 반법, 점법 등이 규칙
에 어긋남이 조금도 없이 완벽하다. 아쉬운 것은 다섯째 구의 時 자는 압운 자와 같은 '支'
운이라 피했더라면 하는 점이다.

97. 司空曙(사공서 740~790?) : 中唐(중당)의 시인. 자 文明(문명). 大曆10才子(대력10재자) 의 한 사람으로 虞部郎中(우부낭중) 벼슬을 지냈다.

97-1 江村卽事(강촌즉사) 강마을에서 즉흥으로 읊다

罷釣歸來不繫船 江村月落正堪眠 縱然一夜風吹去 只在蘆花淺水邊.
(파조귀래불계선 강촌월락정감면 종연일야풍취거 지재노화천수변)

낚시 마치고 돌아오며 배는 매어 두지 않고, 강촌에 달이 질 때라 바로 잠자리에 드네.
매어 두지 않은 배 밤새 바람에 밀려가도, 다만 갈대꽃 핀 얕은 물가에 멈춰 있으리.

[語句] *卽事 : 눈앞의 사물을 즉흥으로 읊어 내는 일. *繫船 : 배가 떠내려가지 않 도록 매어둠. *正堪眠 : 바로 잠잘 때임. *縱然 : 놓아버린 모양. *蘆花 : 갈 대의 꽃.

[鑑賞] 한적한 강촌의 저녁 한 때 풍경을 즉석에서 사진 찍듯 그린 작품이다. 낚싯배 를 타고 종일 강에서 고기를 낚다가 달이 질 무렵 돌아와서는 배를 매어 두지 도 않고, 바로 잠자리에 든다. 밤새 바람이 불어 배가 밀려가더라도 얕은 물가 갈대밭에 밀려 있을 뿐일 것임을 마을 사람들은 이미 알고 있다. 첫 구의 '不 繫船'이 이 시의 눈[詩眼시안]으로 뒷구를 이끌어, 한가하고 여유 있으며 自然 親和的(자연친화적) 삶의 모습을 나타낸다.

7言絶句(7언절구). 압운은 船, 眠, 邊 자로 평성 '先(선)' 평운이다. 평측은 차례로 '仄仄平平仄仄 平, 平平仄仄仄平平, 仄平仄仄平平仄, 仄仄平平仄仄平'으로 二四不同二六對(이사부동이륙대)와 反 法(반법), 粘法(점법) 등 평측 구성 원칙에 부합되는 시이다. 그리고, 제 3구의 縱 자는 '세로. 세우 다'의 뜻이면 평성 '冬(동)' 운이고, '놓다. 늘어지다'의 뜻이면 거성 '宋(송)' 운이다.

98. 司馬禮(사마례 ?) : 晚唐(만당) 宣宗(선종) 大中年間(대중 연간, 847~859)의 詩人(시인).

98-1 宮怨(궁원) 궁중 여인의 원망

柳色參差掩畫樓 曉鶯啼送消宮愁 年年花落無人見 空逐春泉出御溝.
(유색참치엄화루 효앵제송소궁수 연년화락무인견 공축춘천출어구)

버들빛 들쭉날쭉 궁중 누각 가리고, 새벽 꾀꼬리 소리 궁중 시름 자아내네.
해마다 지는 꽃 보는 사람 없어도, 봄 샘물 따라 부질없이 어구를 흘러나가는구나.

[語句] *宮怨 : 궁중 여인의 원망. 궁녀의 원한. *參差 : 고르지 않음. 가지런하지 않

음. 參差不齊(참치부제). *畫樓 : 단청을 입혀 아름답게 꾸민 누각. 궁중의 전각.
*宮愁 : 궁중의 시름. 궁녀의 시름. *御溝 : 궁궐 안의 도랑.

[鑑賞] 후궁이나 궁녀의 시름을 읊은 시이다. 市井(시정)과 같은 오손도손 살아가는 재미가 없고 끝없이 엄격하고 삭막한 대궐 안 여인들이, 봄이 들자 궁 밖으로 나가 보고 싶은 감정이 물밀 듯 하는 심정을 은근하게 그린 것이다. '버들잎 푸르고 꾀꼬리는 새벽부터 울어 시름겹게 하는데, 꽃은 해마다 보아 주는 이 없어도 대궐 도랑에 떨어져 흘러 인간 세계로 나가니, 나 궁녀의 가련한 신세 저 낙화보다도 못하다.' 하고 궁중 여인이 직접 읊듯 했다.

7언절구. 압운은 樓, 愁, 溝 자로 평성 '尤(우) 평운이다. 평측은 차례로 '仄仄平平仄仄平, 仄平平仄平平仄, 平平平仄平平仄, 平仄平平仄仄平'으로 이사부동이륙대나 반법, 점법 등 7絶(7절, 7언절구)의 簾(염, 평측 배열)에 합치되었다. 그러나, 아쉬운 것은 둘째 구와 셋째 구에 측성이 두 자밖에 없는 점이다. 제1, 4구처럼 평성과 측성이 석 자나 넉 자로 구성되는 것이 바람직하기 때문이다.

99. 泗溟堂惟政(사명당 유정 1544~1610) : 조선 선조 때 高僧(고승). 俗姓 任氏(속성 임씨). 자 離幻(이환). 호 松雲, 泗溟(송운, 사명). 시호 慈通弘濟尊者(자통홍제존자). 본관 豊川(풍천). 父 守成(수성). 13세에 黃汝獻(황여헌)에게 孟子(맹자)를 배우다가 黃嶽山 直指寺(황악산 직지사)에 들어가 信黙和尙(신묵화상)에게 禪(선)을 받아 중이 되었고, 거기서 불교의 깊은 뜻을 깨달았으며 명종 16년(1561) 18세에 僧科(승과)에 급제했다. 선조 8년(1575)에 묘향산에 들어가 西山大師(서산대사, 淸虛청허, 休靜휴정)에게서 性宗(성종)을 강의받고 크게 각성하였다. 이어 금강산 報德寺(보덕사)에서 3년을 지내고 여러 산을 유람하다가 43세에 하룻밤 소나기로 뜰의 꽃들이 떨어짐을 보고는 인생무상을 깨달아 門徒(문도)들을 해산시키고 오랫동안 참선했다. 선조 25년(1592) 임진왜란 때 의병을 모집하여 順安(순안)으로 가 서산대사의 휘하에서 활약했고 서산대사가 물러난 뒤, 僧軍(승군)을 통솔하며 體察使 柳成龍(체찰사 유성룡)을 따라 평양을 회복하고 都元帥 權慄(도원수 권율)과 함께 영남 宜寧(의령)에 내려가 전공을 세워 堂上(당상)에 올랐다. 선조 30년(1597) 정유재란 때 蔚山(울산), 順天(순천) 등지에서 전공을 세워 嘉善同知中樞府事(가선 동지중추부사)에 오르고, 선조 37년(1604)에 國書(국서)를 받들고 일본에 가서 도꾸가와德川家康 덕천가강)를 만나 강화를 맺고 포로 3천 5백여 명을 데리고 이듬해에 돌아와 嘉義(가의) 직위와 御馬(어마)를 하사받았으며, 광해군 초에 伽倻山(가야산)에 들어가 67세로 입적했다. 승려의 몸으로 국가의 위기를 맞아 몸을 던져 전공을 세우니, 후세의 민족의식 발현에 기여하고 백성들의 숭앙을 받았다. 저서에 '奮忠紓難錄(분충서난록)' '泗溟集(사명집)' 등이 있다.

99-1 過善竹橋(과선죽교) 선죽교를 지나며

山川如昨市朝移 玉樹歌殘問幾時 落日古城春草裏 祇今惟有鄭公碑.
　　(산천여작시조이 옥수가잔문기시 낙일고성춘초리 지금유유정공비)

산천은 예와 같으나 조정과 서울은 옮겨가, 옥수후정화 망국의 노래 잦아든 게 그 언제던고.
해 지는 옛 성터에 봄풀 돋아나는데, 다만 지금은 포은 정몽주 공의 비석만이 남아 있구나.

[語句] *善竹橋 : 고려의 서울이었던 경기도 開城(개성)에 있는 돌다리. 圃隱 鄭夢周(포은 정몽주) 선생이 피살된 곳으로, 옆에 그의 碑閣(비각)이 있고 다리 위에 붉은 斑點(반점)이 있는데, 포은의 핏자국이라 전해 옴. *市朝 : 市中(시중). 저자와 조정. 서울과 조정.<論語 憲問> *玉樹歌 : 玉樹後庭花(옥수후정화)의 노래. 중국 南朝(남조)의 陳(진) 나라 後主(후주)가 지은 음란한 가곡. 진 나라 멸망의 계기가 된 노래임. *落日 : 서쪽으로 지는 해. 落陽(낙양). 夕陽(석양). *春草 : 봄철의 새로 돋은 보드라운 풀. *祇 : ①**지**-다만. 마침. 공경하다. ②**기**-地神(지신). 편안하다. 크다. 여기서는 ①의 뜻임. *鄭公 : 정몽주 (1337~1392). 고려말 학자, 충신. 자 達可(달가). 호 圃隱. 시호 文忠(문충). 본관 迎日(영일). 충효로 일관했고 性理學(성리학)에 밝았으며 고려 왕조를 끝까지 지키려다 李芳遠(이방원, 후의 조선 태종)의 문객인 趙英珪(조영규)에 의해 선죽교에서 피살되었음. →393.

[鑑賞] 봄에 개성 선죽교를 지나며 포은 선생의 비각을 보면서 지은 즉흥시. 시 속에 포은의 충절을 기리는 감회가 감추어 있다. 선죽교는 문인들의 글 素材(소재)가 된 바, 曹雲(조운)의 현대 시조 '선죽교'를 소개한다. "선죽교 선죽교러니 발 남짓한 돌다리야, 실개천 여원 물은 버들잎에 덮였고나. 오백 년 이 저 세월이 예서 지고 새다니. / 피니 돌무느니 물어 무엇 하느냐? 돌이 모래 되면 충신을 잊겠느냐? 마음에 스며든 피야 오백 년만 가겠니? / 포은만한 의열義烈로써 흘린 피가 저럴진대, 나 보기 전 일이야 내 모른다 하더라도, 이마적 흘린 피들만 해도 발목지지 발목져."

7언절구. 압운은 移, 時, 碑 자로 평성 '支(지)' 평운이다. 평측은 차례로 '平平平仄仄平平, 仄仄平平仄仄平, 仄仄仄平平仄仄, 平平平仄仄平平'으로 이사부동이륙대와 반법, 점법 등이 잘 이루어졌다. 아쉬운 점은 제1, 3, 4구 첫머리가 '평평평' 또는 '측측측'으로 된 것이다.

100. 常建(상건 708~765) : 盛唐(성당)의 시인. 젊어서 進士(진사)에 급제했고, 겨우 江蘇省(강소성)의 盱眙尉(우이위)를 지내 사람들은 그의 재능을 아까워했다. 그의 시는 뜻이 높고 원대해 孟浩然(맹호연)이나 王維(왕유)의 시에 가까웠고 '詩集(시집 1권)'이 있다.

100-1 泊舟盱眙 後半(박주우이 후반) 우이에 배를 정박하다 후반

平沙依鴈宿 候館聽鷄鳴 鄕國雲霄外 誰堪羈旅情.

(평사의안숙 후관청계명 향국운소외 수감기려정)

모래펄에서 기러기를 벗하여 자고, 망루望樓에서 닭 우는 소리를 듣는구나.

고향은 저 하늘 밖이니, 그 누가 나그네의 시름을 차마 견디리오.

[語句] *泊舟 : 정박한 배. 배를 포구에 댐. 泊船(박선). *盱眙 : 강소성 盱眙縣(우이현)
의 도시. 淮河(회하) 강물과 호수가 있음. *平沙 : 모래펄. 모래톱. *候館 : 먼
곳을 바라보거나 망보는 누대. 望樓(망루). *鄕國 : 고향 또는 고국. *雲霄 : ①
구름 낀 하늘. 높은 하늘. ②높은 지위. *羈旅 : 여행. 나그네. 羈旅(기려).

[鑑賞] '춥지 않은 가을에 모래밭에서 갈매기와 함께 자고, 망루에 오르니 닭 우는 소리 요란하
다. 고향은 하늘 저편 먼 곳이라, 누가 나그네의 시름을 견디겠는가.'라 읊어 향수에 젖
는 심정을 그렸다. 이 앞 전반 두 연은 '회하 강가에 배를 대니 서리 내리고 저녁 물이
맑다. 밤이 깊어 조수는 언덕을 넘치고 차가운 하늘에 달은 성 가까이 떠 있구나.'이다.

5言律詩(5언율시) 후반 두 연. 압운은 鳴, 情 자로 평성 '庚(경)' 평운이며, 이 앞 두 연도 淸,
城 자로 같은 운자이다. 평측은 차례로 '平平平仄仄, 仄仄平平平, 平仄平平仄, 平平平仄平'
으로 二四不同(이사부동)이나 反法, 粘法(반법, 점법) 등 규칙에 맞다.

100-2 題破山寺後禪院(제파산사후선원) 파산사 뒤 선원에서 짓다

淸晨入古寺 初日臨高林 曲逕通幽處 禪房花木深

山光悅鳥性 潭影空人心 萬籟此都寂 但餘鐘磬音.

(청신입고사 초일임고림 곡경통유처 선방화목심

산광열조성 담영공인심 만뢰차도적 단여종경음)

맑은 새벽에 옛 절로 들어가니, 막 뜨는 해는 겨우 높은 숲에 다다랐고,

굽이도는 길은 그윽한 곳으로 통하여, 참선하는 절 방은 꽃과 나무들 속에 있구나.

산 경치는 새들의 본성을 기쁘게 하고, 못에 비치는 그림자는 사람들 마음을 비우게 하네.

온갖 소리 모두 없어 고요한데, 풍경 소리만이 여운을 남기는구나.

[語句] *破山寺 : 江蘇省常熟市(강소성 상숙시)의 虞山(우산)에 있는 절. *禪院 : 參禪(참
선)의 도를 닦는 건물. 禪林(선림). *淸晨 : 맑은 첫새벽. 淸旦(청단). *初日 : 처음
떠오르는 해. *禪房 : 참선하는 방. 禪室(선실). *鳥性 : 날짐승의 본성. *萬籟 :
자연계에서 일어나는 온갖 소리. 衆籟(중뢰). *鐘磬 : ①종과 경쇠. 곧 奏樂(주악)

의 기본이 되는 두 악기. ②風磬(풍경, 작은 종과 경쇠 모양으로 이루어져 처마 끝에 달아, 바람에 흔들려 소리 남). 여기서는 ②임.

[鑑賞] 만물이 깨끗한 새벽에 파산사에 들어가니 막 뜨는 해는 겨우 높은 산의 숲만 비출 뿐이고, 절 뒤를 굽이굽이 돌아 걸어가니 아늑한 곳에 꽃과 나무로 둘러싸인 선방이 있다. 산에 사는 새들은 본디 산 경치를 기뻐하여 우짖기 마련이며, 만상의 그림자가 비춰 담겨 있는 못을 보면 인간이 가진 모든 俗念(속념)을 떨어내도록 하여 無心境(무심경)에 도달하게 한다. 온갖 소리 들리지 않는 곳이라 정적을 이룬 속에, 바람 따라 울리는 풍경 소리만이 길게 끌며 울릴 뿐이다. 轉聯(전련, 頸聯경련 5~6 구)은 對(대)가 잘 이루어졌고 이름난 구절이다.

5언율시. 압운은 林, 深, 心, 音 자로 평성 '侵(침)' 평운이다. 평측은 차례로 '平平仄仄仄, 平仄平平平, 仄仄平平仄, 平平平仄平, 平平仄仄仄, 平仄平平平, 仄仄仄平仄, 仄平平仄平'으로 이사부동과 반법, 점법 등에 어긋남이 없다. 다만 아쉬운 것은 측성이나 평성이 하나밖에 없는 구가 있는 점이니, 평측 글자 두 석 자씩이 한 구를 이루는 게 定式(정식)이기 때문이다.

101. 徐居正(서거정 1420~1488) : 조선 초기의 명신, 귀족적 대학자. 자 剛中(강중). 호 四佳亭(사가정). 시호 文忠(문충). 본관 達城(달성, 大邱대구). 父 牧使彌性(목사 미성). 陽村 權近(양촌 권근)의 외손. 세종 26년(1444) 문과에 급제하여 벼슬이 左贊成(좌찬성)에 이르렀고 首陽大君(수양대군)을 따라 燕京(연경)에 간 적이 있으며, 성종 2년(1471)에 純明明亮佐理功臣(순명명량좌리공신)이 되고 達城君(달성군)에 봉군되었다. 6세에 글을 읽고 시를 지어 신동이라 했고 네 번이나 賢科(연과)에 급제했다. 6대의 왕을 섬겨 6조의 判書(판서)를 두루 지냈고 大司憲(대사헌)을 두번, 조정에 봉사한 것이 45년, 과거의 試官(시관)을 23회나 지내어 문하에 정승을 한 사람들이 많았다. 昌慶宮(창경궁)이 완성될 때 전당과 전각 및 여러 문의 額號(액호)는 모두 그가 이름 짓고 쓴 것이다. 충주의 花山君(화산군) 권근의 神道碑文(신도비문)을 썼고, 저서에 '四佳集(사가집 34권), 東文選(동문선), 東國輿地勝覽(동국여지승람), 歷代年表(역대연표), 東人詩話(동인시화), 太平閑話(태평한화), 筆苑雜記(필원잡기)' 등이 있다.

101-1 途中(도중) 길을 가는 중에

雨後長途澁馬蹄 龍鍾衫袖半霑泥 漏雲斜日長林晚 無數山禽種種啼.
(우후장도삽마제 용종삼수반점니 누운사일장림만 무수산금종종제)

비 온 뒤 먼 길에 말이 가기 어렵고, 후줄근한 적삼 소매 반은 진흙에 젖었네.
구름 새로 새어 나오는 기운 햇발이 긴 숲에 저무는데,
수많은 산새들은 갖가지로 우는구나.

[語句] *澁 : 떫다. 껄끄럽다. 어렵다. *馬蹄 : 말굽. 말의 발톱. *龍鍾 : 눈물 흘리는
모양. *衫袖 : 적삼의 소매. *漏雲 : 구름 새로 새어나옴. *斜日 : 저녁때의
지는 해. 夕陽(석양). *山禽 : 산새. *種種 : 가지가지. 多樣(다양).

[鑑賞] 우선 산뜻한 느낌을 주는 작품이다. 비는 그쳤지만 길이 온통 진흙탕이라 말굽이
미끄러져 말이 잘 가지 못하고 흙물이 튀어 웃저고리 소매는 진흙투성이가 된다.
쌓인 구름 사이로 새어 나오는 석양에 길게 퍼져 있는 수풀은 저물어 가고 많은
종류의 산새들은 제각기의 독특한 울음으로 울고 있다. 풍경을 그린 속에 지은이
의 감정이 스며들어 있다고 보겠지만, 굳이 분류한다면 敍景詩(서경시)라 하리라.

　7言絕句(7언절구). 압운은 蹄, 泥, 啼 자로 평성 '齊(제)' 평운이다. 평측은 차례로 '仄仄平平
仄仄平, 仄仄平仄仄平平, 仄平平平仄平仄, 平仄平平仄仄平'으로 7絕[7언절구]의 평측 규칙에
맞아 이사부동이륙대와 반법, 점법 등이 잘 이루어졌다.

101-2 送南原梁君誠之詩百韻 初頭(송남원양군성지시백운 초두)
남원 양씨 성지 군을 송별하는 시 100 운 첫머리

東國千年運　南原一代賢　亞元登桂籍　高步上花磚

風裁人如玉　文章筆似椽　英靈星岳降　襟韻雪霜鐫.

(동국천년운　남원일대현　아원등계적　고보상화전

풍재인여옥　문장필사연　영령성악강　금운설상견)

우리나라의 천년 운수를 타고난, 남원 한 세대의 어진 사람이라.

장원 다음 가는 등위로 과거 급제 명부에 올라, 높은 걸음으로 한림원에 올랐네.

풍채는 옥과도 같고, 문장은 붓이 서까래만 하도다.

영특한 정신은 별과 산의 정기를 받았고, 마음씨와 인품은 눈과 서리같이 조촐하도다.

[語句] *南原 : 전라북도의 고을 이름. '본관 또는 고향이 남원이라'고 쓴 말임. *梁君
誠之 : 양성지(1415~1482). 조선 초기의 학자로 자는 純夫(순부), 호는 訥齋(눌재),
시호 文襄(문양)으로 남원 양씨임. 世子左輔德(세자좌보덕)으로 있을 때 사육신의 변
을 보고 벼슬을 버리려 하매, 세조가 권유하여 이조판서, 대사헌 등을 지냈음. 학
문에 뛰어나고 문장이 능하여 저서가 많고 세조의 두터운 신임을 받았으나, 일부
기록에는 절조가 없으며 뇌물을 즐겨 받았다고 되어 있다 함. '君'은 '성이나 이
름 아래 붙여 아랫사람이나 친한 친구끼리 부를 때 쓰는 접미사'임. *百韻 : 韻
字(운자)를 100이나 쓴 운문. 100聯(연)의 장편시. *東國 : 우리나라 별칭. 중국의
동쪽에 있다 하여 쓰는 말임. *亞元 : 壯元(장원)의 다음 등위. 文科(문과, 大科대과)

과거의 마지막 과정인 殿試(전시)에서 급제자 33명 중 가장 우수한 성적의 3명을 甲科(갑과) 급제라 하고, 그 중 첫째를 장원, 둘째를 榜眼(방안), 셋째를 探花(탐화)라 했음. *桂籍 : 과거 급제자 명부. 과거를 '계수나무'에 비유하여, '과거에 급제하여 벼슬아치가 됨'의 뜻으로 썼음. *高步 : 높은 걸음. 벼슬이 높아짐. *花磚 : 꽃무늬를 놓아 만든 벽돌. 翰林院(한림원). 唐(당) 나라 때 한림원 뜰에 화전을 깔았기에 쓰는 말임. 磚은 '甎(전·벽돌. 기와)'의 속자임. *風裁 : 풍채와 용모. 風貌(풍모). *筆似椽 : 붓이 서까래만 함. 훌륭한 문장. 椽大之筆(연대지필). 晉(진) 나라 王珣(왕순)이 서까래만한 붓을 받는 꿈을 꾸었다는 데서 유래하는 말임. *英靈星岳降 : 뛰어난 사람은 하늘의 별이나 높고 큰 산의 정기를 받아 태어남. 英靈은 '영특한 기상, 그런 기상을 가진 사람'임. *襟韻 : 마음씨와 인품. 襟은 '가슴[胸흉]', 韻은 '울림. 운치'임. *雪霜 : 눈과 서리. 결백함. *蠲 : 밝다. 조촐하다. 덜다.

[鑑賞] 지은이보다 5년 年上(연상)이며 문과 급제도 3년 앞서는 친구이자, 관료로서 동료인 눌재를 송별하며 그를 極讚(극찬)한 長詩(장시). 아마 주인공이 연로하여 낙향할 때 지은 것이 아닌가 한다. 시가 길어 뒷부분을 인용할 수 없으나, 5言句(5언구)가 200구이며 운자도 100자인 데 모두 평운 '先(선)'을 썼으며, 排律詩(배율시)이기 때문에 두 구가 모두 對(대)가 되도록 지어야 하니, 이 작품은 大作(대작)에다가 名作(명작)이라 아니할 수 없다. 맨 마지막에 "鼎鼐鹽梅在 山河帶礪堅 與君崇令德 終始佐朝鮮(정승 지위는 군주를 도와 선정을 베풀게 하는 조미료의 구실이 있고, 국가의 영원한 발전을 기하고 왕에의 충성이 굳어야 하나니, 그대와 함께 아름다운 덕을 높이어 처음부터 끝까지 이 조선 나라를 도우리라.)" 하고 맺었다.

　5言排律(5언배율) 100聯(연, 200句, 1000字)의 장시. 압운은 賢, 磚, 椽, 蠲 자로 평성 '先(선)' 평운인데 이 작품 끝까지 이 운자로 일관했으나, 중간에 "開閣士長迎"으로 '迎(영)' 자가 압운되어 다른 글자의 誤植(오식)인 듯하다. 평측은 차례로 '平仄平平仄, 平平仄仄平, 仄平平仄仄, 平仄仄平平, 平仄平平仄, 平平仄仄平, 平平平仄仄, 平仄仄平平'으로 二四不同(이사부동)이나 反法(반법), 粘法(점법) 등이 모두 잘 이루어졌다. 그리고, 5행의 裁 자는 '마름질하다. 헤아리다. 결단하다'의 뜻이면 평성 '灰(회)' 평운이지만, '품재·품질과 재질'의 뜻으로 쓰이면 거성 '隊(대)' 측운인데, 여기서는 거성으로 씌었다.

101-3 睡起(수기) 자다가 일어나서

　簾影依依轉 荷香續續來 夢回孤枕上 桐葉雨聲催.
　　(염영의의전 하향속속래 몽회고침상 동엽우성최)

　발 그림자 살살 어른거리고, 연꽃 향기 잇달아 풍겨 오네.
　외로운 베갯머리 잠이 깨니, 오동잎에 비 오는 소리 잦구나.

[語句] *依依 : ①약하게 하늘거리는 모양. ②마음에 그리워하거나 설레는 모양. *荷
香 : 연꽃의 향기. 荷氣(하기). *續續 : 잇달아. 연달아. *孤枕 : 혼자 자는 외로
운 베개. 외로운 잠자리. *催 : 재촉하다. 일어나다. 베풀다.

[鑑賞] 부인과 사별하고 외로이 살며 잠도 깊이 들지 않아 방안의 조그만 낌새에도
잠이 깨고 만다. 방의 발이 가늘게 흔들리고 가까운 못의 연꽃 향기가 짙게 풍
겨 온다. 외로운 잠자리에서 꾸는 꿈에서 깨어나니 뜰의 오동나뭇잎에 빗물 부
딪쳐 나는 소리가 재촉하는 듯 잦게 들려온다. 늦여름 좀 덥다 싶어 草堂(초당)
에서 잠자고 있었으리라. 가을을 맞이하는 우울해지는 철에 외로이 살아가는
쓸쓸한 심정이 담긴 소품이다.

5言絶句(5언절구). 압운은 來, 催 자로 평성 '灰(회)' 평운이다. 평측은 차례로 '平仄平平仄, 平
平仄仄平, 平平平仄仄, 平仄仄平平'으로 이사부동이나 반법, 점법 등이 모두 잘 구성되었다.

101-4 朝坐(조좌) 아침에 앉아

小窓扶坐倚烏床 瘦骨如峯鬢似霜 多病已曾嘗藥遍 怯涼猶復攬衣忙
蕪菁細切靑蔬軟 薏苡新炊白粥香 萬事不如眠食穩 何須苦覓養生方.
　　(소창부좌의오상 수골여봉빈사상 다병이증상약편 겁량유부남의망

　　무정세절청소연 의이신취백죽향 만사불여면식온 하수고멱양생방)

조그만 창 붙잡고 검은 상에 기대어 앉으니, 살 빠진 뼈는 산봉우리요 구레나룻 서리 같네.
병이 많아 이미 여러 가지 약은 먹어 본 바요, 싸늘해지는 게 겁나 다시 옷 끌어당기네.
무는 가늘게 채 쳤고 푸른 나물 연하며, 율무 새로 끓여 흰 죽이 향그럽구나.
만사는 잠자고 먹는 일을 편안히 함에 있는데, 어찌 구태여 양생법을 괴로이 찾으려 애쓰랴.

[語句] *扶坐 : 부축해 앉음. 붙들고 앉음. *烏床 : 검은색 작은 상[문갑상]. *瘦骨 :
수척해진 뼈대. *遍 : 두루. *攬衣 : 옷을 당김. 입으려고 옷을 잡음. *蕪菁 :
무. 순무. 菁은 '무, 부추꽃, 빛나다'이면 '정'으로 읽고 '무성한 모양'의 뜻이면
'청'으로 읽음. *細切 : 가늘게 자름. 채를 침. *薏苡 : 율무. 포아풀과의 일년
생 재배 식물. *養生方 : 양생의 處方(처방). 養生은 '병에 걸리지 않고 오래 살
기를 꾀하는 일 곧 攝生(섭생)'임.

[鑑賞] 아침에 일어나 앉아 아침 풍경 같은 것을 그린 것이 아니라, 자신의 몸에 관한
일들을 읊었다. 살이 빠져 앙상할 지경인 뼈대는 산봉우리처럼 불퉁불퉁 솟아나
고 수염은 세어 서리같이 허옇다. 병은 여러 가지가 찾아와 먹어 보지 않은 약이
없는데 하찮은 쌀쌀함에도 탈이 날까 겁이 나서 옷 당겨 입기 바쁘다. 무나물과

연한 채소에 율무죽이 좋기는 하지만, 뭐니 뭐니 해도 편안히 잠자고 식사만 온전히 하면 되지, 몸 보양에 좋다는 양생 처방을 찾아 헤맬 것은 없으리라.

7言律詩(7언율시). 압운은 床, 霜, 忙, 香, 方 자로 평성 '陽(양)' 평운이다. 평측은 차례로 '仄平平仄仄平平, 仄仄平平仄仄平, 平仄仄平平仄仄, 仄平平仄仄平平, 平平仄仄平平仄, 仄仄平平仄仄平, 仄仄仄平平仄仄, 平平仄仄仄平平'으로 二四不同二六對(이사부동이륙대)를 비롯하여 반법과 점법 등이 규칙에 조금도 어긋남이 없이 이루어졌다.

101-5 醉謌行 初頭(취가행 초두) 취하여 지은 시 첫머리

鳧何苦短鶴何長 蚿何有餘夔不足 物理由來自不齊 天公天公多戲劇
折長補短我無術 損之益之我無策 夷齊饑夭兮盜跖壽富 秦隋暴興兮鄒魯窮阨.
　　(부하고단학하장 현하유여기부족 물리유래자부제 천공천공다희극

　　절장보단아무술 손지익지아무책 이제기요혜도척수부 진수폭흥혜추로궁액)

오리 다리는 왜 그토록 짧고 학의 다리는 왜 길며,

그리마의 발은 그토록 많은데 기 짐승의 다리는 왜 하나뿐인고.

사물의 이치가 본래부터 가지런하지 못하니, 조물주여 조물주여 너무 장난이 심하오.

긴 것 잘라 짧은 것에 기워 주는 재주 내게는 없고,

이익이다 손해다 하는 방책도 내게는 없네.

백이숙제는 굶었고 일찍 죽었는데 큰 도둑 도척은 오래 살고도 재물이 많았으며,

진 나라 수 나라는 폭정이었지만 흥하였고 공자와 맹자는 곤궁하고 운수도 나빴네.

[語句] *醉謌 : 술 취하여 부르는 노래. 謌는 歌(가)와 같음. *行 : 樂府體(악부체)의 시. →9-5. *鳧 : 물오리. 천둥오리. *苦短 : '다리가 답답하도록 짧음'의 뜻임. *蚿 : 그리마. 그리마과의 節肢動物(절지동물)로 15쌍의 다리가 있음. *有餘 : 넉넉함. '다리가 많음'의 뜻임. *夔 : 외발짐승 이름. 동해 먼 바다 流波山(유파산)에 사는데 소와 같은 생김새에 푸른 몸으로 뿔이 없으며 발이 하나임.<山海經 大荒東經> *物理 : 만물의 이치. *不齊 : 가지런하게 정돈되지 못함. *天公 : 하느님. 조물주. *戲劇 : 실없이 하는 행동. 익살을 부리는 연극. *折長補短 : 긴 것을 잘라 짧은 것에 채움. 좋은 것으로 부족한 것을 기워서 채움. *損之益之 : 손익. 손실과 이익. *夷齊 : 伯夷(백이)와 叔齊(숙제). 중국 고대 殷(은) 나라 孤竹君(고죽군)의 두 아들로 周武王(주무왕)이 은의 紂王(주왕)을 정벌하려는 것을 말리다가 무왕이 듣지 않으니, 首陽山(수양산)에 들어가 고사리를 캐어 먹으며 살다가 굶어 죽었다고 함. *饑夭 : 굶주림과 일찍 죽음. *盜跖 : 옛날 중국의 큰 도둑. 부하

9천 명을 거느렸다 함. *壽富 : 오래 살고 裕福(유복)함. 오래 넉넉하게 잘 삶. *
秦隋 : 중국 진 나라와 수 나라. *暴興 : 난폭하지만 흥성함. *鄒魯 : 맹자의
출생지인 鄒와 공자가 태어난 곳인 魯. 맹자와 공자. *窮阨 : 곤궁하고 운수가
나쁨. 災厄(재액)으로 고생함. 가난하여 살기 어려운 살림살이. 窮厄(궁액).

[鑑賞] 술의 힘을 빌어 세상이 고르지 못함을 한탄조로 읊은 古體詩(고체시)이다. 앞부
분에서는 '莊子(장자)'에 있는 말을 참고했으니, "鳧脛雖短 續之則憂 鶴脛雖長
斷之則悲(오리의 다리가 비록 짧으나 이어주면 근심하게 되고, 학의 정강이가
비록 길어도 잘라 내면 슬퍼한다.)"<莊子 外篇 騈拇>와 "夔憐蚿 蚿憐蛇 蛇憐風
風憐目 目憐心(발이 하나뿐인 기는 발이 많이 달린 그리마를 부러워하고, 그
리마는 발이 없이도 잘 움직이는 뱀을 부러워하며, 뱀은 의지하는 데가 없이
움직이는 바람을 부러워한다. 바람은 움직이지 않고도 가 보는 눈을 부러워하
고, 눈은 가 보지 않고도 아는 마음을 부러워한다.)"<莊子 外篇 秋水>이다. 여기
서는 자연이 내려준 대로 살아야 함을 말했다. 이어 백이숙제는 어진 이들인데
도 굶주리고 일찍 죽었는데 도척은 악인인데도 오래 살며 부귀를 누렸고, 진시
황이나 수나라 임금들은 폭정을 일삼았는데도 흥성한 반면, 맹자와 공자는 곤
궁하고 운수도 사납게 살았다고 하여, 세상일이 고르지 못함을 한탄했다. 이
뒤의 대강은 '어진이가 오래 못 살고 덕 있는 이가 벼슬 얻지 못하며, 악한 자
가 앙화받지 않고 선한 이가 복받지 못하는데도 하늘은 묵묵히 위에 달려 있
으니, 내 어이 구슬퍼하고만 있으랴. 劉伶(유령, 晉진 죽림7현의 한 사람, ?~300경)이나
賀知章(하지장 →587)은 술을 사랑해 인간 만사는 모두 外物(외물)로 여겼다. 부귀
공명이란 토끼 잡던 그물이나 물고기 잡던 통발처럼 버려지는 것일 뿐이라 醉
鄕(취향, 술을 마셔 즐거운 경지)에서 살면 된다. 나는 성품이 어리석어 시비선악을 구
별하지 못하고, 술 마시며 날마다 웅얼거리다 보니, 두 귀가 화끈거리고 귀밑
머리 눈같이 희어졌다.'이다.

7言古詩(7언고시) 12연[23구]. 압운은 足, 劇, 策, 阨 자로 足 자는 입성 '沃(옥)'이고 나머지 석
자는 입성 '陌(맥)' 측운인데 이 두 운자는 通韻(통운)이 되지 않는다. 평측은 차례로 '平平仄仄仄
平平, 平平仄平平仄仄, 仄仄平平仄仄平, 平平平平平仄仄, 仄平仄仄仄平仄, 仄平仄平平仄平仄,
平平平平平仄仄仄, 平平仄平平平仄平仄'으로 고시이기에 평측이 고르지 못하다.

101-6 閑題(한제) 한가로이 짓다

當頭世事總茫然 小醉多時慣作眠 妄說壺公能縮地 可憐杞國謾憂天
機關病後都消盡 膏火人間亦苦煎 已信此心無物我 誰知一味卽瘤禪.

(당두세사총망연 소취다시관작면 망설호공능축지 가련기국만우천

기관병후도소진 고화인간역고전 이신차심무물아 수지일미즉구선)

지금 닥친 세상일은 모두 아득하여, 조금 취하면 늘 잠자기에 길들여졌네.

비장방費長房이 만난 약을 팔던 신선 호공이 축지법을 쓴다고 망녕되이 말하고,

기 나라 사람들은 하늘이 무너지지 않을까 걱정했다니 가련하구나.

이리 할까 저리 해 볼까 하는 마음은 앓은 뒤에 모두 녹아버렸는데,

밤과 낮은 또한 괴로이 사람을 볶아대는구나.

내 마음에는 너와 나가 없다고 이미 믿었는데,

이 무물아無物我의 참뜻을 문득 깨달음이 가냘픈 참선임을 누가 알리.

[語句] *當頭 : 가까이 닥침. *茫然 : 넓고 멀어 아득함. 멀거니 있는 모양. *妄說 : 망녕된 말. 妄言(망언). *壺公 : 費長房(비장방)이 만났던 신선 노인. 비장방은 後漢(후한) 사람으로 汝南市掾(여남시연)의 직책에 있을 때, 장터에서 약을 파는 이상한 노인을 찾아가 두 번 절하고 술과 안주를 바치니, 노인이 내일 다시 오라 하여 갔던 바 그 노인이 데리고 병속으로 들어갔는데, 그 속에는 玉堂(옥당)이 굉장히 화려하고 맛있는 술과 안주가 가득 있어 실컷 먹었음. 노인과 헤어질 때 노인이 막대기 하나를 주며 이것을 타면 절로 집에 가게 되는데, 도착하거든 칡덩굴 언덕에 이 지팡이를 던지라 하여 그대로 하고 뒤돌아보니 그 막대기는 용이더라고 함. 뒷날 노인이 비장방이 있는 누각에 와서 자기는 신선 壺公으로 허물이 있어 인간으로 귀양 왔었는데, 기한이 되어 돌아가는 바 함께 따라가겠는가 하여 따라 가 깊은 산중에서 도를 닦다가 뜻을 못 이루고 돌아왔다 함. *縮地 : 땅을 축소하여 먼 길을 가깝게 만드는 도술. 축지법. 비장방이 호공을 만났더니 축지법을 써서 천리가 눈앞에 있다가 축지법을 거두니 도로 전과 같이 되더라 함.<神仙傳> *杞國 : 옛날 중국의 한 나라. 이 나라 사람들은 하늘이 무너져 내려앉지 않을까 걱정하니 이를 '杞人憂天, 杞憂(기인우천, 기우)'라 함.<列子天瑞> *謾 : 속이다. 멋대로 말하다. *機關 : 세상에 대해 이렇게 해 볼까 저렇게 해 볼까 하는 마음. *消盡 : 다 사라져 없어짐. *膏火 : 기름과 불. 밤을 밝히는 등잔불과 낮의 불같은 햇빛 곧 밤과 낮. *苦煎 : 괴롭게 지지거나 볶음. 괴로이 속태움. *物我 : 남과 나. 外物(외물)과 自我(자아). 객관과 주관. 물질계와 정신계. *一味 : ①하나의 맛이나 풍치. 단 한 가지 물건. ②한패. 一黨(일당). ③어떤 말 앞에 붙이는 말 곧 口頭語(구두어).<隨園雜筆> ④<佛> 부처에 관한 설명은 여러 가지이나 그 本旨(본지)는 같은 하나임. 一味禪(일미선, 참선하여 부처의 참뜻을 문득 깨닫게 되는 경지). *癯禪 : 가

날픈 참선. '내 마음에 너와 내가 없는 것 곧 無物我를 깨달음'을 가리킴.

[鑑賞] 지은이는 아주 바쁜 분이었는데 忙中閑(망중한)의 여가에 인생이나 삶에 대하여 드는 감상을 읊었다. '닥친 일들 어쩔 줄 몰라 술 조금 마시면 잠자고 만다. 호공이 축지법을 썼다느니 기 나라 백성들이 하늘이 무너질까봐 걱정했다는 말은 다 헛말이고, 세상 일 이럴까 저럴까 하는 궁리도 없어 밤낮 사람을 괴롭히기만 한다. 내 마음은 이미 너와 내가 없는 경지에까지 이르렀는데, 이것이 조금만 참선에서 온 것임을 알아주는 이 없으리라.' 했다. 지은이는 유교 도덕에 철저할 터인데 불교에서 쓰는 禪이란 말을 썼으니, 불교는 인생을 되돌아보는 삶의 한 방식이 될 수 있는 것이다.

7言律詩(7언율시). 압운은 然, 眠, 天, 煎, 禪 자로 평성 '先(선)' 평운이다. 끝구의 禪 자는 '사양하다'의 뜻이면 去聲(거성) '霰(산)' 운, '고요하다. 좌선하다'의 뜻이면 '先' 운이다. 평측은 차례로 '平平仄仄仄平平, 仄仄平平仄仄平, 仄仄平平平仄仄, 仄平仄仄仄平平, 平平仄仄平平仄, 平仄平平仄仄平, 仄仄仄平平仄仄, 平平仄仄仄平平'으로 二四不同二六對(이사부동이륙대)나 反法(반법), 粘法(점법) 등이 모두 규칙에 맞다. 넷째 구의 憐자는 압운과 같은 '先' 운이라 옥의 티 같음을 밝혀 둔다.

102. 徐甄(서견 ?) : 고려 恭讓王(공양왕) 때 司憲府掌令(사헌부 장령). 본관 利川(금천). 귀양 갔다가 조선이 개국된 뒤에는 금천에 隱居(은거)하여 벼슬을 살지 않았다.

102-1 述懷(술회) 회포를 펴다

千載神都隔漢陽 忠良濟濟佐明王 統三爲一功安在 却恨前朝業不長.
　(천재신도격한양 충량제제좌명왕 통삼위일공안재 각한전조업부장)

천년의 신령스러운 도읍-松都-은 한양과 격해 있는데,
충량한 많은 신하들 밝은 임금 도왔네.
태조의 삼국 통일 공적은 어디 있는가,
다만 고려 왕업이 길지 못했음이 한스러울 뿐이로다.

[語句] *述懷 : 마음먹은 여러 가지 생각을 말함. *千載 : 천년. 긴 세월. 千歲(천세). *神都 : 신령스러운 도읍. 고려의 서울 '松都(송도)'를 말함. *漢陽 : 현재 서울의 별칭. 본디 고구려의 北漢山州(북한산주)였고 백제의 河北慰禮城(하북위례성)으로 두 번째 서울이었으며 신라, 고구려, 백제의 세 나라가 쟁탈하던 지역이어서, 漢陽, 楊州(양주), 南京(남경) 등으로 부르다가 조선에 들어와 서울을 여기에 옮겨 漢城府(한성부)로 고쳤음. *忠良 : 충실하고 선량함. 충성스럽고 어짊. *濟濟 :

재주 많은 여러 사람. 濟濟多士(제제다사). *明王 : 정치에 밝은 어진 임금. *統三爲一 : 셋을 통합해 하나로 만듦. 고려가 신라, 泰封(태봉), 後百濟(후백제)를 평정하여 통일한 일. *安在 : 어느 곳에 있는가. 安在哉(안재재). *前朝 : 이전의 왕조. 勝朝(승조). '고려'를 말함.

[鑑賞] 이 시는 지은이가 고려가 망한 뒤 개성에 가서 감회에 젖어 지은 시인데, 조선의 功臣(공신) 들이 이 시를 허물 잡아 죄 주기를 청하니 태종이 듣지 않았다는 유래가 있는 작품이다. 그는 조선 조정에서 벼슬하지 않은 고려에 충성을 바친 遺臣(유신)이라 하리니, 그 충절이 돋보여 임금인 태종도 이를 어질게 여겼으리라. '東文選(동문선)'에도 실린 좋은 시라 하겠다.

7言絶句(7언절구). 압운은 陽, 王, 長 자로 평성 '陽' 평운이다. 평측은 차례로 '平仄平平仄仄平, 平平仄仄仄平平, 仄平平仄平平仄, 仄仄平平仄仄平'으로 이사부동이륙대, 반법, 점법 등이 규칙에 맞에 배열된 전형적 작품이다.

103. 徐敬德(서경덕 1489~1546) : 조선 중종 때 巨儒, 大哲學者(거유, 대철학자). 자 可久(가구). 호 花潭, 復齋(화담, 복재). 시호 文康(문강). 본관 唐城(당성, 南陽남양이라고도 함). 父 好蕃(호번). 松都(송도) 에서 태어나 18세에 '大學(대학)'을 배우다가 格物致知(격물치지, 사물의 이치를 연구하여 지식을 확실히 함)에 크게 감동하여 그 원리에 의지해 학문, 철학을 연구했다. 과거에는 뜻이 없었으나 어머니의 명령으로 司馬試(사마시)에 급제하여 金安國(김안국) 등의 추천으로 厚陵參奉(후릉참봉)을 제수받았으나 응하지 않으며 벼슬을 단념하고 道學(도학)에 전념했다. 집이 극히 가난하여 며칠을 굶어도 태연자약했고 제자들의 학문이 나아간 것을 보면 매우 기뻐했다. 산림에 은퇴하여 세상에 대한 뜻이 없는 듯했지만, 정치의 잘못을 들을 때에는 개탄을 금치 못했다고 한다. 송도의 화담 서재에서 자연을 벗삼아 진리탐구에 헌신하여 당시 士林派(사림파)의 宗匠(종장)이요 畿湖派(기호파)의 선구자였고, 松都三絶(송도삼절)의 으뜸이라는 일화가 전하며 '화담 선생'이라 존칭한다. 선조 때 右議政(우의정)에 추증되었고 손자 佑申(우신)은 무과에 급제하여 南道節度使(남도절도사)를 지냈다. 문집에 '花潭集(화담집)'이 있고, 그 속에 '原理論(원리론), 理氣論(이기론), 太虛說(태허설), 鬼神生死論(귀신생사론)' 등의 글이 있다.

103-1 讀書有感(독서유감) 책 읽으며 느낀 감상

讀書當日志經綸 歲暮還甘顔氏貧 富貴有爭難下手 林泉無禁可安身
採山釣水堪充腹 詠月吟風足暢神 學到不疑知快濶 免敎虛作百年人.
(독서당일지경륜 세모환감안씨빈 부귀유쟁난하수 임천무금가안신

채산조수감충복 영월음풍족창신 학도불의지쾌활 면교허작백년인)

책 읽으매 천하를 경륜하려는 뜻 있으니, 올해 저물어도 안자顔子의 가난이 즐겁기만 하네.

부귀는 시샘이 많아 손댈 마음 없고, 자연에 은거하노라니 시비 없어 일신 편하구나.

산나물 뜯고 고기 낚아 배를 채울 만하고, 음풍영월로 정신은 맑아지네.

배움은 의심스러움이 없는 데까지 이르러 시원히 넓어짐을 알겠나니,

인생 백년 헛됨을 면하게 해 주는구나.

[語句] *當日 : 일이 생긴 바로 그 날. *經綸 : 일을 조직적으로 잘 계획함. 천하를 다스림. *歲暮 : 세밑. 한 해의 마지막 때. 年末(연말). *顔氏貧 : 顔子(안자)의 가난. 안자는 공자의 수제자인 顔回(안회 513~482B.C.)의 존칭. *下手 : 손을 댐. 어떤 일을 시작함. 着手(착수). *林泉 : 숲 속의 샘. 산 속의 자연. 隱士(은사)의 뜰. *安身 : 몸을 편안하게 함. *採山釣水 : 산에서 나물 캐고 물에서 고기 낚음. *充腹 : 아무 음식으로나 고픈 배를 채움. *詠月吟風 : 吟風詠月. 맑은 바람과 밝은 달을 대하여 시를 지으며 즐겁게 놂. 吟風弄月(음풍농월). *暢身 : 정신이 통함. 정신 이 맑아짐. 暢은 '화창하다. 통하다. 사무치다. 자라다. 펴다. 가득하다' 등의 뜻을 가 졌음. *快闊 : 앞이 시원하게 트이어 넓음. *免敎 : 면하게 함. 敎는 '하여금. ~ 하게 하다'임. *虛作 : 헛되이 지음. 헛 이룸. *百年人 : 길어야 백년 살 인생.

[鑑賞] 도덕과 心性(심성) 및 理氣(이기) 등을 연구하는 道學者(도학자)의 시다운 작품이다. 책 속에는 온갖 경륜이 들어 있고 세밑을 맞아 설을 쉴 차비를 못 할 만큼 가난 하지만 즐겁기만 하다. 부귀란 것은 이러쿵저러쿵 말 많은 거라 손댈 생각 없어, 고요한 자연 속에 숨어 사니 아무런 시비가 없어 몸 편하다. 나물 캐고 고기 낚 아 주린 배 채우고, 밝은 달 맑은 바람에 시 읊조리니 이리도 정신이 맑아질 수 있는가. 책 읽으매 막히는 곳 없어 백년 인생 헛되지 않도록 해 주니 이 아니 고마운가. 詩語(시어)가 깨끗하며 對句(대구)도 잘 이루어진 명작이다.

7언율시. 압운은 綸, 貧, 身, 神, 人 자로 평성 '眞(진)' 평운이다. 평측은 차례로 '仄平平仄 仄平平, 仄仄平平仄平, 仄仄平平仄仄, 平平平仄平平仄, 仄仄平平平仄, 仄仄平平仄 仄平, 仄仄仄平平仄仄, 仄平平仄仄平平'으로 이사부동이륙대와 반법, 점법 등이 모두 定式 (정식)에 맞게 잘 이루어지고 평측 배열도 좋아 7언율시의 典型(전형)이다.

104. 西山大師休靜(서산대사 휴정 1520~1604) : 조선 宣祖(선조) 때의 高僧(고승). 법명 休 靜. 속성 崔氏(최씨). 이름 汝信(여신). 자 玄應(현응). 호 淸虛(청허), 西山. 본관 完山(완산). 父 世昌(세창). 평안도 安州(안주)에서 태어나 9세에 어머니를, 10세에 아버지를 잃고 안주목사

李思曾(이사회)를 따라 서울로 올라와 학당에서 공부했으나, 마음에 맞지 않으므로 동급생 몇 명과 같이 지리산에 들어가 불전을 공부하여 禪家(선가)의 법을 깨닫고 崇仁長老(숭인장로) 밑에서 중이 되었다. 21세에 雲觀大師(운관대사)에게서 印可(인가)를 얻고, 마을로 돌아다니다가 한낮에 닭 울음소리를 듣고 홀연히 心神(심신)을 깨달았다 한다. 30세에 禪科(선과)에 급제, 이후 大選(대선)에서 禪敎兩宗判事(선교양종판사)에까지 이르러 僧職(승직)을 버리고 금강산에 들어가 三夢舍(삼몽사)를 짓고 향로봉에 올라 시를 지은 바, 선조 22년(1589) 鄭汝立(정여립)의 獄事(옥사)에 요망한 중 無業(무업)이 이 시를 두고 무고하여 체포되었으나, 선조가 그 억울함을 알고 석방했을 뿐 아니라 시를 칭찬하며 상을 내렸다. 선조 25년(1592) 임진왜란 때 義州(의주)에서 선조를 뵙고 각지의 노약자로 하여금 나라를 위해 예불케 하고, 나머지 중들을 데리고 적군을 몰아내자 하여 八道十六宗都摠攝(8도16종도총섭)이 되었다. 義僧(의승) 5천을 모집 인솔하여 관군을 도와 공을 세우고, 왕을 모시고 서울에 돌아와 늙었음을 이유로 군사를 제자인 泗溟堂惟政(사명당 유정 →99)과 處英(처영)에게 맡기고 산으로 되돌아가니, 임금이 國一都大禪師禪敎都摠攝扶宗樹敎普濟登階尊者(국일자대선사 선교도총섭부종수교 보제등계존자)라는 호를 내렸다. 이로 하여 그의 명성이 더욱 높아지고 楓岳(풍악), 頭流(두류), 妙香(묘향) 등의 산으로 왕래하니, 따르는 제자가 천여 명이요 출세한 제자도 70여 명에 이르렀다. 묘향산 圓寂菴(원적암)에 제자들을 모아 분향 설법하고, 스스로의 影幀(영정) 뒤에 "八十年前渠是我 八十年後我是渠(80년 전에 그대가 곧 나였고, 80년 후에 내가 곧 그대였노라)"라고 써서 유정, 처영에게 주고 입적했다. 저서와 글은 '淸虛堂集(청허당집 8권), 禪敎釋(선교석), 禪敎訣(선교결), 雲水壇(운수단), 三家龜鑑(삼가귀감), 禪家龜鑑(선가귀감), 心法要(심법요), 說禪議文(설선의문), 諸山壇議文(제산단의문)' 등이다.

104-1 登香爐峯(등향로봉) 향로봉에 올라

萬國都城如垤蟻 千家豪傑等醯鷄 一窓明月淸虛枕 無限松風韻不齊.
   (만국도성여질의 천가호걸등혜계 일창명월청허침 무한송풍운부제)

만국의 서울은 개미가 쌓은 둑 같고, 많은 집의 호걸들은 술독 속의 초파리와 다름없네. 창에 비치는 밝은 달빛 아래 청허하게 누우니, 끝없는 솔바람 소리 야단스럽구나.

[語句] *香爐峯 : 금강산의 한 봉우리. 중국의 廬山(여산) 동남에도 향로봉이 있는데 모양이 향로와 같다고 함. *都城 : 서울. 서울과 고을의 성. *垤蟻 : 개미둑. 개미가 흙을 높이 쌓아 올린 둑. 蟻垤. 蟻封(의봉). *豪傑 : 지혜와 용기가 뛰어나고 도량이 넓으며 꿋꿋하고도 풍모가 있는 사람. *醯鷄 : 술독이나 식초 병 속에서만 사는 벌레. 초파리. 눈에놀이. *淸虛 : 마음에 잡된 생각이 없이 아주 맑고 깨끗함. 지은이

의 雅號(아호)이기도 함. *韻不齊 : 소리나 그 울림이 가지런하지 않고 불규칙함.

[鑑賞] 이 시는 앞의 지은이 소개에서 밝힌 대로 무업이란 중이 조선 왕조를 비방했다는 모함을 하여, 체포되어 선조 임금 앞에 끌려갔으나, 선조는 죄가 되지 않는다고 석방하며 오히려 좋은 작품이라 칭찬했다는 것이다. 이런 知遇(지우)를 입어 서산 대사는 임진왜란 때 분골쇄신하여 충성을 다했으리라. '향로봉 높은 봉우리에 올라보니 모든 나라의 서울이나 고을의 성곽이란 것이 개미가 집으로 쌓은 둑처럼 조그맣게 보이고, 수많은 호걸이라는 인사들도 술독 속에서만 사는 소견 좁은 초파리와 같이 느껴진다. 창에 돋은 밝은 달을 청허한 베개로 삼으니 끝없이 불어오는 솔바람 소리 제각각이로구나.' 脫俗(탈속)한 선의 경지를 그렸다 하리라.

7言絶句(7언절구). 압운은 鷄, 齊 자로 평성 '齊' 평운이며, 첫 구 끝 자 蟻는 상성 '紙(지)' 운으로 압운하지 않은 것이다. 평측은 차례로 '仄仄平平平仄仄, 平平平仄仄平平, 仄平平平平仄仄, 平仄平平仄仄平'으로 二四不同二六對(이사부동이륙대)와 反法, 粘法(반법,점법) 등이 규칙에 맞게 잘 이루어졌다.

104-2 還鄕 二首(환향 이수) 고향에 돌아와서 두 수

三十年來返故鄕 人亡廢宅又村荒 靑山不語春天暮 杜宇一聲來杳茫.<제1수>
(삼십년래반고향 인망폐택우촌황 청산불어춘천모 두우일성래묘망)

서른 해 만에 고향에 돌아와 보니, 아는 사람 죽었고 집과 마을도 거칠어졌구나.
청산은 말이 없고 봄날은 저무는데, 두견새 울음소리 멀리서 들려오네.

[語句] *還鄕 : 고향에 돌아옴. 錦衣還鄕(금의환향, 비단옷을 입고·출세를 하여· 고향에 돌아옴). *返 : 돌아오다. 돌이키다. *人亡廢宅 : 사람은 죽고 집은 폐허가 됨. 人亡家廢(인망가폐). *杜宇 : 두견새. 소쩍새. 옛 중국의 蜀(촉) 나라 임금 杜宇가 왕위를 내어주고 西山(서산)에 은신하여 望帝(망제) 라 일컫고 소쩍새로 화했다는 전설에서 온 말임. *杳茫 : 아득함. 아득하고 막연함.

[平仄] 압운은 鄕, 荒, 茫 자로 평성 '陽(양)' 평운이다. 평측은 차례로 '平仄平平仄仄平, 平平仄仄仄平平, 平平仄仄平平仄, 仄仄平平平仄平'으로 이사부동이류대를 비롯하여 반법과 점법 등이 잘 이루어졌다.

104-3 一行兒女窺窓紙 鶴髮隣翁問姓名 乳號方通相泣下 碧天如海月三更.<제2수>
(일행아녀규창지 학발인옹문성명 유호방통상읍하 벽천여해월삼경)

조무라기 아이들 떼지어 문틈으로 엿보고, 백발 이웃 노인 누구냐고 묻네.

아이 적 이름 대니 비로소 통해 서로 눈물 흘려 내려,

푸른 하늘 바다인 듯 달은 첫새벽일세.

[語句] *一行 : 한 동아리. 한 무더기. *兒女 : 어린 사내아이와 계집아이. 어린아이. *窺
窓紙 : 창호지를 바른 창에서 엿봄. *鶴髮 : 학의 깃같이 흰 머리털. 노인의 백발.
*隣翁 : 이웃노인. *乳號 : 아이 적 이름. 乳名(유명). 兒名(아명). 서산대사의 유명은
汝信(여신)임. *方通 : 비로소 통함. 바로 통함. *三庚 : 밤 12시경. 이른 새벽.

[平仄] 압운은 名, 更 자로 평성 '更(경)' 평운이다. 평측은 차례로 '仄平平仄平平仄, 仄仄平
平仄仄平, 仄仄平平平仄仄, 仄平平仄仄平平'으로 이사부동이륙대, 반법, 점법 등이
규칙에 맞게 잘 이루어졌고, 셋째 구의 號 자는 '부르짖다. 울다'의 뜻이면 평성 '豪
(호)' 평운이고 '이름. 부르다. 호령'의 뜻이면 去聲(거성) '號' 측운인데 여기서는 '이름'
의 뜻으로 쓰이어 측운이다.

[鑑賞] 첫 수는 마을이 폐허가 되듯 달라져 예 그대로 청산만 푸르고 두견새 우는 소
리만 멀리서 들린다 했다. 둘째 수는 '하도 오랜만에 찾은 고향이라 알아보는
사람 없고, 이웃 노인 찾아 방에 앉으니 아이들은 어떤 사람인가 하고 문틈으
로 엿보며 궁금해 한다. 노인도 나를 알아보지 못해 아이 적의 이름을 대니 비
로소 알아보아 손잡고 서로 눈물 흘리며, 지난날과 헤어진 뒤의 이야기를 나누
느라 바다 같은 푸른 하늘에 뜬 달은 첫새벽 달로 바뀌어 간다.'고 읊었다. 두
수 모두 읽는 이로 하여금 콧등이 시큰거리게 하는 감동적 작품이다. 唐(당) 나
라 宋之問(송지문)도 '陸渾山莊(육혼산장)' 시에서 "野人相問姓 山鳥自呼名(시골
사람들 내 이름을 묻는데, 산새들은 소쩍소쩍 하거나 구구 하거나 꾀꼴꾀꼴 하
며 제 이름을 스스로 부르네)"라 읊은 바 있다.→126-2. 한편 서산대사는 금강
산 삼몽사를 소재로 지은 '三夢詩(삼몽시)'에서 "主人夢說客 客夢說主人 今說
二夢客 亦是夢中人(주인이 손님에게 꿈 이야기를 하니, 손님도 주인에게 자기
의 꿈을 얘기하네. 지금 두 사람의 꿈 이야기를 하다보니, 이 모두 꿈속의 사
람들이로구나)" 하고 읊었었다.

　7언절구 두수. 두수 모두 평운으로 압운했고, 절구의 평측 규칙에 조금도 어긋남이 없이 구
성되어 있어 지은이는 作詩(작시)의 達人(달인)임을 실감케 한다.

105. 徐凝(서응 ?) : 中唐(중당)의 시인. 憲宗 元和(헌종 원화, 806~820) 때 활약했으며, 白
居易(백거이) 와 韓愈(한유)의 詩友(시우)였다고 한다.

105-1 廬山瀑布(여산폭포) 여산 폭포

虛空落泉千仞直 雷奔入江不暫息 今古長如白練飛 一條界破靑山色.
(허공낙천천인직 뇌분입강부잠식 금고장여백련비 일조계파청산색)

허공에서 떨어지는 물줄기 천 길로 곧은데, 우레와도 같이 달려 강에 들기 쉬지를 않네.
고금의 긴 세월에 흰 비단이 하늘을 나는 듯,
폭포 한 줄기 푸른 산빛을 둘로 갈라놓는구나.

[語句] *廬山 : 중국 江西省九江市(강서성 구강시)에 있는 명산. 보는 장소에 따라 달리
　　　 보이고 香爐峰(향로봉) 등 5봉우리가 있으며 여산 폭포가 유명함. 匡廬(광려). *落
　　　 泉 : 떨어지는 샘 곧 폭포. *千仞 : 천길. 仞은 '높이나 길이의 단위'로 7척(尺)
　　　 인데 1척은 약 22.5cm라 함. *雷奔 :번개처럼 빨리 달림. *不暫息 : 잠시라도
　　　 쉬지 않음. *今古 : 지금과 옛날. 今昔(금석). *白練 : 누이거나 바래는 흰 비단.
　　　 흰 생명주. *一條 : 한 줄. 한 가닥. *界破 : 경계를 지음. 산의 푸름을 가르듯
　　　 구분함. 破는 强勢語(강세어)임.

[鑑賞] 여산 폭포의 壯觀(장관)을 여실히 읊었다. 좀 과장된 표현이 있으니, 첫 구의
　　　 '千仞', 셋째 구 의 '白練飛' 같은 것이 그것인데 중국 사람들은 과장법을 잘
　　　 쓰는 경향이 있다. 뒤에 소개하는 李白(이백)의 '望廬山瀑布(망여산폭포)'에서도
　　　 "飛流直下三千尺(물줄기 삼천 척이나 낭떠러지에 내리 쏟는다)" 했다. 그리고,
　　　 이 시는 백거이가 지은 작품이라고 잘못 알려져 사람들이 칭찬했으나, 宋(송)의
　　　 蘇軾(소식)은 백거이의 시로서는 평범하고 卑俗(비속)하다고 했고, 宋(송)의 洪邁(홍
　　　 매)는 "서웅의 시집을 보면 많은 시에서 뛰어난 詩趣(시취, 詩情시정을 일으키는 취향)가
　　　 있어, 원진이나 백거이의 인증을 받았음이 당연하다고 본다. 다만 세속 사람들
　　　 이 그의 시를 괜히 백낙천의 시라 하여 칭찬했기에 소식의 꾸지람을 불러오게
　　　 된 것이다." 했다.<容齋隨筆>

　7言古詩(7언고시). 압운은 直, 息, 色 자로 仄聲(측성) '職(직) 측운이다. 평측은 차례로 '平平
仄平平仄仄, 平平仄平仄仄仄, 平仄平平仄仄平, 仄平仄仄平平仄'으로 二四不同二六對(이사
부동이륙대)는 끝 두만 이루어졌고, 따라서 反法, 粘法(반법, 점법)은 무시되었다.

106. 徐憲淳(서헌순 1801~1868) : 조선말의 문신. 자 穉章(치장). 호 石耘(석운). 본관 達城(달
　　　 성). 父 進士 基輔(진사 기보). 순조 29년(1829) 문과 급제하여 요직을 두루 거쳐서 工曹判書
　　　 (공조판서), 全羅·慶尙監司(전라·경상 감사), 藝文館提學(예문관 제학)을 지냈다. 고종 4년(1867)
　　　 휴가를 받아 公州紫雲洞(공주 자운동)에 있다가 이듬해 吏曹判書(이조판서)를 除授(제수)받아 병

으로 사퇴했다. 감사로 있을 때 政事(정사)에 청렴결백하며 剖決(부결, 시비선악을 판단하여 결정함) 이 귀신과 같았다는 평을 받았다.

106-1 偶詠(우영) 우연히 읊다

山窓盡日抱書眠 石鼎猶留煮茗烟 簾外忽聽微雨響 滿塘荷葉碧田田.

(산창진일포서면 석정유류자명연 염외홀청미우향 만당하엽벽전전)

창앞에서 진종일 책을 안고 조는데, 돌솥에는 아직 차 달이는 연기 남았구나.
발 밖으로 가랑비 내리는 소리 문득 들리더니,
못 가득한 연잎에 푸른 물방울 동글동글 맺히네.

[語句] *偶詠 : 우연히 읊음. 얼핏 떠오르는 생각을 시나 노래로 읊음. 偶吟(우음). *山窓 : 산속에 있는 집의 창. 산을 향한 창문. *盡日 : 하루 종일. 온종일. 盡終日(진종일). *石鼎 : 돌로 만든 솥. 돌솥. *煮茗 : 茶(차)를 달임. *微雨 : 보슬보슬 내리는 비. 가랑비. 이슬비. *田田 : 연잎이 물에 떠 있는 모양. 연잎이나 물방울이 동글동글한 모양.

[鑑賞] 한적한 시골, 산으로 싸인 곳 곧 지은이가 만년에 휴가를 받아 공주 자운동에 살 때 지은 작품 같다. 한가로이 누워 책을 보다가는 그대로 잠들고 뜰의 차 달이는 돌솥에는 한 가닥 연기가 아직 꺼지지 않고 피어오른다. 발 밖으로 보슬비 오는 소리 가늘게 들리니, 연못에 가득찬 둥근 연잎에는 동글동글 물방울이 맺혔으리라. 한가하게 살며 어느 날 한 때의 모습을 읊었다.

7言絕句(7언절구). 압운은 眠, 烟, 田 자로 평성 '先(선)' 평운이다. 평측은 차례로 '平平仄仄仄平平, 仄仄平平仄仄平, 平仄仄平平仄仄, 仄平平仄仄平平'으로 이사부동이륙대와 반법, 점법 등 이 7絕(7절, 7언절구)의 簾(염, 평측 규칙)에 모두 합치되는 秀作(수작)이다.

107. 釋 宏演(석 굉연 ?) : 굉연 스님. 高麗末(고려말)의 僧侶(승려)인지 분명치 아니하다.

107-1 題遊仙庵 二首 第1首(제유선암 이수 제1수) 유선암에서 짓다 두 수 첫째 수

山遶孤村小逕隈 遠林暑薄訪蓬萊 鶴飛雲洞知仙居 童掃玄關待客來
泉至石渠鳴暗玉 火存丹竈活寒灰 忽聞鐵笛空中響 十里松花一夜開.

(산요고촌소경외 원림서박방봉래 학비운동지선거 동소현관대객래

천지석거명암옥 화존단조활한회 홀문철적공중향 십리송화일야개)

산이 외딴 마을을 두른 작은 길 모퉁이, 먼 숲에 더위 가시었는데 봉래산을 찾아왔구나.

학은 구름 낀 골에 날아 신선이 삶을 알겠고, 동자는 절문을 쓸어 손님 옴을 기다리네.
샘물은 돌 개천에 이르러 조그맣게 옥 소리를 내고,
불은 신선 약 고는 아궁이에 남아 식은 재 되살아나네.
문득 쇠피리 소리 공중을 울리며 들려오니, 10리의 송화가 하룻밤에 모두 피어나는구나.

[語句] *小逕 : 작은 길. 좁은 길. *隈 : 물이 굽어도는 모퉁이. *蓬萊 : 三神山(삼신산)의 하나인 봉래산. *雲洞 : 구름 낀 골짜기. *玄關 : 절의 작은 문. *石渠 : 돌로 둑을 쌓은 도랑. *鳴暗 : 가만히 울림. *丹竈 : 丹藥(단약)을 달이는 부엌. 단약은 '丹砂(단사)로 만든 長生不死(장생불사)의 약', 조는 '부뚜막. 부엌귀신'임. *鐵笛 : 날라리. 胡笛(호적). 쇠로 만든 피리. *松花 : 소나무의 꽃. 소나무 꽃가루.

[鑑賞] '국역 동문선(國譯東文選)'에는 이 시의 제목이 '題劉仙巖'으로 기재되어 있으나, 시 내용으로 보아 '題遊仙庵(유선암)'을 잘못 쓴 게 아닌가 하여 제목을 고쳤다. 동자가 암자의 대문 앞을 쓸고 있다거나, 단약을 달이는 부엌 같은 표현으로 보아 그러한 것이다. 둘째 수를 보면 "피서도 하고 산 경치도 볼 겸 돌 누대에 오르니 신선 궁전이 일시에 열리고, 소나무 그늘이 자리를 둘렀는데 산은 파란 기운이 어리었으며 떡갈나뭇잎이 온 산에 이어져 푸름이 무더기로 쌓이었다. 동자는 구름 낀 산속으로 약초 캐러 가고 숨어 사는 높은 隱士(은사)는 대밭에서 거문고 안고 온다. 샘물 길러 산중의 차를 달이니 포도주 따르던 술잔은 쓸데가 없구나."라고 읊었다.

7言律詩(7언율시). 압운은 隈, 萊, 來, 灰, 開 자로 평성 '灰(회)' 평운이다. 평측은 차례로 '平仄平平仄仄平, 仄平仄仄仄平平, 仄平平仄平平平, 平仄平平仄仄平, 平仄仄平平仄仄, 仄平平仄仄平平, 仄平仄仄平平仄, 仄仄平平仄仄平'으로 이사부동이륙대와 반법, 점법 등에는 합치되지만 셋째 구의 끝 자가 평성인 居 자[魚어 또는 支지 운]를 배치하여 측성이 와야 하는 규칙에 어긋났다. 이는 誤字(오자)이거나 당시에 居 자가 측성이었는지도 모른다.

107-2 秋夜宿鍾山寺(추야숙종산사) 가을밤에 종산사에서 묵으며

大江之南鍾山寺 巍巍樓閣開旃檀 雲外聽經白鷳下 洞中護法蒼龍蟠
塔影夜搖崖月淨 鍾聲曉襍松濤寒 舊說天人多集此 尚疑環佩來珊珊.
(대강지남종산사 외외누각개전단 운외청경백한하 동중호법창룡반
탑영야요애월정 종성효잡송도한 구설천인다집차 상의환패내산산)

큰 강의 남쪽 종산사에, 높디높은 누각이 인도印度 향나무 전단의 향기 풍기네.
구름 밖에서 독경 소리 듣고는 황새가 내려오고,

골 안에 불법 지켜 주는 푸른 용이 서렸구나.

밤의 탑 그림자는 벼랑에 걸린 달에 흔들려 깨끗하고,

새벽 종소리는 솔바람 소리에 섞여 싸늘하네.

예부터 이르기를 신선들이 여기 많이 모였다더니,

아직도 패옥 소리 잘랑잘랑 울리는 듯하구나.

[語句] *鍾山寺 : 어디 있는 절인지 미상이나, 중국 南京(남경)의 紫金山(자금산)을 鍾山이라고도 함.<趙浚 夜泊金陵> 이 시의 제목에는 '蔣山寺(장산사)'라 했고 본문에는 '鍾山寺'라 하여 후자로 통일했음. *大江 : 큰 강. 揚子江(양자강)을 중국에서는 長江(장강)이라 함. *巍巍 : 높고 큰 모양. *旃檀 : 인도 특산인 향나무. 높은 향기를 가졌는데 紫檀(자단), 白檀(백단)이 있음. *白鷳 : 꿩과의 황새. 鷳은 鵬으로도 쓰며 '황새'임. *護法 : 佛法(불법)을 충실히 지키는 일. *蒼龍 : 푸른 용. *崖月 : 벼랑 곧 낭떠러지에 걸린 듯 떠 있는 달. *襍 : 雜(잡, 섞이다) 자와 같음. *松濤 : 솔바람 소리. *舊說 : 오래된 풍설. 오래전부터 전해 오는 이야기. *天人 : ①하늘과 사람. ②하늘나라 사람. 신선. 여기서는 ②의 뜻임. *環佩 : 임금을 뵈러 갈 때 갖추는, 金冠朝服(금관조복)의 좌우에 늘어뜨리는 옥 줄. 佩玉(패옥). *珊珊 : 패옥 소리. '방울 소리, 물소리, 비 오는 소리' 등으로도 쓰임.

[鑑賞] 종산사의 배경을 중심으로 읊은 작품이다. 절의 전각들은 전단나무 목재를 썼기에 향내가 풍기고, 承聯(승련, 3~4구)은 대구가 잘 이루어져서 불경을 읽는 소리는 구름 저 멀리까지 번져 황새가 들으러 오고, 골짜기 물속에는 부처의 법을 지켜 주는 푸른 용이 서렸다 했으니, '雲外-洞中, 聽經-護法, 白鷳下-蒼龍蟠'이 멋진 대를 이루었다. 다음의 轉聯(전련, 5~6구)도 밤의 탑 그림자는 벼랑에 걸린 달에 흔들려 깨끗하고, 새벽 종소리는 솔바람 소리에 섞여 싸늘하다고 하여 '塔影-鍾聲, 夜搖-曉襍, 崖月淨-松濤寒'이 더 멋진 대를 이룬 것이다. 그리고는 마지막 結聯(결련, 7~8구)에서 여기는 예로부터 신선들이 모여 놀던 곳이라 하니 지금도 환패 소리가 쟁그렁 울려오는 듯하다고 했다. 풍경 소리도 옥소리와 비슷하지 않을까.

　　7言律詩(7언율시). 압운은 檀, 蟠, 寒, 珊 자로 평성 '寒' 평운이다. 평측은 차례로 '仄平平平平平仄, 平平平仄平平平, 平仄平平仄平仄, 仄平仄仄平平平, 仄仄仄平平平仄, 平平仄仄平平平, 仄仄平平平仄仄, 平平平仄平平平'으로 二四不同二六對(이사부동이륙대)에 어긋난 구는 제1, 3 구에 지나지 않지만, 反法(반법)과 粘法(점법)이 전체적으로 일관되게 이루어지지 않았다.

108. 釋懶翁(석나옹 1320~1376) : 나옹 스님. 고려 恭愍王(공민왕) 때의 王師(왕사). 이름 慧勤(혜근). 호 懶翁, 江月軒(나옹, 강월헌). 존칭 普濟尊者(보제존자). 俗姓 牙氏(속성 아씨). 寧海府(영해부) 사람. 20세에 이웃 벗의 죽음을 보고 어른들에게 죽음에 대하여 물으니 모두 모른다 하므로, 드디어 경북 聞慶 功德山(문경 공덕산) 妙寂庵(묘적암)의 了然禪師(요연선사)에게 가서 중이 되었다. 충목왕 3년(1347)에 중국으로 가서 이듬해 3월 燕京(연경) 法源寺(법원사)의 指空和尙(지공화상)을 만나고는 각지를 다니면서 處林禪師(처림선사) 등 여러 스님을 만나 문답하고, 다시 지공화상에게 가서 心法(심법)의 正脈(정맥)을 받아 공민왕 7년(1358)에 귀국하여 동왕 20년에 王師가 되고 松廣寺(송광사)에 있게 되었다. 우왕 2년(1376) 왕명을 받고 密陽 瑩原寺(밀양 영원사)로 가다가 驪州 神勒寺(여주 신륵사)에서 입적했다. 李穡(이색)이 글을 지어 세운 비와 浮屠(부도)가 檜巖寺(회암사)에 있으며, 指空和尙과 無學大師(무학대사)와 함께 3대 和尙이라 하는데, 지공화상은 우리나라에 와 오래 머문 적이 있다. 저서로 '懶翁集(나옹집 1册)'이 있다.

108-1 警世 二首 第1首(경세 이수 제1수) 세상을 깨우치다 두 수 첫째 수

金烏東上月沉西 生死人間事不齊 口裏吐將三寸氣 山頭添得一堆泥
塵緣擾擾誰先覺 業識茫茫路轉迷 要脫輪回無別法 祖師公案好提撕.

(금오동상월침서 생사인간사부제 구리토장삼촌기 산두첨득일퇴니

진연요요수선각 업식망망노전미 요탈윤회무별법 조사공안호제시)

동쪽에서 해 솟자 달은 서쪽에 잠기듯이, 인간의 생사도 가지런하지 않네.

입안에서 세치 혀의 기운 토해 내어도, 산머리에 한 더미 흙을 보태 놓을 뿐이로구나.

속세 인연의 뒤숭숭함을 누가 먼저 깨달을꼬,

인과응보를 아는 게 망망하여 길 몰라 헤매네.

윤회를 벗어나는 데 별다른 법이 없으니,

큰 스님의 화두話頭를 잘 이끌어 내어 깨달아야 하리.

[語句] *警世 : 세상 사람을 깨우침. *金烏 : 금빛 까마귀. 해. 해 속에 세 발을 가진 까마귀가 산다는 데서 하는 말임.<周書 武帝紀> *不齊 : 가지런하게 정돈되지 못함. *三寸氣 : 세 치의 기운. 三寸舌(삼촌설, 세 치 길이밖에 안 되는 짧은 혀)의 기개. *堆泥 : 흙무더기. 진흙덩어리. *塵緣 : 이 세상의 인연. 속세의 인연. *擾擾 : 정신이 뒤숭숭함. *業識 : 업을 깨달아 앎. 業은 '몸, 입, 뜻으로 짓는 선악의 所行(소행). 因果應報(인과응보)'임. *茫茫 : 넓고 멀어 아득함. *轉迷 : 어찌할 바를 몰라 헤맴. 轉迷開悟(전미개오, 번뇌의 미혹을 해탈하여 涅槃열반의 깬 마음에 이르는 일). *要脫 :

벗어나고자 함. *輪廻 : 차례차례 돌아감. <佛>수레바퀴가 돌고 돌아 끝이 없는 것과 같이, 중생의 영혼은 육체와 함께 멸하지 않고 생사를 거듭하여 시작도 끝도 없이 돌고 돎. 輪廻生死(윤회생사). *祖師 : 어떤 학파의 開祖(개조). <佛>한 종파를 세우고 宗旨(종지)를 열어 주장한 사람. *公案 : <佛>①석가의 말과 행동. ②禪宗(선종)에서 수행자의 마음을 연마하기 위하여 과하는 問答案(문답안, 시험문제). 話頭(화두). 한 스님의 私案(사안)이 아니고 여러 祖師들이 公定(공정)했기에 관청의 문서같이 공적인 문서라는 뜻에서 쓰는 말임.<碧巖集序> *提撕 : 이끌어 냄.

[鑑賞] 첫 연이 조사가 낸 공안 곧 화두와 같으니, '해가 뜨면 달은 절로 서쪽으로 져 버리는 일과 같이 인간의 생사도 이와 다를 바 없다'는 것이다. 아무리 장한 언변을 토해 내어도 산머리에 한 줌 진흙더미를 더한 듯 아무 보람 없고, 세속 인연의 허무함을 깨닫지 못하며 인과응보의 이치도 몰라 迷妄(미망) 속에 있다. 중생의 윤회함을 깨우치는 데는 별다른 방도가 있는 게 아니라, 조사들의 화두를 잘 이해하여 이끌어 내는 길뿐이다. 둘째 수의 내용은 "추위와 더위는 우리를 재촉하고 세월은 흘러갈 뿐, 기쁨이 몇 번이며 시름 또한 얼마인고. 끝내는 백골되어 풀속에 덮일 뿐, 황금으로도 검은 머리 바꿀 수가 없다네. 죽은 뒤에 부질없이 천 년의 한을 품는 것보다 생전에 한 번 멈추어 생각하는 게 낫지 않으리. 성현이란 분도 보통 사람이 만들어 내는 것이니, 어째서 남이 하는 양을 보며 수양해 가지 않는가."라 했다. 욕심 없이 남의 하는 양을 他山之石(타산지석)으로 삼아 자기수양에 힘쓰라는 禪詩(선시)이다.

7언율시 두 수 중의 첫째 수이다. 압운은 西, 齊, 泥, 迷, 撕 자로 평성 '齊' 평운이다. 평측은 차례로 '平平平仄仄平平, 平仄平平仄仄平, 仄仄仄平平仄仄, 平平平仄仄平平, 平平仄仄平平仄, 仄仄平平仄仄平, 仄仄平平平仄仄, 仄平平仄仄平平'으로 이사부동이륙대와 반법, 점법 등 평측 규칙에 조금도 어긋남이 없는 전형적인 작품이다. 끝구의 提 자는 '들다. 끌다. 당기다. 젓가락'의 뜻이면 去聲(거성) '霽(소)' 측운이고 '던지다'의 뜻이면 평성 '齊(제)' 평운인데 여기서는 평성이 합리적이다.

108-2 警世 二首(경세 이수) 세상을 깨우치다 두 수

昨是新春今是秋 年年日月似溪流 貪名愛利區區者 未滿心懷空白頭.<제1수>
終朝役役走紅塵 頭白焉知老此身 名利禍門爲猛火 古今燒殺幾千人.<제2수>

    (작시신춘금시추 연년일월사계류 탐명애리구구자 미만심회공백두

  종조역역주홍진 두백언지노차신 명리화문위맹화 고금소살기천인)

어제가 바로 새봄이더니 오늘은 곧 가을이니, 해마다 가는 세월 흐르는 시냇물 같아라.

명예를 탐내고 이익을 좋아하는 구차스럽고 용렬한 사람들이여,

마음에 품은 뜻 채워지지 않았는데 헛되이 머리만 세었구나.

아침 내내 허덕허덕 홍진 속을 달렸으니, 머리 세어 이 몸 늙는 줄을 어찌 알았으랴.

명예와 이익은 재화災禍의 문이라 사나운 불길이 되어,

고금에 몇 천의 인간들을 태워 죽였던고.

[語句] *新春 : 새봄. 새해. *日月 : 해와 달. 세월. *溪流 : 산골짜기를 흐르는 물. *貪名 : 이름이나 명예를 탐함[욕심냄]. *愛利 : 이익이 됨을 좋아함. *區區 : 각각 다름. 변변치 못함. 잘고 용렬함. *心懷 : 마음속에 품은 생각. 心緖(심서). *白頭 : 허옇게 센 머리. 白首(백수). *終朝 : 하루아침이 지날 때까지의 동안. 아침에 일어나 아침밥 먹을 때까지의 사이. *役役 : 마음과 힘을 몹시 쓰는 모양. *紅塵 : 붉게 비치는 티끌. 번거로운 세상일. *焉知 : 어찌 알리오. *名利 : 명예와 이익. 聲利(성리). *禍門 : 화나 재앙을 불러들이는 문. 禍福無門(화복무문, 화와 복은 들어오는 문이 있는 게 아니라 스스로가 불러들이는 것이다). *燒殺 : 불에 태워 죽임.

[鑑賞] 앞에 보인 시와 마찬가지로 세상을 경계하는 선시이다. 다만, 앞의 것은 7언율시 두 수임에 비하여 이 시는 7언절구 두 수인 점이 다르지만 내용은 두 작품이 비슷하다. 세월은 유수와 같이 빠르게 흘러가는데, 명리만 좇다가 사람들은 늙어지고 만다. 하루 종일 홍진 속을 헤매다 보니 이 몸 늙어 버렸음을 알지 못하니 그 얼마나 미련하고 불쌍한 인생인가. 명예나 이익이란 것은 화를 불러들이는 문이라, 예부터 지금까지 몇 천 명이나 그 재앙의 불길에 타 죽었던가를 생각해 보라. 정말 한심스러운 일이다.

7言絕句(7언절구) 두 수. 첫 수의 押韻(압운)은 秋, 流, 頭 자로 평성 '尤(우)' 평운이며, 둘째 수도 塵, 身, 人 자가 압운으로 평성 '眞(진)' 평운이다. 첫 수의 평측은 차례로 '仄仄平平平仄平, 平平仄仄仄平平, 平平仄仄平平仄, 仄仄平平平仄平'이고, 둘째 수는 '平平仄仄仄平平, 平仄平平仄仄平, 平仄仄平平仄仄, 仄仄平平仄仄平'으로 두 수 모두 二四不同二六對(이사부동이륙대)와 反法(반법), 粘法(점법) 등이 평측 구성 원칙에 합치되는데 둘째 수가 평측이 고르다.

109. 釋 大覺(석 대각 1055~1101) : 대각 스님. 고려의 高僧(고승), 海東天台宗始祖(해동천태종 시조). 이름 煦(후). 자 義天(의천). 시호 大覺國師(대각국사). 文宗(문종)의 넷째 왕자로 어머니는 仁睿王妃(인예왕비)이다. 문종 19년(1065)에 王師 爛圓(난원)에 의하여 중이 되고 靈通寺(영통사)에 있었으며 13세에 祐世(우세)의 호를 받았다. 宋(송)나라 淨源法師(정원법사)의 초청을 받고 임금 몰래 선종 2년(1085) 송 나라에 가서 哲宗(철종)의 영접을 받고 경향 각지의 사찰과 50여 명의 고승들을 찾아 문답을

나누었다. 정원법사에게서 華嚴敎理(화엄교리)를 배우고 천태산 智者大師(지자대사)의 浮屠(부도, 浮圖)에 예배하고 발원문을 지어 천태종을 고려에 중흥할 것을 맹세했다. 고려에서 귀국을 청하므로 선종 3년(1086) 왕과 왕후의 영접을 받으며 환국하여 釋典(석전)과 경서 1천여 권을 바쳤다. 興王寺(흥왕사)에 있으면서 敎藏都監(교장도감)을 두어 '續藏經(속장경)' 4,740여 권을 간행했고 洪圓寺(홍원사), 해인사 등에 있다가 國淸寺(국청사)에서 천태교를 강하였다. 그는 불교뿐 아니라 사회 경제면에도 공헌을 했으니 鑄錢論(주전론)을 주장하여 이후 화폐의 주조가 활발해졌다 하며, 숙종 6년(1101) 國師로서 總持寺(총지사)에서 입적하니 五冠山(오관산)에 예장하고 조정은 3일간 상을 입었다. 문종의 뒤를 이은 순종, 선종, 숙종은 그의 형들이다. '圓宗文類(원종문류), 釋苑詞林(석원사림), 天台四敎儀註(천태사교의주), 大覺國師文集(대각국사문집, 33권)' 등 저서가 많다.

109-1 厭髑舍人廟(염촉사인묘) 이차돈의 사당

千里歸來問舍人 靑山獨立幾經春 若逢末世難行法 我亦如君不惜身.

(천리귀래문사인 청산독립기경춘 약봉말세난행법 아역여군불석신)

천리를 돌아 이차돈異次頓 사인의 사당을 찾으니, 청산은 홀로 서서 몇 세월을 보내었노.
만약 말세에 불법 행하기 어려움을 만나면, 나 또한 당신같이 몸 아끼지 않으리다.

[語句] *厭髑舍人 : 異次頓(이차돈 503~527). 신라 법흥왕 때의 佛敎殉敎者(불교순교자). 성 朴氏(박씨). 일명 居次頓(거차돈), 處道(처도), 염촉 등인데 염촉은 字(자)라고도 함. 父 習寶 葛文王(습보 갈문왕). 舍人(사인, 大舍대사 또는 舍知사지) 벼슬을 지냈기로 朴舍人으로도 부름. 법흥왕 14년(527) 그가 처형당할 때에 이변이 있으리라 스스로 예언했는데, 목을 베니 과연 젖빛 피가 솟구쳐 모두 감동하여 불교를 국가적으로 공인하게 되었다고 함. 栢栗寺(백률사)에 그의 石幢(석당)이 있으며 경주 북쪽 金剛山(금강산)에 헌덕왕 9년(817) 중 惠隆(혜륭)이 무덤을 만들고 비석을 세웠다함. *廟 : 신주를 모셔 놓은 집. 祠堂(사당). *歸來 : 돌아옴. *經春 : 봄을 지남. 세월이 지남. *末世 : 쇠퇴하고 망해 버린 세상. 멸망해 가는 시대. *不惜身 : 불법을 닦기 위해 몸을 아끼지 않음. 不惜身命(불석신명, 몸과 목숨을 아끼지 아니함).

[鑑賞] 이차돈의 사당을 찾아가 그의 불교에 대한 殺身成仁(살신성인)의 희생정신을 기리는 마음을, 나도 말세가 되어 불교가 널리 행해지지 않을 때에는 그대처럼 내 육신을 아끼지 않고 불교에 바치리라는 결의를 통해 나타냈다. 왕자로 태어나 온갖 영화를 버리고 佛門(불문)에 귀의한 지은이의 행적은 석가모니불과 맞먹지 않겠는가.

7언절구. 압운은 人, 春, 身 자로 평성 '眞(진)' 평운이다. 평측은 '平仄平平仄仄平, 平平仄仄仄平平, 仄平仄仄平平仄, 仄仄平平仄仄平'으로 이사부동이륙대, 반법, 점법 등이 모두 규칙에 맞는 작품이다. 내용이나 형식으로 볼 때 秀作(수작)이라 아니할 수 없다.

110. 釋 圓鑑(석 원감 1226~1292) : 원감[沖止충지] 스님. 고려 忠烈王(충렬왕) 때 海東 曹溪宗(해동조계종) 6世(6세). 속성 魏氏(위씨). 이름 元凱(원개). 호 宓庵(복암). 법명 沖止. 시호 圓鑑國師(원감국사). 탑호 寶明(보명). 安定(안정) 사람. 충렬왕 10년(1284) 문과에 장원 급제하고 일본에 사신으로 다녀왔으며, 뒤에 중이 되고 圓悟(원오)의 대를 이어 조계종의 제 6세가 되었다. 외국에도 이름을 떨쳐 元(원)의 世祖(세조)는 賓主之禮(빈주지례)로 그를 맞았다 한다. 저서에 '圓鑑國師歌頌(원감국사가송 1冊), 宓庵集(복암집)' 등이 있다.

110-1 惜花吟 中(석화음 중) 지는 꽃을 아까워하며 읊다 중간
昔日看花花始開 今日看花花欲落 花開花落不容惜 春至春歸誰把捉.
(작일간화화시개 금일간화화욕락 화개화락불용석 춘지춘귀수파착)
어제 꽃을 보매 꽃이 피기 시작하더니, 오늘은 꽃이 지려고 하는구나.
꽃이 피었다 지는 것을 아낌이 용납되지 않으며, 봄이 왔다가 가는 것을 누가 붙잡으리.

[語句] *惜花 : 꽃을 아까워함. 지는 꽃을 아까워함. *花開花落 : 꽃이 피고 짐. 花開花謝(화개화사). 金時習(김시습)의 '乍晴乍雨(사청사우)' 시에 "花開花謝春何管 雲去雲來山不爭(꽃이 피고 진들 봄이 어이 상관하며, 구름이 가고 옴을 산은 다투지 않네)"라 있음. →38-4. *不容 : 용납할 수 없음. *把捉 : ①꼭 붙잡음. 捕捉(포착). ②마음을 단단히 먹음. 여기서는 ①의 뜻임.

[鑑賞] 꽃이 지는 봄철의 감상을 쓴 시의 한 부분이다. 꽃이 피기 시작한 게 어제 같은데, 오늘은 꽃이 지려고 한다. 꽃이 피었다가 지는 것을 아까워할 것은 못 되나니, 봄이 왔다가 가 버리는 자연의 섭리를 누가 못 가도록 붙잡을 수 있겠는가. 이 시는 모두 7연인데 인용한 것은 3, 4연이다. 앞에서는 "지난 해 섣달 스무엿새 날에 이 곳에 왔는데, 잠깐 새에 봄이 와 온 지 73일이 되었다. 지난해나 올해나 냇물처럼 흘러가고, 어제나 오늘이나 역말같이 달려가는구나." 했고, 뒤에 남은 세 연은 "세상 사람들은 다만 꽃이 피었다 지는 것만 보고, 내 몸이 저 꽃과 같은 처지임을 모른다. 그대, 아침에는 거울 들여다보며 紅顔(홍안)임을 자랑스러워 하다가, 저녁에는 北邙山(북망산)으로 상여에 실려 감을 못 보는가. 모름지기 꽃이 피었다가 지는 것은, 하나하나가 無常(무상)하다는 이치를 분명히 알리는 것일세."이다.

7言古詩(7언고시) 禪詩(선시) 7연[14句구] 중의 일부. 압운이라 볼 수 있는 자는 落, 捉 자인데 落은 入聲(입성) '藥(약)' 측운, 捉은 입성 '覺(각)' 측운으로 이 두 운은 通韻(통운)이 되지 않는다. 평측은 차례로 '仄仄平平平仄平, 平仄平平平仄仄, 平平平仄仄平仄, 平仄平平平仄仄'으로 二四不同二六對(이사부동이륙대)는 잘 이루어졌으나 反法(반법), 粘法(점법) 등이 되지 않았다.

110-2 遊楞伽山(유능가산) 능가산을 유람하며

舊聞海上有名山 幸得遊尋斷宿攀 萬壑煙嵐行坐裏 千重島嶼顧瞻間
義湘庵峻天連棟 慈氏堂深石作關 避世高栖無此地 堪誇倦鳥解知還.

(구문해상유명산 행득유심단숙반 만학연람행좌리 천중도서고첨간

의상암준천련동 자씨당심석작관 피세고서무차지 감과권조해지환)

바다 위에 명산이 있다는 말을 옛날에 들었는데,

지금 다행히 유람을 와 오랜 소원을 풀었네.

수많은 골짜기를 가나 앉으나 이내 속이요, 뒤를 보나 앞을 보나 천 겹 겹친 섬들일세.

의상암 높이 솟아 지붕이 하늘에 맞닿았고, 미륵당은 깊숙하여 돌로 문빗장을 대신하네.

세상을 피해 살기 이만한 곳 없으리니,

날다 지친 새도 돌아올 줄 아는 게 자랑할 만하구나.

[語句] *楞伽山 : 釋迦(석가)가 설교를 행한 산. 이 설교를 모은 불교 경전이 楞伽經(능가경)인데, 여기서는 우리나라에 있는 산인 듯함. *舊聞 : 전에 들은 소문. ↔ 初聞(초문). *海上有名山 : 바다에 명산이 있음. 전설에 渤海(발해) 가운데에 蓬萊(봉래), 方丈(방장), 瀛州(영주)의 세 산이 있는데 이를 三神山(삼신산)이라 했음.<漢書 郊祀志> *遊尋 : 찾아가 유람함. *斷宿 : 오랜 소망을 풂. *萬壑 : 첩첩이 겹쳐진 깊고 큰 골짜기. *煙嵐 : 해질녘에 푸르스름하고 흐릿하게 보이는 기운. 이내. 嵐氣(남기). *行坐 : 가거나 앉음. 行住坐臥(가고 머물고 앉고 누움 곧 일상의 기거동작). *千重 : 천 겹으로 겹쳐 있음. 여러 개가 겹침. *島嶼 : 크고 작은 섬들. *顧瞻 : 돌아다봄. 顧視(고시). *義湘庵 : 신라의 高僧(고승) 義湘大師(의상대사 625~702)와 관련되는 암자[절]. *棟 : 들보 위에 세우는 짧은 기둥. 동자기둥. 쪼구미. '지붕'의 뜻으로 봄. *慈氏堂 : 자씨를 모신 집[불당]. 자씨는 '자씨보살 곧 彌勒菩薩(미륵보살)인데, 장차 성불하여 이 세상에 내려와 제2의 석가가 되어 중생을 濟度(제도)한다'고 함. *關 : 빗장. 문지방. '완'으로 읽어야 한다는 설도 있음. *高栖 : 세상일을 잊어버리고 뜻을 높이하여 고요히 살아감. 高棲(고서). *堪誇 : 자랑할 만함. *倦鳥解知還 : 날다가 지친 새가 돌

아올 줄을 앎. 陶潛(도잠)의 '歸去來辭(귀거래사)'에 "雲無心以出岫 鳥倦飛而知還 (구름은 무심히 산의 굴속에서 생겨 나오고, 새는 날다가 지치면 다시 산으로 돌아올 줄 아는구나.)"라 있음.

[鑑賞] 능가산의 풍경을 읊은 시로 내용이나 형식이 잘 갖추어진 작품이다. 起聯(기련, 首聯수련 1, 2구)에서는 '바다에 유명한 산이 있다는 말을 오래 전에 들어, 가 보고 싶었는데 지금 오게 되었다.' 하여 시의 發端(발단)을 폈고, 承聯(승련, 頷聯함련 3, 4 구)에서 '수많은 산골짜기는 이내에 가득차 흐릿하고, 앞 뒤로 보이는 것 모두가 크고 작은 섬들이 겹친 모양이다.' 하여 능가산과 주변 바다의 모습을 읊어 기 련을 이었는데, 두 구의 對(대)가 잘 이루어졌으니, 萬壑-千重, 煙嵐-島嶼, 行坐 裏-顧瞻間으로 멋진 짝이 된 것이다. 轉聯(전련, 頸聯경련 5, 6구)에서는 '의상암은 하늘에 닿듯 높고, 미륵당은 산 깊숙이 자리하여 바위가 문지방과 대문 빗장이 된 모양이다.' 하여 視點(시점)을 산 속의 절로 옮겼다. 승련과 마찬가지로 義湘 庵-慈氏堂, 峻-深, 天連棟-石作關이 각각 뛰어난 짝을 이루었다. 結聯(결련, 尾聯 미련 7, 8구)은 '이 곳은 속세를 피해 은거하기 다시 없으니, 새들만이 찾아드는 험 준한 곳이다.' 하여 抒情(서정)으로 끝맺었다.

7言律詩(7언율시). 압운은 山, 攀, 間, 關, 還 자로 평성 '刪(산)' 평운이다. 평측은 차례로 '仄平仄仄 仄平仄, 仄仄平平仄仄平, 仄仄平平平仄仄, 平平仄仄仄平平, 仄平平仄平平仄, 平仄平平仄仄平, 仄 仄平平平仄仄, 平平仄仄仄平平'으로 이사부동이륙대와 반법과 점법 등이 규칙에 어긋남이 없다.

110-3 秋日偶書(추일우서) 가을날에 우연히 짓다

繞簷竹密雨聲慣 滿洞楓殷秋色多 艶艶黃花啼曉露 蕭蕭赤葉下庭柯.
    (요첨죽밀우성관 만동풍은추색다 염염황화제효로 소소적엽하정가)

처마를 두른 빽빽한 대밭에 비 오는 소리 예대로요,
골짜기 가득 우거진 단풍에 가을빛 가득타.
곱디고운 노란 국화 새벽이슬에 함초롬하고, 붉은 낙엽 쓸쓸히 뜰 나뭇가지에서 떨어지네.

[語句] *慣 : 익숙하다. 버릇. *洞 : 골. 골짜기. 구렁. *殷 : 많다. 무리. *艶艶 : 고 운 모양. 윤이 흐르는 모양. 비치는 모양. *黃花 : 노란 꽃. '菊花(국화)나 채소 꽃' 별칭. *啼 : 울다. 꽃이 이슬에 젖어 눈물 흘리는 듯함을 뜻함. *蕭蕭 : ①쓸쓸한 모양. ②말울음 소리. ③찬 바람소리. 여기서는 ①의 뜻임. *赤葉 : 붉은 단풍잎. *庭柯 : 집 뜰에 있는 나무의 가지. 뜰의 나무.
[鑑賞] 가을의 모습을 보며 얼핏 떠오르는 대로 읊은 小品(소품)이다. 대나무에 비 오는

소리는 언제나와 같이 사각거리고 온 골에 가득한 단풍나무에는 가을빛이 짙다. 고운 국화는 새벽이슬에 젖어 눈물 흘리는 듯하고 붉은 낙엽은 쓸쓸하게 뜰의 나뭇가지에서 떨어져 내린다. 起句(기구, 첫 구)와 承句(승구, 둘째 구), 轉句(전구, 셋째 구) 와 結句(결구, 끝 구)는 각각 對句(대구)를 이루었으니, 繞簷-滿洞, 竹密-楓殷, 雨聲 慣-秋色多와 艶艶, 蕭蕭, 黃花-赤葉, 啼曉露-下庭柯 등으로 짝이 되었다.

7言絶句(7언절구). 압운은 多, 柯 자로 평성 '歌(가)' 평운이다. 평측은 차례로 '仄平仄仄仄平仄, 仄仄平平平仄平, 仄仄平平平仄仄, 平平仄仄仄平平'으로 이사부동이륙대, 반법, 점법 등에 어긋나지는 않지만 첫 구는 평측이 고르지 못하다.

111. 釋 天因(석 천인 1205~1248) : 천인 스님. 고려 高宗(고종) 때 天台宗(천태종) 승려. 시호 靜明國師(정명국사). 성 朴氏(박씨). 燕山(연산) 사람. 어려서부터 글을 잘하여 17세에 진사가 되었으나, 과거에 뽑히지 못하고 許迪(허적), 申克定(신극정)과 함께 萬德山(만덕산)에 들어가 圓妙國師(원묘국사) 밑에서 중이 되어 천태교를 공부하다가, 한 때 松廣寺(송광사)에 가서 慧諶和尚(혜심화상)에게 曹溪宗(조계종)을 배우기도 했으나, 다시 만덕산으로 돌아가 원묘국사의 天台教觀(천태교관)을 물려받고 院門(원문)을 주관했다. 고종 34년(1247)에 몽고군의 침입을 피해 象王山 法華寺(상왕산 법화사)에 들어가 이듬해 44세로 입적했다.

111-1 說法臺(설법대) 설법하던 대

南臺四面石纍纍 恰是湘公說法時 當日點頭人不見 誰知一性本無虧.
(남대사면석류류 흡시상공설법시 당일점두인불견 수지일성본무휴)

남대의 사방에 돌들이 벌여 있어, 마치 의상 대사가 설법하던 그 때의 자리 같네.
그 당시 머리 끄덕이던 사람들 보이지는 않지만,
하나의 본바탕은 본래 이지러짐이 없음을 그 누가 알리오.

[語句] *說法 : <佛>불법을 풀어 밝힘. 불교의 教義(교의)를 들려줌. *南臺 : 남쪽 墩臺(돈대, 조금 높직하고 평평한 땅) 또는 지명<固有名詞>. *四面 : 四方(사방). *纍纍 : 서로 잇닿은 모양. 겹친 모양. *湘公 : 신라 중기의 義湘大師(의상대사, 625~702). *當日 : 의상대사가 설법하던 그 날. *點頭 : 옳다는 뜻으로 머리를 약간 끄덕임. 중국 六朝(육조) 때 道生法師(도생법사, 生公생공)가 사람들에게 설법하니 듣는 사람이 없어서, 虎丘山(호구산)에 돌들을 모아 놓고 불법을 강하니 돌들이 머리를 끄덕이더라고 함. *一性 : 하나의 본바탕, 성품, 마음. *無虧 : 이지러짐이 없음.
[鑑賞] 의상대사가 설법하던 돈대를 유람하며 감상을 읊은 禪詩(선시). 설법대 앞에는

옛날 도생법사가 돌들을 모아 설법하던 모양으로 돌들이 벌여 놓여, 그 때 그 돌에 앉아 의상의 설법을 듣고 불심을 가지게 된 사람들이 상상된다. 그 대중들을 지금은 볼 수 없지만, 그 불심이 한 덩어리의 본바탕이 되어 후세 사람에게 면면히 이어져 지금 불교가 성행하게 된 것이 아닌가. 이와 같이 一性은 본래 이지러짐이 없이 온전한 것임을 사람들은 깨달아야 하리라.

7言絕句(7언절구). 압운은 黌, 時, 虧 지로 평성 '支(지)' 평운이다. 평측은 차례로 '平平仄仄仄平平, 仄仄平平仄仄平, 平仄仄平平仄仄, 平平仄仄仄平平'으로 二四不同二六對(이사부동이륙대)와 反法(반법), 粘法(점법) 등이 잘 이루어진 7絕의 典型(전형) 같다.

111-2 題權學士法華塔(제권학사법화탑) 권 학사의 법화탑을 두고 짓다

如來昔在靈鷲山 蓮華妙法三周宣 是時寶塔從地聳 古佛讚歎何殷勤 <초련>
得之何樂失何戚 過眼變化如雲煙 君看此塔別有屬 地轉天廻曾不遷 <종련>

(여래석재영취산 연화묘법삼주선 시시보탑종지용 고불찬탄하은근)

(득지하락실하척 과안변화여운연 군간차탑별유속 지전천회증불천)

석가여래가 옛날 영취산에 계시면서, 묘법연화경-법화경-을 세 차례 강설하셨는데, 이 때 보탑이 땅에서 솟았나니, 옛 부처의 찬탄함이 어찌 그리도 은근했던가.<初聯>
얻었다고 무엇이 즐거우며 잃었다고 뭘 슬퍼하리,
눈앞을 지나는 변화는 구름이요 연기인데.
그대 보라, 이 탑은 따로 속한 데가 있어,
땅이 구르고 하늘이 돌아도 변하지 않으리라.<終聯>

[語句] *權學士 : 未詳(미상)이나 權旽(권단 1228~1311)이 아닌가 싶은데 지은이보다 뒷사람이다. →16. 學士는 '고려 때 翰林院(한림원)의 정4품, 詞林院(사림원)의 정3품, 普文閣(보문각)의 종3품 벼슬'임. *法華塔 : 불법을 빛냈음을 기리어 세운 탑 또는 法華宗(법화종)의 탑. 법화종은 法華經(법화경, 妙法蓮華經묘법연화경의 준말)을 宗旨(종지)로 하는 불교의 한 종파로 신라 때 玄光法師(현광법사)가 창설했음. *如來 : 釋迦牟尼(석가모니)를 신성하게 이르는 말. 그의 10가지 名號(명호) 중의 하나로 '實相(실상) 및 眞理(진리)와 함께 왔다'는 뜻. *靈鷲山 : 中印度 摩竭陀國(중인도 마갈타국)의 王舍城(왕사성) 동쪽에 있는 산. 석가여래가 이 곳에서 법화경과 無量壽經(무량수경)을 講(강)했다 함. 靈山. *蓮華妙法 : 묘법연화경. '연꽃과 연관된 신기하고 묘한 法文(법문)'이란 뜻임. *三周 : 세 번. 세 차례. *寶塔 : 보배로운 고귀한 탑. 寺塔(사탑). 귀한 보물로 장식한 탑. 多寶如來(다보여래)를 안치한 탑. *讚

歎 : 칭찬하고 감탄함. 마음에 아름답게 여김. *殷勤 : 겸손하고 정중함. 정성되고 다정함. 慇懃(은근). *雲煙 : 구름과 연기. 이내 사라져 버리는 무상한 것. 雲煙過眼(운연과안, 즐거운 일에 오래 마음을 두지 않음. 사물에 마음을 깊이 두지 않음).

[鑑賞] 권 학사의 법화탑을 칭송해 읊은 長篇古詩(장편고시)이다. 초련에서 석가여래의 공덕과 기적을 술회하고 이어 다음과 같이 읊었다. "그 누군가가 삼매경에서 붓을 잡아 탑의 모양을 정묘하게 그리고는, 부처님 말씀 6만 9천 자를 써서 글자마다 고물고물 개미떼가 기어가는 듯하다. 鵝溪(아계) 좋은 종이 한 폭 높이가 반 길인데, 수미산 꼭대기보다 높지 않을라나. 이 묘법연화경은 학사가 西宋(서송)에서 배우고 외어 보인 불경이라, 그 뜻이 多寶(다보)와 같다고 인증되어 이 탑을 준 바, 학사가 세상을 떠나 신선이 된 뒤 절간에 묻히어 전하는 이가 없었다. 아아 그대가 지금 우연히 이 법화경 탑을 다시 이루었으니 그대가 옛날의 경과 탑을 세웠던 그 사람이 아닌가. 따라서 이 법문을 독실히 믿고 공부하는 모임을 만들어야 하리. 본래 外物(외물)은 내 것이 아니니 그 진수를 스스로 깨달아야 하는 것이라." 하고는 끝 연에서 얻음과 잃음에 얽매이지 말아야 하나니, 이 탑은 천상에 소속된 것이라 영원히 변하지 않으리라 하고 맺었다.

7言古詩(7언고시). 모두 18聯(연, 36구)이다. 압운은 宣, 勤, 煙, 遷 자로 勤은 평성 '文(문)' 평운이고, 나머지는 평성 '先(선)' 평운인데 이 두 운자는 通韻(통운)이 된다. 이 시 전체를 보면 18운자 중 '先' 운이 16자, '文' 운이 1자, '刪(산)' 평운이 1자인데 이 운자들 모두 통운이 되어 고시이면서 운을 모두 맞춘 작품이다. 평측은 차례로 '平平仄仄平仄平, 平平仄仄平平平, 仄平仄仄平仄仄, 仄仄仄仄平平平 ; 仄平平仄仄平仄, 平仄仄仄平平平, 平平仄仄仄仄仄, 仄仄平平平仄平'으로 이사부동이륙대는 초련 제2구, 종련 제1구, 제4구의 셋만 지켜졌고, 반법이나 점법은 이루어지지 않았다. 그러므로, 비록 평운으로 압운했지만 평측 규칙에 맞지 않아 고시로 분류하는 것이다.

112. 偰遜(설손 ?~1360) : 고려 말기의 학자. 初名(초명) 百遼遜(백료손). 高昌(고창)에 살던 回鶻人(회골인, Uighur ; 8~12세기 몽고와 신강성에 살던 터어키계 부족). 먼 조상이 偰輦河(설련하)에서 살았기로 성을 偰로 삼았고, 그의 高祖(고조)인 嶽璘帖穆爾(악린첩목이)가 元(원) 나라에 귀화한 뒤 대대로 벼슬을 살았는데, 부친 哲篤(철독)은 江西行省右丞(강서행성우승) 벼슬을 지냈다. 설손은 元의 順帝(순제) 때 진사에 급제하여 翰林應奉文字(한림응봉문자), 宣政院斷事官(선정원단사관)을 거쳐 端本堂正字(단본당정자)로 뽑혀 황태자에게 경전을 가르쳤다. 공민왕이 즉위 전 元에 머무를 때 단본당에서 그와 알게 되었으며, 그는 승상 哈麻(합마)의 비위에 거슬려 單州留守(단주유수)로 좌천되고 부친상을 당하여 大寧(대령)에 있다가 홍건적의 난을 피하여 공민왕 7년(1358) 고려에 들어왔다. 왕은 그를 후대하고 高昌伯(고창백)에 봉했다가

다시 富原侯(부원후)로 봉하고 부원 땅의 전답을 내렸다. 아들 다섯을 두었는데 맏아들 長
壽(장수 →113)도 文名(문명)이 높았으며 고려말과 조선초의 名臣(명신)이었다.

112-1 病中詠瓶梅 二首 第2首(병중영병매 이수 제2수)

몸 아픈 속에 병에 꽂힌 매화를 읊다 두 수 둘째 수

一月江梅亦有情 亂開花萼滿銅瓶 若爲折寄逢邊使 恨不移栽作弟兄

庾嶺樹曾雲外辨 羅浮春每夢中行 何由盡結和羹實 長笛猶敎怨落英.

(일월강매역유정 난개화악만동병 약위절기봉변사 한불이재작제형

유령수증운외변 나부춘매몽중행 하유진결화갱실 장적유교원낙영)

정월의 강매 또한 정겨움이 있어, 어지럽도록 활짝 핀 꽃들 구리병에 가득하네.

변방 사또에게 꺾어 보낼 수야 있겠으나, 땅에 옮겨 심어 형제로 삼지 못함이 한이로다.

유령의 매화는 구름 밖에서 분별했고, 매화 화신과 노는 나부산 봄을 꿈속에서 매양 다녔네.

어찌하면 국을 조화하는 열매인 매실梅實을 모두 맺게 할꼬,

비록 매화 떨어짐을 아쉬워하는 오랑캐 피리 소리 길게 들려오더라도.

[語句] *江梅 : 강남의 매화. 강남에 핀 매화 한 가지 곧 江南一枝春(강남일지춘, 강남의
봄을 알리는 매화 한 가지)을 長安(장안)의 친구에게 보낸다는 故事(고사)가 있음. *花萼
: 꽃받침[꽃을 받쳐 싸고 있는 부분으로 녹색이나 갈색임]. 꽃. *若爲 : 어떠함.
어찌함. 如何(여하). *邊使 : 변방의 使者(사자)나 고을원. *弟兄 : 형제. 중국 宋
(송)의 黃山谷(황산곡 →680)이 '芸香(운향)은 아우요 매화는 형이라'고 읊어 매화를
'梅兄'이라 부르게 되었음. *庾嶺 : 매화나무가 많은 중국 韶州(소주)의 고개.
매령. 大庾嶺(대유령). *羅浮 : 중국 광동성 惠州府 傅羅(혜주부 부라)에 있는 명산.
晉(진)의 葛洪(갈홍, 抱朴子포박자)이 이 산에서 仙術(선술)을 얻었다 하고, 隋(수)의 趙
師雄(조사웅)이 밤에 여기서 매화의 花神(화신)인 미녀와 즐겼다 함.<柳宗元 龍城錄>
*何由 : 무엇으로 하여. 왜. 무엇으로 말미암아. *和羹 : 여러 가지 재료를 조
화하여 국을 만듦. 若作和羹 爾惟鹽梅(내가 국을 끓일 때, 너는 소금이나 매
실 같은 양념이 되어 다오)<書經 商書 說命> *長笛 : 길이가 긴 오랑캐의 피리.
길게 부는 피리 소리. *落英 : 꽃이 짐. 落花. 羌笛(강적, 오랑캐 피리)의 곡조에 매
화꽃이 떨어짐을 아쉬워하는 '落梅花曲(낙매화곡)'이 있음.

[鑑賞] 병을 앓고 있으면서 화병에 꽂힌 매화나무에 꽃이 피는 것을 보며 읊은 작품
이다. 첫 수는 '몸 아픈 속에서도 선녀의 살결 같은 매화에서 연상되는 바는
임포와 하손이다. 宋(송)의 林逋(임포)는 서호에서 매화를 즐겼고, 梁(양)의 何遜(하

손)은 눈 속의 매화를 읊은 東閣(동각) 시를 지었다. 우리 집도 매화의 성긴 그림
자 비끼었다는 임포의 시 구절과 비슷한 배경이라, 고요히 봄이 오는 기틀을
느끼었더니, 가지 끝 몇 송이 꽃이 먼저 알았구나.'라는 내용이다. 위에 적은
둘째 수는 매화와 관련되는 고사나 글들을 인용하면서, 화병에 핀 매화를 대하
는 감상을 마무리했는데 가히 名作(명작)이라 할 만하다.

　7言律詩(7언율시). 압운은 情, 瓶, 兄, 行, 英 자로 평성 '庚(경) 평운이다. 평측은 차례로 '仄
仄平平仄仄平, 仄平平平仄仄平, 平平仄仄平平仄, 仄仄平平平仄平, 仄仄仄平平仄仄, 平平
平仄仄平平, 平平仄仄平平仄, 平仄平平仄仄平'으로 二四不同二六對(이사부동이륙대)와 反法,
粘法(반법, 점법) 등이 잘 이루어져 7律의 典型(전형)이 되겠다.

112-2 擬戍婦擣衣詞 五首 第2首(의수부도의사 오수 제2수)
수부가 옷을 다듬는 노래에 비기어 짓다 다섯 수 둘째 수

皎皎天上月 休照玉門關 金戈相摩戛 中夜絺綌寒
良人昔告別 豈謂歸路難 徘徊一西望 令我摧心肝.
　　(교교천상월 휴조옥문관 금과상마알 중야치격한

　　양인석고별 기위귀로난 배회일서망 영아최심간)

희고 밝은 하늘의 저 달아, 부디 옥문관에는 비치지 말라.
쇠창이 서로 부딪치는 싸움 있으리니, 한밤에 입고 있는 베 여름 옷 얼마나 추우리.
낭군님이 전에 작별을 알릴 때, 어찌 돌아오기가 어려움을 알아 말했겠는가.
이리저리 오락가락하면서 서편을 보며 그리워하노라니, 이 내 마음속 찢어지는 듯하여라.

[語句] *擬 : 비기다. 흉내내다. 헤아리다. *戍婦 : 수자리 사는 사람의 아내. 국경 수비
　　병사의 아내. *擣衣 : 다듬잇방망이로 옷을 다듬음. *皎皎 : 달이 맑고 밝음. 희고
　　깨끗함. *玉門關 : 중국 甘肅省 燉煌(감숙성 돈황) 서쪽에 있는 관문. 新疆省(신강성)을
　　거쳐 西域(서역)으로 통하는 교통의 요지이며 陽關(양관)의 서북에 있음. *金戈 : 쇠
　　로 만든 창. 쇠창. *摩戛 : 물체와 물체 사이에 마찰이 생겨 소리가 남. 부딪치는
　　소리. *中夜 : 한밤중. *絺綌 : 葛布(갈포, 칡 섬유로 짠 베)로 지은 옷. 베옷.<論語 鄕
　　黨> *良人 : 남편. 부부가 서로 상대방을 이르는 말. *告別 : 이별을 고함. *歸路
　　: 돌아오는 길. 回程(회정). *徘徊 : 목적 없이 거닒. 이리저리 거닐어 다님. 彷徉(방
　　양). *西望 : 서쪽을 바라봄. 西笑(서소, 서쪽 장안을 그리워함. 思慕사모)와 비슷한 뜻으로
　　쓴 말인 듯함. *摧 : 꺾다. 쪼개다. 억누르다. *心肝 : 심장과 간장. 마음속.
[鑑賞] 누구의 수부도의사를 본따 지었는지 모르나, 杜甫(두보)의 5언율시 '擣衣'가 있는

데 그 시도 수자리 살러 간 남편의 겨울옷을 다듬이질 하는 아내의 심정을 읊은 시이다. 이 시의 첫 수 는 '교교한 가을 달이 긴 밤을 비추는데 서북풍 불고 귀뚜라미는 침상에서 운다. 남편은 수자리에 갔고 나는 독숙공방인데 빈 방은 한스럽지 않으나 그이는 옷이 없어 추위에 떨 것이 걱정이다.' 했고, 셋째 수는 '달은 교교해 내 비단 휘장으로 달빛 들어온다. 흰 이슬은 다듬잇돌을 적시고 다듬잇방망이 소리는 슬픔이 함빡이다. 오늘밤의 이 수고는 아무것도 아닐세, 그이 언제 돌아올까를 생각하면. 시름에 젖어 잠 이루지 못하나니 어찌하면 구름 타고 그이 곁으로 갈 수 있을꼬.'라 읊었다. 끝 두 수에서는 '옷감 다듬어서는 햐얀 옷 만들어 싸고 또 싸서 수자리로 부치니 그 속에는 피가 된 눈물이 어리었다오. 계집이 한 번 시집가면 평생 한 절개인데, 나는 왜 박명하여 그이와 이리도 길게 이별해 있는고.' '구름 속을 날며 우는 기러기, 그 소리 어이 이리 슬픈가. 편지라도 한 장 없어 내 편지 부치려다 망설인다. 바라건대 낭군님이여, 첩의 일일랑 생각 말고 몸 보전 잘 하시어요. 그대가 나라에 충성을 다한다면 저는 이 규방에서 죽어도 마땅하리이다.' 하여, 아내의 슬픔 속에서도 大義(대의)를 위하는 우리나라 여인네의 꿋꿋한 심정을 읊은 佳作(가작)으로 애절한 連作詩(연작시)이다.

5言古詩(5언고시) 다섯 수 중 둘째 수. 압운은 關, 寒, 難, 肝 자인데 寒만 평성 '寒' 평운이고 나머지는 평성 '刪(산)' 평운으로 이 두 운자는 通韻(통운)이 된다. 평측은 차례로 '仄仄平仄仄, 平仄仄平平, 平平平平仄, 平仄平仄平, 平平仄仄仄, 仄仄平仄平, 平平仄平仄, 平仄平平平'으로 이사부동에 맞는 구는 제2, 5, 8구뿐이며 반법, 점법 등이 이루어지지 않았다.

113. 偰長壽(설장수 1341~1399) : 고려말·조선초의 文臣(문신). 자 天民(천민). 호 芸齋(운재). 시호 文貞(문정). 回鶻族(회골족). 父 遜(손 →112). 공민왕 때 과거에 급제했고 詩(시)와 書(서)에 능했다. 判典農寺事(판전농시사)로 있을 때 왜구를 방어할 대책을 역설했으나 채택되지 못했고, 禑王(우왕) 때 知密直司事(지밀직사사)와 政堂文學(정당문학)을 역임했으며, 우왕의 讓位表文(양위표문)을 가지고 明(명) 나라에 왕래했다. 李成桂(이성계 →450)가 우왕을 폐하고 공양왕을 앉힐 때 이 모의에 참가하여 9공신의 한 사람이 되고, 忠義君(충의군)에 피봉되었으며 贊成事(찬성사)와 判三司(판삼사)에 이르렀다가 鄭夢周(정몽주 →393)가 죽은 후 그 일당으로 몰려 귀양 갔다. 조선초에 다시 등용되어 사신으로 명 나라에 다녀왔으나, 元勳(원훈)들의 노여움을 사서 귀양 갔다가 謫所(적소)에서 사망했고 아들 循(순)이 있었다.

113-1 新春感懷(신춘감회) 새해의 감회

新年萬物俱含新 九見鶴峰龍岫春 草池未碧不成夢 梅花滿枝如笑人
中原安得息豺虎 北闕幾時來鳳麟 形迹從敎猶碌碌 謾傾濁酒偕比隣.

(신년만물구함신 구견학봉용수춘 초지미벽불성몽 매화만지여소인

중원안득식시호 북궐기시내봉린 형적종교유녹록 만경탁주해비린)

새해라 만물이 두루 새로움을 머금었는데, 학봉과 용수의 봄을 아홉 해나 보네.

못의 봄풀 푸르지 않아 작시作詩의 꿈 못 꾸었는데,

가지에 가득한 매화는 사람 보며 방긋 웃는 듯.

어찌하면 중국 땅의 승냥이와 범 같은 무리들이 잠잠케 하며,

언제 우리 고려 조정에는 봉황과 기린 같은 훌륭한 인재가 날 것인가.

내가 남길 흔적은 하잘 것 없는 대로 두고, 짐짓 이웃들과 어울려 막걸리 잔이나 기울이네.

[語句] *新春 : 새봄. 새해. *感懷 : 마음에 느낀 생각과 회포. 지난날을 생각하는 회포. *俱 : 함께. 갖추다. *九見 : 아홉 번 봄. '9년 세월이 지났음'을 말함. *鶴峰, 龍岫 : 산이나 봉우리 이름으로 松都(송도, 開城개성)에 있는 듯함. *草池 : 못가의 풀. *不成夢 : 꿈을 이루지 못함. 좋은 싯귀를 얻지 못함. 중국 晉(진)의 謝靈運(사영운)이 永嘉太守(영가태수)로 있을 때 시를 짓고자 종일 생각해도 詩想(시상)이 떠오르지 않다가, 꿈에 族弟(족제) 惠連(혜련)을 보고는 즉시 '池塘 生春草(못가에 봄풀이 돋아나네)'란 구가 떠오르더라 함.<南史> *中原 : 나라의 중앙 지역. 중국 특히 黃河(황하) 유역. *豺虎 : 승냥이와 범. 간악한 무리와 날랜 도적이나 역적. *北闕 : 대궐. 궁궐은 모두 남향이기에 쓰는데 여기서는 '고려의 조정'을 두고 한 말임. *鳳麟 : 봉황과 기린. 뛰어난 인물. 鳳麟芝蘭(봉린지란, 봉황과 기린처럼 잘 생긴 남자와 지초나 난초와 같이 예쁜 여자). *形迹 : 뒤에 남긴 흔적. *碌碌 : 하잘 것 없음. 소용이 없음. 庸劣(용렬)함. *謾 : 또. 속이다. 짐짓. 느리다. *濁酒 : 막걸리. *偕 : 함께. 굳세다. *比隣 : 가까운 이웃.

[鑑賞] 새 봄과 새해를 맞이하는 감상을 읊은 작품이다. 새해를 맞이하니 모든 것이 새롭게 보이는데, 이 곳에서 새해를 맞는 게 이미 9년이 되었다. 새 봄에 좋은 시 작품을 짓지 못하고 있는 중에 매화는 활짝 피어 나를 보고 방긋 웃고 있으니 비웃는 것이나 아닌지 모르겠다. 나라 안팎이 모두 편안하지 못하니, 내 자취는 보잘 것 없어, 이웃 사람들과 모여 막걸리나 마시며 새해를 보낸다. 頷聯(함련 3~4구)과 頸聯(경련 5~6구)의 對句(대구)가 멋지다.

7言律詩(7언율시). 압운은 新, 春, 人, 麟, 隣 자로 평성 '眞(진)' 평운이다. 평측은 차례로 '平

平仄仄平平平, 平仄仄平仄仄平, 仄平仄仄仄平仄, 平平仄平平仄平, 平平平仄仄平仄, 仄仄仄平平仄平, 平仄平平平仄仄, 平平仄仄平仄平'으로 제3, 8구는 二四不同二六對(이사부동이륙대)에 어긋났고 셋째 구와 다섯째 구는 反法(반법)이 이루어지지 않았으며 따라서 粘法(점법)도 되지 않아, 엄격한 의미에서는 古詩(고시)로 보는 것이 타당하다.

113-2 漁翁(어옹) 어부 늙은이

不爲浮名役役忙 生涯追逐水雲鄕 平湖春暖煙千里 古岸秋高月一航
紫陌紅塵無夢寐 綠蓑靑蒻共行藏 一聲欸乃歌中趣 那羨人間有玉堂.

(불위부명역역망 생애추축수운향 평호춘난연천리 고안추고월일항

자맥홍진무몽매 녹사청약공행장 일성애내가중취 나선인간유옥당)

뜬구름 같은 이름에 매이지 않아 바쁘지 않고, 물과 구름의 고장 따라 평생을 살아가네.
넓은 호수에 봄날 따뜻해 안개 천 리에 끼이고,
옛 언덕에 가을 깊어 달은 한 척 배로구나.
서울 거리와 속세는 꿈에도 가질 생각 없고,
푸른 도롱이에 부들 삿갓으로 평생을 짝하노라.
어여차 한 마디 뱃노래 속의 그 흥취, 어찌 인간의 옥당 높은 벼슬을 부러워하리.

[語句] *浮名 : 뜬구름처럼 무상한 이름이나 명예. 나쁜 평판. *役役 : 마음과 힘을 몹시 쓰는 모양. *生涯 : 산 동안. 평생. *追逐 : 따름. 벗 사이에 서로 왕래하여 교제함. *水雲鄕 : 물이 흐르고 구름이 머무는 물가의 고장. 강가 마을. *平湖 : 평평한 호수. 넓은 호수. *秋高 : 가을 하늘이 높음. 가을이 깊음. 天高(천고). *月一航 : '넓은 하늘을 노젓듯이 가는 외로운 달'이란 뜻임. *紫陌 : 서울의 번화한 거리. *紅塵 : 세상의 번거로운 일. *夢寐 : 잠을 자며 꿈을 꿈. *綠蓑 : 푸른 볏짚으로 만든 도롱이. *靑蒻 : 푸른 대나 갈대로 만든 삿갓. *行藏 : 세상에 나오거나 물러나 은퇴함. 세상살이. *欸乃 : 어부의 뱃노래. *玉堂 : 아름답게 꾸민 집. 官廳(관청). 벼슬살이.

[鑑賞] 어부 노인의 생애에 의탁해 지은이의 심정을 읊은 작품이다. 세속의 명예에 얽매이지 않으니 바쁠 것 하나 없고, 평생을 구름 머무는 물가를 따라 살아간다. 넓은 호수에는 안개 멀리 뻗쳐 끼었고, 정겨운 언덕에는 조각달 하나가 배가 되어 높은 가을 하늘에 누젓는다. 번거로운 일이 많은 서울 거리에 살 마음 추호도 없고, 도롱이와 삿갓으로 인생을 살아간다. 흥겨운 뱃노래에 담긴 그 흥취는, 인간 세상의 옥당에다 비길 것인가. 자연 속에서 그 자연에 동화되어 유유자적 살아가는 한적한 삶을 기린 시인데, 그는 벼슬도 살았으니 處士(처사)라고는 할 수 없겠고, 귀양

살이를 하면서 뱃사람들의 이러한 삶이 인생의 참모습이 아닐까 하는 심정으로 읊었으리라. 앞 시와 마찬가지로 함련과 경련의 대구가 잘된 좋은 작품이다.

7언율시. 압운은 忙, 鄕, 航, 藏, 堂 자로 평성 '陽(양)' 평운이다. 평측은 차례로 '仄仄平平仄仄平, 平平平仄仄平平, 平平平仄平平仄, 仄仄平平仄仄平, 仄仄平平平仄仄, 仄平平仄仄平平, 仄平平仄平平仄, 仄仄平平仄仄平'으로 7언율시의 평측 규칙에 어긋남이 없어, 이사부 동이류대나 반법, 점법 등이 잘 이루어졌다.

114. 成侃(성간 1427~1456) : 조선 단종 때 문신. 자 和中(화중). 호 眞逸齋(진일재). 父 知中樞院事 念祖(지중추원사 염조). 형 任(임). 제 俔(현 →118). 문종 때 문과 급제하여 벼슬이 修撰, 正言(수찬, 정언)에 이르렀다.

114-1 宮詞 四首 第1首(궁사 사수 제1수) 궁중 여인의 노래 네 수 첫째 수

陰陰簾幕燕交飛 日射晴窓睡起遲 急喚小娃供頮水 海棠花下試春衣.
(음음염막연교비 일사청창수기지 급환소와공회수 해당화하시춘의)

어둑어둑한 발과 장막에 제비는 번갈아 날아들고, 해는 창을 밝게 비추는데 잠깨기 더디네. 어린 계집종 급히 불러 세숫물 바치라 하고는, 해당화 밑에서 봄옷 입어 보는구나.

[語句] *宮詞 : 궁중의 後宮, 宮女(후궁, 궁녀) 들의 노래. *陰陰 : 어둑어둑 함. *簾幕 : 발과 帳幕(장막). *日射 : 햇빛이 비침. *晴窓 : 햇빛 밝은 창. *小娃 : 계집아이 종. 娃는 '왜'로도 읽으며 '예쁜 계집아이'임. *頮水 : 세숫물. 頮는 '낯 씻다'임. *海棠花 : 장미과의 활엽 관목. 5월에 짙은 붉은 꽃이 핌. *春衣 : 봄철에 입는 옷. 春服(춘복).

[鑑賞] 궁중 여인의 춘하추동 네 계절을 각 한 수씩 읊은 작품이다. 둘째 수는 여름인데 "어둑한 발과 장막에 여름 바람 가벼운데, 하얀 과일즙을 옥 같은 병에 채우네. 어여쁜 저 꾀꼬리 일이 많은지 담장 저편에서 두세 차례 우는구나." 했고, 이어서 "오동잎 우물물에 떨어져 새 가을이 되니, 향나무 장롱에 기대어 시름에 잠기네. 밝은 달빛 뜰에 가득하고 하늘은 물빛인데 일어나 말없이 발을 내리네."는 가을이요 "칠보로 꾸민 방안에 따로 봄을 감추어 두었나니, 비단 수건과 비낀 띠는 곧 추위를 모르게 하는 辟寒珍(벽한진) 보물일세. 아침에 매화나무 밑을 걸어 보느라고 볼 위의 연지를 고르게 바르지 못하였구나."는 마지막 겨울의 시이다. 중국 시인들의 '궁사'는 많지만 우리나라 선비들은 이런 시를 잘 짓지 않은 듯하다.

7言絶句(7언절구) 네 수 중의 한 수. 압운은 飛, 遲, 衣 자인데 飛와 衣는 평성 '微(미)' 평운, 遲도

평성 '支(지)' 평운으로 두 운자는 通韻(통운)이 된다. 평측은 차례로 '平平平仄仄平平, 仄仄平平仄仄平, 仄仄仄平平仄仄, 仄平平仄仄平平'으로 이사부동이륙대나 반법, 점법 등이 모두 잘 이루어졌다.

114-2 寄姜景愚 首聯(기강경우 수련) 강경우에게 첫 연

詩爲有聲畫 畫乃無聲詩 古來詩畫爲一致 輕重未可分毫釐.
  (시위유성화 화내무성시 고래시화위일치 경중미가분호리)

시는 소리 있는 그림이요, 그림은 소리 없는 시이니,

예로부터 시와 그림은 일치되어 있어서, 그 경중을 조그만 차이로도 가를 수 없네.

[語句] *姜景愚 : 화가. 미상임. *詩爲有聲畫 : 시는 소리[말, 聲律성률] 있는 그림임. 宋(송)의 蘇軾(소식, 東坡동파)이 唐(당) 나라 王維(왕유)의 시와 그림을 평하기를 "詩中有畫 畫中有詩(시 속에 그림이 있고, 그림 속에 시가 있도다)"라 했음<東坡志林> *一致 : 하나를 이룸. 하나가 됨. *輕重 : 가볍게 보는 것과 중요하게 보는 일. *毫釐 : 몹시 작은 것. 호나 리는 무게와 길이의 단위로 毫는 '十絲(십사)', 釐는 '分(분)의 10분의 1'임.

[鑑賞] 화가 강경우를 칭송한 시로 이 뒤로는 "선생의 가슴속에 감추어진 백 가지 기괴한 게 시인지 그림인지 도무지 모르겠고, 때때로 흥이 나면 몽당붓을 잡아 흰 비단 펼치고는 그림 그리어 마무리 짓네. 잠깐 사이에 물줄기 하나 바위 하나 그리고는, 벼랑의 고목 한 그루가 맑은 시냇가에 서는구나. 당 나라 산수화가 鄭虔(정건)이 선생의 前身(전신)임을 알겠기에, 나는 선생의 그림을 어루만지며 종일토록 기쁨을 삼네. 그러나 먹물과 단청 채색이 어찌 오래 갈건가, 하루 아침에 흩어져 연기처럼 될 것을. 그러니 차라리 소리 있는 그림인 시를 만들어, 사람들이 듣고는 턱이 벌어지도록 감탄하고, 천년 만년토록 신기하다고 칭송받는 게 어떠하리."라고 읊어, 그 기묘한 경지를 시로 읊어 두면 더욱 오래도록 전해지리라 아쉬워했다.

7言古詩(7언고시) 9연[17구] 중의 첫 연인데 처음 두 구는 5언이다. 압운은 詩, 釐 자로 평성 '支(지)' 평운이다. 평측은 차례로 '平平仄平仄, 仄仄平平平, 仄平平仄平仄仄, 平仄仄仄平平平'으로 둘째 구만 이사부동이 되었고 나머지 구는 二四不同二六對, 反法, 粘法(이사부동이륙대, 반법, 점법) 등이 이루어지지 않았다. 고시이기에 평측은 따져 볼 필요가 없는 것이다.

115. 成三問(성삼문 1418~1456) : 조선 단종 때의 충신, 학자. 死六臣(사육신)의 한 사람. 자 謹甫, 訥翁(근보, 눌옹). 호 梅竹軒(매죽헌). 시호 忠文(충문). 본관 昌寧(창녕). 父 侍從武官 勝(시종무관 승). 洪州 魯恩洞(홍주 노은동) 외가에서 태어났는데, 막 낳으려 할

때 공중에서 "낳았느냐?" 하고 세 번 묻는 소리가 들려 三間(삼간)이라 이름지었다 한다. 세종 20년(1438) 生員(생원)으로 문과에 급제하고 동왕 29년(1447) 重試(중시)에 장원하여 承旨(승지)로서 늘 임금의 측근에 있으면서 좋은 건의를 많이 했다. 이후 集賢殿學士(집현전 학사)로 글씨를 잘 썼고 문장에 뛰어나 세종에게서 앞날을 크게 촉망받았으며, 申叔舟(신숙주) 등과 正音廳(정음청)에서 훈민정음 창제에 참여하여 음운 관계로 명 나라에 여러번 다녀왔다. 세종이 만년에 숙환으로 온천에 갈 때 그와 朴彭年(박팽년), 신숙주, 崔恒(최항), 李塏(이개) 등을 항상 대동하여 고문으로 삼았다. 1453년(단종 1년) 단종이 즉위하자 수양대군이 金宗瑞(김종서)를 참살하고 집현전 신하들에게 靖難功臣(정난공신)의 호를 내리니 그는 이를 수치로 여겼다. 1455년(세조 1년) 수양대군이 단종을 내쫓고 세조로서 왕위에 오르니 성삼문은 禮房承旨(예방승지)로서 옥새를 안고 통곡했으며, 이듬해에 아버지 勝, 박팽년 등과 함께 上王(상왕)이 된 단종의 복위를 꾀하다가 발각되어 세조의 직접 심문과 가혹한 고문 끝에 박팽년, 이개, 河緯地(하위지), 柳誠源(유성원), 俞應孚(유응부)와 함께 한강 가에서 처형되니 이들을 사육신이라 하며 노량진에 그들의 묘소가 있다. 사육신들은 처음에 명 나라 사신의 송별연 석상에서 세조를 죽이고 이어 韓明澮(한명회), 鄭麟趾(정인지), 權擥(권남) 등 일파를 없애려 했으나, 당일 세조가 갑자기 자리가 좁으니 雲劍(운검)은 그만두라 명하여 운검으로 내정되었던 성승과 유응부는 당혹해졌다. 유응부는 그대로 세조를 죽이자고 했으나 성삼문이 후일을 기약하자며 극력 말렸다. 함께 모의하던 金礩(김질)이 鄭昌孫(정창손)에게 밀고하니 그들은 모두 체포되어 친국이 열리고 혹독한 형벌이 가해졌다. 성삼문은 세조의 옆에 있던 신숙주를 꾸짖었으며, 姜希顔(강희안)은 관련 없다면서 살려 내기도 했다. 그가 죽은 뒤 집안을 수색하니 세조에게서 받은 祿米(녹미)가 그대로 있고 방은 거적을 깔았으며 세간이 없는 가난한 살림 그대로였다고 한다. 숙종 때 그가 태어난 홍주 옛집 옆에 綠雲書院(녹운서원)을 세웠고, 영조 34년(1758)에 이조판서에 추증하고 시호도 내렸다.

115-1 詠海棠(영해당) 해당화를 읊다

子固不能詩 不能亦何傷 我愛柳仲郢 衣不喜薰香.

(자고불능시 불능역하상 아애유중영 의불희훈향)

증자고曾子固가 시를 못 짓는다는데, 그것이 또 무슨 허물이 되리오.

나는 유중영을 사랑하노니, 그는 옷에 훈향 뿌림을 즐기지 않았음이라.

[語句] *子固 : 曾子固(증자고 1019~1083). 宋(송)의 문인. 이름 鞏(공). 唐宋8大家(당송8대가)

의 한 사람. 진사 급제하여 史官(사관)을 지냈고, 歐陽修(구양수)에게 배워 古文(고문)에 숙달했음. 저서로 '元豊類稿(원풍류고 50권)가 있음. →500. *劉仲郢 : 唐(당)나라 사람. 검소하기로 유명함. *薰香 : 꽃다운 향기. 香薰(향훈). 불을 붙여 향내새를 내는 香料(향료). 線香(선향).

[鑑賞] 송의 문인 증자고가 시를 잘 짓지 못하는데, 이것이 그의 欠缺(흠결)일 수 없다. 왜냐 하면, 그는 이름난 문장가이기 때문이다. 마찬가지로 해당화는 향기가 없는데 그것이 해당화의 흠이라고는 할 수 없다는 것이다. 왜냐 하면, 당의 유중영은 검소하게 살아가기로 이름 높아 사람들의 존경을 받는데, 그는 몸에 향내를 풍기는 약재를 뿌리는 일이 없으니 몸에서 향내가 나지 않는다고 해서 존경심이 덜해지는 게 아니다. 이와 마찬가지로 해당화는 예쁜 꽃임에는 변함이 없는 것이다. 이 시와 관련되는 이야기가 있으니, 중국 송 나라 彭淵材(팽연재)는 훌륭한 것 다섯 가지에 각각 결점 하나씩 있는데 준치가 가시가 많은 것, 귤이 신 것, 蓴菜(순채)가 냉한 것, 해당화에 향기가 없는 것, 그리고 증자고가 시를 잘 못 짓는 것을 들고 이를 五恨(오한)이라고 했던 것이다.

　　5言古詩(5언고시). 압운은 傷, 香 자로 평성 '陽(양) 평운이다. 평측은 차례로 '平平仄平仄, 仄仄平平平, 仄仄仄仄仄, 平仄平平平'으로 이사부동이 된 구는 첫 구와 마지막 구뿐이고 반법, 점법도 이루어지지 않았으며 셋째 구는 모두 측성이므로, 5언절구로 분류한 데도 있으나 고시라 하지 않을 수 없다.

115-2 絕命詩(절명시) 죽음에 이르러 지은 시

　　擊鼓催人命 回頭日欲斜 黃泉無一店 今夜宿誰家.
　　　(격고최인명 회두일욕사 황천무일점 금야숙수가)

　　목숨을 재촉하는 북소리 둥둥 울리는데, 고개 돌려 바라보니 해는 지려는구나.
　　저승에는 주막집 하나도 없다 하니, 오늘밤은 뉘네 집에서 묵으려나.

[語句] *絕命 : 목숨이 끊어져 죽음. *擊鼓 : 북을 두드림. *回頭 : 머리를 돌림. 고개를 돌림. 回首(회수). *黃泉 : 사람이 죽어서 간다는 곳. 저승. 九泉(구천). *一店 : 한 주막집이나 객주집. 여관 하나.

[鑑賞] 지은이가 刑場(형장)으로 끌려가면서 지은 卽興詩(즉흥시). 본디 시의 제목은 없지만 편의상 '絕命詩'라 붙인 것이다. 죽음을 앞둔 절박한 상황에서 지었음에도 작시의 규칙에 어긋남이 없이 읊어 그의 한문이나 한시에 대한 소양이 높음에 감탄할 뿐이다. '둥둥 들려오는 북소리는 내 목숨을 재촉하는 저승사자 같은데,

해는 서산으로 넘어가려 하니 내 죽음도 경각이다. 저승에 주막집이 있을 리 없
으니, 오늘밤 죽은 넋이라도 어느 곳에서 쉬게 될는고.' 그의 아까운 재주와 억
울한 죽음을 연상하며 이 시를 읽을 때 눈시울이 젖음은 어찌할 수 없다.

　　5言絶句(5언절구). 압운은 斜, 家 자로 평성 '刪(산)' 평운이다. 평측은 차례로 '仄仄平平仄,
平平仄仄平, 平平平仄仄, 平仄仄平平'으로 이사부동이나 반법, 점법 등 5絶 평측 규칙에 조
금도 흠이 없는 秀作(수작)이다.

115-3 題夷齊廟(제이제묘) 백이숙제의 사당에서 짓다

當年叩馬敢言非　大義堂堂日月輝　草木亦霑周雨露　愧君猶食首陽薇.
　　(당년고마감언비　대의당당일월휘　초목역점주우로　괴군유식수양미)

당시 주무왕의 말고삐 잡고 은 나라 침을 말렸으니,
그 대의는 당당하여 해와 달로 빛나지만,
초목 또한 주 임금 은혜에 젖었으니,
그대들 수양산 고사리 캐어 먹은 일 부끄러워해야 하리.

[語句] *夷齊 : 伯夷叔齊(백이숙제). 중국 殷(은) 나라 제후 孤竹君(고죽군)의 두 아들인 백
　　이와 숙제. 周武王(주무왕)이 殷紂王(은주왕)을 치려는 것을 말리다가 무왕이 듣지
　　않으니, 首陽山(수양산)에 들어가 고사리를 캐어 먹으며 숨어 살다가 굶어 죽었음.
　　백이는 성이 墨(묵), 이름이 允(윤), 자는 公信(공신), 시호가 夷이고, 숙제는 이름이
　　智(지), 자가 公遠(공원), 시호가 齊이며, 형이니까 伯을, 동생이니까 叔을 붙였음.
　　*當年 : 그 해. 그 年代(연대). *叩馬 : 말머리나 말고삐를 끌어 잡아당김. *敢言
　　非 : (은 나라를 치는 것이) 잘못이라고 거리낌 없이 말함. *大義 : 바르고 큰
　　의리. *堂堂 : 의젓함. 버젓하고도 正大(정대)함. *雨露 : 비와 이슬. 임금이 내리
　　는 큰 은혜. *首陽 : 수양산. 중국 山西省 永濟市(산서성 영제시)의 남쪽에 있는 산.
[鑑賞] 백이숙제의 사당을 보며 지은 시. 당시는 천하가 은 나라 세상이라 신하에 지
　　나지 않는 주 무왕이 폭군인 은의 주왕을 정벌하려고 하니, '아무리 왕이 잘못
　　하더라도 신하로서 임금을 치는 것은 옳지 못하다.'며 무왕을 말린 백이숙제의
　　주장은 대의를 밝힌 옳은 일이다. 그러나, 이미 주 나라 세상으로 바뀐 뒤에
　　'義不食周粟(의에 사는 우리가 주 나라 곡식을 먹을 수 없다)' 하며 백이숙제는
　　수양산에 숨어들어 고사리를 캐어 먹었는데, 지은이는 '그 수양산의 고사리는
　　미물일망정 주 나라 왕의 은혜를 입은 게 아닌가. 그러니 백이숙제 당신들은 주
　　나라의 고사리를 먹은 일을 부끄러워해야 할 것이다.' 하고 一喝(일갈)했던 것이

다. 이렇게 시로써 꾸짖으니 백이숙제의 碑身(비신)에서 진땀이 흐르더라는 고사가 전해 온다. 이 시와 같은 지은이의 시조가 있으니 "수양산 바라보며 이제를 한하노라. 주려 죽을망정 채미(採薇)도 하는 것가. 아무리 푸새엣 것인들 긔 뉘 땅에 났더니."이다. 지은이의 충절이 이 시와 시조에서 잘 드러났다 하겠다.

7言絶句(7언절구). 압운은 非, 輝, 薇 자로 평성 '微(미)' 평운이다. 평측은 차례로 '平平仄仄仄平平, 仄仄平平仄仄平, 仄仄仄平平仄仄, 仄平平仄仄平平'으로 二四不同二六對(이사부동이륙대)와 反法, 粘法(반법, 점법) 등이 잘 이루어졌다.

116. 成石璘(성석린 1338~1423) : 조선 초기의 名臣, 名筆(명신, 명필). 자 自修(자수). 호 獨谷(독곡). 시호 文景(문경). 본관 昌寧(창녕). 父 창녕부원군 汝完(여완). 고려 공민왕 6년(1357) 과거에 급제, 典理摠郎(전리총랑)에 이르러 辛旽(신돈)의 모함으로 해주 목사로 좌천되었다가 다시 돌아와 成均館司成(성균관사성), 密直代言(밀직대언)에 뽑혀 知申事(지신사)에 올랐다. 1375년 우왕이 즉위한 뒤 密直提學(밀직제학)이었을 때 왜구가 대거 침입하자 助戰元帥(조전원수)가 되어 楊伯淵(양백연)의 부하로 참전하여 전공을 크게 세워 공신의 호를 받았으며, 同知司事(동지사사)에 승진하고 뒤에 양백연의 옥사에 연좌되어 咸安(함안)으로 귀양 갔다. 후에 昌原君(창원군)에 피봉되고 政堂文學(정당문학)을 거쳐 楊廣道觀察使(양광도관찰사)를 지낼 때 큰 흉년이 들자 義倉(의창)을 설치하여 빈민 구호에 만전을 기하니 조정에서는 다른 도에도 모두 의창을 두게 했고 門下評理(문하평리)가 되었다. 1389년 이성계와 공모하여 우왕, 창왕 부자를 몰아내고 공양왕을 세워 9공신의 한 사람으로 大提學, 門下贊成事(대제학, 문하찬성사)가 되었다. 그 후 조선 개국초에 李穡, 禹玄寶(이색, 우현보)의 일당으로 몰려 고향에 안치되었다가 뒤에 벼슬에 올라 領議政(영의정)이 되고 태종 때 佐命功臣 2等(좌명공신 2등)에 창원부원군이 되었다. 효성이 지극했으며 詩文(시문)에 능하고 眞草(진초)를 잘 써서 당대의 명필로, 동구릉의 조선 태조 健元陵 神道碑文(건원릉신도비문)은 그의 글씨이다.

116-1 在固城寄舍弟 前半(재고성기사제 전반) 고성에 있으면서 동생에게 주다 앞부분 반

舉目江山深復深 家書一字抵千金 中宵見月思親淚 白日看雲憶弟心.
    (거목강산심부심 가서일자저천금 중소견월사친루 백일간운억제심)

눈 들어 강산을 보니 깊숙하고도 깊어, 집의 편지 한 글자가 천 금 값이로구나.
밤중에는 달 보며 어버이 생각에 눈물지고, 낮에는 구름 보며 아우 그리는 마음이라.

[語句] *固城 : 경상남도 고성군 또는 고성읍. 본디 小伽倻國(소가야국)이었음. *舍弟 : 자기 아우를 겸손하게 이르는 말. ↔舍兄(사형). *擧目 : 눈을 들어 봄. *家書 : 자기 집에서 온 편지. 杜甫(두보)의 '春望(춘망)' 시에 "烽火連三月 家書抵萬金(전쟁이 석 달이나 이어지니, 가서는 만금보다 값지네)"란 구절이 있음. → 670-1. *千金 : 천 냥. 많은 돈이나 매우 큰 가치. *中宵 : 한 밤중. *思親 : 어버이를 생각함. *白日 : 맑게 갠 날. 대낮.

[鑑賞] 고성에서 고향에 있는 동생에게 보낸 시. 이 곳 산천이 벽지여서 집에서 오는 한 글자 편지가 천금 값이다. 밤중에 달을 보면 부모님 생각이 나고 한낮에 구름 보면서 아우를 그리워하게 된다. 이 뒤로는 '두 눈으로 꽃을 보려니 봄 안개 끼었고, 상투 머리는 새벽 서리 내린 듯 하얗게 세었네. 봄바람은 모르는 새에 시름 속을 스쳐 가고, 푸른 숲의 꾀꼬리 울음 온 수풀에 가득차는구나.' 하고 읊었다. 고향과 가족이 그리운 속에 타관에서 늙어감을 안타까워했다.

　　7言律詩(7언율시)의 전반 네 구. 압운은 深, 金, 心 자로 평성 '侵(침)' 평운이다. 평측은 차례로 '仄仄平平平仄平, 平平仄仄仄平平, 平平仄仄平平仄, 仄仄平平平仄平'으로 이사부동이륙대와 반법, 점법 등이 잘 구성되었다.

116-2 題南谷先生詩卷(제남곡선생시권) 남곡 선생의 시권에 제하다

許國孤標暎斗南 歸來谷口逕開三 晩年身世鳥飛倦 少日功名蟻戰酣
步屧春風觀物化 班荊月夕聽農談 江湖廊廟心何異 爲愛吾廬睡味甘.

　　(허국고표영두남 귀래곡구경개삼 만년신세조비권 소일공명의전감

　　보섭춘풍관물화 반형월석청농담 강호낭묘심하이 위애오려수미감)

나라 위한 높은 뜻 온 천하에 비쳤건만,
산골로 돌아와 은사들처럼 세 갈래 길을 열었구나.
늙바탕의 신세는 날기에 지친 새요, 젊은 날의 공명은 과거를 보느라 부산했었네.
봄바람에 나막신 신고 걸으며 만물의 변화를 살피고,
달 밝은 저녁에는 풀 깔고 앉아 농사 이야기 들어 보네.
시골에서나 조정에서나 마음이야 어찌 다르리, 내 집을 사랑해 낮잠 자는 맛 달콤하리라.

[語句] *題 : 題詞(제사). 그 책에 관계되는 글이나 시를 책머리에 적은 것. →6-1. *南谷 : 어느 사람의 아호인지 미상임. *詩卷 : 시를 모은 서적. →26-1. *許國 : 자기 몸을 돌보지 않고 나라를 위해 힘을 다함. *孤標 : 우뚝한 표상이나 표본. *斗南 : 북두성의 남쪽 곧 온 천하. *谷口 : 산골짜기의 입구. *逕開三 : 길을

세 갈래로 만듦. 隱士(은사)의 집 뜰. 漢(한) 나라 張詡(장허, 자 元卿원경)가 정원에 작은 길 셋을 내고 松竹菊(송죽국)을 각각 심어 羊仲(양중), 裘仲(구중)하고만 사귀면서 세상에 나오지 않았다 함.<三輔決錄> *身世 : 사람의 일생. 가련하거나 괴로움을 당하고 있는 사람의 처지나 형편. *鳥飛倦 : 새가 날다가 지침. 鳥倦飛而知還(새도 날다가 지치면 돌아올 줄을 안다. 사람의 출처진퇴出處進退가 자연스러움)<陶潛 歸去來辭> →110-2. *少日 : ①젊은 날. ②짧은 日數(일수). 며칠. *功名 : 공을 세운 이름. 공을 세워 이름을 떨침. *蟻戰酣 : 개미의 싸움이 분주함. '선비들이 과거보려고 科場(과장)에 모여 들어 실력을 겨루느라고 부산한 광경'을 뜻하는 말임. 歐陽修(구양수)의 시에 "萬蟻爭時春日暖(수많은 개미들이 다투듯 과거보는 선비들이 실력을 겨룰 때 봄날은 따뜻하구나)"라 있음. 酣은 '술을 즐기거나 취하다. 한창'임. *步屧 : 나막신을 신고 걸음. 내쳐 걷는 걸음. 屧은 '나막신. 꺽두기'임. *物化 : ①만물이 변화하는 모습. 物化物(물욕으로 인해 본심을 잃고 마침내 물욕의 포로가 되는 일)<禮記 樂記> ②사람의 죽음. 天命(천명)을 다하고 죽는 일. *班荊 : 가시풀을 땅에 깖. 楚(초) 나라의 伍擧(오거)와 聲子(성자)가 鄭(정) 나라 교외에서 만나 초 나라로 되돌아갈 것을 의논했는데, 이를 班荊道故(반형도고, 친구를 길에서 만나 풀을 깔고 앉아 옛 정을 나눔)라 함.<左傳 襄公26년> *月夕 : 달 밝은 저녁. 추석날 밤. *江湖 : 강과 호수. 넓은 세상. 시골 또는 자연. 선비가 숨어 사는 곳. *廊廟 : 나라의 정치를 맡아보는 곳 곧 議政府(의정부). 朝廷(조정). 政府. *吾廬 : 내 오막살이집. 내 집. 陶潛(도잠)의 '讀山海經(독산해경)' 시에 "衆鳥欣有託 吾亦愛吾廬(뭇 새들은 깃들일 곳이 있음을 즐겨하고, 나 또한 내 오두막집을 사랑하네)"라는 구절이 있음. *睡味 : 조는 맛. 잠자는 맛.

[鑑賞] 이 시는 故事成語(고사성어)와 남의 글귀가 많이 인용된 시이다. 장허의 '三逕', 도잠의 '歸去來辭', 구양수의 '蟻戰', 오거와 성자의 '班荊道故', 도잠의 '讀山海經' 등을 들 수 있고, '步屧'도 東晉(동진)의 시인 謝靈運(사영운)이 나막신을 신고 산을 오를 때는 앞굽을 빼고 오르고 내려올 때에는 뒷굽을 빼고 걸었다는 고사인 '謝公之屐(사공지극)'과 관련지어 볼 수도 있다. 이는 남곡 선생의 시집에 담긴 시들이, 이 작품이나 고사의 주제 또는 지은이들과 취향이 비슷하여 비유적으로 이끌어온 게 아닌가 생각된다. 아무튼 지은이는 史書(사서)에 정통하였음을 짐작할 수 있게 한다.

7言律詩(7언율시). 압운은 南, 三, 酣, 談, 甘 자로 평성 '覃(담) 평우이다. 평측은 차례로 '仄仄平平仄仄平, 平平仄仄仄平平, 仄平平仄仄平仄, 仄仄平平仄仄平, 仄仄平平平仄仄, 平平仄仄平平平, 平平平仄平平仄平仄, 仄仄平平仄仄平'으로 二四不同二六對(이사부동이륙대)와 反法(반법), 粘法(점법) 등에 어긋남이 없다.

117. 成重淹(성중엄 1471~1501) : 조선 燕山君(연산군) 때 학자. 자 季文(계문). 호 晴湖 (청호). 본관 창녕. 좌찬성 抑(억)의 6세손. 어려서부터 시문에 뛰어나 생원과 진사를 거쳐, 성균관에 들어가 공부할 때 하루에 시 30편을 지었는데, 金馴孫(김일손)과 曹偉(조위)가 그 작품을 보고 크게 감탄했다. 성종 25년(1494) 大科丙科(대과병과)에 급제하고 연산군 때 檢閱(검열), 正字(정자) 등의 벼슬을 거쳐 博士(박사)가 되어 經筵(경연)과 春秋館記事官(춘추관기사관)을 겸하였다. 연산군 4년(1498) 戊午士禍(무오사화)가 일어나 당시의 名賢(명현)들이 화를 입어 많이 죽으니, 그 부당함을 주장하여 河東府(하동부)에 귀양 갔다가 江陵(강릉)으로 옮긴 후 賜死(사사)되었다.

117-1 登城頭望鴨綠江(등성두망압록강) 성 위에 올라 압록강을 바라보며

澄江如練荻花秋 兩岸沙明下白鷗 落日湖山無限好 烟波何事使人愁.
(징강여련적화추 양안사명하백구 낙일호산무한호 연파하사사인수)

맑은 강물 비단 같고 갈대꽃은 가을인데, 양쪽 물가 모래 맑아 백구 날아 내리네.
호수와 산에 지는 해 끝없이 좋은데, 이내 낀 압록강 물결 어이해 시름을 자아내는고.

[語句] *城頭 : 성 위. 城上(성상). *鴨綠江 : 우리나라와 중국 滿洲(만주) 사이를 흐르는 우리나라 제일의 긴 강. 白頭山(백두산)에서 발원하여 中江鎭(중강진)을 거쳐 新義州(신의주)에서 황해로 흘러드는데 길이 790km임. 일명 얄루우(Yalu) 강. *澄江如練 : 맑은 강이 마전하는 비단같이 고움. 南齊(남제)의 문인 謝朓(사조 →759)가 "澄江靜如練(맑은 강이 조촐하기 비단 같네)"라 읊은 바 있음. *荻花 : 갈대꽃. *白鷗 : 갈매기. *落日 : 서쪽의 지는 해. 落陽(낙양). 夕陽(석양). *烟波 : 아지랑이가 낀 水面(수면). *使人愁 : 사람을 시름겹게 함. 나를 시름에 잠기게 함. 唐(당)의 시인 崔顥(최호)가 '黃鶴樓(황학루)' 시에서 "煙波江上使人愁(이내 낀 강가에서 시름겨워 하노라)"라고 읊어 시인들이 자주 쓰는 구가되었음. →573-4.

[鑑賞] 압록강 강가의 성을 석양 무렵에 올라 압록강을 내려다보며 감회를 읊었다. '긴 비단이 줄 지어 이어 놓인 듯한 압록강에 강가의 갈대꽃 허옇게 피었고, 우리 땅과 만주 땅의 양쪽 강가에는 하얀 모래 깔려 갈매기들 날아 내린다. 지는 해 아래의 자연은 참으로 아름다운데, 안개 낀 압록강 물결은 어이해 내 마음을 시름에 잠기게 하는고.'했다. 쉬운 말로 한 점 그림을 그려볼 수 있게 잘 표현한 작품이다. 첫 구에서 셋째 구까지는 寫景(사경)인데 끝 구에서 앞의 모든 내용을 휘감아 느낌으로 마무리했다.

7言絕句(7언절구). 압운은 秋, 鷗, 愁 자로 평성 '尤(우)' 평운이다. 평측은 차례로 '平平平仄

仄平平, 仄仄平平仄仄平, 仄仄平平平仄仄, 平平平仄仄平平'으로 이사부동이륙대, 반법, 점법 등 7絕의 簾(염, 平仄排列평측배열)에 맞다.

117-2 次梅溪韻(차매계운) 매계의 시에 차운하다

吾衰無夢到金門 虛度良辰嶺外村 往事春泥鴻着爪 浮名滄海劍無痕

飄零羈羽何當擧 寂寞灰心不復溫 自幸知音梅老在 江南風月養詩魂.

(오쇠무몽도금문 허도양신영외촌 왕사춘니홍착조 부명창해검무흔

표령기우하당거 적막회심불부온 자행지음매로재 강남풍월양시혼)

나는 쇠약해 대궐에 들어가 벼슬할 꿈이 없어, 좋은 날을 헛되이 서울 밖 마을에서 지내네.

지난 일 진흙 위의 기러기 발자국처럼 사라지고,

헛 이름은 창해의 칼자국같이 흔적도 없네.

떠돌면서 갇힌 새 신세라 언제 날 수가 있으며,

적막하게 사그러진 마음 따스해질 수 있으리.

다행히도 나를 알아주는 매계 노인장 계시어, 강남 풍월에 시혼을 길러 가네.

[語句] *梅溪 : 曺偉(조위 1454~1503)의 아호. 조선 성종 때 학자로 戶曹參判(호조참판)이었고 金宗直(김종직)의 문집 편찬에 弔義帝文(조의제문)을 실어 戊午士禍(무오사화)의 원인이 되어, 正使(정사)로 明(명) 나라에 다녀오다 잡혀 順天(순천)에 유배되어 병사했음. *金門 : 대궐문. 漢(한) 나라 未央宮(미앙궁)의 문이 金馬門(금마문)이었음. *虛度 : 하는 일없이 헛되이 보냄. 虛送(허송). *良辰 : 좋은 날. 吉日(길일). *嶺外 : 산 너머 저쪽. 서울 바깥 지역. *往事 : 지나간 일. *春泥鴻着爪 : 봄 진흙에 기러기 발자국이 새겨짐. 물이 차면 발자국 흔적이 없어지듯 '인생의 자취도 흔적이 없어짐'을 비유함. 雪泥鴻爪(눈이나 진흙에 새겨진 기러기 발톱 자국)<蘇軾 和子由> *浮名 : 무상한 이름. →113-2. *滄海 : 크고 넓은 바다. 滄溟(창명). *劍無痕 : 칼을 쓴 흔적이 없음. '칼로 물 베기'의 뜻임. *飄零 : 떠돌아다님. *羈羽 : 갇힌 새. 羈鳥(기조). 陶潛(도잠)의 '歸田園居(귀전원거)' 시에 "羈鳥戀舊林 地魚思故淵(우리에 갇힌 새는 옛날 놀던 숲을 그리워하고, 땅의 물고기는 예 놀던 못을 못 잊어 하네)"라 읊었음. *何當 : 언제쯤. *擧 : 날다. 論語(논어) 鄕黨(향당)에 "色斯擧矣 翔而後集(새는 주변의 기색을 보고 날며, 날아서 살핀 뒤에 모이느니라)"라 했음. *寂寞 : 고요하고 쓸쓸함. *灰心 : 재처럼 고요히 사그러진 마음. 욕심이 없고 고요하여 다른 것에 유혹을 당하지 않는 마음. *知音 : 마음 통하는 친한 벗. 高山流水(고산유수). 고대 중국의 거문고 명수 伯牙(백아)가 켜는 거문

고 소리의 뜻이 높은 산에 있으면 듣던 鐘子期(종자기)가 "좋구나, 높고 높은 태산이로다." 했고, 뜻이 흐르는 물에 있으면 "좋구나 양양하도다, 江河(강하)로구나." 하며 백아의 거문고 소리의 뜻을 잘 알아들었다 함.<列子 湯問> *梅老 : 매계 노인장 곧 조위. *風月 : ①淸風明月(청풍명월). ②맑은 바람과 밝은 달을 대해 시를 짓고 즐겁게 놂. 吟風弄月(음풍농월). *詩魂 : 시를 짓는 마음. 詩情(시정).

[鑑賞] 지은이가 존경하는 매계 조위 선생의 어느 시에 차운한 작품이다. '벼슬할 생각은 없어서 울 밖에서 좋은 날을 헛되이 보내고 있다. 지난 일은 흔적 없이 사라지고 헛된 이름도 칼로 물 베기가 되었다. 새장에 갇힌 새 같은 신세라 언제 날 때가 있으며, 재 식듯 사그라진 마음이라 언제 따스함이 찾아들랴. 이런 절망 속에서도 매계 선생같이 내 마음 알아주는 분이 계시어, 경치 좋은 강남에서 풍월을 즐기며 시 지을 마음을 길러 간다.'라 했다. 모든 것에 뜻을 두지 못해도 나를 알아주는 사람이 있다는 것으로 삶의 보람을 찾을 수 있으니, 부귀공명보다도 知己之友(지기지우)가 더욱 값지다는 것을 일러주는 교훈이 담겨 있다고 하겠다.

7언율시. 압운은 門, 村, 痕, 溫, 魂 자로 평성 '元(원)' 평운이다. 평측은 차례로 '平平平仄仄平平, 平仄平平仄仄平, 仄仄平平平仄仄, 平平平仄仄平平, 平平平仄平平仄, 仄仄平平仄仄平, 仄仄平平平仄仄, 平平平仄仄平平'으로 이사부동이륙대와 반법, 점법 등이 이루어졌으나 평측이 고루 배치되지 못한 구가 있어 아쉽다.

118. 成俔(성현 1439~1504) : 조선 초기의 명신, 학자. 자 磬叔(경숙). 호 慵齋, 浮休子, 虛白堂(용재, 부휴자, 허백당). 시호 文載(문재). 본관 창녕. 父 念祖(염조). 형 任(임), 侃(간 →114). 진사를 거쳐 세조 28년(1462) 문과 급제하여 藝文館(예문관)에 들어가 弘文館 正字(홍문관 정자)를 겸임했고, 待敎(대교)를 거쳐 司錄(사록)으로 拔英試(발영시)에 뽑혔다. 예종이 즉위하자 經筵官(경연관)이 되었고 이후 藝文修撰(예문수찬), 承文校檢(승문교검)을 겸임하여, 맏형 任을 따라 燕京(연경)에 갔을 때 '觀光錄(관광록)'을 지어 중국학자들의 탄복을 받았다. 성종 5년(1474) 持平(지평)을 거쳐 成均 直講(성균 직강)이 되고 이듬해 韓明澮(한명회)를 따라 또 연경에 다녀와 重試(중시)에 급제하여 直提學(직제학)이 되었다. 대사간, 대사성, 동부승지, 우승지와 關東按廉使(관동안렴사)를 거쳐 平安監司(평안감사)를 지낸 뒤 大司憲(대사헌), 慶尙監司(경상감사), 禮曹判書(예조판서)를 역임했다. 성종 이후에 漢城判尹(한성판윤), 工曹判書(공조판서)와 大提學(대제학)을 겸임했고, 중종 때 시호가 내려졌다. 그는 둘째형 侃과 金守溫(김수온 →36)에게 글을 배웠고 金安國(김안국 →705) 등을 제자로 두었으며, 그의 시는 奇健(기건)하다는 평을 받는데 이는 시가 기발하고 건실하다는 뜻이다. 저서로 '虛白堂詩文集

·補集(어백당시문집·보집), 風雅錄(풍아록), 浮休子談論(부휴자담론), 奏議(주의), 慵齋叢話(용재총화), 錦囊行跡(금낭행적), 樂學軌範(악학궤범 6권), 桑楡備覽(상유비람)' 등이 있다.

118-1 過葛和里 中(과갈화리 중) 갈화리를 지나며 중간

糟糠擯別室 百年終離暌 綺羅牣夏屋 太半鬼人妻
可憐年少于 婉孌未及笄 共虧栢舟操 炫服紛禔禔.

(조강빈별실 백년종이규 기라인하옥 태반귀인처

가련연소우 완연미급계 공휴백주조 현복분제제)

조강지처를 딴 방에 물리쳐 두니, 백년 부부가 끝내는 생이별이요,

비단옷 입은 첩들이 큰 집에 가득하니, 태반은 귀신 된 사람의 아내들이라.

가엾게도 어린 나이라, 비녀 꽂을 열다섯 살 되려는 고운 아가씨들인데,

모두 백주 같은 절개를 지키지 못해, 현란한 옷을 휘감아 편안해 보이는구나.

[語句] *葛和里 : 어느 곳 마을인지 미상임. 중국의 동네 이름이거나 가상의 마을인 듯함. *糟糠 : 지게미와 쌀겨. 糟糠之妻(조강지처, 조강을 먹으며 가난을 함께 한 아내). 중국 後漢建武(후한건무) 때 宋弘(송홍)이 大司空(대사공)이었는데, 임금의 누님인 湖陽公主(호양공주)가 과부가 되어 송홍을 마음에 들어 하므로 임금이 송홍을 불러 "부귀하게 되면 친구와 아내를 바꾸는 게 사람의 정인데, 그대는 어떤가?" 하니, 송홍이 "신이 듣기로 '貧賤之交不可忘 糟糠之妻不下堂(가난할 때의 친구를 잊어서는 안 되고, 조강지처는 집에서 내치는 게 아니라)' 했습니다." 하더라 함.<後漢書 宋弘傳> *擯 : 물리치다. 버리다. *別室 : 딴 방. 別間(별간). *離暌 : 헤어짐. 배반하여 떠남. 暌離(규리). *綺羅 : 고운 비단. 화려한 옷. *牣 : 가득하다. 더하다. *夏屋 : 큰 집. 夏屋渠渠(큰 집에 대우가 융성하다)<詩經 秦風 權輿> *太半 : 절반이 넘음. *鬼人 : 귀신이 된 사람 곧 죽은 사람. *可憐 : 가여움. 불쌍함. *于 : 탄식의 뜻을 가진 語助辭(어조사). '가다'의 뜻도 있음. *婉孌 : 나이 젊으며 잘 생겨 아름다움. *未及笄 : 비녀를 꽂지 못함. 笄年(계년, 시집 갈 나이 곧 15세)이 되지 않음. *共虧 : 함께 이지러짐. 모두 지키지 못함. *栢舟操 : 과부의 굳은 정조. 중국 衛(위) 나라 共伯(공백)의 아내 共姜(공강)이 남편이 일찍 죽자 절개를 지키는데, 그 어머니가 개가시키려 하니 '柏舟(백주)'라는 시를 지어 절조를 맹서했음.<詩經 鄘風 柏舟> *炫服 : 좋은 옷. 빛나는 의상. *禔禔 : 편안함. 복됨. 提提(제제).

[鑑賞] 나라에 큰 공을 세우고 은퇴한 사람이 사는 마을인 갈화리를 지나며 읊은 작품. 갈화리가 중국의 마을이라면, 이 시는 지은이가 중국에 갔을 때 지었다는 '觀光

'錄'에 실린 것이리라. 첫머리에 갈화리의 모습을 읊기를 '강을 건너 10여리쯤 오니 기름진 들판이 열렸는데, 소나무 잣나무가 뒤뜰에 가득하고 버드나무는 앞 시내에 늘어섰다. 저것이 어느 분의 집인가, 푸른 기와가 붉은 층계를 비춘다.' 하고는 '뜻밖에도 천리마를 얻어 동북방 전란에 백만군을 지휘하여 공을 세웠다. 대궐을 마음대로 출입하며 공신록에 이름이 올라, 상금과 백성에게서 긁어 모은 재물이 길에 가득하고, 三司(삼사)의 우두머리 되어 백성의 편안은 제쳐두고 富國(부국)의 술수만 써서 재물을 불리니, 종놈들도 고관에게 절하지 않고 문 앞에는 귀족들의 수레가 빽빽히 모였더라.' 했다. 이 뒤로는 '주인 영감은 손님도 사절하고 음악도 듣기 싫다 하고는 높이 누워 미녀들과 취하여 노닌다. 조물주의 조화는 고르지 않은 법, 자식이 많아 가문 보전하니 착한 이가 죄를 입고 악한 자가 복을 누린다.' 하고는 '내 이제 산밑을 지나노라니 날씨는 왜 이리 음산한가. 찬 시냇물은 소리치며 흐르고 깊은 숲에서 새들은 부질없이 우는구나. 다만 시 한 편을 지어 그 자취 어루만지니 구슬픔만 더해지는구나'로 끝맺었다.

5言古詩(5언고시) 42聯(연, 84句구) 중의 제 23~26연. 압운은 睽, 妻, 笄, 褆 자로 평성 '齊(제)' 평운으로 이 시 모두 같은 운이다. 평측은 차례로 '平平仄仄仄, 仄平平平平, 仄平仄仄仄, 仄仄仄平平, 仄平平仄平, 仄仄仄仄平, 仄平仄平仄, 仄仄平平平'으로 二四不同(이사부동)에 어긋나기는 제 2, 6, 7구의 셋이고, 反法(반법)이나 粘法(점법)도 성립되지 않았다.

118-2 東踰狄餘嶺 初, 中, 終聯(동유적여령 초, 중, 종련)
동쪽으로 적여령을 넘다 첫 연, 중간, 끝 연

白山嶕崒浮雲端 重峯疊嶂爭巑岏 天敎神斧巧雕刊 恍如虎踞而龍盤 <初聯>
(백산추줄부운단 중봉첩장쟁찬완 천교신부교조간 황여호거이용반)

장백산이 높고 험하게 구름 끝에 솟아, 거듭거듭 겹쳐진 봉우리들 연달아 높구나.
하늘이 신묘한 도끼로 공교롭게 깎은 듯, 범이 웅크리거나 용이 서린 듯 어질어질하네.

[語句] *狄餘嶺 : 평안북도 狄踰嶺山脈(적유령산맥)에 있는 험한 고개. '狄踰大嶺(적유대령)'인 듯함. *白山 : 백두산. 장백산. *嶕崒 : 산이 높고 험한 모양. *重峯 : 거듭된 봉우리. *疊嶂 : 첩첩으로 높이 솟은 산. *巑岏 : 산이 높고 뾰족한 모양. *神斧 : 신묘한 도끼. *雕刊 : 다듬고 새김. *虎踞龍盤 : 범이 웅크리고 용이 서림. '산세의 웅장한 모양'을 비유하는 말임.

[平仄] 압운은 각 구마다 이루어져 端, 岏, 刊, 盤 자로 평성 '寒(한)' 평운이다. 평측은 차례로 '仄平仄仄平平平, 平平仄仄平平平, 平平平仄仄平平, 仄平仄仄平仄平'으로 二四不同二六對

(이사부동이류대)는 그런대로 이루어졌으나 반법, 점법은 지켜지지 않았으니 고시이기 때문이다.

淸虛如入玄都壇 黃精可探芝可餐 鳥道愁絕高飛翰 俯臨壑底毛髮攢<中間>

(청허여입현도단 황정가채지가찬 조도수절고비한 부림학저모발찬)

맑고 깨끗하여 마치 신선 수련단에 들어온 듯하고, 황정도 캘 만하고 지초도 먹을 만하네.

새만이 높이 날아 넘는 절벽인데 새들조차 날기를 깊이 근심하고,

골짜기를 내려다보니 천야만야해 머리칼이 곤두서는구나.

[語句] *淸虛 : 마음에 잡된 생각이 없이 아주 맑고 깨끗함. *玄都壇 : 신선이나 도사들이 수련하는 곳. 玄壇. 玄都觀(현도관). *黃精 : 죽대의 뿌리. 지라와 위장 곧 脾胃(비위)를 돕고 원기를 더하는 약으로 오래 복용하면 몸이 가벼워지고 생명을 연장시킨다 함. *芝 : 芝草(지초)-①靈芝(영지). ②지치. 지치과의 다년생 풀. 紫草(자초). *鳥道 : 산이 높고 험하여 사람이 다닐 수 없고 오직 새들만이 날아 지날 수 있는 곳. *高飛翰 : 높이 날아감. 高翔(고상). 翰飛(한비). *俯臨 : 내려다봄. *壑底 : 골짜기 밑바닥. 깊은 구렁 바닥. *攢 : 중기중기 모이다.

[平仄] 압운은 구마다 이루어져 壇, 餐, 翰, 攢 자로 첫 연과 같이 '寒' 평운이다. 평측은 차례로 '平平平仄平平平, 平平仄仄平仄平, 仄仄平仄平平平, 仄平仄仄平仄平'으로 二四不同二六對(이사부동이류대)는 첫 구만 이루어졌고 反法, 粘法(반법, 점법)은 무시되었다. 셋째 구의 翰 자는 '날개'의 뜻이면 '翰' 거성, '날다'의 뜻이면 '寒' 平聲(평성)인데, 여기서는 '날다'의 뜻으로 보았다.

一心無變誠如丹 欲斬蛟鼉安波瀾 匪躬報國至蓋棺 安用跋涉愁心肝<終聯>

(일심무변성여단 욕참교악안파란 비궁보국지개관 안용발섭수심간)

오로지 한 마음은 붉은 정성으로 변함이 없어,

교악을 모두 베어 파란일지 않게 하려 하네.

몸 바쳐 충성 다해 나라의 은혜 갚기가 죽을 때까지 이르리니,

험준한 곳을 넘고 건넌다고 어이 이 몸을 아끼리오.

[語句] *一心 : 한결같은 마음. *誠如丹 : 붉은 정성. 一片丹心(일편단심). *蛟鼉 : 이무기와 악어. 사납고 못된 무리. *波瀾 : 크고 작은 물결. 어수선한 일. *匪躬 : 몸을 아끼지 않음. 제 몸을 돌보지 않고 나라에 충성을 다함. *報國 : 나라의 은혜를 갚음. *蓋棺 : 관의 뚜껑을 닫음. 죽음. *跋涉 : 산을 넘고 물을 건넘. 고생하며 여기저기 다님. *愁心肝 : 몸과 마음을 아낌(걱정함). 애태움을 근심함.

[平仄] 앞 연과 같이 구마다 압운했으니 丹, 瀾, 棺, 肝 자 모두 ‘寒’ 평운이다. 평측은 차례로 ‘仄平平仄平平平, 仄仄平仄平平平, 仄平仄仄仄仄平, 平仄仄平仄平平平’으로 첫 구만 이사부동이륙대가 되었고 반법, 점법 등은 앞 연처럼 지켜지지 않았다.

[鑑賞] 이 시는 25연에 50구나 되는 7言古詩 長篇(7언고시 장편)이다. 인용된 부분의 평측에서 본 바와 같이 각 구마다 평운 ‘寒’으로 압운한 것이 특징이다. 곧 寒 운자가 50자 쓰인 것이다. 인용한 ‘中間(중간)’은 11~12연인데 첫 연과 그 사이의 내용은 ‘나무 빽빽해 대낮에도 침침하고 萬丈(만장)의 큰 나무는 名大木(명대목)을 만나지 못해 그대로 있다. 솔바람 소리 난새 탄 신선이 부는 피리 소리인 듯, 바윗길 돌아 확 트인 골짜기 밑에는 큰 여울물 소리. 그 밑 못에는 이무기 서렸으리. 흔들다리 스물여덟 개, 난초 향기 풍겨 오고 늘 축축해 가뭄을 모른다.’ 했다. 중간 이후 끝 연[24~25연] 앞의 내용은 ‘하늘이 자 가웃 높이라 잡을 만하니 蜀道難(촉도난)도 이보다 험하랴. 정상에 오르니 맑은 바람에 머리에 쓴 관이 날아갈 판이라, 대지를 살피니 내가 대붕새처럼 날고 있는 듯, 이 기이한 풍경을 그림으로 그리지 못함이 한이다. 나라 태평해 북방 백성들 즐거워하니 函谷關(함곡관) 막듯 오고감을 막을 까닭은 없으렷다. 오랑캐들은 조공해 오고 나는 유생의 몸으로 풍악과 깃발 속에 앉았으니, 홍진의 즐거움보다 더 높은 흥취로다. 종일 임금님 생각에 골똘하고 꿈에도 신선 신발 신고 대궐로 달려간다오.’라 읊었다. 적여령의 풍광을 그리고 나서 왕에의 충성심을 보이며 마무리했는데, 아마 지은이가 평안감사로 있을 때 적여령을 넘으며 지은 작품이리라.

7언고시 장편. 압운은 구마다 평성 ‘寒’ 평운으로 압운했고, 반법이나 점법은 이루어지지 않았으니 고시이기 때문이다.

118-3 次江陵東軒韻 四首 第4首(차강릉동헌운 사수 제4수)
강릉 동헌을 읊은 시에 차운하다 네 수 넷째 수

紅塵奔走幾多年 按節來遊物外天 縞嶺嵯峨連北極 銀濤浩渺暗東邊
蒼松日射晴含雪 綠竹風微晚靉烟 錦帳怕寒傾一斝 此身還作酒中仙.

(홍진분주기다년 안절내유물외천 호령차아연북극 은도호묘암동변

창송일사청함설 녹죽풍미만타연 금장파한경일가 차신환작주중선)

홍진에 분주한 지 얼마나 많은 세월이었던가, 고을원으로 와서 세상 바깥 세계에 노니네.
흰 영마루 높아 북극에 연하였고, 은빛 물결 넓고 아득해 동녘 끝이 어두워라.
푸른 솔에 해 비치니 맑은데도 눈을 머금은 듯, 푸른 대에 바람 부드러워 저녁연기 끼이네.
비단 장막에 추위가 두려워 한 잔 술 기울이니, 이 몸이 돌이켜 주중선이 되었어라.

[語句] *江陵 : 강원도 嶺東(영동)의 해안 도시. 영동 지방의 정치, 문화, 교통의 중심 지임. *東軒 : 고을원이 공무를 처리하는 집 또는 대청. →77-1. *紅塵 : 붉게 일어나는 티끌. 세상의 번거로운 일. 俗世(속세). →113-2. *奔走 : 마구 달림. 몹시 바쁨. 힘을 다함. *按節 : 符節(부절)을 가짐. 곧 백성을 보살피는 고을원 같은 벼슬. *物外 : 속세 밖의 세계. 세상 물정을 벗어난 바깥. *縞嶺 : 흰 영 마루. 縞는 '흰 깁. 흰 비단'임. *嵯峨 : 산이 높고 험함. *北極 : 북쪽 끝. *銀濤 : 은빛 파도. 희게 번쩍이는 물결. 銀波(은파). *浩渺 : 넓고 아득한 모양. *東邊 : 동쪽. 동편. *蒼松綠竹 : 푸른 소나무와 풀빛 대나무. 蒼松翠竹(창송취죽). *晚霏烟 : 저녁 연기가 가득 낌. 霏는 '휘늘어지다'임. *錦帳 : 비단 揮帳(휘장) 또는 帳幕(장막). 비단 커튼. *怕 : 두렵다. *斝 : 옥 잔. 옥 술잔. *酒中仙 : 술 속의 신선. 술을 마시며 세상일을 잊고 사는 사람. 杜甫(두보)의 '飮中八仙歌(음중팔선가)' 시에서 李白(이백)을 읊기를 '天子呼來不上船 自稱臣是酒中仙(황제가 배를 보내어 부르는데도 배에 오르지 않고, 스스로 일컫기를 신은 바로 주중선입니다 했다네)'라 했음. →64-35.

[鑑賞] 이 시는 네 수 중 마지막 수인데, 앞의 세 수도 똑같은 운자를 쓴 7言律詩(7언율시)들로 첫 수는 '좋은 바다와 산은 새해 들어 삼신산 같고, 시냇물은 마을 언덕을 안았으며 나무의 꽃들을 싼 이내는 십 리에 뻗쳤다. 경포의 물결에 오리 떼 놀고 술 실은 목란 배는 신선을 끼고 있구나.' 하고 읊었다. 이 시 외에도 차운한 시가 있으니, 고려 공민왕 때의 權思復(권사복), 공양왕 때의 宋因(송인), 고려말과 조선초의 朴晉祿(박진록), 俞孝通(유효통) 등의 작품인데 모두 東文選(동문선, 16~17권)에 실려 있다.

　7言律詩(7언율시). 압운은 年, 天, 邊, 烟, 仙 자로 평성 '先(선)' 평운이다. 평측은 차례로 '平平平仄仄平平, 仄仄平平仄仄平, 仄仄平平平仄仄, 平平仄仄仄平平, 平平仄仄平平仄, 仄仄平平仄仄平, 仄仄仄平平仄仄, 仄平平仄仄平平'으로 이사부동이륙대, 반법, 점법 등 7律 簾(염)에 모두 합치되는 모범적 작품이다.

119. 蘇軾(소식 Su Shih 1036~1101) : 중국 宋(송)의 文豪(문호). 자 子瞻(자첨). 호 東坡居士(동파거사), 東坡. 시호 文忠(문충). 四川省眉山(사천성미산) 사람. 아버지는 洵(순), 동생은 轍(철)로 셋 모두 唐宋八大家(당송팔대가)이며 이들을 三蘇(삼소)라 한다. 仁宗(인종) 嘉祐年間(가우연간)의 進士(진사)로 일찍 官界(관계)에 들어가, 哲宗(철종) 때 翰林學士(한림학사), 兵部尙書(병부상서)를 지냈다. 앞서 神宗(신종) 때 王安石(왕안석)과 의론이 달라 黃州(황주)에 유배되는 등, 政見(정견)과 詩文(시문)으로 하여 수 차례 투옥 좌천된 바가 있음

에도 불굴의 기질을 詩(시)와 詞(사)에 잘 표현해 냈으며, 특히 詞는 이별과 閨房(규방)만을 소재로 삼던 옛 투를 버리고 기백이 넘치는 자유분방한 作風(작풍)을 창시하여 그 가치를 인정받고 있다. 저서에 '東坡文集(동파문집 60권)' '東坡詩集(동파시집 25권)' '東坡詞(동파사 1권)' '仇池筆記(구지필기 2권)' '東坡志林(동파지림 5권)' 등이 있다.

119-1 綠筠軒(녹균헌) 녹균헌

可使食無肉 不可居無竹 無肉令人瘦 無竹令人俗
人瘦尙可肥 士俗不可醫 傍人笑此言 似高還似癡
若對此君仍大嚼 世間那有揚州鶴.

(가사식무육 불가거무죽 무육영인수 무죽영인속

인수상가비 사속불가의 방인소차언 사고환사치 약대차군잉대작 세간나유양주학)

밥상에 고기반찬이 없을지언정, 사는 집에 대나무가 없을 수 없네.
고기 먹지 않으면 사람이 여윌 것이고, 대나무가 없으면 사람을 저속하게 한다네.
사람이 여위는 것은 살찌게 할 수 있지만, 속된 선비는 고칠 수가 없어라.
곁엣사람 이 말을 듣고, 고상한 체 하면서 도리어 어리석다고 웃지만,
만약 대나무를 대하고 고기도 씹어 먹을 수 있다면, 세간에 어찌 양주학 얘기가 있으리오.

[語句] *綠筠軒 : 杭州(항주)의 於潛縣(어잠현)에 사는 중이 작은 禪室(선실)을 짓고 붙인 이름. 이 시는 그 선실을 두고 지은 작품임. *可使 : 가히 ~하여도. *食 : 밥. 음식. '밥상'의 뜻으로 쓴 말임. *居 : 곳. 사는 집. *令 : 하여금. *尙 : 오히려. *醫 : 병을 고치다. *傍人 : 곁에 있는 사람. *似高還似癡 : 고상한 듯하면서도 도리어 어리석음. '고기도 먹고 대나무도 심으면 될 게 아닌가'의 뜻으로 어리석다 한 것임. *此君 : 대나무 별칭. 晉(진)의 王徽之(왕휘지)가 집에 대나무를 심었는데 어떤 사람이 대를 심은 까닭을 물으니, 그는 다만 대나무를 가리키며 "此君 곧 이분이 없이 어찌 하룬들 지낼 수 있으리오." 하더라 함. *仍 : 인하여. 거듭. *大嚼 : 입 다시는 소리를 크게 내며 고기를 씹음. 魏(위)의 曹植(조식, 子建자건 →456)이 吳季重(오계중)에게 준 글에 "고깃간을 지나면서 입을 크게 벌리고 고기 씹어 먹는 시늉을 함이 어찌 마음에 즐겁지 않겠는가?" 했음. *世間 : 세상. *揚州鶴 : 학을 타고 양주로 감. "몇 사람이 모여 소원을 말하기를, 양주자사가 되기 바라거나 재물이 많기를 바라거나 학을 타고 하늘로 오르기를 원하거나 했는데, 다른 한 사람이 '허리에 10만 관 돈을 두르고 학을 타서 양주로 갔으면 좋겠다.'고 하니 세 사람의 바램을 모두 가지고자 함이었다." <事文類聚 後集>

[鑑賞] '東坡詩集 권13'에는 이 시의 제목을 '於潛僧綠筠軒(어잠승녹균헌, 어잠현 스님의 녹균헌)'이라 했다. 제목에 담긴 뜻은 '푸른 대나무의 집'이니, 대나무는 선비들이 풍류로서 즐기는 절조 있는 나무인 것이다. 더구나 佛僧(불승)들은 고기를 먹지 않으니, 고기를 못 먹더라도 대나무가 없어서는 안 된다 했고 선실의 이름도 스님에게는 꼭 들어맞는 이름이리라. 육류를 먹지 못 해 몸이 파리해지는 것은 다른 걸 먹고도 살이 찔 수 있지만, 대나무의 淸雅(청아)함을 몰라 속된 사람은 그 속됨을 고칠 수 없는 것이라 했다. 문답식으로 시상을 펼쳐, 그러면 고기도 먹고 대나무도 심어 즐기면 될 게 아니냐고 곁엣사람이 말하니, 왕희지의 대를 즐긴 '此君' 고사와 '揚州鶴'의 고사를 들며 이 두 가지를 겸하기란 어렵다고 설파했다. 짧은 작품 속에 三段論法的展開(삼단논법적 전개)가 이루어졌고, 문답법, 고사 인용법 등 표현 기교가 다양하게 들어 있으니 大家(대가)다운 作詩法(작시법)이다. 지은이도 선비인지라 대를 즐겼으리라.

5言古詩(5언고시). 끝 연은 7言句(7언구)여서 雜體詩(잡체시)라고도 하겠지만, 5言句가 主潮(주조) 라 5언고시로 처리했다. 압운은 세 갈래이니, 처음 네 구는 肉, 竹, 俗 자로 肉과 竹 자는 입성 '屋(옥)', 俗 자는 입성 '沃(옥)' 측운으로 通韻(통운)이 된다. 다음의 네 구는 肥, 醫, 癡가 운자로 肥는 평성 '微(미)', 醫와 癡도 평성 '支(지)' 평운으로 역시 통운이 된다. 끝의 7언구는 嚼, 鶴 자로 입성 '藥(약)' 측운인데, 앞의 '屋, 沃' 운과는 통운이 되지 않는 것이다. 그리하여, 10연의 시에 세 종류의 운자로 압운한 독특한 작품이 되었다. 평측은 차례로 '仄仄仄平仄, 仄仄平平仄, 平仄平平仄, 平仄平平仄 ; 平仄仄仄平, 仄仄仄仄平, 平平仄仄平, 仄仄平仄平 ; 仄仄仄平平仄仄, 仄平仄仄平平仄'으로 5언구에서 二四不同(이사부동)이 되지 않은 구는 제 5, 6, 8구이고, 7언구 둘은 二四不同二六對(이사부동이륙대)가 이루어졌으며 反法(반법)과 粘法(점법)은 무시되었다. 제 8구의 高 자는 '높다. 위. 멀다. 높이다'의 뜻이면 평성 '豪(호)' 평운이고, '높이. 비싸다. 고상하다'의 뜻이면 去聲(거성) '號(호)' 측운인데 이 시에서는 '고상하다'의 뜻으로 썼으므로 측운이 된 것이다. 이와 같이 한자는 뜻에 따라 운이 달라지므로 한시를 감상하거나 지을 때 유의해야 할 점이다.

119-2 石蒼舒醉墨堂詩 初頭(석창서취묵당시 초두) 석창서의 취묵당을 지은 시 첫머리

人生識字憂患始 姓名粗記可以休 何用草書誇神速 開卷惝怳令人愁.
(인생식자우환시 성명조기가이휴 하용초서과신속 개권창황영인수)

사람이 글을 안다는 게 우환의 시작이니, 이름자나 그적거려 쓸 줄 알면 그만두어야지.

초서를 신기하게 빨리 쓴다 자랑해야 무슨 소용인고,

책 펴 들면 당황하여 시름되게 하는데.

[語句] *石蒼舒 : 사람 이름. 미상. *人生識字憂患始 : 사람이 글자를 알게 된 것이 근

심 걱정의 시작임. 중국 삼국 때 劉備(유비)의 兵師(병사) 徐庶(서서)가 曹操(조조)를 괴롭히니, 조조는 자기 나라인 魏(위)에 있는 서서의 어머니 衛夫人(위부인)의 글씨를 흉내내어 써서 서서에게 위 나라로 오도록 한 바, 서서는 그것이 가짜인 줄 알면서도 효성이 깊어 유비와 헤어져 위로 갔음. 아들이 돌아온 것을 본 위 부인은 깜짝 놀라 그 까닭을 듣고는 한숨을 쉬며, '女子識字憂患(여자가 글을 안다는 것이 화를 부르는 것이로구나)' 했다고 함.<三國志> *姓名粗記 : 성명을 대강 쓸 줄 앎. 書足以記姓名(글이란 제 이름자만 쓸 줄 알면 만족이라)<史記 項羽紀> *草書誇神速 : 초서를 귀신같이 빨리 씀을 자랑함. 초서의 명인을 草聖(초성)이라 하는데 魏의 張伯英(장백영)이나 唐(당)의 張旭(장욱) 등임. 草書는 '서체의 하나로 行書(행서)를 더 풀어 點劃(점획)을 줄여 흘려 쓴 글씨', 神速은 '아주 놀랄 만큼 빠름'임. *惝怳 : 놀라 어찌할 줄을 모름. 唐惶(당황).

[鑑賞] 사람이 글을 안다는 것이 근심 걱정의 시작이라! 그렇다, 교양이 있고 학식이 높다는 것은 그만큼 사색하고 공부하고 연구함에서 오는 것이니, 남의 존경을 받기는 하겠지만 그 명성에 따르는 언행의 제약을 받아 조심하게 되고 지식인으로서의 책무가 따르므로, 인간적으로 볼 때는 자유롭지 못하고 스트레스를 받는 일이 많으리라. 배우지 못해 아는 것이 적으면 아무런 책무도 따르지 않기에 언행이 오히려 자유분방할 수 있으며 마음 편히 살아갈 수 있겠다. 그러기에 천하의 장사요 영웅인 항우도 글은 자기 이름이나 쓸 수 있으면 족하다 했던가? 그러나, 사람은 아는 것이 많아야 하니 그러자면 글을 잘 읽을 수 있어야 하리라. 지은이도 취묵당을 기리기 위한 전제로 이렇게 표현한 것이지 글도 글씨도 소용없다는 뜻에서 한 말은 아닐 것이다. 첫 구 人生識字憂患始는 人口(인구)에 膾炙(회자)되는 名句(명구)이다.

7言古詩(7언고시) 장편. 전 12연[24구]. 압운은 休, 愁 자로 평성 '尤(우)' 평운이다. 평측은 차례로 '平平仄仄平仄仄, 仄平仄仄仄平平, 平仄仄平平平仄, 平仄仄平平平平'으로 첫 구만 이사부동이륙대가 이루어졌고, 반법이나 점법 등은 성립되지 않았다.

119-3 題東林壁(제동림벽) 동림의 벽에 시를 지어 쓰다

橫看成嶺側成峯 遠近高低各不同 不識廬山眞面目 只緣身在此山中.
  (횡간성령측성봉 원근고저각부동 불식여산진면목 지연신재차산중)

가로 보면 산 고개요 비껴 보면 봉우리 되니, 원근과 고저가 각각 다르구나.
여산의 참 모습은 알지도 못하고, 다만 인연 따라 이 몸이 이 산속에 있을 뿐이네.

[語句] *嶺 : 고개. 재. 높은 고개. *峯 : 봉우리. *遠近 : 멀고 가까움. 먼 곳과 가까
운 곳. *高低 : 높고 낮음. 높낮이. *廬山 : 중국 江西省 九江市(강서성 구강시)에
있는 명산. 보는 장소에 따라 달리 보이고 香爐峰(향로봉)과 廬山瀑布(여산폭포)가
유명하며, 匡裕(광유)라는 사람이 여기 살았기에 匡廬라고도 함. →105-1. *眞
面目 : 있는 그대로의 모습.

[鑑賞] 여산은 보는 곳에 따라 달리 보인다고 하니, 이 쪽에서 보면 사람들이 넘어가
는 재로 보이고, 저편에서 보면 우뚝 솟은 산봉우리가 된다. 지금 여산 속에
어떤 인연으로 해서 들어와 있으니 여산의 참모습을 보지 못하고 겉핥기로만
바라보고 있을 뿐이다. 이르는 말에 '숲을 못 보고 나무만 본다'고 했으니, 어
떤 사물의 진면목은 누구라도 쉽게 알아보지 못하는 것이 아닐는지. 이 시는
널리 애송되는 작품인 것이다.

　7言絕句(7언절구). 압운은 峯, 同, 中 자로 峯은 평성 '冬(동)' 평운, 同과 中도 평성 '東(동)'
평운으로 두 운은 通韻(통운)이 된다. 평측은 차례로 '平平平仄仄平平, 仄仄平平仄仄平, 仄仄
平平平仄仄, 仄平平仄仄平平'으로 二四不同二六對(이사부동이륙대)와 反法(반법), 粘法(점법) 등
7언절구의 평측 규칙에 합치되는 명작이다.

119-4 潮州韓文公廟碑 前半(조주한문공묘비 전반) 조주 한문공 묘비의 시 전반

　公昔騎龍白雲鄕　手抉雲漢分天章　天孫爲織雲錦裳　飄然乘風來帝旁
　下與濁世掃粃糠　西游咸池略扶桑　艸木衣被昭回光　追逐李杜參翶翔
　汗流籍湜走且僵　滅沒倒景不得望.

　　(공석기룡백운향 수결운한분천장 천손위직운금상 표연승풍내제방

　　하여탁세소비강 서유함지약부상 초목의피소회광 추축이두참고상

　　한류적식주차강 멸몰도경부득망)

공은 옛날에 용을 타고 하늘나라 백운향에 노닐어,
손으로 은하수를 움켜 일월성신 하늘 모양을 깔아 두었고,
천제의 손녀 직녀성은 공을 위해 구름무늬 찬란한 비단 의상을 짰다네.
바람 타고 훌쩍 나타나듯 천제의 곁에 왔다가는,
이 세상에 다시 하강하여 쭉정이와 겨 같은 노불사상老佛思想을 쓸어버렸네.
공은 해와 함께 서쪽 함지에 노닐고 동해 부상의 가지를 스치어 가니,
초목들이 햇빛 혜택을 입듯 사람들에게 공의 덕이 두루 미치는구나.
이백과 두보를 좇아 그들과 나란히 날며 노닐 듯하니,
공의 문인인 장적과 황보식은 땀 흘리며 따라가려다가 달리고 넘어지고 해도,

공은 아득히 높은 하늘에 있어 바라볼 수조차 없었다네.

[語句] *潮州 : 중국 廣東省潮州市(광동성 조주시, 舊潮安縣구조안현). *韓文公 : 韓愈(한유
768~824)의 諡號(시호). 中唐(중당)의 儒學者, 文章家(유학자, 문장가). 자 退之(퇴지). 시
호 文公. 河南省南陽市鄧州(하남성남양시등주, 하남성 북쪽 修武縣수무현이라고도 함) 사람.
憲宗(헌종)이 佛骨(불골)을 맞아들이므로 그가 논의하는 表(표)를 올리니 헌종이 노
하여 조주로 귀양 보냈는데, 조주 사람들이 그를 흠모하여 그가 떠난 뒤에 백성
들이 廟堂(묘당, 사당)을 세워 제사 지냈음. 宋(송)의 哲宗 元祐(철종 원우) 5년(1090)
에 조주 사람들이 太守(태수)의 허가를 얻어 廟를 城南(성남) 70리 지점에 개축하
고 원우 7년 백성들의 청을 받아 소식이 廟碑文(묘비문)을 짓고 끝에 시를 붙여
銘(명)에 대신했음. →599. *白雲鄕 : 天帝(천제)가 사는 곳. 하늘나라. 仙鄕(선향).
*抶 : 당기다. 긁어내다. 들추어내다. *雲漢 : 銀河水(은하수). 天河(천하). *天章 :
하늘의 무늬 곧 해와 달과 별들. 日月星辰(일월성신). *天孫 : 織女星(직녀성) 별칭.
*雲錦裳 : 화려한 비단옷. 雲錦은 '구름무늬의 비단. 아침노을'의 뜻임. *飄然
: ①비바람에 가볍게 나부끼는 모양. ②훌쩍 떠나거나 나타나는 모양. *乘風 :
바람을 탐. 乘風破浪(바람을 타고 물결을 헤침 곧 뜻이 원대함). *濁世 : 풍습
이나 교화가 어지럽고 더러운 세상. <佛>이 세상. *粃糠 : 쭉정이와 겨. 여기서
는 '老子(노자)나 불교 사상 등의 異端(이단)'을 가리킴. *咸池 : 해가 지는 곳에
있는 못. 해가 목욕한다고 함. 서쪽 바다. *略 : 다스리다. 범하다. 휙 스쳐 지
나가다. =掠(략). *扶桑 : 해가 뜨는 동쪽바다 속에 있다는 상상의 신령스러운
나무. 해 뜨는 곳. 日出暘谷 浴咸池 拂扶桑(해는 양곡에서 나와 함지에서 멱
감고 부상을 스친다)<淮南子 天文訓> *艸 : 草(풀 초)의 本字(본자). *衣被 : ①의
복. 옷. ②널리 덮음. 은혜를 더함. *昭回光 : 햇빛이 밝게 돎. 昭回는 '밝게
돎<詩經 大雅 雲漢>. 비가 올 기색이 없음'이고, 昭光은 '밝게 빛나는 빛'임. *追
逐 : ①쫓아버림. ②서로 이기려고 다툼. 角逐(각축). ③서로 오가며 교제함. 여
기서는 ③의 뜻임. *李杜 : 唐(당)의 詩仙 李白(시선 이백 →234)과 詩聖 杜甫(시성
두보 →64). *翶翔 : 하늘 높이 빙빙 날아다님. 함께 오고 가고 하며 교제함. *汗
流 : 땀이 흐름. 땀을 흘림. *籍湜 : 한유의 門人(문인)인 張籍(장적 →365) 과 皇
甫湜(황보식). *僵 : 넘어지다. 쓰러지다. *滅沒 : 멸하여 없어짐. 아득해 보이지
않음. *倒景 : 아주 높은 하늘 위. '그림자가 거꾸로 비치는 곳'이란 뜻임.
[鑑賞] 조주에 있는 한유의 묘당[사당] 안에 있는 비문 끝에 碑銘(비명) 대신으로 첨부
한 시로, 莊重古雅(장중고아)한 글이라는 평을 받는다. '한유는 본디 하늘에 놀던

분으로 일월성신을 배열했고 직녀별은 그를 위해 비단을 짰다. 천제의 곁에 있다가는 이 세상에 내려와 이단을 물리치고 유교 도덕을 바로 세워 후세 사람들이 그 덕을 입게 했다. 그의 글은 이백과 두보의 글에 비길 만했고 그 제자들이 그를 따르려 했으나 그의 글과 사상은 워낙 고고하여 바라볼 수조차 없었다.' 이 뒤로 11구가 이어지는데, 그 대강 내용은 "공은 척불 사상으로 헌종의 숭불을 부당하다 했다가 남해, 조주 등 여러 곳으로 귀양 갔는데, 구의산에서 순 임금을, 湘水(상수)에서 娥皇(아황)과 女英(여영)을 조문하니, 남방의 신 祝融(축융)이 그의 길을 인도했고 북해의 신인 海若(해약)은 자취를 감추었으며, 공은 사나운 악어 물리치기를 양을 몰 듯했다. 하늘의 중앙 鈞天(균천)에 천제를 보좌할 인재가 없어서 천제가 상심하여 神巫(신무) 陽(양)을 下界(하계)에 보내어 공의 영혼을 부르므로 한유 공은 마침내 승천했다. 조주 사람들이 정성어린 술잔에, 붉은 荔子(여자)와 노란 芭蕉(파초) 과일을 바치니 흠향하시라. 공이 좀더 이 승에 머물지 않고 하늘로 오르니 우리 조주 사람들은 눈물이 솟아 넘친다. 공은 가벼이 저 大荒(대황, 하늘)에서 내려와 제사를 받으시라."이다.

7言古詩(7언고시) 11연[21구] 중 5연. 압운은 鄕, 章, 裳, 旁, 糠, 桑, 光, 翔, 僵, 望 자로 평성 '陽(양)' 평운인데, 이 시 끝까지 각 구마다 陽 운으로 압운한 것이 특징이다. 평측은 차례로 '平仄平平仄平平, 仄仄平仄平平平, 平平仄仄平仄平, 平平平平平仄平, 仄仄仄仄仄仄平, 平平平平仄平平, 仄仄平仄平平平, 平仄仄仄平平平, 仄平仄仄仄仄平, 仄仄仄仄仄仄平'으로 이사부동이륙대는 물론 반법이나 점법 등이 이루어지지 않았다.

119-5 足柳公權聯句(족유공권연구) 유공권의 연구에 덧붙이다

人皆苦炎熱 我愛夏日長 薰風自南來 殿閣生微凉

一爲居所移 苦樂永相忘 願言均此施 清陰分四方.

　(인개고염열 아애하일장 훈풍자남래 전각생미량

　일위거소이 고락영상망 원언균차시 청음분사방)

사람들 모두 심한 더위에 괴로워하나, 나는 여름 해 긴 게 참 좋다네.<文宗문종이 읊음>

훈풍이 남에서 불어오니, 전각에 서늘한 기운 생기네요.<柳公權유공권이 읊음>

한 번 궁중으로 사는 곳을 옮기니, 백성의 고락과는 멀어져 잊어버리네.

원컨대 궁중의 복락福樂을 고루 베풀어,

삼복 속의 서늘함이 사방 백성들에게도 나누어지기를.<蘇軾소식이 읊음>

[語句] *足 : ①족[측성沃옥 운]-발. 넉넉하다. ②주[거성遇우 운]-더하다. 지나치다(아첨하다).

여기서는 ②의 뜻으로 '비평의 말을 덧붙임'의 뜻임. *柳公權 : 唐文宗(당 문종) 때의 諫議大夫(간의대부). *聯句 : ①여러 사람이 한 구씩 지어 이를 모아 만든 한 편의 漢詩(한시). ②한시의 對句(대구). *炎熱 : 매우 심한 더위. 三伏(삼복) 더위. *薰風 : 첫여름에 훈훈하게 부는 바람. 푸른 잎사귀의 향기가 풍기는 바람. 黃雀風(황작풍). *殿閣 : 궁전과 누각. 왕이 거처하는 궁전. *微凉 : 조금 서늘함. *居所移 : 사는 곳을 옮김. 민간에서 살다가 임금이 되어 대궐에 살게 됨. 지위와 환경이 바뀜. 居移氣 養移體 大哉居乎 夫非盡人之子與(齊제의 왕자를 보니 그 기품이 비범하여 맹자가 말하기를 "사는 곳 곧 환경과 지위가 바뀌니 기질이나 품위가 달라지고, 몸을 보양하는 것이 그 몸을 다르게 하니, 사는 곳이 참 중요하구나. 이 제 나라 왕자도 사람의 자식임에는 다를 바가 없는 게 아닌가" 했다)<孟子 盡心上> *苦樂 : 괴로움과 즐거움. *永相忘 : 길이 잊어버리게 됨. 아주 인연이 없게 됨. *願言 : 바라건대. 言은 助辭(조사). *淸陰 : 맑은 그늘.

[鑑賞] 유공권이 문종과 연구로 지은 시에 비평의 시구를 덧붙인 작품인데, 이 시의 序文(서문)에 "초의 문인 宋玉(송옥)이 楚王(초왕)을 대하여 '이는 오직 대왕의 雄風(웅풍)이요 庶人(서인)이 어찌 이를 같이할 수 있겠나이까?' 했으니, 이것은 초왕이 잘난 체만 하고 남을 모르는 것을 비꼼이다. 유공권은 소인 군자이니 문종과 연구로 시를 지으면서 아름다움은 있으나 경계하는 箴(잠)이 없으므로 발을 달아 한 편의 글을 만드노라." 했다. 지은이는 유공권을 소인 군자라 했으나, 그도 문종에게서 諍臣(쟁신)의 기풍이 있다고 칭찬을 받았다 하며, 그의 "薰風自南來 殿閣生微凉"은 名句(명구)란 칭송을 받는다. 문학은 그 자체의 예술성뿐 아니라 사회를 계도하고 불합리한 정치와 제도를 고발하는 사명도 가지고 있는 것이다.

5言古詩(5언고시). 압운은 長, 凉, 忘, 方 자로 평성 '陽(양)' 평운이다. 평측은 차례로 '平平仄平仄, 仄仄仄仄平, 平平仄平平, 仄仄平平平, 仄平仄平仄, 仄仄仄平平, 仄平平仄平, 平平平仄平'으로 二四不同(이사부동)에 맞지 않는 구는 첫 세 구이고, 反法(반법)이나 粘法(점법)은 이루어지지 않았다.

119-6 春夜(춘야) 봄 밤

春宵一刻直千金 花有淸香月有陰 歌管樓臺人寂寂 鞦韆院落夜沈沈.
  (춘소일각치천금 화유청향월유음 가관누대인적적 추천원락야침침)

봄밤의 한 시각은 천금에 값하나니, 꽃에는 맑은 향기 달에는 그늘.
풍악 잡히던 누대는 사람 없어 적적하고, 그네 뛰던 안뜰은 밤 들어 어둑하구나.

[語句] *春宵 : 봄 밤. 春夜. *一刻 : 한 時刻(시각, 15분). 매우 짧은 시간. *直 : 값. '値(값 치)'와 같음. *千金 : 천 냥 돈. 많은 돈. 매우 큰 가치. *淸香 : 맑고 깨끗한 향기. *歌管 : 노래와 피리[음악]. 풍악 잡히며 노래함. *樓臺 : 누각과 정자. *寂寂 : 고요하고 쓸쓸함. *鞦韆 : 그네. *院落 : 울타리 안에 따로 막아놓은 정원이나 집. *沈沈 : 어둡거나 흐림.

[鑑賞] 봄밤의 한 때 모습을 그린 시. 봄밤에 꽃향기 풍겨 오고 달에는 얇게 달무리가 끼이고 달빛으로 꽃그늘이 지는 한 때의 짧은 시간은 천금의 값어치가 있다. 왜냐하면, 이런 광경은 자주 볼 수 없기 때문이다. 이 좋은 한 때를 한껏 즐기다가 사람들은 잠자리에 들어, 질탕하게 풍악 잡히며 노래 부르던 누대에는 인적 없어 쓸쓸하고, 여인네들이 봄밤을 즐기며 그네 뛰던 안뜰은 달이 져 어둑어둑하다. 왁자하게 봄밤을 즐기던 뒷자리의 한적함을 그림으로 그려볼 수 있는 명작으로, 고금여러 사람들이 즐겨 읊어 외다시피 하며 문사들의 글에 도 많이 인용되고 있다.

7言絶句(7언절구). 압운은 金, 陰, 沈 자로 평성 '侵(침)' 평운이다. 평측은 차례로 '平平仄仄仄平平, 平仄平平仄仄平, 平仄平平平仄仄, 平平仄仄仄平平'으로 이사부동이륙대, 반법, 점법 등 7絶의 평측 규칙에 어긋남이 없는 모범작이다.

119-7 和子由(화자유) 자유에게 화답하다

人生到處知何似 應似飛鴻踏雪泥 泥上偶然留指爪 鴻飛那復計東西.
(인생도처지하사 응사비홍답설니 이상우연유지조 홍비나부계동서)

인생 이르는 곳마다 무엇과 같을꼬, 날아가던 기러기가 눈밭을 밟는 것과 같으리.
눈 위에 우연히 그 발톱 자국을 남겨 놓기는 했지만,
기러기 날아가고 눈 녹아버리면 어찌 동서를 분별하리.

[語句] *和 : 和答(화답)하다. 주다. *子由 : 누구인지 미상. 공자의 제자 子路(자로)의 이름이 由이기는 함. *飛鴻 : 날아다니는 기러기. *雪泥 : 눈으로 뒤범벅이 된 진 땅. 雪泥鴻爪(눈 위의 기러기 발톱 자국. 눈이 녹으면 발자국 흔적이 없어져 버리듯 인생의 자취도 이와 같이 흔적이 없음을 비유하는 말임). →117-2. *那復 : 어찌 다시. *東西 : 동쪽과 서쪽. '흔적'의 뜻임.

[鑑賞] 인생이란 무엇인가? 봄철 눈 위에 새겨진 기러기 발자국 같은 것이라 눈이 녹으면 그 발자국이 흔적도 없이 사라지듯, 사람도 죽어지면 이렇게 자취가 없어져 버리는 것이다. 물론 역사상 유명한 인물은 영원히 그 이름과 행적이 전해져 내려오기는 하지만, 그 행적이 그 인물의 모든 것이라고는 볼 수 없다. '인

생은 짧고 예술은 길다'는 말로 영원성을 설정하나 그 영원함이란 인생의 극히 적은 부분에 지나지 않는 것이다. 明心寶鑑(명심보감)에도 "未歸三尺土 難保百年身 已歸三尺土 難保百年墳(석 자 흙 속에 돌아가지 않아 살아 있어도 백 년 동안 몸 보전하기 어렵고, 이미 석 자 흙 속에 돌아가 죽었어도 그 무덤이 백년 동안 보전되기 어렵네.)" 했으니, 인생은 '살아 백년, 죽어 백년'에 지나지 않는 것이다. 그렇다고 마구 살아가서야 되겠는가, 뜻있는 일을 하며 성실하게 살다가 죽는 게 온당하리라.

7언절구. 압운은 泥, 西 자로 평성 '齊(제) 평운이다. 평측은 차례로 '平平仄仄平平仄, 平仄平平仄仄平, 平仄仄平平仄仄, 平平仄仄仄平平'으로 이사부동이륙대와 반법, 점법 등 7絶(7절)의 簾(염)에 모두 합치되는 名作(명작)이다.

119-8 戱作(희작) 장난 삼아 짓다

帝遣銀河一派垂 古來惟有謫仙詞 飛流濺沫知多少 不與徐凝洗惡詩.
(제견은하일파수 고래유유적선사 비류천말지다소 불여서응세악시)

천제가 은하수 한 줄기를 여기 떨어지게 했는데,

예부터 이 폭포 읊은 분은 이태백李太白일 뿐.

흘러내리는 물보라 아주 많지만, 서응으로 하여금 악시란 오명을 씻어 내게 하지는 못했으리.

[語句] *帝 : 天帝(천제). 조물주. *遣 : ~하게 하다.<使役形> *一派垂 : 한 갈래 물을 늘어뜨림. '폭포수의 흘러 떨어짐'을 뜻함. *謫仙 : 신선 세계에서 이 세상으로 귀양 온 신선. 이름난 시인의 美稱(미칭)으로 여기서는 詩仙 李白(시선 이백)을 가리킴. *飛流 : 나는 듯이 흐름. 폭포수가 곧추 떨어짐. *濺沫 : 쏟아져 내리는 물방울. 물보라. *多少 : ①많음과 적음. ②많음. 여기서는 ②의 뜻임. *徐凝 : 中唐(중당)의 시인. →105.

[鑑賞] 사람들이 서응이 지은 '盧山瀑布(여산폭포)' 시[→105-1]를 白居易(백거이 →90)가 지었다고 잘못 알고 잘 지었다고 칭찬을 하니, 소식은 백거이의 시로서는 평범하고 비속하다고 평하고는 장난삼아 지었다는 시이다. 지은이는 이백의 '望盧山瀑布(망여산폭포 →234-9)' 시를 능가할 작품은 아직 없다고 단정하고, 여산폭포의 물보라가 아무리 많아도 서응의 작품이 악시라는 누명을 벗어 씻어내리지 못했다고 풍자했다.

7언절구. 압운은 垂, 詞, 詩 자로 평성 '支(지) 평운이다. 평측은 차례로 '仄仄平平仄仄平, 仄平平仄仄平平, 平平平仄平平仄, 仄仄平平仄仄平'으로 이사부동이륙대와 반법 및 점법 등이 모두 규칙에 맞게 이루어졌다.

120. 邵雍(소옹 1011~1077) : 중국 宋(송) 나라 神宗(신종) 때의 處士(처사). 자 堯夫(요부). 스스로 安樂先生(안락선생)이라 했고 시호는 康節(강절)이다. 河南(하남) 사람으로 洛陽 蘇門山 百源(낙양 소문산 백원)에 40년간 寓居(우거)해 뒷사람들이 '백원선생'이라 했으며, 신종 때 秘書著作郎(비서저작랑)의 벼슬을 내렸으나 응하지 않았다. 周敦頤(주돈이)가 理氣論(이기론)을 세움에 대해 象數論(상수론)을 제창했고 安貧樂道(안빈낙도)로 유명하다. 그의 시는 철학과 도덕관에 바탕을 둔 論理的(논리적) 작품이라 하며, 저서에 '擊壤集(격양집 23권)' '皇極經世書(황극경세서 12권)'가 있다.

120-1 淸夜吟(청야음) 맑고 서늘한 밤을 읊다

月到天心處 風來水面時 一般淸意味 料得少人知.
　　(월도천심처 풍래수면시 일반청의미 요득소인지)

달은 하늘 복판에 이르고 바람이 물 위로 왔을 때,
이 같은 맑고 서늘한 맛은 아는 사람 적으리.

[語句] *淸夜 : 맑게 갠 밤. 淸宵(청소). *天心 : ①하늘의 한가운데. 하늘의 중심. ②하늘의 뜻. 天意(천의). ③임금의 마음. 여기서는 ①의 뜻임. *一般 : ①한 모양. ②온통. 전체. 여기서는 '這一般, 這般(저일반, 저반)'과 같이 '이 같은'의 뜻으로 썼음. *淸意味 : 맑고 서늘한 맛. *料得 : 헤아려 얻음. 상상하여 앎.

[鑑賞] '달은 하늘 복판에 왔고 맑은 바람이 물 위를 스치며 불 때, 이런 깨끗하고 서늘한 경지를 알아 깨닫는 사람은 드물 것이다.'는 게 겉으로 나타난 뜻인데, 속뜻은 '진리 곧 道(도)의 본바탕과 그 작용을 스스로 깨달아 얻은 즐거움'을 읊었다. 비가 온 뒤의 맑은 바람과 날이 갠 하늘에 뜬 밝은 달 곧 光風霽月(광풍제월) 같은 淸虛(청허)한 심경에 이른 지은이라, 자연의 참 모습을 시로 헤아려 얻었다고 할 것이다. '性理大典(성리대전)'에도 이 시를 싣고 평하기를 "경치를 빌어 聖人(성인)의 本體淸明(본체청명)함을 나타내고 인간의 욕심 같은 俗塵(속진)을 解脫(해탈)했다."고 했다.

5言絶句(5언절구). 압운은 時, 知 자로 평성 '支(지)' 평운이다. 평측은 차례로 '仄仄平平仄, 平平仄仄平, 仄平平仄仄, 仄仄仄平平'으로 二四不同(이사부동)을 비롯하여 反法(반법)과 粘法(점법)등 절구의 평측 규칙 곧 簾(염)에 모두 합치된 名作(명작)이다.

121. 孫舜孝(손순효 1427~1497) : 조선 성종 때 學者, 文臣(학자, 문신). 자 敬甫(경보). 호 勿

齋, 七休居士(물재, 칠휴거사). 시호 文貞(문정). 본관 平海(평해). 父 密(밀). 어려서부터 유달리 총명하여 예닐곱 살에 이미 학문에 능했다 하며, 문종 때 進士(진사)에 오르고 단종 원년(1453) 문과에 榜眼(방안, 2등) 급제하여 務功郎(무공랑), 兵曹佐郎(병조좌랑)을 지냈다. 典翰 執義(전한집의)로 있을 때 時政17事(시정 17사)를 상소해 채택되고 賀正使(하정사)로 燕京(연경)에 다녀왔으며, 刑曹參議(형조참의), 都承旨(도승지)를 거쳐 江原道觀察使(강원도관찰사)로 나갔을 때 성종이 中宮 尹氏(중궁 윤씨)를 폐위하자 극간 상소했다. 내외 요직 역임 후 대사헌, 좌참찬으로 있을 때 任士洪(임사홍)의 일로 왕의 노여움을 사 파직되고 뒤에 慶尙監司(경상감사)로 나갔다가 다시 左贊成(좌찬성), 判中樞府事(판중추부사)에 이르렀다. 성종이 죽자 왕의 총애를 받던 그는 주야 통곡하며 달포나 음식을 먹지 않았다. 그는 성리학을 깊이 탐구했으며 문장과 글씨에 능했고 청렴하기로 이름이 높아 사람들이 仙風道骨(선풍도골)이라 칭송했다.

121-1 登樓望鷹(등루망응) 누각에 올라 나는 매를 바라보다

獨坐危樓望四郊 浮雲捲盡一鷹高 翩翩直上千層碧 那箇飛塵點羽毛.
(독좌위루망사교 부운권진일응고 편편직상천층벽 나개비진점우모)

높은 누각에 홀로 앉아 사방 들판 바라보노라니,

흐르는 구름 걷히고 매 한 마리 높이 떴구나.

훨훨 날아 바로 높디높은 창공에 올랐으니, 어느 누가 티끌을 날려 그 매의 날개에 묻히랴.

[語句] *危樓 : 매우 높은 누각. *四郊 : 네 변두리 郊外(교외). 사방의 너른 들판. *翩翩 : 훌쩍 날아가는 모양. 오락가락 하는 모양. *直上 : 곧추 올라감. *那箇 : 어찌. 그것. 어느것.

[鑑賞] 구름 걷힌 하늘 높이 매가 유유히 날고 있다. 속세의 티끌이 미치지 못하는 곳이라 어느 누가 그 매의 날개에 세속의 때를 끼얹을 수 있겠는가? 그 매는 바로 지은이 자신인지도 모른다. 청렴하게 살아 신선이요 도사와 같다는 평판을 받은 지은이이니, 창공을 훨훨 날아다니는 솔개라 할 수 있으리라. 앞의 '淸夜吟' 시와 같은 경지의 작품이다.

　　7言絶句(7언절구). 압운은 郊, 高, 毛 자로 郊는 평성 '肴(효) 평운, 高와 毛도 평성 '豪(호) 평운으로 이 두 운은 通韻(통운)이 된다. 평측은 차례로 '仄仄平平仄仄平, 平平仄仄仄平平, 平平仄仄平平仄, 仄仄平平仄仄平'으로 二四不同二六對(이사부동이륙대)를 비롯하여 반법, 점법 등이 모두 잘 이루어진 7絶의 평측 규칙에 합치되는 전형적 작품이다.

122. 宋時烈(송시열 1607~1689) : 조선 중기의 大學者, 政治家(대학자, 정치가). 兒名 聖賚

(아명 성뢰). 자 英甫(영보). 호 尤菴, 尤齋(우암, 우재). 시호 文正(문정). 본관 恩津(은진). 甲祚(갑조)의 셋째아들. 沙溪 金長生(사계 김장생 →710)의 제자로 인조 11년(1633) 司馬試(사마시)에 장원하여 敬陵參奉(경릉참봉)이 되고 이어 鳳林大君(봉림대군, 후의 효종)의 스승이 되어 뒷날 출세할 인연이 이 때 맺어졌다. 丙子胡亂(병자호란) 때는 임금을 따라 남한산성에 들어갔으나 화의가 성립되자 고향에 돌아가 나오지 않았다. 효종이 즉위하자 掌令(장령) 벼슬을 내려 조정에 나가매 효종은 그를 전적으로 신임했고 그도 성의를 다해 효종을 섬겼다. 모친의 병으로 한때 귀향했다가 다시 執義(집의)에 임명되었는데, 金自點(김자점)이 淸(청) 나라에 무고하기를 "효종이 새 사람들을 등용하여 장차 청에 항거코자 한다." 고 해서 청이 국경에 병력을 집결하고 사신을 보내 추궁하니 송시열은 사임하고 귀향했다. 효종 9년(1658) 다시 조정에 들어가 贊善(찬선)을 거쳐 이조판서가 되니, 효종은 그에게만 청 나라에 대한 복수의 계획을 털어놓고 얘기했다 하며 이듬해(1659) 봄 병이 깊어진 효종은 영의정 鄭太和(정태화)와 그를 불러 뒷일을 부탁하려다가 미처 말하지 못하고 崩御(붕어)했다고 한다. 효종의 장례 때 大王大妃(대왕대비)의 服喪(복상) 문제가 일어나 그는 南人(남인)인 尹鑴(윤휴)의 3년설을 물리치고 1년 복상을 주장하여 결정되었으나, 이 일은 그 후 두고두고 말썽이 되었다. 현종 임금도 그를 신임하여 崇祿大夫(숭록대부)에 특진시키고 이조판서에 判義禁府事(판의금부사)를 겸임시켰고, 이어 左參贊(좌참찬)에 임명되어 효종의 陵誌(능지)를 지었다. 이 때 효종의 장례와 장지를 에워싸고 말썽이 일어 그는 사임하고 懷德(회덕)으로 돌아갔으며 尹善道(윤선도) 등의 공격을 받았다. 이후 조정에서 여러번 불렀으나 응하지 않다가 현종 9년(1668) 우의정으로 취임했으나 좌의정 許積(허적)과 뜻이 맞지 않아 사임했다가 허적이 물러가자 좌의정이 되었다. 숙종 때에는 德源, 熊川, 長鬐, 巨濟, 淸風(덕원, 웅천, 장기, 거제, 청풍) 등지에서 귀양살이를 하다가 풀려나 領中樞府事(영중추부사)로 등용되고 이후 금강산을 여행하고는 사표를 내고 다시 벼슬에 나가지 않았다. 숙종 15년 (1689)에 왕세자 책봉 문제로 임금께 글을 올리니 왕은 크게 노하여 그의 모든 관직을 박탈하고 제주도로 귀양 보냈다. 그러나 다시 불러 심문하자는 주장이 우세하여 서울로 돌아오는 길에 井邑(정읍)에서 사약을 받고, 제자 權尙夏(권상하), 金萬埈(김만준)의 손을 잡으며 "朱子學(주자학)과 아울러 효종의 큰 뜻을 잊지 말라."고 부탁한 뒤 사망했다. 그는 주자학의 대학자요 西人(서인)과 老論(노론)의 영수였으며, 귀양살이 속에서도 저술에 힘쓰고 학문에 열중하며 제자들을 가르쳤다. 저서로 '朱子大全箚要(주자대전차요), 二程書分類(이정서분류), 語類小分(어류소분), 論孟問義通攷(논맹문의통고), 心經釋義(심경석의)' 등과 '文集(문집 100여권)'이 있고, 작품으로는 '紫雲書院碑, 露梁大捷碑, 李舜臣忠烈廟碑(자운서원비, 노량대첩비, 이순신충렬묘비)' 등이 있다.

122-1 赴京(부경) 서울로 가다

綠水喧如怒 靑山黙似嚬 靜觀山水意 嫌我向風塵.
　　(녹수훤여노 청산묵사빈 정관산수의 혐아향풍진)

푸른 물은 노한 듯 콸콸 흐르고, 청산은 찡그리는 듯 말이 없네.
산과 물의 뜻을 고요히 살피니, 속세의 풍진 속으로 향하는 나를 싫어함이라.

[語句] *綠水 : 푸른 물. 碧水(벽수). *靜觀 : 고요히 사물을 관찰함. 현실의 관심을 버리고 객관적으로 관찰하는 일. *風塵 : 바람에 날리는 티끌. 세상의 속된 일.

[鑑賞] 아마도 조정에서 벼슬로 부름을 받아 서울로 가면서 읊은 작품이리라. 냇물은 화를 내는 듯 콸콸 소리 내며 흐르고 푸른 산은 찡그린 듯 말이 없다. 내가 벼슬살이하러 한양으로 가는 희망찬 걸음이건만 산수만은 왜 환송을 하지 않는 것인가. 고요히 생각하니 풍진 세상으로 향해 가는 나를 싫어하여 그렇게 화를 내거나 침묵하는가보다. 지은이는 청운의 뜻을 품고 출세의 첫 발을 내디디면서도 험한 벼슬살이에 대한 불안감을 지니고 있기에, 소리 내며 흐르는 물을 환송의 뜻으로 받아들이지 못하고, 푸른 산이 청청한 푸름을 자랑하며 나를 보내준다고 느끼지 못하는 것이리라. 스무 글자에 지나지 않는 짧은 시 속에 자연의 풍광과 서정을 여실히 읊은 명작이다.

　5言絶句(5언절구). 압운은 嚬, 塵 자로 평성 '眞(진)' 평운이다. 평측은 차례로 '仄仄平平仄, 平平仄仄平, 仄平平仄仄, 平仄仄平平'으로 二四不同(이사부동)과 反法(반법), 粘法(점법) 등 5언 절구의 평측 규칙에 조금도 어긋남이 없는 佳作(가작)이다.

122-2 詠風(영풍) 바람을 읊다

來從何處去何處 無臭無形只有聲 飜雲覆雨天樞動 盪海掀山地軸傾
赤壁吹焚曹子艦 睢陽噓散項家兵 捲我屋廬茅蓋盡 朝暉穿漏照心明.
　　(내종하처거하처 무취무형지유성 번운복우천추동 탕해흔산지축경
　　적벽취분조자함 수양허산항가병 권아옥려모개진 조휘천루조심명)

어디서 와서 어디로 가는가, 냄새도 없고 모습도 없이 소리만이 있구나.
구름 날리고 비 퍼부어 하늘 밑둥을 흔들고,
바다를 덮고 산을 번쩍 들어 지축을 기울게 하네.
적벽강에 불어제쳐 조조의 전함을 불질렀고, 수양 땅을 휘몰아 항우의 군사를 흩뜨리었네.
우리 집을 덮치어서는 초가지붕 모조리 말아 올려,
그 틈새로 아침 햇빛 새어들어 내 마음 밝게 비추는구나.

[語句] *飜雲覆雨 : 구름을 뒤집고 비를 엎음. 변화가 무쌍함. 杜甫(두보)의 '貧交行(빈
교행)' 시에 "翻手作雲覆作雨(손바닥을 위로 펴면 구름을 이루고, 뒤집으면 구름
이 되네)"라 있음. →64-20. *天樞 : 하늘의 中樞(중추) 곧 밑바탕. 하늘의 중심
이 되고 중요한 부분. 북두칠성의 첫째 별. *盪海 : 바다를 뒤흔듦. *掀山 : 산
을 번쩍 들 듯함. 掀天動地(흔천동지, 하늘을 들고 땅을 뒤흔듦. 세력을 떨침). *地軸 : 대지
를 버티고 있는 축 곧 남극과 북극. *赤壁 : 중국 湖北省 嘉魚縣(호북성 가어현)
서쪽 양자강 왼편 언덕 땅. 삼국 시대 吳(오)의 장수 周瑜(주유)가 魏(위) 나라 曹
操(조조)의 戰船(전선) 모두를 불살라 이긴 전쟁터이며 東坡蘇軾(동파소식)의 '赤壁賦
(적벽부)' 글이 유명함. *睢陽 : 중국 安徽省 靈壁縣(안휘성 영벽현) 동남 垓下(해하)
지방. 옛 楚漢(초한) 때 漢高祖 劉邦(한고조 유방)이 초의 項羽(항우)를 공격해 멸망시
킨 싸움터였음. *項家兵 : 항우 휘하의 군사들. *屋廬 : 사는 집. 주택. *茅蓋
: 띠풀이나 볏짚으로 이은 지붕. 杜甫(두보)의 '茅屋爲秋風所破歌(모옥위추풍소파가)'
시 첫머리에 "八月秋高風怒號 卷我屋上三重茅(8월달 가을 깊어 바람이 호통
치듯이 불어제치더니, 세 겹 띠풀로 이은 우리 집 지붕을 날려버리는구나)"라고
읊었음. *朝暉 : 아침 햇빛. *穿漏 : 뚫고 새어 들어옴. 새어 나옴.

[鑑賞] 바람을 읊은 시. 중학교 때 미국 어느 시인의 '누가 바람을 보았나요?'란 동시
를 영어로 배운 기억이 나는데, 그 시에서의 바람은 아주 조용한 바람이었으니
"누가 바람을 보았나요? 나도 아니고 당신도 아니지요. 그러나, 나뭇잎이 살랑거
릴 때 우리는 그를 느끼게 되지요.…" 같은 내용이었다. 이 '詠風' 시는 미국의
시인 하트 크레인(H. Hart Crane 1899~1932)의 '颱風(태풍)' 시와 같은 거센 바람을
중심으로 읊은 작품이다. 냄새도 없고 모양도 볼 수 없는 것인데도 하늘과 땅을
뒤흔들고 어디서 와서 가는 곳이 어디인지도 알 수가 없다. 적벽 싸움에서는 동
남풍이 되어 조조의 전함들을 모두 불태워버렸으며, 해하에서는 楚(초) 나라의 노
래를 실려 보내어 四面楚歌(사면초가)라 항우는 魂飛魄散(혼비백산)하여 옛 부하였던
한 나라 군사에게 목숨을 맡겼던 것이 아닌가. 이런 바람이 우리 초가지붕까지
날려 보내어 아침 햇살이 방에 스며들어 내 마음을 밝게 비춘다. '照心明'이란
표현으로 보아 우암 선생은 바람을 심술은 있지만, 못되고 나쁜 것으로만 보지
않은 도학자적인 觀照(관조)가 담겨 있다 하리라.

　　7言律詩(7언율시). 압운은 聲, 傾, 兵, 明 자로 평성 '庚(경)' 평운이다. 평측은 차례로 '平平
平仄仄平仄, 平仄平平仄仄平, 平平仄仄平平仄, 仄仄平平仄仄平, 仄仄平平平仄仄, 平平平
仄仄平平, 仄仄平平平仄仄, 平平仄仄仄平平'으로 이사부동이륙대는 모두 맞으나, 점법이 이
루어지지 않았으니, 3행과 4행을 바꾸고 5행과 6행을 바꾸면 점법이 되고 반법은 그런대로 성립
되어 古詩(고시)로 보지 않는 것이다.

123. 宋翼弼(송익필 1534~1599) : 조선 중기의 학자, 문인. 자 雲長(운장). 호 龜峰(구봉, 귀봉). 시호 文敬(문경). 본관 礪山(여산). 父 祀連(사련). 弟 翰弼(한필 →679). 출신이 미천하여 [庶孼서얼] 벼슬을 하지 못했으나, 栗谷 李珥(율곡 이이)와 牛溪 成渾(우계 성혼), 松江 鄭澈(송강 정철) 들과 사귀어 성리학에 통달했고 禮學(예학)에도 뛰어났다. 특히 八文章家(8문장가)의 한 사람이며 시도 李白(이백)을 주로 익혀 유명했다. 高陽(고양)의 龜峰山 아래에 살며 제자들을 가르치니, 문하에 金長生(김장생), 鄭曄(정엽), 金集(김집), 徐渻(서성), 鄭弘溟(정홍명) 등 여러 선비를 키웠는데, 김장생은 스승의 예학을 계승하여 조선 예학의 대가가 되었다. 한때 熙川(희천)에 유배당한 바가 있고 사후에 持平(지평)이 추증되었다. 문집 '龜峰集(구봉집)'과 율곡, 우계와 왕복한 서한집 '玄繩集(현승집 1권)'이 있다.

123-1 望月(망월) 보름달

未圓常恨就圓遲　圓後如何易就虧　三十夜中圓一夜　百年心事摠如斯.
(미원상한취원지　원후여하이취휴　삼십야중원일야　백년심사총여사)

둥글지 못한 게 둥글게 되기 느리다고 늘 원망했더니,

둥글게 된 뒤에는 어찌 쉬이 이지러지나.

한 달 서른 날 중 둥근 달은 하룻밤뿐이라, 내 평생 심사도 모두 이와 같으리.

[語句] *未圓 : 아직 둥글지 않음. *就圓 : 둥긂을 이룸. 둥글게 됨. *就虧 : 이지러지게 됨. 둥글던 달이 기울어짐. *三十夜 : 서른 날 밤. 한달 동안의 밤. *百年 : 한 평생의 세월. *心事 : 마음에 생기는 일. 마음속으로 계획하는 일. 마음으로 생각하는 일과 실제의 일.

[鑑賞] 조각달이 둥글기를 기다리노라니 어찌 그리도 둥글게 되기가 느린고. 기다리던 둥근 보름달은 또 이내 한 귀퉁이씩 떨어져 이내 조각달로 되고 마는구나. 한 달 동안 둥근달을 보기는 하룻밤에 지나지 않아, 마치 내 평생의 마음속과도 같구나. 시대를 잘못 만나 불우하게 지내는 지은이의 처지를 달에 비겨 드러냈다. '百年心事摠如斯'에 지은이의 고뇌가 담겨 있다. 너무나 쉬운 말로 天衣無縫(천의무봉)의 경지에서 읊는 大家(대가)다운 솜씨가 여실히 나타나 있는 가작이다. 韓末(한말)의 黃玹(황현 →685) 선생은 그의 유학과 시의 품격을 높이 평가하여 우리나라 屈指(굴지)의 인물이라 했다는 것이다.

　7言絶句(7언절구). 압운은 遲, 虧, 斯 자로 평성 '支(지)' 평운이다. 평측은 차례로 '仄平平仄仄平平, 平仄平平仄仄仄, 平仄仄平平仄仄, 仄平平仄仄平平'으로 二四不同二六對(이사부동이륙대)와 反法(반법), 粘法(점법) 등이 잘 이루어진 작품이다.

123-2 山行(산행) 산길을 가다

山行忘坐坐忘行 歇馬松陰聽水聲 我後幾人先我去 各歸其止又何爭.
  (산행망좌좌망행 헐마송음청수성 아후기인선아거 각귀기지우하쟁)

산길을 가며 앉아 쉬는 걸 잊고 쉬다가는 가는 일을 깜빡 하면서,

소나무 그늘에서 말을 쉬게 하고 개울물 소리를 듣네.

내 뒤에 올 분이 몇이며 앞서 간 사람은 또 얼마이던가,

제 각기 가거나 머물러 쉬거나 하는데 길 다투어 무엇하리.

[語句] *忘坐 : 앉아 쉬기를 잊음. *忘行 : 갈 일을 깜빡 잊어버림. *歇馬 : 말이 쉼.
    가는 말을 세움. *松陰 : 소나무 그늘. *幾人 : 몇 사람. *各歸其止 : 제각기
    돌아가고 머무르고 함. 각자 나름으로 가거나 쉬거나 함. 各其歸止.

[鑑賞] 말을 타고 산길을 가다가 쉬어가는 걸 잊고, 쉬다 보면 너무 오래 쉬어 가는 걸
    깜빡 잊어버리기 마련이다. 마침 소나무 그늘이 좋아 말을 쉬게 하고는 소리 내
    며 흐르는 개울물 소리를 듣는다. 생각해 보니 나 먼저 이 길을 간 사람이 몇이
    며 또 내 뒤를 따라 여기 올 사람이 얼마나 많을 것인가. 제각기 길 따라 가게
    마련인데 갈 길을 재촉한들 무슨 소용인고, 그저 길 따라 갈 뿐이다. 이 길은 곧
    인생길인 것이니 스스로의 불운한 처지를 비유하여 토로한 작품인 것이다.

    7언절구. 압운은 行, 聲, 爭 자로 평성 '庚(경)' 평운이다. 평측은 차례로 '平平仄仄仄平平,
仄仄平平平仄平, 仄仄仄平平仄仄, 仄平平仄仄平平'으로 이사부동이륙대와 반법, 점법 등 평
측 규칙에 합치되었다. 다만 첫 행의 忘 자는 '깜짝하다. 잃어버리다. 기억이 없다. 없애버리
다' 등의 뜻이면 평성 '陽(양)' 운, '잊다'의 뜻이면 去聲(거성) '漾(양)' 측운인데, 셋째 글자는 거
성으로 보고 여섯째 것은 평운으로 보았다.

124. 宋因(송인 -1389-) : 고려 恭讓王(공양왕) 때 獻納(헌납)을 지냈는데 '東文選(동문선) 권 16'
    에 시 두 편이 실려 있다.

124-1 次江陵東軒韻(차강릉동헌운) 강릉 동헌의 시에 차운하다

客程容易送餘年 臘盡江城雪滿天 歸夢共雲常過嶺 宦愁如海不知邊
濤聲動地來喧枕 蜃氣浮空望似煙 鏡浦臺空茶竈冷 更於何處擬逢仙.
    (객정용이송여년 납진강성설만천 귀몽공운상과령 환수여해부지변

      도성동지내훤침 신기부공망사연 경포대공다조랭 갱어하처의봉선)

나그넷길 쉽게도 여년을 보내는데, 섣달 강릉 강가의 성에는 하늘 가득 눈발일세.

집에 가려는 꿈은 구름과 함께 늘 대관령을 넘고,

벼슬길 깊은 시름 바다처럼 가이없구나.

땅을 뒤흔드는 파도소리 베갯머리에 시끄럽고,

공중에 뜬 신기루 바라보니 연기처럼 사라지네.

경포대는 비었고 차 달이던 부뚜막 싸늘하니,

이제 다시 신선들을 어디서 헤아려 찾으리오.

[語句] *江陵東軒 : →118-3. 조선 초기의 成俔(성현)도 같은 운자로 차운했음. *餘年 : 죽을 때까지의 세월. 殘年(잔년). 餘齡(여령). 餘生(여생). '한 해의 나머지 날'로 볼 수도 있음. *臘 : 섣달. *江城 : 강가에 있는 성. '강릉의 성'으로 보기도 함. *歸夢 : 고향이나 집에 돌아가는 꿈. *過嶺 : 산고개를 넘음. '대관령을 넘어감'의 뜻임. *宦愁 : 벼슬살이에서 느끼는 시름. *喧枕 : 잠자리 또는 목침[베개]머리에 시끄러움. *蜃氣 : 蜃氣樓(신기루). 열이나 찬 기운으로 하여 대 기 속에서 빛이 굴절되어 공중이나 땅 위에 물체가 있는 것처럼 보이는 현상. 옛날에는 바닷속의 큰 방합조개[대합조개]나 이무기가 토해 내는 기운으로 나타나게 된다고 믿었음. 蚌射蜃樓(방사신루). 海市(해시). *鏡浦臺 : →91-1. *茶竈(다조, 차조) : 차를 달이는 부엌[부뚜막]. 신라 때 花郞(화랑)들 네 사람 곧 四仙(사선)이 차를 달이던 아궁이가 경포 부근에 있었다고 전해 옴. *擬 : 헤아리다. 비기다. 흉내내다.

[鑑賞] 강릉 동헌을 읊은 이전의 시에 차운한 작품. 벼슬을 살다 보면 타관을 가기 마련이라 고향으로 돌아가려는 마음이 간절한 법이다. 첫머리에 '客程'이라 하여 유람하는 처지 같으나 제 4행의 '宦愁'란 표현으로 보면 官職(관직)으로 인한 나그넷길이다. 섣달이면 새해를 맞이하게 되니 더욱 고향 생각이 간절한데 더구나 눈까지 내리니 향수에 젖는다. 7言律詩(7언율시)여서 '집 그리는 꿈은 구름 따라 대관령을 넘고 벼슬살이에서 오는 시름은 바다같이 넓어 가이없다.'는 頷聯(함련 3~4)은 對(대)가 잘 이루어졌고, 다음의 頸聯(경련 5~6구)도 '濤聲-蜃氣' '動地- 浮空' '來喧枕-望似煙'으로 대구가 되었다. 맺음으로 옛 사선 화랑들의 자취를 더듬어 보나 신선같이 유람하던 그들을 만날 길이 없다고 했다.

　　7언율시. 압운은 年, 天, 邊, 煙, 仙 자로 평성 '先(선)' 평운이다. 평측은 차례로 '仄平平仄仄平平, 仄仄平平仄仄平, 平仄仄平平仄仄, 仄平平仄仄平平, 平平仄仄平平仄, 仄仄平平平仄平, 仄仄平平平仄仄, 仄平平仄仄平平'으로 이사부동이륙대와 반법과 점법 등이 잘 이루어졌다.

125. 宋浚吉(송준길 1606~1672) : 조선 중기의 학자, 정치가. 자 明甫(명보). 호 同春堂

(동춘당). 시호 文正(문정). 본관 恩津(은진). 父 淸座窩 爾昌(청좌와 이창). 金長生(김장생) 문하
에서 공부하고 인조 2년(1624) 進士(진사)에 올라 효종이 즉위하자 遺逸(유일)로 司憲府
執義(사헌부 집의)에 기용되어, 당시 국정을 어지럽히던 정승 金自點(김자점)을 규탄해 물
리쳤고 효종 7년(1656) 世子贊善(세자찬선)으로 임명되자 굳이 사양하다가, 다음해에
조정에 들어가 효종 9년(1658)에 大司憲 兼成均館祭酒(대사헌 겸 성균관좨주)가 되고 이
듬해에는 병조판서가 되어 宋時烈(송시열)과 함께 老論(노론)의 쌍벽을 이루었다. 효종
의 사후 대왕대비의 복제 문제로 송시열과 함께 尹鑴(윤휴), 尹善道(윤선도) 등의 공격
을 받고 스스로 물러나 懷德(회덕)에서 살았다. 顯宗(현종)이 여러번 吏曹判書(이조판서)
등으로 불렀으나 사퇴하거나 취임하더라도 해를 넘기지 않고 되돌아왔다. 어릴 때
부터 총명하여 弱冠(약관)에 학문을 크게 이루어 성리학으로 당대의 師表(사표)가 되었
고 문장과 글씨에 능했으며, 영조 때 문묘에 배향되고 영의정이 추증되었다. 저서로
'同春堂集(동춘당집)' '語解錄(어해록)'이 있고 글씨는 진천의 李時發神道碑(이시발신도비),
남양의 尹棨殉節碑(윤계순절비), 김제의 李運碣(이운갈) 등이 있다.

125-1 記夢(기몽) 꿈을 꾸고 짓다

平生欽仰退陶翁 沒世精神尙感通 此夜夢中承誨語 覺來山月滿窓櫳.
　　(평생흠앙퇴도옹 몰세정신상감통 차야몽중승회어 각래산월만창롱)

평생에 흠모하던 퇴계 선생님, 세상 떠나서도 그 정신 아직 감통 되나니,
이 밤 꿈속에서 가르치는 말씀 받자옵고, 깨고 나니 서산의 달빛 창에 가득 비치네.

[語句] *欽仰 : 공경하고 우러러 사모함. *退陶 : 李滉(이황 1501~1570) 선생의 雅號(아
　　호) 중의 하나로 退溪(퇴계), 陶叟(도수) 등이 있음. →329. *沒世 : 세상을 떠남.
　　*感通 : 마음에 느끼어 앎. 자기 생각이 상대에게 통함. *誨語 : 가르치는 말.
　　훈계하는 말. 誨言(회언). *山月 : 산 가까이에 떠 있는 달. *窓櫳 : 창. 櫳은
　　'난간. 창. 우리'의 뜻임.

[鑑賞] 꿈에 퇴계 선생을 뵙고 쓴 7언절구. 퇴계 선생은 우리나라뿐 아니라 일본과 중
　　국에까지 알려진 조선 중기의 대학자라 유학자들의 흠앙을 받는 분이다. 일본의
　　이른바 '敎育勅語(교육 칙어, 명치 때 반포된 임금이 내린 글)'도 퇴계의 사상이 근간을 이
　　루었다고 했다. 지은이도 평생 퇴계 선생을 우러러 받드는데 선생 가신 뒤에도
　　꿈에 나타나 가르침을 받고 하며 그분의 정신이 감통된다는 것이다. 오늘밤에도
　　꿈속에서 가르침을 받고 깨니 서산에 걸린 달이 창문에 빛을 비추는 새벽녘이다.

　　7言絕句(7언절구). 압운은 翁, 通, 櫳 자로 평성 '東(동)' 평운이다. 평측은 차례로 '平平平仄

仄平平, 仄仄平平仄仄平, 仄仄平平平仄仄, 仄平平仄仄平平'으로 二四不同二六對(이사부동이륙대)와 反法(반법), 粘法(점법) 등 7絕의 簾(염)에 어긋남이 없다.

126. 宋之間(송지문 Sung Chih-wen 656~712) : 初唐(초당)의 大詩人(대시인). 자 延淸(연청). 山西省 汾州(산서성 분주) 사람. 처세 잘 하기로 유명했으나 인품은 좋지 못했다 하며, 則天武后(측천무후)에게 아첨하느라 그녀의 요강까지 받들었다고 한다. 中宗(중종)이 측천무후를 연금하고 帝位(제위)에 올라 張易之(장역지) 일파를 축출할 때 杜審言(두심언), 沈佺期(심전기), 閻朝隱(염조은), 王無兢(왕무긍), 송지문 등을 參軍事(참군사)로 강등하여 남방으로 추방한 적이 있다. 중종 때 修文館直學士(수문관 직학사)를 지냈고, 睿宗(예종) 때에는 太平公主(태평공주)에 빠져 들어 뇌물을 받고 나쁜 일을 거듭하여 欽州(감주)로 좌천되어 거기서 賜死(사사)되었다. 5言詩(5언시)의 제일인자로 對句(대구)에 능하고 화려하게 지어 심전기와 함께 유창하고 아름다운 詩體(시체)를 써서 이를 沈宋體(심송체)라 했다. 사위 劉希夷(유희이)가 지은 '代悲白頭翁(대비백두옹)' 시의 '年年歲歲花相似 歲歲年年人不同(해마다 피는 꽃은 똑같건만, 그 꽃을 보는 사람은 해마다 같지 않구나)'란 구절[→199-1]을 달라고 강요하다가 듣지 않으므로 흙부대로 壓殺(압살)했다는 설이 있다. 文集(문집 10권)이 있으며 張說(장열 →358) 들과 '三敎珠英(삼교주영)'을 찬술했다.

126-1 渡漢江(도한강) 한강을 건너다

嶺外音書斷 經冬復歷春 近鄉情更怯 不敢問來人.
　　(영외음서단 경동부역춘 근향정갱겁 불감문래인)

서울 밖에 있어서 소식 끊어지고, 겨울 지나고 또 봄도 지나가네.
고향 가까워지자 마음 다시 두려워져서, 오는 사람에게 감히 소식 묻지 못하네.

[語句] *漢江 : 湖北省 武昌(호북성 무창, 현재 武漢市무한시)으로 흘러드는 양자강의 한 갈래. 漢水(한수). *嶺外 : 영마루 바깥. 서울의 밖. 唐(당)의 서울 長安(장안) 남쪽의 望秦嶺(망진령) 밖은 서울이 아니므로 쓰는 말임. *音書 : 소식. 편지. 音信(음신). '말로나 편지로 전하는 소식'의 뜻임.

[鑑賞] 지은이가 장역지 일파로 몰려 龍州參軍(용주참군)으로 좌천되었다가 고향인 서울로 돌아오며 지은 작품. '서울 바깥 남방에서 소식 끊고 겨울과 봄을 지내고는 다시 고향으로 돌아오는데, 고향이 가까워지니 아는 사람을 만나도 내 떳떳하지 못한 처지가 두려워 안부 인사를 물을 수 없다.' 지은이는 좌천된 곳에서 도망쳐 서울로 왔다는 설도 있다. 한편 그때 좌천된 일행 들이 유배지로 갈 때 端州驛(단주역)

에서 헤어지며 각각 벽에 시를 써 두고 갔는데, 나중에 온 지은이가 이 시들을 보고 7언율시를 지었으니, "쫓겨난 신하들 엄한 벌 받고 남방에 유배되며 이렇게 만났구나. 그러나 남방은 갈림길 많아 千山萬水(천산만수)로 고을이 갈려, 구름과 비처럼 각기 흩어져 헤어지니 소식 통할 리 없네. 더구나 남쪽 땅은 毒氣(독기) 많은 곳이라 우리들 중 몇이나 다시 돌아올 수 있으리."라 읊었었다.

5언절구. 압운은 春, 人 자로 평성 '眞(진)' 평운이다. 평측은 차례로 '仄仄平平仄, 平平仄仄平, 仄平平仄仄, 仄仄仄平平'으로 이사부동이나 반법, 점법 등이 5언절구 평측 규칙에 모두 합치되는 작품이다.

126-2 陸渾山莊(육혼산장) 육혼의 산장

歸來物外情 負杖閱岩耕 源水看花入 幽林採藥行
野人相問姓 山鳥自呼名 去去獨吾樂 無能愧此生.

（귀래물외정 부장열암경 원수간화입 유림채약행

야인상문성 산조자호명 거거독오락 무능괴차생）

벼슬 속세 벗어나 홀가분한 마음, 지팡이 짚고 바위 밑 자갈밭 살피네.
무릉도원 물에 꽃 보려고 들어가거나, 그윽한 숲으로 약초 캐러 간다네.
시골 사람 다투어 내 이름 묻는데, 산새들은 제 이름을 제 스스로 부르네.
세월 흘러도 나 홀로 즐길 뿐이나, 아무 재주 없는 내 생애 부끄럽구나.

[語句] *陸渾 : 사람 이름. 未詳(미상). *山莊 : 산 속 별장. 山墅(산서). *歸來 : 돌아옴. *物外 : 세상 물정을 벗어난 바깥. 속세 밖의 세계. *岩耕 : 산비탈의 돌이나 자갈이 많은 조그만 밭을 경작함. *源水 : 武陵桃源(무릉도원)의 냇물. 무릉도원은 '신선이 산다는 별천지'로 陶潛(도잠)의 '桃花源記(도화원기)'에서 설정했음. *幽林 : 아주 깊숙하고 고요한 수풀. 으늑한 숲. *採藥 : 약초를 캠. 後漢末(후한말)에 龐德(방덕)이 鹿門山(녹문산)에 들어가 약초를 캐며 세상에 나오지 않았다는 고사가 있음. *野人 : 시골 사람. 巴人(파인). 벼슬하지 않은 사람. *山鳥 : 산새. *自呼名 : 자기 이름을 제 스스로 부름. 말하자면 꾀꼬리는 '꾀꼴 꾀꼴' 울고 비둘기는 '구구[鳩 비둘기 구]'하고 운다는 뜻임. *去去 : 가고 갈수록. *無能 : 능력이나 재능이 없음. *此生 : 이 생애. 평생. 이승.

[鑑賞] 이 시는 자기의 산장 생활을 그린 것이 아니라, 육혼 산장에 사는 사람의 생활 모습을 객관적으로 읊어 그런 삶을 동경한 듯하다. '속세를 벗어난 곳에 있는 육혼 산장에 가니 마음 홀가분하다. 산비탈 때기밭 갈아 곡식을 심어 양식 삼고, 무릉도원처럼 물에 떠 흐르는 꽃을 보며 약초나 캐러 다닌다. 아는 사람 없

으니 여기 사람들이 누구냐고 묻는데, 산새들도 제 각기 제 스스로 자기 이름을 알리는 듯 그 이름대로 울고 있으니 내 이름 알려준들 무슨 허 물이 되랴. 오직 나 홀로 이런 경지를 즐길 뿐이지만 아무런 재주 없는 내 자신이 부끄럽구나.' 첫 행 '歸來物外情'에 주제가 담겼지만 끝 행 '無能愧此生'이란 표현으로 보 아 지은이는 아직 名利(명리)를 버리지 못한 인상을 준다. 제 3, 4 구와 제 5, 6 구 곧 頷聯(함련, 承句승구)과 頸聯(경련, 轉句전구)은 각각 對句(대구)가 잘 이루어졌다.

5言律詩(5언율시). 압운은 情, 耕, 行, 名, 生 자로 평성 '庚(경)' 평운이다. 평측은 차례로 '平平仄仄平, 仄仄仄平平, 平仄平平仄, 平平仄仄平, 仄平平仄仄, 平仄仄平平, 仄仄仄平仄, 平平仄仄平'으로 이사부동이나 반법, 점법 등이 규칙대로 잘 이루어진 佳作(가작)이다.

126-3 下山歌(하산가) 산을 내려오며 지은 시

下嵩山兮多所思 携佳人兮步遲遲 松間明月長如此 君再遊兮復何時.
(하숭산혜다소사 휴가인혜보지지 송간명월장여차 군재유혜부하시)

숭산을 내려오며 생각나는 일 많고, 좋은 벗 짝하니 걸음 더디구나.
소나무 사이 밝은 달은 늘 저러하련만, 그대와 함께 또 언제 이 곳에 오게 되려나.

[語句] *嵩山 : 중국 5嶽(5악)의 하나로 높이 1,440m이며 河南省洛陽市(하남성 낙양시) 동남 登封市(등봉시)에 있음. 中嶽(중악). *佳人 : ①고운 여인. 미인. ②연인. 임 금. ③잘 생긴 남자. 여기서는 ③의 뜻임. *遲遲 : 더디고 더딤. *再遊 : 다시 놂. 두번 유람함.
[鑑賞] 숭산에 올랐다가 내려오며 지은 歌行體 短篇詩(가행체 단편시). 등산은 혼자 할 수도 있지만 마음에 맞는 친구 몇 사람이 하게 되면 참으로 즐거운 법이다. 마 음에 들지 않는 사람과는 어울리지 않겠지만, 경우에 따라 어쩔 수 없이 그럴 수도 있어서 여간 불편한 것이 아니다. 지은이도 마음에 드는 사람과 함께여서 내려오는 걸음이 더디다고 했으며, 소나무 사이에 달이 끼인 이런 좋은 경치가 오래듯이 늘 그와 함께 산에 오르고 싶다는 소회를 폈다.

7言古詩(7언고시). 압운은 思, 遲, 時 자로 평성 '支(지)' 평운이다. 평측은 차례로 '仄平平平平仄平, 仄平平平仄平平, 平平平仄平平仄, 平仄平平仄平平'으로 二四不同二六對(이사부동이 륙대)에 맞는 구는 셋째 구밖에 없고, 따라서 反法(반법)이나 粘法(점법)도 지켜지지 않아 고시로 분류된다. 또 제목도 '歌'를 붙인 가행체여서 고시임을 나타내고 있는 것이다.

127. 申光洙(신광수 1712~1775) : 조선 영조 때 文臣(문신). 자 聖淵(성연). 호 石北(석북).

본관 高靈(고령). 父 澔(호). 5세 때 글을 읽고 쓸 줄 알았고 말하는 것이 사람을 놀라게 했으며, 書畫(서화)에 뛰어나 文名(문명)을 전국에 떨쳤다. 蔭官(음관)으로 齋郎(재랑)이 되고 영조 40년(1764) 禁府都事(금부도사)로서 사신으로 耽羅(탐라, 제주도)에 가서, 그 곳의 풍토·산천·鳥獸(조수)·항해 상황 등을 적어 '浮海錄(부해록)'을 지었다. 漣川縣監(연천현감)을 거쳐 영조 48년(1772) 耆老科(기로과)에 급제하고, 通政(통정), 右承旨(우승지)를 거쳐 敦寧都正(돈녕도정)을 역임했다. 저서에 '石北集(석북집, 5권)'이 있다.

127-1 峽口所見(협구소견) 두메 어귀에서 본 바

青裙女出木花田 見客回身立路邊 白犬遠隨黃犬去 雙還却走主人前.

　　(청군여출목화전 견객회신입노변 백견원수황견거 쌍환각주주인전)

남치마 입은 여인이 목화밭으로 나오다가,

지나는 나그네를 보고는 몸을 돌려 길가에 비켜서네.

흰 삽살개 멀리서 따라오다가 누렁이 수캐 만나더니,

각기 헤어져 주인 앞으로 달려 가는구나.

[語句] *峽口 : 골짜기 입구. 두메마을 어귀. *青裙 : 푸른 치마. 남치마. *木花 : 무궁화과의 일년생 作物(작물). 씨에 붙은 棉花(면화)는 실이나 옷감의 원료가 되고 씨는 기름을 짜서 씀. 木棉(목면). *白犬 : 털이 흰 개. 흰 삽살개. *黃犬 : 누렁개. 누렁이. 黃狗(황구).

[鑑賞] 한 장의 스냅 사진을 보는 듯하다. 지난날 여인네들은 길을 가다가 남정네가 지나가면 얼굴과 몸을 돌려 길옆으로 비켜서는 것이 예의요 婦德(부덕)이었다. 그리하여 鄭澈(정철)의 '訓民歌(훈민가)'에도 "간나해 가난 길흘 사나해 에도다시, 사나해 녜는 길흘 계집이 쵝도다시, 제 남진 제 계집 아니어든 일홈 묻디 마오려(부인네 가는 길을 남정네가 에돌아 가듯이, 사내가 가는 길을 계집아이가 비껴가듯이, 제 남편 제 아내가 아니면 말을 주고받지 말 것이니라)"라 하지 않았던가. 이 시를 읽으며 미소가 절로 떠오르는 것은, 길을 비켜 주는 여인들의 요즘과는 판이한 모습에다가 삽살개와 누렁이 강아지들의 귀여움에서 오는 것이다. 어린 사내아이에게라도 길을 가로지르지 않던 어머니들의 모습, 친구보다는 자기 주인에게 정성을 보이는 가축의 본성이 담겨 있어 어릴 적 시골 인심의 순박함이 그리워진다.

　7言絶句(7언절구). 압운은 田, 邊, 前 자로 평성 '先(선)' 평운이다. 평측은 차례로 '平平仄仄仄平平, 仄仄平平仄仄平, 仄仄仄平平仄仄, 平平仄仄仄平平'으로 이사부동이륙대나 반법,

점법 등 7絶의 평측 규칙에 모두 합치되었다.

128. 申師任堂(신사임당 1512~1559) : 조선 中宗(중종) 때 女流書畫家, 文章家(여류서화가, 문장가). 호 사임당(師任堂, 思任堂, 師姙堂), 媤姙堂(시임당), 姙師齋(임사재). 본관 平山(평산). 父 進士 命和 (진사 명화). 監察 李元秀(감찰 이원수)의 부인이며 栗谷 李珥(율곡 이이)의 어머니 이다. 천성이 溫雅(온아)하고 志操(지조)가 높아 현모양처의 자격을 구비했었다. 어려서 經典(경전)에 통하였고 문장에 능했으며, 바느질이나 刺繡(자수)에 모두 精妙(정묘)했다. 7 세부터 安堅(안견)의 畫法(화법)을 배워 산수와 포도를 그렸으며 점차 숙달하여 화풍이 여성적인 섬세함과 巧緻(교치)를 발휘하매, 세상에서 이를 따르는 사람이 없었고 筆法 (필법)에도 능했다. 19세에 서울에 사는 남편과 결혼, 남편이 47세로 客死(객사)하여 과 부로 자녀 교육에 전력을 다했고, 조선 5백 년 간의 閨秀藝術家(규수예술가)의 第一人 者(제일인자)라 일컬어진다. 그림에 '紫鯉圖(자리도), 山水圖(산수도), 草蟲圖(초충도), 蘆雁圖(노 안도), 蓮鷺圖(연로도), 蓼岸鳥鴨圖(요안조압도), 葡萄圖(포도도)' 등이 있다.

128-1 思親(사친) 어버이를 그리워하다

千里家山萬疊峰 歸心長在夢魂中 寒松亭畔雙輪月 鏡浦臺前一陣風
沙上白鷗恒聚散 波頭漁艇每西東 何時重踏臨瀛路 綵舞斑衣膝下縫.
(천리가산만첩봉 귀심장재몽혼중 한송정반쌍륜월 경포대전일진풍
사상백구항취산 파두어정매서동 하시중답임영로 채무반의슬하봉)

천리 먼 고향 만겹 봉우리 저쪽인데, 돌아가고 싶은 마음 늘 꿈길에 있네.
한송정 가에는 하늘과 물의 두 둥근 달이요, 경포대 앞에는 시원한 바람 한바탕 불리.
바닷가 모래밭에 갈매기 모였다 흩어지고, 파도 머리 고깃배 이리저리 오고 가리.
언제 다시 고향 강릉 길 밟고 가, 비단 색동옷 입고 부모님 곁에서 바느질할꼬.

[語句] *家山 : ①고향 집과 산. 고향. 고향산천. ②한 집안의 묘지. *萬疊 : 만 번이 나 겹침. 아주 많이 겹쳐짐. *歸心 : 고향으로 돌아가고 싶은 마음. *夢魂 : 꿈 속의 혼[마음]. *寒松亭 : 강원도 江陵市 城內洞(강릉시 성내동)에 있는 정자. 한송 사 절이 있고 高麗歌謠(고려가요)에 '寒松亭曲(한송정곡)'이 있으나 내용 미상인데, 이 노래가 거문고 밑바닥에 적혀 중국 강남땅까지 흘러간 것을 고려 光宗(광종) 때 張晉(장진, 張延祐장연우 →357)이 그 곳에 사신으로 갔다가 노래의 뜻을 풀었다 함. *雙輪月 : 두 둥근 달. '하늘과 경포 호수에 비친 둥근 달 둘'을 말함. 雙 輪은 '두 개의 바퀴'이고 輪月은 '수레바퀴처럼 둥근 달'의 뜻임. *鏡浦臺 :

→91-1. *一陣 : 한 가닥. 한바탕. *沙上 : 모래 위. 바닷가 모래 위. 砂上(사상).
*白鷗 : 갈매기. *聚散 : 모임과 흩어짐. *漁艇 : 고기잡이 배. *西東 : 서쪽과
동쪽. 이리저리. 東西. *重踏 : 다시 밟음. 다시 감. *臨瀛 : 바다에 임한 곳
곧 강릉. 고려 때 咸鏡南道(함경남도)와 강릉시를 합쳐 臨海溟州(임해명주)라 했음.
瀛은 '큰 바다'의 뜻이고 瀛州는 '三神山(삼신산)'의 하나임. *綵舞斑衣 : 비단 색
동옷. 때때옷. 綵는 '오색 비단'임. *膝下 : 어버이의 무릎 아래. 양친의 곁.

[鑑賞] 親家(친가)의 어버이를 생각하며 지은 적품. 思鄕詩(사향시)로 中等學校(중등학교) 교
과서에 인용되는 名篇(명편)이다. 율곡 같은 대학자를 낳아 기른 어진 어머니에
조선 여류 예술가로서 제일인자이니, 사임당의 생가터인 강릉 烏竹軒(오죽헌)은
聖域化(성역화)되었고, 각급의 교육장으로 또 유명한 관광지로 지정되었다. 首聯(수
련 1,2구)에서는 천릿길 강릉 고향은 태백 준령 수만 봉우리 겹친 곳이라 자주 갈
수 없어 매양 꿈속에서만 가볼 뿐이다 했고, 頷聯(함련 承聯승련 3,4구)은 강릉의 모
습을 상상하여 한송정 가에는 하늘과 호수에 각각 달이 둥글게 둘이 떴겠고 경
포대 앞에 한바탕 서늘한 바람이 불겠다 했는데, 對(대)가 잘 이루어져 '寒松亭
畔-鏡浦臺前'과 '雙輪月-一陣風'으로 멋지게 짝지었다. 頸聯(경련 轉聯전련 5,6구)
도 함련과 같이 고향의 모습을 그려 바닷가 모래톱에는 갈매기들 모였다 흩어졌
다 하고 바다에는 고기잡이배들이 이리저리 오가리라 했으니, 이 또한 대가 잘
이루어졌다. 곧 '沙上-波頭'·'白鷗-漁艇'·'恒-每'·'聚散-西東'의 대가 추종을
불허한다. 마지막 尾聯(미련 結聯결련 7,8구)에서 마무리로 언제 강릉길 밟고 가 때때
옷 입고 부모님 곁에서 전날처럼 바느질할 것인가 하는 바램으로 맺었으니 얼마
나 窈窕淑女(요조숙녀)다운 발상인가. 한 점 군더더기 없는 작품이다.

　7言律詩(7언율시). 압운은 峰, 中, 風, 東, 縫 자로 峰은 평성 '冬(동)' 평운, 나머지도 평성 '東
(동)' 평운으로 두 운은 通韻(통운)이 된다. 평측은 차례로 '平仄平平仄仄平, 平平平仄仄平平, 平
平平仄平平仄, 仄仄平平仄仄平, 平仄仄平平仄仄, 平平平仄平平平, 平平平仄平平仄, 仄仄平
平仄仄平'으로 二四不同二六對(이사부동이륙대)와 反法, 粘法(반법, 점법) 등이 잘 이루어졌다.

128-2 踰大關嶺望親庭(유대관령망친정) 대관령을 넘으며 친정을 바라보다

　慈親鶴髮在臨瀛 身向長安獨去情 回首北坪時一望 白雲飛下暮山靑.
　(자친학발재임영 신향장안독거정 회수북평시일망 백운비하모산청)

백발되신 어머니 강릉 친정에 계신데, 홀로 서울을 향해 가는 이 몸 괴로운 마음.
고개 돌려 북쪽 고향 들판 바라보니, 흰구름만 저무는 푸른 산에 날아 내리네.

[語句] *大關嶺 : 강원도 영동과 영서 지방의 경계가 되는 태백산맥의 영마루. 높이 832m. *親庭 : 시집간 여자의 生家(생가). 親家. 本家(본가). *慈親 : 어머니. 남에게 대하여 자기 어머니를 말할 때 쓰는 말임. *鶴髮 : 학의 깃처럼 흰 머리칼. 곧 노인의 백발. *臨瀛 : 강릉. *長安 : 서울. *北坪 : 북쪽 벌판이나 들. *一望 : 한 눈에 바라봄.

[鑑賞] 강릉 친정에서 서울 媤家(시가)로 가다가 대관령 영마루에서 쉬며 친정 고장을 바라보고 지은 시. 앞의 시와 마찬가지로 어버이를 그리워하는 정이 담뿍 담긴 작품이다. 대관령에서 강릉 쪽을 바라보면 들판이 아득히 보일 듯 말 듯하고, 구름이요 안개 같은 것이 그 쪽으로 흘러 넘어 내려가는 광경을 가끔 목격할 수 있다. 이 시도 지난날 국민학교[초등학교] 교과서에 한글로 풀이되어 실린 적이 있는 명작인 것이다. 대관령은 강릉으로서는 마치 중국 장안 남쪽의 望秦嶺(망진령)과 같아, 망진령을 넘어가면 장안이 보이지 않듯 대관령을 넘어가면 강릉은 보이지 않게 된다. 그러니, 이 고개를 넘기가 얼마나 애틋하랴.

7言絕句(7언절구). 압운은 瀛, 情, 靑 자로 앞의 둘은 평성 '庚(경)' 평운, 뒤의 靑은 평운 '靑'으로 통운이 된다. 평측은 차례로 '平平仄仄仄平平, 平仄平平仄仄平, 平仄仄平平仄仄, 仄平平仄仄平平'으로 이사부동이륙대나 반법, 점법 등 簾(염)에 어긋남이 없다.

129. 辛碩祖(신석조 1407~1459) : 조선 세종 때 유학자, 名臣(명신). 初名 石堅(초명 석견). 자 贊之(찬지). 호 淵氷堂(연빙당). 시호 文僖(문희). 본관 靈山(영산). 父 仁孫(인손, 引孫인손으로 쓴 자료도 있음). 세종 8년(1426) 문과 급제 후 集賢殿直提學(집현전 직제학), 右司諫大夫(우사간대부), 집현전 副提學(부제학) 등을 역임하고, 吏曹參判(이조참판), 大司憲(대사헌)을 거쳐 開城留守(개성유수)로 있을 때 사망했다. 성질이 온순하고 근엄했으며 문집이 전한다.

129-1 寓高嶺寺(우고령사) 고령사 절에 묵으며

谷轉山圍一逕遙 普光金殿起岧嶢 千年樹老蒼藤合 兩岸溪回白石饒
日暮磬聲雲外落 夜寒鍾影月中搖 羲經讀破天君靜 只有松風送籟簫.
(곡전산포일경요 보광금전기초요 천년수로창등합 양안계회백석요

일모경성운외락 야한종영월중요 희경독파천군정 지유송풍송뢰소)

골짜기는 산골밭을 에워 돌며 오솔길 멀고, 보광 금전은 우뚝 높이 솟았는데,
천년 묵은 나무는 등나무 덩굴과 얽히었고, 물가 두 언덕 굽이돌아 흰 바위 많구나.
날 저무니 풍경 소리 구름 밖으로 떨어지고, 밤이 차니 종의 그림자 달 속에서 흔들리네.

주역周易을 다 읽으니 마음 고요해지고, 다만 솔바람이 퉁소 소리 되어 들려오네.

[語句] *寓: 부치다. 살다. 寓宿(우숙, 잠깐 동안 묵음). *高嶺寺 : 절 이름. 미상. *一逕 : 한 갈래 오솔 길. *普光金殿 : 절의 전각 이름. 보광전. 보광은 '빛이 두루 비침. 부처의 덕이 두루 밝음', 금전은 '황금으로 꾸몄거나 금빛 채색을 한 전각.'임. *嶒嶢 : 우뚝 높은 모양. *蒼藤 : 푸른 등나무. 등나무는 '콩과의 落葉 闊葉(낙엽 활엽) 덩굴나무로 4, 5월경에 자색이나 흰 꽃이 피는데, 동양 특산이며 관상용으로 심는 나무'임. *饒 : 넉넉하다. *磬聲 : 풍경 소리. *羲經 : 周易(주역) 별칭. *讀破 : 끝까지 다 읽음. *天君 : 마음. 양심. *籟簫 : 퉁소에서 나는 소리.

[鑑賞] 고령사는 깊은 산속에 있는 절인가보다. 골짜기 굽이돌아 오솔길은 멀리 이어지고 佛殿(불전)은 높이 솟았다. 등나무가 얽힌 老松(노송)이 있고 골짜기 양쪽 언덕은 시냇물 따라 꾸불꾸불 돌며 흰 돌과 바위 가득하다. 석양에는 풍경 소리 저 구름 밖에서 들리는 듯하고 밤에는 종의 그림자 달빛 받아 흔들리는 듯하다. 이 조용한 곳에서 주역을 다 읽고 나니 마음 고요한데, 들리는 것은 퉁소 소리 닮은 솔바람 소리뿐이다. 이런 한적한 곳에서 인생과 자연을 觀照(관조)하며 독서하는 즐거움은 비할 수 없는 한 때의 삶이리라. 轉聯(전련 5, 6구)은 고려초 朴寅亮(박인량)의 '使宋過泗州龜山寺(사송과사주구산사)' 시의 3~4구 곧 承聯(승련)인 "塔影倒江翻浪底 磬聲搖月落雲間(탑 그림자 강물에 거꾸로 지고, 풍경 소리 구름 따라 메아리지네)"와 이미지가 같아 말하자면 換骨奪胎(환골탈태)라 하리라. →79-1.

7언율시. 압운은 遙, 嶢, 饒, 搖, 簫 자로 평성 '蕭(소)' 평운이다. 평측은 차례로 '仄仄平平仄仄平, 仄平平仄仄平平, 平平仄仄平平仄, 仄仄平平仄仄平, 仄仄平平平仄仄, 仄平平仄仄平平, 平平仄仄平平仄, 仄仄平平仄仄平'으로 이사부동이륙대와 반법, 점법 등 평측 규칙에 모두 합치되었다.

130. 申叔舟(신숙주 1417~1475) : 조선 초기의 학자, 정치가. 자 泛翁(범옹). 호 保閒齋, 希賢堂(보한재, 희현당). 본관 高靈(고령). 父 工曹參判 橍(공조참판 장). 弟 末舟(말주). 어려서부터 총명했고 자라면서 열심히 공부하여 읽지 않은 책이 없었다. 세종 21년(1439) 문과 3등으로 급제하여 集賢殿副修撰(집현전부수찬)이 되었다. 세종 24년(1442) 訓鍊主簿(훈련주부)로 일본 통신사 卞孝文(변효문)의 書狀官(서장관)으로 가 시로 명성을 떨쳤고, 대마도에 들러 무역 협정인 癸亥條約(계해조약)을 맺고 왔다. 세종 29년(1447) 重試(중시)에 급제하여 집현전 應敎(응교)에 특진했고, 明(명) 나라에 謝恩使(사은사)로 가는 首陽大君(수양대군)의 서장관으로 동행했다. 세조가 즉위하자 공신이 되어 高靈君(고령군)에 봉해지고 우의정, 좌의정을

거쳐 세조 8년(1462) 영의정이 되었다. 예종 때 南怡(남이) 장군을 숙청하여 保社功臣(보사공신)이 되고, 성종 때도 공신이 되었으며 영의정에 임명되었다. 세종 때 훈민정음[한글] 창제에 공로가 컸고 東國正韻(동국정운), 四聲通考(사성통고) 등의 편찬에 힘썼으며, 아들 여덟을 두었다. 저서로 '海東諸國記(해동제국기)' '保閒齋集(보한재집)' 등이 있다.

130-1 詠日本躑躅(영일본척촉) 일본 철쭉을 읊다

我昔雲帆掛大洋 孤舟五月繫扶桑 當時暫寄須臾興 今日相看思渺茫.
　　(아석운범괘대양 고주오월계부상 당시잠기수유흥 금일상간사묘망)

지난 날 구름 속에 돛을 달고 대양을 건너, 5월에 배 한 척을 외로이 부상에 매었을 때, 그 때 이 꽃에 잠깐 흥미를 부치었는데, 오늘 다시 대하니 그 때의 생각 아련하여라.

[語句] *躑躅 : 철쭉. 철쭉과의 낙엽 활엽 관목. 5월에 붉은 꽃이 핌. *雲帆 : 수평선 위의 구름 사이로 멀리 보이는 돛. *大洋 : 큰 바다. *孤舟 : 외롭게 떠 있는 작은 배. 孤帆(고범). *扶桑 : 해가 뜨는 동쪽 바다 속에 있다는 상상의 신령스러운 나무. 해가 뜨는 곳. ↔咸池(함지). → 36-1. '일본'을 가리켜 쓰기도 함. *須臾 : 잠시 동안. 選間(선간). *渺茫 : 끝없이 넓고 아득함.

[鑑賞] 일본 철쭉을 보고는 세종 24년 일본통신사의 서장관으로 갔던 일을 회상한 작품이다. 국내에 있는 일본 철쭉꽃을 보니, 지난날 통신사 선박을 일본 항구에 외로이 대고 활짝 피어난 철쭉꽃을 보고 흥미를 가졌었는데, 지금 그때 느꼈던 감흥이 아련히 떠오른다는 내용이다. 성종 때 지중추원사를 지낸 權健(권건)도 '日本躑躅(일본척촉)' 7언율시를 읊었으니, 아마 당시 대궐 안에 철쭉꽃이 재배되고 있었던가보다. →13-2.

　7言絕句(7언절구). 압운은 洋, 桑, 茫 자로 평성 '陽(양)' 평운이다. 평측은 차례로 '仄仄平平仄仄平, 平平仄仄仄平平, 平平仄仄平平仄, 平仄平平仄仄平'으로 二四不同二六對(이사부동이륙대)와 反法(반법), 粘法(점법) 등이 모두 이루어졌다.

131. 辛裔(신예 ?~1355) : 고려 忠穆王(충목왕) 때 僉議參理(첨의참리)를 역임했는데, '東文選(동문선)' 제15권과 21권에 각각 시 한 편씩 실려 있다.

131-1 驪興淸心樓次韻(여흥청심루차운) 여흥의 청심루 시에 차운하다

誰使天慳露一端 滕王高閣已無顔 錦鱗戲躍吹晴浪 白鳥驚飛暎碧山
此景却思供闕下 宦遊深愧在塵間 何方更化殘民業 得致羲皇上世閑.

(수사천간노일단 등왕고각이무안 금린희약취청랑 백조경비영벽산

차경각사공궐하 환유심괴재진간 하방갱화잔민업 득치희황상세한)

하늘이 아끼는 절경의 한 자락을 누가 여기 드러냈는가,

등왕각 높은 누각도 이미 무색하구나.

고운 물고기 장난치며 뛰어올라 맑은 물결 뿜으니,

백조는 놀라 날아 푸른 산에 그림자 비추네.

이 경치를 임금님께 바쳤으면 싶고, 벼슬살이로 티끌 세상에 있는 내가 심히 부끄럽구나.

무슨 방편으로라도 곤궁한 백성들을 잘 살게 하여, 태고 복희씨 시절을 이룩해 볼 것인가.

[語句] *驪興 : 경기도 驪州郡(여주군)의 옛 이름. 고구려 때 骨內斤縣(골내근현), 신라와

고려 때 黃驪縣(황려현), 고려 충렬왕 때 驪興郡, 조선 예종 때 驪州로 개칭되

어 왔음. *天慳 : 하늘이 아낌. *滕王閣 : 중국 강서성 南昌市(남창시)에 있는

누각. 唐(당) 나라 高祖(고조)의 막내아들 元嬰(원영)이 洪州刺史(홍주자사)로 있을 때

지었다 함. *無顔 : 면목이 없음. 부끄러워 볼 낯이 없음. 無色(무색). *錦鱗 :

아름다운 물고기. '비단 같은 비늘'을 가졌다는 뜻에서 쓰는 말임. *吹浪 : 물

결을 뿜어냄. 물고기가 물위에 입을 내밀고 입을 벌렸다 오므렸다함. *白鳥 :

해오라기. 涉禽類(섭금류) 해오라기과의 물새. *却思 : 다시 생각함. 생각함. *闕

下 : 궁궐문 아래. 임금이나 宮廷(궁정)의 존칭. *宦遊 : 벼슬아치가 되어 타향

에 삶. *塵間 : 티끌 속. 속세. 塵世間(진세간). *更化 : 다시 바꿈. 다시 교화하

거나 잘 살게 함. *殘民 : 피폐한 백성. *羲皇 : 중국 고대의 전설적인 임금.

伏羲氏(복희씨). 백성들에게 처음으로 狩獵(수렵), 漁撈(어로), 牧畜(목축)을 가르쳤고

八卦(팔괘)를 만들었다고 함. *上世 : 아주 오랜 옛날. 上古(상고).

[鑑賞] 여주의 청심루는 서울에서 가깝고 유명하여 이를 읊은 시들이 많다. 우선 鄭子

厚(정자후)의 '驪興淸心樓'는 운자가 이 시와 같이 端, 顔, 山, 間, 閑 자여서 原

韻(원운)인 듯하고, 薛文遇(설문우), 都元興(도원흥), 辛碩祖(신석조) 등이 같은 운자로

차운한 7언율시가 전하며, 咸傅霖(함부림)은 다른 작품에 차운한 '次淸心樓韻(→

611-2)'이란 7언절구가 있는데 운자는 江, 窓, 雙(강, 창, 쌍)이다. 조물주가 인색하

도록 남에게 보여 주지 않으려는 듯 아끼는, 이 경치 좋은 청심루를 누가 이 땅

에 드러나게 했는가 하고 운을 떼고는, 유명한 등왕각 높은 누각도 이에 무안하

리라 했다. 그리고는 '물고기는 맑은 물에서 풀쩍풀쩍 뛰고 백조는 푸른 산 저

쪽으로 날아간다. 임금님께 바치고 싶도록 경치 빼어나, 이런 仙境(선경)을 버리

고 벼슬살이로 속세간에서 살아가는 내가 부끄러워진다. 그러나 어쩔 수 없는

일, 다만 백성들이 잘 살아갈 수 있는 태평성대를 이룩할 방도를 찾아야 하리라.'고 이어가서 절경의 讚美(찬미)와 忠誠心, 愛民(충성심, 애민)의 정을 나타냈다.

7言律詩(7언율시). 압운은 端, 顔, 山, 間, 閑 자로 端은 평성 '寒(한)', 나머지도 평성 '刪(산)' 평운으로 이 두 운은 通韻(통운)이 된다. 평측은 차례로 '平仄平平仄仄平, 平平平仄仄平平, 仄平仄仄平平仄, 仄仄平平仄仄平, 仄仄仄平平仄仄, 仄平平仄仄平平, 平平仄仄平平仄, 仄仄平平仄仄平'으로 이사부동이륙대와 반법과 점법 등 평측 규칙에 모두 합치된 좋은 시이다.

132. 申緯(신위 1769~1847) : 조선 후기의 학자, 시인. 자 漢叟(한수). 호 紫霞(자하). 본관 平山(평산). 父 參判 大升(참판 대승). 어려서부터 神童(신동)이라 했으며 14세 때 소문을 듣고 정조 임금이 궁중으로 불러보고는 크게 칭찬하고 사랑했다. 정조 23년(1799) 문과에 급제하여 都承旨(도승지)를 거쳐 吏曹參判(이조참판)에 이르렀고 詩書畵(시서화)의 三絶(삼절)이라 칭송받았으며, 조선 5백 년간 시의 제일인자라 일컬어 이후의 시인들이 모두 그를 作詩法(작시법)의 스승으로 추대했다. 글씨와 그림이 모두 뛰어나 그가 쓰거나 그린 종이 조각 하나라도 보배로 전해지며, 아들 命衍(명연)도 三絶로 이름났다. 저서에 '紫霞集(자하집), 紫霞小樂府(자하소악부), 東人論詩絶句(동인논시절구), 警修堂全集(경수당전집), 焚餘錄(분여록)' 등이 있다.

132-1 觀劇雜詩 十二首 中2首(관극잡시 십이수 중2수) 놀이 구경 잡시 12 수 중 두 수

春簇優場錦繡堆 聲聲動鼓且徘徊 嬾粧倦睡慵針女 誰喚墙頭一字來<제1수>
(춘족우장금수퇴 성성동고차배회 난장권수용침녀 수환장두일자래)

무르익은 봄날 놀이판에는 비단 휘장 치고, 둥둥 북소리에 맞추어 돌면서 어정거리는구나.
노곤하여 졸음에 겨운 바느질하던 아가씨들, 누가 불렀는가 담 너머로 나란히 내다보네.

[語句] *觀劇 : 연극, 광대놀이 등을 구경함. *雜詩 : 느끼는 대로 쓴 시. 詩句(시구)가 고르지 못한 시. *簇(족 · 주) : 모으다. 가는 대. *優場 : 놀이마당. 優는 '광대, 광대놀이'임. *錦繡堆 : 수 놓은 비단으로 두른 무대. *堆는 '흙무더기. 언덕'임. *動鼓 : 북을 둥둥 울림. *徘徊 : 이리저리 거닒. *嬾粧 : 화장을 게을리하거나 하지 않음. *倦睡 : 졸음이 와 고달픔. *慵 : 게으르다. *墙頭 : 담장머리. 담위. *一字來 : 一 자 모양으로 가지런히 머리를 내밀고 있는 모양.

[鑑賞] 봄날에 큰 집 앞 빈터에다 울긋불긋 비단 휘장을 치고 연극인지 광대놀이인지 놀이판이 벌어졌다. 광대들은 북소리에 맞추어 어깨를 들썩거리며, 놀이판을 빙빙 돌기도 하고 어정거리며 걷기도 해 흥겹다. 대가집에 모여 길쌈하던 여인네들이 졸

음이 와 못 견디던 판에 놀이판 북소리에 끌리어 마당에 나와서는 담 위로 고개를 나란히 내밀며 구경하는데, 화장도 게을리 한 얼굴들이나마 순박한 웃음을 띄고 있다. 金弘道(김홍도)의 風俗圖(풍속도) 한 자락을 펼쳐보는 듯한 작품이다.

　　7언절구. 압운은 堆, 徊, 來 자로 평성 '灰(회)' 평운이다. 평측은 차례로 '平仄平平仄仄平, 平平仄仄仄平平, 仄平仄仄平平仄, 平仄平平仄仄平'으로 이사부동이륙대와 반법, 점법 등 평측 규칙에 모두 합치되는 좋은 시이다.

132-2 春香扮得眼波秋 扇影衣紋不自由 何物龍鍾李御史 至今占斷劇風流<제4수>
　　　(춘향반득안파추 선영의문부자유 하물용종이어사 지금점단극풍류)

춘향의 분장을 하고 눈매에는 추파를 던지지만,
이도령의 부채 든 솜씨나 옷맵시는 어색하기도 하여라.
의젓한 이몽룡 어사는 그 뭐길래, 지금까지도 풍류놀이를 독차지하는고.

[語句] *春香 : 고대소설 '춘향전'의 여주인공. 가공의 인물이지만 全北 南原(전북 남원)에 그녀의 묘가 있음. *扮 : ①분[평성 '文문' 운]-움큼. 잡다. ②반[거성 '諫간' 운]-꾸미다. 여기서는 '반'으로 읽음. *得 : 하다. 할 수 있다<助動詞조동사> *波秋 : 秋波. 은근한 정을 나타내 보이는 눈짓. 윙크. *衣紋 : 옷의 무늬나 모양. *不自由 : 마음대로 안 됨. 어색함. 何物 : 어떠한 것. 무엇. *龍鍾 : 대나무 별명. '대나무처럼 미끈함'의 뜻임. 龍種(용종, 뛰어난 사람)으로 쓰면 평측이 맞지 않음. *李御史 : '춘향전'의 남주인공 李夢龍(이몽룡). 御史는 '지방의 정치나 民情(민정)을 살피는 暗行御史(암행어사)'임. *占斷 : 차지함. 獨占(독점)함. *劇風流 : 연극이나 판소리 같은 풍류놀이.

[鑑賞] 판소리 '春香歌(춘향가)'를 벌이는 소리판을 읊은 시. 起句(기구)는 춘향으로 분장한 여인이 추파를 던지는 모습이요, 承句(승구)는 이 도령 몽룡으로 분장한 남자의 어색한 모습이다. 轉句(전구)는 미끈한 이몽룡을 그린 모양으로 분장했는데도, 結句(결구)에서는 옛날부터 이 때까지 소리판을 독차지하는 춘향가 판소리가 이어져 오는게 이상하다고 맺었다.

　　7言絶句(7언절구). 압운은 秋, 由, 流 자로 평성 '尤(우)' 평운이다. 평측은 차례로 '平平仄仄仄平平, 仄仄平平仄仄平, 平仄平平仄仄仄, 仄平仄仄平平平'으로 二四不同二六對(이사부동이륙대)와 反法, 粘法(반법, 점법) 등이 모두 평측 규칙에 맞다.

132-3 西京次鄭知常韻(서경차정지상운) 서경의 정지상 시에 차운하다

急管催觴離思多 不成沈醉不成歌 天生江水西流去 不爲情人東倒波.
(급관최상이사다 불성침취불성가 천생강수서류거 불위정인동도파)

잦은 풍악 소리에 잔질 바쁘고 헤어질 생각 애틋해, 깊이 취하지도 않고 시 짓기도 안 되네.
저 강물은 천생으로 서쪽으로만 흐르니, 임을 위해 동쪽으로 돌려 흐르게 할 수 없으려나.

[語句] *西京 : 고려 三京(삼경)의 하나로 지금의 평안남도 平壤(평양). *鄭知常(1084~1135) : 고려 仁宗(인종) 때 문인, 정치가. 호 南湖(남호). →421. *急管 : 빠른 피리나 풍악 소리. *催觴 : 술잔 들기를 재촉함. *離思 : 이별의 슬픈 생각. 서로 헤어질 때의 애틋한 생각. *沈醉 : 술에 함빡 취함. *天生 : 타고남. 하늘이 냄. *情人 : 임. 사모하는 사람. 마음에 있는 사람.

[鑑賞] 정지상의 絶唱詩(절창시) '送人(송인, 임을 보냄)' "雨歇長堤草色多 送君南浦動悲歌 大同江水何時盡 別淚年年添綠波(비 개자 긴 언덕에 풀빛 푸른데, 남포에서 임 보내며 슬픈 노래 들리네. 대동강 강물이야 언제 마르리, 해마다 이별 눈물 강물에 보태지는데)"를 차운한 작품. '送人' 시는 唐(당) 나라 王維(왕유)의 '陽關三疊詩(양관삼첩시)'인 '送元二使之安西(송원이사지안서 →164-10)'의 "渭城朝雨浥輕塵 客舍靑靑柳色新 勸君更進一杯酒 西出陽關無故人(위성의 아침 비 먼지 촉촉히 적시어, 객사의 푸른 버들 그 빛 더욱 새로워라. 그대에게 한 잔 술을 다시 권하나니, 서쪽 양관으로 나가면 친한 벗 없으리라)"에 견주어 '海東三疊(해동삼첩)'이라 하는데, 이별의 노래로 세 번씩 부른다는 데서 삼첩이라 한 것이다. 李丙疇(이병주) 박사의 감상을 들어보자. "杜甫(두보)는 만리타향인 蜀(촉)에서 고향쪽인 동으로 흐르는 강물에다 향수의 눈물을 뿌렸었다. 그 착상을 거꾸로 옮겨다 살짝 東 자 대신 西 자로 바꾼 재치다. 고려가요 '서경별곡'에는 대동강 물을 저주하다 못해, 임을 태운 뱃사공을 붙잡고 야료를 부리는데, 申緯는 강물을 되돌려 애초에 원망스러운 이별을 하지 않게 되었으면 하고, 하늘에 주먹다짐을 하고 있다. 실로 재주가 바글바글한 奇詭(기궤)다. 그러나, 金澤榮(김택영)이 평했듯이 평점은 판정패였다. 곧 고금의 평양에 대한 시는 참으로 많으나, 능히 그 경개를 다 그려낸 작품은 아직 한편도 없다."

7언절구. 압운은 多, 歌, 波 자로 평성 '歌' 평운이다. 평측은 차례로 '仄仄平平平仄平, 仄平平仄仄平平, 平平平仄平平仄, 仄仄平平平仄平'으로 이사부동이륙대, 반법, 점법 등 簾(염)이 모두 맞는 작품이다.

132-4 紫霞小樂府 中 滿庭芳(자하소악부 중 만정방) 자하소악부 중에서 뜰에 가득한 꽃잎

　　昨夜桃花風盡吹 山童縛箒凝何思 落花顔色亦花也 何必苔庭勤掃之.
　　　　(작야도화풍진취 산동박추응하사 낙화안색역화야 하필태정근소지)

　　지난 밤 복숭아꽃은 바람에 모두 떨어져, 아이는 빗자루 들고 무얼 생각하는고.
　　땅에 떨어진 꽃 또한 꽃임에는 틀림없으니, 하필 이끼 낀 뜰을 부지런히 쓸어버릴 건 뭔가.

[語句] *紫霞 : 申緯의 雅號(아호). *小樂府 : 高麗歌謠(고려가요)나 時調(시조)를 漢譯(한역)
　　　한 絕句詩(절구시). 악부는 '前漢 武帝(전한 무제) 때 생긴 관청 이름인데, 나중에 한
　　　시의 한 형식을 이름하게 되었으니, 민요를 채집하거나 민요 형식의 시를 새로
　　　지어 음악에 맞게 정리한 詩歌(시가)'를 말함. *風盡吹 : 바람이 불어 꽃잎이 모
　　　두 짐. *山童 : 두메에 사는 아이. 산속 별장에서 심부름하는 아이. *縛箒 : 빗
　　　자루를 묶어 만듦. *凝 : 열중하다. 한 쪽으로 마음을 두다. 골똘하다. *顔色 :
　　　얼굴빛. 빛깔. *苔庭 : 이끼 낀 뜰. *勤掃 : 부지런히 쓸어냄.
[鑑賞] '자하소악부'는 신위가 우리나라 시조 40수를 한시 7언절구로 번역한 시집이다.
　　　인용한 '滿庭芳'은 조선 숙종 때 문관인 鄭敏僑(정민교)가 지은 시조를 한시로 번
　　　역한 것으로 제목도 신위가 붙인 것이다. 이 시조는 "간밤에 부던 ㅂ름 만정 도
　　　화 다 디거다. 아히는 뷔를 들고 쓰로려 ㅎ는괴야. 낙환들 고지 아니랴 쓰러 므
　　　슴ㅎ리요"이니, 현대 맞춤법으로 바꾸면 "간밤에 불던 바람 만정도화 다 지었다.
　　　아이는 비를 들고 쓸려 하는구나. 낙환들 꽃이 아니랴 쓸어 무엇하리오."이다.
　　　뜰에 떨어진 복숭아 꽃잎도 역시 꽃이라는 착상이 시적이라 하겠다.

　　7언절구. 압운은 吹, 思, 之 자로 평성 '支(지)' 평운이다. 평측은 차례로 '仄仄平平平仄平,
平平仄仄平平平, 仄平平仄仄平仄, 平仄平平平仄平'으로 이사부동이륙대와 반법, 점법 등 평
측 규칙에 어긋남이 없는 名譯(명역)이다.

133. 申儀華(신의화 1637~1662) : 조선 孝宗(효종) 때 承文院權知(승문원권지). 호 四雅
　　堂, 四痴(사아당, 사치). 본관 平山(평산). 父 春沼(춘소).

133-1 雪後(설후) 눈 온 뒤

　　屋後林鴉凍不飛 晚來瓊屑壓松扉 應知昨夜山靈死 多少靑峰盡白衣.
　　　　(옥후임아동불비 만래경설압송비 응지작야산령사 다소청봉진백의)

　　집 뒤 숲의 까마귀 추워 날지 못하고, 저녁 되자 옥가루 같은 눈 소나무 사립문에 쌓였네.
　　어젯밤 산신령님이 돌아가, 푸르던 봉우리마다 흰옷으로 상복 입었음을 알겠구나.

[語句] *瓊屑 : 옥가루. '눈, 눈송이'를 형용한 말임. *松扉 : 소나무 가지를 엮어 만든 사립문. *應知 : 응당 앎. *山靈 : 산신령. *多少 : 많음.

[鑑賞] 온 세상이 은세계로 바뀐 눈 온 뒤의 광경을 그렸다. 저녁 들어 눈송이가 마구 내리더니 아침에 일어나 보니 사립문을 열지 못할 만큼 쌓여, 집 뒤 숲 속의 까마귀도 추워 날아다니지 못할 정도이다. 눈을 들어 사방 산을 보니 온통 하얗다. 아마도 산신령이 지난밤에 돌아가 산들이 그를 弔喪(조상)하느라고 흰옷을 입은 거겠구나. 눈으로 덮인 산을 초상이 나서 흰 옷을 입은 것으로 표현한 것에 시인의 남다른 감각이 들어 있다고 하겠다.

7言絶句(7언절구). 압운은 飛, 扉, 衣 자로 평성 '微(미)' 평운이다. 평측은 차례로 '仄仄平平仄仄平, 仄平平仄仄平平, 平平仄仄平平仄, 平仄平平仄仄平'으로 二四不同二六對(이사부동이륙대) 와 反法(반법), 粘法(점법) 등이 규칙에 맞게 이루어졌다.

134. 申潛(신잠 1491~1554) : 조선 중종 때 文人, 書畫家(문인, 서화가). 자 元亮(원량). 호 靈川子, 峨嵯山人(영천자, 아차산인). 본관 高靈(고령). 父 三魁堂 從濩(삼괴당 종호 →135). 중종 14년(1519) 문과에 급제하여 翰林(한림)에 선발되었고, 중종 16년 安處謙(안처겸)의 獄事(옥사)에 관련되어 長興(장흥)에 귀양 갔다가 17년만에 楊州(양주)로 옮겨져 住居(주거)의 편의만 용서받았다. 뒤에 泰仁, 杆城, 尙州(태인, 간성, 상주)의 牧使(목사)로 치적이 많았다. 문장에 밝고 글씨에 능하여 초서와 예서에 뛰어났으며, 그림에도 재능이 있어 蘭竹(난죽)을 잘 그렸다. 遺集(유집) 약간 권이 있고 그림으로 雪中騎驢圖(설중기려도)가 덕수궁 미술관에 소장되어 있다.

134-1 述懷(술회) 회포를 펴 짓다

紅牌已收白牌失 翰林進士摠虛名 從此峨嵯山下住 山人二字熟能爭.
(홍패이수백패실 한림진사총허명 종차아차산하주 산인이자숙능쟁)

홍패는 이미 몰수되고 백패는 잃어버려, 한림이고 진사고 모두가 헛된 이름이로구나.
이제부터는 아차산 밑에서 살아가리니, 산사람이란 두 글자 두고 누가 갚으려 하리.

[語句] *述懷 : 마음먹은 여러 가지 생각을 말함. *紅牌 : 文科科擧(문과 과거, 大科대과)에 급제한 사람에게 주던 증서. 붉은 바탕의 종이에 성적, 등급, 성명 등을 먹으로 적었음. *白牌 : 小科(소과) 과거에 급제한 進士(진사)와 生員(생원)에게 주던 흰 종이의 증서. *翰林 : 조선조 때 藝文館檢閱(예문관 검열, 정9품)의 별칭. 史臣(사신). *進士 : 소과의 進士科(진사과) 과거에 급제한 사람. 이들에게는 成均館(성균관) 입학 자격이나 하급 벼슬아치로 등용되는 기회를 주었음. *虛名 : 헛되고 실속 없

는 名聲(명성). *峨嵯山 : 서울 광진구 廣壯洞(광장동) 한강 북쪽 기슭 워커힐 뒤에 있는 산. 백제가 고구려를 막기 위해 쌓은 阿旦山城(아단산성, 阿且城아차성 또는 長漢城장한성) 유적이 있고 고구려의 溫達(온달) 장군이 여기서 전사했다고 전해 옴. *山人 : ①산속에서 세상을 멀리하고 사는 사람. ②<佛>중. 道士(도사).

[鑑賞] 지은이는 중종 16년(1521)의 辛巳誣獄(신사무옥, 안처겸 옥사)에 연루되어 오랫동안 귀양살이를 겪었고 牧使(목사)로서 치적도 남겼지만, 인생살이의 무상함을 깨달은 문인이라 아차산 밑에 은거하며 지었으리라. 신사무옥은 己卯士禍(기묘사화)의 여파로 沈貞(심정), 南袞(남곤) 등이 세력을 떨치자, 그들이 士林(사림)을 해치고 왕의 총명을 흐리게 한다 하여 제거할 것을 안처겸이 李正叔(이정숙), 權礩(권전) 등과 모의한 사건인데, 함께 있던 안처겸의 고종사촌 宋祀連(송사련)이 고변하여 많은 사람이 처형되었다. 이 때 지은이의 홍패가 몰수되고 귀양살이 중 백패까지 잃어버렸는지도 모른다. '이제 모든 세속 일을 버리고 산속 사람이 되었으니, 어느 누가 나를 두고 헐뜯으며 모함하리오.' 하고 읊은 것이다.

7언절구. 압운은 名, 爭 자로 평성 '庚(경)' 평운이다. 평측은 차례로 '平平仄仄仄平仄, 仄平仄仄仄平平, 平仄平平平仄仄, 平平仄仄仄平平'으로 이사부동이륙대는 이루어졌으나 반법이 되지 않았으니, 둘째 구가 '仄-平-仄'으로 이사부동이륙대가 되어야 하는 것이다. 이것 하나로 古詩(고시)로 분류할 수는 없으리라.

135. 申從濩(신종호 1456~1497) : 조선 成宗(성종) 때 文臣(문신). 자 次韶(차소). 호 三魁堂(삼괴당). 본관 高靈(고령). 조부 叔舟(숙주). 父 澍(주). 어려서 고아가 되었으나 독서를 즐겨 성종 5년(1474) 成均試(성균시)에 장원, 성종 11년(1480)에 문과에 장원급제하여 副應敎(부응교)가 되고 다시 重試(중시)에 장원하니, 과거가 시작된 이래 일찍이 없었던 일이라고 세상에서 말했다. 大司憲(대사헌) 때 북쪽 오랑캐의 변경 침입 사건으로 논쟁하다가 영의정을 모욕했다 하여 파면되었다가, 다시 同知中樞府事(동지중추부사), 병조와 예조의 參判(참판)을 거쳐 京畿觀察使(경기관찰사)가 되어 가뭄으로 굶는 백성의 구호에 애썼고 돌아와 예조참판 겸 同知春秋館事(동지춘추관사)가 되었다. 연산군 3년(1497) 병을 무릅쓰고 賀正使(하정사)로 明(명) 나라에 갔다가 돌아오던 길에 개성에서 사망했다. 문장과 시와 글씨에 모두 一家(일가)를 이루었다.

135-1 悲秋(비추) 쓸쓸한 가을

月子纖纖白玉鉤 霜風露菊滿庭秋 天翁不辨埋愁地 盡向寒窓種白頭.

(월자섬섬백옥구 상풍노국만정추 천옹불변매수지 진향한창종백두)

조각달은 백옥 갈구리같이 가느다랗고, 서릿바람과 이슬맞은 국화로 뜰 가득 가을일세.

하늘은 인간의 시름 묻을 곳을 가리지 못해,

모조리 타관살이 백발 머리에만 심어 두었구려.

[語句] *悲秋 : 쓸쓸한 가을. 가을철을 쓸쓸하게 여기어 슬퍼함. *月子 : ①달. 중국 南宋末(남송말)의 시인 汪元量(왕원량)의 시에 "月子纖纖雲裏見(달은 구름 속에서 가느다랗게 나타나네)"란 구가 있음. ②여자의 머리를 땋을 적에 머리털의 숱을 많게 하려고 덧넣는 딴머리. 다리. 여기서는 ①의 뜻임. *纖纖 : 가늘고 연약한 모양. *白玉鉤 : 흰 구슬로 만든 갈구리. '조각달의 모양'을 형용한 말임. *霜風 : 서릿바람. 서리 내린 아침의 쌀쌀한 바람. *露菊 : 이슬에 젖은 국화. *天翁 : 하느님. 조물주. 天公(천공). *不辨 : 가리지 못함. 세상 물정을 알아서 분별하지 못함. *寒窓 : 찬 창문. 客地(객지). *白頭 : ①허옇게 센 머리. 白首(백수). ②지체는 높으나 벼슬하지 않은 양반.

[鑑賞] 자연의 가을은 인생의 가을과 같아 한 생이 종말로 다가가는 시기이다. 시 속의 달도 초승달이 아니라 그믐달이리라. 가을, 그믐달, 서릿바람, 이슬 맞은 국화, 백두 등은 모두 인생의 만년을 상징하는 素材(소재)이다. 인생살이의 시름겨움을 어디에다가 버릴 것인가, 그 곳은 오직 내 자신의 백발뿐 어디에고 버릴 만한 데란 없구나 하는 탄식이 절로 나오게 한다. 空手來空手去(공수래공수거)가 인생의 哲理(철리)이니 모든 慾望(욕망)을 自制(자제)하며 곱고 반듯하게 살다가 가라는 뜻이 숨어 있는 시로 본다면 너무 앞지른 견해일까?

7언절구. 압운은 鉤, 秋, 頭 자로 평성 '尤(우)' 평운이다. 평측은 차례로 '仄仄平平仄仄平, 平平仄仄仄平平, 平平仄仄平平仄, 仄仄平平仄仄平'으로 이사부동이륙대, 반법, 점법 등은 물론 평측 배열도 잘 이루어져 7언절구의 典型(전형)이 되는 작품이다.

135-2 題日出扶桑圖 終聯(제일출부상도 종련) 일출부상도를 보고 짓다 끝 연

看圖使我雙眸開 怳然身在琅邪臺 秦橋鞭石血未乾 羨門安期安在哉

兩袖仙飈泠似水 吾欲乘此觀蓬萊.

(간도사아쌍모개 황연신재낭야대 진교편석혈미건 선문안기안재재 양수선표냉사수 오욕승차관봉래)

이 그림은 내 두 눈동자를 열리게 해, 이내 몸이 놀랍게도 낭야대에 선 듯하구나.

진시황이 해 돋는 곳을 보려고 놓던 돌다리의 채찍 맞은 돌의 피가 아직 안 말랐는데,

신선 선문자와 안기생은 어디에 있단 말인가.

두 소매로 스미는 신선 골에서 부는 듯한 세찬 바람이 물과 같이 싸늘하니,

나는 이 바람을 타고 봉래산을 구경하려네.

[語句] *日出扶桑圖 : 부상에서 해가 뜨는 광경을 그린 그림. 누가 그렸는지 미상이
　　　　나 대궐 옥좌 가까이나 조정에 걸려 있었던지, 성종 때 金守溫(김수온)도 '奉敎
　　　　題日出扶桑圖(봉교제일출부상도)' 7言排律(7언배율)을 지었음. →36-1. *雙眸 : 두 눈
　　　　동자. 두 눈. *怳然 : ①놀라 쳐다보는 모양. ②자기 자신을 잊어 멍한 모양.
　　　　*琅琊臺 : 중국 山東省(산동성) 바닷가에 있던 대. 秦始皇(진시황)이 이 대를 없애
　　　　고 자기 공적을 돌에 새겨 두었다고 함. *秦橋 : 진시황의 다리. 진시황이 해
　　　　뜨는 곳을 가보려고 바다에 긴 돌다리를 놓아가니, 神人(신인)이 나타나 돌을 몰
　　　　아 바닷속으로 내려 가라앉게 하는데, 돌들이 빨리 움직이지 않으면 채찍으로
　　　　갈기어 돌에서 피가 나더라함. *羨門 : 옛날 중국의 신선 이름.<史記 封禪書> *
　　　　安期 : 秦 때 瑯琊(낭야) 사람으로 약을 팔며 오래 살았는데 봉래산에 들어가
　　　　신선이 되었다고 함.<抱朴子> *颷 : 세찬 바람. 狂風(광풍). *蓬萊 : 신선이 사는
　　　　곳인 三神山(삼신산)의 하나. →36-1.

[鑑賞] 일출부상도 그림을 보고 지은 10연 20구의 시. 이 앞의 8연은 대개 다음과 같
　　　　다. "동쪽 푸른 바다는 하늘에 잠겨 축축하고 둥실 떠 있는 섬은 갓을 엎어 놓
　　　　은 듯. 부상 나뭇가지에서 닭 우는 소리 들리니 만 가닥 붉은 노을이 물을 뿜
　　　　으며 일어서네. 해를 모는 羲和(희화) 여인은 혼자 서편으로 가서 물결 밑의 해
　　　　를 두드려 맑은 소리 내더니, 불을 맡은 火龍(화룡)이 황금 바퀴[해]를 받들고
　　　　나오는데, 여러 가지 깃발이 종횡으로 펄펄 날리는 듯하네. 인간 세계의 밤 시
　　　　간은 아직 다 못 가서 달력의 36궁이 모두 칠흑 같은 밤이라, 난초 향기 그윽
　　　　한 방의 향기로운 봄꿈이 한창 무르익고 열 두 보배 난간에 대나무 발이 겹겹
　　　　이로구나. 잠깐 사이에 온 세상 집들 대문이 활짝 열리고 한 줄기 새벽빛이 하
　　　　늘에 붉게 뻗치네." 해가 뜨는 광경을 장엄하게 그린 그림인 듯, 詩語(시어)들도
　　　　그림 따라 장중하기 그지없는 작품이다.

　　　　7言古詩(7언고시) 10연[20구] 중 3연[6구]. 압운은 開, 臺, 哉, 萊 자로 평성 '灰(회)' 평운이
다. 그런데, 이 시는 仄韻(측운)으로도 압운했으니 1~4구는 입성 '緝(집)' 측운, 5~8구 는 평성
'庚(경)' 평운, 9~12구는 입성 '質(질)' 측운, 13~14구도 입성 '陌(맥)' 측운으로 각각 압운한 것
이다. 평측은 차례로 '平平仄仄平平平, 仄平平仄平平平, 平平平仄仄平平, 仄平平平平仄平,
仄仄平平仄仄仄, 平仄平仄仄平平'으로 二四不同二六對(이사부동이륙대)에 맞는 구는 1, 2, 5구
의 셋이고 고시이므로 反法(반법)이나 粘法(점법)은 이루어지지 않았다.

135-3 贈日本國僧奉敎製 中(증일본국승봉교제 중)

임금님의 가르침을 받들고 지어 일본 중에게 주다 중에서

印月澄心鏡 披塵得髻珠 善根裁菡萏 道味養醍醐

鷙獸隨金莢 飢禽啄寶盂 三車資辨塵 二酉供書廚.

(인월징심경 피진득계주 선근재함담 도미양제호

지수수금책 기금탁보우 삼거자변진 이유공서주)

만물을 비추는 달을 두고 마음의 거울 맑게 하여, 티끌을 털어버리고는 계주를 얻었고,

선근은 연꽃을 재배함에서 오며, 불교의 묘미는 제호에서 길러지느니.

사나운 짐승은 굳센 풀가시 덤불에 살고, 굶주린 새는 귀한 밥그릇을 쪼는 법이라.

부처의 법을 실은 세 수레는 세속을 털어냄에 쓰이고,

대유 소유 두 산에 감춰진 책들은 책궤에 제공되기 마련일세.

[語句] *奉敎 : 임금이나 웃어른의 가르침을 받듦. *印月 : 달에 마음을 둠. 달처럼 맑게 되거나 도를 밝게 깨치고자 함. *心鏡 : 마음의 거울. 거울과 같이 맑고 밝은 마음. 心月(심월, 달과 같이 맑고 티없는 마음). *披塵 : 티끌을 헤침. 세속의 일을 털어버림. *髻珠 : <佛>상투 구슬. '善果(선 과, 좋은 인과응보)'와 비슷한 뜻인 듯함. *善根 : <佛>좋은 應報(응보)를 받을 만한 원인이 되는 행위. *菡萏 : 연꽃 봉오리. 풍성한 모양. *道味 : 도의 맛. 佛道(불도)의 참뜻. *醍醐 : <佛>우유에 칡뿌리 가루를 섞어 쑨 죽. 乳酪(유락). 이것을 먹으면 모든 병이 없어진다고 하며 불도의 묘미를 비유해 씀.<涅槃經> *鷙獸 : 날랜 짐승. 사나운 짐승. *金莢 : 쇠 같이 딴딴한 풀가시. 莢은 '책-풀가시. 자-풀가스랑이'임. *飢禽 : 주린 날짐승. 굶주린 새. *寶盂 : 보배 바리. 귀중한 밥그릇. *三車 : <佛>부처의 법을 실은 세 수레 곧 牛車(우거), 羊車(양거), 鹿車(녹거). 이를 각각 大乘(대승), 聲聞乘(성문승), 緣覺乘(연각승)에 비유함.<法華經> *資 : 취하다. 쓰다. 돕다. *二酉 : 중국의 大酉山(대유산)과 小酉山(소유산). 대유산은 辰漢山(진한산) 아래에 있고, 소유산은 烏速山(오속산)이라고도 하는데 辰州府(진주부)에 있어, 두 산은 멀리 있으면서도 서로 이어져, 각각 큰 동굴이 있어서 책 천여 권이 보관되어 있었음. 전하기로는 秦始皇(진시황)의 焚書(분서)를 피해 옮겼던 것이라고 함.<郡國志> *書廚 : 책을 넣어 두는 궤. '덮어놓고 책만 읽어 도리를 모르는 사람'을 비유하는 말로도 쓰임.

[鑑賞] 왕의 명을 받들어 일본 스님에게 준 37聯(연)에 74句(구)나 되는 5言排律(5언배율) 장편시이다. 배율 시는 10구 이상으로 한 연의 두 구는 對句(대구)가 되도록 지어야 하니, 인용된 부분 곧 제 9~12연에서만 본다면, '印月-披塵, 澄-得, 心

鏡-髻珠'가 각기 대가 되었고 그 다음 연들도 이와 같이 따져 보면 모두 대구가 이루어진 것을 알 수 있을 것이다. 이 시는 승려에게 주는 작품이므로 불교 용어가 많으며, 중국과 일본 또는 우리나라와 일본에 관련되는 자연이나 문물 등을 난해한 어휘를 써서 지은 것이 특징이다.

5언배율 37연[74구] 중의 제 9~12연. 압운은 珠, 䚡, 盂, 廚 자로 평성 '虞(우) 평운이다. 평측은 차례로 '仄仄平平仄, 平平仄仄平, 仄仄平平仄, 仄仄平平平, 仄仄平平仄, 平平仄仄平, 平平平仄仄平, 仄仄平平平'으로 이사부동, 반법, 점법 등 평측 규칙에 잘 합치되는 佳作(가작)이다.

136. 申佐模(신좌모 1799~1877) : 조선 哲宗(철종) 때 文官(문관). 자 左人(좌인). 호 澹人(담인). 헌종 때 문과 급제하여 吏曹參判(이조참판)에 이르렀다.

136-1 長安寺(장안사) 금강산 장안사

矗矗尖尖怪怪奇 人仙鬼佛摠堪疑 平生詩爲金剛惜 及到金剛便廢詩.
(촉촉첨첨괴괴기 인선귀불총감의 평생시위금강석 급도금강편폐시)

삐죽하고 뾰족하고 기이 괴상하여, 사람인지 신선인지 귀신인지 부처인지 알 수 없구나.
내 평생 금강산을 위해 시를 아껴 두었는데, 정작 금강에 이르고 보니 감히 붓을 못 들어.

[語句] *長安寺 : 강원도 금강산(1,638m) 내금강에 있던 절. 신라 법흥왕 원년(514) 眞表律師(진표율사)가 창건하여 毗盧殿(비로전)을 짓고 불상을 만들어 안치했음. 고려 성종 원년(982)에 懷正禪師(회정선사)가 중건했고, 충혜왕 복위 4년(1343)에는 元(원)나라 奇皇后(기황후)가 태자를 위해 宮官高資政(궁관 고자정)을 파견하여 宏卞大師(굉변대사)와 같이 대웅보전, 四聖殿(사성전), 冥府殿(명부전), 神仙樓(신선루), 水亭閣(수정각) 등을 중건했음. 조선 숙종 17년(1691)에 尹師國(윤사국)이 중수했고 고종 10년(1873)에는 石潭大師(석담대사)가 地藏菴(지장암), 安養菴(안양암) 등을 재건했으며, 고종 26년(1889)에 心空和尙(심공화상)이 비로전, 極樂殿(극락전)을 네 번째로 재건했음. 벽화와 萬川橋甲契碑(만천교 갑계비) 등이 유명함. *矗矗 : 산봉우리 등이 높이 솟아 삐죽삐죽한 모양. *尖尖 : 뾰족뾰족한 모양. *怪怪奇 : 이상야릇하고도 기이함. 怪奇(괴기). *堪疑 : 기괴하여 의아함. 堪은 '산 모양이 기괴하다'임. *便廢詩 : 시 짓기를 그만두는 게 나음. '형용할 수 없이 뛰어나 시를 지을 수 없음 곧 말로 표현할 수 없음'의 뜻임.

[鑑賞] 장안사를 읊었다기보다 금강산을 표현한 시이다. 말하자면 장안사에서 둘레의 금강산을 바라보며 읊었다. 봉우리의 모양이 하도 여러 가지로 千態萬象(천태만

상)이라, 사람 같은가 하면 신선 같기도 하고 귀신인가보다 하면 부처님 같아 종잡을 수 없다. 형편이 그러하니 금강산에 직접 가 보고 시를 짓겠다던 내 생각이, 실제로 와서 보니 무엇이라 그려낼 길이 없어 시 짓기를 포기해야 하겠다. 빼어난 자연은 이와 같이 인간의 언어로는 도저히 표현해 내지 못 하는 것이니, 고려 때 金黃元(김황원)도 평양의 부벽루에 올라 대동강 풍경을 읊으려다가 겨우 두 구만 이루고는 한 편을 마무리하지 못했다고 하지 않던가.

7言絕句(7언절구). 압운은 奇, 疑, 詩로 평성 '支(지)' 평운이다. 평측은 차례로 '仄仄平平仄仄平, 平平仄仄仄平平, 平平平仄平平仄, 仄仄平平仄仄平'으로 二四不同二六對(이사부동이륙대)와 反法(반법), 粘法(점법) 등 평측 규칙에 모두 합치되었다.

137. 辛蕆(신천 ?~1339) : 고려 忠肅王(충숙왕) 때 判密直司事(판밀직사사). 호 德齋(덕재). 시호 凝淸(응청).

137-1. 依山村舍(의산촌사) 산 밑의 시골 마을 집

松竹陰崖有古村 靑山繞屋水侵門 朱陳風物渾無事 鷄犬聲中暝色昏.
(송죽음애유고촌 청산요옥수침문 주진풍물혼무사 계견성중명색혼)

솔과 대나무 그늘지는 언덕에 옛 마을 있으니,
푸른 산은 집을 둘렀고 냇물은 대문에 다가도는구나.
주진촌 같은 풍경에 도무지 태평무사하니, 닭 울고 개 짖는 소리 속에 해는 저물어가네.

[語句] *村舍 : 시골 집. *陰崖 : 햇빛이 잘 비치지 않는 언덕. *古村 : 옛 마을. 오래된 마을. *繞屋 : 집을 둘러쌈. *朱陳 : 주진촌. 唐(당)의 시인 白居易(백거이)가 지은 시의 제목이며 마을 이름. 徐州(서주)에 있는데 주씨와 진씨의 두 성씨만이 살면서 세상과는 통하지 않고 대대로 서로 혼인하며 살아감. 무릉도원처럼 깊숙하고 평화로운 마을이라 했음. *風物 : 풍속과 사물. 그 곳의 경치. *無事 : 아무 탈이 없음. *暝色 : 해 질 무렵의 어둑어둑한 빛. 暮色(모색).

[鑑賞] 강원도 三陟市(삼척시) '竹西八景(죽서팔경)'의 하나인 '依山村舍'의 한 작품이다. 편저자가 번역한 '國譯 陟州漢詩集<上>(국역 척주한시집<상>, 1995)'에 '依山村舍' 한시 8수가 수록되었는데, 李達衷(이달충), 安軸(안축), 李穀(이곡), 辛蕆, 閔壽千(민수천), 蔡世傑(채세걸), 崔演(최연)의 시 7수는 이 시와 같은 '村, 門, 昏' 운자를 썼고 나머지 李元鎭(이원진)의 시만은 '灣, 寒, 閑(만, 한, 한)' 운자를 썼었다. 그 중 고려 말의 학자인 稼亭 李穀(가정 이곡 →217) 선생의 작품을 소개하면 "江上靑山山下

村 太平烟火不關門 居民豈識江山好 早起營生直到昏(강 위엔 청산이요 청산 아래는 마을인데, 태평한 저녁밥 짓는 연기 속에 대문 빗장 열려 있네. 이 곳 주민들 여기 산수가 좋음을 어찌 알리, 일찍 일어나 농장에 나가면 저물녘에야 돌아오는데.)"이다. 두 시 모두 평화롭고 소박한 산골 마을의 정경을 잘 읊었다.

7언절구. 압운은 村, 門, 昏 자로 평성 '元(원)' 평운이다. 평측은 차례로 '平仄平平仄仄平, 平平仄仄仄平平, 平平平仄平平仄, 平仄平平平仄平'으로 이사부동이류대, 반법, 점법 등 평측 배열 규칙에 모두 합치되었다.

137-2 叢石亭 初聯(총석정 초련) 총석정 첫 연

叢叢壁立四仙峯 晴好雨奇宜淡濃 一面長天白浪接 一邊落照靑山重
    (총총벽립사선봉 청호우기의담농 일면장천백랑접 일변낙조청산중)

깎아지른 절벽 빽빽히 무리 진 사선봉,

개도 좋고 비와도 기이해 묽거나 짙은 모양 참 알맞네.

저 쪽으로 멀고 넓은 하늘에 흰 물결이 닿았고,

다른 한 편에는 저녁 햇빛에 청산이 겹겹일세.

[語句] *叢石亭 : 강원도 通川郡 庫底(통천군 고저)에 있는 關東八景(관동팔경)의 하나인 정자. 주위에 玄武岩(현무암)으로 된 수십 개의 돌기둥이 바다에 들어서서 叢石 곧 돌무더기를 이루었고, 신라의 述郎(술랑), 南郎(남랑), 永郎(영랑), 安詳(안상)의 네 花郎(화랑)이 놀았다 하여 주변 봉우리를 四仙峯이라고도 함. 또 고려 때 奇轍 (기철 ?~1356)이 元(원) 나라 順帝(순제)의 中宮(중궁) 오라비로 고국에 왔다가 총석정 에 올라 四仙의 유적과 바다 경치를 보고 '叢石亭曲(총석정곡)'을 지었다고 함 <高麗史 樂志> *叢叢 : 빽빽히 들어선 모양. 떼지어 모이는 모양. *壁立 : ① 깎은 듯한 낭떠러지가 바람벽처럼 우뚝 섬. ②바람벽만 있고 다른 세간이 없는 가난한 모양. 여기서는 ①의 뜻임. *晴好雨奇 : 날이 개거나 비가 오거나 간 에 경치가 좋음. 雨奇晴好. *淡濃 : 엷음과 짙음. 옅은 화장과 짙은 화장. *一 面 : 한쪽. 一方(일방). *長天 : 높고 멀고 넓은 하늘. *一邊 : 한편. 다른 한편. *落照 : 저녁 해. 저녁 햇빛. 夕陽(석양).

[鑑賞] 통천의 총석정을 읊은 6연의 7言排律(7언배율). 이 다음으로 이어지는 내용은 "해오라기는 물가에서 여뀌풀을 밟고 섰고, 학은 바위 위 푸른 소나무에 앉았 구나. 가을 달 봄 바람은 예대로건만, 유람하던 네 신선들의 모습은 만나기 어 렵네. 몇 년 동안 유람객들이 총석정이 황폐하더라고 탄식하더니, 어느날 잘

가꾸고 꾸며 놓아 백성들이 즐겨 찾는구나. 이끼 낀 비석을 쓸고 지난 일 찾아 보노라니, 글자의 희미한 자취 비면에 남아 있네."이다. 각 연마다 두 구가 對句(대구)를 이룬 배율인데, 첫 연만은 대구가 되지 않았으니 시상을 일으킨 起聯(기련)은 대구를 이루지 않을 수도 있기 때문이다.

7언배율 6연[12구] 중 2연. 압운은 峯, 濃, 重 자로 평성 '冬(동)' 평운이다. 끝 구의 '重'은 '무겁다. 위급하다. 중요하다'의 뜻이면 上聲(상성) '腫(종)' 운이고 '거듭하다. 겹치다'의 뜻이면 평성 '冬' 운인데 여기서는 평성으로 씌었다. 이 뒤의 압운도 같은 '冬' 운으로 일관했다. 평측은 차례로 '平平仄仄仄平平, 平仄仄平平仄平, 仄仄平平仄仄仄, 仄平仄仄平平平'으로 이사부동이륙대와 반법, 점법 등이 모두 이루어졌다.

138. 申錐(신추 ?) : 조선 肅宗, 英祖(숙종, 영조) 때 선비. 자 華仲(화중). 호 寒竹堂(한죽당). 시호 忠景(충경). 본관 平山(평산). 숙종 때 文科及第(문과급제)했는데, 숙종 6년(1680) 李師命(이사명 1647~1689 南人남인 축출에 참여했음)의 무고로 濟州島(제주도)로 귀양 가니 84세였다. 후에 영조가 방면을 명하여 돌아오다가 南海(남해)에 이르러 사망했다.

138-1 送情友(송정우) 다정한 벗을 송별하다

草色靑靑映別衣 勞歌一曲送君歸 臨分莫問佳期處 他日雲山共探薇.
(초색청청영별의 노가일곡송군귀 임분막문가기처 타일운산공채미)

풀빛은 청청하게 우리의 이별하는 옷에 비추고, 송별 노래 한 가락에 그대를 보내네.
헤어지는 마당에 다음 만날 곳을 묻지 말게나,
언젠가는 우리 함께 구름 낀 산에서 고사리 캐게 될 게 아닌가.

[語句] *情友 : 다정한 벗. 정다운 친구. *靑靑 : 싱싱하고 푸름. *勞歌 : 피로를 풀기 위해 부르는 노래. 뱃노래. 송별가. *臨分 : 헤어짐에 다다름. *佳期 : 좋은 계절 또는 기약. 약속해 만남. *他日 : 다른 날. 뒷날. *探薇 : 고사리를 캠. 산중에 은거함. 옛 중국의 殷(은) 나라 孤竹君(고죽군)의 두 아들 伯夷(백이)와 叔齊(숙제)가 周武王(주무왕)이 은의 紂王(주왕)을 정벌하려는 것을 말리다가 듣지 않으므로 首陽山(수양산)에 들어가 고사리를 캐어 먹으며 살다가 굶어 죽었다는 고사가 있음.

[鑑賞] 정다운 친구와 이별하며 지은 작품. '사방의 풀은 짙푸른데 이별의 노랫가락 속에 그대와 헤어진다. 우리 언제 어디서 다시 만날 것인가를 이야기하지 말자. 왜냐하면, 그대나 나나 기박한 같은 처지라 종당에는 옛날 백이와 숙제같이 깊은 산 속에 들어가 고사리 캐어 먹으며, 한 평생을 함께 마쳐야 할 운명이 아

니겠는가.' 참으로 서글픈 이별이다. 앞길이 뻔히 내다보이는 두 사람의 똑같은 불운이라, 누가 누구를 위로하는 입장은 아닌 것이다. 28글자만으로 두 사람의 모든 것을 짐작할 수 있는 佳作(가작)이다.

7言絕句(7언절구). 압운은 衣, 歸, 薇 자로 평성 '微(미)' 평운이다. 평측은 차례로 '仄仄平平仄仄平, 平平仄仄仄平平, 平平仄仄平平仄, 平仄平平仄仄平'으로 二四不同二六對(이사부동이륙대)와 反法(반법)과 粘法(점법) 등이 규칙에 모두 맞고 평측 배열이 고르게 된 典型的(전형적)인 작품이라 하겠다.

139. 申沆(신항 1477~1507) : 조선 성종의 駙馬(부마). 자 容耳(용이). 시호 文孝(문효). 본관 高靈(고령). 父 從濩(종호). 어릴 때부터 총명하고 슬기가 뛰어나 힘써 공부하여 詩書(시서)에 통하고, 黃山谷集(황산곡집)을 외는데 한 글자도 빠짐이 없었다고 한다. 아버지가 山水圖(산수도) 하나를 내놓고 절구를 지어보라 하니, 즉석에서 '水碧沙明秋氣高 隨陽征鴈下叢蘆 更着煙雨蒼茫外 一髮靑山是我廬(물 파랗고 모래 맑아 가을은 깊었고, 남으로 날아오는 기러기 갈대밭에 내리네. 안개처럼 내리는 가랑비로 멀고 아득한 저 쪽, 한 가닥 푸른 산 같은 게 곧 우리 집이로구나)'라 지으매, 부친이 "이 아이가 후일 반드시 大家(대가)가 되리라." 했다. 14세에 성종의 첫 딸 惠淑翁主(혜숙옹주)에게 장가들어 임금이 한 번 보고는 "遠大之器(원대지기, 원대한 바탕이로다)"라 하며, 順義大夫(순의대부)에 高原尉(고원위)로 봉했다. 이후로 성종의 총애가 더욱 컸고 부친이 사망하자 哀禮(애례) 3년을 마치고는 五衛都摠府副摠官(오위도총부부총관), 歸厚署提調(귀후서제조), 惠民署提調(혜민서제조) 등을 역임하고는, 杜門端居(두문단거)하여 손님을 사절하고 쓸쓸히 자신을 지켰다. 中宗反正(중종반정) 때 어느 사람이 권하기를 "급히 軍門(군문)에 가면 공적이 기록되리라." 하니, 그는 "내 당초에 거사 의론에 참여 않았고 大事(대사)가 이미 정해졌는데, 지금 공을 탐하여 나감은 장부의 지조가 아니다." 하며 거절했다. 중종이 즉위하여 原從一等功臣(원종일등공신)에 奉憲大夫(봉헌대부)의 품계를 받고 이듬해에 31세로 사망했다.

139-1 伯牙(백아) 백아

我自彈吾琴 不須求賞音 鍾期亦何物 强辨絃上心.
　　(아자탄오금 불수구상음 종기역하물 강변현상심)

나 스스로 내 거문고를 탈 뿐, 그 소리 알아주는 사람 구하지 않나니,
종자기는 그 누구던고, 억지로 거문고 줄에 담긴 뜻을 알아낼 뿐이었네.

[語句] *伯牙 : 중국 春秋時代(춘추시대) 거문고의 名手(명수). 그의 친구인 鍾子期(종자기)

는 백아가 타는 거문고 곡조를 가장 잘 알아들어, 곡조의 뜻이 높은 산에 있으면 "좋구나, 높고 높도다. 태산 같구나." 했고 흐르는 물에 있으면 "좋구나, 양양하도다. 江河(강하)로다." 했음<列子 湯問> 그러다가 종자기가 죽자 백아는 거문고를 부수고 줄을 끊었음. 이를 '絶絃(절현)'이라 함<呂氏春秋 本味> *不須求 : 구할 필요가 없음. *賞音 : 소리 곧 음악을 감상함. *鍾期 : 종자기. *强辨 : 굳이 변별함. 억지로 알아냄.

[鑑賞] 내 나름으로 타는 거문고 곡조를 남이 이러니 저러니 평하는 게 우습다. 나대로 흥취 따라 켜면 되지 남이 알아줌을 구해 무엇하랴. 이러고 보면 백아는 진정한 거문고의 명수가 안 되는 게 아닌가. 더구나 종자기가 죽자 거문고를 부수고 다시는 거문고를 타지 않았다니 남을 너무 의식함에 기인한 奇行(기행)이 아니랴. 自主(자주)와 主觀(주관)을 강조한 면이 있는데, 예술이란 남을 교화하는 문화 활동이라 객관성을 무시할 수 없는 면도 있다.

5言古詩(5언고시). 압운은 飛, 音, 心 자로 평성 '侵(침)' 평운이다. 압운은 차례로 '仄仄仄平平, 仄平平仄平, 平平仄平仄, 仄仄平仄平'으로 첫째 구와 둘째 구는 이사부동에 맞으나 그 뒷구들은 '平-平, 仄-仄'으로 어긋나니, 따라서 반법이나 점법이 이루어지지 않아 고시로 처리했다.

140. 申欽(신흠 1566~1628) : 조선 仁祖(인조) 때 학자, 정치가. 자 敬叔(경숙). 호 象村(상촌), 玄軒(현헌), 玄翁(현옹), 放翁(방옹). 시호 文貞(문정). 본관 平山(평산). 父 承緒(승서). 7세에 조실부모하고 외조부인 參贊 宋麟壽(참찬 송인수) 밑에서 자랐다. 선조 19년(1586) 문과 급제하여 兵曹佐郎(병조좌랑) 역임 후 예조판서, 우의정, 좌의정을 거쳐 인조 5년(1627) 영의정이 되었다. 아들 翊聖(익성)이 선조의 딸 貞淑翁主(정숙옹주)에게 장가들어 東陽尉(동양위)가 되었고, 광해군 5년(1613) 永昌大君(영창대군)의 옥사가 일어났을 때 선조의 遺敎七臣(유교칠신) 중의 한 사람으로 관직에서 쫓겨난 뒤에 春川(춘천)으로 귀양 갔다가, 仁祖反正(인조반정) 후 우의정에 대제학을 겸하였다. 象緯(상위), 律法(율법), 算數(산수), 醫卜(의복)에 관한 책에까지 통달했으며, 6경을 바탕으로 하는 문장이 뛰어나 月沙 李廷龜(월사 이정구), 谿谷 張維(계곡 장유), 澤堂 李植(택당 이식)과 함께 漢學四文章家(한학사문장가)라 부른다. 芝峰 李睟光(지봉 이수광)과도 친했으며 시와 글씨에도 능했고, 海東歌謠(해동가요)에 시조 20수가 전하며 문집에 '象村集(상촌집 23권)'이 있다.

140-1 次僧軸韻(차승축운) 스님의 시축에 차운하다

躑躅花開亂燕飛 枯梧睡罷正忘機 僧來不作人間話 知我歸心在翠微.
(척촉화개난연비 고오수파정망기 승래부작인간화 지아귀심재취미)

철쭉꽃 피자 제비들 어지러이 나는데, 마른 오동나무는 아직 싹틀 줄을 모르는구나.
스님이 와 인간 세상의 이야기 하지를 않으니,
스님처럼 산속을 그리는 내 마음을 짐작함이리.

[語句] *僧軸 : '僧詩軸(승시축, 중의 시를 적은 두루말이)'의 줄인 말인 듯함. *躑躅 : 철쭉. *枯梧 : 마른 오동나무. 아직 싹이 트지 않은 오동. *睡罷 : 잠에서 깸. '싹이 돋아남'을 뜻함. *忘機 : 기회를 놓침. 機心(기심, 기회를 보아 움직이는 마음)을 잊음. 세속의 일을 잊음. *人間話 : 인간 세상 곧 속세의 이야기. *歸心 : 돌아가려는 마음. 그리워하여 따르는 마음. *翠微 : 산의 푸른 빛. 산속.

[鑑賞] 중이 시축을 가져와 읽어보고는 그 가운데 어느 시에 차운한 시인가 싶다. 복숭아, 오얏의 꽃은 이미 지고 철쭉꽃이 피는 때라 제비들은 펄펄 날아다니는데도, 오동나무는 아직 겨울잠에서 깨어나지 못하고 싹을 틔울 줄 모른다. 오동나무는 아마도 나와 같아서 세상 돌아가는 일에 어둡기 때문이지 싶다. 스님은 세상 일이 요즈음 어떻게 돌아가며 어떤 일들이 벌어지고 있는가를 묻지도 말하지도 않으니, 아마도 그는 산속에 들어가 살고 싶은 내 마음을 알기에 그러는가보다. 자연 속에서 조용히 살고 싶은 지은이의 마음을 스님에 비겨 나타내었다.

7언절구. 압운은 飛, 機, 微 자로 평성 '微' 평운이다. 평측은 차례로 '仄仄平平仄仄平, 平平仄仄仄平平, 平平仄仄平平仄, 平仄平平仄仄平'으로 이사부동이륙대와 반법, 점법 등 7언절구의 평측 규칙에 조금도 어긋남이 없는 대가다운 작품이다.

141. 沈光世(심광세 1577~1624) : 조선 선조 때 文臣(문신). 자 德顯(덕현). 호 休翁(휴옹). 본관 靑松(청송). 父 縣監 掩(현감 엄). 조부 義謙(의겸). 제 命世(명세). 어려서 經史(경사)에 통하고 글을 잘 지었다. 25세에 明經科(명경과, 生員科생원과)에 급제하여 예문관 檢閱(검열)을 거쳐 侍講院 說書(시강원 설서)가 되었다. 당시 세자이던 光海君(광해군)이 巫說(무설)을 믿으므로 이를 간했으나 듣지 않아 사직하고 江華(강화)에 내려갔다. 선조 37년(1604) 成均典籍(성균 전적)에 등용되고 持平(지평), 校理(교리)로 있을 때 옥사가 일어나 金悌男(김제남)이 賜死(사사)되고 그도 固城(고성)에 귀양 가 10년 동안 있었다. 인조반정 후 교리, 應敎(응교)를 거쳐 舍人(사인)으로 있을 때 성묘하러 고향에 갔다가 李适(이괄)의 난을 듣고 돌아오던 중 扶餘(부여)에서 객사했다. 인조 원년(1623)에 時務12條(시무12조)와 安邊10策(안변10책)을 건의한 바 있고, '海東樂府(해동악부)'를 지었다.

141-1 思鄕吟(사향음) 고향 생각을 읊다

懷人獨自立黃昏 舊苑烟生月一痕 北望鄕關何處是 碧雲芳草總鎖魂.
(회인독자입황혼 구원연생월일흔 북망향관하처시 벽운방초총쇄혼)

가족을 생각하며 황혼에 홀로 섰노라니, 동산에 안개 짙어 달은 흔적만 남기는구나.
북쪽을 바라보니 내 고향 어디멘고, 푸른 구름 꽃 같은 풀 모두가 애끊게 하네.

[語句] *思鄕 : 고향을 생각함. *懷人 : 마음에 있는 사람을 생각함. *獨自 : 혼자. *舊苑 : 옛 동산. *一痕 : 한 개의 자국. 한 흔적. *鄕關 : 고향. *碧雲 : 푸른 구름. 翠雲(취운). *芳草 : 꽃다운 풀. *鎖魂 : 넋을 가둠. 얼빠지게 함.

[鑑賞] 지은이가 고성에 귀양 가 있을 때 지은 작품 같다. 10년간이나 적소에 있었으니 얼마나 고향이 그립고 가족들의 안위가 걱정되었으랴. 더구나 저녁이 오고 밤이 되면 온 세상이 적막에 싸이므로 더욱 간절해진다. 進士 李緝(진사 이집)의 부인인, 지은이의 따님이 귀양 가 있는 부친에게 '奉送家大人謫固城(봉송가대인적고성)'이란 5 언시를 지어 드렸으니 "玉砌霜風起 紗窓月影寒 忽聞歸鴈響 千里憶南關(섬돌 아래에 찬 바람 일고 창에는 달 그림자 차가운데, 문득 기러기 울음소리 울려오니 천리 남쪽 땅에 가 계신 아버지 생각이 간절합니다)"라고 읊었다.

7言絶句(7언절구). 압운은 昏, 痕, 魂 자로 평성 '元(원)' 평운이다. 평측은 차례로 '平平仄仄仄平平, 仄仄平平仄仄平, 仄仄平平平仄仄, 平平平仄仄平平'으로 二四不同二六對(이사부동이륙대)는 끝구만 이루어지지 않았고, 反法(반법)이나 粘法(점법)은 그런대로 이루어졌다 하겠다.

142. 沈約(심약 441~513) : 중국 南北朝(남북조 420~581) 때 梁(양) 나라 문인. 자 休文(휴문). 시호 隱侯(은후). 武江(무강, 현재의 浙江省절강성)의 吳興(오흥, 현재의 湖州호주) 사람. 宋(송), 齊(제), 梁의 세 조정에 벼슬하여 東陽太守(동양태수), 左光祿大夫(좌광록대부), 侍中小傅(시중소부)를 역임했다. 시와 문장에 모두 뛰어나 양 나라 武帝(무제 재위 502~549) 때 시인들인 竟陵八友(경릉팔우)의 한 사람이었고, '宋書(송서 100권)'와 400권에 달하는 저서가 있다. 특히 音韻(음운)에 정통했으며 '四聲譜(사성보)'를 지어 平仄(평측)을 정하고 作詩八病說(작시팔병설)을 주장, 近體詩(근체시)의 근거를 만들었다. 동양태수 때 지은 '八詠詩(팔영시)'가 유명하다.

142-1 長歌行(장가행) 장가행

靑靑園中葵 朝露待日晞 陽春布德澤 萬物生光輝
常恐秋節至 焜黃華葉衰 百川東到海 何時復西歸

少壯不努力 老大徒傷悲.

(청청원중규 조로대일희 양춘포덕택 만물생광휘

상공추절지 혼황화엽쇠 백천동도해 하시부서귀

소장불노력 노대도상비)

동산의 푸르디푸른 해바라기, 해 뜨기를 기다려 아침 이슬에 젖은 잎을 말리네.

봄철 따뜻한 볕이 모든 혜택 베푸니, 만물이 빛나 광채 나도다.

하지만 늘 두려운 것은 가을철이 닥쳐와, 단풍 들어 꽃과 잎이 시들어짐이라.

온 냇물 동으로 흘러 바다에 가고 나면, 어느 때 다시 이 서쪽으로 돌아오리.

사람도 젊었을 때 노력하지 않으면, 늙어 상심과 슬픔뿐 아쩔 도리가 없다네.

[語句] *長歌 : 장편으로 된 노래. *葵 : 해바라기. 아욱. *晞 : 마르다. 말리다. 햇살
이 치밀다. *光輝 : 번쩍이는 빛. *焜黃 : 빛갈이 퇴색하는 모양. 가을에 나뭇
잎이나 풀잎이 누렇게 되는 모양. 焜은 '빛 환하다. 밝다'임. *少壯 : 젊고 기
운이 왕성함. *傷悲 : 傷心(상심)과 悲哀(비애). 지나치게 슬퍼함.

[鑑賞] 햇볕은 만물에 많은 덕택을 베풀어 온갖 것이 모두 빛나게 한다. 정원의 해바
라기도 해가 뜨기를 기다려 이슬에 젖은 잎을 말린다. 그러나 가을이 되면 그
아름답던 꽃과 잎도 시들어버리니, 이는 청춘 시절이 가고 나면 노년기가 다가
오는 이치와 같다. 또 동쪽으로만 흘러가는 냇물은 다시는 여기 서쪽으로는 돌
아오지 않으니, 이는 흐르는 세월과 같아 청춘시절이 다시 되돌아오지 않는다.
그러니, 젊었을 때 노력해야지 늙어지면 지난날의 태만을 후회하고 슬퍼하게
된다. 비유로써 짜임새 있게 시를 엮었는데, 지은이가 지은 시가 아니고 漢代
(한대) 樂府(악부)의 시라는 설이 있다.

5言古詩(5언고시) 5연 10구. 압운은 葵, 晞, 輝, 衰, 歸, 悲 자로 葵·衰·悲는 평성 '支(지)'
운, 나머지 석 자도 평성 '微(미)' 평운으로 두 운은 通韻(통운)이다. 평측은 차례로 '平平平平
平, 平仄仄仄平, 平平仄仄仄, 仄仄平平平, 平仄平仄平, 仄仄平平仄仄, 仄平平仄仄, 平平仄
平平, 仄仄仄仄仄, 仄仄平平平'으로 이사부동은 제 3, 4, 6, 7, 10구에서만 이루어졌고 반법
이나 점법은 무시되었다.

143. 沈彦光(심언광 ?) : 조선 중종 때 文臣(문신). 자 士炯(사형). 호 漁村(어촌). 시호 文
恭(문공). 본관 三陟(삼척). 父 佐郎 濬(좌랑 준). 중종 8년(1513)에 진사로서 문과 급제하
여 檢閱(검열)이 되고 湖堂(호당, 讀書堂독서당)에 들어갔으며 文名(문명)이 있었다. 吏曹判
書(이조판서)로 있을 때 형인 彦慶(언경)과 같이, 유배 중이던 金安老(김안로)를 적극 추천
하여 중종 24년(1529)에 禮曹判書(예조판서)가 되게 했다. 이후 김안로가 자기 외손녀를

東宮(동궁)에 넣으려고 계략을 꾸미는 것을 비난하여 咸鏡監司(함경감사)로 좌천되었다가, 중종 32년(1537) 김안로가 賜死(사사)되자 工曹判書(공조판서)를 지내면서 김안로를 잘못 알아보았었다고 후회했지만, 그를 추천했던 까닭으로 탄핵을 받아 파직되었다.

143-1 鍾城館遇雨(종성관우우) 종성관에서 비를 만나다

雲鳥堂堂陣勢聯 書生袖裏有龍泉 黃沙古戍身千里 白日長安夢九天
楡塞雨聲連海嶠 荻江秋色老風煙 蕭蕭落木關山夜 旅館靑灯惱客眠.

(운조당당진세련 서생수리유용천 황사고수신천리 백일장안몽구천

유새우성연해교 적강추색노풍연 소소낙목관산야 여관청등뇌객면)

높이 날아가는 새들 당당히 잇달아 무리 짓고, 서생의 소매 속에도 용천검을 가졌구나.
몸은 천리 밖 황사 날리는 옛 수자리에 있으면서, 서울 장안을 그리며 백일몽에 잠기네.
요새에 비 오는 소리 물과 산에 이어지고, 강가 갈대밭의 가을 풍경 짙어만 가는구나.
잎진 나무들로 쓸쓸한 변방의 밤, 여관의 푸른 등잔 불빛 나그네 잠 못 들게 하네.

[語句] *鍾城 : 함경북도 북부 국경 회령과 온성 사이의 군 이름. 고구려와 발해의 옛 땅인데 여진족이 들어와 살면서 愁州(수주)라 하다가 조선에 들어와 두만강 가의 六鎭(6진)의 하나가 되었음. 명승고적으로 童巾山城(동건산성), 受降樓(수항루), 潼關鎭(동관진), 小白山(소백산) 등이 있음. *館 : 客館(객관) 또는 여관. *雲鳥 : 구름 가까이 높이 날아가는 새. *陣勢 : 軍陣(군진)의 형세. '무리지어 나는 새들'의 뜻임. *書生 : 儒學(유학)을 공부하는 학생. 세상일에 서투른 선비. *龍泉 : 寶劍(보검)의 이름. 중국의 晉武帝(진무제) 때 張華(장화)가 雷煥(뇌환)을 시켜 酆城(풍성)의 감옥터를 파게 하여, 용천과 太阿(태아)라는 한 쌍의 좋은 검을 얻었다고 함. 그리하여 보검을 '龍泉太阿'라 함. *黃沙 : 누런 모래 먼지. 砂漠(사막). *古戍 : 옛 수자리. 옛날의 국경 수비 關門(관문). *白日 : 대낮. 밝은 해. 白日夢(백일몽, 대낮의 꿈. 심한 공상). *長安 : ①서울. ②중국의 옛 서울이었던 도시. *九天 : 아홉 방위의 하늘. 높은 하늘. *楡塞 : 변방[국경]의 要塞(요새). *海嶠 : 바다와 산. *荻江 : 갈대밭이 있는 강. *風煙 : 먼 공중에 서린 흐릿한 기운. 연기, 아지랑이. *蕭蕭 : 쓸쓸한 모양. *關山 : 관문 근방의 산. *靑灯 : 푸른 등불. 灯=燈(등).

[鑑賞] 지은이가 함경감사로 좌천되어 가 있을 때 지은 작품이리라. 首聯(수련, 起기 1~2구)은 '날아가는 새들도 군사들이 진을 치듯 당당한 진용을 이루니, 국경 지방에 사는 선비들도 보검을 차고 있는 듯 수비 태세를 갖추고 있다' 했고, 頷聯(함련, 承승 3~4구)에서는 '몸은 천리 밖 누런 먼지 이는 옛 육진 터 국경에 와 있

지만, 마음은 서울 장안을 그리워한다'고 이으면서 對句(대구)를 이루었으니, 黃沙와 白日, 古戍와 長安, 身과 夢, 千里와 九天으로 짝을 이룬 것이다. 頸聯(경련, 轉전 5~6구)은 寫景(사경)으로 '변방의 비 오는 소리 물과 뭍을 가릴 것 없이 들려오고, 강가의 갈대밭에는 가을빛 짙다' 하여 내용의 전환을 이루면서 楡塞-荻江, 雨聲-秋色, 連-老, 海嶠-風煙으로 짝이 되었다. 尾聯(미련, 結결 7~8구)은 마무리로 '낙엽 진 나무들로 쓸쓸한 국경의 밤에, 객관의 희미한 등잔 불빛은 나그네 신세의 잠을 빼앗아버린다' 했다.

7言律詩(7언율시). 압운은 聯, 泉, 天, 煙, 眠 자로 평성 '先(선)' 평운이다. 평측은 차례로 '平仄平平仄仄平, 平平仄仄仄平平, 平平仄仄平平仄, 仄仄平平仄仄平, 平仄仄平平仄仄, 仄平平仄仄平平, 平平仄仄平平仄, 仄仄平平仄仄平'으로 二四不同二六對(이사부동이륙대)와 反法, 粘法(반법, 점법) 등이 잘 이루어진 모범적인 작품이다. 그리고 첫 행의 둘째 자가 '鳥'로 측성이므로 仄起式(측기식) 구성이라 하는데, 평성이면 平起式(평기식) 구성인 것이다.

144. 沈佺期(심전기 656~714) : 중국 初唐(초당)의 시인. 자 雲卿(운경). 相州 內黃(상주 내황, 河南省하남성에 있는 듯함) 사람. 宋之問(송지문)과 똑같이 武后(무후)의 宮廷詩人(궁정시인)이었으며, 考功郎給事中(고공랑급사중)으로 한때 좌천되었다가 起居郎(기거랑), 修文館直學士(수문관직학사), 太子少詹事(태자소첨사)를 역임했다. 5언율시를 잘 지어 송지문과 함께 '沈宋體(심송체)'라는 詩型(시형)을 이루었고, 六朝(육조)의 沈約(심약)이나 庚信(유신)의 음률적인 관심을 계승하여, 아름다운 율시를 짓고 문단의 중진이 되어 율시의 형식 확립에 큰 공헌을 했으며, '시집[3권]'이 있다.

144-1 邙山(망산) 북망산

北邙山上列墳塋 萬古千秋對洛城 城中日夕歌鍾起 山上惟聞松柏聲.
(북망산상열분영 만고천추대낙성 성중일석가종기 산상유문송백성)

북망산의 총총한 무덤들, 영원히 낙양성을 바라보고 있는데,
성 안에는 밤낮으로 풍악 소리 일지만, 산 위에서는 오직 송백에 스치는 바람 소리뿐일세.

[語句] *邙山 : 北邙山. 하남성 洛陽(낙양) 북쪽에 있는 산. 後漢(후한)의 여러 능과 唐宋(당송) 때 名臣(명신)의 묘가 많음. *墳塋 : 무덤. 墳墓(분묘). 墳은 '흙으로 덮는 것', 塋은 '묘, 무덤구멍'임. *萬古千秋 : 천만년의 기나긴 세월. 영원한 세월. 千秋萬古. *洛城 : 낙양의 성. 낙양은 '하남성 낙양시로 황하의 남쪽, 洛河(낙하)의 북쪽에 있는 도시'로, 東周·後漢·魏·西晉·南北朝 北魏·唐(동주·후한

·위·서진·남북조 북위·당)의 서울이었음. *日夕 : ①낮과 밤. ②아침저녁. ③저물

때. 여기서는 ①의 뜻임. *歌鍾 : 노래와 풍악 소리. 松柏 : 소나무와 잣나무.

[鑑賞] 산 자와 죽은 자의 세계가 이렇게도 다른가? 북망산의 무덤들은 영원히 낙양

성내를 내려다보며 적막한데, 성 안에서는 밤과 낮을 가리지 않고 풍악 소리

울려 퍼진다. 죽어 땅속에 들면 누리던 부귀와 영화는 물론 그 사람 자체도 흔

적이 없어지니, 이를 두고 人生無常(인생무상)이라 하는 것이다.

7言絕句(7언절구). 압운은 塋, 城, 聲 자로 평성 '庚(경)' 평운이다. 평측은 차례로 '仄平平仄

仄平平, 仄仄平平仄仄平, 平平仄仄平平仄, 平仄平平平仄平'으로 이사부동이륙대는 모두 이

루어졌으나, 2-4-6이 각각 '平-仄-平, 仄-平-仄, 平-仄-平, 仄-平-仄'으로 되어 있어 반법이라

할 수는 있지만 점법이 이루어지지 않았다. 점법이 되자면 셋째구와 넷째 구가 바뀌어야 할

것이다. 그런데, '山上'이란 말이 두번 쓰이어 꺼리는 바가 되며, 城 자도 거듭 씌었으나 앞

구의 끝 자에서 이어받았기로 어긋나게 보지는 않는다.

144-2 巫山(무산) 무 산

巫山高不極 合杳狀奇新 暗谷疑風雨 陰崖若鬼神

月明三峽曉 潮滿九江春 爲問陽臺客 應知入夢人.

(무산고불극 합답상기신 암곡의풍우 음애약귀신

월명삼협효 조만구강춘 위문양대객 응지입몽인)

무산이 아주 높은 건 아니지만, 봉우리 겹쳐 그 모양 새롭고 기이하네.

어두운 골짜기는 풍우가 서린 듯하고, 음침한 언덕들은 귀신이 나올 것 같구나.

달 밝은 삼협의 새벽, 밀물 가득한 봄 동정호.

양대에 놀던 양왕에게 물어야만, 응당 꿈속에 나타났던 무산선녀를 알 수 있으리라.

[語句] *巫山 : 重慶市 巫山縣(중경시 무산현, 舊四川省奉節縣구사천성봉절현)에 있는 산. 부근

에 巫峽(무협), 瞿塘峽(구당협), 白帝城(백제성) 등 명승고적이 있음. *合杳 : 겹겹이

겹침. 겹쳐 합해짐. 杳合. *奇新 : 새롭고 기이함. 新奇. *風雨 : 바람과 비. *

陰崖 : 햇빛이 잘 비치지 않는 언덕. *三峽 : 높은 산 사이로 물이 흐르는 세

골짜기. 蜀(촉) 땅 湖北省 巴東縣(호북성 파동현)의 西陵峽(서릉협), 歸鄕峽(귀향협), 巫

峽을 말함. 양쪽 기슭에 7백 리에 걸쳐 산이 이어져 있어 하늘과 해를 가리므

로 한낮이 아니면 해와 달을 볼 수 없다 함. →64-10. *九江 : 洞庭湖(동정호,

湖南省 岳陽市호남성 악양시)의 옛 이름. 아홉 강이 모여든다고 함.<書經 禹貢 蔡傳>

또 江西省(강서성)에 九江市(구강시)가 있고 그 남쪽으로 鄱陽湖(파양호)가 있음. *

陽臺客 : 중국의 옛 楚(초) 나라의 襄王(양왕). 陽臺는 巫山巫峽의 지명. 高唐(고당)이라고도 함. 양왕이 여기서 놀다가 지쳐서 낮잠이 들었는데 꿈에 어떤 부인이 나타나 말하기를 "첩은 무산의 여자인데 고당의 나그네로서 왕께서 고당에 노니신다는 말을 듣고 와 자리와 베개로써 모시기를 바라나이다." 하여 함께 자고 이튿날 아침에 부인이 떠나면서 "첩은 무산의 양지쪽 높은 언덕에 사는데, 매일 아침이면 구름이 되고 저녁에는 비가 됩니다." 했다고 함.<宋玉 高唐賦> *入夢人 : 꿈속에 들었던 사람. 곧 꿈에 나타난 무산의 仙女(선녀).

[鑑賞] 처음 首聯(수련)은 멀리서 본 무산의 모양이요, 頷聯(함련)에서는 무산에 들어와 골짜기와 벼랑 언덕을 읊었다. 頸聯(경련)에서 무산 주변의 무협의 새벽과 물이 철렁한 구강의 봄을 언급했으며, 尾聯(미련)에서는 마무리로서 무산 무협의 뛰어난 경치는 옛날 여기서 노닐던 초 나라 양왕과 朝雲暮雨(조운모우)로 조화를 부리던 고당의 선녀에게 물어야만 제대로 알 수 있을 것이라 했다. 물론 함련과 경련은 對句(대구)를 잘 이루었다.

5言律詩(5언율시). 압운은 新, 神, 春, 人 자로 평성 '眞(진)' 평운이다. 평측은 차례로 '平平平仄仄, 仄仄仄平平, 仄仄平平仄, 平平仄仄平, 仄平仄仄平, 平仄仄平平, 仄仄平平仄, 平平仄仄平'으로 이사 부동과 반법, 점법 등에 합치되고 평측의 배열도 고르게 되어 5언율시의 전형적인 작품이라 하겠다.

144-3 夜宿七盤嶺(야숙칠반령) 밤에 칠반령에서 묵다

獨遊千里外 高臥七盤西 曉月臨牀近 天河入戶低
芳春平仲綠 淸夜子規啼 浮客空留聽 襃城聞曙鷄.

(독유천리외 고와칠반서 효월임상근 천하입호저

방춘평중록 청야자규제 부객공류청 포성문서계)

천리 밖을 혼자 유람하다가, 칠반령 서쪽 높은 곳에서 묵네.
새벽달은 창 앞에 가까이 다가오고, 은하수는 문에 들어 나직하네.
꽃 피는 봄이라 평중이 푸르고, 맑은 밤에 소쩍새는 피나게 우는구나.
떠도는 나그네라 부질없이 듣고 있노라니, 어느새 포성의 새벽 닭 울음소리 들려오네.

[語句] *七盤嶺 : 섬서성 韓中市(한중시)에 있는 산. *曉月 : 새벽달. *天河 : 銀河水(은하수). *芳春 : 꽃이 한창인 봄. *平仲 : '옅고 짙음' 또는 '나무이름' 등으로 풀이되는 말임. 뒷 구의 '子規'와 짝이 되는 말이므로 '나무이름'이 합당하기도 함. *子規 : 소쩍새. 杜鵑(두견). *浮客 : 떠돌아다니는 나그네. *襃城 : 칠반령 부근 지명. *曙鷄 : 새벽에 우는 닭. 새벽을 알리는 닭 울음소리.

[鑑賞] 칠반령은 높은 고개인가보다. 새벽달이 침상 가까이 다가와 보이고 은하수는 방
문 아래 들어오는 듯하니 말이다. 꽃이 한창인 봄이라 사방이 푸르고 고요한 밤
에는 소쩍새만 피나게 울고 있어, 향수에 젖는 나그네로 부질없이 그 소리만을
듣다보니 어느 사이 이웃 포성 지방에서 새벽을 알리는 닭 우는 소리 들린다.
頷聯(함련 3~4구)과 頸聯(경련 5~6구)의 對句(대구)가 잘 이루어졌으니, 曉月-天河, 臨
-入, 牀近-戶低 ; 芳春-淸夜, 平仲-子規, 綠-啼 등이 짝이 된 것이다. 사방을
떠도는 나그네 된 시름을 寫景(사경)을 곁들여 잘 나타냈다 하리라.

  5言律詩(5언율시). 압운은 西, 低, 啼, 鷄 자로 평성 '齊(제)' 평운이다. 평측은 차례로 '仄平平
仄仄, 平仄仄平平, 仄仄平平仄, 平平仄仄平, 平平平仄仄, 平仄仄平平, 平仄平平平, 平平仄仄
平'으로, 二四不同(이사부동)과 反法, 粘法(반법, 점법) 등이 이루어졌다. 다만 일곱째 구의 끝 聽 자
는 '듣다. 받다'의 뜻이면 평성 '靑(청)' 운이고 '결단하다. 꾀하다'의 뜻이면 거성 '徑(경)' 운인데,
이 자리는 측운이 와야 할 자리라 聽 자가 '듣다'의 뜻으로 풀이되므로 규칙에 어긋났다.

145. 沈喜壽(심희수 1548~1622) : 조선 宣祖(선조) 때 정치가. 자 伯懼(백구). 호 一松,
水雷累人(일송, 수뢰루인). 시호 文貞(문정). 본관 靑松(청송). 父 承文院正字 鍵(승문원정자
건). 일찍이 珍島(진도) 유배지에 있는 盧守愼(노수신)에게 가 학문을 배웠고, 21세에
성균관에 들어가 이때 退溪 李滉(퇴계 이황) 선생이 사거하니 성균관에서는 그를 祭
官(제관)으로 보냈다. 선조 5년(1527) 문과에 급제하여 승문원에 보직되고 湖堂(호당,
독서당)에 뽑혔으며, 선조 22년(1589) 獻納(헌납)으로 있을 때 鄭汝立(정여립)의 옥사가
일어나자 조정에서 의견이 맞지 않아 사임했다가 이듬해에 副應敎(부응교)가 되고
이어 응교, 宣慰使(선위사)를 거쳐 諫官(간관)으로 수차 직언하여 선조의 비위를 거슬
리어 성균관으로 전임했다. 선조 25년(1592) 임진왜란 때 왕을 모시고 龍灣(용만)으
로 가 도승지와 대사헌이 되었고, 그때 명 나라 詔使(조사)가 오자 중국말에 능한
그 가 맞이했으며, 형조판서를 거쳐 호조판서가 되었을 때 명 나라 宋應昌(송응창)
의 接伴使(접반사)가 되어 왜란으로 황폐해진 관서 지방의 많은 백성들을 구출하여,
예조와 이조판서에 대제학을 겸임하고 文衡(문형, 과거 급제자 선발의 대제학)을 맡았으며,
이후 좌찬성과 우찬성을 거쳐 우의정에 올랐다. 좌의정 때 선조가 사거하고 광해
군이 즉위하자 李爾瞻(이이첨) 등이 국권을 좌우하며 臨海君(임해군)을 해치려 하므로
그 부당함을 상소하니 간신들의 탄핵을 받았고, 조정의 기강이 날로 어지러워지자
병을 이유로 사임을 청했다. 그러나 광해군은 허락 않고 좌의정 李恒福(이항복)을
시켜 강제로 출근케 했으며, 광해군 6년(1614) 옥사가 일어나 부원군 金悌男(김제남)
은 이미 죽고 이이첨 등이 永昌大君(영창대군)을 옥사의 주모자로 몰아 해치려 하
매, 李德馨(이덕형)과 같이 그 일에 반대했으나 뜻을 이루지 못했다. 鄭蘊(정온)이 영

창대군의 赦罪(사죄)를 상소하다가 광해군의 분노를 사 죽게 된 것을 상소로써 구출했다. 이후 領敦寧府事(영돈녕부사)가 되었고 광해군 8년(1616) 명 나라에 사신으로 갔다온 許筠(허균) 등과의 논쟁으로 쫓겨나 屯山洞(둔산동)에 들어가 周易(주역)과 시로 여생을 보냈다. 경북 尙州 鳳巖(상주 봉암)에 多士祠(다사사)를 세워 그를 제사지냈고 숙종 때 시호를 받았으며 문집으로 '一松集(일송집)'이 있다.

145-1 惠全軸中次亡友韻(혜전축중차망우운) 혜전의 시축 속에 있는 '망우'에 차운하다

樓成白玉筆生花 謫降詩仙夢裏過 落盡江梅消息斷 洞天笙鶴月明多.
　(누성백옥필생화 적강시선몽리과 낙진강매소식단 동천생학월명다)

백옥루가 낙성되어 이태백 같이 붓에 꽃이 피는 꿈꾸고,
하늘에서 귀양와 시선이 되었듯이 꿈속처럼 백옥루로 갔는가.
강가의 매화 다 지도록 소식 끊이니, 학을 타고 피리 불던 신선 골에 달은 몹시도 밝구나.

[語句] *惠全 : 미상. 스님 이름인 듯함. *軸 : 詩軸(시축, 시를 적은 두루말이). *亡友 : 죽은 친구. *樓成白玉 : 백옥루가 완공됨. 白玉樓는 '옥황상제가 사는 천상세계인 白玉京(백옥경)에 있는 누각'으로 文人(문인)이 죽으면 거기로 간다고 함. 唐(당)의 시인 李賀(이하)가 죽을 때 하늘의 사자가 와서 '上帝(상제)의 백옥루가 완공되어 너를 불러들여 그 記文(기문)을 짓도록 정했다.' 하더라함<書言故事> *筆生花 : 夢筆生花(몽필생화). 붓에 꽃이 피는 꿈을 꿈. 글과 글씨가 아름다움. 당의 詩仙 李白(시선 이백)이 이 꿈을 꾼 이후로 文名(문명)을 크게 떨치게 되었다고 함.<開元遺事> *謫降 : 신선이 속세에 내려오거나 사람으로 태어남. 李白, 蘇軾(소식) 등을 신선세 계에서 인간으로 귀양 온 謫仙(적선)이라 했고, '벼슬아치가 外職(외직)으로 좌천됨'을 적강이라고도 함. *江梅 : 강가에 핀 매화 또는 강남땅의 매화. *洞天 : 산으로 싸이고 냇물에 둘린 경치 좋은 곳. 洞壑(동학). *笙鶴 : 학을 타고 笙簧(생황, 피리의 일종)을 불며 감.

[鑑賞] 혜전의 시축 중에서 '亡友'라는 시의 운을 따라, 지은이의 죽은 친구를 弔喪(조상)하여 지은 작품이다. 그 친구는 글을 잘하는 벗이다. 이하와 이백의 고사를 연상하여 起(기)와 承(승)을 이루었고, 轉換(전환)하여 매화꽃이 지는 철임에도 소식이 끊이었다고 읊었으며, 맺음으로 저 세상으로 학을 타고 생황을 불며 이 달 밝은 밤에 신선 골짜기를 날아가는가보다 했다. 죽은 친구도 글을 잘하는 사람이니, 필시 문인들이 죽으면 간다는 백옥루에 올랐으리라.

7言絶句(7언절구). 압운은 花, 過, 多 자로 花는 평성 '麻(마)' 평운, 過와 多는 평성 '歌(가)' 평운으로 두 운자는 通韻(통운)이 된다. 평측은 차례로 '平平仄仄仄平平, 仄仄平平仄仄平, 仄

仄平平平仄仄, 仄平平仄仄平平’으로 二四不同二六對(이사부동이륙대)를 비롯하여 反法(반법)과 粘法(점법) 등이 규칙에 합치되는 모범적인 7언절구이다.

146. 安牧(안목 ?~1360) : 고려 恭愍王(공민왕) 때 書筵官(서연관). 호 謙齋(겸재). 본관 順興(순흥). 順興君(순흥군)의 봉작을 받았고, '東文選(동문선)'에 한시 세 수가 등재되어 있다.

146-1 示子拜代言(시자배대언) 대언을 제수받은 아들에게 주다

累葉龍喉古未多 晦軒竹屋自傳家 不才蹭蹬雖堪恨 生得千金亦可誇.
(누엽용후고미다 회헌죽옥자전가 부재층등수감한 생득천금역가과)

여러 대로 승지 벼슬하기 예부터 많지 않은데,
회헌 안향安珦과 죽옥 안우기安于器 할아버지께서들 가통을 전했네.
내 재주 없어 불우하게 지낸 게 한스럽다마는, 천금같은 아들 너를 얻은 게 자랑할 만하구나.

[語句] *代言 : 왕의 명령을 맡아보는 벼슬. 후대의 承旨(승지). *累葉 : 여러 대. 葉은 '世代(세대)'임. *龍喉 : '용의 목구멍, 임금의 말씀' 등의 뜻으로, 왕명을 아래로 전하는 승지나 정승 또는 翰林學士(한림학사, 內相내상) 벼슬을 말함. *晦軒 : 고려말 학자 安珦(안향 1243~1360)의 雅號(아호). →150. *竹屋 : 안향의 아들 于器(우기 ?~1329 우승지 역임)의 아호인 듯함. *傳家 : 대대로 가문에 전해 내려옴. *蹭蹬 : 힘을 잃어 어정거리는 모양. 失勢(실세)한 모양. *生得 : 타고남. *千金 : 많은 돈이나 귀중함. '천금같은 값어치가 있는 자기 아들'을 두고 한 말임.

[鑑賞] 아들이 승지로 제수받은 기쁨을 읊은 작품이다. 얼핏 조상과 자식 자랑을 쓴 듯하지만, 지난날에는 자식이 벼슬에 오르면 가문의 큰 영예여서 그 기쁨은 무엇에도 비할 수 없었음을 상기하면 이런 시가 이루어질 만한 것이다. 지은이도 서연관을 지냈지만 승지보다는 못했던 가보다. 천금같은 아들이라 누구에게나 자랑하고 싶겠고, 회헌 선생 부자가 대언을 대를 이어 지낸 바 있어 더욱 큰 광영이었으리라.

7言絶句(7언절구). 압운은 多, 家, 誇 자로 多는 평성 '歌(가)' 평운, 家와 誇도 평성 '麻(마)' 평운으로 두 운은 통운이 되니 앞의 144-1과 같은 압운이다. 평측은 차례로 '仄仄平平仄仄平, 仄平仄仄仄平平, 仄平仄仄平平仄, 平仄平平仄仄平'으로 二四不同二六對(이사부동이륙대)와 反法, 粘法(반법, 점법) 등이 모두 제대로 이루어졌다.

147. 安止(안지 1377~1464) : 조선 초기의 문인. 자 子行(자행). 호 皐隱(고은). 시호 文靖(문정). 본관 康津(강진). 父 贊成 士宗(찬성 사종). 태종 16년(1416) 문과 급제하여 집현전 부제학, 공조판서, 領中樞院事(영중추원사)를 지냈다. 시를 잘 짓고 楷書(해서)를 잘 쓰니, 세종 임금이 돌아간 태종을 위해 金字法華經(금자법화경)을 옮겨 쓰게 했다. 세종 27년(1445) 왕명을 받들어 權踶(권제 →19), 鄭麟趾(정인지) 등과 함께 龍飛御天歌(용비어

천가를 지었고, 나이 80이 지나 비로소 아들 하나를 얻었다고 한다.

147-1 題八景圖(제팔경도) 팔경도를 보고 짓다

虔州異景未曾知 一幅生綃恍惚移 殷慜鍾聲明月夕 傍林嵐彩雨晴時
日斜浦口帆飛疾 雪滿沙頭鴈下遲 不出戸庭看盡處 渺然幽興入新詩.

(건주이경미증지 일폭생초황홀이 은학종성명월석 방림남채우청시

일사포구범비질 설만사두안하지 불출호정간진처 묘연유흥입신시)

건주의 기이한 경치 여태 몰랐더니, 명주 한 폭에다가 황홀하게 옮겨왔구나.

달 밝은 저녁 골짜기에 종소리는 은은히 울려 퍼지고, 비 갠 때라 숲 곁으로 안개 아롱졌네.

해지는 포구에 돛단배는 나는 듯이 빠르고, 눈 덮인 모래밭에 기러기 천천히 내리는구나.

집 밖을 나가지 않고도 모조리 구경하겠으니, 그윽한 흥취 일며 새로운 시의 경지로 드네.

[語句] *八景圖 : 여덟 가지 아름다운 경치를 그린 그림. 아마 중국의 瀟湘八景圖(소
상팔경도)를 말하는 듯함. *虔州 : 소상팔경 지역의 지명인 듯함. *生綃 : 生絲(생
사, 삶지 않은 실)로 짠 옷감. *恍惚 : 경치나 광채가 눈부심. *慜 : 慇(은, 은근하다. 공
손하다) 자와 통하는 글자임. *嵐彩 : 산 아지랑이가 안개처럼 피어올라 빛나는
모양. 嵐光(남광). *戸庭 : 출입구와 뜰 앞. 집 밖의 뜰. *渺然 : 멀고 넓어 아
득함. *幽興 : 그윽한 흥취.

[鑑賞] 이 시를 읽으면 그림 속의 풍경을 그려볼 수 있다. 비가 개고 산에는 아지랑
이가 끼어 빛나고 먼뎃 절의 종소리가 골짜기에 울려 퍼진다. 종소리야 눈으로
볼 수 없지만 분위기가 그러하다고 하리라. 포구에는 돛단배 한 척이 나는 듯
미끄러지고, 눈 덮인 모랫벌에 기러기떼가 천천히 원을 그리며 내려앉는다. 시
속에 그림이 있고 그림 속에 시가 있다는 '詩中有畵 畵中有詩(시중유화 화중유시)'
라는 말 그대로라 하리라.

7言律詩(7언율시). 압운은 知, 移, 時, 遲, 詩 자로 평성 '支(지)' 평운이다. 평측은 차례로 '平
平仄仄仄平平, 仄仄平平仄仄平, 仄仄平平平仄仄, 平平平仄仄平平, 仄平仄仄平平仄, 仄仄
平平仄仄平, 仄仄仄平平仄仄, 仄平平仄仄平平'으로 이사부동이류대와 반법, 점법 등은 잘
이루어졌으나 평측이 고르지 못한 감이 있다. 그리고, 頷聯(함련, 3~4구)과 頸聯(경련, 5~6)의 對
句(대구)가 잘 구성되었다.

148. 安震(안진 ?~1360) : 고려 공민왕 때 政堂文學(정당문학). 호 常軒(상헌). 본관 順興
(순흥). 충숙왕 때 元(원) 나라에 가서 密直副事(밀직부사)를 지낸 바 있다.

148-1 琳宮(임궁) 도교의 도원

隣鷄爭送兩三聲 新沐峨冠坐五更 寫畢靑詞才入睡 天東瑞日漏窓明.
(인계쟁송양삼성 신목아관좌오경 사필청사재입수 천동서일누창명)

이웃 닭들 다투어 두세 번 우는데, 새로 목욕하고는 아관 쓰고 새벽까지 앉았네.
도교의 청사를 다 쓰고 겨우 잠이 드니, 동편 하늘의 상서로운 해가 창에 스미어 밝구나.

[語句] *琳宮 : ①불교의 절. ②도교의 道院(도원). *峨冠 : 관의 일종. 높은 관. *五更
: 하룻밤을 다섯으로 나눈 다섯 번째 곧 새벽 4시경. 戊夜(무야). *靑詞 : 道敎(도
교)의 제사에 쓰는 문장과 문체. 靑藤紙(청등지)라는 푸른 종이에 붉은 글자로 씀.
*才 : 근근히. 겨우. =纔(재). *瑞日 : 상서로운 해. *漏 : 새다. 뚫다.

[鑑賞] '도교의 제사에 읽을 축문을 쓰려고 沐浴齋戒(목욕재계)하여 축문을 다 쓰고 나
니 새벽 오경이 되었다. 겨우 눈을 붙이려 하니 아침해가 떠올라 창이 훤하다.'
고 읊었다. 도교의 제사는 별에 제사하는 '醮祭(초제)'라 하는데, 조선초 卞季良
(변계량)이 지은 靑詞의 初獻祝文(초헌 축문) 하나를 들면 "暮春涓吉 恭展醮筵 行
潦雖微 可紆靈鑑 寔殫卑懇 以枉眞遊(늦은 봄에 길일을 택하여 엄숙히 초제
자리를 펴옵니다. 길바닥에 괸 물같이 비록 미미하오나 영감을 받들까 하와,
이에 하찮은 정성을 다하오니 굽어 진유하시기를 바라나이다)"이다.

　7언절구. 압운은 聲, 更, 明 자로 평성 '庚(경)' 평운이다. 평측은 차례로 '平平平仄仄平平,
平仄平平仄仄平, 仄仄平平平仄仄, 平平仄仄仄平平'으로 이사부동이류대와 반법, 점법 등이
규칙에 맞게 이루어졌다.

149. 安軸(안축 1282~1348) : 고려 후기의 학자. 자 當之(당지). 호 謹齋(근재). 시호 文貞(문
정). 본관 順興(순흥). 父 碩(석). 문과 급제 후 全州司錄史翰(전주사록사한), 司憲糾正(사헌규정)
을 지내다가 충숙왕 11년(1324)에 원 나라 制科(제과)에 급제하여 遼陽路 蓋州判官(요양로
개주판관)을 내렸으나 가지 않았고, 고려의 成均學正(성균학정)을 거쳐 右司議大夫(우사의대부)
에 이르렀다. 충혜왕 때 江陵道按廉使(강릉도안렴사)로 부임하여 關東瓦注(관동와주)를 썼다.
이후 典法判書(전법판서), 監察大夫(감찰대부), 僉議贊成事(첨의찬성사)를 거쳐 충목왕 때 監春
秋館事(감춘추관사)에 이르고 충렬왕, 충선왕, 충숙왕 3조의 實錄(실록)을 편찬했으며 興寧
君(흥녕군)에 피봉되었다. 공정하고 근검하여 명망이 높았고, 景幾體歌(경기체가)인 '關東別
曲(관동별곡)'과 '翰林別曲(한림별곡)'을 지었으며 문집에 '謹齋集(근재집)'이 있다.

149-1 登太白山(등태백산) 태백산에 올라

直過長空入紫煙 始知登了最高巓 一丸白日低頭上 四面群山落眼前
身逐飛雲疑駕鶴 路懸危磴似梯天 雨餘萬壑奔流漲 愁度縈回五十川.

(직과장공입자연 시지등료최고전 일환백일저두상 사면군산낙안전

신축비운의가학 노현위등사제천 우여만학분류창 수도영회오십천)

길고 먼 하늘을 바로 지나 푸른 이내 속에 들어, 그제야 알고 보니 최고봉에 올랐구나.
한 덩어리 밝은 해는 머리 위에 나직하고, 사면을 두른 산들은 눈앞에 떨어지네.
몸이 나는 구름 좇으니 학을 탄 듯, 길이 험한 바위에 걸렸으니 하늘 오르는 사다리인 듯.
비가 와 온 골짜기 물이 넘쳐흐르니, 오십천 굽이지는 물 건너기 난감하구나.

[語句] *太白山 : 강원도의 영월군, 정선군, 태백시와 경상북도 안동, 예안, 봉화군의 경계에 있는 태백산맥의 主峰(주봉). 높이 1,561m. 산 위에 白石坪(백석평)이 있고 북쪽의 黃池(황지)는 낙동강의 원류이며 산꼭대기에 天王堂(천왕당)이 있어서 인근 주민들의 신앙의 대상이 되고 있음. 산 속에 절이 많은데 남쪽의 華覺寺(화각사)는 조선 선조 39년(1606)에 史庫(사고)를 두어 유명하고 그 책들은 奎章閣(규장각)에 옮겨졌다가 현재는 서울대학교에서 보관중임. *長空 : 높고 먼 공중. *紫煙 : 보랏빛 연기. *巓 : 산꼭대기. 山頂(산정). *一丸 : 한 덩이. *白日 : 흰 해. 빛나는 태양. *飛雲 : 바람에 불리어 날아가는 구름. *磴 : 돌사닥다리. 돌다리. 산비탈길. =嶝(등). *萬壑 : 첩첩이 겹쳐진 깊고 큰 산골짜기. *奔流 : 내달리듯이 빠르게 흐름. *度 : 지나다. 건너다. *縈回 : 얽히어 돌아감. 둘러쌈. 縈廻(영회). *五十川 : 강원도 삼척시의 하천. 道溪邑 九士里 栢山(도계읍 구사리 백산) 골에서 발원하여 여러 냇물과 합류하며 삼척시 竹西樓(죽서루)를 거쳐 동해로 들어감. 길이 50km. 쉰 번을 건너야 하거나 50 굽이를 휘돌아 내리는 물이라 하여 五十川이라 함.

[鑑賞] 해발 천오백 미터가 넘는 태백산 정상에 오른 감회를 읊은 시. 보랏빛 안개 속을 지나 오르니 곧 정상이더라. 산이 하도 높아 해는 머리 위에 가깝고 사방에 펼쳐 있는 산들은 눈밑으로 내려다보인다. 둘째 연은 對句(대구)가 되었으니 一丸-四面, 白日-群山, 低-落, 頭上-眼前이 각각 짝을 이루었다. 내 몸은 학을 탄 듯 구름 따라 날아가는 듯하고 길은 험한 바위를 돌고 돌아 높이 걸린 것이 하늘을 오르는 사다리 같다. 셋째 연도 앞 연과 마찬가지로 대구를 이루어 身-路, 逐-懸, 飛雲-危磴, 疑-似, 駕鶴-梯天으로 짝이 되었다. 마무리로 비 그친 뒤라 골짜기의 물이 넘쳐 내달려 흘러, 오십천 쉰 굽이를 건너갈 일을 생각하니 난감하다고 했으니, 자연에 취하였다가 다시 인간 세계로 들어서는 고뇌의 표현인 것이다.

7言律詩(7언율시). 압운은 煙, 巓, 前, 天, 川 자로 평성 '先(선)' 평운이다. 평측은 차례로 '仄仄平平仄仄平, 仄平平仄仄平平, 仄平仄仄平平仄, 仄仄平平仄仄平, 平仄平平平仄仄, 仄平平仄仄仄平, 仄平仄仄平平仄, 平平平平仄仄平'으로 二四不同二六對(이사부동이륙대)와 反法, 粘法(반법, 점법) 등이 평측 규칙 곧 簾(염)에 모두 합치되었다.

149-2 題寒松亭 前半(제한송정 전반) 한송정에서 짓다 앞 절반

四仙曾會此 客似孟嘗門 珠履雲無迹 蒼官火不存.
  (사선증회차 객사맹상문 주리운무적 창관화부존)

신라의 신선 같은 네 화랑들이 여기 모였으리니,
따르는 사람들이 맹상군의 문객같이 많았겠지만,
구슬 신발 신었던 춘신군의 문객들처럼 구름같이 자취 없고,
푸르던 소나무조차 불에 타 안 남았구나.

[語句] *寒松亭 : 강원도 강릉시에 있는 정자. →128-1. *四仙 : '신라 때 관동 지방을 유람한 네 花郎(화랑)'을 신선에 비유한 말임. →137-2. *孟嘗 : 孟嘗君(맹상군). 중국 전국시대 齊(제) 나라 田嬰(전영)의 아들 田文(전문). 정승이 되어 食客(식객) 3천 명을 거느리는 호사한 생활을 했음. *珠履 : 구슬로 만들거나 꾸민 신발. 중국 趙(조)의 平原君(평원군)이나 楚(초) 나라 春申君(춘신군)은 각각 식객 3천 명을 거느렸는데, 평원군이 자기 식객을 춘신군에게 심부름을 보낼 적에 호화로움을 자랑하기 위해 玳瑁簪(대모잠)을 꽂게 하고 칼집도 주옥으로 장식해 보냈더니, 춘신군의 식객들은 모두 주옥으로 신발을 만들어 신었더라 함. *蒼官 : 소나무. 蒼髥(창염).

[鑑賞] 그 옛날 한송정은 소나무 숲이 우거진 한적한 곳이라 명승고적을 찾는 유람객들이 많아, 신라의 네 화랑인 述郞(술랑) 들을 비롯하여 맹상군과 춘신군과 비슷한 부호들도 따르는 사람들을 대동하고 놀았을 터인데, 세월이 오래 지난 지금 그들의 모습은 찾을 길 없고 산불이 일어 소나무마저 불타 폐허처럼 되고 말았다. 이 후반은 "신선들을 만나려면 숲 우거져야 할 터인데, 옛날을 그리며 황혼에 홀로 섰노라. 남아 있는 건 오직 네 화랑들이 차 끓일 물을 긷던 우물만이, 바위 모서리에 예 그대로 남아 있을 뿐일세."이다. 삼라만상의 無常(무상)을 그린 애수에 잠긴 시라 하겠다.

5言律詩(5언율시) 전반 2연. 압운은 門, 存 자로 평성 '元(원)' 평운이다. 평측은 차례로 '仄平平仄仄, 仄仄仄平平, 平仄平平仄, 平平仄仄平'으로 이사부동과 반법, 점법 등 簾(염)이 모두 규칙대로 이루어졌다.

150. 安珦(안향 1243~1306) : 고려의 대학자, 名臣(명신). 호 晦軒(회헌). 시호 文成(문성). 본관 順興(순흥). 父 密直副使 孚(밀직부사 부). 조선 文宗(문종) 임금의 이름이 珦이어서 裕(유)로 바꾸어 부르기도 했다. 원종 때 登科(등과)하여 校書郎(교서랑), 監察御史(감찰어사), 尙州判官(상주판관), 殿中侍御史(전중시어사), 國子司業(국자사업), 右司議(우사의), 僉議參理(첨의참리), 贊成(찬성), 僉議中贊(첨의중찬) 등을 역임했다. 충렬왕 12년(1286) 왕을 따라 元(원) 나라에 들어가 처음으로 '朱子全書(주자전서)'를 보고 기뻐하여 유학의 정통이라 하며, 손수 그 책을 베껴 쓰고 공자와 주자의 화상을 그려 돌아왔다. 또 학교가 날로 쇠퇴해 감을 우려하여 유학의 진흥을 위해 장학 기금으로 6품 이상은 각각 銀(은) 1근씩, 7품 이하는 布(포)를 내게해 이를 養賢庫(양현고)에 귀속시키고 그 이문으로 학교를 운영토록 했다. 박사 金文鼎(김문정) 등을 중국에 보내 공자와 그 제자들의 초상을 그려 오고 제기와 악기 및 경서 등을 구해 오도록 했으며, 조정의 벼슬아치와 학도들을 가르치니 배우려는 선비들 수백 명이 운집했다. 이와 같이 고려 말기의 유학 진흥에 큰 공적을 남겼으며, 주자를 숭배하여 그의 초상을 벽에 걸어두었고 주자의 아호인 晦庵(회암)의 晦 자를 따라 스스로 호를 晦軒이라 했다. 이리하여 안향을 우리나라 최초의 朱子學徒(주자학도)로 숭앙하고 있다. 그가 사망한 지 12년째 되는 충숙왕 5년(1318)에는 왕이 그의 공적을 기념하기 위해 궁중에서 일하던 원 나라 화가에게 명하여 그의 초상을 그리게 했으니, 그 초상화는 현재 紹修書院(소수서원)에 보관되어 있는데 오래된 그림의 하나로 귀중한 가치를 지니고 있다. 조선 중종 37년(1542) 豊基郡守 周世鵬(풍기군수 주세붕)이 그의 고향 순흥 白雲洞(백운동)에 그의 祠廟(사묘)를 세우고 白雲洞書院(백운동서원)을 건립하니, 이것이 우리나라 서원의 시초가 되었고, 명종 5년(1550) 退溪 李滉(퇴계 이황)이 군수로 부임하여 임금께 상주하여 '紹修書院'이란 현판을 하사받아 賜額書院(사액서원)의 처음이 되었으며, 이때부터 백운동서원을 소수서원이라 부르게 되었고 史蹟(사적) 55호로 지정되었다.

150-1 學宮(학궁) 학교

香燈處處皆祈佛 簫管家家盡祀神 獨有數間夫子廟 滿庭秋草寂無人.
(향등처처개기불 소관가가진사신 독유수간부자묘 만정추초적무인)

곳곳마다 향등으로 모두 불공 드리고, 집집마다 풍악으로 다투듯 푸닥거리라.
오직 두어 간 공자님 사당만은, 뜰에 가득 가을 풀에 사람 없어 쓸쓸하여라.

[語句] *學宮 : 학교. 成均館(성균관). *香燈 : 佛前(불전)에 바치는 향과 燈籠(등롱). *處處 : 곳곳. 곳곳마다. *祈佛 : 부처에게 소원을 빎. *簫管 : 퉁소. 피리와 나

발. 風樂(풍악). *祀神 : 귀신에게 제사 지냄. 푸닥거리[무당이 간단히 음식을 차려놓고 잡귀를 풀어먹이는 일]. *數間 : 집의 두서너 간[방]. *夫子廟 : 孔子(공자)의 사당. *秋草 : 가을 풀. '春草(춘초, 봄 풀)'라 쓴 자료도 있음.

[鑑賞] 당시의 학교 곧 성균관이 황폐해지는 것을 보고 안타까운 마음에 지은 시. 그리하여 어느 책에는 제목을 '有感(유감)'이라 한 데도 있다. 고려 사회는 불교 사회라 유학 교육이 부진했으므로 유학자인 지은이는 이에 맞서 유학의 진흥을 주장하고 여러 장려책을 강구했으니, 요즈음으로 말하면 혁신이요 혁명이었으리라. 고려가 권장한 것은 護國佛敎(호국불교)여서 예불에 곁들여 푸닥거리 같은 巫俗(무속)이 성행했음은 짐작하고도 남음이 있다.

7言絕句(7언절구). 압운은 神, 人 자로 평성 '眞(진)' 평운이다. 평측은 차례로 '平平仄仄平平仄, 平仄平平仄仄平, 仄仄仄平平仄仄, 仄平平仄仄平平'으로 二四不同二六對(이사부동이륙대)와 反法, 粘法(반법, 점법) 등이 모두 규칙에 맞다. 그리고, 처음 두 구는 對句(대구)이다.

151. 楊士彦(양사언 1517~1584) : 조선 宣祖(선조) 때 문장가, 名筆(명필). 자 應聘(응빙). 호 蓬萊, 完邱, 滄海, 海客(봉래, 완구, 창해, 해객). 본관 淸州(청주). 父 敦寧主簿 希洙(돈녕주부 희수). 형 士俊(사준), 동생 士奇(사기)와 더불어 3형제 모두 재주가 뛰어나, 사람들이 중국의 東坡 蘇軾(동파 소식)에 비유했다. 명종 원년(1506) 문과에 급제하여 大同丞(대동승)을 거쳐 三登, 咸興, 平昌, 江陵(삼등, 함흥, 평창, 강릉) 등의 지방관 역임 후 淮陽, 鐵原(회양, 철원)의 군수를 지내니 이는 산수 좋은 시골을 스스로 지망한 것이었다. 회양 군수 때 가마를 타고 자주 금강산에 들어가 대자연을 즐기니 속세를 초월한 풍모가 있었다. 금강산 萬瀑洞(만폭동) 바위에는 지금도 그의 글씨 '蓬萊楓岳文化洞天(봉래풍악문화동천)'의 8자가 새겨져 있다. 이어 安邊郡守(안변군수)로 나가 정사를 잘 돌보니 치적이 도내 으뜸이라 通政大夫(통정대부)의 官階(관계)를 받았고, 북쪽 변란을 예감하여 말먹이의 꼴을 큰 못을 파고 저장하여 이듬해의 변란에도 아무 걱정이 없었다 한다. 얼마 후 智陵(지릉)에 화재가 일어 그 책임으로 海西(해서)에 귀양 갔다가 2년 후 풀려 돌아오는 길에 사망했다. 그는 천재에다 노력을 거듭해 읽지 않은 책이 없고 모르는 것이 없었다. 과거 급제한 지 40년에 8곳을 다스렸는데도 한 푼의 부정이 없었고 처자를 위해 재산을 마련하지도 않았다. 강원도 蔚珍(울진) 출신의 南師古(남사고)에게 배워 점도 잘 쳐서 임진왜란을 어김없이 예언했고, 시는 天衣無縫(천의무봉)하며 기발했다. 글씨는 해서와 초서 모두 명필이어서 安平大君 瑢(안평대군 용), 自庵 金絿(자암 김구), 石峯 韓濩(석봉 한호)와 함께 조선 초기 4대 서예가라 일컬어진다. '金剛山遊覽記(금강산유람기)', 문집 '蓬萊集(봉래집)'이 있다.

151-1 萬景臺(만경대) 금강산 만경대

九霄笙鶴下珠樓 萬里空明灝氣收 靑海水從銀漢落 白雲天入玉山浮

長春桃李皆瓊蘂 千歲喬松盡黑頭 滿酌紫霞留一醉 世間無地起閒愁.

(구소생학하주루 만리공명호기수 청해수종은한락 백운천입옥산부

장춘도리개경예 천세교송진흑두 만작자하유일취 세간무지기한수)

저 하늘에서 학을 타고 피리 불며 이 주옥 같은 다락에 내려온 듯,

달빛 어린 맑고 질펀한 물 멀리멀리 거두었구나.

청해의 물 따라 은하수가 떨어져 내리고, 흰 구름 걷히니 옥산이 떠오르네.

긴 봄에 복숭아 오얏꽃은 모두 구슬 같은 꽃술이요,

천년 묵은 낙락장송 오래도록 푸르구나.

자하주 가득 부어 취토록 마시어, 인간의 모든 시름 발붙이지 못하게 하여 다오.

[語句] *萬景臺 : 금강산의 船潭(선담)이 있는 萬景洞(만경동) 골의 누대. 서울 三角山(삼각산)에도 만경대 봉우리가 있음. *九霄 : 하늘 위. 九天(구천). *笙鶴 : 학을 타고 피리를 불며 감. →145-1. *空明 : 달 그림자가 맑은 물에 비침. 달이 비친 물이 맑음. *灝氣 : 물이 질펀한 기세. *靑海 : ①푸른 바다. ②중국 청해군에 있는 호수. *銀漢 : 은하수. *玉山 : 옥같이 곱거나 옥이 나는 산. 눈이 쌓인 산. 崑崙山(곤륜산) 서쪽의 선녀 西王母(서왕모)가 사는 산. *蘂 : 꽃술 곧 꽃의 암술과 수술. 花心鬚(화심수). *喬松 : 높이 솟은 키 큰 소나무. *黑頭 : 검은 머리. 젊은이. '솔잎이 싱싱하게 푸름'을 가리키는 말임. *紫霞 : ①신선이 사는 곳. 紫霞洞(자하동). ②신선이 마시는 술. 紫霞酒(자하주). *無地 : 바탕이 없음. 발붙일 데가 없음. *閒愁 : 어느 겨를에 일어나는 수심.

[鑑賞] 首聯(수련, 起기 1~2구)은 금강산 만경대 선담에 쏟아져 내리는 폭포를 읊었다. 신선이 학을 타고 피리 불며 내려오듯 흰 물줄기가 달빛에 맑아 질펀하게 쏟아진다. 頷聯(함련, 承승 3~4구)은 靑海-白雲, 水從-天入, 銀漢落-玉山浮로 멋진 짝을 이루어, 청해 물 따라 은하수가 떨어지는 듯한 폭포에 흰 구름 걷히니 옥같이 고운 산이 모습을 드러낸다. 頸聯(경련, 轉전 5~6구)은 전환하여 만경대 주변을 그렸으니, 긴 봄날 도리화의 꽃술은 곧 구슬 같고 천년 오랜 소나무는 아직도 청청하다. 이 연도 대구가 잘 이루어졌으니 長春-千歲, 桃李-喬松, 皆-盡, 瓊蘂-黑頭로 짝이 잘 맞추어진 것이다. 尾聯(미련, 結결 7~8구)은 다시 현실로 돌아와 이 선경에서 자하주에 함빡 취해 사람의 모든 시름을 잊어버리고 싶다고 마무리했다. 遠近法(원근법) 을 구사하며 만경대를 절실하게 그렸고, 율시 구성의 형식미도

잘 갖춘 名篇(명편)이다. 그리고, 지은이가 지은 "태산이 높다 하되 하늘 아래 뫼이로다. 오르고 또 오르면 못 오를 리 없건마는, 사람이 제 아니 오르고 뫼만 높다 하더라."는 우리나라 사람이면 누구나 외고 있는 시조인 것이다.

　　7言律詩(7언율시). 압운은 樓, 收, 浮, 頭, 愁 자로 평성 '尤(우)' 평운이다. 평측은 차례로 '平平平仄仄平平, 仄仄平平平仄平, 平仄仄平平仄仄, 仄平平仄仄平平, 平平平仄平平仄, 平仄平平仄仄平, 仄仄仄平平仄仄, 仄平平仄仄平平'으로 이사부동이륙대와 반법과 점법 등이 규칙에 맞게 이루어졌으나, 평측이 고르지 못한 점이 있다.

152. 梁應鼎(양응정 ?) : 조선 명종 때 문인. 자 公燮(공섭). 호 松川(송천). 본관 濟州(제주). 父 校理 彭孫(교리 팽손). 兄 東萊府使 應台(동래부사 응태). 중종 때 生員試(생원시)에 급제하고 명종 7년(1552)에는 문과에 급제했으며 이어 重試(중시)에도 급제하여 여러 벼슬을 거친 뒤 大司成(대사성)에 이르렀다. 詩文(시문)에 능하여 이름이 높았고, 제자 중에 白光勳(백광훈 → 755)은 선조 때 八文章家(팔문장가)로 유명하다.

152-1 矗石樓(촉석루) 촉석루

少日常思歷九邱　暮年來倚此江樓　當筵唱斷雲留陣　滿壁詞雄水倒流
峽裏紫崖元矗立　霜餘紅葉正飄浮　無妨遇景陶情性　妙割應煩後作州.
　　(소일상사역구구 모년내의차강루 당연창단운류진 만벽사웅수도류

　　협리자애원촉립 상여홍엽정표부 무방우경도정성 묘할응번후작주)

젊은 날에 늘 온 국토를 순례코자 했는데, 늘그막에야 이 촉석루에 올랐구나.

잔치 자리의 노랫가락 옛 진청처럼 가던 구름도 멎게 하고,

벽에 가득 걸린 뛰어난 글들은 물마저 격하게 흐르게 하네.

골짜기의 푸른 벼랑 우뚝 곧게 섰고, 서리에 물든 단풍 이리저리 떨어져 나는구나.

좋은 경치 만나 본성이 도야되어 괜찮으니,

인간의 번뇌를 교묘히 끊고 나서 이 고을을 이루었던가보다.

[語句] *矗石樓 : 경상남도 晉州市(진주시)에 있는 누각. →34-2. *少日 : ①며칠. ②젊은 날. 젊었을 때. *九邱 : 전 국토. 九州(구주). 중국 고대 禹(우) 임금이 국토를 9개 주로 나누었음에서 유래하는 말임<爾雅 釋地疏> *暮年 : 늙은 나이. 老年(노년). *倚 : 의지하다. 기대다. '오르다'의 뜻으로 쓰임. *江樓 : 강가의 누각. '촉석루'를 말함. *雲留陣 : 구름이, 행군하던 군사들이 잠시 머물 듯 흐름을 멈춤. 옛 중국 魯(노)의 虞公(우공)이 노래 부르니 들보 위의 먼지가 움직이고, 秦靑(진청)이

노래하니 하늘에 떠가던 구름이 멈추더라 하여, 이를 '遏雲遶梁(알운요량) 곧 흐르는 구름이 멈추고 소리의 여운이 들보에 감돎.'이라 함<書言故事> *詞雄 : 글이 씩씩하고 뛰어남. *倒流 : 거꾸로 흐름. 격하게 흐름. 杜甫(두보)의 '醉歌行(취가행)' 시에 "詞源倒流三峽水(글 짓는 밑바탕이 굳건해서 삼협의 물이 거꾸로 격류를 이루듯 세차구나)"라 있음. *紫崖 : 자줏빛 낭떠러지. *矗立 : 똑바로 섬. 솟아 있음. *飄浮 : 나부껴 뜸. 떨어져 날림. *無妨 : 지장이 없음. 괜찮음. *情性 : 인정과 성질. 타고난 성품. 本性(본성). 性情.

[鑑賞] 촉석루에 오른 감상을 읊은 시. 젊었을 때 이 강산의 명승지를 두루 답사해 보고 싶었는데, 뜻대로 되지 않아 이제 늙바탕에야 여기 왔다고 전제하고, 유람객들의 잔치자리에서 울려 퍼지는 노랫가락 소리는 가던 구름도 멈추게 하고, 촉석루 온 벽에 가득 걸린 현판의 글들은 뛰어나 물마저 그 글을 닮아 거세게 흐른다 하여 對句(대구)가 되었다. 이어서 주변의 자줏빛 벼랑은 가파르게 솟았고 서리 맞은 단풍잎은 바람에 떨어져 이리저리 날고 있다 했는데 역시 대구가 잘 이루어졌다. 맺음으로 이 훌륭한 명승을 둘러보매 사람의 본성이 도야되어 좋으니, 아마도 이 진주 고을은 모든 번뇌를 끊은 뒤에 이룩되었으리라 짐작된다고 찬양했다.

7言律詩(7언율시). 압운은 邱, 樓, 流, 浮, 州 자로 평성 '尤(우)' 평운이다. 평측은 차례로 '仄仄平平仄仄平, 仄平平仄仄平平, 平平仄仄平平仄, 仄仄平平仄仄平, 仄仄平平平仄仄, 平平平仄仄平平, 平平仄仄平平仄, 仄仄平平仄仄平'으로 二四不同二六對(이사부동이륙대)와 反法, 粘法(반법, 점법) 등이 잘 구성되었다. 그리고 5~6구 즉 頸聯(경련)은 '仄仄平平平仄仄'과 '平平平仄仄平平'으로 평측마저 짝을 잘 이루었다.

153. 魚世謙(어세겸 1430~1500) : 조선 초기의 명신. 자 子益(자익). 호 西川(서천). 시호 文貞(문정). 본관 咸從(함종). 父 判中樞院事 孝瞻(판중추원사 효첨). 세조 2년(1456) 生員(생원)으로 문과에 급제하여 槐院(괴원, 承文院승문원)에 보직되고 博士(박사)로 승진하여 千秋使 李克培(천추사 이극배)의 從事官(종사관)으로 燕京(연경)에 다녀와서 宗簿正(종부정) 겸 藝文館直提學(예문관 직제학)에 특진하고 副承旨(부승지)에 올랐다. 예종이 즉위하자 翊戴功臣(익대공신)이 되고 咸從君(함종군)에 피봉되었으며 平安監司(평안감사)를 지냈다. 성종 즉위 후 예조참판, 대사헌, 이조참판을 역임했는데, 그 때 명 나라가 建州(건주)를 치면서 우리나라에 援兵(원병)을 청하니 왕의 특명으로 奏聞使(주문사)가 되어 3, 4차 왕복하며 외교적 성공을 거두고, '國子監通志(국자감통지)' 등의 서적을 가져와 임금에게 바쳐 총애를 받았다. 호조, 형조, 공조, 병조 등의 판서를 두루 지내고 연산군 때 右參贊(우참찬), 우의정, 대제학, 知成均館事(지성균관사), 領經筵監(영경연감) 등을 역임, 함종부원군에 피봉되었으며 左議政(좌의정)에 이르렀다. 문장과 筆法(필법)에 뛰어나고 술을 좋아하되 處士(처사)와 같았다고 한다.

153-1 書窓(서창) 서재의 창

得句偶書窓 紙破詩亦破 好詩人必傳 惡詩人必唾

人傳破何傷 人唾破亦可 一笑騎馬歸 千載詩知我.

(득구우서창 지파시역파 호시인필전 악시인필타

인전파하상 인타파역가 일소기마귀 천재시지아)

떠오른 글귀 써서 서창에 붙이니, 종이 찢어지면 시 또한 찢어지리라.

좋은 시라면 남들이 반드시 길이 전할 것이고, 나쁜 시라면 남들이 꼭 침뱉고 말리라.

남들이 전해 준다면 시가 찢어진들 속상할 게 없고, 남들이 침뱉는 거라면 찢어져도 좋으리.

한번 씩 웃고는 말 타고 돌아오나니, 오랜 세월 지난 뒤 그 시만이 나를 알리라.

[語句] *書窓 : 서재의 창. 書齋(서재). *偶 : 만나다. 짝지우다. '붙이다'의 뜻으로 쓴 말. *
好詩 : 좋은 시. ↔惡詩(악시). *一笑 : 한 번 웃음. *千載 : 千年(천년). 오랜 세월.

[鑑賞] 내가 지은 시가 잘되고 못되고는 내 스스로가 평가하는 것이 아니라, 남들이
좋은 작품이다 아니다 하고 결정짓는 것이다. 서재의 창에 붙여 둔 내 시가 오
래 되어 쓴 종이가 찢어지면 시도 없어지기 마련. 남들이 그 시가 좋다고 하면
이미 사람들 입에 오르내려 전해졌을 것이니 시를 쓴 종이가 찢어 없어져도
무방할 것이고, 사람들이 좋지 못한 시라 해서 머리 속에 넣지 않았다면 찢겨
없어졌다고 아쉬워할 것이 없으리라. 오랜 세월이 지난 뒤 나를 알아주는 것은
오직 내가 써 둔 시일뿐이리라. 예술의 眞價(진가)를 설파한 것이다.

5言古詩(5언고시). 압운은 破, 唾, 可, 我 자인데 破와 唾는 거성 '箇(개) 측운이고 可와 我는
상성 '哿(가) 측운이다. 물론 이 두 운자는 통운이 될 수 없어 轉韻(전운)한 셈이다. 평측은 차례
로 '仄仄仄平平, 仄仄平仄仄, 仄平平仄平, 仄平平仄仄, 平平仄平平, 平仄仄仄仄, 仄仄平仄平
平, 平仄平平仄'으로 이사부동이 고르지 못하니 반법이나 점법도 이루어지지 않았다.

153-2 和御製示功臣詩代人作 中(화어제시공신시대인작 중)

임금이 공신에게 지어 내린 시에 공신을 대신해서 화운하다 중에서

陋彼漢君臣 徒然盟帶礪 韓彭竟葅鹽 蕭周亦械繫.

(누피한군신 도연맹대려 한팽경저염 소주역계계)

저 한 나라 임금과 신하들 비루하나니, 부질없이 산하여대山河礪帶 맹세했어도,

한신과 팽월은 드디어 소금에 절어졌고, 소하와 주발 또한 형틀에 매이고 말았네.

[語句] *和 : 和答(화답) 또는 和韻(화운, 남이 지은 시의 운자를 써서 시를 지어 응답함. 次韻차운과 비슷

함). *御製 : 임금이 몸소 지은 글이나 만든 물건. *功臣 : 나라에 공로가 있는 신하. *代人作 : 남을 대신해서 지음. 곧 '공신들이 지어야 하는데 자기가 공신을 대신해서 지음'의 뜻임. *陋 : 더럽다. 천하다. 鄙陋(비루). *漢 : 중국 역대 왕조 중의 하나. 劉邦(유방)이 세웠고 前漢(전한, 西漢서한 206B.C~5A.D)과 後漢(후한, 東漢동한 25~220)으로 나누어짐. *徒然 : 아무 일 없이 멍하니 있음. 공연함. 부질없음. *盟帶礪 : 山河礪帶(산하여대)를 맹세함. 산하여대는 '산이 숫돌처럼 작아지고, 강줄기가 띠와 같이 좁아짐'의 뜻으로 漢 나라에서 공신을 봉하는 맹서의 말인데, 나라가 영원하기를 바라는 뜻을 담고 있음. 礪山帶河. 山厲河帶(산려하대). 山河之盟(산하지맹). *韓彭竟葅鹽 : 韓信(한신)과 彭越(팽월)이 드디어는 죽음을 당해 소금에 절여짐. 한신이나 팽월은 모두 한고조 유방 휘하의 名將(명장)이었는데, 나라가 선 뒤 반란의 의심을 받아 죽음을 당하고 그 시체는 소금에 절여 제후들에게 반란의 경계를 보이려고 돌려졌음. *蕭周亦械繫 : 한고조의 공신인 蕭何(소하)와 周勃(주발) 또한 형틀에 매이는 몸이 되고 말았음.

[鑑賞] 한신의 전기라 할 수 있는 '史記 淮陰侯列傳(사기 회음후열전)'에 있는 대로 "토끼를 잡으니 함께 사냥하던 사냥개가 삶기고 곧 兎死狗烹(토사구팽)이 되고, 높이 날아가는 새를 모두 잡으니 좋은 활은 쓸모 없어져 버리며, 적국이 깨뜨려지니 좋은 계책을 내던 신하가 죽음을 당한다."는 말 그대로다. 또 莊子(장자)에도 '得兎忘蹄(득토망제, 토끼를 잡고 나면 그 토끼를 잡던 올가미를 잊어버림)'니 '得魚忘筌(득어망전, 물고기를 잡고 나면 고기 잡던 통발을 잊어버림)' 같은 말이 있어, 바라던 바를 달성하고는 그 일에 요긴하게 소용되었던 것을 잊으니 곧 은혜를 잊어버린다는 뜻이다. 漢高祖 劉邦(한고조 유방)도 楚(초)의 項羽(항우)와 싸워 어렵게 이기고는, 그 때의 공신들을 직접적이거나 후인들로 하여금 제거토록 했으니 이것이 세상 돌아가는 이치인가! 생각하면 인생살이가 얼마나 추악한 것인가.

5言古詩(5언고시) 30연[60구] 중 제 20연~21연. 압운은 礪, 繫 자로 거성 '霽(제)' 측운이다. 평측은 차례로 '仄仄仄平平, 平平平仄仄, 平平仄平平, 平平仄仄仄'으로 셋째 구만 二四不同(이사부동)에 어긋났고 둘째 구는 反法(반법)이 되었으나 粘法(점법)이 되지 않았다.

154. 令狐楚(영호초 766~837) : 中唐(중당)의 시인. 자 殼士(곡사). 시호 文(문). 宜州 華原(의주 화원) 사람인데 進士(진사)로 中書侍郎同平章事(중서시랑동평장사), 山南西道節度使(산남서도절도사)를 역임했고, 아들 令狐綯(영호도)도 翰林學士(한림학사)를 지내어 부자 모두 정승을 지낸 셈이다.

154-1 思君恩(사군은) 임금님 은덕을 생각하다

小苑鶯歌歇 長門蝶舞多 眼看春又去 翠輦不曾過.
(소원앵가헐 장문접무다 안간춘우거 취련부증과)

궁중의 작은 동산에는 꾀꼬리 노래 그치었고, 장문궁 같은 궁전에는 나비 어지럽게 나네.

보는 사이에 봄은 또 떠나려는가,

취련 타신 임금님 한 번도 찾아 건너온 적이 없었는데.

[語句] *思君恩 : 임금의 은덕을 생각함[사모함]. 樂府(악부)의 제목으로 잘 쓰는 말로
임금의 총애를 잃은 후궁이나 궁녀의 노래임. *小苑 : 작은 동산. *鶯歌 : 꾀꼬
리의 우는 소리. *長門 : 長門宮(장문궁). 漢武帝(한무제)의 陳皇后(진황후, 陳阿嬌진아
교)가 임금의 총애를 잃고 별거하던 궁전. *蝶舞 : 나비가 춤추듯 날아다님. *翠
輦 : 푸른색 수레 또는 비취의 깃으로 장식한 임금이 타는 수레.

[鑑賞] 宮廷文學(궁정문학)의 일종인 宮女詞(궁녀사). 임금은 아직 한번도 찾아온 적이 없
어, 이번 봄에는 오실까 하고 애타게 기다리는데, 봄은 자꾸 흘러가 꾀꼬리 울
음소리는 그치었고 늦봄이나 여름이 되어야 부지런히 날아다니는 나비들이 날
고 있다. 이번 봄도 또 그대로 아쉽게 지나가려는가보다. 짧은 스무 글자로 '또
얼마의 세월을 기다려야 하려노.'하는 궁녀의 설움과 안타까움을 절실하게 그렸
다. 처음 두 구는 對句(대구)를 잘 이루었다.

5言絕句(5언절구). 압운은 多, 過 자로 평성 '歌(가)' 평운이다. 평측은 차례로 '仄仄平平仄,
平平仄仄平, 仄平平仄仄, 仄仄仄平平'으로 이사부동과 반법, 점법 등이 규칙에 맞게 이루어
졌다. 첫 행의 歌는 이 시의 압운 자과 같으므로 다른 글자로 썼더라면 더욱 좋았겠다.

155. 吳達濟(오달제 1609~1637) : 조선 仁祖(인조) 때 斥和派(척화파) 충신. 자 季輝(계휘).
호 秋潭(추담). 시호 忠烈(충렬). 본관 海州(해주). 父 都正 允諧(도정 윤해). 19세에 司馬試
(사마시)에 급제하고 26세에 문과에 장원급제하여 성균관 典籍(전적), 兵曹佐郎(병조좌랑),
侍講院司書(시강원사서), 司諫院正言(사간원정언), 司憲府持平(사헌부지평), 홍문관 修撰(수찬)
등을 역임했다. 인조 14년(1636) 副校理(부교리) 때 金(금) 나라가 위협하여 사신을 교환
하게 되자 이를 적극 반대하여 한때 사임했으나, 丙子胡亂(병자호란)이 일어나자 남한
산성에 들어가 淸(청) 나라의 화의를 적극 반대했다[斥和]. 사태가 위급해지자 尹集(윤
집)과 함께 화의파에게 잡혀 청군의 진영에 압송되어 적장 龍骨大(용골대)의 심문에 굽
히지 않으니, 다시 瀋陽(심양)으로 이송되어 갖은 협박과 설복에도 굴하지 않고 尹集,
洪翼漢(홍익한)과 함께 처형되었다. 뒷날 이 세사람의 충절을 찬양하여 丙子三學士(병자

삼학사라 부르며 영의정에 추증하고 廣州(광주)의 顯節祠(현절사)에 제향했다. 어려서부터 효성이 지극했고 몸가짐이나 일처리에 孝悌(효제, 효도와 우애)를 근본했다.

155-1 思親(사친) 어머니를 생각하다

風塵南北各浮萍 誰謂相分有此行 別日兩兒同拜母 來時一子獨趨庭
絶裾已負三遷敎 泣線空懸寸草情 關塞道脩西景暮 此生何路更歸寧.

(풍진남북각부평 수위상분유차행 별일양아동배모 내시일자독추정

절거이부삼천교 읍선공현촌초정 관새도수서경모 차생하로갱귀녕)

험한 세상 이리저리 부평초같이 각각 떠도니, 떠나 올 때 이리 될 줄 그 누가 알았으랴.

떠나던 날 두 아들 어머니께 큰 절 올렸는데,

돌아올 때는 한 아들만이 마당에 들어서리라.

나는 옷자락 끊어 이별해 이미 삼천지교를 저버렸으나,

어머니는 바느질하던 손길 멈추시고 이 아들 생각에 우시리라.

국경 길 하도 멀어 서쪽 해 저무는데, 이 몸 언제 다시 돌아가 어머니 뵈올 길 있으리오.

[語句] *思親 : 어버이를 생각함. *風塵 : 바람에 날리는 티끌. 세상의 속된 여러가지 일. 험한 세상. *浮萍 : 부평초. 개구리밥. '부평초처럼 이리저리 떠돌아다니는 일'을 비유함. *相分 : 서로 헤어짐. *趨庭 : 뜰을 뛰어 지나감. 집에 가 가르침을 받음. 嘗獨立 鯉趨而過庭 日學詩乎(공자 혼자서 계시자니 아들 이가 뛰어 뜰을 지나가거늘, 공자 가로대 '시를 배웠느냐?' 하셨다)<論語 季氏> *絶裾 : 옷자락을 끊음. 뿌리치고 감. 중국 晉(진)의 太尉(태위)인 溫嶠(온교)가 元帝(원제)의 명을 받아 劉琨(유곤)에게 보내는 글을 받들고 강남땅으로 갈 때, 온교의 어머니 崔氏(최씨)가 굳이 못 가게 붙잡으므로 옷자락을 끊고 갔다 함. *三遷敎 : 맹자의 어머니가 아들의 교육을 위해 집을 세번 옮긴 교훈. 孟母三遷之敎(맹모삼천지교). 곧 묘지 부근에서 장터 근방으로 다시 서당 옆으로 옮기니 맹자는 예절과 제사 지내는 놀이를 즐겨하므로 여기가 살 곳이라 했음<烈女傳> *線 : 실. 바느질. *寸草情 : 짧은 풀에 대한 생각. 자식 생각. 촌초는 '아들 또는 자식'이니 당 나라 시인 孟郊(맹교)의 '遊子吟(유자음)' 시에 "誰言寸草心 報得三春暉(누가 말했던가, 저 조그만 풀이 따뜻한 봄볕 은혜 갚을 수 있을까고.-자식이 어머니의 큰 은혜를 갚을 수 있을까)"라 있음. →66-1. *關塞 : 국경 지방의 關門(관문)과 要塞(요새). 邊方(변방). *道脩 : 길이 멂. 路遠(노원). *西景 : 서편 경치. 서쪽으로 지는 해. *此生 : 이 삶. 이 목숨. 이승. *歸寧 : 타국에 갔던 사람이 고향에

돌아와 부모의 안부를 물음. 시집간 딸이 친정에 돌아와 부모에게 문안 드림.

[鑑賞] 척화파로 이국땅에서 목숨을 버렸지만, 그도 사람의 아들인지라 어머니를 생각하고 그리워하는 효성이 듬뿍 담긴 작품이다. 둘째 행은 '누가 이 길을 이별이라 일렀던가'로 풀이할 수 있으나, 좀 모호해서 '떠날 때 이렇게 떠돌게 될 줄을 누가 알았으랴'로 풀어 본 것이다. 다음의 두 구 곧 頷聯(함련)에서 자기는 돌아갈 가망이 없음을 예측한 듯하니, 떠나올 때 우리 두 형제가 어머니께 절 올리며 헤어졌지만 이 다음 돌아올 때는 한 아들만 돌아올 것이라 했다. 頸聯(경련)은 '나는 어머니의 가르침을 어기었지만 어머니는 바느질하던 손길 멈추고 나를 생각하시리라' 하여 좋은 對句(대구)를 이루었다. 물론 앞의 함련도 대가 되었다. 마무리로 언제 어머니를 뵈올 날이 있을는지 하고 실낱 같은 바램으로 맺었지만, 결국 그는 낯선 오랑캐 땅에서 억울하게 사라졌던 것이다. 고사와 관련되는 어휘가 많은 것도 한 특징이다.

7言律詩(7언율시). 압운은 萍, 行, 庭, 情, 寧 자로 萍, 庭, 寧은 평성 '青(청)' 평운, 行, 情도 평성 '庚(경)' 평운인데 두 운은 通韻(통운)이 되며 두 운자가 번갈아 쓰이었다. 평측은 차례로 '平平平仄仄平平, 平仄平平仄仄平, 仄仄仄平平仄仄, 平平仄仄仄平平, 仄平仄仄平平仄, 仄仄平平仄仄平, 平仄仄平平仄仄, 仄平平仄仄平平'으로 二四不同二六對(이사부동이륙대)와 反法(반법), 粘法(점법) 등이 잘 이루어진 秀作(수작)이다.

156. 吳洵(오순 ?) : 고려 충숙왕 때 선비. 魁科(괴과, 文科문과)에 及第(급제)했다.

156-1 江頭(강두) 강가

春江無際暝烟沈 獨把漁竿坐夜深 餌下纖鱗知幾箇 十年空有釣鰲心.
(춘강무제명연침 독파어간좌야심 이하섬린지기개 십년공유조오심)

봄 강물은 끝없이 어두운 안개에 잠겼는데, 홀로 낚싯대 잡고 밤 깊도록 앉았네.
미끼 끝에 자잘한 고기 몇 마리인가, 10년 동안 속절없이 큰 자라 낚을 마음만 가졌었네.

[語句] *江頭 : 강가의 나룻배 타는 곳. *無際 : 넓고 멀어서 끝이 없음. *暝烟 : 어두운 연기나 안개. *漁竿 : 낚싯대. *餌 : 미끼. *纖鱗 : 자잘한 물고기. 어린 물고기. *釣鰲心 : 큰 자라를 낚으려는 마음. 원대한 뜻. 당 나라 시선 李白(이백)이 어느 정승 집을 찾아갈 때 명함에 '海上釣鰲客(해상조오객, 바다 위의 조오객)'이라 써서 갔더니, 정승이 무엇을 미끼로 쓰느냐고 묻자 "천하에 의리가 없는 사람으로 미끼를 삼으오." 하더라 함.

[鑑賞] 홀로 안개 가득 낀 강에서 밤낚시를 하며 느낀 바를 읊은 작품. 봄 강물은 짙은 안개 끼어 끝이 보이지 않는데, 홀로 낚싯대 드리우고 밤 깊도록 낚시질을 한다. 미끼에는 잔챙이들만 잔뜩 모여드니, 나는 10년 동안 헛되이 대어를 낚을 생각만 하고 있었다. 내 능력이란 하잘 것 없는 것인데, 지난날을 돌이켜보니 헛된 꿈만 꾸고 있었다는 회한을 가지게 된다는 내용이리라. 그렇지만 사람은 항상 높은 이상을 가지고 살아가는 존재여야 하는 것이다. 비록 그 이상이 실현되지 않는다손 치더라도.

7言絶句(7언절구). 압운은 沈, 深, 心 자로 평성 '侵(침)' 평운이다. 평측은 차례로 '平平平仄平平平, 仄仄平平仄仄平, 仄仄平平平仄仄, 仄平平仄平平平'으로 이사부동이륙대와 반법과 점법 등은 이루어졌으나, 첫 행이 仄字(측자)가 際 한 글자뿐이라 詩作(시작)에서 가장 꺼리는 바다. 평측법에 一三五不論(일삼오불론)이 있는데 이는 7언구에서 첫째, 셋째, 다섯째 글자는 평측에 구애받지 않는다는 말이요, 二四六分明(이사륙분명)은 7언구의 짝수 글자 곧 둘째, 넷째, 여섯째 글자는 평측의 제한 곧 이사부동이륙대가 분명해야 한다는 말이다. 이에 어긋나는 시형을 拗體(요체)라 한다. 그런데, 이 시 첫 행의 평측 배열도 위의 규칙으로 보면 잘못이 없지만, 律調(율조)의 조화가 이루어지지 않아 피해야 한다는 것이다.

156-2 望三角山(망삼각산) 삼각산을 바라보다

聳空三朶碧芙蓉 縹緲煙霞幾萬重 却憶當年倚樓處 日沈蕭寺數聲鍾.
(용공삼타벽부용 표묘연하기만중 각억당년의루처 일침소사수성종)

허공에 솟은 세 송이 연꽃 같은 푸른 봉우리, 안개와 노을 아득히 몇 만 겹인가.
돌이켜 그 당시 누각에 올라 기대었을 때, 해는 지고 절간의 종소리 몇 번 울렸었지.

[語句] *三角山 : 서울 북쪽의 산. 일명 北漢山(북한산), 華山(화산), 華嶽(화악). 서울의 鎭山(진산)이며 白雲臺(백운대, 높이 836m), 仁壽峰(인수봉, 810m), 萬景臺(만경대, 799m 國望峰국망봉-조선초 無學大師 무학대사가 태조의 명을 받아 나라 다스릴 도읍터를 바라보았다 하여 붙인 이름임)의 세 봉우리로 하여 삼각산이라 함. 이 산 일대에 북한산성, 여러 사찰, 決斷巖(결단암), 白雲水(백운수), 文殊峰(문수봉) 아래의 石窟(석굴), 碑峰(비봉, 560m)의 眞興王巡狩碑(진흥왕순수비) 등과 離宮(이궁), 中興寺(중흥사), 東將臺(동장대) 등의 遺址(유지)가 있으며, 특히 義湘峰(의상봉), 元曉峰(원효봉)은 신라 때 名僧(명승)이 머물던 곳임. *三朶 : 세 떨기. 삼각산의 세 봉우리를 연꽃으로 비유해 썼음. *縹緲 : 어렴풋하여 뚜렷하지 않은 모양. 넓고 끝이 없는 모양. *煙霞 : 안개와 노을. 고요한 산수의 경치. *萬重 : 여러 겹. 萬疊(만첩). *當年 : 그 해. 그 연대. *蕭寺 : 절. 중국 梁(양)의 武帝(무제)가 불교를 좋아하여 절을 지었기에 그의 성인 蕭를 따서 절을 蕭寺라 했음.

[鑑賞] 삼각산은 뛰어난 명산이라 멀리서 바라보니, 하늘로 솟은 세 봉우리는 푸른 세 송이 연꽃 같다. 겹겹이 안개와 아지랑이에 싸여 어렴풋이 드러나 그 위용이 장관이다. 지난날 그 산의 누각에 올랐던 일이 생각나나니, 그 때 해는 서산 너머로 잠기고 절간의 맑은 종소리 몇 번인가를 울려오던 정적의 광경이 떠오른다. 처음 두 구는 멀리서 바라본 敍景(서경)이요 다음의 두 구는 지난 일을 회상한 敍情(서정)이다.

7언절구. 압운은 蓉, 重, 鍾 자로 평성 '冬(동)' 평운이다. 重은 '무겁다. 위급하다. 중요하다'의 뜻이면 상성 '腫(종)'으로 측운이지만 여기서는 '거듭하다'의 뜻이어서 평운으로 썼다. 평측은 차례로 '仄平平仄仄平平, 仄仄平平仄仄平, 仄仄平平仄平仄, 仄平平仄仄平平'으로 이사부동이륙대와 반법, 점법 등이 잘 이루어졌으나, 셋째 구의 끝 석 자가 '측-평-측[倚-樓-處]'으로 孤平(고평, 두 측성 사이에 평성 하나가 끼임)이 되어 아쉽다.

157. 溫庭筠(온정균 Wen Ting-Yun 818~872) : 晩唐(만당)의 대표적 시인. 본명 岐(기). 자 飛卿(비경). 별칭 溫八叉(온팔차). 幷州(병주) 사람. 大中末年(대중말년)에 方城尉(방성위)를 지냈고 襄陽節度使(양양절도사) 徐商(서상)의 幕下(막하)로 있었다. 어려서부터 영민하여 詞章小賦(사장소부)를 잘 지었고 만당 시인들의 공통점인 퇴폐적 경향이 있었다. 재주가 뛰어나 여덟 번 팔짱을 끼는 동안에 시 한 수를 지었으므로 溫八叉라 부른 것이다. 李商隱(이상은)과 병칭되어 溫李라 불리며, 여러 저서가 실전되고 '溫飛卿詩集(온비경시집, 7권)'과 '別集(별집, 1책)'만이 전한다.

157-1 南湖(남호) 남호

湖上微風入檻凉 翻翻菱荇滿廻塘 野船着岸偎春草 水鳥帶波飛夕陽
蘆葉有聲疑夜雨 浪花無際似淸湘 飄然蓬艇東遊客 盡日相看憶楚鄕.
<blockquote>
(호상미풍입함량 번번능행만회당 야선착안외춘초 수조대파비석양

노엽유성의야우 낭화무제사청상 표연봉정동유객 진일상간억초향)
</blockquote>

호수 위를 불어오는 미풍이 난간에 시원하고, 마름이 나풀나풀 못 가득 물 따라 도는구나.
나룻배 닿는 기슭에 봄풀은 사랑스럽고, 물새는 물결 띠고 석양에 날아가네.
갈댓잎 사각사각 밤비 오는 소리인가 싶고, 솟구치는 물결 가이 없어 맑은 상수 물 같아라.
쑥대와 거룻배처럼 동쪽 땅을 떠도는 몸이라,
종일토록 남호를 바라보며 고향 생각에 잠기네.

[語句] *南湖 : 浙江省 嘉興市(절강성 가흥시)에 있는 名勝地(명승지)의 호수. *微風 : 산

들바람. 細風(세풍). *檻 : 난간. *翻翻 : 펄럭이는 모양. 날아가는 모양. *菱荇 : 마름. 조아기. 荇은 '마름 풀'임. *塘 : 못. *野船 : 시골 나룻배. 野航(야항). *偎 : 사랑하다. 친근하다. 가물거리다. *水鳥 : 물새. *蘆葉 : 갈대의 잎. *浪花 : 흰 꽃처럼 솟구치는 물결. *湘 : 강 이름. 湘水(상수). 중국 남부에서 洞庭湖(동정호)로 흘러드는 강. 湘江(상강). *飄然 : 비바람에 가볍게 나부끼는 모양. 훌쩍 떠나거나 나타나는 모양. *蓬艇 : 쑥대와 거룻배. 바람에 날리는 쑥대와 아무데나 떠도는 거룻배 같은 放浪(방랑). 蓬轉(봉전). *東遊 : 동쪽 지방을 유람함. *盡日 : 하루 종일. 盡終日(진종일). *楚鄉 : 초 땅의 고향. 먼 고향. 楚는 '높다. (멀다). 쓰라리다'의 뜻도 있음.

[鑑賞] 남호에서 고향을 그리워한 望鄕詩(망향시). 호수 위를 불어오는 산들바람이 정자 난간에 들어 시원하고, 마름풀은 물결 따라 떠도는 것이 내 신세와 같다. 주민들을 실어 나르는 나룻배 닿는 기슭의 봄풀은 사랑스럽게 돋았고, 물새는 석양에 깃을 찾아 날아가는데 나는 갈 곳이 마땅치 않다. 갈댓잎이 밤비 소리처럼 사각거리고, 솟구치는 흰 파도는 상수의 물결같이 맑다. 부평초와도 같은 내 신세, 하루 종일 남호를 바라보며 먼 고향을 그리워한다. 지은이의 고향은 북쪽 병주 땅이라 동남쪽 멀리 와 있으매, 봄이 북상할 것이니 고향 생각이 더욱 간절할 것이다. 자연스럽게 이어가 꿰맨 자국이 보이지 않는 天衣無縫(천의무봉)의 명작이다.

7言律詩(7언율시). 압운은 凉, 塘, 陽, 湘, 鄉 자로 평성 '陽' 평운이다. 평측은 차례로 '平仄平平仄仄平, 平平平仄仄平平, 仄平仄仄平平仄, 仄仄仄平平仄平, 平仄仄平平仄仄, 仄平平仄仄平平, 平平平仄平平仄, 仄仄平平仄仄平'으로 二四不同二六對(이사부동이륙대)와 反法, 粘法(반법, 점법) 등이 모두 평측 규칙에 합치되었고, 3·4구와 5·6구의 對句(대구)가 멋지다.

157-2 分水嶺(분수령) 분수령

溪水無情似有情 入山三日得同行 嶺頭便是分頭處 惜別潺湲一夜聲.
(계수무정사유정 입산삼일득동행 영두편시분두처 석별잔원일야성)

산골 물 무정타 하나 정이 있는 듯, 산에 들어 사흘돌이 함께 다녔네.
산봉우리는 바로 헤어져야 하는 곳, 이별 아쉬워 한 밤 내내 울며 흐르는구나.

[語句] *分水嶺 : 물 흐름이 갈라지는 경계가 되는 고개. *溪水 : 산골 물. 시냇물. *便是 : 형편에 따라 바로. *分頭處 : 머리를 돌리는 곳 곧 헤어져야 하는 곳. *惜別 : 이별하기를 애틋하게 여김. *潺湲 : 물이 졸졸 흐르는 소리나 모양. 눈물 줄줄 흘리는 모양.

[鑑賞] 시냇물 따라 산에 오르다가 높은 고개에 이르렀다. 졸졸 소리내며 흐르는 산
골 물소리를 벗삼아 사흘 동안이나 함께 올라왔는데, 분수령에 이르렀으니 이
제는 물소리를 들을 수 없게 되나보다. 누가 시냇물을 정이 없다 했던고, 이제
헤어지는 게 아쉬운지 한 밤 내내 소리내는 것이 꼭 이별이 아쉬워 눈물 흘리
며 우는 듯한데. 한 점의 군더더기가 없이 산뜻하고 깔끔한 名詩(명시)로 물을
사람인 양 표현했으니 擬人法(의인법)을 썼고 對句(대구)는 없다.

7言絕句(7언절구). 압운은 情, 行, 聲 자로 평성 '庚(경)' 평운이다. 평측은 차례로 '平仄平平
仄仄平, 仄平平仄仄平平, 仄平平仄平平仄, 仄仄平平仄仄平'으로 이사부동이륙대와 반법,
점법 등이 7언절구 평측 규칙에 모두 합치되었다.

158. 王居仁(왕거인 ?~892) : 신라 51대 眞聖女王(진성여왕) 때 문인, 隱士(은사). 일명 巨仁
(거인). 진성여왕 2년(888) 여왕의 유모인 鳧好夫人(부호부인)과 그 남편 魏弘(위홍) 등 嬖倖
(폐행, 왕에게 아첨하여 사랑받는 무리)들이 날뛰어 나라의 기강이 문란하매 어느 사람이 이를
비방하는 陀羅尼 隱語(다라니 은어)를 지어 길에 버렸는데, 왕이 크게 노하여 수색토록
했으나 쓴 사람을 찾지 못했다. 이때 어떤 사람이 이는 大耶州(대야주)의 은사인 왕거인
의 소행이라 고변하므로, 왕과 權臣(권신)들은 왕거인이 아니면 이런 글을 지을 수 없
다고 하며 즉시 왕거인을 투옥하여 극형에 처하려 했다. 이에 왕거인은 분개하여 감
방의 벽에 시를 지어 하늘에 호소하니, 그날밤 돌연히 뇌성벽력이 일어나므로 왕이
놀라 그를 즉각 방면했다고 한다.<三國遺事 권2 眞聖女大王 居陀知><三國史記 권11 眞聖王>

158-1 憤怨詩(분원시) 분원 호소 시

燕丹泣血虹穿日 鄒衍含悲夏落霜 今我失道還似舊 皇天何事不垂祥.
(연단읍혈홍천일 추연함비하락상 금아실도환사구 황천하사불수상)

연의 태자 단의 피눈물에 무지개는 해를 뚫었고, 제 나라 추연의 슬픔은 여름에도 서리 내렸네.
지금 내가 당한 일 돌이켜보아 그들과 같거니, 하늘은 어이해 상서로움을 내려 주시지 않는고.

[語句] *憤怨 : 몹시 분하여 일어나는 원망. *燕丹 : 중국 연 나라 태자 단. 秦王(진왕, 후의
진시황)을 암살하려고 자객 荊軻(형가)를 보냈음. →52-1. *泣血 : 피나게 욺. 소리 내
지 않으며 슬피 욺. *穿日 : 태양에 통함. 해를 뚫음. *鄒衍 : 중국 전국시대 齊(제)
의 陰陽家(음양가). 燕(연)의 昭王(소왕)이 스승으로 섬겼으나, 그 아들 惠王(혜왕)이 남의
참소를 믿고 추연을 감옥에 가두니, 추연이 하늘을 우러러 통곡하매 5월 여름인데
도 서리가 내리더라 함<淮南子> *含悲 : 슬픔을 품음. *失道 : 바른 도리를 잃음.

*皇天 : 넓고 큰 하늘. 하느님. *垂祥 : 상서로운 일을 내림.

[鑑賞] 옥중에서 분함과 원망을 참지 못하고 호소한 시. 길에 버려져 있었다는 다라니 은어는 "南無亡國 刹尼郡帝 判尼判尼蘇判尼 于于三阿干 鳧伊 娑婆訶(나무망국 찰니군제 판니판니소판니 우우삼아간 부이 사바하)"인데 대강 뜻은 '부처님께 귀의하는 나라 망가지게 되었으니, 여왕과 官等(관등) 셋째인 두 소판과 서너 사람의 폐행과 부호부인이라. 이 나라에 행운이 오게 하소서.'이다. 삼국사기에는 이 시가 "于公慟哭三年旱 鄒衍含悲五月霜 今我幽愁還似古 皇天無語但蒼蒼(한 나라 우공이 통곡하니 3년 가뭄이 그치고, 추연이 슬픔을 품으니 5월에 서리 내렸네. 지금 내가 갇히어 근심함이 옛 일과 같은데, 하늘은 어찌하여 푸르기만 한고.)"로 되어 있다. 두 시가 내용도 비슷하고 압운도 같아 우열을 가릴 수 없는 작품이다.

7언절구. 압운은 霜, 祥 자로 평성 '陽(양)' 평운이다. 평측은 차례로 '平平仄仄平平仄, 平仄平平仄仄平, 平仄仄仄平仄仄, 平平平仄仄平平'으로 이사부동이륙대는 셋째 구만 어긋났고 반법과 점법은 합치되었다. 삼국사기에 있는 셋째 구 '今我幽愁還似古'는 평측 배열이 '平仄平平平仄仄'으로 이사부동이륙대에 맞아 규칙에 어긋남이 없으니 더 좋은 작품 같다.

159. 王建(왕건 768~830?) : 中唐(중당)의 시인. 자 仲初(중초). 代宗 大曆年間(대종 대력연간, 766~779)에 渭南尉(위남위), 陝州司馬(섬주사마)를 역임하고 만년에는 咸陽(함양)에 물러나 살았다. 樂府(악부)에 능해 그의 宮詞(궁사) 100수는 세상에 널리 퍼졌고, 문집에 '王司馬集(왕사마집)'이 있다.

159-1 望夫石(망부석) 망부석

望夫處 江悠悠 化爲石 不回頭 山頭日日風和雨 行人歸來石應語.
(망부처 강유유 화위석 불회두 산두일일풍화우 행인귀래석응어)

임을 바라보는 곳, 강물은 유유히 흐르네. 바위로 바뀌어버려, 머리 돌리지 않는구나. 산위에는 날마다 바람과 비 어울리는데, 떠나간 남편 돌아오면 바위도 응당 말을 하리.

[語句] *望夫石 : 남편이 돌아오기를 기다리던 바위. 멀리 간 남편이 돌아오기를 산위에서 매일 바라보며 기다리다가 선 채로 죽어 바위가 된 아내에 관한 고사에서 온 말로, 여기서는 중국 武昌(무창)에 있다는 망부석임. *悠悠 : 썩 멀거나 느릿느릿함. 여유 있고 한가로움. *回頭 : 머리를 돌이킴. 回首(회수). *山頭 : 산꼭대기. *風和雨 : 바람이 비와 어울림. *行人 : 길 가는 사람. 멀리 떠나간 사람[남편].

[鑑賞] 3言句(3언구) 넷과 7言句(7언구) 둘로 이루어진 독특한 형태의 시이다. 이런 詩型(시

형)을 雜體詩(잡체시) 또는 雜言詩(잡언시)라고 한다. 이 시는 또 형식상 여섯 구가 되니 6句體(6구체)에 해당된다. 유유히 흐르는 강물을 굽어보는 산위에 망부석이 있다. 산위에는 늘 바람과 빗발이 치지만 망부석은 말없이 천년의 침묵으로 서 있으니 언제 말을 하려는가, 아마 먼 길 갔던 남편이 돌아와야만 입을 떼려는가보다. 망부석은 우리나라에도 전설과 설화를 곁들여 곳곳에 많다. 그 대표적인 것이 신라 朴堤上(박제상)의 아내와 관련되는 鵄述嶺(치술령)이 아닐까?

6구체 잡언시. 압운은 제 2구와 4구의 悠, 頭자가 평성 '尤(우)' 평운이고, 첫 구의 處 자와 끝 구의 語 자는 상성 '語' 측운이어서 압운이 독특한 면이 있다. 평측은 차례로 '平平仄, 平平平, 仄平仄, 仄平平, 平平仄仄平平仄, 平平平平仄平仄'으로 二四不同二六對(이사부동이륙대) 나 反法, 粘法(반법, 점법) 등을 따져 볼 수 없다.

159-2 新嫁娘詞(신가낭사) 시집 온 새댁의 시

三日入廚房 洗手作羹湯 未諳姑食性 先遣小姑嘗.
  (삼일입주방 세수작갱탕 미암고식성 선견소고상)

시집 와 사흘 만에 부엌에 들어, 세수 하고 국을 끓이네.
시어머니 식성을 알지 못해, 시누이더러 먼저 국맛 보도록 하는구나.

[語句] *嫁娘 : 시집 온 아가씨, 며느리. *廚房 : 음식을 만드는 방. 부엌. *羹湯 : 국. *未諳 : 잘 알지를 못함. 諳은 '알다. 숙달하다'임. *姑 : 시어미. 시어머니. *食性 : 음식에 대하여 좋아하고 싫어하는 성미. *遣 : 보내다. 쫓다. *小姑 : 시누이. *嘗 : 맛보다. 시험하다. 일찍.

[鑑賞] 지난날에는 며느리가 새로 시집오면, 사흘 동안은 그 집의 家風(가풍)을 익히거나 찾아오는 일가친척들과 인사를 나누면서 보내고, 부엌에는 사흘이 되어야 비로소 들어가 부엌일을 하기 시작했다. 이것은 하나의 慣習(관습)이었는데 요즈음은 핵가족 사회로 바뀌어 없어졌다 하리라. 음식 장만은 하지만 식구들의 식성이 어떤지, 더구나 호랑이 같은 시어머니의 식성은 가장 신경 쓰이는 일일 것이다. 싱겁게 먹는지 짜게 먹는지 새 며느리로서는 잘 알 수 없으니, 시누이더러 음식 맛을 보아달라 할 수밖에. 정겨운 미소가 떠오르는 小品(소품)이다.

5言絕句(5언절구). 압운은 房, 湯, 嘗 자로 평성 '陽(양)' 평운이다. 평측은 차례로 '平仄仄平平, 仄仄仄平平, 仄平平仄仄, 平仄仄平平'으로 이사부동은 이루어졌으나 반법, 점법이 안 되었다.

160. 王勃(왕발 Wang Po 647~674) : 初唐(초당)의 시인. 初唐四傑(초당사걸)의 한 사람. 자

子安(자안). 父 福畤(복치). 絳州龍門(강주용문) 사람. 6세에 글을 지었고 성년이 되기 전인 高宗(고종) 때 幽素(유소)의 과거에 급제하여 朝散郎(조산랑)이 되었다. 왕자들이 닭싸움을 시키는 유희를 보고 英王(영왕)을 위해 격문을 쓴 것이 왕자들을 이간시킨다 하여 고종의 노여움을 사서 廢職(폐직)되었다. 뒤에 虢州參軍(괵주참군)으로 근무하며 범죄자를 숨긴 일이 있어 그 일이 발각될까 두려워 그 자를 죽인 것이 탄로되어 파면되었다. 부친이 交趾令(교지령)으로 좌천되어 있어 거기를 찾아가다가 물에 빠져죽으니 28세였다. 그의 웅혼한 시풍은 일세를 풍미했고 문집으로 '王子安集(왕자안집 16권)이 있다.

160-1 杜少府之任蜀州(두소부지임촉주) 두 소부가 촉주 임지로 가다

城闕輔三秦 風煙望五津 與君離別意 同是宦遊人
海內存知己 天涯若比隣 無爲在岐路 兒女共沾巾.

(성궐보삼진 풍연망오진 여군이별의 동시환유인

해내존지기 천애약비린 무위재기로 아녀공첨건)

장안의 성궐이 삼진의 도움을 받고 있기에,

그대가 가는 촉주 5나루 풍연 속에 바라보이네.

그대와 이별해야 하는 이 마음 쓰리나,

우리 모두 타향을 떠돌아야 하는 벼슬살이 신세 아닌가.

하나 이 세상에 지기의 벗이 있는 한, 저 하늘 끝도 가까운 이웃과 같다네.

그러니 지금 헤어지는 마당에, 아녀자들처럼 눈물 흘리지 마세나.

[語句] *杜少府 : 소부 벼슬을 가진 두씨. 未詳(미상). 少府는 '縣尉(현위, 현의 次官차관) 별칭'임. *之 : 가다. *蜀州 : 지금의 四川省(사천성) 지역. *城闕 : 城門(성문). 서울 長安(장안)의 성문, 곧 장안을 가리킴. *三秦 : 楚(초)의 項羽(항우)가 關中(관중)의 秦(진) 나라를 멸망시키고는 그 땅을 세 장수에게 나누어 주어 왕으로 봉하고 劉邦(유방)을 대비하던 지역. *風煙 : 멀리 보이는 공중에 서린 흐릿한 기운. *五津 : 촉주에 있는 다섯 나루터. *宦遊客 : 벼슬살이로 하여 이리저리 타향에 사는 사람. *海內 : 나라 안. ↔海外(해외). *知己 : 서로 마음 통하는 친한 벗. 知友(지우). *天涯 : 하늘의 끝. 아득히 떨어진 타향. *比隣 : 가까운 이웃. 바로 이웃. *無爲 : ~하지 않음. *岐路 : 갈림길. 헤어져야 하는 갈림길. *兒女 : 아이와 여자. 속 좁은 아이나 여자. 兒女子(아녀자). *沾巾 : 눈물 닦느라 수건을 적심.

[鑑賞] 首聯(수련)은 장안의 성문에서 두 소부가 가는 곳을 바라보고 있다. 서울 장안을 지켜주는 구실을 하는 삼진 땅의 5나루터가 흐릿한 안개에 묻혀 희미하다. 이는

공간적 배경으로 對句(대구)가 되었다. 頷聯(함련)은 대구를 이루면서 그대와 이별함이 마음 쓰리지만 우리 다같이 벼슬에 매인 몸이라 타관 땅을 떠돌아야 하는 숙명을 가지고 있다고 읊었다. 頸聯(경련)도 대구로서 나라 안에 지기의 친구가 있는 한 아무리 먼 타향으로 떨어져 살아도, 마음은 서로 통해 바로 이웃에 있는 듯 느껴지리라고 했다. 이 연은 요즈음의 중국 사람들이 국제적 우호 의 목표로 자주 인용되고 있는 구절이다. 尾聯(미련)은 우리가 지금 헤어져야 하는 갈림길에 있지만, 지기로서의 신의를 믿는 바라 아녀자들처럼 눈물을 흘리며 헤어지지 말자며, 감칠맛이 나는 맺음을 했다. 無爲는 뒷구와 흐응되는 말임에 유의할 것이다.

5言律詩(5언율시). 압운은 秦, 津, 人, 隣, 巾 자로 평성 '眞(진)' 평운이다. 평측은 차례로 '平仄仄平平, 平平仄仄平, 仄平平仄仄, 平仄仄平平, 仄仄平平仄, 平平仄平平, 平平仄平仄, 平仄仄平平'으로 이사부동은 일곱째 구만 어긋났고, 반법과 점법은 거의 이루어졌다.

160-2 滕王閣(등왕각) 등왕각

滕王高閣臨江渚 佩玉鳴鑾罷歌舞 畫棟朝飛南浦雲 朱簾暮捲西山雨
閑雲潭影日悠悠 物換星移度幾秋 閣中帝子今何在 檻外長江空自流.

(등왕고각임강저 패옥명란파가무 화동조비남포운 주렴모권서산우

한운담영일유유 물환성이도기추 각중제자금하재 함외장강공자류)

등왕 높은 누각 강가에 임했고, 옥 소리 방울 소리 가무도 사라졌네.
아침에는 단청한 마룻대에 남포 구름이 끼이고, 저녁에는 주렴 걷고 서산의 비를 보노라.
떠도는 구름 물에 비쳐 언제나 한가롭고, 세상 바뀌고 세월 흘러 몇 해나 지났던가.
이 누각 속 주인 지금 어디 있는고, 난간 밖 장강 물만 부질없이 흘러가네.

[語句] *滕王閣 : 강서성 南昌市(남창시)에 있는 누각. →131-1. *江渚 : 강가. *佩玉 : 金冠朝服(금관조복)의 좌우에 늘이어 차는 옥. *鳴鑾 : 임금의 수레에 다는 방울. *畫棟 : 단청한 마룻대. 용 마루 밑에 서까래가 걸리도록 된 도리. *南浦 : 남쪽 포구. *朱簾 : 붉은 구슬로 꿰어 만든 발. *西山 : 서편에 있는 산. *閑雲 : 한가로이 떠도는 구름. *潭影 : 못에 비친 구름 그림자. *悠悠 : 여유 있고 한가로움. *物換星移 : 사물이 바뀌고 별자리가 옮겨짐. 오랜 세월의 흐름과 세상의 변천. *度幾秋 : 몇 번의 가을을 보냄. 오랜 세월이 지남. *帝子 : 제왕의 아들 곧 등왕각을 세운 唐高祖(당고조, 李淵이연)의 아들인 元嬰(원영, 봉작이 滕王임). *檻外 : 난간의 바깥. *長江 : 물줄기가 긴 강. 揚子江(양자강).

[鑑賞] 등왕각은 등왕 이원영이 남창의 洪州刺史(홍주자사)로 있을 때 지었는데, 그 뒤

唐高宗 咸亨(당고종 함형) 2년(671) 閻伯嶼(염백서)가 홍주 守護(수호)가 되어 등왕각을 수리하고 9월 9일에 손님을 크게 청하여 잔치를 베풀었다. 염백서는 미리 자기의 사위 吳子章(오자장)에게 등왕각 서문을 짓게 하고 당일 잔치 자리에서 사위 자랑을 하려 했다. 마침내 그 날이 되어 염백서는 종이와 붓을 내어놓고 등왕각 서문을 지으라고 손님들에게 청하니 누구도 쾌히 지으려는 사람이 없었다. 이 때 왕발은 아버지 왕복치의 任地(임지)인 교지에 가려고 장안을 떠나, 마침 이 날 등왕각 연회에 참석하게 되었으니 좌중에서 가장 젊은 손님이었다. 염백서가 낸 紙筆(지필)이 왕발의 앞에 왔을 때, 왕발은 이를 받아 조금도 주저하는 기색이 없이 붓을 들었다. 염백서는 왕발이 어떤 글을 짓나 하고 아랫벼슬아치를 시켜 문장이 작성되는 대로 보고토록 했는데, 마침 "落霞與孤鶩齊飛 秋水共長天一色(지는 노을은 외로운 따오기와 한 가지로 날고, 가을빛을 띤 강물과 길고 넓은 하늘이 다같이 한 빛이로구나)"라는 구절에 이르러, 염백서는 책상을 어루만지며 감탄하고 이를 칭찬하여 "천하의 천재로다." 했으며, 그 글을 마무리 하도록 하여 잔치를 마치더라는 일화가 전해 온다.<崔仁旭 古文眞寶> 등왕각의 서문과 그 뒤에 이어진 위의 시는 그의 불멸의 명작인 것이다. 森羅萬象(삼라만상)의 변천과 人生無常(인생무상) 의 哲理(철리)를 담고 있다 하리라.

7言古詩(7언고시). 압운은 渚, 舞, 雨 자와 悠, 秋, 流 자로 渚는 상성 '語(어)' 측운, 舞와 雨도 상성 '麌(우)' 측운인데 두 운자는 通韻(통운)이다. 뒤의 석 자는 모두 평성 '尤(우)' 평운이니, 이 작품은 앞뒤 4구로 轉韻(전운)했다. 평측은 차례로 '平平平仄平平仄, 仄仄平平仄平仄, 仄仄平平平仄平, 平平平仄平平仄, 平平平仄仄平平, 仄仄平平仄仄平, 仄平仄仄平平仄, 仄仄平平平仄平'으로 二四不同二六對(이사부동이륙대)는 둘째와 넷째 구가 맞지 않았고, 反法(반법)이나 粘法(점법)도 제대로 이루어지지 않았다.

161. 王伯(왕백 ?) : 고려 忠烈王(충렬왕) 때 密直副使(밀직부사). 본관 江陵(강릉). 충렬왕 때 과거 급제했다.

161-1 山居春日(산거춘일) 산 속의 봄날

村家昨夜雨濛濛 竹外桃花忽放紅 醉裏不知雙鬢雪 折簪繁蕚立東風.
　(촌가작야우몽몽 죽외도화홀방홍 취리부지쌍빈설 절잠번악입동풍)

지난 밤 산 속 집에 밤비 부슬부슬 내리더니,

대 울타리 가에 복숭아꽃 갑자기 붉게 피었구나.

술 취한 속에 구레나룻이 센 줄을 모르고는, 꽃 꺾어 머리에 꽂고 동풍을 즐겼었네.

[語句] *山居 : 산중에 삶. *濛濛 : 비나 안개가 자욱한 모양. *雙鬢 : 두 귀밑의 구레나룻. *雪 : 눈처럼 희게 셈. *簪 : 비녀. *繁萼 : 좋은 꽃. 萼은 '꽃받침'임. *東風 : 동쪽에서 부는 바람. 明庶風(명서풍).

[鑑賞] 산 속에 살면서 어느덧 봄이 왔음을 읊었다. 사람은 계절의 오고감을 제 때에 완연하게 느끼기는 어려운 것이다. 언제인지 모르게 얼핏 꽃이 피어났음을 보게 되고 또 꽃이 지고 없음을 갑작스레 느끼게 되는 것이다. 그래서 어느 시인은 봄을 고양이 발자국처럼 온다고 하지 않았던가. 아무튼 봄은 좋은 계절이라 귀밑머리 허옇게 센 줄을 깨닫지 못하고 꽃 꺾어 비녀처럼 꽂고는, 동녘에서 불어오는 봄바람 앞에서 봄을 즐기니 이는 남녀노소의 구분이 없다.

　7言絶句(7언절구). 압운은 濛, 紅, 風 자로 평성 '東(동)' 평운이다. 평측은 차례로 '平平仄仄仄平平, 仄仄平平仄仄平, 仄仄平平平仄仄, 仄平平仄仄平平'으로 이사부동이륙대와 반법, 점법 등이 모두 규칙에 맞다. 다만, 끝 행의 東은 압운 자이므로 春으로 바꾸었더라면 좋았겠다.

162. 王錫輔(왕석보 ?) : 조선 高宗(고종) 때 선비. 자 胤國(윤국). 호 川社(천사). 본관 開城(개성).

162-1 秋日山中卽事(추일산중즉사) 가을에 산중에서 즉흥으로 읊다

高林策策響西風 霜果團團霜葉紅 時有隣鷄來啄粟 主人看屋臥庭中.
　　(고림책책향서풍 상과단단상엽홍 시유인계내탁속 주인간옥와정중)

높은 나무숲은 서풍에 잎 지는 소리 우수수 울리고,
서리 맞은 과일 둥글고 단풍 든 잎 붉네.
때 마침 이웃 닭들 내달아 우케 쪼아 먹는데,
주인 영감 집 본답시고 마당에 누워 조는구나.

[語句] *卽事 : 눈앞의 일. 눈앞의 사물을 卽興(즉흥)으로 읊는 일. *高林 : 높은 나무로 이루어진 숲. *策策 : 나뭇잎 떨어지는 소리. 낙엽 소리. *團團 : 둥근 모양. *霜葉 : 서리 맞은 잎. 단풍든 잎. *隣鷄 : 이웃집의 닭. *啄粟 : 좁쌀을 쪼음. 말리려고 늘어놓은 우케의 곡식을 쪼아 먹음. *看屋 : 집을 지킴. 집을 봄.

[鑑賞] 가을은 추수 때라 어디라 없이 바쁘다. 비록 산골 동네라지만 바쁘기는 마찬가지. 가을걷이를 재촉하는 서녘 바람은 낙엽을 우수수 날리고, 서리 맞은 과일은 동글동글 익었으며 단풍 든 잎은 붉디붉다. 젊은이들은 모두 일터인 논밭으로 가면서 마당에 말리려고 퍼놓은 우케를 잘 보시라고 부탁부탁 하며 갔지만, 주인 영감은 무료함을 이기지 못해 우케 머리에 누워 깜박 잠이 들었다.

이 좋은 기회를 놓칠 리 없는 이웃집 닭들이 우우 몰려와 우케의 곡식 낟알을 양껏 쪼아 먹고 있다. 한 작은 폭의 시골 마을 풍속화를 보는 듯, 미소를 떠올리게 하는 詩中有畫(시중유화)의 경지이다.

7언절구. 압운은 風, 紅, 中 자로 평성 '東(동)' 평운이다. 평측은 차례로 '平平仄仄仄平平, 平仄平平平仄平, 平仄平平平仄仄, 仄平平仄仄平平'으로 이사부동이륙대와 반법, 점법 등이 잘 이루어진 작품이다.

163. 王安石(왕안석 1019~1086) : 宋(송) 나라 문인. 자 介甫(개보). 호 半山(반산), 臨川(임천). 통칭 荊公(형공). 시호 文(문). 唐宋八大家(당송팔대가)의 한 사람. 강서성 撫州地區 臨川(무주지구 임천) 사람. 젊어서 독서를 즐겼고 한 번 읽으면 평생 잊지를 않았으며, 시나 글을 지을 때는 붓을 움직이는 것이 나는 듯이 빨랐으면서도, 보는 사람들은 그 글의 精巧(정교)함에 경탄해 마지않았다고 한다. 神宗(신종) 때 參知政事(참지정사)로서 新法(신법)을 제창하여 정치의 혁신을 도모하였다. 처음에는 歐陽修(구양수)의 추천으로 조정에 나아갔으나, 뒤에는 그와 반대파가 되었고 司馬光(사마광)이나 蘇東坡(소동파, 蘇軾소식) 등의 舊法黨(구법당)과의 항쟁이 격렬하였다. 이 후 荊國(형국)에 피봉되어 형공이라 일컫는다. 哲宗(철종) 때에 司空(사공)을 지냈으며, 문집에 '臨川集(임천집 100권)'이 있다.

163-1 桃源行(도원행) 무릉도원의 노래

望夷宮中鹿爲馬　秦人半死長城下　避世不獨商山翁　亦有桃源種桃者
一來種桃不記春　采花食實枝爲薪　兒孫生長與世隔　知有父子無君臣
漁郎放舟迷遠近　花間忽見驚相問　世上空知古有秦　山中豈計今爲晉
聞道長安吹戰塵　東風回首亦沾巾　重華一去寧復得　天下紛紛經幾秦.

　　(망이궁중녹위마 진인반사장성하 피세부독상산옹 역유도원종도자

　　일래종도불기춘 채화식실지위신 아손생장여세격 지유부자무군신

　　어랑방주미원근 화간홀견경상문 세상공지고유진 산중기계금위진

　　문도장안취전진 동풍회수역첨건 중화일거녕부득 천하분분경기진)

망이궁 안에서는 사슴도 말이라 했고, 진 나라 사람들 반은 만리장성 아래서 죽음을 당했네.
속세를 피해 산 이들은 상산 4옹만이 아니니, 무릉도원에 복숭아 심은 이들도 있었다네.
거기 와서 복숭아 심은 지 몇 해가 지났는지 모르나니,
꽃은 따고 복숭아는 먹으며 가지는 꺾어 땔감으로 했다네.
아들 손자들이 나서 속세와는 떨어져 있으니,
부자간이 있는 줄은 알지만 군신간이 있는 줄은 모른다네.
어부는 배를 띄워 원근을 구분 못 하여,

복숭아꽃 사이에서 문득 만나 놀라며 서로 물었다네.

세상에는 옛날 진秦 나라가 있던 것을 어렴풋이 알 뿐,

산속이라 지금이 진晉 나라임을 어찌 알리오.

장안에 전쟁이 이어 일어났었다는 말을 듣고는,

동풍에 머리 돌리며 수건에 눈물 적시더라.

태평했던 순舜 임금 시절 지나갔으니 어찌 다시 만날 수 있으리,

천하가 어지럽기만 하니 진 나라 같은 포악한 정치를 몇 번 겪어 왔던가.

[語句] *桃源 : 武陵桃源(무릉도원). 신선이 산다는 別天地(별천지). 晉의 陶潛(도잠)이 '桃花源記(도화원기)'에서 설정한 仙境(선경)인데, 호남성 常德市(상덕시) 옆에 桃源이란 지명이 있음. *行 : 樂府體(악부체)의 노래. *望夷宮 : 섬서성 咸陽市(함양시)의 동남쪽에 있던 궁궐. *鹿爲馬 : 사슴을 말이라 함. 秦(진)의 정승 趙高(조고)가 2세 황제에게 사슴을 보이며 말이라 하니, 황제는 정말 그러냐고 좌우에 물었으나 아무도 사슴이라고 말하는 자가 없었음. 이는 조고의 권력을 무서워했고 또 사슴이라고 말하는 자가 있으면 여지없이 죽음을 당하기 때문이니, 조고의 횡포를 강조한 說話(설화)임. 指鹿爲馬(지록위마). *半死 : 전체의 절반은 죽음. *長城 : 萬里長城(만리장성). *商山翁 : 漢高祖(한고조) 때 秦의 폭정을 피해 섬서성의 상산에 은거하던 네 노인. 東園公(동원공), 綺里季(기리계), 夏黃公(하황공), 用里先生(녹리선생)을 말하는데, 이들은 수염과 눈썹까지 희어 商山四皓(상산사호)라 했음. *不記春 : 몇 봄 곧 몇 세월을 지냈는지 기억, 기록이 없음. *采 : 캐다. 따다. =採(채). *無君臣 : 봉건적 국가가 이루어지지 않아 임금과 신하와의 관계가 있음을 모름. *聞道 : 이르는 말을 들음. 道는 '말하다'임. *吹戰塵 : 전쟁의 티끌이 불어 닥침. '秦 나라 뒤에도 漢 나라, 魏(위) 나라 등 전쟁이 계속 되었음'을 말함. *重華 : 거듭 빛 남. '堯(요) 임금을 이어 거듭 光華(광화)를 낸다는 뜻으로 舜(순) 임금 또는 순 임금 때의 태평스러운 정치'를 말함. *紛紛 : 뒤숭숭하고 시끄러움. 뒤얽혀 갈피를 잡을 수 없음.

[鑑賞] 중국 호남성 상덕시에 桃源이란 도시가 있고 張家界(장가계)의 天子山(천자산) 옆에도 武陵源(무릉원) 마을이 있다. 또 신선을 따라갔다는 張良(장량)의 묘소도 천자산 기슭에 있으니 무릉도원은 허구만은 아닌 듯하다. 이 시에서는 무릉도원의 고사를 빌어 나라의 흥망성쇠가 거듭됨에서 오는 폭정과 백성들의 고통을 애통해 했다. 사실 無政府(무정부) 상태의 인간 생활이 훨씬 자유롭고 평화로울 수 있지 않을까? 한 어부가 우연히 복사꽃이 흘러나오는 내를 따라 상류로 찾아가 신선 같은 생활을 하는 사람들을 만나고 돌아와, 太守(태수)에게 보고하고 다시 찾아갔으나 길을

알 수가 없었다고 한다. 일종의 敍事詩(서사시)라 하겠다.

7言古詩(7언고시) 8연[16구]. 압운은 네 구마다 轉韻(전운)하였으니 馬, 下, 者 자는 상성 '馬' 측운이며 다음의 春, 薪, 臣 자는 평성 '眞(진)' 평운이요 그 다음의 近, 問, 쯥 자에서 近 과 쯥은 거성 '震(진)', 問은 거성 '問' 운으로 모두 측운이며 通韻(통운)이 된다. 마지막의 塵, 巾, 秦 자는 두 번째의 네 구와 같은 '眞' 평운이다. 평측은 차례로 '仄平平平仄平仄, 平平仄仄 平平仄, 仄仄仄仄平平平, 仄仄平仄仄平仄 ; 仄平仄平仄仄平, 仄平仄仄平平仄, 平平平平 仄仄仄, 平仄仄仄平平平 ; 平平仄平平仄仄, 平平仄仄平平仄, 仄平仄平仄平仄, 平平 平平仄 ; 平仄平平平仄平, 平平平仄仄平平, 仄平仄仄平仄仄, 平仄平平平仄平'으로 二四 不同二六對(이사부동 이륙대)에 맞는 구는 절반인 8 구인데 제 2, 6, 10, 11, 12, 13, 14, 16구이 다. 反法(반법)과 粘法(점법)은 이루어지지 않는다.

163-2 明妃曲 二首 第1首 後半(명비곡 이수 제1수 후반) 명비의 노래 두 수 첫 수 후반

一去心知更不歸 可憐著盡漢宮衣 寄聲欲問塞南事 只有年年鴻鴈飛
佳人萬里傳消息 好在氈城莫相憶 君不見咫尺長門閉阿嬌 人生失意無南北.
　　(일거심지갱불귀 가련착진한궁의 기성욕문새남사 지유년년홍안비

　　　가인만리전소식 호재전성막상억 군불견지척장문폐아교 인생실의무남북)

한 번 가면 다시 못 돌아올 걸 알면서도, 끝끝내 한 나라 궁중 옷을 입은 그 모습이여.
남녘 장안의 일을 듣고자 하나 들을 길 없고,
다만 해마다 기러기만이 남으로 날아갈 뿐일세.
예쁜 궁녀 왕소군이 만리에 소식 전하기를,
흉노의 가죽 장막 집에서 잘 있으니 걱정 말라고.
그대 보지 못했는가 지척의 장문궁에 진황후 아교가 갇혔던 일을,
인생이 뜻을 잃어 불운해지면 여기 남쪽 한 나라나 북쪽 흉노나 다를 것 없어라.

[語句] *明妃 : 漢(한) 나라 元帝(원제) 때의 후궁인 王昭君(왕소군). 양가 출신으로 이름이 王嬙(왕장)이며 晉(진) 文王(문왕)의 이름이 昭이므로 石季倫(석계륜)이 피하여 明君이 라 했다가 후에 明妃라 하게 되었고, 그녀는 匈奴(흉노)와의 화친을 위해 흉노의 單于(선우)에게 강제로 시집보내졌음. *曲 : 樂曲(악곡). 行(행)과 같이 樂府體(악부체) 의 한 명칭으로 '자세한 사정을 밝힌 시'를 뜻하기도 함. *可憐 : 가여움. *著盡 : 끝까지 입음. 著는 '저-나타나다. 짓다. 착-붙다. 입다'임. *欲問 : 듣고자 함. *塞南 : 북방 국경의 남쪽, 곧 한 나라 서울 長安(장안). *鴻鴈 : 크고 작은 기러 기. *佳人 : 미인. 명비. *氈城 : 짐승의 가죽이나 털로 된 성 곧 흉노[蒙古몽고] 의 주택. *莫相憶 : 생각하지 말아 달라. *咫尺 : 가까운 거리. *長門 : 長門宮

(장문궁). 漢 나라의 궁전. *阿嬌 : 漢武帝(한무제)의 陳皇后(진황후)가 궁녀였을 때의 이름. 무제가 궁녀 아교를 보고는 "만일 아교에게 장가들면 금으로 지은 金屋(금옥)에 살게 하겠다." 했으나, 황후가 된 후 아이를 낳지 못해 장문궁에 유폐되었음. *失意 : 뜻을 잃음. 낙심함. 失望(실망). *無南北 : 남쪽이고 북쪽이고가 없음 곧 흉노나 한 나라나 모두 똑같음.

[鑑賞] 우선 이 시의 앞부분을 보자. "왕소군이 처음 한 나라 궁전을 나올 때 봄바람에 눈물 젖고 머리칼은 힘없이 늘어져, 서성거리며 그림자 돌아보며 얼굴빛이 새파랬지만 오히려 元帝 임금님이 안절부절 못 하였더라. 왜냐하면, 침전으로 돌아와 畫工(화공)의 초상화 그리는 솜씨를 의심했으니 왕소군의 화상은 눈에 들지 않았으나, 마음씨는 본디 그리지 못하는 것이라 왕소군의 실제 모습이 워낙 미인이어서, 일부러 화상을 잘못 그렸다 하여 화공 毛延壽(모연수)의 죄를 물어 죽였더라."이니, 왕소군이 화공에게 뇌물을 바치지 않아 모연수는 그녀의 화상을 추녀로 그려 올렸던 것이었다. 이러한 왕소군은 흉노 땅에 살면서도 조국한 나라를 잊지 못해 한 나라의 의상을 끝까지 입었으니, 그 충절은 가상하다하리라. 그리고는 진아교의 고사를 들어 그녀의 슬픈 심정을 조금이나마 위로하는 시의 마무리가 절실하다.

7언고시 8연 중의 후반 4연[8구]. 압운은 앞의 '桃源行' 시와 마찬가지로 4구마다 전운했으니, 처음 네 구는 歸, 衣, 飛 자로 평성 '微(미)' 평운이고 뒤의 네 구는 息, 憶, 北 자로 입성 '職(직)' 측운이다. 한편 이 시의 앞 8구는 평성 '支(지)' 평운과 상성 '有(유)' 측운 이어서 평, 상, 입의 세 압운이 쓰이었다. 평측은 차례로 '仄仄平平仄仄平, 仄平仄仄仄平平, 仄平仄仄仄平仄, 仄仄平平平仄平 ; 平平仄仄平平仄, 仄仄平平仄平仄, 平仄仄仄仄平平仄仄平, 平平仄仄平平仄'으로 이사부동이륙대는 모두 이루어졌고, 반법은 다섯째 구부터 성립되지 않았다. 제 7구의 君不見은 평측을 따지지 않으므로 이사부동이륙대에 합치되는 것이다.

163-3. 初夏卽事(초하즉사) 첫여름에 즉흥으로 읊다

石梁茅屋在灣碕 流水濺濺度兩陂 清日暖風生麥氣 綠陰芳草勝花時.
(석량모옥재만기 유수천천도양파 청일난풍생맥기 녹음방초승화시)

돌다리 띳집 후미 굽은 방천에, 시냇물 졸졸 두 언덕 사이를 지나다.
갠 날 다스한 바람에 보리가 향기롭고야. 푸른 잎 꽃다운 풀이 꽃철보다 나으이.

<鄭芝溶정지용 시인의 번역임>

[語句] *卽事 : 눈앞의 사물을 즉흥으로 읊어 내는 일. *梁 : 다리. '들보'의 뜻도 있음. *茅屋 : 띠 풀로 지붕을 이은 집. 草家(초가). *灣碕 : 만 안으로 굽어서 쑥

나온 육지. 碕는 '굽이진 언덕. 벼랑'임. *濺濺 : 물이 빨리 흐르는 모양. *陂
: 언덕. 방죽. '기울어지다. 치우치다'의 뜻일 때는 '피'로 읽고 거성 '寘(치)' 운
임. *麥氣 : 보리의 향기. *綠陰芳草 : 우거진 나무 그늘과 꽃다운 풀. '여름
철의 자연'을 뜻하는 말임.

[鑑賞] 첫여름의 자연에서 즉흥으로 느끼는 감상을 읊은 시. 번역은 단기 4281년[서기
  1948년] 8월 30일 문교부 발행 '중등국어 3'의 정지용이 쓴 '녹음 애송시(綠陰愛
  誦詩)'에서 번역한 것을 그대로 인용했으니, 시인이 한시를 번역하는 본보기 삼
  아 인용해 본 것이다. 끝 구 '綠陰芳草勝花詩' 는 지금까지 즐겨 인용하고 또
  영원히 애송될 名句(명구)이며, 어떤 자료에는 '芳草'를 '幽草(유초)'로 쓰기도 했
  는데, 뜻은 '그윽한 풀 곧 그윽하게 우거진 풀'이니 '방초'와 비슷하다. 또 幽
  자도 평성 '尤(우)'이라 같은 평운이다.

  7言絶句(7언절구). 압운은 碕, 陂, 時 자로 평성 '支(지)' 평운이다. 평측은 차례로 '仄平平仄仄
平平, 平仄平平仄仄平, 平仄仄平平仄仄, 仄平平仄仄平平'으로 二四不同二六對(이사부동이륙대)
와 反法, 粘法(반법, 점법) 등이 잘 이루어졌고 평측 배열도 좋아 내용면과 함께 名詩(명시)이다.

164. 王維(왕유 Wang Wei 699~759) : 盛唐(성당)의 風流詩人(풍류시인). 자 摩詰(마힐).
  山西省 太原(산서성 태원) 사람. 동생 縉(진). 후에 아버지를 따라 산서성 남쪽의 永
  濟(영제)에 이사해 살았다. 조숙하여 9세부터 글을 지었고 開元(개원) 초인 21세에
  進士(진사)가 되었으며, 右拾遺(우습유), 監察御史(감찰어사), 吏部郎中(이부낭중), 給事中
  (급사중) 등 40여 년 동안 평온한 官吏生活(관리생활)을 했는데, 다만 安祿山(안록산)의
  난 때 포로가 되어 죽을 뻔했다가 아우 縉의 힘으로 구출되어 太子中允(태자중윤)
  으로 좌천되었다. 이 때부터 사상적 변화가 생겨 차츰 불교에 기울기 시작했고
  詩禪一致(시선일치)의 경지에 이르렀으며, 다시 승진하여 尙書右丞(상서우승)이 되어
  그를 '王右丞'이라 부르게 되었다. 한적한 생활을 좋아하여 30세 전후에 상처하
  고도 再娶(재취)하지 않고 독신으로 지내면서 長安(장안)의 終南山(종남산)에 별장 輞
  川莊(망천장)을 짓고 산수의 아름다움에 빠져들었다. 다재다능한 사람으로 시뿐 아
  니라 음악과 그림에도 뛰어나 南畫(남화)의 祖宗(조종)이라 할 만큼 산수화에 능했
  다. 그는 자연을 觀照(관조)하고 순응하여 自然詩(자연시)를 지어, 孟浩然(맹호연 →68)
  과 함께 陶淵明(도연명 →62)의 맥락을 받아 당 나라 시의 한 유파를 이루었다 하
  겠으며, 문집으로 '王右丞集(왕우승집 10권)'이 전한다.

164-1 九月九日憶山東兄弟(구월구일억산동형제) 중구날에 산동의 형제를 생각하다

　　獨在異鄕爲異客 每逢佳節倍思親 遙知兄弟登高處 偏揷茱萸少一人.

　　　　(독재이향위이객 매봉가절배사친 요지형제등고처 편삽수유소일인)

타향의 외로운 나그네 되어, 명절 맞이할 때마다 어버이 그리는 정 간절하네.

멀리 있어도 알 수 있는 건 올해도 우리 형제들 높은 그 산 오르겠거니,

머리에 수유 열매 돌려 꽂다가 한 사람 모자람을 문득 깨달으리.

[語句] *九月九日 : 重陽節(중양절). 重九(중구). 9는 陽數(양수, 奇數기수)의 최대 숫자라 그
　　　　숫자가 이중으로 겹쳤기에 중양절 또는 중구라 부르며 명절이 되었고, 중국에서는
　　　　이 날에 언덕에 올라 茱萸(수유)의 가지를 머리에 꽂고 菊花酒(국화주)를 마시는 풍
　　　　습이 있음. *山東 : 陝西省 函谷關(섬서성 함곡관) 동쪽 지방 또는 산동성. *異鄕 :
　　　　낯선 고장. *異客 : 객지에 나와 있는 사람. 나그네. *佳節 : 좋은 명절. *思親 :
　　　　어버이를 생각함. *遙知 : 멀리서도 앎. *偏揷 : 비딱하게 돌려가며 꽂음. *茱萸
　　　　: 수유나무의 열매. 붉은 열매는 妖鬼(요귀)를 쫓는다고 하며 기름으로 짜서 머릿기
　　　　름으로 씀. 수유나무는 '운향과의 낙엽 활엽 교목'임.
[鑑賞] 지은이가 17세에 지은 시라고 전해 온다. 중양 명절을 객지에서 맞이하니 부
　　　　모님과 동기들 생각이 간절하다. 오늘도 예년과 같이 산에 올라 수유 나뭇가지
　　　　를 서로 돌아가며 꽂아주다가 문득 형제 한 사람 곧 내가 없음을 문득 깨닫게
　　　　되리라. 멀리 떨어져 있으면서도 불을 보듯 뻔한 정경이 그대로 떠오른다고 읊
　　　　었다. 끝구의 少一人이 시적인 표현이라 하리니, 형제간의 우애와 동기를 그리
　　　　워하는 정이 은근히 담겨 있다.

　　7언절구. 압운은 親, 人 자로 평성 '眞(진)' 평운이다. 평측은 차례로 '仄仄仄平平仄仄, 仄
平平仄仄平平, 平平平仄平平仄, 平仄平平仄仄平'으로 이사부동이륙대와 반법, 점법 등이 규
칙에 모두 맞으나, 평측 배열이 고르지 못한 것이 흠이 되겠다.

164-2 老將行 中(노장행 중) 늙은 장수를 읊다 중에서

　　衛靑不敗由天幸 李廣無功緣數奇 自從棄置便衰朽 世事蹉跎成白首

　　昔時飛箭無全目 今日垂楊生左肘 路傍時賣故侯瓜 門前學種先生柳.

　　　　(위청불패유천행 이광무공연수기 자종기치편쇠후 세사차타성백수

　　　　석시비전무전목 금일수양생좌주 노방시매고후과 문전학종선생류)

한漢의 위청이 패하지 않았음은 하늘의 덕이요,

장군 이광이 이기고도 공을 인정 못 받음은 기박한 운수였네.

스스로 자기를 버리면 이내 노쇠하니, 세상 일 때 놓쳐 미끌어지면 백발되네.

지난날에는 한 나라 예羿가 활을 쏘면 새의 눈이 온전한 게 없듯이 활을 잘 쏘았는데,

지금은 수양버들이 왼 팔꿈치에 난 듯 양유기養由基의 버들 잎 쏘던 솜씨 없어졌네.

길가에서 옛날 동릉후 소평東陵侯召平이 참외를 팔며 살아가듯이 살고,

문앞에 진晉의 도잠陶潛처럼 버드나무 심기를 배우노라.

[語句] *衛靑 : 한 나라의 장수. 平陽(평양) 사람으로 奴僕(노복)에서 발탁되어 싸움에 7번 나가 오랑캐를 쳐서 그들의 머리 5萬級(5만급)을 베었고, 그의 세력이 쇠하니 門下(문하)의 사람들이 떠났으나 오직 任安(임안)만이 떠나지 않았다 하며, 郭去病(곽거병)과 병칭하여 衛郭이라고 함. *天幸 : 하늘이 준 다행. *李廣 : 漢文帝(한문제) 때의 명장이며 北平太守(북평태수). 흉노들이 飛將軍(비장군)이라 할 만큼 날랬으며 팔이 원숭이의 팔 같아서 활을 잘 쏘았는데, 일찍이 북평에서 저물게 돌아오다가 바위를 호랑이로 잘못 보고 활을 쏘니 화살촉이 그 바위에 박혀 바위가 벌어졌더라함. 흉노를 토벌하기 70여 전의 공을 세웠으나 제후로 봉작되지 못했고 대장군 衛靑의 문책을 받고는 자결했음. *數奇 : 운수가 사나움. 운수 기박함. *棄置 : 내버려 둠. *衰朽 : 쇠하여 썩음. 老衰(노쇠)함. *蹉跎 : 미끄러져 넘어짐. 이룬 일 없이 나이만 먹음. *白首 : 허옇게 센 머리. 白頭(백두). *飛箭無全目 : 나는 듯 빠른 화살에, 새들이 눈에 화살을 맞아 눈이 온전하지 못했음. 夏(하) 나라 窮(궁)의 羿(예, 有窮后羿유궁후예)가 활쏘기의 명수여서 날아가는 새의 눈을 쏘아 맞혔다 하며, 달에 산다는 선녀 姮娥(항아)가 그의 아내였음. *垂楊生左肘 : 수양버들이 왼쪽 팔꿈치에 생김. 버들잎을 쏘아 맞히는 활 솜씨가 무디었음을 나타내는 말인 듯함. 춘추시대 楚(초)의 養由基(양유기)가 궁술의 명인이어서 100보 밖에서 버들잎을 백발백중하여 이를 '百步穿楊(백보천양, 백 걸음 밖에서 버들잎을 뚫음) 또는 穿葉之功(천엽지공)'이라 함. 또 초왕이 그더러 원숭이를 쏘게 하니 활을 당기기도 전에 원숭이가 기둥을 안고 울부짖더라 함. *侯瓜 : 東陵侯(동릉후)의 참외. 秦(진) 나라 동릉후 邵平(소평)이 나라가 망하자 長安城東(장안성동) 靑門(청문)에서 참외를 심어 팔며 생계를 이어갔는데, 그 참외 맛이 좋기로 유명해 이를 東門瓜 또는 靑門瓜, 東陵瓜라 했고 소평의 별칭이 되고 말았음<史記 蕭相國世家> *種先生柳 : 선생처럼 버드나무를 심음. 晉(진)의 陶潛(도잠, 淵明연명)이 벼슬을 버리고 고향 栗里(율리)에 돌아와 뜰에 버드나무 5 그루를 심고 스스로 五柳先生이라 하고 '五柳先生傳(오류선생전)'을 지었음.

[鑑賞] 늙은 장수가 불우한 처지로 살아가면서 지난날의 무용을 회상하는 심정을 노

래한 시이다. 이 앞 4연은 "15, 20세 젊었을 때는 남의 오랑캐 준마를 빼앗아 탔었고, 산 속의 이마 흰 범을 화살로 쏘아 죽였으니 曹操(조조)의 아들 曹彰(조창) 같은 용맹임을 헤아리기나 했으랴. 한 몸으로 3천 리를 두루 돌며 싸웠고 한 칼로 백만 군사를 무찔렀네. 우리 군사들 기운 떨치면 벼락과도 같았고 오랑캐 군사들 무너지기는 땅에 까는 마름쇠 떨어지듯 했것다."이다. 이 뒤의 7연도 지난날의 싸움을 인용해 가며 회상한 내용이다.

7言古詩(7언고시) 15연[30구] 중 제 5~8연[8구]. 압운 자로 볼 수 있는 것이 奇, 首, 肘, 柳 자인데 奇는 평성 '支(지) 평운이고 首, 肘는 거성 '宥(유) 측운이며 柳는 상성 '有(유) 측운이어서 일정하지 않다. 평측은 차례로 '仄平仄仄平平仄, 仄仄平平平仄平, 仄平仄仄平平仄, 仄仄平平平仄仄, 仄平平仄平平仄, 平仄平平平仄仄, 仄平平仄仄平平, 平平仄仄平平仄'으로 二四不同二六對(이사부동이륙대)는 잘 이루어졌으나 反法(반법)과 粘法(점법)은 지켜지지 않았다.

164-3 桃源行 終聯(도원행 종련) 무릉도원의 노래 마지막 연

當時只記入山深 靑溪幾曲到雲林 春來遍是桃花水 不辨仙源何處尋.
　　(당시지기입산심 청계기곡도운림 춘래편시도화수 불변선원하처심)

그 때는 깊은 산에 들었구나 하면서도, 시냇물 몇 굽이돌아 구름 가득한 숲에 이르렀는데, 봄이 오니 온통 봄눈 녹은 도화수만 넘치어, 신선 사는 도원이 어디멘지 찾을 길이 없구나.

[語句] *桃源行 : 앞의 163-1 참조. *靑溪 : 푸른 시내. *雲林 : 구름이 가득 낀 숲. *桃花水 : 복숭아꽃이 떠서 흐르는 물. 복숭아꽃이 필 무렵 얼음이 녹아 불어난 물. *仙源 : 신선이 사는 무릉도원.

[鑑賞] 왕안석의 '도원행'과 같은 소재로 읊은 長詩(장시). 이 시의 앞부분은 14연인데 그 내용은 "어부는 물 따라 노 저으며 산의 봄을 즐길 때 양편 언덕의 복사꽃이 옛 나루를 끼었더라. 붉은 복숭아나무 보며 뱃길 먼 줄을 몰랐고 푸른 시냇물 다 가도록 사람 만나지 못했더라. 산 어귀를 살그머니 돌자 으슥해지기 시작하더니 산이 열리며 확 트이어 들판이 둘러 있었네. 멀리 한 곳에 구름에 잠긴 나무숲 보이더니 가까이 가매 대나무와 꽃들 속에 천호나 되는 집들이 흩어져 있더라. 땔 나무 하던 사람 비로소 한漢의 성명으로 말하는데 거기 사는 사람들은 여태 진秦 나라 복장이더라. 그들은 무릉도원에 함께 살면서 속세를 떠나 논밭을 일구었으며, 달 밝은 소나무 아래 창문은 조용하고 해 뜨는 구름 속에서 닭 울고 개 짖는 소리 시끄럽게 들리더라. 속세 사람 왔다는 말 듣고는 놀라 몰려 들고 다투어 집으로 데리고 가서는 어디 고을에서 왔느냐고 따져 묻는다. 새벽에는 골목의

낙화를 쓸고 석양에는 땔나무 하거나 고기 잡아 물 따라 돌아오더라. 처음에는 난을 피해 인간 세상 버렸다가 다시 신선 얘기 듣고는 끝내 돌아가지 않았다고 하네. 누가 이 깊은 골짜기에 사람 살림이 있는 줄 알았으리, 속세에서 바라보면 멀리 구름 속 산뿐인 것을. 신령스러운 경지를 듣고 보는 게 어려운 일인 줄은 알지마는 어부는 세상의 정을 버리지 못해 고향을 생각했었네. 도원 골짜기를 나올 때는 산과 물이 멀리 막힌 줄을 몰랐고 집을 떠나 오래도록 놀았구나 느꼈다네. 도원을 나올 때는 오래 헤매지 않았는데 다시 찾아온 지금 산봉우리와 골짜기가 이렇게 바뀐 줄을 어찌 알았으리오 하더라."이다. 지은이가 19세에 지은 시라고 하며, 출발과 도원 사람들의 생활, 그들이 거기 들어온 유래, 거기 갔다가 빠져나오는 일과 다시 찾아가 보려는 시도 등을 읊었다. 앞의 왕안석의 작품보다 좀더 사실적인 면이 있는 시라 하겠다.

7언고시 長篇(장편). 모두 16연 32구인데 그 중 마지막 2연[4구]만 인용했다. 압운은 앞 부분부터 전운이 이루어져 일관되지 않았고, 인용 부분은 深, 林, 尋 자로 평성 '侵(침)' 평운 이다. 평측은 차례로 '平平仄仄仄平平, 平平仄仄仄平平, 平平仄仄平平仄, 仄仄平平平仄平'으로 이사부동이륙대는 잘 이루어졌으나 반법과 점법이 되지 않았다.

164-4 登辨覺寺(등변각사) 변각사에 오르다

竹逕從初地 蓮峰出化城 窓中三楚盡 林外九江平
嫩草承趺坐 長松響梵聲 空居法雲外 觀世得無生.
(죽경종초지 연봉출화성 창중삼초진 임외구강평
눈초승부좌 장송향범성 공거법운외 관세득무생)

대숲 좁은 길 절 입구 따라, 연꽃 모양의 봉우리 오르니 안식의 땅 절간이 나오는구나.
창문 안에서는 동서남의 삼초 땅이 가물가물 보이고,
숲 밖으로는 아홉 강을 모으는 동정호 평평하네.
보드라운 새 풀은 가부좌로 좌선하기가 좋고,
높이 자란 소나무는 독경 소리를 메아리져 울리는구나.
이 산꼭대기 절간에서 사노라면,
세상을 관조해 생사를 초월한 큰 깨달음의 경지에 다다르리라.

[語句] *辨覺寺 : 楚(초) 나라 때의 큰 절. *竹逕 : 대나무밭 사이에 난 길. *初地 : 절의 입구. 菩薩修行(보살수행)의 10단계인 十地(십지) 중의 첫 단계. *蓮峰 : 연꽃 모양으로 생긴 높은 봉우리. *化城 : 절. 번뇌를 막아주는 안식처. 法華道

師(법화도사)가 험한 길 가운데에서 변화를 부려한 성을 만들고 피로한 대중들을 그 안에 들어가 쉬게 했다고 함<法華經> *三楚 : 동, 서, 남의 초 땅. *九江 : 洞庭湖(동정호)의 별칭. 아홉 강이 모여든다 해서 이름. *嫩草 : 새로 싹튼 풀. 嫩은 '연약하다. 곱다'임. *趺坐 : <佛>책상다리를 하고 앉음. 발등을 다리 위에 얹고 도사려 앉는 앉음새. '圓滿安坐(원만안좌)의 뜻을 나타내는 坐法(좌법)'임. 跏趺坐(가부좌). *梵聲 : 불경을 외는 소리. 梵唄(범패)의 소리. *空居 : 마음을 비우고 삶. 마음을 安靜(안정)하고 사는 일. *法雲 : 法雲地(법운지). 菩薩修行(보살 수행)의 十地(십지) 중 마지막 단계 또는 산의 정상. *觀世 : 세상의 실상을 보고 깨달음. *無生 : 삶과 죽음이 없는 도리. 곧 不生不滅(불생불멸)하는 眞如法性(진 여법성)을 알고 거기 안주하여 움직이지 아니함. 無生法忍(무생법인).

[鑑賞] 변각사를 읊은데다가 불교에 정통한 지은이라 이 시에는 불교 용어가 많다. 즉, 初地, 化城, 趺坐, 梵聲, 空居, 法雲, 觀世, 無生 등이 그것이다. 首聯(수련)은 변각사의 지리적 배경이니 대밭 길을 걸어올라 연꽃 모양의 산 정상 가까이에 절이 있다. 頷聯(함련)은 절에서 보는 전망이니 삼초 지방과 동정호가 저 멀리 보인다. 이는 敍景(서경)이며 규칙에 따라 對(대)를 이루어 窓中-林外, 三楚-九江, 盡-平이 멋진 짝이 되었다. 頸聯(경련)도 서경으로 새로 돋아나는 부드러운 풀밭에 가부좌하고 앉아 좌선하기 좋겠고 노송은 불경 소리를 받아 울린다. 이 연도 대를 이루었으니 嫩草-長松, 承-響, 趺坐-梵聲이 그것이다. 尾聯(미련)은 마무리로 敍情(서정)이다. 이렇게 높은 곳에 있는 절에서 사노라면 온 세상을 내려다보며 觀照(관조)해 생사가 없는 큰 깨달음의 경지에 이를 것이라 했다.

5言律詩(5언율시). 압운은 城, 平, 聲, 生 자로 평성 '庚(경)' 평운이다. 평측은 차례로 '仄仄平平仄, 平平仄仄平, 平平平仄仄, 平仄仄平平, 仄仄平平仄, 平平仄仄平, 平平仄平仄, 仄仄仄平平'으로 이사부동은 일곱째 구만 어긋났고 반법이나 점법은 잘 이루어졌다. 넷째 구의 九는 '아홉'의 뜻이면 평성 '尤(우)' 운, '모으다'의 뜻이면 상성 '有(유)' 운이란 자전도 있는데, 여기서는 '모으다'의 뜻도 될 듯하다.

164-5 私成口號誦示裵迪(사성구호송시배적)
그 자리에서 몰래 지어 배적에게 읊어 보이다

萬戶傷心生野煙 百官何日更朝天 秋槐葉落空宮裏 凝碧池頭奏管絃.

(만호상심생야연 백관하일갱조천 추괴엽락공궁리 응벽지두주관현)

많은 집에서 이는 연기에 마음만 상하나니, 백관들은 그 언제 천자를 다시 뵈리.
텅 빈 궁전 안에 회나무 잎 지는데, 천자의 동산 응벽지 가에서는 그 어인 풍악 소린고.

[語句] *私成 : 사사로이 이룸. 몰래 지음. *口號 : 읊조림. 즉석에서 시를 지어 쓰지
　　　 않고 입으로 읊음. *裵迪(　?　) : 당 나라 蜀州刺史(촉주자사), 시인. 關中(관중) 사람.
　　　 처음에 왕유, 崔興宗(최흥종)과 終南山(종남산)에 있으면서 서로 시를 주고받았고 天
　　　 寶(천보, 현종 때 742~755) 이후에 촉주자사를 지냈음. 田園山水派(전원산수파) 시인에 속
　　　 하며 맑고 고우며 고고한 시를 지었다는 평을 받음. →754. *萬戶 : 아주 많은
　　　 집들. *朝天 : 조정에서 天子(천자)를 뵘. *槐 : 홰나무. 회화나무. 콩과에 속하는
　　　 낙엽 활엽 교목으로 목재는 가구나 숯으로 쓰이며 꽃은 약재로 쓰임. 槐木(괴목).
　　　 *凝碧池 : 당나라 임금의 동산에 있는 못. 安祿山(안록산)의 군사들이 싸움에 이
　　　 겨 여기서 풍악을 울리며 즐겼다고 함. *管絃 : 관악기와 현악기. 風樂(풍악).

[鑑賞] 친하게 지내던 배적을 만나 몰래 읊어준 시. 몰래 읊어 주었다 하니 안록산
　　　 군사들의 세력이 아직 떨치던 때였던가 보다. 만호장안에 저녁밥 짓는 연기 자
　　　 욱하나 임금은 피난 중이라 백성들은 언제나 임금을 뵐 수 있을 것인가. 텅 빈
　　　 궁전에는 가을이 되어 홰나무 잎이 지는데, 응벽지에서는 반란군 안록산 군사
　　　 들이 풍악을 잡히며 즐기고 있으니 나라 형편이 말이 아니며 임금님이 그리워
　　　 진다. 현종 다음 임금인 肅宗(숙종)이 이 시를 전해 듣고는 그의 충성을 가상히
　　　 여겨 菩提佛寺(보리불사)에 구검되어 있던 왕유를 석방했다고 한다.

　　 7言絶句(7언절구). 압운은 煙, 天, 絃 자로 평성 '先(선)' 평운이다. 평측은 차례로 '仄仄平平
平仄平, 仄平平仄仄平平, 平平仄仄平平仄, 平仄平平仄仄平'으로 二四不同二六對(이사부동이
륙대)와 反法, 粘法(반법, 점법) 등이 7언절구의 평측 규칙에 모두 합치되었다.

164-6 西施詠(서시영) 서시를 읊다

艶色天下重 西施甯久微 朝仍越溪女 暮作吳宮妃
賤日豈殊衆 貴來方悟稀 邀人傳香粉 不自著羅衣
君寵益嬌態 君憐無是非 當時浣紗伴 莫得同車歸
持謝隣家女 效顰安可希.
　　(염색천하중 서시녕구미 조잉월계녀 모작오궁비

　　 천일기수중 귀래방오희 요인전향분 부자착나의

　　 군총익교태 군련무시비 당시완사반 막득동거귀 지사인가녀 효빈안가희)

고운 얼굴은 천하가 다 떠받드나니 서시 어이 오래 버려져 있으랴.

아침에는 약야계의 처녀더니 저녁에는 오 나라의 왕비 되었네.

천했던 지난날에사 어찌 모두에서 뛰어났던가, 귀해지자 바로 드문 미인임을 알았네.

사람을 불러서 향과 분으로 화장시키고,

비단 옷도 남이 입혀 주었지 제 손으로 입지 않았네.

임금이 총애하니 교태 더욱 부리고, 임금이 예뻐하매 남들이 예쁘느니 밉느니 못 하더라.

그 당시 완사계에서 함께 빨래하던 처녀들은, 이제 한 수레에 같이 타 볼 수가 없었네.

이웃 여인이 서시의 찡그린 얼굴을 본받듯 하는 일은 이제 없어지기를 바랄 뿐이로구나.

[語句] *西施 : 중국 춘추시대 越(월)의 미인. 西子(서자). 苧羅山(저라산) 나무꾼의 딸로 월왕 句踐(구천)이 會稽(회계)에서 패하자 范蠡(범여)가 미인계를 써서 吳王夫差(오왕부차)에게 바쳤는데, 결국 부차는 구천의 침공을 받아 멸망했음. 서시는 若耶溪(약야계)에서 연밥을 따기도 하고 저라산 밑 石跡水(석적수)에서 비단을 빨았는데 지금도 빨래하던 浣紗石(완사석)이 있다고 하며, 效顰(효빈)의 고사를 남겼고 시의 소재로 많이 읊어진 천하의 절색이었음. *艶色 : 요염한 얼굴. *寗 : 어찌. =寧(어찌 녕). *越溪 : 서시가 연밥을 따던 시내. 若耶溪. 會稽(회계, 현재의 紹興市소흥시)에 있음. *邀 : 맞다. 초대하다 *香粉 : 향료와 분. 향료를 섞은 화장품. *嬌態 : 예쁘게 아양부리는 태도. 嬌姿(교자). *浣紗伴 : 절강성 諸暨市(제기시) 저라산 아래의 완사계 곧 석적수에서 서시와 함께 비단을 빨던 친구들. *謝 : 말씀. 끊다. 사양하다. 이울다. *效顰 : 찡그림을 본받음. 서시가 속병이 있어 얼굴을 찡그리니 그 모습이 더욱 아름다우므로, 이웃집 추녀인 東施(동시)가 그녀를 본받아 찡그리니 모두 도망가더라는 고사에서 온 말임. *安 : 어찌.

[鑑賞] 온 세상 사람들이 미녀를 좋아하니 서시의 고운 얼굴 그대로 스러질 수가 있는가. 빨래나 하던 하찮은 처녀였는데 결국 오 나라 왕비가 되었다. 궁중에 들어가 곱게 단장하고 보니 천하의 미인임을 새삼 깨닫게 되었고, 모든 시중을 궁녀들이 들게 되어 옷조차 궁녀가 입혀 준다. 임금이 총애하니 서시의 교태는 더욱 커지고, 서시를 두고 이러저러한 말들이 있을 수 없게 되었다. 완사계에서 함께 빨래하며 놀던 친구들과는 천양의 차이인 귀한 존재가 되어 그녀들과는 상종 않게 되었다. 다만, 앞으로 서시의 찡그린 얼굴을 본받으려는 동시 같은 여인들이 생겨나지 않기를 바랄 뿐이다. '孟子(맹자)'의 盡心 上(진심상)에 나오는 "환경과 지위가 바뀌면 기질이나 품위가 달라지나니 사는 곳이 참 중요하구나."를 연상하게 되고 득세하면 남을 업신여기게 되며, 아첨하는 무리들이 생겨 남을 풍자하는 뜻이 담긴 작품이다.

5言古詩 長篇(5언고시 장편). 총 7연[14구]. 압운은 微, 妃, 稀, 衣, 非, 歸, 希 자로 평성 '微' 평운이다. 평측은 차례로 '仄仄平仄仄, 平平平仄平, 平平仄平仄, 仄仄平平平, 仄仄平仄, 仄平平平平, 仄平平平仄, 仄仄仄平平, 平仄仄平仄, 平平平仄平, 平平仄平仄, 仄仄

平平平, 平仄平平仄, 仄平平仄平'으로 이사부동은 제 2, 4, 5, 8, 9, 10, 12, 13, 14구만 이루어졌고 반법이나 점법은 형성되지 않아 고시로 처리했다.

164-7 少年行(소년행) 젊은이의 노래

新豊美酒斗十千 咸陽遊俠多少年 相逢意氣爲君飮 繫馬高樓垂楊邊.
　　(신풍미주두십천 함양유협다소년 상봉의기위군음 계마고루수양변)

신풍의 맛나는 술 한 말에 만 전인데, 함양의 많은 소년들 호탕한 기세로 노나니,
서로 만나 장한 기개로 그대 위해 술 마시고, 말은 높은 다락 앞 수양버들 곁에 매여 있구나.

[語句] *新豊 : 섬서성 長安(장안)의 지명. 이름난 술인 신풍주의 산지로 漢(한)의 太上皇 (태상황)이 고향인 豊 땅으로 돌아가고자 하므로 高祖 劉邦(고조 유방)이 풍과 똑같은 마을을 만들고 풍의 백성들을 옮겨와 살게 한 곳임. *美酒 : 맛이 아주 좋은 술. *斗十千 : 한 말에 萬錢(만전) 가도록 비쌈. *咸陽 : 섬서성의 도시. 秦(진)의 서울 이었음. '長安(장안)'으로 보아도 됨. *遊俠 : 俠客(협객). 俠氣(협기, 호탕하고 용맹한 기품) 가 있는 사람. 俠士(협사). *意氣 : 장한 기상. *高樓 : 높은 누각. 다락집. *垂楊 : 수양버들. 가지가 가늘고 길게 땅에 늘어지는 버들.

[鑑賞] 義俠心(의협심)이 있는 서울 소년들의 호탕한 놀이의 일면을 읊었다. 모두 부잣 집 아들들이라 술값이 싸고 비싼 것은 가릴 것 없다. 저리로 가자 하면 그 사 유를 따지지 않고 몰려가는 것이 소년기의 특징이라, 술 마실 수 있는 청년들 이기에 좋은 술이 있는 신풍으로 말 타고 달려가 고루거각이 늘어선 길가의 수양버들에 말을 매어두고 술집에 몰려 들어가 권커니 잣커니 술에 함빡 취 하며 高談峻論(고담준론)을 펴리라. 장차 나라를 짊어지고 가야 할 젊은이들이라, 이 정도의 豪氣(호기)는 어른들도 이해해 줄 것이다.

　7言絶句(7언절구). 압운은 千, 年, 邊 자로 평성 '先(선)' 평운이다. 평측은 차례로 '平平仄仄仄 仄平, 平平平仄平仄平, 平平仄仄平平仄, 仄仄平平平平平'으로 二四不同二六對(이사부동이륙대)에 맞는 곳은 셋째 구뿐이고 反法, 粘法(반법, 점법)이 안 되어 古詩(고시)로 볼 수도 있다.

164-8 送別 二首(송별 이수) 송별 두 수

山中相送罷 日暮掩柴扉 春草年年綠 王孫歸不歸 <제1수>
　　(산중상송파 일모엄시비 춘초연년록 왕손귀불귀)

산중에서 그대 보내고 난 뒤 날 저물어 사립문을 닫네.
봄풀은 해마다 푸르련만 그대 돌아올는지 못 올는지.

[語句] *相送 : 피차간에 서로 보냄. 서로 이별함. *柴扉 : 사립문. *王孫 : ①임금의 손자 또는 후손. ②그대. 貴公(귀공). '상대의 존칭'임. 여기서는 ②의 뜻임.

[鑑賞] 산속에서 서로 헤어지고는 해가 져서야 집의 사립문을 닫나니, 혹시 그대가 되돌아오는지도 모른다는 생각 때문이었다. 봄풀은 해마다 시들었던 땅속을 헤치고 다시 돋아나 푸르러지는데 세상일에 매인 그대는 그 바쁜 일 틈에 돌아올수 있을는지 어떨는지 알 수가 없구나. 워낙 아쉬운 이별이라 이제 가면 돌아오지 못할 것 같지만, 봄풀 돋아나듯 돌아오는지도 모르니 기다려 보는 희망을 가져 본다는 것이다. 어버이나 동기간을 사별하고 이듬해 봄 싹이 돋아나는 걸 보면 불현듯 '인생은 왜 저렇게 되살아나지 못하나.' 하는 심정을 가진다.

5言絶句(5언절구). 압운은 扉, 歸 자로 평성 '微(미)' 평운이다. 평측은 차례로 '平平平仄仄, 仄仄仄平平, 平仄平平仄, 平平平仄平'으로 이사부동과 반법, 점법 등이 모두 이루어졌다.

164-9 下馬勸君酒 問君何所之 君言不得意 歸臥南山陲
    但去莫復問 白雲無盡時<제2수>
      (하마권군주 문군하소지 군언부득의 귀와남산수 단거막부문 백운무진시)

말에서 내려 술 권하며 어째서 가느냐고 물었더니,
세상일 뜻과 같지 않아 남산 기슭에 엎드려 있으려 한다네.
그러면 가오 더 묻지 않겠소, 거기는 흰 구름이 늘 떠 있을 테니까.

[語句] *勸君 : 그대에게 권함. *何所之 : 어째서 가는가? 所는 助詞(조사), 之는 '가다'임. *不得意 : 바라던 뜻을 이루지 못함. *南山 : 長安(장안) 남쪽에 있는 終南山(종남산). 서울이나 고을의 남쪽에 있는 산을 대개 '남산'이라 함. *陲 : 변방. 언저리. *但去 : 오로지, 상관없이 감. 但은 '조건이나 제한이 없어 안심하고 할 수 있음'의 뜻을 나타냄. *莫復問 : 다시 묻지 않음. *白雲 : 흰 구름. 白雲鄕(백운향) 등 숨어 사는 곳의 상징으로 쓰이는 말임. 梁(양) 나라 은사 陶弘景(도홍경)이 武帝(무제)가 산속에 무엇이 있느냐고 물으니 "嶺上多白雲(영마루에 백운이 많지요)" 하고 시로 답했음.

[鑑賞] 서로 말에서 내려 이별주를 나누며 왜 여기를 떠나려 하는가 하고 물었다. 친구가 말하기를 "여기서는 내 뜻을 펼 수가 없고 세상 일이 번거로워 종남산 기슭으로가 숨어 살고자 한다."고 했다. 나는 "그렇다면 마음 놓고 가시오." 했다. 왜냐하면, 거기 종남산은 은사들이 살기에 무척 좋은 흰 구름의 고장이기 때문이다. 이 시에서 '나'는 지은이의 친구요 '떠나는 사람'은 지은이 자신인

것 같으니, 지은이가 종남산에 망천장을 짓고 은거했기에 그렇다. 아니면 종남
산에 먼저 들어간 친구 따라 지은이가 나중에 들어갔는지도 모른다. 이 시의
詩眼(시안)은 끝 연 "白雲無盡時"에 있다.

　6句體 5言詩(6구체 5언시). 압운은 之, 陲, 時 자로 평성 '支(지)' 평운이다. 평측은 차례로
'仄仄仄平仄, 仄平平仄平, 平平仄仄平, 平仄平平平, 仄仄仄仄仄, 仄平平仄平'으로 이사부
동은 다섯째 구만 이루어지지 않았고 반법이나 점법은 넷째 구까지 지켜졌지만 6구체라 맞추
어 볼 필요가 없다 하겠다.

164-10 送元二使之安西-渭城曲(송원이사지안서-위성곡) 안서로 가는 원이를 송별하다

渭城朝雨浥輕塵 客舍靑靑柳色新 勸君更進一杯酒 西出陽關無故人.
　　(위성조우읍경진 객사청청유색신 권군갱진일배주 서출양관무고인)

위성의 아침 비 먼지를 가벼이 적시어, 객사의 푸른 버들 그 빛 더욱 새로워라.
그대에게 한 잔 술을 다시 권하나니, 서쪽 양관으로 나가면 친한 벗 없으리라.

[語句] *元二 : 사람 이름. 미상. 二는 排行(배항)임. *使之 : 벼슬살이로 감. *安西 : 安
　西都護府(안서도호부)가 있는 곳. 지금의 甘肅省 安西縣(감숙성 안서현, 瓜州과주) 지역. *
　渭城 : 陝西省 咸陽(섬서성 함양)의 동쪽 지명. 전한 때 위성현을 두었으나 후한 때
　없어졌고 渭城館(위성관)이 있었으며 송별할 때 부르는 노래를 위성곡이라고도 함.
　*浥 : 젖다. 浥塵(읍진)은 '겨우 먼지를 추길 정도로 적게 오는 비'를 뜻함. *客舍
　: 다른 곳에서 온 벼슬아치를 대접하여 묵게 하던 집. 객지의 숙소. *靑靑 : 싱싱
　하고 푸름. *更進 : 다시 올림. 다시 줌. 다시 나아감. *陽關 : 감숙성의 서부 燉
　煌縣(돈황현)의 서남쪽에 있는 關門(관문). 玉門關(옥문관)의 남쪽에 있으므로 양관이라
　함. *故人 : ①죽은 사람. ②오래 사귄 벗. 故友(고우). 여기서는 ②임.

[鑑賞] 멀리 안서 지방으로 벼슬길을 떠나는 친구를 송별하며 지은 名作(명작). '이별하
　는 장소로 정해진 위성 땅은 마침 아침 비가 살짝 내려 먼지를 적시고, 객사의
　버들은 푸르고 싱싱하다. 이제 헤어지면서 술 한 잔 부어 이별주로 대신하나니,
　서쪽 양관으로 가면 전부터 아는 친구가 없어 술을 권하는 사람이 없을 것이
　라 이 술을 들게나.' 참으로 애틋한 이별이다. 두 사람은 이별주를 나누며 소매
　에 눈물을 적셨는지도 모를 일이다. 이 시는 위성곡 또는 陽關三疊曲(양관삼첩곡)
　이라는 樂府(악부)로 보내는 사람들이 다음과 같이 삼첩으로 부르니, "읍경진,
　읍경진, 조우읍경진, 조우읍경진, 조우읍경진, 위성조우읍경진 … " 하고는 둘
　째, 셋째, 마지막 구도 이와 같이 세 번 거듭 부른다는 것이다. 한편 고려의

鄭知常(정지상)이 지은 '送人(송인)' 시도 이 시와 같이 이별할 때 불러서 海東陽關三疊曲(해동양관삼첩곡)이라 한다. →421-4.

7언절구. 압운은 塵, 新, 人 자로 평성 '眞(진)' 평운이다. 평측은 차례로 '仄平平仄仄平平, 仄仄平平仄仄平, 仄平仄仄仄平仄, 平仄平平平仄平'으로 이사부동이륙대와 반법, 점법 등이 잘 이루어졌고, 특히 셋째 구와 넷째 구는 평측이 정반대로 배치되어 묘미가 있다.

164-11 酌酒與裵迪(작주여배적) 술을 따라 배적에게 권하다

酌酒與君君自寬 人情飜覆似波瀾 白首相知猶按劍 朱門先達笑彈冠
草色全經細雨濕 花枝欲動春風寒 世事浮雲何足問 不如高臥生加餐.
<small>(작주여군군자관 인정번복사파란 백수상지유안검 주문선달소탄관</small>

<small>초색전경세우습 화지욕동춘풍한 세사부운하족문 불여고와생가찬)</small>

술을 따라 그대에게 권하노니 자네 너그러이 받게나, 인정이란 저 물결과 같이 번복된다네.
백발 되도록 친하던 친구도 칼을 겨눌 수 있고, 고관의 선배도 벼슬 준비하는 후배를 비웃네.
풀은 늘 보슬비에 젖고[소인小人은 군은君恩 입고],
가지는 꽃 피우려 하나 봄바람이 차갑네[군자君子는 뜻을 펴려 하나 간신배의 모함 받네].
세상일은 뜬구름이라 물어 무엇하리, 높직이 누워 맛난 것이나 먹으며 살게나.

[語句] *酌酒 : 술을 잔에 따름. *裵迪 : 당 나라 시인, 촉주자사. →164-5. *自寬 : 너그러운 마음을 가짐. *飜覆 : 뒤엎음. 뒤집힘. *波瀾 : 작은 물결과 큰 파도. 어수선한 일. *相知 : 서로 앎. 아는 사이. *按 : 어루만지다. 당기다. 按劍相視(안검상시, 서로 원수같이 대함). *朱門 : 붉은 칠을 한 대문. 高官(고관)의 집. *先達 : ①먼저 도달함, 곧 先輩(선배). ②文武科(문무과)에 급제하고 아직 벼슬하지 아니한 사람. 선다님. 여기서는 ①의 뜻임. *彈冠 : 갓의 먼지를 털어 냄. 벼슬살이 준비를 함. 漢(한) 나라 王吉(왕길, 자 子陽자양)과 貢禹(공우)는 친한 벗인데, 당시 사람들이 "왕길이 벼슬자리에 있으면 공우는 갓을 털고 벼슬하라 부르기를 기다리네."라 했음. *草色 : 풀빛. 여기서는 '小人(소인)'을 비유함. *全經 : 모조리 겪음. *花枝 : 꽃가지. 여기서는 '君子(군자)'를 비유함. *欲動 : 움직이려 함, 곧 꽃을 피우려 함. *何足問 : 어찌 물음에 만족하랴. *高臥 : 베개를 높이 베고 누움. 벼슬자리에서 물러나 한가로이 지냄. 세속의 일에서 벗어나 마음 내키는 대로 살아감. *加餐 : 加餐飯(가찬반). 식사를 많이 하여 몸을 保養(보양)함. 몸을 소중히 함. 헤어질 때의 인사말로도 씀.

[鑑賞] 친구인 배적과 술잔을 나누며 인생살이의 어려움을 토로했다. 사람의 마음이란

파도와 같아 언제 어떻게 변할는지 종잡을 수 없는 일이다. 오래된 친구 사이에도 갈등이 일어 원수처럼 될 수 있고, 높은 벼슬아치들은 지난 날 자기들도 그랬으면서도 새로 벼슬하고자 하는 젊은이를 보고는 벼슬길에 눈이 뒤집혔구나 한다. 잡초 같은 民草(민초)들은 임금님의 은혜에 만족하지만, 글을 배운 선비들은 벼슬길에 들어 청운의 뜻을 펴 보려고 하나 반대파나 간신들의 모함을 받기 쉬운 법이다. 인생사란 저 뜬 구름과 같은 것, 그저 제 몸 온전히 가지기를 꾀하는 게 바람직한 일이다. 봉건 시대에 당파나 모함으로 인해 賜藥(사약)을 받던 사례가 茶飯事(다반사)이던 일을 상상해 보면 인생행로는 고난의 길인 것이다.

7言律詩(7언율시). 압운은 寬, 瀾, 冠, 寒, 餐 자로 평성 '寒' 평운이다. 평측은 차례로 '仄仄仄平平仄平, 平平平仄仄平平, 仄仄平平平仄仄, 平平平仄仄平平, 仄仄平平平仄仄, 平平仄仄平平平, 仄仄平平平仄仄, 仄平平仄平平平'으로 二四不同二六對(이사부동이륙대)가 잘 이루어졌는데, 구마다 제 2, 4, 6자의 평측이 반대로 구성되어 反法(반법)에는 맞지만 粘法(점법)이 되지 못했다. 예를 들면, 둘째 구가 '平-仄-平'이라 셋째 구도 그래야 되는데 이 시는 '仄-平-仄'이 되었으니, 이는 반법이지 점법은 아닌 것이다.

164-12 雜詩 三首(잡시 삼수) 잡시 세 수

家住孟津河 門對孟津口 常有江南船 寄書家中否 <제1수>
　　(가주맹진하 문대맹진구 상유강남선 기서가중부)

우리집은 맹진 강가에 있고, 대문은 맹진 나루터를 향해 있다오.
강남을 오가는 배는 늘 있는 곳이라, 내 편지를 우리 집에 전해 줄 수 없겠소?

[語句] *雜詩 : 느끼는 대로 쓴 시. 특정 제목을 붙이지 않고 여러 가지 내용을 담은 시. *孟津 : 하남성 맹진현의 나루. *江南 : 양자강 남쪽 지방. *寄書 : 편지를 부침. 부치는 편지.

[鑑賞] 맹진은 하남성의 洛陽(낙양)과 가까운 黃河(황하)의 연안에 있는데 예로부터 수상 교통이 발달된 곳이다. 지은이가 거기에 살았었는지는 모르나, 이 시는 집을 떠나 강남땅에 머무르고 있는 家長(가장)이 고향 집을 그리워하는 심정을 담았다. 고향 맹진에는 강남을 드나드는 배편이 늘 있는 포구라, 내 안부를 궁금해 하는 가족이 애타게 소식 오기를 기다릴 것이니 내 편지를 좀 전해 줄 수 없겠느냐고 뱃사람에게 부탁하고 있다.

5言古詩(5언고시). 압운은 口, 否 자로 상성 '有(유) 측운이다. 평측은 차례로 '平仄仄平平, 平仄仄平仄, 平仄平平平, 仄平平平仄'으로 끝 구만 이사부동이 되지 않았고, 반법이나 점법

이 이루어지지 않은데다가 측운으로 압운되어 고시인 것이다.

164-13 君自故鄕來 應知故鄕事 來日綺窓前 寒梅着花未 <제2수>

　　(군자고향래 응지고향사 내일기창전 한매착화미)

　그대 고향에서 왔다니, 응당 고향의 일을 알리.

　오던 날 우리 집 안방 창 앞에, 매화나무가 꽃 피웠던가 어떻던가.

[語句] *來日 : 오는 날. 오던 날. *綺窓 : 비단 커튼을 친 창. 여인이 거처하는 안방
　　의 창. *寒梅 : 추운 계절에 피는 매화.

[鑑賞] 타관 땅에 나와 있으니 고향의 모든 일이 궁금하다. 마침 아는 사람이 내 고
　　향에서 오는 길이라 하니, 고향의 여러 가지를 물어 본다. 그 중에서도 가장
　　궁금한 것이 우리 집 안방 창앞에 서 있는 매화나무에 꽃이 피었던가 아직 피
　　지 않았던가이다. 풍류적인 지은이라서 일반적인 家事(가사)보다도 추위를 이기
　　며 피어나는 매화의 개화 여부가 첫 번째 관심사이다.

　　5언고시. 압운은 事, 未 자로 事 자는 거성 '寘(치)' 측운이요 未 자도 거성 '未' 측운인데,
　이 두 운자는 通韻(통운)이 된다. 평측은 차례로 '平仄仄平平, 平平仄平仄, 平仄仄平平, 平平
　仄平仄'으로 이사부동이 이루어진 구는 첫째와 셋째 구이다. 압운도 측운이라 고시이다.

164-14 已見梅花發 復聞啼鳥聲 愁心視春草 畏向階前生 <제3수>

　　(이견매화발 부문제조성 수심시춘초 외향계전생)

　매화는 핀 지가 오래 되었고, 새 우는 소리도 요란하게 들려온다오.

　수심에 잠겨 봄풀을 보고 있노라면, 저 풀이 뜰 앞까지 자라올까 두렵소.

　[왜냐 하면, 기다리는 당신은 오지 않고 나 또한 집안에만 있어 풀 밟고 다니지 못
　하니 마냥 자라날 게 아니오.]

[語句] *已見 : 이미 보았음. 已와 字形(자형)이 비슷한 글자로 己(기-몸, 자기, 여섯째 天干천
　　간)와 巳(사- 뱀, 여섯째 地支지지)가 있음. *復聞 : 다시 들림. 또 들음. *愁心 : 근심
　　하는 마음. *階前 : 층계나 섬돌의 앞. 뜰 앞.

[鑑賞] 남편이 멀리 떠나고 없는 집의 안주인인 부인의 심정을 읊은 작품이다. 매화
　　는 이미 피었고 새소리가 시끄러운 봄이다. 봄풀이 파릇하게 돋아나는 걸 보니
　　그 풀이 무성하게 자라 온 뜰을 덮어버릴 듯하다. 바깥주인도 없고 나도 밖으
　　로 나들이를 가는 일이 없으니 봄풀은 멋대로 자라날 게 아닌가. 남편을 애타

게 기다리는 아내의 심정이 절박하다.

5言絶句(5언절구). 압운은 聲, 生 자로 평성 '庚(경)' 평운이다. 평측은 차례로 '仄仄平平仄, 仄平平仄平, 平平仄平仄, 仄仄平平平'으로 이사부동에 어긋난 구는 셋째 구인데, 반법과 점법이 셋째 구만 제하고는 그런대로 이루어져 절구로 처리했다.

164-15 竹里館(죽리관) 죽리관

獨坐幽篁裏 彈琴復長嘯 深林人不知 明月來相照.

　　(독좌유황리 탄금부장소 심림인부지 명월내상조)

대숲 속에 홀로 앉아, 거문고 뜯으며 길게 시가를 읊조리네.

숲이 깊어 사람들은 모르고, 명월만이 날 알아 비춰 주네.

[語句] *竹里館 : 대나무 숲속에 있는 집. 지은이의 輞川別莊(망천별장)에 있다고 함. *幽篁 : 그윽한 대숲. 篁은 '대나무 수풀, 대밭'임. *彈琴 : 거문고나 가야금 등을 탐. *長嘯 : 길게 내부는 휘파람. 詩歌(시가)를 길게 읊조림. *深林 : 깊게 무성한 수풀. 幽林(유림). *相照 : 서로 비춤. 서로 알아줌.

[鑑賞] 남들이 쉬이 오지 못하는 깊은 대밭 속에 있는 초당 같은 집에 혼자 앉아, 거문고를 타며 시와 노래를 길게 빼어 읊조리거나 불러본다. 숲이 깊숙하여 남들은 알지 못하지만, 오직 내 친구 같은 달이 떠올라 달빛을 비추어 주며 나를 알아본다. 이 달만 있으면 되지 사람들이야 알든 말든 아무 미련 없다. 自然親和的(자연친화적)인 지은이의 생활 철학과 隱遁(은둔) 속에서 자연의 참뜻을 찾아 즐기는 멋이 담뿍 담긴 名作(명작)이다.

5言古詩(5언고시). 압운은 嘯, 照 자로 去聲(거성) '嘯' 측운이다. 평측은 차례로 '仄仄平平仄, 平平仄平仄, 平平平仄平, 仄仄平平仄'으로 둘째 구만 二四不同(이사부동)에 어긋나 '平-平'이 되었고, 反法, 粘法(반법, 점법)은 그런대로 이루어졌으나 측운으로 압운했기에 고시가 된다.

164-16 春桂問答(춘계문답) 봄 계수나무와 문답하다

問春桂 桃李正芳菲 年光隨處滿 何事獨無花

春桂答 春花詎幾久 風霜搖落時 獨秀君知不.

　　(문춘계 도리정방비 연광수처만 하사독무화

　　춘계답 춘화거기구 풍상요락시 독수군지부)

봄 계수나무에게 물었다네,

"복숭아꽃과 자두꽃은 지금 한창 향기 피우며 피어나 한창이며,

이르는 곳마다 봄빛 가득한데, 무슨 일로 그대만이 꽃 없는가?"

봄 계수나무 대답하기를, "봄꽃이 그 얼마나 오래 갈꼬,

바람서리 휘몰아쳐 잎 지는 가을에, 나 홀로 빼어나 꽃피움을 그대 아나 모르나?" 하더라.

[語句] *桃李 : 복숭아와 오얏[자두]. *芳菲 : 화초가 향기롭고 꽃다움. *年光 : ①변하는 사철의 경치. ②젊은 나이. ③세월. *詎幾 : 얼마만큼. 詎는 '어찌. 모르다'임. *風霜 : 바람과 서리. 많은 苦難(고난). *搖落 : 흔들어 떨어뜨림. 늦가을에 나뭇잎이 떨어짐. *獨秀 : 홀로 빼어남[뛰어남]. *知不 : 아는가 모르는가.

[鑑賞] 봄의 계수나무와 문답하는 형식으로 읊은 작품. 봄이 와 복숭아와 자두 꽃이 만발하는 등 이르는 곳마다 삼라만상이 봄을 구가하는데, 오직 계수나무 너만은 꽃을 피울 줄도 모르고 잎사귀만 무성한가 하고 물었다. 계수나무가 답하기를 "그까짓 도화 이화 같은 꽃이 얼마나 오래 갈꼬. 가을 되어 풍상이 섞어치고 많은 나무들이 낙엽 지는 때 나 홀로 꽃 피움을 당신들은 알고나 있소." 한다. 寓意法(우의법)과 問答法(문답법)을 구사한 점이 독특하다 하리라.

雜言詩(잡언시). 3言과 5언을 써서 모두 8구로 이루어졌다. 압운은 일정하지 않으니, 각 구 끝자의 韻(운)을 보면 桂-거성 '霽(제)' 측운, 菲-평성 '微(미)' 평운, 滿-상성 '旱(한)' 측 운, 花-평성 '麻(마)' 평운 ; 荅-입성 '合(합)' 측운, 久-상성 '有(유)' 측운, 時-평성 '支(지)' 평운, 不-평성 '尤(우)' 평운 등이라, 공통되는 것이 없어 압운하지 않았음을 알 수 있다. 평측은 차례로 '仄平仄, 平仄仄平平, 平平平仄仄, 平仄仄平平, 平仄仄, 平平仄仄仄, 平平平仄平, 仄仄平平平'으로 3언구를 제외하면 이사부동은 이루어졌고 반법과 점법은 부분적으로만 성립된다.

165. 王籍(왕적 ?) : 중국 南北朝(남북조) 때 梁(양) 나라의 文人(문인).

165-1 入若耶溪(입약야계) 약야계에 들어가다

艅艎何汎汎 空水共悠悠 陰霞生遠岫 陽景逐廻流

蟬噪林逾靜 鳥鳴山更幽 此地動歸念 長年悲倦遊.

(여황하범범 공수공유유 음하생원수 양경축회류

선조임유정 조명산갱유 차지동귀념 장년비권유)

나룻배는 무척 둥둥 떠다니는데, 하늘과 강물 다 함께 유유하구나.

흐릿한 노을은 먼뎃산에서 생겨나고, 햇빛은 빙 돌아 흐르는 강물 따라 도네.

매미 소리 시끄러우니 숲 더욱 고요하고, 새가 우니 산 더욱 그윽하구나.

이 땅은 고향으로 돌아갈 생각 일으키니, 오랜 세월 경치 구경에 지쳤음이라.

[語句] *若耶溪 : 중국 越(월)의 미녀 西施(서시)가 연밥을 따던 시내. 越溪(월계). →164-6.
*艅艎 : 나룻배. 吳(오) 나라의 배 이름. *何 : 얼마나. 무척.<副詞부사로 감탄의 의미를
가짐> *汎汎 : 둥둥 떠다님. *空水 : 하늘[창공]과 물[강물]. *悠悠 : 여유있고 한
가로움. 느릿느릿함. *陰霞 : 흐릿한 노을. *遠岫 : 멀리 있는 산, 또는 산의 바위
굴. *陽景 : 밝은 경치. 햇빛. *廻流 : 빙 돌아 흐르는 물. 回流(회류). *長年 : ①
긴 세월. 오래 삶. 노인. ②뱃길을 이끄는 船長(선장) 구실의 뱃사공. 長年三老(장년
삼로, 배의 선장과 키잡이 사공). *倦遊 : 노는 데에 지침. 벼슬살이에 싫증이 남. 遊學(유학,
멀리 다니며 견문을 넓히면서 공부함)에 피로함.

[鑑賞] 약야계가 있는 浙江省(절강성)은 杭州灣(항주만)과 錢塘江(전당강) 등 물의 고장이
다. 약야계에 들어가려니 여황배는 둥둥 떠 있고 하늘과 물이 한 빛으로 유유
하다. 먼 산 바위에서 흐릿한 노을이 생겨나고 해는 굽이도는 강물에 쫓기는가
어느덧 석양에 가깝다. 매미들이 시끄럽게 맴맴 우니 숲이 오히려 조용하고,
산새들 울어대니 산은 더욱 깊숙한 느낌이다. 이 좋은 광경을 즐거이 유람했으
니, 이제는 산천 구경을 그만 하고 집에 돌아가야지 하는 생각이 든다. 頷聯(함
련, 3~4구)과 頸聯(경련, 5~6구)의 對句(대구)가 절실하게 이루어졌는데, 특히 경련의
대 구는 역설적이니 '매미 소리로 해서 숲이 한결 고요하고 산새 소리로 해서
숲이 더욱 그윽하다'는 아무나 그릴 수 없는 名句(명구)이다. 敍景(서경)을 멋지게
펼치다가 敍情(서정)으로 마무리했고, 또 끝구의 '長年'을 뱃사공으로 보아 "뱃
사공은 멀리 가기에 지쳐 슬퍼하더라."로 풀이하기도 한다.

5언고시. 압운은 悠, 流, 幽, 遊 자로 평성 '尤(우)' 평운이다. 평측은 차례로 '平平平仄仄,
平仄仄平平, 平平平仄仄, 平仄仄平平, 平仄平平仄, 仄平平仄平, 仄仄仄平仄, 平平平仄平'
으로 이사부동에는 모두 맞았다. 지은이 시대는 반법, 점법 등의 규칙이 확립되기 전이라 평측
이 짝을 잘 이루었을 뿐 반법과 점법은 형성되지 않았을 것이라 고시로 처리했다.

166. 王之渙(왕지환 696~720) : 盛唐(성당) 때 시인. 자 季陵(계릉). 山西省 并州(산서성 병
주, 현재 太原市태원시) 사람. 늦게야 시 짓기에 전념하며 王昌齡(왕창령), 高適(고적)과 교유
하여 詩名(시명)을 떨쳤는데, 시 6수만이 남아 전한다.

166-1 登鸛鵲樓(등관작루) 관작루에 올라

白日依山盡 黃河入海流 欲窮千里目 更上一層樓.
　　(백일의산진 황하입해류 욕궁천리목 갱상일층루)

해는 산에 기대었다가 사라지고, 황하는 바다에 들어가려 흘러가네.

멀리 천리 바깥을 더 보려고, 다시 누각 한 층을 또 오르네.

[語句] *鸛鵲樓 : 산서성 永濟市(영제시)에 있는 누각. *白日 : 해. 밝은 해. *黃河 :
　　　중국의 둘째가는 큰 강. 감숙성, 섬서성, 산서성 등을 돌아 하북성, 산동성을
　　　지나 渤海灣(발해만)으로 흘러 들어감. *窮目 : 눈으로 볼 수 있는 맨 끝.
[鑑賞] 누각 이름에 황새[鸛]와 까치[鵲]가 들어 있으니, 날짐승들이 먹이를 찾아 모여드
　　　는 들판에 있는 누각인가보다. 석양은 서산에 가려 사라지고 황하의 유장한 흐름
　　　은 발해만 바다로 향해 끊임없이 흘러간다. 이 두 구는 대가 이루어졌으니, 白日-
　　　黃河, 依山-入海, 盡-流가 그것이다. 여기서도 멀리를 볼 수가 있지만 더 넓게
　　　보려고 누각의 윗층을 올라가 본다. 그러면 더 멀리까지 보이리라 기대하면서. 이
　　　두 구도 대라고 볼 수 있으니, 欲窮-更上, 千里目-一層樓 로 짝이 되었다.

　　5言絶句(5언절구). 압운은 流, 樓 자로 평성 '尤(우)' 평운이다. 평측은 차례로 '仄仄平平仄,
平平仄仄平, 仄平平仄仄, 仄仄仄平平'으로 二四不同(이사부동)뿐 아니라 反法(반법)과 粘法(점
법)에도 합치되고 평측 배열도 규칙에 맞아 전형적인 5언절구라 하겠다.

166-2 送別(송별) 사람을 이별하여 보내다

　楊柳東風樹 靑靑夾御河 近來攀折苦 應爲別離多.
　　　(양류동풍수 청청협어하 근래반절고 응위별리다)

동풍에 나부끼는 버들이, 이별하는 다리가 있는 협어하 가에 청청하구나.
이 버드나무 요즈음 자꾸만 꺾이어 괴롭나니, 응당 이별하는 일 많기 때문이리.

[語句] *楊柳 : 버드나무. 楊은 가지가 곧은 '갯버들'이고 柳는 '수양버들'임. *東風樹
　　　: 동풍에 나부끼는 나무. 버들은 봄바람 곧 동풍이 불 때 나부끼므로 버드나무를
　　　두고 한 말임. *靑靑 : 싱싱하고 푸름. *夾御河 : 섬서성 長安(장안) 동쪽의 灞水
　　　(파수). 서울인 장안에서 남과 이별할 때는 이 강의 다리[灞橋파교]에 이르러 버들
　　　가지를 꺾어주며, 옆에 있는 灞亭(파정)이란 정자에 올라 송별의 뜻을 표했음. 한
　　　편 서쪽으로는 渭城(위성)까지 동행하여 작별했다고 함. →164-10. *近來 : 요사
　　　이. *攀折 : 휘어잡아 끊음. 당기어 꺾임. *別離 : 서로 헤어짐. 離別.
[鑑賞] 장안 사람들이 남을 송별할 때에는 파수의 다리께까지 가서 버들가지를 꺾어
　　　주며 파정에 올라, 이별주를 나누거나 송별시를 지어 주고받으며 이별하는 慣
　　　習(관습)이 있었다 한다. 이런 풍습은 풍류가 있어 좋기는 하나, 버드나무의 처
　　　지로서는 가지가 꺾이는 아픔을 참을 수 없으리라. 이 시는 그 버드나무의 아

품을 안타까워하고 특히 이별하는 일이 많은 봄철임을 그렸다. 사람이 서로 이별하는 것이나 버드나무 가지가 꺾이는 것이나 괴롭기는 마찬가지다.

5언절구. 압운은 河, 多 자로 평성 '歌(가)' 평운이다. 평측은 차례로 '平仄平平仄, 平平仄仄平, 仄平平仄仄, 平仄仄平平'으로 이사부동과 반법, 점법 등 5絶(5절, 5언절구)의 평측 배열 규칙에 모두 들어맞은 秀作(수작)이다. 끝 행의 爲 자는 '하다. 되다'이면 '支(지) 운이나 '위하다. 되다'의 뜻으로 보아 거성 '寘(치)' 측운으로 처리하여 평측을 맞추었음을 밝혀 둔다.

166-3 涼州詞(양주사) 양주사

黃河遠上白雲間 一片孤城萬仞山 羌笛何須怨楊柳 春光不到玉門關.
(황하원상백운간 일편고성만인산 강적하수원양류 춘광부도옥문관)

황하의 먼 상류 구름 속에 닿을 듯하고, 한 조각 외로운 성 양주는 만 길 높은 산에 있구나. 오랑캐의 피리는 왜 이별의 곡 '절양류'만 부는가, 봄빛은 옥문관을 넘지 못하는데.

[語句] *涼州詞 : '양주의 노래'란 뜻으로 樂府(악부)의 시임. 涼州는 '甘肅省(감숙성)의 옛 지명으로 지금의 武威市(무위시)'인데 당시는 변방의 국경 부근이었음. *遠上 : 먼 위쪽. 먼 상류. *一片孤城 : 한 조각같이 조그만 외로이 고립된 성. 곧 涼州城(양주성). *萬仞 : 만 길 되도록 높음. 仞은 '7~8尺(척)'으로 1척은 周(주) 나라 때 약 22.5㎝임. 萬丈(만장). *羌笛 : 오랑캐들이 부는 피리. 羌은 '서쪽 오랑캐 곧 西戎(서융)'임. *何須 : 어찌 ~할 필요가 있는가. *楊柳 : 折楊柳曲(절양류곡). 이별의 노래. 송별할 때 버드나무 가지를 꺾어 주며 부른다고 해서 생긴 말임. *春光 : ① 봄볕. 春陽(춘양). ②봄 경치. 韶光(소광). *玉門關 : 감숙성 敦煌市(돈황시) 서북쪽에 있는 관문. 西域(서역)으로 통하는 교통의 요지임.

[鑑賞] 제목을 '出塞(출새)'라고도 하는 시. 황하 물줄기의 저 위쪽은 구름 속에 잠겼는데, 조그마하게 보이는 양주성은 만 길이나 되는 높은 산에 있다. 이 곳에 사는 오랑캐들은 어찌하여 이별곡인 '절양류곡'만 피리로 불어대는지 모를 일이다. 왜냐하면, 옥문관을 넘으면 봄볕이 엷어 버드나무의 눈을 틔우지 못해 버들이 없는 고장이어서, 버들을 원망할 아무런 까닭이 없겠기 때문이다. 그러니 듣는 사람으로 하여금 더욱 고향 생각만 부채질하는 것이다.

7言絶句(7언절구). 압운은 間, 山, 關 자로 평성 '刪(산)' 평운이다. 평측은 차례로 '平平仄仄仄平平, 仄仄平平仄仄平, 平仄平平仄仄仄, 平平仄仄仄平平'으로 二四不同二六對(이사부동이륙대)와 반법, 점법 등이 잘 이루어졌다. 王翰(왕한)의 '涼州詞(양주사)' 참조. →168-2.

167. 王昌齡(왕창령 Wang Chang-ling 698~765?) : 盛唐(성당) 때 시인. 자 少伯(소백). 陝
西省 長安(섬서성 장안) 또는 江蘇省 江寧縣(강소성 강녕현) 출생이라고 한다. 開元(개원) 15
년(727)에 進士(진사)가 되고 校書郎(교서랑)을 지냈다. 다시 博學宏詞科(박학굉사과)에 급
제하여 汜水縣尉(사수현위), 江寧副知事(강녕부지사)가 되었으나, '細行不謹(세행불근, 대수롭지
않은 예법을 삼가지 않음)'이라 하여 龍標縣尉(용표현위)로 좌천되었다. 安祿山(안록산)의 난이
지난 뒤 고향에 돌아와 刺史 閭丘曉(자사 염구효)에게 피살되었다. 李白(이백)과 함께 7언
절구에 뛰어났고, 특히 이별이나 閨怨(규원) 같은 시를 잘 지어 '長信秋詞(장신추사)' 같
은 작품은 많이 알려졌고, 塞北(새북)의 정서를 노래한 '出塞(출새)'는 당 나라 절구 중
의 걸작이라 일러 온다. 당시에 '詩家天子 王江寧(시가천자 왕강녕)'이라고까지 칭송했으
며 '王昌齡詩集(왕창령시집, 5권)'이 있다.

167-1 閨怨(규원) 아내의 원망

閨中少婦不知愁 春日凝粧上翠樓 忽見陌頭楊柳色 悔敎夫壻覓封侯.
(규중소부부지수 춘일응장상취루 홀견맥두양류색 회교부서멱봉후)

안방의 젊은 부인은 수심을 모르는 듯, 봄날에 화장을 곱게 하고는 누각에 오르네.
문득 길가의 버드나무 파랗게 잎 피어났음을 보더니만,
높은 벼슬 구하라고 남편을 멀리 보낸 걸 못내 후회하는구나.

[語句] *閨怨 : 남편에게 버림을 받거나 이별을 당한 아내의 원망. *閨中 : 안방. 부녀자
의 처소. *少婦 : 젊은 부인. *凝粧 : 곱게 화장함. 凝粧盛飾(응장성식, 얼굴과 옷을 아름
답게 꾸밈). *翠樓 : 푸르게 칠한 누각. *陌頭 : 길가. 밭둑가. *楊柳 : 버드나무. *敎
: ~ 하도록 하다. ~하게 하다.<使役形사역형> *夫壻 : 남편. *覓 : 찾다. 구하다. *
封侯 : 제후로 봉함. '높은 벼슬을 하거나 신분이 귀하게 됨'의 뜻으로 쓴 말임.
[鑑賞] 아직 나이 어린 신부라 근심이 무언지 모른다. 봄이 되자 화장을 곱게 하고는
누각에 올라 길가의 버드나무가 파랗게 싹이 돋아나는 걸 보고는, 불현듯 출세
를 위해 집을 떠난 남편이 그리워진다. 이제야 규중 여인의 수심이 무엇인지를
깨닫게 된다는 귀여운 모습이다. '詩經 豳風(시경 빈풍)'의 '七月(칠월)' 註(주)에
"봄 여인은 양기를 느껴 사내를 사모하게 되고, 가을의 남정네는 음기를 느껴
여인을 생각하게 된다."는 말 그대로다.

7언절구 압운은 愁, 樓, 侯 자로 평성 '尤(우)' 평운이다. 평측은 차례로 '平平仄仄仄平平,
平仄平平仄仄平, 仄仄仄平平仄仄, 仄平平仄仄平平'으로 이사부동이륙대와 반법, 점법 등이
평측 배열 규칙에 합치되었다.

167-2 西宮秋怨(서궁추원) 서궁에서 가을을 원망하다

芙蓉不及美人妝 水殿風來珠翠香 却恨含情掩秋扇 空懸明月待君王.

(부용불급미인장 수전풍래주취향 각한함정엄추선 공현명월대군왕)

저 부용꽃도 미인의 화장한 모습 못 따르니,

물 가 전각에 바람 불어 머리 구슬 장식 향그럽네.

정을 품음이 도리어 한스러워 가을 부채로 가리고, 허공의 명월을 바라보며 임금님 기다리네.

[語句] *西宮 : 長信宮(장신궁). 漢(한) 나라 成帝(성제)의 총애가 趙飛燕(조비연)에게 기울자 사랑을 받던 후궁 班婕妤(반첩여)가 피해 가 있던 궁전임. *芙蓉 : ①연꽃. ②木芙蓉(목부용). 무궁화과의 낙엽 관목으로 초가을에 흰색이나 담홍색 꽃이 핌. *妝 : 단장하다. 粧(장)과 같은 자. *水殿 : 물가에 세운 전각. *珠翠 : 구슬과 翡翠玉(비취옥). '구슬과 비취로 만든 여인의 머리 장식품'의 뜻으로 썼음. *秋扇 : 가을 부채. 때가 지나 소용없게 된 물건 또는 남자의 사랑을 잃은 여인. 한 성제가 조비연을 총애하니 반첩여가 장신궁으로 옮겨가 스스로를 '秋扇'이라 했음.<班婕妤 怨歌行> →89-1. *空懸明月 : 하늘에 걸려 있는 밝은 달, 또는 부질없이 떠 있는 밝은 달. 懸明月以自照(밝은 달이 공중에 걸려 절로 비추네)<司馬相如 長門賦> 漢武帝(한무제)의 총애를 잃은 陳皇后(진황후, 陳阿嬌진아교)가 長門宮(장문궁)에 별거할 때 진황후가 황금 100근을 司馬相如(사마상여)에게 주며 글을 지어달라 하여 '長門賦(장문부)'를 지어 주었더니, 무제가 이 글을 보고 감동하여 진황후를 다시 총애하게 되었다고 함.

[鑑賞] 장신궁에서 외롭게 살아가는 후궁 반첩여의 가을에 가지는 원망을 읊은 작품. 임금의 총애를 잃은 스스로를 가을 부채에 비겨 가을이 오는 것을 슬퍼했다. 지은이가 서궁의 반첩여를 소재로 지은 또 하나의 '西宮春怨(서궁춘원)'도 있으니 다음과 같다. "西宮夜靜百花香 欲捲朱簾春恨長 斜抱雲和深見月 朧朧樹色隱昭陽(서궁의 봄밤 고요하고 꽃은 향기로운데, 붉은 커튼 걷으려니 봄 원망이 너무도 크네. 거문고 비스듬히 끼고 달만 유심히 바라보노라니, 달빛 받아 흐릿한 수풀 속에 원수 같은 조비연이 사는 소양전이 은은히 보이는구나.)" 이 두 7언 절구 모두 樂府題(악부제)의 시로 제목을 '班婕妤怨'이라 해도 무난하리라.

7言絶句(7언절구). 압운은 妝, 香, 王 자로 평성 '陽(양)' 평운이다. 평측은 차례로 '平平仄仄仄平平, 仄仄平平平仄平, 仄仄平平仄仄仄, 平平平仄仄平平'으로 二四不同二六對(이사부동이륙대)는 셋째 구만 어긋났고 反法, 粘法(반법, 점법)은 그런대로 이루어졌다.

167-3 送郭司倉(송곽사창) 곽 사창을 보내며

映門淮水綠 留騎主人心 明月隨良掾 春潮夜夜深.

(영문회수록 유기주인심 명월수양연 춘조야야심)

문에 비치는 회수는 푸르니, 이는 그대 붙드는 이 주인의 마음이라.

밝은 달이 좋은 아전인 그대를 따르리니, 봄 조수는 밤마다 깊어만 가리라.

[語句] *司倉 : 刺史(자사) 아래의 창고지기 벼슬. *淮水 : 河南省(하남성) 남쪽에서 安徽省(안휘성)으로 흐르는 강. 淮河(회하). *留騎 : 타고 있는 말고삐를 잡음. 못 가게 말림. *良掾 : 좋은 衙前(아전, 하급 관리). 좋은 屬官(속관), 곧 곽 사창. 掾은 '아전. 인하다'임. *春潮 : 봄날의 潮水(조수).

[鑑賞] 신임하는 아랫사람과 송별하는 아쉬움을 읊은 시. 문밖의 강물이 푸른 것은 그대를 못 가게 말리고 싶은 내 마음과 같다. 명월은 항상 그대 가는 길을 비추어 줄 것이니, 달이 밝은 한 가는 곳의 밀물은 높아만 갈 것이다. 아쉽게 보내면서도 그의 앞길이 잘 되도록 배려해 주는 마음씨가 숨어 있는 佳作(가작)이다.

5言絕句(5언절구). 압운은 心, 深 자로 평성 '侵(침)' 평운이다. 평측은 차례로 '仄平平仄仄, 平仄仄平平, 平仄平平仄, 平平仄仄平'으로 이사부동과 반법, 점법 등이 5絕 簾(염, 拈념)에 합치되고 평측 배열도 잘 이루어졌다. 둘째 구의 騎 자는 여기서는 측운이어야 염이 맞다.

167-4 長信秋詞 三首 第2首(장신추사 삼수 제2수) 장신궁의 가을 노래 세 수 둘째 수

奉箒平明金殿開 且將團扇暫徘徊 玉顏不及寒鴉色 猶帶昭陽日影來 <제2수>

(봉추평명금전개 차장단선잠배회 옥안불급한아색 유대소양일영래)

새벽에 빗자루로 쓸고 전각 문 연 뒤, 둥근 부채 들고 잠깐 서성거리네.

고운 내 얼굴 추위에 떠는 까마귀보다 못한가,

그 까마귀는 오히려 밝은 햇발 받는데. 나는 임금님 총애를 못 받고 사네.

[語句] *長信 : 長信宮(장신궁, 西宮서궁). →167-2. *秋詞 : 가을에 읊은 글. 가을 노래. *奉箒 : 빗자루를 받들듯 듦. '정성스럽게 소제함'의 뜻임. *平明 : 아침 해가 뜰 시각. 새벽. *金殿 : 금빛 殿閣(전각). 대궐의 화려한 건물. *將 : 가지다. 또. 으로써. *團扇 : 종이나 비단으로 만든 둥근 부채. 凉扇(양선). *徘徊 : 이리저리 거닒. *玉顏 : ①옥같이 아름다운 얼굴. 미인의 얼굴. ②임금의 얼굴. 龍顏(용안). 여기서는 ①임. *寒鴉 : 추위에 떨고 있는 까마귀. 겨울 까마귀. *昭陽 : ①밝은 햇빛. ②十干 癸(십간 계)의 옛 이름. ③昭陽殿(소양전). 趙飛燕(조비연)의

동생 昭儀 趙合德(소의 조합덕)이 거처하던 궁전. 여기서는 ①임. *日影 : ①해의 그림자. ②햇발. 햇살. 여기서는 ②임.

[鑑賞] 이 시도 앞에서 감상한 '西宮秋怨(서궁추원)'과 마찬가지로 서궁 곧 장신궁에서 외로이 살아가는 班婕妤(반첩여)의 애절한 심사를 읊었다. 새벽에 집안을 쓸어 소제하고 전각을 열어 놓고는 임금님이 오시지나 않을까 얼굴 가리개 둥근 부채를 들고 서성거린다. '내 고운 얼굴은 저 추위에 떨고 있는 까마귀만도 못하니, 까마귀는 그래도 해만 떠오르면 따뜻한 햇볕을 받아 추위를 녹이는데, 나는 임금님의 총애를 받지 못하고 이렇게 애태우고 있네.' 하고 한탄한다. 이 시는 모두 세 수로 첫째 수는 "金井(금정) 우물가의 오동잎은 단풍 드는데 비단 커튼 걷지 않았고 가을 서리 내리네. 향기로운 장롱이나 옥 베개는 독숙공방이라 면목없이 되었고 남쪽 궁전의 물시계 소리만 누워 처량하게 듣고 있네."이고, 셋째 수는 "내 이렇게 薄命(박명)한가를 골똘하게 생각다가 꿈에 임금님을 뵙고는 깨고 나서 꿈 같지 않게 느끼네. 꿈속에서는 분명히 서궁에 불 밝혔고 酒宴(주연)이 벌어져 그리로 가는 마루에서 임금님 사랑받은 게 또렷했었으니."이다.

7언절구. 압운은 開, 徊, 來 자로 평성 '灰(회)' 평운이다. 평측은 차례로 '仄仄平平平仄平, 仄平平平仄平平, 仄平仄仄平平仄, 平仄平平仄仄平'으로 이사부동이륙대와 반법, 점법 등 7律의 평측 규칙에 모두 합치되었다.

167-5 出塞行(출새행) 변방 출정 노래

白草原頭望京師 黃河水流無盡時 秋天曠野行人絕 馬首東來知是誰.
 (백초원두망경사 황하수류무진시 추천광야행인절 마수동래지시수)

흰빛 쑥 우거진 들판에서 장안 쪽을 바라보니, 황하 강물 끝날 날 없이 흐르네.

가을날의 거친 들판 길 가는 이 끊기었는데, 말머리를 동쪽으로 돌리는 자 누구인가.

[語句] *出塞 : 국경 변방으로 出征(출정)함. *行 : 樂府體(악부체)의 노래. →9-5. *白草 : 쑥. *原頭 : 들가. 들판 근처. *京師 : 서울. 당시의 중국 長安(장안). *黃河 : 중국 華北(화북) 지방의 강. →165-1. *無盡 : 한도와 끝이 없음. 無窮無盡(무궁무진). *秋天 : 가을 하늘. 가을날. *曠野 : 아득히 너른 벌판. 거친 벌판. 荒野(황야). *馬首東來 : 말머리를 동쪽으로 함. 退却(퇴각)함. 來 자는 助辭(조사)임. 전국시대에 晉(진)나라 悼公(도공)이 秦(진)을 정벌하려고 제후의 군사들이 涇水(경수, 섬서성 咸陽함양 동쪽의 강)를 건너려 하지 않아 晉의 叔向(숙향)이 독려해 건넜는데, 秦에서 강 상류에 독을 풀어 놓아 많은 군사들이 죽었음. 군대가 棫林(역림)에 도착하자 晉의 荀偃(순언)이

명하기를 "내일 새벽닭이 울면 말을 수레에 매고는, 우물은 메워버리며 부뚜막을 헐고 나서 내 말머리가 향하는 곳만 보며 따르라." 했으나, 欒黶(난염)이 항의하기를 "지금까지 晉의 명령을 혼자 결정한 예가 없소. 余馬首欲東(여마수욕동, 내 말머리는 동쪽으로 가리다)" 하며 돌아가니, 많은 군사들이 뒤따랐음. 이에 순언도 전군을 철수시키니 이를 '遷延之役(천연지역, 퇴각한 싸움)'이라 불렀음.<左傳 襄公14年>

[鑑賞] 서북쪽 국경 지방의 정경과 수비하러 가는 군사의 정서를 읊어 걸작이라 칭송받은 작품. '기후가 추운 지방이라 거친 들판에 하얀 쑥풀만 우거졌다. 거기서 남녘 서울 있는 곳을 바라보니 황하 강물은 영원토록 흐른다. 쌀쌀한 가을날이라 길가는 사람도 없으니, 말머리를 돌려 퇴각할 어느 군사가 있겠는가, 있을 수가 없다.' 이 시와 비슷한 素材(소재)로 '從軍行 三首(종군행 삼수)'가 또 있으니 그 내용은 다음과 같다. "봉화성 서쪽 높은 누대에 올라 황혼에 혼자 앉으니 바닷바람은 가을일세. 게다가 오랑캐 피리소리 '關山月(관산월)' 슬픈 가락을 부니 만리 밖 아내의 나를 그리는 심정 어찌할 수 없구나.<제1수> 靑海(청해)에 길게 낀 구름 雪山(설산)을 막았고 외딴 이 성에서 멀리 玉門關(옥문관)을 바라보네. 서북 사막에서의 백번 싸움에서 갑옷은 해어졌으나 오랑캐 樓蘭(누란) 무리를 쳐부수지 않고는 돌아가지 않으리라.<제2수> 진秦 나라 때부터 있어 온 저 달이요 한漢 나라 때의 옥문관인데 만릿길 출정했던 군사들 많이도 돌아오지 못했나니, 만약 李廣(이광) 같은 장수가 오랑캐의 龍城(용성)을 점령해 있었더라면 오랑캐의 胡馬(호마)들이 어찌 陰山山脈(음산산맥)을 넘어올 수 있었으리.<제3수>"

7言絶句(7언절구). 압운은 師, 時, 誰 자로 평성 '支(지)' 평운이다. 평측은 차례로 '仄仄平平仄仄平, 平平仄平平仄平, 平平仄仄平平仄, 仄仄平平平仄平'으로 처음 두 구는 二四不同二六對(이사부동이륙대)에 맞지 않아 각각 '仄-平-平'과 '平-平-仄'이 되었고, 따라서 反法, 粘法(반법, 점법)도 온전하지 못하다. 나중의 두 구는 모두 규칙에 맞으므로 절구로 처리했다.

168. 王翰(왕한 687~726) : 盛唐(성당)의 시인. 자 子羽(자우). 山西省 并州(산서성 병주, 현재 太原市태원시) 晉陽(진양) 사람. 젊어서 호방한 성품에 술을 마시며 재주를 믿었다. 進士(진사)에 급제한 뒤 張說(장열 →358)을 보좌하여 秘書正字(비서 정자)가 되었고 駕部員外郎(가부 원외랑)에 뽑혔으며, 호방한 성격 때문에 汝州(여주)의 長史(장사), 仙州別駕(선주별가)로 좌천되었다. 杜甫(두보)의 시에 '왕한과 이웃을 정하고 싶다.'는 구가 있으며, '王翰集(왕한집 10권)'이 있다.

168-1 古長城吟 終聯(고장성음 종련) 옛 장성을 읊다 끝 연

當昔秦王按劍起 諸侯膝行不敢視 富國强兵二十年 築怨興徭九千里

秦王築城何太愚 天實亡秦非北胡 一朝禍起蕭墻內 渭水咸陽不復都.

(당석진왕안검기 제후슬행불감시 부국강병이십년 축원흥요구천리

진왕축성하태우 천실망진비북호 일조화기소장내 위수함양불부도)

옛날 진 나라 임금이 무력으로 일어서니, 제후들은 무릎걸음 하고 감히 쳐다보지도 못했네.

부국강병을 꾀한 지 스무 해 동안, 원한을 쌓으며 부역을 일으킴이 9천 리에 뻗히었구나.

진왕의 만리장성 쌓음이 그 얼마나 큰 어리석음이었던지,

하늘이 진 나라를 망쳤지 북쪽 오랑캐의 탓은 아니어라.

하루 아침에 화근이 그 담장 안에서 일어,

위수의 북쪽 함양은 다시 서울이 되지를 못했구나.

[語句] *古長城 : 옛 긴 성. 萬里長城(만리장성). *吟 : 읊조림. 문체의 하나로 '슬프기가
귀뚜라미 같은 벌레의 소리 비슷함' 또는 '탄식하여 슬퍼하고 근심하는 마음이 가
슴에 막혀 있는 것을 표명한 글'임. *秦王 : 진 나라 왕. 주로 '秦始皇(진시황)'을
말함. *按劍 : 칼자루를 어루만짐. 무력을 씀. *諸侯 : 봉건시대에 封土(봉토)를 받
아 영내의 백성을 지배하던 작은 나라의 임금. 君侯, 列侯(군후, 열후). *膝行 : 무
릎으로 걸음. *富國强兵 : 나라가 재물이 넉넉하도록 하고 군대를 강하게 함. *
築怨興徭 : 원한을 쌓아 가고 부역을 일으킴. 만리장성을 쌓느라 백성의 원한을
크게 하고 심한 부역에 시달리게 함. *非北胡 : 북쪽 胡 오랑캐가 아님. 진시황
32년에 燕人(연인) 盧生(여생)이 圖書(도서)를 올리며 "秦을 망치는 것은 胡일 것이
라." 하니, 진시황은 장수 蒙恬(몽념)에게 군사 30만으로 북쪽의 호를 치게 했는데,
胡는 진의 2세황제인 胡亥(호해)를 뜻하는 것을 오랑캐로 잘못 알고 胡를 쳤다
함.<史記 秦本紀> *蕭墻 : 임금과 신하가 대면하는 곳에 세운 병풍. 담장. 신변이
나 내부에서 일어나는 우환이나 내란. 蕭墻之禍, 蕭墻之變, 自中之亂(소장지화, 소장
지변, 자중지란).<論語 季氏> 趙高(조고)는 2세 황제 호해를 望夷宮(망이궁)에서 죽이고 그
아들 嬰(영)을 세우고는 황제라 하지 않고 진왕이라고 하니, 결국 환란이 안에서
일어나 호해는 예언 그대로 秦을 망친 셈이 되었음. *渭水 : 감숙성 蘭州府渭源
縣(난주부 위원현) 서남쪽에서 발원하여 함양 남쪽을 돌아 황하와 합류하는 강.

[鑑賞] 이 시는 만리장성 쌓은 일을 읊은 14연 28구의 장시로, 지은이에 대해서도 宋(송)
나라의 王翰(왕한)이라 한 데도 있다.<大明統一志> 인용한 부분은 끝 4연인 바, 이 앞
10연의 내용은 "장안 소년은 장구한 계획이 없어 일생을 오직 임금 행렬의 앞장

서는 執金吾(집금오) 벼슬을 부러워하더니, 기린전 전각 앞에서 천자께 절하고 말 달려 서쪽의 오랑캐를 치러 가네. 胡地(호지)의 모랫바람이 얼굴을 치니 한 나라 군사와 오랑캐 병졸이 마주쳐도 그 얼굴을 볼 수 없었다네. 멀리서 북소리 땅을 울리며 들려오니 오랑캐의 單于王(선우왕)은 밤에도 전투를 한다 하네. 이 때 군사는 은혜만을 중히 여기고 임금을 위해 달려나가 만 명 오랑캐를 치려는 구나. 창을 휘두르며 해를 멈추게 하도록 용감히 싸우니 선우는 피를 흘려 수레바퀴를 붉게 물들이네. 진지로 돌아온 병사가 장성굴 물을 말에 먹이노라니 장성 길 옆에는 백골이 많이도 흩어져 있구나. 이 곳 노인에게 웬 백골이냐고 물으니 바로 진시황이 성을 쌓던 그 때 죽은 군졸들이라 하네. 황혼인데도 밥짓는 연기 보이지 않고 귀신들의 통곡 소리만 하늘에 들끓는구나. 이들은 죄 없이 죽었거나 공을 세웠어도 상 받지 못해 원한의 고혼이 되어 이 장성 근처를 헤맬 뿐이더라.”이다. 漢民族(한민족)의 골칫거리는 변방 이민족의 침입에 대처하는 일이라 중국에는 변방 국경을 읊은 시가 많다.

7言古詩(7언고시) 장편. 압운은 4구씩 나누어 볼 수 있는데 앞 네 구는 起, 視, 里 자로 起와 里 자는 상성 ‘紙(지)’ 측운이고 視는 거성 ‘寘(치)’ 측운이라 두 운자는 通韻(통운)이 되지 않는다. 따라서 압운했다고 볼 수 없다. 뒤의 네 구는 愚, 胡, 都가 운자로 모두 평성 ‘虞(우)’ 평운이다. 평측은 차례로 ‘平仄平平仄仄仄, 平平仄平仄仄仄, 仄仄平平仄仄平, 仄仄平仄平平仄, 平平仄平平仄平, 平仄平平平仄平, 仄平仄仄平平仄, 仄仄平平仄仄平’으로 이사부동이류대에 어긋난 구는 제 2, 4, 5구이다. 나머지는 이사부동이류대에는 맞지만 반법이나 점법이 이루어지지 못하였다.

168-2 涼州詞(양주사) 양주의 시

葡萄美酒夜光杯 欲飮琵琶馬上催 醉臥沙場君莫笑 古來征戰幾人回.
(포도미주야광배 욕음비파마상최 취와사장군막소 고래정전기인회)

포도주 맛좋은 술에 야광주 술잔,
마시려던 참에 말 위의 비파 소리 아니 마시지 못하게 하네.
백사장에 취하여 누운 사람을 그대여 웃지 마오,
예부터 싸움터에 나가 살아 돌아온 사람 그 몇이나 되던고.

[語句] *涼州 : 甘肅省武威市(감숙성 무위시)의 당 나라 때 이름. 서역으로 가는 교통의 중심지였음. →166-3. *葡萄美酒 : 맛좋은 포도주. 漢武帝(한무제) 때 서역에서 전해 들어왔음. *夜光杯 : 夜光珠(야광주, 밤에도 빛이 나는 보석)로 만든 옥 술잔. *琵琶 : 악기 이름. →90-13. *沙場 : 모래밭. *征戰 : 전쟁에 나감. 出征(출정)하여 싸움.

[鑑賞] 싸움에 나가는 군사가 出征歡送宴(출정 환송연)에서 술에 취하여 넋두리하는 樂

府題(악부제)의 시. 옥 술잔에 당시 상류 계급에서나 마시던 포도주를 대접받으니 양껏 안 마실 수 없다. 더구나 비파로 흥까지 돋우어 주고, 이제 전쟁에 나가 살아 돌아올는지 죽고 말는지 알지 못하는 판이라 泥醉(이취)하지 않을 수 없다. 백사장에 취하여 누운 장정들을 그대들이여 비웃지 말라. 지금까지 싸움에 나갔다가 살아서 돌아온 장정들이 그 얼마나 되었던가, 극소수에 지나지 않았던 것을. 전쟁의 비참함이란 곧 人間殺戮場(인간살륙장)이 아닌가. 王之渙(왕지환)도 같은 제목으로 지은 시가 있다. →166-3.

　　7言絶句(7언절구). 압운은 杯, 催, 回 자로 평성 '灰(회)' 평운이다. 평측은 차례로 '平平仄仄仄平平, 仄仄平平仄仄平, 仄仄平平平仄仄, 平平平仄仄平平'으로 二四不同二六對(이사부동이륙대)와 反法, 粘法(반법, 점법) 등이 잘 이루어진 傑作(걸작)이다.

　169. 于武陵(우무릉 810~?) : 晚唐(만당)의 시인. 이름 鄴(업). 자 武陵. 陝西省 西安(섬서성 서안) 사람. 宣宗 大中(선종 대중, 847~859) 연간에 進士(진사) 급제했으나, 관직을 버리고 각지를 유랑하다가 만년에 洛陽(낙양) 남쪽 嵩山(숭산)에 은거했으며 '于武陵集(우무릉집 1권)'이 있다.

169-1 勸酒(권주) 술을 권하다
　勸君金屈卮 滿酌不須辭 花發多風雨 人生足離別.
　　(권군금굴치 만작불수사 화발다풍우 인생족이별)

그대에게 이 금굴 잔의 술을 권하노니, 잔이 넘친다 해서 사양 말게나.
꽃 필 때 비바람이 많은 법이고, 인생살이에는 이별이 많다네.

[語句] *金屈卮 : 금으로 만들고 굽은 손잡이가 있는 술잔. 卮는 '술잔. 臙脂(연지)'임. *不須 : 마땅히 ~하지 말라. 반드시 ~하지 말라. *花發多風雨 : 꽃이 필 때면 비와 바람이 많음. '사람의 일에는 뜻대로 되지 않고 방해가 생기기 쉬움'을 암시하는 말임. *足 : 많다. 지나치다.
[鑑賞] 친구와 술상을 앞에 놓고 세상일에 대해 이야기를 주고받으며 술잔을 나눈다. 지은이는 금굴 술잔에 술을 가득 부어 친구에게 권하며 이 시를 읊는다. 봄에 꽃이 피면 으레 비바람이 몰아친다. 이것이 꽃샘바람이란 것인데, 인간의 일에도 좋은 일에는 방해되는 일이 생겨나는 법이라 우리 이별을 서러워하지 말자. '花發多風雨'에 主眼(주안)이 담긴 名作(명작)이다.

　　5言古詩(5언고시). 압운은 이루어지지 않았다고 보니, 앞 두 구 卮, 辭 자는 평성 '支(지)' 평운이나 뒤의 두 구는 雨, 別 자로 측운이면서 통운도 되지 않기 때문이다. 평측은 차례로 '仄

平平仄平, 仄仄仄平平, 仄平平平仄, 平平仄平仄'으로 앞 두 구만 이사부동이 이루어졌을 뿐, 반법이나 점법은 형성되지 않았다.

170. 禹倬(우탁 1263~1343) : 고려 말기 충선왕 때의 학자, 賢臣(현신). 자 天章(천장). 호 易東(역동), 白雲(백운). 시호 文僖(문희). 본관 丹陽(단양). 父 進士 天珪(진사 천규). 安珦(안향)의 문하에서 공부하고 충렬왕 4년(1278) 문과에 급제하여 寧海司錄(영해사록)으로 있을 때 고을에 八鈴(팔령)이란 妖神(요신)의 사당이 있어 민심을 현혹하므로 이를 없앴다. 監察糾正(감찰규정)으로 있을 때에는 충선왕이 淑昌院妃(숙창원비)를 밀통하므로 흰옷을 입고 도끼와 돗자리를 들고 궐내에 들어가 극간하고 물러나 禮安(예안)으로 돌아가니 후에 충숙왕이 그 충의를 깨닫고 다시 불렀으나 사퇴하고 글만을 벗삼았다. 이 때 宋(송) 나라에서 程子(정자)의 학문이 처음 들어오자 아무도 해득하지 못하므로, 우탁이 문을 닫고 들어앉아 한 달을 두고 연구 해득하여 후진들에게 가르치니 우리나라 理學(이학, 性理學성리학)의 시초였다. 그는 經史, 易學, 卜筮(경사, 역학, 복서)에도 통달했으며 成均祭酒(성균 좨주)에 이르렀고, 역학을 처음 전하였기로 세상 사람들이 '易東先生(역동선생)'이라 불렀다. 시조 2수도 전한다.

170-1 暎湖樓(영호루) 영호루

嶺南遊蕩閱年多 最愛湖山景氣加 芳草渡頭分客路 綠楊堤畔有農家
風恬鏡面橫煙黛 歲久墻頭長土花 雨歇四郊歌擊壤 坐看林杪漲寒槎.

　　(영남유탕열년다 최애호산경기가 방초도두분객로 녹양제반유농가

　　풍념경면횡연대 세구장두장토화 우헐사교가격양 좌간임초창한사)

영남 땅을 여러 해 두루 돌아 멋있게 유람하며, 이 호수와 산 경치를 가장 사랑하노라.
방초 우거진 나루터에서 나그넷길 나뉘고, 수양버들 늘어선 둑가에 농가가 있구나.
바람 잔잔해 거울 같은 수면은 연기 끼어 눈썹먹으로 그은 듯하고,
세월 오랜 담장 위에는 길게 이끼 끼었구나.
비 개자 사방 들판에서 격양가를 노래하고,
숲 너머로 그득한 물에 시원한 신선배 떠 있음을 앉아서 보노라.

[語句] *暎湖樓 : 경상북도 安東(안동)에 있는 누각. *嶺南 : 鳥嶺(조령)의 남쪽. 경상남북도 지방. 嶠南(교남). *遊蕩 : 豪宕(호탕)하게 유람함. *閱年 : 1년 이상이 걸림. *湖山 : 호수와 산. 자연. *景氣 : ①경치. 評判(평판). ②물건의 매매나 거래가 이루어지는 형편. 여기서는①의 뜻. *芳草 : 꽃다운 풀. *渡頭 : 나루. *客路 : 여행하는 길. 나그네의 길. 旅路(여로). *風恬 : 바람이 잔잔함. 恬은 '편안하다. 고요하다'임. *鏡

面 : 거울의 표면. '맑은 호수의 수면'임. *煙黛 : 이내와 눈썹먹. 연기가 검게 낀
모양. 鉛黛(연대)는 '분과 눈썹 그리는 먹. 화장'임. *墻頭 : 담장 머리. 담 위. *土
花 : 이끼. 습기로 해서 생겨나는 곰팡이. *四郊 : 사방의 郊外(교외). 사방의 들판.
*歌擊壤 : 풍년이 들어 농부가 태평한 세월을 기리는 노래를 함, 또는 그 노래.
擊壤歌. *秒 : 끝. 너머. *槎 : 떼. 신선이 타는 배.

[鑑賞] 안동의 영호루는 유명한 누각이라 '東文選(동문선)'에 실린 시만 8수인데, 이 우탁의
시를 비롯하여 崔脩(최수 →548), 趙簡(조간 →438), 蔡洪哲(채홍철 →522), 鄭子厚(정자후 →
416), 辛蔵(신천 → 137), 田祿生(전녹생 →372), 金忻(김흔 →724) 등의 작품인 바, 김흔의 7언
절구 외에는 모두 7언율시로 운자도 이 시와 같은 多, 加, 家, 花, 槎[査] 자이다.
고려 공민왕 때의 학자요 문신인 白文寶(백문보 →91)의 영호루 관련 글에 "辛丑年(신축
년, 공민왕 10년, 1361) 11월에 임금이 난리를 피하여 福州(복주, 안동)에 이르렀다. 하루는
고을의 영호루에 나가 앉아서 마음을 풀며 구경했는데, 서울로 돌아온 후에도 멀리
회상하기를 마지않았다. 틈을 내어 임금이 손수 붓과 벼루를 가져다 다락 현판의 세
큰 글자를 써서 하사하여 그 다락에 걸게 했다. 다락이 호수에 가까이 있어 둥글고
모난 기둥의 그림자가 호수 위에 거꾸로 흔들리는데, 巫峽(무협)이 그 왼쪽에 벌리고
城山(성산)이 그 바른쪽에 당겨 있으며 큰 강이 둘리고 모여서 호수가 되었다." 했
다.<白文寶 金牓記> 이 시에서는 첫 연에 영남을 유람하며 이 영호루를 가장 사랑한
다 하고, 이어 거기서 바라본 경치와 광경을 끝까지 읊은 것이 특징이다.

　7言律詩(7언율시). 압운은 多, 加, 家, 花, 槎 자로 多는 평성 '歌(가)' 평운, 나머지도 평성 '麻
(마)' 평운으로 通韻(통운)이 된다. 평측은 차례로 '仄平平仄仄平平, 仄仄平平仄仄平, 平仄仄平平
仄仄, 仄平平仄仄平平, 平平仄平平平仄, 仄仄平平平仄平, 仄仄仄平平仄仄, 仄平平仄仄平平'
으로 이사부동이륙대에 어긋난 구는 다섯 째 구이고, 반법과 점법은 대체로 이루어졌다.

171. 元結(원결 723~772) : 盛唐(성당)의 시인. 자 次山(차산). 호북성 武昌(무창, 현재 武漢市
무한시) 사람. 玄宗 天寶(현종 천보) 때 進士(진사)에 급제하여 容贊經畧使(용찬경략사)를 역임
했으며 여러 別號(별호)가 있다. 세속의 浮薄(부박, 천박하고 경솔함)한 시를 싫어하여 옛 시
풍을 모범으로 했고, 산문도 對句(대구)의 아름답고 화려한 문체를 배척했다. 작품으로
'大唐中興頌(대당중흥송)'이 유명하고 저서에 '篋中集(협중집)', '次山集(차산집)' 등이 있다.

171-1　大唐中興頌 初頭(대당중흥송 초두) 당 나라 중흥을 칭송하다 첫머리
　噫嘻前朝 蘖臣姦驕 爲昏爲妖 邊將騁兵 毒亂國經 羣生失寧
　大駕南巡 百僚竄身 奉賊稱臣 天將昌唐 緊睨我皇 匹馬北方.

(희희전조 얼신간교 위혼위요 변장빙병 독란국경 군생실녕

대가남순 백료찬신 봉적칭신 천장창당 예예아황 필마북방)

아아, 전에 현종 임금이 재위하던 조정에는

양국충, 이임보 같은 나쁜 신하들이 간교 교만하여,

사리와 도리에 밝지 못해 요망한 짓을 자행했었네.

변방을 지키는 장수 안록산은 군사를 이끌어 난을 일으키고 국법을 문란케 하여,

백성들은 평안을 잃고 불안해했네.

현종은 수레 타고 남쪽으로 나가 촉 땅 성도에 머물고

많은 벼슬아치들은 도망하여 숨었으며,

몇몇 사람들은 역적을 받들어 그 신하라 일컫기도 했었네.

하늘은 장차 당 나라를 창성케 하려고 우리 황제를 돌보아 주어서,

한 필 말을 타고 북쪽 영무에서 역적 토벌의 큰 뜻을 결심했었네.

[語句] *大唐 : 큰 당 나라. 당을 칭송해 쓴 말임. *中興 : 쇠퇴하던 것이 다시 일어남. *頌 : 칭송. 문체의 하나로 '덕을 칭찬하며 이를 형용해 나타내어 그 성공을 노래하는 글'임. *噫噫 : 아아. *蘖臣 : 요괴한 신하. 재앙을 저지르는 신하. 蘖은 '庶子(서자). 요물. 치장하다'임. 현종 때의 정승 楊國忠(양국충), 李林甫(이임보) 등을 가리킴. *姦驕 : 간사하고 교만함. *爲昏爲妖 : 도리와 事理(사리)에 어둡게 되고 요망하게 됨. *邊將 : 변방을 지키는 장수, 곧 安祿山(안록산). 范陽節度使(범양 절도사) 안록산은 현종의 총애를 받았으나 정승 楊國忠(양국충)과 불화하여 난을 일으켜 長安(장안)을 함락하고는 자칭 雄武皇帝(웅무황제)라 했음. *騁兵 : 군사들을 이끌어 옴. 騁은 '달리다'임. *羣生 : 많은 사람. 백성. 羣=群(무리 군). *大駕 : 임금이 타는 수레. 寶駕(보가). *南巡 : 남쪽으로 巡狩(순수, 임금이 나라 안을 돌아 살핌)함. '난을 피해 남쪽으로 감'을 婉曲(완곡, 빙둘러 나타냄)하게 쓴 말로, 현종이 난을 피해 장안 서남쪽의 蜀(촉) 지방으로 간 일을 말함. *百僚 : 모든 벼슬아치. 百官(백관). *竄身 : 몸을 숨김. 竄은 '숨다. 숨기다. 도망하다. 귀양 보내다'임. *奉賊稱臣 : 도적을 받들어 임금으로 하고 스스로 신하라 일컬음. 안록산을 임금으로 받들고 신하 노릇을 했음. *緊眄 : 봄. 흘겨봄. '돌보아 줌[眷顧권고]'의 뜻으로 썼음. 緊는 '語助辭(어조사)'임. *我皇 : 우리 임금. 肅宗(숙종). 玄宗 至德(현종 지덕) 1년(756) 太子 李亨(태자 이형)에게 양위하니 이가 숙종이며 숙종은 靈武(영무)에서 즉위했음. *匹馬 : 한 필의 말. 숙종이 북방 영무에서 즉위하고 안록산 정벌의 큰 뜻을 결심했다고 함.

[鑑賞] 당 나라 중흥을 칭송한 작품. 먼저 서문을 보면 "天寶(천보) 14년(755) 안록산이

낙양을 함락하고 다음해에 장안을 떨어뜨리니, 임금은 촉으로 옮겼다. 태자가 영무에서 즉위하여 이듬해에 황제의 군사를 鳳翔(봉상, 섬서성 봉상현)으로 옮기니 그 해에 兩京(양경, 洛陽낙양과 長安장안) 을 수복하고 上皇(상황, 현종)은 서울로 돌아왔다. 아아, 前代(전대)의 제왕으로 盛德大業(성덕대업)이 있던 분은 반드시 歌頌(가송)에 나타났다. 지금 대업을 가송하고 이를 金石(금석)에 새기는 일과 같은 것은 문학에 老鍊(노련)하지 않으면 누가 마땅히 할 수 있겠는가.”라 했다. 그리고, 이 글 끝에 '湘江(상강)의 중간 浯溪(오계) 돌벼랑에 이 송가를 새긴다' 했는데, 과연 顔眞卿(안진경)이 글씨를 써서 새겼으니, 이 비를 磨崖碑(마애비)라고도 하는 바 지금은 이지러져 전하지 않는다고 한다.

4言古詩(4언고시). 시의 범주에 넣을 수 없다는 주장도 있을 수 있으나, 압운이 이루어졌으므로 4언시로 분류해도 무방하리라. 압운은 3구마다 轉韻(전운)한 것이 특징이다. 제시한 초두의 압운을 보면 첫 세 구는 朝, 驕, 妖 자로 평성 '蕭(소)' 평운이고 다음 세 구는 兵, 經, 寧 자로 兵은 평성 '庚(경)' 운, 經과 寧 자도 평성 '靑(청)'으로 通韻(통운)이다. 그 다음의 세 구는 巡, 身, 臣 자로 평성 '眞(진)' 평운이며, 끝의 세 구는 唐, 皇, 方 자로 역시 평성 '陽(양)' 평운이니, 이 작품은 모두 평운으로 압운한 것이다. 평측은 따져볼 필요가 없지만 참고로 보이면 차례로 '平平平平, 仄平平平, 仄平仄平 ; 平仄仄平, 仄仄仄平, 平平仄平 ; 仄仄平平, 仄平仄平, 仄仄平平 ; 平平平平, 平仄仄平, 仄仄仄平'이다.

171-2 舂陵行(용릉행) 용릉 노래

安人天子命 符節我所持 州縣忽亂亡 得罪復是誰.
　　(안인천자명 부절아소지 주현홀난망 득죄부시수)

백성을 편안케 함이 천자의 사명인데 부절은 내가 가졌네.
고을이 문득 어지럽게 되면 그 죄를 져야 할 사람 그 누구이겠는가.

[語句] *舂陵 : 미상. *行 : 樂府體(악부체)의 시. →9-5. *安人 : 사람[백성]을 편안하게 함. *天子 : 皇帝(황제). 하늘을 대신하여 천하를 다스린다는 뜻으로 하는 말임. *符節 : 使臣(사신)이 信標(신표)로 가지던 옥이나 대나무로 만든 符信(부신). 이를 둘로 갈라 하나는 조정에 보관하고 하나는 본인이 가졌음<周禮 掌節> *州縣 : 고을. 지방 행정 단위. 市, 道, 郡(시, 도, 군)과 같음. *亂亡 : 어지럽거나 망함. '어지러워짐'의 뜻으로 쓴 말임. *得罪 : 잘못하여 죄를 지음.

[鑑賞] 봉건 군주의 나라에서는 임금이 직접 나라를 다스려야 하는 것이지만, 넓은 국토를 혼자서 맡을 수 없으므로 벼슬아치를 임명해 임금을 대신해서 그 지방을 통치하도록 위임한다. 임금은 백성들이 편안히 살아가도록 하는 것이 사명인데, 실제

로 고을을 다스리는 사람은 고을원이니 고을의 일이 잘못되면 그 책임은 당연히 고을원이 져야 하는 것이다. 왜냐 하면, 임금에게서 그 고을을 잘 다스리도록 위임받았기 때문이라는 것이다. 三段論法(삼단논법) 같은 시의 전개이다.

5言古詩(5언고시). 압운은 持, 誰 자로 평성 '支(지)' 평운이다. 평측은 차례로 '平平平仄仄, 平仄仄仄平, 平仄仄仄平, 仄仄仄仄平'으로 二四不同(이사부동)은 첫 구만 지켜졌고 反法(반법)이나 粘法(점법)이 이루어지지 않았으며, 평측이 고르지 못해 고시로 보았다.

172. 元稹(원진 778~831) : 中唐(중당)의 시인. 자 微之(미지). 河南省(하남성) 사람. 穆宗(목종) 때 宰相(재상)이 되어 부패한 정치의 개혁을 꾀하다가 실패하여 여러번 좌천되었다. 同州, 越州, 鄂州(동주, 월주, 악주) 등의 刺史(자사)를 거쳐 武昌節度使(무창절도사) 때 사망했다. 그의 시는 까다롭지 않고 쉬워서 白居易(백거이 →90)와 병칭되어 '元白(원백)'이라 하며 그 詩體(시체)를 元和體(원화체)라 한다. 저서에 '元氏長慶集(원씨장경집)'이 있다.

172-1 遣懷(견회) 회포를 풀다

我隨楚澤波中水 君作咸陽泉中泥 百事無心値寒食 身將稚女帳前啼.
　　(아수초택파중수 군작함양천중니 백사무심치한식 신장치녀장전제)

나는 동정호 물 따라 살아가는데, 그대는 함양의 무덤 속 흙이 되었구려.
만사가 시들한 속에 어느덧 한식이 되니, 내 몸도 어린 딸년 데리고 장막 앞에서 운다오.

[語句] *楚澤 : 洞庭湖(동정호). 중국 최대의 호수임. →64-14. *咸陽 : 陝西省(섬서성) 함양시. 옛 秦(진) 나라의 서울이었음. *泉中 : 黃泉(황천, 저승) 또는 泉下(천하, 저세상). 무덤 속. *百事 : 온갖 일. 萬事(만사). *無心 : 아무 생각이나 관심이 없음. *寒食 : 명절의 하나로 동지에서 105일째 되는 날인데 양력 4월 4~5일경임. →46-5. *稚女 : 어린 딸.

[鑑賞] 먼저 저세상으로 간 아내를 생각하며 지은 작품. '나는 떠돌이 같은 삶을 사는데, 그대는 함양의 묘지 속에서 흙이 되었겠구려. 모든 일에 의욕이 없어 손에 잡히지 않고 시들한 속에 한식이 되니 그대 생각하며 어린 딸과 더불어 울고 있소.' 아내를 잃고 홀아비가 되어 집안 꾸려 가기도 얼마나 힘들 것인가, 슬픈 심정을 절실하게 읊었다 하리라. 淸(청)의 문인 彭績(팽적)의 '亡妻龔氏墓地銘(망처공씨묘지명)'이 연상되니 그 글은 다음과 같다. "시집온 지 10년 서른 살에 병으로 죽으니, 여러 아주머니와 형제들 곡하고 이웃 사람들도 흐느끼게 했네. 이로부터 팽적은 쌀과 장작 값을 알게 되었고, 집안을 돌보느라 독서에 전념할

수 없었는데, 1년이 지나니 흰 머리카락 몇 올이 나오더라."

7言絶句(7언절구). 압운은 泥, 啼 자로 평성 '齊(제)' 평운이다. 평측은 차례로 '平平仄仄平平仄, 平仄平平平平仄, 仄仄平平仄平仄, 平平仄仄仄平平'으로 二四不同二六對(이사부동이륙대)는 셋째 구만 어긋났다. 둘째 구의 中 자는 '가운데. 안쪽'의 뜻이면 평성 '東(동)' 평운, '맞히다. 응하다. 당하다'의 뜻이면 거성 '送(송)' 측운인데, 편의상 측운으로 처리했다. 反法, 粘法(반법, 점법)은 그런대로 이루어졌다 하겠다.

172-2 故行宮(고행궁) 옛 행궁

寥落故行宮 宮花寂寞紅 白頭宮女在 閒坐說玄宗.
(요락고행궁 궁화적막홍 백두궁녀재 한좌설현종)

쓸쓸한 옛 행궁에 궁중 꽃 적막하게 붉은데,
백발 궁녀 한가로이 앉아 현종 임금 얘기를 하네.

[語句] *行宮 : 임금이 거둥할 때 묵던 別宮(별궁). *寥落 : 거칠어 처량함. 쓸쓸함. *宮花 : 행궁의 꽃. *寂寞 : 고요하고 쓸쓸함. *白頭 : 허옇게 센 머리. 白首(백수). *玄宗 : 唐(당) 나라 제 6대 황제. 재위 712~756년. 明皇(명황).

[鑑賞] 이 시의 행궁은 어디인지 모르나, 현종이 양귀비와 함께 거둥하던 驪山(여산)의 온천인 華淸宮(화청궁)이거나 안록산의 난 때 피난 갔던 鳳翔(봉상, 섬서성 봉상현)인지 모른다. 찾아오는 임금이 없으니 요락하기 이를 데 없는데 붉은 꽃만은 적막하도록 붉디붉다. 백발된 궁녀만이 행궁을 지키고 있으면서 어쩌다 찾아온 백성들과 마루에 앉아, 지난날 궁녀들이 들끓다시피 북적대고 화려했던 시절과 현종이 찾아왔을 때의 이야기를 자랑삼아 하고 있을 뿐이다. 옛 행궁의 한 때를 즉석 사진을 찍듯 그린 시이다.

5言絶句(5언절구). 압운은 宮, 紅, 宗 자로 宮과 紅은 평성 '東(동)' 평운, 宗은 평성 '冬(동)' 평운으로 두 운자는 通韻(통운)이다. 그리고, 5언절구는 첫 구에 압운하지 않는데 이 시는 첫 구에도 압운하여 독특하다. 평측은 차례로 '平仄仄平平, 平平仄仄平, 仄平平仄仄, 平仄仄平平'으로 이사부동이나 반법, 점법 등이 잘 이루어졌다.

172-3 鄂州寓館嚴澗宅(악주우관엄간댁) 악주의 객관인 엄간의 집에 묵으며

鳳有高梧鶴有松 偶來江外寄行蹤 花枝滿院空啼鳥 塵榻無人憶臥龍
心想夜閒惟足夢 眼看春盡不相逢 何時最是思君處 月入斜窓曉寺鍾.
(봉유고오학유송 우래강외기행종 화지만원공제조 진탑무인억와룡 심상야한유족몽 안간춘진불상봉 하시최시사군처 월입사창효사종)

심상야한유족몽 안간춘진불상봉 하시최시사군처 월입사창효사종)

봉황은 오동에 학은 소나무에 깃들이는데, 우연히 강가에 와 나그네 되었구나.

꽃가지 가득한 뜰에 새들만 부질없이 울고, 먼지 낀 평상 비어 와룡 같은 주인 생각하네.

만나고 싶은 마음은 밤들어 꿈으로만 꾸게 되니,

눈에 띄게 봄은 가는데 우리 못 만나는구나.

그대 생각 언제가 가장 간절한가, 달은 창문에 비껴들고 절간의 새벽 종소리 들릴 때라네.

[語句] *鄂州 : 湖北省 鄂州市(호북성 악주시). *寓館 : 客館(객관, 다른 곳에서 온 벼슬아치를 묵게 하던 집, 客舍객사)이나 여관에 머무름. *嚴澗 : 미상. *鳳有高梧 : 봉황이 높은 오동나무에 있음. 봉황은 오동나무에서만 머무름. 봉황은 '상상의 상서로운 새'임. *鶴有松 : 학이 소나무에 있음. 학이 소나무에 머무름. 학은 '涉禽類(섭금류)의 큰 새. 두루미.'임. ※이 첫 행은 엄간이 뛰어나고 고상한 선비임을 말한 것임. *江外 : 강의 바깥. 강가. *行蹤 : 자취를 따름. '자취를 남기며 감'으로 '나그넷길'을 말함. *塵榻 : 먼지 낀 平床(평상). 먼지 앉은 걸상. *臥龍 : 엎드려 있는 용. 초야에 묻혀 세상에 알려지지 않은 큰 인물. '엄간'을 가리킴. *心想 : 마음. 마음속의 생각. *足夢 : 꿈을 꾸는 것으로 만족함. *眼看春盡 : 눈에 보이는 대로 봄이 다함. *思君處 : 그대를 생각하는 처지나 분위기. *曉寺鍾 : 절에서 치는 새벽 종소리.

[鑑賞] 官員(관원)들의 숙소가 된 엄간의 집에 머물면서 그를 그리워하며 지은 작품으로, 엄간은 봉황이나 학처럼 뛰어나고 고상한 선비인데, 우연히 강가의 이 집에서 머물게 되는구나 하고 首聯(수련, 起聯기련 1~2구)을 펼쳤다. 이어 頷聯(함련, 承聯승련 3~4구)에서 꽃들 가득한 뜰에서는 새들만 울고, 먼지 낀 의자를 보니 고상한 선비인 그 주인 엄간을 생각하게 된다 했는데 對句(대구)를 이루었다. 다음 頸聯(경련, 轉聯전련 5~6구)은 전환으로 그를 만나고 싶은 마음은 밤들어 꿈길뿐이니 봄은 보는 대로 가 버리는데, 이 봄에는 만날 길 없겠다로 역시 詩作(시작) 규칙에 맞게 짝을 이루었다. 마지막 尾聯(미련, 結聯결련 7~8구)은 어느 때가 그대를 만나보고 싶은 생각이 간절한가 하니, 달은 서산에 숨으려는 듯 창문에 비껴 보이고 절간의 새벽 종소리가 들려오는 그 때라 했다. 잘 알고 있는 고상한 선비를 만나지 못하는 안타까움과 그를 아끼는 정이 가득 그려져 있다.

7言律詩(7언율시). 압운은 松, 蹤, 龍, 逢, 鍾 자로 평성 '冬(동)' 평운이다. 평측은 차례로 '仄仄平平仄仄平, 仄平平仄仄平平, 平平仄仄平平仄, 平仄平平仄仄平, 平仄仄平平仄仄, 仄平平仄仄平平, 平平仄仄平平仄, 仄仄平平仄仄平'으로 이사부동이륙대와 반법, 점법 등 7언율시의 평측 구성 원칙에 모두 잘 들어맞고 평측 배열도 고른 모범적 작품이다.

173. 元天錫(원천석 ?) : 고려말의 학자, 隱士(은사). 자 子正(자정). 호 耘谷(운곡). 본관 原州(원주). 고려의 정치가 문란하여 쇠망해 감을 보고 雉岳山(치악산)에 들어가 농사지으며 부모 봉양에 힘쓰는 한편, 李穡(이색 →243) 등과 사귀면서 시대의 잘못된 일을 개탄했다. 일찍이 조선 太宗(태종)이 왕자 때 가르친 바 있어서, 태종이 즉위하자 그 집을 찾아갔으나 피하므로 시냇가 바위에 올라 집 지키는 할머니를 불러 선물을 후하게 주고 돌아가니, 그 바위는 지금도 覺林寺(각림사) 곁에 太宗臺(태종대)란 이름으로 남아 있으며, 태종은 곧 그의 아들 泂(형)을 縣監(현감)에 임명했다. 野史(야사) 6권을 저술하여 궤 속에 넣고 가묘에 숨겨두고는 자손들에게 열어 보지 말라 했으나, 증손에 이르러 열어보니 고려말의 사실이 직필되어 國史(국사)와 저촉되는 점이 많아 화가 두려워 불살라 버렸다고 한다. 시조와 杜門洞名賢記錄(두문동명현기록) 및 '漢詩集(한시집 2권)'이 전한다.

173-1 過楊口邑(과양구읍) 양구읍을 지나며

破屋鳥相呼 民逃吏亦無 每年加弊瘼 何日得歡娛
田屬權豪宅 門連暴惡徒 子遺殊可惜 辛苦竟何辜.

(파옥조상호 민도이역무 매년가폐막 하일득환오

전속권호댁 문련포악도 자유수가석 신고경하고)

부서진 집에는 산새들 찾아들고, 백성들 떠나고 없으니 아전들도 오지 않는구나.
해마다 폐해만 더해 가니, 어느 날에나 즐거움이 있을 것인가.
논밭은 권세 있는 집들에게 돌아갔고, 문앞에는 포악한 무리들만 들끓네.
어린 아이들만 남아 가장 불쌍하니, 그 괴롭고 애태움이 그 누구의 죄인고.

[語句] *楊口 : 강원도 춘천 위쪽의 고을. 四明山(사명산), 飛鳳山城(비봉산성), 曲溪(곡계), 南津亭(남진정), 深谷寺(심곡사) 등의 명승고적이 있음. *相呼 : 서로 부름. 모여듦. *弊瘼 : 없애버리기 어려운 폐해. 못된 병통. *歡娛 : 기쁘게 즐김. *權豪 : 권세와 세력이 있음. *暴惡 : 사납고 악함. *可惜 : 애틋하게 아까움. 불쌍함. *辛苦 : 어려운 일을 당해 몹시 애씀. 고생함. 艱苦(간고). *辜 : 허물. 죄.

[鑑賞] 양구읍 주민들의 가난하고 고달픈 생활상을 읊었다. 먹고 살 방도가 없이 유랑의 길을 떠나버린 빈 집은 산새들의 놀이터가 되었고, 사는 사람이 드물다 보니 빼앗아 갈 것이 없어 아전들도 찾아오지 않는다. 해마다 피폐해 가는 마을이라 언제 기쁘고 즐거움이 찾아올 것인지 도무지 희망이 없다. 토지는 권세 있는 몇 사람들만이 가졌으니 온 거리에는 포악한 도둑들만 들끓는다. 어린아이들만 남아 고생하는 그 불쌍한 정경, 이것이 그 누구의 죄인가, 벼슬아치와 세도가들의 횡포로

인한 게 아니냐. 백성들의 처참한 생활상을 고발한 작품이다. 문학, 예술은 이처럼 사회의 어두운 면을 부각해 고치도록 하는 사명도 띠고 있는 것이다. 그는 고려를 회고하는 시조도 남겼으니 "흥망이 유수(有數)하니 만월대도 추초(秋草)로다. 오백년 왕업이 목적(牧笛)에 부쳤으니, 석양에 지나는 객이 눈물겨워 하노라."이다.

5言律詩(5언율시). 압운은 呼, 無, 娛, 徒, 辜 자로 평성 '虞(우)' 평운이다. 평측은 차례로 '仄仄仄平平, 平平仄仄平, 仄平平仄仄, 平仄仄平平, 平仄平平仄, 平平仄仄平, 仄平平仄仄, 平仄仄平平'으로 二四不同(이사부동)과 反法, 粘法(반법, 점법) 등이 규칙에 합치되고 평측 배치도 고르게 되어 5언율시의 전형적인 模範作(모범작)이요 名作(명작)이라 하겠다.

174. 魏野(위야 ?) : 宋(송)의 處士(처사). 寇準(구준, 寇萊公구래공) 정승에게 시를 지어 주었는데, 그 시 속에 "有官居鼎鼐 無地起樓坮[臺](벼슬은 삼공의 높은 지위인데 누대를 지을 만한 땅이 없구나)"란 구절이 있어, 뒤에 契丹(글안)의 사신이 조정에 와서 "어느 분이 '無地起樓臺(무지기누대)' 相公(상공)이십니까?" 하고 물을 만큼 유명한 詩句(시구)라 한다.

174-1 尋隱者不遇(심은자불우) 은자를 찾아갔으나 만나지 못하다

尋眞誤入蓬萊島 香風不動松花老 探芝何處未歸來 白雲滿地無人掃.
(심진오입봉래도 향풍부동송화로 채지하처미귀래 백운만지무인소)

신선 찾으러 봉래 섬에 잘못 든 듯, 향그런 바람 고요하고 송화는 이울었네.
지초 캐러 어디 갔는지 안 돌아오나니,
백운이 땅에 가득 깔렸는데도 쓸어내는 사람 없구나.

[語句] *尋眞 : 眞人(진인)을 찾음. 진인은 '도교의 깊은 진리를 깨달은 사람 곧 신선'임. *蓬萊島 : 전설적인 三神山(삼신산)의 하나인 섬. 삼신산은 渤海(발해) 가운데 있는 세 섬의 산으로, 봉래, 方丈(방장), 瀛州(영주)임.<漢書 郊祀志> *香風 : 향그러운 바람. 향기가 섞여 풍겨 오는 바람. *松花 : 소나무의 꽃이나 그 가루. 松黃(송황). *滿地 : 땅에 가득함.

[鑑賞] 산속에 숨어 사는 隱士(은사)를 찾아가니 마치 거기는 신선이 산다는 봉래 섬과 같아 바람이 향그러우며 조용하고 송화 가루는 날린 지 오랜 여름철에 접어들었다. 은사는 신선들이 먹는다는 지초를 캐러 어디를 갔는지 산이 깊어 알 수 없고, 흰 구름이 땅바닥에 잔뜩 깔려 있는데도 쓸어 내는 사람 없구나. 흰 구름이야 쓸어 낼 수 있는 게 아니니, 그만큼 깊은 산속임을 표현하는 말이며 名句(명구)이다. 시간적 배경과 공간적 배경이 모두 나타나 있다.

7言古詩(7언고시). 압운은 島, 老, 掃 자로 상성 '晧(호) 측운이다. 평측은 차례로 '平平仄仄平平仄, 平平仄仄平平仄, 仄平平仄仄平平, 仄平仄仄平平仄'으로 이사부동이류대는 '平-仄-平'으로 일관되었으니 반법과 점법은 이루어지지 않았다. 측운 압운에 반법, 점법이 되지 않아 고시인 것이다.

175. 韋應物(위응물 736~828) : 中唐(중당)의 시인. 섬서성 長安(장안, 당의 서울) 사람. 15세에 玄宗(현종)의 儀仗兵(의장병)으로 三衛郎(삼위랑)이 되었다. 안록산의 난 때 현종을 따라 成都(성도)에 갔으며 현종의 死後(사후)에는 각지로 유랑했다. 그 뒤 독서를 일삼다가 다시 관직에 올라 蘇州刺史(소주자사) 등 여러 곳의 자사를 지내어 '韋蘇州'라고도 일컫는다. 이후 太僕少卿兼御史中丞(태복소경 겸 어사중승)을 역임했다. 성품이 고결하고 시풍이 맑고 아담하여 王維(왕유), 孟浩然(맹호연), 柳宗元(유종원)과 함께 자연 묘사에 탁월한 재능을 보여 이들을 '王孟韋柳'라 하며, '韋蘇州集(위소주집 10권)'이 있다.

175-1 聞雁(문안) 기러기 우는 소리 들리다

故園渺何處 歸思方悠哉 淮南秋雨夜 高齋聞雁來.
　　(고원묘하처 귀사방유재 회남추우야 고재문안래)

아득한 고향 그 어디메쯤인고, 돌아가고 싶은 심정 간절하구나.
회남 땅에 가을비 뿌리는 이 밤, 서재에 있노라니 기러기 울음소리 들려오네.

[語句] *故園 : 예전에 살던 곳. 고향. *歸思 : 고향에 돌아가려는 생각. *淮南 : 安徽省 淮南市(안휘성 회남시). *高齋 : 높직한 書齋(서재) 또는 집. 이 구는 '서재에서 기러기 소리 높이 들리다'로 풀이할 수도 있음.

[鑑賞] 가을이 되어 기러기 날아오며 우는 소리 들리니 고향 생각이 더욱 간절해진다. 가을비는 부슬부슬 내리는데 서재에 외로이 앉아 향수에 젖는다. 가을은 다가올 겨울 추위에 대한 예고라 겨울을 보낼 걱정과 더불어 고향집의 따뜻한 방 아랫목이 그리워지기 마련이다. 對句(대구)는 없지만 가을비 속에 기러기 우는 소리를 들으며 자연스럽게 일어나는 감상을 붓 가는 대로 즉흥으로 읊었다 하리라.

5言絶句(5언절구). 압운은 哉, 來 자로 평성 '灰(회)' 평운이다. 평측은 차례로 '仄平仄平仄, 平平平平平, 平平平仄仄, 平平仄仄平'으로 이사부동은 마지막 두 구만 이루어졌고 둘째 구는 평성으로 일관했으며 반법, 점법도 지켜지지 않았지만, 평운 압운인데다가 이사부동이 두 구가 지켜졌고 시상이 뛰어나 고시보다는 절구로 처리했다.

175-2 滁州西澗(저주서간) 저주의 서쪽 시냇물

獨憐幽草澗邊生 上有黃鸝深樹鳴 春潮帶雨晚來急 野渡無人舟自橫.
(독련유초간변생 상유황려심수명 춘조대우만래급 야도무인주자횡)

시냇가 그윽한 풀 나 혼자 아끼는데, 머리 위에서는 나무에 숨어 꾀꼬리 우네.

봄 조수는 비를 띠어 저녁 되며 빨라지니, 나루터에 사람 없고 배만 홀로 일렁거리네.

[語句] *滁州 : 안휘성 滁州市(저주시). *澗 : 산골 물. *幽草 : 그윽한 풀. 고요한 곳
에서 난 풀. *黃鸝 : 꾀꼬리. 鸝黃. *春潮 : 봄철의 潮水(조수). *野渡 : 들판의
나루터. 시골 나루터.

[鑑賞] 저주는 양자강 지류에 있어 명승지라 한다. 그 저주의 서편 산골 물가 고요한
곳의 풀밭을 나 혼자 알고 즐기는데, 높은 숲속에서는 꾀꼬리가 숨어 울고 있
다. 봄물 불어난 조수는 빗발과 함께 저녁이 되면서 빠르게 밀려들고, 나루터
에는 건너려는 사람 없어 빈 배만이 조수에 일렁거릴 뿐이다. 한적한 강가 시
골 풍경을 잘 표현한 작품이다. 특히 끝 두 구는 절찬을 받는 名句(명구)이다.

7言絶句(7언절구). 압운은 生, 鳴, 橫 자로 평성 '庚(경)' 평운이다. 평측은 차례로 '仄平平仄
仄平平, 仄仄平平平仄平, 平平仄仄仄平仄, 仄仄平平平仄平'으로 二四不同二六對(이사부동이
륙대)는 잘 이루어졌으나 反法, 粘法(반법, 점법)은 어긋났다.

176. 韋莊(위장 855~920) : 晩唐(만당)의 시인. 자 端己(단기). 昭宗(소종) 때 進士(진사)였고
黃巢(황소)의 난이 일어나 五代十國(5대 10국) 때 前蜀(전촉) 高祖(고조, 王建왕건 재위 907~918)
의 宰相(재상)을 지냈다. 그의 시는 淸麗秀雅(청려수아)하다는 평을 받았으며, 특히 詞(사)
에 뛰어났고 溫庭均(온정균)과 병칭되었다. 장편시 '秦婦吟(진부음)'이 유명하다.

176-1 金陵圖(금릉도) 금릉의 풍경

江雨霏霏江草齊 六朝如夢鳥空啼 無情最是臺城柳 依舊煙籠十里堤.
(강우비비강초제 육조여몽조공제 무정최시대성류 의구연롱십리제)

강에는 부슬부슬 비가 내리고 강가의 풀은 파란데,

여섯 왕조는 꿈이던가 새들만 부질없이 우네.

무정한 것은 대성의 버들이 으뜸인지, 예 그대로 10리 긴 둑에 연기인 듯 서려 있구나.

[語句] *金陵圖 : 금릉을 그린 그림. '금릉의 풍경을 그림 그리듯 지은 시'로 풀이했
음. 금릉은 '江蘇省 南京市(강소성 남경시)로 古代首都都市(고대수도도시)의 하나이니,

吳(오 222~280), 東晉(동진 317~420), 宋(송 420~479), 南齊(남제 479~502), 梁(양 502~557), 陳(진 557~589), 中華民國(중화민국) 등의 수도였고, 建業(건업) 또는 建康(건강)'이라고도 했음. *霏霏 : 비나 눈이 계속 내리는 모양. *六朝 : 금릉에 도읍했던 여섯 나라. 곧 吳, 東晉, 宋, 南齊, 梁, 陳 등. *臺城 : 6 조시대 임금의 大闕(대궐). *依舊 : 옛 모양과 변함이 없음. *煙籠 : 연기나 안개가 둘러쌈.

[鑑賞] 금릉의 풍경을 읊은 작품 또는 금릉의 정경을 그린 그림을 보고 지은 시인지도 모른다. 눈에 보이는 모습을 중심으로 옛날을 회고하는 서정이 조금 끼여 있다. 양자강에 비는 내리고 강둑의 풀은 파랗게 가지런하다. 6 조시대의 서울이었던 일은 한바탕 꿈과 같고 무심한 새들만 지저귄다. 옛 대궐의 버드나무만이 무정하여, 10리에 뻗친 방죽의 안개 속에 싸여 있다.

7언절구. 압운은 齊, 啼, 堤 자로 평성 '齊' 평운이다. 평측은 차례로 '平仄平平平仄平, 仄平平仄仄平平, 平平仄仄平平仄, 平仄平平仄仄平'으로 이사부동이륙대와 반법, 점법 등이 잘 이루어졌고, 첫 구에서 江 자를 두 번 쓴 것은 흠이 되지 않으니 한 구 안에서는 글자를 거듭 써도 무방하나, 다른 구에서 또 쓰면 어긋나는 것으로 본다.

176-2 春日晏起(춘일안기) 봄날에 늦게 일어나다

近來中酒起常遲 臥見南山改舊詩 開戶日高春寂寂 數聲啼鳥上花枝.
(근래중주기상지 와견남산개구시 개호일고춘적적 수성제조상화지)

요사이 연달아 술에 휘둘려 늘 늦게 일어나, 누운 채 남산 보며 묵은 시를 손질하네. 지게문 열자 해는 높고 봄날 적적한데, 꽃 가지 위에서 지저귀는 새 소리 들리는구나.

[語句] *晏起 : 아침 늦게 일어남<禮記 內則> 晏은 '늦다. 편안하다'임. *南山 : ①도시의 남쪽에 있는 산 ②섬서성 長安(장안)의 終南山(종남산). →164-9. *中酒 : ①술에 취함. ②잔치가 한창인 때. 한창 벌어진 술자리. *寂寂 : 고요하고 쓸쓸함.

[鑑賞] 새봄을 맞이하니 여러 군데에서 술잔치 자리가 펼쳐진다. 특히 문인들은 명승지란 이름이 붙은 곳마다에서 봄맞이 잔치를 벌이기 마련이니, 날마다 술에 얼어맞을 수밖에. 昨醉未醒(작취미성)이라 해가 높이 돋도록 일어나지 못하는데, 눈에 들어오는 남산을 바라보며 요즈음 지은 시들을 고쳐보기도 하며 손질한다. 왜냐하면, 술김에 흥에 겨워 쓴 시도 있어 격에 맞지 않을 수도 있겠기 때문이다. 몸이 좀 개운해져 문을 열어젖히니 해는 중천에 왔고 봄날은 적적하기만 한데, 꽃가지에서 새들만 지저귀고 있다.

7언절구. 압운은 遲, 詩, 枝 자로 평성 '支(지)' 평운이다. 평측은 차례로 '仄平仄仄仄平平,

仄仄平平仄仄平, 平仄仄平平仄仄, 仄平平仄仄平平'으로 이사부동이류대는 물론 반법과 점법 등이 簾(염, 拈념)에 어긋나지 않는 佳作(가작)이다.

177. 劉駕(유가 822~?) : 晚唐(만당)의 시인. 進士(진사)로 國子博士(국자박사)를 역임했다.

177-1 秦娥(진아) 진 땅의 예쁜 아가씨

秦娥十四五 面白於指爪 羞人夜採桑 驚起戴勝鳥.
(진아십사오 면백어지조 수인야채상 경기대승조)

진아는 열 너댓 살, 얼굴은 손톱보다 희고,
남 부끄러워 밤에야 뽕을 따면서, 오디새의 잠을 놀라 깨도록 하네.

[語句] *秦娥 : ①춘추시대 秦(진) 나라 穆公(목공)의 딸. 弄玉(농옥). ②진 나라 또는 秦(진, 섬서성) 지방의 고운 처녀. 여기서는 ②의 뜻임. *面白 : 얼굴이 흼. *指爪 : 손톱. *戴勝鳥 : ①오디새. 날개 길이 15cm인 개똥지빠귀와 비슷한 새. 후투리. 나무 구멍에 알을 낳아 새끼를 기르며 곤충을 잡아먹는 益鳥(익조)임. ②뻐꾸기. 布穀(포곡).

[鑑賞] '진땅의 열 너댓 살 된 고운 아가씨는 얼굴이 손톱같이 흰데, 사람들 만나게 되면 부끄러움을 타기에 누에에 줄 뽕잎도 사람들이 나다니지 않는 밤이 되어야 뽕 따러 가니, 아무 죄 없는 오디새의 밤잠만 깨운다.' 단순한 시상 속에 처녀의 속성을 잘 나타내었고 읽는이로 하여금 미소를 떠오르게 하는 좋은 小品(소품)이다.

5言古詩(5언고시). 압운은 爪, 鳥 자로 두 자 모두 측운인데, 爪는 상성 '巧(교)' 운이요 鳥도 상성 '篠(소)' 운으로 通韻(통운)이 된다. 평측은 차례로 '平平仄仄仄, 仄仄平仄仄, 平平仄平平, 平仄仄平平'으로 둘째 구 외에는 이사부동이 되었으나, 반법과 점법이 이루어지지 않았으니 고시이기 때문이다.

178. 俞吉濬(유길준 1856~1914) : 大韓帝國(대한제국) 때 정치가, 개화운동가, 국어학자. 자 聖武(성무). 호 矩堂(구당). 본관 杞溪(기계). 서울에서 태어나 고종 17년(1880) 일본에 건너가 慶應義熟(경응의숙)을 거쳐 미국의 워싱턴, 보스톤 대학에 유학하고 구미 각국 유람 후 고종 21년(1884) 귀국하니, 갑신정변이라 親日(친일) 혐의로 소환되어 趙秉鎬(조병호) 등의 힘으로 죽음을 면하고 6년간 拘囚(구수, 죄인으로 구금됨) 생활을 하며 '西遊見聞(서유견문)'을 편찬했다. 옥중에서 페인이란 외국인의 전기 교섭 문서를 번역하고는 電氣資源(전기자원)을 한 외국인에게 빼앗겨서는 안 된다는 상소로 석방되었디. 甲午更張(갑오경장 1894) 때 內閣書記官長(내각서기관장)이 되어 일본에 다녀와서는 金宏集(김굉집)

내각의 內務大臣(내무대신)이 되었다. 고종의 俄館播遷(아관파천 1895)으로 일본에 망명했다가 純宗 隆熙(순종 융희) 1년(1907) 귀국하여 民團(민단)이란 정당을 조직했으나 정계에서 밀려나 흥사단, 한성부민회를 통해 국민 계몽운동에 힘썼다. 國恥(국치) 후 日帝(일제)가 男爵(남작) 작위를 주었으나 거절했다. 저서에 '大韓文典(대한문전)'도 있다.

178-1 自美洲歸拘南山下(자미주귀구남산하) 미국에서 귀국 남산 아래에 구금되다

歲暮終南夜 孤燈意轉新 三年遠遊客 萬里始歸人
國弱深憂主 家貧倍憶親 梅花伴幽獨 爲報雪中春.

(세모종남야 고등의전신 삼년원유객 만리시귀인

국약심우주 가빈배억친 매화반유독 위보설중춘)

이 해도 저무는 남산의 밤에, 고등을 대하고 있으려니 이런 저런 생각 새로이 떠오르네.

3년 동안 외국에 있던 몸, 만리 먼 고국에 이제 돌아왔는데,

나라의 힘 허약해 임금님의 일 근심이 되고,

집이 가난해 어버이 생각 더욱 커지는구나.

매화꽃만이 한적하고 외로움을 동무해 주어,

차디찬 눈 속에서도 봄이 옴을 알려 주네.

[語句] *歲暮 : 한 해의 마지막 때. 세밑. *終南 : 終南山(종남산). 漢(한)과 唐(당)의 서울 長安(장안) 남쪽의 산. 수도나 도시의 남쪽 산을 남산이라 하는데, 여기서는 서울의 남산임. *孤燈 : 호젓하고 깜깜한 곳에 외따로 켜 있는 등불. *遠遊客 : 집을 떠나 먼 곳에 간 나그네. *憂主 : 임금을 근심함. *幽獨 : 한적하여 외로움.

[鑑賞] 지은이가 미국 유학에서 돌아오자 친일 세력 혐의로 구금되었을 때 지은 작품일 것이다. 5언율시의 작법에 들어맞게 잘 지었다고 본다. 首聯(수련)에서 세밑에 남산에서 밤을 맞아 외로이 비추는 호롱불 아래에서 온갖 생각이 떠오른다 하고, 頷聯(함련)에서는 3년 동안 외국에 있다가 만리 먼 고국에 돌아온 몸이라 했는데, '三年-萬里, 遠遊客-始歸人'으로 對句(대구)가 되었다. 頸聯(경련)은 나라 걱정과 집안 걱정을 읊었다. 이도 짝이 잘 이루어졌으니, '國弱-家貧, 深憂-倍憶, 主-親'이 그것이다. 尾聯(미련)에서는 이른 봄 눈 속에 핀 매화만이 이제 봄이 되었음을 알려줄 뿐이라고 맺었다. 지은이는 개화기 최초의 유학생으로 선각자요 교육과 계몽으로 민족을 지도했으며, 영어에 능통해 정부의 외래 문물 대처에 크게 역할했다.

5言律詩(5언율시). 압운은 新, 人, 親, 春 자로 평성 '眞(진)' 평운이다. 평측은 차례로 '仄仄平平仄, 平平仄仄平, 平平仄平仄, 仄仄仄平平, 仄仄平平仄, 平平仄仄平, 平平仄平仄, 仄

仄仄平平'으로 二四不同(이사부동)은 셋째와 일곱째 구만 어긋나 '平-平'이 되었고, 反法(반법)과 粘法(점법)은 꼭 들어맞지는 않지만 대체로 이루어졌다.

179. 柳得恭(유득공 1748~?) : 조선 正祖(정조) 때 학자, 시인. 자 惠風, 惠甫(혜풍, 혜보). 호 泠齋, 泠庵(냉재, 냉암 ; 영재泠齋라고도 함). 본관 文化(문화). 일찍이 進士(진사)에 급제하여 정조 3년(1779) 奎章閣檢書(규장각 검서)가 되고, 抱川·堤川·楊根(포천·제천·양근) 등의 郡守(군수)를 지냈다. 외직에 있으면서도 검서의 직함을 가지고 있어서 李德懋, 朴齊家, 徐理修(이덕무, 박제가, 서이수)와 함께 4검서라 했다. 通政(통정)으로 僉知中樞府事(첨지중추부사)에 승진한 뒤 豊川府使(풍천부사)를 지냈고, 북학파의 거장인 朴趾源(박지원)의 제자로 박제가, 이덕무 등과 함께 實事求是(실사구시)의 방법으로 중국에서 문물을 수입 모방하여 산업 진흥에 힘써야 한다고 주장했다. 박제가, 이덕무, 李書九(이서구)와 함께 漢學 4家(한학 4가)라 불리며, 저서로 '泠齋集, 泠齋書種, 灤陽錄(냉재집, 냉재서종, 난양록)' 등이 있고 대표작 '二十一都懷古詩(21도회고시, 43편)'와 소설 '柳遇春傳(유우춘전)'과 '渤海考(발해고)' 등이 있다.

179-1 百濟 四首 第2首(백제 사수 제2수) 백제 네 수 둘째 수
落日扶蘇數點烽 天寒白馬怒濤㳯 奈何不用成忠策 却恃江中護國龍.
(낙일부소수점봉 천한백마노도흉 내하불용성충책 각시강중호국룡)

해가 지면서 부소산에는 봉화가 자주 오르고, 추운 날에 백마강의 물결 사납구나.
어찌해 충신 성충의 계책을 쓰지 않고, 도리어 백마강 속의 호국의 용만을 믿었던고.

[語句] *百濟 : 우리나라 삼국시대 서남부에 있었던 왕조. 시조 溫祚王(온조왕, 고구려 시조 高朱蒙고주 몽과 卒本王女졸본왕녀 사이에서 태어난 아들). B.C 18년에 건국하여 31대 義慈王(의자왕) 20년(660)까지 존속했음. *扶蘇 : 백제의 서울 扶餘(부여)의 옛터 북쪽의 작은 산. 옛 궁전을 비롯한 여러 건물이 이 산을 배경으로 세워졌음. 궁전, 迎月臺(영월대), 軍倉址(군창지), 落花巖(낙화암), 皐蘭寺(고란사) 등 고적이 있음. *天寒 : 날씨가 추움. *白馬 : 錦江(금강)의 하류로 부여를 돌아 흐르는 강. 강가에 낙화암, 釣龍臺(조룡대), 龍蘭寺(용란사) 등 유적이 있음. *㳯 : 용솟음치다. 술렁이다. *奈何 : 어찌하랴. *成忠(성충 ?~656) : 의자왕 때의 충신. 일명 忠淨(충정). 佐平(좌평)을 역임했음. →50-2. *却 : 물리치다. 물러가다. 막다. 도리어. *恃 : 믿다. 의지하다. *護國 : 나라를 護衛(호위)함.
[鑑賞] 이 시는 지은이가 지은 '二十一都懷古詩'에서 백제를 읊은 네 수중의 하나이다. 그 회고시는 단군 이래 고려까지의 문헌상에 나타난 수도까지 21도를 읊었

는데, 누구도 시도하지 않았던 것이고 조선조는 당시의 왕조여서 피하느라 뺐
다. 또 그는 누구보다도 자주적인 역사의식이 강했고, 삼국을 통일한 신라보다
고구려를 크게 다루어 이채롭다 한다. 이 백제 시의 첫 수는 "노래하며 춤추던
누각은 강을 향해 열렸고 반월성 위에는 달이 떠오른다. 분홍빛 보료 차가워
잠 못 들어 임금은 自溫臺(자온대)만 생각했네."이고, 셋째와 넷째 수는 각각 "비
바람 처량한 속에 나라 잃은 시름 낙화암 꽃도 지고 강물만 유유하다. 적막한
저승길에 누구와 함께 했을꼬, 강남의 임금님을 따라갔으리라." "세수하던 소반
깨어지고 바르던 연지도 못 쓰게 되어 석실에 있었다는 책들도 믿기지 않는다.
가을 풀 우거진 거친 들판에서 이따금 지나는 손이 말에서 내려 唐碑(당비, 平濟
塔평제탑)를 읽는다."이다.

　　7言絕句(7언절구). 압운은 烽, 洶, 龍 자로 평성 '冬(동)' 평운이다. 평측은 차례로 '仄仄平平
仄仄平, 平平仄仄仄平平, 仄平仄仄平平仄, 仄仄平平仄仄平'으로 二四不同二六對(이사부동이
륙대)와 반법, 점법 등이 규칙에 맞게 잘 이루어진 佳作(가작)이다.

179-2 松京雜絕 二首 第1首(송경잡절 이수 제1수)
　　송경[개성]의 여러 가지를 읊은 절구 두 수 첫 수
門千戶萬摠成灰 剩水殘山春又來 吹笛橋邊踏靑去 禮成江上打魚回.
　　(문천호만총성회 잉수잔산춘우래 취적교변답청거 예성강상타어회)

천문만호 번화함이 모두 재가 되었는데, 그래도 남은 산과 물에 봄은 또 오는구나.
피리 소리 들리는 다리 가로 답청놀이 가고, 예성강 강가에서는 고기잡이를 하는구나.

[語句] *松京 : 松都(송도). 고려의 서울인 開城(개성). *雜絕 : 여러 사물이나 계절의 느낌
　　등을 읊은 절구. *門千戶萬 : 千門萬戶. 천 개의 문과 만 채의 집. 큰 도시의 빽
　　빽히 들어선 집들. *剩水殘山 : 남은 강물과 남은 산들. 패망한 나라의 산천. 전
　　쟁에 패하여 황폐해진 풍경. 殘山剩水. *踏靑 : 봄에 교외에 나가 봄풀을 밟으며
　　노는 일. 삼진날[음력 3월 3일]을 특히 踏靑節(답청절)이라 함. *禮成江 : 황해도 곡산
　　군 高達山(고달산)에서 발원하여 경기도와 황해도의 경계를 흘러 임진강, 한강과 합
　　쳐 황해로 들어가는 강. 길이 174km. *打魚 : 그물로 고기를 잡는 일.<歸田錄>
[鑑賞] 앞의 '百濟' 시와 마찬가지로 '21都懷古詩'의 하나로 고려의 서울이었던 송도
　　를 읊었다. 그 번화하던 송도 거리는 쓸쓸해졌지만 멸망한 나라의 산천에도 봄
　　은 어김없이 찾아왔다. 사람들은 다리 있는 곳으로 답청을 가 피리 불며 즐기거
　　나, 예성강으로 물고기를 잡으러 가니 그들은 고려의 옛일을 아는가 모르는가.

둘째 수는 "紫霞洞裏草菲菲 不見宮姬迸馬歸 爲是辛王行樂地 至今猶有燕雙飛(자하동에는 풀만 우거졌고 궁녀 태워 말 달리며 돌아오는 모습 볼 수 없구나. 고려 임금 놀던 행락 명승지에는 이제 제비만이 쌍쌍이 날 뿐일세.)"이다.

7언절구. 압운은 菲, 來, 回 자로 평성 '灰' 평운이다. 평측은 차례로 '平平仄仄仄平平, 仄仄平平平仄平, 平仄平平仄平仄, 仄平平仄仄平平'으로 이사부동이륙대는 셋째 구에서 어긋났고 反法, 粘法(반법, 점법) 등은 그런대로 이루어졌다. 다만 아쉬운 것은 둘째와 셋째 구 끝 석 자가 각각 '平仄平' '仄平仄'으로 孤仄(고측, 두 평성 사이에 측성 하나가 끼임) 또는 孤平(고평, 고측의 반대)이 된 점이다.

180. 琉璃王(유리왕 ?~18) : 고구려 제2대 임금. 諱(위) 類利, 儒留, 朱留(유리, 유류, 주류). 시조 東明聖王(동명성왕, 高朱蒙고주몽)의 맏아들로 어머니는 禮氏(예씨)요 왕비는 多勿侯 松讓(다물후 송양)의 딸 松妃(송비)이며, 아들 여섯을 두었는데 셋째가 제3대 大武神王(대무신왕), 다섯째 아들이 제4대 閔中王(민중왕)이다. 재위 B.C19~A.D18. 夫餘(부여)에서 아버지를 찾아 고구려에 와서 태자가 되고 즉위했다. 유리왕 3년(서기전 15) '黃鳥歌(황조가)'를 지었고 서기전 9년에는 鮮卑(선비)를 쳐서 항복받았으며, 동 22년(서기후 3) 도읍을 國內城(국내성)으로 옮겼다. 이어 王莽(왕망)이 흉노를 치라는 말에 응하지 않았고 부여를 격퇴시켰으며 漢(한) 나라의 고구려현을 빼앗았다. 능은 豆谷東原(두곡동원)에 있다. ※儒理王(유리왕)은 신라 3대 임금이다.

180-1 黃鳥歌(황조가) 황조가

翩翩黃鳥 雌雄相依 念我之獨 誰其與歸.
　　(편편황조 자웅상의 염아지독 수기여귀)

홀쩍홀쩍 날아다니는 저 꾀꼬리 암수 서로 정답구나.
외로워라 이 몸은 뉘와 함께 노닐건가.

[語句] *黃鳥 : 꾀꼬리. *翩翩 : 가볍게 훨훨 나는 모양. *雌雄 : 암컷과 수컷. *相依 : 서로 의지함. *與 : 너울너울하다. 더불어. 좋아하다. 참여하다.
[鑑賞] 우리나라 최초의 서정시란 평가를 받는 작품이다. 이 시의 유래를 보면 유리왕은 본실인 송비가 죽자 鶻川(골천) 여인인 禾姬(화희)와 漢族(한족) 여인인 雉姬(치희) 두 아내를 맞이했다. 두 여인은 늘 사이가 좋지 않던 중, 왕이 箕山(기산)으로 사냥을 가 7일간 돌아오지 않자 싸움을 크게 벌여, '한족의 계집이 왜 여기 와서 버릇없이 구느냐' 하고 화희가 말하자 화가 난 치희가 제 고장으로 가 버렸다. 왕이 돌아와 치희가 달아났음을 알고 곧 말을 달려 좋아갔으나, 치희는 끝내 돌

아오지 않았다. 왕은 돌아오는 길에 나무 밑에서 쉬면서 꾀꼬리들의 지저귐을 듣고 비감에 잠겨 이 노래를 지었다.<三國史記 권 13 高句麗本紀> 화희는 곡식과 관련되는 말이니 우리나라의 농사짓는 사람의 딸이요, 치희는 새[꿩]와 관련되는 이름이니 유목하는 부족의 딸을 암시한다고도 풀이한다.

4言詩(4언시). 사언시는 4言古詩(4언고시)라고도 하며 한 구가 넉 자로 이루어지는데 詩經(시경), 箴銘類(잠명류), 頌贊類(송찬류) 등에서 볼 수 있다. 압운은 依, 歸 자로 평성 '微(미)' 평운이다. 평측은 二四不同(이사부동)을 살피기는 하나 엄격히 따지지 않는다. 평측을 참고로 보이면 '平平平仄, 平平平平, 仄仄平仄, 平平仄平'이다.

181. 柳夢寅(유몽인 1559~1623) : 조선 광해군 때 문신, 說話文學者(설화문학자). 자 應文(응문). 호 於于堂, 艮菴(어우당, 간암). 시호 義貞(의정). 본관 興陽(흥양, 高興고흥). 조부 司諫 忠寬(사간 충관). 進士(진사)를 거쳐 선조 22년(1589)에 문과에 급제했고, 일찍이 牛溪 成渾(우계 성혼)의 문하생으로 있을 때 문장에는 능했으나 경솔하여 스승의 교훈을 거역해 쫓겨났으므로 성혼에 대한 원망을 품고 大北(대북)의 인사들과 교제하여 당시 그를 中北(중북)이라 했다. 광해군 때 吏曹參判(이조참판)이 되고 李爾瞻(이이첨)과 대립하여 廢母論(폐모론)에 가담치 않았으므로 인조 1년 (1623) 인조반정 후에 죄를 입지는 않았지만 각지를 떠돌아다녔다. 그 해 7월 縣令 柳應時(현령 유응시)의 고변으로 대역모사건이 일어나 奇自獻(기자헌), 柳敬宗(유경종)의 부자들이 체포되고 그도 이에 연좌되니 도망하여 자취를 감추었다. 楊州 西山(양주 서산)에 숨었다가 결국 잡혀 정승 李元翼(이원익), 申欽(신흠), 金尙憲(김상헌) 등의 문초를 받을 때 자기가 지었던 '孀婦詞(상부사)'를 들어 심정을 피력하고 仁祖(인조)를 섬기겠다고 했으나, 인조반정에 공이 있는 여러 대신들의 반대로 珍島(진도)에 귀양 가 아들 校理 瀹(교리 약)과 함께 8월에 처형되었다. 정조 때 伸寃(신원)되어 시호를 받고 이조판서에 추증되었다. 저서에 설화집 '於于野談(어우야담 6권)'과 '於于遺稿(어우유고 6권)' 등이 있다.

181-1 貧女吟(빈녀음) 가난한 여인을 읊다

貧女鳴梭淚滿腮 寒衣初擬爲郎裁 明朝裂與催租吏 一吏纔歸一吏來.
      (빈녀명사누만시 한의초의위랑재 명조열여최조리 일리재귀일리래)

가난한 아낙네 북 놀리며 뺨에는 눈물 가득, 처음으로 낭군 위해 겨울옷 마련하렷더니,
이튿날 세금 독촉 아전에게 한 폭 베어 주었더니,
그 아전 가자마자 또 한 아전이 달려드네.

[語句] *鳴梭 : 베 짜는 북소리가 남. 피륙을 짬. *腮 : 뺨. 顋(시)가 본자임. *寒衣 :

①겨울옷. ② '하늬'를 한자로 표기한 말. '하늬바람'의 준말로 농어촌에서 西
風(서풍)을 하늬바람이라 함. 여기서는 ①임. *初擬 : 처음 맞추어 봄. 처음 마
련함. *明朝 : 이튿날 아침. 내일 아침. *租吏 : 租稅(조세)를 받는 衙前(아전).
세금 받으러 다니는 세무원.

[鑑賞] 가난한 집 부인이 여름 내내 목화를 다듬어 실로 뽑고 겨울이 오기 전에 남편
의 겨울옷 한 벌이라도 마련할까 하고 베틀에서 옷감을 짜는데, 생각하면 하도
가난에 찌든 신세라 뺨에는 신세타령의 눈물이 흘러내린다. 어찌 소문을 들었
는가, 이튿날 아침 세금 받는 아전이 와서 세금 내라 독촉하기에 한 폭 베어
주었더니, 그 아전이 가자마자 또 한 아전이 무슨 명목의 세금을 받으려고 달
겨든다. 가난한 부인의 정경을 잘 그린 작품이다. 지금은 여러 가지 옷감이나
옷이 지천이지만, 옛날 일반 서민은 모든 것을 자급자족해야 하는 처지라 살림
이 어려울 수밖에 없었다.

7言絶句(7언절구). 압운은 腮, 裁, 來 자로 평성 '灰(회)' 평운이다. 평측은 차례로 '平仄平平
仄仄平, 平平平仄仄平平, 平平仄仄平平仄, 仄仄平平仄仄平'으로 二四不同二六對(이사부동이
륙대)와 반법, 점법 등이 잘 이루어진 秀作(수작)이다.

181-2 孀婦(상부) 홀어미

七十老孀婦 單居守空壼 慣讀女史詩 頗知姙姒訓
傍人勸之嫁 善男顔如槿 白首作春容 寧不愧脂粉.
  (칠십노상부 단거수공곤 관독여사시 파지임사훈

  방인권지가 선남안여근 백수작춘용 영불괴지분)

나이 일흔 가까운 늙은 홀어미, 안방 지키며 홀로 산다네.
여사의 시 구절도 늘 읽었고, 임사의 가르침도 자못 알고 있다네.
이웃 사람들 시집가라 권하며, 사나이 얼굴이 꽃 같다 하는구나.
백발에 청춘같이 꾸미라니, 연지와 분이 어찌 부끄럽지 않으리오.

[語句] *孀婦 : 과부. 홀어미. 나이 젊은 과부. 孀娥(상아). 靑孀(청상). *單居 : 홀로 살아
감. *空壼 : '빈 방에 삶, 빈 방'의 뜻으로 쓴 말임. 空房(공방). 壼은 '살다. 대궐
안길'임. *女史 : 벼슬 이름. 女子書記(여자서기) 같은 것으로 왕후를 따라 다니며
그 언행을 기록하게 했는데, 만약 왕후의 과오를 기록하지 않으면 처형당했음.
여기서는 '女史箴(여사잠, 여사가 바르게 기록하도록 경계하는 말로 晉진의 張華장화가 지었음) 또는
역사상 행실이 모범되는 여인'의 뜻으로 보아도 됨. *姙姒 : 옛 周(주) 文王(문왕)

의 어머니인 太姙(태임)과 武王(무왕)의 어머니인 太姒(태사). 모두 어진 어머니였음. *善男 : 착한 남자. *槿 : 무궁화나무. '꽃'의 뜻으로 봄. *白首 : 허옇게 센 머리. *春容 : 청춘의 얼굴이나 모양. 젊게 꾸밈. *脂粉 : 화장품인 연지와 분.

[鑑賞] 이 시는 앞의 지은이 소개대로 문초를 받을 때 이 시를 들면서 인조 임금을 섬기겠다고 했다고 썼으나 이와 반대되는 해설도 있으니, "반정으로 왕위에 오른 인조가 불렀으나 충신은 두 임금을 섬기지 않는다[忠臣不事二君충신불사이군]는 절개로, 유몽인은 오언고시 '孀婦'를 지어 寶蓋山(보개산) 절 바람벽에 붙이고 내내 나타나지 않자, 결국 인조의 노염을 사서 진도로 귀양을 가게 되고 못내는 죽음까지 당했다. 이 '상부'는 '題寶蓋山寺壁(제보개산사벽)'이라는 제목으로도 전한다."<李丙疇 韓國漢詩의 理解>가 그것이다. 아무튼 이 시는 자기 자신을 홀어미에 비긴 것임에는 틀림없으리라. 그리고, 상부는 나이 젊은 홀어미를 뜻하는 말인데, 나이 일흔인 과부이니 부자연스러운데다가 70노파를 시집가라고 권했다니 그것도 억지 같다.

5言古詩(5언고시). 압운은 姒, 訓, 槿, 粉 자로 보는데, 姒은 상성 '阮(완)' 측운, 槿과 粉은 상성 '吻(문)' 측운으로 이 두 운자는 通韻(통운)이 되고, 訓은 거성 '問(문)' 측운이니 압운한 것으로 볼 수 없겠으나 측운 압운이란 공통점은 있다. 평측은 고시이므로 따져볼 필요가 없으나, 참고로 제시하면 차례로 다음과 같다. '仄仄仄平仄, 平平仄平仄, 仄仄仄仄平, 仄平仄仄仄, 平平仄平仄, 仄平平平仄, 仄仄仄平平, 平仄仄仄仄'으로 二四不同(이사부동)에 합치되는 것은 제 1, 4, 7구뿐이며 평측 배치가 매우 치우쳐 있음을 알 수 있다. 이는 고시에기 때문에 어쩔 수 없는 것이다.

182. 柳方善(유방선 1388~1443) : 조선 초기의 학자. 자 子繼(자계). 호 泰齋(태재). 본관 瑞興(서흥, 원래 文化문화). 父 瑞興府院君 沂(서흥부원군 기). 어려서 權近(권근), 卞季良(변계량)에게 배우고 일찍이 文名(문명)이 높았다. 태종 5년(1405) 司馬試(사마시, 進士試진사시)에 급제했고, 부친과 관련된 文網(문망, 법에 거슬리는 일 곧 法網법망)으로 태종 9년(1409) 永陽(영양, 경북 永川영천)에 유배되어 태연히 西山(서산)의 경치를 즐기며 松谷(송곡)에다 서당을 짓고 고을 아이들을 가르쳤다. 태종 15년(1415) 용서되어 原州(원주)로 돌아갔다가 또 시기하는 자가 있어 도로 定配(정배)된 후, 세종 9년(1427)에 다시 용서받고 조정에서는 主簿(주부) 등의 벼슬을 내렸으나 나가지 않았다. 세종은 그를 소중히 여겨 집현전 학사들을 보내어 학문을 물었고, 士林(사림)들은 이를 영광으로 생각해 스승의 예로 대했다. 또 그가 경제에 밝음을 알고 크게 등용하려던 차에 병들어 죽었다. 詩文(시문)뿐 아니라 모든 학문에 정통했고 成侃(성간), 金守溫(김수온), 徐居正(서거정), 李甫欽(이보흠) 등 유명한 선비가 그 문하에서 배출되었다. 숙종 28년(1702) 경북 영천에 廟(묘)를 세워 그를 모시게 했으니 사당을 景賢(경현), 서원을 松谷(송곡)이라 했다.

182-1 偶題(우제) 우연히 짓다

結茆仍補屋 種竹故爲籬 多少山中味 年年獨自知.
（결묘잉보옥 종죽고위리 다소산중미 연년독자지）

띠 풀로 이엉 엮어 지붕을 갈아 잇고, 대나무 심은 걸로 울타리가 되네.
산속에 사는 크고 작은 재미를, 해마다 나 홀로 알며 살아간다네.

[語句] *偶題 : 얼핏 떠오르는 생각을 시로 지음. 偶吟(우음). *結茆 : 띠풀로 이엉을
엮음. 초가를 지음. 茆는 ‘蓴菜(순채). 순나물. 茅(띠 모, 본디음은 ‘묘’임) 자와의 통용’
임. *仍 : 인하다. ~하여. 거듭. *補屋 : 집을 고쳐 바꿈. 집을 수리함. *種竹
: 대나무를 심음. *多少 : 많거나 적음. 많음. *獨自 : 혼자.

[鑑賞] 산속에 隱居(은거)하며 얼핏 드는 느낌을 읊었다. 첫 구와 둘째 구는 對(대)가 이
루어졌으니, ‘띠로 이엉을 엮음-대나무를 심음’ ‘그것으로 하여[仍]-그것이 곧
[故]’ ‘집이 고쳐짐-울타리가 됨’이 각각 짝이 되는 것이다. 이런 속에 산중에
사는 재미가 날로 많아지니 이런 경지는 나 혼자 느끼는 것이리라. 지은이의 시
에는 이밖에도 많은 작품이 있으나 짧은 시 하나만을 소개함이 아쉽기는 하다.

5言絶句(5언절구). 압운은 籬, 知 자로 평성 ‘支(지)’ 평운이다. 평측은 차례로 ‘仄仄平仄仄,
仄仄仄平平, 平仄平平仄, 平平仄仄平’으로 첫 구만 이사부동에 어긋나 反法(반법)이 되지 못
했고 粘法(점법)은 형성되었다 할 것이다.

183. 柳葆(유보 ?) : 고려 忠烈王(충렬왕) 무렵의 선비.

183-1 上朴舍人暄(상박사인훤) 사인 벼슬의 박훤께 올리다

紫薇花下仙毫露 化出人間萬樹紅 唯有東門一株柳 年年虛度好春風.
（자미화하선호로 화출인간만수홍 유유동문일주류 연년허도호춘풍）

백일홍 밑 신선 붓에 이슬 먹을 찍어,
온갖 나무가 붉게 꽃피우듯이 사람을 화사하게 바꾸어 만들어 내는데,
오직 동문의 한 그루 버드나무만은, 해마다 좋은 봄바람을 헛되이 넘기고 있구나.
-한림원이나 중서성에서 온갖 벼슬을 만들어 내지만, 버들 柳 자 성을 가진 나는
아무런 벼슬 혜택도 못 받고 있구나-

[語句] *舍人 : 고려 때 종4품 벼슬. 사무 관리의 직책으로 소속된 관청이나 시대에
따라 명칭이나 품계에 차이가 있었고, 신라와 조선 시대에도 이 명칭이 있음.

*朴暄 : 어떤 사람인지 미상임. *紫薇 : 百日紅(백일홍). 唐(당) 나라 한림원이나 中書省(중서성)에 자미가 많아 그 관청의 별칭으로도 썼음. *仙毫 : 신선의 붓. 좋은 붓. *化出 : 변화시키어 내놓음. *東門 : 동쪽의 문. *虛度 : 헛되이 넘 김. 보람없이 지남.

[鑑賞] 잘 알고 있는, 사인 벼슬을 사는 박훤에게 자기 심정을 호소했다. 벼슬 첩지를 쓰는 관청에서는 그 관청의 뜰에 가득 꽃피우는 백일홍과 같이, 온갖 任用狀(임용장)으로 벼슬을 주어 그 사람으로 하여금 광영에 기뻐하도록 해 주는데, 다만 동쪽 성문에 선 한 그루 버드나무와 같은 글자를 성으로 가진 나 유 아무개는, 벼슬 내리는 철이 되었는데도 벼슬하라는 아무런 기별도 못 받고 있다. 마치 버드나무가 봄바람에 흔들리며 좋은 봄을 헛되이 넘겨 버리는 것과 똑같은 처지이다. 벼슬을 구하는 내용 같지만, 사인이 벼슬을 내리는 당사자가 아니기 때문에 다만 자기의 심정을 토로한 작품에 지나지 않는다고 보는 게 옳을 듯하다.

　　7言絕句(7언절구). 압운은 紅, 風 자로 평성 '東(동)' 평운이다. 평측은 차례로 '仄平平仄平平仄, 平仄平平仄仄平, 平仄平平仄平仄, 平平平仄仄平平'으로 二四不同二六對(이사부동이륙대)는 셋째 구에서 어긋났고 반법과 점법은 그런대로 이루어졌다.

184. 柳成龍(유성룡 1542~1607) : 조선 선조 때 名相(명상). 자 而見(이견). 호 西厓(서애). 시호 文忠(문충). 본관 豊山(풍산). 父 관찰사 仲郢(중영). 일찍이 퇴계 문하에서 학문을 익혀 文名(문명)이 있었고 명종 22년(1567) 문과 급제하여 한림원에 뽑혀 선조 2년(1569) 서장관으로 명 나라에 다녀와 吏曹正郎(이조정랑)이 되었다. 仁聖大妃(인성대비)가 돌아갔을 때 예조의 朞年說(기년설)과 달리 嫡孫(적손)의 예에 따라 3년설을 주장하여 그대로 시행되었다. 이후 직제학, 승지, 부제학을 거쳐 尙州牧使(상주목사)가 되어 예절로 다스렸고, 고향에서 모친의 병간호를 하던 중 함경감사, 대사성 등에 임명되었으나 나가지 않았다. 예조판서 재직 중에 의주부사 徐益(서익)이 그를 간신이라 탄핵하니 3년간 고향에 있었다. 다시 형조판서 겸 대제학, 예조판서, 이조판서, 우의정이 되고 豊原府院君(풍원부원군)에 봉해졌다. 權慄(권율), 李舜臣(이순신) 같은 명장을 추천하여 뒷날 나라의 간성이 되게 했고, 임진왜란 때 왕을 모시고 松都(송도)에 이르러 영의정이 되었으나 申磼(신잡)의 말에 의해 그 날로 사퇴했으며, 왕이 의주로 파천할 것을 주장했다. 關西都體察使(관서도체찰사)로 安州(안주)에 있으면서 백성 진무, 군량 준비를 하다가 명의 李如松(이여송)에게 평양 지도를 주어 작전을 도왔고, 왜적의 간첩 수십 명을 잡아 적의 연락을 끊었다. 또 三南(삼남) 도체찰사가 되어 이여송을 전진토록 하며 군사 훈련을 하였다. 영의정에 보직되었다가 사퇴하고 고향에 돌아갔으며 선조 37년

(1604) 扈聖功臣(호성공신)에 책록되었다. 그는 禮樂敎化(예악 교화)와 治兵理財(치병 이재)에 이르기까지 연구하지 않은 것이 없었으며 문장과 글씨에도 뛰어났다. 저서에 '西厓集(서애집), 愼終錄(신종록), 永慕錄(영모록), 懲毖錄(징비록), 觀化錄(관화록)' 등이 있고 屛山書院(병산서원) 뒤에 사당이 있다.

184-1 齋居有懷(재거유회) 서재에서 회포를 읊다

細雨孤村暮 寒江落木秋 壁重嵐翠積 天遠雁聲流
學道無全力 臨岐有晚愁 都將經濟業 歸臥水雲陬.

(세우고촌모 한강낙목추 벽중남취적 천원안성류

학도무전력 임기유만수 도장경제업 귀와수운추)

이슬비 속에 외딴 마을 저물어가니, 강물 차갑게 되고 잎 지는 가을이로구나.

서재의 벽에는 산의 푸른 기운이 거듭 쌓이고, 하늘 멀리 기러기 울음소리 메아리지네.

학문과 수양에 온 힘을 쏟지 못했으니,

갈랫길에 다다라 뒤늦은 후회의 시름만 가지는구나.

장차 경국제세의 일이 온전해지면, 물과 구름의 고장 자연에 돌아가 살리라.

[語句] *齋居 : 齋所(재소) 또는 書齋(서재)에 기거함. *細雨 : 가랑비. 이슬비. *孤村 : 외따로 떨어진 마을. *嵐翠 : 푸른색 산 기운. *學道 : 학문과 道 곧 학문과 수양. *全力 : 모든 힘. 死力(사력). *臨岐 : 岐路(기로)에 다다름. *都將 : 온전히 하고자 함. 장차 모두 잘됨. *經濟 : ①나라를 다스려 백성을 잘 살게 함. 經國濟世(경국제세). ②생활의 유지와 발전에 필요한 재화를 얻거나 이용하는 과정의 모든 활동. 여기서는 ①의 뜻임. *歸臥 : 돌아가 조용히 살아감. *陬 : 구석진 곳[마을].

[鑑賞] 외진 곳의 임시 거처에 살며 회포를 읊은 작품이다. 가을이 되어 모든 것이 을씨년스럽다. 가을 비 내리는 날 저무는 때에 강물은 차가워지고 낙엽은 우수수 진다. 집 안까지 산 기운이 스며들고 기러기 울음소리는 더욱 쓸쓸한 느낌을 더해 준다. 내 모든 게 온전치 못하니 기로에 놓여 때늦은 시름만 더해 주고 있다. 경국제세만 정상 궤도로 회복되면 나는 조용한 자연 속 마을에서 강물과 구름을 벗하며 살아가리라. 여섯째 구의 臨岐는 스스로의 去就(거취)로 볼 수도 있지만, 다음 구의 經濟業과 관련지어 볼 때 나라의 앞날을 염려하는 뜻이 담겼다 하리라.

5言律詩(5언율시). 압운은 秋, 流, 愁, 陬 자로 평성 '尤(우)' 평운이다. 평측은 차례로 '仄仄平平仄, 平平仄仄平, 仄平平仄仄, 平仄仄平平, 仄仄平平仄, 平平仄仄平, 平平平仄仄, 平

仄仄平平'으로 二四不同二六對(이사부동이륙대)와 反法(반법), 粘法(점법) 등 율시 簾(염)에 합치되고 평측의 배치도 고른 명작이다.

185. 柳誠源(유성원 ?~1456) : 조선 端宗(단종) 때 死六臣(사육신). 자 太初(태초). 호 琅軒(낭헌). 시호 忠景(충경). 본관 文化(문화). 父 舍人 士根(사인 사근). 세종 26년(1444) 문과 급제, 세종 29년 重試(중시)에 급제하여 湖堂(호당, 독서당)에 들었고 다시 集賢殿學士(집현전 학사)에 뽑혀 이름을 떨쳤다. 문종이 재위 2년만에 돌아가고 단종이 즉위하자, 세조 1년(1455) 세조가 金宗瑞(김종서) 등을 살해하고 스스로 영의정, 이조판서, 호조판서, 내외 병마도통사를 겸한 뒤, 자기의 공을 周公(주공)에 비유하여 집현전 학사로 하여금 頌德文(송덕문)을 지어 보라고 명했으나, 집현전 학사들이 모두 도망가고 유성원만이 혼자 잡혀서 협박 끝에 송덕문을 쓰고는 집에 돌아와 통곡했다. 성삼문, 박팽년 등과 함께 단종의 복위를 꾀하다가 세조 2년(1456) 일이 탄로되자 성균관에서 집에 돌아와 아내와 술잔을 나누고 조상의 사당 앞에서 칼로 自決(자결)했다. 그는 성품이 충직하고 학문을 좋아했다고 전해 온다. 숙종 때 시호를 節義(절의)라 내렸고, 영조 때 이조판서를 추증하며 시호를 忠景으로 고쳤다.

185-1 咸興(함흥) 함흥

白山拱海摩天嶺 黑水橫坤豆滿江 此地李侯飛騎處 剩看胡虜自來降.
(백산공해마천령 흑수횡곤두만강 차지이후비기처 잉간호로자래항)

백두산이 바다를 끼고 하늘에 닿을 듯한데, 흑수는 땅을 가로질러 두만강을 사이했구나. 이 곳은 이 장군이 날래게 말 달리던 곳으로, 나머지 오랑캐들 절로 항복해 왔었네.

[語句] *咸興 : 함경남도 도청 소재지. 城川江(성천강)을 끼고 함흥평야가 있어 교통의 요지였음. 永興(영흥)과 함께 근세조선의 발상지로 많은 유적이 있음. *白山 : 白頭山(백두산)의 별칭. 白山黑水(백산흑수, 백두산과 흑룡강). *拱 : 팔짱끼다. 끼다. 아름. *摩天嶺 : ①하늘을 만질 만큼 높은 영마루. ②함경북도 城津(성진) 부근의 마천령(873m) 또는 백두산에서 마천령까지 뻗친 摩天嶺山脈(마천령산맥). *黑水 : 만주의 黑龍江(흑룡강). *坤 : 땅. 서남쪽. *豆滿江 : 백두산에서 근원하여 동으로 흘러 우리나라와 만주의 경계를 이루고 동해에 들어가는 강. 길이 520km. *李侯 : 이씨 성을 가진 지방 장관. 이 사또. 누구를 가리키는지 확실하지 않으나, 조선 태조 李成桂(이성계)가 고려의 장군으로서 당시 평양에 있던 元(원)의 東寧府(동녕부)를 정벌한 일이 있고, 女眞族(여진족)의 千戶(천호) 벼슬을 가졌던 李芝蘭

(이지란, 또우란티무르豆蘭帖木兒)이 무리들과 함께 北靑(북청)에서 이성계 장군에게 투항하여 왔는데, 여기서는 아마 이지란을 가리키지 않는가 생각됨. 태조를 가리킨다면 '李侯'란 표현이 불손하게 됨. *胡虜 : 북쪽 오랑캐. 흉노 또는 여진족.

[鑑賞] 근세조선의 발상지인 함흥을 읊은 작품. 그 당시 함흥 부근은 女眞族(여진족)이 살았고 원 나라의 세력 밑에 있었다. 처음 두 구는 對(대)를 이루어 白山-黑水, 拱海-橫坤, 摩天嶺-豆滿江으로 짝이 되었다. 끝 두 구는 고려의 장군이었던 조선 태조 또는 그에게 투항해 온 여진족 이지란 천호, 아니면 이씨 성을 가진 다른 장수인지 미상이나, 북쪽 변방 지역에서 활약하며 오랑캐들이 스스로 투항해 오도록 한 일을 찬양했다.

7言絶句(7언절구). 압운은 江, 降 자로 평성 '江' 평운이다. 평측은 차례로 '仄平仄仄平平仄, 仄仄平平仄仄平, 仄仄平平平仄仄, 仄平平平仄平平'으로 이사부동이륙대와 반법, 점법 등이 규칙에 맞다. 셋째 구의 騎 자는 '말 타다'의 뜻이면 평성 '支(지)', '말 탄 군사. 기병'의 뜻이면 거성 '寘(치)'인데 여기서는 평측 규칙으로 보아 거성으로 보았다.

186. 柳淑(유숙 1324~1368) : 고려 恭愍王(공민왕) 때 문신. 자 純夫(순부). 호 ·思菴(사암). 시호 文僖(문희). 본관 瑞州(서주). 충혜왕 복위 1년(1340)에 문과 급제, 공민왕을 따라 오랫동안 元(원) 나라에 있었으며 공민왕이 즉위하자 귀국하여 代言(대언), 左司議大夫(좌사의대부)로 승진하여 중요하고 비밀을 지켜야 할 일에 참여했으나 왕의 부름이 없이는 대궐에 들지 않았다. 이 때문에 후일 趙日新(조일신)의 무고로 시골로 돌아갔다가 일신이 죽은 뒤 判典校(판전교)에 보직되어 왕의 자문에 참여했으나 함부로 왕에 접근 않고 부름에 자주 불응하므로 왕은 그를 巡軍(순군)에 가두었다. 홍건적 침입 때 왕을 남쪽으로 피난케 했고, 난이 평정된 뒤 安祐(안우) 등이 자기를 살해코자 하는 기미를 알고 東京留守(동경유수)로 나갔다가 다시 돌아와 僉議評理(첨의평리)에 임명되었으나 늙었다고 사직했으며 瑞寧君(서령군)에 피봉되었다. 興王(흥왕)의 변란 후 政堂文學兼監察大夫(정당문학 겸 감찰대부)가 되었다. 이어 첨의찬성사, 상의회의도감사, 예문관 대제학, 지춘추관사를 역임했다. 辛旽(신돈)이 정권을 잡고는 그를 모함하므로 자청해 시골로 돌아갔으나 나라 일이 그릇됨을 생각하고 날마다 눈물로 세월을 보냈는데, 끝내는 신돈의 간계로 왕도 부득이 그를 제명하고 가산을 몰수케 했으며 신돈은 靈光(영광)에서 그를 목 졸라 죽였다. 후에 왕은 그의 무죄함을 깨닫고 예를 갖추어 장사토록 했으며, 귀양 보냈던 그의 두 아들 實(실)과 厚(후)를 석방했고, 우왕 때 공민왕 사당에 함께 모셨다.

186-1 癸卯冬至送北征崔元帥瑩(계묘동지송북정최원수영)

계묘년 동지에 북벌을 가는 최영 원수를 환송하다

朔雪關西路 熊羆百萬兵 將軍出塞曲 已是太平聲.
(삭설관서로 웅비백만병 장군출새곡 이시태평성)

북에서 몰아치는 눈보라 관서 길에, 곰같이 날랜 장병 백만 명일세.

장군이 국경으로 군사들을 거느리고 나가는 군악 소리, 이것이 이미 태평의 소리가 되는구나.

[語句] *癸卯 : 고려 공민왕 12년(1363). *北征 : 북쪽 나라를 토벌하는 일. 北伐(북벌). *崔瑩(1316~1388) : 고려말의 명장. 북방 오랑캐와 왜구의 침입을 여러 번 물리쳤고, 典理判書(전리판서)를 역임하고 鐵原府院君(철원부원군)에 피봉되었으며, 요동 정벌을 주장했으나 이성계의 위화도 회군으로 좌절되고 결국 이성계 일파에 의해 피살되었음. 청렴결백하고 재물을 탐내는 일이 없었다고 함. *元帥 : 군대의 總大將(총대장)으로 최고의 벼슬. *朔雪 : 북쪽 지방의 눈. 朔은 '북쪽. 초하루'임. *關西 : 마천령 서쪽 지방 곧 평안남북도. *熊羆 : 곰. 용맹한 무사. 羆는 '큰곰'임. =貔(비휴 비). *出塞 : 북쪽 국경을 넘음. *出塞曲 : 樂曲(악곡)의 이름. *太平聲 : 나라와 집안이 평안함의 소리[소식].

[鑑賞] 최영 장군이 원수가 되어 공민왕 12년 북방을 침입하는 오랑캐를 치러 군사들을 이끌고 출정함을 환송한 시. '삭풍이 휘몰아 내리는 관서 땅의 눈발 속에 곰같이 용감한 군사는 백만이라. 최영 장군이 북방 국경으로 출정함을 환송하는 출새곡이 울려퍼지니 이미 우리나라의 태평함을 알리는 소식이 되는구나.' 여진족과 왜구의 침입을 격퇴시킨 공을 여러 번 세운 최영 장군이라 조정과 온 백성의 기대와 존경이 시 속에 숨겨 있는 작품이다.

5言絕句(5언절구). 압운은 兵, 聲 자로 평성 '庚(경)' 평운이다. 평측은 차례로 '仄仄平平仄, 平平仄仄平, 仄平仄仄仄, 仄仄仄平平'으로 二四不同(이사부동)과 反法(반법), 粘法(점법) 등이 갖추어졌다.

187. 柳洵(유순 1441~1517) : 조선 중종 때 문신. 자 希明(희명). 호 老圃堂(노포당). 시호 文僖(문희). 본관 文化(문화). 父 洗馬 思恭(세마 사공). 집에 책이 없어 남의 것을 빌어 밤 새워 열심히 공부해 19세에 司馬試(사마시), 세조 8년(1462) 문과에 급제하여 성종 때 부제학이 되었다. 연산군 때 領議政(영의정)에 오르고 수차 사직했으나 허락되지 않았으며, 연산군 12년(1506) 中宗反正(중종반정)으로 靖國(정국)의 공훈에 冊錄(책록)되니, 반정 당시의 영의정으로 공훈까지 받을 수 없다 하여 간청한 끝에 영의정을 사임했지만, 중종 9년(1514) 다시 영의정이 되었다. 책을 즐기고 특히 字學(자학, 글자의 근원·음·뜻 등을 연구하는 학

문)에 精通(정통)했으며 醫方(의방), 地理(지리) 등에 이르기까지 조예가 깊었다.

187-1 次遼陽館壁上韻(차요양관벽상운) 요양관의 벽에 쓴 시에 차운하다

少年豪氣自縱橫 衰鈍那知及老成 又見秋風欺客路 土炕端坐筭平生.
(소년호기자종횡 쇠둔나지급노성 우견추풍기객로 토항단좌산평생)

소년 시절의 호탕한 기상 맘대로이던 것이, 쇠하고 둔해져 늙었음을 어찌 알았으리.
또 가을바람이 나그넷길을 속였으니, 방구들에 바로 앉아 평생 일을 헤아려 보네.

[語句] *遼陽 : 만주의 遼寧省(요녕성) 요양시. 지난날 우리나라에서 중국을 왕래할 때의
교통의 요지였음. *館 : 客館(객관). 여관. *豪氣 : 씩씩하고 장한 기상. *縱橫 :
세로와 가로. 자유자재로 마음대로 함. 縱橫無盡(종횡무진). *衰鈍 : 쇠약해 둔해짐.
*那知 : 어찌 알리오. *老成 : ①늙었음. ②경험을 쌓아 일에 익숙함. 여기서는
①의 뜻으로 썼음. *客路 : 나그넷길. 여행하는 길. 旅路(여로). *土炕 : 구들. 방
구들. 溫突(온돌). *端坐 : ①단정하게 앉음. 正坐(정좌). ②할일 없이 그날 그날을
그냥 지냄. *筭 : 셈을 놓다. 헤아리다. 산가지. =算(셈 놓을 산).

[鑑賞] 어느 해 가을 중국에 사신으로 가다가 요양 객관에 묵으면서 객관의 벽에 쓰
인 시를 보고 그 시에 차운한 작품이다. '젊었을 때에는 호탕한 기상으로 모든
일에 자신이 있어 마음먹은 대로 일을 계획하고 처리했지만 지금에 이르러 이
렇게 쇠둔해져서 늙어버렸다. 또 가을바람은 심하게 불어 갈 길을 가지 못하게
하니 따뜻한 온돌방에 단정히 앉아 지난 평생의 떠오르는 이 일 저 일들을 생
각하며 그 시비를 헤아려 보고 있다.' 편저자가 일흔이 넘어 문집이랍시고 '水
踰頌(수유송)'을 내면서 머리말에 이 시를 인용, 같은 심정이라고 쓴 바 있다.

7言絶句(7언절구). 압운은 橫, 成, 生 자로 평성 '庚(경)' 평운이다. 평측은 차례로 '仄平平仄仄
平平, 平仄仄平仄仄平, 仄仄平平平仄仄, 仄仄平仄平平平'으로 二四不同二六對(이사부동이륙대)
는 끝 구에서 지켜지지 않아 '仄-仄-平'이 되었고 반법과 점법은 그런대로 이루어졌다.

188. 柳順汀(유순정 1459~1512) : 조선 연산군, 중종 때 명신. 자 智翁(지옹). 시호 文
貞(문정). 본관 晉州(진주). 父 牧使 壤(목사 양). 아들 弘(홍). 일찍이 金宗直(김종직)에게
배우고 성종 18년(1487) 문과에 급제하여 咸鏡評事(함경평사)를 지내고 弓術(궁술)이
연산군에게 인정되어 副應敎(부응교), 平安監司(평안감사)를 거쳐 연산군 10년(1504) 吏
曹參判(이조참판)에 올랐으나 판서 任士洪(임사홍)의 중상모략으로 벼슬을 버렸다. 이
후 朴元宗(박원종), 成希顔(성희안) 등과 모의하여 中宗反正(중종반정)을 일으켜 靖國功臣

(정국공신), 菁川府院君(청천부원군)에 책봉되고, 우의정과 병조판서를 겸임했다. 중종 5년(1510) 薺浦(제포)의 倭人(왜인) 문제가 시끄러워지자 都體察使(도체찰사)로서 모든 사건을 처리하고 慶尙道都元帥(경상도도원수)가 되어 三浦(삼포)의 왜란을 평정, 중종 7년(1512) 領議政(영의정)에 이르렀고 문무를 겸한 공신으로 명망이 높았다.

188-1 山居卽事(산거즉사) 산속에 살며 즉흥으로 읊다

雨霽黃梅晩色明 開簾獨坐對巖扃 林間鳳尾蕨芽老 園裏蠶頭菁子成
素月臨牕宵代燭 淸泉漱石曉聞笙 閉門白髮從蕭颯 閑摘松肪養性靈.

　　(우제황매만색명 개렴독좌대암경 임간봉미궐아로 원리잠두청자성

　　소월임창소대촉 청천수석효문생 폐문백발종소삽 한적송방양성령)

비 그치고 누렇게 익은 매실은 저녁 빛에 밝은데, 발 열고 홀로 앉아 바위 문을 마주하네.

숲 사이의 봉황꼬리 같은 고사리 싹 굳어졌고,

채소밭의 누에머리 같은 무는 밑이 들었구나.

밝은 달은 창에 다가와 촛불 대신 밤을 밝혀 주고,

맑은 샘물은 밤새도록 돌을 씻어 내려 새벽에는 생황 소리를 들려주네.

대문 닫고 나와 백발은 소삽한 바람에 맡겨 둔 채,

한가로이 송진을 따며 내 성령을 기르노라.

[語句] *卽事 : 눈앞의 사물을 즉흥으로 읊어내는 일. *黃梅 : 매화나무의 익은 열매. *巖扃 : 자연으로 된 바위에 의지하여 만든 문. *蕨芽 : 고사리의 싹. *蠶頭 : 누에의 머리. '누에의 머리처럼 생긴 산봉우리나 물건'을 이르는 말. *菁子 : 무. 子는 接尾辭(접미사)임. *素月 : 밝고 희읍스름한 달. 白月(백월). '희읍스름하다'는 '깨끗하지 못하게 조금 희다'임. *漱石 : 돌을 씻음. 漱는 '양치질하다. 빨래하다'임. *笙 : 관악기인 笙簧(생황). '물 흐르는 소리'를 생황 소리에 비유한 말임. *蕭颯 : 바람이 차고 쓸쓸함. *松肪 : 소나무의 진. 松津(송진). *性靈 : 넋. 정신. 영혼.

[鑑賞] 지은이는 문무를 겸한 이름난 정승이었다. 나이 많아 은퇴한 뒤거나 정쟁으로 하여 벼슬에서 물러나 조용한 산속에서 살 때 즉흥으로 지은 작품이다. 首聯(수련, 1~2구)에서는 시간과 공간적 배경으로 導入(도입)했으니, 때는 늦봄이나 초여름 저녁 때이니 '매실이 노랗게 익었고 그 매실이 저녁 빛에 밝다'는 데서 알겠고, 공간 배경은 바위에 의지해 만든 사립문이 바라다 보이는 마루나 방안이다. 頷聯(함련, 3~4구)은 숲의 고사리는 딸 수 없게 자랐고 채마밭의 무는 누에의 머리와도 같이 밑이 굵어져 뽑아 먹을 수 있기 직전이라고 했으며 對句(대구)가 잘

되었다. 頸聯(경련, 5~6구)에서는 '달은 촛불 대신 방을 밝혀 주고, 맑은 샘물은 밤새도록 돌을 씻으며 흐르는 소리가 생황 부는 소리같이 새벽을 맑게 한다.' 하여 자연을 예찬했고 대구가 이루어졌다. 尾聯(미련, 끝 두 구)은 마무리로 백발 날리며 송진을 따면서 맑은 정신을 수양해 가는 소박한 삶을 살아간다고 했다. 松肪은 茯苓(복령)이라 보아도 좋으리라.

7言律詩(7언율시). 압운은 明, 扃, 成, 笙, 靈 자로 扃과 靈 자는 평성 '靑(청)' 평운이고 그 밖의 압운 자 明, 成, 笙은 평성 '庚(경)' 평운으로 두 운은 通韻(통운)이 된다. 평측은 차례로 '仄仄平平仄仄平, 平平仄仄仄平平, 平平仄仄仄平平, 平仄平平平仄平, 仄仄平平平仄平, 平平仄仄仄平平, 仄平仄仄仄平仄, 平仄平平平仄平'으로 二四不同二六對(이사부동이륙대)와 反法, 粘法(반법, 점법) 등이 규칙에 어긋나지는 않으나 평측이 고르지 못한 점이 있다.

189. 俞升旦(유승단 1168~1232) : 고려 중기의 문인. 初名(초명) 元淳(원순). 시호 文安(문안). 본관 仁同(인동). 22대 康宗(강종) 임금이 태자 때 과거에 급제하여 侍學(시학)으로 있었고, 희종 때 南京(남경, 현재의 서울)의 司錄參軍(사록참군)이 되었으며, 강종이 江華島(강화도)로 쫓겨나매 그도 벼슬길이 막혔다가 고종이 즉위하자 守宮署丞(수궁서승)이 되고 왕의 신망을 받아 師傅(사부)로 있다가 禮部侍郎(예부시랑), 右諫議大夫(우간의대부)를 거쳐 參知政事(참지정사)로 승진했다. 그 때 元(원) 나라가 대거 침입하자 崔怡(최이)가 강화도로 천도하려는 것을 반대했으나 뜻을 이루지 못했다. 古文(고문)에 통달하여 文名(문명)이 높아 세칭 '元淳文(원순문)'이라 불러 '翰林別曲(한림별곡)'에 읊어졌고 經史(경사)는 물론 佛典(불전)에도 밝았다.

189-1 穴口寺(혈구사) 혈구사

地縮兼旬路 天低近尺隣 雨宵猶見月 風晝不躋塵
晦朔潮爲曆 寒暄草記辰 干戈看世事 堪羡臥雲人.

(지축겸순로 천저근척린 우소유견월 풍주부제진

회삭조위력 한훤초기신 간과간세사 감선와운인)

지름길로 왔는지 열흘길을 줄였는데, 절이 높아 하늘이 한 자 이웃같이 가깝구나. 비 오는 밤에는 오히려 달을 볼 수 있고, 바람 부는 낮에는 먼지를 밟지 않아도 되네. 조수가 책력이 되어 초하루와 그믐을 알게 하고, 풀이 날짜를 나타내어 계절을 알려 주네. 세상은 전쟁판 같으니, 구름 속에 살고 있는 스님들이 부럽구려.

[語句] *穴口寺 : 어디 있는 절인지 미상임. *兼旬 : 열흘 이상이 걸림. *宵 : 밤. 晝宵(주소, 낮과 밤). *躋塵 : 먼지를 일으키며 오름. 티끌 속을 올라감. *晦朔 :

그믐과 초하루. 晦日(회일)과 朔日. *寒暄 : 날씨의 춥고 더움. 겨울과 여름. 계절. *記辰 : 날짜를 기록함. 日辰(일진, 날의 干支간지)을 씀. '기진'으로 읽을 수도 있음. *干戈 : 방패[干]와 창[戈]. 무기. 전쟁. *世事 : 세상일. 世上事(세상사). *堪羨 : 크게 부러움. 堪은 '견디다. 이기다. 맡다.'임. *臥雲人 : 구름이 걸린 높은 곳에서 편안히 사는 사람. 세속을 벗어나 사는 사람.

[鑑賞] 혈구사는 바다가 가까운 높은 산 위에 있는 절 같다. 首聯(수련)에서 열흘 걸릴 길을 줄이기는 했지만 하늘이 아주 가깝다 했고, 頷聯(함련)은 두 구가 좋은 對句(대구)를 이루면서 비를 내리는 구름 위에 절이 위치해 밤에 달을 볼 수 있으며 낮에는 바람 불어도 먼지 하나 날리지 않는다 했다. 頸聯(경련)도 멋진 대구로 바다의 밀물과 썰물을 내려다보거나 풀이 성하거나 이울어지는 것을 보면서 세월이 가는 것을 알 수 있다고 했다. 尾聯(미련)은 세상의 모든 일이 창과 방패로 서로 겨루어 싸우는 전쟁판과 같이 생존경쟁이 심한데 이렇게 속세를 떠나 한가하고 무사하게 살아가는 이 절의 스님들이 부럽다고 마무리 지었다.

5言律詩(5언율시). 압운은 隣, 塵, 辰, 人 자로 평성 '眞(진)' 평운이다. 평측은 차례로 '仄仄平平仄, 平平仄仄平, 仄平平仄仄, 平仄仄平平, 仄仄平平仄, 平平仄仄平, 平平平仄仄, 平仄仄平平'으로 이사부동과 반법, 점법 등이 5律 평측 簾(염)에 딱 들어맞고 평측 배열도 골라, 내용면에서나 형식면에서 조금의 하자도 없는 名作(명작)이라 하겠다.

190. 柳伸(유신 ?~1105) : 고려 중기의 문신, 書道家(서도가). 初名(초명) 仁(인). 시호 忠愼(충신). 어려서 과거에 급제했고 선종 때 告奏使(고주사)로 遼(요) 나라에 갔다 왔으며 宋(송) 나라에는 謝恩使(사은사)로 다녀왔다. 벼슬이 左僕射政堂文學(좌복야 정당문학)에 이르렀고 다섯 왕을 섬겨 그 공이 컸다. 서도에 뛰어나 '李相國集(이상국집)'에 의하면 王子敬(왕자경)의 行書(행서)와 草書(초서) 두 체를 모두 잘하여 신의 경지에 이르러 신라의 金生(김생), 고려의 스님 坦然(탄연), 崔瑀(최우, 崔怡최이)의 다음으로 넷째 가는 명필이라 했는데, 이들을 神品四賢(신품사현)이라 한다.

190-1 有感(유감) 느낀 바를 읊다

一頂烏紗雪鬢寒 數間茅屋對靑山 十年吏隱無人識 只把銀鉤洗眼看.
(일정오사설빈한 수간모옥대청산 십년이은무인식 지파은구세안간)

오사모 밑 흰 귀밑털 찬데, 두어 칸 초가집 푸른 산을 대하였네.

10년의 벼슬에 숨은 삶 아는 이 없어,

다만 은 갈구리 같은 초서草書 글씨 눈 씻으며 보네.

[語句] *頂 : 이마. *烏紗 : 烏紗帽(오사모). 官服(관복)을 입을 때 머리에 쓰는 관. 紗라는 발이 얇은 비단으로 만들고 검은 빛이라는 뜻임. 사모. *雪鬢 : 눈처럼 흰 구레나룻. 허옇게 센 수염. 늙은 모습. *茅屋 : 띠풀로 이은 집. 초가집. *吏隱 : 관직에 숨어 지냄. 어진 사람이 낮은 벼슬자리에 숨어 남에게 알려지지 아니함. *把 : 가지다. 쥐다. *銀鉤 : 은 갈구리. 잘 쓴 草書(초서) 글씨. 晉(진)의 索靖(삭정)이 초서를 잘 써서 사람들이 '銀鉤蠆尾(은구채미, 은갈퀴와 말의 꼬리)' 같은 글씨라 했음.

[鑑賞] 서도가인 지은이라 글씨와 관련되는 느낌을 곁들여 읊었다. 관복 입을 때 쓰는 사모 밑 귀밑털은 센 머리와 같이 허옇게 세었고, 서너 간 우리 초가집은 청산을 마주하고 있다. 십 년 간이나 낮은 벼슬살이를 하고 있으니 사람들이 알아볼 까닭이 없어, 다만 남의 잘 쓴 초서 글씨를 쥐고는 눈 비비며 들여다보고 있을 뿐이다. 좌복야 정당문학을 지낸 지은이라 그다지 낮은 벼슬이 아닌데, 그보다 이전에 지은 시가 아닌가 생각된다. 예술가의 여유 없고 고달픈 삶이 묻어 있는 작품이다.

　7言絕句(7언절구). 압운은 寒, 山, 看 자로 寒과 看 자는 평성 '寒' 평운, 山 자는 평성 '刪(산)' 평운으로 두 운자는 通韻(통운)이 된다. 평측은 차례로 '仄仄平平仄仄平, 仄平平仄仄平平, 仄平仄仄平平仄, 仄仄平平仄仄平'으로 二四不同二六對(이사부동이륙대)와 反法, 粘法(반법, 점법) 등이 규칙에 맞게 이루어졌고 평측 배열도 잘된 秀作(수작)이다.

191. 柳氏(유씨 ?) : 藥泉 南九萬(약천 남구만 1629~1711)의 從嫂(종수)요 同知(동지)를 지낸 南鍾萬(남종만)의 어머니이다. 남구만은 조선 숙종 때 정승으로 少論(소론)의 거두이며, 자는 雪路(설로), 호는 藥泉 또는 美齋(미재), 시호는 文忠(문충)인데 본관은 宜寧(의령)이다. 병조판서, 영의정을 지냈고 당파 싸움이 심해지자 관직을 버리고 經史(경사)와 文章(문장)을 일삼았고 書畫(서화)에도 뛰어났다. →727.

191-1 嘲藥泉相公(조약천상공) 약천 정승을 조롱하다

　藥泉老相公 誰云筋力盡 行年七十三 親煎佛手散.
　　　(약천노상공 수운근력진 행년칠십삼 친전불수산)

　약천 노대감님을 누가 근력이 다하셨다 했는고,
　올해 일흔 셋 연세신데 손수 마나님 불수산을 달이신다네.

[語句] *相公 : 정승. 宰相(재상). *筋力 : 근육의 힘. 일을 능히 감당해 내는 힘. 氣力(기력). *行年 : 먹은 나이. *佛手散 : 解産(해산)을 순하게 하기 위하여 쓰는 탕약. 芎歸湯(궁귀탕).

[鑑賞] 유씨는 남구만의 사촌동생의 아내이다. 약천 선생이 73세 때 그 別室(별실)이

아기를 가져 해산이 가까워오매, 약천이 친히 불수산을 달인다는 소문을 듣고 조롱삼아 지은 시라고 한다. 늙마에 所生(소생)을 보게 되었으니 얼마나 대견스러운가. 일흔이 넘은 노인이 기력도 좋아 자식을 낳게 되었으니 친척들이 놀랄 만도 하고 경하하는 마음도 가지는 것이다. 단순한 조롱이 아니고 위와 같은 심정이 담긴 시이다. 정승인 시아주버니를 감히 조롱할 수 없지만, 익살과 해학이 담긴 작품이라 약천 공도 웃음으로 읽었으리라.

5言古詩(5언고시). 압운은 盡, 散 자로 盡은 상성 '軫(진)' 측운, 散도 상성 '旱(한)' 측운인데 통운이 된다. 평측은 차례로 '仄平仄仄平, 平平平仄仄, 平平仄仄平, 平平仄仄仄'으로 이사부동은 이루어졌으나, '平-仄'으로 일관해 반법이나 점법은 지켜지지 않았지만 고시이기에 흠은 되지 않는다.

192. 劉禹錫(유우석 772~842) : 中唐(중당)의 시인. 자 夢得(몽득). 彭城(팽성, 江蘇省徐州강소성서주) 사람 또는 中山(중산, 河北省하북성) 사람이라고도 한다. 글재주가 뛰어나 博學宏詞科(박학굉사과)에 급제하여 監察御史(감찰어사)가 되었고, 같은 해에 進士(진사)가 된 柳宗元(유종원)과 함께 王叔文(왕숙문)의 개혁파에 가담했다가 왕숙문의 실각으로 인해 連州刺史(연주자사)로 좌천되고 다시 朔州司馬(삭주사마)로 강등되어 10년을 지냈다. 뒤에 和州刺史(화주자사), 太子賓客(태자빈객)을 거쳐 檢校禮部尙書(검교예부상서)를 역임했다. 氣骨(기골)이 있는 시풍으로 널리 알려졌고 白樂天(백낙천)과도 사귀었으며 그의 '陋室銘(누실명)'은 명문이라 찬양받았다. 문집으로 '劉賓客詩文集(유빈객시문집 30권)'과 '外集(외집 10권)'이 있다.

192-1 與歌者何戡(여가자하감) 소리꾼 하감에게 주다

二十餘年別帝京 重聞天樂不勝情 舊人惟有何戡在 更與殷勤唱渭城.
(이십여년별제경 중문천악불승정 구인유유하감재 갱여은근창위성)

스무남은 해를 서울 떠났다가, 다시 궁중 음악을 들으니 옛 정이 다하지 않는구나.
낯익은 사람이라야 오직 하감 그대뿐인데,
내게 다시 은근히 이별 노래 위성곡을 불러주네.

[語句] *歌者 : 노래 부르는 사람. 소리꾼. 歌手(가수). *何戡 : 唐(당) 나라 때의 宮廷樂工(궁정 악공). *帝京 : 황제가 있는 서울. 帝國(제국)의 서울. 首都(수도). 당 나라 서울 長安(장안)을 뜻함. *重聞 : 거듭해서 들음. 다시 들음. *天樂 : 하늘의 음악. 궁중의 음악. *不勝 : ①다하지 않음[勝이 평성 蒸증 운임]. ②이기지 못함. 낫지 않음[勝이 거성 徑경 운임]. 여기서는 ①임. *舊人 : 오래 전 사람. 낯익은 사람. *殷勤 : 은밀하게 정이 깊음. 태도가 겸손하고 정중함. 慇懃(은근).

*渭城 : 渭城曲(위성곡). 송별할 때 부르는 노래. →163-10.

[鑑賞] 대궐 안에서만 활동하는 궁정 악공인 하감을, 20여 년간 서울[長安장안]을 떠나 있다가 돌아와 다시 만난 기쁨을 읊었다. 궁중 음악을 오랫동안 듣지 못하다가 이제 다시 들으니 옛 생각을 잊지 못하겠는데, 나에게 은근히 그 유명한 王維(왕유)의 '送元二使之安西(송원이사지안서)→164-10' 시의 악곡을 들려주니 더욱 감개 무량하다는 것이다. 서울로 다시 돌아온 기쁨과 하감을 다시 만난 정겨움 및 그의 음악 연주 또는 노래를 듣는 즐거움 등이 얽혀 있는 시이다.

7言絶句(7언절구). 압운은 京, 情, 城 자로 평성 '庚(경)' 평운이다. 평측은 차례로 '仄仄平平仄仄平, 平平仄仄仄平平, 仄平平仄平平仄, 仄仄平平仄仄平'으로 이사부동이륙대와 반법, 점법 등이 모두 규칙에 맞게 되었다. 둘째 구의 勝 자는 '이기다. 낫다'의 뜻이면 측운, '가지다. 다하다. 들다'의 뜻이면 평운인데, 여기서는 두 가지 뜻이 모두 해당된다고 보지만 평측 배열로 보아 평운으로 처리했다.

192-2 烏衣巷(오의항) 오의항 마을

朱雀橋邊野草花 烏衣巷口夕陽斜 舊時王謝堂前燕 飛入尋常百姓家.
(주작교변야초화 오의항구석양사 구시왕사당전연 비입심상백성가)

주작교 언저리에 온갖 들꽃 피었는데, 오의항 어귀에 석양이 비꼈구나.

그 옛날 왕도와 사안의 집에 드나들던 제비들, 이제는 백성들 집에 예사로이 날아드네.

[語句] *烏衣巷 : 검은 옷을 입는 동네. 江蘇省江寧縣(강소성 강녕현) 남쪽에 있는데, 晉(진) 나라 때 王導(왕도)와 謝安(사안) 등 귀족들이 살면서 자손들에게 늘 검은 옷을 입혔기 때문에 생긴 이름임. 烏衣巷이란 말에는 '燕子國(연자국, 제비 나라)'이란 뜻도 있음. *朱雀橋 : 오의항 남쪽 입구의 다리. 朱雀은 '붉은 봉황'의 뜻으로, 남쪽에 있는 별 이름이며 그 곳을 지키는 신령인데, 동은 蒼龍(창룡), 서는 白虎(백호), 남은 朱雀, 북은 玄武(현무)가 지킨다고 보아 이를 四靈(사령)이라 함. *舊時 : 옛적. 往時(왕시). *王謝 : 晉 나라 때의 귀족이었던 王導와 謝安. *堂前 : 집 앞. 대청 앞. *尋常 : 대수롭지 아니함. 보통. 凡常(범상).

[鑑賞] 오의항은 말하자면 理想鄕(이상향)과 같은 곳이라 할 수 있다. 白居易(백거이, 白樂天 백낙천)가 읊은 '朱陳村(주진촌)'도 이와 비슷하니, 주진촌은 강소성 徐州(서주)에 있으며 주씨와 진씨의 두 성씨만이 살면서 세상과는 통하지 않고 대대로 서로 혼인하며 살아가는데, 武陵桃源(무릉도원)처럼 깊숙하고 평화로운 마을이라는 것이다. 무릉도원은 상상의 세계이지만 湖南省(호남성)의 張家界(장가계)가 무릉도원이라 하

며, 桃源이란 지명도 있고 張良(장량)의 묘소도 거기 있어 무릉도원은 상상의 곳이 아닌 실제적인 세계로 인식하고 있는 것이다. 이와 같이 사람은 늘 유토피아를 그리며 살아가는 존재라 하겠으니, 이 시도 지금은 없어져버린 오의항 마을을 회고하며 그런 곳이 이루어졌으면 하는 바람이 담겨 있다.

7언절구. 압운은 花, 斜, 家 자로 평성 '麻(마)' 평운이다. 평측은 차례로 '平仄平平仄仄平, 平平仄仄仄平平, 仄平平仄平平仄, 平仄平平仄仄平'으로 이사부동이륙대와 반법, 점법 등 7絕의 簾(염, 掐넘)에 모두 합치되고 평측 배열도 고르게 된 좋은 작품이다.

192-3 再遊玄都觀(재유현도관) 현도관을 다시 유람하다

百畝庭中半是苔 桃花淨盡菜花開 種桃道士歸何處 前度劉郎今又來.
(백무정중반시태 도화정진채화개 종도도사귀하처 전도유랑금우래)

넓은 뜰에는 이끼 반 나마 끼었고, 복숭아꽃 다 지고 배추꽃만 무성쿠나.
그 복숭아 심던 도사들 다 어디 갔는가, 지난날의 나 오늘 또 왔는데.

[語句] *再遊 : 다시 놀러가거나 유람함. *玄都觀 : 신선이나 道士(도사)들이 수련하는 곳. 당 나라 서울 長安(장안)의 崇業坊(숭업방)에 있던 도교의 寺院(사원). 玄都壇(현도단). 玄壇. *百畝 : 밭의 백 이랑. 넓은 면적. 畝는 본디 음이 '묘'로 '6백 尺(척)'임. *菜花 : 채소의 꽃. *道士 : ①도를 닦는 사람. ②<佛>佛道(불도)를 깨달은 사람. ③道敎(도교)를 닦는 사람. 여기서는 ③의 뜻임. *前度劉郎 : 전번에 왔던 나 곧 유우석.

[鑑賞] 지은이가 조정의 미움을 받아 朗州(낭주)로 귀양 갔다가 몇 년 뒤 장안으로 돌아와 현도관이란 도관을 보고 "紫陌紅塵拂面來 無人不道看花回 玄都觀裏桃千樹 盡是劉郎去後栽(장안 큰 거리의 자욱한 먼지 얼굴에 묻어 털며 오느라니, 현도관 꽃구경을 하고 돌아오는 길이라 말하지 않는 이가 없네. 현도관에 심은 복숭아나무 수천 그루, 그 모두가 내가 떠난 뒤에 심은 것이로구나)"<自朗州至京戲贈看花諸君子> 하고 시를 읊으니, 이 시가 집권자들을 비방했다는 혐의를 받았다. 꽃 구경하는 젊은이들은 내가 서울에 없을 때 나온 신출내기란 뜻을 '조정의 고관들을 빗댄 것'이라 하여 다시 播州(파주)로 좌천되었다. 그 뒤 10년만에 풀려 또 현도관에 가서 지은 시가 이 시이다. 이 시는 현도관을 읊었지만 은유하는 바는 '화려하던 조정이 삭막해졌고 기세등등하던 그 때의 그 高官(고관)들은 지금 모두 어디로 갔는가, 나는 이렇게 또 다시 왔는데.' 하고 풍자했으며 인생의 무상함을 곁들였다.

7言絕句(7언절구). 압운은 苔, 開, 來 자로 평성 '灰(회)' 평운이다. 평측은 차례로 '仄仄平平仄仄

平, 平平仄仄仄平平, 仄平仄仄平平仄, 平仄平平平仄平'으로 二四不同二六對(이사부동이륙대)와 反法, 粘法(반법, 점법) 등이 규칙에 모두 맞았다. 다만 끝 구는 측운이 두 자뿐이어서 아쉽다.

192-4 秋思(추사) 가을 생각

自古逢秋悲寂寥 我言秋日勝春朝 晴空一鶴排雲上 便引詩情到碧霄.
　　(자고봉추비적료 아언추일승춘조 청공일학배운상 편인시정도벽소)

예부터 이르기를 가을은 슬프고 적료하다고 하지만, 나는 봄보다 가을이 좋아.

텅 빈 하늘에 학 한 마리 구름을 헤치며 날 때, 내 시정도 학을 따라 하늘 높이 이르네.

[語句] *秋思 : 가을철에 느껴 일어나는 쓸쓸한 생각. *自古 : 예로부터 내려오면서. 自古以來(자고이래). *寂寥 : 쓸쓸하고 고요함. '적요'로도 읽음. *秋日勝春朝 : 가을날이 봄 아침보다 나음. 가을이 봄보다 좋음. 朝는 운자 관계로 쓴 말이지 반드시 아침이라고 쓴 말이 아님. *晴空 : 맑게 갠 하늘. 푸른 하늘. 靑空(청공). 晴天(청천). *排 : 물리치다. 밀어내다. *便引 : 편리하게 인도함. 쉽게 이끌어 냄. *詩情 : 시적인 情趣(정취, 느낌과 멋이나 감흥). 시를 짓고 싶어지는 마음. *碧霄 : 푸른 하늘. 碧天(벽천).

[鑑賞] 가을은 오곡백과가 풍성하고 빨갛게 또는 노랗게 단풍 드는 좋은 계절이지만, 가을이 저물어 가면서는 낙엽이 지며 만물이 움츠러드는 데다가 다가올 겨울 추위가 연상되기 때문에 쓸쓸한 느낌을 가지기 마련이다. 그리하여 인생의 만년을 가을에 비유하기도 한다. 독일의 시인 릴케(Rainer Maria Rilke 1875~1926)도 '가을'이란 시에서 "나뭇잎이 떨어집니다. 아슬한 곳에서 내려오는 양, 하늘나라 먼 정원이 시들은 양, 거부하는 몸짓 하며 떨어집니다. …" 하고 읊었다. 그런데 지은이는 가을이 봄보다 좋다고 했다. 왜냐 하면, 텅빈 푸른 허공을 유유히 날아가는 학을 따라 내 시정도 하늘 높이 이르기 때문이라는 것이다. 詩想(시상)이 남이 따를 수 없는 경지라 하겠다.

7언절구. 압운은 寥, 朝, 霄 자로 평성 '蕭(소)' 평운이다. 평측은 차례로 '仄仄平平平仄平, 仄平平仄仄平平, 平平仄仄平平仄, 仄仄平平平仄平'으로 이사부동이륙대는 물론 반법과 점법 등이 모두 규칙에 맞았다.

192-5 秋風引(추풍인) 가을바람의 노래

何處秋風至 蕭蕭送鴈群 朝來入庭樹 孤客最先聞.
　　(하처추풍지 소소송안군 조래입정수 고객최선문)

가을바람은 어디메서 불어오길래, 쓸쓸하게 기러기 떼만 보내오는고.

아침나절에 뜰 앞 나무에서 들리는 그 소리는, 외로운 나그네 신세인 내가 가장 먼저 듣네.

[語句] *引 : 樂府(악부)의 제목. 문체의 하나로 '序(서)와 같으면서 간단한 것'이요 詩體(시체)로는 '行(행)과 다름이 없는 악부체'임. *何處 : 어디. 어느 곳. *蕭蕭 : 바람이나 빗소리 등이 쓸쓸함. *庭樹 : 뜰에 심은 나무. *孤客 : 외로운 나그네.

[鑑賞] 가을바람을 읊은 악부체 시. 앞의 '秋思(추사)' 시는 예로부터 가을은 쓸쓸하다고 하지만 詩心(시심)을 키워주는 가을 하늘이 좋다고 했는데, 이 시는 가을의 본디 속성인 쓸쓸함을 그렸다. 가을바람을 타고 기러기 떼가 몰려온다. 아침에 뜰앞 나무를 스치며 들리는 기러기 울음 소리를 외로운 나그네 신세인 내가 가장 먼저 듣는가보다. 秋風, 蕭蕭, 鴈群, 孤客 등의 詩語(시어)가 스산한 가을 계절감을 나타내고 있다.

5言絕句(5언절구). 압운은 群, 聞 자로 평성 '文(문)' 평운이다. 평측은 차례로 '平仄平平仄, 平平仄仄平, 平平仄平仄, 平仄仄平平'으로 이사부동은 셋째 구에서 어긋나 '平-仄'이어야 할 것이 '平-平'이 되었다. 따라서, 반법과 점법이 온전히 갖추어 있지 못하니 악부체의 시이므로 엄격하게 지켜지지 않았다고 하리라.

193. 俞應孚(유응부 ?~1456) : 조선 단종 때 死六臣(사육신). 자 信之, 善長(신지, 선장). 시호 忠穆(충목). 본관 川寧(천녕). 무과에 급제하여 僉知中樞院事(첨지중추원사), 平安道節制使(평안도절제사)를 지내고 세조 1년(1455) 同知中樞院事(동지중추원사)로 정2품에 올랐다. 이듬해에 성삼문, 박팽년 등과 단종 복위를 모의하고, 명 나라 사신을 초대하는 연회 장소에서 세조를 살해하는 소임까지 맡았으나, 金礩(김질)의 배신으로 탄로되어 심한 고문을 당했으나 끝까지 불복하다가 죽었다. 학문에 뛰어나 당시 節義派(절의파) 학자로 알려졌고 기골이 장대하며 활쏘기에 능했고 부모에의 효성이 극진했다. 청렴결백하여 재상으로 있을 때에도 가정이 누추함을 면치 못했고 때로는 양식이 떨어졌으며, 죽던 날 가족들은 울면서 "살아서 고생시키더니 죽어서 큰 화를 남겼다."고 사람들에게 말하더라 했다.

193-1 爲咸吉道節度使作(위함길도절도사작) 함길도절도사가 되어 짓다

將軍持節鎭戎邊 沙塞塵晴士卒眠 駿馬五千嘶柳下 豪鷹三百坐樓前.

(장군지절진융변 사새진청사졸면 준마오천시유하 호응삼백좌누전)

장군 깃발 들고 변방 오랑캐 진압하니, 국경의 풍진 조용하고 장졸들도 편히 잠드네.

준마 5천 필은 장군 진영 버들 아래에서 울고,

호쾌한 사냥매 3백 마리는 누대 앞에 앉혔네.

[語句] *咸吉道 : 咸鏡南北道(함경남북도)의 조선 초기 명칭. 永安道(영안도)라고도 했음. *節度使 : 조선 때 각 지방에 두었던 武官職(무관직). 도의 軍權(군권)을 맡아 다스리던 총책임자로 대개 觀察使(관찰사)가 겸했고 兵馬節度使(병마절도사, 종2품)와 水軍節度使(수군절도사, 정2품)의 구별이 있었음. *持節 : 節旄(절모, 깃발 종류)나 符節(부절, 信標신표)을 가짐. *戎邊 : 변방의 오랑캐 곧 女眞族(여진족). 戎은 본디 東夷西戎南蠻北狄(동이서융남만북적)이라 하여 '서쪽 오랑캐'를 가리키는 말임. *沙塞 : ①사막 같은 변방. ②사방이 산이나 내로 둘러싸여 외적이 침입하기 힘든 요새. *塵 : 먼지. 風塵(풍진, 거친 전쟁판. 兵塵병진). *士卒 : 병정. 병사. *駿馬 : 잘 달리는 좋은 말. 龍馬(용마). *嘶 : 말이나 새, 벌레가 울다. *柳下 : ①버드나무 아래. ②細柳營(세류영) 아래. 장군의 陣營(진영) 아래. 細柳營은 '漢(한) 나라의 장수 周亞夫(주아부)가 陝西省咸陽縣(섬서성함양현) 서남쪽에 친 진으로 규율이 엄하고 굳은 진영'이었음. *豪鷹 : 씩씩한 매. 호쾌한 사냥매.

[鑑賞] 장군의 씩씩한 기상이 담긴 작품이다. 지은이가 함길도 절도사가 되어 지었는지 함길도 절도사로 있는 다른 분을 위해 지었는지 미상이다. 장수의 지휘 깃발로 변방 오랑캐를 진압하니, 북방 국경의 전란이 조용해지고 병사들도 편히 잠들 수 있다. 잘 달리는 훌륭한 천리마 같은 5천 필 말이 진영 앞 버드나무에 매여 있고, 사냥할 때 쓰이는 날랜 3백 마리 매가 누대 앞에서 쉬고 있으니 모든 것은 평온하다. 지은이는 首陽大君(수양대군)이 金宗瑞(김종서) 같은 큰 인물을 죽이는 것을 보고 "간밤에 불던 바람 눈서리 치단 말가, 낙락장송이 다 기울어지단 말가, 하물며 못 다 핀 꽃이야 일러 무삼하리오." 하고 비분강개하는 시조를 읊기도 했다.

7言絶句(7언절구). 압운은 邊, 眠, 前 자로 평성 '先(선)' 평운이다. 평측은 차례로 '仄平平仄仄平平, 平仄平平仄仄平, 仄仄平平平仄仄, 平平平仄仄平平'으로 二四不同二六對(이사부동이륙대)와 反法, 粘法(반법, 점법) 등이 잘 이루어졌고, 셋째 구와 넷째 구는 내용뿐 아니라 평측 배치까지도 對(대)를 이루었으니, 駿馬-豪鷹, 五千-三百, 嘶-坐, 柳下-樓前은 내용상의 짝이요, 仄仄仄-平平平, 平平-仄仄, 仄仄-平平으로 구성된 것은 형식상의 짝이라 하겠다.

194. 柳義孫(유의손 1397~1450) : 조선 世宗(세종) 때의 문신. 자 孝叔(효숙). 호 檜軒(회헌). 본관 晉州(진주). 세종 때 과거 급제하여 藝文館(예문관)에 들어가 監察(감찰)에 이르렀고, 集賢殿修撰(집현전수찬)을 거쳐 세종 18년(1436) 重試(중시)에 2등으로 급제하여 直提學(직제학)으로 승진했다. 세종의 총애를 받아 承政院同副承旨(승정원 동부승지)에 뽑히고 都承旨(도승지)가 되어, 정무 처리는 좌승지 黃守身(황수신)에게 맡기다시피 했다. 吏曹參判(이조참판)이

되었다가 사건으로 파직되매 세종이 마음에 슬퍼한 끝에 집현전 副提學(부제학), 禮曹參判(예조참판)을 내리고, 喪(상)을 당해 몸이 쇠약해진 것을 보고는 고기를 하사하며 보신하기를 권했다. 權採(권채), 南秀文(남수문)과 함께 세칭 集賢殿三先生(집현전삼선생)이라 일컬어졌다.

194-1 笑臥亭(소와정) 소와정

笑臥亭翁閑臥笑 仰天大笑復長笑 傍人莫笑主人笑 顰有爲顰笑有笑.
(소와정옹한와소 앙천대소부장소 방인막소주인소 빈유위빈소유소)

소와정 늙은이 한가로이 누워 웃는데, 앙천대소하다가 또 길게 웃네.

옆 사람이여 주인이 웃는다고 비웃지 마오,

찡그리는 건 찡그릴 까닭이 있어서고 웃는 것도 웃을 까닭이 있기 때문이라 했다오.

[語句] *笑臥亭 : 미상. 笑臥는 '누워 웃음'의 뜻임. 臥笑. *仰天大笑 : 하늘을 쳐다보며 크게 웃음. *傍人 : 곁에 있는 사람. 옆 사람. *顰有爲顰 : 찡그리는 것은 찡그릴 까닭이 있음. 明主愛一顰一笑 顰有爲顰 而笑有爲笑(현명한 임금은 한번 눈살을 찌푸리거나 한번 웃는데도 인색하여 함부로 얼굴에 나타내지 않는다고 하는데-顔色 안색을 아낌- 임금이 찡그리는 데는 그 까닭이 있고, 웃는 데에도 그만한 까닭이 있어야 한다. 함부로 찡그리거나 웃으면 신하들이 임금 눈치를 보기 때문이다)<韓非子 內儲說上篇 傳3> 顰笑(빈소, 눈살을 찡그리고 웃음). 顰=嚬(찡그릴 빈).

[鑑賞] 道士(도사) 같은 마음을 가진 주인공이다. 정자 이름도 누워 웃는다는 소와정이니 樂天家(낙천가)가 아니라면 세상일을 비웃는 뜻을 담았는데, 지은이는 세종대왕의 아낌을 받은 몸이니 속세를 비웃을 처지는 아닌 것이다. 韓非子(한비자)의 말을 인용해 마무리 지은 작품이다. 한비자의 '顰有爲顰笑有笑(빈유위빈소유소)'와 관련된 이야기는 「韓(한)의 昭侯(소후)가 낡은 바지를 잘 간직하도록 명하니, 侍從(시종)이 이것을 보고 말하기를 "임금께서는 너무도 인자하지 못하십니다. 낡은 바지쯤이야 좌우 측근에게 내리어도 될 일인데 몸소 간직하시다니요." 하자, 소후가 대답하기를 "그대는 아직 알지 못한다. 寡人(과인)이 듣기로 '明主愛一嚬一笑 嚬有爲嚬 而笑有爲笑'라 했다. 그런데, 지금 옷가지인 바지를 어찌 찌푸리거나 웃는 얼굴 표정 정도에 비할 수 있겠는가? 바지를 주는 것은 얼굴을 찌푸리거나 웃는 것과는 그 영향이 크게 다르다. 과인은 앞으로 공을 세운 사람에게 그 옷가지를 내려주고자 그 때까지 간직해 두려는 것이다." 했다.」이다. 이것은 소후가 信賞(신상, 공이 있는 사람에게 상을 줌)하는 術(술)을 터득했음을 보이는 것이며, 임금이 얼굴 표정을 그대로 나타내면 신하들이 그 안색을 읽어 아첨하거나 거짓말을 하게 됨을 깨달

왔다는 것이다. 이 시에서 지은이는 '웃을 까닭이 있어서 내가 웃는 것이니, 나를 비웃지 마시오.'라는 뜻을 담았다고 하겠다.

　7言古詩(7언고시). 압운은 네 구 모두 笑 자로 끝맺었으니 去聲(거성) '嘯(소) 측운이다. 평측은 차례로 '仄仄平平平仄仄, 仄平仄仄仄平仄, 平平仄仄仄平仄, 平仄仄平仄仄仄'으로 이사부동 이륙대와 반법, 점법 등은 이루어졌지만 평측 배열이 고르지 못하니 고시이기 때문이다.

195. 劉長卿(유장경 710~785?) : 中唐(중당)의 시인. 자 文房(문방). 河北省河間市(하북성 하간시) 사람. 玄宗 開元(현종 개원) 21년(733) 進士(진사), 至德(지덕) 연간에 監察御史(감찰어사)가 되었다가, 播州 南邑尉(파주 남읍위)로 좌천되고 다시 睦州司馬(목주사마)를 거쳐 隨州刺史(수주자사)로 벼슬을 끝냈다. 그의 시는 원망하는 말이 많으나 5언절구는 고상하고 원대하며 담백하다는 평을 받았으며, 시집으로 '劉隨册子集(유수책자집 10권)'이 있다.

195-1 過鄭山人所居(과정산인소거) 정 산인이 사는 집을 지나다

寂寂孤鶯啼杏園 寥寥一犬吠桃源 落花芳草無尋處 萬壑千峰獨閉門.
　　(적적고앵제행원 요요일견폐도원 낙화방초무심처 만학천봉독폐문)

외로운 꾀꼬리는 행원에서 적적하게 울고, 도원에서는 한 마리 개가 한가로이 짖는구나. 지는 꽃과 꽃다운 풀 속이라 찾을 길 아득하더니, 만학천봉 속에 문조차 닫았구나.

[語句] *山人 : 깊은 산 속에서 세상을 멀리하고 사는 사람. *所居 : 사는 곳. 집. *寂寂 : 외롭고 쓸쓸함. *杏園 : 살구나 은행나무 동산 또는 숲. 董奉(동봉)이란 사람이 盧山(여산)에 살며 병자를 치료한 사례로 살구나무를 심게 해 수만 그루가 숲을 이루니 이를 '董仙杏林(동선행림)'이라 했는데<神仙傳>, 여기서는 정 산인이 사는 곳이 신선이 사는 행림 같다는 뜻으로 쓴 말인 듯함. *寥寥 : 괴괴하고 쓸쓸함. 고요하고 쓸쓸함. *桃源 : 武陵桃源(무릉도원). 신선이 산다는 전설적인 명승지나 별천지. 이 말 역시 정산인이 사는 곳을 美化(미화)한 말임. *芳草 : 꽃다운 풀. *萬壑千峰 : 첩첩이 겹친 깊고 큰 골짜기와 많은 산봉우리.

[鑑賞] 정씨가 隱居(은거)하고 있는 곳은 첩첩 산중으로 신선들이나 사는 행림 또는 무릉도원 같은 곳이다. 적적한 속에 한 마리 꾀꼬리는 살구나무 숲에서 울고, 깊은 산 속이라 너무나도 고요하고 쓸쓸한데 한 마리 개만이 무릉도원 같은 곳에서 심심한 듯이 짖고 있다. 사방에서 꽃은 지고 꽃 같은 신록의 풀이 무성하여 집을 찾기가 어려운 속에 간신히 찾고 보니 만학천봉 속인데 약초 캐러 갔는지 사립문마저 닫혔다. 꾀꼬리 한 마리와 개 한 마리로 한적함을 더하고 만

학천봉이나 찾을 길 아득하다는 표현에서 깊은 산중임을 알 수 있다.

7言絶句(7언절구). 압운은 園, 源, 門 자로 평성 '元(원)' 평운이다. 평측은 차례로 '仄仄平平平仄平, 平平仄仄仄平平, 仄平平仄平平仄, 仄仄平平仄仄平'으로 二四不同二六對(이사부동이륙대)와 反法, 粘法(반법, 점법) 등이 모두 규칙에 맞고 평측도 고르게 배치된 秀作(수작)이다.

195-2 逢雪宿芙蓉山(봉설숙부용산) 눈을 만나 부용산에서 묵다

日暮蒼山遠 天寒白屋貧 柴門聞犬吠 風雪夜歸人.
(일모창산원 천한백옥빈 시문문견폐 풍설야귀인)

해는 지고 푸른 산 먼데 추운 오막살이 가난해.
사립문에 개 짖는 소리, 풍설 속에 주인 돌아오나보다.

[語句] *芙蓉山 : 어디 있는 산인지 미상이나, 신선이 사는 곳에 芙蓉城(부용성)이 있는데 衡山(형산)에 있다고 함. *蒼山 : 파랗게 보이는 아득히 먼 산. *天寒 : 날씨가 추움. *白屋 : 가난한 사람의 초가집. *柴門 : 사립문. *犬吠 : 개가 짖음. *風雪 : 눈바람.

[鑑賞] 눈이 펑펑 내리는 밤에 부용산 초가집에서 묵는다. 날씨가 추운 날 오막살이집은 가난에 찌든 모습이다. 사립문 쪽에서 개 짖는 소리 들리니 주인은 밤이 깊은 이제야 눈바람 속에 집으로 돌아오는가보다. 짧은 시 속에 눈 오는 밤 한 때의 모습을 절실하게 그렸고 세인들의 평판대로 담백한 작품이다. 그리고, 처음 두 구는 對句(대구)가 잘 이루어졌으니 日暮-天寒, 蒼山-白屋, 遠-貧이 각각 짝인 것이다.

5言絶句(5언절구). 압운은 貧, 人 자로 평성 '眞(진)' 평운이다. 평측은 차례로 '仄仄平平仄, 平平仄仄平, 平平仄仄仄, 平仄仄平平'으로 이사부동과 반법, 점법 등이 잘 이루어진 좋은 작품이다. 셋째 구의 聞 자는 '듣다. 냄새 맡다'의 뜻이면 평성 '文(문)' 운, '들리다. 널리 알려지다'의 뜻이면 거성 '問(문)' 운인데, 여기서는 거성으로 보았다.

195-3 送方外上人(송방외상인) 방외 상인을 송별하다

孤雲將野鶴 豈向人間住 莫買沃洲山 時人已知處.
(고운장야학 기향인간주 막매옥주산 시인이지처)

외로운 구름이 벌판에 노는 학을 보내어, 어찌 인간에 살게 했는가.
부디 학을 기른 옥주산을 얻을 생각 말라, 지금 사람들 거기를 다 알고 있으니.

[語句] *方外 : ①세속의 밖. ②구역 또는 중국의 밖. 오랑캐 땅. ③常道(상도)에서 벗어남. 儒家(유가)에서 道敎(도교)나 佛敎(불교)를 가리켜 '方外學(방외학)'이라 함. 여기서

는 佛僧(불승)의 호칭으로 썼음. *上人 : <佛>智德(지덕)을 갖춘 佛弟子(불제자). 또는 僧侶(승려)의 존칭으로 유가의 '先生(선생)'과 같은 말임. *孤雲 : 외로이 떠도는 구름. *將 : 보내다. 이 밖에도 '가지다. 돕다' '거느리다' '청하다. 바라다' 등으로 쓰임. *野鶴 : 벌판을 날아가는 학. 두루미. 벼슬하지 않는 한가한 사람. *沃洲山 : 道家(도가)의 책에서 말하는 12 福地(복지). 浙江省新昌縣(절강성신창현) 동쪽에 있는 산으로, 四明山(사명산)과 마주하고 있으며 東晉(동진)의 名僧(명승) 支遁(지둔)이 이 산에 살며 鶴과 여러 필의 말을 길렀다 함. *時人 : 그 때의 사람들. 지금 사람.

[鑑賞] 高僧(고승)인 方外 스님을 외로이 떠 있는 구름 따라 땅위로 내려온 학에 비유했다. 학과 같이 고고하고 고결한 모습의 승려여서 인간 세상에 섞여 살지를 못하겠는데, 그렇다고 지난 날 지둔 스님이 학을 기르며 살던 옥주산에는 가지 말라는 것이다. 왜냐 하면, 거기는 하도 유명해서 속세 사람들이 모두 잘 알고 있으니, 숨어 살기에 적당하지 못하기 때문이다. 스님을 보내면서 아끼는 정이 듬뿍 담긴 시이다.

5言古詩(5언고시). 압운은 住, 處 자인데 住는 거성 '遇(우) 측운, 處도 거성 '御(어) 측운으로 두 운자는 通韻(통운)이 된다. 평측은 차례로 '平平平仄仄, 仄仄平平仄, 仄仄仄平平, 平平仄平仄'으로 二四不同(이사부동)은 끝 구에서 어긋났고 反法(반법)이나 粘法(점법)은 그런대로 이루어졌다.

195-4 送袁處士(송원처사) 원 처사를 송별하다

開田北川下 靜者去躬耕 萬里空江莢 孤舟過郢城
種荷依野水 移柳待山鶯 出處安能問 浮雲豈有情.
(한전북천하 정자거궁경 만리공강담 고주과영성

종하의야수 이류대산앵 출처안능문 부운기유정)

버려둔 밭뙈기가 북천 밑에 있어, 이제 은자隱者가 몸소 밭 갈러 가네.
만리 긴 강에는 물억새풀만 헛되이 이어지고, 외로운 배는 영성 땅을 지나가리.
들판의 개천 따라 연뿌리를 심고, 산 꾀꼬리 오도록 버드나무를 옮기리라.
출세와 숨어 사는 걸 물을 것 무엇 있을꼬, 떠도는 구름에 무슨 정이 있던가.

[語句] *處士 : 草野(초야)에 묻혀 벼슬하지 않고 사는 선비. *開田 : 경작하지 않은 땅. *靜者 : 속세 일을 떠나 조용하게 사는 사람. 隱者(은자). *躬耕 : 몸소 농사를 지음. *江莢 : 강가의 달[갈대와 비슷한 풀]. 물억새풀. *孤舟 : 외롭게 떠 있는 작은 배. 孤帆(고범). *郢城 : 春秋時代(춘추시대)의 楚(초) 나라 서울. 지금의 湖北省荊州市(호북성 형주시) 북쪽임. 江陵(강릉)이라고도 했으며 역사상 음탕한 곳으로 유명함. *野水 : 벌판의 개천. *出處 : ①사물이 나온 근거. ②나아가 官職(관직)에 오르

는 일과 물러나 집에서 거처하는 일. 여기서는 ②의 뜻임. *安 : 어느. 무엇. 어찌. *浮雲 : 공중에 떠도는 구름. 뜬구름. '부귀나 종잡을 수 없는 것'을 비유해 쓰기도 함. *有情 : 정이 있음. 마음이나 감정이 있음.

[鑑賞] 원 처사가 벼슬길에 나가지 않고 한적한 곳에서 隱居(은거)하러 떠나는 것을 송별하는 시. 버려졌던 토지가 북쪽 시냇가에 있어 이제 원처사는 손수 농사지으러 간다. 배로 가야 할 길은 만리 먼 뱃길인데 지나는 강가에는 물억새풀만 우거지고, 그대를 실은 외로운 배는 영성을 지나야 하리라. 도착하면 개천 따라 연뿌리 심어 연꽃을 감상하고 꾀꼬리가 오도록 버드나무를 심어 꾀꼬리 노랫소리를 들으며 자연을 즐기라. 벼슬길이냐 은거하느냐를 물을 것 있나, 세상사는 저 하늘을 떠도는 흰구름 같으니 마음 쓸 것 없으리리. 모든 것을 자연에 맡기고 거기에 順應(순응)하며 살아가게나.

5言律詩(5언율시). 압운은 耕, 城, 鶯, 情 자로 평성 '庚(경)' 평운이다. 평측은 차례로 '平平仄平仄, 仄仄仄平平, 仄仄平平仄, 平平仄仄平, 仄平平仄仄, 平仄仄平平, 仄仄平平仄, 平平仄仄平'으로 첫 구만 이사부동에 어긋났고, 반법이나 점법은 대체로 이루어졌다.

195-5 長沙過賈誼宅(장사과가의댁) 장사에서 가의의 집을 지나다

三年謫宦此棲遲 萬古惟留楚客悲 秋草獨尋人去後 寒林空見日斜時
漢文有道恩猶薄 湘水無情弔豈知 寂寂江山搖落處 憐君何事到天涯.

(삼년적환차서지 만고유류초객비 추초독심인거후 한림공견일사시

한문유도은유박 상수무정조기지 적적강산요락처 연군하사도천애)

좌천 벼슬 3년을 여기서 살았으니, 초 땅을 떠도는 나그네의 슬픔만을 만고에 남겼구나.

굴원과 가의는 가고 없어 홀로 가을 풀을 밟고,

해질 녘에 쓸쓸한 숲만 헛되이 바라보노라.

한 나라 문제가 도덕은 있었지만 은혜 베풀기에는 야박했고,

상수는 아무 느낌이 없는 법, 굴원을 조상하는 글을 지은들 어찌 알아들으리.

적막한 강산 낙엽 지는 곳에서, 가엾구나 그대 어이해 하늘 끝 여기까지 왔었던고.

[語句] *長沙 : 湖南省(호남성)의 도시. 洞庭湖(동정호)로 흘러드는 湘江(상강) 하류에 있음. *賈誼(201~ 168 B.C) : 前漢(전한)의 文帝(문제) 때 文臣(문신). 20여 세에 博士(박사)가 되니 사람들이 젊은 수재라 '賈生(가생)'이라 별칭했고, 降灌(강최)와 等均(등균) 등이 시기 모함하여 南楚(남초)의 長沙王太傅(장사왕태부)로 좌천되었으며, '弔屈原賦(조굴원부)'를 지었음. *謫宦 : 벼슬이 좌천되어 귀양감. *棲遲 : 편안히 놀며 지냄.

은퇴하여 살아감. *萬古 : ①아주 오랜 옛적. ②한없는 세월. *楚客 : 초 나라 나그네. 초 지방을 떠도는 나그네. '지은이 자신' 또는 '가의, 굴원'을 가리키는 말임. *秋草 : 가을철의 풀. *寒林 : 겨울의 잎 떨어진 숲. *日斜 : 해가 서쪽으로 기울어짐. 해가 짐. *漢文 : 전한 나라 문제. 제5대 황제로 太宗(태종)이라고도 하며, 제위는 180~ 157B.C임. *道 : 도리. 도덕. 진리. *湘水 : 중국 남부에서 동정호로 흘러드는 강. 湘江(상강). 고대 舜(순) 임금의 두 비인 娥皇(아황)과 女英(여영)이 이 강에서 익사했고, 초의 굴원도 참소를 입어 이 강과 동정호 사이인 汨羅水(멱라수)에 투신 자살했는데, 가의가 굴원을 조상하여 '조굴원부'를 지었음. *無情 : 인정이나 동정심이 없음. 아무 감정이 없음. *寂寂 : 외롭고 쓸쓸함. *搖落 : 흔들어 떨어뜨림. 나뭇잎이 떨어짐. *天涯 : 하늘 끝. 아득히 떨어진 타관.

[鑑賞] 전한의 문제 때 장사왕 태부로 좌천되어 살던, 호남성 장사에 있는 가의의 집을 지나며 그를 떠올려 지은 시이다. 首聯(수련 1~2구)에서는 가의의 적환을 회고하여 그 슬픔만이 남아 있다 했고, 頷聯(함련 3~4구)에서는 자기의 심정을 자연 환경에 부치어, 이 곳 멱라수에서 익사 자살한 굴원과 귀양살이하던 가의는 가고 없어, 부질없이 가을 풀을 밟거나 잎지는 숲만 바라볼 뿐이라 했으며 對句(대구)를 잘 이루었다. 頸聯(경련 5~6구)은 가의의 억울함은 문제가 은혜를 베풀기에 인색한 탓으로 돌리고, 굴원을 조상한 가의의 '조굴원부'의 헛됨을 무정한 상수물에 비기었다. 경련 역시 규칙에 따라 대구가 잘 이루어졌다. 尾聯(미련 7~8구)은 마무리로 하늘 끝 같은 장사까지 귀양 왔던 가의의 슬픔을 위로 조상하면서, 자기 자신도 파주로 좌천되어 가는 길이라 스스로의 신세도 슬퍼하면서 맺었다.

7言律詩(7언율시). 압운은 遲, 悲, 時, 知, 涯 자로 涯 자만 평성 '佳(가)' 평운, 나머지는 평성 '支(지)' 평운으로 두 운자는 通韻(통운)이 된다. 평측은 차례로 '平平仄仄仄平平, 仄仄平平仄仄平, 平仄仄平平仄仄, 平平平仄仄平平, 仄平仄仄平平仄, 平仄平平仄仄平, 仄仄平平平仄仄, 平平平仄仄平平'으로 二四不同二六對(이사부동이륙대)와 反法, 粘法(반법, 점법) 등이 규칙에 맞게 잘 이루어져, 내용상으로나 형식상으로 모범되는 名作(명작)이다.

196. 柳宗元(유종원 Liu Tsung-Yuan 773~819) : 中唐(중당)의 문인, 唐宋8大家(당송8대가)의 한 사람. 자 子厚(자후). 山西省 河東(산서성 하동, 지금의 河津하진 부근) 사람. 德宗 貞元(덕종 정원) 9년(793)에 劉禹錫(유우석 →192)과 함께 進士(진사)에 급제하고 다시 博學宏詞科(박학굉사과)에 급제하여, 校書郎(교서랑), 藍田尉(남전위)를 거쳐 監察御史裏行(감찰어사이행)이 되었다. 王叔文(왕숙문)의 개혁에 가담해 尙書禮部員外郎(상서예부원외랑)이 되었으나 왕숙문이 실각하자 永州司馬(영주사마)로 좌천되고 뒤에 柳州刺史(유주자사)가 되어 사망했다. 벼슬길의 불우함을 시와 글에 부쳤는데, 시는 맑고 담백하며 자연과 일체가 된 경지에 이르러 王維

(왕유 →164), 孟浩然(맹호연 →68), 韋應物(위응물 →175)과 함께 陶淵明(도연명 →62)의 유파에 속하였고, 文(문)은 寫景(사경)에 뛰어나고 웅건하며 고아 심오하여 韓愈(한유 →599)와 함께 古文復興運動(고문부흥운동)의 추진자로 '唐代2大古文家(당대 2대 고문가)'로 또 '韓柳'라 일컬어졌다. 문집으로 '唐柳先生文集(당유선생문 집 43권)'과 '別集(별집 2권)' 外集(외집 2권)'이 있다.

196-1 江雪(강설) 강에 내리는 눈

千山鳥飛絕 萬徑人蹤滅 孤舟蓑笠翁 獨釣寒江雪.
(천산조비절 만경인종멸 고주사립옹 독조한강설)

모든 산에는 새들 날지 않고, 길에는 사람 발자취 없는데,
도롱이와 삿갓에 조각배 타고, 눈발 속에 찬 강물에서 홀로 낚싯대 드리운 늙은이.

[語句] *千山 : 수많은 산. *萬徑 : 모든 길. 徑은 '지름길'임. *人蹤 : 사람의 자취.
　　　*孤舟 : 외로이 떠 있는 작은 배. *蓑笠 : 도롱이와 삿갓. 옛날의 雨備(우비)임.
　　　*寒江 : 찬 강물.
[鑑賞] 눈발이 날리고 추우니 산새도 날지 않고 길에는 오가는 사람도 없다. 이렇게 궂은 날에 도롱이를 두르고 삿갓을 쓴 늙은이가 작은 배를 타고 혼자서 춥고 눈 내리는 강에서 낚시질을 하고 있다. 우리가 흔히 볼 수 있는 동양화 그림 한 폭을 보는 느낌이다. 말하자면 '詩中有畫(시중유화, 시 속에 그림이 있음)'의 小品(소품) 名作(명작)이다. 제 1, 2구는 對句(대구)를 이루었는데, 千자나 萬자는 글자를 맞추기 위해 썼다고 하리라.

　5言古詩(5언고시). 압운은 絕, 滅, 雪 자로 입성 '屑(설) 측운이다. 평측은 차례로 '平平仄平仄, 仄仄平平仄, 平平平仄平, 仄仄平平仄'으로 이사부동은 첫 구에서 어긋났고 반법이나 점법은 이루어지지 않았으니 고시이기 때문에 무시된 것이다.

196-2 溪居(계거) 시냇가에 살다

久爲簪組累 幸次南夷謫 閒依農圃隣 偶似山林客
曉耕翻草露 夜榜響谿石 來往不逢人 長歌楚天碧.
(구위잠조루 행차남이적 한의농포린 우사산림객

효경번초로 야방향계석 내왕불봉인 장가초천벽)

오랫동안 벼슬에 얽매여 있다가, 다행히 남쪽 후미진 오랑캐 땅에 귀양 오니,
한가롭게 농사짓는 집을 이웃하여, 뜻밖에도 산림에 숨은 은사와 같구나.
새벽에 밭 갈며 아침 이슬에 젖고, 저녁에는 배를 젓노라 돌 부딪치는 소리 울리네.

오거나 가거나 사람은 만날 수 없고, 장가 한 가락에 먼 하늘만 파랗구나.

[語句] *溪居 : 냇가에 삶. 지은이가 영주사마로 좌천되어 愚溪(우계)에 산 것을 이름. *簪
組 : 簪纓(잠영, 비녀와 갓끈. 높은 벼슬)과 인끈[官印(관인의 끈]. 벼슬살이. *累 : 더럽히다.
연루되다. *南夷 : 남쪽 오랑캐 또는 그 땅. 南蠻(남만). *農圃 : 농작물을 재배하는
밭. 농사. *山林客 : 산속에 숨어 사는 사람. *草露 : 풀 끝에 맺힌 이슬. *榜 :
①방. 방 붙이다. ②노. 배 젓다. ③매질하다. 볼기치다. 여기서는 ②의 뜻임. *谿
石 : 시냇가의 바위나 돌. *來往 : 오고 감. 서로 사귀며 의좋게 지냄. *長歌 : 내
용이 긴 노래. 길게 부르는 노래. *楚天 : 초 나라 하늘. 남방의 하늘. 먼 하늘.

[鑑賞] 지은이가 영주 사마로 좌천되어 우계에 살면서 지은 시이다. 오랜 벼슬살이 끝
에 남쪽 벽지에 귀양을 오니, 직접 밭을 갈며 농사짓고 배를 저으며 낚시도 하며
한가로이 살아가 마치 숨어 사는 은사와 같다. 궁벽한 곳이라 사람을 만날 수가
없고 다만 긴 노랫가락 들리는 저 먼 푸른 하늘만이 친구가 되어 준다. 중국이나
우리나라나 지난 왕조 시대의 벼슬살이는 불안하기 짝이 없는 삶이었으니, 사약
받아 죽지 않으면 후미진 곳으로 귀양 가는 게 다반사가 아니었던가. 作詩法(작시
법)에 맞게 頷聯(함련, 3~4구)과 頸聯(경련, 5~6구)은 對句(대구)가 잘 이루어졌다.

5언고시. 압운은 謫, 客, 石, 碧 자로 입성 '陌(맥)' 측운이라, 측운 압운이면 이미 고시가
되는 것이다. 평측은 차례로 '仄平平仄仄, 仄仄平平仄, 平平平仄平, 仄仄平平仄, 仄平平仄
仄, 仄仄仄平仄, 平仄仄平平, 平平仄平仄'으로 二四不同(이사부동)은 맨 끝 구만 어긋났고 反
法(반법)과 粘法(점법)은 부분적으로만 형성되었다.

196-3 漁翁(어옹) 고기잡이 노인

漁翁夜傍西巖宿 曉汲淸湘然楚竹 煙銷日出不見人 欸乃一聲山水綠
廻看天際下中流 巖上無心雲相逐.

(어옹야방서암숙 효급청상연초죽 연소일출불견인 애내일성산수록

회간천제하중류 암상무심운상축)

어옹이 밤에는 서쪽 바위 가까이 배를 대어 자고,
새벽에는 맑은 상수 물 길러 대나무로 불 지펴 밥 짓네.
연기 사라지고 해 떠오르면 그 어부 보이지 않고, 뱃노래 한 가락에 산수만 푸르구나.
하늘 저쪽 바라보며 강 아래로 내려가 버리니,
바위 위엔 무심한 구름만 오락가락 하누나.

[語句] *漁翁 : 고기잡는 늙은이. 漁夫(어부). *夜宿 : 밤에 묵음[잠을 잠]. *淸湘 : 맑은 湘水(상수). 깨끗한 湘江(상강) 물. *然 : 燃(불탈, 불태울 연)과 같음. *楚竹 : 초땅의 대나무. 상강 부근의 대나무. 湘竹(상죽). *銷 : 끄다. 꺼지다. =消(끌 소). *欸乃 : 어부가 부르는 뱃노래. 배를 저으며 부르는 노랫소리. 노를 젓는 소리. 靄迺聲(애내성). 棹歌(도가). *天際 : 하늘의 끝. 天末(천말). *雲相逐 : 구름이 서로 쫓음, 곧 구름이 이어서 흘러감.

[鑑賞] 여섯 구로 이루어진 작품으로 어부 노인의 생활 한 때를 읊었다. 배는 강가 서편 바위 곁에 대고 밤을 지내고는, 새벽 일찍 깨끗한 상강의 물을 긷고 상죽 마른 대나무를 줏어다가 불 지펴 아침밥을 지어 먹고 나서 강물 따라 노 저어 간다. 해가 떠오르면 밥 짓던 연기도 사그라지고 그 어부는 보이지 않는데, 다만 저 아래에서 뱃노래 한 가락만 들려오고 산과 물은 푸르기만 하다. 어부는 하늘 저 끝으로 가버렸고 잠자던 곳 옆의 바위 위에는 구름만 무심히 떼지어 둥둥 흘러갈 뿐이다. 어부는 저 아래 하류에서 낚싯대를 강물에 드리웠으리라. 아무 욕심이 없고 소박한 상강 어부 노인의 隱士(은사) 같은 삶을 그렸는데, 지은이는 이 시를 통하여 자연과 인간의 調和(조화)된 모습, 바위와 구름의 對照(대조), 뱃노래 한 가락과 푸르기만 한 山水(산수) 등 動中靜(동중정)과 정중동의 경지를 포착하여 자연과 인생을 觀照(관조)했다.

6句體7言古詩(6구체 7언고시). 압운은 宿, 竹, 綠, 逐 자로 모두 입성인데 綠 자만은 '沃(옥)' 운이고 나머지는 '屋(옥)' 운으로 두 운자는 通韻(통운)이 되며 측운 압운이므로 고시이다. 평측은 차례로 '平平仄仄平平仄, 仄仄平平平仄仄, 平平仄仄仄仄平, 平仄仄平平仄仄, 平平平仄仄平平, 平仄平平平平仄'으로 二四不同二六對(이사부동이륙대)는 제 3, 5구에서 이루어지지 않았고, 반법이나 점법도 갖추어지지 않았다. 첫 구의 傍 자는 '가까이하다'로 보아 거성 '漾(양) 측운으로 처리했다.

197. 俞好仁(유호인 1445~1494) : 조선 초기의 문장가. 자 克己(극기). 호 林溪(임계). 본관 高靈(고령). 父 廳(음). 세조 8년(1462) 生員試(생원시)에 급제했고 金宗直(김종직 →46)의 문하에 있었으며, 성종 5년(1474) 문과 급제했으나 행정에 어두웠고 벼슬은 校理(교리)와 陜川郡守(합천군수)로 그쳤는데, 모친이 노쇠하여 사직하고 고향에 갔지만 戊午士禍(무오사화) 때 화를 당했다. 忠孝(충효)와 詩文(시문), 筆力(필력)에 뛰어나 그 때에 三絶(삼절)이라 했으며 성종의 지극한 총애를 받았다. 당시의 네 학파 중 士林派(사림파)였고 뒤에 長水(장수)의 蒼溪書院(창계서원)에 배향되었다.

197-1 登鳥嶺(등조령) 조령을 오르다

凌晨登雪嶺 春意正濛濛 北望君臣隔 南來母子同

蒼茫迷宿霧 迢遞倚層空 更欲裁書札 愁邊有北鴻.

(능신등설령 춘의정몽몽 북망군신격 남래모자동

창망미숙무 초체의층공 갱욕재서찰 수변유북홍)

이른 새벽에 눈 쌓인 고개를 오르니, 봄이 오는 기분은 바로 자욱한 안개 속일세.

북쪽을 바라보니 임금님과 신하인 내가 너무 멀리 떨어져 있고,

남으로 오니 어머니와 아들인 내가 함께 할 고향은 가까워라.

멀리 보여야 할 들판은 안개 짙어 갈피를 못 잡겠고,

높이 솟은 산들은 더욱 높은 하늘에 기대어 서 있구나.

다시 글월 다듬어 써서 보내드리고자 하는데,

보낼 방도 없어 근심하던 차에 북으로 가는 기러기 같은 인편이 있구나.

[語句] *鳥嶺 : 경상북도 聞慶郡(문경군)에 있는 조령산 고개. 높이 1,017m. 새재. *凌晨 : 이른 새벽. 凌은 '지나다'임. *雪嶺 : 눈이 쌓인 산봉우리. *春意 : 이른 봄에 온갖 것이 피어나는 기분. 봄기운. *濛濛 : 비나 안개가 자욱한 모양. *君臣 : 임금과 신하. *蒼茫 : 넓고 멀어 아득함. *宿霧 : 밤을 지낸 안개. 꽉 끼인 안개. *迢遞 : 멀고도 멂. 높은 모양. *層空 : 아주 높은 하늘. *裁 : 마름질하다. 다듬다. *書札 : 편지. *愁邊 : 근심이 되는 판. *北鴻 : 북으로 가는 기러기. 북으로 소식을 전할 인편.

[鑑賞] 지은이는 충과 효에 뛰어났다고 하는데, 이 시가 바로 그런 면모를 잘 보여 주는 작품 같다. 고향으로 가는 길에 험한 조령을 넘으며 임금과 어머니를 생각하는 정이 담겼다. 起聯(기련, 1~2구)은 새벽 일찍 조령에 오르니 봄기운은 안개에 쌓여 느끼지 못하겠다 했고, 承聯(승련, 3~4구)은 대구를 이루면서 임금님과 어머니를 생각하는 정을 담았다. 轉聯(전련, 5~6구)은 내용을 바꾸어 寫景(사경)이니, 저 아래로 보여야 할 들판은 짙은 안개로 볼 수 없고 주변의 산들은 하늘에 닿을 듯하다 했는데 역시 대구가 되었다. 마지막 結聯(결련, 7~8구)은 임금님께 소식 올리는 충성을 담았으니, 소식 전해 줄 방도가 막연하던 차에 인편을 만나 전하게 되었다고 했다. 기러기는 예로부터 소식을 전하는 매개가 되었던 것이다.

5言律詩(5언율시). 압운은 濛, 同, 空, 鴻 자로 평성 '東(동)' 평운이다. 평측은 차례로 '平平平仄仄, 平仄仄平平, 仄仄平平仄, 平平仄仄平, 平平平仄仄, 仄仄平平平, 仄仄平平仄, 平平仄仄平'으로 이사부동과 반법, 점법 등이 잘 이루어져, 내용과 형식상 명작이다.

197-2 花山十歌 第2首(화산십가 제2수) 화산 십가 둘째 수

花山昨夜雨 一雪沾公私 隔林布穀聲 催却耕耘遲

牛車戴月出 急報隣翁知 努力務恒産 此非安臥時.

(화산작야우 일삽첨공사 격림포곡성 최각경운지

우차대월출 급보인옹지 노력무항산 차비안와시)

화산의 어젯밤 내린 비, 한 바탕 빗소리로 온 논밭을 흠씬 적시었네.

숲 건너 뻐꾸기 소리, 논밭갈이 늦었다고 재촉하고 있구나.

우차가 첫 새벽에 나가야 하니, 이웃 노인에게 급히 알려야지.

애써서 살아갈 만한 재물 얻기를 힘써야지, 지금이 어느 땐데 편히 누워 있으리오.

[語句] *花山 : 경상북도 安東(안동) 별칭. *雪 : 빗소리. '霎(삽, 가랑비. 이슬비)'으로 써야 좋을 것으로 생각됨. *沾 : 젖다. *公私 : 공공의 일과 사사로운 일. '골고루'의 뜻으로 썼음. *布穀 : 뻐꾸기. 농사가 시작될 무렵에 날아와 '五穀(오곡)의 씨를 뿌리기가 좋음'을 알려 준다는 데서 쓰는 말임<爾雅 注> *耕耘 : 논밭을 갈고 김을 맴. *牛車 : 소가 끄는 수레. 소달구지. *戴月 : 달을 머리에 임, 곧 아침의 이른 시간. 戴星(대성, 별을 임). *隣翁 : 이웃 노인. *恒産 : 살아갈 수 있는 일정한 재산. 일정한 生業(생업). *安臥 : 편안히 누움.

[鑑賞] 이 '花山 10歌'는 경북 안동 지방의 농사와 관련된 일을 읊었는데, 서문이 있으니 "안동이 메마른 땅이요 백성들이 가난하나 풍속이 농사와 양잠에 힘쓰고 검소하며 절약하여, 흉년의 준비 같은 것이 모두 주밀해 다른 고을이 따르지 못한다. 이에 '誰知盤中湌 粒粒皆辛苦(수지반중손 입립개신고 ; 그 누가 알리, 밥상의 밥알 하나마다 농부의 고생이 담긴 것을)<李紳 憫農> →264-1'의 10자로 韻(운)을 삼아 민간의 근심과 애쓰는 모양을 대강 서술하여 豳風 七月篇(빈풍 칠월편, 詩經시경의 편명으로 농사짓는 광경을 읊었음)의 뜻에 비겨 본다." 했다. 그리하여 첫 수 끝 구 마지막 자에 誰 자가 들어 있고, 둘째 수인 이 시에 知 자가 들어 있는 것이다.

5言律詩(5언율시). '국역 동문선'에서는 '5언고시'로 분류했으나 이 시만을 두고 보면 율시라 할 수 있겠다. 운자는 私, 遲, 知, 時 자로 평성 '支(지)' 평운이다. 평측은 차례로 '平平仄仄仄, 仄仄平平平, 平仄仄仄平, 平仄平平仄, 平平仄仄仄, 仄平平平仄, 仄仄仄仄仄, 平平平仄平'으로 二四不同(이사부동)은 모두 이루어졌고 反法(반법)은 지켜졌으나, 粘法(점법)이 셋째 구에서 지켜지지 않아 넷째 구와 바꾸어 놓고 보면 점법도 이루어지게 된다. 평운 압운에 簾(염)도 크게 어긋나지 않아 5언율시로 분류했다.

198. 俞孝通(유효통 ?) : 조선초의 文人, 醫人(문인, 의인). 자 行源(행원). 세종 때 大司成
(대사성)을 역임했다.

198-1 春日昭陽江行 初頭(춘일소양강행 초두) 봄날에 소양강을 가다 첫머리

江之濁兮凝濃煙 江之淸兮涵晴天 或淸或濁豈江性 被他外物交如前

人心明暗只如此 寄語少年須着鞭 利源一開而濫觴 誰能禦之同逝川

扶微去危充四端 煌煌特達泉火然 我本質魯性偏柔 戰兢自持師佩絃.

　　(강지탁혜응농연 강지청혜함청천 혹청혹탁기강성 피타외물교여전

　　인심명암지여차 기어소년수착편 이원일개이남상 수능어지동서천

　　부미거위충사단 황황특달천화연 아본질로성편유 전긍자지사패현)

강의 흐렸음이여 짙은 이내 응겼고, 강의 맑음이여 활짝 갠 하늘이 잠겼네.

맑다거나 흐렸다거나 함이 어찌 강의 본성이리,

모두 사물의 탓으로 그리 되는 게 아닌가.

인심의 명암도 다만 외물에 의하므로,

젊은이들에게 말하노니 남보다 앞서 일을 꾀해야 하리.

이욕의 근원이 한 번 열려 넘치면,

흐르는 냇물같이 종잡을 수 없게 됨을 누가 능히 막으리.

도심을 붙들고 인심은 버려 사단이 가득케 하여,

활활 붙타듯 철철 샘물 넘치듯 뛰어나야지.

나는 본디 노둔하고 유하여,

전전긍긍으로 마음 다잡으려고 활시위를 차는 걸 본받고자 하네.

[語句] *昭陽江 : 강원도 춘천 지방을 흐르는 강. →3-1. *兮 : ~여. ~인가. 감탄의
　　뜻을 가진 語助辭(어조사)임. *凝 : 엉기다. 모으다. *涵 : 잠기다. *晴天 : 맑게
　　갠 하늘. 蒼空(창공). *江性 : 강의 본성. 강의 성질. *他外物 : 다른 外界(외계)
　　의 사물. 여기서는 '짙은 연기나 갠 하늘'을 두고 한 말임. *如前 : 앞에서 말
　　한 '강의 흐림이나 맑음과 같은 것'의 뜻임. *明暗 : 밝음과 어두움. 기쁜 일과
　　슬픈 일. *着鞭 : 채찍을 잡음, 곧 먼저 착수하거나 자리를 잡음. 着先鞭(착선
　　편). 先着鞭. 先鞭. *利源 : 이익이 생기는 근원. *濫觴 : 물이나 술 같은 것이
　　잔에 넘침. 사물의 맨 처음. *逝川 : 흘러가는 냇물. '한번 가면 다시 돌아오지
　　않는 것'을 비유함. *扶微去危 : 미묘함 곧 도를 지키려는 마음을 붙들고, 위
　　태함 곧 욕정에서 나온 사람의 마음을 버림. 人心惟危 道心惟微 惟精惟一

允執厥中(사람의 마음은 위태롭기만 하고, 의리에서 나온 도를 지키려는 마음은 극히 희미한 것이니, 정신 차리고 오직 하나로 모아, 그 中正중정을 진실로 잡아야 한다)<書經 大禹謨> 老子(노자)도 '道는 보려고 해도 보이지 않고[夷이], 듣자 해도 들리지 않으며[希희], 잡으려 해도 잡히지 않는 것[微]'이라 했음<道德經14章> *四端 : 네 가지 마음의 실마리, 곧 仁義禮智(인의예지)에서 우러나는 惻隱(측은), 羞惡(수오), 辭讓(사양), 是非(시비) 등의 마음<孟子 公孫丑上> *煌煌 : 번쩍번쩍 빛나는 모양. *特達 : 재주가 특별히 뛰어남. *魯 : 어리석다. 魯鈍(노둔, 어리석고 둔함). *柔 : 부드럽다. 순하다. 연약하다. *戰兢 : 두려워서 매우 조심함. 戰戰兢兢(전전긍긍, 두려워서 몸을 벌벌 떨며 조심하는 모양). *佩絃 : 팽팽한 활시위를 참. 마음이 해이함을 고치고자 함. "西門豹(서문표)는 성질이 급해서 가죽을 허리에 차서 성질을 누그러뜨리려 했고, 董安于(동안우)는 마음이 느리므로 활시위를 차서 스스로 마음이 급해지도록 하려 했다."<韓非子 觀行>

[鑑賞] 7언 15연 30구의 장편 시이다. 인용한 부분은 첫머리 6연인데 이 뒤로 이어진 내용은 대략 다음과 같다. "먼 길을 달려왔으나 나루터는 못 만나고 이미 백발일세. 임금님 곁에서 도울 엄두야 못 내지만 내 할 일은 무겁고 재주 없어 걱정이라. 고향 집에는 꽃 피었으나 정원길은 거칠어졌겠고, 내가 심은 뽕나무와 느티나무 곁에 시냇물 예대로 돌아 흐르리라. 여기 풍경도 다르지는 않으나 강산이 달라 애오라지 술잔만을 기울인다. 또 산천은 자연 그대로로 원근의 자연이 먼지 없이 깨끗하지만, 내 고장이 아니니 벼슬길 버리고 돌아가 농사나 지으리. 문에서 기다리던 아이들은 날 보고 기뻐하겠고 나는 그들과 적막했던 사연을 펼치게 되리라. 하늘만은 내 옳고 그름을 알 터이지만 내 52년은 무사했던 몸이어라." 아름다운 소양강 주변을 보며 고향을 그리워하고 돌아가고 싶은 심정을 그렸다.

7言古詩(7언고시) 15聯(연, 30구) 중 초두 6연. 압운은 煙, 天, 前, 鞭, 川, 然, 絃 자로 평성 '先(선)' 평운이다. 이 뒤로 평성 '灰(회)' 운과 입성 '藥, 陌(약, 맥)' 자들이 쓰이어 고시로 분류한 것이다. 평측은 차례로 '平平仄平平平平, 平平平平平平平, 仄平仄仄仄平仄, 仄平仄仄平平平, 平平平仄仄平仄, 仄仄仄平平仄平, 仄平仄平平仄平, 平平平平平仄仄, 平平仄平平平仄, 平平仄仄平仄平, 仄仄仄仄仄平平, 仄平仄平平仄平'으로 二四不同二六對(이사부동이륙대)는 제 3, 4, 5, 6구에서만 이루어졌고, 반법이나 점법은 아주 불규칙하니 고시이기에 그러하다.

199. 劉希夷(유희이 652~680) : 初唐(초당)의 시인. 자 廷芝(정지, 庭芝정지). 河南省汝州(하남성 여주) 사람. 高宗 上元(고종 상원) 2년(675) 進士(진사)가 되었고 젊어서 文才(문재)를 떨쳐 세속과 상식을 떠난 생활을 즐겼다. 宋之問(송지문)의 사위로 당 나라 초기의 화려한 詩風(시풍)을 특색으로 하여 從軍詩(종군시), 女性詩(여성시)에 좋은 작품이 많다. 그가 지은 시

의 한 구절을 장인인 송지문이 달라는 청을 거절하여, 송지문이 자기 하인들을 시켜 흙부대로 압살했다고도 한다.<唐才子傳> 시집 한 권이 있다.

199-1 代悲白頭翁 前半(대비백두옹 전반) 백발 노인의 슬픔을 대신해 읊다 앞부분

洛陽城東桃李花 飛來飛去落誰家 洛陽女兒惜顔色 行逢落花長歎息
今年花落顔色改 明年花開復誰在 已見松柏摧爲薪 更聞桑田變成海
古人無復洛城東 今人還對落花風 年年歲歲花相似 歲歲年年人不同
寄言全盛紅顔子 應憐半死白頭翁 此翁白頭眞可憐 伊昔紅顔美少年.

　　(낙양성동도리화 비래비거낙수가 낙양여아석안색 행봉낙화장탄식

　　금년화락안색개 명년화개부수재 이견송백최위신 갱문상전변성해

　　고인무부낙성동 금인환대낙화풍 연년세세화상사 세세년년인부동

　　기언전성홍안자 응련반사백두옹 차옹백두진가련 이석홍안미소년)

낙양성 동쪽에 핀 복숭아 오얏꽃, 낙화되어 이리저리 뉘네 집에 떨어지는고.
낙양의 처녀들 고운 얼굴 변할까봐, 길에서 떨어지는 꽃잎 보면 긴 한숨만 쉰다네.
올해도 꽃들 지면 내 얼굴도 바뀌리니,
내년에 꽃이 피면 누가 변치 않고 그 꽃 바라보리.
이미 소나무 잣나무도 섶나무가 되는 걸 보았는데,
뽕밭이 바뀌어 바다가 되더란 말도 들었네.
옛 사람 한 번 가면 낙양성 동쪽으로 다시 못 오고,
지금 사람들이 바람에 지는 꽃 보나니,
해마다 피는 꽃은 똑같은 그 꽃이건만, 해마다 꽃구경하는 사람은 그 사람이 아니어라.
한창 때의 홍안 젊은이들에게 이르노니,
응당 반죽음 같은 이 백발 노인을 가련히 여기리라.
이 노인의 백발 머리 참으로 가련하지만,
그도 지난날에는 그대와 같은 홍안 미소년이었다네.

[語句] *白頭翁 : 머리가 허옇게 센 늙은이. *洛陽 : 河南省 洛陽市(하남성 낙양시). 東周(동주), 後漢(후한), 魏(위), 西晉(서진), 北魏(북위), 唐(당) 나라 등의 서울이었음. 西京(서경). *桃李 :복숭아와 오얏[자두]. *惜顔色 : 얼굴빛이 늙어감을 애석해 함. *行逢 : 길 가다가 만남. *復(부) : 다시. *松柏 : 소나무와 잣나무. *薪 : 섶나무. 땔나무. *更(갱) : 다시. *桑田變成海 : 뽕나무밭이 변하여 바다가 됨. 세상의 변천이 심함. 桑田碧海(상전벽해, 뽕밭이 푸른 바다가 됨). *古人 : 옛날 사람. *落花風 : 꽃을 떨

어뜨리는 바람. *年年歲歲 : ‘해마다. 매년’의 强調語(강조어). 歲歲年年. *寄言 :
말을 함. ~에게 말함. *全盛 : 가장 왕성함. *紅顏子 : 젊은 사람. ‘얼굴이 붉그
스레 젊음’을 뜻함. *半死 : 반죽음. *可憐 : 불쌍함. 가엾음. *伊昔 : 그 옛날.

[鑑賞] 백발노인의 늙음에 대한 슬픔을 대신해 지은 13연 26구의 장시로 인생의 허무
함 곧 人生無常(인생무상)을 읊었다. 인용한 부분은 반이 넘는 8연인데, 이 뒤는
“귀족의 자제들이 꽃다운 나무 아래에서 놀 때 꽃잎 떨어지는 속에서 노래하며
춤 추었고, 前漢(전한)의 光祿大夫 王根(광록대부 왕근)의 연못 누각에 가 비단 휘장
치고 놀기도 했으며, 後漢(후한) 梁(양) 장군의 不老長生(불로장생) 신선을 그린 누각
에서도 놀았으리. 허나 하루아침에 앓아 누우니 알아주는 사람 없고 三春(삼춘)의
놀이도 그 어디에 있던고. 곱던 눈썹이 얼마나 가던가, 순식간에 학같이 흰 머리
실처럼 헝클어지고 마는구나. 보라, 그 옛날 노래하며 춤추던 곳에 황혼이면 오
직 새들만 슬프게 지저귀지 않는가.”이다. 특히 위의 제 6연 ‘年年歲歲花相似
歲歲年年人不同’ 구를 장인인 송지문이 자기에게 달라하는 걸 거절해 죽음을
당했다는 것이니, 그 얼마나 悽絕(처절)한 名句(명구)인가. 그리고, ‘古文眞寶(고문진
보)’에는 이 시를 송지문이 지은 ‘有所思(유소사)’라는 제목으로 실려 있는데 잘못
인 듯하다. 이 작품은 내용상 복숭아와 오얏꽃의 꽃잎이 떨어짐[1~8구], 인생과
자연의 변천[9~16구], 인생의 허무함[17~26구]의 셋으로 단락 지어 볼 수 있다.

7言古詩(7언고시) 13연 중 8연. 압운은 여러 운자가 쓰이었으니, 花와 家 자는 평성 ‘麻(마)’
평운이고 色, 息 자는 입성 ‘職(직) 측운이며 改, 在, 海 자는 상성 ‘賄(회)’ 측운이다. 다음으
로 東, 風, 同, 翁 자는 평성 ‘東’ 평운이며 憐과 年 자는 평성 ‘先(선)’ 평운이다. 이 뒤로도
‘先’ 운과 평성 ‘支(지), 微(미)’ 평운을 썼다. 평측은 차례로 ‘仄平平平平平仄平, 平平平仄仄平
平, 仄平仄平仄平仄, 平平仄平平仄仄, 平平平平仄仄仄, 平平平平仄平仄, 仄仄仄平平平平,
仄平平平仄平仄 ; 仄平平仄仄平平, 平平平仄仄平平, 平平仄仄平平仄, 仄仄平平平仄平,
平仄平仄平平仄, 平平仄仄仄平平, 仄平仄平平仄平, 平仄平平仄仄平’으로 二四不同二六對
(이사부동이륙대)에 맞는 구는 제 2, 9, 10, 11, 12, 13, 14구이고 反法(반법)이나 粘法(점법)은 이루
어지지 않았으니 고시이기에 따져볼 필요가 없다.

200. 尹斗壽(윤두수 1533~1601) : 조선 선조 때의 문신. 자 子仰(자앙). 호 梧陰(오음). 시
호 文靖(문정). 본관 海平(해평). 父 軍資監正 忭(군자감정 변). 동생 左贊成 根壽(좌찬성 근
수). 명종 10년(1555) 庭試(정시)에 장원급제하고 명종 13년 大科(대과)에 급제했다. 銓郎
(전랑) 역임 중에 權臣(권신)인 李樑(이양)이 아들을 천거하는 것을 거절하여 파면되었다가,
별안간 이양이 실각되자 修撰(수찬)으로 복직했다. 선조 때 戶曹(호조) 등의 參議(참의)를
거쳐 대사간, 대사헌에 이르고 선조 11년(1578) 李銖(이수)의 옥사에 연좌되어 아우 근

수와 함께 파직당했으나 金繼輝(김계휘)의 주청으로 복직되었다. 연안부사, 한성좌윤, 오위부총관, 형조참판, 전라도관찰사 등을 거쳐, 선조 23년(1590) 평안도관찰사 때 宗系辨誣(종계변무)의 공으로 光國功臣(광국공신) 2등과 海原君(해원군)에 피봉되고 형조판서를 거쳐 대사헌 때 당론에 연좌되어 會寧(회령)에 유배되었다가 특명으로 海州(해주)에 옮겨졌다. 선조 25년(1592) 임진왜란 때 관직이 복구되어 왕을 모시고 개성에 이르러 어영대장, 우의정에 올랐으며 평양 도착 후에 좌의정이 되어 나라의 정무를 지체없이 처리했다. 왜군의 진격으로 함흥으로 옮기자는 주장을 물리치고 寧邊(영변)으로 왕이 파천토록 해 선견지명이 있다는 평을 받았다. 선조 27년(1594) 세자를 모시고 남하하여 三道體察使(삼도체찰사)를 겸직했고 판중추부사, 다시 좌의정을 거쳐 선조 32년(1599) 領議政(영의정)에 올랐으나 論難(논난)당하여 사임하고 南坡(남파)에서 여생을 마쳤다. 저서로 '延安志(연안지), 平壤志(평양지), 箕子志(기자지), 成仁錄(성인록)' 등이 있다.

200-1 贈僧(증승) 스님에게 주다

關外羈懷不自裁 一春詩興賴官梅 日長公館文書靜 時有高僧數往來.
(관외기회부자재 일춘시흥뇌관매 일장공관문서정 시유고승수왕래)

시골에서의 나그네 같은 벼슬살이 내 마음대로 되지 않아,
봄 한 때의 시흥은 관매에 부치네.
해는 길고 관청에 일이 없을 적에,
높은 스님 그대가 가끔 찾아와 주어 심심하지 않구나.

[語句] *關外 : ①서울 바깥 곧 시골. ②관여할 바가 아님. 여기서는 ①임. *羈懷 : 말 타고 다니는 나그네로서의 懷抱(회포, 품은 생각). 羈는 '말굴레'로 羈(기) 자와 같고 羇(나그네 기) 자로 써도 좋겠음. *自裁 : ①자기 일을 스스로 해결함. ②스스로 목숨을 끊음. 自決(자결). 여기서는 ①임. *詩興 : 시를 짓고 싶은 마음 또는 시에 도취되어 일어나는 마음의 흥취. *官梅 : 관청 마당에 핀 매화. *日長 : 해가 긺. 낮이 긺. *公館 : 공공의 건물. 官廳(관청). *文書靜 : 문서가 조용함. 곧 '公務(공무)가 별로 없음'의 뜻으로 쓴 말임. *高僧 : <佛>도덕과 학식이 많거나 지위가 높은 스님. *往來 : 오고감. 찾아옴.

[鑑賞] 지방에서 벼슬살이를 하며 심심할 때 찾아 주는 스님에게 지어 준 시. 가족은 서울에 두고 혼자 시골에 와 살자니 모든 게 불편하다. 봄이 되어도 시흥을 펼 데가 없어 다만 동헌 뜰에 핀 매화에 흥취를 부쳐 본다. 낮은 길고 관청의 사무도 별로 없어 무료할 때가 많은데, 마침 잘 알고 지내는 고승이 절에서 내려

와 찾아주니 고맙기 이를 데 없다. 한적하기 그지없는 시골 생활과 승려의 고마움이 잘 나타나 있는 작품이다.

　7言絕句(7언절구). 압운은 裁, 梅, 來 자로 평성 '灰(회)' 평운이다. 평측은 차례로 '平仄平平仄仄平, 仄平平仄仄平平, 仄平平仄平平仄, 平仄平平仄仄平'으로 이사부동이륙대와 반법, 점법 등이 규칙에 맞게 배열된 좋은 작품이다. 對句(대구)는 없다 하리라.

201. 尹鳳朝(윤봉조 1680~1761) : 조선 영조 때의 문신. 자 鳴叔(명숙). 호 圃岩(포암). 본관 坡平(파평). 父 直長 明遠(직장 명원). 숙종 25년(1699) 생원시에 급제했고 동 31년(1705)에 문과에 급제하여 弘文館 應敎(홍문관 응교)를 거쳐 영조 원년 承旨(승지)가 되었다. 영조가 숙종 때의 신하들을 등용하려 할 때, 누구는 아무 벼슬에 쓰는 것이 좋다는 등의 말을 하다가 영조에게 경박한 사람으로 인식되어 사이가 멀어졌다. 吏曹參議(이조참의) 때 方萬規(방만규)의 상소 사건에 관련되어 하옥되었으며 朔州(삭주)로 귀양 갔다가 석방되고, 좌의정 閔鎭遠(민진원)이 홍문관제학과 대제학으로 추천했으나 영조가 쓰지 않았다. 李光佐(이광좌)가 정권을 잡으니 旌義縣(정의현)에 귀양 가서 오래 있다가 석방되었다. 趙觀彬(조관빈 →439)이 사망하자 영의정 李天輔(이천보 →807)의 추천으로 대제학에 보직되었으나 상소를 올려 굳이 사양하고 南有容(남유용)을 추천했다. 후에 判敦寧府事(판돈녕부사)가 되어 耆老所(기로소, 나이 많은 문관들이 들어가 대우받던 곳)에 들어가 사망했다. 문장에 능했고 疏箚(소차, 상소문)에 재주가 있었다고 한다.

201-1　過丫坡村(과아파촌) 아파 마을을 지나다

山村寂歷午鷄鳴　小渡無人春水生　道是西州絃誦地　樹陰風送讀書聲.
　(산촌적력오계명 소도무인춘수생 도시서주현송지 수음풍송독서성)

산골 마을 고요하고 쓸쓸하여 낮닭만 울고, 작은 개울 건너는 이 없이 봄물만 불어나네.
여기가 서당이 있는 서주 가는 길목인지, 나무 그늘 바람결에 글 읽는 소리 들려오네.

[語句] *丫坡村 : 어디 있는 마을인지 미상임. 丫는 '두 갈래지다. 가닥 나다'임. *山村 : 산에 있는 마을. 山洞(산동). *寂歷 : 고요하고 쓸쓸함. 寂寥(적료). 寂寞(적막). *午鷄 : 한낮에 우는 닭. *小渡 : 건너야 할 조그만 개울. 조그만 나루. *春水 : 봄철에 흐르는 물. 봄물. *西州 : 서편 고을 또는 地名(지명). *絃誦 : 가야금 같은 것을 타며 글을 읽음. '학문을 함' 또는 '禮(예)와 樂(악)을 닦음' 등의 뜻임. *絃誦地 : 현송하는 곳. 書堂(서당)이나 書院(서원). *樹陰 : 나무 그늘. 樹蔭(수음).

[鑑賞] 아파촌은 아주 두메산골에 있는 마을 같다. 산속 마을이라 너무 적막해 낮닭

만 울고 있고 조그만 개울에는 봄이라 물이 제법 불었다. 나무 그늘에서 잠시 쉬노라니 바람결에 거문고 타며 글 외는 소리가 들려오는 것으로 보아 부근에 서당골이 있는가보다. 작은 마을이지만 글을 가르치고 배우는 교육열이 있는 동네라서 칭송하는 뜻이 담겼다. 이런 벽촌에서도 글을 배우니 우리나라는 東方禮儀之國(동방예의지국)이란 말을 듣게 되는 게 아닌가. 학문을 하지 않으면 언제까지나 오랑캐임을 면치 못하는 것이다.

7言絶句(7언절구). 압운은 鳴, 生, 聲 자로 평성 '庚(경)' 평운이다. 평측은 차례로 '平平仄仄仄平平, 仄仄平平平仄平, 仄仄平平平仄仄, 仄平平仄仄平平'으로 二四不同二六對(이사부동이륙대)와 反法, 粘法(반법, 점법) 등이 모두 규칙에 맞았다.

202. 尹善道(윤선도 1587~1671) : 조선 중기의 문인, 시조 대가. 자 約而(약이). 호 孤山, 漁樵隱士(고산, 어초은사). 시호 忠憲(충헌). 본관 海南(해남). 父 副正 惟深(부정 유심). 조부 參贊 毅中(참찬 의중). 숙부 惟幾(유기)의 양자. 어려서부터 총명하고 글을 좋아하여 經史百家(경사백가)에 무불통지했고, 의학·卜筮(복서)·음양지리 등에도 정통하며 시조에 더욱 뛰어났다. 南人(남인)으로 광해군 때 進士試(진사시)에 급제했고 北人(북인)인 李爾瞻(이이첨), 영의정 朴承宗(박승종), 왕후의 오라비 柳希奮(유희분) 등이 나라를 그르친 죄를 낱낱이 밝혀 상소하니 조정이 놀라 慶源(경원)으로 귀양 보냈고 이듬해 機張(기장)으로 移配(이배)되어 13년 후 인조반정으로 용서되어 고향 해남에서 독서로 세월을 보내었다. 인조 6년(1628) 鳳林大君(봉림대군, 후의 효종)과 麟坪大君(인평대군)의 스승이 되어 잘 가르친 공이 인정되어 인조와 왕비의 깊은 신임을 받았다. 인조 11년(1633) 문과 급제하고 동 13년에 戶曹正郎, 漢城府尹(호조정랑, 한성부윤)을 역임하고 집권파인 西人(서인)들에게 용납되지 않아 벼슬을 버리고 귀향했다. 병자호란이 일어나자 전라, 경상도의 舟師(주사)를 거느리고 강화도로 갔으나 이미 함락된 후라 하릴없이 되돌아가는 길에 甫吉島(보길도)를 지나다가 그 풍광에 혹하여 머물 곳으로 정했다. 그 후 남한산성의 왕을 문안하지 않았다는 죄로 盈德(영덕)에 귀양 갔고 효종 때 承旨(승지)와 禮曹參議(예조참의) 등을 내렸으나 서인들에게 몰려서 고향으로 내려갔다. 효종이 昇遐(승하)하자 趙大妃(조대비)의 복제 문제로 宋時烈(송시열 →122)과 논쟁하다가 역시 서인들에게 몰려 三水(삼수)와 光陽(광양)으로 귀양 가 9년을 보내고 현종 6년(1665)에 용서되어 보길도로 돌아갔고, 사망 후 吏曹判書(이조판서)가 추증되었다. 저서에 '孤山遺稿(고산유고)'가 있다.

202-1 被謫北塞(피적북새) 북방 변경으로 귀양가다

歎息狂歌哭失聲 男兒志氣意難平 西山日暮群鴉亂 北塞霜寒獨雁鳴

千里客心驚歲晚 一方民意畏天傾 不如無目兼無耳 歸臥林泉畢此生.

(탄식광가곡실성 남아지기의난평 서산일모군아란 북새상한독안명

천리객심경세만 일방민의외천경 불여무목겸무이 귀와임천필차생)

탄식과 광가로 목 놓아 울어 보아도, 사나이 높은 뜻 펴기가 어렵구나.

서산에 해는 지고 까마귀 떼만 어지러이 날며,

북방 국경 찬 서리 속에 외기러기만 울며 예네.

천리 밖 나그네가 된 이 마음 세밑이 되었음을 놀라는데,

이 지방 백성들은 하늘이 서쪽으로 기울었음을 두려워하네.

차라리 눈도 귀도 없는 귀머거리와 장님 되어, 고향으로 돌아가 이 생애 마쳤으면 싶구나.

[語句] *被謫 : 귀양살이를 당함. *北塞 : 북쪽 국경 지대. *狂歌 : ①격식이 없이 음조에 맞지 않게 함부로 지은 노래. 狂句(광구). ②가락에 맞지 않게 큰 소리로 부르는 노래. *哭失聲 : 소리가 나오지 않을 만큼 욺. 목 놓아 욺. *志氣 : 어떤 일을 이루려는 의기. 의지와 기개. *群鴉 : 까마귀 떼. *歲晚 : 한 해의 마지막 때. 세밑. *一方 : 한 지방. 한쪽. 한편. *天傾 : 하늘이 기울어짐. '귀양 가 있는 함경북도 경원이 서쪽으로 높은 산맥이 많아 그쪽으로 하늘이 기울어져 있음'을 뜻함. 天傾西北(천경서북, 하늘이 서북쪽으로 기욺, 중국의 지세가 서북쪽이 높음). *歸臥 : 벼슬을 내놓고 고향에 돌아가 은거함. *林泉 : 숲 속의 샘. '숲이 있고 물이 흐르는 자연이나 고향'을 뜻함. *此生 : 이 세상. 이 생애. 이승.

[鑑賞] 아마 우리나라 최북단인 함경북도 경원 땅에 유배되었을 때 지은 작품 같다. 首聯(수련, 1~2구)에서는 탄식하며 마구 소리 질러 보아야 내 뜻을 펴기 어렵게 귀양을 온 몸이라 하여 허두를 이루고, 頷聯(함련, 3~4구)은 寫景(사경)으로 西山-北塞, 日暮-霜寒, 群鴉-獨雁, 亂-鳴으로 짝을 잘 이룬 對句(대구)가 되었다. 頸聯(경련, 5~6구)은 敍情(서정)으로 역시 짝을 잘 이루었으니 千里-一方, 客心-民意, 驚-畏, 歲晚-天傾으로 대구가 되며 내용의 전환을 했다. 尾聯(미련, 7~8구)은 마무리와 결론으로 말 많은 이 세상이라 눈 감고 귀를 막아 듣도 보도 않기 위해 고향 깊숙한 자연 속에서 묻혀 살고 싶다고 했다. 귀양살이의 어려움과 고달픔을 토로하면서 험한 세상살이를 厭世(염세)한 名作(명작)이다.

7言律詩(7언율시). 압운은 聲, 平, 鳴, 傾, 生 자로 평성 '庚(경)' 평운이다. 평측은 차례로 '仄仄平平仄仄平, 平平仄仄仄平平, 平平仄仄平平仄, 仄仄平平仄仄平, 平仄仄平平仄仄, 仄平平仄仄平平, 仄平平仄平平仄, 平仄平平仄仄平'으로 이사부동이륙대는 물론 반법과 점법이 잘 이루어져 7律의 典型(전형) 같아서 형식면에서도 명작이다.

203. 尹紹宗(윤소종 1345~1393) : 고려말과 조선초의 문신. 자 憲淑(헌숙). 호 桐軒(동헌). 본
관 茂松(무송). 조부 贊成事 澤(찬성사 택 →208). 子 淮(회 →209). 李穡(이색 →243)에게 배우고
詩文(시문)에 뛰어났으며 성리학에 밝았다. 고려 공민왕 때 魁科(괴과)에 급제하여 史官(사관)
에 보직되고 正言(정언)에 이르러 時事(시사)를 논하는 疏(소)를 올렸다가 파직되었다. 우왕
초에 典校寺丞(전교시승), 典儀副令(전의부령), 藝文應敎(예문응교), 典校副令 등을 지내고, 우
왕 말년 이성계의 위화도 회군 때 그에게 나아가 '霍光傳(곽광전)'을 바치니 이는 고려 왕
조를 계속 세울 것을 원했기 때문이었다. 창왕 때 典校令, 右司議大夫(우사의대부), 大司成
(대사성)에 이르러 재상 李仁任(이인임)의 죄를 추론하여 그 자손들을 禁錮(금고)시켰으며, 공
양왕이 즉위하자 趙浚(조준 →475)의 천거를 받아 左常侍經筵講讀官(좌상시 경연강독관)이 되
어 邊安烈(변안렬)의 辛禑(신우) 迎立罪(영립죄)를 논하여 살해하고 回軍功臣(회군공신)에 책록
되었으나, 남을 헐뜯기를 잘하여 왕의 미움을 받고 錦州(금주)에 귀양 갔다가 용서받았지
만, 다시 諫官 鄭夢周(간관 정몽주) 일파에게 탄핵되어 먼 곳으로 귀양 갔다. 공양왕 4년
(1392, 조선 태조 1년) 정몽주가 피살되자 용서되고 조선 개국에 따라 兵曹判書(병조판서), 修文
殿學士(수문전학사), 同知春秋館事(동지춘추관사)에 이르렀고, 문집에 '桐軒集(동헌집)'이 있다.

203-1 凌煙閣(능연각) 능연각

定策雖群彦　酬功在一人　民心去隋久　天命向唐新
滌蕩三邊日　丹靑萬古春　英雄何代乏　往事不須珍.

(정책수군언 수공재일인 민심거수구 천명향당신

척탕삼변일 단청만고춘 영웅하대핍 왕사불수진)

책략을 세운 것은 비록 여러 뛰어난 사람들이라지만,
그 공을 갚아 주어야 할 사람은 오직 임금님 한 분일세.
백성들의 마음은 수 나라를 떠난지 오래이고, 천명은 새로운 당 나라로 향했구나.
세 변두리의 우두머리들을 소탕해버렸으니, 능연각의 단청은 영원하게 전해 가리라.
영웅이 어느 때인들 없으랴, 지나간 일을 진기하게 여길 것 없다네.

[語句] *凌煙閣 : 唐太宗(당태종) 때 공신 24명의 초상을 그려 걸어두고 기념하던 전각.
*定策 : ①책략이나 계책을 세움. ②임금을 옹립함. *群彦 : 재주와 덕이 뛰어
난 많은 사람. 群英(군영). *酬功 : 공을 갚음. *民心 : 백성의 마음. *天命 : 하
늘의 명령. 하늘이 정한 도리. 天道(천도). *滌蕩 : 더러움을 씻어 없앰. 掃蕩(소탕)
함. 망하여 없어짐. *三邊 : 세 변두리[邊方변방]. *日 : 해. 날. 여기서는 '왕이
나 우두머리'의 뜻으로 쓴 듯함. *丹靑 : 건물의 벽, 기둥, 천장 같은 데에 여러

가지 색으로 그림과 무늬를 그린 것. 彩色(채색). *萬古春 : 만고의 봄. 영원한
세월. 萬古千秋(만고천추). *英雄 : 재능이나 智力(지력) 또는 용맹과 膽力(담력)이
특히 뛰어나 大業(대업)을 성취할 사람. *乏 : 없다. 다하다. *往事 : 지나간 일.
*不須 : ~할 필요가 없음. ~해 할 까닭이 없음.

[鑑賞] 당 나라 건국의 공신들 초상을 그려 기념한 능연각을 읊은 시. 많은 영웅들이
　　　나라를 세우는 큰 일에 참여한 것은 오직 임금 한 사람을 위한 것이다. 그러니
　　　그들에게 보상을 주어야 할 임금이 능연각을 세운 게 아닌가. 承聯(승련, 3~4구)과
　　　轉聯(전련, 5~6구)은 對句(대구)가 잘 이루어졌으니, '민심은 수 나라를 떠났고 천명
　　　은 당 나라에 있었다'와 '세 방면의 근심거리가 되는 우두머리들이 없어졌음과
　　　능연각 단청의 영원함'이 각각 짝이 된 것이다. 結聯(결련)의 "英雄何代乏 往事
　　　不須珍"을 두고 益齋 李齊賢(익재 이제현 →297)은 거듭 탄복하면서 "내가 미치지
　　　못할 바로다." 했다는 名句(명구)이다. 참으로 옳은 말이니, 영웅이야 어느 때나
　　　태어나기 마련, 지난 일을 두고 진기하다 여길 까닭이 있는가?

　　　5言律詩(5언율시). 압운은 人, 新, 春, 珍 자로 평성 '眞(진)' 평운이다. 평측은 차례로 '仄仄
平平仄, 平平仄仄平, 平平仄仄仄, 平仄仄平平, 仄仄平平仄, 平平仄仄平, 平平平仄仄, 仄
仄仄平平'으로 二四不同(이사부동)은 셋째 구만 어긋나 '平-仄'이어야 할 것이 '平-平'이 되었
다. 反法(반법)과 粘法(점법)은 갖추어졌다.

203-2 東郊(동교) 동쪽 교외에서

三韓禮樂五百年 蒼蒼萬古扶蘇山 攀龍附鳳六太師 白日大名天地間
安得北斗酌滄溟 洗我生晚輪困肝 東郊痛飲浩浩歌 一眉新月隨歸鞍.
　　　(삼한예악오백년 창창만고부소산 반룡부봉육태사 백일대명천지간

　　　안득북두작창명 세아생만윤균간 동교통음호호가 일미신월수귀안)

옛 삼한의 예악이 내려온지 오백 년, 영원히 푸른 저 부소산이로구나.
고려 태조를 도와 모신 여섯 태사들, 밝은 해 같은 높은 이름 천지간에 뚜렷하네.
어찌하면 북두칠성을 바가지 삼아 창해의 물을 퍼서,
어지러운 때에 뒤늦게 태어난 이 울분에 찬 마음을 씻어내려나.
동쪽 들판에서 흠뻑 술 마시고 목청껏 노래하며,
눈썹 같은 초승달 따라 말 타고 돌아오네.

[語句] *三韓 : 상고 시대 우리나라 남쪽에 있던 마한, 진한, 변한의 세 나라. 또는 고
　　　구려, 백제, 신라의 세 나라. '우리나라'의 통칭으로도 씀. *東郊 : 동쪽의 교외.

동쪽의 봄 들판. *禮樂 : 예법과 음악. 예의는 사회 질서를 바로잡고 음악은 인심을 화락하게 한다고 함.<禮記 樂記> *蒼蒼 : ①빛이 아주 푸름. ②앞길이 멀어 아득함. *扶蘇山 : 백제의 서울이었던 부여에 있는 산. 여기서는 '고려의 서울이었던 개성의 산 이름'인 듯함. *攀龍附鳳 : '攀龍鱗 附鳳翼(반용린 부봉익)'의 준말. 용의 비늘을 잡고 봉황의 날개에 붙좇음. 세력 있는 사람을 좇아서 공명을 세움, 또는 창업하는 제왕 편에 서서 부귀를 구함. *六太師 : 고려 태조 王建(왕건)을 도운 6명의 개국공신. 洪儒(홍유), 裵玄慶(배현경), 申崇謙(신숭겸), 卜智謙(복지겸), 庾黔弼(유검필), 崔凝(최응). *白日 : 밝은 해. 대낮. *大名 : 널리 소문이 난 이름. 高名(고명). *安 : 어찌. *北斗 : 北斗七星(북두칠성). 북쪽 하늘에 국자 모양으로 벌여 있는 일곱 별. 큰곰자리에서 가장 뚜렷하게 보임. *滄溟 : 넓고 큰 바다. 滄海(창해). *輪囷 : ①높고 큰 모양. ②위아래와 좌우로 꺾이고 굽은 모양. *肝 : 간장. 마음. 요긴하다. *輪囷肝 : 뒤틀린 마음. 울분에 찬 마음. *浩浩 : 넓고 큰 모양. 큰 물이 흐르는 모양. *浩歌 : 목소리를 크게 질러 부르는 노래. *新月 : 초승달. 朔月(삭월). *鞍 : 안장. 말안장.

[鑑賞] 동편 교외 너른 들판에 나가 술잔치라도 벌였던가보다. 시국이 어수선한 때라 연달아 술잔을 기울이다 보니, 온갖 사념이 마음을 때린다. 예부터 전통을 이어 내려오는 예악의 나라 고려! 부소산은 영원하리, 6태사들의 공적 영원하리. 북두칠성을 국자 삼아 저 바닷물을 모두 퍼 마신들 이 울분에 찬 마음 달래어지려는가, 내 품고 있는 이 포부가 펼쳐지려는가. 울분을 달래느라 한껏 술에 취하여 기생 눈썹같이 고운 초승달을 따라 말안장에 몸을 싣고 하릴없이 돌아올 뿐이로구나. 고려의 존망이 위태로운 때를 당하여 착잡한 마음을 忘憂之物(망우지물) 술에 의탁해 본다. 고려에 충성하는 마음이 충만한 작품이다.

7言古詩(7언고시). 이 작품은 각 구의 끝 자가 평성 곧 평운으로 된 것이 특징이다. 압운은 年, 山, 間, 肝, 鞍 자로 年은 평성 '先(선)' 평운, 山과 間 자는 평성 '刪(산)' 평운, 肝과 鞍 자도 평성 '寒(한)' 평운으로 세 운은 通韻(통운)이 되어 율시와 같지만, 압운하지 않은 구의 끝 자가 모두 평운이라서 고시가 되는 것이다. 평측은 차례로 '平平仄仄仄仄平, 平平仄仄平平平, 平平平仄仄仄平, 仄仄仄平平平平, 平仄仄仄仄平平, 仄仄平仄平平平, 平平仄仄仄仄平, 仄平平仄平平平'으로 二四不同二六對(이사부동이륙대)에 맞는 구는 둘째, 넷째, 끝 구의 셋뿐이고 반법이나 점법은 이루어지지 않았다. 이는 고시이기에 지킬 필요가 없는 것이다.

203-3 奉賀李相國大破倭寇于引月驛振旅還都(봉하이상국대파왜구우인월역진려환도)
이 정승이 인월역에서 왜구를 대파하고 서울로 개선함을 받들어 하례하다

扶桑寇發三十年 引月一鼓邯鄲坑 將軍槍急躍鐵馬 黃金甲照斜陽明

力拔山兮膽如斗 許國一身鴻毛輕 區區管樂何足比 幅巾歸第師周程

周程之學作伊周 公爲萬世開太平.

(부상구발삼십년 인월일고한단갱 장군창급약철마 황금갑조사양명

역발산혜담여두 허국일신홍모경 구구관악하족비 폭건귀제사주정

주정지학작이주 공위만세개태평)

부상의 도적이 30년을 설치다가,

인월역 북소리 한 번에 한단에서 조趙의 군사를 무찔러 묻듯 이 상국에게 무찌름을 당했네.

장군이 창을 급히 휘두르고 철마가 뛰니, 황금 갑옷이 석양에 빛났었네.

힘은 항우項羽처럼 산을 뽑을 만하고 담은 말만큼 커서,

나라 위해 바친 몸 기러기털보다 가벼웠네.

구구하게 관중管仲과 악의樂毅에 어찌 비길 수 있으리오,

폭건 쓰고 집에 돌아와 주돈이周敦頤와 정호程顥 정이程頤를 배우시리.

주와 정의 학문으로 이윤伊尹과 주공周公같이 되시어,

공은 만세토록 태평 세상을 열어 주오.

[語句] *李相國 : 이 정승. 고려말 왜구의 잦은 침입을 격퇴한 이는 崔瑩(최영) 장군과 李成桂(이성계) 장군이라 기록되어 있어 '이성계 장군'을 가리키는 듯함. *倭寇 : 중국과 우리나라 근해를 13~16세기에 설치고 다니던 일본 해적. 倭賊(왜적). *引月驛 : 미상. *振旅 : 적국에 위엄을 보이고 군사를 거두어 개선함. *扶桑 : 해가 돋는 동쪽 바다. '일본' 별칭. *邯鄲坑 : 전국 시대에 秦(진)의 장수 白起(백기)가 騎兵(기병)으로 趙(조) 나라 서울 한단에 쳐들어가 조의 군사들을 대파하고 장수 趙括(조괄)을 쏘아 죽였으며 항복한 군사 45만 명을 長平(장평)에서 무찔러 죽여 묻은 일. *鐵馬 : ①쇠처럼 군센 말. 곧 기병. ②風磬(풍경). ③汽車(기차). 말에 비유해 일컫는 말임. 여기서는 ①의 뜻임. *斜陽 : 저녁 때 서쪽으로 지는 해. 仄日(측일). *力拔山 : 산이라도 빼어 던질 만큼 힘이 셈. 楚覇王 項羽(초패왕 항우)가 자결할 때 "力拔山兮氣蓋世 時不利兮騅不逝(힘은 산을 뽑을 만하고 기백은 한 세상 뒤엎을 만하네. 때가 불리함이여, 아끼는 명마名馬 추조차 나아가 달리지 않는구나)" 하고 읊었음. *膽如斗 : 쓸개가 말만큼 큼, 곧 膽力(담력, 겁이 없고 용감한 기운)이 셈. *許國 : 몸을 돌보지 않고 나라 위해 힘을 다함. *鴻毛 : 기러기의 털. 아주 가벼운 사물. *區區 : ①각각 다름. ②변변치 못함. 잘고 용렬함. 여기서는 ②임. *管樂 : 管仲(관중)과 樂毅(악의). 관중은 전국 시대 齊(제, 386~221 B.C) 나라의 어진 정승이었고, 악의는 燕(연, 865~222 B.C)

나라의 名將(명장)임. *何足比 : 어찌 비겨봄에 만족하리. 어찌 비길 수 있으랴. 幅巾 : 한 폭의 무명으로 만든 頭巾(두건). "옛날 서민은 巾을 쓰고 선비는 冠(관)을 썼는데, 폭건은 옛날 천한 사람이 사용했으나 漢(한) 나라 말에 선비도 쓰게 되었으니, 袁紹(원소)가 전쟁에 패해 폭건을 쓰고 강을 건넜음에 기원한다." <事物起原> *歸第 : 집으로 돌아감. 第는 '집'임. *周程 : 周敦頤(주돈이)와 程顥, 程頤(정호, 정이). 모두 宋(송)의 性理學者(성리학자)임. →50-6. *伊周 : 伊尹(이윤)과 周公(주공). 이윤은 殷(은)의 초대 왕인 湯王(탕왕, 太乙태을)의 어진 정승으로 탕왕의 세 번 부름을 받아 정승이 되어 夏(하)의 桀王(걸왕)을 쳐서 탕왕이 천하의 임금이 되게 했고, 주공은 周 나라 文王(문왕, 西伯昌서백창)의 아들이요 첫 임금인 武王(무왕)의 아우로 이름은 旦(단)이며 문왕과 무왕을 도와 은의 紂王(주왕)을 치고 조카인 成王(성왕)을 도와서 주 나라 문화에 공헌한 바가 큼. 둘 다 어진 신하라 칭송받음. *萬世 : 영원한 세월. 萬代(만대). *太平 : 나라가 잘 다스려져 험한 일이 없이 평안함. 泰平(태평).

[鑑賞] 이성계 장군의 왜적 격파 개선을 칭송한 작품. '왜구들이 계속 고려를 괴롭혀 왔는데, 이 장군이 인월역에서 통쾌하게 무찔러 버렸다. 장군이 날랜 말로 창을 휘두르며 무찌르니 누런 갑옷이 석양에 번쩍였고, 힘과 담력이 커 나라 위해 한 몸을 가볍게 여겼더라. 옛 중국의 정승이나 장수와 구구하게 비기랴, 이제는 집에 돌아가 주돈이와 정호나 정이의 학문을 배우시어 문무를 겸하시라. 그 학문을 배워 이윤과 주공 같은 훌륭한 정승이 되어 만세토록 고려 왕조의 태평성대를 열어 주오.' 했으니, 이는 이성계의 야망을 간파하고 고려를 지켜 달라는 당부를 한 것 같다. 글 속에 따끔한 충고가 밴 시이다.

7言古詩(7언고시) 5연 10구. 압운은 坑, 明, 輕, 程, 平 자로 평성 '庚(경)' 평운이다. 평측은 차례로 '平平仄仄平仄平, 仄仄仄仄平平平, 平平平仄仄仄仄, 平平仄仄平平平, 仄仄平平仄平仄, 仄仄仄平平平仄, 平平仄仄平仄仄, 仄平平仄平平平, 平平平仄仄平平, 平平仄仄平仄平'으로 二四不同二六對(이사부동이륙대)에 맞는 구는 넷째, 여덟째, 아홉째 구의 셋뿐이다. 따라서, 反法(반법)이나 粘法(점법)은 무시되었다.

203-4. 栗亭(율정) 율정 정자

社稷壇前舊栗亭 耆英會遠草靑靑 茂陵仁義云云對 汲黯丹心炳日星.
(사직단전구율정 기영회원초청청 무릉인의운운대 급암단심병일성)

사직단 앞의 옛 율정, 기영회 모임은 옛 일이 되고 풀만 무성하구나.
급암이 한 무제에게 인의 어쩌고 하며 대답했으니, 그의 충성된 마음 해와 별같이 빛나네.

[語句] *栗亭 : 정자 이름이며 지은이의 조부 尹澤(윤택)의 雅號(아호). 이 시에 지은이 스
스로 주를 달기를 "선조가 정자 주변에 밤나무를 심고 스스로 '율정'이라 이름한
뒤에 봄가을의 좋은 절기에는 반드시 노인들을 맞이하여 그 정자 위에서 술을
내었다." 했음. *社稷壇 : 임금이 백성을 위해 토지의 신[社, 土神토신]과 곡식의
신[稷, 穀神곡신]을 제사하던 제단. 서울 사직단 공원 안에 있었음. *耆英會 : 나
이 많고 학덕이 있는 사람들의 모임. 宋(송) 나라 文彦博(문언박)이 西都留守(서도유
수)로 있을 때 양반 중에서 늙고 명망 있는 사람 12명을 富弼(부필)의 집에 모아
연회를 베푸니 이를 '洛陽耆英會(낙양기영회)'라 했음. *遠 : 멀다. '옛 일이 되다'
의 뜻임. *茂陵 : 漢(한) 나라 武帝(무제)의 능이 있는 곳. 또는 한 무제. →85-1.
*仁義云云 : 인의가 이렇고 저렇다고 말함. 무제가 조정에서 여러 신하에게 "짐
이 이러이러 하려고 한다." 하매, 汲黯(급암)이 나서며 "陛下(폐하)께서 안으로 욕심
이 많으시면서도 겉으로만 인의를 베푸려 하시면서, 어찌 堯舜(요순)의 정치를 본
받으려 하십니까?" 하더라 함. 仁義는 '어질고 의로움'으로 '사람이 지켜야 할
도리의 총칭'임. *汲黯 : 한 무제의 신하, 太守(태수). 임금이 태수로 내보내려 하
니 "신은 대궐에 출입하며 폐하의 허물된 것을 보충하고 빠뜨리신 것을 주워 드
리겠습니다[拾遺습유]" 했고, 태수가 되어서는 동헌에 누워 있으면서도 3년 동안
잘 다스려지더라 함. *丹心 : 정성스러운 마음. 충성심. *炳 : 밝다. 빛나다.

[鑑賞] 지은이의 할아버지인 栗亭 尹澤(윤택)의 행적을 회고한 시이다. 윤택은 사직단
앞에 율정이란 정자를 짓고 율정을 자기의 호로 삼으면서 기영회를 조직하여
노인들을 공경했고, 贊成事(찬성사)로 있을 때 임금께 直言(직언)을 잘했다는 기록
이 있으니, 한 무제의 신하 급암과 마찬가지로 임금의 잘못하는 점을 바르게
진언했을 것이다. 그리하여, 급암에 비유함은 적절한 표현이 되리라.

7言絕句(7언절구). 압운은 亭, 靑, 星 자로 평성 '靑' 평운이다. 평측은 차례로 '仄仄平平仄
仄平, 平平仄仄仄平平, 仄平平仄平平仄, 仄仄平平仄仄平'으로 이사부동이륙대와 반법, 점법
등이 규칙에 모두 맞게 이루어진 佳作(가작)이다.

204. 尹順之(윤순지 1592~1666) : 조선 중기의 문신, 西人(서인). 자 樂天(낙천). 호 涬溟(행명). 본관
海平(해평). 父 觀察使 暄(관찰사 훤). 어려서부터 從祖(종조)인 尹根壽(윤근수)에게 배웠으며 시에 뛰어
났다. 광해군 12년(1620) 庭試(정시)에 급제하여 한림원, 諫院(간원), 玉堂(옥당, 弘文館홍문관)을 거쳐
인조 초에 經筵(경연)에 참여했다. 인조 5년(1627) 丁卯胡亂(정묘호란) 때 부친 훤이 평안도 관찰사
로서 金(금) 나라의 침입을 막지 못한 죄로 賜死(사사)됨을 보고는, 아우들을 데리고 시골에 퇴거하
여 때때로 조정의 부름을 받았으나 나가지 않고 10년을 보냈다. 병자호란 때 왕이 남한산성에 포

위되었다는 소식을 듣고 사잇길로 성중에 들어가 왕을 호위하고 刑曹參議(형조참의)가 되었다. 이후 내외 요직을 지내기 30여 년, 일본통신사, 文衡(문형, 大提學대제학), 左贊成(좌찬성)에 이르렀다.

204-1 送洪元老出按嶺南(송홍원로출안영남) 홍 원로가 영남 안무사로 감을 송별하다

維南形勢控山河 衣繡當年向此過 千里提封羅氏舊 一方文獻楚材多
蠻船輸貨津無稅 戍櫓連空海不波 壯麗繁華俱若是 未知生聚近如何.

　　(유남형세공산하 의수당년향차과 천리제봉나씨구 일방문헌초재다

　　만선수화진무세 수로연공해불파 장려번화구약시 미지생취근여하)

영남의 형세가 산과 강을 끼고 있어, 벼슬 살던 그 때 일찍이 그 곳을 지나 보았더니,

천 리 넓은 지역 옛 신라의 강토인데,

그 고장의 문물이 후대에도 많이 이어 쓰이었었소.

외국의 배들 상품 싣고 오가느라 나루터에 그칠 사이 없고,

나루를 살피는 망대는 하늘에 닿듯 높은데 바다는 파도일지 않았다오.

장려하고 번화하기가 모두 앞에 말한 것과 같았는데,

요즈음의 그 지방 형편이 어떤지는 모르겠구려.

[語句] *洪元老 : 원로 홍씨. 미상. 元老는 '나이가 많고 관직이나 덕망이 높은 사람, 또는 오래 그 일에 종사하여 공로가 있는 사람'임. *出按 : 按撫使(안무사)로 지방에 나감. 안무사는 조선 때 임시 관직으로 '지방에 변란이나 재난이 있을 때 왕명으로 특별히 파견되어 백성을 어루만져 위로하던 벼슬'임. *嶺南 : 鳥嶺(조령)의 남쪽, 곧 경상남북도 지방. 嶠南, 維南(교남, 유남). *形勢 : ①산과 땅의 모양. ②생활의 경제적 형편. 여기서는 ①의 뜻임. *控 : 당기다. 가까이 두다. 끼다. *衣繡 : 비단 수 놓은 옷을 입음 곧 벼슬살이를 함. *當年 : 그 해. 그 연대. *提封 : 제후의 領地(영지). 제후를 봉함. *羅氏舊 : 옛 신라. *一方 : 한쪽. 한 지방. *文獻 : 문물 제도의 근거와 내력이 되는 기록. 문물. *楚材 : '楚材晉用(초재진용)'을 줄인 말. 초재진용은 '초 나라의 재목을 진 나라에서 씀'의 뜻으로 '남의 것을 가져다 자기 것으로 함'을 말함.<左傳 襄公26년> '신라의 문물 제도를 후대에서 많이 이어받아 쓰고 있다'는 뜻으로 쓴 말임. *蠻船 : 오랑캐의 배. 외국 배. 蠻舶(만박). *輸貨 : 물자 곧 상품을 싣고 오거나 보냄. *稅 : 놓다. 쉬다. *戍櫓 : 변경 지방의 망보는 수레나 망대. '나루터의 동태를 망보는 곳'이란 뜻임. *壯麗 : 장엄하고 화려함. *繁華 : 번성하고 화려함. *俱 : 함께. 갖추다. *生聚 : 생산하여 資材(자재)를 모음. 백성을 길러 군사를 강화하고 나라를 넉넉하게 함.

[鑑賞] 영남 지방 안무사로 가는 홍 원로의 송별연에서 읊은 듯한 송별시. 옛날 장려
번화했던 신라의 땅이라 아직 그 유습이 남아 있고, 그 문물은 고려 같은 후대
에도 초재진용으로 이어져 내려오고 있다. 지난날 그 지방을 지나며 이렇게 느
꼈는데 지금은 어떠한지 모르겠노라 했다. 송별의 아쉬움 같은 말은 없고 영남
의 특성만을 읊었다고나 할까. 頷聯(함련, 3~4구)과 頸聯(경련, 5~6구)은 규칙에 맞게
두 구의 對(대)가 잘 이루어진 좋은 작품이다.

　7言律詩(7언율시). 압운은 河, 過, 多, 波, 何 자로 평성 '歌(가)' 평운이다. 평측은 차례로 '平
平平仄仄平平, 仄仄平平仄仄平, 平仄平平平仄仄, 仄平平仄仄平平, 平平平仄平平仄, 仄仄
平平仄仄平, 仄仄平平平仄仄, 仄平平仄仄平平'으로 二四不同二六對(이사부동이륙대)와 反法(반
법), 粘法(점법) 등이 잘 이루어졌다. 둘째 구의 衣 자는 '옷'의 뜻이면 평성 '微(미)' 운, '옷입다'
의 뜻이면 거성 '未(미)' 운인데 여기서는 거성으로 보았고, 그 구의 끝 過 자도 '넘치다. 허물'
의 뜻이면 거성 '箇(개)' 운이고 '지나다'의 뜻이면 평성 '歌(가)' 운으로 이 시에서는 평성이다.

205. 尹陽來(윤양래 1673~1751) : 조선 중기의 문신. 자 季亨(계형). 호 晦窩(회와). 시호
翼憲(익헌). 본관 坡平(파평). 父 府尹 理(부윤 이). 숙종 31년(1705) 增廣試(증광시)에 장원급
제하여 벼슬이 廣州府尹(광주부윤), 忠淸觀察使(충청관찰사) 역임 후, 형조참판일 때 李健
命(이건명) 등과 중국에 사신으로 갔다가 돌아와 甲山(갑산)에 유배되어 4년을 보냈다. 뒤
에 방면되어 영조 원년 (1725)에 대사간, 寧越(영월)과 安東(안동)의 府使(부사), 咸鏡觀察
使(함경관찰사), 병조판서에 이르렀고 判敦寧府事(판돈녕부사)로 은퇴했다. 성품이 강직하고
남에게 속임이 없었으며, 詩文(시문)이 뛰어나고 經史(경사)에 통달했으며 글씨를 유수같
이 잘 써서 飛注書(비주서)라 불렸다. 유필로 '領相尹仁鏡碑文(영상윤인경비문)'이 있다.

205-1 江樓(강루) 강가의 누각

江樓獨坐對寒松 盡日門無車馬蹤 却憶故人蕭寺在 時時但聽出山鍾.
(강루독좌대한송 진일문무거마종 각억고인소사재 시시단청출산종)

강가 누각에 홀로 앉아 소나무 마주 하니, 종일토록 대문 앞에는 찾아오는 손님 없고,
옛 친구 저 절간에 있겠거니 생각 이나,
때때로 산사에서 울려 나오는 종소리만 들을 뿐일세.

[語句] *寒松 : 겨울 소나무. *盡日 : 하루 종일. 진종일. *車馬 : 수레와 말. *故人
　　: 옛 친구. *蕭寺 : 절. 梁(양) 나라 武帝(무제)가 불교를 좋아하여 절을 짓고 자
　　기의 성인 蕭를 앞에 붙여 '蕭寺'라 해서 유래함.<杜陽雜編>

[鑑賞] 한적한 강가에 살며 때때로 강 누각에 올라 시간을 보내는 한가로운 생활을 한다. 아마 벼슬에서 은퇴하여 옛 고향이나 별장에라도 돌아왔으리라. 아는 사람도 찾아오지 않으니 오직 누각 곁의 소나무가 동무가 되어 줄 뿐이다. 중이 된 옛 친구가 저 산속 절간에 있겠지 하고 생각할라치면 절에서 치는 저녁 종소리가 그 친구를 만나는 듯 정겹게 느껴진다. '寒松'이란 말로 보아 늦가을이거나 겨울이 시간적 배경이리라.

7言絶句(7언절구). 압운은 松, 蹤, 鍾 자로 평성 '冬(동)' 평운이다. 평측은 차례로 '平平仄仄仄平平, 仄仄平平平仄平, 仄仄仄平平仄仄, 平平仄仄仄平平'으로 이사부동이륙대와 반법, 점법 등이 잘 이루어진 작품이다.

206. 尹汝衡(윤여형 ?) : 고려 후기의 文人(문인). 學諭(학유)를 지냈다고 전한다.

206-1 橡栗歌 初頭(상률가 초두) 도토리 노래 첫머리

橡栗橡栗栗非栗 誰以橡栗爲之名 味苦於茶色如炭 療飢未必輸黃精
村家父老裹糇糧 曉起趁取雄鷄聲 陟彼崔嵬一萬仞 捫蘿日與猿狁爭.
　(상률상률율비율 수이상률위지명 미고어도색여탄 요기미필수황정
　촌가부로과후량 효기진취웅계성 척피최외일만인 문라일여원유쟁)

도토리 도토리 밤 같아도 밤이 아니니, 누가 도토리라 이름 지었나.
맛은 씀바귀보다 쓰며 빛깔은 숯 같지만,
시장기를 면하는 데는 원기 돋우는 황정에 못지않네.
시골 집 늙은이들 도시락 싸들고, 새벽에 일어나 수탉이 울면 달려 나가나니,
저 높은 만 길 벼랑 같은 산에 올라,
댕댕이넝출 부여잡고 날마다 원숭이들과 도토리 줍기 경쟁일세.

[語句] *橡栗 : 도토리. 도토리가 밤과 같은 모양이어서 栗 자를 붙였음. *茶 : 씀바귀. 꽃상추과의 다년생 풀. 野生(야생)으로 뿌리, 줄기, 어린 잎은 식용함. *療飢 : 조금 먹어서 시장기를 면함. *黃精 : 죽대의 뿌리. 지라와 위장을 돕고 원기를 더하는 약으로 오래 복용하면 몸이 가벼워지고 생명을 연장시킨다고 함. 죽대는 '은방을꽃과의 다년생풀'로 높이 약 1m임. *父老 : 한 동네에서 나이가 많은 어른. *裹 : 싸다. 얽다. *裹糧 : 양식을 쌈. 먼 길을 떠날 때 양식을 싸가지고 감. *糇糧 : 양식. 식량. *趁 : 쫓다. 밟다. *雄鷄 : 수탉. *陟 : 오르다. 올리다. *崔嵬 : 산이 높고 험함. *仞 : 높이나 길이의 단위인 '길'. 약 7

5

자. *捫 : 더듬다. 잡다. *蘿 : 새삼넌출. 댕댕이넌출. 담장이덩굴. *猿狖 : 팔이 긴 원숭이[猿]와 꼬리가 긴 원숭이[狖].

[鑑賞] 흉년이나 양식이 부족할 때 식량 대신으로 먹는 도토리를 읊은 작품이다. 모두 18연 36구의 장시로 이 뒤로 다음과 같이 노래했다. "종일 주워도 광주리에 차지 않고 다리는 뻣뻣하며 허기가 진다. 날은 차고 날 저무니 산골짜기에서 자려고 솔가지 주워 불 지피고 나물 뜯어 삶는다. 밤이 깊어 온몸이 서리와 이슬에 젖어 남녀간 읊는 소리 너무도 구슬프다. 내 시골 마을에 들러 물어 보니 늙은이가 말하기를, 요즘 세력가들이 백성의 땅을 빼앗아 산과 내를 경계로 공문서를 만드니, 한 논밭에 주인이 많아 賭租(도조)를 받고도 다른 사람이 또 받아가기가 끊이지 않는다 한다. 한재 수재를 당해 흉작일 때는 해 묵은 타작마당에 풀만 엉성하고, 살을 긁고 뼈를 쳐도 아무것도 없어 나라의 세금 낼 길 막연타. 장정들은 모두 흩어져 나가버려 노약자만이 거꾸로 매단 종 같은 빈 집을 지키고 있구나. 차마 시궁창에 박혀 죽을 수는 없는 노릇, 마을을 비우고 산에 올라 도토리며 밤을 줍는다 하네. 처량한 그 말 듣고 나니 가슴이 미어질 듯하구나. 그대 듣지 않았는가, 고관들 하루 먹는 게 만 냥 돈이며 산해진미에 五鼎(오정)이 벌려져 있다는 것을. 또한 말 모는 하인도 수레의 비단요에 술 토하고 말도 배불러 엽전 엮어 만든 뜰안 길을 힝힝거리며 걷는다는 말을 못 들었는가. 그 좋은 음식들이 모두 시골 늙은이 눈밑의 피인 줄을 그들이 알기나 하랴."

7言古詩(7언고시) 18연 중 첫 4연[8구]. 압운은 名, 精, 聲, 爭 자로 평성 '庚(경)' 평운인데, 이 조금 뒤로는 측운으로 압운했다. 평측은 차례로 '仄仄仄仄仄平仄, 平仄仄仄平平平, 仄仄平平仄平仄, 仄平仄仄平平平, 平平仄仄仄平平, 仄仄仄仄平平平, 仄仄平平仄仄仄, 平平仄平仄平平'으로 二四不同二六對(이사부동이륙대)는 넷째, 다섯째, 일곱째 구의 셋만 이루어졌고 反法, 粘法(반법, 점법)은 무시되었다.

206-2 憶故鄕(억고향) 고향을 생각하다

水畔梅花雪裏開 夜深明月上樓臺 此間着我詩應妙 閑跨驢兒歸去來.
　　(수반매화설리개 야심명월상누대 차간착아시응묘 한과여아귀거래)

물가의 매화는 눈 속에서 피었겠고, 밤 깊자 밝은 달은 누대에 떠오르리라.

이러한 속에서 시를 지으면 참으로 묘한 작품이 되리니,

한가로이 나귀 타고 내 돌아가리라.

[語句] *畔 : 물가. 밭두둑. 논두렁. *樓臺 : 누각과 臺榭(대사, 흙을 높이 쌓아 지은 정자). *

跨 : 타다. 걸터앉다. 넘다. *驢兒 : 나귀. 조그만 나귀. *歸去來 : 돌아감. 벼슬을 버리고 고향으로 돌아감. →62-1.

[鑑賞] 고향의 자연 모습을 회상하며 지은 짧은 시이다. '집앞 개울가의 매화는 눈 속에서도 피어났겠고 둥근 달은 밤이 깊어감에 따라 누대 위에서 비추리라. 그러한 곳에서는 자연 기묘한 詩想(시상)이 떠올라 좋은 작품이 이루어질 것인데, 여기서 머뭇거리지 말고 조그마한 나귀를 타고 단출하게 느긋이 고향으로 돌아가야겠다.'고 읊었다. 떠나온 고향을 회상하면 누구나 그리움에 젖어 좋던 인상만 떠오르기 마련이다. 그리하여 '고향은 떠날 수는 있어도 잊을 수는 없다.'지 않는가. 시성 杜甫(두보)도 '遣悶(견민)' 시에서 "百年從萬事 故國耿難忘(살아서 여러 가지 일에 종사하면서도, 고향은 늘 미음에 아련해 잊히지 않는다네)"라 했다.

7言絕句(7언절구). 압운은 開, 臺, 來 자로 평성 '灰(회)' 평운이다. 평측은 차례로 '仄仄平平仄仄平, 仄平平仄仄平平, 仄平仄仄平平仄, 平仄平平平仄平'으로 이사부동이륙대와 반법, 점법 등이 잘 이루어졌다.

207. 尹集(윤집 1606~1637) : 조선 仁祖(인조) 때 충신, 斥和派 三學士(척화파 삼학사). 자 成伯(성백). 호 林溪, 高山(임계, 고산). 시호 忠貞(충정). 본관 南原(남원). 父 縣監 衡甲(현감 형갑). 형 府使 棨(부사 계). 13세에 부친을 잃고 형을 따라 공부하여 22세에 생원, 26세에 문과에 급제하여 承文院 正字(승문원 정자), 侍講院 說書(시강원 설서), 司諫院 正言(사간원 정언) 등 淸職(청직)을 거쳐 吏曹正郞(이조정랑), 成均館 直講(성균관 직강) 역임 후 弘文館 校理(홍문관 교리)에 이르렀다. 인조 14년(1636) 병자호란 때 상소하여 적과의 화의를 극력 반대했으나, 끝내 화의가 성립되고 이듬해에 척화론자로 몰려 청 군영에 잡혀가 갖은 고문을 받았지만, 끝까지 굴복 않고 항변하니 다시 瀋陽(심양, 奉天봉천)으로 압송되어 吳達濟(오달제)와 함께 피살되었다. 세상에서는 그와 오달제, 洪翼漢(홍익한)을 丙子(병자) 척화파 3학사라 불렀고, 후에 영의정에 추증되고 시호를 받았으며 廣州 南漢山 顯節祠(광주 남한산 현절사)에 모셔졌다. 그는 성품이 맑고 고결했으며 총명이 뛰어나 읽은 책 내용은 모조리 기억했다고 한다. →154.吳達濟, 662.洪翼漢.

207-1 除夜(제야) 섣달 그믐날

半壁殘燈照不眠 夜深虛館思悽然 萱堂定省今安否 鶴髮明朝又一年.

(반벽잔등조불면 야심허관사처연 훤당정성금안부 학발명조우일년)

벽의 꺼져 기는 등불 비치어 잠들지 못하고, 밤 깊도록 빈 방에서 내 심사 처량쿠나. 어머니께 혼정신성 안부 이제야 여쭈니,

백발 되신 어머니 내일 아침이면 또 한 해 늙으시리.

[語句] *除夜 : 섣달 그믐날. 대그믐밤. 除夕(제석). 歲除(세제). *半壁 : 벽. 절벽 같은 벽. *殘燈 : 꺼지려는 등. 깊은 밤의 외롭게 희미한 등불. *虛館 : 텅빈 여관 이나 집. *悽然 : 마음이 쓸쓸하고 구슬픈 모양. *萱堂 : 어머니. '남의 어머니'를 일컫는 말. 萱은 '원추리[萱草훤초, 宜男草의남초, 忘憂草망우초]'로 옛날 중 국에서 어머니는 北堂(북당)에서 거처하고 그 뜰에 훤초를 심은 일에서, 상대자 를 대접하여 그의 어머니를 훤당이라 했음. *定省 : 昏定晨省(혼정신성). 아침저 녁으로 부모의 안부를 물어서 살피는 일. *鶴髮 : 학의 깃처럼 흰 머리털. 노 인의 백발. *明朝 : 내일 아침.

[鑑賞] 지은이는 병자호란 때 척화파 3학사요, 홀로 남은 모친에 대한 효성이 지극해 충효를 겸한 조선의 전형적 선비였다. 이 시는 청 나라 군사들에게 끌려갔을 때 지은 작품일 것이다. 한 해가 가는 텅빈 방에서 어머니의 안부를 걱정하는 정을 읊었고, 늙어가는 모친의 곁을 떠나 오랑캐들에게 잡혀 있는 불효를 용서 해 달라는 심정도 곁들여 있다 하리라.

　7언절구. 압운은 眠, 然, 年 자로 평성 '先(선)' 평운이다. 평측은 차례로 '仄仄平平仄仄平, 仄平平仄仄平平, 平平仄仄平平仄, 仄仄平平仄仄平'으로 이사부동이륙대와 반법, 점법 등이 규칙에 합치되는, 7언절구의 본보기 작품이라 하겠다.

208. 尹澤(윤택 1289~1370) : 고려 恭愍王(공민왕) 때의 賢臣(현신). 자 仲德(중덕). 호 栗亭, 蟻庵(율정, 의암). 시호 文貞(문정). 본관 茂松(무송). 조부 國學大司成 諧(국학대사성 해). 손자 紹宗(소종). 3세에 부친을 잃고 분발하여 고모부인 尹宣佐(윤선좌)를 따라 공부하여 충숙 왕 4년(1317) 문과에 급제하여 京山府 司錄(경산부 사록)을 거쳐 45세에 檢閱(검열)이 되 니, 직위가 9품에 지나지 않았지만 만족했으며, 燕京(연경)에 머물러 있던 왕을 찾아보고 府尹(부윤)으로 특진했다. 右代言(우대언)을 지내고 충목왕 초에 羅州牧使(나주목사)로 있을 때 왕이 죽자 李承老(이승로)와 같이 공민왕을 세우려 했으나 충정왕이 즉위하자 陽光監 務(양광감무)로 좌천했다. 1352년 공민왕이 즉위하니 밀직사에 들어가 提學(제학)을 거쳐 開城府尹(개성부윤)때 사임했다가, 공민왕 10년(1361) 政堂文學(정당문학) 벼슬이 내려 사양 하니 왕은 허락 않고, 특별한 대우를 베풀어 정치에 대해 항상 문답했다. 贊成事(찬성사) 에 이르러 사퇴하고 고향 錦州(금주)에서 산수를 벗삼아 여생을 보냈다. 그는 直言(직언) 을 잘하였고 백성의 가난에 대한 대책과 어진 선비의 등용을 진언하니, 왕이 기뻐하여 술자리를 베풀며 '栗亭'이란 두 자를 크게 써서 내리매, 侍中 洪彦博(시중 홍언박 →656)이

"윤공의 도량은 내가 미치지 못할 바라." 했다. 그의 아들은 벼슬이 判典校寺事(판전교시사)에 이르렀는데 금주에 살며 조상 받들기를 朱子家禮(주자가례)대로 극진히 하니, 공양왕 때 旌閭(정려)하고 효자비를 세웠다. 유고집으로 '栗亭集(율정집)'이 있다.

208-1 偶吟(우음) 우연히 읊다

醉後却思陳藥石 老來無復進鹽梅 謬算狂謀年九九 平生事業已焉哉.
　　(취후각사진약석 노래무부진염매 유산광모연구구 평생사업이언재)

취한 뒤 임금님께 깨우치는 말씀 아뢰리라 돌이켜 생각하지만,

늘그막이 되어 나라의 일 도울 길이 다시 없구나.

그릇되고 경망한 계책으로 나이는 여든 한 살, 평생 해야 할 일은 이미 끝났는가보다.

[語句] *偶吟 : 우연히 읊음. 偶詠(우영). *藥石 : 약과 鍼(침, 石鍼석침). 정성으로 훈계하는 말. 藥石之言(약석지언). *鹽梅 : 짠 소금과 신 매실. 신하가 군주를 도와 선정을 베풀도록 하는 일. *謬算 : 그릇된 계산[계획]. *狂謀 : 경망한 꾀[계책]. *九九 : 여든 하나. '9×9=81'이 되어 쓰는 말임.

[鑑賞] 나라의 연회에서 술 한 잔 하고 취하면 임금님께 깨우쳐야 할 좋은 말을 해드려야겠다고 생각하지만, 늙바탕에 들었으니 생각만 그러할 뿐 도와 드릴 방도가 없다. 늘 잘못되고 경망한 계책만 생각하다가 어느덧 나이는 여든 살 지났으니, 내 평생 해야 할 일은 이미 끝나버리고 말았다. 현명한 신하였다는 평을 받는 지은이이니 나라를 위해 일도 많이 했겠지만, 인생이란 지나고 보면 후회되는 일이 더 많은 법, 겸양의 말을 편 소감이리라.

　　7言絶句(7언절구). 압운은 梅, 哉 자로 평성 '灰(회)' 평운이다. 평측은 차례로 '仄仄仄平平仄仄, 仄平平仄仄平平, 仄仄平平平仄仄, 平平仄仄仄平平'으로 二四不同二六對(이사부동이륙대)는 맞았으나, 셋째 구가 粘法(점법)이 되지 않았고 反法(반법)으로 일관했다.

209. 尹淮(윤회 1380~1436) : 조선 세종 때 학자, 명신. 자 淸卿(청경). 호 淸香堂(청향당). 시호 文度(문탁). 본관 茂松(무송). 父 大司成 紹宗(대사성 소종 →203). 10세에 통감강목을 읽었고 자람에 따라 읽지 않은 책이 거의 없었으며 한 번 본 것은 끝내 잊지 않았다. 태조 초기에 진사가 되고 태종 원년(1401) 문과에 급제하여 8년 뒤 이조정랑 겸 춘추관 기사관이 되고, 태종 14년(1414) 公私奴婢(공사노비)의 爭訟(쟁송)을 맡는 田民辨正都監(전민변정도감)의 한 담당자로 신속 공정하게 처리했다. 세종 때 집현전에 있으면서 불교를 배척하고 세종 14년(1432) 孟思誠(맹사성)과 함께 '八道地理志(팔도지리지)'를 편찬했

으며, 이듬해에 藝文館 提學(예문관 제학)이 되고 이어 중추원사 겸 성균관 대사성 때 '資治通鑑訓義(자치통감훈의)'를 편찬, 大提學(대제학)이 되었다. 일찍이 태종은 세종이 있는 자리에서 윤회에게 친히 술을 권하고 고금에 드문 재사라 칭찬했다. 南秀文(남수문)과 함께 당대 문장의 최고봉으로 이름을 떨쳤고 똑같이 술을 잘 마셔 과음할 때가 많아 이름이 더 알려졌다. 세종이 술 석 잔 이상 못 마시게 하니 연회 때마다 둘이서 큰 그릇으로 석 잔을 마시자, 세종은 술을 금하는 것이 오히려 권하는 셈이 됐다며 웃었다. 어느 때 만취되어 좌우의 부축을 받고 왕 앞에 불리어 가 宣制(선제, 詔書조서)를 기초하라는 명을 받자 붓대가 나는 듯이 움직이매, 세종은 참으로 천재라 탄복했으며 세인들은 文星(문성)과 酒星(주성)의 정기가 합하여 그 같은 賢人(현인)을 낳았다고 말했다. 그는 태종, 세종의 지극한 사랑을 받았고 벼슬이 병조판서, 예문관 대제학에 이르렀다. '樂學軌範(악학궤범)'에 그가 지은 악장 '鳳凰吟(봉황음)'이 전한다. →85-1.

209-1 慶會樓侍宴(경회루시연) 경회루 대궐 잔치

虎觀親臨日 薰風水殿凉 鳳姿瞻穆穆 天樂耳洋洋
病骨醺靈液 儒衣帶御香 端逢好文際 載筆愧三長.

(호관친림일 훈풍수전량 봉자첨목목 천악이양양

병골훈영액 유의대어향 단봉호문제 재필괴삼장)

백호관 같은 경회루 잔치에 임금님 나오신 날, 훈풍에 물속 전각이 서늘하네.

임금님 뵈니 그 모습 아름답고, 궁중의 음악은 귀에 양양하도다.

약한 내 몸은 귀한 술에 취하고, 선비들 옷에는 어향을 띠고 있어 향기롭구나.

바로 학문을 숭상하는 때를 만나,

붓을 들고 모시자니 삼장에 능하지 못한 내가 부끄럽네.

[語句] *慶會樓 : 서울 景福宮(경복궁) 안 서쪽 康寧殿(강녕전) 연못 복판에 있는 큰 규모의 누각. 임금과 신하가 모여 잔치하거나 외국 사신의 접대소로 쓰던 곳으로 태종 12년(1412) 건립되었음. *侍宴 : 대궐 안에서 열린 잔치에 모든 신하가 참석하여 자리를 같이하는 일. *虎觀 : 後漢(후한)의 章帝(장제)가 선비들을 모아 5 경의 經義(경의)를 토론케 하던 白虎館(백호관). 그 논의를 기록한 책이 '白虎通(백호통)'임. *親臨 : 임금이 몸소 나옴. *薰風 : 첫여름에 훈훈하게 부는 바람. 黃雀風(황작풍). *水殿 : 물가나 물속에 지은 殿堂(전당). 경회루. *鳳姿 : 봉황의 모습. 품위 있는 모양. '임금의 모습'을 미화하는 말임. *穆穆 : 말이나 용모가 아름다운 모양. 相維辟公 天子穆穆(제사를 돕는 여러 제후들, 천자께서는 威儀위의 아름다우

시도다)<詩經 周頌 雝> *天樂 : 하늘의 음악. 궁중 음악. *洋洋 : 넓고 가득한 모양. *病骨 : 병으로 몸이 약한 사람. 弱骨(약골). *醺 : 기분좋게 취하다. *靈液 : 영묘한 물. 이슬. 좋고 귀한 술. *儒衣 : 유교의 선비가 입는 옷. 儒服(유복). *御香 : 임금이 쓰는 향. *端 : 바르다. 오로지. *好文 : 글을 좋아함. 학문을 숭상함. *載筆 : 붓을 가짐. 기록하거나 문장을 지음. *三長 : 세 가지 잘하는 일. 역사 기록에 갖추어야 할 재주, 학문, 식견의 세 가지.<唐書 劉知幾傳>

[鑑賞] 경회루에서 임금님이 친히 나오시어 벌이는 잔치에서 읊은 시이다. 백호관을 든 것을 보면 아마도 세종대왕이 학문하는 신하들을 격려하기 위한 자리일 듯하다. 首聯(수련, 1~2구)은 백호관에 후한의 임금이 몸소 나오듯 임금님 모신 연회에, 못 가운데 있는 경회루라 훈풍이 불어 서늘하다 했다. 頷聯(함련, 3~4구)은 임금님 모습은 뵐수록 목목하고 궁중 음악인 雅樂(아악)은 귀에 들어 양양하다고 좋은 對(대)를 이루었다. 頸聯(경련, 5~6구)에서는 내용을 전환하여 약골인 나는 좋은 술에 거나하게 취하고, 임금님과 가까이서 술잔을 주고받아 임금님에게서 풍기는 향기가 참석한 선비들의 옷에 스미어 있다고 하여 역시 훌륭한 짝을 이룬 연이다. 마지막 尾聯(미련, 7~8구)은 세종께서 학문을 좋아하시어 학문 숭상의 기운이 넘치는 세상을 만났는데, 내 재주 능하지 못해 부끄럽다는 겸사의 말로 마무리했다. 내용도 뛰어나고 대구도 잘 이루어진 佳作(가작)이라 하겠다.

5言律詩(5언율시). 압운은 涼, 洋, 香, 長 자로 평성 '陽(양)' 평운이다. 평측은 차례로 '仄仄平平仄, 平平仄仄平, 仄平平仄仄, 平仄仄平平, 仄仄平平仄, 平平仄仄平, 平平仄平仄, 仄仄仄平平'으로 이사부동은 일곱째 구만 어긋났고, 반법이나 점법은 그런대로 이루어졌다.

210. 乙支文德(을지문덕 ?) : 고구려 嬰陽王(영양왕) 때의 정승, 명장. 高句麗郡(고구려군, 평안남도 江西郡 甑山강서군 견산) 태생으로 石多山 石窟(석다산 석굴)에서 공부하니 이 석굴을 '乙支文德窟'이라 했다. 영양왕 23년(612)에 隋(수) 나라의 煬帝(양제)가 宇文述, 于仲文(우문술, 우중문)을 좌우 翊衛大將軍(익위대장군)으로 삼고 9軍(군) 30만 5천 명의 대군을 거느리고 고구려를 치고자 鴨綠水(압록수, 압록강)에 이르렀다. 이때에 왕은 적정을 살피려고 을지문덕에게 거짓 항복케 하고 허실을 탐지하고 돌아왔다. 적장들은 을지문덕을 보낸 뒤 속았음을 알고 뒤를 추격해 왔다. 을지문덕은 여러 번의 싸움에서 거짓 패하여 평양성 밖 30 리까지 유인하기에 이르렀다. 적을 이렇게 끌어들이는데 성공한 그는 적장 우중문에게 다음에 인용하는 희롱하는 시를 보냈다. 그러고 나서 우문술에게 거짓 항복을 청하여 "철군하면 왕을 모시고 수의 임금을 뵙겠다." 하니, 꾀임에 빠진 것을 깨달은 적군은 당황하며 후퇴하다가 고구려 군의 요격을 받던 중에 薩水

(살수, 淸川江청천강)를 건널 때, 섬멸당하여 遼河(요해)를 건넌 자가 2천 7백 명에 불과했다고 한다. 이 싸움을 薩水大捷(살수대첩)이라 한다. 이후에도 수양제는 두 번이나 고구려를 쳤으나 별 성과를 거두지 못하고 수의 멸망 원인의 하나가 되었다.

210-1 與于仲文(여우중문) 우중문에게 주다

神策究天文 妙算窮地理 戰勝功旣高 知足願云止.
(신책구천문 묘산궁지리 전승공기고 지족원운지)

신묘한 계책은 하늘의 온갖 일을 깊이 알았고, 기묘한 헤아림은 땅의 이치를 다 통했구려.
싸움에 이긴 공적 진작에 높거니, 만족함을 알아 원컨대 그만 그치시라.

[語句] *于仲文 : 수 양제가 고구려에 출병했을 때의 右翊衛大將(우익위 대장). 우익위는 '군을 좌우로 나눌 때 右翼(우익, 대열의 오른편)에서 돕는 군대'임. *神策 : 신기한 策略(책략, 일 처리의 꾀와 계략). 영묘한 책략. *天文 : 天體(천체)에서 일어나는 온갖 현상. *妙算 : 썩 묘한 꾀. 妙策(묘책). *地理 : 땅의 이치. 곧 지형이나 그 밖의 상태. *知足 : 분수를 지켜 너무 탐내지 않음. 知足知止(지족지지, 지족과 분에 넘치지 않도록 그만둘 줄 아는 일)<老子 道德經44章> *願云止 : '知足知止' 하기를 바라며 말함.

[鑑賞] 이 시는 제목을 '贈隋右翊大將軍于仲文(증수우익대장군우중문)'이라고도 하는데, 수 나라 장수 우중문을 조롱한 시로 우리나라 고대 한시의 대표적 작품이다. '당신의 모든 전략을 다 알고 있으니 알아서 물러가는 게 좋지 않겠는가?' 하고 적장에게 야유를 보냈으니, 을지문덕 장군은 문무를 갖춘 智將(지장)이었다.

여기서 잠시 우리 고대와 삼국 통일 전 시대의 한시를 살펴보기로 한다. 이 시와 179번에서 든 고구려 유리왕의 '黃鳥歌(황조가)'를 비롯하여, 뱃사공인 霍里子高(곽리자고)의 아내 麗玉(여옥)이 읊었다는 '箜篌引(공후인) "公無渡河 公竟渡河 墮河而死 將奈公何(임이여 강물 건너지 마오, 임은 그예 건너더니만, 강물에 빠져 가셨으니, 아아 이 일을 어이할거나.)"의 4言詩(4언시) 및 가락국의 시조 金首露王(김수로왕)과 관련이 있다는 '龜旨歌(구지가, 迎神君歌영신군가) "龜何龜何 首其現也 若不現也 燔灼而喫也(거북아 거북아 목을 내밀어라. 만약 내밀지 않으면, 불에 구워 먹고 말 테야)" 등 소박하며 산뜻한 시가 있다.

5言古詩(5언고시). 압운은 理, 止 자로 상성 '紙(지)' 측운이다. 평측은 차례로 '平仄仄平平, 仄仄平仄仄, 仄仄平仄平, 平仄仄平仄'으로 二四不同(이사부동)은 첫째, 넷째의 두 구만 이루어졌고 反法(반법)과 粘法(점법)은 지켜지지 않았다.

211. 義砧(의침 ?) : 조선 중종 때의 學僧(학승, 학문하는 스님). 호 月窓(월창). 曺偉(조위 →466)와 함께 杜甫(두보 →64)의 시를 한글로 번역했으니 곧 '杜詩諺解(두시언해)'이다. 조위의 동생 曺伸(조신 →458)의 '謏聞瑣錄(수문쇄록)'에 "승 의침의 호는 月窓이다. 泰齋 柳方善(태재 유방선 →182)이 그에게서 두시를 배운 분이다. 태재의 아들 參議 柳允謙(참의 유윤겸)이 그 아버지의 학문을 전수받았다. 태재는 세상에서 일컫기를 두시에 능통했다 했으니, 成宗(성종)께서 일찍이 국문으로 두시를 주해토록 하셨는데, 간혹 그르친 데가 있는 바 이는 월창이 전한 바가 아닌가 한다."<謏 聞瑣錄 卷1>라 있음은 의침이 두시에 능통했다는 반증이 된다 하리라.

211-1 靈通寺西樓次古人韻(영통사서루차고인운)
영통사 서루를 옛 분-두보-의 운에 따라 짓다

巖泉一脈曲通林 老樹堂軒積翠陰 秋至洞門偏灑落 雲還松嶺轉幽深
苔碑勝迹傳從昔 素壁新詩記自今 坐久精神更淸爽 磬聲搖月夜沈沈.

(암천일맥곡통림 노수당헌적취음 추지동문편쇄락 운환송령전유심

태비승적전종석 소벽신시기자금 좌구정신갱청상 경성요월야침침)

바위 틈새의 한 줄기 샘이 숲을 뚫어 굽어 도는데, 고목나무는 추녀 앞에서 그늘 짓네.

가을 되니 골짜기 어귀 아주 조촐하고,

구름은 소나무 영마루를 덮어 그윽함을 더하는구나.

이끼 낀 비석의 좋은 자취 옛날임을 알려 주고,

흰 벽의 새로운 시는 요즈음에 쓴 것일세.

오래 앉았노라니 정신이 다시 맑고 시원해지는데,

풍경 소리 달빛에 실리며 밤은 어둑하구나.

[語句] *靈通寺 : 어디에 있는 절인지 미상임. *古人 : 옛날 사람. '중국의 시성 杜甫(두보)'를 말함. *巖泉 : 바위틈에서 솟는 샘물. 岩泉(암천). *堂軒 : 마루 앞 추녀. 집. *翠陰 : 푸른 나무의 그늘. 녹음. *洞門 : 굴. 동굴 입구. 골짜기 어귀. *灑落 : 기분이 상쾌하고도 시원함. 산뜻함. *幽深 : 깊숙하고 그윽함. *勝迹 : 뛰어난 자취나 事蹟(사적). 勝蹟(승적). *素壁 : 흰 벽. 깨끗한 벽. *淸爽 : 맑고 시원함. *磬聲搖月 : 풍경 소리가 달을 흔듦. 풍경 소리가 달빛에 실려 들려 옴. 고려 때 朴寅亮(박인량)의 '使宋過泗州龜山寺(사송과사주구산사)' 시에 "磬聲搖月落雲間(풍경 소리는 달을 흔들어 구름 사이에 메아리치네)"라 있는데, 중국 사람들까지 칭송하는 유명한 구절임. →79-1. *沈沈 : 어둑어둑하거나 흐림.

[鑑賞] 이 시는 두보의 어느 작품 운자를 따라 지었다 하나, '두시언해'의 7언율시 중 이 운자 차례대로 지은 시는 없고, 다만 5언율시 '晴 二首(청 이수)' 중 둘째 수의 압운 자가 林, 陰, 深, 心 자로 이 시의 압운과 앞 셋이 같았다. 首聯(수련, 1~2구)에서는 바위틈의 샘물과 마루 앞의 고목을 읊어 그윽한 곳에 자리잡은 누대임을 알겠고, 頷聯(함련, 3~4구)은 가을의 골짜기 어귀의 깨끗함과 구름 감도는 소나무 영마루로 해서 깊숙함을 더하는 걸 대비하여 對句(대구)를 이루었으며, 頸聯(경련, 5~6구)에서 내용을 전환하여 이끼 낀 옛 비석과 벽에 쓴 요즈음의 시를 표현하여 대구가 되었다. 尾聯(미련, 7~8구)은 마무리로 이 서루에 앉았노라니 정신이 맑아지고 달빛에 실려 들리는 풍경 소리가 밤을 깊게 한다고 했다. 시가 行雲流水(행운유수)와 같은 흐름이라 마치 두보의 시를 읽는 듯한 느낌이 드는 佳作(가작)이다.

7言律詩(7언율시). 압운은 林, 陰, 深, 今, 沈 자로 평성 '侵(침) 평운이다. 평측은 차례로 '平平仄仄仄平平, 仄仄平平仄仄平, 平仄仄平平仄仄, 平平平仄仄平平, 平平平仄仄平仄, 仄仄平平仄仄平, 仄平平仄仄平平'으로 二四不同二六對(이사부동이륙대)는 잘 이루어지다가 제 7구에서 어긋나 '仄-平-平[久-神-淸]'이 되어 아쉽고, 반법과 점법도 이 구만 제외하면 잘 형성되었다.

212. 李家煥(이가환 1742~1801) : 조선 말기의 실학자, 천주교 신자. 자 廷藻(정조). 호 錦帶(금대). 父 進士 用休(진사 용휴). 본관 驪州(여주). 星湖 李瀷(성호 이익)의 종손으로 재주가 뛰어나고 문장은 당시의 으뜸이었다. 영조 47년(1771) 진사에 급제했으며 정조 때 문과에 급제하여 정조의 아낌을 받았다. 南人(남인)으로 우리나라 최초의 천주교 영세교인인 李承薰(이승훈)이 정조 8년(1784) 北京(북경)을 갔다 왔을 때 이승훈, 李檗(이벽) 등과 천주교 교리에 관해 토론하다가 감화를 받아 천주 교리서를 한글로 번역하며 종교 운동에 참여했다. 그렇지만 영세를 받아 정식 신자가 되는 일은 꺼려하다가, 천주교가 탄압을 받게 되자 종교를 버리고 廣州府尹(광주부윤)으로 가서 정조 15년(1791) 辛亥邪獄(신해사옥) 때에는 천주교도를 벌하였다. 그 뒤 開城留守(개성유수), 공조판서, 都摠官(도총관), 형조판서 등을 지냈고, 정조 19년(1795) 周文謨(주문모) 신부 입국 사건 때 반대당의 모함을 받아 忠州牧使(충주목사)로 좌천되었다. 거기서도 천주교도를 박해하여 모진 형벌을 가하기까지 하더니, 뒤에 벼슬에서 밀려나 한적하게 지낼 때 천주교를 배반했던 일을 뉘우치고 순조 1년(1801) 신유사옥 때에는 이승훈을 비롯한 여러 신자들과 함께 체포되어 모진 고문에도 背敎(배교)하지 않고 權哲身(권철신)과 함께 죽음을 감수했다. 저서에 '箕田攷(기전고)' 錦帶遺稿(금대유고)'가 있다.

212-1 練光亭(연광정) 연광정

江樓四月已無花 簾幕薰風鷰子斜 一色綠波連碧草 不知別恨在誰家.
(강루사월이무화 염막훈풍연자사 일색녹파연벽초 부지별한재수가)

강가의 연광정에는 4월이라 꽃은 이미 졌고, 염막에는 훈풍이 불며 제비들 비껴 나네.
한빛으로 푸른 강물 파란 풀밭과 이어졌는데, 어느 누가 이별의 한을 가졌다 하리.

[語句] *練光亭 : 평양의 대동강 가 德巖(덕암) 바위 위에 있는 정자. 조선 중종 때 평
안감사 許硡(허광)이 세웠는데, 경치 좋기로 유명하며 임진왜란 때 명의 沈惟敬
(심유경)과 일본 小西行長(소서행장)이 강화 담판을 하던 곳이기도 함. *簾幕 : 발
과 장막. *薰風 : 첫여름에 훈훈하게 부는 바람. *鷰子 : 제비. 燕子(연자). *綠
波 : 푸른 물결[파도]. *碧草 : 파란 풀. *別恨 : 이별할 때의 애석한 마음. *
誰家 : 누구. 누구 집.

[鑑賞] 연광정 정자에 올라 바라본 풍광과 감상을 읊은 시. 음력 4월은 이미 여름이 시작
되는 철이라 꽃들은 져버렸고, 제비들만 이리저리 공중을 가르듯 날고 있다. 푸른
대동강 강물은 강둑의 풀밭 따라 끝없이 흘러가는데, 내가 이별의 설움을 가졌다
는 것을 잊어버리고 만다. '別恨'을 지은이 자신의 것으로 풀이했고, '誰家'는 '누
구네 집'이란 뜻도 있으나 家 자를 접미사로 보아 '누구'를 뜻하기도 한다.

7言絕句(7언절구). 압운은 花, 斜, 家 자로 평성 '麻(마)' 평운이다. 평측은 차례로 '平平仄仄
仄平平, 平仄平平仄仄平, 仄仄仄平平仄仄, 仄平仄仄仄平平'으로 二四不同二六對(이사부동이
륙대)와 反法, 粘法(반법, 점법) 등이 7絕의 평측 배열 규칙에 모두 합치되었다.

213. 李塏(이개 1417~1456) : 조선 端宗(단종) 때 死六臣(사육신). 자 淸甫, 伯高(청보, 백고).
호 白玉軒(백옥헌). 시호 義烈, 忠簡(의열, 충간). 본관 韓山(한산). 증조부 穡(색 →243). 父 季
疇(계주). 세종 18년(1436)에 문과에 급제하고 세종 29년(1447) 重試(중시)에 올라 湖堂(호당,
讀書堂독서당)에 들었고 벼슬이 直提學(직제학)에 이르렀으며, 詩文(시문)이 깨끗하고 맑아 세
상에 이름이 높았다. 세조 2년(1456) 成三問(성삼문 →115), 朴彭年(박팽년 →85) 등과 함께
단종의 복위를 도모하다가 발각되어 모진 고문에도 안색조차 변함이 없어 보는 사람들
을 더욱 놀라게 했고, 다음에 인용하는 피살될 때 읊은 시는 그의 충절을 여실히 보여
준다. 본디 수양대군과도 친교가 있어 진상을 밝힐 것을 강요받았으나 끝내 대답하지 않
았으며, 숙부인 季甸(계전)이 세조에게 자주 가는 것을 늘 경계했다. 숙종 때 義烈이라
시호를 내렸는데, 영조 34년(1758) 이조판서로 추증하고 시호를 충간이라 고쳤다.

213-1 玉簪花(옥잠화) 옥잠화

麻姑群玉山頭見 天女瑤臺月下遊 舞罷霓裳雲錦亂 歸來醉墮不曾收.

(마고군옥산두견 천녀요대월하유 무파예상운금란 귀래취타부증수)

마고 선녀 사는 군옥산 머리에 보이나니, 선녀들 요대의 달 아래서 노니는구나.

예상우의곡 춤을 마치니 구름 같은 비단옷 흐트러져,

돌아갈 제 놀이에 취해 옥비녀 떨어진 걸 거두지 못한 게로다.

[語句] *玉簪花 : 물옥잠과의 다년생 풀. 높이 30cm 가량인데 잎은 크고 넓으며 타원형임. 여름에 자줏빛이나 흰빛의 꽃이 옥비녀 모양으로 봉오리 지다가 피며 연못 같은 데에 관상용으로 심고 중국 원산임. *麻姑 : 선녀의 이름. 늙은 신선 할머니로 '마고할미'라 함. *群玉 : 선녀 西王母(서왕모)가 사는 崑崙山(곤륜산). *天女 : ①女神(여신). 선녀. <佛>하늘에 살며 하늘을 날아다닌다는 선녀. 飛天(비천). ②織女星(직녀성). 天女孫(천녀손). ③제비. ④아름답고 상냥한 여자. 여기서는 ①임. *瑤臺 : ①신선이 사는 곳. 瑤壇(요단). ②殷(은) 나라 紂王(주왕)이 지은 누대. ③달. 여기서는 ①임. *霓裳 : ①선녀의 옷. ②霓裳羽衣曲(예상우이곡). 신선을 노래한 舞曲(무곡). 羅公遠(나공원)이 당 나라 玄宗(현종)과 함께 달나라에 가서 선녀들이 춤추고 있는 악곡을 기억하고는 돌아와 지었다고 함<龍神錄> *雲錦 : ①구름같이 화려하고 얇은 비단. 雲錦裳(운금상). ②아침 노을<木華 海賦> 여기서는 ①임. *歸來 : 돌아옴. *曾收 : 일찍 또는 곧 거두어들임.

[鑑賞] 옥잠화는 꽃 이름 그대로 옥비녀 같은 모양으로 자줏빛이나 흰빛 꽃망울이 길쭉한 모양을 이루다가 피어난다. 그런 꽃을 시의 소재로 삼아, 선녀들이 하늘에서 춤추며 노닐다가 춤판을 마치고 돌아갈 때 옥비녀가 떨어진 것도 모르도록 춤에 취하여 거두지 못해 옥비녀가 땅에 떨어져 옥잠화로 환생했다고 멋지게 읊었다. 시인의 예리한 洞察力(통찰력)을 느끼게 하는 좋은 작품이다. 첫 구와 둘째 구는 對句(대구)가 되었다.

7언절구. 압운은 遊, 收 자로 평성 '尤(우)' 평운이다. 평측은 차례로 '平平平仄平平仄, 平仄平平仄仄平, 仄仄仄平平仄仄, 平平仄仄仄平平'으로 이사부동이륙대와 반법, 점법 등이 이루어졌다. 7언절구는 첫 구에도 압운하는 것이 일반적이지만 압운 않을 수도 있다.

213-2 臨死絕筆(임사절필) 죽음에 이르러 마지막 지은 시

禹鼎重時生亦大 鴻毛輕處死還榮 明發不寐出門去 顯陵松栢夢中靑.

(우정중시생역대 홍모경처사환영 명발불매출문거 현릉송백몽중청)

우 임금의 태평스런 정치가 존중받을 때는 삶 또한 소중하나,

목숨을 홍모같이 여기는 곳에서는 죽음이 오히려 영광되네.

날이 새도록 잠 못 들어 문을 나서니, 문종文宗 왕릉의 송백이 꿈속에 푸르구나.

[語句] *臨死 : 죽을 고비에 이름. *絶筆 : ①죽기 전에 쓴 마지막 글이나 글씨. ②붓을 놓고 다시는 글을 쓰지 않음. 여기서는 ①임. *禹鼎 : 우 임금의 솥. 우 임금 朝廷(조정)이나 그 때의 태평한 정치. 禹 임금은 중국 고대 夏(하) 나라를 세운 왕이요, 鼎은 세발 달린 솥으로 王權(왕권)의 상징이며 세 정승 곧 영의정, 좌의정, 우의정을 가리키기도 함. *鴻毛 : 기러기의 털. 아주 가벼운 사물. *鴻毛輕處 : 사람의 목숨을 기러기 털같이 가벼이 여기는 곳, 곧 세조 가 단종을 몰아내며 저지른 人命殺傷(인명 살상)을 말함. *明發 : 새벽. 明發不寐 有悔二人(날이 새도록 잠 못 이루며 두 분[부모]을 그리워하놋다)<詩經 小雅 小宛> *顯陵 : 조선 문종의 능. 경기도 구리시 東九陵(동구릉) 안에 있음. *松栢 : 소나무와 잣나무. 松柏(송백).

[鑑賞] 단종 복위 계획을 꾸며, 중국 사신을 맞이하는 잔치를 하는 날 곧 거사 당일에 金礩(김질)의 고변과 鄭昌孫(정창손)의 동조로 발각되어 사육신 등 많은 사람들이 죽음을 당했다. 지은이도 사육신의 한 분으로 붙잡혀가기 직전에 죽음을 예감하고 지은 마지막 시이다. 그 경황없는 속에서도 한시 작법의 요체인 기승전결과 대가 잘 이루어진 절구이니, 起(기)인 첫 구에서 '태평 시대에는 산다는 게 큰 의미가 있지만' 하고 시상을 일으키고, 둘째 구 承(승)에서 '목숨이 중하기는 하지만 오늘날같이 사람의 생명을 홍모같이 가볍게 여기는 세상에서는 죽음이 오히려 영광일 수 있다' 하여 자기의 죽음을 영광이라 했고 앞 구와 좋은 對句(대구)를 이루었다. 셋째 구는 轉(전)이니 밤새도록 착잡한 심경 속에서 잠 못 이루고 집을 나선다고 내용의 전환을 했고, 마지막 구인 結(결)에서는 '잠깐 조는 동안 아껴 주시던 문종, 그분이 잠든 왕릉인 현릉의 송백이 꿈속에서도 푸르더라' 하여 자신의 충성심과 굳은 절조를 읊음으로써 마무리한 忠節詩(충절시)이다.

7言絶句(7언절구). 압운은 榮, 靑 자로 榮은 평성 '庚(경)' 평운, 靑도 평성 '靑' 평운으로 두 운은 通韻(통운)이 된다. 평측은 차례로 '平仄仄平平仄仄, 平平平仄仄平平, 平仄仄仄仄平仄, 仄平平仄仄平平'으로 二四不同二六對(이사부동이륙대)는 셋째 구에서 어긋났고 反法(반법)으로 이어져 粘法(점법)이 이루어지지 않았다.

214. 李建昌(이건창 1852~1898) : 조선 말기의 문장가. 자 鳳朝, 鳳藻(봉조, 봉조). 호 寧齋(영재). 본관 全州(전주). 조선 2대왕 定宗(정종)의 아들 德泉君 厚生(덕천군 후생)의 후예. 조부

是遠(시원). 어려서 四書五經(사서오경)에 정통하여 고종 4년(1867) 15세로 문과에 급제했고, 23세에 書狀官(서장관)으로 청 나라에 가서 黃珏(황각) 등과 교제하며 문장으로 이름을 떨쳤다. 24세에 暗行御史(암행어사), 海州 監察使(해주 감찰사) 등을 역임했으며, 아버지의 가르침으로 항상 서양 사람을 미워해서 크게 영달하지 못하고 말았다. 형제인 建昇(건승)과 健芳(건방)도 한문학에 뛰어났으며, 유고로 '明美堂集(명미당집)' '黨議通略(당의통략)'이 있다.

214-1 卽事(즉사) 즉흥으로 읊다

一春多病掩茅茨 孤負山紅澗碧時 懶往人家猶戀客 疎看書卷未忘詩
新菘露滴浸籬葉 老杏風搖過屋枝 睡起開門成獨笑 小鬟襁負戲嬰兒.

(일춘다병엄모자 고부산홍간벽시 나왕인가유연객 소간서권미망시

신숭노적침리엽 노행풍요과옥지 수기개문성독소 소환강부희영아)

올 봄 내내 병이 잦아 초가집에 박혀 있는데,
산의 붉은 꽃도 개울물 푸름도 모두 등졌네.
내 게을러 남의 집을 찾아갈 생각은 않고 그리운 사람 오기만 바라고,
책은 별로 읽지 않으면서도 시 짓기는 못 잊는다네.
새로 자란 배추 장다리 이파리 이슬에 젖어 울타리를 넘어오고,
오래된 살구나무 가지 바람에 흔들려 지붕을 넘어오네.
낮잠 깨어 문을 여니 절로 웃음이 나나니, 아기 업은 계집아이 아기 어르는 모습이라.

[語句] *卽事 : 눈앞의 사물을 즉흥으로 읊어 내는 일. →23-1. *一春 : 한 봄. 봄철 내내. *掩 : 가리다. 닫다. *茅茨 : 초가(草家). *孤負 : 배반함. 등짐. 뜻에 맞지 아니함. *山紅 : 산에 핀 붉은 꽃. *澗碧 : 산골물의 푸름. *人家 : 사람이 사는 집. '남의 집'의 뜻으로 쓴 말임. *戀客 : 그리운 손님. '손님이 찾아오기를 바람'의 뜻으로 쓴 말임. *疎看 : 소홀히 봄. *書卷 : 책. 서적. *菘 : 배추. 장다리[무나 배추의 꽃줄기]. *杏 : 살구나무. 은행나무. *睡起 : 잠에서 깨어 일어남. *獨笑 : 홀로 웃음. '절로 웃음이 나옴'의 뜻임. *小鬟 : 어린 계집종. 鬟은 '땋은 머리. 쪽찌다'임. *襁負 : 포대기로 어린아이를 업음.<論語 子路> *嬰兒 : 젖먹이. 유아(乳兒).

[鑑賞] 李丙疇(이병주) 박사의 감상을 인용한다. "봄이 와서 모두 방창하고 있으나, 시인은 그와 사정이 다르다. 집에 들어앉아 병이나 앓는 형편이니, 휘들어진 봄의 아양이 미울 수밖에 없었다. 실생활이 사실대로 그려진 점이 즉흥시답고, 시의 제재 선택에서 오는 보통스러움을 짐작할 수 있다. 이미지가 선명하게 떠오르는 참

다란 농촌 풍경은 소박하다 못해 해학스럽다. 이것이 이 무렵 시들이 공통적으로 꼬부장한 벙어리 냉가슴이다.…이 7언율시는 이건창의 문학을 이해함에 있어 대표적인 본보기라고 본다. 특히 대련의 짝맞춤은 노숙한 솜씨다. 자기는 게을러서, 실은 병이 나서-공연한 칭병이긴 하지만-찾지 않는 주제이면서도 남은 찾아오기를 바라고, 책은 아예 덮어 둔 채이건만 시는 차마 잊지 못한다는 의표는 요양하는 병자의 실토로 참다랗다. 더구나 나긋나긋한 장다리 잎은 이슬을 함초롬히 맞아 울타리를 넘나서 축 늘어져 있고, 살구꽃은 바람에 흔들려 지붕을 나락들락하는 끝가지라는 묘사는 노병에 시달리는 병자의 조바심으로 양각시켜, 작자의 모습까지 삼삼히 감돌게 한다. 그리고 결련의 사연은 바로 다사스런 노옹의 심정을 그림처럼 살려 내었다. 어린이를 어르는 아이를 피식 웃으면서 바라보는 작자가 곧바로 글 밖에 어리비추고 있음은, 이건창의 작시 태도가 그만큼 진실스러워서 임은 군말이 부질없다."<이병주 韓國漢詩의 理解> 지은이는 江華學派(강화학파)로, 이 학파는 鄭齊斗(정제두), 申綽(신작) 등이 강화에 살며 형성한 한문학의 한 학파이다.

7言律詩(7언율시). 압운은 茨, 時, 詩, 枝, 兒 자로 평성 '支(지)' 평운이다. 평측은 차례로 '仄平平仄仄平平, 平仄平平仄仄平, 仄仄平平平仄仄, 平平平仄仄平平, 平平仄仄平平仄, 仄仄平平仄仄平, 仄仄平平平仄仄, 仄平仄仄仄平平'으로 이사부동이륙대는 물론 반법이나 점법 등이 규칙에 합치되는 名作(명작)이다.

215. 李建勳(이건훈 ?) : 중국 唐(당) 나라 때 시인. 자 致堯(치요). 隴西(농서) 사람. 학문을 즐겨하고 특히 시에 능하였으며 '詩文集(시문집)'이 있다.

215-1 宮詞(궁사) 궁중 여인의 노래

宮門長閉舞衣閑 略識君王鬢已斑 却羨落花春不管 御溝流得到人間.
(궁문장폐무의한 약식군왕빈이반 각선낙화춘불관 어구유득도인간)

궁문은 오래 닫혔으며 무의는 쓸 곳이 없고, 임금님 조금 알 뿐 귀밑머리 이미 희었네. 오히려 부러워라 낙화여! 봄날 구속받지 않고 대궐 도랑을 흘러 인간으로 가는구나.

[語句] *宮詞 : 궁중의 후궁이나 궁녀들의 노래. →114-1. *舞衣 : 춤출 때 입는 옷. *略識 : 대강 앎. 알듯 말듯 함. *君王 : 임금. *鬢已斑 : 귀밑머리가 검은 머리카락과 흰 것이 이미 반반으로 섞였음. 鬢已斑白(빈이반백). *羨 : 부러워하다. *不管 : 매이지 않음. 구속받지 않음. *御溝 : 궁궐 안의 도랑. →98-1. *人間 : 사람이 사는 곳. 사람들이 모여 함께 희로애락을 나누며 사는 사회.

[鑑賞] 대궐 안에 갇히다시피 해 오직 임금만 바라보고 사는 후궁이나 궁녀의 한을 읊은 애끊는 시. 唐(당) 나라 禧宗(희종) 때 韓氏(한씨)라는 궁녀가 단풍든 붉은 잎에 '流水何太急 深宮盡日閑 慇懃付紅葉 好去到人間(흘러가는 물은 왜 이다지 급한고, 깊은 궁중은 종일토록 한가한데. 은근히 붉은 잎 하나에 부치노니, 잘 가서 인간에 이르거라)' 하고 시를 써서 어구에 띄어 흘러 보내니, 마침 궁밖 개울에 있던 于祐(우우)란 젊은이가 그 잎을 주워 시를 읽고 화답하는 시를 역시 붉은 잎에 써서 궁궐 뒤 개울 상류에서 궁중으로 띄워 보냈다. 그 후 궁녀를 放出(방출)하여 시집보낼 때, 우우가 마침 한씨를 만나 첫날밤에 붉은 잎을 내보이니, 한씨도 역시 내놓으며 시를 짓기를 '一聯佳句隨流水 十載幽愁滿素懷 今日已成鸞鳳侶 方知紅葉是良媒(한 구절 아름다운 글귀 흐르는 물 따르니, 10년의 깊은 시름 가슴 가득하였네. 오늘 이렇게 봉황의 짝 이루니, 붉은 낙엽이 좋은 중매했음을 이제 알겠구나)' 했는데, 이를 紅葉之媒(홍엽지매)라 한다.<太平廣記> 이 얼마나 애절한 이야기인가. 속세의 인간 생활이 가장 좋은 삶임을 느끼게 한다.

7言絕句(7언절구). 압운은 閑, 斑, 間 자로 평성 '刪(산)' 평운이다. 평측은 차례로 '平平平仄仄平平, 仄仄平平仄仄平, 仄仄平平平仄仄, 仄平平仄仄平平'으로 二四不同二六對(이사부동이륙대)는 물론, 反法(반법)과 粘法(점법)이 모두 규칙에 맞게 잘 이루어졌다.

216. 李瓊仝(이경동 ?) : 조선 成宗(성종) 때 문신. 자 玉如(옥여). 본관 全州(전주). 湖堂(호당, 讀書堂 독서당)에 뽑히고 大司憲(대사헌)을 역임했다.

216-1 沙斤驛午飯(사근역오반) 사근 역참 점심 때

倦客支頤臥 探詩日向中 一聲聞翡翠 啼在驛窓東.
(권객지이와 탐시일향중 일성문비취 제재역창동)

게으른 나그네 되어 턱을 받치고 누워, 시 지을 생각을 하느라 한낮 되었는데,
문득 비취새 우는 소리 들리어, 역참 창을 여니 저편 동쪽에서 울고 있구나.

[語句] *沙斤驛 : 지금의 성동구 사근동에 있던 驛站(역참, 역말을 갈아타던 곳). 사근동은 한양대학교 자리에 있던 옛 절이 매우 삭아서 '삭은 절'이라 부르고 그 절 아래의 동네도 삭은 절이라 부르다가 한자로 옮겨 '沙斤寺(사근사)' 또는 사근동이라 했다고 함. *午飯 : 점심밥. *倦客 : 게으른 나그네. '자기 자신'을 말함. *支頤臥 : 턱을 받치고 누움. *探詩 : 시를 구상하거나 素材(소재)를 찾음. *日向中 : 해가 한낮이 되어감. 日中(일중, 오정 때)이 됨. *翡翠 : 물총새. 쇠새. 쇠새

과의 새. 참새보다 조금 큰데, 물 위 하늘에 있다가 총알같이 물 속에 들어가 물고기, 개구리, 새우 등을 잡아먹음.

[鑑賞] 우연찮게 이룬 한 편의 짧은 시이다. 역말 갈아타고 가야 하는데 잠깐 역참에 누워 쉬면서, 시를 지을 감이 없으려나 골똘히 생각하는 중에 문득 들리는 비취새 울음소리. 자주 듣지 못하는 새 소리라 창문을 열어 보니 저쪽 동편 냇물 위 공중에서 울고 있다. 이 과정을 말하듯 쓰다 보니 시 한 수가 되고 만다. 시란 이렇게 일상의 어떤 계기에서 이루어지는 것이라 짓기 쉽다면 쉽고 어렵다면 어려운 것이리라.

5言絕句(5언절구). 압운은 中, 東 자로 평성 '東' 평운이다. 평측은 차례로 '仄仄平平仄, 平平仄仄平, 仄平平仄仄, 平仄仄平平'으로 이사부동과 반법, 점법 등이 잘 이루어진 좋은 시이다.

216-2 張良(장량) 장량

萬騎紛紜博浪沙 一椎聊欲碎宮車 少年壯志吞天下 肯割鴻溝作漢家.
　　(만기분운박랑사 일추료욕쇄궁차 소년장지탄천하 긍할홍구작한가)

수많은 기병들이 어지럽게 달리는 박랑사에서,
한 쇠몽둥이로 오로지 진시황의 수레를 부수어 죽이려 했네.
소년 때 장한 뜻 천하를 삼킬 만했는데,
즐거이 홍구를 갈라 한 나라 이룸에 그치고 말았는가.

[語句] *張良 : 중국 漢(한) 나라 高祖(고조)의 충신. 자 子房(자방). 시호 文成(문성). 선조가 韓(한) 나라 사람으로 秦(진)이 한을 멸망시키매, 보복하려고 秦始皇(진시황)을 博浪沙(박랑사)에서 치려고 했으나 뜻을 못 이루고, 변성명하여 下邳(하비)에 숨었을 때 黃石公(황석공)에게서 太公望(태공망)의 병서를 얻어 한 고조를 도와 천하를 통일했음. 蕭何(소하), 韓信(한신)과 함께 漢三傑(한삼걸)이라 하며, 만년에 선인 赤松子(적송자)를 따라가 신선이 되려 했음. *紛紜 : 세상이 떠들썩하여 어지러움. *博浪沙 : 하남성의 옛 陽武縣(양무현) 동남에 있는 지명. 장량이 滄海力士(창해역사)와 함께 여기서 쇠몽둥이로 진시황을 죽이려 했으나 실패했음. *椎 : 몽치. 몽둥이. *宮車 : 임금이 탄 수레. *壯志 : 크게 품은 뜻. *鴻溝 : 하남성 開封市(개봉시)의 지명. 項羽(항우)와 劉邦(유방)이 여기를 경계로 하여 서쪽은 漢(한), 동쪽은 楚(초)로 하기로 약속했음. *漢家 : 漢 나라 또는 그 朝廷(조정).

[鑑賞] 한고조의 신하였던 장량의 큰 기개를 전제하고는, 그런 웅지를 가졌던 사람이 어째서 유방의 나라 세움만 돕고는 큰 뜻을 접고 말았는가 안타까워했다. 그러

나, 장량은 유방의 욕심과 신하된 사람의 헛된 부귀를 탐하는 일의 말로를 꿰
뚫어보았으니, 한고조 유방이 천하를 통일한 뒤 그에게 넓은 齊(제) 땅을 주려
하매 사양해 말하기를 "평민으로 제왕의 스승이 되었으니 소원이 더 없소이
다." 했다. 그런데, 한신은 욕심을 버리지 못하다가 종국에는 呂后(여후)에 의해
피살되었으니, 장량의 慧眼(혜안)이 돋보이지 않는가.

　　7언절구. 압운은 沙, 車, 家 자로 평성 '麻(마)' 평운인데, 車는 '거'로 읽을 수도 있으나 그
러면 평성 '魚(어)' 운이 되어 압운이 맞지 않게 된다. 평측은 차례로 '仄仄平平仄仄平,
平平仄仄仄平平, 仄平仄仄平平仄, 仄仄平平仄仄平'으로 이사부동이륙대와 반법, 점법 등이 簾
(염, 拈념)에 맞고 평측도 고르게 배치된 佳作(가작)이다.

216-3 韓信(한신) 한신

少年牓下任譏訶 晚歲還羞噲伍何 豈是封侯無一飯 平生涯分已踰多.
　(소년방하임기가 만세환수쾌오하 기시봉후무일반 평생애분이유다)

소년 때는 회초리를 피해 멋대로 조롱케 했으면서도,
늙어서는 왜 도리어 번쾌와 동렬이 됨을 부끄러워했는고.
제후가 되었어도 어찌하여 밥 한 그릇 없었던가, 평생 분수가 이미 너무 넘쳤던 게지.

[語句] *韓信(?~196 B.C) : 한고조의 名臣(명신). 江蘇省 淮陰縣(강소성 회음현) 사람으로 어릴
　　때 가난하여 시정잡배들의 가랑이 밑으로 기어나가는 치욕을 당하였고 빨래하는 여
　　인과 南昌亭長(남창정장)에게 밥을 빌어먹기도 했음. 유방에게 발탁되어 군사들을 잘
　　거느렸고, 한 나라가 선 뒤 왕으로 봉해지기도 했으나 나중 회음후로 강등되었다가
　　여후에게 피살되었음. *牓 : 나무조각. 榜(방) 자와 통용되어 '매. 회초리'를 뜻함. *
　　任 : 맡기다. *譏訶 : 꾸짖음. '조롱하고 흉봄'의 뜻으로 쓴 말임. *晚歲 : 늙었을
　　때. 晚年(만년). *羞 : 부끄러워하다. *噲 : 樊噲(번쾌). 한 고조 때 한신의 부하 장수
　　로 시호가 武(무)이며 여러 번 전공을 세우고 鴻門宴(홍문연)에서 유방의 위급을 구했
　　으며, 나라가 선 후 左丞相(좌승상), 舞陽侯(무양후)를 지냈음. *噲伍 : 번쾌와 隊列(대
　　열)을 같이함. 벗으로 사귐을 부끄럽게 여김. 한신이 번쾌와 같은 못난 사람과 동일
　　하게 보는 것을 탄식하여 自嘲(자조)한 말로, 한신이 회음후로 강등되니 무양후인 옛
　　부하 번쾌와 同列(동렬) 제후이기에 탄식한 것임. *封侯 : 諸侯(제후). 제후로 봉함. *
　　涯分 : 끝까지의 分數(분수, 제 몸에 맞는 한도). *踰 : 넘다. 한도를 넘다.
[鑑賞] 한신은 어릴 적에 곤궁하여 장터의 깡패들에게 시달려 그들의 가랑이 밑으로 기
　　어 나가는 모욕을 당했고, 漂母(표모, 빨래하는 노파)와 남창정장의 집에서 밥을 빌어

먹었는데, 정장의 아내는 한신을 귀찮게 여겨 밥을 일찍 지어 먹고는 한신이 가면 밥이 없다고 거절했다고 한다. 후에 성공한 한신은 표모에게 금 천 근을 주어 사례했고 남창정장을 불러서는 "자네는 소인이라 은혜를 끝까지 베풀지 못하더구만." 하고는 백금을 주더라 했다. 또한 고조에게 "폐하는 10만 군사를 거느릴 수 있으나, 저는 多多益善(다다익선, 많을수록 더욱 좋음)입니다." 하여 한 고조를 머쓱하게 하기도 했다. 그는 은혜 갚음도 했지만 자기 능력을 너무 과신하고 경솔한 처신도 있어 좌천되고 피살되었던 것이라 할 수 있다. 이 시 끝에서도 제후면 만족할 것이지 분에 넘치는 욕심을 낼 것은 무엇인가 하고 꾸짖은 것이다.

7언절구. 압운은 訶, 何, 多 자로 평성 '歌(가)' 평운이다. 평측은 차례로 '仄平仄仄仄平平, 仄仄平平仄仄平, 仄仄平平平仄仄, 平平平仄仄平平'으로 二四不同二六對(이사부동이륙대)와 反法, 粘法(반법, 점법) 등이 잘 이루어지고 평측 배열도 고르게 구성된 좋은 작품이다.

217. 李穀(이곡 1298~1351) : 고려 말엽의 학자. 초명 芸白(운백). 자 中父(중보). 호 稼亭(가정). 시호 文孝(문효). 본관 韓山(한산). 父 自成(자성). 아들 穡(색 →243). 일찍이 元(원)의 制科(제과)에 둘째로 급제하여 翰林國史院(한림국사원) 검열관이 되어 중국 학자들과 교유하고 귀국, 政堂文學(정당문학)이 되고 뒤에 韓山君(한산군)에 피봉되었다. 문장이 유창하고 아담하며 뜻이 오묘하여 중국 사람들도 탄복했으며, 李齊賢(이제현 →297)과 함께 '編年綱目(편년강목)'을 증수하고 충렬, 충선, 충숙 3조의 實錄(실록)을 편찬했다. 문집에 '稼亭集(가정집, 20권)'이 있다.

217-1 唐太宗六駿圖 終聯(당태종육준도 종련) 당 태종의 육준도 그림을 보고 끝 연

又不見拔山力盡騅不逝 烏江烟月漢家天 功成自古在知己 豈在蹄高幷銳耳.
(우불견발산역진추불서 오강연월한가천 공성자고재지기 기재제고병예이)

또 보지 못했나, 역발산의 힘이 다하니 오추마는 달리지 않아,
오강의 연월이 한 나라 천지가 된 것을.
자고로 공을 이룸은 자기를 앎에 있지, 어찌 준마에 달렸겠는가.

[語句] *唐太宗 : 중국 당 나라 제2대 임금, 李世民(이세민). 高祖 李淵(고조 이연)의 둘째 아들로 재위 24년(626~649)이며, 房玄齡(방현령), 杜如晦(두여회) 등과 아버지를 도와 천하를 통일하고 임금이 된 후 律令(율령)을 정비하는 등 內治(내치)에 힘썼음. *六駿 : 여섯 필 駿馬(준마, 썩 잘 달리는 좋은 말). *拔山力盡騅不逝 : 산을 뽑아낼 만큼 큰 힘이 다하니 명마인 烏騅(오추)도 달리지 못함. 楚覇王 項羽(초패왕 항우)가

漢高祖 劉邦(한고조 유방)의 군사에 쫓겨 垓下(해하)에 오니 따르는 군사도 얼마 없고 四面楚歌(사면초가)라, 자기의 운명이 다함을 느껴 노래하기를 "力拔山兮氣蓋世 時不利兮騅不逝 騅不逝兮可奈何 虞兮虞兮奈若何(힘은 산을 뽑을 만하고 기백은 한 세상 뒤엎을 만하네. 때 불리함이여, 아끼는 말 오추는 달리지 못하는구나. 오추가 달리지 못하니 어찌하면 좋을꼬. 우희虞姬여 우희여 어찌하면 좋을꼬)" 하고 읊은 뒤, 한 나라 장수 앞에서 자살했음.<史記 項羽本紀> 우희는 '항우가 데리고 다니던 미녀'로 虞美人(우미인)이라고도 하며 항우가 죽자 자결했음. *烏江烟月 : 오강의 흐릿한 달. 烏江은 '安徽省 和縣(안휘성 화현)의 동북을 흐르는 강'으로 항우가 자살한 곳이며 覇王祠(패왕사)가 있고, 烟月은 '안개 속에 보이는 달. 연기나 안개에 어린 은은한 달빛'임. *功成 : 공을 이룸. *知己 : ① 자기 스스로를 잘 아는 일. ②자기의 진심이나 참모습을 잘 알아 마음 통하는 친구. 知己之友(지기지우). 여기서는 ①임. *蹄高并銳耳 : 발굽이 높고 아울러 귀가 쫑긋함. '뛰어나게 좋은 준마의 모양'을 형용한 말임.

[鑑賞] 당 나라 태종이 가졌던 6 필 준마를 그린 그림을 보고 지은 시 중에서 항우의 실패를 읊은 부분이다. 이 앞부분의 대강은 '수 양제의 변하 뱃놀이를 백성들이 싫어하기에 당 태종이 하늘의 명에 따라 寶劍(보검)을 뽑았고, 바람 몰아치고 번개 때리듯 티끌을 쓸어내니 가는 곳마다 방비 튼튼한 金城湯池(금성탕지)들이 무너졌네. 周(주) 나라 쇠망한 지 천년만에 당 태종의 한 시대뿐, 그 공적 빛나 동서 漢(한) 나라를 뛰어넘었구나. 그때 타던 말이 여섯 준마라 마음먹은 대로 창을 휘둘렀더라. 그 준마의 모습을 돌로 새겨 태종이 몸소 贊(찬)을 지으니 조각돌에 지나지 않건만 凌煙閣(능연각)과 겨루더라. 태종의 능인 昭陵(소릉)의 가을 풀 석양 속에 지나는 사람들 손가락으로 가리키며 너무 쓸쓸해 하는구나. 周穆王(주 목왕)이 어지러이 천하를 돌아다니면서 8준마로 崑崙山(곤륜산)에 올라 西王母(서왕모)와 노닥거리다가 王道(왕도)가 쇠한 사실을 그대 보지 못했는가.'이다.

7言古詩(7언고시) 9연[18구] 중 마지막 2연[4구]. 압운은 天, 己, 耳 자로 天은 평성 '先 (선)' 평운, 己와 耳는 상성 '紙(지)' 측운인데, '先' 운은 앞 네 구에 이어지는 운자이고, 끝 두 구에서 '紙' 운으로 마무리한 셈이다. 그 앞이 되는 이 시의 첫머리는 거성 '豔(염)', '陷(함)' '翰 (한)' 등의 측운으로 압운했다. 평측은 차례로 '仄仄仄仄平仄仄平仄仄, 平平平仄仄平仄平, 平平仄仄仄仄平仄, 仄仄平平平仄仄'으로 이사부동이륙대는 처음 구 하나만 어긋났고, 반법이나 점법은 이루어지지 않았다.

217-2 得家兄書(득가형서) 형님의 편지를 받다

賤子成何事 年年作遠遊 棣華開處少 荊樹得庭幽
信字煩黃耳 餘生共白頭 置書空悵望 江海日東流.

(천자성하사 연년작원유 체화개처소 형수득정유

신자번황이 여생공백두 치서공창망 강해일동류)

못난 내가 무슨 일 이룬다고, 해마다 멀리까지 글 보내오시니,

상체常棣 꽃 핀 곳은 적지만, 상체 비슷한 박태기나무 자형화紫荊花는 뜰에 그윽하네.

편지 가져오느라 누렁이 개가 수고했는데, 우리 형제 여생은 모두 백발이로구나.

주신 글월 놓고 멍하니 바라보니, 강은 날마다 동쪽 우리나라 쪽으로 흐르네.

[語句] *家兄 : 남에게 '자기 형'을 일컫는 말. 舍兄(사형). *賤子 : '못난 나', 자기를 낮추어 일컬음. *遠遊 : 먼 곳으로 감. 遠行(원행). '먼 곳까지 편지를 보내옴'의 뜻으로 쓴 듯함. *棣華 : 常棣(상체)의 꽃. 常棣는 '棠棣(당체)라고도 하며 산앵두나무 또는 산이스랏나무로 앵도과의 낙엽 활엽 관목'으로 봄에 담홍색 또는 흰 꽃이 다닥다닥 핌. '兄弟(형제)'에 비유함.<詩經 小雅 常棣> *荊樹 : 紫荊樹(자형수). 박태기나무. 콩과의 낙엽 활엽 관목으로 잎이 피기 전에 나비 모양의 홍자색 꽃이 다닥다닥 피어 상체꽃과 같이 형제간의 우애를 비유함. *信字 : 편지 글자. 편지. *黃耳 : 누렁이. 黃狗(황구). 晉(진)의 陸機(육기)의 집에서 기르던 개 이름이 황이인데, 그가 洛陽(낙양)에 있을 때 남쪽 吳(오) 땅의 고향집에 소식을 전하려고 황이의 목에 편지를 넣은 대나무통을 달아 보냈더니, 개가 천리를 달려 오에 가서 전하고 답장을 받아 돌아왔다고 함. *餘生 : 앞으로 남은 인생. *空 : 헛되이. 부질없이. 멍하니. *悵望 : 시름없이 바라봄.

[鑑賞] 지은이가 원 나라에 머무르고 있을 때, 고국의 형이 해마다 편지를 보내왔던가 보다. 그 고마움과 형제간의 우애를 그린 작품이다. 사는 곳에 상체꽃은 보이지 않지만 자형화가 그윽하게 피어 있어 형님의 정을 더욱 간절히 느끼게 한다. 이 3, 4구는 對句(대구)가 잘 이루어졌다. 다음 연은 육기의 누렁이 개와 같이 편지 전해 준 사람에게 고마움을 표하고 우리 형제 모두 백발되었음을 상상하여 대구를 이루었다. 편지 읽고 나서 멍하니 바깥을 바라보니 드넓은 강물은 우리 고국이 있는 동쪽을 향해 흐르는데, 나는 언제나 내 나라에 돌아갈 것인가 시름에 잠긴다. 타국에서 조국 곧 고향을 그리는 정이 나타나는 좋은 작품이다.

5言律詩(5언율시). 압운은 遊, 幽, 頭, 流 자로 평성 '尤(우)' 평운이다. 평측은 차례로 '仄仄 平平仄, 平平仄仄平, 仄平平仄仄, 平仄仄平平, 仄仄平平仄, 平平仄仄平, 仄平平仄仄, 平

仄仄平平'으로 이사부동이 참으로 잘 이루어졌고 반법과 점법도 조금의 흠도 없이 잘 지켜졌으며 평측 배열도 잘된 5律의 전형적 명작이다.

218. 李公遂(이공수 1308~1366) : 고려 공민왕 때의 충신. 시호 文忠(문충). 본관 益州(익주). 조부 行儉(행검). 監察糾正(감찰규정) 때 魁科(괴과)에 급제하고 典校副令(전교부령)으로 승진했다. 충목왕 때 知申事監察大夫(지신사 감찰대부), 공민왕 때 僉議評理(첨의평리)와 贊成事(찬성사)에 올랐다. 원 나라 임금이 왕을 폐하고 德興君(덕흥군)을 세우니, 그는 태조릉에 참배하며 "우리 임금이 복위하지 않으면 다시 돌아오지 않겠다."고 맹세하고 원 나라에 가 상소하여 공민왕을 복위토록 하고 돌아오니 그 충의가 세상에 널리 알려졌다. 그 때 辛旽(신돈)이 그의 명성을 시기하므로 벼슬을 사퇴하고 두문불출하니 사람들이 안타까워했다. 후에 推忠守義同德贊化功臣(추충수의동덕찬화공신)과 益山府院君(익산부원군)에 피봉되었다. 공민왕 10년(1361)에 紅巾賊(홍건적)의 대거 침입을 물리친 적이 있고, 어려서 아버지를 여의고 매형 金公美(김공미)의 집에서 자랐으며 출세한 뒤에도 그 내외를 부모처럼 섬겼다 한다.

218-1 下第贈登第者(하제증등제자) 과거에 낙방하여 급제한 분에게 주다

白日明金榜 靑雲起草廬 那知廣寒桂 尙有一枝餘.
(백일명금방 청운기초려 나지광한계 상유일지여)

밝은 해 찬란히 금방을 비추니, 청운의 길이 가난한 초가집에 열렸구나.
어찌 알리, 광한전의 계수나무 아직도 한 가지가 남아 있는 줄을.

[語句] *下第 : 과거에 응시하여 낙제함. ↔及第, 登第(급제, 등제). *登第 : 과거에 급제함. 登科(등과). *白日 : 밝은 해. 대낮. *金榜 : 급제한 사람의 이름을 게시하여 발표하는 판. *靑雲 : 높은 명예나 벼슬. *草廬 : 草家(초가). *廣寒 : 廣寒殿(광한전). 달 속의 姮娥(항아)가 산다는 전각. 月宮(월궁). *桂 : 계수나무. 과거에 급제함을 '계수나무 가지를 꺾음'에 비유하여 折桂(절계) 또는 桂林一枝(계림일지)라 함.

[鑑賞] 과거에 응시했다가 낙방한 사람이 급제한 사람에게 준 시. 가난한 선비라도 과거에 급제하면 벼슬에 오를 수 있어 신분이 더 귀해지고 받는 祿俸(녹봉)으로 하여 가난을 면하게 된다. 요즈음의 각종 考試(고시)와 비슷하니 고시에 합격되면 직장이나 직업이 보장되지 않는가. 이 시에서는 내가 비록 낙방했지만, 아직 달나라 광한전의 계수나무 한 가지가 남아 있으니 다음번에는 반드시 급제하고야 말겠다는 강한 의지가 담겨 있다. 대학 입학 재수생이나 고시 준비하는 청년들에게 보여 주고 싶은 작품이다.

5言絶句(5언절구). 압운은 廬, 餘 자로 평성 '魚(어)' 평운이다. 평측은 차례로 '仄仄平平仄, 平平仄仄平, 仄平仄平仄, 仄仄平平平'으로 二四不同(이사부동)은 셋째 구에서 어긋나 '平-平[知-寒]이 되었고, 反法(반법)과 粘法(점법)은 그런대로 이루어졌다.

219. **李公升**(이공승 1099~1183) : 고려 명종 때의 정승. 자 達夫(달부). 시호 文貞(문정). 본관 淸州(청주). 태조 때의 공신 謙宜(겸의)의 5세손으로, 인종 때 과거에 급제하여 翰林院(한림원)에 들어갔으며 右正言(우정언)을 지냈다. 의종 때 殿中侍御史(전중시어사)로 金(금) 나라에 사신으로 다녀와 右承宣, 左諫議大夫(우승선, 좌간의대부)를 거쳐 知御史臺事(지어사대사)로서 鄭諴(정함)을 權知閤門祗侯(권지합문지후)에 임명할 때 끝까지 서명을 거부했다. 刑部尙書(형부상서), 同知樞密院事, 吏部尙書(동지추밀원사, 이부상서)로 있을 때 은퇴를 주청하여 參知政事(참지정사)의 벼슬로 은퇴, 시와 술로 지내다가, 명종 3년(1173) 李義方(이의방)이 문신들을 학살할 때 붙잡혔으나 제자인 文克謙(문극겸 →70)의 구명 운동으로 죽음을 면했고, 명종 5년에 中書侍郞平章事(중서시랑평장사)로 特任(특임)되었다.

219-1 天官寺(천관사) 천관사

寺號天官昔有緣 忽聞經始一悽然 倚酣公子遊花下 含怨佳人泣馬前
紅鬣有情還識路 蒼頭何罪謾加鞭 唯餘一曲歌詞妙 蟾兎同眠萬古傳.

(사호천관석유연 홀문경시일처연 의감공자유화하 함원가인읍마전

홍렵유정환식로 창두하죄만가편 유여일곡가사묘 섬토동면만고전)

천관이란 절 이름이 유래가 있는데, 절을 다시 짓는다고 졸지에 들으니 씁쓸하구나.
술에 취한 김유신은 기생과 사귀었고, 미인 천관은 원한 품어 말 앞에서 울었더라.
말은 옛 정이 있어 천관의 집 길을 알았는데, 종놈은 무슨 죄가 있어 채찍 매를 맞았던고.
오직 남은 것은 묘한 한 마디 노랫말 '원사'이니, 달과 함께 산다는 말 만고에 전해 오네.

[語句] *天官寺 : 경주 五陵(오릉) 동쪽에 있던 절. 天官은 金庾信(김유신) 장군이 젊었을 때 사귀던 기생으로 김유신이 자주 그 집을 찾아가다가 어머니의 훈계로 가지 않았는데, 어느 날 유신이 술이 취해 말을 타고 가니 말이 절로 천관의 집으로 가매, 유신은 말의 목을 베고 종도 길을 바로잡지 못했다 하여 채찍으로 때리고는 돌아가 버렸음. 천관은 이를 야속하게 생각하여 '怨詞(원사, 가시리)' 노래를 지었으며, 후에 천관의 집이 천관사란 절이 되었다고 전함. *經始 : 집을 세우기 시작함. 經은 '터를 측량하는 일'을 뜻함. *悽然 : 마음이 쓸쓸하고 구슬픈 모양. *倚酣 : 술에 취함. *公子 : 귀한 가문의 어린 자제. '김유신'을 가리킴.

*遊花下 : 꽃 아래 놂. '여인이나 기생과 사귀어 놂'의 뜻임. *含怨 : 원한을 품음. *佳人 : 고운 여자. 미인. 미녀. *紅鬣 : 붉은 빛 말갈기. 빛깔이 붉은 말. *蒼頭 : 종. 奴僕(노복). *謾 : 속이다. 또. '업신여김을 당함'의 뜻으로 쓴 말임. *歌詞 : 노래의 내용이 되는 글귀. 노랫말. *蟾兔 : 두꺼비와 토끼. 달 속에 있다는 금두꺼비와 약방아 찧는다는 옥토끼. 달. *同眠 : 함께 잠.

[鑑賞] 首聯(수련, 1~2구)에서는 유래가 있는 절인 천관사를 다시 짓는다는 소식을 들으니 씁쓸하다고 서두를 이루고, 頷聯(함련, 3~4구)에서 김유신 장군과 미인 기생 천관을 읊어 對句(대구)를 이루었으며, 頸聯(경련, 5~6구)에서는 김유신 장군이 타고 다니던 붉은 빛 말과 장군을 따라다니던 종을 읊어 대구를 이루면서 말이나 종놈이나 무슨 잘못이 있느냐는 뜻이 함축되어 있다. 마지막 尾聯(미련, 7~8구)에서 천관이 남긴 원사를 들어 임을 잃고 달과 함께 살겠다는 가사 사연을 들었다. 원사의 기시는 전하지 않는다는데, 아마도 고려 당시까지는 내용이 전해 졌던가보다. 또 蟾을 해로 兔를 달로 보아 외로이 해와 달을 벗 삼고 지내겠다는 가사였다고 보는 견해도 있을 수 있겠다.

　7言律詩(7언율시). 압운은 緣, 然, 前, 鞭, 傳 자로 평성 '先(선)' 평운이다. 평측은 차례로 '仄仄平平仄仄平, 仄平平仄仄平平, 仄平平平平平仄, 平仄平平仄仄平, 平仄仄平平仄仄, 平平平仄平平仄, 平平仄仄平平仄, 仄仄平平仄仄平'으로 二四不同二六對(이사부동이륙대)는 이루어졌으나, 제 6구는 측운이 한 자뿐이어서 '仄仄仄平仄仄仄'의 경우와 마찬가지로, 이사부동이륙대에는 맞지만 律調(율조)의 조화가 없어 가장 꺼리는 평측 배열인 것이다. 반법, 점법은 형성되었다.

220. 李奎報(이규보 1168~1241) : 고려 高宗(고종) 때 大文章家(대문장가). 初名(초명) 仁氐(인저). 자 春卿(춘경). 호 白雲居士, 白雲山人(백운거사, 백운산인). 시호 文順(문순). 본관 黃驪(황려, 驪興여흥). 父 戶部郎中 允綏(호부낭중 윤수). 9세부터 글짓기에 능했고 經史, 百家, 老佛(경사, 백가, 노불)의 문헌들을 모두 섭렵하여 한번 읽으면 기억하는 기발한 才士(재사)였다. 시, 거문고, 술을 좋아하여 三酷好先生(삼혹호선생)이라 했으며, 권신들과 가까이 지낸다는 말도 한때 들었으나 기개가 있고 성격이 강직해서 조정에서는 人中龍(인중룡)이란 평이 있었다. 명종 20년(1191) 進士(진사)에 급제했고 신종 2년(1199) 東京(동경, 慶州경주)에 반란이 일어나자 자원해 종군하여 兵馬錄事兼修製(병마녹사 겸 수제)가 되었다. 희종 3년(1207) 崔忠獻(최충헌)의 명으로 '茅亭記(모정기)'를 쓰고는 權補直翰林(권보직한림), 강종 2년(1213)에 40여 운의 시 '孔雀(공작)'을 쓰고는 司宰丞(사재승), 고종 5년(1218)에 左司諫(좌사간) 등을 역임했다. 고종 17년(1230) 잠시 猬島(위도)에 귀양 갔다가 다시 기용되어 고종 20년(1233) 集賢殿大學士(집현전태학사), 이어 政堂文學(정당문학), 太子少傅(태자소부), 參知政事(참지정사)를 거쳐, 고종 24년(1237) 門下侍郎平章事(문

하시랑평장사로 있다가 사퇴했다. 이와 같이 전반기에는 관운이 신통치 않았으나 관계에 들어간 이후에는 벼슬이 누진하여 비교적 순탄한 생애를 보냈다. 두 차례의 좌천과 귀양이 있었지만 짧은 기간이었고 글 한 수에 벼슬 한 자리를 얻는 文才(문재)로 관운이 있었다. 저서에 '東國李相國集(동국이상국집 53권)', '白雲齋集(백운재집 15권)' '白雲小說(백운소설)', '麴先生傳(국선생전)' 등이 있다.

220-1 江上月夜望客舟(강상월야망객주) 달밤에 강가에서 배를 바라보다

官人閒念笛橫吹 蒲席凌風去似飛 天上月輪天下共 自疑私載一船歸.

　　(관인한념적횡취 포석능풍거사비 천상월륜천하공 자의사재일선귀)

벼슬아치 한가한 틈에 피리 비껴 부노라니, 부들 돗자리는 바람에 날아가듯 날리네. 하늘의 저 둥근 달은 누구나 함께 가지는 것인데, 저 배는 제 것인 양 싣고 가는구나.

[語句] *客舟 : 나그네 배. 지나가는 배. *官人 : 벼슬을 가진 사람. 벼슬아치. *橫吹 : 비껴 붊. 피리 같은 악기를 옆으로 비껴 잡고 부는 일. *蒲席 : 부들자리. 부들 돗자리. *凌風 : 바람의 침범을 받음. 바람에 날림. *月輪 : 바퀴같이 둥근 달. 달의 둘레. *自疑 : 절로 의심이 됨. 스스로 의문임. *私載 : 사사로이 실음.

[鑑賞] 한가로이 강가에 나와 부들 돗자리 펴고 앉아 피리 부는데, 바람은 세차게 불어 자리가 날아갈 판이다. 하늘에 뜬 저 둥근 달은 천하 모든 사람이 보며 즐기는 공유의 것인데도, 강에 뜬 저 배는 그 달을 자기 것인 양 싣고 가 버린다. 바람 부는 보름 달밤의 강에 뜬 나룻배와 강가에서 피리 부는 사람 등 고요하고 한가로운 한 때를 포착한 시이다. 나룻배가 달을 싣고 갈 리는 없지만, 배 따라 흐르는 물에 비친 달일 것이며 시적 재치가 넘치는 표현이다.

　7言絕句(7언절구). 압운은 吹, 飛, 歸 자로 吹는 평성 '支(지)' 평운, 飛와 歸는 평성 '微(미)' 평운으로 通韻(통운)이 된다. 평측은 차례로 '平平平仄仄平平, 平仄平平仄仄平, 平仄仄平平仄仄, 仄平平仄仄平平'으로 二四不同二六對(이사부동이륙대)와 反法, 粘法(반법, 점법) 등이 모두 맞았다.

220-2 杜門(두문) 문을 닫아걸다

爲避人間謗議騰 杜門高臥髮鬅鬙 初如蕩蕩懷春女 漸作寥寥結夏僧
兒戲牽衣聊足樂 客來敲戶不須膺 窮通榮辱皆天賦 斥鷃何曾羨大鵬.

　　(위피인간방의등 두문고와발붕승 초여탕탕회춘녀 점작요요결하승

　　아희견의요족락 객래고호불수응 궁통영욕개천부 척안하증선대붕)

인간의 시끄러운 비방 의론을 피하려고,

문 닫고 편히 누우니 머리만 더부룩 부수수해지네.

처음에는 마음 설레는 봄 처녀 같더니,

차츰 고요해져서 여름에 참선하는 중처럼 되는구나.

아이들이 장난치며 옷을 당기니 즐겁고, 손이 와 문을 두드려도 들은체 만체 한다네.

궁통과 영욕은 모두 하늘이 내려주는데,

메추리가 비록 작지마는 어찌 큰 붕새를 부러워하리.

[語句] *杜門 : 문을 닫고 밖에 나가지 않음. *謗議 : 남을 비방하는 의논. *騰 : 오르다. 날치다. *高臥 : ①베개를 높이 베고 누움. ②벼슬자리에서 물러나 한가하게 지냄. *鬅鬙 : 머리털이 흩어져 더부룩하고 부수수함. 鬅鬙(봉송). *蕩蕩 : ①넓고 큰 모양. 질펀한 모양. ②마음이 안정되지 않은 모양. 여기서는 ②임. *寥寥 : 아무 소리 없이 고요하고 쓸쓸함. *結夏僧 : '스님이 여름에 安居(안거, 한데 모여 외출 않고 일정 기간 참선하거나 불도를 닦음) 곧 夏安居(하안거)에 들어감'을 뜻함. *牽衣 : 옷을 잡아당김. *應 : 대답하다. *窮通 : 곤궁함과 榮達(영달)함. 窮達(궁달). *榮辱 : 영예와 치욕. 명예와 수치. *天賦 : 하늘이 줌. 선천적으로 타고남. *斥鷃 : 못의 물가 진펄에 사는 메추리 같은 새. *大鵬 : 상상의 큰 새. 북극 바다의 鯤(곤)이란 큰 고기가 변하여 되는 새로, 날개를 펴면 구름과 같고 태풍이 불어야 남극바다 天池(천지)로 가는데 물결을 3천 리나 튀게 하고 9만 리를 올라가며 6개월을 날아야 쉬게 된다고 함<莊子 逍遙遊>

[鑑賞] 벼슬을 그만두고 집에서 대문 닫아걸고 한가하게 지낸다. 조상이 물려준 재산이 있거나 그동안 받은 녹봉으로 의식주의 걱정은 없다. 손자 손녀들의 재롱을 즐기며 어쩌다 손님이 찾아와도 대문 열지 않고 상면을 거절한다. 이 모든 것이 처음에는 마음이 들떠 어디라도 나가고 싶어 적응이 안 되었는데, 세월이 지나니 조용히 마음이 가라앉아 오히려 사는 게 즐겁다. 세파에서는 서로 경쟁하느라 그 얼마나 중상모략이 많았던가. 가난하고 욕되게 사는 거나 크게 출세하고 부자로 사는 것은 이미 하늘에서 정해 준 것, 내게 주어진 것이 메추리 같은 조그맣고 보잘 것 없는 것일진대 어찌 창공을 높이 나는 대붕을 부러워하랴. 知足安分(지족안분)하는 것이 도교적인 철학을 닮았다. 3, 4구와 5, 6구는 규칙대로 對句(대구)가 잘 이루어진 佳作(가작)이다.

7言律詩(7언율시). 압운은 騰, 鬙, 僧, 應, 鵬 자로 평성 '蒸(증)' 평운이다. 평측은 차례로 '仄仄平平仄仄平, 仄平仄仄仄平平, 平平仄仄平平仄, 平仄平平仄仄平, 平仄平平平仄仄, 仄平仄仄仄平平, 平平平仄平平仄, 仄仄平平仄仄平'으로 이사부동이륙대와 반법, 점법 등이 잘 되었다.

220-3 晩望(만망) 저물 녘에 바라보다

李杜嘲啾後 乾坤寂寞中 江山自閑暇 片月掛長空.

(이두조추후 건곤적막중 강산자한가 편월괘장공)

이백李白과 두보杜甫가 조잘조잘 시 짓고 난 뒤, 온 천지가 적막 속일세.

강산은 절로 한가해졌고, 조각달 하나 너른 하늘에 걸려 있구나.

[語句] *李杜 : 唐(당) 나라 詩仙 李白(시선 이백)과 詩聖 杜甫(시선 두보). *嘲啾 : ①시끄럽게 들리는 글 읽는 소리. ②새 소리. '조잘조잘 시를 지음'의 뜻임. *乾坤 : 하늘과 땅. *寂寞 : 고요하고 쓸쓸함. *閑暇 : 별로 할 일이 없이 틈이 있음. *片月 : 조각달. *長空 : 높고 먼 공중.

[鑑賞] 저물 녘 한 때의 모습을 그림같이 표현한 小品(소품)으로 산뜻하고 티없는 감명을 준다. 시의 대가였던 이백과 두보가 천지 자연을 많이 읊어, 더 이상 시의 소재가 될 만한 것이 없다시피 하니 천지가 적막할 뿐이다. 저녁이 되며 사방이 어둠에 싸이니 동식물이 잠잘 채비를 하느라 고요할 뿐인데, 이를 이백과 두보의 훌륭한 시를 지은 탓으로 돌린 詩眼(시안)이 놀랍다. 강산이 한가한데 다만 조각달만이 높은 하늘에 걸리듯 떠 있을 뿐이다. 水墨畫(수묵화) 한 폭을 보는 것 같으니 이 곧 詩中有畫(시중유화)라 하리라.

5言絕句(5언절구). 압운은 中, 空 자로 평성 '東(동)' 평운이다. 평측은 차례로 '仄仄平平仄, 平平仄仄平, 平平仄仄仄, 仄仄仄平平'으로 이사부동은 셋째 구에서 어긋나 '平-仄'이어야 할 것이 '平-平[山-閑]'이 되었다. 반법과 점법은 그런대로 이루어졌다.

220-4 梅花(매화) 매화

庾嶺侵寒折凍脣 不將紅粉損天眞 莫敎驚落羌兒笛 好待來隨驛使塵

帶雪更粧千點雪 先春偸作一番春 玉肌尚有清香在 竊藥姮娥月裏身.

(유령침한절동순 부장홍분손천진 막교경락강아적 호대내수역사진

대설갱장천점설 선춘투작일번춘 옥기상유청향재 절약항아월리신)

유령에 추위 닥쳐 입술 얼어 터져도, 연지와 분을 발라 순진함을 잃지 않네.

오랑캐 피리 낙매화 곡조에 놀라 떨어지지 말고,

강남에서 부치는 매화 꽃가지 든 역말 사자를 기다려 따르라.

눈을 싣고는 다시 천 송이 눈 같은 꽃송이로 단장하고,

봄에 앞서 첫째로 봄을 훔치는구나.

옥 같은 살결에 맑은 향기 아직 있어,

불사약 훔쳐 달아난 항아가 달에 사는 몸이 된 듯하네.

[語句] *庾嶺 : 매화나무가 많은 중국 남쪽 韶州(소주, 廣東省韶關광동성 소관)의 고개 이름.
大庾嶺(대유령). 梅嶺(매령). *紅粉 : 연지와 분. 분, 연지 등으로 얼굴을 곱게 꾸
밈. 化粧(화장). *天眞 : 자연 그대로의 참됨. 자연 그대로의 순수함. 純眞(순진).
*羌兒笛 : 오랑캐 아이의 피리. 羌笛. 강적에 매화가 떨어짐을 아쉬워하는 '落
梅花曲(낙매화곡)'이 있음. →112-1. *驛使塵 : 역사가 먼지를 날리며 말 달려오
는 일. 驛使는 '驛站(역참)에서 사방으로 通信物(통신물)을 전달하는 사람. 요즈음
의 우체부'임. 중국 南朝(남조)의 시인 陸凱(육개)가 강남에서 長安(장안)에 있는 范
曄(범엽)에게 매화 한 가지를 부치며, "折梅逢驛使 寄與隴頭人 江南無所有 聊
贈一枝春(매화 꺾어 역사를 만나 농두 사람에게 부치노니, 강남에서는 가진 것
없어 애오라지 봄 한 가지를 보내노라)"는 시를 곁들여서 보내더라고 함. *偷
: 훔치다. *玉肌 : 옥같이 고운 살갗. 玉膚(옥부). *淸香 : 맑고 깨끗한 향기. *
姮娥 : 달에 산다는 선녀. 원래는 夏(하)의 名弓(명궁)인 羿(예)의 아내로, 예가 西
王母(서왕모)에게 청해 얻은 不死藥(불사약)을 훔쳐 먹고는 달로 도망갔다고 함.
<淮南子 南冥訓> *月裏身 : 달에 사는 몸.

[鑑賞] 이른 봄 눈 속에서 피는 매화를 절실하게 읊었으니, 매화의 고장 유령에 추위가
닥쳐 꽃잎 터지는데도 천진함을 잃지 않고 연지와 분을 바르고 피어난다며 擬人
法(의인법)을 썼다. 頷聯(함련, 3~4구)은 오랑캐들이 부는 낙매화곡 피리 소리와 강남
의 육개가 보내는 매화 꽃가지를 들어 對句(대구)를 이루니 모두 故事(고사)와 관련
이 있는 聯(연)이다. 頸聯(경련, 5~6구)도 눈 속에 피는 매화와 봄을 앞서는 매화의
속성을 대비시켜 대구를 이루었다. 마지막으로 매화의 맑은 향기 풍기는 모양을
불사약을 먹고 달나라에가 숨은 항아 선녀에 비기며 맺었다.

7言律詩(7언율시). 압운은 脣, 眞, 塵, 春, 身 자로 평성 '眞' 평운이다. 평측은 차례로 '仄仄
平平仄仄平, 仄平平仄仄平平, 仄平平仄平平仄, 仄仄平平仄仄平, 仄仄仄平平仄仄, 平平平
仄仄平平, 仄平仄仄平平仄, 仄仄平平仄仄平'으로 二四不同二六對(이사부동이륙대)와 反法, 粘
法(반법, 점법) 등이 잘 이루어졌다. 셋째 구의 敎 자는 '가르치다. 종교'의 뜻이면 거성 '效(효)'
측운, '본받다. 하여금'의 뜻이면 평성 '肴(효)' 평운인데, 여기서는 평성으로 쓰이었다.

220-5 北山雜題 四首 第2首(북산잡제 사수 제2수)
북산에서 이것저것 지은 시 네 수 둘째 수

高巓不敢上 不是憚躋攀 恐將山中眼 乍復望人寰.
(고전불감상 불시탄제반 공장산중안 사부망인환)

높은 산봉우리에 오르지 않음은, 오르기 고됨을 꺼리는 게 아니라,

산 속에 사는 사람의 눈에, 잠깐이나마 다시 속세가 바라다보일까 두려서라네.

[語句] *北山 : 북쪽에 있는 산. *雜題 : 일정한 제목 없이 이것 저것을 적은 대수롭지 않은 시. *高巓 : 높은 산봉우리. *躋攀 : 붙잡고 오름. 기어오름. *乍 : 잠깐. *人寰 : 사람 사는 세상. 寰은 '경기 고을. 대궐 담. 천하. 세계'임.

[鑑賞] 북쪽 산에 살면서도 산꼭대기에는 오르지 않는다. 오르기가 힘들기 때문이 아니라 높이 오르면, 혹시라도 눈 아래 펼쳐지는 속세의 더러운 세상 모습이 보일까봐 두렵기 때문이다. 속세를 피해 산중에 은거하는 이의 고고한 삶을 읊었다. 이 시의 첫 수는 "산에 사는 사람의 마음을 알아보고자 문에 들어가며 술주정을 해 본다. 기뻐하거나 싫어하는 기색을 나타내지 않으니 비로소 높은 선비임을 알겠다."이고, 셋째 수는 "山花發幽谷 欲報山中春 何曾管開落 多是定中人(산꽃이 깊은 골짜기에 피어 산중의 봄을 알리려고 하는구나. 꽃이 피고 지는 걸 누가 상관하겠는고, 모두 선정禪定에 들어가 있는데.)"이며, 끝수는 "산에 사는 사람 함부로 나들이를 하지 않아 오래된 길이 이끼에 묻혔다. 왜 그런고, 홍진에 사는 사람들이 길 따라 와서 담쟁이 잎 사이로 보이는 푸른 달을 엿보게 될까 두려워함이리라."이다.

5言絕句(5언절구). 네 수 중 둘째 수. 압운은 攀, 寰 자로 평성 '刪(산)' 평운이다. 평측은 차례로 '平平仄仄仄, 仄仄仄平平, 仄平平平仄, 仄仄平平平'으로 이사부동은 셋째 구에서 어긋났고 반법과 점법도 온전하게 이루어지지 않았다.

220-6 四時詞 四首 2首[秋, 冬](사시사 사수 2수[추, 동]) 사철의 노래 네 수 두 수[가을, 겨울]

騎省初驚見二毛 西風一夜碧天高 夢魂盡處山重疊 月苦霜寒斷雁呼<가을>

淅瀝風輕雪驟飄 王孫不憚捻鸞簫 綺筵熏暖猶敎摺 不用剛添獸炭燒<겨울>

（기성초경견이모 서풍일야벽천고 몽혼진처산중첩 월고상한단안호

석력풍경설취표 왕손불탄염난소 기연훈난유교접 불용강첨수탄소)

반악이 산기성에서 흰 머리카락 두 올을 보고 놀랐던 '추흥부' 짓던 때 같은 가을이라,

서풍 부는 하룻밤에 푸른 하늘 높구나.

꿈속 넋이 가는 곳 산 첩첩인데, 달은 추위에 떨고 기러기 울음 그쳤어라.<秋>

바람 소리 경쾌히 울리며 눈발은 몰아치는데, 왕손은 신선 통소 불기를 꺼리지 않네.

불김 올라 더우니 비단 자리 걷어야 할 판, 억지로 수탄을 더 피울 필요는 없겠구나.<冬>

[語句] *騎省 : ①兵曹(병조). ②중국 晉(진) 나라의 散騎省(산기성). *二毛 : 흰 머리카락 두 올. 西晉(서진)의 학자 潘岳(반악)이 산기성에서 숙직하며 秋興賦(추흥부)를 지을 때, "서른두 살에 처음 흰 머리카락 두 올을 보았네"라 읊어 32세를 '二毛之年(이모지년)'이라 부르게 되었음. *碧天 : 푸른 하늘. *夢魂 : 꿈속의 혼. *重疊 : 거듭 겹치거나 겹쳐짐. *霜寒 : 서리와 추위. 서리 내리는 추위. *雁呼 : 기러기 울음. 雁聲(안성). *瀝瀝 : ①비나 눈이 내리는 소리. ②바람이 나무를 울리는 소리. 여기서는 ②의 뜻임. *驟飄 : 몰아쳐 떨어짐. *王孫 : ①임금의 손자나 후손. ②그대<2인칭>. *捻 : 손가락으로 누르다. 비틀다. 꼬다. *鸞簫 : 난새 울음소리 내는 통소. 신선의 통소. *綺筵 : 비단을 깐 자리. 훌륭한 잔치 자리. *熏暖 : 불김이 오르고 더움. 摺 : 접다. 개다. 개키다. *剛添 : 세게 더함. 억지로 더함. *獸炭 : 짐승 모양으로 만든 숯. 중국 晉(진)의 王琇(왕수)가 호사스러움을 좋아하여 숯을 가루로 만들고는 다시 짐승 모양으로 되뭉쳐 만든 숯을 썼다고 함.

[鑑賞] 사시사 네 수 중 가을과 겨울을 읊은 두 수. 이 앞 봄과 여름을 읊은 시는 "금실을 꼰 듯 한 버들은 새벽바람에 나부끼고 한 쌍의 제비 울음 옥 굴리는 소리로다. 미녀는 자고 일어나 마음 답답한지 흰 팔뚝으로 꽃을 잡아 붉은 이슬에 혀를 대네.<봄> 마늘 모양의 은고리에 걸린 발을 내리고 낮은 길어 烏紗帽(오사모) 조금 젖히니 서늘한 바람 시원타. 푸른 연잎 줄기 속으로 내린 碧筒酒(벽통주)를 마시어도 오히려 더위가 싫어 소반의 얼음 두드려 옥 같은 빙수 만들어 그대로 씹어 먹네.<여름>"이다. 사시사는 중국과 우리나라의 문인들이 많이들 읊어 전하는 작품이 많은데, 이 시는 故事(고사)를 많이 인용한 것이 특징이다.

7言絶句(7언절구) 두 수로 가을과 겨울을 각각 읊은 시이다. 첫 수는 압운이 毛, 高, 呼 자로 毛, 高는 평성 '豪(호) 평운, 呼도 평성 '肴(효) 평운으로 두 운은 通韻(통운)이 된다. 평측은 차례로 '平仄平平仄仄平, 平平仄仄仄平平, 仄平仄仄平平仄, 仄仄平平仄仄平'으로 이사부동이류대, 반법, 점법 등이 모두 규칙에 맞다. 둘째 수의 압운은 飄, 簫, 燒 자로 평성 '蕭(소) 평운이다. 평측은 차례로 '仄仄平平仄仄平, 平平仄仄仄平平, 仄平平仄平平仄, 仄仄平平仄仄平'으로 이사부동이류대와 반법, 점법 등이 평측 배치 규칙에 맞고 평측이 고르게 배열된 좋은 작품이다.

220-7 鸚鵡(앵무) 앵무새

衿披藍綠嘴丹砂 都爲能言見尉羅 嬌姹小兒圓舌澁 玲瓏處女慧容多
慣聞人語傳聲巧 新學宮詞導字訛 牢鑠玉籠無計出 隴山歸夢漸蹉跎.
　(금피남록취단사 도시능언견울라 교차소아원설삽 영롱처녀혜용다
　관문인어전성교 신학궁사도자와 뇌쇄옥롱무계출 농산귀몽점차타)

옷깃은 남색과 녹색이요 부리는 단사같이 붉은데,

대체로 말을 할 줄 알기에 새장에 갇혔구나.

재롱부리는 아이 모양 혀가 맘대로 안 돌고, 예쁜 처녀 같아 그 모습 슬기로워라.

사람의 말 익히 들어 교묘히 전하고, 궁중의 말투 새로 배워 몇 자만 틀리네.

옥 새장에 갇혀 빠져 나갈 길 없으니, 고향 농산에 돌아갈 꿈 점점 아득하겠구나.

[語句] *鸚鵡 : 앵무새과 새의 총칭. 부리는 대체로 크고 종류에 따라 다른 새의 소리나
　　　사람의 말을 잘 흉내 내는 것이 특징임. *披 : 펼치다. 나누다. *丹砂 : 광택이 있
　　　는 붉은 색의 광물로 먹으면 신선이 된다고 함. 붉은 빛깔. *都爲 : 모두. 도무지.
　　　*尉羅 : 새 잡는 그물. '위라'로도 읽음. *嬌姹 : 예쁨. 예쁘게 아양부림. *圓舌 :
　　　온전한 혀. *澁 : 깔깔하다. *玲瓏 : 광채가 찬란함. *慧容 : 슬기로운 얼굴이나
　　　모습. *傳聲 : 말소리를 전함. *宮詞 : 궁중에서 쓰는 말이나 노래. *訛 : 어긋나
　　　다. 그릇되다. *牢鏁 : 군게 잠금. 牢鎖(뇌쇄), 鏁=鎖. *玉籠 : 옥으로 만든 새장.
　　　*隴山 : 陝西省隴縣(섬서성 농현) 서북에 있는 산. 앵무새의 서식지로 유명하며 앵무
　　　새를 '隴客(농객)'이라고도 함. *蹉跎 : 미끄러져 넘어짐. 실패함. 때를 놓침.

[鑑賞] 새장에 갇힌 앵무새를 읊었다. 붉은 부리에 남색과 녹색의 깃털을 가져 아름다
　　　운 모양에다 말 흉내까지 잘 내니 결국 새장에 갇히는 신세가 되었다. 못생기고
　　　가진 재주가 없었더라면 갇히는 일 같은 건 없을 터이니, 사람도 이와 같아 풍
　　　채 좋고 재주 있는 사람은 남의 시선을 끌기에 그만큼 성공 아니면 실패라는
　　　극단의 길을 가게 되는 경우가 허다하지 않은가. 남의 말을 새기지 못하고 그대
　　　로 퍼뜨리는 사람을 앵무새 같다고 하니 앵무새는 좋은 이미지만 가진 것은 아
　　　니다. 자연에 돌아가 훨훨 마음대로 살지 못하는 앵무새를 동정하는 작품으로,
　　　頷聯(함련)과 頸聯(경련)은 詩作原則(시작 원칙)에 맞게 對句(대구)를 이루었다.

　　7言律詩(7언율시). 압운은 砂, 羅, 多, 訛, 陀로, 砂만은 평성 '麻(마)' 평운, 나머지는 평성
'歌(가)' 평운으로 두 운은 通韻(통운)이 된다. 평측은 차례로 '平平平仄仄平平, 平仄平平仄仄
平, 平仄仄平平仄仄, 平平仄仄仄平平, 仄平平仄平平仄, 平仄平平仄仄平, 平仄仄平平仄仄,
仄平平仄仄平平'으로 二四不同二六對(이사부동이륙대)와 反法(반법), 粘法(점법) 등이 모두 규칙에
합치되는 좋은 작품이다.

220-8 右軍換鵝(우군환아) 왕희지가 거위를 바꾸다

費盡溪藤始掃殘　滿籠剛換白鵝還　不如癡姥烹相待　破却山陰一段慳.

　　(비진계등시소잔　만롱강환백아환　불여치모팽상대　파각산음일단간)

섬계등지 좋은 종이에 도덕경 글씨를 쓰는 비용을 남김없이 들여,

억지로 흰 거위 바꾸어 바구니에 넣어 돌아오네.

어리석은 노파가 거위를 삶아 대접하려고 기다리게 했으니,

산음 땅 거위를 아끼는 마음을 한번 버림만 같지 못하게 되었구나.

[語句] *右軍 : 東晉(동진)의 書聖(서성) 王羲之(왕희지 307~365). 右軍將軍(우군장군)의 관직에 있었기로 왕우군 이라고도 함. 자는 逸少(일소)요 동진의 일류 가문에서 태어나 영달했으며, 아들 獻之(헌지)도 글씨를 잘 써서 병칭하여 '二王之書(이왕지서)'라 함. *溪藤 : 좋은 종이인 剡溪藤紙(섬계등지). 섬계는 '會稽(회계, 지금의 浙江省紹興市절강성소흥시)의 曹娥江(조아강) 상류'임. *剛換白鵝 : 억지로 흰 거위와 바꿈. 왕희지가 山陰(산음)의 도사가 키우는 거위를 좋아하여 한 마리 달라 하니, 도사가 道德經(도덕경, 黃庭經황정경이라고도 함) 한 벌을 써주면 바꾸겠다고 하므로 도덕경을 베껴 주고 거위를 얻었음. *癡姥烹相待 : 어리석은 노파가 거위를 삶아 대접하려고 기다림. 회계 땅의 과부 노파가 기르는 거위의 우는 소리가 뛰어나다는 말을 듣고 왕희지가 친구와 함께 그 집으로 거위를 보러 가니, 노파는 왕희지가 온다는 말을 듣고 그 거위를 잡아 삶아 대접하려고 기다리매 왕희지는 기가 막혀 여러 날 탄식했다 함. *破却 : 완전히 부숨. 부수어 버림. *一段 : 한 단계. *慳 : 아끼다. 인색하다.

[鑑賞] 사람의 嗜好(기호)는 어쩔 수 없는 것. 왕희지가 거위를 좋아하여 도사가 기르는 거위를 얻기 위해, 많은 비용과 시간을 들여 도덕경 5천 자를 베껴 주고 거위 한 마리를 즐겁게 바구니에 담아 가져 온다. 또 과수 할머니 댁의 거위의 울음소리가 천하에서 유명하다는 말을 듣고 사려고 했으나 팔지 않아 친구를 대동하고 그 할머니 집으로 거위 우는 소리를 들으러 가니, 안타까워라 할머니는 유명한 왕희지가 온다는 말을 듣고는 대접할 준비를 하느라 그 거위를 잡아 술안주나 반찬감으로 만들어 버렸으니 왕희지는 오랫동안 애석해 했다는 것이다. 그러니, 너무 거위에 집착하지 않았더라면 좋았을 걸 하는 것이 이 시의 내용이다. 생략과 비약이 많아 풀이하기가 쉽지 않은 작품이다. 왕희지는 회계 산음의 蘭亭(난정)에 名士(명사) 42명을 초대하여 詩會(시회) 잔치를 베풀며 그 서문을 지어 쓰니, 명문에 명필로 유명하며 '蘭亭記(난정기)'라 하여 여러 문헌에 실리거나 인용되고 있다.

7言絶句(7언절구). 압운은 殘, 還, 慳 자인데 殘은 평성 '寒(한)' 평운, 還과 慳은 평성 '刪(산)' 평운으로 통운이 된다. 평측은 차례로 '仄仄平平仄仄平, 仄平平仄仄平平, 仄平平仄仄平平仄, 仄仄平平仄仄平'으로 이사부동이륙대와 반법, 점법 등이 규칙에 들어맞는 작품이다.

220-9 寓龍巖寺 後半(우용암사 후반) 용암사에 머무르다 후반

落日寒蟬噪 長天倦鳥還 病中深畏客 白晝鎖松關.
　　(낙일한선조 장천권조환 병중심외객 백주쇄송관)

석양에 쓰르라미 울어대고, 먼 하늘에는 날다 지친 새들 돌아오네.

병중이라 찾아오는 손님을 꺼리어, 대낮에도 솔가지 대문을 닫는다네.

[語句] *寓 : 붙여 살다. 잠깐 머무르다. *龍巖寺 : 미상. *落日 : 서쪽에 지는 해. 落陽
　　(낙양). 夕陽(석양). *寒蟬 : ①쓰르라미. ②가을 매미. ③울지 않는 매미. 여기서는
　　①이나 ②의 뜻임. *長天 : 높고 멀며 넓은 하늘. *倦鳥還 : 날다가 지친 새가
　　돌아옴. 雲無心以出岫 鳥倦飛而知還(구름은 무심하게 산의 바위굴에서 돌아나오
　　고, 새는 날다가 지쳐 다시 산으로 돌아올 줄 아는구나.)<陶潛 歸去來辭> *畏客 :
　　손님이 옴을 꺼림. *松關 : 소나무 빗장. 소나무 가지로 엮은 허술한 대문.
[鑑賞] 해질 녘이 되니 매미는 시끄럽게 울어대고 새들은 멀리 먹이 찾아 날아갔다가
　　깃이 있는 산으로 되돌아오고 있다. 자연은 이렇게 질서 있게 돌아가건만, 병
　　을 앓고 있는 나는 누가 찾아오는 걸 꺼리어 한낮에도 대문을 잠그고 산다. 이
　　앞 네 구는 "羈緤不到處 白雲僧自閑 煙光愁暮樹 松色護秋山(속세의 나그네
　　들 이르지 못하는 곳, 흰 구름 속에 스님들 한가롭네. 이내 낀 경치 속에 저녁
　　나무는 시름겹게 하고, 소나무 빛은 가을 산을 돕는구나.)"이다. 고요한 山寺(산
　　사)를 畵幅(화폭)에 담듯 한 좋은 작품이다.

　　5言律詩(5언율시)의 후반부. 압운은 還, 關 자로 평성 '刪(산)' 평운이다. 평측은 '仄仄平平仄,
平平仄仄平, 仄平平仄仄, 仄仄仄平平'으로 이사부동과 반법, 점법 등이 잘 이루어졌다.

220-10 子猷訪戴(자유방대) 왕헌지가 대규를 찾아가다

訪人情味雪溪中 若便相逢一笑空 莫道興闌回棹去 造門直返意無窮.
　　(방인정미설계중 약편상봉일소공 막도흥란회도거 조문직반의무궁)

친구 찾아가는 운치 눈 내리는 섬계였는데,

만일 그냥 만났더라면 한 번 웃고 그만일 일이어라.

흥이 다하여 도로 배를 돌려갔다고 말하지 말라,

문앞까지 갔다가 바로 되돌아 온 그 뜻은 무궁하다네.

[語句] *子猷 : 중국 晉(진)의 서예가 王獻之(왕헌지). 子猷는 자로 王羲之(왕희지 307~365)
　　의 아들임. 대나무를 좋아하여 좋은 대밭이 있다는 말을 듣고 그 집에 가 바로

대밭에서 놀았는데, 주인이 술을 준비하여 기다렸으나 자유는 주인도 보지 않고 바로 나와버렸고, 집에 도둑이 들어 물건을 모두 훔쳐 가려 하매, 서재에 있던 그가 "靑氈(청전, 푸른색 털 담요)은 우리집 傳來舊物(전래구물)이니 두고 가라." 하니까, 도둑이 놀라 달아나더라 함. *訪戴 : 戴逵(대규)를 찾아감. 대규는 晉의 거문고 잘 타던 사람으로 자는 安道(안도)임. *情味 : ①당장의 느낌과 좋은 멋. 情趣(정취). ②정다운 맛. 人情味(인정미). *雪溪 : 눈 내리는 剡溪(섬계). 왕헌지가 山陰(산음)에 살 때 밤에 눈이 개고 달이 밝아 혼자 술 마시며 左思(좌사)의 招隱詩(초은시)를 읊다가, 문득 섬계에 있는 대규가 그리워 작은 배를 저어 문앞까지 갔다가 되돌아왔음. 사람들이 왜 만나지 않고 가느냐 하니 "乘興而來 興盡而去 何必見安道(흥이 나서 왔다가 흥이 다해 돌아가나니, 하필 대규를 만나보리오)" 하더라고 함.<初學記> *一笑空 : 한 번 웃고 말 부질없는 일이 됨. *莫道 : 말하지 말라. *興闌 : 흥이 다함. 興盡(흥진). *回棹 : 노를 돌림. 배를 돌려 돌아감. *造門 : 문에 이름. 造는 '이르다. 오다. 나아가다'임.

[鑑賞] 앞에서 이 시 속의 주인공인 왕헌지의 아버지 왕희지가 거위를 좋아하여 남긴 일화를 읊은 시를 소개했거니와, 아들도 풍류 있는 인사라 대나무를 좋아했고 눈 그친 밤에 불현듯 친구가 생각이 나서, 홀로 배를 저어 친구의 집 대문까지 갔다가 문도 두드리지 않고 되돌아왔다. 이런 일은 범상한 사람이 할 수 있는 일상이 아니다. 친구를 만났더라면 아무 이야기거리도 되지 않는 평범한 日常事(일상사)에 지나지 않는데, 흥을 타고 갔다가 흥이 다해 버리니 친구를 만날 생각도 가시어 곧바로 배를 돌려 되돌아왔다고 왕헌지는 말했다. 그러나, 흥이 다해 되돌아온 게 아니고 더 깊고 무궁한 뜻이 담겼다고 지은이는 평한 것이다. 흥취란 스스로 느끼고 젖으면 되지 반드시 상대가 있어야 하는 것은 아니니, 이런 경지를 깨닫는 것은 아무나 되는 게 아니리라.

7言絶句(7언절구). 압운은 中, 空, 窮 자로 평성 '東(동)' 평운이다. 평측은 차례로 '仄平平仄仄平平, 仄仄平平仄仄平, 仄仄平平平仄仄, 仄平仄仄仄平平'으로 二四不同二六對(이사부동이륙대)와 反法(반법), 粘法(점법) 등이 잘 이루어지고 평측 배치도 잘된 좋은 작품이다.

220-11 釣名諷 後半(조명풍 후반) 명성을 구함에 대한 풍자 후반

釣名作賢人 何代無顔子 釣名作循吏 何邑非龔遂
鄙哉公孫弘 爲相乃布被 小矣武昌守 投錢飮井水
淸畏人之知 楊震眞君子 吾作釣名篇 以諷好名士.

(조명작현인 하대무안자 조명작순리 하읍비공수

누재공손홍 위상내포피 소의무창수 투전음정수
청외인지지 양진진군자 오작조명편 이풍호명사)

이름을 낚아 어진 사람이 된다면 어느 시대엔들 안연顏淵 같은 분이 없으며,

이름을 낚아 착한 관리官吏가 된다면 어느 고을엔들 공수가 없으리오.

인색하여라, 공손홍은 정승이 되어서도 베이불을 덮었고,

작기도 하여라, 무창 태수는 돈을 내고 우물물을 마셨다네.

청백하면서도 남이 알까 두려워했으니 양진이야말로 참된 군자였네.

내 여기 조명편을 지어서, 이름 낚기 좋아하는 선비들을 풍자하노라.

[語句] *釣名 : 이름 곧 명성을 낚음. 명성을 얻으려고 애씀. 명예를 구함.<管子> *顔子 (B.C 513~482) : 孔子(공자)의 수제자인 顔回(안회)의 존칭. 魯(노) 나라 사람으로 자는 淵(연)이며 10 哲(철)의 한 분으로 학덕이 가장 뛰어나고 덕행 제일이라 하며 亞聖 (아성)이라 불리움. *循吏 : 규칙을 잘 지키며 열심히 근무하는 벼슬아치. *龔遂 : 자 少卿(소경). 南平陽(남평양) 사람. 漢(한) 나라 때 水衡都尉(수형도위). 渤海太守(발해태 수) 때 도적들이 난리를 일으키니 그들을 귀순시키면서, 劒(검)을 찬 사람에게 "왜 소를 차고 있느냐?" 하고 刀(도)를 찬 사람에게는 "왜 송아지를 차고 있느냐?" 했 음. 검은 소 한 마리, 도는 송아지 한 마리 값에 해당되어, 검이나 도를 팔아 소 나 송아지를 사서 도둑질을 버리고 농사 지으라는 뜻에서 한 말임. *公孫弘 : 漢 나라 武帝(무제) 때 정승. 항상 검소하게 베옷을 입고 지내어 '公孫布被(공손포피)'라 했으며, 자기 집의 東閣(동각)을 개방하고 빈객을 맞아들여 정치를 자문했음. *布 被 : 베 이불. 검소한 이불. *武昌守 : 武昌(무창, 지금의 湖北省武漢市호북성 무한시)의 태수. *投錢飮井水 : 돈을 내고 우물물을 마심. 중국 남북조 때 梁(양)의 무창태 수 何遠(하원)이 여름에 마실 물이 나쁘므로 사람을 시켜 민가의 좋은 우물 냉수 를 길어다 먹으며 물값을 주니 주인이 받지 않으므로 '그렇다면 그 물을 길어 오지 않겠다.' 하면서 기어이 돈을 주었음. 또 安陵(안릉)의 項仲山(항중산)과 穎川 (영천)의 黃子廉(황자렴)은 말에 물을 먹일 때 먼저 엽전 서 푼을 물속에 던져 넣어 물값으로 삼았다고 함.<三輔決錄> *楊震(?~142) : 後漢(후한)의 학자. 자 伯起(백기). 화음현 사람으로 '關西孔子(관서공자)'란 평판을 받았고, 50여 세에 처음 벼슬하여 司徒(사도)로 승진한 淸白吏(청백리)였음. 그가 王密(왕밀)을 추천하여 昌邑令(창읍령) 이 되었는데, 양진이 東萊太守(동래태수)로 부임하는 길에 창읍을 지날 때 왕밀이 밤에 황금 10근을 숨겨와 주면서 "어두운 밤이라 아는 사람이 없습니다." 하니, 양진은 "天知神知子知我知 何得無知(하늘이 알고 신이 알며 그대와 내가 아

는데, 어찌 아는 이가 없다 하는가?)" 하며 받지 않더라 함. 그는 "내가 자손에게 재물을 주지 않는 대신 청백리 자손이란 명예를 전해 주리라." 했음. *君子 : 학식과 덕행이 높은 사람. *好名 : 명성이나 명예를 좋아함.

[鑑賞] 이름을 내려고 애쓰거나 명성이나 명예를 찾아 가지기에 분주한 선비들을 풍자하며 경계하기 위해 지은 5言古詩(5언고시)이다. 이 앞부분은 "물고기를 낚는 것은 그 생선을 얻는 이익이 있는데 명성을 낚아서야 무슨 이로운 바가 있는가? 명성이란 실상의 나그네이니 주인인 실상이 있으면 나그네인 명성은 스스로 오는 것일세. 실상이 없이 헛이름만 누리면 그 몸에 괴로움이 될 뿐일세. 龍伯(용백)이란 사람이 6마리 큰 자라를 낚은 일은 참으로 징한 일이요 강태공이 周(주) 나라 文王(문왕)을 낚을 때에는 그 낚시에 미끼가 없었네. 명성을 낚는 일은 이것과는 달라서 한 때의 요행을 바라는 것뿐인 것이니, 못생긴 無鹽(무염)이란 여인이 분을 발라 꾸며 잠깐 예쁘게 보이는 것과 같아, 분이 지워지면 본바탕이 드러나 보는 사람이 구역질을 하며 피하고 만다네."이다. 그리고 위에 인용한 내용으로 이어지니 얼마나 풍자적인가. 이 시대의 사람들도 이 시를 음미하여 깊이 생각해 보아야 할 것이다.

5언고시 14연[28구] 중 후반 6연[12구]. 압운은 子, 遂, 被, 水, 子, 士 자로 遂 자는 거성 '寘(치)' 측운이고 나머지 자는 상성 '紙(지)' 측운이다. '치'와 '지'는 운이 비슷하나 四聲(사성)이 달라 이런 관계를 '한 꿰미' 또는 '韻紐(운유)'라고 한다. 평측은 차례로 '仄平仄平平, 平仄平平仄, 仄平仄平仄, 平仄平平仄, 仄平平平仄, 平仄仄仄仄, 仄仄仄平仄, 平平仄仄仄, 仄平仄平平, 仄平平平仄, 平仄仄平平, 仄仄仄平仄'으로 이사부동에 어긋난 구는 제 1, 3, 5구의 셋 이지만 반법과 점법은 이루어지지 않았으니 고시이기에 잘못된 것은 아니다.

220-12 夏日卽事 二首(하일즉사 이수) 여름날 즉흥으로 읊다 두 수

簾幕深深樹影廻 幽人睡熟鼾成雷 日斜庭院無人到 唯有風扉自闔開<제1수>
輕衫小簟臥風欞 夢斷啼鶯三兩聲 密葉翳花春後在 薄雲漏日雨中明<제2수>
  (염막심심수영회 유인수숙한성뢰 일사정원무인도 유유풍비자합개

  경삼소점와풍령 몽단제앵삼량성 밀엽예화춘후재 박운누일우중명)

발을 드리운 마루에 깊게 감돌아 옮겨진 나무 그림자,

한가로운 사람 낮잠 깊이 들어 코고는 소리 우뢰일세.

해 저무는 뜨락에 오는 사람 없고,

방문은 바람에 제풀로 닫혔다 열렸다 하는구나.<첫째 수>

홑적삼 입고 삿자리 편 바람 잘 통하는 시원한 마루, 꾀꼬리 아단스레 울어 꿈을 깨우네.

잎사귀 빽빽한 속 봄 늦게 핀 꽃 남았는데,
엷은 구름 새로 비치는 햇살 빗발 속에 밝아라.<둘째 수>

[語句] *卽事 : 눈앞의 사물을 즉흥으로 읊는 일. *簾幕 : 발과 장막. *深深 : 매우
깊음. *幽人 : 세상이 어지러운 것을 피하여 그윽한 곳에 숨어 사는 사람. 한
가한 사람. *鼾 : 코를 골다. *庭院 : 집의 뜰. 뜨락. *扉 : 사립문. *闔開 :
닫히고 열림. 開闔. 開閉(개폐). *輕衫 : 가벼운 적삼. 홑적삼. *小簟 : 대로 엮
어 만든 작은 자리. 작은 삿자리. *風櫳 : 바람이 잘 통하는 살 창[나무오리나 쇠를
나란히 박아 만든 창문]. 櫳=櫺(난간, 살창, 완자창 령). *翳花 : 가려진 꽃. 翳는 '가리다.
숨다. 깃일산'임. *薄雲 : 엷게 낀 구름.

[鑑賞] 벼슬에서 물러난 퇴직자나 隱者(은자)가 한가로이 살아가는 여름 한 때를 읊었다.
날씨는 더운데 홑적삼 입고 삿자리를 편 마루에 여덟 팔 자로 누워 우뢰같이 코
를 골며 낮잠을 즐긴다. 살창으로는 바람 잘 통하고 저녁때가 가까워 찾아오는
사람도 없어 방문은 바람 따라 열렸다 닫혔다 한다. 야단스럽게 울어대는 꾀꼬리
소리에 문득 잠이 깬다. 밖을 내다보니 녹음 속에 늦봄의 꽃들이 보이고 엷은 구
름 사이를 뚫고 새어 나오는 햇살은 지나는 빗발 속에 밝기도 하다. 더운 한낮에
낮잠을 즐기다가 저녁때가 되어서야 꾀꼬리 우는 소리에 잠이 깨어, 한가롭기도
하고 권태롭기도 한 가운데 주변을 둘러본 모습을 잘 그린 名作(명작)이라 하리라.

7言絶句(7언절구) 두 수. 압운은 첫째 수가 廻, 雷, 開 자로 평성 '灰(회)' 평운이고, 둘째 수는
櫳, 聲, 明 자로 櫳은 평성 '靑(청)' 평운, 聲과 明은 평성 '庚(경)' 평운으로 通韻(통운)이 된다.
평측은 첫 수가 차례로 '平仄平平仄仄平, 平平仄仄仄平平, 仄平平仄平平仄, 平平平平仄仄
平'이요, 둘째 수는 차례로 '平平仄仄仄平平, 仄仄平平平仄平, 仄仄仄平平仄仄, 仄平仄仄仄
平平'이다. 두 수 모두 二四不同二六對(이사부동이륙대)와 反法(반법), 粘法(점법) 등이 잘 이루어졌
으며, 첫 수는 첫 구 둘째 자가 幕 자 곧 仄聲(측성)으로 되었기로 仄起式 構成(측기식 구성)이라
하고, 둘째 수는 衫 자 곧 平聲(평성)으로 되어 平起式(평기식) 구성이라 한다.

221. 李頎(이기 690~751) : 盛唐(성당)의 시인. 雲南省 東川(운남성 동천) 사람으로 河南省 潁
陽(하남성 영양)에 살았으며, 玄宗 開元(현종 개원) 때 進士(진사)에 급제하여 新鄕尉(신향위)가 되었
다. 그의 시는 호방한 편이며 樂府(악부)의 민요적인 어조를 많이 썼다.

221-1 古從軍行 終聯(고종군행 종련) 옛 종군의 노래 끝 연

聞道玉門猶被遮 應將性命逐輕車 年年戰骨埋荒外 空見蒲陶入漢家.
(문도옥문유피차 응장성명축경차 연년전골매황외 공견포도입한가)

들건대 옥문관은 아직 닫혀 있다고 하는데, 응당 목숨 걸고 경차를 따라가야 하리.

해마다 전사들의 뼈는 변방 땅에 묻히지만,

서역의 포도만은 헛되이 한 나라 궁전으로 드네.

[語句] *從軍 : 군대를 따라서 싸움터로 나아감. *行 : 樂府(악부)의 제목으로 古體詩(고체시)나 민요체의 노래. →9-5. *玉門 : 玉門關(옥문관). 甘肅省 燉煌(감숙성 돈황) 서쪽에 있는 관문. 新疆省(신강성)을 거쳐 서역으로 통하는 교통의 요지이며 陽關(양관)의 서북에 있음. *被遮 : 차단됨. 막힘. *性命 : 하늘에서 타고난 바. 목숨. 人性(인성)과 天命(천명). *輕車 : 빨리 달리는 수레. 옛날의 戰車(전차). 車는 '거'로도 읽음. *戰骨 : 전쟁에서 죽은 戰士(전사)의 해골. *荒外 : 거친 오랑캐의 땅. 황폐한 변방 땅. *蒲陶 : 葡萄(포도). 포도주. 漢武帝(한무제) 때 서역의 술인 포도주가 중국에 전해져 상류층에서 많이 마셨음. '史記 大宛傳(사기 대완전)'에 "대완에서는 포도로 술을 빚는데 부자들은 만 섬이나 가지고 있으며 수십 년이 지나도 술이 변하지 않는다." 했음. *漢家 : 한 나라 皇室(황실).

[鑑賞] 지난날 군에 입대하여 온갖 싸움을 겪으며 갖은 고생을 하다가 국경 변방에 쓰러져 묻히고 마는 병사의 애처로움을 읊은 6연으로 된 7言詩(7언시)이다. 이 앞 네 연의 내용은 "낮에는 산에 올라 봉화불을 보다가 저물녘에는 신강성의 交河(교하)에서 말에 물 먹인다. 길 가는 사람들은 통행금지를 알리는 刁斗(조두) 소리에 모랫바람 속에서 허둥거리고, 화친을 볼모로 오랑캐에게 강제로 시집가는 공주가 타는 비파 소리 원한에 사무친다. 야영하는 곳에는 만리에 이르도록 성곽이 없어 어지러이 내리는 비와 눈발을 그대로 맞아야 하는 사막 땅이다. 북방 기러기 슬피 울며 밤마다 날아갈 제, 국경의 투구 쓴 병사들 두 줄 눈물 흘린다."이다. 인용된 부분에서 輕車를 漢(한) 나라 文帝(문제) 때의 명장 李廣(이광) 장군이라고 풀이하기도 한다. 그는 하도 날래서 흉노들이 '飛將軍(비장군)'이라 별칭하기도 했다.

7言古詩(7언고시) 6연 중 2 연. 이 시는 2연마다 운자가 바뀌었으니 첫 두 연은 河, 多 자로 평성 '歌(가)' 평운, 다음 두 연은 郭, 漠, 落 자로 입성 '藥(약)' 측운이며, 인용한 두 연은 遮, 車, 家 자로 평성 '麻(마)' 평운이다. 車 자는 '거'로 읽으면 '魚(어)' 운이서 운자가 맞지 않게 된다. 평측은 차례로 '平仄仄平平仄平, 平平仄仄仄平平, 平平仄仄平平仄, 平仄平平仄仄平'으로 이사부동이류대와 반법, 점법 등이 규칙에 합치되어 近體詩(근체시)와 같지만 압운이 세 종류로 섞이어 고시로 분류했다.

221-2 望秦川(망진천) 장안을 바라보며

秦川朝望逈 日出正東峯 遠近山河淨 逶迤城闕重

秋聲萬戶竹 寒色五陵松 客有歸與歎 凄其霜露濃.

(진천조망형 일출정동봉 원근산하정 위이성궐중

추성만호죽 한색오릉송 객유귀여탄 처기상로농)

아침에 장안을 바라보니 저 멀리로 보이고, 해는 바로 동쪽 봉우리에서 떠오르네.

원근의 산과 내는 깨끗하고, 에워 두르며 의젓하게 이어진 성궐은 겹겹이로구나.

만호장안의 대나무에서는 가을 소리 사각거리고, 오릉의 소나무 빛 산뜻해라.

나그네 되어 고향 돌아가고자 탄식하나니, 아침 서리와 이슬 더욱 짙어졌음에랴.

[語句] *秦川 : 唐(당)의 서울인 섬서성 長安(장안)을 중심으로 한 지방. 川原(천원) 지역. *逈 : 멀다. *逶迤 : 에워 두름. 의젓하고 천연스러운 모양. *城闕 : 城郭(성곽)의 문. 城門(성문). *萬戶 : 썩 많은 집. 萬戶長安(만호장안, 집들이 아주 많은 서울). *寒色 : 찬 빛. 산뜻한 색깔. *五陵 : 장안에 있는, 漢高祖(한고조)를 비롯한 다섯 임금의 능이 있는 곳인데, 풍류 남녀들이 노는 곳이기도 함. *歸與歎 : 고향으로 돌아가고자 탄식함. *凄 : 차다. 심하다. 濃 : 두텁다. 짙다.

[鑑賞] 새벽에 望秦嶺(망진령) 같은 곳에서 서울 장안 지방을 바라본 풍경과 감상을 읊었다. 저 멀리로 장안 천원 지역이 희미하게 보이는데 해는 동편 산봉우리에서 떠오른다. 멀고 가깝게 보이는 산과 내는 깨끗하게 보이고 성곽과 성문이 거듭 에워 두르며 이어졌다. 집들을 두른 대나무에서는 바람에 사각거리는 소리가 가을임을 알려 주는 듯하고 오릉의 소나무들 찬 빛을 띠고 있다. 곧 겨울이 닥쳐오려는 듯 서리와 이슬이 흰데 나그네 된 이 몸 언제 고향으로 돌아가려나. 여행하다가도 겨울이 되면 집에 돌아가 따뜻하게 지내기를 바라는 심정은 누구에게나 공통되는 정서인 것이다. 頷聯(함련 3~4구), 頸聯(경련 5~6구)은 對句(대구)를 잘 지었다.

5言律詩(5언율시). 압운은 峯, 重, 松, 濃 자로 평성 '冬(동)' 평운이다. 평측은 차례로 '平平平仄仄, 仄仄仄平平, 仄仄平平仄, 平平平仄平, 平平仄仄仄, 平仄仄平平, 仄仄平平仄, 平平平仄平'으로 二四不同(이사부동)과 反法, 粘法(반법, 점법) 등이 잘 이루어진 좋은 작품이다. 제 7구의 與 자는 어조사로 쓰이었기에 '魚(어)' 평성이며, '더불어'의 뜻으로 쓰면 상성 '語(어)' 운이다.

221-3 題璿公山池(제선공산지) 선공의 산지를 두고 짓다

遠公遁跡廬山岑 開士幽居祇樹林 片石孤雲窺色相 淸池皓月照禪心

指揮如意天花落 坐臥開房春草深 此外俗塵都不染 唯餘玄度得相尋.

(원공둔적여산잠 개사유거기수림 편석고운규색상 청지호월조선심

지휘여의천화락 좌와한방춘초심 차외속진도불염 유여현도득상심)

원공 혜원은 여산 속에 종적을 감추었고, 보살은 기수림에 깊숙이 숨어 사네.

바위 하나나 외로운 구름에서 부처의 모습 엿보고,

맑은 못 밝은 달은 참선의 마음 비춰 주네.

그대가 여의를 휘둘러 설법하면 천화가 떨어지고,

고요히 방에 기거하면 봄 풀이 자라나리라.

이런 일 외에는 속진에 조금도 물들지 않겠지만,

오직 옛날의 현도 같은 선비만은 찾아올 수 있게 해주오.

[語句] *璿公 : 미상. *山池 : 산속에 있는 연못. 산과 못. *遠公 : 晉(진)의 고승 慧遠(혜원). 惠遠(혜원)으로 쓰기도 함. 廬山(여산)의 龍泉精舍(용천정사)와 東林寺(동림사)에서 白蓮社(백련사)를 만들고 30여 년간 지내면서 산을 나온 일이 없었다고 함. *遁跡 : 종적을 드러내지 않고 감춤. *廬山 : 강서성 구강시에 있는 명산. →105-1. *쑥 : 산봉우리. *開士 : 바른 불법을 열어 중생을 인도하는 사람. 菩薩(보살). *幽居 : 한적하고 외딴 곳에 삶. *祇樹林 : 석가를 위해 須達長者(수달장자)가 세운 설법 도량인 祇園精舍(기원정사, 마갈타 나라 舍衛城사위성 남쪽에 있었음)의 숲. 祇樹園林. 祇林. *色相 : <佛>佛身(불신)의 모습. 부처 몸의 金色(금색)과 32相(상). *皓月 : 밝게 비치는 달. *禪心 : 참선하는 마음. *指揮 : 휘두름. 가리켜 보여서 일을 하도록 시킴. *如意 : ①뜻대로 됨. ②<佛>독경하거나 설법하는 중이 손에 가지는 물건의 하나. 옥이나 뿔, 대나무 등으로 만듦. *天花 : 하늘에서 뿌려지는 꽃잎. 천상의 妙花(묘화). 梁(양)의 法雲(법운)이나 雲光(운광) 승려가 강론할 때 천화가 흩날려 떨어졌다고 함<高僧傳> *坐臥 : 앉거나 누움. *俗塵 : 속세의 티끌. 세상의 번잡한 사물. 黃塵(황진). *玄度 : 東晉(동진)의 名士(명사)인 許詢(허순)의 자. 당시의 名僧(명승)인 支遁(지둔, 자 道林도림)을 찾아가 깊이 사귀었음. *相尋 : 서로 찾아감. 사귐.

[鑑賞] 승려인 선공이 사는 암자나 禪房(선방) 주변을 둘러보며, 선공을 혜원이나 보살 또는 고승에 비유하며 칭송했다. 首聯(수련 1~2구)에서는 주인공을 고승 혜원과 보살에 비겨 여산이나 기원정사 같은 곳에서 불도를 닦아 간다고 했고, 頷聯(함련 3~4구)에서 우뚝한 바위 하나와 외로이 떠 있는 구름, 맑은 못과 밝은 달 및 부처의 모습과 참선 등이 짝을 이루면서 불도에 정진하는 선공을 칭송했다. 頸聯(경련 5~6구)도 함련과 같이 對句(대구)를 이루면서 선공의 설법과 참선을 기렸다. 尾聯(미련 7~8구)은 마무리로 이와 같이 속세의 번잡함을 멀리하고 있지만 진

나라 지도림 스님이 불교와 스님을 좋아하던 허순과 같은 선비를 용납했듯이, 나도 자주 들르게 해 달라는 희망을 피력했다.

7言律詩(7언율시). 압운은 쑥, 林, 心, 深, 尋 자로 평성 '侵(침)' 평운이다. 압운은 차례로 '仄平仄仄平平平, 平仄平平平仄平, 仄仄平平平仄仄, 平平仄仄仄平平, 平平平仄仄平仄, 仄仄平平平仄平, 仄仄仄平平仄仄, 平平平仄仄平平'으로 二四不同二六對(이사부동이륙대)와 반법, 점법 등이 규칙대로 이루어졌고 평측 배치가 조화를 이룬 좋은 작품이다.

221-4 贈盧五舊居(증노오구거) 노오의 옛 집에서 죽은 노오에게 주다

物在人亡無見期 閒庭繫馬不勝悲 窓前綠竹生空地 門外青山似舊時
悵望秋天鳴墜葉 巑岏枯柳宿寒鴟 憶君淚落東流水 歲歲花開知爲誰.

(물재인망무견기 한정계마불승비 창전녹죽생공지 문외청산사구시

창망추천명추엽 찬완고류숙한치 억군누락동류수 세세화개지위수)

집과 세간은 있고 사람 없어 만날 기약 없는데,

빈 뜰에 말을 매니 슬픔 이기지 못하겠구나.

창앞의 푸른 대 빈터에 났고, 문밖의 푸른 산은 예 그대로일세.

시름없이 바라보는 가을 하늘에 낙엽 지는 소리 들리고,

크고 마른 버들 높은 가지에는 올빼미가 앉았구나.

그대 생각하며 흘리는 눈물 동으로 흐르는 강물에 떨어지는데,

꽃은 해마다 누굴 위해 피는고.

[語句] *盧五 : 미상. 五는 '排行(배항)'임. →9-3. *舊居 : 지난 날 살던 곳이나 집. *見期 : 만날 기회나 기약. *繫 : 매다. 머물다. *綠竹 : 푸른 대나무. *悵望 : 시름없이 바라봄. *巑岏 : 산이 높고 뾰족한 모양. 여기서는 '큰 버드나무'를 형용했음. *鴟 : 솔개. 부엉이. 올빼미. *東流水 : 동쪽으로 흐르는 강물. 중국의 강은 거의 동쪽으로 흘러가기에 쓴 말임.

[鑑賞] 친구 노오는 사망하고 없는데 그가 살던 집을 찾아갔다. 집과 세간은 그대로 있건만 친구는 만날 수 없어, 그 빈 마당에 타고 간 말을 매고 나니 슬픔을 가눌 길 없다. 그 다음의 함련은 '창앞의 푸른대'와 '문밖의 청산' 및 '빈 터에 나고'와 '예 그대로이다'가 멋지게 짝을 이루었다. 이어서 경련도 '悵望-巑岏, 秋天-枯柳, 鳴-宿, 墜葉-寒鴟'로 對(대)를 이루어 먼 배경인 가을 하늘과 가까운 배경이 되는 마른 버드나무를 대비하였다. 동쪽으로만 흘러가는 강물에 그대를 조상하는 눈물이 떨어지는데, 그대 없는 뜰에 꽃은 해마다 피어나니 그 무슨 뜻이 있

겠는가, 강물처럼 흘러가 버린 그대를 생각하니 슬픔 더욱 더해지는구나.

　　7언율시. 압운은 期, 悲, 時, 鴟, 誰 자로 평성 '支(지)' 평운이다. 평측은 차례로 '平仄平平平仄平, 平平仄仄仄平平, 平平仄仄平平仄, 平仄平平仄仄平, 仄仄平平平仄仄, 平平仄仄平仄平平, 仄平仄仄平平仄, 仄仄平平平仄平'으로 이사부동이륙대와 반법, 점법 등이 규칙에 맞았다. 둘째 구의 勝 자는 '이기다. 낫다'의 뜻이면 거성 '徑(경)'이고 '맡다. 가지다. 다[모두]'의 뜻이면 평성 '蒸(증)'인데, 여기서는 평성으로 처리했다. 그리고 끝 구의 知 자는 압운인 '支'운이라 피해야 하는 경우에 해당된다.

222. 李達(이달 1561~1618) : 조선 선조 때의 漢詩人(한시인). 자 益之(익지). 호 蓀谷(손곡). 본관 洪州(홍주). 李詹(이첨 →312)의 후손으로 대대로 原州(원주)에서 살았다. 어릴 때부터 영민하여 읽지 않은 책이 없을 정도였고 문장이 뛰어나 漢吏學官(한이학관)에 기용되었으나 뜻에 맞지 않아 사직하고 귀향하였다. 孤竹 崔慶昌(고죽 최경창), 玉峯 白光勳(옥봉 백광훈)과 사귀어 서로 얻은 바가 많았고 이들 모두 唐詩(당시)에 이름이 높아 '三唐詩人(삼당시인)'이라 일컬었다. 글씨로도 당시에 저명했으며 시 또한 청신하고 아름다워 신라와 고려 이후 唐詩 이해의 첫째라 했다. 일정한 거처가 없이 사방으로 유리걸식했는데, 명 나라의 사신 朱之蕃(주지번)이 그의 시를 읽고는 "이 시가 李太白(이태백)과 어찌 사이가 멀다 하리." 하고 칭찬했다고 하며, 역시 명 나라의 錢謙益(전겸익)이 편찬한 책에 그의 시가 수록된 바 있다. 朴淳(박순)에게 배웠고 許蘭雪軒(허난설헌)과 許筠(허균) 남매의 스승이기도 하며, 문집으로 '蓀谷集(손곡집)'이 있다.

222-1 伽倻山(가야산) 가야산

中天笙鶴下秋宵 千載孤雲已寂寥 明月洞門流水在 不知何處武陵橋.
　　(중천생학하추소 천재고운이적료 명월동문유수재 부지하처무릉교)

하늘에서 신선이 학을 타고 피리 불며 내리는 듯한데,
천년을 외로이 떠 있는 구름 쓸쓸하네.
명월이 비추는 골짜기 어귀에 냇물은 흐르건만, 무릉교는 어디 있는지 찾을 수 없구나.

[語句] *伽倻山 : 경북 星州郡(성주군)과 경남 陜川郡(합천군) 사이에 있는 산. 높이 1,430m. 일명 牛頭山(우두산). 海印寺(해인사), 黃溪瀑布(황계폭포), 武陵橋(무릉교), 紅流洞(홍류동) 등 명소가 있음. 한편 충남 禮山(예산)과 瑞山(서산) 사이에도 가야산이 있음. *中天 : 하늘의 한복판. 中空(중공). 半空中(반공중). *笙鶴 : 笙簧(생황, 피리)과 학. '신선이 학을 타고 피리를 붊'을 뜻함. *秋宵 : 가을밤. *千載 : 천년. 긴 세월.

千歲(천세). *寂寥 : 쓸쓸하고 고요함. 적적함. *洞門 : 동굴의 입구. 문같이 된 굴. '신선이 사는 골짜기 어귀 곧 洞天福地(동천복지)'의 뜻임. *武陵橋 : 가야산의 다리 이름. '신선이 산다는 武陵桃源(무릉도원)의 다리'란 뜻으로 붙인 이름임.

[鑑賞] 달 밝은 가을밤 신선이 산다는 무릉도원과 같은 곳인 가야산을 읊은 시이다. 피리 불며 학을 탄 신선, 천년토록 외로이 떠 있는 밤 구름, 밝은 달과 신선이 사는 동천복지, 무릉도원으로 들어가는 다리란 뜻으로 붙인 무릉교 등은 속세의 어지러움과는 다른 이상 세계를 동경하는 심정을 나타냈다 하리라. 억지로 꿰매어 지은 흔적이 보이지 않고 行雲流水(행운유수) 같은 자연스런 솜씨는 바로 당 나라 시성 杜甫(두보) 시의 경지와 같지 않은가. 삼당시인의 면목을 그대로 보여 준다 하리라. 처음 두 구는 신라 때 孤雲 崔致遠(고운 최치원) 선생을 두고 읊었다고 할 수도 있으니, 고운이 가야산에서 신선이 되어 갔다는 전설이 있음에서이다.

7言絶句(7언절구). 압운은 宵, 寥, 橋 자로 평성 '蕭(소)' 평운이다. 평측은 차례로 '平平平仄仄平平, 平仄平平仄仄平, 平仄仄平平仄仄, 仄平平仄仄平平'으로 二四不同二六對(이사부동이륙대)와 反法, 粘法(반법, 점법) 등이 규칙에 어긋남이 없는 좋은 작품이다.

222-2 佛日庵贈因雲釋(불일암증인운석) 불일암 인운 스님에게 주다

寺在白雲中 白雲僧不掃 客來門始開 萬壑松花老.
(사재백운중 백운승불소 객래문시개 만학송화로)

절간은 흰 구름 속에 싸여 있어, 구름이라 스님은 쓸어 내지를 못하는구나.
손님이 찾아옴에 비로소 절문을 열면서, 온 골짜기 송화꽃 쇠었음에 그 스님이 놀라네.

[語句] *佛日庵 : 庵子(암자) 이름. 미상. *因雲 : 어느 중의 法號(법호). 미상. *萬壑 : 첩첩이 겹쳐진 깊고 큰 골짜기. *松花 : 소나무의 꽃 또는 그 가루. 松黃(송황).

[鑑賞] 깊고 높은 산중, 흰 구름 속에 묻혀 있는 암자이다. 그 흰 구름을 어찌 낙엽 쓸어 내듯 쓸 수 있으랴. 이 착상부터가 범상한 시안으로는 잡지 못할 만큼 재치가 번득인다. 속세의 손님인 내가 찾아옴에 비로소 암자의 출입문을 연다. 참선하는 스님인데다가 깊은 산속이니 사립문을 닫아 둘 까닭이 없겠지만, 시에서는 이런 표현을 잘 쓰니 杜甫(두보)도 '客至(객지, 손님이 오다)'에서 "꽃잎 떨어져 깔린 길은 손님 위해 쓸어본 적이 없고, 사립문은 이제야 그대 위해 처음 여노라." 했다. →64-6. 그러고 보니 두보의 시와 너무 닮지 않았는가, 당시를 익힌 '삼당시인'이라 응당 그러하리라. 누렇게 흩날리던 송화 가루도 멈추었으니, 계절이 그만큼 바뀌었음을 불일암의 중이 놀라워함을 나타냈다. 산뜻하고 깔끔한 한 폭의 그림이라고나 할까.

5言古詩(5언고시). 압운은 掃, 老 자로 상성 '皓(호)' 측운이다. 평측은 차례로 '仄仄仄平平, 仄平平仄仄, 仄平平仄平, 仄仄平平仄'으로 이사부동과 반법, 점법 등이 규칙에 합치되어 5言絶句(5언절구)와 같지만, 압운이 측운이라 고시가 된다. 고시에서는 압운 않는 구는 대개 평운으로 끝맺으니 이 시에서 中, 開 자는 평운인 것이다.

223. 李達衷(이달충 ?~1385) : 고려 恭愍王(공민왕) 때의 儒學者(유학자). 호 霽亭(제정). 시호 文靖(문정). 본관 慶州(경주). 父 蒨(천). 충숙왕 때 과거 급제하여 成均館祭酒(성균관좨주)를 거쳐 공민왕 9년(1360) 戶部尙書(호부상서)를 역임하고 八關會(팔관회) 때 왕의 노여움을 사서 파면되었다가 동왕 15년(1366) 유명한 유학자임으로 해서 密直提學(밀직제학)에 뽑혔다. 辛旽(신돈)이 전횡하던 때에 공공연히 신돈에게 주색을 일삼는다고 직언한 것이 화근이 되어 파면되었으나 신돈이 피살된 후 鷄林府院君(계림부원군)에 피봉되었다. 李成桂(이성계)가 귀하게 될 것을 미리 짐작하고 자손을 부탁했다고 전해 오며, 문집으로 '霽亭集(제정집)'이 있다.

223-1 閨情(규정) 아내의 심정

贈君同心結 貽我合歡扇 君心竟不同 好惡千萬變 我歡亦未成 憔悴日夜戀
棄捐不怨君 新人多婉孌 婉孌能幾時 光陰疾於箭 焉知如花人 亦有欺皺面.

(증군동심결 이아합환선 군심경부동 호오천만변 아환역미성 초췌일야련

기연불원군 신인다완련 완련능기시 광음질어전 언지여화인 역유기추면)

그이에게 동심결을 드렸더니, 나에게는 합환선을 주었네.

그이의 마음 마침내 한결 같지 않아, 좋아하거나 싫어하는 게 천만 번 바뀌는구나.

내 즐거움 또한 이루어지지 않아, 몰골이 초췌해지도록 밤낮으로 그리워할 뿐일세.

날 버리더라도 그이를 원망치 않으니, 새 시앗이 너무도 예쁘네.

하나 그 예쁨이 얼마나 가리, 흐르는 세월 화살같이 빨라,

꽃 같은 그 사람도 또한 주름진 얼굴이 되어 버릴 줄을 어찌 알았으리.

[語句] *閨情 : 閨房(규방)의 정. 아내나 여인의 생각. *同心結 : 두 고를 내고 맞죄어 매는 매듭. '한결 같은 마음을 가지자는 약속'의 뜻을 나타냄. *合歡扇 : 부채살의 양편 모두 종이나 깁을 붙여 만든 부채. '남녀가 부부가 되어 함께 살며 기쁨과 즐거움을 누림'의 뜻을 나타냄. *好惡 : 좋아함과 미워함. *憔悴 : 병이나 고생으로 하여 몸이 여위고 파리함. *棄捐 : 내어 버림. *婉孌 : 나이가 젊고 아름다움. *光陰 : 해와 달. 세월. 때. *皺面 : 주름 잡힌 얼굴.

[鑑賞] 규중의 여인 곧 아내의 마음을 읊은 작품이다. 혼인할 당시에는 영원히 변치 말고 오손도손 偕老(해로)하자며 맹세했지만, 아내의 얼굴에 주름살 잡히며 매력이 없어지자 남편의 바람기가 시작되었다. 아내는 勞心焦思(노심초사)하느라 몰골이 날로 초췌해 가고 밤낮으로 남편을 그리워하지만, 糟糠之妻(조강지처)여서 남편을 원망하지는 않고 다만 새로 들인 시앗도 결국에는 얼굴에 주름이 잡히면서 나와 똑같은 매력 없는 몸이 될 것이라 은근히 남편에게 충고하는 정도로 멈추고 만다. 요즈음 같으면 큰 부부 싸움이 일어나겠지만 지난날의 우리 어머니들은 忍從(인종)의 미덕이 체질화되어, 남편의 마음이 다시 옛날로 되돌아오기를 기다렸고 또 그렇게 남편의 마음이 본처에게로 되돌아왔던 것이다. 今昔之感(금석지감)이 느껴진다.

　　5언고시 6연. 압운은 扇, 變, 戀, 變, 箭, 面 자로 거성 '霰(산)' 측운이다. 평측은 차례로 '仄平平平仄, 平仄仄平仄, 平平仄仄平, 仄仄平仄仄, 仄平仄仄平, 平仄仄仄仄, 仄平仄仄平, 平平平仄仄, 仄仄平仄平, 平平仄平仄, 平平平平平, 仄仄平仄仄'으로 이사부동에 맞는 곳은 제 2, 3, 5, 7, 8구의 다섯뿐이며, 반법이나 점법은 무시되었다. 그리고, 두 연씩 對句(대구)로 이루어졌다면 5言排律(5언배율)이 될 것인데 첫 연만이 대구가 되어 고시인 것이다.

223-2 樂吾堂感興詩 八首 第4首(낙오당감흥시 팔수 제4수) 낙오당 감흥시 8 수 넷째 수

尺蠖緣孤叢 乃上上盡頭 欲下却不得 多見不自由
始焉苟知此 小止無悔尤 物微有所感 欲進還退休.

　　(척확연고총 내상상진두 욕하각부득 다견부자유

　　시언구지차 소지무회우 물미유소감 욕진환퇴휴)

자벌레가 외나무에 붙어, 위로 올라 꼭대기까지 올라갔다가,

도로 내려오려 하나 잘 되지 않으니, 뜻대로 되지 않음을 많이 보게 되는구나.

처음부터 참으로 이럴 줄 알아서, 조금 가다가 그만두었더라면 뉘우침은 없었으리라.

미물에게서라도 보고 느끼는 바 있어, 나아가려다가 도로 물러나 쉬노라.

[語句] *樂吾堂 : 草堂(초당) 이름. '나만이 즐기는 초당'이란 뜻인데 지은이의 초당으로 추측됨. *感興 : 마음에 감동되어 일어나는 흥취. *尺蠖 : 자벌레. 蠖은 '자벌레. 뽕나무벌레. 물러가며 숨다'임. *孤叢 : 나무떨기 중의 하나. *苟 : 진실로. 다만. 구차하다. *悔尤 : 잘못을 뉘우침. 잘못과 뉘우침. 尤悔. *物微 : 사물이 하찮음. 微物. '하찮은 자벌레'를 말함.

[鑑賞] 초당에 앉아 일어나는 감흥을 읊은 시로 모두 8수이다. 이 넷째 수는 지나침은 모자람과 같다는 '過猶不及(과유불급)' 교훈을 읊었다. 이 앞 세 수는 "깊은

못에 큰 고기 있어 실패한 적[點額점액]도 지친 적[楨尾정미]도 없으니, 숨어 수양하며 편안하여 기르침을 받으러 갈 필요가 없네. 잘못 움직였다가 때를 잃으면 屈原(굴원)을 빗댄 말같이 고래가 뭍에 나갔다가 개미들에게 곤욕을 당함과 같다네.<제1수> 옛 周公(주공)과 文王(문왕)은 편안함을 즐겨본 적이 없이 늘 경계하고 조심했네. 中道(중도)를 걷고 心力(심력)을 다하면 허물없고 그 광영 영원하리라.<제2수> 신령한 것이 하늘로 오르더니 바람 우레와 어울리네. 진흙탕 속에 서려 있기가 어찌 편했으랴, 우뚝 뛰어남이 창공도 좁다는데. 그 변화를 엿보매 헤아리기 어려워 낮을 어둡게 하고 마른 땅을 적시기도 하니, 누가 능히 함께 올라 그 덕을 넓게 펴리오.<제3수>"이고, 뒤의 네 수는 "벌레 구멍이나 새 둥지 가까이 가지 말라, 숨은 독사와 사나운 올빼미에 놀라게 되네. 그 낌새를 조심 않으면 마침내 그 해독을 당하리. 나는 이 말을 金科玉條(금과옥조)로 여기고 있네.<제5수> 낮은 지위에 있으면서 출세에 조급하면 인간 같지 않은 사람들과 사귀게 되네. 땅을 보지 않고 걷거나 험한 곳을 가면 몸이 위태해지고, 강물을 만나면 나루터를 물어야 하네. 조금 진정하여 조급히 굴지 말라, 망녕되이 움직이면 빠지기 십상일세.<제6수> 가려니 바다가 있고 건너려니 배가 없어서, 내 생각대로 되지 않아 방황하게 되네. 재주는 옛 殷(은) 나라 傅說(부열)처럼 임금의 배가 될 수 없고 세상 운수 또한 창성하지 않으니 재주를 숨기고 때를 기다려라, 함부로 움직이면 앙화를 당하리라.<제7수> 나는 지나침과 부족함의 잘못을 잘 알아, 부족함은 오히려 더 힘쓰게 되지만 지나침은 반드시 그 공적도 무너뜨리고 만네. 늘 마음에 둘 것은 착할 善(선) 자요 입을 열면 혹 싸움을 일으키게 되리라. 요는 허물을 뉘우쳐 회복하는 '不遠復(불원복)'이니, 晉(진)의 阮籍(완적)처럼 길 따라 가다가 막혀 울며 되돌아오는 지경까지 이르러야 하리오.<제8수>"이다. 일종의 人生處世訓(인생처세훈)을 피력한 작품이다.

　5言古詩(5언고시) 8수 중 넷째 수. 압운은 頭, 由, 尤, 休 자로 평성 '尤' 평운이다. 평측은 차례로 '仄仄平平平, 仄仄仄仄平, 仄仄仄仄仄, 平仄仄平平, 仄平仄仄平, 仄仄平仄平, 仄平仄仄仄, 仄仄平仄平'으로 二四不同(이사부동)에 맞는 구는 첫째, 다섯 째, 일곱 째의 셋뿐이고 反法(반법)이나 粘法(점법)은 고시이므로 이루어지지 않았다.

223-3 辛旽 二首 第2首(신돈 이수 제2수) 신돈 두 수 둘째 수

騁怪馳妖老野狐 那知有手競張弧 威能假虎熊羆慴 媚惑爲男婦女趨
黃狗蒼鷹眞所忌 烏鷄白馬何是辜 嘗聞汝死必丘首 已見城東官道隅.
　　(빙괴치요노야호　나지유수경장호　위능가호웅비섭　미혹위남부녀추

황구창응진소기 오계백마하시고 상문여사필구수 이견성동관도우)

요괴한 짓을 멋대로 부리는 늙은 여우여서, 사람들 다투어 활 당기는 줄을 어찌 알겠는가.

호가호위狐假虎威하니 곰들이 벌벌 떨고,

여우가 사내로 변해 호리니 부녀자들 줄줄 몰려가네.

신돈이 황구와 보라매를 꺼린 것은 마땅하지만,

오골계와 백마는 무슨 죄가 있어 즐겨 먹었노.

너 여우가 죽으면 제굴 언덕으로 머리 둔다고 들었거니,

성 동편 길가에 네 무덤 보이는구나.

[語句] *辛旽(?~1371) : 고려 말기의 중. 寺婢(사비)의 아들로 金元命(김원명)이 추천하여 공민왕의 신임을 받고 師傅(사부)로서 국정을 맡아 眞平侯(진평후)란 봉작까지 받아 개혁정치를 실시했음. 처음에는 민심을 얻었으나 지나친 급진 개혁으로 상층 계급의 반감을 샀고, 점차 오만방자해지고 음란한 행동을 하다가 왕의 불신을 사니, 왕을 살해하려는 역모를 꾸몄으나 발각되어 水原(수원)에 유폐되었다가 처형되었음. *騁怪馳妖 : 괴상하거나 요망한 데로 쏠림[달림]. *野狐 : 여우. *那知 : 어찌 알리오. *張弧 : 화살을 얹은 활을 당김. *假虎 : 범의 위세를 빌림. 윗사람의 위엄을 빌어 남을 위협하는 일, 곧 狐假虎威(호가호위). 호랑이가 여우를 만나 잡아먹으려 하니 여우는 "내가 天帝(천제)의 명으로 百獸(백수)의 왕이 된 바, 그대가 나를 잡아먹으면 이곧 천제의 명령을 거스르는 것이 된다. 믿지 못하겠거든 내가 앞장설 터이니, 뒤따라 와 보라." 하여 함께 가노라니, 모든 짐승이 모두 도망쳤음. 호랑이는 짐승들이 자기를 보고 도망친 걸 모르고 여우를 두려워하여 도망치는 것으로 알더라.<戰國楚策> *熊羆 : 곰. 羆는 '큰 곰'임. *懼 : 두려워하다. *媚惑 : 아양 떨며 호림. *趨 : 달리다. 달려가다. *黃狗 : 누렁 개. *蒼鷹 : ①푸른 매. 보라매. ②'酷吏(혹리, 가혹한 벼슬아치)'를 비유하기도 함. 여기서는 ①의 뜻임. *烏鷄 : 털 또는 살과 뼈가 새까만 닭. 烏骨鷄(오골계). *辜 : 허물. 죄. *嘗聞 : 일찍이 들었음. *丘首 : 여우는 한 평생 구릉에 굴을 파고 살며 죽을 때에는 반드시 제 굴이 있는 언덕 쪽에 머리를 둠. 근본을 잊지 아니함. 고향을 그리워함. 狐死首丘(호사수구). *城東 : 都城(도성)의 동쪽. *官道 : 관청이 있는 큰길.

[鑑賞] 공민왕 때 妖僧(요승)으로 세상을 어지럽힌 중 신돈을 읊었는데, "신돈이 처음에는 埋骨僧(매골승, 장례 때 讀經독경을 해 주거나 하는 중)이더니 玄陵朝(현릉조, 공민왕 조정)에 외람되게 領都僉議(영도첨의) 벼슬에 오르매, 그 때 사람들이 늙은 여우라 지목했다."는 註(주)가 붙어 있다. 첫 수는 "천지가 만물을 낳아 그 가지 수가 많아 번잡하되 누

가 조화를 부려 춥고 더움을 마음대로 했던가. 기쁜 정을 듬뿍 쏟을 때는 봄동산에 든 듯하나, 노한 기색이 어둡게 뭉치면 해를 가리는 구름이라. 초겨울 10월에 꿩이 바다에 들어 대합조개[이무기]가 되고 봄 2월에 매가 비둘기로 된다는 禮記(예기)의 말이 괴상한데, 용이 물고기가 되거나 쥐가 범이 되듯 임금이 신하의 압제를 받거나 권력이 신하에게 돌아간다는 李白(이백)의 시를 어찌 말하리오. 가련하다, 오래된 나무가 바람에 쓰러지면 그 나무에 붙어 있던 겨우살이 덩굴은 어디에 의지해야 할꼬."로 신돈이 나라의 실권을 잡은 일을 비꼬면서 많은 신하들이 왕에게 의지할 수 없게 되었음을 읊었다. 인용한 둘째 수는 首聯(수련)에서 늙은 여우인 신돈을 사람들이 모두 미워함을 말하고, 頷聯(함련)에서는 신돈이 임금의 위세를 빌어 날뛰니 신하들이 꼼짝 못하고 여우가 사내로 탈 바꾼 듯 부녀자들을 마구 호린다 하여 對句(대구)를 이루었으며, 頸聯(경련)은 신돈의 성질이 개나 매를 기르는 사람을 꺼렸고 늙어가면서 오골계와 백마의 고기를 助陽劑(조양제)로 즐겨 먹었다 하여 역시 대구를 이루었다. 마무리로 尾聯(미련)에서 신돈은 여우라 호사수구란 말 그대로 성 동편 한길 모퉁이 언덕에 죽어 있구나 했다.

7言律詩(7언율시). 압운은 狐, 弧, 趨, 辜, 隅로 평성 '虞(우)' 평운이다. 평측은 차례로 '仄仄平平仄仄平, 平平仄仄仄平平, 平平仄仄平平仄, 仄仄平平仄仄平, 平仄平平平仄仄, 平平仄仄平仄平, 平平仄仄仄平仄, 仄仄平平平仄平'으로 二四不同二六對(이사부동이륙대)와 反法, 粘法(반법, 점법) 등이 7언율시의 簾(염, 拈념)에 모두 합치되는 좋은 작품이다.

223-4 咸州樓上作 後半(함주누상작 후반) 함주의 누각에 올라 짓다 뒷부분

禪僧飛鷹已可矣 盲人瞎馬尤堪憐 空餘耿耿寸心赤 籬邊樓高仰前賢.
(선승비응이가의 맹인할마우감련 공여경경촌심적 주변루고앙전현)

'참선하는 중이 매를 날림'은 이미 웃던 일인데,
'장님이 애꾸눈 말을 탄 것'은 더욱 가련타.
부질없이 일편단심만 잊혀지지 않고 남아, 주변루 높아서 지나간 어진이들을 우러르네.

[語句] *咸州 : 함경남도의 고을. 함주군. *禪僧飛鷹 : 참선하는 중이 매를 날림. 唐(당)의 시인 李商隱(이상은)이 '義山雜纂(의산잡찬)'에서 殺風景(살풍경, 살벌하거나 흥을 깨뜨리는 광경)의 예로 든 것 중의 하나임. *盲人瞎馬 : 장님과 소경인 말, 곧 장님이 애꾸눈이 먼 말을 타고 밤중에 깊은 연못에 다다름. 晉(진)의 桓玄(환현)이 殷仲堪(은중감)과 위태로운 말 내기를 잘했는데, 한 번은 환현의 參軍(참군)이 옆에 있다가 이렇게 말했다고 함. *耿耿 : 마음에 잊혀지지 않아 아련한 모양. *寸

心 : 마음속의 자그마한 뜻. *籌邊樓 : 미상. 함주에 있는 누대인 듯함. *前賢
: 지난날의 賢人(현인, 어질고 총명한 사람).

[鑑賞] 함주의 주변루에 올라 지은 작품. 이 앞 첫머리의 두 연은 "우리 가문의 조금
능하다 하는 것은 오직 글뿐이라, 이 시대의 폐단을 바로잡는 지방 벼슬아치가
우리 가문의 世業(세업)은 아닐세. 문물이 발전된 지 오래라 전란의 대비가 소
홀해졌으니, 나라의 은혜 태산같이 무거운데 모기 어깨 같은 이 몸 부끄러워
라."이다. 고을원으로서 나랏일을 걱정하고 충성심은 있으나, 자기에게 주어진
사명이 무거운데 그 맡겨진 일을 온전히 완수하지 못하는 것이 이전의 어진이
들에게 부끄럽다고 하여 겸손한 뜻을 폈다.

7言律詩(7언율시) 후반부. 압운은 전반부까지 본다면 篇, 氈, 肩, 憐, 賢 자로 평성 '先(선)'
평운이다. 평측은 차례로 '平平平平仄仄仄, 平平仄仄平平平, 平平仄仄仄平仄, 平平平平仄
平平'으로 이사부동이륙대의 첫 머리가 평성으로 일관했고 따라서 반법이나 점법이 이루어지
지 않았다. 그리고, 이사부동이륙대에 맞는 구는 둘째와 셋째 구이며, 전반부도 각 구의 2-4-6
자 배치를 보면 '平-平-仄, 平-仄-平, 平-仄-平, 平-仄-平'이다.

224. 李德懋(이덕무 1714~1793) : 조선 정조 때의 학자, 문장가. 자 懋官(무관). 호 炯
庵, 雅亭(형암, 아정). 본관 完山(완산). 父 聖浩(성호). 經史(경사)를 비롯하여 奇文異書(기문
이서)에 이르기까지 정통했고, 문장에 독특한 창의성이 있어서 文名(문명)이 있었으나
庶出(서출)이어서 벼슬이 奎章閣 檢書官(규장각 검서관), 積城縣監(적성현감)에 그쳤다. 沈
念祖(심염조)를 따라 북경에 들어가 그 곳 학자들과 교유하며 지식을 넓혔고, 돌아와서
는 北學(북학)을 제창하여 朴齊家(박제가 →81), 劉得恭(유득공 →179), 李書九(이서구 →245)와
함께 後四家(후사가)로 불리워 활약이 많았다. 저서로 '靑莊館全書(청장관전서)' '紀年兒
覽(기년아람)' '盎葉記(앙엽기)' '淸脾錄(청비록)' '雅亭遺稿(아정유고)' '嬰處稿(영처고)' '蜻蛉
國誌記(청령국지기)' '寒竹堂涉筆(한죽당섭필)' '禮記臆解(예기억해)' '宋史補傳(송사보전)' '明
遺民傳(명유민전)' '磊磊落落書(뇌뢰락락서)' 등이 있다.

224-1 嬋娟洞(선연동) 선연동

嬋娟洞草賽羅裙 剩粉遺香暗古墳 現在紅娘休詫艶 此中無數舊如君.
　　　(선연동초새나군 잉분유향암고분 현재홍낭휴이염 차중무수구여군)

선연동 풀들은 미인의 비단 치마같이 곱고, 분 향기 그윽히 옛 무덤을 감싸네.
지금의 젊은 아가씨야 얼굴 곱다 자랑 말라,
이 무덤 속에는 지난 날 그대처럼 예뻤던 이들 무수히 많다네.

[語句] *嬋娟洞 : 평양의 칠성문 밖에 있는 기생 공동묘지. →81-1. *賽 : 굿. 치성드
리다. 나음을 자랑해 다투다. *羅裙 : 엷은 비단 치마. 미인. *剩 : 남다. 더하다.
*遺香 : 남아 있는 향기나 냄새. *古墳 : 옛 기생들의 무덤. *紅娘 : 紅粧(홍장,
고운 화장)한 아가씨. *詫艶 : 예쁨을 자랑 함. 詫는 '자랑할 이. 속일 타' 자임.

[鑑賞] 지은이가 중국으로 갈 때 朴齊家(박제가)가 배웅하며 지은 '平壤雜節(평양잡절)' 중에
'嬋娟洞' 시가 있는데[→81-1], 이 때 지은이도 이 시를 지은 듯하며 次韻(차운)하지
는 않았다. 선연동의 잔디는 파랑기로 유명한 듯 두 시에 모두 그 고움을 읊은
점은 같다. 무덤 속의 기생들의 화장한 분과 향냄새가 아직도 무덤에 서린 듯하
니, 지금의 예쁜 처녀들이여 얼굴 곱다고 자랑 마라. 이 무덤 속에는 지난날 너희
보다 더 고왔던 미인들이 헤아릴 수 없을 만큼 많으니라고 그들의 넋을 기렸다.
한편 박제가는 '선비들이 아직도 서시가 빨래하던 완사계에 빠져 보고 싶어하듯
선연동의 기생들을 잊지 못하고 있다'고 그들의 영혼을 달랬었다.

7言絕句(7언절구). 압운은 裙, 墳, 君 자로 평성 '文(문)' 평운이다. 평측은 차례로 '平平仄仄
仄平平, 仄仄平平仄仄平, 仄仄平平平平仄, 仄平平仄仄平平'으로 이사부동이륙대는 셋째 구
에서 어긋났고 반법과 점법은 그런대로 이루어졌다.

224-2 曉發延安(효발연안) 새벽에 연안을 떠나다

不已霜雞郡舍東 殘星配月耿垂空 蹄聲笠影朦朧野 行踏閨人片夢中.
(불이상계군사동 잔성배월경수공 제성입영몽롱야 행답규인편몽중)

고을 관사 동쪽에서는 새벽을 알리는 닭 울음 그치지 않고,
새벽별은 달을 동무해 반짝이네.
말발굽 소리와 내가 쓴 갓 그림자 희미한 들판으로, 아내의 꿈속 정을 밟으며 간다오.

[語句] *延安 : 황해도 남동부의 延白郡(연백군)의 지명. 1914년 이전에는 연안군이었
음. *不已 : 그치지 않음. *霜雞 : 서리 내린 새벽의 닭. 雞=鷄(닭 계). *郡舍 :
고을의 관사. 郡廳(군청)의 官舍(관사). *殘星 : 새벽녘의 별. *配月 : 달을 짝함.
달과 함께 떠 있음. *耿 : 반짝거리다. *垂空 : 공중에 드리움. 하늘에 달려 있
음. 朦朧 : 흐리멍덩하여 아득함. 사물이 분명하지 않음. *閨人 : 규방 사람.
아내. 아가씨. *片夢 : 한 조각 꿈. 한쪽만의 생각. 짝사랑.

[鑑賞] 지은이가 심염조를 따라 북경으로 갈 때 연안에서 묵다가 새벽에 떠나며 지은
시가 아닌가 한다. 새벽을 알리는 닭 울음이 낭자하고 샛별이 무리진 달 옆에
서 반짝이는 이른 새벽에 말발굽 소리와 말을 탄 내 그림자마저 희미하다. 나

에 대한 꿈을 꾸고 있을 아내가 문득 생각난다. 한 폭의 그림이 연상되는 산뜻한 작품이다. 끝구의 '閨人'은 고을원이 守廳(수청)들라고 들여보낸 官妓(관기)나 情人(정인)으로도 풀이할 수 있으나, 선비의 체면을 고려하여 고향 집에서 임을 그리고 있을 아내로 풀이했다.

7언절구. 압운은 東, 空, 中 자로 평성 '東' 평운이다. 평측은 차례로 '仄仄平平仄仄平, 平平仄仄仄平平, 平平仄仄平平仄, 平仄平平仄仄平'으로 이사부동이륙대와 반법, 점법 등이 규칙에 합치되고 평측 글자 배치가 고르게 된 모범작이다.

225. 李德馨(이덕형 1561~1613) : 조선 중기의 명신. 자 明甫(명보). 호 漢陰(한음). 시호 文翼(문익). 본관 廣州(광주). 父 知事 民聖(지사 민성). 어려서부터 재주가 있고 침착했으며 문학에 통달하여 어린 나이로 蓬萊 楊士彦(봉래 양사언)과 막역한 사이였다. 20세[선조 13년] 때 문과에 급제, 승문원에 보직되었는데, 함께 급제한 李恒福(이항복), 李廷立(이정립)과 동시에 薦書(천서)에 올랐다. 이 무렵 동서 당론이 일어나기 시작해서 선조 14년 (1581) 대제학 栗谷 李珥(율곡 이이)가 湖堂(호당)을 뽑게 되자 이덕형과 이항복이 뽑혀 휴가를 받고 독서에 전념했다. 선조 21년(1588) 일본 사신 玄蘇(현소), 平義智(평의지) 등이 오자 그는 吏曹正郎(이조정랑)으로서 접반하여 그들의 존경을 받았다. 직제학, 승지, 대사간, 부제학, 대사성, 이조참의 등을 역임한 뒤 예조 참판의 특명을 받고 대제학을 겸했는데 나이 31세였다. 선조 25년(1592) 임진왜란 때 왕이 평양으로 몽진하고 적이 대동강까지 진격해 와 화의를 청하매, 그는 단독으로 일본의 현소와 회담하며 대의로써 그들을 공박했다. 이후 왕명으로 명 나라에 가 구원병을 청해 성공하여 서울을 수복하니, 이 공으로 그는 형조와 병조의 판서가 되었다. 정유재란 때에는 우의정을 거쳐 좌의정이 되고, 선조 34년(1601) 體察使(체찰사)로 남쪽 지방을 다녀와 영의정이 되었으며 扈聖, 宣武(호성, 선무) 공신이 되었다. 광해군이 즉위하자 명 나라에 다녀와 영의정에 복직했고 이어 永昌大君(영창대군) 처형과 廢母論(폐모론) 등으로 탄핵을 받아 면직되고 龍津(용진)으로 돌아가 그 해에 병사했다. 문집에 '漢陰文稿(한음문고)'가 있다.

225-1 寄隣丈(기인장) 이웃 어른에게 드리다

平原經雨草根柔 隔屋春山翠欲流 賽社醉歸桑柘晚 遠村烟合月如鉤.
　(평원경우초근유 격옥춘산취욕류 새사취귀상자만 원촌연합월여구)

넓은 들에 비 지나가 풀빛이 곱고, 집 뒤 봄을 맞은 산은 푸른빛 흐르는 듯 하네요.
사일 제사에서 술 취하여 돌아오자니 우리 마을은 저무는데,
먼 마을에는 저녁 연기 끼고 달은 갈구리 같은 초생달이구료.

[語句] *平原 : 평탄한 들판. *草根 : 풀의 뿌리. '풀빛'으로 풀이해도 좋겠음. *賽社 : 치성드리는 모임. 봄, 가을에 동네에서 土神(토신)에게 제사 드리는 社日(사일) 모임. *桑柘 : 뽕나무와 산뽕나무. '桑梓(상자, 상재)'와 통하여 '조상의 묘소가 있는 고향 마을 곧 우리 마을'의 뜻으로 썼음.

[鑑賞] 봄 입춘 뒤의 사일 제사 모임에 동네 노인들과 함께 참석하고 술이 거나해 돌아올 때, 이웃 노인이 말했으리라, "자네 글 잘 하니 시 한 수 지어 주게나." 한음은 술김이라 즉석에서 이와 같이 읊어 주었으리라. 깊은 뜻은 없지만 즉흥으로 요청에 의해 지은 작품 치고는 운치 넘치고 한시 작법에 어긋나지 않는 시로 한폭의 동양화가 머리 속에 그려진다. 옛 분들은 한시 짓기가 일상 생활화되어 있었음을 상기할 일이다.

7言絶句(7언절구). 압운은 柔, 流, 鉤 자로 평성 '尤(우)' 평운이다. 평측은 차례로 '平平平仄仄 平平, 仄仄平平仄仄平, 仄仄仄平平仄仄, 仄平平仄仄平平'으로 二四不同二六對(이사부동이륙대)나 反法(반법), 粘法(점법) 등이 簾(염)에 합치되고 평측도 고르게 배치된 좋은 작품이다.

226. 李道宰(이도재 1848~1909) : 조선말 文臣(문신). 자 聖一(성일). 호 心齋(심재). 시호 文貞(문정). 본관 延安(연안). 養父(양부) 健翼(건익). 고종 19년(1882) 문과에 급제, 全羅監司(전라감사)를 거쳐 學部大臣(학부대신), 농상공부대신, 內務大臣(내무대신)을 역임했고 侍從院卿(시종원경)이 되었다. 고종 23년(1886) 護軍(호군)으로 있을 때, 甲申政變(갑신정변, 1884)의 여당으로 몰려 古今島(고금도)에 귀양 갔다가 석방된 일이 있었다.

226-1 題光州宣化堂(제광주선화당) 광주의 선화당에 대하여 짓다

十年南國再來巡 素志蹉跎白髮新 芳草池塘多好友 飛花院落屬殘春
異鄕景物愁爲客 勝地風流樂與民 老去不堪簿牒惱 江湖何日作閒人.

(십년남국재래순 소지차타백발신 방초지당다호우 비화원락속잔춘

이향경물수위객 승지풍류낙여민 노거불감부첩뇌 강호하일작한인)

십년만에 남쪽 지방을 다시 오니, 평소의 뜻 못 이루고 백발만 새로이 늘었네.
꽃다운 풀 우거진 못에는 벗 삼을게 많고, 꽃잎 날리는 안뜰은 봄이 저물어 가는구나.
타향의 경치는 나그네된 나의 시름 자아내나,
경치 좋은 이 땅의 풍류 백성들과 함께 즐기네.
늙어가매 벼슬아치의 일 견뎌 내기 어려우니,
언제나 강호에 돌아가 한가로이 살아가려는고.

[語句] *光州 : 광주광역시. 옛날 전라도의 중심지 또는 전남의 도청소재지였음. *宣化
堂 : 道(도)의 관찰사가 일보던 正堂(정당, 몸채의 대청). *素志 : 본디의 뜻. 素意(소
의). *蹉跎 : 미끄러져 넘어짐. 이룬 일 없이 나이만 먹음. *芳草 : 꽃다운 풀. *
池塘 : 못. *院落 : 울안에 따로 막아 놓은 정원이나 집. 안뜰. *殘春 : 얼마 남
지 않은 봄. 늦봄. *景物 : 사철에 따라 달라지는 경치. *勝地 : 경치 좋고 아름
다운 곳. *風流 : 속된 일을 떠나 멋스럽게 노는 일. 花鳥風月(화조 풍월). *簿牒 :
관청의 장부나 문서. 簿籍(부적). *江湖 : 강과 호수. 강과 호수가 있는 자연.

[鑑賞] 지은이가 전라도관찰사로 부임하여 지은 작품. 10년만에 外職(외직)을 맡아 광
주에 오니 품었던 뜻을 이루지 못하고 백발만 늘었다. '연못과 그것을 둘러싼
풀들 모두가 벗삼을 만하고 안뜰의 지는 꽃잎 보니 봄도 가는구나.' 하고 이어
좋은 對句(대구)를 이루었다. 다음은 轉換(전환)으로 '타향인 광주의 철 따라 달라
지는 경치는 나그네로서의 시름을 자아내지만, 경치 좋은 이 곳에서 백성들과
함께 즐기는 풍류는 즐겁기도 하다.' 하여 역시 짝을 잘 지었다. 마무리로 '늙
은 몸이라 벼슬길을 감당하기 어려워지니 언제 자연으로 돌아가 한가로이 살아
갈 것인가' 하고 맺은 좋은 시이다.

7言律詩(7언율시). 압운은 巡, 新, 春, 民, 人 자로 평성 '眞(진)' 평운이다. 평측은 차례로 '仄
平平仄仄平平, 仄仄平平仄仄平, 平仄平平平仄仄, 平平仄仄仄平平, 仄平仄仄平平仄, 仄仄
平平仄仄平, 仄仄仄平仄仄仄, 平平平仄仄平仄'으로 이사부동이륙대와 반법, 점법 등은 규칙
에 맞으나, 제 7구가 일반적으로 꺼리는 '仄仄仄平仄仄仄'이어서 아쉽다.

227. 李萬元(이만원 ?) : 조선 숙종 때 문신. 자 伯春(백춘). 호 二憂堂(이우당). 본관 延安
(연안). 고조부 海皐 李光庭(해고 이광정). 숙종 4년(1678) 문과 급제하여 한림, 三司副提學
(삼사 부제학)을 거쳐 咸鏡, 平安 觀察使(함경, 평안 관찰사)와 參判(참판)에 승진되고 延陵君(연
릉군)에 피봉되었다. 숙종 15년(1689) 閔妃廢妃論(민비폐비론) 때 불가함을 극간하다가, 왕
이 상을 차서 그의 이마에 맞아 상처를 입고도 굴하지 않아 義州(의주)로 유배되었다가
소환되었다. 그 무렵 宋時烈(송시열)이 제주도 유배에서 풀려 온다는 소식을 듣고 영조
원년(1725)에 강경한 상소문을 직접 왕에게 올리니 추상같은 논조에 좌우가 숙연하였
고, 그로 인해 송시열은 井邑(정읍)에서 사사되었다. 후에 美江祠(미강사)에 향사되었다.

227-1 古意(고의) 고풍의 뜻

風定花猶落 鳥鳴山更幽 天共白雲曉 水和明月流.
　(풍정화유락 조명산갱유 천공백운효 수화명월류)

바람 자는데도 꽃은 지고, 새 우니 산 다시 그윽하네.

하늘과 흰 구름 함께 새벽 되고, 강물은 명월을 싣고 흐르는구나.

[語句] *古意 : 古風(고풍)의 생각. 회고의 정. *風定花猶落 : 바람이 불지 않고 잠잠한 데도 꽃은 절로 떨어짐. 중국 晉(진)의 謝貞(사정, 謝安사안의 9세손)이 8세 때 지은 시 구인데, 尙書 王筠(상서 왕균)이 기이하게 여겨 그 부모더러 "이 아이가 대성하여 드디어 謝惠連(사혜련)을 따라잡을 것이오." 했다고 함<世說 夙惠篇> *鳥鳴山更幽 : 새가 우니 산이 한결 한가하고 조용해짐. 중국 남북조 때 梁(양)의 王籍(왕적)이 지은 '入若耶溪(입약야계)' 시에 있는 구절임. →165-1.

[鑑賞] 처음 두 구는 중국의 옛 시구를 그대로 빌어쓰고 끝 두 구만 지은이의 창작인 듯한데, 그것도 남의 시에서 따온 것은 아닌지 詳考(상고)하지 못했다. 이런 사실을 제목에서 밝혀 두었으니 '古意'는 '옛날의 시풍 또는 옛 사람들의 뜻'이란 의미가 담겨 있어 단순한 盜用(도용)은 아니라 하리라. 산수가 수려한 시골 새벽 한 때의 고요한 정경을 잘 그린 작품으로 바람, 꽃, 산새, 하늘, 백운, 강물, 밝은 달 등 모두가 자연을 素材(소재)로 한 敍景詩(서경시)이다.

5言絕句(5언절구). 압운은 幽, 流 자로 평성 '尤(우)' 평운이다. 평측은 차례로 '平仄平平仄, 仄平平仄平, 平仄仄平仄, 仄平平仄平'으로 二四不同(이사부동)과 反法(반법)은 모두 이루어졌으나, 粘法(점법)은 어긋났으니, 제2, 4자가 차례로 '仄-平, 平-仄, 平-仄, 仄-平'이 되어야 하는데 이 시는 '측-평, 평-측, 측-평, 평-측'이 되었다.

228. 李孟昀(이맹균 1371~1440) : 조선 세종 때의 학자. 자 鈞之(균지). 호 漢齋(한재). 시호 文惠(문혜). 본관 韓山(한산). 조부 牧隱 李穡(목은 이색 →243). 父 知密直 種德(지밀직 종덕). 고려 우왕 11년(1385) 문과 급제하고 조선조에 들어와 여러 벼슬을 역임한 후 이조판서, 우찬성, 集賢殿 大提學(집현전 대제학)에 이르렀다. 학문이 깊고 시에 뛰어났으며 筆跡(필적)도 훌륭했다. 부인이 시샘이 많고 사나워서 家禍(가화)를 꾸민 까닭에 병을 얻어 방랑하다가 객사했다.

228-1 松京懷古(송경회고) 송도 회고

五百年來王氣終 操鷄搏鴨竟何功 英雄已逝山河在 人物南遷市井空
上苑煙霞微雨後 諸陵草樹夕陽中 秋風客恨知多少 往事悠悠水自東.

(오백년래왕기종 조계박압경하공 영웅이서산하재 인물남천시정공

상원연하미우후 제릉초수석양중 추풍객한지다소 왕사유유수자동)

5백년 내려온 고려의 왕기 끊어지니,

신라를 멸하고 압록강을 취한다는 게 무슨 공로 있던고.

영웅들 이미 가고 산하만 남았으며,

인물들이 남쪽 한양으로 옮겨 가 시가지도 텅 비었구나.

궁중 동산에 이슬비 내린 뒤 연하 끼고, 여러 왕릉의 풀과 나무는 석양에 잠겼네.

가을바람 속에 지나가는 나그네 한은 그지없는데,

지난 일들 유유히 강물에 실려 절로 동쪽으로 흐르는구나.

[語句] *松京 : 고려의 서울이었던 지금의 開城(개성). 松都(송도). *懷古 : 지나간 옛일을 돌이켜 생각함. *王氣 : 임금이 나거나 될 징조. *操鷄搏鴨 : 먼저 닭을 잡고 뒤에 오리를 취함, 곧 먼저 계림 즉 신라를 멸하고 후에 압록강을 취함. 先操鷄後搏鴨(선조계후박압). 당 나라 장사꾼인 王昌瑾(왕창근)이 異人(이인)에게서 샀다며 弓裔(궁예)에게 바친 옛 거울에 비춰진 문구의 일부인데, 王建(왕건, 후의 고려 태조)이 풀이했다고 함<三國史記 卷50 弓裔> *山河 : 산과 강. *南遷 : 남쪽으로 옮김. '조선 왕조가 남쪽에 있는 漢陽(한양, 지금의 서울)으로 수도를 옮기니 벼슬아치나 뛰어난 인물들이 모두 한양으로 갔음'의 뜻임. *市井 : 人家(인가)가 모인 곳 곧 거리. *上苑 : 上林苑(상림원). 天子(천자)의 庭園(정원). 중국 황궁의 정원인데 '궁궐 안의 祕苑(비원)'의 뜻으로 썼음. *煙霞 : 안개와 노을. *微雨 : 보슬보슬 내리는 비. 가랑비. 이슬비. *客恨 : 객지에서 느끼는 한이나 愁心(수심). 客愁(객수). *多少 : 많거나 적음. 여기서는 '많음'의 뜻임. *往事 : 지나간 일. *悠悠 : 느릿느릿함. 여유 있고 한가함.

[鑑賞] 고려의 서울이었던 송도 곧 개성에 가서 읊은 시. 首聯(수련, 1~2구)은 '고려 5백년간의 왕기가 다하니 신라를 먼저 멸망시키고 나중에 고구려의 옛 강토였던 압록강 북쪽 땅을 잡아야 한다는 箴言(잠언)이 무슨 소용이었던가' 했고, 頷聯(함련, 3~4구)에서는 '영웅들은 이미 세상을 떠나 산과 강 등 강토만 남았고, 벼슬살이하거나 훌륭한 사람들은 새 조선 왕조 따라 한양 새 서울로 따라가 버려 개성시내는 텅비었다'고 탄식했는데 두 구는 좋은 對句(대구)를 이루었다. 頸聯(경련, 5~6구)은 '옛 궁중 동산은 보슬비 온 뒤 연하에 잠겼고, 주변의 여러 왕릉에 자라난 풀이나 나무는 석양 속에 보인다' 하여 호사 화려했던 옛일을 상상하며 세상사의 무상을 읊어 좋은 대구가 되었으며, 마지막 尾聯(미련, 7~8)에서 가을바람 속에서 유유히 흘러가는 강물을 바라보며 지은이의 所懷(소회)를 피력했다.

7言律詩(7언율시). 압운은 終, 功, 空, 中, 東 자로 평성 '東' 평운이다. 평측은 차례로 '仄仄平平平仄平, 平平仄仄仄平平, 平平仄仄仄平仄, 平仄平平仄仄平, 仄仄平平平仄仄, 平平仄仄仄平平, 平平仄仄仄平仄, 仄仄平平仄仄平'으로 二四不同二六對(이사부동이륙대)와 반법, 점법

등이 규칙에 맞고 평측 글자 배정이 잘 되어, 7언율시의 전형이 되는 좋은 작품이다.

228-2 歎無子(탄무자) 아들이 없음을 탄식하다

自從人類起於寅 父子相傳到此身 我罪伊何天不弔 未爲人父鬢絲新.

(자종인류기어인 부자상전도차신 아죄이하천부조 미위인부빈사신)

예로부터 사람은 인에서 생겨나, 아버지와 아들로 전해 내려 이 몸에까지 왔는데,

내 죄가 얼마나 크기에 하늘이 박정해, 사람의 아비 되지 못하고 구레나룻만 세는가.

[語句] *自從 : ~로부터<前置詞>. *起於寅 : 地支 寅(지지 인)에서 생김. 하늘은 子(자)에서 생기고 땅은 丑(축)에서 생기며 사람은 인에서 생겼다고 함. *相傳 : 대대로 이어 전함. *伊何 : 어찌하여. 伊는 何를 강조하는 發語辭(발어사)임. *不弔 : 무정함. 薄情(박정)함. *鬢絲 : 구레나룻. 귀밑털. *新 : 새롭다. '하얗게 세니 새롭게 보이다'의 뜻임.

[鑑賞] 아들이 없음을 탄식한 시. 지난 날 不孝(불효)에는 '어버이를 不義(불의)에 빠뜨리는 일, 집이 가난하고 어버이가 나이 많은데도 祿(녹)을 받는 벼슬을 하지 않는 일, 장가를 들지 않아 아들이 없어 선조의 제사를 끊는 일'의 세 가지가 있는데, 孟子(맹자)는 그 중에서도 뒤를 이을 아들이 없는 것이 가장 큰 불효라 했다.<孟子 離婁上> 우리 조상들도 富貴多男子(부귀다남자)라 하여 아들이 많은 것을 복으로 쳤다. 그러니, 목은 선생을 할아버지로 모신 지은이는 아들이 없음이 얼마나 마음 쓰리며 조상에 대한 죄책감에 사로잡혔겠는가. 요즘 젊은이들은 이해하기 어려울는지 모르나 나이든 세대는 충분히 공감할 것이다.

7言絕句(7언절구). 압운은 寅, 身, 新 자로 평성 '眞(진)' 평운이다. 평측은 차례로 '仄平平仄 仄仄平平, 仄仄平平仄仄平, 仄仄平平平仄仄, 仄平平仄仄平平'으로 이사부동이륙대와 반법, 점법 등이 규칙에 맞고 평측 글자 배열도 잘 이루어진 좋은 작품이다.

229. 李明漢(이명한 1595~1645) : 조선 중기의 문신. 자 天章(천장). 호 白洲(백주). 시호 文靖(문정). 본관 延安(연안). 父 廷龜(정구 →294). 광해군 8년(1616) 문과 급제하여 正字(정자), 典籍(전적), 工曹佐郎(공조좌랑)을 역임하고 폐모론 때 참여하지 않아 파면되었다가 인조반정 후 명문의 자제라 하여 經筵侍讀官(경연 시독관)으로 임명되었다. 李适(이괄)의 난 때 왕을 공주로 모시고 8도에 보내는 敎書(교서)를 李植(이식 →263)과 함께 지었으며, 고향에서 모친의 병을 시중들고 있다가 병자호란을 당해 모친상을 입었다. 이후 한동안 관직에서 물러나 있다가 江原道觀察使(강원도관찰사), 漢城右尹(한성우윤), 大司憲(대사헌)을 거쳐 도승지로서

대제학을 겸직하고, 인조 20년(1642) 이조판서에 이어 예조판서를 지냈다. 인품이 온유하고 성리학에 밝았으며 시와 글씨에도 뛰어났는데 특히 글씨는 宋(송)나라 名家(명가)들에게도 알려졌다. 아들은 一相(일상), 端相(단상), 喜相(희상)이며 문집에 '白洲集(백주집)'이 있다.

229-1 白馬江(백마강) 백마강

何處高臺何處樓 暮山千疊水西流 龍亡花落他時事 漫有浮生不盡愁.

(하처고대하처루 모산천첩수서류 용망화락타시사 만유부생부진수)

어디에 높은 대가 있고 누각은 또 어디 있는고,
해 저무는 천 겹으로 겹친 산에 강물은 서쪽으로 흐르네.
조룡대의 용이 죽고 낙화암 꽃이 진 게 어느적 일이던고,
뜬 인생 시름은 끝없이 번지누나.

[語句] *白馬江 : 錦江(금강)의 하류로 충남 扶餘(부여)를 돌아가는 부분. 扶蘇山(부소산)을 싸고 흐르는데 落花巖(낙화암)과 釣龍臺(조룡대), 皐蘭寺(고란사) 등이 이 강가에 있음. *暮山 : 저물녘의 산. *千疊 : 겹겹이 싸임. *龍亡花落 : 용이 죽고 꽃이 짐. '백제를 침공한 唐(당)의 장수 蘇定方(소정방)이 백마강에 용이 도사리고 있어 물결이 세다는 말을 듣고 강가 조룡대 바위에서 백마를 미끼로 하여 그 용을 낚고 강을 건너 백제를 쳤다는 전설이 있고, 낙화암의 꽃이 짐 곧 백제가 망하자 3천 궁녀들이 낙화암에서 백마강으로 떨어져 죽은 일을 꽃이 진 것에 비유함'을 뜻함. *他時 : 다른 때. 딴 때. *漫 : 두루. 부질없다. 아득하다. *浮生 : 덧없는 인생. *不盡 : 다하지 않음. 없어지지 않음.

[鑑賞] 백제 멸망의 한이 서린 백마강에서 읊은 작품. 짧은 7언시 28 글자에 불과하지만 부여의 지리적 배경과 백제의 문화 및 멸망의 전설이 모두 함축되어 있다. 백제의 서울 부여에는 곳곳에 높은 누대와 누각이 있어 발달된 문화가 있었고, 부여는 겹겹이 싸인 산속에 백마강이 감돌아 서쪽으로 흐른다. 소정방이 낚았다는 용이나 낙화암에서 떨어져 죽은 3천 궁녀들 이야기는 이제 옛일로 되어, 인생무상의 철칙 속에서 끝없는 시름에 잠기는 지은이다.

7言絶句(7언절구). 압운은 樓, 流, 愁 자로 평성 '尤(우)' 평운이다. 평측은 차례로 '平仄平平平仄平, 仄平平仄仄平平, 仄平平仄平平仄, 仄仄平平仄仄平'으로 二四不同二六對(이사부동이륙대)와 反法, 粘法(반법, 점법) 등이 규칙에 모두 합치되었고 첫 구외에는 평측 배치도 고른 좋은 작품이라 하겠다.

230. 李穆(이목 ?) : 조선 인조 때 문관. 자 仲深(중심). 호 北溪(북계). 본관 德水(덕수). 인조 때 문과 급제하여 벼슬이 縣令(현령)에 이르렀다.

230-1 詠畫中睡雁(영화중수안) 그림 속에서 졸고 있는 기러기를 두고 읊다

隨陽一點落平洲 長對蘆花別有秋 羅網稻粱散不顧 上林傳札夢中謀.

（수양일점낙평주 장대노화별유추 나망도량산불고 상림전찰몽중모）

볕 따라 줄 지어 물가 모래밭에 한 점과 같이 내려,

갈대 꽃 마주하며 또 다른 가을을 오래 가지네.

잡으려는 그물과 유인하는 곡식이 흩어져 있음에도 돌아보지 않고,

상림원의 편지 글 전할 꿈만 꾸고 있구나.

[語句] *隨陽 : 햇볕을 따라감. 따뜻한 곳을 따름. 君看隨陽雁 各有稻粱謀(그대는 따뜻한 곳에 내리는 기러기를 보라, 제 각각 먹이를 얻는 계책은 있도다)<杜甫 同諸公登慈恩寺塔> *平洲 : 물가의 평평한 모래밭. *蘆花 : 갈대 꽃. *羅網 : 새 잡는 그물. *稻粱 : 벼와 기장. '기러기를 유인하는 곡식'의 뜻임. *上林 : 중국 황궁 안의 동산. 上林苑(상림원). →228-1.

[鑑賞] 중국 宋迪(송적)의 瀟湘八景圖(소상팔경도) 중 '平沙落雁(평사낙안)' 그림인지 아니면 다른 그림인지, 물가 모래톱의 기러기가 조는 모양이 나타난 그림을 보고 지은 시. 줄지어 날던 기러기가 물가 모래밭에 내려앉을 때는 한 점 같아 보이더니, 갈대 꽃 아래에서 햇볕을 쪼이며 오래 졸고 있다. 마치 별세계의 가을을 맞이한 듯이. 사람들이 기러기를 잡으려고 곡식 낟알을 뿌려 놓고 그물을 쳐 놓았지만 그런 것에는 상관 않고 조는 것이, 저들의 역할인 편지 전할 계책만을 도모하는 듯하다.

　7언절구. 압운은 洲, 秋, 謀 자로 평성 '尤(우)' 평운이다. 평측은 차례로 '平平仄仄仄平平, 平仄平平仄仄平, 平仄仄平仄仄仄, 仄平平仄仄平平'으로 이사부동이륙대와 반법, 점법 등이 규칙에 맞았다.

231. 李茂芳(이무방 ?~1398) : 고려말과 조선초의 문관. 자 釋之(석지). 시호 文簡(문간). 본관 光陽(광양). 충목왕 때 과거에 급제하여 공민왕 때 獻納(헌납)으로 있었는데 金鏞(김용)이 專橫(전횡)하므로 벼슬을 그만두었다가, 大司憲(대사헌), 密直學士(밀직학사)를 역임하고 鷄林府尹(계림부윤) 때 흉년을 만났으나 魚鹽(어염)을 팔고 義倉(의창)을 두어 정치를 잘하여, 6道(도)를 순찰 중이던 崔瑩(최영)의 눈에 들어 判開城府事(판개성부사), 政堂文學(정당문학)에 이르렀다. 우왕 때 門下評理(문하평리), 창왕 때 檢校門下侍中(검교문하시중)을 지냈고 공양왕 때 왕이 돌아가자 16년간 한가하게 지냈다. 조선초에 門下生(문하생)인 趙浚(조준

→475)의 천거로 다시 검교문하시중을 지냈고 光陽府院君(광양부원군)에 피봉되었다.

231-1 次寒松亭韻(차한송정운) 한송정 시에 차운하다

亭依松麓斷 東望海無門 境靜仙蹤在 沙明鳥篆存

碑心苔暈綠 石面雨痕昏 一掬泉無渴 源乎天地根.

(정의송록단 동망해무문 경정선종재 사명조전존

비심태운록 석면우흔혼 일국천무갈 원호천지근)

한송정은 소나무 산기슭 벼랑에 섰는데, 동쪽을 보니 바다가 확 틔어 막힘이 없구나.

경내가 고요해 신선의 자취 남았고, 모래는 맑아 새 발자국 그대로 남아 있네.

비석의 글자는 푸르게 이끼 끼어 희미하고, 비석 표면은 비바람에 시달려 어지럽구나.

움켜 뜰 수 있는 언제나 마르지 않는 샘물은, 그 근원이 천지의 밑바탕이리라.

[語句] *寒松亭 : 강원도 강릉시 성내동에 있는 정자. →128-1. *麓 : 산기슭. *無門
　　 : 문이 없음. 막힘이 없음. *仙蹤 : 신선의 자취. *鳥篆 : 새 발자국. 새가 진
　　 흙 땅을 오가며 새겨진 발자국이 옛 중국의 篆字(전자)와 비슷하여 하는 말로
　　 鳥跡(조적)이란 말과 함께 '전자 글자'를 뜻하기도 함. *碑心 : 비석 바탕. 비석
　　 복판의 글자 새긴 부분. *暈 : 해무리. 달무리. '희미하다'의 뜻임. *雨痕 : 비
　　 의 흔적. 비바람에 젖은 자국. *一掬 : 한 움큼. 두 손으로 움키는 일. *源乎 :
　　 근원은. 源泉(원천)이야. *天地根 : 하늘과 땅의 뿌리. 깊은 밑바탕.

[鑑賞] 이 시는 고려 충혜왕 때 강릉도 안렴사를 역임하고 경기체가인 '關東別曲(관동별곡)'
　　 을 지은 安軸(안축) 선생의 '題寒松亭(제한송정)' 시에 차운한 작품이다. 그 시는 앞에
　　 서 전반만을 소개했는데, 그 풀이는 앞의 '149-2'에 있다. 그 압운 자를 보면 후반
　　 의 原詩(원시)가 "尋眞思翠密 懷古立黃昏 唯有煎茶井 依然在石根(심진사취밀 회고입황
　　 혼 유유전다정 의연재석근)"으로 門, 存, 昏, 根 자이니 이 시의 압운 자와 같지 않은가.
　　 비석은 오래되어 낡아 읽기가 어려운데, 오직 신라 화랑의 四仙(사선)들이 차 끓일
　　 물을 긷던 샘물은 하늘과 땅의 밑뿌리에서 솟아나기에 아직도 남아 있다고 표현했
　　 다. 그리고, 頷聯(함련, 3~4 구)과 頸聯(경련, 5~6 구)은 對句(대구)가 잘 이루어졌다.

　5言律詩(5언율시). 압운은 앞에서 말한 대로 門, 存, 昏, 根 자로 평성 '元(원)' 평운이다. 평
측은 차례로 '平平平仄仄, 平仄仄平平, 仄仄平平仄, 平平仄仄平, 平平平仄仄, 仄仄仄平平,
仄仄平平仄, 平平平仄平'으로 이사부동이나 반법, 점법 등이 규칙에 어긋남이 없는 秀作(수작)
이다. 다만 끝구의 측성 자가 한 자뿐인 점이 아쉽다.

232. 李宓(이밀 ?) : 조선 명종 때 선비. 본관 眞寶(진보). 退溪 李滉(퇴계 이황 →329)의 형인 瀣(해)의 아들로 일찍 죽었다. 李瀣(이해 1496~1550)는 조선 명종 때의 문신으로 자는 景明(경명)이요 호는 溫溪(온계)인데, 문과 급제 후 大司憲(대사헌)을 역임하며 우의정 李芑(이기)를 탄핵했다.

232-1 從父奉使登黃鶴樓(종부봉사등황학루) 사신인 종부를 따라 황학루에 오르다

白鷗波萬里 黃鶴月千秋 憔悴三韓客 登臨淚不收.

(백구파만리 황학월천추 초췌삼한객 등림누불수)

갈매기 날아다니는 물결 만리에 펼쳤는데, 황학루의 달은 천추에 밝아라.

초췌한 삼한의 한 나그네, 황학루에 올라 흐르는 눈물 거두기 어려웠다오.

[語句] *從父 : 아버지의 형제, 곧 백부나 숙부. *奉使 : 使臣(사신) 임명을 받들어 받음. *黃鶴樓 : 湖北省 武漢市(호북성 무한시) 양자강 가에 있는 유명한 누각. *白鷗 : 갈매기. *憔悴 : 몸이 여위고 파리함. *三韓 : 고대 우리나라의 마한, 진한, 변한의 세 나라 또는 고구려, 백제, 신라 의 세 나라. 우리나라. *登臨 : 높은 곳에 올라 내려다봄.

[鑑賞] 경치 좋고 崔顥(최호 →573)의 시로 유명한 황학루에 올라 지은 작품. '갈매기 나는 장강 물결 만리에 펼쳐지고, 황학루를 비추는 달은 영원토록 밝다' 하여 좋은 대구를 이루었고, 지은이는 황학루에 올라 멀리 내려다보며, 감탄하는 반면 넓은 중국 땅이 주는 강박감에 흐르는 눈물을 감출 길 없었다. 그리하여 '초췌한 삼한인'이라 표현했는지도 모르겠다. 종부가 누구인지는 상고하지 못했지만, 지은이가 요절했다니 그 시재가 애석하다는 느낌이 든다.

5言絶句(5언절구). 압운은 秋, 收 자로 평성 '尤(우)' 평운이다. 평측은 차례로 '仄平平仄仄, 平仄仄平平, 平仄平平仄, 平平仄仄平'으로 二四不同(이사부동)과 反法, 粘法(반법, 점법) 등이 모두 규칙에 합치되었다. 그리고, 평측 배열도 고루 이루어진 좋은 작품이다.

233. 李潑(이발 1544~1589) : 조선 선조 때의 문신, 東人(동인)의 중심 인물. 자 景涵(경함). 호 東菴(동암). 본관 光州(광주). 父 提學 伸虎(제학 신호). 선조 6년(1573) 문과에 급제하여 調聖壯元(알성장원)에 발탁되고 銓郎(전랑)에 보직되어 세상에 이름을 떨쳤다. 선비로서의 주장을 세우기를 趙光祖(조광조)의 至治主義(지치주의)를 이념으로 삼고 經筵(경연)에 출입하면서 王道政治(왕도정치)를 제창하여, 기강 확립에 노력하는 한편 邪正(사정)을 가리기에 노력했다. 인사권을 장악하여 많은 사람들의 원한을 샀으며, 李珥(이이), 成渾(성혼)과의 교분이 차츰 멀어지자 西人(서인)들

의 미움을 받았다. 선조 22년(1589) 동인 鄭汝立(정여립)의 난을 계기로 서인들이 집권하여 동인들에게 박해를 가하니, 당시 副提學(부제학)으로 있던 그도 화를 면치 못할 것을 알고 郊外(교외)에서 죄를 기다리고 있던 중, 두 차례에 걸친 모진 고문을 받은 끝에 사망했다. 그 후 어머니와 아들, 제자, 종들까지 모두 杖殺(장살)되어 옥졸들까지 눈물을 흘렸다 한다.

233-1 瑞興客中 後半(서흥객중 후반) 서흥 객지에서 후반

剩醉山中酒 狂歌陌上花 遠遊心未已 馬上送年華.
　　(잉취산중주 광가맥상화 원유심미이 마상송연화)

산속에서 술에 함빡 취하고, 길가의 꽃 보고는 되는 대로 노래 부르노라.
멀리 유람하는 뜻은 아직 다 못 이루어, 말 잔등이 위에서 세월 보내네.

[語句] *瑞興 : 황해도 서흥군. 명승고적으로 소금강, 천자산마애비, 대현산성, 용담사, 자비령 등이 있음. *客中 : 객지에 있는 동안. 客裏(객리). 旅中(여중). *狂歌 : 가락에 맞지 않게 큰 소리로 부르는 노래. 음조에 맞지 않게 함부로 지은 노래. 狂句(광구). *陌上 : 밭두둑길 위. 길가. *遠遊 : 멀리 유람함. *年華 : 세월. 光陰(광음).

[鑑賞] 이 시의 전반은 "洞府民居少 松杉秀色多 陰崖泉夜吼 晴隴鹿晨過(마을이나 읍지가나 사는 사람들 적고, 소나무 삼나무로 경치 아름답네. 그늘진 벼랑에는 밤새 샘물 소리 졸졸거리고, 양지 바른 언덕에서는 자던 사슴 뛰노는구나)"이다. 황해도 서흥군은 자비령 산중에 위치한 고을이라 당시에는 인구가 적은 반면 자연 환경이 뛰어나 경치 좋은 고을이었던가보다. 지은이는 나그네로 이 곳을 지나면서, 자연과 산골 農酒(농주)에 취하여 세월 가는 줄 모르고 산천 유람을 즐기고 있다.

　5言律詩(5언율시) 후반 2연. 압운은 花, 華 자로 평성 '麻(마)' 평운이다. 평측은 차례로 '仄仄平平仄, 平平仄仄平, 仄平平仄仄, 仄仄仄平平'으로 이사부동과 반법, 점법 등이 규칙에 맞다.

234. 李白(이백 Li Po 701~762) : 盛唐(성당) 때 사람으로 詩仙(시선)이라 통칭되는 위대한 시인. 자 太白(태백). 호 靑蓮居士, 醉仙翁(청련거사, 취선옹). 그의 고향은 金陵, 山東, 隴西, 四川, 西域(금릉, 산동, 농서, 사천, 서역) 등 여러 설이 있으나, 조부가 隴西 成紀(농서 성기, 현재의 甘肅省天水市감숙성천수시 부근)에서 살다가 죄를 짓고 서역[印度 인도]에 가서 살았다 하여, 이백을 서역 태생이라고 한다. 그가 5세 때 가족들이 몰래 사천성으로 돌아왔기에 이백은 스스로 고향이 사천성이라 했다. 일찍이 岷山(민산)에 은거하며 수련했고 20대 중반에는 蜀(촉)을 떠나 산동 지방을 두루 돌아다녔으며, 42세에 처음으로 長安(장안)에 가서 賀之章(하지장)에게 인정되어 玄宗(현종)을 만나 시를 지어 올렸고 翰林學士(한림학사)가 되었다.

호방한 성격이라 술집에서 만취하기를 잘했고 宮廷詩人(궁정시인) 같은 처지에 염증을 느껴 각지를 유랑하다가 盧山(여산)에 있을 때, 안록산의 난이 일어났고 永王 李璘(영왕 이린)이 그를 막료로 삼아 반란을 일으켰으나 실패했다. 이 때 이백도 투옥되었다가 郭子儀(곽자의)의 구제로 죽음을 면하고 夜郎(야랑)으로 귀양 갔다가 중간에 사면되었다. 그 후 尋陽(심양, 九江구강), 宣城(선성), 金陵(금릉) 일대를 유랑하다가 當塗縣令(당도 현령, 지금의 安徽省當塗縣안휘성 당도현) 李陽冰(이양빙)의 빈객으로 있으면서 사망했다. 일설에는 당도 采石江(채석강)에서 뱃놀이하며 술이 취해 물 속의 달을 잡으러 뛰어들었다가 죽었다고 한다. 그의 시는 天馬(천마)가 공중을 날 듯 자유분방하고 낭만적이었으며, 주관적 정감을 천재적인 즉흥으로 청신하고 화려한 시구에 담아내니, 하지장은 그를 '謫仙人(적선인, 신선 세계에서 인간 세상으로 귀양 온 사람)'이라 불렀다. 일생 중 가끔 불우한 처지를 당한 적이 있어 시 작품이 퇴폐적이라는 평을 받기도 하며 '李太白集(이태백집 30권)'이 있다.

234-1 江上吟(강상음) 강에서 읊다

木蘭之枻沙棠舟 玉簫金管坐兩頭 美酒尊中置千斛 載妓隨波任去來
仙人有待乘黃鶴 海客無心隨白鷗 屈平詞賦懸日月 楚王臺榭空山邱
興酣落筆搖五岳 詩成笑傲凌滄洲 功名富貴若長在 漢水亦應西北流.

(목란지예사당주 옥소금관좌양두 미주준중치천곡 재기수파임거래

선인유대승황학 해객무심수백구 굴평사부현일월 초왕대사공산구

흥감낙필요오악 시성소오능창주 공명부귀약장재 한수역응서북류)

목란나무 삿대에 사당나무로 만든 배,

옥퉁소와 금피리 부는 악공들 앞뒤 뱃머리에 둘러앉았고,

맛난 술 담은 술통 천 섬이요, 기생 싣고 물결 따라 흐르는 대로 맡겨 두네.

신선이 황학을 타고 가는 경지요, 바닷가 사람이 백구와 친하게 노는 그런 기분이로구나.

굴원은 물에 빠져 죽었지만 그의 글들은 영원한데,

호사스러웠던 초왕의 저궁은 산언덕에 폐허일세.

흥에 겨워 붓을 들면 오악을 뒤흔들고,

시 짓고 나면 창주 같은 것도 깔보아 비웃는다네.

부귀공명이 영원히 있을 것이라면, 동남으로 흐르는 한수 물도 응당 서북으로 흐르리라.

[語句] *江上 : 배를 타고 있는 강물 위. '강가'의 뜻도 가진 말임. *木蘭 : 낙엽 교목인 木蓮(목련). 杜蘭(두란). *枻 : 상앗대. 삿대. 돛대. *沙棠 : 아가위나무. 능금나무과의 낙엽 활엽 교목. 山査(산사). *玉簫 : 옥으로 만든 퉁소. *金管 : 금으

로 만든 퉁소, 피리. *尊 : 술통. 술단지. =樽(준). *千斛 : 천 섬. 斛은 '열말
들이'임. *去來 : 오고감. 왔다 갔다 함. *仙人有待乘黃鶴 : 湖北省 武漢(호북
성 무한)의 黃鶴樓(황학루)에 얽힌 전설을 연상한 구절. 蜀(촉)의 費褘(비위)가 신선
이 되어 황학을 타고 황학루에 와 쉬었다고도 하고, 仙人 子安(선인 자안)이 황학
을 타고 황학루를 지났다고도 함. *海客無心隨白鷗 : 갈매기와 친하게 노는
'狎白鷗(압백구)'의 경지를 읊은 구절. 옛날 어느 사람이 바닷가에서 갈매기들이
그를 피하지 않고 같이 노는데, 하루는 그 아버지가 갈매기 한 마리를 붙들어
오라고 하여, 이튿날 바닷가에 나가니 갈매기들이 멀리 피하고 가까이 오지 않
더라 함. 이는 그 사람 마음속에 갈매기를 잡겠다는 機心(기심)이 있음을 갈매기
들이 알았다는 것임. *屈平(B.C343~277?) : 전국시대 말기 楚(초) 나라의 귀족
이며 옛 중국 최대의 시인. 이름이 平이고 자가 原(원)으로 소인들의 무고로 하
여 두 번이나 추방되어 汨羅水(멱라수)에 몸 던져 죽었음. *詞賦 : 문체의 종류
인 사와 부. 韻字(운자)를 달아 지은 漢文詩(한문시) 총칭. *日月 : 해와 달. 세월.
*臺榭 : 대와 사. 누대와 정자. '물가에 있는 초 나라 궁전인 渚宮(저궁)의 누대
와 정자'를 두고 쓴 말임. *酣 : 즐기다. 술 즐기다. *落筆 : 붓으로 글씨를 쓰
거나 그림을 그림. *五岳 : 중국의 다섯 큰 산. 곧 泰山(태산), 華山(화산), 衡山
(형산), 恒山(항산), 嵩山(숭산). *傲 : 업신여기다. 거만하다. *凌 : 깔보다. 업신여
기다. *滄洲 : 동쪽 바다 가운데 있는 신선이 사는 곳. 滄浪洲(창랑주). *功名 :
공을 세운 이름. *富貴 : 재물이 많고 지위가 높음. *漢水 : 섬서성 寧强縣(영
강현)에서 발원하여 호북성을 흐르는 양자강의 지류.

[鑑賞] 한수 강물에 豪華船(호화선)을 띄우고 船遊(선유)를 즐기며 지은 작품. 호화선에는
악공과 기생들을 태웠고 술통은 천 섬어치나 되게 많이 실었다. 술을 가득 실
었으니 유람선은 파도가 미는 대로 맡겨둘 수밖에 없다. 이런 놀이는 신선이
누런 학을 타고 하늘을 날았다는 전설과 같고 갈매기와 기심이 없이 놀았다는
어느 어부의 이야기같이 갈매기와 친밀해진다. 인생의 일이란 종잡을 수 없는
것. 보라, 물에 빠져 죽은 굴원의 시 작품은 영원히 빛나지만, 천년토록 번창할
듯하던 초 나라의 저궁은 빈 언덕만 남아 허물어지고 말았잖은가. 즐거운 놀이
속에서 흥에 겨워 태산도 흔들 글씨로 시를 지으니 신선이 산다는 창주도 하
찮게 느껴질 만큼 마음 도도해진다. 부귀공명이란 것은 한수 물이 늘 동남으로
흐르듯 영원한 게 아니니, 탐 할 것은 아니리라.

　7言排律(7언배율) 6연. 압운은 舟, 頭, 來, 鷗, 邱, 洲, 流 자로 來만 평성 '灰(회)' 평운이고
나머지는 모두 평성 '尤(우)' 평운인데, 두 운은 通韻(통운)이 되지 않는다. 평측은 차례로 '仄平

平仄平平平, 仄平平仄仄仄平, 仄仄平平仄仄仄, 仄仄平平仄仄平, 平平仄仄平平仄, 仄仄平平平仄平, 仄平平仄平仄仄, 仄平平仄平平平, 平平仄仄平仄仄, 平平仄仄平平平, 平平仄仄仄平仄, 仄仄仄平平仄平'으로 二四不同二六對(이사부동이륙대)에 어긋나는 구는 둘째, 셋째, 일곱째, 아홉째의 네 구이고, 反法(반법)과 粘法(점법)은 이루어지지 않았다. 그리고, 제 3~4구, 5~6구, 7~8구, 9~10구는 각각 對句(대구)가 되어 배율시로 본 것이다.

234-2 客中行(객중행) 객지에서 읊은 시

蘭陵美酒鬱金香 玉碗盛來琥珀光 但使主人能醉客 不知何處是他鄉.
　　(난릉미주울금향 옥완성래호박광 단사주인능취객 부지하처시타향)

강소성 난릉의 좋은 술 울금향, 옥 술잔에 가득 따르면 호박의 누런 빛깔 나네.
주인이 나그네를 취하게만 해 준다면, 타향살이 그 어딘들 고향 아니랴.

[語句] *客中 : 객지에 있는 동안. →233-1. *蘭陵 : 지금의 강소성 常州市(상주시). *鬱金香 : 나릿과[百合科백합과]의 풀 이름. 4~5월에 종 모양의 큰 꽃이 피며 향기가 좋아 신을 모실 적에 술에 타서 씀. 그러한 술 이름. *玉碗 : 옥 그릇. 옥 술잔. 碗은 '그릇'으로 椀(주발, 사발 완) 자와 같음. *琥珀 : 오랜 옛적 송진 뭉치가 땅 속에 묻혀 굳어진 광물. 황색 투명하며 타기 쉽고 잘 닦아 갓끈 등 장식품으로 씀. *不知何處是他鄉 : 어디가 타향인지 모를 지경이라.

[鑑賞] 여러 곳을 여행하기 좋아하고 맛난 술을 즐기는, 지은이의 시인다운 취향을 드러낸 작품이다. 나그네에게 술에 취하도록 해주는 주인을 만난다면 고향과 타향이 따로 있겠는가, 낯선 고장이라 해도 고향과 다름없을 것이라 했다. 물론 술은 고급술이리라. 텁텁한 막걸리 정도의 술이 아니라 울금향 같은 미주를 옥 술잔에 따라 대접받는 그런 분위기를 말하는 것이라 할 수 있다.

　7言絕句(7언절구). 압운은 香, 光, 鄉 자로 평성 '陽(양)' 평운이다. 평측은 차례로 '平平仄仄仄平平, 仄仄平平仄仄平, 仄仄平平平仄仄, 仄平平仄仄平平'으로 이사부동이륙대와 반법, 점법 등이 규칙에 합치되었다. 아쉬운 것은 셋째 구에서 평성이 두 글자뿐인 점이며, 둘째 구의 盛 자는 '성하다. 많다'의 뜻이면 거성 '敬(경)' 측운인데, 여기서는 '담다'의 뜻인 평성 '庚(경)'으로 '盛水不漏(성수불루, 가득 채운 물이 새지 않음. 사물이 빈틈없이 꽉 짜여 있음)'와 같은 용법이다.

234-3 金陵酒肆留別(금릉주사유별) 금릉 술집에서의 작별

風吹柳花滿店香 吳姬壓酒喚客嘗 金陵子弟來相送 欲行不行各盡觴
請君試問東流水 別意與之誰短長.
　　(풍취유화만점향 오희압주환객상 금릉자제내상송 욕행불행각진상

청군시문동류수 별의여지수단장)

바람은 버들개지를 날리고 술집은 봄 향기로 가득찼는데,
오 땅의 미인은 술을 걸러 손님더러 맛보라 하네.
금릉의 젊은 친구들 찾아와 서로 전송할 적에,
떠나려다 떠나지 못하며 이별을 애석해 하며 술잔을 비우네.
청컨대 시험 삼아 동으로 흐르는 양자강 강물에 물어 보라,
이별의 정이 강물과 비겨 어느 편이 더 길고 짧은가를.

[語句] *金陵 : 지금의 南京市(남경시). →175-1. *酒肆 : 술집. 酒樓(주루). *留別 : 떠나
    는 사람이 남아 있는 사람에게 작별함. *吳姬 : 오 나라의 미인. 중국 강남인 강
    소성 지방의 미인. 吳娃(오왜). *壓酒 : 술독의 술을 걸러 짬. *相送 : 피차간에
    서로 보냄. *試問 : 시험 삼아 물어봄. *東流水 : 동쪽으로 흐르는 강물. '양자
    강'을 말하는데 중국의 강은 지형적으로 모두 동쪽으로 흘러감. *別意 : ①다른
    생각. ②아쉽게 이별하는 마음. 여기서는 ②의 뜻임. *與之 : 동류수 곧 양자강
    과 더불어. 之는 '동류수'를 가리킴. *短長 : 짧고 긺. 長短을 압운으로 인하여
    뒤바꾸어 쓴 말인데, 이별의 정이 양자강만큼이나 길다는 뜻을 나타냄.

[鑑賞] 글벗이요 술벗인 금릉의 젊은 친구들과 아쉬운 이별을 하며 술집에서 그들에
    게 지어준 시이다. 때는 버들개지 날며 봄 향기 가득한 계절, 술집 미녀 아가
    씨는 새 술의 맛을 보라고 권하는 정겨운 모습이다. 그동안 사귀었던 금릉의
    젊은이들이 몰려와 이별의 주연을 베풀어 준다. 한 잔 두 잔 권커니 잣커니 하
    노라니 이별의 정을 떨쳐 버리지 못하겠다. 저 도도히 흘러가는 양자강 강물에
    물어 보자, 강물의 흐름과 우리의 이별의 정이 어느 게 더 긴가를. 이렇게 이
    별의 정을 긴 강물에 비긴 것이 시인다운 착상이라 하리라. 對句(대구)는 없다.

  6句體 7言詩(6구체 7언시). 압운은 香, 嘗, 觴, 長 자로 평성 '陽(양)' 평운이다. 평측은 차례로
'平平仄平仄仄平, 平平仄仄仄平平, 平平仄仄平平仄, 仄平仄平仄仄平, 仄平仄仄平平仄,
仄仄仄平平仄平'으로 二四不同二六對(이사부동이륙대)에 맞는 구는 셋째와 다섯째 구의 둘뿐이
니, 反法(반법)이나 粘法(점법)도 지켜지지 않았다.

234-4 淥水曲(녹수곡) 녹수의 노래

  淥水明秋月 南湖采白蘋 荷花嬌欲語 愁殺蕩舟人.
    (녹수명추월 남호채백빈 하화교욕어 수쇄탕주인)

  녹수 강물에 가을 달 밝은데, 남호에서 흰 마름을 캐는구나.

연꽃이 아양 떨며 말을 걸어올 듯하니, 뱃놀이를 즐기는 사람 시름에 잠기네.

[語句] *淥水 : ①맑은 물. 綠水(녹수). ②강 이름. 湖南省 湘江(호남성 상강) 동쪽에 있다고 함. *淥水曲 : 樂府(악부) 또는 琴曲歌辭(금곡가사, 거문고에 맞추어 부르는 노래 가사)의 이름. *南湖 : 남쪽에 있는 호수. 절강성 가흥시에 있는 명승지의 호수. → 156-1. *采 : 캐다. =採(채). *蘋 : 식용하는 마름. 蘋茱(빈채). *荷花 : 연꽃. *嬌 : 아리땁다. 아름답다. '嬌態(교태, 예쁘고 아양부리는 자태)'의 뜻으로 썼음. *愁殺 : 시름겹게 함. 殺는 '정도가 심함을 나타내는 接尾辭(접미사)'임. *蕩舟人 : 호탕하게 뱃놀이를 즐기는 사람. 船遊客(선유객).

[鑑賞] 우선 녹수는 강 이름이기도 하고 푸른 물을 뜻하는데, 절강성에 있는 남호와 녹수 강물은 거리가 동떨어지지 않은가 생각되어, 녹수든 남호든 하나는 普通名詞(보통명사)로 보아야 할 것 같다. 가을이 되면 달은 더없이 밝고 맑으며 호수나 강물도 더욱 파래진다. 그런 가을밤에 남호에서는 마름 캐는 사람들이 있다. 연분홍으로 활짝 핀 연꽃은 화사한 미녀같이 미소 지으며 말을 걸어올 것 같은 자태이니, 밤 뱃놀이를 즐기는 관광객은 아내나 고운 연인 생각에 시름에 잠기게 된다. 정겨운 녹수의 한 때를 절실히 그렸다 하리라. 끝구의 '蕩舟人'을 '연꽃에 홀리어 노를 제대로 젓지 못하는 뱃사공'으로 풀이하는 견해도 있으나, 그것은 시적인 영상이 아닌 듯하다.

5言絕句(5언절구). 압운은 蘋, 人 자로 평성 '眞(진)' 평운이다. 평측은 차례로 '仄仄平平仄, 平平仄仄平, 平平平仄仄, 平仄仄平平'으로 이사부동이나 반법, 점법이 모두 규칙에 합치되었고 평측 배열도 잘 이루어졌으며, 첫 구와 둘째 구는 대구로 볼 수 있다.

234-5 對酒憶賀監 二首 第1首(대주억하감 이수 제1수)
술을 대하여 하감을 생각하다 두 수 첫째 수

四明有狂客 風流賀季眞 長安一相見 呼我謫仙人
昔好盃中物 今爲松下塵 金龜換酒處 卻憶淚沾巾.

(사명유광객 풍류하계진 장안일상견 호아적선인

석호배중물 금위송하진 금구환주처 각억누첨건)

사명산에 한 광객이 있으니, 풍류 남아 하계진이더라.
서울 장안에서 한번 만나보았는데, 나를 적선인이라 불러 주었다네.
지난날 술을 좋아하더니, 지금은 솔밭 밑의 진토가 되었는가.
금구를 끌러 술과 바꾸어 마시던 곳, 이제 돌이켜 생각노라니 눈물이 수건을 적시네.

[語句] *賀監 : 初唐(초당)의 시인 賀知章(하지장). 자가 季眞(계진)이요 秘書監(비서감)을 지냈기로 賀監이라 별칭함. 사명산에 들어가 스스로 四明狂客이라 호를 짓고 道士(도사)가 되었음. 시와 글씨에 능했으며 술을 즐겼고, 李白을 玄宗(현종) 임금께 추천했음. →587. *四明 : 사명산. 浙江省(절강성)에 있는 산인데, 280봉우리로 중간에 분수령이 있고 사면에 영롱한 石窓(석창)이 있어 일월성신의 빛이 통한다 하여 '四明山'이라 부른다고 함. *狂客 : 미친 사람처럼 언행이 도리에 벗어난 사람. *謫仙人 : 신선이 천상에서 죄를 짓고 인간 세계로 귀양 온 사람. *盃中物 : 잔 속의 물건 곧 술. *金龜 : 금빛 거북. 禮服(예복)에 띠는 장식 주머니로 처음에는 물고기 모양이었는데 則天武后(측천무후) 때 거북으로 고쳤음.

[鑑賞] 이 시의 서문은 "太子賓客(태자빈객) 하공이 장안의 紫極宮(자극궁)에서 한 번 나를 보더니 나를 적선인이라 불렀다. 그로 인해 금구를 끌러서 술을 사고 함께 즐긴 적이 있었다. 창연히 그가 생각나기에 이 시를 짓는다."로 자기를 가장 잘 알아주던 하지장을 그리워하며 지은 작품이다. 세속을 벗어나 남들이 미친 사람이라 할 만한 하지장은 풍류남아이다. 서울에서 한 번 만나자 나를 귀양 온 신선이라 불러 주니 이 얼마나 송구스러우면서도 영광스러운가. 둘은 대번에 마음 통하여 함께 술 마시며 고상한 사귐을 가졌었는데, 그는 죽어 진토가 되었다. 이제 술잔을 들며 그 때 술 마시던 장소를 생각하노라니, 마구 쏟아지는 눈물 걷잡을 수 없다. 말 속에 깊은 뜻이 숨어 있는 시라 하리라.

5言律詩(5언율시). 압운은 眞, 人, 塵, 巾 자로 평성 '眞' 평운이다. 평측은 차례로 '仄平仄平仄, 平平仄仄平, 平平仄平仄, 平仄仄平平, 仄仄平平仄, 平平平仄平, 平平仄仄仄, 仄仄仄平平'으로 이사부동에 어긋난 구는 첫째와 둘째 구로 반법과 점법이 이루어지지 않았다.

234-6 獨坐敬亭山(독좌경정산) 경정산에 홀로 앉다

衆鳥高飛盡 孤雲獨去閒 相看兩不厭 只有敬亭山.
(중조고비진 고운독거한 상간양불염 지유경정산)

뭇 새들 높이 날아 사라지고, 외로이 뜬 저 구름 한가로이 떠가는구나.
바라보아도 피차가 싫증나지 않는 건, 다만 저 경정 산뿐일세그려.

[語句] *敬亭山 : 安徽省 宣城地區(안휘성 선성 지구)에 있는 산. *孤雲 : 외로이 떠도는 구름. *相看 : 서로 봄. 바라봄. *不厭 : 싫지 않음.

[鑑賞] 경정산에 혼자 앉은 감상을 읊었다. 온갖 새들이 산에서 지저귀며 놀다가 저녁녘이 되어 높이 날아가 버렸고, 하늘에는 외로이 떠가는 구름만 한가롭게 보

인다. 이와 같이 모든 사물은 때가 되면 사라져 버리고 마는데, 아무리 바라보아도 그 자리에 그냥 버티고 있으면서 싫지 않은 것은 오직 저 경정 산뿐이로구나 했다. 衆鳥를 '名利(명리)를 좇아 흩어져 가는 俗人(속인)'으로, 孤雲을 '세속을 벗어나 隱居(은거)하는 고고한 인사'로 비유하여 풀기도 한다. 산이 거기 있기에 오른다는 말과 같이 묵묵히 마주해 주는 경정산을 찬미했다 하리라.

5언절구. 압운은 '閒, 山 자로 평성 刪(산)' 평운이다. 평측은 차례로 '仄仄平平仄, 平平仄仄平, 平平仄仄仄, 仄仄仄平平'으로 이사부동과 반법, 점법 등이 모두 규칙과 합치되는 名作(명작)이다.

234-7 登金陵鳳凰臺(등금릉봉황대) 금릉의 봉황대에 올라

鳳凰臺上鳳凰遊 鳳去臺空江自流 吳宮花草埋幽徑 晉代衣冠成古丘
三山半落靑天外 二水中分白鷺洲 總爲浮雲能蔽日 長安不見使人愁.

(봉황대상봉황유 봉거대공강자류 오궁화초매유경 진대의관성고구

삼산반락청천외 이수중분백로주 총위부운능폐일 장안불견사인수)

봉황대 위에 봉황이 노닐더니, 봉황 떠나 누대 비어 강물만 흐르네.
오의 궁전 화초는 그윽한 길에 묻혔고,
진 때 왕족 귀족 들은 죽어 옛 무덤 언덕을 이루었구나.
삼산은 하늘 밖에 반쯤 걸려 있듯 하고,
진수秦水 회수淮水 두 강은 백로주를 갈라 흐르네.
모두가 뜬구름이 하늘을 가렸음으로 말미암음이니,
장안은 보이지 않고 내 시름만 일으키네.

[語句] *金陵 : 지금의 南京(남경). →234-3. *鳳凰臺 : 남경에 있는 대. 南朝宋(남조 송)의 王顗(왕의)란 사람이 봉황이 떼를 지어 모인 것을 보고 그 자리에 대를 창건했음. 鳳凰은 상상의 瑞鳥(서조)로 '닭의 머리, 뱀의 목, 제비의 턱, 거북의 등, 물고기 꼬리 모양을 하고, 5색 빛에 5음을 내는데 수컷이 봉이요 암컷이 황'임. *吳宮 : 삼국 시대 때의 오 나라 孫權(손권)의 궁전. *幽徑 : 그윽한 오솔길. *晉代 : 晉 나라 시대(265~420). 서울이 洛陽(낙양)이었다가 東晉(동진) 때(317~420) 서울을 建業(건업) 곧 지금의 남경으로 옮겼음. *衣冠 : 옷과 갓. 예의바르게 옷차림을 한 公卿大夫, 貴人(공경대부, 귀인) 들. *古丘 : 오래된 언덕. *三山 : 금릉의 서남쪽에 세 봉우리가 잇달아 있는 산. *半落 : 반쯤 떨어짐. 구름에 산의 반이 가리어 있음. *二水 : 秦水(진수)와 淮水(회수). 秦淮. 江蘇省 江寧縣(강소성 강녕현)의 두 강으로 이 주변이 六朝(육조) 때 陳(진)의 도읍지였음. *

白鷺洲 : 진수와 회수가 돌아 이룬 섬. 두 강은 중도에서 합류하다가 하류에서 갈라져 한 줄기는 성 안으로 들고 한 갈래는 성 밖을 돌아 흐르는데, 그 중간에 백로주 섬이 생겨났다고 함. *長安 : ①서울. 首都(수도). ②옛 중국의 前漢(전한), 隋(수), 唐(당) 등의 서울. 지금의 陝西省 西安, 長安(섬서성 서안, 장안) 일대. 여기서는 ②의 당 나라 서울을 말함.

[鑑賞] 이 작품은 지은 유래가 유명하니, 지은이가 玄宗(현종) 임금 때 조정에서 버림을 받아 유랑하던 중에 武昌(무창)의 黃鶴樓(황학루)에 가서 시를 지으려 했는데, 이미 崔顥(최호) 시인이 絶唱(절창)의 시를 지었음을 보고는 그 시에 감탄하여 짓지 못하고 금릉으로 가서 이 시를 지어 최호의 '登黃鶴樓 →573-4' 시와 비교토록 했다는 것이다.<歸田詩話> 그래서 그런지 두 시는 着想(착상)이 비슷하고 韻字(운자)도 같다. 최호 시의 끝구가 '煙波江上使人愁(안개 긴 장강 언덕에서 시름겨워 하노라)'이니 이 시의 '長安不見使人愁'와 닮지 않았는가! 그러나, 이 시는 단순히 경관을 풍류로 바라보는 데 그치지 않고, 당시의 사회를 개탄했음이 최호의 시와 다르다고들 평하니, 尾聯(미련)에서 "뜬 구름이 해를 가리듯 간사한 신하들이 천자의 총명을 가려, 비록 객지를 떠도는 처지이기는 하나 현종과 나라에 대한 걱정을 하는 몸"이라는 뜻을 담은 것이 그것이다.

7言律詩(7언율시). 압운은 遊, 流, 丘, 洲, 愁 자로 평성 '尤(우) 평운이다. 평측은 차례로 '仄平平仄仄平平, 仄仄平平平仄平, 平平平仄平平仄, 仄仄平平平仄平, 平平仄仄平平仄, 仄仄平平仄仄平, 仄仄平平平仄仄, 平平仄仄仄平平'으로 二四不同二六對(이사부동이륙대)는 모두 잘 이루어졌으나, 셋째 구에서 粘法(점법)이 되지 않아 넷째 구와 바꾸어 놓으면 反法(반법)과 점법이 이루어지는 셈이 되니, 古文眞寶(고문진보)에서는 '7言古風短篇(7언고풍단편)'으로 분류했지만 7언율시로 처리했다.

234-8 登新平樓(등신평루) 신평루에 올라

去國登茲樓 懷歸傷暮秋 天長落日遠 水淨寒波流
秦雲起嶺樹 胡雁飛沙洲 蒼蒼幾萬里 極目令人愁.

(거국등자루 회귀상모추 천장낙일원 수정한파류

진운기영수 호안비사주 창창기만리 극목영인수)

고향을 떠나 이 신평루에 오르니, 고향 생각에 늦가을의 슬픔에 잠기는구나.

하늘 끝없고 저녁 해 멀리 지려는데, 강물은 깨끗해 찬 물결 일며 흐르네.

서울이 있는 장안 쪽 구름은 산마루 나무 사이에서 일고,

북쪽 오랑캐 땅에서 날아온 기러기 모래톱에 날고 있구나.

넓고도 아득하여라! 몇 만리 떨어진 고향인고,

더 바라보이지 않는 거기가 나를 시름겹게 하네.

[語句] *新平樓 : 당 나라 때의 新平郡(신평군)에 있는 누각. 지금의 邠州(빈주)임. *去
國 : 나라 또는 고향을 떠남. *玆 : 이. 이에. *懷歸 : 고향으로 돌아가려는 생
각. 고향 생각. *暮秋 : 늦가을. 晩秋(만추). *天長 : 하늘이 넓고 깊. *寒波 :
①찬 물결. ②찬 공기의 이동으로 모진 추위가 오는 氣流(기류)의 흐름. 여기서
는 ①의 뜻임. *秦雲 : 진 지방 곧 서울인 長安(장안) 쪽의 구름. *胡雁 : 오랑
캐 땅의 기러기. 북쪽 기러기. *沙洲 : 섬의 모래톱. *蒼蒼 : 푸르고 넓은 모
양. 넓어서 아득하고 먼 모양. *極目 : 바라볼 수 있는 데까지.

[鑑賞] 신평루는 고향에서 멀리 떨어져 있는 누각으로 거기 올라 고향을 그리워하는 심
경을 읊었다. 어려운 어휘나 典故(전고)를 쓰지 않고도 좋은 작품을 이루었다. 頷
聯(함련, 3~4구)과 頸聯(경련, 5~6구)은 對句(대구)가 잘 이루어졌으니, '天長-水淨, 落
日遠-寒波流 ; 秦雲-胡雁, 起-飛, 嶺樹-沙洲'가 각각 좋은 짝인 것이다. 尾聯(미
련, 7~8구)을 '창창한 하늘이 내 마음을 슬프게 한다.'로 풀이하는 견해도 있다.

5言律詩(5언율시). 압운은 樓, 秋, 流, 洲, 愁 자로 평성 '尤(우)' 평운이다. 평측은 차례로 '仄
仄平平平, 平平平仄平, 平平仄仄仄, 仄仄平平平, 平平仄仄仄, 平平平平平, 平平仄仄仄,
仄仄平平平'으로 이사부동은 모두 이루어졌으나, 제 5구에서 점법이 되지 않아 그 다음 구와
뒤바꾸면 반법과 점법이 모두 규칙대로 되는 것이다.

234-9 望廬山瀑布二首 第2首(망여산폭포 이수 제2수) 여산 폭포를 바라보다 두 수 둘째 수
日照香爐生紫煙 遙看瀑布挂長川 飛流直下三千尺 疑是銀河落九天.
(일조향로생자연 요간폭포괘장천 비류직하삼천척 의시은하낙구천)

향로봉에 해 비춰 안개 뿌얀데, 멀리 폭포는 긴 냇물이 걸린 듯하네.

물줄기 3천 자 낭떠러지에 내리 쏟으니,

은하수가 높은 하늘에서 떨어져 내리는 듯하구나.

[語句] *廬山瀑布 : 江西省 九江市(강서성 구강시)에 있는 명산인 여산의 폭포. →
105-1. *香爐 : 여산의 다섯 봉우리 중의 하나인 香爐峰(향로봉). *紫煙 : 자줏
빛 연기. 안개. 아지랑이. *挂 : 걸다. 달다. =掛(괘). *長川 : 길게 흘러가는
냇물. *飛流 : 날아가는 듯 빨리 흐름. *三千尺 : 3천 자. '三千'은 구체적인
3천이란 숫자보다도 '많음'의 뜻으로도 씀. *疑是 : ~이 아닌가 의아함. *銀

河 : 하늘의 銀河水(은하수). *九天 : 높은 하늘. '중앙과 여덟 방위의 하늘'을
말하는데, 균천·창천·변천·유천·호천·염천·주천·현천·양천 등이며,
이에 대비해 지상의 세계도 아홉으로 나누어 '九洲(구주)'가 있다고 했음.

[鑑賞] 여산폭포의 장관을 읊은 시. 東坡 蘇軾(동파 소식)은 여산폭포를 읊은 시 중에서
이백의 이 시를 능가할 작품은 없다고 했다. '해는 향로봉을 비추어 그 주변에
자줏빛 안개나 아지랑이를 생기게 하고, 폭포는 하늘에서 한 달음에 아래의 수
면까지 걸려 있는 듯 보인다. 그 폭포의 흐름은 하늘을 날아 3천 자나 흘러 떨
어져 마치 은하수가 하늘에서 쏟아 내리는 것으로 느껴진다.'는 것이다. 앞에서
소개한 徐凝(서응)의 '盧山瀑布' 끝 구 "一條界破靑山色(폭포 한 줄기가 푸른
산빛을 둘로 갈라놓는구나)"도 絶唱(절창)이라 한다. →105-1.

7言絶句(7언절구). 압운은 煙, 川, 天 자로 평성 '先(선)' 평운이다. 평측은 차례로 '仄仄平平
平仄平, 平平仄仄仄平平, 平平仄仄平平仄, 平仄平平仄仄平'으로 이사부동이륙대와 반법,
점법 등이 모두 규칙과 합치되었다.

234-10 望天門山(망천문산) 천문산을 바라보다

天門中斷楚江開 碧水東流至北廻 兩岸青山相對出 孤帆一片日邊來.
(천문중단초강개 벽수동류지북회 양안청산상대출 고범일편일변래)

천문산 중간이 끊어져 초강이 열리고, 푸른 물 동으로 흘러 북쪽으로 돌아가네.
양쪽 기슭 청산은 마주보며 나타나고, 외로운 돛단배가 해 돋는 곳에서 오는구나.

[語句] *天門山 : 安徽省 當涂縣(안휘성 당도현)에 있는 산. 湖南省 張家界市(호남성 장가계
시)에도 天門山이 있음. *楚江 : 揚子江(양자강)의 지류. 양자강이 洞庭湖(동정호)와
합류하는 곳이라고도 함. *碧水 : 푸른빛이 나도록 깊은 물. *孤帆 : 외롭게 떠
있는 작은 배. *日邊 : 해 돋는 부근. 제왕의 도읍 곧 서울. 東晉(동진)의 元帝(원
제) 때 長安(장안)에서 사신이 오매, 太子(태자, 司馬紹사마소로 후의 明帝명제)에게 "장안과
해는 어느 곳이 먼고?" 하고 물으니 "장안이 가깝습니다. 해 돋는 곳[日邊]에서
왔다는 사람을 보지 못했기 때문입니다." 하고 답했는데, 이튿날 잔치 때 원제가
다시 물으니 해가 더 가깝다 하므로 왜 어제와 말이 다른가 하니까, "고개를 들
면 해는 보이지만 장안은 보이지 않습니다."라 대답하므로 총명하다 했음.

[鑑賞] 천문산을 바라보며 보이는 대로 읊었고 생각이나 느낌이 나타나지 않은 敍景詩(서
경시)이다. 기승전결로 나누어 볼 때, 起(기)에서는 천문산 양쪽 벼랑 사이로 초강이
흐른다 하고, 承(승)에서 초강의 푸른 물이 동쪽으로 흐르다가 방향을 북쪽으로 돌

려 돌아나간다고 이었으며, 轉(전)에서는 내용을 전환하여 초강 양쪽의 천문산 푸른 산들이 서로 마주보듯 나타나는데, 조그만 돛단 배 하나가 동쪽에서 떠 온다고 結句(결구)에서 맺었다. 靜中動(정중동)의 경지를 차분하게 그린 좋은 작품이다.

7言絕句(7언절구). 압운은 開, 廻, 來 자로 평성 '灰(회)' 평운이다. 평측은 차례로 '平平平仄仄平平, 仄仄平平仄仄平, 仄仄平平平仄仄, 平平仄仄仄平平'으로 二四不同二六對(이사부동이륙대)와 反法, 粘法(반법, 점법) 등이 규칙에 합치된다.

234-11 陌上贈美人(맥상증미인) 길거리에서 미인에게 주다

駿馬驕行踏落花 垂鞭直拂五雲車 美人一笑褰珠箔 搖指紅樓是妾家.
(준마교행답낙화 수편직불오운거 미인일소건주박 요지홍루시첩가)

준마는 낙화를 밟으며 씩씩하게 가다가, 채찍을 늘어뜨리고 오운거와 바로 스치었네. 미인이 구슬발을 걷고 생긋 웃으면서, "저 홍루, 저의 집이예요." 하며 손가락으로 가리키네.

[語句] *陌上 : 한길 또는 밭둑길. *駿馬 : 잘 달리는 좋은 말. *驕行 : 씩씩하게 감. 驕는 '교만하다. 방자하다'임. *垂鞭 : 채찍을 드리움. *直拂 : 곧바로 스침. *五雲車 : 오색구름을 그린 수레. 신선이 타고 다닌다는 수레. *褰 : 걷다. 발을 걷다. *珠箔 : 구슬로 꾸민 발. 珠簾(주렴). *搖指 : 손가락을 흔듦. 손가락으로 가리킴. *紅樓 : 붉게 칠한 집. ①부유한 집안의 부녀가 거처하는 처소. ②기생집. *妾 : 여자가 자기를 낮추어 일컫던 말.

[鑑賞] 봄날 땅에 눈처럼 떨어진 꽃잎을 밟으며 말은 잘도 가는데, 채찍을 멈추고 오운거 수레와 마주쳤다. 그 수레 속에 탄 미인이 구슬발을 살짝 걷고는 아양 섞인 웃음을 띠며 저기 보이는 홍루가 우리 집이라고 은근히 말해 준다. 내 어이 거기 가 보지 않을 수 있으랴. 미인은 다분히 기생이고 홍루는 그 기생집이겠지만, 어쩌면 지은이의 준수한 풍모에 반한 양가집 아낙인지도 모를 일이다. 봄은 여인의 계절이라 소녀는 남자를 그리워하기에 '春女悲(춘녀비)'라는 말이 있듯이 여인이 먼저 윙크를 보낸 것이다.

7언절구. 압운은 花, 車, 家 자로 평성 '麻(마)' 평운이다. 평측은 차례로 '仄仄平平仄仄平, 平平仄仄仄平平, 仄平仄仄平平仄, 平仄平平仄仄平'으로 이사부동이류대와 반법, 점법 등이 규칙에 맞고 평측 배치도 잘된 7언절구의 典型(전형)이 되는 작품이다.

234-12 夢遊天姥吟留別 中(몽유천모음유별 중)

꿈에 천모산에서 머물다 작별하며 읊다 중간

謝公宿處今尙在 淥水蕩漾淸猿啼 脚着謝公履 身登靑雲梯

半壁見海日 空中聞天鷄 千岩萬壁路不定 迷花倚石忽已暝.

(사공숙처금상재 녹수탕양청원제 각착사공리 신등청운제

반벽견해일 공중문천계 천암만벽노부정 미화의석홀이명)

사공이 머물던 곳 지금도 남아 있고, 푸른 물 넘쳐 흐르고 잔나비 울음 맑아라.

사공의 나막신을 신고, 내 몸은 푸른 하늘 구름으로 오르는 사다리를 올랐네.

절벽 중턱에서 바다에 돋은 해를 보았고, 공중에서는 천계가 우는 소리 들렸네.

수많은 바위와 절벽이라 길은 있으나마나 하고,

꽃 속에서 헤매다가 바위에 기대다가 하다 보니 어느새 날은 저무는구나.

[語句] *夢遊 : ①꿈속에서 유람함. 꿈속에 헤맴. ②꿈같은 기분으로 유람함. *天姥 : 浙江省 新昌市(절강성 신창시)에 있는 산. *留別 : 떠나는 사람이 작별함. →234-3. *謝公 : 東晉 末(동진 말)의 시인 謝靈運(사영운 385~433). 그가 나막신을 신고 산에 오를 때에는 앞굽을 빼고 내려올 때에는 뒷굽을 빼고 신어, '謝公履 또는 謝公 之屐(사공지극)'이란 말이 생겼음. *淥水 : 맑은 물. →234-4. *蕩漾 : 물이 질펀히 넘쳐 흐르는 모양. *靑雲梯 : 푸른 하늘의 구름으로 오르는 사다리. *半壁 : 절벽. 절벽 중턱. *海日 : 바다 위에 돋은 해. *天鷄 : 하늘 닭. 천상의 桃都山(도 도산) 큰 복숭아나무 가지에 살며, 해가 뜨면 우는데 그 때 온 천하의 닭이 따라 서 운다고 함. *千岩萬壁 : 수많은 바위와 절벽 골짜기. 千岩萬壑(천암만학). *暝 : ①캄캄하다. 어둡다[평성 '靑(청)']. ② 저물다. 쓸쓸하다[거성 '徑(경)'].

[鑑賞] 꿈속에서 天台山(천태산)과 이웃해 있는 천모산에 가 놀다가 작별하고 돌아와 읊은 長詩(장시). 천태산이나 천모산이나 모두 신선이 사는 곳이라 지은이가 신선 사상 곧 道敎(도교)를 좋아한 경향이 있었음을 알 수 있다. 이 시 앞부분의 대강은 '신 선이 산다는 瀛洲(영주)는 찾기 어렵고 천모산은 혹 볼 수 있다. 천모산은 五岳(오 악) 같은 기세에 천태산과 마주한다'이고, 뒷부분은 '샘물 소리 숲과 산을 울리고, 비 올 구름과 물안개로 벼락이라도 쳤던가, 골짜기의 돌문이 열렸으며, 하늘은 끝 을 볼 수 없고 해와 달은 신선 궁궐을 훤히 비춘다. 무지개를 옷 삼고 바람을 말 로 삼아 신선들이 내려오니, 범과 난새와 신선들이 삼밭의 삼대처럼 늘어섰구나. 이 통에 놀라 잠이 깨니 그 광경 보이지 않아, 속세의 즐거움도 이와 같아서 흐 르는 물 같은 것. 그대와 작별하거니 언제 올 수 있을꼬. 어찌 권세와 높은 지위

를 굽신거리며 섬길 수 있으리, 사슴 길러 그것 타고 명산이나 찾아야지.'이다.

雜言古詩(잡언고시). 총 23연[45구]인데 4, 5, 6, 7, 9언 등이 두루 쓰이었다. 인용한 부분은 7연에서 10연까지로, 압운은 啼, 梯, 鷄 ; 定, 暝 자로 앞의 석 자는 평성 '齊(제)' 평운이요 뒤의 定과 暝은 거성 '徑(경)' 측운이다. 暝 자는 '캄캄하다. 어둡다'이면 평성 '靑(청)' 운, '저물다. 쓸쓸하다'의 뜻이면 거성 '徑' 운인 것이다. 보는 바와 같이 이 시는 여러 운으로 압운되었다. 평측은 차례로 '仄平仄仄平仄仄, 仄仄仄仄平平平, 仄仄仄平仄仄, 平平平平平平, 仄仄仄仄仄, 平平平平平, 平平仄仄仄仄平, 平平仄仄仄仄平'으로 이사부동이륙대와 반법, 점법 등은 점검할 필요가 없다.

234-13 聞王昌齡左遷龍標尉遙有此寄(문왕창령좌천용표위요유차기)
왕창령이 용표위로 좌천되었음을 듣고 이에 멀리서 부치다

楊花落盡子規啼 聞道龍標過五溪 我寄愁心與明月 隨風直到夜郎西.
(양화낙진자규제 문도용표과오계 아기수심여명월 수풍직도야랑서)

버들개지 모두 지고 소쩍새 우는데, 용표위로 좌천되어 오계를 지났다는 말이 들리네.

내 수심을 밝은 달에 부치어 보내노니,

곧바로 바람 타고 가서 야랑 땅 서쪽까지 전해 다오.

[語句] *王昌齡(698~765?) : 盛唐(성당)의 시인. →166. *左遷 : 높은 지위에서 낮은 지위로 몰려 떨어짐. *龍標尉 : 용표의 縣尉(현위, 縣令현령의 속관인 縣丞현승의 아래 벼슬). 龍標는 '지금의 호남성 서쪽 芷江侗族自治縣(지강동족자치현) 부근'임. *楊花 : 버들의 꽃. 버들개지. 버들강아지. *子規 : 소쩍새. *五溪 : 지명인 듯하나 미상임. *愁心 : 근심하는 마음이나 일. *夜郎 : 지금의 貴州省 遵義市 桐梓縣(귀주성 준의시 동재현) 동쪽 지명. 李白이 역적 永王 璘(영왕 인)의 부하로 있다가 영왕이 패한 뒤 귀양 갔던 곳임. 또 서남쪽 오랑캐가 세운 나라 중 가장 커서 '夜郎大(야랑대)'라고 함.

[鑑賞] 지은이는 왕창령보다 세 살 아래이나 시인으로 사귀던 사이이다. 그러한 왕창령이 용표 현위로 좌천되어 갔다고 들으니, 근심스러운 마음에 멀리서나마 시를 지어 보낸 것이다. '때는 버들개지도 다 피어 끝났고 소쩍새 우는 여름이다. 詩友(시우)가 멀고 후미진 용표의 보잘 것 없는 벼슬로 좌천되었다는 소식을 듣고, 밝은 달에 부쳐 이 시 한 수를 보내니 내 마음을 알아주고, 이 시가 바람을 타고 먼 서남쪽 변방까지 전해지기를 바란다.'는 내용이다. 현재의 호남성 芷江과 귀주성의 夜郎은 상당히 멀리 떨어진 곳이지만, 당 나라 때의 야랑은 호남성 가까이까지 걸쳐진 지역이 아니었던가 추측이 된다.

7言絶句(7언절구). 압운은 啼, 溪, 西 자로 평성 '齊(제)' 평운이다. 평측은 차례로 '平平仄仄
仄平平, 仄仄平平平仄平, 仄仄平平仄平仄, 平平仄仄仄平平'으로 二四不同二六對(이사부동이
륙대)와 反法, 粘法(반법, 점법) 등이 모두 규칙과 합치되었다. 제 2, 3구의 끝 석 자를 보면 '平-
仄-平' 과 '仄-平-仄'이 되어 孤仄(고측)과 孤平(고평)이 되었지만 律調(율조)의 조화가 이루어져
있어 무난하다 하리라.

234-14 陪族叔刑部侍郞曄及中書舍人賈至遊洞庭湖(배족숙형부시랑엽급중서사인가지유동정호)
족숙인 형부시랑 엽과 중서사인 가지를 모시고 동정호를 유람하다

洞庭西望楚江分 水盡南天不見雲 日落長沙秋色遠 不知何處弔湘君.
(동정서망초강분 수진남천불견운 일락장사추색원 부지하처조상군)

동정호의 서쪽을 바라보니 초강이 분별되고,
호수의 물은 남쪽 하늘에 닿아 구름 한 점 없네.
장사에 해는 지고 가을 빛 멀리까지 둘러 있어,
어디에서 상군을 조상해야 할는지 모르겠구나.

[語句] *陪 : 모시다. 陪遊(배유, 貴人귀인의 친구가 되어 놂). *族叔 : 同宗有服親(동종 유복친, 같은
　　　종파의 복을 입는 가까운 친척) 이외의 叔行(숙항)이 되는 남자. 일가 아저씨. *刑部侍郞 :
　　　당 나라의 벼슬로 조선 때 刑曹(형조)의 參判級(참판급, 둘째 가는 등급)임. *曄 : 李曄(이
　　　엽). 宗室(종실)의 후손으로 宗正卿(종정경)을 지냈음. *中書舍人 : 侍郞의 다음 직위.
　　　고려와 조선 시대에는 4 品(품)이었음. *賈至(718~772) : 唐玄宗(당 현종) 때 벼슬하고
　　　시인으로 李白과 친한 사이였으며, 禮部尙書(예부상서)로 贈職(증직)되고 시호는 定(정)
　　　임. *洞庭湖 : 호남성에 있는 중국 최대의 호수. → 64-14. *楚江 : 양자강이 동
　　　정호와 합류하는 부분. →233-10. *長沙 : 동정호 남쪽 湘江(상강) 가의 도시. *湘
　　　君 : 상강의 神(신). 湘妃(상비). 중국 고대 堯(요) 임금의 두 딸이요 舜(순) 임금의 두
　　　왕비인 娥皇(아황)과 女英(여영)이, 순 임금이 남쪽을 돌아보다가 蒼梧山(창오산)에서
　　　사망하니, 슬피 울며 순 임금을 따라 상강에 빠져 죽어 상강의 신이 되었다고 함.
[鑑賞] 형부시랑 벼슬을 하는 일가 아저씨와 중서사인인 詩友(시우) 가지와 셋이서 동
　　　정호를 유람하며 지은 시. 동정호는 중국 최대의 호수로 아홉 강 강물이 모여
　　　드니, 호수라기보다 바다와 같은 넓이라 한다. 岳陽樓(악양루)가 있고 호수 가운
　　　데에 君山(군산) 섬이 있으며, 부근에 瀟湘八景(소상팔경)이 있어 경치 좋기로 유
　　　명하다. '서쪽으로는 초강이 분별되며 분명하게 보이고 호수 물은 남쪽 하늘까
　　　지 닿았는데 구름 한 점 없는 쾌청이다. 해가 지는 장사에는 가을 풍경이 멀리

까지 펼쳐졌는데, 옛날 상강에 투신한 아황과 여영을 조상하려 해도 물이 하도 넓어 어느 곳에서 조문을 해야 하겠는지 알 수가 없다.'고 읊었다. 간결한 표현 속에 동정호의 넓음이 실감된다고나 할까.

7언절구. 압운은 分, 雲, 君 자로 평성 '文(문)' 평운이다. 평측은 차례로 '仄平平仄仄平平, 仄仄平平仄仄平, 仄仄平平平仄仄, 仄平平仄仄平平'으로 이사부동이류대와 반법, 점법 등이 규칙과 합치되었고 평측 글자 배열도 잘된 작품이다.

234-15 白鷺(백로) 해오라기

白鷺下秋水 孤飛如墜霜 心閑且未去 獨立沙洲傍.
(백로하추수 고비여추상 심한차미거 독립사주방)

백로가 가을 물에 내리는데, 외로이 홀로 날다가 서리 내리듯 내려 앉는구나.
마음 한가로운지 한 동안 떠나지 않고, 모래 섬 가에 홀로 우뚝 서 있네.

[語句] *白鷺 : 해오라기. 涉禽類(섭금류) 해오라기과의 새. 날개 길이 30cm 가량이고 몸은 흰빛에 눈 주위는 황백색이며 긴 부리와 다리는 검은색으로 연못, 논, 강에 서식함. 白鳥(백조). 絲禽(사금). *秋水 : 가을철에 맑게 흐르는 물. *墜 : 떨어지다. 잃다. *沙洲 : 모래가 쌓여 된 모래 톱. 모래 섬.

[鑑賞] '하얀 색의 백로 한 마리가 맑고 푸른 빛의 가을 강물에 날아 내리는데, 홀로 날다가 내리는 게 꼭 하얀 서리가 내리는 듯하다.' 이 표현은 가히 誇張法(과장법)을 썼다 하리니, 서리가 내리는 모습은 볼 수가 없고 다만 내린 뒤의 하얀 모양만 보는 것이 아닐까. 더구나 백로 여러 마리라면 몰라도 한 마리를 두고 그렇게 표현한 것은 과장적인 것이다. 다만 파란 물과 흰 새를 선명히 그려낸 기교가 남다르다 하리라. 그리고는 '떠날 생각이 없이 마음 한가로이 백사장에 그린 듯이 홀로 서 있는 모습이 고고하기도 하고 외롭게 보이기도 한다.'고 하여 시적인 감각을 잘 드러내었다.

5言絶句(5언절구). 압운은 霜, 傍 자로 평성 '陽(양)' 평운이다. 평측은 차례로 '仄仄仄平仄, 平平平仄平, 平平仄仄仄, 仄仄平平平'으로 이사부동과 반법, 점법 등이 규칙대로 잘 이루어졌다. 그리고 첫 구와 둘째 구, 셋째구와 넷째 구의 평측이 대조가 되게 잘 배열된 것이 形式美(형식미)의 極致(극치)라 하겠다.

234-16 白雲歌送劉十六歸山(백운가송유십륙귀산)

　　　산으로 돌아가는 유 16을 백운가로 전송하다

楚山秦山皆白雲 白雲處處長隨君 長隨君 君入楚山裏 雲亦隨君渡湘水

湘水上 女蘿衣 白雲堪臥君早歸.

　　(초산진산개백운 백운처처장수군 장수군 군입초산리 운역수군도상수

　　상수상 여라의 백운감와군조귀)

초산과 진산은 모두 흰 구름 끼어, 흰 구름은 어디서나 그대를 오래 따르리라.

오래 그대를 따를 것이므로, 그대가 초산에 들면, 흰 구름도 그대 따라 상수를 건너리라.

상수 가에서, 여라 옷을 입고, 흰 구름 속에 누울 만하니 그대 빨리 가게나.

[語句] *白雲歌 : 흰 구름을 읊은 노래나 시. *劉十六 : 人名(인명). 미상. 십륙은 排行(배항, →9-3.)임. *楚山 : 초 곧 중국 강남 지방의 산. *秦山 : 진 지방 곧 陝西省 長安(섬서성 장안) 지역의 산. *湘水 : 동정호로 흘러 들어가는 강. 湘江(상강). →234-14. *女蘿 : 소나무겨우살이. 이끼 종류로 광택이 있고 줄기가 실같이 가늘고 긺. 松蘿(송라).

[鑑賞] 산중으로 은거하고자 하는 친구에게 백운가로 송별하는 작품. '어느 곳의 산이든 모두 흰 구름으로 덮혀 있으니, 그대가 가는 곳마다 흰 구름이 그대를 따르리라. 그대가 강남 땅 초산에 들면 구름도 그대를 따라 상강을 건널 것이니, 상강에서 여라로 엮은 도사들이나 隱士(은사)들이 입는 복장을 하고 흰 구름 속에 누울 만 하리라. 그러니 빨리 산중으로 가게나.' 했다. 같은 시대 유명한 시인 王維(왕유)의 '送別(송별)' 시에서 읊은 "但去莫復問 白雲無盡時(그러면 가오 더 묻지 않겠소, 거기는 흰 구름이 늘 떠 있을 테니까.)"와 이미지가 비슷하다 하리라. →164-9.

　雜言古詩(잡언고시). 압운은 雲, 君, 裏, 水, 衣, 歸 자로 雲과 君은 평성 '文(문)' 평운, 裏와 水는 상성 '紙(지)' 측운, 衣와 歸는 평성 '微(미)' 평운이다. 평측은 차례로 '仄平平平平仄平, 仄平仄仄平平平, 平平平, 平仄仄平仄, 平仄平平仄平仄, 平仄仄, 仄平平, 仄平平平平仄平'으로 둘째 구만 二四不同二六對(이사부동이륙대)에 맞고, 넷째 구도 이사부동에 합치되나 다른 구는 모두 어긋나서 反法(반법)이나 粘法(점법)을 따져 볼 필요 없겠다.

234-17 山中答俗人(산중답속인) 산 속에서 속세 사람의 물음에 답하다

　　問余何事棲碧山 笑而不答心自閑 桃花流水杳然去 別有天地非人間.

　　(문여하사서벽산 소이부답심자한 도화유수묘연거 별유천지비인간)

왜 푸른 산 속에 사는 가고 나에게 물어, 나는 웃을 뿐 대답 않지만 마음은 한가로워라.

복사꽃 싣고 흐르는 물 아득히 흘러가나니,

여기는 바로 신선 사는 별천지지 인간 세상 아닐세.

[語句] *何事 : 무슨 일. '何意(하의, 무슨 뜻)'라 쓴 자료도 있음. *碧山 : 푸른 산. 靑
山(청산). *笑而不答 : 웃으며 대답 아니함. *自閑 : 스스로 또는 절로 한가함.
속세 사람에게서 무슨 말을 듣더라도 괘념 않으므로 마음이 늘 편안하다는 뜻
임. *杳然 : 아득한 모양. '窅然(요연, 깊고 먼 모양)' '宛然(완연, 뚜렷하게 나타남)' 등으
로 쓴 자료도 있음. *別有天地非人間 : 보통 사람들이 사는 속세가 아닌 다른
세계 곧 武陵桃源(무릉도원) 같은 곳이 있음. '신선들이 살고 있음직한 세계 또는
조용한 산 속'을 뜻하는 말임.

[鑑賞] 제목을 '山中問答(산중문답)'이라고도 하는데 人口(인구)에 많이 膾炙(회자)되는 名
詩(명시)이다. '속세의 사람들이 묻기를 무엇 때문에 사람들이 사는 세상을 버리
고 마을과 멀리 떨어진 푸른 산 속에 사느냐한다. 나는 다만 빙그레 미소 지을
뿐 대답을 하지 않는다. 그렇지만 내 마음은 한가로워 無心(무심)의 경지에 들어
편안하다. 복숭아꽃이 시냇물에 둥실 떠서 흐르는 게, 일찍이 陶淵明(도연명)이 설
정했던 무릉도원과 같아 세속과는 사뭇 다른 또 다른 별세계이다.'라는 것이다.
속세 사람들의 물음에 왜 대답을 할 수 없는가? 그것은 산 속에 사는 사람의
즐거움은 거기 사는 그 당사자만 느끼는 것이지 말로 무어라 표현할 수 없어서
인 것이다. 끝구는 다른 시에도 인용되는 名句(명구)이다.

7言絶句(7언절구). 압운은 山, 閑, 間 자로 평성 '刪(산)' 평운이다. 평측은 차례로 '仄平平仄
平仄平, 仄平仄仄平仄平, 平平平仄仄平仄, 仄仄平仄平平平'으로 이사부동이륙대에 맞는 구
는 셋 째 구뿐이고 반법이나 점법도 이루어지지 않아 古詩(고시)로 분류하기도 한다.

234-18 山中與幽人對酌(산중여유인대작) 산 속에서 거기 숨어 사는 사람과 술을 마시다

兩人對酌山花開 一杯一杯復一杯 我醉欲眠君且去 明朝有意抱琴來.

(양인대작산화개 일배일배부일배 아취욕면군차거 명조유의포금래)

둘이 마주 앉아 술 마시니 산꽃이 피고, 한 잔 한 잔에 거듭되는 또 한 잔이라.

나는 취해 졸리나니 그대는 우선 가게, 내일 아침 생각나거든 거문고 안고 오시게나.

[語句] *幽人 : 세상이 어지러운 것을 피하여 그윽한 곳에 숨어 사는 사람. *對酌 :
마주하여 술을 마심. 對飮(대음). *有意 : 뜻 또는 생각이 있음.

[鑑賞] 제목을 '山中對酌'이라고 하는 작품. 유인이 속세에서 찾아온 사람과 술잔을

나누며 술에 취한 후 찾아온 사람에게 말하는 형식이다. '一杯一杯復一杯'는 지금까지도 술자리에서 자주 말해지는 유명한 구절이다. 셋째 구 '나는 취해 졸리니 그대는 돌아가라'는 말은 陶潛(도잠, 陶淵明도연명)이 술이 먼저 취하면 손 더러 말하기를 "내 취해서 자고자 하니 그대는 먼저 돌아가시오." 했다는 것을 인용한 말로, 손님을 쫓아내려는 뜻이 아니라 속세의 예의범절에 구애받을 게 없고 그만큼 서로 무간한 사이임을 나타낸다. 앞의 '山中答俗人' 시와 같은 사상과 풍류가 담긴 시이다.

7언절구. 압운은 開, 杯, 來 자로 평성 '灰(회)' 평운이다. 평측은 차례로 '仄平仄仄平平平, 仄平仄平仄仄平, 仄仄仄平平仄仄, 平平仄仄仄平平'으로 이사부동이륙대는 둘째 구만 어긋 났지만, 둘째 구에서 반법이 되지 않았고 셋째 구는 점법이 이루어지지 않았다.

234-19 塞下曲 五首 第1, 2首(새하곡 오수 제1, 2수) 변방의 노래 다섯 수 첫 두 수

　　五月天山雪 無花祇有寒 笛中聞折柳 春色未曾有

　　曉戰隨金鼓 宵眠抱玉鞍 願將腰下劍 直爲斬樓蘭.<제1수>

　　(오월천산설 무화지유한 적중문절류 춘색미증유

　　효전수금고 소면포옥안 원장요하검 직위참누란)

5월인데도 천산에는 눈이 쌓이어, 꽃이란 볼 수가 없고 추위뿐일세.

오랑캐 피리 소리 속에 절양류곡이 들리지만, 여태까지 봄빛을 보지 못했다네.

종과 북소리 따라 새벽에도 싸웠고, 밤에는 말안장을 안고 잔다네.

바라는 건 하루 빨리 허리에 찬 칼로, 곧바로 누란의 두목을 베어버려야지.

[語句] *塞下 : 변방 아래. 국경 경비 지역. *天山 : 新疆省(신강성) 서북 국경에 있는 큰 산. 천산 산맥. 雪山(설산). 白山(백산). 西藏(서장, 티베트)과의 경계에 있는 崑崙山脈(곤륜산맥) 및 히말라야 산맥의 셋이 세계의 지붕이라 일컬어짐. *祇 : 기-地神(지신). 편안하다. 크다. 지-다만. 공경하다. 마침. *折柳 : 樂曲(악곡)의 이름. 折楊柳(절양류). 강가의 버들가지를 꺾어 떠나는 손님에게 주는 이별의 정경을 노래함. *未曾有 : 아직까지 있어 본 적이 없음. 曠古(광고). *金鼓 : 軍中(군중)에서 호령하는 데에 쓰이던 징과 북. 군대를 거둘 때에는 종을 치고 진군할 때에는 북을 쳤다고 함. *玉鞍 : 옥 鞍裝(안장). 말안장. *樓蘭 : 西域(서역)의 나라 이름.

[鑑賞] 서북방 이민족과 대치하며 서북 국경을 지키고 있는 병사들의 陣中生活(진중 생활)을 읊은 작품이다. '여름에도 천산 산맥에는 눈이 쌓여 꽃 피는 것은 볼 수 없고 추위뿐이다. 피리 부는 소리에는 절양류의 곡조가 들리지만 봄빛이란 일

찍부터 있지를 않다. 징이나 북 소리 따라 새벽에도 전투에 임하고 밤에는 말 안장을 안고 잠든다. 바라건대, 허리에 차고 있는 칼로 누란의 우두머리의 목 을 베어야 이 싸움이 그치려나.' 하는 내용이다.

5言律詩(5언율시). 압운은 寒, 鞍, 蘭 자로 평성 '寒' 평운인데 넷째 구에 압운하지 않은 흠 이 있지만 평측이 簾(염)에 맞아 율시인 것이다. 평측은 차례로 '仄仄平平仄, 平平平仄平, 仄 平平仄仄, 平仄仄平仄, 仄仄平平仄, 平平仄仄平, 平平平仄仄, 仄仄仄平平'으로 이사부동과 반법 및 점법 등이 규칙에 합치되었다.

234-20 天兵下北荒 胡馬欲南飮 橫戈從百戰 直爲銜恩深
握雪海上餐 拂沙隴頭眠 何當破月氏 然後方高枕.〈제2수〉

(천병하북황 호마욕남음 횡과종백전 직위함은심

악설해상찬 불사농두면 하당파월지 연후방고침)

천자의 군사는 북쪽 오랑캐 땅으로 진군하는데,

오랑캐의 말은 남쪽의 물을 마시고 싶어 하네.

창 비껴들고 많은 싸움에 나아가니, 바로 임금님 은혜 입었기 때문일세.

눈을 한웅큼 집어 바다 같은 호숫가에서 먹고, 모래 털어내고는 밭두둑에서 잠자네.

어찌하면 저 서역西域 월지月支를 쳐부순 뒤 바로 베개 높이 베고 쉬려나.

[語句] *天兵 : 천자의 군사. '당 나라 관군'을 말함. *北荒 : 북쪽 오랑캐의 거친 땅. *胡馬 : 북방 胡地(호지)에서 나는 말. *銜恩 : 은혜를 머금음. 임금의 은혜 를 입음. *餐 : 먹다. 밥. *隴頭 : 밭머리. 밭두둑. *月氏 : 서역의 나라 이름. 月支(월지). *高枕 : 높은 베개. 베개를 높이 벰.

[鑑賞] '관군들은 오랑캐 땅으로 진군하는데, 오랑캐의 말이 남녘 땅 물을 마시고 싶 어하는 듯 오랑캐 군사들은 남으로 우리 漢(한)를 침범한다. 창 비껴들고 수많 은 전투에 나가는 것은 바로 임금님의 은혜를 크게 입었기 때문이라. 눈을 뭉 쳐 靑海(청해) 호숫가에서 밥으로 대신해 먹고, 몸에 뒤집어 쓴 모래를 떨고는 밭두둑에서 잠든다. 어떻게 하면 월지 나라를 쳐부수고 베개 높이 베며 편안히 쉬게 되려는가.' 하는 내용이다. 다음의 셋째 수는 '언제 오랑캐를 쳐 공을 세 워 麒麟閣(기린각)에 초상이 그려질까'이고 넷째 수는 고향에 남은 아내의 마음 을 그렸으며, 마지막 수는 고향에서 기다리는 아내에게 안심하라는 새하 병사 의 당부를 읊었다. 전쟁의 참상과 비정함을 절실히 드러낸 명작이다.

5言古詩(5언고시). 압운이라 볼 수 있는 것이 둘째 구의 飮 자와 끝 구의 枕 자로 상성 '寢

(침)’ 측운이고 나머지 구의 끝 자는 운이 각각 다르니, 차례로 살피면 荒-평성 陽(양), 戰-거성 霰(산), 深-평성 侵(침), 餐-평성 寒(한), 眠-평성 先(선), 氏-평성 支(지)이다. 평측은 차례로 ‘平平仄平仄, 平仄仄平仄, 平平平仄仄, 仄仄平平仄, 仄仄仄仄平, 仄平仄平平, 平平仄仄平, 平仄平平仄’으로 二四不同(이사부동)에 어긋나는 곳은 제 5, 6구의 둘뿐이지만, 反法(반법)이나 粘法(점법)이 이루어지지 않았다.

234-21 少年行(소년행) 소년의 노래

　五陵年少金市東 銀鞍白馬度春風 落花踏盡遊何處 笑入胡姬酒肆中.
　　　(오릉연소금시동 은안백마도춘풍 낙화답진유하처 소입호희주사중)

오릉의 젊은이들 낙양 금시의 동쪽으로 나가는데,
은 안장에 백마 타고 봄바람을 헤치네.
지는 꽃 모두 밟고는 어디서 놀려는고, 오랑캐 여인의 술집으로 웃으며 들어가네.

[語句] *行 : 歌謠(가요)의 한 형식으로 樂府體(악부체)의 시. *五陵 : 漢(한) 나라 洛陽(낙양)의 풍류 남녀들이 놀던 곳. 한의 역대 제왕의 다섯 능 곧 長陵(장릉), 安陵(안릉), 陽陵(양릉), 茂陵(무릉), 平陵(평릉)이 있음. *金市 : 낙양의 市場(시장) 이름. *胡姬 : 북쪽 오랑캐의 여자. *酒肆 : 술집. 酒樓(주루).

[鑑賞] 악부 ‘遊俠三十一曲(유협삼십일곡)’ 중의 하나로 함양의 젊은이들 생활상의 한 단면을 그린 시이다. 은으로 만든 안장을 얹어 호사스럽게 꾸민 백마를 타고 봄바람을 헤치며 꽃잎 떨어진 가로를 걸어 북쪽 오랑캐 기생들이 가득한 술집으로 호기롭게 들어간다는 것이다. 王維(왕유)도 같은 제목의 시를 지었는데, 무대는 河南省(하남성) 낙양이 아닌, 陝西省(섬서성)의 咸陽(함양)이다. 163-7에 인용되어 있어 두 시를 비교해 보면 똑같이 술 마시러 가는 내용이면서 視點(시점)의 다름을 알 수 있겠다.

　7言絶句(7언절구). 압운은 東, 風, 中 자로 평성 ‘東’ 평운이다. 평측은 차례로 ‘仄平平仄平仄平, 平平仄仄仄平平, 仄仄仄仄平平仄, 仄仄平平仄平平’으로 첫 구 외에는 二四不同二六對(이사부동이륙대)가 이루어졌으나 반법과 점법이 지켜지지 않아 고시로 보기도 한다.

234-22 蘇臺覽古(소대남고) 고소대에서 회고하다

　舊苑荒臺楊柳新 菱歌清唱不勝春 只今惟有西江月 曾照吳王宮裏人.
　　　(구원황대양류신 능가청창불승춘 지금유유서강월 증조오왕궁리인)

옛 동산의 거친 누대에 버들빛 새로운데,
마름 따며 부르는 맑은 노랫소리 봄을 겨워하네.

지금은 오직 저 서강의 달만 있어, 일찍이 오 나라 왕궁의 그 사람 서시를 비췄으리.

[語句] *蘇臺 : 姑蘇臺(고소대). 春秋時代(춘추시대) 吳(오) 나라 지금의 江蘇省 蘇州市(강소성 소주시)에 있던 대. 오왕 夫差(부차)가 越王 勾踐(월왕 구천)을 쳐서 항복받으니, 구천은 미인 西施(서시)를 바치며 퇴각하는 길을 열어 달라 하여 허락받았고, 부차는 서시를 극히 총애하여 고소대를 지어 향락에 빠지게 되었음.<史記 吳世家> *覽古 : 고적을 찾아 그 당시의 일을 회상함. 懷古(회고). 시의 제목으로 흔히 쓰는 말임. *舊苑 : 옛 동산. '옛 오 나라 시대의 동산'을 말함. *荒臺 : 거칠어진 누대. '고소대'를 가리킴. *菱歌 : 식용 마름을 따며 부르는 노래. *宮裏人 : 궁궐 안에 사는 사람. '오왕의 궁궐에 살던 서시'를 두고 한 말임.

[鑑賞] 옛 오 나라 임금 부차와 절세의 미인인 서시의 사연이 서린 고소대를 돌아본 감상을 읊은 작품. 오 나라 왕궁의 동산이나 고소대는 거칠어져 버드나무의 푸른빛만이 파란데, 처녀들의 마름 캐며 부르는 노랫소리만이 봄을 견디어내기 어렵구나. 영원토록 비치는 서강의 달만이 그 옛날 오 나라 궁전의 서시를 비추던 그 모습 그대로이리라. 아무리 애틋한 사연도 세월 속에 묻혀 전설로만 남는 세상사와 인생사의 무상을 느끼게 하는 명작이다.

7언절구. 압운은 新, 春, 人 자로 평성 '眞(진) 평운이다. 평측은 차례로 '仄仄平平平仄平, 平平平仄仄平平, 仄平平仄平平仄, 平仄平平平仄平'으로 이사부동이륙대와 반법, 점법 등이 잘 이루어졌다. 다만 둘째 구의 勝은 '이기다. 낫다.'의 뜻이면 거성 '徑(경)' 운, '맡다. 가지다. 들다. 모두'의 뜻이면 평성 '蒸(증)' 평운인데, 평측 배열을 고려하여 평성으로 처리했다.

234-23 蘇武(소무) 소무

東還沙塞遠 北愴河梁別 泣把李陵衣 相看淚成血.
(동환사새원 북창하량별 읍파이릉의 상간누성혈)

고국으로 돌아가려니 국경 사막길 멀고, 북쪽 다리에서의 이별 슬프기 그지없네.
울며 이릉의 옷 붙잡고, 서로 보며 우는 눈물 피눈물일세.

[語句] *蘇武 : 漢(한) 나라 武帝(무제) 때의 충신. 匈奴(흉노)에 사절로 갔다가 항복을 강요당하고, 거절하며 19년 동안 옥고를 치르면서도 절개를 지켰음. *東還 : 동쪽으로 돌아감. '서북 흉노 땅에서 고국인 한 나라로 돌아감'의 뜻임. *沙塞 : 사막으로 된 국경 지방. *河梁別 : 하천의 다리에서 작별함. 남과 작별함. 옛날에는 다리 근방에 이르러 남과 이별하였기에 쓰는 말임. *李陵 : 한 나라 장

수로 李廣(이광) 장군의 손자. 자청하여 5천 군사를 거느리고 흉노와 싸우다가 항복하여 흉노에 머물러 鮮于(선우)의 右校王(우교왕)이 되었음. 친구인 소무가 흉노에 억류되었다가 한 나라로 돌아갈 때 하량에서 서로 작별하며 시를 주고받았는데, 이를 '蘇李之詩(소리지시)'라 하며 그가 절개를 굽혔음을 합리화한 글에 '헛되이 죽음은 때를 보아 절개를 세움만 못하다.' 했음.

[鑑賞] 소무는 자가 子卿(자경)으로 杜陵(두릉) 사람인데 前漢(전한) 무제 때 中郎將(중랑장)으로 符節(부절)을 들고 흉노에 시절로 가니, 單于(선우)가 항복을 받으려고 土窟(토굴)에 가두고 음식을 주지 않았다. 마침 눈이 내리매 소무는 털담요 올과 눈을 함께 씹어 먹어 수일간 죽지 않으니 흉노는 그를 귀신이라 하며 北海(북해) 가로 옮기어 숫양들을 기르게 하면서 그 양들이 새끼를 낳도록 하면 돌아가게 하겠다 했다. 전한에서는 昭帝(소제)가 즉위하여 흉노와 화친을 맺고 소무를 돌려보내라 하니 흉노는 소무가 죽었다 했다. 소무의 부하인 常惠(상혜)가 계교를 써서 전한의 사자에게 "임금이 上林(상림)에서 사냥하던 중 기러기발에 맨 비단 글을 보니 어떤 못가에 있다고 하더라."고 말하도록 하여 소무는 풀려나 典屬國(전속국)이 되고 많은 재산을 하사받았다. 宣帝(선제) 때 祭酒(좨주)로 대접받고 80여 세에 사망하니 麒麟閣(기린각)에 그의 초상이 걸렸다.<唐 季瀚 蒙求> 이 시는 소무가 귀국할 때 흉노에 항복했던 이릉과 시를 주고받으며 눈물로 헤어지는 장면을 그렸다.

5言古詩(5언고시). 압운은 別, 血 자로 입성 '屑(설)' 측운이다. 평측은 차례로 '平平平仄仄, 仄仄平平仄, 仄仄仄平平, 平平仄平仄'으로 二四不同(이사부동)과 反法, 粘法(반법, 점법) 등이 잘 이루어졌지만 측운으로 압운하여 고시인 것이다.

234-24 送友人(송우인) 친구와 송별하다

靑山橫北郭 白水繞東城 此地一爲別 孤蓬萬里程
浮雲遊子意 落日故人情 揮手自玆去 蕭蕭班馬鳴.

(청산횡북곽 백수요동성 차지일위별 고봉만리정

부운유자의 낙일고인정 휘수자자거 소소반마명)

청산은 성 북녘에 펼쳐 있고, 맑은 물은 성 동녘을 돌아 흐르네.

이곳에서 한 번 이별한 뒤, 외로이 떠도는 나그네의 만리 먼 길일세.

떠 있는 저 구름은 떠도는 나그네의 마음이요, 지는 해는 친구의 심정이리.

손 흔들며 이제 떠나가니, 소슬한 바람 소리에 말조차 슬피 우는구나.

[語句] *北郭 : 성의 북쪽. 북쪽 성. *白水 : 깨끗하고 맑은 물. *孤蓬 : 외로이 뽑

힌 쑥대. 외로이 떠도는 일. 나그네. *遊子 : 떠도는 사람. 나그네. *故人 : 오랜 친구 *自玆 : 이로부터. 이제부터. *蕭蕭 : ①바람이나 빗소리가 쓸쓸함. ②말 울음소리. 여기서는 두 가지 뜻이 포함되는 重義法(중의법) 기교임. *班馬 : ①隊列(대열)에서 벗어난 말. ②떠나는 말.

[鑑賞] 친구와 헤어지는 아쉬움을 읊은 名作(명작). 首聯(수련, 1~2구)은 靑山-白水, 橫-繞, 北郭-東城으로 좋은 짝[對句대구]을 이루었고, 頷聯(함련, 3~4구)에서는 此地와 孤蓬이 직접적인 짝은 안 되겠지만 一爲別과 萬里程은 숫자로써 짝을 이루었다고 본다. 여기까지는 이별하는 곳의 자연과 지리적 배경을 그렸고, 頸聯(경련, 5~6구)은 내용의 轉換(전환)으로 자연 현상을 전제로 하여 친구와 작별하는 심정을 거기에 부쳤는데, 浮雲-落日, 遊子-故人, 意-情이 또한 기발한 짝이 되었다. 尾聯(미련, 끝 두 구)은 마무리로 '이제 손을 흔들며 헤어지노라니, 쓸쓸한 바람 소리 따라 말조차 주인들의 이별이 서러운지 구슬피 운다.' 하여 읽는 이들의 눈에 눈물이 어리게 하는 참으로 멋진 표현으로 맺었다. 그리하여 詩情(시정)과 대구 등이 시선다운 면모를 여실히 보여 주고 있다.

5言律詩(5언율시). 압운은 城, 程, 情, 鳴 자로 평성 '庚(경)' 평운이다. 평측은 차례로 '平平平仄仄, 仄仄仄平平, 仄仄仄平仄, 平平仄仄平, 平平平仄仄, 仄仄仄平平, 平仄仄平仄, 平平平仄平'으로 이사부동과 반법, 점법 등이 모두 규칙에 맞았다. 약간 아쉬운 점을 든다면 첫 구의 橫 자가 압운과 같은 '庚' 운인 점이다.

234-25 送友人入蜀(송우인입촉) 촉 땅으로 가는 벗을 송별하다

見說蠶叢路 崎嶇不易行 山從人面起 雲傍馬頭生

芳樹籠秦棧 春流繞蜀城 升沈應已定 不必問君平.

(견설잠총로 기구불이행 산종인면기 운방마두생

방수농진잔 춘류요촉성 승침응이정 불필문군평)

잠총이 살던 촉 땅으로 가는 길은, 산길이면서도 험악하여 쉬이 갈 수 없다 들었으니,

산은 바로 얼굴 앞에서 솟아나고,

구름은 타고 가는 말을 가까이하며 피어오른다 하더라.

지금은 봄이라 꽃 핀 나무들이 장안에서 촉으로 가는 잔도를 둘렀고,

봄 강물은 옛 촉 나라 서울이었던 성도成都를 둘러싸 있을 것이니,

행이냐 불행이냐는 운명은 응당 이미 정해진 바라,

굳이 엄군평 같은 점장이에게 물어볼 것 없으리라.

[語句] *蜀 : 촉 땅. 지금의 四川省(사천성) 지역. *見說 : 남의 말을 들음. 듣는 바에 의하면. 聞說(문설). *蠶叢 : 옛 촉 나라 임금의 선조 이름의 하나. '촉 땅의 별칭'으로도 씀. 그 선조에 柏獲(백획), 魚鳧(어부), 蒲澤(포택), 開明(개명) 등이 있음. <揚雄 蜀王本紀> *崎嶇 : ①산길이 비탈지고 울퉁불퉁 험함. ②고생스러움. 팔자가 사나움. 여기서는 ①임. *易行 : 가기가 쉬움. 실행하기 쉬움. *人面 : 사람의 얼굴. *芳樹 : 芳香(방향, 꽃다운 향기)이 있는 나무. 꽃이 피어 있는 나무. *籠 : 둘러싸다. 싸다. *秦棧 : 섬서성 장안 곧 秦 땅에서 사천성의 성도 곧 촉 땅으로 통하게 놓은 棧道(잔도). 잔도는 '험한 산골짜기와 절벽 따위에 널빤지를 선반처럼 놓아 낸 길'임. *春流 : 봄 강물의 흐름. *蜀城 : 촉 땅의 성곽. 촉 나라의 서울 곧 현재의 사천성 성도. *升沈 : 오름과 가라앉음. 성함과 쇠함. 운명의 행복과 불행. 昇沈(승침). *應 : 응당. *已定 : 운명이나 어떤 일이 이미 정해져 있음. *君平 : 嚴君平(엄군평). 이름은 遵(준)이며 군평은 자인데, 촉의 서울 성도의 높은 선비로 老子(노자)를 깊이 공부했으며 점장이로 생활을 꾸려갔음.

[鑑賞] 촉 땅으로 가려면 험하고 가파른 길 없는 산길을 넘어야 하니, 바로 얼굴 앞에서 산은 솟아나고 타고 가는 말곁에서 구름이 피어오른다. 그러나, 일단 그 험난한 길을 넘어서면 아름다운 꽃을 달고 있는 나무들이 잔도를 둘러 봄기운이 물씬 하고 고운 봄 강물은 성도의 성을 둘러싸며 흐르면서 온갖 아름다운 경치를 펼치는 곳이다. 이런 勝景(승경)은 아무나 볼 수 있는 것이 아니니, 자네가 이미 가기로 작정한 이상 주저할 것 없이 떠나거라. 이제 자네 앞에는 밝은 내일이 기약되고 있을는지도 모른다고 떠나는 친구를 격려하고 있다.

5언율시. 압운은 行, 生, 城, 平 자로 평성 '庚(경)' 평운이다. 평측은 차례로 '仄仄平平仄, 平平仄仄平, 平平平仄仄, 平仄仄平平, 平仄平平仄, 平平仄仄平, 平平平仄仄, 仄仄仄平平'으로 이사부동과 반법, 점법 등이 평측 규칙에 잘 맞는, 5언율시의 전형이 되는 작품이다.

234-26 尋雍尊師隱居(심옹존사은거) 옹존사의 은거하는 곳을 찾아가다

群峭碧摩天 逍遙不記年 撥雲尋古道 倚石聽流泉
花暖青牛臥 松高白鶴眠 語來江色暮 獨自下寒煙.

（군초벽마천 소요불기년 발운심고도 의석청유천

화난청우와 송고백학면 어래강색모 독자하한연）

험한 봉우리들 푸른 하늘을 어루만지는데, 존사는 거기 거닐며 세월을 헤아리지 않네.
구름 헤치며 옛길을 찾고, 바위에 기대어 샘물 흐르는 소리 듣네.
꽃그늘 따뜻해 검정소가 누웠고, 소나무 높은 가지에 백학이 졸고 있구나.

이야기 나누다 오느라니 강물 빛 저물어 가는데,

찬 안개 속을 헤치며 홀로 속세로 내려오네.

[語句] *雍尊師 : 미상. 尊師는 '존경하는 스승이란 뜻으로 스승이나 道士(도사)의 존칭'
　　　임. *隱居 : 세상을 피하여 숨어 삶. 隱棲(은서). *峭 : 높고 험악하다. 가파르다. *
　　　摩天 : 하늘을 만질 만큼 높음. *逍遙 : 한가로이 이리저리 거닒. *記年 : 세월
　　　이 감을 기록하거나 기억함. *撥 : 다스리다. 없애다. 퉁기다. *靑牛 : 털빛이 푸
　　　른 소. 검정소. *白鶴 : 두루미. 涉禽類(섭금류)의 큰 새로 온 몸이 희며 부리는 길
　　　고 녹색임. 仙鶴(선학). 仙禽(선금). 野鶴(야학). *寒煙 : 찬 연기나 안개.

[鑑賞] 옹 존사가 세상을 피해 숨어 사는 곳을 찾아갔던 일을 읊었다. 험악한 산봉우
　　　리들은 높이 하늘을 어루만질 듯한데, 그 속에서 옹 존사는 한가로이 이리저리
　　　거닐며 세월 가는 걸 모르고 산다. 거기를 찾아가느라고 구름 속을 헤치며 옛길
　　　을 찾고, 가다가는 바위에 기대어 졸졸 흐르는 샘물 소리를 듣는다. 이 두 연은
　　　對句(대구)가 이루어졌고 石 자를 樹(나무 수) 자로 쓴 책도 있어 두 글자 모두 측
　　　성이라 어느 경우라도 평측에는 상관없다. 꽃그늘 아래 검정소가 한가로이 누워
　　　있고, 높은 소나무 가지에는 두루미가 졸고 있다. 모두 한가롭고 평화로운 광경
　　　을 대구로 그린 연이다. 옹 존사와 이런저런 이야기를 나누다가 돌아오려니 이
　　　미 저녁때가 되었고, 혼자 안개 속을 뚫고 속세로 돌아온다고 마무리 지었다.
　　　제 7구의 語 자를 雨(비 우) 자로 쓴 자료도 있는데 둘다 측성이다.

　　5言律詩(5언율시). 압운은 天, 年, 泉, 眠, 煙 자로 평성 '先(선)' 평운이다. 평측은 차례로 '平
仄仄平平, 平平仄仄平, 仄平平仄仄, 仄仄平平平, 平仄平平仄, 平平仄仄平, 仄平平仄仄, 仄仄
仄平平'으로 二四不同(이사부동)이나 反法, 粘法(반법, 점법) 등이 모두 규칙에 맞는 좋은 작품이다.

234-27 峨眉山月歌(아미산월가) 아미산 달 노래

　　峨眉山月半輪秋　影入平羌江水流　夜發淸溪向三峽　思君不見下渝州.
　　　　(아미산월반륜추　영입평강강수류　야발청계향삼협　사군불견하유주)

아미산의 가을 반달, 그 그림자 평강 강물에 떨어져 흐르네.

밤에 청계를 떠나 삼협으로 향하노니, 그대를 보지 못하고 유주로 내려가오.

[語句] *峨眉山 : 四川省 成都(사천성 성도) 서남쪽 峨眉山市(아미산시)에 있는 산. 높이
　　　3,099m. 산 모양이 蛾眉(아미, 미인의 눈썹)와 비슷해서 이름 붙였고, 大峨·中峨·小
　　　峨(대아·중아·소아)의 세 봉우리로 되어 三峨(삼아)라고도 함. 峨嵋山(아미산). 峨山(아산).

*半輪 : 둥근 형상의 반쪽. 반 달. *平羌江 : 아미산 동북을 흐르는 강. *清溪 : 평강강 하류의 마을. *三峽 : 높은 산 사이 물이 흐르는 세 골짜기로, 湖北省 巴東縣(호북성 파동현)의 西陵峽(서릉협), 歸鄉峽(귀향협), 巫峽(무협)을 말함. 양편 기슭 7백 리에 걸쳐 산이 이어져 있어 하늘과 해를 가리므로, 한낮이 아니면 해를 볼 수 없다고 함. *君 : 그대. '달'을 가리킨다고 함. *渝州 : 지금의 重慶市(중경시).

[鑑賞] 아미산의 가을 반달을 읊은 산뜻한 작품이다. 아미산의 반달이 평강 강물에 비쳐 강물과 함께 흘러간다. 그러한 밤에 청계 마을을 떠나 삼협으로 향해 가는데, 삼협은 한낮이 아니면 해를 볼 수 없다는 곳이라, 아직 그 삼협은 아니지만 산에 막혀 아미산에 떴던 그 달을 볼 수 없다는 것이다. 산과 물의 고장인 촉 지방의 가을 달이 뜬 밤 한 때의 풍경을 사진에 담듯 그려낸 명작이다.

7言絕句(7언절구). 압운은 秋, 流, 州 자로 평성 '尤(우)' 평운이다. 평측은 차례로 '平平平仄仄平平, 仄仄平平仄仄平, 仄仄平平仄仄仄, 平平仄仄仄平平'으로 二四不同二六對(이사부동이륙대)와 반법, 점법 등이 규칙에 어긋나지 않는다. 셋째 구의 三 자는 '셋'의 뜻이면 평성 '覃(담)'이고, '거듭'의 뜻이면 거성 '勘(감)'인데 여기서는 평측 배열로 보아 거성으로 처리했다.

234-28 夜泊牛渚懷古(야박우저회고) 밤에 우저에 배를 대고 묵으며 회고하다

牛渚西江夜 青天無片雲 登舟望秋月 空憶謝將軍
余亦能高詠 斯人不可聞 明朝挂帆席 楓葉落紛紛.

(우저서강야 청천무편운 등주망추월 공억사장군

여역능고영 사인불가문 명조괘범석 풍엽낙분분)

우저산 서편 강에 밤이 들며, 푸른 하늘에는 조각구름 한 점 없구나.

배에 올라 가을 달 바라보며, 사 장군을 생각하나 부질없을 뿐일세.

나도 그가 좋아했던 원굉袁宏 시인처럼 시를 크게 읊을 수 있건만,

지금은 그분의 자취 찾을 수 없구나.

내일 아침 떠날 배에 돛을 달 때에는, 단풍잎만 어지러이 떨어지겠구나.

[語句] *牛渚 : ①산 이름. 太平府(태평부) 부근에 있다고 함. ②牽牛(견우) 별칭. 織女(직녀)는 鳳機(봉기)라 함. *西江 : 강 이름 또는 서쪽의 강. *片雲 : 조각구름. *謝將軍 : 晉(진) 나라 謝尚(사상). 鎭西將軍(진서장군). 우저의 물이 깊으므로 그 밑에 무엇이 있는지 궁금하여 犀角(서각)으로 불을 켜 비쳐보니, 물 속의 기괴한 것들이 환히 보이더라 했고, 袁宏(원굉)이 시를 청아하게 읊고 詩語(시어)도 고상하므로 그를 불러 배를 함께 타고 담론하며 밤을 새웠다고도 함. *高詠 : ①

높은 소리로 읊음. ②매우 뛰어난 시 작품. ③'남의 詩歌(시가)'를 공대하는 말.
여기서는 ①의 뜻으로 보는 게 합당함. *斯人 : 이 사람. '謝尙'을 가리킴. *
挂帆 : 돛을 닮. 掛帆(괘범). *紛紛 : 흩어져 어지러움.

[鑑賞] 밤에 우저의 서강 가에 배를 대고 하룻밤을 묵으려는데, 조각구름 하나 없이
맑은 하늘이다. 배에 올라 가을 달을 바라보노라니, 이미 돌아간 사상 장군이
생각난다. 그분이 시인 원굉을 좋아해 담론하며 사귀었는데, 나 역시 원굉처럼
지금 짓는 시를 큰 소리로 청아하게 읊을 수 있겠건만, 사 장군은 이미 돌아간
분이라 부질없는 생각일 뿐이다. 나에게도 원굉을 알아준 사 장군 같은 분이
없는 게 서운하다. 이런 심정 속에 내일 아침에는 돛을 달고 떠나야 하는데,
단풍잎은 내 마음같이 쓸쓸하게 흩날리겠구나.

5언율시. 압운은 雲, 軍, 聞, 紛 자로 평성 '文(문)' 평운이다. 평측은 차례로 '平仄平平仄,
平平平仄平, 平平仄平平, 平仄仄仄平, 平仄平平仄, 平平仄仄平, 平平仄平仄, 平仄仄平平'
으로 이사부동은 셋째, 넷째, 일곱째의 세 구에서 어긋났고 따라서 반법과 점법이 온전하지 못
하며, 셋째 구의 끝 자는 측성이 와야 하는데 天 자는 평성이며 또 둘째 구에도 天 자가 들어
있어 거듭 쓰이었으므로 古詩(고시)로 분류하기도 한다.

234-29 憶東山(억동산) 동산을 생각하다

不向東山久 薔薇幾度花 白雲還自散 明月落誰家.
(불향동산구 장미기도화 백운환자산 명월낙수가)

동산을 가지 못한 지 오래 되나니, 그 동안 장미는 몇 번이나 꽃 피웠던가.
흰 구름도 절로 흩어졌을 게고, 명월은 뉘 집에 떨어졌을꼬.

[語句] *東山 : 會稽(회계) 지금의 浙江省 紹興市(절강성 소흥시) 동쪽의 산. 술로 유명한
곳이며 晉(진)의 謝安(사안)이 은거했음. 그리하여 '뜻이 고상한 사람이 사는 곳'
을 뜻하는 말로 씀.
[鑑賞] 동산이 있는 회계 땅은 회계산도 있는 유서 깊은 곳이니, 춘추시대 越(월) 나라
勾踐(구천)이 吳(오) 나라 夫差(부차)에 패하여 城下之盟(성하지맹)을 맺은 곳이다. 이
러한 동산을 오랫동안 가 보지 못해 전 날을 회상하며 지은 작품이다. 그 곳의
장미는 이미 몇 번이나 꽃 피웠으리니 오랜 세월이 흘렀고 백운도 예 그대로
절로 모였다 흩어지리라. 옛날 내 있던 곳을 비추던 밝은 달이 지금은 어느 누
구의 집을 비추고 있을까. 생각하면 다시 가고 싶은 곳이지만 못 가는 이 심정
이 애처롭다. 사람은 인상 깊은 곳을 늘 잊지 못하는 존재인 것이다.

5言絶句(5언절구). 압운은 花, 家 자로 평성 '麻(마)' 평운이다. 평측은 차례로 '仄仄平平仄, 平平仄仄平, 仄平平仄仄, 平仄仄平平'으로 이사부동과 반법, 점법 등이 규칙에 맞고 평측 배열도 고른 좋은 시이다.

234-30 與史郞中欽聽黃鶴樓上吹笛(여사낭중흠청황학루상취적)
낭중 사흠과 함께 황학루 위에서 피리 부는 소리를 듣다

一爲遷客去長沙 西望長安不見家 黃鶴樓中吹玉笛 江城五月落梅花.
　　(일위천객거장사 서망장안불견가 황학루중취옥적 강성오월낙매화)

이제 장사로 귀양살이 길을 떠나는데,
서쪽으로 장안을 바라보아도 고향 집들은 보이지 않네.
누군가가 황학루에서 옥피리 부는 소리,
강성은 더운 5월인데 '낙매화'의 슬픈 곡조를 부는고.

[語句] *郞中 : 漢(한) 나라 때부터의 벼슬 이름. 尙書(상서)를 보좌하여 政務(정무)에 참여했음. *史欽 : 사람 이름. 미상. *黃鶴樓 : 湖北省 武漢市(호북성 무한시) 양자강가에 있는 유명한 누각. →232-1. *遷客 : 귀양살이하는 사람. 좌천된 사람. 遷人(천인). *長沙 : 湖南省(호남성)의 도시 이름. *玉笛 : 옥피리. 청옥이나 황옥으로 만들며 모양이 大筝(대금) 비슷한 吹樂器(취악기). *江城 : 강가에 있는 성. 여기서는 황학루가 있는 '무한시'임. *落梅花 : 오랑캐의 피리 곡조 이름. 매화가 떨어짐을 아쉬워하는 슬픈 곡조라 함.

[鑑賞] 섬서성에 있는 서울 장안에서 호남성의 장사로 좌천되어 낭중 벼슬을 하는 사흠과 함께 길을 떠난다. 望秦嶺(망진령)을 넘으니 고향 집은 보이지 않고, 호북성 무한시 황학루에 이르니 누군가가 그 누각에서 '낙매화'의 슬픈 가락을 옥피리로 불고 있다. 음력 5월이면 매화꽃은 모두 이미 졌고 매실 수확이 가까운데, 매화꽃이 짐을 아쉬워하는 곡조가 들리니 좌천되어 귀양가는 처량한 신세를 더욱 슬프게 한다. 본의 아니게 고향을 떠나는 아쉬움과 귀양살이를 가는 심정을 슬픈 피리 소리에 부쳐 잘 그렸다.

7言絶句(7언절구). 압운은 沙, 家, 花 자로 평성 '麻(마)' 평운이다. 평측은 차례로 '仄平平仄仄平平, 平仄平平仄仄平, 平仄平平平仄仄, 平平仄仄仄平平'으로 二四不同二六對(이사부동이륙대)와 反法, 粘法(반법, 점법) 등이 簾(염)에 모두 맞다.

234-31 廬山謠寄盧侍御虛舟 中(여산요기노시어허주 중)

여산의 노래를 지어 시어 노허주에게 부치다 중간

廬山秀出南斗傍 屛風九疊雲錦張 影落明湖靑黛光 金闕前改二峰長

銀河倒挂三石梁 香爐瀑布遙相望 廻崖沓障凌蒼蒼 翠影紅霞映朝日

鳥飛不到吳天長

(여산수출남두방 병풍구첩운금장 영락명호청대광 금궐전개이봉장

은하도괘삼석량 향로폭포요상망 회애답장능창창 취영홍하영조일 조비부도오천장)

여산은 남두 별 곁에서 빼어나, 아홉 폭 병풍같이 겹친 봉우리들 고운 구름 펼쳤구나.

맑은 파양호에 산 그림자 비쳐 짙은 푸른빛으로 빛나고,

금빛 궁궐 모양의 봉우리 앞에는 다시 두 봉우리가 길게 놓였네.

삼석량 골짜기 물은 마치 은하수가 거꾸로 걸린 듯한데,

향로봉의 폭포가 멀리서 마주 바라보는구나.

굽이도는 벼랑과 겹친 산은 푸른 하늘에 솟았고,

아침 해는 푸른 그늘과 붉은 노을을 비추네.

새도 날아 이르지 못하는 멀리 뻗친 강남 하늘.

[語句] *廬山 : 江西省 九江市(강서성 구강시)에 있는 명산. 匡裕(광유)라는 사람이 살았기에 匡廬(광려)라고도 함. →105-1. *侍御 : 임금을 모시는 관직. *南斗 : 남쪽 하늘에 있는 斗星(두성). 여섯 별로 구성된 별자리인데 북쪽 하늘의 북두성에 대비한 명칭임. *九疊 : 아홉 번 겹침. 여러 번 거듭됨. *雲錦 : 고운 구름. 아침 노을. *明湖 : 맑은 호수. 여산 옆의 '鄱陽湖(파양호)'를 말함. *靑黛 : 짙게 푸른 빛. 黛는 '눈썹 그리는 먹 같은 화장품'임. *金闕 : 금빛 궁궐. 산을 형용한 말로 '여산 부근의 石門山(석문산)'이라고 함. *二峰 : 두 봉우리. 여산의 '香爐峰(향로봉)과 雙劍峰(쌍검봉)'이라고도 함. *三石梁 : 여산에서 바위 셋이 돌다리처럼 된 곳. *香爐 : 여산 다섯 봉우리의 하나. *沓障 : 거듭 막힘. '산이 첩첩으로 겹침'의 뜻임. *凌 : 능가하다. 업신여기다. *蒼蒼 : 하늘이 푸른 모양. *翠影 : 나무의 푸른 그늘. *紅霞 : 해 근처의 붉은 노을. *朝日 : 아침 해. *吳天 : 오 나라 곧 강남 지방의 하늘.

[鑑賞] 이 대목은 여산의 곱고 웅장한 모양을 그린 부분이다. 여산은 5봉우리가 있고 보는 장소에 따라 달리 보이는 명산이라 한다. 5言句(5언구)가 여섯이 있고 나머지는 7언구인 모두 13연인 25구의 시로, 이 앞은 '나는 接輿(접여)가 孔子(공자)를 비웃었듯 미친 사람처럼 지팡이 들고 거리낌이 없이 黃鶴樓(황학루)를 떠났으

니, 이는 명산 유람하기를 평생 좋아했기 때문이다.'이고, 뒤로는 '이 높은 산에 올라 천지를 내려다보니 양자강은 아득히 흘러 다시 돌아오지 않고, 멀리 끼인 구름은 바람 따라 빛이 바뀌며 아홉 강물은 먼 雪山(설산)에서 흘러오는 것 같다. 여산을 좋아해 노래하니 그 흥은 여산에서 나왔으며, 돌거울 앞에서 내 마음을 씻고 謝靈運(사영운)의 나막신 행적을 찾으니 아득하구나. 신선의 약을 먹은 듯 속세의 생각 없고 거문고 타며 道(도)를 이루어, 구름 속 멀리 옥황상제가 사는 白玉京(백옥경)에 노닐었으면 하는 생각 간절하다.'로 이어졌다. 도교적 사상을 드러내었으니 지은이는 도교를 좋아했었다.

雜言古詩(잡언고시) 13연[25구]. 인용 부분의 압운은 여덟째 구 日 자를 제하고는 모두 평성 '陽(양)' 평운으로 끝맺었으니 傍, 張, 光, 長, 梁, 望, 蒼, 長 자가 그것이다. 평측은 차례로 '平平仄仄平仄平, 平平平仄平仄平, 仄仄平平平仄平, 平仄平仄仄平平, 平平仄仄平仄平, 平平仄仄平平平, 平平仄仄平平平, 仄仄平平仄平平, 仄平仄仄平平平'으로 이사부동이륙대에 맞는 곳은 제 3, 6, 7, 9구의 넷뿐이니 반법이나 점법도 이루어지지 않았다. 아홉째 구 뒤는 운자가 '刪(산, 평성)'으로 바뀌었으니, 이 아홉째 구는 한 구로 한 연이 된 셈이다.

234-32 烏棲曲(오서곡) 오서곡

姑蘇臺上烏棲時 吳王宮中醉西施 吳歌楚舞歡未畢 青山欲銜半邊日
銀箭金壺漏水多 起看秋月墜江波 東方漸高奈樂何.

<small>(고소대상오서시 오왕궁중취서시 오가초무환미필 청산욕함반변일</small>

<small>은전금호누수다 기간추월추강파 동방점고내락하)</small>

고소대 위에 까마귀가 깃들일 때, 오 나라 궁중의 부차夫差 임금은 서시에 취해 있었네.
오 나라 노래와 초 나라 춤에 환락은 끝나지 않았는데,
청산은 지는 해를 반이나 삼켰더라.
물시계에는 떨어지는 물이 많이 쌓였고, 일어나 보매 가을 달은 강물에 떨어졌네.
동쪽 하늘 점점 희끄무레해지니 아쉽다 이 즐거움을 어이할꼬.

[語句] *烏棲曲 : 樂府(악부)의 曲名(곡명)으로 鳥獸(조수) 21곡 중의 하나임. 烏棲는 '까마귀가 깃들임'임. *姑蘇臺 : 춘추시대 吳(오) 나라 서울인 지금의 蘇州市(소주시)에 있던 대. →234-22. *西施 : 춘추시대 越(월) 나라 미인. →60-1, 163-6. *吳歌楚舞 : 오 나라 노래와 초 나라 춤. 남방 곧 강남의 가무. *邊日 : 한 모퉁이로 간 해. 지는 태양. *銀箭 : 은으로 만든 화살. 은 漏箭(누전, 물시계에서 시간을 알아볼 수 있는 눈금을 새긴 화살). *金壺 : 금항아리. 물시계의 금으로 만든 물통. *漏水 : 새는 물.

물시계의 물통에 흘러내려 고인 물. *漸高 : 점점 높아짐. '날이 밝아 옴'의 뜻임. *奈樂何 : 즐거움을 어찌할꼬. 樂奈何.

[鑑賞] 악부의 곡명을 빌어 고소대에 까마귀가 깃들일 때 곧 저녁때가 되면서 오 나라 궁중에서는 부차 임금이 벌이는 잔치가 벌어져 천하절색 서시는 왕이 권하는 술에 취하였다. 남방의 가무를 즐기는 놀이는 밤새도록 이어져 어느새 동쪽 하늘이 새벽을 알려 주고 있다는 것이다. 지은이는 부차 임금으로 당 나라 현종에 비겨, 부차가 서시에 빠져 있듯 현종이 楊貴妃(양귀비)를 너무 총애한다고 풍자했다.

7句體 7言古詩(7구체 7언고시). 압운은 구마다 두며 轉韻(전운)했으니, 時, 施 자는 평성 '支(지) 평운이고 畢, 日 자는 입성 '質(질) 측운이며 多, 波, 何 자는 평성 '歌(가) 평운인 것이다. 평측은 차례로 '平平平仄平平平, 平平平平仄平平, 平平仄仄平仄仄, 平平仄平仄平仄, 平仄平平仄仄平, 仄平平仄仄平平, 平平仄平平仄仄平'으로 二四不同二六對(이사부동이륙대)에 맞는 구는 첫째, 다섯째, 여섯째 구의 셋뿐이다. 따라서 反法, 粘法(반법, 점법)은 이루어지지 않았다.

234-33 烏夜啼(오야제) 까마귀가 밤에 울다

黃雲城邊烏欲棲 歸飛啞啞枝上啼 機中織錦秦川女 碧紗如煙隔窓語
停梭悵然憶遠人 獨宿空房淚如雨.
　　　(황운성변오욕서 귀비아아지상제 기중직금진천녀 벽사여연격창어

　　　정사창연억원인 독숙공방누여우)

누런 구름이 낀 성 주변에 까마귀들 깃 치려고, 날아와 나뭇가지에서 까악까악 우네. 베틀에서 비단 짜는 진천의 아낙네는, 안개같이 푸른 사창 너머로 혼잣말 중얼거리네. 북을 놓고 멀리 간 남편 생각에 슬퍼져, 독수공방에 눈물 비 오듯 하리라.

[語句] *烏夜啼 : 樂曲(악곡) 이름. 남북조 때 南朝 劉宋(남조 유송 420~479)의 王儀慶(왕의경)이 처음 지었다고 함. *黃雲 : 누런 빛 구름. 해질녘 구름. *啞啞 : 까마귀 우는 소리. *織錦 : 비단을 짬. *秦川 : 당 나라 서울 長安(장안)의 동네 이름. *碧紗 : 푸른 비단. 푸른 紗窓(사창, 비단으로 바른 창). *隔窓 : 창을 사이 함. 창문 너머. *悵然 : 몹시 슬퍼함. *遠人 : 어떤 볼일이나 군 입대 등으로 먼 지방으로 간 사람 곧 남편. *獨宿空房 : 시집간 여인이 남편 없이 혼자 지냄. 獨守空房(독수공방).

[鑑賞] 전 시대에 지어진 樂府題(악부제)에 부치어 지은 시. '烏夜啼'는 남편이나 연인을 그리워하는 여인의 정을 노래한 악곡이라 한다. 구름이 누렇게 낀 장안 성 곁으로 까마귀들이 잠자리 찾아 몰려들어, 나뭇가지 위에서 까악까악 울고 있을 무렵, 비단을 짜던 장안 진천의 여인은 까마귀 우는 소리에 놀라 창밖을 내다보며, 이미

해가 지려는데 '이이는 오늘도 못 오시려는 가보다.' 혼잣말을 하면서, 베틀의 북을 놓고 멀리 간 임을 생각하며 슬픔에 잠긴다. 아마도 오늘 밤 외베개를 베고 누워 임 그리는 눈물을 함빡 흘리리라. 여인의 깊은 정을 그린 주옥같은 작품이다.

6句體 7言古詩(6구체 7언고시). 압운은 棲, 啼, 女, 語, 雨 자로, 棲와 啼는 평성 '齊(제)' 평운이고 女, 語는 상성 '語' 측운이며 雨도 상성 '麌(우)'인데 두 운자는 通韻(통운)이 되니 평운에서 측운으로 轉韻(전운)이 된 셈이다. 평측은 차례로 '平平平平平仄平, 平平仄仄平仄平, 平平仄仄平平仄, 仄平平平仄平仄, 平平仄平仄仄平, 仄仄平平仄平仄仄'으로 이사부동이륙대에 맞는 구는 셋째 구뿐이다. 따라서, 반법과 점법도 이루어지지 않았다.

234-34 玉階怨(옥계원) 대궐 섬돌에서의 원망

玉階生白露 夜久侵羅襪 却下水晶簾 玲瓏望秋月.
　(옥계생백로 야구침나말 각하수정렴 영롱망추월)

대궐 섬돌에는 찬 이슬 내리고, 밤 깊어지자 비단 버선에 찬 기운 스미네.
방에 들어와 수정 발을 드리우고는, 영롱한 가을 달만 바라보고 있구나.

[語句] *玉階 : 대궐 안의 옥으로 만든 섬돌. *白露 : ①흰 이슬. ②24절기의 하나로 處暑(처서)와 秋分(추분)의 중간, 9월 8일경. 여기서는 ①의 뜻임. *羅襪 : 얇은 비단으로 만든 버선. *却 : 물러나다. '방으로 들어감'의 뜻임. *下 : 내리다. 떨어지다. *水晶 : 보석의 하나. 무색투명의 石英(석영). 水玉(수옥). 石英은 '유리나 도자기의 재료로 쓰이는 硅素(규소)와 酸素(산소)가 화합한 돌'임. *玲瓏 : 광채가 찬란함. *秋月 : 가을 달.

[鑑賞] 임금이 와 주기를 기다리는 宮女(궁녀) 등 궁중 여인의 초조하고 애타는 심정을 그린 작품으로 악부의 하나이다. 섬돌에서 임금님 행차가 혹시 있으려나 서성거리며 기다리노라니, 가을 백로 철이라 찬 이슬이 내려 비단 버선에 찬 기운 스미도록 밤은 깊었다. 오늘도 오시기는 틀렸는가보다고 방에 들어와 수정을 엮어 만든 발을 내리고는 하염없이 밝디밝은 가을 달만을 바라보며 눈물짓는다. 외로이 살아가는 궁중 여인의 한 때 모습을 잘 표현한 小品(소품)이라 하리라.

5言古詩 短篇(5언고시 단편). 압운은 襪, 月 자로 입성 '月' 측운이다. 평측은 차례로 '平平平仄仄, 仄仄平平仄, 仄仄仄平平, 平平仄平仄'으로 이사부동은 끝 구만 어긋났고 반법과 점법은 그런대로 이루어졌다 하겠으니, 끝 구 넷째 자만이 반법에 어긋난 것이다.

234-35 王昭君(왕소군) 왕소군

昭君拂玉鞍 上馬啼紅顔 今日漢宮人 明朝胡地妾.

(소군불옥안 상마제홍안 금일한궁인 명조호지첩)

왕소군이 백옥 안장 떨치고, 말에 올라 고운 얼굴 울고 있네.

오늘은 한 나라 궁중 여인이나, 내일 아침이면 오랑캐 땅의 첩이 될 몸이로구나.

[語句] *王昭君 : 漢(한) 나라 元帝(원제) 때의 後宮(후궁). 良家(양가) 출신으로 이름이 王
嬙(왕장), 자가 昭君, 일명 明妃(명비)이며 흉노와의 화친을 위해 추장 單于(선우)에
게 시집갔음. 원제는 후궁 중에서 못생긴 여인을 골라 보내려고 화공 毛延壽(모연
수)더러 후궁들의 초상을 그려 올리라 한 바, 왕소군이 뇌물을 주지 않으므로 일
부러 왕소군을 추하게 그려 바쳤음. 왕소군이 흉노로 떠날 때 그녀를 본 원제는
그녀가 너무 아름다우므로 화공을 국문하니 사실이 드러나 모연수는 棄市(기시, 사
형에 처하여 그 시체를 거리에 버려둠)의 형벌을 받았음. →163-2. *玉鞍 : 옥으로 꾸민
아름다운 말안장. *紅顔 : 젊고 아름다운 얼굴. *胡地 : 오랑캐 땅. 흉노의 땅.

[鑑賞] 이 '王昭君' 시는 본래 두 수인데 위의 시는 둘째 수라 한다. 왕소군의 고운
얼굴이 눈물에 젖었고 오늘은 한 나라의 궁중 여인이지만 내일은 오랑캐의 첩
이 되는 가련한 운명을 그렸다. 지은이는 당 나라 사람인데 한 나라 때의 왕소
군을 그린 것은, 당 나라에 들어와서도 주변 이민족과의 화친을 위해 당의 公
主(공주)가 이민족에게 출가하는 일이 있어 그것을 풍자했다고도 말한다. 지은이
의 같은 소재에 '明妃曲(명비곡)'도 있으니, "漢家秦地月 流影照明妃 一上玉關
道 天涯去不歸(한 나라 장안의 달이 왕소군을 비추네. 서역으로 통하는 옥문
관을 한 번 나서면 하늘끝까지 가 다시는 돌아오지 못하겠구나.)"이다.

5언고시. 압운은 정해진 운자가 없으니, 첫 행부터 끝 자를 보면 鞍 자는 평성 '寒(한)', 顔 자는
평성 '刪(산)', 人 자도 평성 '眞(진)', 妾 자는 입성 '葉(엽)'이다. 寒 운과 刪 운은 通韻(통운)이 되기
는 하나, 압운 규칙으로 볼 때 운을 놓았다고는 할 수 없다. 평측은 차례로 '平平仄仄平, 仄仄平
平平, 平仄仄平平, 平平平仄仄'으로 이사부동과 반법, 점법은 5언절구처럼 잘 지켜졌다.

234-36 王右君(왕우군) 왕우군[왕희지]

右軍本清眞 瀟洒在風塵 山陰遇羽客 愛此好鵝賓

掃素寫道經 筆精妙入神 書罷籠鵝去 何曾別主人.

(우군본청진 소쇄재풍진 산음우우객 애차호아빈

소소사도경 필정묘입신 서파농아거 하증별주인)

왕우군은 본디 조촐하고 거짓 없으니, 세상에 섞여 살면서도 세속을 벗어났었네.
산음에서 도사를 만나니, 도사는 거위를 좋아하는 왕희지를 좋아했더라.
도경을 베껴 주면 거위를 주겠노라는 말에 흰 비단을 쓸 듯 도경을 써 가니,
그 필적이 묘하기 신의 경지에 든 듯하더라.
다 쓰고 나서는 거위를 바구니에 담아, 주인에게 작별 인사도 없이 떠나버리는구나.

[語句] *王右軍 : 晉(진)의 書聖 王羲之(서성 왕희지 321~379). 자 逸少(일소). 右軍將軍(우군장군)을 지냈기로 왕우군이라 함. 아버지는 曠(광)으로 東晉(동진)의 좋은 가문이라 영달했으며, 王導(왕도), 王敦(왕돈), 王彬(왕빈) 등과 종형제 사이이고 아들 獻之(헌지, 자 子獻자유)도 글씨를 잘 써서 '二王之書(이왕지서)'라고 함. 山陰(산음)에 蘭亭(난정)을 짓고 문인들과 교유했으며, 산음의 도사가 키우는 거위를 좋아하여 도경을 베껴 주고 그 거위를 가져온 일도 있고, 會稽(회계, 지금의 절강성 소흥)의 어느 노파가 기르는 거위가 잘 운다는 말을 듣고 거위를 보러 가니 노파는 왕희지가 온다는 말을 듣고는 그 거위를 잡아 대접하려 했으므로 왕희지는 여러 날 탄식했다 함. *淸眞 : 세속적인 티가 없이 참되고 바름. 조촐하고 거짓없음. *瀟洒 : 깨끗하고 맑음. 속세를 떠난 느낌이 있음. *山陰 : 회계의 회계산 북쪽 지명. *羽客 : 신선. 신선의 도를 닦는 道士(도사). *好鵝賓 : 거위를 좋아하는 손님 곧 왕희지. *掃素 : 흰 비단을 쓸 듯함. '흰 비단에 글자를 잘 써 나감'의 뜻임. *道經 : 노자의 道德經(도덕경). 도가의 경전인 黃庭經(황정경). *筆精 : 필적이 精妙(정묘)함. *入神 : 사람이 이루어내는 경지를 넘어 신의 지경에 이름. 오묘한 경지에 이름. *何曾 : 어째서.

[鑑賞] 시 속의 주인공 왕희지는 [語句]에서 소개한 대로 거위를 좋아한 逸話(일화)가 전하는데, '顔氏家訓(안씨가훈)'을 지은, 梁(양)에서 隋(수)까지 네 나라에 벼슬을 한 顔之推(안지추 531~601)가 평하기를 "風流才士(풍류 재사)요 瀟洒名人(소쇄 명인)"이라 했다고 하며, '蘭亭集序文(난정집 서문)'을 짓고 쓸 정도로 문장에도 뛰어났다. 首聯(수련 1~2구)에서 그의 풍모를 말하고 頷聯(함련 3~4구)에서 왕희지가 거위를 좋아함을 산음의 도사는 기뻐했다고 했다. 頸聯(경련 5~6구)에서는 거위를 달라는 왕희지의 요청에 "그대가 글씨의 대가이니 도경을 베껴 주면 주겠노라."는 도사의 요구를 들어 비단에 신들린 듯 도경을 베껴 쓰는 모습을 기리었으며, 도경을 다 써서 주고는 간다는 말도 없이 거위를 광주리에 담아 돌아왔다고 尾聯(미련)에서 마무리 지었다. 어떤 일에 전념하는 모습과 세속적인 생활을 뛰어 넘은 왕희지의 특징을 잘 포착한 시이다.

　5言律詩(5언율시). 압운은 眞, 塵, 賓, 神, 人 자로 평성 '眞' 평운이다. 평측은 차례로 '仄平仄平平, 平仄仄平平, 平平仄仄仄, 仄仄仄平平, 仄仄仄仄平, 仄平仄仄平, 平仄平平仄, 平

平仄仄平'으로 二四不同(이사부동)에 맞지 않는 구는 첫째, 다섯째 구의 둘뿐이고, 셋째 구에서 粘法(점법)이 되지 않는 등 反法(반법)과 점법이 규칙대로 이루어지지 않았다.

234-37 友人會宿(우인회숙) 친구들과 함께 묵다

滌蕩千古愁 留連百壺飮 良宵宜且談 皓月未能寢
醉來臥空山 天地卽衾枕.

(척탕천고수 유련백호음 양소의차담 호월미능침 취래와공산 천지즉금침)

천고의 긴 시름 씻어 버리고, 그 자리에 눌러앉아 백 동이의 술을 마시네.
좋은 밤이라 이야기 나누기 좋고, 밝은 달은 잠 못 들게 하네.
취하여 적막한 산에 누우면, 하늘과 땅이 곧 이불과 베개일세.

[語句] *滌蕩 : 씻어 없앰. *千古 : ①오랜 세월. 영원. ②오랜 옛적. *留連 : ①계속하여 머무름. ②객지에 머물러 있음. 여기서는 ①의 뜻임. *百壺 : 백 동이. '백 동이나 되는 많은 술'임. *良宵 : 좋은 밤. 하늘이 맑고 달이 밝은 밤. 良夜(양야). *皓月 : 밝게 비치는 달. *空山 : 빈 산. 사람이 없는 산중. *天地卽衾枕 : 하늘과 땅이 곧 이불과 베개임. 衾枕은 '이부자리와 베개'임. 晉(진)의 劉伶(유령)이 지은 '酒德頌(주덕송)'에 "幕天席地 縱意所如(하늘을 장막 삼고 땅을 자리 삼아, 마음 가는 대로 자유분방했네)"라 있음.

[鑑賞] 뜻이 맞는 친구들끼리 산속에 모여 술을 마시니 달 밝은 좋은 밤이것다 주고받는 이야기에 잠을 잘 수 없다. 술과 이야기로 천고의 시름을 잊으니 그 또한 즐겁기만 한 것이다. 인적 없는 산속에 술에 취하여 누우니 하늘이 이불이요 땅이 요가 아닌가. 우리나라 사람 누구나 마음 맞는 친구들끼리 모여 논 경험을 가지고 있을 게다. 편저자도 고향 친목계 모임에 가서 하룻밤 묵으며 '情談喚昔夜陰浮, 褒施侑飮交杯急(정담은 지난날들을 불러 밤 어둠에 떠 있네, 포사와 서시 같은 미인들이 술자리를 도우니 잔질 빨라지고)'라고 시에 쓴 적이 있다.

6句體(6구체) 5언고시. 압운은 飮, 寢, 枕 자로 상성 '寢' 측운이다. 평측은 차례로 '仄仄平仄平, 平平仄平仄, 平平平仄平, 仄仄仄平仄, 仄平仄平平, 平仄仄平仄'으로 3, 4, 6구는 이사부동이 이루어졌다. 1, 2구와 3, 4구는 평측 대비로 음률의 조화가 잘 이루어졌다.

234-38 怨情(원정) 원망의 마음

美人捲珠簾 深坐嚬蛾眉 但見淚痕濕 不知心恨誰.

(미인권주렴 심좌빈아미 단견누흔습 부지심한수)

미인이 구슬로 엮은 발을 걷고는, 방안 깊숙이 앉아 고운 눈썹을 찌푸리고 있네.
다만 눈물 흘린 자국이 젖은 것만 볼 뿐, 마음속으로 누굴 원망하는지 알지 못하겠네.

[語句] *怨情 : 사람이나 사물에 대하여 원망하는 마음. *珠簾 : 구슬을 꿰어 만든
발. 玉簾(옥렴). *嚬 : 찡그리다. *蛾眉 : 누에나방의 더듬이같이 아름다운 눈썹.
미인의 눈썹. *淚痕 : 눈물 자국.

[鑑賞] 독수공방하는 여인 또는 임금을 기다리는 궁중 여인의 원망하는 마음을 읊은 작
품이다. 오늘도 임은 올 가망이 없어 하염없이 운다. 그런 여인을 보는 사람이야
오직 그녀의 얼굴에 젖어 있는 눈물 자국만 보았지 그 속마음에 숨어 있는 어느
누구를 향한 한을 짐작이나 하겠는가. 이백의 시에는 이렇게 외로움에 젖는 여인
을 그린 작품이 많으니, 그의 마음이 아주 多情多感(다정다감)하기 때문이리라.

5言絕句(5언절구). 압운은 眉, 誰 자로 평성 '支(지) 평운이다. 평측은 차례로 '仄平平平平,
平仄平平平, 仄仄仄平仄, 仄平平仄平'으로 이사부동이 어긋난 곳은 첫 구이고 반법과 점법
은 그런대로 이루어져 절구로 처리했다. 절구로 잘못된 곳은 첫 구가 이사부동이 되지 않은
점과, 첫 구의 끝 자는 측성이 와야 하는데 평성인 簾 자를 둔 것이다.

234-39 越女詞 四首(월녀사 사수) 월녀사 네 수

長干吳兒女 眉目艷星月 履上足如霜 不著鴉頭襪<제1수>
   (장간오아녀 미목염성월 이상족여상 불착아두말)

吳兒多白皙 好爲蕩舟劇 賣眼擲春心 折花調行客<제2수>
   (오아다백석 호위탕주극 매안척춘심 절화조행객)

耶溪採蓮女 見客棹歌回 笑入荷花去 佯羞不出來<제3수>
   (야계채련녀 견객도가회 소입하화거 양수불출래)

東陽素足女 會稽素舸郎 相看月未墜 白地斷肝腸<제4수>
   (동양소족녀 회계소가랑 상간월미추 백지단간장)

색향 장간의 오 나라 땅 계집애들, 얼굴이 고와 별과 달이어라.
나막신에 드러난 서리 같은 하얀 발,
일부러 끝이 뾰족한 아두 버선도 신지 않았네.<제1수>
오 땅의 처녀들 살결 아주 하얘, 배를 뒤흔드는 장난을 좋아한다네.
눈웃음으로 총각 그리는 정을 드러내고는, 꽃 꺾어 길가는 나그네를 희롱하네.<제2수>
약야계에서 연밥 따는 처녀들, 사내 나그네를 보면 뱃노래 부르며 배를 돌리고는,
살며시 웃으며 연꽃 속으로 들어가, 일부러 부끄러운 척하며 나오지 않는구나.<제3수>

동양의 맨발 처녀, 회계의 뱃사공 총각,

달이 지지 않음을 지켜보며, 부질없이 애만 태우고 있구나.<제4수>

[語句] *越女詞 : 옛 월나라 지방 곧 절강성 처녀들을 그린 노래. *長干 : 南京(남경) 부
근의 色鄕(색향). *吳兒 : 오 땅의 아이. '장간의 아가씨'를 말함. *眉目 : 눈썹과
눈. 얼굴 모양. *履 : 신발. 나막신. *鴉頭襪 : 끝이 뾰족한 버선. 갈가마귀의 머리
같이 생긴 버선이란 뜻임. *白晳 : 얼굴빛이 희고 잘생김. 晳은 '밝다'임. *蕩 :
흔들리다. 흔들다. *賣眼 : 눈웃음 지음. *春心 : 봄철에 느끼는 情緖(정서). 남녀간
의 情欲(정욕). 春情(춘정). *調 : 조롱하다. 비웃다. *耶溪 : 若耶溪(약야계). 會稽(회계,
현재의 절강성 소흥시) 땅의 시내로 미녀 西施(서시)가 연밥을 따던 곳으로 유명함. *棹歌
: 뱃노래. 배를 저으면서 부르는 노래. *佯 : 거짓. *出來 : 나옴. 안에서 밖으로
나옴. *東陽 : 折江省(절강성) 동양시. *素舸 : 조그만 배. '素朴(소박)한 배'의 뜻임.
*未墜 : 떨어지지 아니함. '달이 지지 않음'의 뜻임. *白地 : 平白地(평백지). 까닭
없이. 부질없이. 俗語(속어)에 속하는 말임. *肝腸 : 몹시 애타는 심정. 애.

[鑑賞] 중국의 강남땅인 옛날의 오와 월 나라였던 지방은 미인이 많이 태어나기로 유명
하여 색향이라 한다. 그리하여 吳姬(오희)나 越女齊姬(월녀 제희)라는 말이 생겨났다.
첫 수는 오 땅의 처녀들은 별이요 달같이 예쁜데 발까지 하얘 버선도 신지 않는
다 했고, 둘째 수는 그런 처녀들은 배를 타면 배를 뒤흔드는 장난을 좋아하며 눈
웃음으로 춘정을 보이면서 길 가는 총각들에게는 꽃을 꺾어 들고 추파를 보낸다
했으며, 셋째 수에서는 회계산 부근 약야계에서 연꽃 열매를 따는 처녀들은 손님
이 나타나면 배를 되돌려 가면서 뱃노래를 부르며 웃으면서 연꽃 속으로 숨고는
부끄러운 체하며 다시는 나타나지 않는다 했고, 마지막 수는 동양 땅의 맨발인
처녀와 회계 땅의 조그만 배를 젓는 사공 총각은 密會(밀회)를 하면서 왜 아직 달
은 지지 않는가 하며 애간장만 태우고 있다고 했다. 고운 처녀들의 일상을 해학
적으로 읊어 읽는 이로 하여금 미소짓게 하는 小品(소품)들이다.

　　5言詩(5언시) 네 수. 첫 수는 압운이 月, 襪 자로 입성 '月' 측운이며, 평측은 차례로 '平平
平平仄, 平仄仄平仄, 仄仄仄平平, 仄仄平平仄'으로 첫 구만 二四不同(이사부동)에 어긋났으나
反法(반법)과 粘法(점법)이 온전하지 못한 5言古詩(5언고시)이다. 둘째 수는 압운이 晳, 劇, 客 자
로 입성 '陌(맥)' 측운이며, 평측은 차례로 '平平平仄仄, 仄仄仄平仄, 仄仄仄平平, 仄平平仄
仄'으로 이사부동과 반법, 점법 등이 잘 이루어졌으나 측운 압운이어서 역시 5언고시이다. 셋
째 수는 압운이 回, 來 자로 평성 '灰(회)' 평운이며, 첫 구만 이사부동에 어긋났고 반법, 점법
은 이루어져 5言絶句(5언절구)라 하겠다. 마지막 넷째 수는 압운이 郎, 腸 자로 평성 '陽(양)' 평
운이며, 평측은 차례로 '平平仄仄仄, 仄平仄仄平, 平平仄仄仄, 仄仄仄平平'으로 이사부동은

잘 이루어졌는데 반법과 점법이 온전치 못한 대로 5언절구로 처리했다.

234-40 越中覽古(월중남고) 월 땅에서 옛날을 회고하다

越王勾踐破吳歸 義士還家盡錦衣 宮女如花滿春殿 只今惟有鷓鴣飛.
(월왕구천파오귀 의사환가진금의 궁녀여화만춘전 지금유유자고비)

월의 임금 구천이 오를 부수고 돌아오자, 의로웠던 장병들은 금의환향하고,
궁녀들은 꽃처럼 봄 궁전에 가득찼으련만, 이제는 오직 자고새만 날고 있구나.

[語句] *越中 : 월 지방 곧 지금의 절강성. *覽古 : 고적을 찾아 그 당시의 일을 회상함.
→234-22. *勾踐 : 춘추시대 월나라 임금. 吳王(오왕) 闔閭(합려)와 싸워 그를 죽였지만
합려의 아들 夫差(부차)에게 會稽山(회계산)에서 패하여 사로잡힌 바 있으나, 20 년 후에
오를 쳐서 멸망시켰음. 부차와 합려가 서로 切齒腐心(절치부심)한 고사성어가 '臥薪嘗
膽(와신상담, 부차는 섶에 누워, 구천은 쓸개를 핥으며 원수를 갚겠다고 다짐함)'임. *義士 : 의리와 지조
를 굳게 지키는 사람. '구천 임금 휘하의 將兵(장병)들'을 뜻함. *錦衣 : 비단 옷. '錦
衣還鄕(금의환향, 비단 옷을 입고 고향에 돌아감 곧 성공하여 고향에 돌아옴)'의 뜻임. *春殿 : 대궐의
봄 궁전. *鷓鴣 : 자고새. 중국 남방의 꿩 비슷한 새. 제 이름을 부르듯 울고 해를
향해 날아다닌다 하며, 서리와 이슬을 피해 이른 아침이나 저녁에는 나오지 않는 특
성이 있음. 사람들이 적막감을 나타내는 風物(풍물)로 친다고 함. 鷓鴣(자고).

[鑑賞] 위에서 소개한 대로 오와 월은 서로 원수의 사이여서, '吳越同舟(오월동주, 오와 월
나라 사람이 한 배를 타고 있음 곧 사이가 나쁜 사람끼리 같은 장소나 처지에 함께 놓임)'라는 말이 있
을 정도이다. 구천은 회계산에서 부차에게 사로잡혔을 때 미인 西施(서시)를 바
쳐 풀려 돌아온 치욕이 있으나, 결국에는 오 나라를 쳐서 멸망시킨 바가 있다.
그 당시 군사들은 모두 금의환향하고 월나라 궁중에는 봄철 꽃 같은 고운 궁
녀들이 가득찼을 터인데, 오랜 세월이 지난 지금 그 모두 흔적 없이 사라지고
오직 자고새만이 적막감을 더해 줄 뿐이다. 불교에서 말하는 '諸行無常(제행무상,
인생의 덧없음. 우주 만물은 항상 돌고 변하여 같은 모습으로 장착해 있지 않음)'을 읊은 명작이다.

7言絶句(7언절구). 압운은 歸, 衣, 飛 자로 평성 '微(미)' 평운이다. 평측은 차례로 '仄平平仄
仄平平, 仄仄平平仄仄平, 平仄平平仄仄仄, 仄平平仄平平平'으로 二四不同二六對(이사부동이
륙대)에 맞지 않은 곳은 끝 구이며 반법과 점법은 그런대로 맞았다.

234-41 月下獨酌 四首 中 2首(월하독작 사수 중 2수) 달밤에 혼자 술 마시며 네 수 중 두 수

花間一壺酒 獨酌無相親 擧杯邀明月 對影成三人

月旣不解飮 影徒隨我身 暫伴月將影 行樂須及春
我歌月徘徊 我舞影凌亂 醒時同交歡 醉後各分散
永結無情趣 相期邈雲漢. <1수>

(화간일호주 독작무상친 거배요명월 대영성삼인

월기불해음 영도수아신 잠반월장영 행락수급춘

아가월배회 아무영능란 성시동교환 취후각분산 영결무정취 상기막운한)

꽃 사이에 술 한 병 놓고, 함께 마실 사람 없어 혼자 잔 기울이네.

잔 들고 명월을 맞이하니, 달과 나와 내 그림자까지 모두 셋이 되는구나.

달이야 워낙에 술 마시기를 모르고, 그림자야 다만 내 몸에 딸린 것이지만,

아쉬우나마 얼마 동안 달과 그림자와를 벗하여, 즐겁게 노닐며 이 봄을 누려야지.

내가 노래 부르면 달은 서성거리고, 내가 춤을 추면 내 그림자는 어지러이 따라 춤추네.

깨어 있을 때는 기쁨을 서로 나누다가, 술 취한 뒤에는 각각 흩어져버리네.

무심한 홍취를 저들과 길이 맺어, 은하를 아득히 두고 달과 다시 만나기 기약하네.

[語句] *相親 : 서로 친밀히 지냄. *不解飮 : 술을 마시지 못함. 解는 '能(능, 능하다)'으로 봄. *徒 : 다만. *將 : 함께하다. 與(여, 더불어)와 같음. *行樂 : 잘 놀고 즐겁게 지냄. *徘徊 : 이리저리 거닒. *凌亂 : 순서가 어지러워짐. 모양이 흐트러짐. '零亂(영란, 뒤섞여 어지러움)'으로 쓴 자료도 있음. *無情趣 : 사람의 마음 곧 인정이 끼이지 않은 홍취. 無心(무심)한 경지에서 자연과 사귐. *相期 : 서로 기약함. *邈 : 멀다. 아득하다. *雲漢 : 은하. 은하수.

[鑑賞] 밝은 달밤에 혼자 술잔을 기울인다. 더불어 마실 사람이 없지만 조금도 마음 쓸 일이 없으니, 하늘의 밝게 비추는 달과 달빛으로 이루어지는 내 그림자와 셋이서 마시는 것이다. 달과 내 그림자와 나와 셋이 술판을 벌이니, 이러쿵저러쿵 말이 많은 인간의 감정이 끼어들지 않아 오히려 무한한 無爲自然(무위자연)의 홍취를 느낄 수 있다. 내가 노래하면 달은 이리저리 왔다갔다 하고 내가 춤을 추면 그림자는 주체를 못 하며 어지러이 흔들거린다. 蘇東坡(소동파)의 '赤壁賦(적벽부)'에도 "月出於東山之上 徘徊於斗牛之間(달이 동산 위에 떠서 북두와 견우 별 사이를 어정거린다)" 하여 달이 배회한다는 표현이 있으니 달이 어정거림은 조금도 어색할 것이 없다. 지은이의 낭만적이고 도교적인 사상이 담긴 傑作(걸작)이라 하리라.

5言古詩(5언고시) 7연[14구]. 압운은 親, 人, 身, 春, 亂, 散, 漢 자로 앞 녁 자는 평성 '眞(진)' 평운이고 뒤의 석 자 곧 亂, 散, 漢 자는 거성 '翰(한)' 측운이니, 평운에서 측운으로 轉

韻(전운)한 것이다. 평측은 차례로 '平平仄平平, 仄仄平平平, 仄平平平仄, 仄仄平平平, 仄仄仄仄仄, 仄平平仄平, 仄仄仄仄仄, 平仄平仄平, 仄平仄平平, 仄仄平平仄, 平平平平仄, 仄仄仄平仄, 仄仄平平仄, 平平仄平仄'으로 二四不同(이사부동)에 맞는 곳은 반으로 제 2, 4, 6, 7, 10, 12, 13구이다. 따라서 反法(반법)이나 粘法(점법)은 이루어지지 않았다.

234-42 天若不愛酒 酒星不在天 地若不愛酒 地應無酒泉

　　天地旣愛酒 愛酒不愧天 已聞淸比聖 復道濁如賢

　　賢聖旣已飮 何必求神仙 三盃通大道 一斗合自然

　　但得醉中趣 勿爲醒者傳. <2수>

　　　(천약불애주 주성부재천 지약불애주 지응무주천

　　　천지기애주 애주불괴천 이문청비성 부도탁여현

　　　현성기이음 하필구신선 삼배통대도 일두합자연 단득취중취 물위성자전)

하늘이 만약 술을 좋아하지 않았다면, 주성이 하늘에 있지 않았을 게고,

땅이 만일 술을 사랑하지 않았더라면, 땅에 주천이 없어야 하리라.

하늘과 땅이 이미 술을 좋아했으니, 술을 사랑함이 하늘에 부끄럽지 않구나.

맑은 술을 성인에 비한다는 말 이미 들었고,

흐린 술은 현자와 같다고 이르는 말을 들었네.

성현과 같은 술을 이미 마시었으니, 하필 신선을 구할 게 있는가.

술 석 잔 마시면 대도와 통하고, 한 말 술은 자연의 도리와 맞다네.

취한 속의 즐거움을 얻으면 그만이지, 깨어 있는 사람에게 전할 생각은 말아라.

[語句] *酒星 : 술을 맡은 별. 酒旗星(주기성)<晉書 天文志> *酒泉 : 술의 샘. 주천이란 이름을 가진 지명. 陝西省 大荔縣(섬서성 대려현)에 있는 주천 샘물은 술을 빚기에 알맞고, 甘肅省 酒泉市(감숙성 주천시) 동북쪽에 있는 주천 샘물은 술맛이 난다고 함. *淸比聖, 濁如賢 : 청주는 성인에 비기고, 탁주는 현인과 같음. 魏(위) 나라 조정에서 금주령을 내렸는데 尙書郞 徐邈(상서랑 서막)이 술에 취하여 감사관 趙達(조달)에게 "中聖人(중성인, 성인에게 중독되었다)"이라 말하니 이 말을 들은 太祖(태조, 曹操조조)가 노하매, 鮮于輔(선우보)가 아뢰기를 "醉客(취객)들이 술 중에서 맑은 것을 聖人이라 하며 탁한 것을 賢人이라 하옵니다." 했음.<三國魏志> *復道 : 또 말함. *旣已 : 이미. *大道 : ① 큰 道理(도리). 사람이 마땅히 행해야 할 바른 길. ②만물의 본체, 無爲自然(무위자연, 사람의 힘을 들이지 않은 그대로의 자연)의 진리.<老子> *自然 : 저절로의 것 곧 인간의 힘이 미치지 못하는 위대한 일이니, 봄에 초목이 싹트고 여름이면 무성해지며 가을에 풍성하게 결실을 맺는 일. 무위자연.

*醉中趣 : 술에 취하는 즐거움이나 흥취. 酒中趣. 孟嘉(맹가)가 술을 좋아하니 상관인 정승 桓溫(환온)이 술에 무슨 좋은 것이 있어 마시느냐고 묻자 "공은 아직 '酒中의 趣를 모르신다." 했음.<晉書 및 世說 言語> *勿爲 : ~할 것 없음.

[鑑賞] 하늘과 땅에 술을 뜻하는 글자를 가진 별과 땅 이름이 있으니, 하늘과 땅도 술을 좋아함이 틀림없기에 술을 마시는 게 조금도 부끄럽지 않다. 별 이름이나 땅 이름은 말할 것 없이 인간이 붙였겠지만 시인은 짐짓 모른 체한다. 그리고, 인간 세상에서도 청주를 성인에 비기고 막걸리를 현인이라 하니, 청주와 탁주를 모두 마신 나라 따로 신선을 구하려고 애쓸 것이 무언가 바로 내가 신선인데. 술 석 잔이면 대도에 통하고 술 한 말이면 자연에 합치되는 것이라, 다만 술 마시고 느끼는 흥취를 얻으면 되나니 이 취중취를 술 못 마시는 사람들에게는 알려주지 말지니라. 그들이 이 맛을 알게 되면 세상의 술이 동이 날 것이 아닌가, 또 주중취란 아는 사람만이 알 수 있는 소중한 것이다. 하루에 3백 잔 술을 마셔야 성이 차고, 임금이 불러도 "저는 酒中仙(주중선, 술 속의 신선 곧 술로 속세의 일을 잊고 사는 사람)입니다." 하고 가지 않은 이백이니, 이러한 작품이 나올 만하지 않은가. →64-35.

　5언고시 7연[14구]. 압운은 天, 泉, 天, 賢, 仙, 然, 傳 자로 평성 '先(선)' 평운이다. 평측은 차례로 '平仄仄仄仄, 仄平仄仄平, 仄仄仄仄仄, 仄平平仄平, 平仄仄仄仄, 仄仄仄仄仄, 仄平平仄仄, 仄仄仄平平, 平仄仄仄仄, 平仄平平平, 平平平仄仄, 仄仄仄仄平, 仄仄仄平仄, 仄平平仄平'으로 이사부동에 맞지 않은 곳은 제 1, 3, 5, 6, 9, 12구의 여섯 구다. 반법과 점법은 성립되지 않았지만 평측 배치가 대조적인 리듬이 이루어진 곳이 많다.

234-43 自遣(자견) 스스로 내 마음을 위로하다

　對酒不覺暝 落花盈我衣 醉起步溪月 鳥還人亦稀.
　　(대주불각명 낙화영아의 취기보계월 조환인역희)

　술 마시고 있노라니 해 저문 것도 몰라, 떨어지는 꽃잎은 옷깃에 쌓이었네.
　취한 걸음으로 개울가 달 아래를 거니노라니,
　새들도 깃을 찾아갔고 인적 또한 드물어라.

[語句] *自遣 : 스스로 자기 마음을 위로함. *暝 : ①<평성 靑청 운> 어둡다. 캄캄하다. ②<거성 徑경운> 저물다. 쓸쓸하다. 여기서는 ②임. *盈 : 차다. 가득차다.
[鑑賞] 혼자서 술을 마시다 보니 어느 사이 날이 저무는 것도 몰랐다. 그러고 보니 내 옷자락에는 떨어지는 꽃잎이 가득하다. 일어나 취한 걸음으로 달빛 비추는 냇가를 거니노라니, 새들도 제 보금자리로 돌아가 그림자도 보이지 않고 사람

들 또한 모두 집으로 들어가 버려 적적하다. 외로움 속에 내 벗이란 하늘의 달과 떨어지는 꽃잎과 술, 이 세 가지뿐이로구나. 이것들이야말로 내 진실한 친구가 되어 주니 고독을 느낄 까닭이 없다.

5언고시. 압운은 衣, 稀 자로 평성 '微(미)' 평운이다. 평측은 차례로 '仄仄仄仄仄, 仄平平仄平, 仄仄仄平仄, 仄平平平仄平'으로 이사부동은 첫 구만 이루어지지 않았다. 첫 구가 측성으로만 짜여져 둘째 구의 반법도 온전치 못하고 셋째 구에서 점법이 되지 않아, 평운으로 압운하기는 했으나 絶句(절구)라 할 수 없는 것이다.

234-44 子夜吳歌 四首(자야오가 사수) 자야오가 네 수

秦氏羅敷女 採桑綠水邊 素手靑條上 紅裝白日鮮

蠶飢妻欲去 五馬莫流連 <제1수>

(진씨나부녀 채상녹수변 소수청조상 홍장백일선

잠기처욕거 오마막유련)

진씨의 딸인 나부가, 푸른 개울가에서 뽕잎을 따는데,

고운 손이 푸른 뽕나무 가지에 오르내리고, 붉게 단장한 모습이 햇빛에 고와라.

'누에가 뽕잎 찾기에 소첩은 가겠으니, 태수님도 놀기에만 팔리지 마소서' 하네.

[語句] *子夜吳歌 : 樂府(악부)의 노래. 東晉(동진)의 자야라는 여인이 지은 민요조의 애절한 노래가 자야가인데, 동진의 서울이 오 땅의 建業(건업, 지금의 南京市남경시)이기로 吳歌라 한 것임. 후세 시인들이 그 가락을 본따 四時行樂(사시행락)의 子夜四時歌를 지었음. *羅敷 : 전국시대 趙(조)의 서울 河北省 邯鄲(하북성 한단) 사람 秦氏의 미인 딸. 그녀가 뽕을 따고 있을 때 楚王(초왕)이 그녀의 미모에 반하여 사또라 자칭하며 정조를 빼앗으려 하니 '陌上桑(맥상상)' 노래를 지어 거절했음. *素手 : 희고 아름다운 손. *紅裝 : 연지 등 화장품으로 붉게 화장함. 여인의 화장. *五馬 : 사또. 太守(태수, 지방관). 태수의 행차에는 말 다섯 필이 수레를 끌었기에 하는 말임. *流連 : 노는 재미에 빠져 집에 돌아가지 않음.

[鑑賞] 자야오가의 봄노래. 누에치느라 뽕잎을 따는 나부의 아름다운 모습을 그리고 나서, 나부가 말하는 형식으로 '누에가 뽕잎을 찾으니 나는 급히 집으로 가거니와, 태수께서도 남의 부인을 희롱할 생각 말고 댁으로 돌아가라'고 충고하는 말로 맺었다. '맥상상'에 보면 나부가 태수로 가장한 임금에게 "使君自有婦 羅敷自有夫(사또에게는 부인이 계시고, 나 나부에게도 지아비가 있소)"라 말한 구절이 있다. '맥상상'은 27연 53구의 古樂府(고악부)로 나부가 지어 초왕을 물리쳤다고 하

나<古今注>, 내용을 보면 나부가 지었다고 보기 어려운 점도 있다.

6句體 5言詩(6구체 5언시). 압운은 邊, 鮮, 連 자로 평성 '先(선)' 평운이다. 평측은 차례로 '平仄平平仄, 仄平仄仄平, 仄仄平平仄, 平平仄平仄, 平平平仄仄, 仄仄仄平平'으로 二四不同(이사부동)은 잘 이루어졌으나 反法, 粘法(반법, 점법)이 일관되지 못하였다.

234-45 鏡湖三百里 菡萏發荷花 五月西施採 人看溢若耶

回舟不待月 歸去越王家 <제2수>

(경호삼백리 함담발하화 오월서시채 인간일약야

회주부대월 귀거월왕가)

경호 3백 리에, 연꽃 봉오리는 모두 꽃을 터뜨려,

5월이라 서시가 연밥을 따는데, 구경하는 사람들 약야계에 가득일세.

서시는 달 뜨는 걸 기다리지도 않고 배를 돌려, 월나라 궁중으로 가고 마는구나.

[語句] *鏡湖 : 浙江省 紹興市(절강성 소흥시)에 있는 호수. 賀監湖(하감호), 鑑湖(감호), 太湖(태호). → 91-1. *菡萏 : 연꽃 봉오리. *荷花 : 연꽃. *西施 : 춘추시대 월의 미인. → 234-32. *若耶 : 약야계. →234-39. *越王家 : 월나라 임금의 궁중. →234-40.

[鑑賞] 자야오가의 여름 노래. 3백 리 넓은 경호에 연꽃은 만발했는데, 5월이라 덥지 않은 철에 서시는 연밥을 따고 있다. 그 아름다운 자태를 보려고 사람들은 약야계에 구름처럼 몰려들었다. 그러나 서시는 그들에게 눈길 한 번 주지 않은 채 달이 뜨기에 앞서 배를 돌려 월 나라 궁중으로 들어가고 만다. 그러한 서시는 오만하게 비칠 수도 있고 고귀한 귀족적 품위가 보이는 양면성을 지니었다. 하기는 왕의 총애를 받으니 일반 서민들이 가까이할 수 있겠는가.

6구체 5언시. 압운은 花, 耶, 家 자로 평성 '麻(마)' 평운이다. 평측은 차례로 '仄平平仄仄, 仄仄仄平平, 仄仄平平仄, 平平仄仄平, 平平仄仄仄, 平仄仄平平'으로 이사부동이 모두 맞고 반법과 점법도 어긋남이 없어 律詩(율시) 운율과 평측 배열에 맞는 작품이다.

234-46 長安一片月 萬戶擣衣聲 秋風吹不盡 總是玉關情

何日平胡虜 良人罷遠征 <제3수>

(장안일편월 만호도의성 추풍취부진 총시옥관정

하일평호로 양인파원정)

서울 장안의 조각달 아래, 집집마다의 다듬이질 하는 소리.

가을바람은 그치지 않고 불어, 이 바람은 먼 옥문관을 생각하게 하는구나.

언제나 저 오랑캐를 쳐부수고, 낭군님 그 먼 싸움터에서 돌아오려나.

[語句] *長安 : 당 나라 서울. 陝西省(섬서성)에 있음. *片月 : 조각달. *萬戶 : 썩 많은 집들. *擣衣聲 : 다듬이 소리. 다듬잇방망이로 옷을 두드려 다듬는 소리. *總是 : 이 모두. *玉關 : 玉門關(옥문관). 甘肅省 燉煌(감숙성 돈황) 서쪽에 있는 관문. 新疆省(신강성)을 거쳐 서역으로 통하는 교통의 요지이며 陽關(양관)의 서북에 있음. 玉門(옥문). →221-1. *胡虜 : 중국 서북쪽 오랑캐. 北狄(북적). 匈奴(흉노). *良人 : 남편. *遠征 : 먼 곳으로 싸워 치려고 나감.

[鑑賞] 자야오가의 셋째 수로 가을을 읊은 노래. 앞 세 구는 敍景(서경)으로 서울 장안의 모습이다. 가을 차디차게 느껴지는 조각달이 홀로 하늘을 지키는데, 집집마다 겨우살이 준비로 옷 다듬는 다듬잇소리가 낭자하다. 가을바람은 쉬지도 않고 불어오니 멀리 옥문관 너머 싸움터에 가 있는 남편의 안부가 궁금하다. 언제 변방을 괴롭히는 저 오랑캐를 평정하여 남편이 먼 원정길에서 돌아와 함께 살게 되려는지. 홀로 살고 있는 아내의 애절한 심정을 담았다. 전쟁이란 이렇게 나라뿐 아니라 백성 한 사람 한 사람까지도 괴롭히는 못된 사건이라, 지은 이의 평화를 그리는 사상도 담겼다 하리라.

　6구체 5언시. 압운은 聲, 情, 征 자로 평성 '庚(경)' 평운이다. 평측은 차례로 '平平仄仄仄, 仄仄仄平平, 平平平仄仄, 仄仄仄平平, 平仄平平平, 平平仄仄平'으로 이사부동은 모두 이루어졌는데, 둘째 구는 반법이 잘 되었지만 셋째 구는 점법이 이루어지지 않았으며 넷째 구는 반법, 다섯째 구도 반법이어서 절구나 율시 구성에 어긋났다. 그리고 다섯째 구 끝 자는 측성이 와야 하는데 평성이 배치되었다. 이는 고시이므로 하등의 흠결은 되지 않는다.

234-47 明朝驛使發　一夜絮征袍　素手抽針冷　那堪把剪刀
　　　　裁縫寄遠道　幾日到臨洮　<제4수>
　　　　(명조역사발 일야서정포 소수추침냉 나감파전도

　　　　재봉기원도 기일도임조)

내일 아침 역사가 떠난다기에, 밤을 새워 가며 솜 넣은 정포를 짓네.

바늘 잡기에도 손이 시리니, 가위 만지기는 더욱 어려워라.[추위로 바느질하기 어려워라.]

모두 지어 먼 길에 부치지마는, 언제나 낭군 계신 임조에 닿으려는고.

[語句] *驛使 : 驛站(역참)에서 사방으로 통신하는 물건을 전달하는 사람, 곧 우체부. *絮 : 솜. *征袍 : 싸움터에서 입는 옷, 곧 전투복. 袍는 '도포'임. *素手 : 흰손. *抽針 : 바늘을 잡음. *那堪 : 어찌 견디랴. *剪刀 : 가위. *臨洮 : 甘肅

省(감숙성) 임조현. 蘭州(난주) 남방에 있음.

[鑑賞] 자야오가 마지막 넷째 수로 겨울을 읊은 노래. 편지나 소포를 먼 곳까지 배달하는 역참의 우체부가 내일 아침이면 떠난다니, 추운 겨울이지만 먼 싸움터에 가 있는 남편을 위해 솜옷 한 벌을 이 밤 안에 지어 보내야 한다. 바늘만 만져도 냉기가 손에 스미는데 가위질이야 온 몸을 오돌오돌 떨게 한다. 그러나 어찌하랴, 추위를 견디어 가며 만든 옷이 완성되었다. 역사 편에 보내면서도 이 옷이 언제 임이 계시는 임조 군진에 도착될지 불안감을 떨쳐 버릴 수 없다. 남편을 향한 아내의 애틋한 사랑과 그를 위하여 애쓰는 마음을 그렸다. 당시에는 玄宗(현종)이 변경 정벌을 그치지 않아 백성들이 모두 징병에 시달리던 시기였다.

　6구체 5언시. 압운은 袍, 刀, 洮 자로 평성 '豪(호)' 평운이다. 평측은 차례로 '平平仄仄仄, 仄仄 仄平平, 仄仄平平仄, 仄平仄仄平, 平平仄仄仄, 仄仄仄平平'으로 二四不同(이사부동)이 모두 잘 이루어졌으며 反法(반법)과 粘法(점법)이 잘 지켜져 6句體 5言律詩(6구체 5언율시)라 해도 좋다.

234-48 長干行 終聯(장간행 종련) 장간행 마지막 연

　八月蝴蝶來 雙飛西園草 感此傷妾心 坐愁紀顔老
　早晚下三巴 預將書報家 相迎不道遠 直至長風沙.
　　　(팔월호접래 쌍비서원초 감차상첩심 좌수기안로

　　　조만하삼파 예장서보가 상영부도원 직지장풍사)

8월이 되어 나비들 날아와, 서편 동산에 짝지어 날아다니니,
이걸 보는 나는 상심 되어, 시름이 찾아와 자리잡아 얼굴 파삭 늙었어요.
조만간 삼파로 내려오시게 되면, 꼭 집에 편지 보내어 알려 주어요,
길 멀다 않고 맞이하러 장풍사까지 곧장 달려갈 테니.

[語句] *長干 : 남경시 부근의 색향. →234-39. *蝴蝶 : 나비. 蝶亞目(접아목)에 속하는 곤충. *妾心 : 여인인 내 마음. *紀 : 세월. *三巴 : 四川省(사천성) 동부의 巴東(파동), 巴郡(파군), 巴西(파서). 閬苑(낭원)의 白水(백수)가 동남으로 흐르며 巴 자처럼 세 번 굽어 흐르므로 삼파라 함<三巴記> *預 : 미리. *將 : 반드시. 곧. *長風沙 : 安徽省(안휘성)의 지명. 長風夾(장풍협)이라고도 한다는데 미상임.

[鑑賞] 미인의 고장인 장간의 아름다운 규수의 이야기를 읊은 작품. 모두 15연인데 이 앞 내용의 대강은 '내 머리칼이 막 이마를 덮으려 할 때 문앞에서 꽃 꺾으며 놀았는데, 그 때 낭군님은 竹馬(죽마)를 타고 와 평상을 돌며 매실로 날 희롱해, 장간에 함께 살며 둘 다 싫지 않았지요. 나는 열 네 살에 그대의 아내 되어 부끄러운 얼

굴 펴 본 적 없고, 머리 숙여 어두운 벽을 향하고는 천 번을 불러도 한 번도 돌아 보지 못했지요. 열 다섯 살에 비로소 눈썹 펴고 의지하며 약속을 굳게 지켰는데 지금 望夫臺(망부대)에 오를 줄 어찌 알았겠어요. 내 열 여섯 살에 당신은 멀리 떠 나 고초를 겪었겠지요. 외로운 우리 집 앞에는 이끼가 여러 번 돋았고 쓸어 내기 전에 가을 낙엽이 떨어졌지요.'이다. 나비 쌍쌍이 날면 그대 생각이 나 견딜 수 없 어 고운 얼굴 파삭 늙어 버렸지만, 이제라도 집으로 온다는 기별만 주신다면 멀리 까지 마중을 나가리. 부부란 이렇게 끊을 수 없고 그 정은 무진한 것이리라.

5言古詩(5언고시) 장편. 인용한 부분의 압운은 草, 老, 巴, 家, 沙 자로 草와 老는 상성 '皓 (호)' 측운, 巴, 家, 沙는 평성 '麻(마)' 평운인데 이 앞부분의 압운도 일정하지 않다. 평측은 차 례로 '仄仄平仄平, 平平平平仄, 仄仄平仄平, 仄平仄仄平, 仄仄仄平平, 仄平平仄平, 平平 仄仄仄, 仄仄平平平'으로 이사부동과 반법, 점법이 이루어진 곳은 끝 두 연이다.

234-49 長相思 二首 第2首(장상사 이수 제2수) 오래 그리워하다 두 수 둘째 수

日色已盡花含煙 月明如素愁不眠 趙瑟初柱鳳凰柱 蜀琴欲奏鴛鴦絃
此曲有意無人傳 願隨春風寄燕然 憶君迢迢隔靑天
昔時橫波目 今作流淚泉 不信妾腸斷 歸來看取明鏡前.

(일색이진화함연 월명여소수불면 조슬초주봉황주 촉금욕주원앙현

차곡유의무인전 원수춘풍기연연 억군초초격청천

석시횡파목 금작류누천 불신첩장단 귀래간취명경전)

햇빛 이미 가시고 꽃에는 안개 끼여,
달은 밝아 흰 비단 같건만 나는 시름에 잠들지 못하네.
조 나라 여인같이 비파를 조금 타다 봉황 발을 멈추고,
촉의 사마상여처럼 원앙 거문고 곡을 타려 하네.
이 곡조에 담긴 뜻을 누구에게 알리랴, 봄바람에 실어 흉노의 연연산에나 보내야지,
루른 하늘 바깥 멀리 있는 그대여,
전에는 눈물 글썽거리기만 하던 눈이, 지금은 눈물의 샘이 되어 흘러내리니,
내 속타는 마음 믿지 못하겠으면, 돌아와 거울 앞의 내 얼굴을 보아요.

[語句] *長相思 : 오래 서로 그리워함. 漢(한) 나라 때의 고시로 樂府(악부)의 제목임. * 素 : 흰 비단. 生綃(생초). *趙瑟 : 조 나라 여인들이 잘 타는 비파 또는 거문고 곡조. *鳳凰柱 : 봉황 모양을 새긴, 가야금이니 거문고의 줄을 받치는 雁柱(안 주, 기러기 발 곧 줄을 고르는 기구). *蜀琴 : 촉 지방에서 타던 가야금. 한 나라 文人(문

인)인 司馬相如(사마상여)가 촉의 부호 卓王孫(탁왕손)의 잔치에 초대받아 가서, 갓 과부가 된 왕손의 딸 卓文君(탁문군)의 미모에 반하여 거문고로 鳳求凰曲(봉구황곡)을 타니 과연 탁문군이 밤에 그에게 달려와 부부가 되었음. *鴛鴦 : 오리과에 속하는 물새. 암수가 서로 떨어지지 않으며 사이가 좋기에 부부간의 애정을 비유함. *燕然 : 연연산. 蒙古(몽고)에 있는 산인데 당시 匈奴(흉노)의 땅임. *迢迢 : 멀고 아득한 모양. *橫波目 : 눈물이 고여 옆으로 돌린 눈. 自流涕而橫波(절로 눈물이 흘러 옆으로 보내)<傅毅 舞賦>

[鑑賞] 남편을 그리워하는 여인의 심정을 읊은 악부의 노래 형식인 시. 첫 수의 대강은 '그리운 임은 장안에 있는데, 여치는 우물가에서 울고 옅은 서리에도 잠자리는 차갑네. 등불 어두우니 그리움 줄어들어 휘장 걷고 달 보며 헛되이 탄식하노라니 고운 여인 같은 달 구름 저쪽 멀리 있구나. 위에는 푸른 하늘이요 아래로는 맑은 물결, 하늘 넓고 길은 멀어 꿈속 영혼은 고향까지 가지 못하는구나. 아아 그리워라 애끊네.'이다. 첫 수는 敍景(서경)을 중심으로 그리움을 그렸는데, 둘째 수는 抒情(서정)을 주로 하여 혼자 사는 설움을 읊었다

雜體古詩(잡체고시). 7언구 대부분과 5언구 셋으로 된 6연 11구인데, 첫 수 또한 7언구 대부분과 3언구 넷으로 된 7연 13구이다. 압운은 煙, 眠, 絃, 傳, 然, 天, 泉, 前 자로 평성 '先(선)' 평운이다. 평측은 차례로 '仄仄仄仄平平平, 仄平平仄平仄平, 仄仄平仄仄平仄, 仄平仄仄平平平, 仄仄仄仄平平平, 仄平平平仄仄平, 仄平平平仄平平, 仄平仄仄平仄仄, 平仄平仄平, 仄仄仄平仄, 平平平仄平仄平'으로 이사부동이나 二四不同二六對(이사부동이륙대)에 맞는 구는 넷째 구, 열째 구의 둘뿐이다. 따라서 반법이나 점법은 이루어지지 않은 잡시이다.

234-50 將進酒(장진주) 술을 권하다

君不見黃河之水天上來 奔流到海不復廻 又不見高堂明鏡悲白髮 朝如靑絲暮成雪
人生得意須盡懽 莫使金樽空對月<제1단>
天生我材必有用 千金散盡還復來 烹羊宰牛且爲樂 會須一飮三百杯
岑夫子丹邱生 將進酒君莫停 與君歌一曲 請君爲我側耳聽
鐘鼓饌玉不足貴 但願長醉不願醒 古來聖賢皆寂寞 惟有飮者留其名<제2단>
陳王昔日宴平樂 斗酒十千恣讙謔 主人何爲言少錢 且須沽取對君酌
五花馬千金裘 呼兒將出換美酒 與爾同銷萬古愁.<제3단>

(군불견황하지수천상래 분류도해불부회 우불견고당명경비백발 조여청사모성설

인생득의수진환 막사금준공대월<第1段>

천생아재필유용 천금산진환부래 팽양재우차위락 회수일음삼백배

잠부자단구생 장진주군막정 여군가일곡 청군위아측이청

종고찬옥부족귀 단원장취불원성 고래성현개적막 유유음자유기명<第2段>

진왕석일연평락 두주십천자환학 주인하위언소전 차수고취대군작

오화마천금구 호아장출환미주 여이동소만고수)<第3段>

그대 보지 않았는가, 황하 물이 하늘 위에서 내려와,

기운차게 흘러 바다에 이르고는 다시 돌아오지 못하는 것을.

또 보지 못했는가, 높은 집에서 거울 보며 백발을 슬퍼하는 것을.

아침에는 푸른 실같이 윤기 돌던 머리칼이 저녁에는 흰 눈처럼 하얗게 세네.

인생이란 뜻을 얻었을 때 모름지기 즐겨야 하니,

금 항아리에 담긴 술에 달이 담기도록 내버려두지 말고 마셔야 하리.<第1段>

하늘이 나를 낼 적에는 반드시 그 쓰일 데가 있었기 때문이리니,

천금 많은 돈을 모조리 쓰고 나면 다시 돌아오기도 하리라.

양을 삶고 쇠고기를 저미며 얼마 동안 술잔치를 즐겨보세.

마셨다 하면 적어도 3백 잔은 마셔야지.

잠부자와 단구생이여, 내 술을 권하노니 잔을 멈추지 마오.

내 그대 위해 소리 한 가락 부르리니, 청컨대 그대는 귀 기울여 주오.

떡벌어진 음식상이 귀한 게 아니고, 다만 오래 취해 있어 깨지 말기를 바랄 뿐이로다.

지난날 성현들은 모두 적막하게 되었고,

오직 술 잘 하던 사람만이 그 이름을 남겼네.<第2段>

옛날 진사왕은 평락관에서 잔치를 베풀며, 술 한 말을 만 냥에 사서 마음껏 즐겼다네.

주인인 내 어찌 돈이 적다 말하리, 곧 술을 사 와서 그대와 술잔 주고받으리로다.

오화마와 천금 나가는 가죽옷을, 아이 불러 좋은 술과 바꾸어 오라 해서,

그대와 함께 마시면서 만고의 시름을 녹여 버리리라.<第3段>

[語句] *將進酒 : 술을 권함. 樂府(악부)의 제목임. *天上來 : 하늘에서 내려옴. 崑崙山 (곤륜산) 높은 곳에서 發源(발원)하기에 쓴 말임. *奔流 : 내달리듯이 빠르게 흐름. *高堂 : 높은 집. *靑絲 : 푸른 빛깔의 실. 청실. *人生得意須盡懽 : 세상에 태어나 뜻을 이루었을 때에는 인생을 즐겨야 함. *金樽 : 금으로 만든 항아리. 황금 술단지. *空對月 : 헛되이 달을 마주하고 있음. 달이 술동이의 술에 비쳐 떠 있음. '술을 마시지 않음'의 뜻임. *我材 : 내 재주. '나라는 존재'의 뜻임. *還復來 : '돈이란 쓰고 나면 다시 생길 수도 있음'의 뜻임. *烹羊 : 양고기를 삶음. *宰牛 : 쇠고기를 썲. 쇠고기로 요리를 만듦. *會須 : 반드시 ~해야 함. 마

땅히 ~해야 함.<조동사> 會當(회당). *岑夫子 : 岑參(잠삼, 715~770)의 존칭. 당 나라 시인으로 嘉州刺史(가주자사)를 지내어 岑嘉州라고도 함. →348. 일설에는 岑勛(잠훈)을 가리킨다고도 함. *丹邱生 : 元丹邱(원단구) 선생. 丹邱는 '신선이 산다는 가상적인 곳'을 뜻하기도 함. *鐘鼓饌玉 : 종과 북 같은 음악과 맛 좋은 음식. *聖賢 : 聖人(성인, 지혜와 덕이 뛰어나게 높아 길이길이 스승이 될 분)과 賢人(현인, 성인 다음가는 어질고 총명한 분). *寂寞 : 고요하고 쓸쓸함. '사망했음'의 뜻임. *陳王 : 陳思王(진사왕). 魏(위) 나라 曹操(조조)의 둘째 아들이요 文帝(문제)인 曹丕(조비)의 동생 曹植(조식 192~232). 문인으로 5언시의 기초를 세웠고, 자는 子建(자건) 시호는 思이며 陳王에 봉해져 陳思王이라 함. *平樂 : 平樂觀(평락관). 진사왕이 술 마시던 누각. 그의 시에 '歸來飲平樂 美酒斗十千(평락관에 돌아와 술 마시니, 맛있는 술 한 말에 1만 금일세)'이라 있음. *恣讙謔 : 제멋대로 희롱하며 즐김. 恣歡謔(자환학). *且須 : 곧. 빨리. 徑須(경수)라 쓴 자료도 있음. *沽 : 팔다. 사다. *五花馬 : 파란색과 흰색의 무늬가 있는 말. 五花는 '五色(오색)'의 뜻으로 쓰는 경우도 있음. *千金裘 : 천금같이 비싼 가죽옷. *銷 : 녹이다. 끄다. =消(소). *萬古愁 : 만고의 근심. 영원히 없어지지 않는 人生無常(인생무상)의 슬픔.

[鑑賞] 이 시를 내용과 압운을 고려하여 3段落(3단락)으로 나누어 보았다. 첫 단락은 '황하물은 한 번 바다로 흘러가 다시 돌아오지 못하고 삼단 같은 검은 머리 어느덧 백발되니, 뜻을 얻었을 때 한껏 즐기고 술통의 술은 마셔야 한다.'이고, 둘째 단락은 '사람은 다 쓰일 몫이 있기 마련이라 많은 돈을 써버려도 다시 그 돈이 돌아올 수도 있는 것이다. 좋은 안주에 3백 잔 술 마시며 즐겨 보자. 잠부자와 원단구 같은 그대여, 내 술을 권하니 사양 말고 또 내 노랫가락 한 마디 들어보라, <기름진 음식상이 귀한 게 아니라 오래 취해 있어 깨어나지 않는 게 더 귀하나니, 옛날의 성현들 모두 죽어 적막한 지경에 이르렀는데, 오히려 술 잘 마시던 분들 명성이 남아 있지 않은가.>'이다. 끝 단락은 '진사왕은 평락관에서 값비싼 술을 마시며 멋대로 즐겼는데 나라고 돈 없다 하리오, 교통수단인 말과 아까운 갖옷이라도 술과 바꾸어 오라 하여, 그대와 술 마시며 인생의 없어지지 않는 시름을 마음껏 녹여 버리자.'라 했다. 한 자리에서 술 3백 잔을 마셔야 한다는 것은 自由奔放(자유분방)한 지은이의 성격을 반영한다. 중국의 술잔은 아주 작아 한 모금으로 마실 수 있지만, 그 대신 독한 술이라 3백잔이면 엄청난 양이리라. 폭포수가 쏟아지듯 거침없이 이어간 詩想(시상)을 그 누가 따를 수 있으랴. 과연 詩仙(시선)의 면모를 드러낸 작품이다.

長短句 雜體詩(장단구 잡체시) 13연 25구. 1 단락의 압운은 來, 廻, 髮, 雪, 月 자로 來와 廻

는 평성 '灰(회)' 평운이고 髮, 月은 입성 '月' 측운이며 雪도 입성 '屑(설)' 측운으로 두 운은 通韻(통운)이다. 2 단락은 來, 杯, 生, 停, 聽, 醒, 名 자로 來와 杯는 평성 '灰' 운, 生과 名 은 평성 '庚(경)' 평운이고 나머지 停, 聽, 醒도 평성 '靑(청)' 평운으로 두 운은 통운이다. 3 단 락은 樂, 謔, 酌, 裘, 愁 자로 落, 謔, 酌은 입성 '藥(약)' 측운이고 裘, 愁는 평성 '尤(우)' 평 운이다. 二四不同二六對(이사부동이륙대)나 이사부동에 맞는 구는 제6, 13, 19, 22, 25구의 다섯 뿐이다. 反法(반법)이나 粘法(점법)은 살펴보아야 이루어지지 않았다.

234-51 靜夜思(정야사) 고요한 밤의 고향 생각

牀前看月光 疑是地上霜 擧頭望山月 低頭思故鄕.
　　(상전간월광 의시지상상 거두망산월 저두사고향)

침상 앞에서 달빛을 보니, 이것이 땅위에 내린 서리가 아닌가.
머리를 들어 산에 걸린 달을 보다가, 고향 생각에 고개 숙여지네.

[語句] *靜夜 : 고요한 밤. *牀 : 平床(평상, 나무로 만든 寢牀침상). 중국식 침대임. *擧頭 : 머리를 듦.

[鑑賞] 人口(인구)에 膾炙(회자)되는 명시. 20자에 지나지 않는 짧은 작품에 어려운 어휘도 없이 詩想(시상)을 멋지게 전개하여 읽는 사람들로 하여금 고향을 그리워하는 정 을 한결 더하게 한다. 겨울밤에 방에서 자다가 문을 열면 마당이 하얗게 보여 눈 이 왔는가보다 하여 내려가 집어 보면 웬걸 허공이다. 그제서야 하늘을 보면 보 름달이 생글생글 웃으며 내려다본다. 편저자도 1952년 겨울에 이러한 경험이 있 어 '차가운 달밤에'라는 시 같지 않은 시를 쓴 적이 있다. 지은이도 서리가 왔는 가보다 하고 뜰에 내려가 보니 서리가 아니라서, 절로 하늘을 쳐다보니 서산에 걸린 달이다. 그 달을 쳐다보느라니 고향에서 옛날에 보던 달이라 절로 고향 생 각이 간절해져 머리 숙여 쓸쓸해진다. 擧頭望山月 低頭思故鄕! 얼마나 멋진 對 句(대구)인가. 아무나 생각해 낼 수 있는 詩句(시구)가 아니다.

　5言古詩(5언고시). 압운은 光, 霜, 鄕자로 평성 '陽(양)' 평운이다. 평측은 차례로 '平平平仄平, 平仄仄仄平平, 仄平仄平仄, 平平平仄平'으로 二四不同(이사부동)에 어긋난 구는 둘째, 셋째 구이 고, 반법과 점법은 규칙에 맞지 않다. 5言絶句(5언절구)로 보면, 첫 구와 셋째 구에 月 자를 거 듭 쓴 점과 첫 구에는 압운 않고 측성을 배치하는데 압운한 것 등이 흠이 되는 것이다.

234-52 題東溪公幽居(제동계공유거) 동계공의 은거처에서 짓다

杜陵賢人淸且廉 東溪卜築歲時淹 宅近靑山同謝朓 門垂碧柳似陶潛
好鳥迎春歌後院 飛花送酒舞前簷 客到但知留一醉 盤中祇有水精鹽.

(두룽현인청차렴 동계복축세시엄 택근청산동사조 문수벽류사도잠

호조영춘가후원 비화송주무전첨 객도단지유일취 반중지유수정염)

두룽의 어진이는 청렴하여, 동계에 초막 지어 세월 잊고 살려 하네.

집은 청산에 가까워 사조가 살던 곳과 같고, 문앞 푸른 버들은 도잠의 집과 같구나.

잘 우는 새들 봄을 맞아 집 뒤에서 노래하고,

날리는 꽃잎은 술 마시라는 듯 처마 앞에 나부끼네.

손님이 찾아오면 술대접할 줄만을 알 뿐인데, 술상에는 다만 수정 같은 소금뿐일세.

[語句] *東溪公 : 동쪽 시냇가 또는 동계라는 곳에 사는 사람. *幽居 : 한적하고 외 진 곳에 삶. 또는 그 사는 집. *杜陵 : 唐(당) 나라 서울 長安(장안, 陝西省섬서성에 있음)의 郊外(교외). *賢人 : 어질고 총명한 사람. →234-50. *淸且廉 : 고결하고 또 物慾(물욕)이 없음. 淸廉. *卜築 : 살 만한 곳을 가려서 집을 지음. *歲時 : 1년 중의 그때 또는 1년과 四時(사시) 곧 한 해와 춘하추동. 세월. *淹 : 담그 다. 머무르다. 歲時淹은 '세월이 머루름'이니 '세월이 감을 잊음'의 뜻임. *謝 脁(464~499) : 남북조 때 南齊(남제)의 문인. 자 玄暉(현휘). 어려서부터 재주가 있었고 글씨와 5언시에 능했음. 그의 청신한 시는 후세 시인들의 경앙을 받았 는데 이백은 특히 그를 존경했음. →759. *陶潛(365~427) : 東晉(동진)의 시인, 문학가. →62. *好鳥 : 아름다운 소리로 우는 새. *後院 : 집 뒤. *送酒 : 술 을 보냄. '술을 마시라는 듯 날려 떨어짐'의 뜻으로 쓴 말 같음. *留一醉 : 한 차례 취하도록 함. '술대접을 함'의 뜻임. *祇 : 다만. =只(지). *水精鹽 : 水晶 (수정, 무색투명한 돌의 한 종류) 같은 깨끗한 소금. 水精은 '水晶'을 달리 이르는 말임.

[鑑賞] 동계에 은거하는 어진이의 생활을 읊은 시. 首聯(수련, 1~2구)은 '두룽의 현인인 동계공은 청렴한 분인데 동계 한 곳을 잡아 초가를 얽어 살며 세월을 잊으며 살아간다.'이고, 頷聯(함련, 3~4구)에서는 그 사는 환경을 그렸는데, '집 가까이 푸 른 산이 있어 옛날 사조가 살던 곳과 같고, 문앞에는 푸른 수양버들 가지가 늘 어져 도연명이 살던 곳과 비슷하다.'이니, 이 두 구는 좋은 對句(대구)를 이루었 다. 頸聯(경련, 5~6구)도 자연 환경으로 '고운 목청으로 지저귀는 새들은 봄을 맞 이하여 집뒤에서 노래하듯 하고, 낙화는 술을 마시라는 듯 이리저리 떨어지는 데 특히 처마 앞에서는 춤추듯 날려 흥취를 돋운다.' 하여 역시 대구가 잘 되 었다. 마무리인 尾聯(미련, 7~8구)은 동계공의 생활 모습이니 '손님이라도 찾아오 면 술을 취하도록 대접하는 게 고작인데, 안주는 겨우 깨끗한 굵은 소금뿐이 다.' 하여 소박한 그의 삶을 강조했다.

7言律詩(7언율시). 압운은 廉, 淹, 蠶, 簷, 鹽 자로 평성 '鹽' 평운이다. 평측은 차례로 '仄平平平平仄平, 平平仄仄仄平平, 仄仄平平平仄仄, 平平仄仄仄平平, 仄仄平平平仄仄, 平平仄仄仄平平, 仄仄仄平平仄仄, 平平平仄仄平平'으로 二四不同二六對(이사부동이륙대)에 어긋난 곳은 첫째 구뿐이며 反法(반법)과 粘法(점법)도 규칙대로 이루어지지 않았지만 함련, 경련, 미련의 평측이 좋은 대조를 이루었으니, 함련과 경련은 '측측평평평측측-평평측측측평평'으로 대조되고, 미련도 '측측측평평측측-평평평측측평평'이라 평측 배열의 음조가 미묘하게 이루어졌다. 그리하여 반법과 점법이 이루어지지 않았지만 율시로 처리했다.

234-53 早發白帝(조발백제) 아침 일찍 백제성을 떠나다

朝辭白帝彩雲間 千里江陵一日還 兩岸猿聲啼不住 輕舟已過萬重山.
     (조사백제채운간 천리강릉일일환 양안원성제부주 경주이과만중산)

아침노을 고울 때 백제성을 떠나, 천리 물길 강릉을 하루에 닿았네.
오는 길의 양쪽 기슭 원숭이 울음 뒤로 밀리고,
잘 닫는 가벼운 배는 만 겹 겹친 산들을 이미 지났더라.

[語句] *白帝 : 白帝城(백제성). 重慶市(중경시)와 湖北省(호북성) 사이의 巫峽(무협) 부근에 있는 성. → 64-50. *彩雲 : 빛깔이나 무늬가 있는 구름. *江陵 : 지금의 호북성 荊州市(형주시). *啼不住 : 원숭이 울음소리가 한 곳에서 계속 들리지 않고 없어져 버림. 배가 빨리 달리는 모양을 강조한 말임. *輕舟 : 가볍고 빠른 작은 배.

[鑑賞] 이 시 또한 이백의 명작 중의 하나이다. 백제성에서 무협을 거쳐 호북성의 강릉까지 뱃길로 천 3백여 리요, 그 중 골짜기 길이가 7백 리나 되는 먼 거리인데, 그 먼 길을 아침에 떠나 하루에 닿았다 하니, 강의 흐름의 빠름과 배가 얼마나 빨리 떠내려가는가를 짐작할 수 있다. 그러기에 강기슭의 원숭이 울음이 자꾸 뒤로 뒤로만 밀린다 했다. 아침노을, 빠른 강 흐름과 똑같이 빠른 배, 산으로 첩첩이 쌓인 강 언덕 등 敍景(서경) 중심의 작품이다.

7言絶句(7언절구). 압운은 間, 還, 山 자로 평성 '刪(산)' 평운이다. 평측은 차례로 '平平仄仄仄平平, 平仄平平仄仄平, 仄仄平平平仄仄, 平平仄仄仄平平'으로 이사부동이륙대와 반법, 점법 등이 모두 규칙에 합치되는 7律의 모범되는 작품이다.

234-54 贈孟浩然(증맹호연) 맹호연에게 주다

我愛孟夫子 風流天下聞 紅顔棄軒冕 白首臥松雲
醉月頻中聖 迷花不事君 高山安可仰 徒此揖淸芬.
     (아애맹부자 풍류천하문 홍안기헌면 백수와송운)

취월빈중성 미화불사군 고산안가앙 도차읍청분)

나는 맹호연 선배님을 좋아하나니, 그의 풍류로움은 온 천하에 널리 퍼져 있네.

홍안 젊을 때 이미 벼슬길을 버리고, 평민 백성 되어 소나무와 구름 속에서 살고 있네.

달에 끌리어 자주 맑은 술에 취하고, 꽃에 반하여 임금 섬기는 일을 그만두었다네.

그 높은 산을 어찌 우러러보겠는가, 다만 그 맑은 인품에 읍할 뿐일세.

[語句] *孟浩然(689~740) : 盛唐(성당)의 자연파 시인. →68. *夫子 : '인격이 아주 높아 모든 사람의 거울이 될 만한 사람'에 대한 경칭. *風流 : 속된 일을 떠나 풍치가 있고 멋스럽게 노는 일. 고상하고 멋이 있음. 風雅(풍아). *紅顔 : 젊고 아름다운 얼굴. *軒冕 : 관직이 높은 사람이 타는 외바퀴 수레인 軺軒(초헌)과 冠(관). 高官(고관). 벼슬길. *白首 : 허옇게 센 머리. 지체는 높으나 벼슬하지 않은 양반. 白頭(백두). *松雲 : 소나무와 구름. '시골이나 산중의 한적한 자연'의 뜻임. *中聖 : 성인에 비유하는 淸酒(청주, 맑은 술)에 취함. →234-42. *迷花 : 꽃 속을 헤맴. 꽃에 반함. *事君 : 임금을 섬김. *高山 : 높은 산. '높은 산처럼 만인의 존경을 받는 인물 곧 맹호연'을 비유한 말임. *揖 : 두 손을 마주 잡고 허리를 굽혀 하는 절. *淸芬 : 맑은 향기. 맑고 높은 德行(덕행). 芬은 '향기'임.

[鑑賞] 맹호연이 벼슬길에 들지 않고 자연에 은거함을 칭송한 작품. 이백은 맹호연을 좋아하는데 그의 풍류가 온 세상에 널리 알려져 있기 때문이라 했다. 그는 젊었을 때부터 속세에 뜻이 없어 각지를 방랑하다가 鹿門山(녹문산)에 은거했다. 이 사실을 頷聯(함련)에서 소나무와 구름 속에서 살아간다 했다. 이후 맹호연은 40세에 서울에 와 과거를 보았지만 낙방하고 張九齡(장구령)과 王維(왕유)에게서 詩才(시재)를 인정받아 그들과 교유했다. 그러다 보니 벼슬에 대한 미련도 있어, 달과 꽃을 벗하며 자연을 즐기면서도 술에 취하기도 하여 頸聯(경련)에서 이를 읊었다. 이몽든 맹호연은 높은 산과 같이 우뚝하여 그의 인격과 시 작품에서 풍기는 맑은 인품과 향기를 존경한다고 마무리 지었다. 남에게 주는 작품이면서도 당사자나 읽는이에게 추켜세운다는 느낌을 주지 않으면서, 진술한 심정에 공감토록 하는 뛰어난 贈與詩(증여시)이다.

5言律詩(5언율시). 압운은 聞, 雲, 君, 芬 자로 평성 '文(문)' 평운이다. 평측은 차례로 '仄仄仄平仄, 平平平仄平, 平平仄仄仄, 仄仄仄平平, 仄仄平平仄, 平平仄仄平, 平平平仄仄, 平仄仄平平'으로 이사부동은 모두 잘 이루어졌고, 반법과 점법도 무난하나 다만 셋째 구의 軒 자는 측성이어야 하는 자리인데 평성이어서 아쉽다. 軒도 '고기를 굵게 저미다'의 뜻이면 거성 '願(원)' 측운이기는 하다.

234-55 贈錢徵君少陽(증전징군소양) 징군 전소양에게 주다

白玉一杯酒 緑楊三月時 春風餘幾日 兩鬢各成絲

秉燭惟須飲 投竿也未遲 如逢渭川獵 猶可帝王師.

(백옥일배주 녹양삼월시 춘풍여기일 양빈각성사

병촉유수음 투간야미지 여봉위천렵 유가제왕사)

백옥 술잔에 한 잔 따르나니, 버들 푸른 봄 3월일세.

봄바람 불기 얼마나 남았으랴, 우리 모두 양쪽 구레나룻 흰 실 같아졌는데.

그러니 밤까지 촛불 켜 들고 마시거나, 낚싯대 드리우는 일도 때늦은 게 아닐세.

위천 냇물에서 낚시질하다가, 오히려 임금의 스승이 될 수도 있지 않겠나.

[語句] *徵君 : 徵士(징사)의 존칭. 임금이 불러도 나아가 벼슬하지 않는, 학문과 덕행이 뛰어난 선비.<陔餘叢考> *綠楊 : 푸르게 우거진 버들. *兩鬢 : 양쪽 구레나룻[귀밑머리]. *成絲 : 실같이 됨. 흰 실처럼 세었음. *秉燭 : 밤에 촛불을 잡음. '낮에 놀던 흥이 남아 밤까지 이어 불을 켜고 놀이를 계속함'의 뜻으로 중국 고시에 "晝短苦夜長 何不秉燭遊(낮은 짧고 밤은 길어 괴로우니, 어찌 촛불 켜고 밤에 놀지 못하랴)"라 있음. 秉燭夜遊. →71-2. *惟須 : 오직 모름지기. *渭川獵 : 위천에서 고기 잡음. 渭川은 '甘肅省 渭源縣(감숙성 위원현) 서남쪽에서 발원하여 陝西省(섬서성)을 거쳐 황하와 합치는 강'임. *帝王師 : 임금의 스승. 周(주) 나라 文王(문왕, 주의 첫 임금 武王무왕의 아버지인 西伯昌서백창)의 스승인 呂望(여망, 姜太公강태공). 여망이 위수에서 낚시질하며 지내고 있는데, 문왕이 어느 날 사냥을 가려고 점을 치니 '장차 큰 것을 잡으리니 범도 아니요 곰도 아니어라.'는 점괘가 나와 사냥을 가다가 여망을 만났고, 여망은 문왕에게 등용되어 주 나라 건국에 공헌하고 齊王(제왕)에 봉해졌음.<史記 齊太公世家>

[鑑賞] 징사인 전소양을 칭송하는 시. 버들잎 푸른 춘삼월에 전소양과 백옥 잔에 술을 따라 마신다. 이 따뜻한 봄바람도 인생의 청춘과 같이 얼마나 가겠는가, 우리들 귀밑털은 벌써 희게 세어 버리지 않았나. 이러니 즐기며 살자, 술 마시며 낮에 다하지 못한 흥취는 옛 시에서처럼 촛불 밝히며 밤새 이어져도 좋겠고, 그도 아니면 위수 냇가에서 낚시질하며 세월을 보내어도 아직 늦어버린 것은 아닐 것이리라. 또 혹시 알겠는가, 옛날 강태공이 위수에서 낚시하며 세월을 보내다가 주 문왕을 만나 그의 스승이 되었듯이 눈 밝은 임금님에게 발탁될 수도 있으렷다. 초야에서 세월만 보내는 전소양의 재능을 아까워하는 정이 듬뿍 담긴 작품이다.

5言律詩(5언율시). 압운은 時, 絲, 遲, 師 자로 평성 '支(지)' 평운이다. 평측은 차례로 '仄仄

仄平仄, 仄平平仄平, 平平平仄仄, 仄仄仄平平, 仄仄平平仄, 平平仄仄平, 平平仄平仄, 平仄仄平平'으로 二四不同(이사부동)은 일곱째 구에서만 어긋났고, 反法(반법)과 粘法(점법)은 일곱째 구를 제하면 모두 이루어졌다.

234-56 淸平調詞 三首(청평조사 삼수) 청평조의 시 세 수

雲想衣裳花想容 春風拂檻露華濃 若非群玉山頭見 會向瑤臺月下逢<제1수>
(운상의상화상용 춘풍불함노화농 약비군옥산두견 회향요대월하봉)

一枝濃艶露凝香 雲雨巫山枉斷腸 借問漢宮誰得似 可憐飛燕倚新粧<제2수>
(일지농염노응향 운우무산왕단장 차문한궁수득사 가련비연의신장)

名花傾國兩相歡 長得君王帶笑看 解釋春風無限恨 沈香亭北倚欄干<제3수>
(명화경국양상환 장득군왕대소간 해석춘풍무한한 침향정북의난간)

구름은 그대 의상 꽃은 그대 얼굴, 봄바람 난간을 스치고 이슬 함초롬하구나.
군옥산 산마루가 아니라면, 아마도 요대의 달 아래서 우리 만났으리.<第1首>
요염한 꽃가지 이슬에 젖어 향기 풍기고, 무산의 선녀는 임금의 애만 태우네.
한 나라 궁중의 누구에 비길꼬, 새 단장한 조비연의 맵시라고나 할까.<第2首>
모란이요 경국 미인이라 둘 다 좋아, 임금님은 마냥 웃으며 바라보시네.
봄바람은 그지없어 모든 시름 녹여버리고, 침향전 북쪽 난간에 기대어 계시네.<第3首>

[語句] *淸平調 : 唐(당) 나라 樂曲(악곡)의 이름. *雲想衣裳 : 구름을 보면 그대 楊貴妃(양귀비)의 옷이 연상됨. *露華 : 이슬의 반짝임. 露光(노광). *群玉山 : 선녀 西王母(서왕모)가 산다는 崑崙山(곤륜산). *瑤臺 : ①신선이 사는 곳. ②달. ③殷(은)의 紂王(주왕)이 지은 누대. *濃艶 : 사람을 홀릴 만큼 아름다움. 妖艶(요염). *雲雨 : 구름과 비. 남녀간의 화합. *巫山 : 重慶市 巫山縣(중경시 무산현)의 산. 옛날 楚(초) 나라 襄王(양왕)이 高唐(고당)을 유람하다가 지쳐서 낮잠이 들었는데, 꿈에 한 부인이 나타나 말하기를 "첩은 巫山의 여자인데 왕께서 고당에 노니신다는 말을 듣고 자리와 베개로써 모시기를 바라나이다." 하고는 떠나면서 아침에는 구름이 되고 저녁에는 비가 된다고 하더라 함.<宋玉 高唐賦序> 앞의 雲雨도 여기서 유래된 말임. *枉 : 굽히어 나아가다. *斷腸 : 창자가 끊어질 듯이 슬픔. '양왕이 꿈에 겪은 일이라 애태움'의 뜻임. *可憐 : 맵시가 아름다움. 사랑스러움. *飛燕 : 漢(한) 나라 成帝(성제)의 후궁인 趙飛燕(조비연). 趙臨(조임)의 딸로 미인에다가 가무에 능하며 몸이 가벼워 손바닥 위에서 춤추었다고 함. *名花 : 이름난 꽃 곧 모란. *傾國 : 나라가 기울어짐. 임금이 혹하여 나라가

망해 가도 모를 만한 미인 곧 傾國之色(경국지색). 여기서는 '양귀비'를 말함. *
兩相歡 : 둘 모두를 좋아함. *解釋 : 풀어 없애버림. *沈香亭 : 당 나라 玄宗
(현종)의 궁중 興慶池(흥경지) 동쪽의 정자. 대궐의 모란을 여기에 옮겨 심고 양귀
비와 꽃구경하며 즐기던 정자로, 열대에서 나는 향나무인 沈香으로 지었다 함.
*欄干 : 누각, 층계, 다리 등에서 떨어지지 않도록 가장자리를 둘러막은 간살.

[鑑賞] 이 시는 지은이의 卽興詩(즉흥시)로 유래가 있으니, 天寶年間(천보연간)에 현종 임금이
양귀비와 함께 침향정에서 모란을 감상하고 있으면서 翰林院供奉(한림원 공봉)인 이백
을 불러 악장의 시를 짓도록 했으나, 이백은 술에 너무 취하여 몸을 바로 가누지
못하므로 얼굴에 물을 끼얹어 술이 깨도록 하니, 이백은 선 채로 붓을 잡아 이 세
수의 시를 지었고 이 시에 李龜年(이구년)이 곡을 붙여 창했다고 한다.

첫 수는 눈에 보이는 모든 것 곧 구름, 꽃, 봄바람, 이슬방울 들이 눈에 넣어도
아프지 않을 양귀비와 관련되어 보이고, 양귀비는 군옥산이 아니면 요대에서
만난 선녀가 틀림없으리라고 현종은 생각하는 것이다. 둘째 수는 양귀비는 무
산선녀의 朝雲暮雨(조운모우) 고사와도 같이 현종을 애타게 하고, 손바닥 위에서
춤을 출 만큼 몸이 가벼운 미인인 한 나라의 조비연보다 몇 길 앞서는 미녀란
것이다. 셋째 수는 현종 임금의 흐뭇한 심정을 그렸다. 모란도 좋고 경국지색
인 양귀비도 귀엽다. 봄바람에 모든 시름을 다 날려버리고는 침향정 난간에 기
대어 미소 짓고 계시는 것이다.

7言絶句(7언절구) 세 수. 첫 수의 압운은 容, 濃, 逢 자로 평성 '冬(동)' 평운이고, 평측은 차례
로 '平仄平平平仄平, 平平仄仄仄平平, 仄平平仄平平仄, 仄仄平平仄仄平'으로 二四不同二
六對(이사부동이륙대)와 반법, 점법 등이 모두 규칙에 맞다. 둘째 수는 압운이 香, 腸, 粧 자로 평
성 '陽(양)' 평운이며, 평측은 차례로 '仄平平仄仄平平, 平仄平平仄仄平, 仄仄仄平平仄仄,
仄平平仄仄平平'으로 역시 이사부동이륙대, 반법, 점법 등이 簾(염)에 맞다. 셋째 수는 압운이 歡,
看, 干 자로 평성 '寒(한)' 평운이다. 평측은 차례로 '平平平仄仄平平, 平仄平平仄仄平, 仄仄
平平平仄仄, 平平平仄仄平平'으로 앞 작품과 마찬가지로 7絶의 모범작이 되겠다. 즉흥으로
이와 같이 평측 배치가 규칙에 맞게 단숨에 세 수나 짓는다는 것이 놀라울 따름이다.

234-57 蜀道難 抄(촉도난 초) 촉도 길의 어려움 가려뽑음

噫吁戲 危乎高哉 蜀道之難 難於上靑天

蠶叢及魚鳧 開國何茫然 爾來四萬八千歲 不與秦塞通人煙 <初頭>

(희우호 위호고재 촉도지난 난어상청천

잠총급어부 개국하망연 이래사만팔천세 불여진색통인연)

靑泥何盤盤 百步九折縈岩巒 捫參歷井仰脅息 以手撫膺坐長歎 <中段 1>

(청니하반반 백보구절영암만 문삼역정앙협식 이수무웅좌장탄)

其險也若此 嗟爾遠道之人 胡爲乎來哉

劍閣崢嶸而崔嵬 一夫當關萬夫莫開 所守或非親 化爲狼與豺<中段 2>

（기험야약차 차이원도지인 호위호래재

검각쟁영이최외 일부당관만부막개 소수혹비친 화위낭여시）

錦城雖云樂 不如早還家 蜀道之難 難於上靑天 側身西望長咨嗟.<終聯>

（금성수운락 불여조환가 촉도지난 난어상청천 측신서망장자차）

아아 높기도 해라, 촉도의 가기 어려움이 하늘로 오르기보다 더 어렵구나.

옛날의 잠총과 어부여, 나라 세운 지 그 언제던고.

그로부터 4만 8천 년, 진 땅과는 막히어 왕래가 없었네.<初頭>

청니 고개는 왜 저리도 얽히설키 돌게 되었나,

백 걸음에 아홉 번 꺾이어 바위 봉우리에 얽히어 있구나.

삼성 별을 어루만지고 달과 별을 밟은 듯 쳐다보며 숨죽이고는,

가슴 문지르며 앉아서는 길게 탄식하네.<中段 1>

촉 땅으로 가는 길 이렇게 험한데, 아아 이리 먼 길을 오는 사람들, 왜 여기 올랐던가.

검각산은 우뚝하게 높고 험하여,

한 장정이 관문을 지키면 만 사람이라도 뚫어내지 못하네.

지키는 장정을 잘 알지 못하면,

그들은 당장에 이리나 승냥이처럼 날카로워진다네.<中段 2>

촉 땅의 금관성이 즐거운 곳이라 하나, 빨리 집에 돌아가야 하리.

촉 땅으로 가는 길 어려움이, 푸른 하늘 오르기보다 어렵나니,

몸을 돌려 서쪽을 바라보며 길게 탄식하노라.<終聯>

[語句] *蜀道難 : 촉 땅으로 가는 길이 험해 가기가 어려움. 樂府(악부)의 歌詞(가사) 이름으로 이전 시대부터 있었음. *噫吁戲 : 아아. 놀람을 나타내는 감탄사임. 戲는 '호'로 읽음. *蠶叢, 魚鳧 : 모두 蜀 나라 선조의 이름임. →234-25. *茫然 : 넓고 멀어 아득한 모양. *秦塞 : 진 지방과 막힘. '진새'로 읽어서 '진 나라의 국경'이라 풀이할 수도 있음. 진 지방은 당 나라 서울 장안을 중심한 지역임. *人煙 : 人家(인가)에서 나는 연기. 사람이 사는 기척. *靑泥 : 甘肅省 秦州(감숙성 진주) 지방의 고개 이름. *盤盤 : 빙돌게 된 모양. 구불구불 구부러진 모양. *縈 : 얽히다. 매다. *岩巒 : 바위 산봉우리. *參, 井 : 參星(삼성), 井星(정성). 둘 다 별 이름인데, '달과 별'로 풀이하기도 함. *脅息 : 숨을 죽임. 무서워함. *膺 : 가슴. *嗟 : 탄식하는 소리. *

爾 : 이. 이것. 어조사. 爾는 앞의 嗟에 붙어 어조사로 볼 수도 있고, 뒤의 遠 자와 관련되어 '이렇게 멀다'로 볼 수도 있겠음. *之 : 가다. *劍閣 : 長安(장안)에서 촉으로 가는 길인 四川省 劍閣縣(사천성 검각현)에 있는 大劍(대검), 小劍(소검) 두 산의 요새. 劍門(검문). 棧道(잔도)로 통해 있고 唐玄宗(당 현종)이 안록산 난 때 피난 갔던 곳임. *峥嶸 : 산의 형세가 가파른 모양. *崔嵬 : 산이 높고 험함. *狼與豺 : 이리와 승냥이. 豺狼. 철저하게 파수를 보고 있음을 강조한 말임. *錦城 : 錦官城(금관성). 사천성 成都市(성도시). 촉 지방에 해당됨. *咨嗟 : 탄식함. 슬퍼함.

[鑑賞] 촉 지방으로 들어가는 길의 어려움을 읊은 시. 이백은 고향을 사천성이라 하니 곧 촉 땅이다. 그래서 이 시는 촉을 진압한 漢武帝(한무제)의 횡포를 풍자한 작품이라 하기도 하고, 唐 玄宗(당 현종)이 촉 땅으로 가는 것을 경계한 것이라 하기도 한다.<중단 2>의 "遠道之人"이 그들을 가리키는 바라 할 것이다. 서두에서는 촉 땅으로 가는 길은 하늘을 오르는 것같이 험하다는 것과 그 땅의 유래 및 외부와 단절된 생활을 말했다. 그 뒤로 길이 험한 實例(실례)를 하나하나 묘사해 갔다. 인용한 <중단 1>은 청니령 고개의 험함을 좀 과장되게 표현했으니 별들을 만질 수 있게 높고 험하다 했다. <중단 2>는 앞에서 든 험한 실례의 마무리격이다. 검각산은 낙양의 函谷關(함곡관)처럼 장정 한 사람이 지켜도 만 명의 군사를 막아낼 수가 있다는 '一夫當關萬夫莫開'는 자주 일컬어지는 말이다. 끝 연은 '이렇게 어려움을 넘어 금관성 곧 성도에 와서 즐거움을 맛보기는 해도 역시 고향보다는 못한 것이니, 오느라고 또 가느라고 고생할 것은 없으리라.'는 뜻이 담겼다.

長短句 雜言詩(장단구 잡언시) 48구. 압운과 평측은 일정하지도 고르지도 않다. <초두>의 압운은 天, 然, 煙 자로 평성 '先(선)' 평운이며, 평측은 차례로 '平平平, 平平平平, 仄仄平平, 平平仄平平, 平平仄平平, 平仄平平平, 仄平仄仄平平仄, 仄仄平仄平平平'으로 제6구가 이사부동, 제7구가 二四不同二六對(이사부동이륙대)에 맞을 뿐이라 反法(반법)이나 粘法(점법)은 무시되었다. <중단 1>은 압운이 盤, 巒, 歎 자로 평성 '寒(한)' 평운이며 평측은 차례로 '平平平平平, 仄仄平仄平平平, 平平仄仄仄仄仄, 仄仄平仄平仄平平'으로 이사부동이륙대가 이루어지지 않았다. <중단 2>는 압운이 哉, 嵬, 開 자로 평성 '灰(회)' 평운이고, 평측은 차례로 '平仄仄仄仄, 仄仄仄仄平平, 平平平平平, 仄仄平平平平平, 仄平平平仄平仄仄, 仄仄仄仄平平, 仄平平仄平'으로 끝 두 구만 이사부동이 이루어졌는데, 5, 6, 7, 8구가 두루 쓰이었다. <종련>은 압운이 家, 嗟 자로 평성 '麻(마)' 평운이다. 평측은 차례로 '仄平平平仄, 仄平仄仄平平, 仄仄平平, 平平仄平平, 仄平平仄平平平'으로 끝 두 구에서 부자연하나마 이사부동과 이사부동이륙대가 이루어졌다. 반법이나 점법은 물론 따져볼 수 없다.

234-58 秋浦歌 十七首 第1, 15首(추포가 십칠수 제1, 15수) 추포의 노래 첫째, 열 다섯째 수

　　秋浦長似秋 蕭條使人愁 客愁不可度 行上東大樓

　　正西望長安 下見江水流 寄言向江水 汝意憶儂不

　　遙傳一掬淚 爲我達揚州.<제1수>

　　　(추포장사추 소조사인수 객수불가탁 행상동대루

　　　정서망장안 하견강수류 기언향강수 여의억농부 요전일국루 위아달양주)

추포는 늘 가을 같아, 그 쓸쓸함이 사람을 못내 시름겹게 하네.

나그네의 시름은 헤아릴 길 없어, 동편 큰 누대에 올라보니,

서쪽으로 똑바로 장안이 바라보이고, 밑으로는 강물 흘러감이 보이네.

강물 향해 말 부치노니 너는 날 생각하는가.

내 한 움큼의 눈물을, 멀리 양주까지 실어가 다오.

[語句] *秋浦 : 池州府 秋浦縣(지주부 추포현, 安徽省 池州地區貴池市안휘성 지주지구 귀지시)으로
　　　　양자강 남쪽 연안임. *蕭條 : 분위기가 아주 쓸쓸함. 蕭索(소삭). *客愁 : 나그네
　　　　의 시름. 객지에서 느끼는 수심. 旅愁(여수). *儂 나. *一掬淚 : 한 움큼의 눈물.
　　　　*揚州 : 지금의 江蘇省 揚州市(강소성 양주시). 이백이 유랑하던 곳 중의 하나임.

[鑑賞] 지은이가 추포에서 만년을 보내며 지은 連作詩(연작시). 제2수 이후의 몇 수를 보
　　　　면, '추포 원숭이들의 밤 시름에 남쪽 黃山(황산)도 민둥산이 되고, 여기 청계는 隴
　　　　(농) 땅의 강물 같지 않지만 그래도 애끊는 소리 내며 흐르네. 고향 가고 싶으나
　　　　못 가 잠깐 여행한다는 게 오래되고 말아, 언제 가려는가 외로운 배에서 비오듯
　　　　하는 눈물.'은 제2수이고, 제3수는 '추포의 고운 錦駝鳥(금타조)는 천하에 드물어,
　　　　산꿩은 물가에 나와서도 감히 제 모습을 물에 비춰 보지 못하네.'이다. '추포에
　　　　들어가자 양쪽 귀밑털이 하루아침에 세나니, 원숭이 울음이 백발을 재촉해 머리털
　　　　이 모두 흰 실이 되는구나.'는 제4수이고, 제5수는 '추포에는 흰 원숭이가 많아
　　　　마구 날뛰는 게 흰 눈이 날리는 듯한데, 가지 위의 새끼들을 끌고 내려와 물 속
　　　　의 달을 마시며 희롱하는구나.'이다. 이렇게 추포의 풍물을 읊어 나갔다.

　　　5言古詩(5언고시) 5연 10구. 압운은 秋, 愁, 樓, 流, 不, 州 자로 평성 '尤(우)' 평운이다. 평
측은 차례로 '平仄平仄平, 平平仄仄平, 仄平仄仄仄, 平仄平仄平, 仄仄平平平, 仄仄平仄平,
仄平仄平仄, 仄仄仄平仄, 平平仄仄仄, 仄仄仄平平'으로 二四不同(이사부동)에 맞는 곳은 제
3, 8, 9, 10구이니, 反法(반법)이나 粘法(점법)은 이루어지지 않았다. 셋째 구의 度은 '헤아릴 탁'
이고, 여덟째 구의 不는 '부'로 읽어 평성 '尤' 운이 된다.

234-58 白髮三千丈 緣愁似箇長 不知明鏡裏 何處得秋霜.<제15수>
　　(백발삼천장 연수사개장 부지명경리 하처득추상)

백발은 삼천 자 길이, 수심 따라 하나하나 자랐났구나.

거울 보니 알지 못깨라, 어디서 가을 서리를 저리도 맞았던고.

[語句] *白髮三千丈 : 백발이 삼천 길이 되도록 길게 자랐음. 誇張法(과장법)의 예로 많이 인용되는 구절임. *緣愁 : 수심에 인연하여. 시름 따라. *似箇長 : 이렇게 하나하나 자람. 似箇를 '이와 같이'로 보아 '이처럼 자랐구나'로 풀이하기도 함. *明鏡 : 거울. '맑은 水面(수면)'으로 풀이하기도 함. *秋霜 : 가을의 찬 서리. 백발.

[鑑賞] 머리칼은 내 시름 하나에 한 올이 세고 또 하나에 다른 올이 세고 하면서, 시름을 따라 세어가서 드디어 백발이 되고 그 길이가 사람의 키로 3천 길이나 된다. 문득 거울이나 물에 비치는 내 모습을 보고는 알게 된 것인데, 내 언제 어디서 된 가을 서리 맞듯 저리도 백발이 되고 말았나. 깨달을 사이 없이 늙어가는 인생을 한탄한 명시이다. 참고로 제16수를 보면 "秋浦田舍翁 採魚水中宿 妻子張白鷴 結罝映深竹(추포의 노인은 고기 잡으려고 강물 위에서 자고, 아내와 아들은 황새 붙들려고 대숲 깊숙이 그물을 쳐 놓았네)"이고 끝 수[17수]는 '桃波(도파)는 좁은 곳이라 말소리가 분명하게 들리나니, 산의 스님과 몰래 헤어지는데 고개 숙여 흰 구름에 절하는구나.'이다.

　　5言絶句(5언절구). 압운은 長, 霜 자로 평성 '陽(양)' 평운이다. 평측은 차례로 '仄仄平平仄, 平平仄仄平, 平平平仄仄, 平仄仄平平'으로 이사부동과 반법, 점법 등이 5絶의 평측 배열 규칙에 잘 맞춘 전형적 작품이다.

234-59 春思(춘사) 봄의 정서

燕草如碧絲 秦桑低綠枝 當君懷歸日 是妾斷腸時
春風不相識 何事入羅幃.
　　(연초여벽사 진상저녹지 당군회귀일 시첩단장시
　　춘풍불상식 하사입나위)

연 땅의 풀은 파란 실과 같고, 진 땅의 뽕나무는 푸른 가지 낮게 드리웠소.

이런 봄날에 당신은 집에 돌아올 날을 생각하겠지요, 저는 창자가 끊어질 듯하다오.

봄바람은 알지 못하면서 야속하게도, 비단 휘장 안으로 왜 들어오는지요.

[語句] *春思 : 봄철에 느끼는 정서. 春心(춘심). *燕 : 옛날 周(주) 나라 시대의 북쪽

연 나라 지방. 지금의 河北省(하북성) 지역. *秦 : 주 나라 시대의 서쪽 진 나라 지방. 지금의 陝西省(섬서성) 지역. *當 : '이런 봄을 맞아' 또는 懷 자와 호응되어 '당연히 품음'의 뜻으로 풀이됨. *妾 : 저. 지난날 여자가 자기 몸을 낮추어 일컫던 말. *羅幃 : 엷은 비단으로 만든 揮帳(휘장, 커튼 같은 것).

[鑑賞] 국경 지역에 경비병으로 나가 있는 남편을 생각하는 아내의 봄을 맞이한 정서를 읊은 작품이다. '당신이 가 있는 북쪽 땅의 풀도 봄이 되어 파랗게 돋아날 것으로 생각되나니, 여기 장안 지역의 뽕나무 가지에 뽕잎이 푸르렀음을 보아 알겠네요.' 이 두 구는 對句(대구)가 되었다. '이런 봄날 당신은 집에 돌아올 날을 꼽고 있겠지만, 내 마음은 당신이 언제 내 곁으로 오게 되는지 기다리는 마음 찢어지는 듯 가슴 아프답니다.' 이 두 구도 대구이다. '봄바람은 이런 우리 심정을 알지 못하는지, 자꾸만 안방 비단 커튼에 불어 들어와 내 마음을 더욱 설레게 한답니다.' 하고 남편을 애타게 그리는 여인의 마음을 봄바람에 비기어 시를 맺었다.

6句體(6구체) 5언시. 압운은 絲, 枝, 時, 幃 자로 앞의 셋은 평성 '支(지)' 평운, 끝의 幃도 평성 '微(미)' 평운인데 두 운은 通韻(통운)이다. 평측은 차례로 '平仄平仄平, 平平平仄平, 平平平平仄, 仄仄仄平平, 平平仄平仄, 平仄仄平平'으로 이사부동에 맞는 구는 둘째, 넷째, 여섯째의 셋이다. 따라서 반법이나 점법은 이루어지지 않아 古詩(고시)로 분류된다.

234-60 春夜洛城聞笛(춘야낙성문적) 봄밤에 낙양성에서 피리 소리를 듣다

誰家玉笛暗飛聲 散入春風滿洛城 此夜曲中聞折柳 何人不起故園情.
　　(수가옥적암비성 산입춘풍만낙성 차야곡중문절류 하인불기고원정)

누가 옥피리를 저리도 은근하게 부는고, 봄바람에 실리어 낙양 성안에 가득 차는구나.
오늘밤 들리는 저 '절양류'의 가락을 듣고는, 그 누가 고향 그리는 정을 품지 않으랴.

[語句] *洛城 : 洛陽城(낙양성) 곧 낙양. 지금의 河南省 洛陽市(하남성 낙양시)로 東周(동주), 後漢(후한)을 비롯하여 唐(당)까지 여섯 나라의 서울이었음. *誰家 : 누구. 누가. 家는 접미사임. *暗飛 : 몰래 날아감. '은근하게 들림'의 뜻임. *散入 : (봄바람에) 들어 흩어져 퍼짐. *折柳 : 악곡 이름인 折楊柳(절양류). 강가의 버들가지를 꺾어 떠나는 손님에게 주는 이별의 정경을 노래한 악곡임. *故園 : 옛 뜰. 고향.

[鑑賞] 온갖 느낌이 일어나는 봄날, 낙양성에는 누가 부는지 옥피리 소리가 온 성안에 은근히 울려 퍼진다. 그 가락 속에 이별의 아쉬움을 호소한 '절양류'의 송별곡이 들려온다. 이 곡조를 들으며 고향을 생각하는 정을 일으키지 않는 사람이 있을까. 타향을 떠도는 나그네에게는 봄이면 고향을 그리워하게 마련인데, 더구나 이별의

정을 나타내는 애절한 피리 곡조가 은은히 들려오니 그 생각 더욱 간절해지리라.

7言絕句(7언절구). 압운은 聲, 城, 情 자로 평성 '庚(경)' 평운이다. 평측은 차례로 '平平仄仄仄平平, 仄仄平平仄仄平, 仄仄平平平仄仄, 平平仄仄仄平平'으로 二四不同二六對(이사부동이륙대)와 반법, 점법 등이 모두 이루어졌다.

234-61 春日醉起言志(춘일취기언지) 봄날 취해 자다가 일어나 내 뜻을 읊다

處世若大夢 胡爲勞其生 所以終日醉 頹然臥前楹

覺來盼庭前 一鳥花間鳴 借問此何時 春風語流鶯

感之欲歎息 對酒還自傾 浩歌待明月 曲盡已忘情.

　　(처세약대몽 호위노기생 소이종일취 퇴연와전영

　　각래혜정전 일조화간명 차문차하시 춘풍어유앵

　　감지욕탄식 대주환자경 호가대명월 곡진이망정)

세상에서 살아감이 대몽과 같거니, 어째서 삶을 괴롭게 할 것인가.

그러기에 하루 종일 취하여, 앞 기둥에 쓰러져 누웠노라.

깨어나 뜰 앞을 흘깃 보니, 새 한 마리 꽃 속에서 울고 있구나.

묻노니 지금이 어느 철인고, '봄바람에 번져 가는 꾀꼬리 우는 소리'라 하네.

봄 정취에 느끼어 탄식하려 하매, 다시 술 마시니 술 단지 비어 절로 기우는구나.

큰 소리로 노래하며 달을 기다리노라니, 그 노래 가락 끝나자 온갖 정을 잊었노라.

[語句] *言志 : 자기의 뜻을 읊음. 시. 詩言志歌永言(시는 언지요 노래는 말을 길게 늘인 것이라)<書經 舜典> *處世 : 세상을 살아감. *大夢 : 큰 꿈. 세상살이. 인생을 꿈에 비하는데 꿈 중에서도 큰 꿈이라는 뜻임. 且有大覺而後知此大夢(또한 큰 깨달음이 있은 뒤에야 이 삶이 대몽임을 안다)<莊子 內篇齊物論> *胡爲 : 어째서. 胡爲乎(호위호). *勞其生 : 그 살아감을 고단하게 함. 勞生(노고가 많은 인생). *所以 : 까닭. 그런 까닭으로. *頹然 : 무너지는 모양. 술에 취하여 넘어지는 모양. 술에 취한 모양. *楹 : 기둥. *盼 : 눈흘기다. 돌아보다. *借問 : 시험삼아 물음. 찾아 물음. →63-6. *何時 : 어느 때. 어느 절기. *自傾 : 절로 기울어짐. '술 단지나 술병이 비어 기울어짐'의 뜻이며 사람이 술에 취해 기울어진다는 것이 아님. *浩歌 : 목소리를 크게 질러 부르는 노래. *曲盡 : ①곡조가 다함. ②마음과 정성을 다함. 여기서는 ①의 뜻으로 봄. *忘情 : 정을 잊음. 희로애락 같은 감정이 모두 사라짐.

[鑑賞] 봄날 술에 취하여 잠들었다가 깨어나 지은 시. 1~2구는 '인생이란 대몽이라는

데, 그 살아감을 괴롭게 애쓸 것 있는가.'이다. 장자에서 인용하여 시상을 일으켰으니 다분히 老莊學(노장학)에 바탕했으므로 도교적인 작품임을 시사한다. 3~4구는 '인생은 굳이 아둥바둥 살아갈 것이 없기에 술에 취해 기둥을 의지해 졸고 있다.'이니 세상 일 모두 잊으려는 無爲自然(무위 자연)의 경지로 시상을 이었다. 5~8구는 시상의 전환으로 '잠에서 깨어 뜰 앞을 흘깃 보니 새가 꽃가지 사이에서 울고 있다. 놀라 지금이 어느 철인고 自問(자문)하니 꾀꼬리 고운 울음이 봄바람 타고 번져 가는 때라 한다'. 마지막 9~12구는 마무리로 '이 좋은 봄 정취도 흘러가 버릴 거라 생각하니 탄식이 절로 나오려 해서 또 술을 마신다. 기다리는 밝은 달은 언제 떠오르려나, 초조한 마음에 크게 노래 가락 읊으니 그 가락 끝나자 인간의 감정이 모두 사그라들고 만다.' 했다. 이는 곧 無我(무아)와 虛無(허무)의 세계로 들어간다는 뜻이면서 이 시의 詩眼(시안)이니, 이백을 낭만적이요 도교적인 시인이라 하는 것이다.

5言古詩(5언고시) 6연 12구. 압운은 生, 楹, 鳴, 鶯, 傾, 情 자로 평성 '庚(경)' 평운이다. 평측은 차례로 '仄仄仄平仄, 平仄平平平, 仄仄平仄仄, 平平仄平平, 仄平仄平平, 仄仄平平平, 仄仄仄平平, 平平仄平平, 仄平仄平仄, 仄仄平仄平, 仄平平平仄, 仄仄仄平平'으로 二四不同(이사부동)은 제 1, 2, 6, 7, 12구에서 이루어졌고 反法(반법)과 粘法(점법)은 형성되지 않았다. 제 3, 4구는 평측 대비가 잘 이루어졌으니, 이백의 시는 이런 대비를 잘 이루는 특징이 있다.

234-62 把酒問月(파주문월) 술잔 잡고 달에 묻다

靑天有月來幾時 我今停杯一問之 人攀明月不可得 月行却與人相隨
皎如飛鏡臨丹闕 綠煙滅盡淸輝發 但見宵從海上來 寧知曉向雲間沒
白兎擣藥秋復春 姮娥孤棲與誰隣 今人不見古時月 今月曾經照古人
古人今人若流水 共看明月皆如此 唯願當歌對酒時 月光長照金樽裏.

（청천유월내기시 아금정배일문지 인반명월불가득 월행각여인상수

교여비경임단궐 녹연멸진청휘발 단견소종해상래 영지효향운간몰

백토도약추부춘 항아고서여수린 금인불견고시월 금월증경조고인

고인금인약유수 공간명월개여차 유원당가대주시 월광장조금준리）

하늘에 달 있은지 그 언제부터던가, 나 이제 술잔 멈추고 달에게 묻노라.

사람은 저 달 그러잡을 수 없지만, 달은 도리어 사람을 따르는구나.

환하게 밝기는 나는 거울이 단궐에 임한 듯, 푸른 운애 걷히니 밝은 빛 뿜어내네.

다만 저녁에 바다 위로 솟아남만 보았는데,

새벽에 구름 사이로 잠기는 걸 어찌 알았으리.

흰 토끼는 사철 약 방아 찧고, 항아 선녀는 외로이 살며 뉘와 이웃 하는가.
지금 사람들 옛날의 달 못 보았지만, 지금 저 달은 일찍이 옛 사람들을 비췄겠고,
옛 사람 금세 사람 흐르는 물 같지만, 밝은 달 보며 느끼기는 이와 다름없으리.
오직 바라노니 노래하고 술 마시며 놀 때, 달빛이여 술항아리 속까지 오래 비추어라.

[語句] *攀 : 당기다. 그러잡다. 더위잡다[높은 데로 올라가려고 무엇을 끌어 잡다.] *却 : 도리어. *皎如飛鏡 : 날아가는 거울같이 흼. 보름달이 서쪽으로 움직여 가는 것을 형용한 말임. 飛鏡은 '달'을 가리키기도 함. *丹闕 : 신선이 사는 궁궐. 단청한 궁전. *綠煙 : 푸른 연기. 아지랑이나 雲靄(운애). *宵 : 밤. *寧知 : 어찌 알리오. *白兎擣藥 : 흰 토끼가 약 방아를 찧음. 달 속에 토끼가 살며 不老長生(불로장생)의 약을 절구나 방아에 넣어 찧고 있다는 전설이 있음. *姮娥 : 달에 산다는 선녀. 嫦娥(항아). 月姉(월자). 본디 夏(하) 나라의 명궁인 羿(예)의 아내로 예가 西王母(서왕모)에게 청해 얻은 불사약을 훔쳐 먹고 달로 도망갔다고 함.<淮南子 覽冥訓><張衡 靈憲> *曾經 : 이전에 지남. 일찍 겪음. *若流水 : '흐르는 물과 같아 돌아오지 못함'의 뜻을 가진 말임. *當歌對酒 : '술을 마시며 노래함'의 뜻인 對酒當歌를 거꾸로 쓴 말임. 對酒當歌 人生幾何(술 마시며 노래하니 인생이 어떠한고)<曹操 短歌行> *金樽 : 황금 술단지. 쇠로 된 술통. →234-50.

[鑑賞] 술잔을 잡고 달을 쳐다보며 달에 묻는다는 제목의 시로, "李白一斗詩百篇(이태백은 술 한 말 마시며 시 백 편을 짓는다)"<杜甫 飮中八仙歌>라 할 만큼 술과 달과 시를 좋아한 그의 詩風(시풍)을 보이는 작품인데, 달의 영원성에 비겨 인생의 무상을 슬퍼함이 은연중에 비쳐 있다. 8연 16구의 긴 작품이지만 '古文眞寶(고문진보)'에는 '7言古風 短篇(7언고풍 단편)'으로 분류했다. 그리고 2연마다 韻(운)을 바꾸었으니 이를 四句一轉(4구1전) 또는 逐解轉韻(축해전운)이라 한다. 첫 4 구는 '하늘의 달은 예부터 있어 사람이 달에 오를 수는 없으나 달은 영원히 사람을 따르는 정다운 벗 같다.' 했고, 둘째 번 4구는 '밝은 보름달이 신선이 사는 곳에 든 듯하고 운애 걷히니 더욱 밝아지는데, 바다 위에서 떠서 밤새도록 서쪽을 걸어 새벽에는 구름 속으로 진다.'고 읊었다. 셋째 번 4구에서는 달 속에는 토끼가 약방아를 찧고 항아 신선은 외로이 살며 누구와 벗할꼬 걱정하고, 지금 사람들은 옛날의 달을 못 보았지만 저 달은 옛 사람들 모두를 비추었을 것이니 인생은 잠깐인데 달은 영원함을 강조했다. 마지막 4구는 옛 사람이나 지금의 나를 비롯한 여러분은 흘러가는 물과 같아 한 번 가면 다시는 돌아오지 못하지만 저 달을 보며 느끼기는 고금의 사람들 모두 달의 영원함일 것이라, 바라는 바는 오

직 우리가 술 마시며 노래하고 즐길 때, 달은 지지 말고 술단지 속에 술이 비었는가 어떤가를 알게 해 주듯 우리와 늘 함께 해 달라 했다.

7言古詩(7언고시) 8연 16구. 압운은 4구마다 달리했으니, 첫 4구는 時, 之, 隨 자로 평성 '支(지)' 평운이고, 두 번째 4구는 闕, 發, 沒 자로 입성 '月(월)' 측운이다. 세 번째 4구는 春, 隣, 人 자로 평성 '眞(진)' 평운이며, 마지막 4구는 水, 此, 裏 자로 상성 '紙(지)' 측운이다. 평측은 차례로 '平平仄仄平仄平, 仄平平平仄仄平, 平平平仄仄仄仄, 仄平仄仄平平平 ; 仄平平仄平平仄, 仄平仄仄平平仄, 仄仄平仄平仄平, 平平仄仄平平仄 ; 仄仄仄仄平仄平, 平平平平仄平平, 平平仄仄平平仄, 平仄平平仄平平 ; 仄平平平仄平仄, 仄平平仄平平仄, 平仄平平仄仄平, 仄平平仄平平仄'으로 二四不同二六對(이사부동이륙대)에 맞지 않는 구는 제1, 2, 3, 9, 10, 13구의 여섯이다. 따라서 반법과 점법은 이루어지지 않았다.

234-63 夏日山中(하일산중) 여름날의 산중

嬾搖白羽扇 裸袒青林中 脫巾挂石壁 露頂灑松風.
(난요백우선 나단청림중 탈건괘석벽 노정쇄송풍)

시원한 백우 부채 슬슬 부쳐 가며, 푸른 숲 속에 들어가 벌거숭이가 되네.
두건 벗어 돌벼랑에 걸고, 이마 드러낸 맨 머리로 솔바람을 쐬어 보노라.

[語句] *嬾搖 : (부채를) 흔들기도 게으름. 이렇게 풀이하면 아직 산 속에 들어가지 않은 느낌이 들므로 '(부채를) 슬슬 부치며'로 풀이했음. *白羽扇 : 흰 새 털로 만든 부채. *裸袒 : 벌거숭이가 됨. 袒은 '옷 벗어 메다'임. *脫巾 : 頭巾(두건) 등 머리에 쓴 것을 벗음. *露頂 : 이마를 드러나게 함. *灑 : 물 뿌리다. 씻다. 깨끗하다. '쐬다'의 뜻임.

[鑑賞] 더운 여름날 산 속에 들어가 그 시원함을 읊은 시. 밖은 삼복 같은 더위를 견디지 못해 고생하는데, 산중이라 더위를 느끼지 못하지만 건성으로 부채를 들고 숲 속에서 옷 훌훌 벗어 버리고 벌거숭이가 된다. 두건마저도 벗어 돌벼랑에 던져버리고 이마를 드러내며 솔바람에 쐬어 본다고 읊었다. 더위의 심함은 杜甫(두보)도 읊은 바 있으니, "束帶發狂欲大叫(관복 띠를 꼭꼭 매고 있으니 미칠 듯하여 큰 소리로 부르짖고 싶어라)"<早秋苦熱堆案相仍> 하지 않았던가.

5言絶句(5언절구). 압운은 中, 風 자로 평성 '東(동)' 평운이다. 평측은 차례로 '仄平仄仄仄, 仄仄平平平, 仄平仄仄仄, 仄仄仄平平'으로 二四不同(이사부동)은 모두 이루어졌으나 셋째 구에서 粘法(점법)이 되지 않았는데 넷째 구와 바꾸면 半法(반법), 점법이 모두 형성되었다 하리라.

234-64 行路難 三首 第3首(행로난 삼수 제3수) 세상살이의 어려움 세 수 셋째 수

有耳莫洗潁川水 有口莫食首陽蕨 含光混世貴無名 何用孤高比雲月

吾觀自古賢達人 功成不退皆殞身 子胥旣棄吳江上 屈原終投湘江濱

陸機雖才豈自保 李斯稅駕苦不早 華亭鶴唳詎可聞 上蔡蒼鷹何足道

君不見吳中張翰稱達生 秋風忽憶江東行 且樂生前一杯酒 何須身後千載名.

(유이막세영천수 유구막식수양궐 함광혼세귀무명 하용고고비운월

오관자고현달인 공성불퇴개운신 자서기기오강상 굴원종투상강빈

육기수재기자보 이사탈가고부조 화정학려거가문 상채창응하족도

군불견오중장한칭달생 추풍홀억강동행 차락생전일배주 하수신후천재명)

귀를 영천 물에 씻지 말고, 입으로는 수양산의 고사리를 먹지 말라.

지닌 재주 감추고 세상 사람들과 섞여 살며 이름 드러나지 않는 게 귀하나니,

고고하여 구름과 달과 같다고 남들이 말한들 그 무슨 소용이리오.

예로부터 현인, 달인 들이 공을 이루고도 물러나지 않아 모두 제 몸 죽였음을 보나니,

오자서는 죽어 그 시체가 오강에 버려졌고, 굴원은 마침내 상강에 몸 던지지 않았던가.

육기의 뛰어난 재주 제 몸 보전 못했고,

이사는 진작 벼슬 버리고 쉬지 못했음을 괴로워했네.

화정의 학 울음소리 들을 수 없었거니, 상채의 푸른 매야 새삼 말해 무엇하리.

그대 보지 못했는가, 오 나라의 장한은 삶의 이치를 잘 아는 분이라,

가을바람에 문득 고향이 생각난다면서 강동으로 돌아간 일을.

그가 말한 대로 "이러하니 우선 생전에 한 잔 술을 즐길 뿐,

죽은 뒤 천년에 남길 이름 그 무엇하리오."가 아닌가.

[語句] *有耳, 有口 : 귀, 입. 有는 두 音節(음절)을 이루는 접두사의 구실이라 번역 않음. *耳莫洗潁川水 : 영천 냇물에 귀를 씻지 말라. 고대 堯(요) 임금이 높은 선비인 許由(허유)에게 왕위를 물려주려 하니, 허유는 거절하고 귀가 더러워졌다 며 영천의 물에 귀를 씻고는 箕山(기산)에 들어가 숨어 살았다 함. *口莫食首陽 蕨 : 수양산의 고사리를 먹지 말라. 고대 殷(은) 나라 제후 孤竹君(고죽군)의 두 아들 伯夷(백이)와 叔齊(숙제)는 周武王(주무왕)이 은 나라를 정벌하려는 것을 말리 다가 무왕이 듣지 않으니, 수양산에 들어가 고사리를 캐어 먹으며 살다가 굶어 죽었다 함. 수양산은 山西省 永濟市(산서성 영제시)에 있음. →115-3. *含光混世 : 가진 지혜를 감추고 세상과 섞여 살아감. 和光同塵(화광동진). *無名 : 유명하 지 않음. *孤高 : 세속을 떠나 고상함. *賢達人 : 현인과 달인. 賢人은 '어질

고 총명한 사람', 達人은 '일체의 사물을 통달하게 보는 사람 곧 하늘의 이치와 사람의 일을 환하게 잘 아는 사람'임. *子胥 : 伍子胥(오자서). 춘추시대 楚(초)나라 사람, 이름 員(원). →79-2. *屈原(B.C 323~277 ?) : 전국시대 말기 초나라의 귀족으로 불우하게 일생을 마친 옛 중국 최대의 시인. 이름은 平(평)이고 자가 原으로, 懷王(회왕)을 도와 三閭大夫(삼려대부)가 되었으나 소인들의 무고로 두 번이나 추방되어 강남을 떠돌다 汨羅水(멱라수, 湘水상수)에 몸을 던져 죽었음. *陸機(261~303) : 吳(오)나라 名士(명사)로 西晉(서진)에 가서 벼슬한 시인. 참소를 받아 죽음을 당했음. *李斯 : 秦始皇(진시황)과 2세 황제 胡亥(호해) 때의 정승. 초의 上蔡(상채) 사람으로 荀子(순자)에게 배웠고 丞相 呂不韋(승상 여불위)에게 등용되어 25년간 승상을 지내면서 법치주의의 정치를 실행했으며, 篆書(전서)를 잘 썼음. 동문수학한 韓非子(한비자)를 모함하여 독살당하게 했고 자기도 서기전 208년에 宦官 趙高(환관 조고)의 모함으로 사형당했음. *稅駕 : 벼슬을 그만둠. 이사가 말하기를 "사물이 극대로 커지면 쇠퇴하는 법인데, 나는 탈가할 바를 아직 모르겠구나."라 한 바 있음. *華亭鶴唳 : 화정의 학 울음소리. 육기가 참소를 당해 죽을 때 "고향의 화정에서 우는 학의 울음소리를 다시는 들을 수 없구나." 하고 탄식했음. *詎 : 어찌. 모르다. *上蔡蒼鷹 : 상채의 푸른 매. 이 사가 참소를 당해 죽을 때 아들에게 "나는 너와 함께 사냥개를 끌고 팔에는 꿩 잡는 매를 얹어 고향 상채의 東門(동문)으로 나가고 싶었는데 어찌할 수 없구나." 하고 탄식했음. *道 : 말하다. *張翰 : 吳(오)나라 사람으로 자는 季鷹(계응)이며 齊王 囧(제왕 경)의 東曹椽(동조연) 벼슬을 살았음. 세상이 난리가 날 듯하자 가을 바람에 핑계하여 "인생은 뜻에 만족함이 제일인 데, 고향 松江(송강)의 蓴菜(순채)와 농어 회의 좋은 맛을 두고 하필 천리 밖 객지에서 이름과 벼슬을 구할 것이 무엇인가." 하고 江東(강동)으로 돌아가 친구와 술 마시기를 즐겼음. 친구가 그에게 죽은 뒤의 명성을 생각하지 않는가 하니, 이 시의 마지막 구절대로 "且樂生前一杯酒 何須身後千載名"이라 했음.

[鑑賞] 人生行路(인생행로) 곧 세상살이의 어려움을 읊은 시. 앞의 첫째 수는 '술도 맛난 음식도 구미에 당기지 않고, 황하도 태행산도 얼음과 눈으로 가지 못한다. 한가하게 낚시질을 하다가 서울로 가 보는 꿈을 꾸었다. 세상살이 어렵다, 갈림길은 많기도 하다. 돛 달고 너른 바다 건너듯 때를 만나야 하리.'이고, 둘째 수는 '큰 길 하늘같이 넓은데 나 홀로 못 간다. 시정잡배와 어울려도 보고, 대접이 신통찮다는 투정도 했으며, 임금님 곁에서 놀기도 했지만 모두 내 맘에 맞지 않았다. 韓信(한신)과 賈誼(가의)는 조롱받거나 시기를 받은 바 있고, 郭隗(곽외)는 자기

를 써 달라 자청하여 대접받으니, 劇辛(극신), 樂毅(악의) 같은 인물이 모여왔으나, 그 임금 燕昭王(연소왕)도 백골되고 그 황금대도 폐허 되었으니, 세상살이 어려워라, 차라리 돌아가야지.'이다. 이렇게 과거의 사례들을 들어 인생길의 어려움을 읊어 나갔다. 인용한 셋째 수도 '잘난 체하지 말고 이름 없는 존재로 살아갈 것이며 성공했으면 물러설 줄 알아야 한다. 오자서와 굴원과 육기와 이사를 보라, 모두 실패하지 않았나. 오직 장한만은 세상 돌아가는 이치를 알아 낙향하여 술 마시며 여생을 즐겼던 것이다.' 하여 행로난을 마무리했다.

7言古詩(7언고시) 8연 16구. 압운은 평운 측운이 섞였으니, 차례로 蕨, 月 자는 입성 '月' 측운이고 人, 身, 濱 자는 평성 '眞(진)' 평운이며 保, 早, 道 자는 상성 '皓(호)' 측운이고 生, 行, 名 자는 평성 '庚(경)' 평운이다. 평측은 차례로 '仄仄仄仄仄平仄, 仄仄仄仄仄平仄, 平平仄仄仄平平, 平仄平平仄平仄 ; 平平仄仄平仄平, 平平仄仄平仄平, 仄仄仄平平仄, 仄平平平仄平平 ; 仄平平平仄仄仄, 仄平仄仄仄平仄, 平平仄仄仄仄平, 仄仄平平平仄仄 ; 平仄仄平平平仄仄平, 平平仄仄平平平, 仄仄平平仄平仄, 平平平仄平仄平'으로 二四不同二六對(이사부동이륙대)에 맞는 곳은 제 3, 7, 10, 12, 16구이다. 따라서 反法(반법)과 粘法(점법)은 이루어지지 않았다.

234-65 黃鶴樓送孟浩然之廣陵(황학루송맹호연지광릉)
황학루에서 광릉으로 가는 맹호연을 송별하다

故人西辭黃鶴樓 煙花三月下揚州 孤帆遠影碧空盡 惟見長江天際流.
(고인서사황학루 연화삼월하양주 고범원영벽공진 유견장강천제류)

오랜 친구 서편의 황학루를 떠나, 아지랑이 속에 꽃 피는 3월 양주로 내려가네.
외로운 배 돛 그림자 푸른 하늘로 사라지고,
오직 하늘 끝까지 흘러가는 양자강만 보이는구나.

[語句] *黃鶴樓 : 湖北省 武漢市(호북성 무한시)에 있는 누각. →232-1. *孟浩然 : 盛唐(성당)의 자연파 시인, 처사. →68. *廣陵 : 江蘇省 揚州市(강소성 양주시)의 옛 이름. *故人 : 오랜 친구. *煙花 : 안개나 아지랑이 속의 꽃. *孤帆 : 외롭게 떠 있는 작은 배. 孤舟(고주). *碧空 : 푸른 하늘. 碧天(벽천). *長江 : 揚子江(양자강)의 중국식 명칭. *天際 : 하늘의 끝. 天末(천말).

[鑑賞] 오래 사귀어 온 친구인 맹호연을 전망 좋은 황학루에서 송별하며 지은 시. 맹호연은 양자강 따라 외롭게 배를 타고 동쪽 양주로 가게 된다. 때는 이지랑이 낀 속의 꽃을 볼 수 있는 음력 3월 봄철이다. 친구는 배를 타고 강물 따라 동쪽으로 동쪽으로 떠간다. 드디어 그 배의 모습은 푸른 하늘 끝까지 가서 아물아물 보이지 않게 되고, 오직 보이는 것은 동쪽 하늘 끝까지 유유히 흐르는 양

자강 강물만 보일 뿐이다. 이별의 아쉬운 정은 표면에 나타나 있지 않지만, 끝 두 구 '遠影碧空盡'과 '長江天際流' 같은 시어 속에 스미어 있다.

7言絶句(7언절구). 압운은 樓, 州, 流 자로 평성 '尤(우)' 평운이다. 평측은 차례로 '仄平平平平仄平, 平平仄仄平平, 平平仄仄仄平仄, 平仄平平平仄平'으로 첫 구 외에는 이사부동이류대가 이루어졌으나 둘째 구는 반법에 어긋났다. 엄밀한 의미로는 고시로 처리해야 하나 이사부동이류대가 이루어져 절구로 보았다.

234-66 戲贈杜甫(희증두보) 장난삼아 두보에게 주다

飯顆山前逢杜甫 頭戴笠子日亭午 借問爲何太瘦生 爲被從前作詩苦.
(반과산전봉두보 두대입자일정오 차문위하태수생 위피종전작시고)

반과산 앞에서 두보를 만나니, 머리에는 벙거지요 해는 한낮.

어찌 그다지 바싹 말랐는가 묻고 싶으나, 시 짓는 괴로움으로 그리 야윈 거겠거니.

[語句] *杜甫(712~770) : 盛唐(성당)의 대시인, 詩聖(시성). 자 子美(자미). →64. *飯顆山 : 어디 있는 산 인지 미상임. 그리하여 비양 삼아 '입에 붙은 밥알'로 풀이하는 사람도 있다고 함.<李丙疇 杜甫 -시와 삶> 顆는 '알, 흙덩이 **과**' 자임. *笠子 : 갓. 삿갓. 벙거지. *亭午 : 낮 12시. 正午(정오). 午正. *借問 : 시험삼아 물음. *太瘦生 : 너무 수척함. 生은 조사임. 당 나라 때의 속어로 시에 자주 쓰는 말임. *爲被 : ~에 따라. ~ 때문에. *從前 : 전부터 있는 그대로. 늘.

[鑑賞] 시의 제목이나 내용을 얼핏 보면 두보를 놀리고 비웃는 듯한 느낌을 받을 수도 있으나, 시에 담긴 뜻은 시 짓기에 무척 애를 쓰는 두보를 칭찬하는 것이다. 어떤 글자를 써야 하는가를 고심하느라 몸마저 야위었으니, 그 노력은 한 시를 지어 본 사람만이 이해할 것이다. 제목을 '贈杜子美(증두자미)'라고도 하며, 둘째 구의 '亭午'를 '卓午(탁오)'로 쓴 자료도 있는데 뜻은 같으나 卓이 측성이어서 마땅치 못하다. 셋째 구도 '借問別來太瘦生(차문별래태수생)' 또는 '爲問緣何太瘦生(위문연하태수생)'으로 쓴 자료도 있음을 밝혀 둔다. 이백과 두보는 11년의 나이 차이가 있으면서도, 자주 만나지는 못했지만 시를 주고받거나 문학에 대하여 논했다고 한다. 두보는 '夢李白(몽이백)' 등 이백에게 주는 시가 여러 편인데, 이백이 두보에게 준 또 한 편의 시를 소개한다. "醉別復幾日 登臨徧池臺 何時石門路 重有金樽開 秋波落泗水 海色明徂來 飛蓬各自遠 且盡手中杯 (취해 헤어진 게 얼마이던고, 연못이나 누대에서 함께 하지 않았던가. 언제 석문 길에서 또다시 만나, 다시 술자리를 벌여 볼 건가. 가을이라 사수 물살은

줄었지만, 바다 빛깔 같은 조래산은 환히 어렸네. 흩어지는 쑥대처럼 헤어질 판이니, 남은 술잔이나 비우자꾸나.)"<魯郡東石門送杜二甫>

7言古詩(7언고시). 압운은 甫, 午, 苦 자로 상성 '麌(우)' 측운이다, 평측은 차례로 '仄仄平平 平仄仄, 平仄仄仄仄平仄, 仄仄平平平仄仄平, 仄仄平平仄平仄'으로 이사부동이륙대에 맞는 구 는 첫째와 셋째 구의 둘이다. 따라서 반법이나 점법이 이루어지지 않았다. 측운 압운에다가 반 법, 점법 등도 맞지 않으니 고시인 것이다.

235. 李秉淵(이병연 1671~1751) : 조선 영조 때 시인. 자 一源(일원). 호 槎川(사천). 본관 韓山(한산). 三淵 金昌翕(삼연 김창흡 →721)의 제자로 三陟府使(삼척부사)를 역임했다. 집이 북 악산 아래 순화방인데, 김창흡, 鄭敾(정선), 趙榮祏(조영석) 등이 모여 眞景詩(진경시) 문학 운동을 전개했으니, 이 운동은 우리나라 산천의 아름다움을 그리고 읊자는 운동이었다. 그리하여 정선의 그림에는 대개 이병연이 읊은 시가 첨부되어 있다.

235-1 故鄕(고향) 고향

海雨霏霏過午天 斜陽一半碧瀾船 西風秣馬高麗國 流水聲中五百年.
　　(해우비비과오천 사양일반벽란선 서풍말마고려국 유수성중오백년)

부슬부슬 내리던 비 한낮이 지나가, 지는 햇빛 절반이 벽란 나루의 배를 비추네.
서풍에 말마이병하던 고려 나라, 흐르는 물소리 속에 5백 년이 흘렀구나.

[語句] *海雨 : 해안 지방과 바다에 내리는 비. *霏霏 : 비나 눈이 부슬부슬 내리는 모양. *午天 : 한낮. *斜陽 : 저녁 때 서쪽으로 기울어진 해. *一半 : 하나의 반. 折半(절반). *碧瀾 : 碧瀾渡(벽란도). 고려 때 禮成江(예성강) 하류에 있던 포구. 물이 비교적 깊어 선박이 자유로이 출입할 수 있는 좋은 항구로 중국, 일본 및 남양과 서역 지방의 海商(해상)들이 자주 드나들며 교역했음. *秣馬 : 秣馬利兵 (말마이병)을 줄여 쓴 말. 말마이병은 '말에 먹이를 먹이고 무기를 다듬음 곧 出 兵準備(출병준비)'이고 秣은 '먹이다. 말의 먹이'임.

[鑑賞] 지은이의 고향이 예성강 하류 유역 또는 개성과 연백평야 방면이라 볼 수도 있으나, 옛날의 고려를 고향으로 상정해 쓴 시라고 할 수도 있겠다. 아무튼 5 백 년 지난 고려를 그리워하는 정이 눈물겹게 담겨 있으니, '秣馬利兵'은 고려 의 눈물 어린 몸부림이 아니겠는가. 그렇게 국력을 키우려고 갖은 애를 쓰던 고려도 결국 북방 정벌은 꿈에 그치고 易姓革命(여성혁명)의 조선 태조 이성계에 게 나라를 내어주고 말았다. 부슬부슬 내리는 비, 저녁 햇빛, 벽란도의 배, 서

풍, 말마, 유수 등 시어는 悲感(비감)에 잠기게 하는 어휘들이다.

7언절구. 압운은 天, 船, 年 자로 평성 '先(선)' 평운이다. '평측은 차례로 '仄仄平平仄仄平, 平平仄仄仄平平, 平平仄仄平仄仄, 平仄平平仄仄平'으로 이사부동이륙대는 셋째 구에서 어긋났고 반법과 점법은 그런대로 이루어졌다.

235-2 竹西樓(죽서루) 죽서루

惻惻竹西路 春深多碧苔 落花皆在水 缺月獨依臺
洞氣晴猶濕 灘聲去若廻 頭陀雲夕起 時自宿簷來.

(측측죽서로 춘심다벽태 낙화개재수 결월독의대

동기청유습 탄성거약회 두타운석기 시자숙첨래)

죽서루 가는 길 감개 깊은데, 늦봄이라 이끼 많이 돋았구나.

지는 꽃잎은 모두 물에 떠가고, 조각달 홀로 죽서루에 돋았네.

골짜기 모습 맑으나 습한 듯하고, 여울물 소리 빙빙 돌며 흐르는 듯.

두타산 구름은 저녁에 일어, 죽서루 처마 밑에 와 자고 가는구나.

[語句] *竹西樓 : 강원도 삼척시에 있는 2층 누각. 관동 8경의 하나임. *惻惻 : 感愴(감창, 사모하는 마음을 느껴 슬픔)한 모양. 감개가 있는 모양. *碧苔 : 푸른 이끼. *缺月 : 이지러진 달. 조각달. 그믐달. *洞氣 : 골짜기의 기세나 기분. *灘聲 : 여울물이 흐르는 소리. *頭陀 : 두타산. 삼척시 서쪽에 있는 산. 해발 1,352m이며, 고려 때 李承休(이승휴)가 은거했던 산임. 頭陀는 불교에서 '번뇌와 의식주의 탐욕을 버리고 청정하게 불도를 닦는 수행'임. *簷 : 처마.

[鑑賞] 죽서루는 바위 위에 선 2층 누각으로 아래층은 17 기둥인데, 돌 기초가 8 자리, 바위 기초가 9 자리이며 위층은 20 기둥으로 워낙 뛰어난 勝景(승경)이라, 역대 유명 인사들이 읊은 시가 208 수에 이르고 '竹西8景(죽서8경)' 등 삼척 지방 명소를 읊은 한시가 6백여 수에 이른다. 이 중 3백여 수를 편저자가 번역한 바가 있고 <三陟文化院 國譯陟州漢詩集(上), 1997>, 차운하기도 했으니 "太嶺崢嶸五十流 眞珠勝處竹西樓 星移物換英雄去 寶唾高懸萬歲留 盛夏行雲成白狗 晴川綠岸泛閑鷗 關東八景皆名所 第一江山著陟州(태백산맥 높이 솟아 오십천은 흐르고, 삼척의 명승은 죽서루일세. 세월 바뀌어 영웅들은 갔어도, 누각에 걸린 좋은 글귀 만세토록 남는구나. 한여름 흐르는 구름 흰 강아지 모양이고, 맑은 내 푸른 기슭엔 한가로이 갈매기 떴네. 관동 팔경 모두 이름난 곳이지만, 제일강산 삼척 고을 더욱 두드러지네)"이다. 사천의 시에서 結聯(결련) "두타산 구름은 저녁에 일어, 죽서루 처

마 밑에 와 자고 가는구나."는 멋진 名句(명구)라 하겠다.

5言律詩(5언율시). 평측은 苔, 臺, 廻, 來 자로 평성 '灰(회)' 평운이다. 평측은 차례로 '仄仄 仄平仄, 平平平仄平, 仄平平仄仄, 仄仄仄平平, 仄仄平平仄, 平平仄仄平, 平平平仄平, 仄 仄仄平平'으로 二四不同(이사부동)과 反法(반법), 粘法(점법) 등이 5律 평측 배열 규칙에 모두 합 치되는 좋은 작품이다.

236. 李思彧(이사욱 ?) : 조선 현종 때 문인. 자 季文(계문). 호 珠溪(주계). 본관 全州(전 주). 세종의 넷째 아들 璆(구)의 후예로 시문에 능하고 문집이 있다.

236-1 江船火獨明(강선화독명) 강의 배만이 불이 밝다

鴻濛未判雨霏天 遠火分明江上船 滿載車書誰復校 靑藜一炷適來仙.
(홍몽미판우비천 원화분명강상선 만재거서수부교 청려일주적래선)

천지를 분간할 수 없게 비가 내리는데,
멀리 보이는 불빛 분명 강위의 배에서 나오는구나.
수레에 실을 만큼 많은 책을 누가 다시 읽으며 바로잡을꼬,
청려장 끝에 불 밝혀 비쳐주는 신선이 마침 내려왔는가보다.

[語句] *鴻濛 : 천지 자연의 元氣(원기). 천지가 갈라지지 아니한 때의 우주. 광대한 모
양. *霏 : 눈이나 비가 펄펄 내리다. *車書 : 많은 책. 수레에 실을 만큼 많은
책. 五車書(오거서). 莊子(장자)의 친구 惠施(혜시)가 학식이 깊어 장서가 다섯 수레
에 실을 만큼 많았다 함. *校 : 校正(교정). 校閱(교열, 교정하여 검열함). *靑藜 : 명아
줏대[명아주 풀의 줄기]로 만든 지팡이. 靑藜杖(청려장). 漢(한) 나라 劉向(유향)이
天祿閣(천록각)에서 글을 교정할 때, 한 노인이 와서 짚고 온 명아주 지팡이 끝을
유향을 향해 부니까 광선이 뻗쳐 나와 글을 읽을 수 있었다는 이야기가 전해
옴. *一炷 : 심지 하나. 등불 하나. *適來 : 마침 옴.

[鑑賞] 천지가 開闢(개벽)하기 이전의 상태처럼 하늘인지 땅인지 분별을 할 수 없을 만큼
비가 쏟아져 온통 어둠에 싸여 있는데, 오직 강위에 떠 있는 배에서만 한 줄기
불빛이 비친다. 그 불빛을 보고 있노라니 오랜 옛날의 故事(고사)가 연상된다. 지
금의 폭우가 쏟아지는 상태가 천지가 아직 갈라지지 않은 태고의 상태와 같고,
그 배에는 다섯 수레에 실을 만한 책이 쌓였으며 옛 책을 교열하거나 새로 짓는
학자 유향이 타고 있는데, 마침 하늘의 太一精(태일정) 이라는 노인이 와 청려장
끝에 불을 켜 비추어주면서 "인간에 卯金刀 劉(묘금도 유)란 선비가 책을 교정하므

로 도와주노라." 하면서 천지개벽 이전의 일을 이야기해 주고 있는 그 장면 이 상상된다는 것이다. 유향은 '烈女傳(열녀전)', '說苑(세원)', '戰國策(전국책)' 등을 지은 漢 나라 成帝(성제) 때의 유학자이다. 칠흑 속에 오직 한 줄기 배의 불빛 하나를 보고 옛 고사를 연상하며 한 편의 시를 이룬 詩才(시재)가 돋보인다.

7言絕句(7언절구). 압운은 天, 船, 仙 자로 평성 '先(선)' 평운이다. 평측은 차례로 '平平仄仄仄平平, 仄仄平平平仄平, 仄仄平平平仄仄, 平平仄仄仄平平'으로 二四不同二六對(이사부동이륙대)와 반법, 점법 등이 온전하게 이루어진 모범적인 작품이다.

237. 李山海(이산해 1539~1609) : 조선 선조 때의 정승. 자 汝受(여수). 호 鵝溪(아계), 終南睡翁(종남수옹). 시호 文忠(문충). 본관 韓山(한산). 父 內資寺正 之蕃(내자시정 지번). 진사 급제 후 명종 16년(1561) 殿試丙科(전시 병과)에 급제하고 선조 11년(1578) 三尹(삼윤)인 尹斗壽, 尹根壽, 尹晛(윤두수, 윤근수, 윤현)의 죄를 탄핵했다. 선조 23년(1590) 영의정이 되어 光國功臣(광국공신) 3등에 책록되고, 이듬해 세자 책립의 논의에 물의를 일으키기도 했으며, 선조 25년에 兩司(양사)에서 나라를 그르치고 왜적을 들어오게 했다는 죄목으로 탄핵을 하니, 파면되어 강원도에 귀양 갔다가 다시 領敦寧府事(영돈녕부사)로 복직했다. 선조 33년(1600) 다시 영의정이 되고 鵝城府院君(아성부원군)에 피봉되었다. 어려서부터 총명하여 숙부 土亭 之菡(토정 지함)에게 배우고 6세에 글씨를 잘 써 신동이라 했으며, 문장에 능하여 저술한 바가 많았으나 전란으로 소실되고 용인의 趙光祖(조광조 →440) 비문을 썼다. 조정에서는 동인이었다가 북인에 속했고 다시 大北(대북)의 영수가 되었다. 문집에 '鵝溪遺稿(아계유고)'가 있다.

237-1 暮出(모출) 저물녘에 밖에서

海天風定日沈霞 蒲葦洲邊夕露多 瘦馬倒鞭沙路迴 夜深明月宿漁家.
　　(해천풍정일침하 포위주변석로다 수마도편사로형 야심명월숙어가)

바다 하늘에 바람 자고 해는 노을 속에 지는데,
부들 갈대 우거진 섬 가에는 저녁 이슬 많구나.
야윈 말은 채찍질에 넘어질 듯하고 모랫길 멀어, 달 밝은 늦은 밤 어부의 집에서 묵네.

[語句] *風定 : 바람잠. 바람이 그침. *蒲葦 : 부들과 갈대. *瘦馬 : 파리한 말. 여윈 말. *沙路 : 모래밭 길. 모랫길. *迴 : 멀다.

[鑑賞] 출타했다가 집으로 돌아가는 길에 날은 저물어 어촌 어부의 집에서 하룻밤을 묵게 된 경과를 읊은 작품이다. 바다에 바람은 자고 석양은 저녁노을 속으로 지려 한다. 부들과 갈대 우거진 길에는 저녁 이슬 가득 내렸는데, 야윈 말은

모랫길이라 채찍을 휘둘러도 빨리 가지 못한다. 하는 수 없이 밝은 달빛 밝으며 어촌에 들어가 아무 집이나 하룻밤 묵기를 청하여 밤을 지냈다. 일상에 겪을 수 있는 일을 한 편의 시로 지은 솜씨가 뛰어나다 하리라. 對句(대구) 가 된 곳은 없고 시간의 경과에 따라 그려 나갔다.

7言絶句(7언절구). 압운은 霞, 多, 家 자로 霞와 家는 평성 '麻(마)' 평운, 多도 평성 '歌(가)' 평운으로 두 운은 通韻(통운)이 된다. 평측은 차례로 '仄平平仄仄平平, 平仄平平仄仄平, 仄仄仄平平仄仄, 仄平平仄仄平平'으로 二四不同二六對(이사부동이륙대)와 反法, 粘法(반법, 점법) 등이 모두 규칙에 맞는 작품이다.

238. 李象秀(이상수 1820~1882) : 조선 말기의 학자. 자 汝人(여인). 호 峿堂(어당). 시호 文簡(문간). 본관 全州(전주). 철종 10년(1859)에 司馬試(사마시)에 급제하고 고종 16년(1879) 假監役(가감역)을 거쳐 經筵官(경연관)에 이르고 進善(진선), 執義(집의)를 지냈다. 문집에 '峿堂集(어당집 24권)'이 있다.

238-1 訪友不遇(방우불우) 친구를 찾아갔으나 만나지 못하다

農家四月麥如雲 躑躅花前不見君 小婢留人沽酒去 滿園芳草蝶紛紛.
(농가사월맥여운 척촉화전불견군 소비유인고주거 만원방초접분분)

농가 4월의 보리밭 구름바다같이 펼쳐 있는데, 철쭉꽃 핀 집에는 그대 출타 중일세. 계집종은 나를 만류하며 술 사러 가고, 동산 가득한 꽃다운 풀에 나비들 어지럽구나.

[語句] *躑躅 : 철쭉. *小婢 : 어린 계집아이 종. *留人 : 사람을 머무르게 함. 못 가게 함. *沽酒 : 술을 삼. 술을 팖. '술을 사러 감'의 뜻임. *芳草 : 꽃다운 풀. 꽃같이 고운 풀. *紛紛 : 어지러움. 어지러이 날아다님.

[鑑賞] 여름으로 접어드려는 음력 4월이라 농촌에는 보리 이삭이 나서 구름바다 같은 보리의 물결이다. 철쭉꽃 핀 친구 집을 찾아갔더니 친구는 나들이 가고 없다. 그 집에서 일하는 계집아이 종이 주인이 곧 오실는지 모르니까 가지 말라며, 손님 대접하겠다고 술을 사러 나간다. 정원에는 녹음방초 속에 나비들만 어지러이 날고 있다. 그 시대의 농촌 풍경과 인심을 여실히 드러낸 시이다.

7언절구. 압운은 雲, 君, 紛 자로 평성 '文(문)' 평운이다. 평측은 차례로 '平平仄仄仄平平, 仄仄平平仄仄平, 仄仄平平平仄仄, 仄平平仄仄平平'으로 이사부동이륙대와 반법, 점법 등이 모두 잘 이루어졌다.

239. 李尙信(이상신 ?~1600) : 조선 선조 때 문신. 자 而立(이립). 호 淸隱(청은). 본관 驪州(여주). 父 司宰監僉正 友仁(사재감첨정 우인). 형 知中樞府事 尙毅(지중추부사 상의). 司馬試(사마시) 급제 후 선조 22년(1589) 문과 급제하여 都承旨(도승지), 大司諫(대사간), 嶺南按察使(영남안찰사) 등을 역임하고, 漢城左尹(한성좌윤), 禮曹參判(예조참판) 등을 제수받았으나 나아가지 않았다.

239-1 次贈尹同知(차증윤동지) 윤동지의 시에 차운하여 주다

直廬深夜伴燈釭 無事誰家酒滿缸 却憶故人西澗上 滿山風雪掩書窓.
　　(직려심야반등강 무사수가주만항 각억고인서간상 만산풍설엄서창)

밤늦도록 등잔불 보며 앉아, 하릴없이 어느 집에 술항아리 가득일꼬 생각해 보네.
개울 건너 친구 윤동지 생각이 자꾸 나지만, 온 산의 눈바람이 그 집 서창을 가리는구나.

[語句] *同知 : '직함이 없는 노인' 존대말. *燈釭 : 등잔. 釭은 '등잔 강, 굴대 공' 자임. *酒缸 : 술을 담는 항아리. *故友 : 오랜 친구. *却 : '도리어. 또. 거듭해 다시' 등으로 풀이되는데 해석하지 않아도 됨. *西澗 : 서쪽편 개울. *掩 : 가리다. 덮다. *書窓 : 書齋(서재)의 창.

[鑑賞] 아주 싱거운 느낌을 주는 시이지만, 친구 윤동지의 시에 차운하여 그에게 주는 작품이므로 그런대로의 의미는 있다고 하겠다. 밤이 깊도록 잠이 오지 않아 등잔불을 벗삼아 앉았노라니, 아무 할 일 없이 술 생각이 나서 뉘네 집에 술이 있을까 생각해 본다. 옳지, 개울 건너 윤동지 친구 집에는 맛좋은 술이 있겠다 싶어, 밤이 깊고 눈바람 치기는 해도 가 보려고 하나 친구의 서재에 불이 꺼져 있어 차마 갈 수가 없다. 도시도 마찬가지지만 시골에 살다보면 밤마을을 가려 해도 불 켜진 집이 없어 못 가는 경우가 허다하여 심심함을 견디기 어려울 때가 많다.

　7언절구. 압운은 釭, 缸, 窓 자로 평성 '江(강)' 평운이다. 평측은 차례로 '仄平平仄仄平平, 平仄平平仄仄平, 仄仄仄平平仄仄, 仄平平仄仄平平'으로 이사부동이륙대와 반법, 점법 등이 7언절구 평측 배치 규칙에 잘 맞았다.

240. 李商隱(이상은 Li Shang-Yin 812~858) : 晩唐(만당)의 시인. 자 義山(의산). 호 玉谿生(옥계생). 河南省 沁陽(하남성 심양) 사람. 25세에 令狐楚(영호초)에게 재능을 인정받아 進士(진사)가 되고 校書郎(교서랑), 東天節度書記(동천절도서기), 檢校工部郎中(검교공부낭중) 등 높지 않은 벼슬을 역임했다. 영호초의 반대파인 王茂元(왕무원)의 사위가 되어 두 정파 사이를 내왕하여 절조를 비난받기도 했다. 그의 시는 서정적인 작품이 많고 修辭(수사)를 중히 여기어 정밀하고 화려하다고 하며, 典故(전고)를 많이 인용했고 시를 지을 때는 참고 서적이 자리를 꽉 차지

해 물개가 물고기를 늘어놓은 것 같았다고 한다. 당 나라 말기와 五代(오대)를 통하여 그의 시는 크게 유행했고 溫庭均(온정균)과 함께 '溫李'로 불리웠으며 이들의 시파를 西崑體詩派(서곤체 시파)라 했다. 그는 일생을 불우하게 지냈지만, 杜甫(두보)의 전통을 이은 만당의 대표적 시인으로 높이 평가받으며 저서에 '義山詩集(의산시집 6권)'과 '西崑唱酬集(서곤창수집)'이 있다.

240-1 錦瑟(금슬) 비단 무늬 슬

錦瑟無端五十絃 一絃一柱思華年 莊生曉夢迷蝴蝶 望帝春心託杜鵑
滄海月明珠有淚 藍田日暖玉生煙 此情可待成追憶 只是當時已惘然.

　　(금슬무단오십현 일현일주사화년 장생효몽미호접 망제춘심탁두견

　　창해월명주유루 남전일난옥생연 차정가대성추억 지시당시이망연)

비단 비파는 까닭 없이 쉰 줄이라, 그 한 줄과 한 받침에 지난 젊은 시절 생각나네.
장자는 새벽꿈에 나비 되어 헤매었고, 촉의 망제는 춘심을 두견새에 붙이었다지.
창해에 달 밝으면 진주는 눈물 흘리고,
서왕모 사는 남전에 해 따뜻하니 옥이 연기 되었다지.
이런 생각이야 가히 추억이 되리오마는,
다만 아내가 살았을 적 일도 이미 흐리멍덩하다네.

[語句] *瑟 : 비파 비슷한 絃樂器(현악기). 앞쪽은 오동나무, 뒤쪽은 엄나무로 만들어 25줄을 매었음. 흔히 비파나 거문고를 말하기도 함. *無端 : 단서를 찾아볼 수 없음. 뜻밖에. 까닭이나 이유가 없음. *五十絃 : 슬 악기의 쉰 줄. 슬은 본디 50현인데 그 소리가 구슬프다 하여 23현으로 줄였다는 설이 있음. 絃은 '악기 특히 현악기의 줄'임. *柱 : 기둥. 현악기의 줄을 버티는 받침대. *華年 : ①소년 시절의 꽃다운 나이. ②예순 한 살(61세). 華甲(화갑). 여기서는 ①의 뜻임. *莊生 : 莊子(장자). 전국시대 楚(초)의 蒙(몽) 사람. 자 周(주), 子休(자휴)라는 설도 있음. 10만 자가 넘는 저술을 했고 萬物一元論(만물일원론)을 주장했음. 唐(당)의 玄宗(현종) 때 南華眞人(남화진인)이라 호를 주어 그의 저서 '莊子'를 '남화진경'이라고도 함. *迷蝴蝶 : 나비가 되어 헤맴. 장자가 꿈에 나비가 되어 날아다니니 유쾌했지만, 자기가 장자인 줄 알지 못했고 꿈을 깨니 장자가 꿈에 나비가 되었는지 나비가 꿈에 장자로 되었던 것인지 분간 못 하겠더라 했음. 이를 '莊生蝴蝶夢(장생호접몽)'이라 함. *望帝 : 蜀(촉) 나라 임금 杜宇(두우)가 신하 鱉靈(별령)에게 왕위를 내어 주고 西山(서산)에 은신하여 望帝라 일컫고 두견새[소쩍새]로 화했다고 함<蜀王本紀> *春心 : 봄철에 느끼는 정서. *滄海 : 크고 넓은 바다. *月明珠有淚 : 달 밝으면 眞珠(진주)가 눈물을 흘

림. 진주는 달이 차면 온전해지고 달이 기울면 이지러진다고 함. 또 人魚(인어)의 눈물이 結晶(결정)되어 진주가 된다고도 함. *藍田 : 선녀 西王母(서왕모)가 사는 玉山(옥산)으로 옥의 명산지임. *玉生煙 : 옥이 연기로 됨. 吳(오) 나라 임금 夫差(부차)의 딸 紫玉(자옥)이 侍僕 韓重(시복 한중)을 사랑했으나 왕이 허락하지 않아 애태우다가 죽은 뒤에 옥이 되어 따뜻한 볕에서 연기로 화하여 사라지더라 하는데, 신선 궁전에서 잔심부름을 했다고도 함<錄異傳> *惘然 : 넋을 잃어 멍한 모양.

[鑑賞] 죽은 아내가 남긴 비단 무늬가 새겨진 슬 악기를 보고 아내에 대한 그리움을 읊었다. '아내가 살았을 때 켜던 슬의 쉰 줄과 그 받침대 하나하나마다 지난날 아내가 살았을 때의 청춘 시절이 생각난다. 지금의 나는 장자가 꿈에 나비가 되어 혼미하던 그대로요, 망제가 임금 자리를 내어주고 두견새에 마음을 의탁하던 심정과 같은 상태이다. 아내 또한 보름밤이면 눈물 흘리는 진주가 되어 있거나, 남전의 옥이 연기되어 사라지듯 신선 세계에 들어가 있으리라. 이런 부질없는 생각이 어찌 추억이라 할 수 있으랴마는, 아내가 살았던 그 당시의 일도 흐리멍덩해지니 나는 이미 늙어버린 것이다.' 頷聯(함련, 3~4구)과 頸聯(경련, 5~6구)은 각각 좋은 對句(대구)요 고사의 적절한 활용이라 하리라.

7言律詩(7언율시). 압운은 絃, 年, 鵑, 煙, 然 자로 평성 '先(선)' 평운이다. 평측은 차례로 '仄仄平平仄仄平, 仄平仄仄仄平平, 平平仄仄平平仄, 仄仄平平仄仄平, 平仄仄平平仄仄, 平平仄仄仄平平, 仄平仄仄平平仄, 仄仄平平仄仄平'으로 二四不同二六對(이사부동이륙대)와 反法, 粘法(반법, 점법) 등이 7律 簾(염)에 잘 맞는 佳作(가작)이다.

240-2 寄令狐郎中(기영호낭중) 영호 낭중에게 부치다

嵩雲秦樹久離居 雙鯉迢迢一紙書 休問梁園舊賓客 茂陵秋雨病相如.
(숭운진수구이거 쌍리초초일지서 휴문양원구빈객 무릉추우병상여)

나는 숭산의 구름 속에, 그대는 서울 장안 거리에 오래 떨어져 살아,
소식 아득하던 차에 한 장의 편지 왔네.
양효왕 동산의 빈객 이야기는 묻지 마오,
그 사마상여가 가을비 속에 무릉에서 앓고 있듯 나도 똑같은 신세라오.

[語句] *令狐 : 令狐綯(영호도). 이상은의 은인인 영호초의 아들로 翰林學士(한림학사)를 역임했음. *郎中 : 漢(한) 나라 때부터의 벼슬 이름으로 百官(백관)을 거느리는 관청의 관리임. 尙書郎(상서랑). *嵩雲 : 嵩山(숭산)의 구름. '궁벽한 시골'로 비겨 쓴 말임. 숭산은 '5악의 하나인 일명 中嶽(중악)'으로 하남성 洛陽(낙양) 동남쪽에 있으며 높이 1,440m

임. *秦樹 : 섬서성 長安(장안)의 나무. '서울 거리'라는 뜻으로 썼음. *離居 : 멀리 떨어져 삶. *雙鯉 : 잉어 두 마리. 소식 또는 편지. 客從遠方來 遣我雙鯉魚 呼童烹鯉魚 中有尺素書(나그네 멀리서 와 내게 잉어 두 마리를 주네. 아이 불러 삶으라 하니 뱃속에 편지가 들었다 하네)<中國古詩 飮馬長城窟行> *迢迢 : 멀고 아득한 모양. *休問 : 물음을 그침. 묻지 말라. *梁園 : 한 나라 梁孝王(양효왕)이 문인들을 불러 함께 놀던 곳. *舊賓客 : 옛날의 귀중한 손님. 한의 武帝(무제) 때의 문인인 司馬相如(사마상여 179~117 B.C)를 가리킴. *茂陵 : 한 무제의 능이 있는 지명. 장안의 서북에 있는데 사마상여가 만년에 은거했던 곳이기도 함. →85-1. *相如 : 사마상여.

[鑑賞] 그대와 나는 숭산 아래와 서울 장안에 멀리 떨어져 살고 있어서 소식이 궁금하던 차에 편지 한 통이 배달되어 와 기쁘기 한량없다. 그래 요즈음 어떻게 지내느냐고 물어 왔지만, 나는 양원의 빈객이었던 사마상여처럼 무릉의 가을비 속에 병을 앓고 있는 신세와 똑같다. "嵩雲秦樹"는 杜甫(두보)의 "渭北春天樹 江東日暮雲(봄 나무 싱그러운 위북의 나, 저무는 날 구름에 마음 설렐 강동의 그대)"<春日憶李白 →64-51>와 이미지가 비슷하고, 사마상여의 고사를 빌어 자기의 현황을 은유했다.

7言絕句(7언절구). 압운은 居, 書, 如 자로 평성 '魚(어)' 평운이다. 평측은 차례로 '平平平仄 仄平平, 平仄平平仄仄平, 平仄平平仄平仄, 仄平平仄仄平平'으로 이사부동이륙대와 반법, 점법 등이 잘 갖추어졌다.

240-3 登樂遊原(등낙유원) 낙유 고원에 오르다

向晚意不適 驅車登古原 夕陽無限好 只是近黃昏.
　　　(향만의부적 구거등고원 석양무한호 지시근황혼)

저녁때가 다 되어 가는데 마음 울적하여, 수레 몰아 낙유 고원에 오르니,

지는 해가 무한히 좋음은, 다만 황혼이 가까워서이리라.

[語句] *樂遊原 : 당 나라의 서울이었던 섬서성 長安(장안) 부근 高原(고원, 높고 넓은 벌판)의 유원지. *不適 : 맞지 않음. 울적함. 不適當(부적당). *古原 : 예부터 있는 들판이나 높은 지대. '樂遊原'을 말함. *夕陽 : 저녁때의 해. *黃昏 : 해가 지고 어둑어둑할 때.

[鑑賞] 마음이 울적하면 대개 산에 오르거나 들판을 거닐거나 하는 게 동양 사람들의 공통된 정서이리라. 지은이도 저녁때가 되어 마음이 울적해져서, 수레-요즘으로 말하면 영업용 택시-를 타고 교외의 높은 지대에 있는 유원지 낙유원을 올랐다. 낙유원이 높은 지대임은 '登'이란 글자로 알 수 있다. 막상 올라보니 석양이 참으로

고와 좋다. 왜 이리도 고울꼬, 때가 황혼이 가까운 시간이라서 더욱 그러하리라.

5言絶句(5언절구). 압운은 原, 昏 자로 평성 '元(원) 평운이다. 평측은 차례로 '仄仄仄平仄, 平平平仄平, 仄平平仄仄, 仄仄仄平平'으로 이사부동과 반법, 점법 등이 어긋남이 없이 이루어졌으나, 첫 두 구는 평측 글자가 치우쳤다. 그렇지만 좋은 대조가 되었다.

240-4 無題(무제) 무제

八歲偸照鏡 長眉已能畫 十歲去踏靑 芙蓉作裙衩

十二學彈箏 銀甲不曾捨 十四歲六親 懸知猶未嫁

十五泣春風 背面鞦韆下.

(팔세투조경 장미이능화 십세거답청 부용작군차

십이학탄쟁 은갑부증사 십사세육친 현지유미가

십오읍춘풍 배면추천하)

여덟 살에 몰래 거울을 훔쳐보고는, 눈썹을 길게 잘 그렸었으며,

열 살 때는 답청놀이 나가, 부용으로 치마자락 만들어 입었네.

열 두 살에 쟁 악기 타기를 배워, 은갑 골무 손가락에서 떠난 적 없었고,

열 네 살에는 가까운 친족 뒤에 숨어, 아직 시집 못 간 걸 남이 알까봐 부끄러워했네.

열 다섯에는 봄바람에 울면서, 얼굴 돌려 그네에서 내려오고 말았다오.

[語句] *無題 : 제목을 붙이지 않은 시. *偸 : 훔치다. '몰래'의 뜻으로 썼음. *長眉 : 긴 눈썹. *踏靑 : 봄에 교외에 나가 봄풀을 밟으며 노는 일. 삼짇날, 청명날 등의 놀이가 있는데 특히 삼짇날 곧 3월 3일을 '踏靑節(답청절)'이라 함. *芙蓉 : ①연꽃. ② 木芙蓉(목부용, 무궁화과의 낙엽 관목. 초가을에 꽃이 핌). *裙衩 : 치마자락. 衩는 '섶. 옷깃'임. *箏 : 명주실로 된 열 석 줄의 현악기. *銀甲 : 현악기를 탈 때 손가락에 끼우는 골무 같은 기구. *六親 : 부모, 형제, 처자의 총칭. 六戚(육척). 近親族(근친족). *懸知 : 멀리서 앎. 미리 짐작함. *背面 : 등쪽. 뒤쪽. 얼굴을 돌림.

[鑑賞] 옛 중국 처녀의 생활 모습을 읊은 시로 퍽 諧謔的(해학적)인 내용이다. 특히 혼기를 놓친 처녀를 대상으로 썼으니, '여덟 살에 벌써 거울을 몰래 보며 눈썹먹으로 눈썹을 길게 그릴 줄 알았고, 열 살 때는 봄놀이 나가 연잎을 따서 치마처럼 둘러보기도 했다. 열 두 살에는 쟁 타기를 배워 손가락에는 은갑을 늘 끼고 있었으며, 열 두 살에는 아직 시집 못 간 것을 남들이 알까봐 친족 뒤에 숨듯 모습을 감추려 애썼다. 열 다섯 살에는 봄바람에 겨워 그네를 타며 놀다가도 혹시나 보는 사람이 없을까 부끄러워하며 얼굴 돌리고 내려와 숨었다.' 했다.

10句體 5言古詩(10구체 5언고시). 압운은 畫, 袏, 捨, 嫁, 下 자로 畫와 袏는 거성 '卦(괘)' 측운, 捨는 상성 '馬(마)' 측운, 嫁와 下는 거성 '禡(마)' 측운으로 세 종류의 측운 압운인데 이 운자들 간에는 通韻(통운)도 되지 않는다. 평측은 차례로 '仄仄平仄仄, 平平仄平仄, 仄仄仄仄平, 平平仄平仄, 仄仄仄平平, 平仄平平仄, 仄仄仄仄仄, 平平平仄仄, 仄仄仄平仄, 仄仄平平仄'으로 二四不同(이사부동)에 맞는 곳은 제 5, 6, 8, 9, 10의 다섯 구로 전체 시의 반을 차지했다. 이는 고시이기에 지킬 필요가 없는데다가 압운도 측운이라 絕句(절구)나 律詩(율시)에 적용되는 簾(염)은 고려하지 않는다.

240-5 蟬(선) 매미

本以高難飽 徒勞恨費聲 五更疏欲斷 一樹碧無情
遵宦梗猶汎 故園蕪已平 煩君最相警 我亦擧家淸.
(본이고난포 도로한비성 오경소욕단 일수벽무정

준환경유범 고원무이평 번군최상경 아역거가청)

본디 높은 나무에 살아 배부르기는 글렀고, 부질없이 소리로써 한을 풀려고 하는구나.
새벽부터 울어 울음소리 끊어질 듯하지만, 매미 우는 나무는 푸르기만 할 뿐 무정도 하네.
나는 하찮은 벼슬살이하느라고 떠돌아, 우리 집 뜰은 거칠대로 거칠었으니,
그대 매미는 자기를 눈여겨보는 게 가장 싫을는지도 모르나,
우리 집 역시 아무것도 없는 곳이라네.

[語句] *高難飽 : 높은 나무에 있어 배부르기 어려움. 매미는 나무에서 맑은 이슬을 받아먹는다는 말이 있음. *徒勞 : 헛된 수고. *費聲 : 소리로 허비함. *五更 : ①하룻밤을 다섯으로 나눈 다섯째. 날샐 녘인 새벽 3시에서 5시 사이. 戊夜(무야). ②오후 7시부터 이튿날 새벽 5시까지의 밤 시간을 다섯으로 나눈 총칭. 곧 초경, 이경, 삼경, 사경, 오경 또는 갑야, 을야, 병야, 정야, 무야 모두를 일컬음. *疏欲斷 : 드물다가 끊어지려고 함. *遵宦 : 벼슬자리를 좇음. 벼슬살이함. *梗猶汎 : 대개 떠도는 것과 같음. 梗은 '대개. 곧다. 굳세다'임. *故園 : 옛 집의 동산. 고향 집의 뜰. *蕪 : 거칢. *平 : 아무것도 없이 평평함. *煩君 : 그대 곧 매미를 번거롭게 함. *相 : 보다<거성 漾(양) 운>. *警 : 경계하다. 눈여겨보다. *擧家 : 온 집안. 집을 통틀어.

[鑑賞] 자기 스스로의 처지를 매미에 비겨 쓴 시이다. 매미가 높은 나무에서 이슬만 받아먹고 있으니 배부르기는 글렀고 헛되이 소리 내어 울어 그 한을 풀고 있듯, 나도 궁색한 식생활을 하며 시로써 마음에 맺힌 응어리를 풀어 보려 한다. 매미는 새벽부터 울어 지친 듯 울음이 끊어질 것 같은데 매미가 붙은 싱싱한 나무는 아주 무

관심하다. 나도 시를 지어 알려 보지만 높은 사람들이 알아주지 않는다. 낮은 벼슬 길을 살다 보니 떠돌게 마련이라 집은 거칠어질 대로 거칠어졌고, 누가 나를 주시 하는 게 싫지만 우리 집은 변변한 家財器物(가재기물) 하나 없는 가난하나 청빈한 살림이다. 제 3, 4구, 제 5, 6구는 對句(대구)가 이루어졌다 하겠다.

5言律詩(5언율시). 압운은 聲, 情, 平, 淸 자로 평성 '庚(경)' 평운이다. 평측은 차례로 '仄仄平平仄, 平平仄仄平, 仄平平仄仄, 仄仄仄平平, 平仄仄平仄, 仄平平仄平, 平平仄仄仄, 仄仄仄平平'으로 이 사부동과 反法(반법), 粘法(점법) 등이 잘 이루어지고 평측 배열도 고르게 된 佳作(가작)이다.

240-6 夜雨寄北(야우기북) 비 오는 밤에게 아내에게 주다

君問歸期未有期 巴山夜雨漲秋池 何當共翦西窓燭 却話巴山夜雨時.
(군문귀기미유기 파산야우창추지 하당공전서창촉 각화파산야우시)

돌아올 날 언제냐고 물어 왔지만,
나는 지금 파산의 밤비가 가을 연못에 넘치는 걸 보고 있소.
언제 둘이서 서창의 등잔 심지를 자르면서,
파산의 이 밤비를 보며 외로움에 잠겼던 내 심정을 되새기며 이야기하게 될는지.

[語句] *寄北 : 北堂(북당)에 부침. 북당은 '가옥의 북쪽 마루 곧 북쪽 방으로 부녀자의 처소'이며 '남의 어머니'의 존칭으로 쓰는데, 여기서는 '아내'의 뜻으로 썼음. *歸期 : 돌아가거나 돌아올 기간이나 期約(기약). *巴山 : 파 지방 곧 四川省 成都(사천성 성도) 동쪽 지방의 산. *漲 : 물이 넘치다. *何當 : 언제쯤. 언제나. *翦 : 베어 없애다. 자르다. 剪(전-가위. 베다)의 本字(본자)임. *西窓 : 서쪽의 창. 부인의 침실. *却 : 되새기다. 거듭하여 다시.

[鑑賞] 아내에게서 편지나 소식이 왔다. 언제 집으로 돌아오는지 기약이 없으니 궁금하기 짝이 없다는 것이다. 나는 지금 밤 가을비가 심하게 내려 연못에 넘치는 것을 보고 있는 중인데, 그 광경을 보며 외롭고 쓸쓸한 심정에 잠겨 있다. 언젠가 집에 돌아가게 되면 당신 방에서 등잔 심지 돋우어 가며 여기 파산의 가을 밤비 내리는 광경을 보며 외로움에 잠겼던 심정을 밤새워 가며 이야기를 해 주려고 한다. 파산의 밤비 내리는 모습이 너무도 외로움을 느끼게 하는 모양이고, 글 속에 아내를 사랑하는 극진한 정이 은은하게 담겨 있다.

7言絶句(7언절구). 압운은 期, 池, 時 자로 평성 '支(지)' 평운이다. 평측은 차례로 '平仄平平仄仄平, 平平仄仄仄平平, 平平仄仄平平仄, 仄仄平平仄仄平'으로 二四不同二六對(이사부동이륙대)와 반법, 점법 등이 잘 이루어지고 평측 배열도 고르게 된 좋은 작품이다.

240-7 早起(조기) 아침 일찍 일어나다

風露澹淸晨 簾間獨起人 鶯花啼又笑 畢竟是誰春.
　　(풍로담청신 염간독기인 앵화제우소 필경시수춘)

바람결에 빛나는 이슬이 맑은 새벽에, 발 걷고 나 홀로 일어났네.
꾀꼬리는 울어대고 꽃은 방긋 웃으니, 이 봄은 대체 누가 즐길 봄이란 말인가.

[語句] *風露 : 바람결에 빛나는 이슬. *澹 : 깨끗하다. 담박하다. *晨 : 새벽. *鶯花
　　　: 꾀꼬리와 꽃. *畢竟 : 결국에는. 마침내. 요컨대.

[鑑賞] 봄바람 솔솔 부는 속에 이슬이 빛나는 깨끗하고 맑은 새벽이다. 발을 걷고 혼
　　　자 일어나 밖으로 나오니 꾀꼬리 울고 꽃들은 만발한 풍요로운 모습이다. 아아,
　　　이 봄은 누구더러 즐기라고 이렇게 흐드러졌는가. 봄은 어느 한 사람을 위해
　　　있는 것이 아니고 만인이 함께 즐겨야 하는 자연의 선물인 것이다. 혼자 일찍
　　　깨어 이 좋은 광경을 즐겨 감상하고 있지만, 나 혼자 만을 위하여 존재하는 봄
　　　은 아닌 것이다. 봄 새벽의 상쾌함을 절실하게 그렸다.

　　5언절구. 압운은 晨, 人, 春 자로 평성 '眞(진)' 평운이다. 평측은 차례로 '平仄仄平平, 平平
仄仄平, 平平平仄仄, 仄仄仄平平'으로 이사부동과 반법, 점법 등이 모두 잘 이루어졌다.

240-8 漢宮詞(한궁사) 한 나라 궁전의 시

靑雀西飛竟未廻 君王長在集靈臺 侍臣最有相如渴 不賜金莖露一杯.
　　(청작서비경미회 군왕장재집령대 시신최유상여갈 불사금경노일배)

파랑새는 서쪽으로 날아가 돌아오지 않고, 임금님은 집령대에서 오래 기다렸네.
모시는 신하 중에 사마상여 같은 소갈증 심한 사람도 있건만,
임금은 금경에서 받아 모은 이슬 한 잔도 하사하지 않는구나.

[語句] *靑雀 : 고지새. 참새과의 새로 소리가 고와 사육함. 파랑새. 靑鳥(청조). 漢武帝(한
　　　무제)가 7월 초하루에 承華殿(승화전)에서 齋(재)를 올리는데 푸른빛 새 한 마리가 날
　　　아와 울기에 東方朔(동방삭)에게 무슨 새냐고 물으니, 선녀 西王母(서왕모)가 오늘밤
　　　내려온다는 소식을 전하러 온 새라 대답했음. 과연 그날 밤 서왕모가 하강하여
　　　무제와 인연을 맺었는데, 서왕모는 떠날 때 3년 뒤에 또 오겠다고 하더니 다시
　　　나타나지 않더라 함.<漢武故事> *集靈臺 : 한 무제가 신선을 영접하기 위해 華陰
　　　(화음, 지금의 섬서성 華縣화현)에 지은 궁전. 唐太宗(당 태종)이 陝西省 臨潼(섬서성 임동)에
　　　세운 누대도 집령대라 함. *相如渴 : 司馬相如(사마상여)의 목마름. 사마상여는 한

무제 때의 문인으로 消渴病(소갈병, 당뇨병)이 있어 물을 자주 마셨음. *金莖 : 이슬을 받아 내리는 기둥. 한 무제가 建章宮 神明臺(건장궁 신명대)에 큰 구리 쟁반인 承露盤(승로반)을 설치하여 그 가운데에 금경을 세우고 금경 위에 선인장을 두어 이슬을 받아 내려 마시니, 이를 불로장생의 영약이라 했다 함.<漢書 郊祀志>

[鑑賞] 한 나라 무제 때의 궁전 고사를 읊은 시. 곤륜산에 사는 서왕모가 파랑새를 시켜 한 무제를 찾아가겠다는 소식을 전하게 하고는, 신선 세계의 불로장생 蟠桃(반도) 복숭아 7개를 바치며 인연을 맺고 다시 찾아오겠다 하니, 한 무제는 집령대에서 오래 기다렸으나 파랑새는 서쪽 곤륜산으로 날아간 후 다시는 소식을 전해 오지 않았다. 한 무제는 욕심이 많은 임금이었던지, 뛰어난 문인이면서 신하인 사마상여가 소갈병을 앓아 늘 물을 마셔야 하는 처지인데도 금경을 통해 받아 모은 하늘 이슬 영약을 한 잔이라도 주지 않았다.

　7言絶句(7언절구). 압운은 廻, 臺, 杯 자로 평성 '灰(회)' 평운이다. 평측은 차례로 '平仄平平仄仄平, 平平平仄平平, 仄平仄仄平平仄, 仄仄平平仄平平'으로 二四不同二六對(이사부동이륙대)와 反法(반법), 粘法(점법) 등이 모두 알맞게 이루어졌다.

240-9 嫦娥(항아) 항아

雲母屛風燭影深 長河漸落曉星沉 嫦娥應悔偸靈藥 碧海靑天夜夜心.
　(운모병풍촉영심 장하점락효성침 항아응회투영약 벽해청천야야심)

운모로 만든 병풍 둘러치고 촛불 그림자 그윽한데,
은하수 점점 기울고 새벽 별 숨는구나.
항아는 응당 영약을 훔친 것을 후회하리니,
바다처럼 푸른 하늘 보며 밤마다 수심에 잠기리.

[語句] *嫦娥 : 달에 산다는 선녀. 姮娥(항아). →234-62. *雲母 : 六角板狀(육각 판상)의 硅酸(규산) 광물. 엷은 판으로 갈라지는 성질이 있고 흑백 두 종류가 있으며 전기 절연체 등에 쓰임. 돌비늘. *長河 : 긴 강. 銀河水(은하수). *曉星 : 새벽 별. 샛별. 曙星(서성). *偸靈藥 : 불로장생의 신령스러운 약을 훔침. 항아가 이 세상에 있을 때 남편이 서왕모에게서 구해 온 영약을 훔쳐 먹고 달로 도망갔다고 함. →234-62. *碧海 : 깊고 푸른 바다. *夜夜心 : 밤마다의 愁心(수심).

[鑑賞] 달밤에 달을 보며 그 달 속에 살고 있는 항아의 쓸쓸한 생활과 아내를 잃은 자기의 외로움을 읊었다. 起句(기구, 제1구)는 '운모로 만든 호사스러운 병풍을 두른 방에 촛불 그림자 은은하다' 하여 항아의 침실을 그렸다 하겠지만 지난날 아내와

의 즐거웠던 생활을 말했고, 承句(승구, 제2구)의 '밤이 깊어 은하수는 저 멀리로 밀려갔고 동이 트는 때라 별들은 빛을 잃어 보이지 않게 된다'는 지금의 자기 심정이 쓸쓸함을 토로했다고 보겠다. 轉句(전구, 제3구)에서는 내용을 달로 전환하여 '달에 외로이 살고 있는 항아는 그 외로움을 견딜 수 없어 지난날 남편의 영약을 훔친 것을 후회하리라' 했는데 저승에 있을 아내를 상상했다. 結句(결구, 제4구)는 마무리로 벽해같이 한없이 텅빈 푸른 허공을 바라보며 수심에 젖어 있을 항아의 심정을 그렸다. 이는 곧 자기와 저승에 있을 아내의 심정이기도 하리라.

7언절구. 압운은 深, 沉, 心 자로 평성 '侵(침)' 평운이다. 평측은 차례로 '平仄平平仄仄平, 平平平仄仄平平, 平平平仄平平仄, 仄仄平平仄仄平'으로 이사부동이륙대와 반법 및 점법 등이 잘 이루어졌으나 둘째, 셋째 구는 평측이 고르지 못하다.

241. 李商在(이상재 1850~1929) : 정치가. 종교가. 자 季皓(계호). 호 月南(월남). 본관 韓山(한산). 일찍이 기독교에 들어가 신앙 운동을 통해 민족정신 고취에 주력했다. 일본을 시찰하고 돌아와 고종 25년(1888) 駐美公使(주미공사) 서기로 부임했으며, 귀국 후 右副承旨(우부승지), 學部(학부)와 法部(법부)의 協辦(협판), 의정부 參贊(참찬)을 역임했다. 광무 2년(1898)에 徐載弼(서재필)과 함께 독립협회를 조직하여 부회장을 지내면서 萬民共同會(만민공동회)의 지도자로서 민중 계몽에 힘썼고, 뒤에 기독교청년회 회장과 조선일보 사장을 거쳐 新幹會(신간회) 회장을 지냈다. 1905년 乙巳條約(을사조약)이 맺어진 뒤 일본 시찰단의 일원으로 일본 시찰을 하고 소감 발표 때에 '총칼로 일어나는 자는 총칼로 망한다.'는 말이 성경에 있는데, 앞으로 일본이 걱정된다고 한 일화가 전해 오며, 독립 운동으로 하여 일본 검찰의 모진 고문을 당하였다. 1962년 3월 1일 정부에서 건국공로훈장 複章(복장)을 추서했다.

241-1 無題(무제) 무제

秋天如掃淨無埃 故把山扃向夜開 鴻雁兩三何處至 却疑塞北有書來.
(추천여소정무애 고파산경향야개 홍안양삼하처지 각의새북유서래)

가을 하늘 비로 쓴 듯 먼지 하나 없이 깨끗해, 그러기에 밤 들도록 창을 열어 두었네. 기러기 울음 두세 마디 어디메서 오는고, 머나먼 북녘 끝에서 편지 물고 오지나 않았나.

[語句] *無題 : 제목이 없음. 제목을 붙이지 않은 시나 예술 작품. *山扃 : 산을 향한 창문이나 산 속 집의 문. 扃은 '빗장. 문'임. *鴻雁 : 큰 기러기와 작은 기러기. *兩三 : 두서넛. *却 : 또. 희망과 상반됨을 나타내는 글자임. *塞北 : 북쪽 변두리. 북쪽 국경 지방.

[鑑賞] 파란 가을 하늘이 계기가 되어 쓴 시. 우리나라 가을 하늘은 유난히 파아랗다. 구름 한 점 없이 짙푸른 하늘을 자주 볼 수 있다. 이런 하늘은 다른 나라에서는 볼 수 없는 게 아닌지. 그러기에 애국가에도 "가을 하늘 공활한데 높고 구름 없이"라고 있지 않은가. '그런 하늘이 구름 같은 티 하나 없이 빗자루로 깨끗이 쓸어낸 듯하다. 공기도 맑아 창을 밤이 되도록까지 열어 놓는다. 기러기 울음소리가 두서너 마디 끼욱끼욱 들려온다. 저 북녘 끝에서 소식 실은 편지나 물고 찾아오지 않으려는가.' 하고 읊었다. 시간순으로 써 나갔는데 셋째 구의 '兩三'은 '기러기 두서너 마리'로 볼 수도 있겠다.

7언절구. 압운은 埃, 開, 來 자로 평성 '灰(회)' 평운이다. 평측은 차례로 '平平平仄仄平平, 仄仄平平仄仄平, 平仄仄平平仄仄, 仄平仄仄仄平平'으로 이사부동이류대와 반법, 점법 등이 잘 이루어진 좋은 작품이다.

242. 李尙迪(이상적 1804~1889) : 조선 순조 때 書道家(서도가), 시인. 譯官 4家(역관 4가)의 한 사람. 자 惠吉(예길). 호 藕船(우선). 본관 牛峯(우봉). 문벌로 하여 溫陽郡守(온양군수)로 임명되고 知中樞府事(지중추부사)에 이르렀다. 시와 글씨에 능하였고 淸(청) 나라에 열 두 번이나 드나들며 청의 명사들과 교유하고, 筆談(필담)이 아닌 白話(백화)로 대화하면서 시를 주고받아 우리나라에서보다 중국에서 더 많이 알려졌다. 그는 또 書畫(서화), 골동품, 墨滴(묵적), 金石(금석), 서적 등을 구해 와서 청의 문화를 수입한 공로도 컸다. 대대로 通譯(통역)을 담당한 집안으로 文名(문명)이 있었으며, 헌종 임금이 그의 시를 읊었으므로 문집 이름을 '恩誦堂集(은송당집)'이라 했고 은송당을 호로 쓰기도 했다. 청 나라의 학자 劉喜海(유희해)는 '海東金石苑(해동금석원)' 책을 낼 때 이상적에게 題詞(제사, 서문격인 시)를 부탁하여 책머리에 실었다. '해동금석원'은 우리나라 금석문의 탁본을 모아 편찬한 책이다.

242-1 車中記夢(거중기몽) 수레 안에서 꿈을 적다

坐擁貂裘小睡溫 依依歸夢訪家園 雪晴溪館無人掃 一樹梅花鶴守門.
   (좌옹초구소수온 의의귀몽방가원 설청계관무인소 일수매화학수문)

가죽옷 여미고 앉아 문득 단 졸음이 들어, 꿈결에 어렴풋이 집 마당에 다다랐네.
시냇가 집에 눈은 갰으나 치우는 사람 없어, 한 그루 매화 아래 학이 문을 지키고 섰어라.

[語句] *貂裘 : 獻皮(돈피, 담비 특히 노랑담비 가죽)로 만든 갖옷. *依依 : ①약하게 하늘거리는 모양. ②마음속에 그리워하거나 설레는 모양. 지난 기억이 어렴풋한 모양. 여서서는 ②의 뜻임. *家園 : 고향 집의 뜰이나 동산. *溪館 : 시냇물 가에 있는 집.

[鑑賞] 이 시의 공간적 배경은 수레 안인데 아마 중국 대륙으로 생각되고, 시간적 배경은 매화가 피려는 섣달의 추운 날인데 눈이 오는 날이거나 아니면 오지 않는 날일 수도 있다. '좁은 수레 안에서 날은 추워 초구로 몸을 두르고 멀리 가는 길이라 깜박 단잠이 들었다. 어렴풋한 꿈결 속에 고향집으로 갔는데, 시냇가에 있는 집 마당에 눈이 쌓이고 눈은 그쳤는데도 그 눈을 쓸어내는 사람은 없고 다만 한 그루 매화나무 밑에서 학이 대문을 지키고 있구나.' 그 장면이 눈에 선히 떠오르는 名詩(명시)이니, 이를 '詩中有畫(시중유화, 시 속에 그림이 있다)'라 하리라. 마지막 구가 특히 뛰어나 지은이는 '鶴守門 선생'이란 별명까지 얻었다고 한다. 셋째 구 끝 '無人掃'도 멋지니 宋(송)의 魏野(위야)가 "白雲滿地無人掃(백운만지무인소)"라 읊은 바 있다. → 174-1.

7言絶句(7언절구). 압운은 溫, 園, 門 자로 평성 '元(원)' 평운이다. 평측은 차례로 '仄仄平平仄仄平, 平平平仄仄平平, 仄平平仄平平仄, 仄仄平平平仄平'으로 二四不同二六對(이사부동이륙대)와 反法(반법), 粘法(점법) 등이 모두 잘 이루어졌으니 내용과 함께 명작으로 대접받을 만하다.

242-2 聞鄭壽銅入香山爲僧(문정수동입향산위승)
정수동이 묘향산에 들어가 중이 되려 한다는 소문을 듣다

出家歡喜在家愁 痛飮狂歌四十秋 塵世萬緣都撤手 空門一念不回頭
未知成佛同靈運 自足能詩似貫休 海嶽如今眞宿願 雲甁月錫更風流.

(출가환희재가수 통음광가사십추 진세만연도철수 공문일념불회두

미지성불동영운 자족능시사관휴 해악여금진숙원 운병월석갱풍류)

출가하면 환희요 집에 있으면 시름이라, 통음에 고래고래 노래 부르기 40년일세.
티끌세상의 모든 인연 모두 팽개치고, 일념으로 부처님 믿어 고개도 안 돌리네.
사영운과 같이 성불할는지 알 수 없고, 관휴를 닮아 시 잘 지음에 만족하리라.
물과 뭍에 참되고 오랜 소원 풀기 이제부터라,
술병 차고 석장 짚는 것도 또한 풍류이리라.

[語句] *鄭壽銅(1808~1858) : 조선 철종 때의 시인, 역관 4가의 한 사람. 본명 芝潤(지윤). →400. *香山 : 妙香山(묘향산). 평안북도 寧邊郡(영변군)에 있는 명산으로 높이 1,909m임. *出家 : ①집을 떠나감. ②<佛>속세 사람이 중이 되는 일. *歡喜 : ①즐겁고 기쁨. ②<佛>불법을 듣고 信心(신심)을 얻어 마음이 기쁜 일. *痛飮 : 술을 흠뻑 많이 마심. *狂歌 : 음조에 맞지 않게 함부로 지은 노래 또는 큰 소리로 노래 부르는 일. *秋 : 때. 해. 세월. *塵世 : 티끌이 있는 세상 곧 이 세상.

俗世(속세). *萬緣 : 만 가지 인연. 많은 인연. *撒手 : 손으로 치워버림. *空門 : <佛> 만물은 모두 텅 비었다[空]는 이치를 설명하는 불교의 法門(법문, 부처의 가르침). *一念 : 한결같은 생각. 깊이 생각에 잠김. *成佛 : <佛>上求菩提(상구보리, 위로 생김과 없어짐이 없음을 깨달은 지혜)와 下化衆生(하화중생, 아래로 중생을 교화 지도함)의 덕을 완성하여 부처가 되는 일. *靈運 : 謝靈運(사영운 385~433). 東晉末(동진말) 六朝時代(육조시대)의 대표적 시인으로 불심이 깊었음. *自足 : 스스로 만족함. *貫休(832~912) : 당 나라 승려로 시를 잘 지었음. 禪月大師(선월대사). *海嶽 : 깊은 바다와 높은 산. 은혜가 높고 깊. *宿願 : 오래 가졌던 소원. *雲甁月錫 : 구름 같은 술병과 달 같은 錫杖(석장, 중이 짚는 지팡이). 술병과 지팡이를 미화하거나 놀리는 뜻으로 쓴 말임. *風流 : 속된 일을 떠나 멋스럽게 노는 일.

[鑑賞] 친한 친구인 정수동이 묘향산 普賢寺(보현사)에 들어가 중이 된다는 소식을 듣고 전송을 겸해 쓴 작품이다. 보는 시각에 따라 정수동을 놀리는 듯하기도 하고 칭찬하는 듯하기도 한데, 아무래도 풍자적인 분위기가 짙다. 시인이면서 역관인 친구가 절에 들어가 승려가 된다는 것은 도저히 어울리지 않기 때문이다. 詩作(시작)의 규칙에 맞게 頷聯(함련, 承聯승련 3~4구)과 頸聯(경련, 轉聯전련 5~6구)은 對句(대구)가 잘 이루어졌는데, 특히 '사영운'과 '관휴'의 대비가 잘되었다. 끝 구에서는 술병과 승려가 짚는 지팡이를 동시에 든 정수동의 모습을 풍자적으로 묘사하여 마무리를 잘 지었다.

7言律詩(7언율시). 압운은 愁, 秋, 頭, 休, 流 자로 평성 '尤(우)' 평운이다. 평측은 차례로 '仄平平仄仄平平, 仄仄平平仄平, 平仄仄平平仄仄, 平平仄仄仄平平, 仄平平仄平平仄, 仄仄平平仄平, 仄仄平平平仄仄, 平平仄仄仄平平'으로 이사부동이륙대와 반법, 점법 등이 규칙대로 이루어졌다.

242-3 題路傍去思碑(제노방거사비) 길가의 거사비를 보고 짓다

去思橫斂刻碑錢 編戶流亡孰使然 片石無言當路立 新官何似舊官賢.
(거사횡렴각비전 편호유망숙사연 편석무언당로립 신관하사구관현)

거사 한답시고 송덕비 새기는 돈 마구 거두니, 집집이 짝지어 떠도는 삶 누가 시킨건가.
조각 비석 말없이 길가에 서 있는데, 신관 사또는 구관 사또처럼 어질는지.

[語句] *去思碑 : 고을원 등 지방 장관이 간 뒤에 그를 기념하여 세운 비. 頌德碑(송덕비). 去思는 '지나간 뒤에 그 사람을 사모함'임. *橫斂 : 무법하게 租稅(조세, 세금)를 징수함. *編戶 : ①호적을 편성하거나 호적에 편입함. ②집집이 짝지음. 여기서는 ②의 뜻임. *流亡 : 일정하게 사는 곳 없이 떠돌아다님. 亡命(망명) *孰

: 누구. *使然. : 하도록 함. 시킴. *片石 : 조각 돌. '비석'을 뜻함. *當路 : ① 길 가까이. ②要路(요로)에 나아감. 정권을 잡음. 當路之人(당로지인, 정승). 여기서는 ①의 뜻임. *新官 : 새로 부임하는 벼슬아치 곧 신관 사또.

[鑑賞] 우리나라 각 고을의 중심지에 가 보면 송덕비가 참으로 많다. 그 고을의 官長(관장)을 지낸 사람은 말할 것도 없고, 도의 관찰사나 높은 지위의 사람들이 거쳐 지나간 것에 지나지 않는데도 그들의 송덕비가 세워져 있으니, 왕조 시대의 병폐가 아닌가 싶다. 요즈음도 살기가 좋아져서 웬만한 문중에서는 조선들의 묘소 정화에 열을 올린다. 이는 현대 곧 21세기 우리나라의 병폐가 아닐 수 없다. 爲先事業(위선 사업)을 폄하하려는 뜻이 아니라, 오랜 봉분이나 이끼 끼어 읽을 수 없는 묘비는 현재 그대로가 오히려 세월과 전통을 나타내는 산 증표일 것인데, 모두 다시 고치고 다듬으니 조상에게 누를 끼치는 일이지 싶어 하는 말이다. 이 시에서도 '송덕비를 만든다고 서민 백성들에게서 강제로 그 비용을 분담시키니, 모두들 견디지 못해 고향을 등지고 사방으로 유랑하게 된다. 길가에 송덕비가 서 있으나 새로 부임하는 사또도 구관 사또처럼 어질어 송덕비가 또 세워질 게 아닌가.' 했으니, 잘못된 관행을 꾸짖었고 특히 끝 구는 '신관 사또 또한 苛斂誅求(가렴주구)의 化身(화신)에 지나지 않을 것'임을 은유하고 있다 하리라.

7言絕句(7언절구). 압운은 錢, 然, 賢 자로 평성 '先(선)' 평운이다. 평측은 차례로 '仄平平仄仄平平, 平仄平平仄仄平, 仄仄平平平仄仄, 平平平仄仄平平'으로 二四不同二六對(이사부동이륙대)와 反法, 粘法(반법, 점법) 등이 모두 잘 이루어졌다.

242-4 海東金石苑 題詞 終聯(해동금석원 제사 종련) 해동금석원 서문 시 끝 연

題辭求拙書 窘於舊逋索 愧謝指懸槌 塗鴉字八百
鯫生藉流芳 幸作燕南客 客窓識韻語 黃華澹將夕.
(제사구졸서 군어구포색 괴사지현추 도아자팔백
추생자유방 행작연남객 객창식운어 황화담장석)

책머리 글로 졸렬한 내 글을 구하니, 이전부터 부탁받은 바라 피해 볼 길이 없어,
책 첫머리에 걸릴 것이 부끄러워서, 고쳐 쓴 글자가 8백 자나 되네.
나 같은 사람이 그 명성에 힘입고, 다행히도 북경에 와 있는 나그네 되어서,
객창에서 이 시를 짓노라니, 국화꽃이 저녁별에 맑은 때가 되었구나.

[語句] *海東金石苑 : 淸(청) 나라 劉喜海(유희해)가 지은 책. 우리나라에서 청 나라로 가는 사신 편에 보내진 金石文(금석문, 비석이나 종에 새긴 글자)의 탁본을 모아 편찬한 大著(대

저)로, 金正喜・金命喜(김정희・김명희) 형제와 趙寅永(조인영), 權敦仁(권돈인) 등에 부탁하여 자주 내왕하던 이상적을 통하여 받은 자료에 의했다고 함. *題詞 : 책 앞에 그 책에 관계되는 글이나 시를 적은 글. 題言(제언). 題辭(제사)는 '책이나 비석의 맨 첫머리에 적어둔 글'임. *拙書 : 잘 짓지 못한 글. '내가 지은 글' 겸칭. *窘 : 괴로워하다. 고생하다. 곤란하다. *舊逋索 : '오래 전부터 부탁 받아 피하는 길을 찾음'의 뜻으로 쓴 말임. 逋는 '(세금 따위를) 아직 바치지 않다. 도망가다'임. 索은 '찾다. 더듬다'임. *指懸槌 : '작은 몽둥이에 걸어 가리킴'으로 '첫머리에 걸리게 됨'의 뜻임. *塗鴉 : 종이 위에 먹칠을 하여 마치 갈가마귀 같이 보임. 글을 여러 번 고침. 塗抹詩書(도말시서, 시집이나 책에 먹칠을 하거나 줄을 그어 지움). 당 나라 시인 盧仝(노동 →732)의 '示添丁(시첨정)' 시에 "忽來案上翻墨汁 塗抹詩書如老鴉(갑자기 와서는 책상 위에 먹물을 뒤집어 엎고, 책에 먹칠을 해 놓은 게 늙은 갈가마귀 모양일세)"라 있음. *鯫生 : 문제도 되지 않는 변변치 못한 사람. 小人(소인). *藉 : 돕다. 빌리다. *流芳 : 명예로운 이름을 후세에 남김. 또는 그 명예. *燕南客 : 연 땅 남쪽의 나그네. 北京(북경)에 와 있는 나그네. *客窓 : 나그네가 객지에서 묵는 방. 旅窓(여창). *識 : 알다. 알아내다. *韻語 : 시나 賦(부)와 같이 운자를 단 글. 韻文(운문, 시). *黃華 : 국화. 黃花(황화). *澹 : 맑다. 담박하다. 엉기다.

[鑑賞] 중국 사람이 편찬한 책의 첫머리에 실린 제사이니, 지은이로서는 자랑스러운 일이리라. 모두 20연이나 되는 긴 시인데, 이 앞의 대강은 '유희해는 歐陽脩(구양수)처럼 많은 금석문을 가져 옛 것을 좋아해 책으로 엮고도 늘 부족하다고 한다. 우리 삼한의 모든 금석문을 수집했으니, 그 과정에 물물교환 등 재물도 많이 썼다. 그리고는 수집한 금석문 탁본을 소중히 보관하였다가 책으로 펴내니 우리나라를 널리 알려 편벽함을 면하게 했다.'이다. 이어 인용한 끝의 4연은 시의 마무리로 '전부터 제사를 부탁받았으나 영광된 속에서도 책머리에 실리는 글이라 짓기가 여간 고심되지 않는다. 외국에서 온 나그네로서 고치고 또 고치며 짓다보니 어느덧 저녁이 다가온다'고 했다.

5言古詩(7언고시) 20연 40구. 끝 4연만 제시했으니 압운은 索, 百, 客, 夕 자로 입성 '陌(맥)' 측운이다. 평측은 차례로 '平平平仄平, 仄平仄平仄, 仄仄仄平平, 平平仄仄仄, 仄平仄平平, 仄仄平平仄, 仄平仄仄仄, 平平仄平仄'으로 이사부동에 맞지 않는 곳은 제 2, 5, 8구의 셋뿐이며, 반법이나 점법은 지켜지지 않았으니 고시이기 때문이다.

243. 李穡(이색 1328~1396) : 고려말 性理學者(성리학자). 麗末三隱(여말삼은)의 한 사람. 자 穎叔(영숙). 호 牧隱(목은). 시호 文靖(문정). 본관 韓山(한산). 父 贊成事 稼亭 李穀(찬성사 가

정 이곡 →217). 어려서부터 총기가 뛰어나 益齋 李齊賢(익재 이제현 →297)의 문하에서 수학하고 14세에 成均試(성균시)에 급제했으며, 中瑞司 典書(중서사 전서)로 원 나라에서 일을 보던 아버지로 하여 원 나라의 國子監 生員(국자감 생원)이 되고, 3년간 유학하다가 부친상을 입어 귀국했다. 공민왕 1년(1352) 자기의 학문 경향과 政見(정견)의 윤곽을 피력한 의견서를 왕에게 제출했고, 이듬해 魁科(괴과)에 들었으며 다시 征東省鄕試(정동성향시)에 장원하여 書狀官(서장관)으로 원 나라에 들어가 다시 文科(문과)에 급제, 翰林知制誥(한림지제고)가 되었다. 귀국하여 內書舍人(내서사인)에 올랐으며 密直提學同知春秋館事(밀직제학동지춘추관사)가 되어 국정에 참여했다. 공민왕 16년(1367) 成均大司成(성균대사성)이 되고 鄭夢周(정몽주), 金九容(김구용) 등과 명륜당에서 학문을 강론하니 이에 程朱(정주)의 성리학이 처음으로 일어났다. 공민왕 20년(1371) 政堂文學(정당문학)이 되고 文忠保節贊化功臣(문충보절찬화공신)의 책록을 받았으며, 2년 뒤 韓山君(한산군)에 피봉되고 우왕 3년(1377)에는 推忠保節同德贊化功臣(추충보절동덕찬화공신)의 호를 받았으며 우왕의 師傅(사부)가 되었다. 공양왕 때 判門下府事(판문하부사)가 되었고 이후 吳思忠(오사충)의 상소로 長湍(장단), 咸安(함안) 등지로 귀양 갔으나 돌아와 다시 韓山府院君(한산부원군)에 피봉되어 藝文春秋館事(예문춘추관사)로 임명되었다. 정몽주가 피살되자 그와 관련되었다 하여 衿川(금천), 驪興(여흥), 長興(장흥) 등지로 유배되었다가 풀려났다. 조선 개국 후 태조는 그의 인재를 아끼어 태조 4년(1395) 韓山伯(한산백)으로 봉하며 예를 다해 다시 벼슬하도록 권했으나 끝내 거절하고는 "망국의 사대부는 오로지 해골을 고향 산에 파묻을 뿐이라." 했다. 다음 해에 피서차 驪江(여강)으로 가던 도중 갑자기 죽으니 그 死因(사인)에 대하여는 후세에 의혹을 남기고 있다. 조선 선조 때 柳成龍(유성룡)은 조선에 벼슬하지 않은 그의 절개를 특필한 바 있다. 문하에 權近(권근), 鄭道傳(정도전), 河崙(하륜) 등을 배출하여 조선 성리학의 주류를 이루게 했으며, 불교에 대한 조예도 깊어 고려 말기의 학문과 정치에 큰 자취를 남겼다. 아들로 種學(종학), 種德(종덕)이 있고, 문집 '牧隱集(목은집 55권)'이 있다.

243-1 遣懷(견회) 회포를 풀다

倏忽百年半 蒼黃東海隅 吾生元蹢躅 世路亦崎嶇
白髮或時有 靑山何處無 微吟意不盡 兀坐似枯株.

　　(숙홀백년반 창황동해우 오생원국척 세로역기구

　　백발혹시유 청산하처무 미음의부진 올좌사고주)

잠깐 사이에 나이는 쉰인데, 동쪽 바다 모퉁이 고려에서 창황하게 지내네.
우리 생애는 본디부터 하늘과 땅의 구속을 받으며 살아가는데,
세상살이 길 또한 기구하구나.

백발은 때를 따라 늘어가나니, 내 묻힐 청산이야 어디엔들 없으랴.

나지막하게 시 읊으나 뜻 모두 펼 수 없어, 마른 나무같이 오뚝이 앉아 있을 뿐일세.

[語句] *遺懷 : 회포를 품. →63-2. *倏忽 : 잠깐. 문득. *蒼黃 : 허둥지둥 당황하는 모양. 蒼惶(창황). *東海隅 : 동쪽 바다의 구석. 중국에 비하여 '우리나라'를 두고 한 말임. *跼蹐 : 황송하여 몸을 굽힘. 몸을 굽히고[跼] 소리나지 않게 걸음[蹐]. '跼天蹐地(국천척지, 하늘에 부딪칠까 허리를 굽히고, 땅이 빠질까 조심해 발을 떼어놓음)'의 줄인 말로 볼 수도 있음. *世路 : 세상에서 살아가는 길. 行路(행로). *崎嶇 : 처세에 어려운 고비가 많음. *微吟 : 작은 소리로 읊음. *兀坐 : 움직이지 않고 앉아 있음. *枯株 : 마른 나무.

[鑑賞] 많은 과거에 급제하여 정당문학까지 지내고 성리학자로 이름 높은 분이 생애가 순조롭지 못하다고 읊고 있으니, 범인으로서는 이해하기가 쉽지 않다. 아마 조선 왕조 때 벼슬길을 나오라고 압력을 가하니 그걸 거절하느라고 마음고생이 심함을 토로한 것이리라. 首聯(수련 1~ 2구)은 起(기)로 '어느 사이에 50세가 되었고 작은 나라 고려에서 허둥지둥 살아왔다' 했고, 頷聯(함련 3~4구)은 承(승)으로 '인생이란 온갖 구속을 받으며 살게 마련이기는 하지만 세상살이가 어찌 이다지도 기구한가'로 이었는데 對句(대구)가 잘 이루어졌으니 吾生-世路, 元-亦, 跼蹐-崎嶇가 짝인 것이다. 頸聯(경련 5~6구)은 轉(전)으로 '생이 얼마 남지 않은 백발임을 한탄하고 설마 묻힐 곳이야 없으랴' 했는데 역시 대구가 잘 이루어졌다. 尾聯(미련 7~8구)은 結(결)로 '나직이 시 지어 읊어 보지만 인생이 다한 듯 의욕도 없어 고목나무처럼 올좌할 뿐이다' 하고 마무리 지었다. 인생이란 잘난 사람이든 못난 사람이든 고민을 안고 살아가게 마련이라 괴로움의 바다 곧 苦海(고해)에 비유하지 않았던가.

5言律詩(5언율시). 압운은 隅, 嶇, 無, 株 자로 평성 '虞(우)' 평운이다. 평측은 차례로 '仄仄仄平仄, 平平平仄平, 平平平仄仄, 仄仄仄平平, 仄仄仄平仄, 平平平仄平, 平平仄仄仄, 仄仄仄平平'으로 二四不同(이사부동)과 反法, 粘法(반법, 점법) 등이 모두 이루어졌다. 평측 배열이 고르지 못하고 치우친 듯하지만, 각 연마다 평측 글자의 배열이 잘 대조가 되어 그 치우침이 조금도 어색하지 않은 절묘한 구성이다. 그 예로 수련을 보자. 첫 구가 '仄仄仄平仄'인데 둘째 구는 그 반대로 '平平平仄平'이니 얼마나 대비가 잘 되어 있는가.

243-2 讀杜詩(독두시) 두보의 시를 읽다

錦里先生豈是貧 桑麻杜曲又回春 鈎簾丸藥身無病 畫紙鼓針意更眞
偶値亂離增節義 肯因衰老損精神 古今絶唱誰能繼 賸馥殘膏丐後人.

(금리선생기시빈 상마두곡우회춘 구렴환약신무병 화지고침의갱진

우치난리증절의 긍인쇠로손정신 고금절창수능계 승복잔고갈후인)

금리 선생이 어찌 가난하리, 두룽 골 뽕밭 삼밭에 또 봄이 왔으니.

낚시바늘, 발, 알약 같은 말을 써서 몸에 병이 없고,

종이에 장기판을 그리고 바늘 두드려 낚시 만드니 천진도 하네.

우연히 안록산의 난리를 만나 절의를 더했고,

늙어 쇠약해졌을망정 그 정신이야 적어지랴.

고금을 통해 잘 읊은 시를 누가 이어가리, 여향과 유풍을 후세 시인들에게 남겨 주는구나.

[語句] *錦里先生 : 杜甫(두보)의 자칭. 두보가 錦官城(금관성, 현사천성 성도) 서남 초당에 살며 지은 '南隣(남린)' 시에 "錦里先生烏角巾 園收芋栗不全貧(금리선생이 모가 진 검은 두건 쓰고, 동산에서 토란과 밤을 거두어 아주 가난치는 않다네)"라 있음. *桑麻 : 뽕과 삼. *杜曲 : 杜陵(두릉, 섬서성 장안 남쪽)의 골짜기. 杜氏(두씨)가 대대로 살던 곳으로 두보도 산 적이 있음. *鉤簾丸藥 : 낚시바늘 또는 갈고리와 발과 알약. '그러한 말을 시에 많이 씀'을 뜻함. 鉤는 '강촌' 시에도 나오고 '月(월)'에 "風簾自上鉤(바람에 날리는 발이 절로 초승달 모양의 갈고리를 보이듯 하네)"[→64-31]라 했음. 簾은 위의 '月' 외에 '客夜(객야)' 시의 "入簾殘月影(발에 스며 비치는 새벽달 그림자)"[→64-5] 등 많이 쓰이었으며, 丸藥은 '둥근 모양으로 만든 알약'으로 신선들이 먹는다는 丹砂(단사)를 말하는데 '贈李白(증이백)' 시에 "未就丹砂愧葛洪(단사를 얻지 못해 갈홍 보기가 부끄럽구나)" 등 많이 쓰이었음. *畫紙鼓針 : 종이에 장기판을 그리고 바늘을 두드려 낚시를 만듦. 두보의 '江村(강촌)' 시에 "老妻畫紙爲棋局 稚子鼓針作釣鉤(아내는 종이에 장기판을 그리고, 아들놈은 바늘을 두드려 낚시를 만드네)"라 있음. →64-3. *亂離 : 전쟁이나 분쟁으로 세상이 어지러워 사람들의 행동이 정상 상태를 벗어나 모든 질서가 어지러워진 상태. '安祿山(안록산)의 난'을 말함. *節義 : 절개와 의리. *肯 : '즐기다. 긍정하다. 뼈에 묻은 살'을 뜻하나 대개 해석하지 않는 글자임. *衰老 : 늙어 몸이 쇠약해짐. *絕唱 : 뛰어나게 잘 지은 시. *賸馥殘膏 : 남은 향기와 기름. 餘香(여향, 뒤에까지 남아 있는 향기)과 遺風(유풍, 선대에서 전하여 내려온 풍습). 賸은 '승-남다. 더하다. 잉-보내다. 버금. 더하다'로 '잉복잔고'로 읽기도 함. 당 나라 元稹(원진, 자 微之미지)이 두보의 시를 찬양하여 "殘膏賸馥 沾丏後人多矣(그의 유풍과 여향이 뒷사람들-시인-에게 혜택을 줌이 크다)"라 했음. *丏 : 갈-주다. 거지. 개-빌다. 丏은 '보이지 않을 면' 자임.

[鑑賞] 두보가 시에 쓴 어휘와 그를 찬양한 원진의 말 등을 써서 한 편의 시를 이루

었다. 두보의 '뛰어난 시 작품을 이어갈 후세의 시인으로 누가 있겠는가, 다만 그가 남긴 자취는 모두 본받고 경앙하는 바'라고 맺었다. 지은이는 또 5언율시의 '讀杜詩'를 지었으니 "마음을 간직하기는 맹자와 같고, 사실을 쓰기는 사마천 같네. 문장의 명성은 글에 떨치었고, 인자로운 그 마음 천성이었네. 조정에서는 점잖게 차리었고, 여러 선비들이 그의 예악을 따라왔었네. 담장도 높아 두어 길 되니, 후세 사람들이야 어깨나 비겨 보려나. 어찌 감히 아랫목을 들여다보리, 고개 들어 바라볼수록 아득하기만 하네."이다.

7言律詩(7언율시). 압운은 貧, 春, 眞, 神, 人 자로 평성 '眞' 평운이다. 평측은 차례로 '仄仄平平仄仄平, 平平仄仄仄平平, 平平平仄平平仄, 仄仄仄平平仄平, 仄仄仄平平仄仄, 仄平平仄仄平平, 仄平仄平平平仄, 仄仄平平仄仄平'으로 二四不同二六對(이사부동이륙대)와 반법, 점법 등이 모두 7律의 평측 규칙에 어긋남이 없는 佳作(가작)이다. 어구 난에서 쓴 대로 膸, 丐 자에 유의해야 한다.

243-3 滕王閣圖(등왕각도) 등왕각 그림

落霞孤鶩水浮空 畫棟飛簾雲雨中 當日江神知我否 何時更借半帆風.
(낙하고목수부공 화동비렴운우중 당일강신지아부 하시갱차반범풍)

지는 노을 안개와 외로운 따오기에 물은 허공에 떴고,

채색 기둥과 바람에 날리는 붉은 발은 운우 속일세.

그 때 왕발을 도왔던 강신은 나를 알겠지, 언제 다시 반 돛 바람을 내게 빌려 주려는고.

[語句] *滕王閣 : 江西省 南昌市(강서성 남창시)에 있는 누각. →131-1, 160-2. *落霞孤鶩 : 지는 노을이나 안개와 따오기 한 마리. 王勃(왕발)의 '滕王閣序(등왕각서)'에 "落霞與孤鶩齊飛 秋水共長天一色(지는 노을과 따오기 한 마리 함께 날고, 가을 강물과 길고 먼 하늘은 한가지로 푸른빛이라)"라 있음. *畫棟飛簾 : 단청한 기둥과 바람에 날리는 발. →160-2. *雲雨 : 구름과 비. 남녀간의 사랑. *當日江神 : 그 날의 강물의 신. 왕발이 交趾슈(교지령)으로 있는 아버지 福時(복치)를 만나러 가는 길에 꿈을 꾸는데, 강신이 와서 말하기를 "내일 중구날에 남창의 등왕각을 중수한 낙성식이 있으니, 참석하여 글을 지어 이름을 내어라." 하여, 왕발이 "여기서 남창까지 7백 리인데 하룻밤 사이에 도착할 수 있으리오." 하니 강신은 "배에 오르기만 하면 내가 바람을 빌려 주리라." 이리하여 왕발은 하룻밤 사이에 남창에 도착했다는 일화가 있음.

[鑑賞] 등왕각 그림을 보고 지은 작품. 왕발의 등왕각 서문과 시에 나온 어휘와 그 글을

짓게 된 전설 같은 일화를 인용하며 읊어 격조를 높였다. '저녁노을 속에 따오기 한 마리가 날아가고 물은 하도 넓어 공중에 뜬 듯하다. 단청한 등왕각 기둥과 바람에 흔들려 날리는 붉은 발은 운우 속에 펼쳐 있다. 왕발을 태운 돛단배에 바람을 빌려 주어 빨리 가게 한 강물의 신이여, 나를 아는가 모르는가, 나에게 그 바람의 반이라도 빌려 주어 바다를 멋지게 달려 보게 해 주오.' 하고 그림을 보며 지었다.

7言絕句(7언절구). 압운은 空, 中, 風 자로 평성 '東(동)' 평운이다. 평측은 차례로 '仄平平仄 仄平平, 仄仄平平平仄平, 平仄平平平仄仄, 平平仄仄仄平平'으로 이사부동이륙대와 반법, 점법 등이 모두 규칙대로 이루어졌다.

243-4 浮碧樓(부벽루) 부벽루

昨過永明寺 暫登浮碧樓 城空月一片 石老雲千秋
麟馬去不返 天孫何處遊 長嘯倚風磴 山青江自流.
<small>(작과영명사 잠등부벽루 성공월일편 석로운천추</small>

<small>인마거불반 천손하처유 장소의풍등 산청강자류)</small>

어제 영명사를 지나, 잠깐 부벽루에 올라보니,
성은 비고 달은 조각달인데, 조천석朝天石 바위 오래 되고 구름은 천추로 떠 있네.
동명성왕이 기르던 기린 말은 가서 돌아오지 않으니, 왕은 어디서 노니시는고.
바람 부는 돌다리에 기대어 길게 시 읊조리노라니,
산은 푸르고 강물 또한 제대로 흐르는구나.

[語句] *浮碧樓 : 평양의 牡丹臺(모란대) 밑 절벽 위에 있는 누각. 고려 초기에 永明寺(영명사)의 南軒興和尙(남헌흥 화상)이 창건했는데 우수한 옛 건축으로 대동강을 내려다보는 경치가 뛰어나며, 睿宗(예종)이 여기서 신하들과 잔치할 때 李顔(이안)에게 명하여 지은 이름이라 함. *永明寺 : 평양에 있는 절. 창건 유래에는 두 가지 설이 있는데, 고구려왕의 이궁이던 九梯宮(구제궁)을 절로 만들었으리라는 설과 광개토왕 2년(292)에 임금이 평양에 세운 9 절 중의 하나라는 설이 있음. 청일 전쟁 때 불타버린 것을 일제 때 다시 신축했고, 石佛龕(석불감)과 八角五重石塔(팔각오중석탑)이 유명함. *石老 : 朝天石(조천석) 바위가 오래 되었음. 조천석은 '부벽루 아래 麒麟窟(기린굴) 남쪽에 있는 바위'로, 東明聖王(동명성왕)이 기린 말을 타고 이 굴에 들어갔다가 땅 속에서 조천석이 되어 솟아나와 하늘로 올라갔다 하며, 그 말 발자국이 돌 위에 남아 있다는 전설이 있음. *千秋 : 아주 오랜 세월. *麟馬 : 동명성왕이 타던 기린마. *天孫 : ①天神(천신)의 자손.

곧 동명성왕. 고구려의 시조로 이름은 朱蒙(주몽)이며, 東夫餘(동부여)의 임금 金
蛙(금 와)의 아내인 柳花夫人(유화부인)이 햇빛을 받아 임신해 알 하나를 낳았는데,
그 알에서 사내아이가 나와 자라니 주몽이라 했다고 함. ②織女星(직녀성). *長
嘯 : 길게 부는 휘파람. 소리를 길게 빼어 시나 노래를 읊조림. *風磴 : 바람
부는 돌다리나 돌계단 또는 언덕.

[鑑賞] 이 시는 너무나 유명해 고등학교 이상의 교육을 받은 우리나라 사람은 누구나
알고 외기도 하는 작품이다. 첫 연이나 끝 연은 杜甫(두보)의 詩作(시작) 경향이
짙으니, 지은이가 두시를 많이 섭렵했음을 알게 한다. 頷聯(함련 3~4구)은 城-石,
空-老, 月-雲, 一片-千秋로 멋지게 짝이 이루어졌고, 頸聯(경련 5~6구)도 麟馬-天
孫, 去不返-何處遊로 對句(대구)를 이루어, 이 두 연과 끝 연의 웅장 호방한 詩
想(시상)으로 하여 명작의 대접을 받게 되는 것이다. 紫霞 申緯(자하 신위 →132)도
'東人論詩絕句(동인논시절구)'에서 "長嘯牧翁倚風磴(바람 부는 돌다리에 기대어
휘파람 길게 부는 이색)"이라 읊었다.

5言律詩(5언율시). 압운은 樓, 秋, 遊, 流 자로 평성 '尤(우)' 평운이다. 평측은 차례로 '仄仄
仄平仄, 仄平平仄平, 平平仄仄仄, 仄仄平平平, 平仄仄仄仄, 平平平仄平, 平仄仄平仄, 平
平平仄平'으로 다섯째 구만 二四不同(이사부동)에 어긋났고, 反法(반법)은 그런대로 이루어졌으나
일곱째 구에서 粘法(점법)이 이루어지지 않아 끝 구와 바꾸면 격식에 제대로 맞게 되겠다. 평측
배열도 고르다고 할 수 없어 형식면에서는 명작의 대접을 받기 어렵다 하겠다.

243-5 夜吟(야음) 밤에 읊다

行年已知命 身世轉悠哉 細雨燈前落 名山枕上來
憂時知杞國 請始有燕臺 恰到俱忘處 心原冷欲灰.

(행년이지명 신세전유재 세우등전락 명산침상래

우시지기국 청시유연대 흡도구망처 심원냉욕회)

나이 벌써 쉰인데, 신세는 더 망연하구나.
가랑비는 등불 앞에 내리고, 큰 산은 베개 위에 다가오네.
시절을 근심하니 기우杞憂를 알겠고,
내게서 시작하라는 선종외시先從隗始의 연대가 있구나.
영욕榮辱을 다 잊는 경지에 이르러, 마음 바탕은 식어 재로 되려 하는구나.

[語句] *行年 : 먹은 나이. 나이. *知命 : 쉰 살. '天命(천명, 하늘의 명령)을 아는 나이'란 뜻
임.<論語爲政> *身世 : ①이 몸이 있는 세상. ②가련하거나 괴로움을 당하고 있는

사람의 처지나 형편. *轉悠 : 바뀌어 아득함. 망연함. *名山 : 큰 산. 이름난 산. *杞國 : 옛 중국의 기 나라. 이 나라 사람들은 하늘이 무너져 내려앉지 않을까 걱정을 하여 이를 '杞憂(기우, 기 나라 사람들의 걱정)'라 하니, '쓸데없는 걱정'의 뜻임.<列子 天瑞> *燕臺 : 연 나라 昭王(소왕)이 쌓은 대. 소왕이 어진 선비를 구하려 할 때 郭隗(곽외)가 "어진 사람을 맞으려면 먼저 가까이 있는 하찮은 나 곽외부터 대우를 잘해 보소서." 곧 '先從隗始(선종외시)'라 하여 대를 쌓고 곽외를 스승으로 섬기며, 대위에 황금을 쌓아두고 기다리니 사방에서 어진 선비들이 모여들더라 함. 그리하여 연대를 '黃金臺(황금대)'라고도 함. *恰 : 마침. 흡사하다. 흡족하다. *俱忘 : 모조리 잊어버림. 세상의 영예나 치욕을 잊음. *心原 : 마음의 근원. 마음 바탕.

[鑑賞] 앞에서 인용한 '遣懷' 시와 詩想(시상)이 유사한 작품. '나이 이미 50인데 신세가 아득하다. 부슬부슬 비는 내려 더욱 쓸쓸한 느낌을 더하는데, 큰 산은 베갯머리에 다가와 가슴 답답하게 하는구나. 나랏일을 근심한다는 게 다 소용없는데, 곽외처럼 나를 먼저 대우해 보라고 할 수 있겠는가. 인간의 영예와 치욕 같은 속념을 모두 잊으니, 내 마음은 식은 재와 같이 가라앉고 마는구나.' 하고 읊었다. 고려의 끝남을 안타깝게 애태우는 심정을 담았다 하리라.

5언율시. 압운은 哉, 來, 臺, 灰 자로 평성 '灰' 평운이다. 평측은 차례로 '平平仄平仄, 平仄仄平平, 仄仄平平仄, 平平仄仄平, 平平平仄仄, 仄仄仄平平, 仄仄平平仄, 平平仄仄平'으로 첫 구만 이사부동에 어긋났고 반법, 점법은 그런대로 이루어졌다.

243-6 燕山歌 前半(연산가 전반) 연산의 노래 앞부분 반
燕山之陽雲如堆 龍飛鳳舞源源來 長城中斷居庸關 春風秋月軒轅臺
昭王一去亦已矣 黃金千載空塵埃 天旋地轉光嶽合 土圭日影明堂開.
　　(연산지양운여퇴 용비봉무원원래 장성중단거용관 춘풍추월헌원대

　　소왕일거역이의 황금천재공진애 천선지전광악합 토규일영명당개)

연산 남쪽에 구름 무더기로 쌓아 놓은 듯, 용이 날고 봉황이 춤추는 듯 산세 멀리서 왔네.
만리장성 중단된 곳 겨용관이요, 봄바람 가을달에 황제黃帝가 살았던 헌원대로다.
연燕 나라 소왕이 한 번 가 다시 오지 않으니,
어진 선비 모으던 황금대 영원히 티끌 되었구나.
하늘 땅 돌고 굴러 삼광오악의 정기 합해,
땅과 해 그림자 재던 토규로 터잡아 명당 열렸네.

[語句] *燕山 : 北京(북경) 북쪽 옛 薊(계) 지방에 있는 산. *陽 : 양지쪽. 산의 남쪽, 강

의 북쪽 곧 山南水北(산남수북). *源源 : 근원이 길어서 끊어지지 않는 모양. 源
源而來(원원이래, 물이 끊임없이 흐르다)<孟子 萬章上> *居庸關 : 북경시 昌平縣(창평현)
거용산의 요새 관문. *軒轅臺 : 중국 고대 임금인 黃帝(황제, 별칭 軒轅)가 살았다
고 전해 오는 軒轅丘(헌원구)에 쌓았던 墩臺(돈대, 높직하고 평평한 땅). 河南省 新鄭市
(하남성 신정시) 서북에 있음. *昭王 : 연 나라 임금. 앞 시의 '燕臺' 참조. *黃金 :
黃金臺(황금대). 앞 시 '燕臺' 참조. *塵埃 : 티끌. *天旋地轉 : 하늘과 땅이 팽
팽 돎. 정신이 현란함. 세상만사가 많이 변함. *光嶽 : 三光(삼광)과 五嶽(오악). 삼
광은 '해와 달과 별', 오악은 '중국의 다섯 높은 산 곧 태산, 화산, 형산, 항산,
숭산'임. *土圭 : 周(주) 나라 때 땅의 깊이나 해의 그림자를 분별하던 기구. *
明堂 : ①제후의 朝會(조회)를 받는 天子(천자)의 집. 군주가 정사를 보던 곳. 朝
廷(조정). ②묘를 쓰거나 집을 짓고 살면 부귀영화를 누린다는 장소. 명당자리.

[鑑賞] 옛 연 나라는 지금의 북경시 이북 지방으로 周(주) 나라 첫 임금 武王(무왕)의 셋
째 동생인 召公 奭(소공 석)과 그 후손들이 封地(봉지)를 받아 세운 나라이다. 거기
에 있는 연산을 읊은 8연 16구의 시로 역사적 사실을 회고하며 지었다. 후반은
"사방에서의 운송으로 산과 바다의 산물이 가득하고, 온 지방의 옥과 피륙이 바
람과 우뢰처럼 몰려들었네. 나라의 보배는 산천이 아니고 임금의 덕이라 한 吳
起(오기)의 말을 들었는데, 백만년토록 영화를 누릴 것을 어이 의심하랴. 진시황이
나 당 현종이나 나라 잃기가 똑같다고, 이들이 묻힌 驪山(여산)을 재앙의 뿌리라
할 수는 없잖은가. 바람 앞에 홀로 서 있자니 내 마음 아득한 속에, 날 저문데
지나는 수레 구르는 소리와 말 우는 소리만이 와자지껄일세."이다. 이 시와 詩
想(시상)이 비슷한 지은이의 작품인 '天寶歌過薊門有感而作(천보가과계문유감이작)'의
첫머리는 "天寶盛時何昌豊 天寶亂時何朦朧 沉香亭中春色濃 漁陽鼙鼓聲鏊
鏊(당 현종 천보 연간 한창 때는 얼마나 창성하고 풍성했으며, 그 난시에는 얼
마나 흐리멍덩했던가. 대궐의 침향정에 양귀비와 봄빛 한창 무르익었는데, 어양
의 안록산 반란군의 북소리 둥둥 울려왔네)"이다.

7言古詩(7언고시). 압운은 堆, 來, 臺, 埃, 開 자로 평성 '灰(회)' 평운이다. 평측은 차례로 '平平
平平平平平, 平平仄仄平平平, 平平平仄平平平, 平平平仄平平平, 平平仄仄仄仄仄, 平平平平
平平平, 平平仄仄平仄仄, 仄平仄仄平平平'으로 평측 배치가 너무 치우쳐 고시로 분류했다.

243-7 雀噪(작조) 참새들 재잘거리다

雀噪茅簷日欲西 遙憐晏子惜泥溪 王風幸矣興於魯 女樂胡然至自齊
哀草淡煙迷遠近 白雲靑嶂互高低 鳳歌忽向門前過 老我方將傳滑稽.

(작조모첨일욕서 요련안자석이계 왕풍행의흥어로 여악호연지자제

쇠초담연미원근 백운청장호고저 봉가홀향문전과 노아방장전골계)

초가지붕에서 참새 지저귀니 해는 지려하고,

옛날 이계 땅을 공자께 주기 아까워한 안영이 가련쿠나.

왕의 교화가 다행히 노 나라를 흥하게 하려는데,

여자 악대가 어찌하여 제 나라에서 이르렀던고.

시드는 풀 엷은 이내로 원근이 아득하고, 흰 구름 푸른 산이 서로서로 높고 낮구나.

초광 접여의 봉황 노래 문득 문앞을 지나가니,

늙은 나는 붓 들어 익살스러운 애기인 골계전이나 지으려네.

[語句] *茅簷 : 초라한 초가지붕 처마. *晏子 : 齊(제) 나라의 大夫(대부) 晏嬰(안영). 자는 平仲(평중)으로 검소하기로 유명했으며 사람들과 잘 사귀었는데, 제의 景公(경공)이 孔子(공자)를 중용하려는 생각에 반대했지만, 공자는 그가 30년 동안이나 옷 한 벌로 산 검소함에 감복하여 칭찬하는 말을 남겼음.<論語 公冶長> *泥溪 : 제 나라의 지명. 경공이 36세의 공자를 존경하여 이 땅을 공자에게 주려고 했으나 안영이 반대하여 이루지 못했음. *王風 : 왕의 기풍이나 敎化(교화). *女樂 : 여자 악대. 궁중 잔치 때 女妓(여기)들이 악기를 타며 노래하고 춤추던 일. 공자가 55 세 때 魯(노) 나라 司寇(사구)로 재상의 실권도 겸하여 바른 이치로 정치를 하여 노 나라가 날로 발전하매, 제 나라에서는 대부 黎鉏(여서)의 건의에 따라 노 나라의 定公(정공)과 季桓子(계환자)가 좋아하는 여악대를 노에 보내어 공자와 그 둘 사이를 이간시키기에 성공했음. *胡然 : 어찌. 然은 풀이할 필요가 없는 조사임. *淡煙 : 엷게 낀 연기나 이내. *遠近 : 멀고 가까움. 먼 곳과 가까운 곳. *靑嶂 : 둘러 있는 푸른 산봉우리. *鳳歌 : 봉황을 읊는 노래. 춘추시대 楚(초) 나라 선비 接輿(접여, 자 陸通육통)가 昭王(소왕) 때 정치가 어수선하기에 벼슬에 나가지 않고 미친 체하여 사람들이 楚狂(초광)이라 불렀는데, 공자 옆을 지나면서 "봉이여 봉이여, 어찌 덕이 쇠하느뇨. 이미 가버린 자는 탓하지 않거니와 오는 자는 쫓을 수 있을지니, 그만둘지어다 그만둘지어다, 지금의 썩은 세상에 정치를 따르는 자는 위태로우니라." 했음<論語 微子> *方將 : 곧 장차. 方今(방금). *滑稽 : 익살. 諧謔(해학). 유머(humor).

[鑑賞] 이 시는 참새들이 조잘조잘 시끄럽게 우는 때에 지었다고 보겠지만, 小人輩(소인배)들이 정치나 세상사를, 군자를 제쳐두고 농간하는 현실을 읊었다 하리라. 首聯(수련 1~2구)은 고려가 망하려 하매 뭇 소인들이 跋扈(발호)함을 그렸고, 頷聯(함련 3~4구)은 공자가 노 나라를 흥기시킬 때 이를 우려한 제 나라가 계교를 써서 여

자 악대를 보내 공자의 경륜을 펴지 못하게 한 사실을 빌어 당시의 고려 상황을 읊었다 하리라. 頸聯(경련 5~6구)은 敍景(서경)으로 전환하여 풀은 시들고 연기로 멀고 가까움을 분별 못 하겠으며, 흰 구름 감도는 푸른 산들이 비슷한 높이로 둘러 있다 했으니, 이 연도 고려 사회를 은유하고 있다. 함련과 경련은 對句(대구)가 잘 이루어졌다. 尾聯(미련 7~8구)은 마무리로 초 나라 접여가 공자더러 벼슬길에 나가지 말라고 충고하듯 고려 사회가 나를 받아들이지 않으니, 나는 접여의 얘기 등 익살스러운 일을 모은 골계전이나 지어야겠다고 했다.

　　7言律詩(7언율시). 압운은 西, 溪, 齊, 低, 稽 자로 평성 '齊' 평운이다. 평측은 차례로 '仄仄 平平仄仄平, 平平仄仄仄平平, 平平仄仄平平仄, 仄仄平平仄仄平, 平平仄仄平平仄, 仄平平 仄仄平平, 仄平仄仄平平仄, 仄仄平平仄仄平'으로 二四不同二六對(이사부동이륙대)와 反法(반법), 粘法(점법) 등이 簾(염)에 어긋남이 없는 좋은 작품이다.

243-8 田家(전가) 시골 농가

　　一犁微雨暗田家 桃杏成林路自斜 歸跨老牛蓑半濕 陂塘處處汎殘花.
　　　　(일려미우암전가 도행성림노자사 귀과노우사반습 파당처처범잔화)

밭 갈기 알맞은 보슬비에 농가 어두운데,
복숭아와 살구가 숲을 이루었고 길은 비끼었네.
늙은 소를 타고 돌아오는데 도롱이는 반나마 젖었고,
둑 밑 도랑 곳곳에는 꽃잎 떠 있구나.

[語句] *一犁 : 한 보습[쟁기 술바닥 쇠]. 犁는 '려-보습. 밭갈다. 새벽. 검다. 리-얼룩 소.'임. *微雨 : 보슬보슬 내리는 비. 가랑비. *桃杏 : 복숭아나무와 살구나무. *路斜 : 길이 비탈짐. *跨 : 타다. 걸터앉다. *陂塘 : 둑 밑의 작은 도랑. 둑. 堤塘(제당). *殘花 : 떨어지고 남은 꽃. 시든 꽃.
[鑑賞] 오래 가물다가 오랜만에 가랑비일망정 단비가 내린다. 가랑비 속에 농부는 소를 몰고 밭 갈러 가는데, 빗속에 집들은 어두워졌고 복숭아나무와 살구나무가 숲을 이룬 속에 마을길은 비탈졌다. 밭을 다 갈고 농부는 늙은 소를 타고 돌아오는데 몸에 두른 도롱이는 반쯤 비에 젖었다. 둑 밑 도랑에는 오래간만에 물이 흐르는 속에 도랑마다 시든 꽃잎들이 떠내려가고 있다. 농촌과 농가의 閑中忙(한중망) 한 때 모습을 그린 작품이다.

　　7言絕句(7언절구). 압운은 家, 斜, 花 자로 평성 '麻(마)' 평운이다. 평측은 차례로 '仄平平仄仄平平, 平仄平 平仄仄平, 平仄仄平平仄仄, 平平仄仄仄平平'으로 이사부동이륙대와 반법, 점법 등이 잘 이루어진 작품이다.

243-9 漢浦弄月(한포농월) 한포에서 달을 즐기다

日落沙逾白 雲移水更淸 高人弄明月 只欠紫鸞笙.

(일락사유백 운이수갱청 고인농명월 지흠자란생)

해가 지니 모래톱 더욱 희고, 구름 옮겨가니 물 다시 맑구나.

고상한 선비 밝은 달 희롱하니, 다만 신선이 부는 자란생 피리 없음이 흠이로구나.

[語句] *漢浦 : 미상. 서울 한강 가의 포구가 아닌가 함. *弄月 : 달을 바라보고 즐김. *逾 : 넘다. 더욱. *高人 : 고상한 선비. 高士(고사). *欠 : 하품. 모자라다. *紫鸞笙 : 신선이 부는 피리.

[鑑賞] 한포에서 달을 감상하며 그 그윽한 느낌을 읊은 小品(소품) 같은 작품이다. 첫 구의 '日落沙逾白'은 杜甫(두보)의 '絶句(절구)' 시 첫 구인 "江碧鳥逾白(강물이 파라니 새 더욱 희네 →64-41)"의 換骨奪胎(환골탈태)라 하겠는데, 둘째 구의 '雲移水更淸'으로 멋지게 이어져 모든 허물을 덮어버렸다. 높은 선비가 달을 즐겁게 감상하고 있는 이 정경에 자란생 신선의 피리 소리가 들려와야 제격일 텐데, 피리 소리 없어 유감이라 했다. 고요한 풍경이 그림같이 펼쳐졌다.

5言絶句(5언절구). 압운은 淸, 笙 자로 평성 '庚(경)' 평운이다. 평측은 차례로 '仄仄平平仄, 平平仄仄平, 平平仄仄平, 仄仄平平平'으로 二四不同(이사부동)은 셋째 구에서 어긋났는데, 끝 석 자는 한시 작법상 '仄平仄'으로 孤平(고평)이 되기도 한 바, '平平仄仄'이 되어야 作詩法(작시법)에 맞게 되고 평측 대비도 잘 이루어지게 된다. 反法(반법)과 粘法(점법)은 그런대로 이루어졌다 하겠다.

244. 李漵(이서 ?) : 조선 숙종 때 선비. 자 澄之(징지). 호 玉洞(옥동). 본관 驪州(여주). 父 夏鎭(하진). 이하진(1628~1682)은 조선 숙종 때 문관으로 호가 梅山(매산) 또는 六寓堂(육우당)으로 父는 持平 志安(지평 지안)이며, 大司諫(대사간)과 晉州牧使(진주목사)를 역임했고 雲山(운산)에 귀양가 죽었다. 그는 기억력이 뛰어났으며 시에 능했고 필법이 또한 뛰어났다. 벼슬에 있어서는 후진들을 인도하여 公道(공도)를 넓히고 사기를 북돋우어 줌을 첫째로 삼아 儒林(유림)의 영수가 되었다. →317.

244-1 六臣墓(육신묘) 사육신의 묘

公胡愧食首陽薇 謾使孤墳怨落暉 丹心耿耿今猶在 惟有蒼天白日知.

(공호괴식수양미 만사고분원낙휘 단심경경금유재 유유창천백일지)

수양산 고사리를 먹었다고 어찌 부끄럽지 않으냐고 나무라더니,

죽을 때 지는 해를 원망타가 외로운 무덤되고 말았구료.

그 충성 모두 잊지 않고 지금까지 빛나니, 오직 푸른 하늘과 밝은 해는 알고 있으리라.

[語句] *六臣墓 : 단종 때 死六臣(사육신)의 묘. 서울 영등포구 노량진동에 있는데, 정
조 6년(1782)에 有明朝鮮國六臣墓碑(유명조선국육신묘비), 1955년에 死六臣之墓碑
(사육신지묘비)를 세웠음. →115. *首陽薇 : 수양산의 고사리. →115-3. *謾 : 또.
*孤墳 : 외로운 무덤. *落暉 : 저녁 햇빛. 落日(낙일). *丹心 : 정성스러운 마음.
충성심. 赤心(적심). *耿耿 : 마음에 잊혀지지 않아 아련한 모양. *蒼天 : 푸른
하늘. 蒼空(창공). *白日 : 밝은 해.

[鑑賞] 제목을 육신묘라 했으나 내용은 성삼문에 관해서만 읊어, 여러 수 중의 하나
가 아닌가 추측된다. 起句(기구)는 성삼문의 '題夷齊廟(제이제묘 →115-3)'에서 "초목
또한 주 나라 임금의 은혜에 젖었거늘, 그대들 수양산 고사리를 캐어 먹은 일
을 부끄러워해야 하리."라 읊은 것을 말했고, 承句(승구)도 그가 참변을 당할 때
'絶命詩(절명시 →115-2)'에서 "목숨을 재촉하는 북소리 둥둥 울리는데, 고개 돌려
바라보니 해는 지려는구나. 저승길에는 주막집 하나 없다는데, 오늘밤은 뉘네
집에서 묵으려나."라 읊은 것을 인용했다. 轉(전)과 結句(결구)에서는 '그 충성심
지금까지 빛나고 있으니, 저 푸른 하늘과 밝은 해는 잘 알고 있으리라.' 하고
읊어 성삼문뿐 아니라 사육신 모두의 충혼을 위로했다 하리라.

7言絶句(7언절구). 압운은 薇, 暉, 知 자로 앞 두 자는 평성 '微(미)' 평운, 知도 평성 '支(지)'
평운으로 두 운자는 通韻(통운)이 된다. 평측은 차례로 '平平仄仄仄平平, 平仄平平仄仄平, 平
平仄仄平平仄, 平仄平平仄仄平'으로 셋째 구만 二四不同二六對(이사부동이륙대)에 어긋났고,
반법은 이루어졌으나 점법이 되지 않았다.

245. 李書九(이서구 1754~1825) : 조선 순조 때의 정승, 시인. 자 洛瑞(낙서). 호 惕齋,
薑山(척재, 강산). 시호 文簡(문간). 본관 全州(전주). 德興大院君(덕흥대원군, 중종의 제7왕자)의 후
손. 父 正言 遠(정언 원). 영조 50년(1774) 庭試文科(정시 문과)에 급제하여 校理(교리), 경상
도와 평안도 觀察使(관찰사), 戶曹·吏曹判書(호조·이조판서), 弘文館大提學(홍문관 대제학)을
거쳐 순조 24년(1824) 右議政(우의정)에 이르렀다. 정조 15년(1791)에 승지로서 上疏(상소)
관련 사건으로 강원도 蔚珍(울진, 현재 경북)으로 유배되어 '將謫蔚珍曉渡漢江作(장적울진효
도한강작)' 시가 그의 문집에 실려 있다. 당시 朴齊家(박제가 →81), 李德懋(이덕무 →224),
劉得恭(유득공 →179)과 함께 漢學4家(한학 4가)로 알려졌고 이들 4가 시집으로 '韓客巾衍集
(한객건연집)'이 있으며, 척재는 정조의 명을 받들어 '輿地考(여지고)' '奎章全韻(규장전운)'을

편찬했고 문집에 '薑山集(강산집)'과 '惕齋先生集(척재선생집)'이 있는데, 그의 시는 "閑遠 淸閑(한원 청한)한 觀照(관조)의 세계를 표출"했다고 한다.<俞賢淑 李書九의 詩世界>

245-1 晚自白雲溪復至西岡口少臥松陰下作 三首 第3首(만자백운계부지서강구소와송음하작 삼수)

　　늦게 백운계에서 다시 서강 입구에 이르러 솔그늘 아래에 쉬다 세 수 셋째 수

讀書松根上 卷中松子落 支筇欲歸去 半嶺雲氣白.

　(독서송근상 권중송자락 지공욕귀거 반령운기백)

소나무 아래에서 글 읽노라니, 책장 위에 잣 아람이 떨어지네.

지팡이 짚고 돌아가려니, 흰구름이 산허리를 감돌아 드는구나.

[語句] *白雲溪 : 미상. 경기도 포천의 백운계곡으로 추측됨. *松陰 : 소나무 그늘. *松根 : 소나무 뿌리. *松子 : 솔방울. 잣. *筇 : 공대. 지팡이. 공대는 蜀(촉) 지방에서 나는 대나무인데 지팡이로 쓴다고 함. *半嶺 : 산봉우리의 중간. *雲氣 : 구름이 움직이는 모양.

[鑑賞] 이 앞의 두 수는 "집은 맑은 시내 입구에 있으니, 해가 지자 시냇물 따라 부는 바람 세차다. 외진 숲 안이라 사람을 만날 수 없고, 논바닥에는 백로 한 마리 그림자 지으며 섰네"<제1수> "해는 기울어 저녁노을 어린 속에, 나 홀로 청산 모롱이를 돌아 거니네. 저녁 매미 떼지어 울어대는데, 숲 너머에서 불어오는 바람 소리 맑아라."<제2수>이다. 그리고 나서 위의 셋째 수로 이어지니, 李丙疇(이병주) 박사는 "이 오언시는 마치 盛唐(성당) 王維(왕유)의 시를 읽는 느낌이다. 한가하고 담담한 시상에 작자의 心田(심전)까지 여과돼 있음을 느낀다. 後四家(후사가) 중에서 정말 시다운 시를 남겼다고 하겠다." 했다.<韓國漢詩의 理解> 편저자로서 이보다 더 나은 감상은 없겠기에 대가의 감상을 인용했다.

　5言古詩 短篇(5언고시 단편). 압운은 落, 白 자라 하겠는데 落은 입성 '藥(약)' 측운, 白도 입성 '陌(맥)' 측운으로 두 운자는 通韻(통운)이 되지 않는다. 평측은 차례로 '仄平平平仄, 仄平平仄仄, 平平仄平仄, 仄仄平仄仄'으로 둘째 구만 이사부동이 이루어져, 반법이나 점법은 무시되었고 측운 압운이라 고시로 볼 수밖에 없다.

245-2 遊北漢山中(유북한산중) 북한산을 유람하다

　向晚諸天去 流溪淸且深 時聞幾寺磬 獨在數峯陰

　身作巡花使 林啼念佛禽 行行空翠裏 迢遞更何心.

　　(향만제천거 유계청차심 시문기사경 독재수봉음)

신작순화사 임제염불금 행행공취리 초체갱하심)

온 하늘이 저녁 되어 어둑해지려는데, 시냇물 맑고도 깊어라.

때때로 들려오는 몇 절의 풍경 소리 속, 나 홀로 몇 봉우리의 그늘 속에 있구나.

내 몸은 꽃을 찾아다니는 순례자가 되었고, 숲에는 염불하듯 우는 새들일세.

가도 가도 푸른 하늘인데, 무슨 마음으로 또 멀리 가리오.

[語句] *北漢山 : 서울 북쪽의 鎭山(진산)인 三角山(삼각산)의 별칭. *諸天 : <佛>모든
하늘. *翠 : 푸르다. 비취빛. 물총새. *迢遞 : 멀고 먼 모양. 迢遙(초요).

[鑑賞] 저녁 때 삼각산을 거닐며 지은 작품. 한 폭의 그림을 보는 듯이 그 영상이 떠
오르게 절실하게도 읊었다. 저녁노을, 맑은 시냇물 소리, 은은히 들리는 풍경
소리, 꽃과 우는 새, 푸르게 펼쳐진 하늘 등 시각과 청각의 이미지가 총동원되
었다. '巡花使, 念佛禽' 등은 남이 본뜰 수 없는 이 시만의 독창이라 하리라.
물론 頷聯(함련), 頸聯(경련)은 對句(대구)로 이루어졌다.

5言律詩(5언율시). 압운은 深, 陰, 禽, 心 자로 평성 '侵(침)' 평운이다. 평측은 차례로 '仄仄
平平仄, 平平平仄平, 平平仄仄仄, 仄仄仄平平, 平仄平平仄, 平平仄仄平, 平平平仄仄, 平
仄仄仄平平'으로 二四不同(이사부동)과 反法, 粘法(반법, 점법) 등이 이루어진 좋은 작품인데, 둘째
구가 측성이 하나이다.

245-3 絕句(절구) 절구

有時潑剌波魚戲 終日舂鋤渚鷺忙 料得淸閒誰似我 蓼花深處立靑莊.
　　(유시발랄파어희 종일용서저로망 요득청한수사아 요화심처입청장)

활기차게 뛰노는 물고기들,

해오라기는 방아 찧고 밭갈 듯 물을 뒤지느라 종일 바쁘구나.

누가 나의 이 청아 한가한 맛을 알겠는가, 여뀌 꽃 깊은 곳에 농막 하나 섰네.

[語句] *有 : 發語詞(발어사). *潑剌 : 활발하게 약동하는 모양. *舂鋤 : 방아 찧고 호
미질을 함. 물새들이 물가에서 물고기를 쪼거나 바닥을 주둥이로 뒤지는 모양을
말하는데, 주로 백로가 그러하므로 '白鷺(백로) 곧 해오라기'를 뜻하는 말이 되었
음. *渚鷺 : 물가의 백로. *料得 : 헤아려 얻음. 상상하여 앎. *淸閒 : 청아하
고 한가함. *蓼花 : 여뀌의 꽃. 어뀌는 '마디풀과의 일년생 풀'로 줄기가 60cm
가량이고 6~9월에 흰 꽃이 핌. *靑莊 : 푸른 農幕(농막). 農家(농가).

[鑑賞] 깔끔한 시로 唐(당) 나라 李白(이백)이나 杜甫(두보)의 절구에 못지않은 작품이다.

물고기들이 물밖으로 뛰어오르기도 하며 활기차게 놀 때 해오라기는 그것들을 잡아먹으려고 주둥이로 물속을 쪼기도 하고 냇물 바닥을 훑기도 한다. 이 淸雅閒暇(청아 한가)한 맛을 누가 알겠는가, 더구나 여뀌꽃 우거진 저쪽으로 농막 하나가 숨듯 서 있는 것이다. 시 속에 그림이 있다는 詩中有畵(시중 유화)가 아니겠는가. 셋째 구의 '淸閒'이 詩眼(시안)이다.

7言絶句(7언절구). 압운은 忙, 莊 자로 평성 '陽(양)' 운인데 첫 구에는 압운하지 않았다. 평측은 차례로 '仄平仄仄平平仄, 平仄平平仄仄平, 仄仄平平平仄仄, 仄平平仄仄平平'으로 二四不同二六對(이사부동이륙대)와 반법, 점법 등이 잘 이루어지고 평측 배치도 좋은 7絶의 典型(전형)이 되는 名作(명작)이다.

245-4 秋日田園(추일전원) 가을의 농촌

柴門新拓數弓荒 眞是終南舊草堂 藜杖閒聽田水響 笋輿時過稻花香
魚梁夜火歸寒雨 蟹窟秋烟拾早霜 始信鄕園風味好 百年吾欲老耕桑.

(시문신척수궁황 진시종남구초당 여장한청전수향 순여시과도화향

어량야화귀한우 해굴추연습조상 시신향원풍미호 백년오욕노경상)

사립문 밖 묵정밭을 새로 일구니, 바로 종남산의 옛 초당 같구나.
지팡이 짚고는 논 물꼬를 보고, 때로는 벼 이삭의 향기 맡으며 죽여 타고 지나네.
밤에는 불 켜고 물고기 든 통발 건져 찬 비 맞으며 돌아오기도 하고,
가을에는 횃불 들고 게 잡느라 이른 서리 맞기도 하네.
이제야 시골 사는 재미 좋음을 알겠으니, 백년토록 농사지으며 살고 싶구나.

[語句] *柴門 : 사립문. *數弓荒 : 두어 궁 되는 거친 땅. 묵정밭. 오래 버려 두어 거칠어진 밭. 弓은 '넓이의 단위. 땅 재는 기구'임. *終南 : 周(주) 나라 서울 豊鎬(풍호)의 남쪽에 있는 종남산. 首都(수도)의 남쪽 산인 南山(남산). *草堂 : 집의 원채 밖에 따로 떨어진 곳에 짚이나 억새로 지붕을 인 조그마한 집채. 초당채. *藜杖 : 靑藜杖(청려장, 명아주 풀의 줄기 곧 명아줏대로 만든 지팡이). 지팡이. *閒聽田水響 : 논에 물 들어가는 소리를 한가로이 들음. '논의 물꼬를 봄'의 뜻임. *笋輿 : 대나무로 엮어 만든 가마. 竹輿(죽여). *稻花 : 벼의 꽃. 벼 이삭. *魚梁 : 통발. 가는 대나무 조각으로 통처럼 만든 고기 잡는 기구. *寒雨 : 차가운 비. *蟹窟 : 게가 들어가 사는 곳. 게 집. *早霜 : 철보다 일찍 오는 서리. *鄕園 : 고향의 전원. 시골. *風味 : 고상한 멋. 재미. *耕桑 : 논밭 갈고 뽕나무 가꿈. 농사지음.
[鑑賞] 가을철 시골 농촌의 생활을 읊은 작품. 首聯(수련 1~2구)은 '초가 사립문 밖에 조그

만 텃밭 일구니 남산 밑의 옛 초당 같다' 했고, 頷聯(함련 3~4구)은 '지팡이 짚고 논
둑을 거닐며 물꼬를 보기도 하고, 벼 이삭에서 풍기는 향내 맡으며 나들이 가기도
한다' 했는데 對句(대구)가 잘 이루어졌다. 頸聯(경련 5~6구)에서는 '도랑에 통발 놓아
고기잡이도 하고, 밤 냇가에서 횃불 들고 게 집에 비추어 게를 잡기도 한다.'고 하
여 시골 사는 맛을 더했으며 역시 대구가 잘 된 연이다. 마지막 尾聯(미련 7~8구)은
'이제서야 시골 농촌 사는 재미를 알게 되어, 늙도록 까지 농촌에서 살아가고 싶
다.' 했다. 지난날 우리 시골은 이렇게 천연 그대로 자연과 일체가 되어 살아갔으
나, 지금의 농촌에서는 이런 모습을 거의 찾아볼 수 없으니 읽는 사람 특히 시골
생활 경험이 있는 사람들에게 향수를 짙게 느끼게 해 주는 좋은 시이다.

　7言律詩(7언율시). 압운은 荒, 堂, 香, 霜, 桑 자로 평성 '陽(양)' 평운이다. 평측은 차례로 '平
平平仄仄平平, 平仄平平仄仄平, 平仄平平平仄仄, 仄平平仄仄平平, 平平仄仄平平仄, 仄仄
平平仄仄平, 仄仄平平平仄仄, 仄平平仄仄平平'으로 이사부동이륙대와 반법, 점법 등이 잘
이루어지고 평측 배열도 고르게 된 佳作(가작)이다.

246. 李瑞雨(이서우 1633~ ?) : 조선 인조 때의 문인. 자 潤甫(윤보). 호 松谷(송곡). 본
　　관 羽溪(우계). 父 慶恒(경항). 효종 2년(1651) 生員試(생원시), 현종 1년(1660) 문과 급제
　　하여 여러 벼슬을 거쳐 함경도관찰사로 사건에 관련되어 숙종 17년(1691)에 파면되
　　고, 이듬해 좌의정 睦來善(목내선)의 천거로 藝文館提學(예문관 제학)이 되고 이어 工曹
　　參判(공조참판)에 이르렀으나 숙종 20년(1694) 金壽恒(김수항 →37)의 발언 문제에 연좌되
　　어 벼슬이 깎이었다. 시에 뛰어나고 글씨로도 알려졌다.

246-1 悼亡(도망) 죽은 아내를 애도하다

玉貌依稀看忽無 覺來燈影十分孤 早知秋雨驚人夢 不向窓前種碧梧.
　　(옥모의희간홀무 각래등영십분고 조지추우경인몽 불향창전종벽오)

고운 임의 모습 어렴풋이 보이다가 홀연 없어지고,
꿈 깨어 눈을 뜨니 등잔불만 외로이 흔들려 그림자 짓네.
가을 빗소리 꿈 깨움을 진작 알았더라면, 창앞에 벽오동을 심지 않았을 것을.

[語句] *悼亡 : 亡人(망인, 죽은 사람 곧 아내)을 애도함. *玉貌 : 옥같이 아름다운 얼굴이
　　나 모습. *依稀 : 분명하지 않음. *十分 : 아주. 크게. *碧梧 : 碧梧桐(벽오동).
　　벽오동과의 낙엽 활엽 교목. 높이 10m 가량이고 청색인데 늙어도 껍질의 푸른
　　빛이 변하지 않으며, 인가 부근에 심고 재목은 단단하고 결이 곧음.

[鑑賞] 사망한 아내를 애도하는 시. '하도 그리워하니까 아내의 모습이 꿈속에 나타나는 데, 그 모습이 꿈속이라 그런지 뚜렷하지 못하다. 더 분명한 모습을 보려고 애쓰면 애쓸수록 보였다 보이지 않았다 한다. 그러다가 갑자기 꿈에서 깨니 외로운 등잔불만 깜박인다. 그제서야 오동잎에 가을 비 듣는 소리로 하여 잠이 깬 것을 알게 된다. 아쉽기 그지없다. 이렇게 빗소리에 꿈을 깰 양이면 누가 방문 앞에 잎이 넓은 벽오동을 심을 것인가.' 아내가 그립다는 표현이 없으면서도 시 속에 그리워하는 심정이 스미어 있다. 이런 기교가 한시의 한 특징이 되기도 하는 것이리라.

7言絶句(7언절구). 압운은 無, 孤, 梧 자로 평성 '虞(우)' 평운이다. 평측은 차례로 '仄仄平平仄仄平, 仄平平仄仄平平, 仄平平仄平平仄, 仄仄平平仄仄平'으로 二四不同二六對(이사부동이륙대)와 反法, 粘法(반법, 점법) 등이 모두 규칙에 맞게 이루어졌다.

247. 李石亨(이석형 1415~1477) : 조선 성종 때 문신. 자 伯玉(백옥). 호 樗軒(저헌·화헌). 시호 文康(문강). 본관 延安(연안). 父 懷林(회림). 세종 23년(1441) 進士·生員(진사·생원)에, 이어 문과에 모두 장원급제하여 司諫院正言(사간원 정언)이 되고 直提學(직제학), 전라도관찰사, 公州牧使(공주목사), 호조와 예조의 참의, 漢城府尹(한성부윤), 황해도관찰사, 司憲府大司憲(사헌부 대사헌), 경기도관찰사, 戶曹參判(호조참판), 判漢城府事(판한성부사) 등을 역임했다. 성종 때 判中樞府事(판중추부사)가 되고 純誠佐理功臣(순성좌리공신)에 延城府院君(연성부원군)으로 피봉되었다. 성질이 후하여 종족 중 가난한 사람들을 모두 돌보았고, 당시 유학계의 4대 학파 중 勳舊派(훈구파)로 鄭麟趾(정인지) 등과 함께 '治平要覽(치평요람)'을 편찬했으며, 관료적인 학자로 實學(실학)을 주로 하여 官選事業(관선 사업)에 참여했다.

247-1 蔚珍東軒韻(울진동헌운) 울진 동헌에서 읊다

高城越絶鎭邊陲 直壓滄溟勢最奇 逐浪雄風吹海倒 干霄老木倚雲垂
思鄕肯作登樓賦 把酒聊吟問月詩 邂逅相逢盡萍水 欲忙歸去去還遲.

　(고성월절진변수 직압창명세최기 축랑웅풍취해도 간소노목의운수

　사향긍작등루부 파주료음문월시 해후상봉진평수 욕망귀거거환지)

높은 성이 절벽같이 우뚝 변경에 버티고 서서,

푸른 바다를 꾹 누르니 형세 자못 기이하네.

물결을 쫓는 거센 바람 바다를 뒤엎고,

하늘을 찌르는 오래 묵은 나무 구름에 기대었구나.

고향 생각나니 왕찬처럼 등루부를 지어야 하지만,

술잔 들고 이백의 파주문월시나 읊어 보네.

우연히 만난 우리 모두 타향을 떠돌아, 고향 가기 서두르면서도 가기가 더디어지는구나.

[語句] *蔚珍 : 경상북도 동해안 가장 북쪽에 위치하는 군. 본디 고구려의 于珍也縣 (우진야현) 또는 古于伊郡(고우이군)이었으며 신라 때 울진으로 고쳤고, 울진군에 속하는 平海(평해) 지역은 고구려의 近乙於(근을어)였음. 원래 강원도였다가 1963년에 경북에 속하게 되었으며 安逸王山城(안일왕산성), 佛影寺(불영사), 望洋亭(망양정), 越松亭(월송정), 白巖溫泉(백암온천), 德邱溫泉(덕구온천), 원자력발전소 등 명승고적이 많은 관광 지역임. *東軒 : 고을원이 공사를 처리하는 곳. →77-1. *越絕 : 우뚝함. 우뚝 막아버림. *邊陲 : 邊境(변경). 국경. 邊垂(변수). *滄溟 : 너르고 큰바다. 滄海(창해). *雄風 : '거센 바람, 시원한 바람, 임금이 사는 곳에 부는 바람 곧 大王風(대왕풍), 위엄 있는 풍채 곧 威風(위풍)' 등의 뜻을 가진 말임. *干霄 : 하늘을 막음. *雲垂 : 구름이 드리움. 구름이 낌. *肯作 : 즐겨 지음. 지음이 마땅함. *登樓賦 : 후한말 魏(위) 나라 시인 王粲(왕찬 177~217)이 岳陽樓(악양루)에 자주 오르며 고향을 그리워해 지은 운문의 한 종류인 賦. *把酒 : 술잔을 잡음. *聊吟 : 애오라지 읊음. 겨우 읊음. *問月詩 : 把酒問月詩. 唐(당) 나라 詩仙(시선)인 李白(이백)이 지은 7言古詩(7언고시). →234-62. *邂逅相逢 : 우연히 서로 만남. '邂逅'로만 쓰기도 함. *萍水 : 浮萍草(부평초, 개구리밥 또는 마름)가 물위에 떠돎. 타향을 떠돌아다님. *歸去 : 고향으로 돌아감. 歸去來(귀거래).

[鑑賞] 울진은 편저자의 고향이라 이 시를 대하니 감개가 깊고, '東文選(동문선 권17)'에 실린 명작이다. 首聯(수련, 1~2구)은 동헌의 위치와 부근의 지세를 읊었으니, 높은 성이 변방을 절벽같이 둘러 있어 넓은 바다를 제압하는 듯하여 형세 기이하다 했다. 頷聯(함련 3~4구)은 수련을 이어 바다에 부는 바람 거세고 오래된 나무는 구름을 두르고 있다 하여 역시 寫景(사경)이다. 頸聯(경련 5~6구)은 내용을 자신에게로 전환하여 고향에 가고 싶은 심정을 드러냈는데, 고향 그리운 걸 생각하면 의당 왕찬처럼 '등루부'를 읊어야 하지만 인심과 술맛이 좋으니 이백의 '파주문월' 시만 읊조린다 했으며, 尾聯(미련 7~8구)은 마무리로 우리들 부평초처럼 우연히 만난 나그네 같은 신세들인데 고향에 돌아가고자 하면서도 가기를 늦추고 있다 했다. 함련과 경련은 作詩法(작시법)에 어긋남이 없이 對句(대구)가 잘 이루어졌다. 울진은 서울과 큰 도시에서 멀리 떨어져 있어 名士(명사)들을 만나기 쉽지 않기 때문에 어쩌다가 고명한 선비가 들르면 그 대접이 융숭했으리라. 이 시에서도 그런 정을 은근히 보이는 면이 엿보인다.

7言律詩(7언율시). 압운은 陲, 奇, 垂, 詩, 遲 자로 평성 '支(지)' 평운이다. 평측은 차례로 '平平仄仄仄平平, 仄仄平平仄仄平, 仄仄平平平仄仄, 平平仄仄仄平平, 平平仄仄平平仄, 仄仄平

平仄仄平, 仄仄平平仄平仄, 仄平平仄平平'으로 이사부동이류대는 일곱째 구에서 어긋났는데, 끝 석 자 '盡萍水'를 '萍盡水'로 바꾸면 '仄仄平平平仄仄'이 되어 이사부동이류대에 꼭 맞게 되고 뜻으로 보아도 다르지 않아 무리가 없겠다. 반법과 점법은 그런대로 규칙에 맞았다.

247-2 呼耶歌 初頭·終聯(호야가 초두·종련) 어여차 노래 첫머리 및 끝 연

　呼耶呼耶在南北 呼耶之聲何時息 千人輪一木 萬人轉一石

　華山之石拔幾盡 白雲之木斫幾禿 石盡山禿寧可虞 塡坑仆谷民可惜<初頭>

　我願天公生大材 不置山林置君側 作我堂堂大廈之柱石 不勞萬民力

　不爲萬姓瘼 莫使呼耶在山谷.<終聯>

　　　(호야호야재남북 호야지성하시식 천인수일목 만인전일석

　　　화산지석발기진 백운지목작기독 석진산독영가우 전갱부곡민가석<초두>

　　　아원천공생대재 불치산림치군측 작아당당대하지주석 불로만민력

　　　불위만성막 막사호야재산곡)<종련>

'어여차, 영차' 소리 남북쪽에서 들리니, 그 어여차 소리 어느 때나 멈추게 되려나.

천 사람이 한 목재를 나르고, 만 사람이 한 바위 굴려 내려,

삼각산의 바위를 거의 다 뽑아내고, 백운대의 나무를 거의 다 찍었네.

돌은 다 쓰고 없으며 나무 모두 베어 내어 민둥산 되는 게 염려되기보다,

구덩이와 골짜기에 묻히고 넘어진 백성들이 가엾구나.<初頭>

바라노니 하늘이여 큰 재목을 내리려거든,

산의 숲에 두지 말고 임금님 옆에 두어 주오.

우리가 짓는 높고 커다란 집의 기둥과 주춧돌이 되어, 만 백성의 수고를 덜고,

만백성들 골병들게 하지 말고, 산골짜기에서 어여차 소리 안 들리게 하소서.<終聯>

[語句] *呼耶 : 어여차. 영차. 인부들이 힘을 모을 때 내는 소리임. *華山 : 중국 5嶽 (5악)의 하나. 陝西省華陽市(섬서성 화양시) 남쪽에 있음. 여기서는 서울 북쪽의 '三 角山(삼각산, 北漢山북한산)'을 화산에 비겨 썼음. *白雲 : 白雲臺(백운대). 삼각산의 제일 높은 봉우리로 높이 836m임. → 156-2. *斫禿 : 나무를 찍어 내어 민둥산 이 됨. *虞 : 염려하다. 근심하다. *塡坑 : 구덩이에 묻힘. *仆谷 : 골짜기에 넘 어져 죽음. *天公 : 하느님. 하늘. *大材 : 큰 나무 재목이나 石材(석재). *堂堂 : 의젓함. 큼. *大廈 : 넓고 큰 집. *柱石 : 기둥과 주춧돌. *瘼 : 병들다.

[鑑賞] 모두 11연으로 5언과 7, 9언구가 섞인 고시인데 7언이 주종이라서 7言古詩(7언고시) 로 본다. 왕실에서 궁궐이나 다른 건축을 하기 위해 삼각산의 목재와 바위를 캐어

내는 일을 읊었는데, 제목이 독특하며 그 사업에 동원된 인부 곧 일반 서민들의 고생을 그렸다. '인부들의 영차 소리가 사방에서 들리니 그 소리 언제나 그칠 수 있겠는지. 아름드리 나무 하나를 나르느라 천 명이 동원되고 바위 하나 캐어 내는 데에 만 명의 백성이 달라붙었다. 삼각산의 바위는 거덜났고 거기 백운대의 나무가 모두 베어져 민둥산이 되었다. 민둥산이 염려라기보다 동원된 백성 인부들이 수없이 죽어가니 가엾기 그지없다.' 했고, 중간은 '백성들의 고통을 알아주는 일 없이 오히려 작업 독촉이 성화같다. 아침저녁 모두 굶고 허리에는 빈 자루만 차고는 질러야 하는 영차 소리, 입에 침이 마르고 목 쉬어 소리도 안 나온다. 소리도 안 나오고 힘에 부쳐 쓰러지니 먼지 날리는 골에 피는 뿌려져 만인의 발에 밟힌다.' 했으며, 종련은 위와 같다. 지은이는 관선 사업에 참여했다 하니 이 시는 직접 목격한 바로, 백성들의 고통을 고발한 參與詩(참여시)인 것이다.

7언고시. 압운은 측운 압운으로 北, 息, 木, 石, 禿, 惜 ; 側, 石, 力, 瘼, 谷 자라 하겠는데 北, 息, 側, 力은 입성 '職(직)' 측운, 木, 禿, 谷은 '屋(옥)' 측운, 石, 惜도 '陌(맥)' 측운, 瘼도 '藥(약)' 측운이다. 이 중 '職'과 '陌' 운만 通韻(통운)이 된다. 평측은 차례로 '平平平平仄平仄, 平平平平平平仄, 平平平仄仄, 仄平仄仄仄, 平平平仄仄仄, 平平仄仄仄仄仄, 仄平仄平仄仄平, 平平仄仄平仄仄 ; 仄仄平平平仄平, 仄仄平平仄平仄, 仄仄平平仄仄平仄, 仄仄仄平仄仄, 仄平仄仄仄, 仄仄平平仄平仄'으로 二四不同二六對(이사부동이륙대)나 反法, 粘法(반법, 점법) 등은 따져볼 필요가 없다.

248. 李先齊(이선제 ?) : 조선 文宗(문종) 때 藝文館提學(예문관 제학). 자 家父(가보).

248-1 春日昭陽江行 初頭(춘일소양강행 초두) 봄날에 소양강을 가다 첫머리

沃野漫漫橫素煙 中有鳳山撑蒼天 昭陽江水流北山 光海州治依山前
山西水南是濊墟 風淳俗美示蒲鞭 向時豪華隨世塵 樓觀有基臨淸川.

(옥야만만횡소연 중유봉산탱창천 소양강수유북산 광해주치의산전

산서수남시예허 풍순속미시포편 향시호화수세진 누관유기임청천)

기름진 들판 펼쳐 있고 흰 이내 비꼈는데, 봉의산이 가운데에 솟아 하늘을 버티었네.
소양강 물은 산의 북으로 흐르고, 춘천 고을은 산 앞을 의지했구나.
산 서편은 물이요 남쪽은 예 나라 옛터인데,
풍속이 순박하고 고와 형벌은 부들 채찍일세.
지난날의 호화로움은 세월 따라 먼지 되어 없어지고,
맑은 강가에는 누각 터만 남아 있구나.

[語句] *昭陽江 : 강원도 春川(춘천) 지방을 흐르는 강. →198-1, 3-1. *沃野 : 기름진 들. *漫漫 : 넓은 모양. *鳳山 : 鳳儀山(봉의산). 춘천시에 있는 산. 높이 301.5 m. *光海州治 : 춘천의 신라 때 이름. *濊墟 : 濊貊(예맥) 나라의 옛터. 예맥은 우리 先民族(선민족)의 총칭이며, 고조선 때 濊貊朝鮮(예맥조선)이 한 나라였는데, 압록강과 渾江(혼강) 유역에서 山東(산동)의 兗州(곤주) 및 산서성의 竝州(병주, 지금의 太原태원)와 代州(대주)에 이르는 판도로 하여 강성했으나, 燕(연)의 秦開(진개)에게 쫓기어 동쪽으로 옮겨 東濊(동예)가 되고 만주 동부와 한반도의 동부, 중부에 걸쳐 정착한 것으로 보고 있음. 따라서 강원도만을 예나 예맥의 터로 보는 것은 잘못된 것인데, 이는 '삼국사기'와 '新增東國輿地勝覽(신증동국여지승람)' 등에서 잘못 본 것에 기인한다고 함. *風淳俗美 : 풍속이 순박하고 아름다움. *蒲鞭 : 부들 채찍. 가벼운 형벌. 後漢(후한)의 劉寬(유관)이 南陽太守(남양태수)로 가서 아전이나 백성에게 허물이 있으면 부들로 만든 채찍으로 벌했다 하는데, 부들로 만든 채찍은 맞아도 아프지 않을 것이라 가벼운 형벌이 됨. *向時 : 지난번. 지난 그 때. *豪華 : 매우 사치스럽고 화려함. *隨世 : 세상에 따름. 세월 따라. *樓觀 : 樓閣(누각). 사방이 탁 트이게 높이 지은 다락집. *淸川 : 맑은 냇물이나 강물.

[鑑賞] 京春街道(경춘가도)의 소양강 강변은 워낙 경치가 좋아 지금도 관광객이 끊이지 않는다. '東文選(동문선)'에 제목은 조금 달라도 운자가 같은 7언고시 9수가 실려 있으니, 邢君紹(형군소), 崔洳(최여), 李弁(이변), 柳淑(유숙), 李達衷(이달충), 趙浚(조준), 權湛(권담), 俞孝通(유효통) 등과 이 이선제의 작품 들이다. 이 중 유효통의 시는 첫머리만 앞에서 소개하였다[→197-1]. 이 시의 뒤는 '송 사또가 소양정을 착공하여 며칠만에 준공하니, 그 계획이 이 정자같이 넓어, 추녀 끝이 봉의산 기슭에 우뚝 솟고, 봉황은 가고 없어 산은 비었지만, 솔바람 소리 거문고 퉁기듯 하는구나. 정자에 올라 바라보니 온갖 경치 달려오고, 삼라만상은 옛날과 같구나. 내 오는 날 마침 봄 매화 피니, 이리저리 분주한 몸을 괴롭게 하네. 세월은 흘러흘러 날 위해 늦추지 않고, 꽃잎은 조용조용 푸른 이끼에 날아 붙네. 꽃잎이 이끼에 붙으니 어이할거나, 정자 기둥에 기대어 헛되이 시 읊으며 고개 돌릴 수 없구나. 올해의 봄 가뭄이 전보다 갑절이나 심하다니, 목말라도 술 못 마시고 차만 마시네. 모내기 못한 논에 구름은 활짝 걷히어, 남녘 논에서는 먼지만 날리는구나. 나라에서 향 피우며 기우제를 지낸다 하니, 勸農官(권농관)은 김매기를 독려하네. 밀과 보리가 되살아나고 심은 곡식 싹이 나니, 하늘이 임금님을 어이 쓸쓸하게 버려둘 것인가. 가을에는 술잔 들고 달을 맞이하여, 관동 지방을 유람하는 나를 헛되게 하지 않게 되기를.' 하고 읊었다.

7언고시 15연 30구. 압운은 煙, 天, 前, 鞭, 川 자로 평성 '先(선)' 평운인데, 이 시 전체를 보면 '先' 운이 7연이고 이어 평성 '灰(회)' 평운이 6연, 나머지 2연은 입성 '職(직)'과 '陌(맥)' 측운으로 通韻(통운)이 된다. 그러니 이 시는 세 운으로 轉韻(전운)된 것이다. 이는 위에 든 9 수에 공통된 운자이다. 평측은 차례로 '仄仄仄仄平仄平, 平仄仄平平平平, 平平平仄平仄平, 平仄平仄平平平, 平平仄平仄仄平, 平平仄仄仄平平, 仄平平平平仄平, 平平仄平平平平'으로 이사부동 이륙대는 여섯째 구에서만 이루어졌으니 반법이나 점법은 따져볼 필요가 없는 고시이다.

249. 李涉(이섭 ?) : 중국 唐(당) 나라 때 시인. 스스로 淸溪子(청계자)라 자칭하고 은둔 생활을 즐겼다고 한다.

249-1 從秦城回再題武關(종진성회재제무관) 진성에서 돌아와 다시 무관을 두고 짓다

遠別秦城萬里遊 亂山高下入商州 關門不鎖寒溪水 一夜潺湲送客愁.
　　(원별진성만리유 난산고하입상주 관문불쇄한계수 일야잔원송객수)

진성을 멀리 떠나 만리에 유람하는데,
어지러운 산 높고 낮게 넘어서 상주로 들어가네.
관문도 시냇물을 잠그지 못해, 한 밤 내내 나그네 시름 싣고 흐르는구나.

[語句] *秦城 : 陝西省鳳翔縣(섬서성 봉상현)과 隴縣(농현) 일대의 지명. *武關 : 河南省洛陽市(하남성 낙양시) 서쪽 函谷關(함곡관) 남쪽에 있는 관문. 漢高祖(한고조)가 秦(진)을 정벌한 곳임. *商州 : 섬서성 西安市(서안시)의 동남에 있는 商州市(상주시). *鎖 : 잠그다. 쇠사슬. *寒溪水 : 찬 시냇물. '寒溪'를 시냇물 이름으로 볼 수도 있음. *潺湲 : 물이 졸졸 흐르는 소리나 모양. *客愁 : 객지에서 느끼는 愁心(수심). 旅愁(여수).

[鑑賞] 섬서성의 서쪽 진성 지방에서 무관으로 가는 길에 높고 낮은 산들을 넘어 섬서성의 동남쪽에 있는 상주를 지나 무관에 이르렀다. 무관의 관문도 흐르는 시냇물을 잠가 흐르지 못하게 할 수 없어, 온 밤 내내 졸졸 소리내며 흘러 나그네의 시름을 싣고 흐른다. 轉換(전환)에 해당 되는 셋째 구의 '關門不鎖寒溪水'가 절묘한 시적 표현으로 이 시를 명작의 반열에 들게 한다. 晩唐(만당)의 시인 溫庭筠(온정균)의 '分水嶺(분수령)' 시에도 "嶺頭便是分頭處 惜別潺湲一夜聲(산봉우리는 바로 헤어져야 하는 곳, 시냇물도 이별이 아쉬워 한 밤 내내 울며 흐르는구나)"라 읊어[→157-2] 산뜻한 맛을 더해 주는데, 이러한 묘한 표현이 당나라 시를 즐겨 감상토록 하는 매력인가보다.

7言絶句(7언절구). 압운은 遊, 州, 愁 자로 평성 '尤(우)' 평운이다. 평측은 차례로 '仄仄平平

仄仄平, 仄平平仄仄平平, 平平仄仄平平仄, 仄仄平平仄仄平'으로 二四不同二六對(이사부동이륙대)와 反法, 粘法(반법, 점법) 등이 7絕의 簾(염, 帖념)에 어긋남이 없이 잘 형성되었다.

250. 李晟(이성 ?) : 고려 말기의 문신. 본관 潭陽(담양). 나이 스무 살에 문과에 급제하고 溫水監務(온수감무)를 거쳐 水原司錄(수원사록)이 되어 임기를 마치고 귀향하여 벼슬을 원치 않고 경서 연구에 몰두했다. 후에 추천으로 國子博士閣門祇侯(국자박사 합문지후)가 되니 나이 59세였으며 左司補(좌사보)로 있다가 사임했다. 그때 당대의 대학자들이 모여 송별연을 베풀었으며 충선왕이 燕京(연경)에서 그 말을 듣고는 內書舍人(내서사인)에 특진시켰고 選部議郞(선부의랑)을 지냈다. 충숙왕 1년(1314)에 民部典書(민부전서)가 되고 후에 化平府使(화평부사)로 잠시 있다가 고향에 돌아와 후진 양성에 노력하여 제자의 수가 많아 사람들이 그를 五經笥(오경사, 5경의 상자)라 별칭했다.

250-1 歸田詠(귀전영) 시골 고향으로 돌아감을 읊다
藥砌靑春嫌我老 竹溪明月誘吾情 昨宵已決歸田計 雪盡湖南匹馬行.
　　(약체청춘혐아로 죽계명월유오정 작소이결귀전계 설진호남필마행)

약초밭 새싹 돋는 봄은 내 늙음을 싫어하겠지만, 죽계의 밝은 달은 내 마음을 이끈다네.
어제 밤에 이미 시골 고향으로 돌아가기를 결정했으니,
눈 그친 호남 땅 한 필 말 타고 가리.

[語句] *砌 : 섬돌. 문지방. *靑春 : 새싹이 돋는 봄철. *竹溪 : '地名(지명)'으로 볼 수도 있고 '대밭 사이를 흐르는 시냇물'로도 볼 수 있음. *宵 : 밤. *湖南 : 전라 남북도. *匹馬 : 한 필의 말.

[鑑賞] 지은이는 벼슬에 연연하지 않고 늘 고향에서 살고 싶어 했다는 것이 그의 행적에 나타나 있다. 이는 옛 선비들의 거의 공통된 경향임을 다른 분들의 작품에도 보이고 있다. '고향 채마밭과 약초밭의 봄은 늙은 나를 꺼려할는지도 모르나, 죽계에 떠 있는 달은 나를 유혹하고 있으니 어찌 가지 않을 수 있으랴. 지난밤에 아무래도 고향 시골로 가야겠다고 결심을 굳혔으니, 봄이 오는 호남 땅으로 혼자 말 타고 가리라.' 했다. 어떤 자료에는 첫 구를 '藥砌淸風欺我老(약초밭의 맑은 바람 내 늙었음을 모르게 하고)'라 하고, 끝구도 '湖南'을 '江南'으로 소개하고 있는데, 강남은 전남 順天(순천)의 별칭이기도 하니 지은이의 고향이 순천인지도 모른다. 起(기)와 承(승) 곧 제 1, 2구는 對句(대구)가 잘 이루어졌다.

7언절구. 압운은 情, 行 자로 평성 '庚(경)' 평운이다. 평측은 차례로 '仄仄平平平仄仄, 仄

平平仄仄平平, 仄平仄仄平平仄, 仄仄平平仄仄平'으로 이사부동이류대와 반법, 점법 등이 모두 규칙대로 잘 이루어졌다. 7絶은 첫 구에도 압운하는데 이 시는 압운하지 않았는데 5언절구처럼 압운 않을 수도 있다.

251. 李誠中(이성중 1539~1593) : 조선 선조 때의 문신. 자 公著(공저). 호 坡谷(파곡). 시호 忠簡(충간). 본관 全州(전주). 宗室 桂陽君 增(종실 계양군 증, 세종의 아들)의 玄孫(현손, 손자의 손자). 父 錦川副守 城(금천부수 감). 명종 13년(1558)에 진사에 오르고 선조 3년(1570) 문과에 급제하여 槐院(괴원, 承文院승문원)에 들고 대사간, 대사헌, 부제학에 올랐다. 당론에 밀려 한때 파직되었다가 임진왜란 때 統禦使(통어사)로 義州(의주)에 가서 호조판서가 되었으며 명 나라의 장수 李如松(이여송)을 수행하기도 했다. 타고난 기품이 순수하며 성격이 온후하여 유성룡, 김성일 등과 깊이 사귀었다. 사후에 完昌府院君(완창부원군), 영의정이 증직되었고 문집 '坡谷遺稿(파곡유고)'가 있다. 아우 敬中(경중)도 선조 임금을 잘 보필했다.

251-1 無題(무제) 무제

紗窓近雪月 滅燭延淸暉 珍重一杯酒 夜闌人未歸.
(사창근설월 멸촉연청휘 진중일배주 야란인미귀)

비단 휘장 두른 창에 눈 위의 달빛 스미어,
등불 꺼져도 맑은 햇빛같이 이어 주어 밝구나.
귀한 술상 차려 놓고 기다리건만, 밤은 깊어 가는데 그 사람 오지를 않네.

[語句] *無題 : 제목이 없음. 제목을 붙이지 않은 시나 예술 작품. →240-4, 241-1. * 紗窓 : 비단으로 발랐거나 비단 커튼을 단 창문. 여인이 거처하는 방의 창. * 雪月 : 눈과 달 또는 눈 위를 비치는 달. *淸暉 : 맑은 햇빛. *珍重 : ①진귀하고 중요함. 貴重(귀중). ②몸을 아끼어 조심함. 여기서는 ①임. *夜闌 : 밤이 깊어감. 闌은 '늦다. 다하다'임.

[鑑賞] 눈 위를 비추는 밝은 달빛은 낮의 훤함을 이어주는데, 오랜만에 친구를 오라 하여 함께 마시려고 한 잔 술상까지 마련하고 기다리건만, 밤은 자꾸 깊어만 가는데도 그 친구는 오지 않는구나. 눈 온 밤에 마음 맞는 친구 둘이 마주 앉아 술잔을 나누면 그 얼마나 멋스럽겠는가. 그 멋스러움을 맛보려고 했지만 무슨 일이 있는가 아니면 눈이 많이 쌓여 그런가 친구는 끝내 안 오려는가보다. 아쉬운 마음을 한 편의 시로 읊었다.

5言絶句(5언절구). 압운은 暉, 歸 자로 평성 '微(미)' 평운이다. 평측은 차례로 '平平仄仄仄,

仄仄平平平, 平仄仄平仄, 仄平平仄平'으로 이사부동과 반법, 점법 등이 모두 규칙에 맞았다.

252. 李世仁(이세인 1452~1516) : 조선 중종 때의 문관. 자 元之(원지). 본관 星州(성주). 父進士 璧(진사 벽). 어려서 부모를 잃고 가세가 가난하였으나 뜻을 굽히지 않고 서울에 유학하여 열심히 공부했지만 과거에 여러 번 실패하고, 성종 17년(1486) 35세 때 비로소 사마를 거쳐 문과 급제했다. 연산군 때 持平(지평)으로 임금에게 부역 중지를 청하여 허락받았다. 일찍이 柳子光(유자광)이 권세를 남용하므로 동료들과 함께 상소를 올렸다가 金山(금산)으로 귀양갔다. 중종반정 때 석방되어 直提學(직제학)에 이르러 다시 유자광이 나라를 그르친 죄를 논박하여 유자광이 먼 곳으로 귀양가게 했다. 이어 연산군 때 남발된 爵賞(작상)을 시정했고 호조참의, 황해도관찰사, 僉知中樞府事(첨지중추부사)를 역임했는데, 정무에 너무 부지런하여 피로가 겹친 것이 병이 되어 사망했다.

252-1 戲次夢與韻(희차몽여운) 장난삼아 몽여의 시에 차운하다

暗淡山光晦 蒼茫海氣沉 客中無與話 春去若爲心
竟夕看紅藥 移床臥綠陰 猶堪慰寥落 日日醉花林.

　　　　(암담산광회 창망해기침 객중무여화 춘거약위심

　　　　경석간홍약 이상와녹음 유감위요락 일일취화림)

산 빛은 어둠침침하고, 넓은 바다 또한 잠잠하네.

나그네의 처지라 더불어 이야기할 상대가 없고, 봄이 가니 내 마음 어찌할꼬.

저녁이 되도록 붉은 작약꽃을 보다가, 평상을 옮겨 녹음 속에 누웠네.

그런대로 쓸쓸함을 달랠 수 있는 것은, 날마다 꽃나무 숲에 마음 쏠림일세.

[語句] *夢與 : 미상. 어느 분의 자나 아호인 듯함. *暗淡 : 침침하고 묽음. 暗澹(암담, 희미하고 선명하지 못함). *晦 : 그믐. 어둡다. *蒼茫 : 넓고 멀어서 아득함. *海氣 : 바다 위의 기운이나 기세. *沉 : 잠기다. 빠지다. =沈(침). *若爲 : 어찌. 如何(여하). *竟夕 : 저녁까지. 하룻밤 동안. 밤새도록. *紅藥 : 芍藥(작약). 작약과의 백작약, 산작약, 호작약, 적작약 등의 총칭. 잎은 바소침 같은 모양이며 첫여름에 줄기와 잎 사이에 모란꽃 비슷한 큰 꽃이 피며 뿌리는 약재로 쓰임. 함박꽃. *寥落 : 쓸쓸함. 거칠어 처량함. *花林 : 꽃나무 숲.

[鑑賞] 한가한 속에 쓸쓸함이 배어 있는 시이다. 시간적 배경은 하루의 저녁때라 하겠고 공간적 배경은 바닷가의 마을 같다. 首聯(수련 1~2구)은 산이나 넓은 바다나 어둑어둑함을 그린 寫景(사경)으로 대가 잘 이루어졌다. 頷聯(함련 3~4구)은 이야기 나

눌 사람도 없고 봄마저 가려고 하니 쓸쓸한 심정을 토로한 抒情(서정)이다. 頸聯(경련 5~6구)은 전환으로 날이 지도록 작약을 들여다보거나 그늘 밑에 누워 쉬거나 낮잠을 잔다 하여 더욱 무료함을 드러내었고, 尾聯(미련 7~8구)은 그런 무료함 속에서도 꽃나무 숲에 취하듯 마음 쏠림이 텅빈 마음에 위로가 된다고 맺었다.

5言律詩(5언율시). 압운은 沉, 心, 陰, 林 자로 평성 '侵(침)' 평운이다. 평측은 차례로 '仄仄平平仄, 平平仄仄平, 仄平平仄仄, 平仄仄平平, 仄仄平平仄, 平平仄仄平, 平平仄平仄, 仄仄仄平平'으로 二四不同(이사부동)은 일곱째 구에서 어긋나 '平-仄'이어야 할 것이 '平-平'이 되었다. 反法(반법)과 粘法(점법)은 그런대로 이루어졌고, 첫 구의 淡 자는 '물 맑다'의 뜻이면 평성 '覃(담)' 운, '물 질편하다'이면 상성 '感(감)' 운, '묽다'의 뜻으로 쓰이면 거성 '勘(감)'인데, 여기서는 '붉다'의 뜻으로 쓰이어 거성 측운이 된다.

253. 李昭漢(이소한 1598~1645) : 조선 인조 때 名臣(명신). 자 道章(도장). 호 玄州(현주). 본관 延安(연안). 父 月沙 廷龜(월사 정구 →294). 형 白州 明漢(백주 명한 →229). 15세에 진사가 되고 광해군 13년(1621) 庭試(정시)에 2등으로 급제하여 承文院(승문원, 槐院괴원), 司諫院(사간원)을 거쳐 兵曹參知(병조참지), 晉州牧使(진주목사)를 거쳐, 인조반정 후에 翰林院(한림원)으로 옮기고, 重試(중시)에 급제하여 承旨(승지)가 되었으며 刑曹參判(형조참판) 겸 備邊司堂上(비변사당상)에 이르렀다. 사람을 대함에 성의를 다하고 임금에게 충성을 다하니 선배와 덕이 높은 분들이 모두 莫逆之友(막역지우)로 삼았으며, 총명과 덕행으로 이름을 떨쳐 세간에서 아버지와 형과 함께 중국 宋(송) 나라의 三蘇(삼소, 소순·소식·소철 →119.)에 견주었다. 문장과 筆法(필법) 및 시에 모두 뛰어났고 문집에 '玄州集(현주집)'이 있다.

253-1 彈琴臺(탄금대) 탄금대

片雲飛雨過琴臺 招得忠魂酹酒回 欲問當時成敗事 暮山無語水聲哀.
(편운비우과금대 초득충혼뢰주회 욕문당시성패사 모산무어수성애)

조각 구름 뿌리는 빗속에 탄금대 지나며, 신입 장군 충혼 불러 술 한 잔 드렸네.
임진왜란 당시의 성패를 묻고자 하나, 저무는 산 말 없고 물소리만 구슬프구나.

[語句] *彈琴臺 : 충북 忠州市(충주시) 서북 4km 지점에 있는 대. 신라 때 于勒(우륵)이 가야금을 즐겨 타던 곳이라 하여 이름함. 선조 25년(1592) 임진왜란 때 申砬(신입 1546~1592) 장군이 都巡邊使(도순변사)로서 충주를 방어할 때, 鳥嶺(조령)에서 적을 무찌르려 했으나 李鎰(이일)이 尙州(상주)에서 왜장 小西行長(소서행장)에게 패하여 돌아오자, 충주로 후퇴하여 탄금대에 背水陣(배수진)을 치고 용감히 싸웠으나

패하여 장군은 강에 투신자살했음. *片雲 : 조각구름. *飛雨 : 바람에 흩날리
는 비. *琴臺 : 탄금대. *忠魂 : 충의를 다하여 죽은 사람의 넋. *酹酒 : 땅에
술을 부어 降神(강신)을 비는 일. 酹는 '강신 술'임. *暮山 : 저물녘의 산.

[鑑賞] 역사는 인간이 이룩해 나가는 것이지만, 지나간 역사적 사실을 음미해 보면 이
는 사람의 힘으로 어찌할 수 없는 하늘의 명인가보다. 一夫當關 萬夫莫開(일부당
관 만부막개, 장정 하나가 관문을 지키면 만 명 장정이 오더라도 그 관문을 깨뜨려 열지를 못함-지세가 아주
험함을 이르는 말임)라는 중국 洛陽(낙양) 서쪽의 函谷關(함곡관)처럼 험하다는 조령을 지
키지 못하고 허허벌판 같은 탄금대에 배수진을 쳤으니 말이다. 명 나라 장수 李
如松(이여송)도 조령의 험한 지세를 이용하면 승리할 수 있었을 것인데 배수진을
치는 무모한 행동을 취했다고 탄식하더라 한다. 신 장군이 배수진을 친 까닭은
적은 보병이 주이고 우리 군사는 기병이 많아 험한 산을 버리고 넓은 평야를 택
했다고도 하고, 사실은 왜적이 이미 조령을 넘은 후라는 설도 있다고 한다. 아무
튼 그 때 그 일이 우리나라의 운명을 하늘이 정한 것이 아니겠는가. 이 시의 지
은이 현주 공도 신 장군을 조상하면서 그 배수진의 실패를 아쉬워하는 심정을
드러냈다. '왜 그렇게 배수진을 쳐 실패했소?' 하고 물어보아도 산은 대답 없고
물소리만 구슬프게 흘러갈 뿐이라 했다.

7言絕句(7언절구). 압운은 臺, 回, 哀 자로 평성 '灰(회)' 평운이다. 평측은 차례로 '仄平平仄
平平平, 平仄平平仄仄平, 仄仄平平平仄仄, 平平平仄仄平平'으로 二四不同二六對(이사부동이
륙대)와 반법, 점법 등이 잘 이루어져 내용이나 형식 모두 좋은 작품이다.

254. 李需(이수 ?) : 고려 고종 때(1214~1259) 문인. 고종 때의 權臣(권신)인 崔怡(최이
?~1249)의 문객으로 文閣學士(문각학사)이다. 최이는 崔忠獻(최충헌)의 아들로 아버지의 권
세를 세습받았으며 본 이름은 瑀(우)로 강화 천도를 주장, 관철해 그 공으로 晉陽侯(진
양후)로 봉해지고 大藏經(대장경)의 再刻板(재각판)에 사재를 들였으나 점점 횡포가 심해
져 백성들의 원성을 샀다.

254-1 敎坊小娥 初頭(교방소아 초두) 교방의 예쁜 소녀들 첫머리
梁楚歡情結灌瓜 從今塞外戢干戈 芙蓉幕府香塵靜 翡翠樓臺瑞氣多
世祝我公長綠髮 天分仙女遣靑娥 樂章已了三千曲 稚齒俄臨五六儺
　　(양초환정결관과 종금새외집간과 부용막부향진정 비취누대서기다
　　세축아공장록발 천분선녀견청아 악장이료삼천곡 치치아림오륙나)

양 나라와 초 나라의 우호가 오이에 물 주기로 맺어졌듯,

이제부터 변방에 전쟁 멎으리라.

부용 막부는 향기로 하여 티끌 조용해지고, 비취 누대에는 서기가 뻗쳤는데,

온 세상이 우리 어른의 늙지 말기를 축원하니,

하늘이 선녀들 중 어린 아가씨들을 보냈구나.

악장은 이미 3천곡을 모두 마쳤고, 어린 나이로 벌써 나례를 대여섯 번이나 치렀네.

[語句] *敎坊 : 고려 때 女樂(여악)을 맡아보던 관청. 곧 음악과 歌舞(가무)를 배우는 사람을 거주시키며 가르치던 곳. *小娥 : 어린 선녀. 어리고 예쁜 소녀. *歡情 : 기쁘고 즐거워하는 마음. 歡心(환심). *灌瓜 : 오이에 물을 줌. 중국 초 나라와 맞닿은 양 나라 국경 지방의 사또가 宋就(송취)인데, 양측에서 모두 외를 심으니 양 나라 군사들은 물을 자주 주어 외가 무성하고 초 나라 지역은 그렇지 못하여, 초의 군사들이 몰래 양의 외밭에 들어가 외를 비틀어 버렸음. 양의 군사들도 그렇게 보복하려고 하니까 송취는 말리며 밤에 몰래 초의 외밭에 가서 물을 주도록 하매, 초 나라 측에서 그걸 알고 감복해 두 나라 사이가 좋아지더라 함. *塞外 : 국경 지방. 요새 밖. *戢 : 거두다. 그치다. 무기를 거두다. *干戈 : 창과 방패. 무기. 전쟁. *芙蓉幕府 : 官家(관가)나 정승의 저택. 남북조 때 庚景行(유경행)이 王儉(왕검)의 집무 관청에 들어가 長史(장사)가 되니, 蕭緬(소면)이 편지하기를 '그 관청에 뽑히기는 참으로 어려운데 유경행은 푸른 물에 떠 부용[연꽃]에 의탁한 것 같아 그 아름다움이 더 없다.' 했음. 이로부터 막부를 '부용 막부, 蓮幕(연막), 蓮花池(연화지)'라 했음. 幕府는 '장수가 외지에서 군사 일을 보는 곳 또는 節度使(절도사)의 집무하는 곳'임. *翡翠 : 치밀하고 짙은 초록색의 옥. 비취옥. *瑞氣 : 길한 조짐의 기운. 상서로운 기운. *我公 : 우리 슈公(영공, 어른). '崔怡'를 존칭하여 이른 말임. *綠髮 : 푸른 머리. 검고 윤기 있는 머리칼. *靑娥 : 젊은 미인 소녀. *樂章 : 음악에 쓰이는 가사. 나라의 祭典(제전)이나 宴禮(연례)에 쓰는 奏樂(주악)을 기록한 歌詞(가사). *稚齒 : 어린 나이. *俄 : 잠깐. 헌걸차다. *儺 : 儺禮(나례). 섣달 그믐밤에 악귀를 몰아내고 깨끗한 새해를 맞기 위한 행사. 고려 초부터 궁중에서 거행했는데, 민간에서도 행해졌음. 중국에서도 周(주)에서 漢(한) 나라로 내려오며 발전했다 함.

[鑑賞] 진양후 최이가 자기 집에 일여덟 살 되는 여자 아이들을 모아 伎樂(기악, 재주와 불교 음악)을 가르쳐 잔치에 나오게 하다가, 고종 임금에게 나와 보게 하니 왕도 매우 좋아하여 밤새도록 잔치를 벌였다고 한다. 이에 최이의 문객인 지은이가 이 시를 지어 최이에게 바쳐 왕의 포상을 받았고, 이어 崔滋(최자)와 李奎報(이규보) 등이 이 시에 차운했다고 한다. 이 시는 7言排律(7언배율)로 한 연마다 對句(대구)로 이루어져

야 되는 형식인데 모두 20연인 장시이다. 이 뒤로 최이의 공적을 기리고 교방 소 아들의 기량을 칭송하는 내용으로 이어지고, 끝에는 "更感周公成洛邑 不妨韓愈 頌元和 沈香舊服今猶在 記事冰毫口自哦(옛 주공이 낙읍에 도읍한 일 다시 느 끼나니, 한유가 당 헌종을 기린들 어떠하리. 침향 향 풍기는 옛 옷이 아직 있어, 언 붓을 호호 불면서 읊조리며 적사옵네)"라 끝맺었다.

7언배율 20연 40구. 인용한 부분의 압운은 瓜, 戈, 多, 娥, 儺 자로 瓜만 평성 '麻(마)' 평운이 고 나머지는 평성 '歌(가)' 평운인데 두 운은 通韻(통운)이다. 평측은 차례로 '平仄平平仄仄平, 平 平仄仄仄平平, 平平仄仄平平仄, 仄仄平平仄仄平, 仄仄仄平平仄仄, 平平平仄仄平平, 仄平仄仄 平平仄, 仄仄平平仄仄平'으로 二四不同二六對(이사부동이륙대)와 反法, 粘法(반법, 점법) 등이 모두 규칙에 맞다. 첫 연만 제하고 연마다 대구가 되었으니 고른 평측 배치와 대구가 배율의 철칙이다.

254-2 普門寺 初頭(보문사 초두) 보문사 첫머리

海上穿雲線路通 玉毫光透水精宮 眼前瀲灩瑠璃碧 舌上分明菡萏紅
　　(해상천운선로통 옥호광투수정궁 안전염염유리벽 설상분명함담홍)

바다 위 구름 뚫고 한 줄기 길이 통하여,
옥호광명이 요정의 궁전 강화도 바다를 꿰뚫었네.
눈앞에는 넘실거리는 파란 유리요,
혀끝에는 붉은 연꽃 분명히 달린 듯 유창한 설법說法이라.

[語句] *普門寺 : 강화도 洛迦山(낙가산)에 있는 절. 신라 선덕여왕 4년(635)에 懷正(회 정)이 창건하고 조선 순조 12년(1812)에 중수했음. 이 절 뒤에는 1928년에 새긴 높이 32자 너비 12자의 觀音像(관음상)이 있음. 보문사란 이름의 절은 서울 동대 문구 신설동, 경북 예천군, 경주 남산 밑 등에도 있음. *線路 : 실 한 줄 같은 길. *玉毫光 : 玉毫光明(옥호광명). <佛>부처의 兩眉間(양미간)에 있는 흰 털 곧 옥호에서 나오는 광명. *水精宮 : 물 속 妖精(요정)의 궁전. *瀲灩 : 물이 넘치 는 모양. 잔잔한 물결이 넓혀지는 모양. *瑠璃 : 광물 이름. 황금빛의 작은 점 이 군데군데 있고 아청빛이 남. 아청빛이 나는 보석. 琉璃(유리). '바닷물의 반짝 임'을 비유해 나타낸 말임. *菡萏 : 연꽃 봉오리.

[鑑賞] 강화도로 서울을 옮긴 후 보문사에 가서 임금보다 실권을 더 가진 진양위 최 이의 무병장수를 비는 齋(재)를 올리는 행사를 읊은 작품으로, 앞의 '敎坊小娥' 와 같은 20연의 7언배율시이다. 지은이는 진양위의 문객이라 이 시 역시 그를 예찬하는 내용이 중심이다. '바다 위 구름을 뚫고 부처의 옥호에서 나오는 광

명한 빛이 수정궁 같은 강화 바다를 꿰뚫고 퍼져 간다. 눈앞에는 유리같이 반짝이는 파란 바다가 펼쳐 있고 스님의 능란한 설법 소리 이어진다.' 했다. 둘째 연은 對句(대구)가 되었고 이 뒤에도 계속 대구의 연이 계속되는 것이다.

7언배율. 20연 40구. 압운은 通, 宮, 紅 자로 평성 '東(동)' 평운이다. 평측은 차례로 '仄仄平平仄仄平, 仄平平仄仄平平, 仄平仄仄平平仄, 仄仄平平仄仄平'으로 이사부동이륙대와 반법, 점법 등이 잘 이루어졌다.

255. 李睟光(이수광 1563~1628) : 조선 중기의 학자, 명신. 자 潤卿(윤경). 호 芝峰(지봉). 시호 文簡(문간). 본관 全州(전주). 父 병조판서 希儉(희검). 5세에 독서했고 선조 18년(1585) 문과에 급제했으며 임진왜란 때 경상남도 방어사 趙儆之(조경지)의 從事官(종사관)으로 龍仁(용인)에서 패전했다. 임진왜란 후 奏請使(주청사)로 燕京(연경)에 세 번 왕래하며 당시 중국에 와 있던 이태리 신부 Matteo Ricci(利馬竇이마두 1552~1610)의 저서 '天主實義(천주실의)' 두 권 등 많은 책을 가지고 와 우리나라에 최초로 西學(서학)을 도입했으며, '芝峰類說(지봉유설)'을 지어 서양 사정과 천주교 지식을 소개했다. 광해군 5년(1613)에 李爾瞻(이이첨)이 옥사를 일으켜 廢母(폐모)하자 관직을 버리고 두문불출했는데, 1623년 인조반정으로 재등용되어 도승지, 大司諫(대사간)이 되고 이 해에 李适(이괄)이 난을 일으키자 인조를 公州(공주)로, 인조 5년(1627) 丁卯胡亂(정묘호란) 때는 강화도로 모셨다. 공조판서, 대사헌을 거쳐 이조판서를 지내고 영의정에 추증되었으며, 象村 申欽(상촌 신흠)과 친밀히 지냈다. 저서로 '지봉유설' 외에 '採薪雜錄(채신잡록)' '秉燭雜記(병촉잡기)' '纂錄群書(찬록군서 25권)' 등과 시문집이 있다.

255-1 贈泗溟山人往日本(증사명산인왕일본) 일본으로 가는 사명대사에게 주다

盛世多名將 奇功獨老師 舟行魯連海 舌聘陸生辭
變詐夷無厭 羈縻事恐危 腰間一長劍 今日愧男兒.
　　(성세다명장 기공독노사 주행노련해 설빙육생사
　　변사이무염 기미사공위 요간일장검 금일괴남아)

나라가 융성한 때라 이름난 장수도 많았지마는, 기이한 공이야 오직 노스님뿐이리.
노중련의 동해를 배 타고 가서, 육가의 말솜씨를 다루어 보렸다.
요리조리 속임은 왜놈들의 타고난 버릇이니, 일을 어설프게 하면 오히려 위태해지리.
허리에 비껴찬 대사의 장검을 보니, 지금의 이 사나이 부끄럽구려.

[語句] *泗溟山人 : 泗溟堂 大師 惟政(사명당 대사 유정). 조선 선조 때의 高僧(고승). →99. 山人은 '중이나 道士(도사). 또는 깊은 산 속에서 세상을 멀리하고 사는 사람'임. *

老師 : ①나이 많고 교육에 오래 종사한 스승. 老先生(노선생). ②나이 많은 大師(대사, 덕이 높은 스님). '사명당'을 가리킴. *魯連 : 魯仲連(노중련). 전국시대 趙(조) 나라 平原君(평원군)의 식객. 秦(진)이 조 나라를 포위하고 魏(위) 나라의 新垣衍(신원연)을 평원군에게 보내어 진을 추대하여 황제로 삼자고 하니, 노중련이 성안에 있다가 그 말을 듣고 신원연을 찾아가 "포악한 진 나라를 추대하면 나는 차라리 동해 바다에 빠져 죽을지언정 진 나라의 백성이 되지 않겠다." 하여 의론을 중지시켰던 바, 진의 장수가 그 소문을 듣고 30리를 퇴각하고 마침 각국 지원병이 와서 조 나라는 포위를 면했음. 결국 노중련은 진시황을 끝내 황제라 부르지 않고 동해에 빠져 죽었음. *陸賈 : 漢(한) 나라 초기의 변설가요 외교가. 한 고조를 도운 건국의 참모로 南越(남월)에 두 번 사신으로 가서 남월왕을 자칭한 尉佗(위타)를 설복하여 월을 한의 속국으로 병합했음. *變詐 : 요리조리 속임. *無厭 : 싫증남이 없음. *羈縻 : 굴레. 자유를 구속하는 것. 羈絆(기반). 羈는 '말굴레. 구속받다', 縻는 '소고삐. 얽어매다'임. *恐危 : 두렵고 위태함. *長劍 : 허리에 차게 만든 기다란 칼.

[鑑賞] 임진왜란 후 일본에 사신으로 가는 사명당에게 주는 贈與詩(증여시)이다. 먼저 임진왜란 때는 이름난 장수들의 활약도 많았지만, 사명당이 승군을 이끌며 적을 막아낸 공적은 홀로 기이한 것이라고 칭송했다. 그 화두를 이어 노중련같이 충성심 많은 사명당이라 험한 바다를 무사히 건너, 육가의 뛰어난 말솜씨로 왜인들을 설득해 보라고 격려했다. 그리고는 말머리를 돌려 조심해야 할 바를 일렀는데, 왜인들은 요리조리 속이려는 천성을 가졌으니 자칫 거기 휘말리면 일을 그르치기 쉬우므로 특히 조심해 외교력을 발휘해 달라 했다. 마무리로 조정에서 벼슬살이하는 처지도 아닌 사명당이 큰 사명을 띠고 외교하러 가니 벼슬아치인 나로서는 그대에게 부끄럽기 그지없다고 솔직히 토로했다. 사명당은 이 때 강화를 맺고 포로로 잡혀간 우리 군사 350여 명을 데리고 돌아오는 큰 성공을 거두었던 것이다. 소설 '임진록'에는 사명당이 왜왕의 항복을 받고 왜왕에게 '해마다 人皮(인피) 삼백장과 불알 서 말씩 바치라.'고 호령하는 통쾌한 장면이 그려져 있다.

5言律詩(5언율시). 압운은 師, 辭, 危, 兒 자로 평성 '支(지)' 평운이다. 평측은 차례로 '仄仄平平仄, 平平仄仄平, 平平仄仄仄, 仄仄仄平平, 仄仄平平仄, 平平仄仄平, 平平仄平仄, 平仄仄平平'으로 二四不同(이사부동)은 일곱째 구만 어긋났는데, 長 자는 측운인 경우도 있지만 이 구에서는 평성인 '길다'의 뜻을 가졌다. 反法(반법)과 粘法(점법)은 그런대로 이루어졌다.

255-2 春宮怨(춘궁원) 봄날 궁녀들의 시름

禁苑春晴晝漏稀 閒隨女伴鬪芳菲 落花也被東風誤 飛入宮墻更不歸.

(금원춘청주루희 한수여반투방비 낙화야피동풍오 비입궁장갱불귀)

대궐 안에 봄날 활짝 개니 시간 더디 가고,

한가한 궁중 여인들 고움을 서로 다투는구나.

지는 꽃잎 동풍에 잘못 실리어, 궁궐 담장 안에 날아들고는 다시 날아 돌아오지를 않네.

[語句] *宮怨 : 궁중 여인 곧 궁녀의 시름. →98-1. *禁苑 : 대궐 경내 또는 대궐 안 동산. 祕苑(비원). *晝漏 : 낮의 물시계. 낮 시간. *芳菲 : 향기롭고 고움. *也 : 강조하는 어조사. *宮墻 : 궁궐 담장. 宮牆(궁장).

[鑑賞] 대궐 안 봄날은 길기도 한데, 한가로운 궁녀들 하릴없이 꽃을 보며 즐기니 그 꽃과 궁녀들 한가지로 아름답기도 하여 마치 꽃과 여인들이 고움을 다투는 듯하다. 떨어지는 꽃잎들은 동쪽에서 불어오는 봄바람에 실리어 대궐 담장 안으로만 떨어져 다시 날아 담밖으로 나갈 생각을 하지 않는다. 낙화도 궁녀들의 고움에 반했는가보다 하는 게 겉뜻이라 하겠지만, 궁 밖으로 나가고 싶어하는 궁중 여인들의 간절한 희구를 은유한 것이다. 중국 시인들은 궁중 여인의 원망을 읊은 시가 많음에 비해 우리 옛 시인들의 작품은 드물어 이 시는 뜻이 깊다.

7言絕句(7언절구). 압운은 稀, 菲, 歸 자로 평성 '微(미)' 평운이다. 평측은 차례로 '仄仄平平仄仄平, 平平仄仄仄平平, 仄平仄仄平平仄, 平仄平平仄仄平'으로 二四不同二六對(이사부동이륙대)와 반법, 점법 등이 평측 배치 규칙에 모두 잘 맞았다.

256. 李㴨(이숙 1607~?) : 조선 光海君(광해군) 때 生員, 進士(생원, 진사). 자 伯厚(백후). 호 恥堂(치당). 본관 河濱(하빈, 大邱대구).

256-1 老松(노송) 늙은 소나무

弱幹才盈尺 如何得老名 伯夷稱大老 豈是勢崢嶸.

(약간재영척 여하득노명 백이칭대로 기시세쟁영)

잔약한 줄기 겨우 한 자 남짓인데, 어이하여 노송이란 이름 얻었는고.

옛날 백이를 노성한 분이라 칭하나니, 이 어찌 나이 많다는 데서 뛰어나다 했겠는가.

[語句] *才 : 근근히. 겨우. *老名 : '老松名'을 줄인 말. *伯夷 : 殷(은) 나라의 고결한 선비. → 115-3. *大老 : 존경을 받는 어진 노인. *崢嶸 : 산의 형세가 가파른 모양. '나이가 우뚝함 곧 나이 많음'을 두고 쓴 말임.

[鑑賞] 어느 곳의 키가 작달막한 소나무를 사람들이 늙은 소나무 즉 노송이라 부르는

것을 보고 지은 작품. 일반적으로는 나무 둘레도 굵고 키도 크며 큰 가지가 사방으로 뻗쳐 우람하게 보이는 나무를 노송이라 하는데, 이 소나무는 키도 작고 가지도 번성하지 못한데도 노송이라 부르고 있다. 그래서 생각해 보니 옛날의 伯夷叔齊(백이숙제)도 나이 많아 大老라 부른 것이 아니라, 그 빛나는 절개로 하여 호칭하는 것이니, 나무의 크기가 작다고 깔볼 것이 아니라는 가르침을 받는다. 짧고 깊은 뜻이 없는 듯한 시이면서 사람들에게 큰 교훈을 준다.

5언절구. 압운은 名, 嶸 자로 평성 '庚(경)' 평운이다. 평측은 차례로 '仄仄平平仄, 平平仄仄平, 仄平平仄仄, 仄仄仄平平'으로 이사부동과 반법, 점법 등이 모두 잘 이루어졌다.

257. 李淑琪(이숙기 ?) : 고려 말기의 문인.

257-1 靑嶂幽林圖(청장유림도) 청장유림도

陸公靑嶂幽林 置我瀟湘華陰 對此還思歸路 借吾第幾煙岑.
(육공청장유림 치아소상화음 대차환사귀로 차오제기연잠)

육 씨의 청장유림 그림은, 나를 경치 좋은 소상과 화음에 가져다 두네.
이 그림 보다가 돌아갈 길 생각하니, 내게 이내 낀 봉우리 몇 째 것을 빌려주려나.

[語句] *靑嶂幽林 : 푸르게 둘린 산봉우리들과 으늑한[깊고 고요한] 숲. *陸公 : 육 씨. 진(晉)의 陸探微(육탐미)인지 다른 화가를 가리킴인지 미상임. *瀟湘 : 중국 湖南省(호남성)의 瀟水(소수)와 湘江(상강)이 모이는 곳. 경치가 아름다워 瀟湘八景(소상팔경)이 있음. *華陰 : 중국 陝西省(섬서성)의 華山(화산)과 그 북쪽 華陽市(화양시) 지방. *還思 : 돌이켜 생각함. *煙岑 : 연기와 아지랑이 낀 산봉우리.

[鑑賞] 육씨란 분이 그린 산수화를 보고 지은 작품. '이 그림을 보고 있노라니 내가 마치 경치 좋다는 소상 8경이 있는 곳과 화산 북쪽의 경치가 뛰어난 곳에 와 있는 듯한 느낌이다. 내가 집으로 돌아갈 때 이런 경치 좋은 곳을 거쳐 가고 싶은데, 이 그림 속 몇 번째 경치를 내 가는 곳에 펼쳐 주려는가.' 하고 읊었다. 끝구가 시적인 감각이 뛰어난 표현이라 하리라.

6言絶句(6언절구). 6언절구는 한 구가 6언 곧 여섯 자로 이루어진 시로 漢(한) 나라 谷永(곡영)이 처음 짓기 시작해, 唐(당) 나라에서도 지었으나 작품이 드문 편이며 평측은 7언구의 다섯 째 자를 생략한 형식이라 한다. 이 시의 압운은 林, 陰, 岑 자로 평성 '侵(침)' 평운이다. 평측은 차례로 '仄平平仄平平, 仄仄平平平平, 仄仄平平平仄, 仄平仄仄平平'으로 제5자가 생략된 것으로 칠 때, 첫 구와 끝 구는 이사부동이류대가 이루어졌다 하리라. 반법과 점법도 그런대로 형성된 작품이다.

258. 李舜臣(이순신 1545~1598) : 조선 선조 때의 名將(명장). 자 汝諧(여해). 시호 忠武(충무). 본관 德水(덕수). 父 秉節校尉 貞(병절교위 정). 윗대의 고향은 개성이나 서울 乾川洞(건천동, 현 三淸洞삼청동)에서 태어났다. 어려서부터 용맹하여 전쟁놀이에는 늘 대장이 되었으며 동네에 못마땅한 일이 생기면 나서서 해결 지으므로 사람들이 다 두려워했다. 뜻을 무예에 두어 연마하다가 선조 9년(1576) 무과에 급제하여 權知訓鍊院奉事(권지훈련원봉사)로 처음 관직에 나갔으며, 鉢浦萬戶(발포만호)를 거쳐 선조 19년(1586) 司僕寺主簿(사복시주부)가 되고 造山萬戶兼鹿島屯田事宜(조산만호 겸 녹도둔전사의)가 되었다. 이 때 그는 국방 강화를 위해 병력 증강을 요구했으나 北兵使 李鎰(북병사 이일)에 의해 거절되었고, 그 해 가을 오랑캐들이 침입하여 많은 양민을 학살하니 이순신은 홀로 이들를 맞아 싸워 포로가 된 동포 60여 명을 구했다. 이일은 피해의 책임을 이순신에게 돌려 그를 옥에 가두고 사형에 처할 것을 상소했으나, 무죄가 판명되어 해임으로 그쳤다. 그 후 전라도 순찰사 李洸(이광)에게 발탁되어 전라도 助防將, 宣傳官(조방장, 선전관) 등을 거쳤고, 선조 22년(1589) 정읍현감일 때 柳成龍(유성룡)의 추천으로 高沙里僉使(고사리첨사)로 승진하고 이어 折衝將軍(절충장군)으로 滿浦僉使(만포첨사), 珍島郡守(진도군수)를 지내고 47세에 全羅左道水軍節度使(전라좌도수군절도사)가 되어 군사를 훈련하고 거북선을 만들었다. 임진왜란이 일어나자 왜적에 패한 元均(원균)의 요청으로 적의 수군을 도처에서 격파했는데, 특히 한산도와 부산포 싸움은 유명하며 制海權(제해권)을 장악했다. 이로 하여 正憲大夫(정헌대부)에 三道水軍統制使(삼도수군통제사)로 임명되었다. 그러나, 원균의 시기와 일본군의 이간책으로 선조 29년(1595) 2월 서울에 압송되어 고문 끝에 사형 선고를 받았지만, 판중추부사 鄭琢(정탁)의 반대로 사형이 면제되어 權慄(권율)의 휘하에서 백의종군했다. 정유재란 때 다시 삼도수군 통제사가 되니 배가 12척뿐이었다. 8월 15일 鳴梁(명량)에서 적의 대부대를 대파하고 명 나라 陳璘(진린)의 수군과 합세하여 위세를 떨쳤다. 11월 18일 露梁(노량)에서 적을 섬멸했으나 유탄을 맞아 장렬한 최후를 마치니 54세였다. 나라에서 宣武一等功臣(선무일등공신)의 호와 德豊君(덕풍군)으로 봉했고 정조 때 영의정을 추증했다. 저서로 '亂中日記(난중일기)'와 '李忠武公全書(이충무공전서)'가 있으며, 충남 牙山(아산)의 顯忠祠(현충사)에 모셔졌다.

258-1 陣中夜吟(진중야음) 군진에서 밤에 읊다

水國秋光暮 驚寒雁陣高 憂心輾轉夜 殘月照弓刀.
(수국추광모 경한안진고 우심전전야 잔월조궁도)

바다의 맑은 가을 경치 해는 저물고, 추위에 놀란 기러기떼 높이 날아가네.

나랏일 걱정에 잠 못 이루는 이 밤, 새벽달이 벽에 걸린 활과 칼을 비추는구나.

[語句] *水國 : 바다 지방. *秋光 : 가을철의 맑은 경치. 秋色(추색). *雁陣 : 줄지어 날아가는 기러기의 행렬. *憂心 : (나라를) 근심하는 마음. *輾轉 : 누워 이리저리 몸을 뒤척임. 輾轉反側(전전 반측, 이리저리 뒤척거리며 잠을 이루지 못함. 輾轉不寐전전불매). *殘月 : 새벽녘의 지는 달. *弓刀 : 활과 칼[長劍장검].

[鑑賞] 이 시는 본디 제목이 붙지 않아 읽는 사람들이 나름으로 제목을 붙였으니, 어떤 자료에는 '在海鎭營中(재해진영중)'이라 했다. 진중시는 대개 창이나 활 같은 무기의 날카로움이나 적을 무찌른 전과 또는 고향을 생각하는 애절함 등을 내세워 읊는 게 일반적인데, 이 시는 셋째 구에서 다가올 아침의 전투와 나라의 안위를 걱정하느라 잠 못 드는 심정을 절실히 드러냈다. 충무공의 시조 하나를 보자. "한산 섬 달 밝은 밤의 수루戍樓에 혼자 앉아, 큰 칼 옆에 차고 깊은 시름 하는 적에, 어디서 일성호가一聲胡笳는 나의 애를 끊나니." 이 시조에도 우국충정이 깊이 배어 있음을 알 수 있다.

5言絶句(5언절구). 압운은 高, 刀 자로 평성 '豪(호)' 평운이다. 평측은 차례로 '仄仄平平仄, 平平仄仄平, 平平仄仄仄, 平仄仄平平'으로 二四不同(이사부동)과 反法(반법), 粘法(점법) 등이 모두 잘 이루어진 명작이다.

258-2 陣中吟 三首 第1首(진중음 삼수 제1수) 진중에서 읊다 세 수 첫 수

天步西門遠 君儲北地危 孤臣憂國日 壯士樹勳時
誓海魚龍動 盟山草木知 讐夷如盡滅 雖死不爲辭.

(천보서문원 군저북지위 고신우국일 장사수훈시

서해어룡동 맹산초목지 수이여진멸 수사불위사)

임금님 행차 서쪽 멀리 뜨시었고, 왕자님들은 북쪽 변방에서 위급한 처지일세.
외로운 신하 나라 걱정을 하는 날, 장사들은 공훈을 세울 때가 되었구나.
바다에 다짐 두니 어룡이 움직거리고, 산을 두고 맹세하니 초목도 아는 듯 몸 흔드네.
원수 왜적들을 모조리 무찌른다면, 비록 내 한 몸 죽는다 한들 어찌 사양하리오.

[語句] *天步 : ①한 나라의 운명. 天運(천운). ②임금님의 발걸음. 여기서는 ②의 뜻으로 임진왜란 때 선조 임금이 義州(의주)로 播遷(파천)한 일을 말함. *西門 : 서쪽 문. 서울 성곽의 서북쪽 彰義門(창의문). *君儲 : 大君(대군)과 儲君(저군, 왕세자). 임진왜란 때 강원도와 함경도 지방으로 勤王兵(근왕병)을 모집하러 간 臨海君(임해군, 선조의 맏아들)과 順和君(순화군, 선조의 서자)을 말함. *孤臣 : 외로운 신하. 임금의 신임을 받지 못하는 신하. *樹勳 : 공을 세움. *魚龍 : 물고기와 용. 바다

생물의 총칭. *讎夷 : 원수 오랑캐 곧 倭賊(왜적). *盡滅 : 멸하여 다 없애버림.
[鑑賞] 충무공은 타고난 애국 장군이니, 난중에 모친상을 당하고도 임종과 장례에 가지
않고 왜적과 싸웠고 명량해전에서 적의 유탄에 맞아 전사하면서도 "내가 죽었다
는 말을 퍼뜨리지 말고 계속 적군을 무찌르라." 했으며, 조카들도 왜적과의 전투
에서 전사했으니 이렇게 장렬한 일이 또 있을 수 있는가. 첫 연에서 임금과 왕자
들의 안위를 걱정하고, 둘째 연에서는 모두 나라를 위해 싸워야 함을 강조했는데
對句(대구)가 잘 이루어졌다. 셋째 연은 전환으로 바다와 산에 맹세하니 어룡과
초목도 호응한다 했다. 역시 대구가 멋지게 형성되었으며 이 두 구는 충무공의
장검에 새긴 劒銘(검명)이기도 하다. 끝 연은 결말로 왜적만 모두 무찔러버린다면
내 한 몸 죽어진들 어떠랴 하고 진심에서 우러나는 충성심을 보인다.

5言律詩(5언율시). 압운은 危, 時, 知, 辭 자로 평성 '支(지)' 평운이다. 평측은 차례로 '平仄
平平仄, 平平仄仄平, 平平平仄仄, 仄仄平平平, 仄仄平平仄, 平平仄仄平, 平平平仄仄, 平
仄仄仄平平'으로 이사부동과 반법과 점법 모두가 규칙에 합치되고 평측 배치도 고르게 되어 5
언율시의 모범이며 명작이라 해도 과언은 아니다.

259. 李崇仁(이숭인 1349~1392) : 고려말의 학자, 三隱(삼은)의 한 사람. 자 子安(자안).
호 陶隱(도은). 본관 星州(성주). 李穡(이색)의 문인으로 공민왕 때 문과 급제하여 肅雍府
丞(숙옹부승)이 되고 長興府使兼進德博士(장흥부사 겸 진덕박사)가 되었으며, 文士(문사)를 뽑
아 명 나라로 보낼 때 수석으로 뽑혔으나 나이 25세가 못 되어 가지 못했다. 이어
禮儀散郞(예의산랑), 藝文應敎(예문응교), 門下舍人(문하사인) 등을 역임, 우왕 때 典理摠郞
(전리총랑)으로서 金九容(김구용), 鄭道傳(정도전), 田祿生(전녹생) 등과 함께 원 나라 사신을
돌려보낼 것을 청하다가 한때 귀양 갔으며, 돌아와 成均司成(성균사성), 右諫議大夫(우
간의대부)로 전임하여 동료와 함께 상소를 올려 나라의 시급한 대책을 논하였다. 후에
密直提學(밀직제학)이 되어 政堂文學 鄭夢周(정당문학 정몽주)와 함께 실록을 편수하고 同
知司事(동지사사)가 되었으며, 李仁任(이인임)의 인척으로 곤장형을 받아 通州(통주)에 유
배되었다가 僉書密直司事(첨서밀직사사)로서 이색, 金士安(김사안) 등과 賀正使(하정사)로
북경을 갔다 와서 藝文提學(예문제학)이 되었다. 창왕 때 京山府(경산부)와 牛峯縣(우봉현)
에 유배되고, 공민왕 때 尹彝(윤이)와 李初(이초)의 옥사가 일어나자 이색, 權近(권근)과
함께 청주 감옥에 투옥되었다가 水災(수재)로 인해 방면되었다. 이후 지밀직사사, 同知
春秋館事(동지춘추관사)가 되었으나 정몽주 당이라 하여 삭직당하고 영남에 유배되었다.
조선의 개국에 이르러 정도전의 원한을 사서 그의 심복 黃居正(황거정)에게 유배지에서
살해되었다. 그는 타고난 성품이 영민하고 문장이 典雅(전아, 틀에 맞고 아담함)하여 중국의

명사들도 모두 탄복했다고 하며 圃隱(포은) 정몽주, 牧隱(목은) 이색과 더불어 세칭 '三隱'이라 했고 문집에 '陶隱集(도은집)'이 있다. 三隱은 포은과 목은 그리고 冶隱 吉再(야은 길재)의 세 분이라 하기도 한다.

259-1 感興 三首 第1首(감흥 삼수 제1수) 감흥 세수 첫 수

昨日苦炎燠 今朝忽悽慄 霜露衆卉腓 歲月如駒隙 人生穹壤間 身世兩役役
況復非金石 行年不盈百 所以古時人 分陰當自惜.

(작일고염욱 금조홀처률 상로중훼비 세월여구극 인생궁양간 신세양역역

황부비금석 행년불영백 소이고시인 분음당자석)

어제는 찌는 듯 더워 괴롭더니, 오늘 아침은 갑자기 오싹 몸이 떨리는구나.

서리와 이슬에 모든 풀은 시들었고, 세월은 백구과극과 같이 빨리도 가 버리네.

인생은 하늘과 땅 사이에서 나서, 이 몸과 세상살이 모두 바쁘구나.

사람은 쇠나 돌처럼 굳지를 못해, 사는 동안이라는 게 백년도 차지 못하네.

그러기에 옛날 사람들은, 아주 짧은 시간이라도 아껴 써서 뜻있게 살려고 했으리라.

[語句] *感興 : 마음에 깊이 감동되어 일어나는 흥취. *燠 : 욱-덥다. 오-속 답답하다. 끙끙 앓다. *悽慄 : 슬프도록 몸이 떨림. *衆卉 : 모든 풀. *腓 : 병들다. 피하다. 장딴지. *駒隙 : 白駒過隙(백구과극)을 줄인 말. 흰 망아지가 달려감을 문틈으로 봄. '잠깐 동안. 세월의 빠름. 인생이 몹시 짧음' 등을 비유함. *穹壤 : 하늘과 땅. 天地(천지). *身世 : 이 몸과 이 세상. 이 몸이 있는 세상. *役役 : 마음과 힘을 몹시 쓰는 모양. *況復 : 하물며 또. *金石 : 쇠붙이와 돌. *行年 : 먹은 나이. 사는 동안. *所以 : 까닭. 그런 까닭에. *分陰 : 짧은 시간. 寸陰(촌음, 눈 깜박할 동안)보다도 더 짧은 시간.

[鑑賞] '계절도 빨리 가고 따라서 세월 또한 빠르기가 문틈으로 망아지가 달려 지나가는 것을 보듯 잠깐 동안에 지나지 않는다. 천지간에 태어난 인생이 세상 살아가기가 어찌 그리도 바쁜가. 인간은 쇠나 돌같이 굳지 못해 그 일생이란 것이 백년에 차지 않는다. 그러기에 옛 사람들은 촌음을 아껴 쓰라고 훈계했던가 보다.' 했다. 둘째 수는 '신선은 흰 학을 타고 유유자적했다지만, 내 몸을 옭아매는 것 모두 벗으니 시원하구나. 인생을 내려다보니 하루살이라 내 삶을 얽매는 일 있으면 세상을 잊어야 하리. 이런 심정을 누구와 이야기할꼬, 홀로 거문고 당겨 한 곡조 탈 수밖에.'라 했고, 셋째 수는 '변하는 게 우주의 원리라 쓸쓸한 가을 되니 서풍에 마른 나뭇가지 우네. 한 번 간 임 돌아올 기약 없고 아

내는 빈 방에서 긴 상사(相思)라 애닯고 슬픈 심정 어이할꼬.'라 읊었다.

5言古詩(5언고시) 전 5연 10구. 압운은 隙, 役, 百, 惜 자로 입성 '陌(맥)' 측운이다. 둘째 구의 慄 자는 입성 '質(질)' 운이라 通韻(통운)이 안 되며, 일곱째 구의 石 자도 '陌' 운이다. 평측은 차례로 '仄仄仄平仄, 平平仄平仄, 平仄仄仄平, 仄仄平仄仄, 平平平仄平, 平仄仄仄仄, 仄仄平仄仄, 平平仄平仄, 仄仄仄平平, 平平平仄平'으로 二四不同(이사부동)에 맞는 구는 제 1, 5, 7, 9, 10구로 전체의 반이며, 反法(반법)이나 粘法(점법)은 이루어지지 않았다.

259-2 渡遼曲(도요곡) 요해를 건너는 노래

遼陽城中秋風起 遼陽城下黃沙飛 征夫渡海事驃姚 幾年望鄕猶未歸

空閨思婦顰雙蛾 挑燈札札鳴寒梭 織成錦字憑誰寄 靑鳥不來知奈何.

(요양성중추풍기 요양성하황사비 정부도해사표요 기년망향유미귀

공규사부빈쌍아 도등찰찰명한사 직성금자빙수기 청조불래지내하)

요양성 안에 가을바람 일고, 요양성 아래에는 황사 모래 날리는데,

바다 건너간 남편은 무공을 세우려고, 몇 해를 고향 바라보며 돌아가지를 못하는구나.

텅빈 규방의 아내를 생각하니 두 눈썹 찡그릴 게고,

등불 돋우며 찰깍찰깍 찬 북을 놀리리.

비단 글자 회문 짜내어 뉘 편에 부칠꼬,

소식 전하는 파랑새도 안 오니 이 일을 어이할까.

[語句] *渡遼 : 遼海(요해) 곧 渤海灣(발해만)을 건넘. *曲 : 樂曲(악곡). 노래 가사. 음악의 고저, 강약 등 마디가 있는 것을 곡이라 하는데, 그 곡으로 노래 부르는 詩句(시구)도 曲이라 함. →234-4. *遼陽 : 중국 滿洲(만주) 요동 반도 동북쪽에 있는 도시. *黃沙 : 누런 빛 모래. *征夫 : 遠征(원정)하는 군사. 먼 곳으로 가는 사람. *驃姚 : 날램. '날래게 싸워 이긴 공적'의 뜻으로 썼음. *空閨 : 오랫동안 남편 없이 아내 홀로 사는 쓸쓸한 방. 空房(공방). *顰 : 찡그리다. *雙蛾 : 미인의 양쪽 눈썹. *挑燈 : 등잔의 심지를 돋워 불을 밝게 함. *札札 : 베 짜는 소리. 扎扎(찰찰). *寒梭 : 차가운 북. *織成錦字 : 비단에 글자를 수놓아 이룸. '織錦題詩(직금제시), 廻文錦字詩(회문금자시) 또는 回文詩(회문시)'를 말하는데, '바로 읽거나 거꾸로 읽거나 세로로 읽거나 가로로 읽거나 모두 뜻이 이루어지는 시'로, 前秦(전진)의 竇滔(두도)가 襄陽太守(양양 태수)로 갈 때 寵姬(총희) 趙陽臺(조양대)를 데리고 가, 그의 처 蘇氏(소씨, 秦若蘭진약란이라고도 함)와는 소식을 끊으니 소씨가 설워하여 비단에 회문시 2백여 수를 짜서 두도에게 부치니, 두도가 그 비단 글을 보고 감동하여 수레를 갖추고 소씨를

맞이해 갔다고 함. *憑 : 의지하다. 빙자하다. 증거. *靑鳥 : 파랑새. 소식을 전하
는 사자. 편지. 漢武帝(한무제)의 창 앞에 푸른 새 한 마리가 와서 울기에 신하들에
게 물으니, 東方朔(동방삭)이 말하기를 西王母(서왕모)가 오늘밤 내려온다는 소식을 전
하러 온 새라 한 바, 과연 밤에 서왕모가 하강하여 인연을 맺었다 함.

[鑑賞] 이 시는 내용상으로나 형식상으로 두 부분으로 나누어진다. 처음 네 구는 전
쟁터에 나와 있는 남편에 대하여 읊었고, 뒤의 네 구는 집에서 남편을 기다리
는 아내의 심정을 그렸다. 앞부분은 '머나먼 요양성 戰線(전선)에 있노라니 성
안은 가을바람 불어 추위를 예고하고 성 바깥은 황사로 뒤덮여 있다. 바다를
건너온 우리 군사들 날랜 솜씨로 적을 무찌르고 고향으로 빨리 돌아가고 싶어
하지만, 몇 년 동안 망향의 정에 젖을 뿐 아직 돌아가지 못하고 있다.'이고, 뒷
부분은 '독숙공방 하는 아내는 두 눈썹 찡그리며, 긴 밤을 등잔 심지 돋우어
가며 베 짜는 소리만 찰각찰각 내고 있다. 회문시를 수놓아 부치려 해도 부칠
편이 마땅치 않아, 소식 전해 주는 파랑새조차 오지를 않으니 어이하랴.' 했다.
서로를 그리워하는 심정이 숨어 있는 안타까움을 그렸다 하리라.

　7言古詩(7언고시). 압운은 飛, 歸 ; 蛾, 梭, 何 자로 앞 두 자는 평성 '微(미)' 평운, 뒤의 석자
도 평성 '歌(가)' 평운인데 두 운은 통운이 되지 않으니 轉韻(전운)한 것이다. 평측은 차례로 '平
平平平平平仄, 平平平仄平平平, 平平仄仄仄仄仄, 仄平平平平仄平 ; 平平仄仄平平平, 仄平
仄仄平平平, 仄平仄仄平平仄, 平仄仄平平仄平'으로 二四不同二六對(이사부동이륙대)가 맞는 곳
은 후반 네 구이고 따라서 반법이나 점법도 후반에서만 이루어져, 평운 압운이면서도 평측 배
치가 치우쳐 '東文選(동문선)'에 고시로 분류했는데, 律詩(율시)라 해도 될 것이다.

259-3 沙門島懷古 三首 第3首(사문도회고 삼수 제3수)
사문도 옛 일을 회고하다 세 수 셋째 수

千古之罘一點山 鴉鬢倒影滄波間 祖龍遺迹復誰記 石刻剝落苔紋斑.
　　(천고지부일점산 아환도영창파간 조룡유적부수기 석각박락태문반)

지부 땅의 오랜 한 점 같은 산, 까만 봉우리 창파 사이에 그림자 거꾸로 비치네.
진시황 유적을 뉘 다시 기억하리,
비석에 새긴 글자 닳아 벗겨졌고 이끼만 무늬 이루었구나.

[語句] *沙門島 : 중국 山東半島(산동반도) 앞의 섬. *之罘 : 산동성의 산 이름 또는 지
　　　　명. 芝罘(지부). 1930년대에 '芝罘種(지부종)' 배추가 우리나라에 보급된 적이 있음.
　　　　*鴉鬢 : 검은 머리카락. '검은 산'의 뜻으로 쓴 말임. *倒影 : 그림자가 거꾸로

비침. *滄波 : 넓은 바다의 푸른 파도. *祖龍 : 秦始皇(진시황) 별칭. 祖는 처음[始
시]이요 龍은 人君(인군)의 형상이니 처음으로 황제라 한 데서 하는 말임. *石刻 :
비석이나 바위에 새김. 산동성 嶧山(역산) 바위에 진시황의 공덕비를 세웠는데 李
斯(이사)가 篆書(전서)로 써서 새겼다고 함. *剝落 : 새긴 것이 오래 묵어 긁히고
깎여서 떨어짐. *苔紋 : 이끼 무늬. *斑 : 얼룩. 얼룩지다.

[鑑賞] 지은이가 산동반도에서 귀국할 때 사문도의 옛 일을 회고해 보며 지은 작품. 앞
두 수의 내용은 "높은 데 올라 신선이 산다는 봉래 섬을 보려 하니, 연기와 물결
이 아득히 하늘에 닿았고, 신선 安期生(안기생)은 오이만한 대추를 공연히 가졌나니,
漢武帝(한무제)도 신선이 되려다가 茂陵(무릉)에 묻혀 가을 풀만 우거진 걸 보라."<第
1首> "그 당시 여덟 신선들이 方壺(방호)와 瀛洲(영주) 仙境(선경)을 찾아갔을 때 구름
사이의 깃발들이 바람 수레를 둘러쌌었다 하니, 지금 그들을 따라 유람코자 하나
건너야 하는 弱水(약수) 물이 이제는 얕고 맑아졌는지 알 길이 없구나."<第2首>이다.
이렇게 典故(전고)를 많이 인용한, 좀 관념적인 시이다.

7言絕句(7언절구). 압운은 山, 間, 斑 자로 평성 '刪(산)' 평운이다. 평측은 차례로 '平仄平平
仄仄平, 平平仄仄平平平, 仄平平仄仄平仄, 仄仄仄仄平平平'으로 二四不同二六對(이사부동이
륙대)는 끝 구에서 어긋났고 反法, 粘法(반법, 점법)은 그런대로 이루어졌다.

259-4 送張衡叔還西道田宰相幕(송장형숙환서도전재상막)
서도의 전 재상 막부로 돌아가는 장형숙을 송별하다

相國經綸器 朝鮮禮義邦 僉謀今俊逸 遺俗更淳厖

樓閣臨平楚 風煙接大江 君歸如記我 莫惜鯉魚雙.

(상국경륜기 조선예의방 참모금준일 유속갱순방

누각임평초 풍연접대강 군귀여기아 막석이어쌍)

전 재상은 경륜이 있는 재능을 가진 분이요, 우리 조선은 예의의 나라일세.

참모인 그대 또한 재능이 뛰어나니, 끼치는 풍속은 다시 순박하고 도타워질 것이리.

누각은 펀펀한 들판에 다가 있고,

멀리 흐릿한 연기 같은 기운은 큰 강에 접해 있으리라.

그대 돌아가거든 나를 잊지 말고, 편지해 주기를 아끼지 말라 전해 주게나.

[語句] *張衡叔 : 자 中顯(중현). *西道 : 황해도와 평안남북도 일원. 西關(서관). 西路(서로).
　　*田宰相 : 田祿生(전녹생, 1318~1375 호 埜隱야은) 재상. 宰相은 '天子(천자)를 보필하여
정치를 하는 사람 또는 2品(품) 이상의 벼슬. 宰臣(재신)'임. 이 때 녹생은 西北面

都巡問使兼平壤尹(서북면도순문사 겸 평양윤)이었음. →372. *幕 : 幕府(막부, 집무하는 곳).
*相國 : 재상. 丞相(승상). *經綸 : 천하를 事理(사리)에 맞도록 다스림. 일을 조직적
으로 잘 계획함. *器 : 그릇. 재능. *參謀 : 일을 꾀하고 의논하는 일에 참여하는
중심 인물. 首席輔佐官(수석보좌관). *俊逸 : 재능이 뛰어남. 그러한 사람. *遺俗 :
후세에 끼치는 풍속. 遺風(유풍). *淳厖 : 선량하고 도타움. *平楚 : 편편하게 보이
는 숲. 풀이 무성한 숲이나 평야. *風煙 : 공중에 멀리 서린 흐릿한 기운. *大江 :
큰 강. '大同江(대동강)'을 말하는 듯함. *記我 : 나를 잊지 않도록 머리 속에 넣어
둠. *鯉魚雙 : 잉어 두 마리. 편지. 雙鯉. 鯉魚尺素(이어척소). 鯉素. →240-2.

[鑑賞] 지은이 도은과 야은 전녹생은 다 함께 고려에 벼슬하는 莫逆之友(막역지우) 사이
다. 마침 장형숙이 휴가나 다른 볼일로 서울에 왔다가 막부로 돌아가는 길에 도
은을 만나니, 도은은 야은의 인품과 경륜을 칭송하고 아울러 장형숙이 참모로서
야은을 잘 보좌하여 美風良俗(미풍양속)이 서도에 널리 이루어지도록 당부를 하면
서, 야은에게 안부 전하더라 하고 꼭 소식을 주거나 편지를 해 달라는 것을 잊지
말고 전하라고 일렀다. 首聯(수련, 1~2구)은 야은을 칭송했고 頷聯(함련, 3~4구)에서는
이어 장형숙을 칭찬했는데 對句(대구)가 잘 이루어졌다. 頸聯(경련, 5 ~6구)은 視點(시
점)을 전환하여 야은의 막부가 있는 곳을 그린 寫景(사경)으로 역시 대구를 잘 이
루었고, 尾聯(미련, 7~8구)은 마무리로 막부로 가거들랑 야은에게 편지해 달라 하더
라고 전하라 하며 맺었다. 두 분의 깊은 우정을 느끼게 하는 佳作(가작)이다.

5言律詩(5언율시). 압운은 邦, 厖, 江, 雙 자로 평성 '江' 평운이다. 평측은 차례로 '仄仄平平
仄, 平平仄平平, 平平平仄仄, 平平仄平平, 仄平平平仄, 平平仄仄平, 平平平仄平, 仄仄仄平
平'으로 이사부동은 둘째 구만 어긋났고 반법과 점법은 그런대로 이루어진 좋은 작품이다.

259-5 憶三峯(억삼봉) 삼봉 정도전을 생각하다

不見鄭生久 秋風又颯然 新篇最堪誦 狂態更誰憐
天地容吾輩 江湖臥數年 相思渺何恨 極目斷鴻邊.
　(불견정생구 추풍우삽연 신편최감송 광태갱수련

　천지용오배 강호와수년 상사묘하한 극목단홍변)

그대 삼봉을 못 본 지도 오래인데, 이미 가을 바람 선선하게 부는 때구료.
그대가 새로 지은 글들 모두 읽었지만, 내 미친 듯한 이 꼴을 뉘라서 가엾다 하리오.
하늘과 땅이 우리를 굽어 살피시어, 내 시골에 묻힌 지 여러 해라오.
그대 생각하나 너무도 멀어 한될 서야 없지만,
보이는 곳까지 봐야 기러기 나는 데서 끝나오.

[語句] *三峯 : 조선의 개국공신 鄭道傳(정도전, 1342~1398)의 雅號(아호). →390. *颯然 : 일어나는 바람이 가볍고 시원함. *新篇 : 시로 지은 글. *堪 : 견디다. 말다. *狂態 : 미친 모양. *吾輩 : 우리들. *江湖 : 강과 호수. 시골. *相思 : 서로 생각함. 서로 그리워함. *渺 : 아득하다. 멀다. *極目 : 눈으로 바라볼 수 있는 곳까지 봄.

[鑑賞] 도은은 앞의 지은이 난에서 소개한 대로 삼봉과는 원 나라를 배척하고 명 나라와 친하려는 排元親明(배원친명) 정책을 함께했으나, 고려가 쇠퇴하고 새 조선이 세워지려 할 때 갈려 도은은 포은 정몽주의 무리라 하여 영남으로 귀양 가고 결국은 삼봉의 심복에게 유배지에서 살해당하였다. 이 시는 그 때 유배지에서 지은 작품이리라. 한 때 동지였던 삼봉을 그리워하는 면도 있다 하겠으나, 오히려 그를 풍자하는 내용이 주조를 이루었다. 스스로를 '狂態'라 했다든지 '天地容吾輩' '相似渺何恨' 같은 표현을 음미해 볼 필요가 있는 것이다.

5언율시. 압운은 然, 憐, 年, 邊 자로 평성 '先(선)' 평운이다. 평측은 차례로 '仄仄仄平仄, 平平仄仄平, 平平仄平仄, 平仄仄平平, 平仄平平仄, 平平仄仄平, 平平仄平仄, 仄仄平平平'으로 이사부동은 셋째와 일곱째의 두 구에서 어긋났고 반법과 점법은 그런대로 이루어졌다.

259-6 題僧房(제승방) 승방을 시로 짓다

山北山南細路分 松花含雨落繽紛 道人汲井歸茅舍 一帶靑煙染白雲.
(산북산남세로분 송화함우낙빈분 도인급정귀모사 일대청연염백운)

오솔길 하나로 산이 남북으로 갈리었고, 송화가루는 비 머금어 마구 날리네.
도사는 우물물 길러 초가집으로 돌아가고, 한 줄 푸른 연기 흰구름을 물들이는구나.

[語句] *題 : 뒷말인 '승방을 두고 시를 짓다'의 뜻임. →30-4. *僧房 : ①중이 사는 집. 절. ②女僧(여승)들이 사는 절. 尼院(이원). *細路 : 작은 길. 좁은 길. *松花 : 소나무의 꽃. 그 가루. 松黃(송황). *繽紛 : 많고 성하여 어지러움. 꽃 같은 것이 어지러이 흩어지는 모양. *道人 : 道士(도사). ①<佛>佛道(불도, 부처의 가르침)를 깨달은 사람. ②도나 도교를 닦는 사람. *茅舍 : 띠나 이엉으로 이은 집. 茅屋(모옥). 草家(초가). *靑煙 : 푸른빛 연기.

[鑑賞] 한 폭의 東洋山水畵(동양산수화)를 보는 듯한 산뜻한 시다. 李丙疇(이병주) 박사의 감상을 들어 보자. "(도은이라는) 호에 걸맞는 솜씨다운 착상이다. 불현듯 靑田 李象範(청전 이상범)의 그림이 눈에 다가온다. 워낙 심상의 승화를 관조로 녹화하는 것이 한시의 매력이라지만, 정경이 사실로 아물려져 동양화의 경지를 노니는 감흥을 안겨준다. 이는 남달리 만들려는 솜씨보다도 절로 이룩한 느낌이어서 더하다. 공연스런

점잖은 작위(作爲)가 아닌 무르익은 말씨라야 되고, 낮가운 세속의 속된 기운, 더구나 멋이나 부리려는 잔망스런 재치는 시나 부(賦)의 하릴없는 방해물이다. 이 절구는 이를 입증하듯 속기를 벗은 감응을 준다."<韓國漢詩의 理解>.

7言絶句(7언절구). 압운은 分, 紛, 雲 자로 평성 '文(문)' 평운이다. 평측은 차례로 '平仄平平仄仄平, 平平平仄仄平平, 仄平仄仄平平仄, 仄仄平平仄仄平'으로 二四不同二六對(이사부동이륙대)와 반법, 점법 등이 잘 이루어진 좋은 작품이다.

259-7 次漁隱韻 中(차어은운 중) 어은의 시에 차운하다 중간

才也等元稹 孝乎同阿香 幾秋曾鶚立 何日更鷹揚.
(재야등원진 효호동아향 기추증악립 하일갱응양)

재주는 당唐 시인 원진과 나란하고,
효도는 진晉 때 우뢰 차 몰던 무덤 속 여인 아향과 같구나.
여러 해를 독수리-어사御史-로 우뚝 섰더니,
언제 다시 강태공姜太公을 닮아 매처럼 날으려는고.

[語句] *漁隱 : 누구의 호인지 미상이나, 지은이의 自註(자주)에 '이 시를 지을 때 어은이 光山(광산)에 귀양 갔으며 年前(연전)에 일식과 월식이 있었다.' 했음. *元稹 : 中唐(중당) 때의 시인. →172. *阿香 : 晉(진) 나라 때 우뢰를 실은 수레를 밀던 무덤 속의 여인. '孝女(효녀), 우뢰소리' 등의 뜻으로도 쓰는 말임. 義興(의흥)의 周(주)씨가 외출했다가 날이 저물어 길가 초가에서 16, 7세 된 여인을 만나 유숙하는데, 밤에 한 어린애가 밖에서 "아향아." 하고 부르니 여인이 대답한 바, "관청에서 네 雨雷車(우뢰차)를 부른다." 하며 여인이 나간 뒤, 밤에 큰 천둥과 비가 내렸음. 아침에 주씨가 일어나 보니 어제 묵었던 곳이 새 무덤이더라 함.<法苑珠林> *鶚立 : 독수리처럼 우뚝 섬. 御史(어사)가 됨. 독수리는 뭇 새를 몰므로 벼슬아치들을 탄핵하는 어사에 비유하는데, 일반 벼슬을 가리키는 말로도 씀. *鷹揚 : 매가 날아오름. 武勇(무용)을 떨침. 周武王(주무왕)을 도운 姜太公(강태공, 太公望태공망).<詩經 大雅 大明>

[鑑賞] 어은의 시에 차운한 5言排律(5언배율) 50운 곧 100구의 長詩(장시)이다. 첫머리는 "日月交相薄 星辰亦不藏 與誰評得失 無處卜行藏(일식 월식이 번갈아 보이고 별도 괴상한 게 나타나니, 누구와 그 득실을 논하며 출세와 은퇴를 어디 가서 점치리)"로 시작해 故事(고사)와 역사적 사실을 대비히며 읊어 나갔는데 물론 연마다 對句(대구)를 이루었다. 인용한 부분은 어은이 '원진과 같은 글재주에 아향의 효성

을 가졌으며, 오랫동안 어사 벼슬에 있는데 언제 강태공 처럼 날랜 장수가 되어 오랑캐들을 쳐부수게 되려나.' 했다. 끝에는 '오래지 않아 임금님이 불러들일 것이니, 상수에 빠져 죽은 屈原(굴원)을 조상하는 일 곧 자기 몸을 버리는 그런 짓은 하지 말기를 바라네.' 하여 귀양 가 있는 어은을 격려하는 말로 맺었다.

5言排律(5언배율). 모두 50운 100구. 압운은 香, 揚 자로 평성 '陽(양)' 평운인데 같은 운으로 일관했다. 평측은 차례로 '平仄仄平仄, 仄平平仄平, 仄平平仄仄, 平仄仄平平'으로 이사부동과 반법, 점법 등이 잘 이루어졌다.

260. 李承召(이승소 1422~1484) : 조선 성종 때 名臣(명신). 자 胤保(윤보). 호 三灘(삼탄). 시호 文簡(문간). 본관 陽城(양성). 인품이 진중하고 분명했으며, 세종 29년(1447) 문과에 장원급제하고 三場(삼장)에 연이어 장원했다. 성종 때 佐理功臣(좌리공신)에 책록되고 陽城君(양성군)에 피봉되었으며 禮曹判書(예조판서)를 역임했다. 문장가로 박식하고 기억력이 좋아 禮樂(예악), 兵刑(병형), 陰陽(음양), 律曆(율력), 醫藥(의약), 地理(지리) 등에 모두 도통했다. 申叔舟(신숙주), 姜希孟(강희맹) 등과 함께 '國朝五禮儀(국조오례의)'를 편찬하여 성종 5년(1474)에 완성했다.

260-1 送丁正言克仁辭官還鄕 二首(송정정언극인사관환향 이수)
정언 정극인이 벼슬을 사임하고 고향으로 돌아감을 송별하다 두 수

飜然來又浩然歸 莫把行藏較是非 垂老飽졺塵世味 不如春雨故山薇<제1수>
未有簪裾解絆君 肯敎猿鶴怨移文 馬蹄踏雪遲遲去 回首觚稜隔五雲<제2수>

　　(번연내우호연귀 막파행장교시비 수로포참진세미 불여춘우고산미)<第1首>

　　(미유잠거해반군 긍교원학원이문 마제답설지지거 회수고릉격오운)<第2首>

갑자기 왔다가 또 호연히 돌아가니,
벼슬에 나아가고 숨어 은퇴함에 시비를 따지지 말라.
늘그막에 속세의 맛 실컷 동참했겠지만,
그래도 봄비 맞은 고향의 고사리만 못했던 게지.<첫 수>
그대를 묶는 어떤 관복도 없으니, 북산이문에서처럼 원숭이와 학이 어찌 원망하리.
말 타고 눈길을 느릿느릿 가다가,
고개 돌려 전각 모퉁이를 보면 오색구름에 막혔으리라.<둘째 수>

[語句] *正言 : 諫爭(간쟁)과 論駁(논박)을 맡는 司諫院(사간원)의 정6품 관직. *丁克仁(1401~1481) : 성종 때 학자. 歌辭(가사) '不憂軒曲(불우헌곡), 賞春曲(상춘곡)' 등을

지었음. *辭官 : 관직을 사직함. *飜然 : 모르던 것을 갑자기 깨닫는 모양. 幡然(번연). *浩然 : ①물이 끊임없이 흐르듯 돌아가려는 마음이 간절함. ②크고 왕성한 모양. 마음이 넓고 뜻이 큰 모양. *行藏 : 세상에 나옴과 물러가 은퇴함. *是非 : 옳음과 그름. *垂老 : 늙어짐. 일흔 살 가까운 노인. *飽衆 : 실컷 참여함. *塵世 : 티끌세상. 이 세상. *故山 : 고향. *簪裾 : 비녀와 옷자락. 복장을 갖춤. 벼슬아치의 복장. *絆 : 옭아매다. 말굴레. 속박하는 것. *肯敎 : ~을 (즐겨) 하리. *猿鶴 : 원숭이와 학. *移文 : 관청 사이에 서로 조회함. 또는 돌려 보여 주는 글. 여기서는 南北朝(남북조) 때 남조 齊(제)의 孔德璋(공덕장)이 지은 '北山移文(북산이문)'을 말하는데, 그 글 속에 '거짓 隱者 周顒(은자 주옹)이 벼슬길로 가 버리니, 그가 있던 방이 비었음을 밤의 학이 원망하고 새벽 원숭이가 놀라워하더라.' 했음. *遲遲 : 더디고 더딤. *瓠稜 : 누각 같은 것의 모퉁이 기와. 殿閣(전각)의 모퉁이. *五雲 : 5색 구름. '五雲鄕(오운향, 임금이 계신 곳)'의 줄인 말.

[鑑賞] 落鄕(낙향)하는 정극인을 송별하는 시 두 편. '어느 날 갑자기 오듯 벼슬 살더니 또 고향 가기 이렇게 서두르는가. 用舍行藏(용사행장) 곧 쓰임을 받으면 세상에 나와 자기의 도를 행하고 버림을 받으면 물러가 은퇴하는 세상 이치를 따질 것은 없으리라. 그대는 늙도록 속세의 맛에 싫도록 동참했을 텐데, 그래도 고향의 고사리 맛만 못했던가 보네.' '이제 그대를 묶는 벼슬이 없으니 공덕장이 읊었던 대로 원숭이가 놀라거나 학이 원망하는 일은 없으리라. 그러나 눈 덮인 길을 말 타고 느릿느릿 가며, 고개 돌려 대궐 전각 모퉁이를 보면 이제는 임금님과 멀어지는구나 느끼며 울적해지리라.'라 하여 송별을 아쉬워하면서도 임금께 대한 충성심을 서로 다짐하는 진심에 찬 작품이다.

7언절구 두 수. 압운은 첫 수가 歸, 非, 薇 자로 평성 '微(미)' 평운, 둘째 수는 君, 文, 雲 자로 역시 평성 '文' 평운이다. 평측은 차례로 '平平平仄仄平平, 仄仄平平仄仄平, 平仄仄平平仄仄, 仄平平仄仄平平 ; 仄仄平平仄仄平, 仄平平仄仄平平, 仄平仄仄平平仄, 平仄平平仄仄平'으로 이사부동이륙대와 반법, 점법 등이 모두 잘 이루어진 좋은 시이다. 그리고, 둘째 수 제 2구 의 敎 자는 '하여금'의 뜻으로 쓰이어 평성 '肴(효)' 운이다.

260-2 漁陽 三首 第1首(어양 삼수 제1수) 어양 세 수 첫 수

山多奇險水深長 風氣千年尙崛强 仙李雲孫無遠計 猪龍猘子肆猖狂
錦繃乍裏胡雛戲 羅襪終抛驛路傍 不悟洗兒錢百萬 居然買得出奔忙.

(산다기험수심장 풍기천년상굴강 선리운손무원계 저룡제자사창광

금붕사리호추희 나말종포역로방 불오세아전백만 거연매득출분망)

산 많아 기이하고 험하며 물은 깊고 먼데, 천 년의 기후나 풍속은 아직도 거세구나.

노자의 후손인 임금들은 원대한 계획이 없어,

돼지 용 안록산이 방자하게 미쳐 날뛰었네.

대궐 안은 별안간 오랑캐 아이의 놀이터가 되고,

비단 버선은 끝내 역 길 옆에 버려졌구나.

아이 씻는 돈 백만 냥을 깨닫지 못하고서, 멍하니 도망하기 바쁨을 사고 말았구나.

[語句] *漁陽 : 北京(북경)과 그 동북방 일대가 范陽(범양)인데 그 중심지가 어양임. *風氣 : ①氣候(기후). 바람과 大氣(대기). ②風俗(풍속). 의식주 등 모든 생활 습관. *崛 : 산 높다. 불끈 솟다. *仙李 : 神仙 老子(신선 노자). '신선의 도 곧 도교를 닦은 李耳(이이, 老子의 성명)'. *雲孫 : 8대 후손. 먼 후손. 老子의 성이 李氏(이씨)이므로 당 나라 황실에서 자기네 조상으로 받들어 노자를 '玄元皇帝(현원황제)'라 追尊(추존)했음. *猪龍 : 돼지 모양의 용. 唐玄宗(당 현종)이 安祿山(안록산)을 불러 궁중에서 술을 마시니, 안록산이 매우 취하여 뒷마루 한 구석에서 자는데 저도 모르게 용으로 변해 있어서 현종이 이 말을 듣고 가 보고는 "몸은 비록 용으로 변했으나 머리는 돼지 대가리라 참 용이 아닌 猪龍이라 두려워할 것 없다." 하며 죽이지 않더라고 함. *猘子 : 미친 개. 猘는 '미친 개'임. *肆 : 방자하다. *猖狂 : 미친 듯 사납게 날뜀. 자유로이 멋대로 행동함. *錦繃 : 비단 묶음. '궁궐 안 또는 황제나 황후의 침실'을 뜻함. *乍 : 잠깐. 별안간. 겨우. *胡雛 : 오랑캐 어린 아이. '안록산'을 가리킴. *羅襪 : 얇은 비단 버선. '양귀비'를 가리킴. *抛 : 던지다. 버리다. *驛路 : 驛站(역참, 역말을 갈아 타던 곳)으로 통하는 길. '楊貴妃(양귀비)가 죽음을 당한 馬嵬坡(마외파)'를 가리킴. *洗兒錢 : 아이를 씻기는 데 드는 돈. 낳은 지 사흘만에 갓난아이의 몸을 湯(탕)에 씻기고 손님을 불러 축하함을 洗三(세삼)이라 함. 여기서는 '당 현종과 양귀비가 안록산을 수양아들이라 하고 안록산 생일 3일 후에 그를 궁중으로 불러다 아이를 씻긴다 하며, 양귀비가 궁녀들과 수놓은 어린애 옷처럼 만든 것을 입히고 포대기로 싸고 하면서 웃고 떠드니, 현종이 와서 보고 세아전 백만 전을 내렸던 일'을 두고 한 말임. *居然 : 문득. 아무 일 없이. 멍하니. 徒然(도연). *買得 : 사들임. 싼 값으로 삼. 買入(매입). *出奔 : 도망하여 달아남. '안록산의 난 때 현종이 蜀(촉) 땅으로 피난한 일'을 말함.

[鑑賞] 이 시는 北京(북경)으로 가는 길에 지은 시인데, 故事(고사)와 史實(사실)을 모르고는 풀이하기가 까다롭다. '어양 지방은 산이 많으면서 기이하고 험한데 물도 깊어, 그 기후나 풍속까지도 산수 따라 거세다. 노자의 후손이라 자처하는 당 나

라 임금들은 원대한 계획을 세울 줄 몰라, 돼지 모양으로 변한 안록산을 죽이지 않아 미쳐 날뛰도록 하고 말았다. 궁궐은 마침내 안록산의 놀이터가 되었고, 그 아리땁던 양귀비는 마외파 언덕에서 죽음을 당하고 말았다. 안록산을 수양아들로 삼아 말도 되지 않는 洗三을 한답시고 백만 전을 내었으니, 그 대가가 겨우 임금 스스로가 촉 땅으로 쫓겨 피난가는 것이었던가.' 이 뒤 두 수도 역사적 사실을 들어가며 현종의 실책 곧 안록산을 너무 신임한 일과 양귀비를 편애한 일, 回紇(회흘, 위글족)에게 구원병을 청한 일과 楊國忠(양국충)의 말에 따라 촉 지방으로 피난한 일 등을 읊고 "立馬城南無限思 靑山漠漠日輝輝(성 남쪽에 말을 세우니 감회 무한하고, 청산은 아득한데 햇빛 눈부시네)"라 맺었다.

　7言律詩(7언율시). 압운은 長, 强, 狂, 傍, 忙 자로 평성 '陽(양)' 평운이다. 평측은 차례로 '平平平仄仄平平, 平仄平平仄仄平, 平仄平平平仄仄, 平平仄仄仄平平, 仄仄仄仄平平仄, 平仄平平仄仄平, 仄仄仄平平仄仄, 平平仄仄仄平平'으로 二四不同二六對(이사부동이륙대)와 反法(반법), 粘法(점법) 등이 잘 이루어진 좋은 작품이다.

260-3 燕(연) 제비

畫閣深深簾額低 雙飛雙語復雙棲 綠楊門巷春風晚 靑草池塘細雨迷
趁蝶有時穿竹塢 壘巢終日啄芹泥 托身得所誰相侮 養子年年羽翼齊.
　　(화각심심염액저 쌍비쌍어부쌍서 녹양문항춘풍만 청초지당세우미

　　진접유시천죽오 누소종일탁근니 탁신득소수상모 양자연년우익제)

단청한 전각은 깊숙하고 문의 발 위는 나직한데,
짝지어 날고 짝지어 지저귀며 또 짝지어 사네.
문 밖 푸른 버들에는 봄바람 물러가고, 못 둑의 푸른 풀에는 보슬비 어지러이 내리네.
때로는 나비를 쫓아 대숲을 뚫으며 날고,
집 지으려고 온종일 미나리꽝 진흙을 쪼아 나르네.
몸을 기댈 곳을 얻었으니 누가 업신여기리,
해마다 새끼 길러 날개를 가지런히 하는구나.

[語句] *畫閣 : 울긋불긋 단청한 누각. *額 : 이마. 懸板(현판). *門巷 : 문과 문 밖 좁은 길. *池塘 : 못. *趁 : 쫓다. 다다르다. =趂(진). *竹塢 : 대밭 언덕. *壘巢 : 보금자리. '모양이 군대의 진지 같은 제비 집'임. 壘는 '陣(진). 늘비하다'임. *芹泥 : 미나리꽝[미나리 밭]의 진흙. *托身 : 몸을 의탁함. *侮 : 업신여기다. *養子 : 아이를 키움. 새끼를 기름. *羽翼 : 날개.

[鑑賞] 제비는 인가 처마 안 벽 위에 진흙으로 집을 지어 알을 낳아 부화시켜 새끼를 기른다. 이르기를 먼 강남에서 음력 3월 3일 삼진날에 우리나라에 날아와 9월 9일 重九(중구)날에 강남으로 되돌아간다고 하는 철새이다. 강남이란 사실은 인도나 호주라 하는데, 제비는 그 생김새와 울음소리가 좋고 사람에게 해를 끼치지 않기 때문에 우리의 사랑을 받는 새로 '흥부전'에도 등장하여 좋은 일을 하며, 동양의 문학 작품에도 소재로 많이 쓰인다. 우리 가요에도 "정이월 다 가고 삼월이라네. 강남 갔던 제비가 돌아오면은 이 땅에 또다시 봄이 온다네.…"라 있다. 그런데, 요즈음은 시골에서도 제비를 보기가 쉽지 않다 하니, 대기 오염이나 농약 등으로 잠자리 같은 제비의 먹이가 되는 곤충이 적어져 그런 것이리라. 이 시는 제비의 生態(생태)를 잘 관찰하여 한 편의 시를 이루었고, 둘째 연과 셋째 연은 對句(대구)로 이루어졌다.

7언율시. 압운은 低, 棲, 迷, 泥, 齊 자로 평성 '齊' 평운이다. 평측은 차례로 '仄仄平平平仄平, 平平平仄仄平平, 仄平平仄平平仄, 平仄平平仄仄平, 仄仄仄平平仄仄, 仄平平仄仄平平, 仄平仄仄平平仄, 仄仄平平仄仄平'으로 이사부동이륙대와 반법, 점법 등이 규칙에 맞게 잘 이루어진 佳作(가작)이다.

260-4 題朴淵瀑布圖(제박연폭포도) 박연폭포 그림을 보고 짓다

廬岳壞觀天下知 雖然未並朴淵奇 削成鐵壁千尋壯 倒瀉銀潢一派垂
數里晴空飛雹亂 雙崖白日怒霆馳 天摩昨夜山靈泣 偶向先生坐右移.

(여악괴관천하지 수연미병박연기 삭성철벽천심장 도사은황일파수

수리청공비박란 쌍애백일노정치 천마작야산령읍 우향선생좌우이)

여산의 기괴한 경치 천하가 다 알지만, 박연폭포의 기이함에는 못 견주리.

쇠절벽을 깎은 천 길 장관에, 은하수를 거꾸로 부어 한 갈래 폭포 드리웠다네.

맑은 하늘 몇 리까지 우박이 어지러이 날고,

양쪽 벼랑에는 한낮인데도 성난 우레 소리 달리네.

천마산의 산신령이 어젯밤에 울었던가, 우연히 선생 앉은 자리 옆으로 향해 옮기는구나.

[語句] *朴淵瀑布 : 경기도 開豊郡(개풍군)에 있는 폭포. 開城(개성)에서 40리쯤 되는 天摩山(천마산) 기슭에 있으며 높이 20여 m임. 박연은 고려 때 학자 李奎報(이규보)의 문집인 '東國李相國集(동국이상국집)'에 "옛날 박진사라는 사람이 이 못[淵]에서 피리를 불었던 바, 용의 딸이 감동되어 자기 남편을 죽이고 그를 남편으로 삼았기로 박연이란 이름이 되었다." 했음. 그리고, 徐花潭(서화담, 조선 중종 때 학자

徐敬德(서경덕), 黃眞伊(황진이, 조선 중종 때의 유명한 기생)와 함께 松都三絶(송도삼절)의 하나임. *廬岳 : 중국 江西省九江市(강서성구강시)에 있는 명산. 香爐峰(향로봉)과 廬山瀑布(여산폭포)가 유명함. *瓌觀 : 기괴한 모양. 굉장한 광경. 瓌는 傀(괴)와 같은 자로 '크다. 괴이하다'임. *雖然 : 비록 그러하더라도. *削成 : 깎아 만듦. *千尋 : 1천 심. 매우 높거나 깊음. 尋은 '여덟 자'로 길이의 단위임. *倒瀉 : 거꾸로 쏟음. *銀潢 : 銀河水(은하수). 潢은 '은하수. 별 이름. 웅덩이'임. *雹亂 : 우박이 어지러이 쏟아짐. '박연 폭포의 물방울이 사방으로 튀어 떨어짐'을 표현한 말임. *白日 : 맑게 갠 날. 대낮. *霆馳 : 우레 소리가 달림. '박연폭포의 물 떨어지는 소리'를 형용한 말임. 霆은 '우뢰[우레]. 벼락'의 뜻이면 평성 '靑(청)' 운, '번개'의 뜻이면 거성 '徑(경)' 운임. *天摩 : 천마산. 天磨山(천마산)으로도 씀. *山靈 : 산신(山神). 山神靈. *坐右 : 자리의 오른쪽. 옆. 곁. 座右(좌우).

[鑑賞] 박연폭포를 그린 그림을 보고 지은 시. 首聯(수련, 1~2구)은 중국의 여산폭포보다 우리의 박연폭포가 더 장관일 거라 했고, 頷聯(함련, 3~4구)에서는 박연폭포와 천마산의 형세를 그렸는데 좋은 對句(대구)를 이루었으니 '削成-倒瀉, 鐵壁-銀潢, 千尋-一派, 壯-垂'로 짝이 되었다. 頸聯(경련, 5~6구)도 살아 움직이듯 하는 박연폭포의 장관을 묘사했다. '맑은 하늘에서 우박이 떨어지는 듯 물방울이 몇 리인지 모르게 멀리 날고, 한낮 해가 보이는데도 우레 소리 같은 폭포 떨어지는 소리가 노한 듯 울려온다.' 하여 역시 대를 이루었다. 尾聯(미련, 7~8구)은 '폭포 소리는 어젯밤 산신령이 우는 소리였든가, 그림이 우연하게도 주인 영감 옆으로 옮겨 놓였다.' 했는데, '先生'의 풀이에 따라 뜻이 달라지니 '박연'으로 볼 수도 있고 '그림의 소장자인 주인'으로 볼 수도 있겠다.

7言律詩(7언율시). 압운은 知, 奇, 垂, 馳, 移 자로 평성 '支(지)' 평운이다. 평측은 차례로 '平仄平平平仄平, 平平仄仄仄平平, 仄仄平仄平平仄, 仄仄平平仄仄平, 仄仄平平平仄平, 平平仄仄仄平平, 平平仄仄平平仄, 仄仄平平仄仄平'으로 二四不同二六對(이사부동이륙대)와 反法, 粘法(반법, 점법) 등이 규칙에 맞게 잘 배열되어 내용상으로나 형식상으로 秀作(수작)이다.

260-5 題畫蟬(제화선) 그림 속의 매미를 두고 읊다

香燒古篆坐蕭然 讀盡黃庭內外篇 一味天眞無與語 畫中相對飮風仙.
　　(향소고전좌소연 독진황정내외편 일미천진무여어 화중상대음풍선)

향불은 옛 전자 모양으로 타는 속에 쓸쓸히 앉아, 황정경 내외편을 모두 읽었네.
천진의 한 멋 더불어 말할 이 없어, 그림 속에서 마주 하니 바람 마시는 신선이어라.

[語句] *古篆 : 옛날의 篆字(전자). 전자는 '서체의 하나로 꼬불꼬불한 모양'임. 향이
타는 모양 또는 향의 연기가 꼬불꼬불하게 피어오름을 비유한 것임. *蕭然 :
쓸쓸함. *黃庭 : 道家(도가)의 경전인 黃庭經(황정경). 신선이 되는 長生法(장생법)을
말했는데 7언시로 이루어졌고 내편과 외편이 한 권으로 되었음. *天眞 : 세파
에 젖지 않은 자연 그대로의 참됨. 純眞(순진). *飮風仙 : 바람을 마시며 사는
신선. 매미를 두고 한 말임.

[鑑賞] 향불이 전자 모양으로 꼬불꼬불하게 탄다는 표현이 한시다운 표현이다. 옛 선비
들은 글을 읽을 때 정좌하여 향불을 피워 놓고 독서를 했는데, 지금도 어려운
시험을 치려는 젊은이들도 바로 단정히 앉아 공부할 것이다. 그렇게 앉아 황정
경을 다 읽고나니 그 속에 담긴 천진스러운 멋을 더불어 이야기 나눌 사람이
없어, 문득 벽에 걸린 그림을 보니 나무에 붙은 매미가 보인다. 그 한가로운 풍
모에 나도 빠져 들어가 절로 매미와 같이 맑은 바람을 마시며 살아가는 신선의
경지에 든 듯하다. 시적인 관찰력이 바탕이 된 그림 같은 小品(소품)이다.

7言絶句(7언절구). 압운은 然, 篇, 仙 자로 평성 '先(선)' 평운이다. 평측은 차례로 '平平仄仄
仄平平, 仄仄平平仄仄平, 仄仄平平平仄仄, 平平平仄仄平平'으로 이사부동이륙대와 반법,
점법 등 이 절구 평측 규칙에 모두 맞는 좋은 시이다. 240-5에서 인용한 李商隱(이상은)의 같은
제목의 5언율시와 함께 읽어볼 만하다.

260-6 贈僧(증승) 스님에게 주다

道在明明太始前 更於何處有三禪 覺塵變起三千界 見眚能成十二緣
終日有言元不語 本來無病又何痊 借師一滴曹溪水 洗盡塵區業火煎.
(도재명명태시전 갱어하처유삼선 각진변기삼천계 견생능성십이연

종일유언원불어 본래무병우하전 차사일적조계수 세진진구업화전)

도는 덕을 밝힘에 있다고 태초 이전에도 있었거니, 다시 어디에서 삼매경을 구하리오.
티끌이 온 세계를 변화시킴을 깨닫고,
눈에 병이 나서 열 두 인연을 능히 이룸을 보네.
종일 말이 있으나 원래 말 없는 것이요, 본래 병이 없는데 또 무엇을 낫게 하랴.
스님에게서 조계의 물 한 방울을 빌어,
티끌 세상의 업화를 달여 없애서 모조리 씻어내리.

[語句] *道在明明 : 道在明明德(도재명명덕, 도는 밝은 덕을 밝힘에 있음). 大學之道 在明明德
(도량이 넓고 덕행이 있는 사람의 도는, 타고난 밝은 심성을 밝힘에 있다)<大學

第1章> *太始 : 우주의 맨 처음 곧 천지가 개벽한 처음. 太初(태초). *三禪 : 佛法僧(불법승)에 대한 禪定(선정). 또는 三昧境(삼매경)에 드는 參禪(참선, 좌선 수행). 삼매경은 '하나의 대상에 집중하여 마음이 흔들리지 않는 경지'임. *三千界 : 넓은 세상. 삼천세계 또는 三千大千世界(삼천대천세계). 須彌山(수미산) 아래에 여덟 산이 둘러 있고 해와 달이 주야로 그 주변을 돌며 천하를 비추는데, 國土(국토)가 천 개 쌓이면 小天世界(소천세계)요 소천세계를 천 배 한 것이 中天世界(중천세계), 중천세계를 천 갑절 한 것이 삼천대천세계라 함<釋氏要覽> *眚 : 백태 끼다. 재앙. *十二緣 : <佛>불교의 기초적인 근본 교리. 12인연. 阿含經(아함경)의 '無明(무명, 헛된 것에 사로잡혀 진리에 어두움), 行(행, 불법을 닦음), 識(식, 아는 일), 名色(명색, 심신의 5요소 곧 五蘊오온), 六根(육근, 번뇌의 원인 되는 6 감각 기관), 觸(촉, 촉각), 受(수, 고락을 느끼는 작용), 愛(애), 取(취), 有(유), 生(생), 老死(노사)'를 말함. 十二支(십이지). *痊 : 병이 낫다. 치유되다. *曹溪水 : 조계의 물. 曹溪宗(조계종)의 法水(법수, 불법으로 마음을 정하게 함을 물에 비유한 말). 조계는 중국 廣東省韶關市(광동성소관시)의 내와 산 이름인데, 禪宗(선종)의 六祖(6조)인 惠能(혜능)이 조계 부근의 南華寺(남화사)에 가서 불법을 닦아, 그의 별호를 조계라 부른 데서 조계종이 형성되었고 당 나라에서 그를 大鑑國師(대감국사)라 추봉했음. *塵區 : 티끌 많은 구역 곧 속세. *業火 : <佛>불같이 일어나는 노여움. 중생이 과거에 지은 惡業(악업, 고생의 원인이 되는 나쁜 행위)으로 받는 지옥의 맹렬한 불. *煎 : 달이다. 지지다. 졸이다.

[鑑賞] 스님에게 주는 시라 내용을 풀이하기가 까다로운 곳이 많다. 首聯(수련)은 '도는 덕을 밝히는 데 있다고 이미 유교에서 말했는데 다시 불교의 삼선에 들 것 있는가' 했고, 頷聯(함련)에서는 '티끌 같은 속된 것이 이 세상을 변화시킬 수 있고, 보는 바를 달리하여 불교의 12인연을 이룰 수도 있다' 했는데 對句(대구)가 잘 이루어졌다. 頸聯(경련)은 老子(노자)와 淮南子(회남자)의 주장을 든 듯하니, '가르침을 베풀 경우에 不言之敎(불언지교, 말로 나타내지 않는 무언의 가르침)<道德經 2章>를 행한다'와 '훌륭한 의사는 늘 無病之病(무병지병, 병이 없는 병)을 치료한다'<淮南子 說山訓>는 말과 상통하지 않는가. 그리고 경련도 대구가 잘 되었다. 尾聯(미련)은 불교로 다시 돌아와 '스님의 설법으로 내 마음의 업화를 없애버리고 싶다.'고 맺었다.

7언율시. 압운은 前, 禪, 緣, 痊, 煎 자로 평성 '先(선)' 평운이다. 평측은 차례로 '仄仄平平仄仄平, 仄平平仄仄平平, 平平仄仄平平仄, 仄仄平平仄仄平, 平仄仄平平仄仄, 仄平平仄平平, 仄平仄仄平平仄, 仄仄平平仄仄平'으로 이사부동이륙대와 반법, 점법 등이 잘 이루어진 典型的(전형적) 작품이다.

260-7 漢都十詠 楊花踏雪(한도십영 양화답설) 서울 명승 열 곳 양화에서 눈을 밟다

積雪皚皚北風響 漢宮凍折仙人掌 騎驢江上醉飲詩 胸中氣吐虹千丈
笑殺袁安臥白屋 笑殺姬滿歌黃竹 直將詩律鬪深嚴 雪堂高風仰歎息.

(적설애애북풍향 한궁동절선인장 기려강상취음시 흉중기토홍천장

소쇄원안와백옥 소쇄희만가황죽 직장시율투심엄 설당고풍앙탄식)

눈이 하얗게 쌓이고 북풍이 휘몰아치니,

한 나라 궁전의 승로반 선인장이 얼어 꺾어졌으리.

나귀 타고 강가에서 술 취해 시 읊으니, 가슴속 호탕한 기운 천 길 무지개로다.

원안이 눈 속 초가에 누워 있었던 것과,

주 목왕周穆王 희만이 황죽가를 노래했음이 우습구나.

곧바로 시율로 모진 추위와 싸운, 소동파의 설당 고상한 취미를 우러러 감탄하네.

[語句] *漢都 : 서울. 漢陽(한양) 도읍지. *楊花 : 양화 나루. 楊花津(양화진) 서울 양화 대교 南岸(남안) 楊坪洞(양평동) 일대로 서울 三鎭(삼진)의 하나임. 그 북안 火島(화도)에 韓明澮(한명회)의 狎鷗亭(압구정)이 있었다 함<金守溫 狎鷗亭記> *皚皚 : 서리나 눈이 내려 모든 곳이 깨끗하고 흰 모양. *漢宮 : 중국 한 나라 궁전. *仙人掌 : 선인장과의 다년생 식물. 여기서는 '한 무제가 하늘의 이슬을 받아 마시려고 건장궁에 설치한 承露盤(승로반) 가운데의 金莖(금경) 위에 두었던 선인장'을 말함. *江上 : 강가. 강 위. *袁安 : 漢(한)의 어진 사람. 큰 눈이 한 길 이상 쌓여 洛陽令(낙양령)이 순찰하다가, 원안의 집 앞에는 눈을 치우지 않아 길이 없기에 죽지나 않았나 하고 눈을 치우고 들어가니, 원안이 누워 있다가 "큰 눈에 백성이 모두 배고프니 나를 간섭할 것은 없소," 하고 말하여, 낙양령이 그를 賢人(현인)으로 조정에 추천했음. *白屋 : 가난한 사람의 초가집. *姬滿 : 고대 周(주) 나라 穆王(목왕). 그가 겨울에 黃臺(황대)에서 사냥하며 놀다가 날이 몹시 추우므로 백성들을 가엾게 여기며 '黃竹歌(황죽가)'를 지었음. *詩律 : 시의 律格(율격). 시 짓는 법. 시 작품. *雪堂 : 宋(송) 나라 蘇軾(소식, 東坡동파)의 별당. 元豊(원풍) 5년 47세 때 黃州(황주)에 살며 별당을 짓고 겨울에 눈 오는 걸 즐겼으며 네 벽에 雪景(설경)을 그렸다 함.<後赤壁賦> *高風 : 높은 인품. 고상한 취미.

[鑑賞] 서울 열 곳의 명승과 멋있는 풍경 중 양화 나루에서 눈을 밟는 운치를 읊은 시. 그 10곳 풍경은 '木覓賞花(목멱상화), 麻浦泛舟(마포범주), 濟川翫月(제천완월), 양화답설, 盤松送客(반송송객), 藏義尋僧(장의심승), 興德賞蓮(흥덕상련), 立石釣魚(입석조어), 箭郊尋芳(전교심방), 鍾街觀燈(종가관등)' 등이다. '한도십영'은 徐居正(서거정)도

읊은 바 있는데 참고로 그의 '양화답설' 시를 보자. "北風捲地萬籟響 江橋雪
片大於掌 茫茫銀界無人蹤 玉山倚空千萬丈 我時騎驢帽如屋 銀花眩眼髮竪
竹 歸來沽酒靑樓飮 醉傍寒梅訪消息(북풍이 몰아쳐 온갖 소리 울리는데, 강의
다리에 떨어지는 눈송이 손바닥보다 크더라. 넓은 은세계에 사람 자취 끊이고,
하늘에 솟은 하얀 산이 만 길 높구나. 내 그 때 지붕 같은 큰 사모紗帽 쓰고 나
귀를 탔나니, 눈꽃에 눈부시고 머리칼은 대나무처럼 빳빳이 섰었네. 오는 길에
고급 술집에서 술 사 마시고, 취하여 매화나무 곁에서 봄소식을 물었다오." 사
가정의 시는 쉬운 말로 지었는데, 삼탄의 작품은 고사를 인용한 점이 다르다.
어떻든 양화 나루에서 눈을 밟는 운치는 당시에 대단한 것이었던가 보다.

7言古詩(7언고시). 압운은 세 측운이 쓰였으니 響, 掌, 丈 자는 상성 '養(양)' 측운이고 屋, 竹
자는 입성 '屋' 측운이며 息 자도 입성 '職(직)' 측운이다. 이 운자들 간에는 通韻(통운)이 되지
않으니 한 작품에서 세 번 轉韻(전운)한 셈이다. 평측은 차례로 '仄仄平平仄平仄, 仄平仄仄平
平仄, 平平平仄仄平平, 平平仄仄平平仄, 仄仄平平仄仄仄, 仄仄平平平平仄, 仄平平仄仄平
平, 仄仄平平仄平仄'으로 二四不同二六對(이사부동이륙대)는 제 2, 3, 4, 5, 7구에서 이루어졌고
反法(반법)이나 粘法(점법)은 거의 형성되지 않았다.

261. 李承休(이승휴 1224~1301) : 고려말 학자. 호 動安居士, 休休(동안거사, 휴휴). 본관
京山府嘉利縣(경산부 가리현). 어려서 아버지를 여의고 분발 공부하여 고종 때 과거에
올랐으나 출세에 뜻이 없어 頭陀山 龜洞(두타산 구동)에 들어가 어머니를 모시고 농사
지으며 학문을 연구했다. 그 후 李深敦(이심돈)의 권유로 서울에 올라가 李藏用(이장용),
柳璥(유경) 등의 추천으로 벼슬에 들어 원종 때 書狀官(서장관)으로 元(원) 나라에 가 詩
文(시문)으로 문명을 떨치었다. 충렬왕 때 右司諫(우사간)에 올라 楊廣, 忠淸(양광, 충청) 양
도를 按察(안찰)하며 탐관오리들을 탄핵하여 가산을 적몰하니 원성이 있어 東州副使(동
주부사)로 좌천되었다. 얼마 후 殿中御史(전중어사)로 소환되었으나 상소로 인해 파직되어
두타산 옛 터로 돌아가 불교 책을 읽으며 '帝王韻紀(제왕운기), 內典錄(내전록)' 등을 저
술하던 중 10년만인 충렬왕 24년(1298)에 詞林侍讀 左諫議大夫 史館修撰官 知制
誥(사림시독 좌간의대부 사관수찬관 지제고)의 직위에 있었고, 2년 후에 密直副使 監察大夫 詞
林承旨(밀직부사 감찰대부 사림승지)가 되었다가 벼슬에서 물러나 만년에 다시 구동으로 은
퇴하였다. 그는 일생을 정치와 문학으로 일관했고 종교적 교양도 풍부했으며, 저서에
앞에 든 '제왕운기', '내전록'과 '動安居士集(동안거사집)' 등이 있다.

261-1 至元甲子到京贈崔太傅守璜(지원갑자도경증최태부수황)

지원 갑자에 사울에 와 최수황 태부에게 드리다

幾年流落寄江山 更踏京塵似夢間 故舊皆爲天上貴 困窮誰救轍中乾

相逢盡怪形容變 欲語先羞舌胲頑 曾忝金蘭緣不淺 寬懷時復一彈冠.

(기년유락기강산 갱답경진사몽간 고구개위천상귀 곤궁수구철중간

상봉진괴형용변 욕어선수설협완 증첨금란연불천 관회시부일탄관)

몇 년을 떠돌며 강산에 몸 붙였던가, 다시 번잡한 서울에 오니 꿈속만 같네.

옛 친구 모두 조정의 귀한 몸 되었는데, 철중린의 곤궁한 내 신세를 누가 구해 줄꼬.

서로 만나니 형용이 변했음을 괴이하게 여기고,

말을 하려 하나 혀가 굳어져 부끄럽네.

일찍이 여러 벗들에게 욕되게도 금란지교 맺은 인연이 얕지 않아,

이따금 회포 풀고 갓을 털며 벼슬살이 준비도 한다네.

[語句] *至元甲子 : 1264(고려 원종 5년) 갑자년. 지원은 '蒙古帝國(몽고제국)을 元(원) 나라로 고친 첫 임금 쿠빌라이 곧 世祖(세조)의 年號(연호)'로 1264년이 지원 1년임. *崔守璜 : 미상. *太傅 : 고려 때 三師(삼사) 곧 太師(태사), 태부, 太保(태보)의 하나. 三公(삼공, 사마·사도·사공으로 정1품)과 함께 임금의 고문 또는 최고의 명예직으로 정1품이며 실무에는 종사하지 않았음. *流落 : 고향을 떠나 타향에서 삶. 零落(영락)하여 떠돌아다님. *江山 : 강과 산. 시골. *京塵 : 人馬(인마)로 먼지 이는 번잡한 서울. 京華(경화). *故舊 : 오래 사귀는 친구. 故交(고교). *天上貴 : 하늘 위에 있는 듯 귀하게 됨. 조정에서 높은 벼슬을 함. *轍中乾 : 물고기가 수레바퀴 자국의 물 속에서 말라 감. 위급한 상황에 놓임. 轍中鱗(철중린, 수레바퀴 자국의 물에 든 물고기)<莊子 外物> 乾은 '마르다. 말리다'로 **간**으로 읽음. *形容 : 생긴 모양. 용모. 얼굴 모양. *舌胲頑 : 혀가 굳어짐. *忝 : 욕되다. *金蘭 : 金蘭之契(금란지계). 금과 난초 같은 맺음 곧 다정한 친구 사이의 정의. 두 사람의 마음이 합치면 단단한 금도 쪼갤 수 있고 두 사람의 진정에서 우러난 말은 난초같이 향기로움에 비유한 말임.<易經 繫辭> *彈冠 : 갓의 먼지를 털어 냄. 벼슬살이 준비를 함. 漢(한)의 王吉(왕길, 자 子陽자양)과 貢禹(공우)는 친한 벗인데, 당시 사람들이 "왕길이 벼슬 자리에 있으면 공우는 갓을 털고 벼슬하라 부르기를 기다리네."라 했음.

[鑑賞] 이 시의 제목은 '東文選(동문선 권14)'을 좇았는데 '동안거사집 行錄(행록)'에는 '贈崔太傅守璜金史館承戊洪史館㝹(증최태부수황김사관승무홍사관저)'가 제목이라 세 친구에게 준 시임을 알 수 있다. 시문은 '동안거사집'에 실린 대로 따랐는데,

'동문선'에는 달리 쓴 어휘가 있으니, 첫 구와 둘째 구중에서 '流落→孤迹(고적), 似夢間→一夢間(일몽간)'으로 바뀌었다. 서울 살다가 시골 고향으로 내려간 사람들이 오랜만에 서울 와서 하는 말이 너무 많이 변하여 어디가 어디인지 잘 모를 지경이라 말한다. 이 시에서도 '몇 년 시골서 살다 서울에 오니 꿈속 같고, 친구들은 모두 출세했는데 나는 물을 벗어난 물고기같이 딱한 신세이다. 모두들 내 변한 모양을 보고 놀라는데, 나는 말을 하려 해도 혀가 굳어 말이 술술 나오지 않는다. 그래도 오래 사귄 친구들이라 어디 벼슬자리 하나 없을까 기대를 해 본다.' 했다. 자기의 처지를 하소연한 시이다.

7言律詩(7언율시). 압운은 山, 間, 乾, 頑, 冠 자로 乾과 冠은 평성 '寒(한)' 평운이고 山, 間, 頑도 평성 '刪(산)' 평운으로 두 운자는 통운이 된다. 평측은 차례로 '仄平平仄仄平平, 仄仄平平仄仄平, 仄仄平平平仄仄, 仄平平仄仄平平, 平平仄仄平平仄, 仄仄平平仄仄平, 平平平仄仄平平'으로 二四不同二六對(이사부동이륙대)와 反法, 粘法(반법, 점법) 등이 규칙대로 이루어진 좋은 작품이다. 넷째 구의 乾은 '건'으로 읽으면 평성 '先(선)' 운이 된다.

262. 李時楷(이시해 ?) : 조선 효종 때 문관. 자 子範(자범). 호 南谷(남곡). 본관 完山(완산). 父 春英(춘영). 인조 8년(1630) 別試(별시)에 급제하여 벼슬에 나갔다가 인조 12년 관직을 빼앗기고 북변으로 귀양가 이듬해에 석방되었다. 병자호란 때 文學(문학)으로 세자를 모시고 瀋陽(심양)에 건너갔다. 효종 때 大司諫(대사간)에 보직되었으나 元斗杓(원두표)와 친밀하다는 혐의를 받고 파면되었다가, 다시 벼슬에 올라 都承旨(도승지)에 이르러 嘉善大夫(가선대부)의 위계에 올랐으며 大司憲(대사헌)이 되어 洪宇遠(홍우원 →658)을 탄핵했고, 吏曹參判(이조참판)에 이르러 謝恩副使(사은부사)로 청 나라에 다녀왔다.

262-1 亂後聞京信(난후문경신) 난리 후에 서울 소식을 듣다

喪亂還如此 吾生亦不辰 傳聞西塞信 俱作北朝臣

頗牧今千載 桓文古一人 腐儒空攪涕 蹈海未亡身.

(상란환여차 오생역부진 전문서새신 구작북조신

파목금천재 환문고일인 부유공교체 도해미망신)

난리로 해 사람이 상하는 게 이렇게도 참담한가, 내 삶 또한 좋은 때는 아닐세.

들리는 소식에 서쪽 변방은, 모두 되놈의 신하가 되었다 하네.

염파 장군과 이목 장군은 이제 천년 전 일이 되었고, 환공과 문공도 옛 사람 되었어라.

나 같은 쓸모없는 선비는 부질없이 눈물만 닦아내고,

바다에 들어가 죽지 못한 몸이라오.

[語句] *喪亂 : 전쟁이나 전염병 또는 天災地變(천재지변) 등으로 해서 사람이 죽는 일. *
辰 : **진**-때. 별. 북두성. **신**-날. *傳聞 : 전해 오는 소문. 전하여 들음. *西塞 :
서쪽 변방[국경]. *俱 : 다. 함께. *北朝 : 북쪽 조정[나라]. '오랑캐 또는 되[胡虜] 곧
淸(청) 나라'를 가리킴. *頗牧 : 전국시대 趙(조) 나라의 두 장수인 廉頗(염파)와 李
牧(이목). 匈奴(흉노)가 이들을 두려워했음. *桓文 : 춘추시대 齊(제) 나라의 桓公(환공)
과 晉(진) 나라의 文公(문공). 이들은 모두 쇠약해 가는 周(주) 나라 임금을 높이 모
시려고 애쓴 諸侯(제후)로 覇王(패왕, 무력으로 천하를 잡은 왕)이라 함. *腐儒 : 낡은 사상
을 가진 쓸모없는 선비. 썩은 선비. *攪涕 : 눈물을 닦아냄[훔침]. 攪는 '손놀리
다'임. *蹈海 : 바다를 밟음. 바다에 들어감. *未亡 : 죽지 않음. 망하지 않음.

[鑑賞] 인조 14년(1636)에 일어난 병자호란 뒤에 서울 소식을 듣고 지은 시이다. 호란
으로 많은 사람들이 죽고 다치었다. 그런 속에 내 목숨이나 생활도 때를 못 만난
것이다. 頷聯(함련)인 3~4 구에서 '西塞'는 서울인 한양을 뜻한다고 보아도 되니
'온 조정이 모두 오랑캐의 신하가 되고 말았다.'고 보아도 좋으며 對句(대구)를 이
루었다. 전환에 해당되는 頸聯(경련, 5~6구)은 옛 중국의 장수와 뛰어났던 제후를
들고 그들은 모두 옛 인물이 되고 지금 우리나라에 그런 인물이 왜 나오지 않는
가 하고 한탄했는데 역시 대구가 잘 되었다. 마지막으로 '나 같은 쓸모없는 선비
는 자결하지도 못하고 눈물만 흘리며 애태우는 존재'라고 한탄했다.

5言律詩(5언율시). 압운은 辰, 臣, 人, 身 자로 평성 '眞(진)' 평운이다. 평측은 차례로 '仄仄
平平仄, 平平仄仄平, 平平平仄仄, 平仄仄平平, 仄仄平平仄, 平平仄仄平, 仄平平仄仄, 仄
仄仄平平'으로 이사부동과 반법, 점법 등이 잘 이루어진 좋은 작품이다.

263. 李植(이식 1584~1647) : 조선 인조 때의 명신. 자 汝固(여고). 호 澤堂(택당). 시호
文靖(문정). 본관 德水(덕수). 좌의정 荇(행)의 玄孫(현손). 광해군 2년(1610) 문과에 급제하
고 광해군 9년(1617)에 宣傳官(선전관)이 되었으나 마침 폐모론이 일어나자 벼슬을 버
리고 고향에 있다가 인조반정(1623) 때 吏曹佐郞(이조좌랑)이 되고, 大司諫(대사간) 때 여
러 가지 失政(실정)을 논박하여 수차 좌천당했으며, 병자호란 때는 임금을 따라갔으나
다른 정승들과 논쟁을 거듭했다. 인조 20년(1642) 청 나라에서는 그가 金尙憲(김상헌
→701) 등과 합심하여 主和(주화)를 배척한다 하여 붙잡아 갔으며, 돌아올 때 다시 義州
(의주)에서 구치되었으나 탈주해 돌아왔다. 벼슬이 대사헌, 형조판서, 이조판서에 이르
렀다. 李廷龜(이정구 →294), 張維(장유 →362), 申欽(신흠 →140)과 함께 문학의 4대가라 했
으며 '宣祖實錄(선조실록)' 수정을 전담했고, 특히 병자호란 전에 國民皆兵(국민개병)과
兵制改革(병제개혁)을 주장한 것은 우리 국사상 크게 특기할 의견이라 한다. 저서에

'澤堂集(택당집 34권)', '初學字訓增輯(초학자훈증집)' 등이 있다.

263-1 宿龍津村(숙용진촌) 용진 마을에서 묵다

梨花吹雪入柴門 雲影參差斂月痕 不管子規啼到曉 惱人春睡已昏昏.

(이화취설입시문 운영참치염월흔 불관자규제도효 뇌인춘수이혼혼)

배 꽃잎 눈 날리듯 사립문에 들고,

구름 그림자 고르지 못하니 달은 나왔다 감추어졌다 하네.

두견새 새벽까지 울거나 말거나, 고단한 봄 졸음에 정신 흐릿하여라.

[語句] *參差 : 고르지 않아 가지런하지 않음. 參差不齊(참치부제). *斂月痕 : 달의 흔적을 감춤 곧 달이 구름에 가렸다 나왔다 함. *不管 : 주관하지 않음. *子規 : 소쩍새. 두견새. *春睡 : 봄 잠. 봄철에 노곤하여 오는 졸음. *昏昏 : 마음이 흐린 모양.

[鑑賞] 용진 마을에서 자노라니 배 꽃잎은 눈처럼 사립문 안으로 날아들고, 달은 구름에 숨었다 나타났다 하며 두견새는 밤새도록 운다. 이 좋은 풍경을 마음껏 즐길 사이 없이 나는 봄 졸음에 겨워 정신이 흐릿하다. 앞 세 구는 풍경만을 그려 敍景的(서경적)이고 끝구는 느낌이 담긴 敍情的(서정적)인 詩句(시구)이다.

　7言絶句(7언절구). 압운은 門, 痕, 昏 자로 평성 '元(원)' 평운이다. 평측은 차례로 '平平平仄仄平平, 平仄平平仄仄平, 仄仄仄平平仄仄, 仄平平仄仄平平'으로 이사부동이륙대와 반법, 점법 등이 규칙에 맞게 잘 이루어진 작품이다.

263-2 詠新燕(영신연) 봄에 처음 온 제비를 읊다

萬事悠悠一笑揮 草堂春雨掩松扉 生憎簾外新歸燕 似向閒人說是非.

(만사유유일소휘 초당춘우엄송비 생증염외신귀연 사향한인설시비)

모든 인간사 유유히 한 번 웃고 넘기나니, 초당에 내리는 봄비 솔 사립문을 가리네.

새봄에 온 제비 문밖에서 재잘거리는 게 밉살스럽나니,

마치 하는 일 없는 나를 두고 시비를 따지는 듯해.

[語句] *悠悠 : 여유 있고 한가함. *揮 : 흩다. 흩어지다. *草堂 : 집 옆에 따로 지은 초가집 *掩 : 가리다. 덮다. *松扉 : 소나무 가지로 엮어 만든 사립문. *生憎 : 미움. 밉살스러움. *簾外 : 발 바깥. 문밖. *閒人 : 한가한 사람. 일 없는 사람. 자기 자신을 두고 한 말임. *是非 : 잘잘못. 옳으니 그르느니 하고 다투는 일.

[鑑賞] 봄비 오는 날 초당에 한가하게 앉아 강남에서 방금 온 제비를 두고 지은 시.

속세의 모든 일을 웃음으로 어물쩍 넘기고, 초당에서 독서하다가 밖을 보니 봄
비 속에 사립문은 뿌옇다. 처마 밑 장대에 방금 강남에서 온 듯한 제비 한 쌍이
앉아 지지배배 지저귀고 있는 게 마치 '당신은 이 바쁜 봄날에 왜 할 일 없이
방안에 앉아 있는 게요.' 하며 시비를 거는 것 같아 밉살스럽다. 앞에서 든 이
승소의 '燕' 시는 '단란하게 짝지어 알 낳고 새끼 기르는 제비의 갸륵함'을 읊
어[→260-3], 이 시와 대조적이라 볼 수도 있으나, 지은이도 겉으로는 제비를
밉살스럽다 했지만 속마음은 봄소식을 가져온 제비를 귀엽게 보고 있는 것이다.

7言絶句(7언절구). 압운은 揮, 扉, 非 자로 평성 '微(미)' 평운이다. 평측은 차례로 '仄仄平平
仄仄平, 仄平平仄仄平平, 平平平仄平平仄, 仄仄平平仄仄平'으로 二四不同二六對(이사부동이
륙대)와 反法, 粘法(반법, 점법) 등이 모두 잘 맞았다.

264. 李紳(이신 786~846) : 中唐(중당)의 시인. 자 公垂(공수). 潤州無錫(윤수 무석) 사람. 벼슬은
進士(진사)를 비롯해 右拾遺, 翰林學士, 中書舍人(우습유, 한림학사, 중서사인) 등을 지내고 다시
中書侍郞同平章事(중서시랑 동평장사)에 이르렀다. 저서에 '追惜遊集(추석유집 3권)'이 있다.

264-1 憫農 二首(민농 이수) 농부가 불쌍하다 두 수

春種一粒粟 秋收萬顆子 四海無閑田 農夫猶餓死 <제1수>
  (춘종일립속 추수만과자 사해무한전 농부유아사)

鋤禾日當午 汗滴禾下土 誰知盤中飧 粒粒皆辛苦 <제2수>
  (서화일당오 한적화하토 수지반중손 입립개신고)

봄에 한 낟알 곡식을 심어, 가을에는 많은 낟알을 거두어 들이네.
나라 안에 노는 논밭이 없건만, 농부는 오히려 굶어 죽는구나. <第1首>
김매다가 한낮이면, 땀방울이 벼 포기 바닥에 떨어지네.
그 누가 알리, 밥상의 밥알 하나하나마다 농부들의 고생이 담긴 것을. <第2首>

[語句] *憫 : 불쌍히 여기다. 근심하다. *一粒粟 : 곡식 한 알. 粟은 '조. 벼. 五穀(오곡)'임.
  *顆子 : 낟알. 알갱이. 子는 접미사임. *四海 : 온 세상. 온 천하. *閑田 : 농사짓
  지 않는 땅. *餓死 : 굶어 죽음. 餓死(기사). *鋤禾 : 논의 김을 맴. 鋤는 '호미', 禾
  는 '벼. 곡식'임. *當午 : 한낮. 正午(정오). *汗滴 : 땀방울. *盤中飧 : 밥상의 밥.
  飧은 '飱(손)'의 俗字(속자). *粒粒 : 밥알 하나하나. *辛苦 : 몹시 애씀. 애쓰는 고생.
[鑑賞] 농부의 불쌍함 또는 농삿일의 어려움을 읊었다. 첫 수는 봄에 곡식 한 알을
  심으면 가을에는 수만 알의 곡식을 거둘 수 있으니 곧 一粒萬倍(일립만배)이다.

세상에 노는 땅이 없는데도 굶어 죽는 사람은 농부이니, 그것은 권력가나 부호들의 苛斂誅求(가렴주구)가 너무 심하기 때문일 것이다. 첫 두 구는 對句(대구)가 이루어졌다. 둘째 수는 한낮이 되면 김매는 얼굴에서 땀이 방울방울 떨어져 논바닥 흙에 떨어진다. 우리가 늘 대하는 밥상의 밥알 하나하나마다 이러한 농부들의 신고가 스며 있음을 그 누가 알아주려나 했다. 우리들에게 밥그릇의 낟알 하나라도 아껴 알뜰히 먹어야 한다는 교훈을 주는 내용으로, 오래전부터 人口(인구)에 膾炙(회자)되는 名詩(명시)이다.

5言古詩(5언고시) 두 수. 압운은 첫 수가 子, 死 자로 상성 '紙(지)' 측운이고, 둘째 수는 午, 土, 苦 자로 역시 상성 '麌(우)'인데 通韻(통운)은 되지 않는다. 평측은 차례로 '平仄仄仄仄, 平仄仄仄仄, 仄仄平平平, 平平平仄仄 ; 平平仄平仄, 仄仄平仄仄, 平平平平平, 仄仄平平仄'으로 이 사부동이 된 구는 첫 수의 셋째, 넷째 구와 둘째 수의 끝 구이고 반법과 점법은 이루어지지 않았다.

265. 李深源(이심원 ?) : 조선 성종 때 문신. 자 伯淵(백연). 호 醒狂, 黙齋, 太平眞逸(성광, 묵재, 태평진일). 孝寧大君(효령대군, 태종의 둘째 아들)의 증손. 성격이 엄정하며 학문에 정통하고 醫術(의술)에도 밝았다. 25세에 明善大夫(명선대부), 行朱溪副正(행주계부정)에 이르렀고 다섯 번이나 왕께 글을 올려 나라 다스리는 도리를 논술했으며, 任元濬(임원준 → 342)의 아들 士洪(사홍)이 그의 고모부가 되었으나 사홍 부자의 간사한 사실을 알고 성종 임금을 면대하여, 후일에 반드시 나라를 그르치고 집을 망하게 할 인물이니 중용 않도록 간곡히 청하여 귀양 보내게 했다. 조부인 寶城君 容(보성군 용)으로부터 당을 조직한다는 책망을 듣고 천년의 누명을 씌우지 말라고 대답했다가 불손했다는 죄로 長湍(장단)으로 귀양갔다. 성종 18년(1487) 宗親科(종친과)에 장원급제하여 2품의 위계에 올랐으나 전에 조부에게 거슬린 죄과로 君(군)에 피봉되지 못했다. 연산군 10년(1504) 임사홍이 甲子士禍(갑자사화)를 일으킬 때 모함을 받아 아들 형제와 함께 사홍에게 피살되었다. 중종 때 一品(일품) 위계가 추증되고 旌門(정문)이 세워졌다.

265-1 雲溪寺(운계사) 운계사

樹陰濃淡石盤陀 一逕縈廻透澗阿 陣陣暗香通鼻觀 遙知林下有殘花.
(수음농담석반타 일경영회투간아 진진암향통비관 요지임하유잔화)

나무 그늘은 짙고 묽은데 너럭바위는 험하고, 한 줄 오솔길은 냇물을 돌아 언덕졌구나.
그윽한 향기 코를 통해 맡아지다 말다 하니,
숲 아래에 아직 남은 꽃 있음을 멀리서도 알겠네.

[語句] *濃淡 : 짙음과 옅음. 진함과 묽음. *石盤 : 큰 바위. 盤石. *陀 : 비탈. 험준하다. *逕 : 길. 동안 뜨다. *縈廻 : 얽히어 돌아감. 둘러쌈. *透澗 : 산골 물과 통함. 시냇물을 뚫음. *阿 : 언덕. 아름답다. *陣陣 : 열을 지은 모양. 끊기었다가 다시 이어지는 모양. *暗香 : 그윽하게 풍기는 향기. *觀 : 보이다[나타내다]. 경치. 모양. *殘花 : 떨어지고 남은 꽃.

[鑑賞] 운계사로 가는 길을 풍경을 위주로 그린 敍景詩(서경시)이다. 나무 그늘은 짙은 데도 있고 옅은 곳도 있는데 길가의 큰 바위는 험하기도 하다. 한 줄 오솔길은 산골 냇물을 피하며 돌고 돌아 이어져 언덕길이 되는데, 어디선가 꽃향기가 짙게 또는 옅게 풍겨 오니, 저쪽 숲 밑에 아직 지지 않은 꽃이 있는 모양이다. 한 폭의 수묵화를 연상해 볼 수 있는 詩中有畫(시중유화)의 좋은 작품이다.

7언절구. 압운은 陀, 阿, 花 자로 앞 두 자는 평성 '歌(가)' 평운, 뒤의 花도 평성 '麻(마)' 평운으로 통운이다. 평측은 차례로 '仄平平仄仄平平, 仄仄平平仄仄平, 仄仄仄平平仄仄, 平平平仄仄平平'으로 이사부동이류대와 반법, 점법 등이 잘 갖추어지고 평측 배치도 좋은 작품이다.

266. 李氏(이씨 ?) : 조선 광해군 때 仁祖反正(인조반정)을 주도한 功臣(공신)인 李貴(이귀 1557~1633)의 딸. 일찍 과부가 되어 중이 된 뒤 이름을 禮順(예순)이라 했다.

266-1 自歎(자탄) 스스로 탄식하다

祇今衣上汚黃塵 何事靑山不許人 寰宇只能囚四大 金吾難禁遠遊身.
     (지금의상오황진 하사청산불허인 환우지능수사대 금오난금원유신)

다만 누런 먼지로 옷을 더럽혔을 뿐인데, 무슨 일로 청산은 사람을 받아들이지 않는고.
이 넓은 세상만이 내 몸을 가둘 수 있을 뿐,
집금오라도 멀리 가는 이 몸을 잡지 못하리라.

[語句] *祇 : 지-다만. 마침. 공경하다. 기-평안하다. 크다. 地神(지신). *黃塵 : 속세의 누런 티끌. 세상의 번잡한 일. 俗塵(속진). *寰宇 : 넓은 이 세상. 천지. *四大 : <佛>인간의 육체를 이루는 4요소 곧 흙, 물, 불, 바람[地水火風지수화풍]. 이들이 인연에 따라 화합하여 육체를 이루었다가 인연이 다하면 다시 해체되어 원점으로 돌아간다고 함. 흙은 살과 뼈를, 물은 피와 오줌과 땀을, 불은 체온을, 바람은 숨결을 이루었다가 죽으면 각각 본래의 것으로 되돌아간다는 것임.<圓覺經> *金吾 : 漢(한) 나라의 무관 이름. 執金吾(집금오). 밤의 통행금지를 맡아보았다고 함. *遠遊 : 집을 떠나 먼 곳으로 감.

[鑑賞] 속세에 물들었던 사람을 청산은 받아들이지 않는다. 하지만 이 몸을 가두어 둘 수 있는 것은 이 넓은 세상일 뿐, 인간을 구속하는 인위적인 제도나 관습이 나를 붙잡아 둘 수 없으리라. 속세를 떠나 산 속의 절간에서 불도를 닦으려는 의지를 드러낸 소박한 시이다.

7言絕句(7언절구). 압운은 塵, 人, 身 자로 평성 '眞(진)' 평운이다. 평측은 차례로 '平平平仄 平平平, 平仄平平仄仄平, 平仄仄平平仄仄, 平平平仄仄平平'으로 二四不同二六對(이사부동이 륙대)와 反法, 粘法(반법, 점법) 등은 규칙에 맞았지만, 첫 구가 '平平平仄平平平'으로 측성이 한 자뿐이어서 한시 작법에서 꺼리는 바가 되어 아쉽다.

267. 李安訥(이안눌 1571~1637) : 조선 인조 때 정승. 자 子敏(자민). 호 東岳(동악). 시호 文惠(문혜). 본관 德水(덕수). 李荇(이행)의 후예. 선조 32년(1599) 문과에 榜眼(방안, 갑과 2등)으로 급제하여 槐院(괴원, 承文院승문원)에 들어가 형조, 호조, 예조의 佐郎(좌랑)을 역임하고 예조정 랑 때 書狀官(서장관)으로 進賀使 鄭光積(진하사 정광적)과 같이 명 나라에 다녀와 성균관 直講(직강)이 되었다. 안동부사, 호조참의, 충청감사, 강화부윤을 거쳐 인조반정 때 예조참판 이 되었으나 나가지 않았다. 일찍이 特進官(특진관)으로 왕을 모시고 조정의·시비가 밝지 못하고 상벌이 공정치 못함을 말씀드려, 모든 사람들에게 미움을 받아 특진관을 그만두었 으며 청 나라가 査問(사문)하러 왔을 때 실언한 일로 북변에 귀양갔다. 정묘호란 때 용서 되어 왕의 피난처인 강화도에 이르러 강도유수가 되었다가 형조참판, 함경도관찰사를 역 임하고 사신으로 명 나라에 다녀와 正憲大夫(정헌대부)에 오르고 토지를 상으로 받았다. 예 조판서로 예문관 제학을 겸했고 충청감사가 되었다가 사건으로 파면되었다. 당시 조정에 서 청렴 근면한 벼슬아치 5명 선발에 들어 崇祿大夫(숭록대부)가 되고 형조판서 겸 홍문관 제학에 임명되었는데, 그 해(1636) 겨울 병자호란으로 왕을 모시고 남한산성에 다녀와서 사망했다. 검소하고 시문에 능했으며 李植(이식 →263)과 같은 유명한 제자가 많았다. 좌찬 성이 추증되었으며 저서로 '詩文集(시문집)'과 '東岳集(동악집)'을 남겼다. 집이 남산 기슭 筆洞(필동, 현재 동국대 구내)인데, 후손들이 '東岳先生詩壇(동악선생시단)'이라 바위에 새겼었다.

267-1 聞歌(문가) 노랫소리를 듣다

江頭誰唱美人詞 正是孤舟月落時 怊悵戀君無限意 世間惟有女郎知.
(강두수창미인사 정시고주월락시 초창연군무한의 세간유유여랑지)

강두에서 누가 미인의 노래를 부르는고, 바로 외로운 배에 달마저 지려는 때인데,
임금님 그리워하는 정 상심하도록 끝없는데,
세상에서는 남녀간의 그리움만 있는 줄 안다네.

[語句] *江頭 : 강 머리. 강가의 나룻배 타는 곳. *美人詞 : 미녀를 읊거나 그리워하는 내용의 노래 가사. *孤舟 : 외로이 떠 있는 배. *悒悵 : ①마음에 섭섭해하거나 원망하는 모양. ②서로 바라는 모양. ③喪心(상심)한 모양. *戀君 : ① 임을 사모함. ②임금을 그리워함. *世間 : 세상. 사람 사는 세계. *女郎 : ① 여자와 남자. ②남자와 같은 재주나 기질을 가진 여자.

[鑑賞] 작은 배를 띄워 가노라니 달은 지려고 하는데 저쪽 강 머리에서 누군가 미녀를 그리는 노래를 부르고 있다. 그러지 않아도 임금님 뵙지 못하고 그리운 마음 끝이 없는 때인데 그런 노래 들려오니 더욱 마음 아프다. 속세 사람들이 노래를 들으면 오직 남녀간의 戀情(연정)으로만 느끼리라 했다. 戀君을 아내나 사랑하는 임으로 풀이하는 자료도 있음을 말해 둔다.

7언절구. 압운은 詞, 時, 知 자로 평성 '支(지)' 평운이다. 평측은 차례로 '平平平仄仄平平, 仄仄平平仄仄平, 平仄仄平平仄仄, 仄平平仄仄平平'으로 이사부동이륙대와 반법, 점법 등이 모두 잘 이루어진 작품이다.

267-2 四月十五日 後半(사월십오일 후반) 음력 사월 보름날 후반

父或哭其子 子或哭其父 祖或哭其孫 孫或哭其祖
亦有母哭女 亦有女哭母 亦有婦哭夫 亦有夫哭婦
兄弟與姊妹 有生皆哭之 蹙頞聽未終 涕泗忽交頤
吏乃前致詞 有哭猶未悲 幾多白刃下 擧族無哭者.

(부혹곡기자 자혹곡기부 조혹곡기손 손혹곡기조

역유모곡녀 역유녀곡모 역유부곡부 역유부곡부

형제여자매 유생개곡지 축알청미종 체사홀교이

이내전치사 유곡유미비 기다백인하 거족무곡자)

아비가 아들 위해 곡을 하고, 아들이 아비 위해 통곡을 하며,
할아비가 손자 위해 곡을 하고, 손자가 할아비를 위해 통곡을 하며,
또 어미가 딸을 위해 곡을 하고, 또 딸이 어미를 위해 통곡을 하며,
또 아내가 남편을 위해 통곡을 하고, 또 남편이 아내를 위해 곡을 하오.
형제와 자매들, 산 사람으로 곡을 않는 집이 없으니,
이마를 찡그리며 듣다 못해서, 눈물에 콧물 섞어 턱에 흘려 내리네.
아전이 앞에 나와 아뢰는 말이, "저기는 울어 줄 가족이 있지마는,
온 집이 한 칼에 죽어 버려, 울어 줄 사람 없는 넋은 그 얼마인데요." 하네.

[語句] *四月十五日 : 임진왜란이 일어난 선조 25년(1592) 음력 4월 15일로 이 날 부산 東萊(동래)가 왜군에 함락되었는데, 지은이가 동래부사로 부임하여 그 날을 명심하는 뜻에서 제목으로 붙였음. *有生 : 살아 있는 사람. *蹙頞 : 코 줄기에 주름 잡히게 함. 근심하는 모양. 눈살을 몹시 찡그림. 頞은 '콧줄기. 짐승 이름'임. *涕泗 : 흐르는 눈물이나 콧물. *頤 : 턱. *致詞 : 드리는 말씀. 아뢰는 말. *白刃 : 서슬이 번쩍이는 칼날. '왜군의 칼날'을 뜻함. *擧族 : 온 겨레. 모든 친인척.

[鑑賞] 임진왜란으로 왜적에게 점령당한 부산 동래 백성들의 비참한 광경을 읊어 경계로 삼게 한 작품이다. 이 시의 전반은 "사월 보름날 집집마다 곡하는 소리 들리니, 천지가 쓸쓸하고 바람도 슬프게 숲을 울리네. 놀라 아전에게 곡하는 소리가 왜 저리 구슬픈가 물어보니, 임진년에 왜적이 쳐들어와 이 4월 보름에 성이 함락되었는데, 그 때 宋象賢(송상현) 원님이 성문을 굳게 닫고 절의를 지켜, 백성들이 성 안으로 밀려 들어와, 한 날 한 시에 원통하게 죽었다 하네. 산 사람이 쌓인 시체에 몸을 던져, 천백 중에 한둘을 살려냈다네. 그리하여 이 날을 맞으면 제상을 차려 죽은 넋을 제사 지낸다네."이다. 임진왜란 뒤에 부사로 가서 아전과 문답 하는 형식의 敍事詩(서사시)인데, 임진왜란을 소재로 한 시의 걸작이란 평가를 받는다.

5言古詩(5언고시) 16연[32구] 중 8연[16구]. 압운은 고르지 못하나 父, 祖, 母, 婦, 之, 頤, 詞, 悲, 下, 者 자로 보겠는데, 父·祖는 상성 '麌(우)' 측운, 母·婦도 상성 '有(유)' 측운, 之·頤·詞·悲는 평성 '支(지)' 평운, 下·者는 상성 '馬(마)' 측운으로 通韻(통운)이 되는 운은 없다. 평측은 고르지 못하여 簾(염)이 지켜지지 않았다.

268. 李嵓(이암 1297~1364) : 고려 말기의 명신, 書畫家(서화가). 初名(초명) 君侅(군해). 자 古雲(고운). 호 杏村(행촌). 시호 文貞(문정). 본관 固城(고성). 조부 판밀직사사 尊庇(존비 → 805). 충선왕 5년 (1313) 17세에 문과 급제하고 都官正郎(도관정랑), 충혜왕 때 密直代言兼監執義(밀직대언 겸 감집의)로 있을 때, 충숙왕이 복위하매 충혜왕을 옹호했다 하여 海島(해도)에 유배되었다. 다시 충혜왕이 복위하니 知申事(지신사), 政堂文學(정당문학), 僉議評理(첨의평리)가 되었고, 충정왕 때 贊成事(찬성사), 右政丞(우정승)이 되고 공민왕 초에 鐵城君(철성군)에 피봉되었으며, 홍건적이 침입했을 때 왕을 모시고 南行(남행)한 공으로 1등 공신이 되고 鐵原府院君(철원부원군)에 피봉되었다. 書道(서도)에 뛰어나 '東國(동국)의 趙子昂(조자앙)'이라 했고 大甲編(대갑편)을 옮겨 써서 왕에게 바쳤다. 그림으로는 墨竹(묵죽)에 능하였다. 그의 필적으로 춘천 淸平山(청평산)의 文殊院藏經碑(문수원장경비)가 있다.

268-1 寄息影菴禪老(기식영암선로) 식영암 노스님에게 주다

浮世虛名是政丞 小窓閑味卽山僧 箇中亦有風流處 一朶梅花照佛燈.
(부세허명시정승 소창한미즉산승 개중역유풍류처 일타매화조불등)

뜬세상 헛된 명성이 바로 정승이요, 작은 창의 한가한 맛은 곧 산속 절의 스님일세.
그 중에서 또 풍류로운 곳 있으니, 매화 한 가지 부처 앞 등불에 비치는 것이리.

[語句] *息影菴(?) : 고려의 중으로 假傳體 說話(가전체 설화)인 '丁侍者傳(정시자전·지팡
이를 의인화한 설화)'을 지었음. *禪老 : 參禪(참선)하는 노스님. *浮世 : 뜬세상. 덧
없는 세상. *虛名 : 헛되고 실속 없는 명성. *一朶 : 한 떨기. 하나의 꽃가지.
*佛燈 : <佛>①부처 앞에 바치는 등불. ②무지의 암흑을 비추어 주는 부처의
慈悲 光明(자비 광명).

[鑑賞] 식영암 노스님에게 준 시. 비록 정승의 높은 관직에 있다고 해도 그것은 헛된
명성에 지나지 않고, 한가롭고 여유 있는 삶은 조그만 암자에서 불도를 닦으며
참선하는 식영암 스님이다. 그런 속에서도 특히 풍류로운 곳이 또 있으니, 그
곳은 밤에 불등이 비추는 활짝 핀 매화 한 꽃가지를 그윽히 바라볼 수 있는
스님의 참선하는 방이리니 無心(무심)으로 觀照(관조) 하는 세계가 아니겠는가. 一
朶梅花照佛燈이 뛰어난 시적 표현이다.

7言絶句(7언절구). 압운은 丞, 僧, 燈 자로 평성 '蒸(증)' 평운이다. 평측은 차례로 '平仄平平
仄仄平, 仄平平仄仄平平, 仄平仄仄平平仄, 仄仄平平仄仄平'으로 二四不同二六對(이사부동이
륙대)와 反法(반법), 粘法(점법) 등이 잘 이루어진 좋은 작품이다.

269. 李彦迪(이언적 1491~1553)

: 조선 중종 때의 학자, 賢臣(현신). 자 復古(복고). 호 晦
齋, 紫溪翁(회재, 자계옹). 시호 文元(문원). 본관 驪州(여주). 父 成均生員 蕃(성균생원 번). 중
종 9년(1514) 문과 을과에 급제하여 天官郞(천관랑), 仁同縣監(인동현감), 掌令(장령), 密陽
府使(밀양부사) 등을 거쳐 중종 25년(1530) 司諫(사간)에 이르렀다. 당시 金安老(김안로)의
기용 문제에 극력 반대하다가 沈彦光(심언광) 등의 모략으로 물러났다. 중종 32년(1537)
김안로 일파가 쫓겨난 뒤 宗簿寺僉正(종부시첨정), 直提學(직제학), 全州府尹(전주부윤)을 역
임했다. 수천 자의 상소를 올려 국가 대본과 정치 강령을 논하여 왕의 찬탄을 받고 嘉
善(가선)에 올라 예조참판, 대사헌, 대사간, 한성판윤, 이조·예조·형조 판서를 지내고
인종 1년(1545) 의정부 우찬성이 되었다. 명종 2년 (1547) 良才驛(양재역)의 壁書(벽서)
사건에 관련되어 江界(강계)로 귀양가서 7년간 많은 저서를 남기고 사망했다. 선조 때
영의정에 추증되고 광해군 2년(1610) 경주 玉山書院(옥산서원)에 배향되었다. 그는 조선

전기의 가장 유명한 성리학자의 한 사람으로 主理(주리)의 학설은 退溪 李滉(퇴계 이황)의 사상에 큰 영향을 주었으며, 28세 때 曺漢輔(조한보)와 여러 차례에 걸쳐 논쟁한 無極·太極(무극·태극)의 학설은 조선 초유의 대논쟁이라 한다. 후에 퇴계는 그를 金宏弼(김굉필), 鄭汝昌(정여창), 趙光祖(조광조)와 함께 東方四賢(동방사현)으로 추모했다. 저서에 '晦齋集(회재집), 大學章句補遺(대학장구보유), 續或問(속혹문), 求仁錄(구인록)' 등이 있다.

269-1 無爲(무위) 아무 일도 아니하다

萬物變遷無定態 一身閑適自隨時 年來漸省經營力 長對靑山不賦詩.

<small>(만물변천무정태 일신한적자수시 연래점생경영력 장대청산불부시)</small>

이 세상 온갖 것은 변하고 바뀌어 정태가 없으니,

내 한 몸 한적하게 절로 때를 따를 뿐이라.

연래로 경영하는 힘을 점점 덜어 가니,

청산을 오래 마주하면서도 시 한 편도 짓지 못하네.

[語句] *無爲 : ①아무 일도 아니함. ②힘을 기울이지 않음. 간섭하지 않음. ③노장 사상에서 '자연 그대로 둠.'을 뜻함. ④<佛>生滅(생멸)이 없이 常住不變(상주불변, 본연의 진심이 변치 않고 늘 있음)하는 것. *定態 : 일정한 모양. *閑適 : 한가하여 속박이나 구속받지 않고 마음 내키는 대로 즐김. *隨時 : 그때그때 때를 따름. 때때로 언제든지. *年來 : 여러 해 전부터. *漸省 : 점점 덜어버림. *經營 : ①계획 연구하여 일을 다스림. 규모를 정하고 일을 해 나감. ②측량하고 터를 닦음. 그림을 구상하고 화면 배치를 함. *賦詩 : 시를 지음.

[鑑賞] 森羅萬象(삼라만상)은 늘 변천하여 일정한 형태로 있지 않으니, 내 몸도 따라서 때를 따라 마음 내키는 대로 즐길 뿐 무엇에 마음 쏠릴 까닭이 없는 것이다. 요즈음 들어 무슨 일을 경영 할 능력마저 없어져 버리니, 늘 푸른 산을 마주하고 있으면서도 시 한 수 짓지 못하고 아무 하는 일이 없이 세월만 허송하고 있을 뿐이다. 첫 두 구는 對句(대구)가 잘 이루어졌다. 선비의 늘그막 감회를 읊었다고 하리라.

7언절구. 압운은 時, 詩 자로 평성 '支(지)' 평운인데 첫 구에 압운하지 않았다. 평측은 차례로 '仄仄仄平平仄仄, 仄平平仄仄平平, 平平仄仄平平仄, 平仄平平仄仄平'으로 이사부동이륙대와 반법과 점법 등이 잘 이루어진 작품이다.

270. 李彦瑱(이언진 1740~1766) : 조선 영조 때의 譯官(역관). 자 虞裳(우상). 호 松穆館, 湘藻(송목관, 상조). 본관 江陽(강양). 李用休(이용휴 →274)의 제자로 시와 글씨를 잘하였다. 영조 35년

(1759) 譯科(역과)에 급제하여 主簿(주부)를 역임했고, 영조 39년(1763) 通信使 趙曮(통신사 조엄)의 역관으로 일본에 다녀왔는데 조엄은 고구마 종자를 들여왔다. 그는 六言絶句(육언절구)를 즐겨 지었고 일곱 발자국을 걷기 전에 시를 이루는 천재였으나 27세에 요절했으며, 鄭壽銅(정수동, 芝潤지윤 →400), 洪世泰(홍세태 →652), 李尙迪(이상적 →242)과 함께 譯官四家(역관사가)라 한다. 문집에 '松穆館集(송목관집)'이 있다.

270-1 自題(자제) 스스로를 읊다

五官外具文眼 百病中無錢癖 吟得寫得畵得 人所應有皆足.
　　(오관외구문안 백병중무전벽 음득사득화득 인소응유개족)

오관 말고도 글 솜씨를 갖추었고, 백 가지 병중에서 돈 탐내는 버릇은 없네.
시 읊고 글씨 쓰고 그림도 그리니, 사람이 지닐 것은 모두 가졌다 하리.

[語句] *五官 : 5가지 감각 기관. 눈[시각], 귀[청각], 혀[미각], 코[후각], 피부[촉각] 등의 총칭. *文眼 : 글에 대한 眼目(안목). 글 솜씨. *錢癖 : 돈을 탐내는 버릇. 晉(진)의 和嶠(화교)가 큰 부자이면서 성질이 인색하여 돈 한 푼이라도 남에게 베푸는 일이 없어서 사람들이 그를 '錢癖'이라 하여 '和嶠錢癖'이란 말이 생겼음. *人所應有 : 사람으로서 마땅히 가질 바. *皆足 : 모두 충분함. 모두 만족함.

[鑑賞] 자기 스스로에 대하여 쓴 이른바 自畵像(자화상) 같은 작품이다. '나는 5감각 기관을 갖추고 그 밖에 글 솜씨까지 지니고 있다. 또 온갖 병을 가졌으면서도 돈을 탐내는 병은 가지고 있지 못해서 이렇게 가난하게 살고 있다. 시도 읊거나 지을 줄 알고 글씨도 쓰며 그림까지 그릴 수 있어 말하자면 사람이 응당 갖추어야 할 것은 모두 갖추고 있으니, 그까짓 가난이야 마음 쓸 것 있으랴.' 지은이는 역관이라 신분이 높지 못해 당시 양반들에게서 푸대접을 받았을 터이니, 중국을 드나들며 다른 역관들처럼 밀무역이라도 해서 돈이나 좀 모아둘 걸 하는 후회도 있을 수 있지만, 한편 27세로 요절해 부귀를 뜬구름으로 여겼을는지도 모른다.

　6言古詩(6언고시). 압운은 일정하지 못해 모든 구가 측운으로 끝났으니, 眼 자는 상성 '潸(산)', 癖 자는 입성 '陌(맥)', 得 자도 입성 '職(직)', 足 자도 입성 '沃(옥)' 운으로 陌 운과 職 운만 通韻(통운)이 될 뿐이다. 평측은 차례로 '仄平仄仄平仄, 仄仄平平平仄, 平仄仄仄仄仄, 平仄平平仄仄'이다. 6언구는 7언구의 다섯째 글자를 생략한 형식이라 하니 제 2, 4, 5자의 평측으로 二四不同二六對(이사부동이륙대)를 따져보면 첫 구만 '평-측-평[官-具-文]'으로 이사부동이륙대가 이루어진 셈이고, 反法(반법)과 粘法(점법)은 고시이므로 당연히 형성되지 않았다.

271. 李永瑞(이영서 ?~1450) : 조선 세종 때의 문관. 자 錫類(석류). 호 魯山, 希賢堂(노산, 희현당). 본관 平昌(평창). 父 判官 宗美(판관 종미). 세종 16년(1434) 문과 급제하여 修撰(수찬)으로 있을 때 姜希顔(강희안 →6)과 함께 金銀(금은)으로 불경을 썼다. 禮曹正郞(예조정랑)을 거쳐 廣州牧使(광주 목사)를 역임했고 글씨에 뛰어났다.

271-1 無絃琴(무현금) 줄 없는 거문고

淵明自有一張琴 不被朱絃思轉深 眞趣豈能聲上得 天機須向靜中尋
鯤絃鐵撥渾閑事 流水高山謾苦心 古調未應諧俗耳 悠悠千載少知音.

(연명자유일장금 불피주현사전심 진취기능성상득 천기수향정중심

곤현철발혼한사 유수고산만고심 고조미응해속이 유유천재소지음)

도연명이 거문고 하나를 가졌는데, 줄을 매지 않았지만 뜻은 더욱 심오했었네.
참된 취미를 어찌 거문고 소리로써 얻을손가, 천기란 모름지기 고요함 속에서 찾아진다네.
좋은 거문고 줄과 채는 모두 부질없는 것,
유수와 고산을 켰다는 악곡도 헛되이만 쓴 거네.
옛 거문고 가락이 속인의 귀에는 아무런 반응도 없는 것이니,
천년 세월이 흘러가도 그 곡조 아는 이 없으리.

[語句] *無絃琴 : 퉁기는 줄이 없는 거문고. *淵明 : 東晉(동진)의 시인 陶潛(도잠 365~427)의 다른 이름. 그가 음악을 모르면서도 무현금 하나를 마련해 두고 늘 어루만지며 "거문고의 흥취만 알면 되지 어찌 줄을 퉁겨 소리를 내야만 하랴." 했음<蕭統 陶靖節傳> →62. *一張 : 한 장. 종이, 거문고 또는 짐승의 가죽 등의 수를 셀 때 쓰는 말임. *朱絃 : 거문고에 맨 붉은 줄. *眞趣 : 참된 취미나 趣向(취향). *天機 : 모든 조화를 꾸미는 하늘의 기밀. 하늘의 뜻. *鯤絃 : 鯤魚(곤어) 가죽으로 만든 줄. '좋은 거문고 줄'의 뜻으로 썼음. 곤어는 '북해에 산다는 상상의 큰 물고기.'임<莊子 逍遙遊> *鐵撥 : 쇠로 만든 채[현악기를 튀겨 소리 내는 기구]. *閑事 : 쓸데없는 일. 필요하지 않은 일. 閑事業(한사업). *流水高山 : 흐르는 물과 높은 산. 거문고의 미묘한 가락. 춘추시대 거문고의 명수 伯牙(백아)가 타는 가락을 친구 鐘子期(종자기)가 잘 파악했다는 고사에서 온 말로, 백아가 타는 가락의 뜻이 높은 산에 있으면 종자기가 "좋구나, 높고 높도다. 태산이로구나." 했고, 강물에 있으면 종자기는 "좋구나, 양양하도다. 江河(강하)로다." 하고 가락의 뜻을 잘 알았는데, 이를 峨洋曲(아양곡)이라 하며 종자기가 죽자 백아는 다시는 거문고를 타지 않았다 함<列子 湯問> *謾 : 속이다. 느리다. '허황되다'로 풀이했음. *苦心 : 마음을 괴롭혀 가며

애씀. *古調 : 옛날부터 전해 오는 가락. *諧 : 화하다. 어울리다. 희롱하다. *俗耳 : 속세 사람의 귀. 卑俗(비속)한 귀. '깊은 뜻을 알아듣지 못함'의 뜻임. *悠悠 : 여유 있고 한가로운 모양. *千載 : 천년. 긴 세월. *知音 : 음악의 곡조에 담긴 뜻을 잘 아는 일. 마음 통하는 친한 벗. 백아와 종자기의 故事(고사)에서 온 말임.

[鑑賞] 퉁기는 줄이 없는 거문고는 세속 사람들에게는 아무런 소용에 닿지 않는 잡동사니 중의 하나에 지나지 않는다. '그런데 도연명은 무현금 하나를 가지고 있으면서 늘 어루만져 심오한 뜻을 찾아낸다. 참다운 취향은 거문고에서 나오는 소리로 얻어지는 게 아니듯이, 하늘의 기밀도 고요한 사색 속에서 찾아지는 것이다. 좋은 거문고 현이나 단단한 채를 가졌다는 것은 다 부질없는 것이며, 백아가 아양곡을 잘 타고 종자기가 그 가락을 잘 알아들었다는 것도 헛애만 쓴 것이다. 속세 사람들의 어두운 귀에 그런 옛 가락이 이해될 수 없으니 천년 세월이 가도 그 뜻을 아는 사람 없으리라.' 頷聯(함련)과 頸聯(경련)은 각각 좋은 對句(대구)를 이루었고 내용도 깊이 음미해야 할 좋은 작품이다.

7言律詩(7언율시). 압운은 琴, 深, 尋, 心, 音 자로 평성 '侵(침)' 평운이다. 평측은 차례로 '平平仄仄平平, 仄仄平平仄仄平, 仄仄平平平仄仄, 平平仄仄仄平平, 平平仄仄平平仄, 平仄平平仄仄平, 仄仄仄平平仄仄, 平平平仄仄平平'으로 이사부동이류대와 반법, 점법 등이 모두 잘 이루어진 시이다.

272. 李顗(이오 ?) : 고려 숙종 때 문신. 호 金剛居士(금강거사). 시호 文良(문량). 본관 仁川(인천). 門下侍中太學士(문하시중 태학사)를 역임했다.

272-1 賀元帥尹侍中(하원수윤시중) 원수 윤관 시중을 하례하다

臨軒授鉞命東征 一擧腥膻盡掃淸 漢塞已空無古月 秦人何苦築新城
滿庭諫切眞長策 拓地功高是大名 從諫擧功誰最急 吾君聖制兩分明.

(임헌수월명동정 일거성전진소청 한새이공무고월 진인하고축신성

만정간절진장책 척지공고시대명 종간거공수최급 오군성제양분명)

대궐 전각에서 부월 주시며 동쪽 정벌을 명하시니,

일거에 되놈들의 비린내와 누린내를 말끔하게 씻어버렸구나.

한 나라 국경은 이미 오랑캐가 없는데, 진 나라 사람들은 왜 괴롭게 새 성을 쌓았던고.

조정에 가득찬 간절한 간언이 좋은 계책이어서,

동북 국경을 개척한 큰 공으로 명성 떨쳤네.

간언을 좇음과 공적을 드러냄이 어느 것이 더 급한고,

간언도 듣고 포상도 한 우리 임금님이 하신 거룩한 마련은 둘 모두 분명히 하셨구나.

[語句] *元帥 : 군인의 가장 높은 계급. *尹侍中 : 尹瓘(윤관 ?~1111). 고려 중기의 명
　　　신, 장군. 시호 文蕭(문숙). 본관 坡平(파평). 예종 2년(1107) 여진 정벌 원수가 되
　　　어 副元帥 吳延寵(부원수 오연총)과 17만 대군을 이끌고 東北界(동북계)의 여진을 정
　　　벌하고 9성을 쌓아 이듬해 4월에 개선했음. 시중은 '門下侍中(문하시중)으로 요즘
　　　의 首相(수상)'인데, 윤관 장군이 개선하자 내린 벼슬임. *臨軒 : 궁궐 전각의 처
　　　마 밑으로 감. *鉞 : 鈇鉞(부월). 임금이 출정하는 대장에게 軍權(군권) 위임을 보
　　　장하는 뜻으로 주는 도끼. *東征 : 東方 征伐(동방 정벌). *一擧 : 단번. *腥羶 :
　　　비린내와 노린내. *漢塞 : 한 나라 곧 중국 북쪽 국경. *古月 : 오랑캐. 胡(호-오
　　　랑캐, 되) 자를 破字(파자)한 말임. *滿庭 : 뜰에 가득함. 조정에 가득함. *諫切 :
　　　임금에게 간언함이 절실함. *長策 : 원대한 계책. *拓地 : 땅을 개척함. '윤관
　　　장군이 동북계의 국경을 개척했음'을 뜻함. *大名 : 널리 소문이 난 이름. 高名
　　　(고명). *誰 : 무엇. 어느 것. *聖制 : 임금의 마련. 임금의 거룩한 제도.
[鑑賞] 국토의 동북면을 개척하고 아홉 성을 쌓아 여진족의 침입을 막은 윤관 장군을 칭
　　　송한 시. 먼저 왕의 명을 받아 여진족을 정벌하러 가서 단번에 물리쳐 버린 공로
　　　를 말하고, 중국의 사례를 들어 북쪽 오랑캐들이 힘이 약한데도 왜 만리장성을
　　　쌓느라고 백성들을 괴롭혔던가 했는데 이 두 구는 對句(대구)가 잘 되었다. 다음으
　　　로 내용을 전환하여 여진족을 쳐야 한다고 절실하게 간한 것이 좋은 계책이어서
　　　결국 국경 지역을 개척하여 높은 명성을 떨치었음을 칭송했는데, 이 연도 대구를
　　　이루었다. 끝으로 임금님의 조처도 모두 분명하고 거룩했다고 마무리 지었다. 이
　　　후로도 여진족이 계속 침범해 결국 9성을 돌려주고 강화를 맺어, 윤관은 패전의
　　　죄로 벼슬과 공신의 호마저 박탈당했다가 예종 5년(1110)에 復官(복관)되었다 한다.

　　7言律詩(7언율시). 압운은 征, 淸, 城, 名, 明 자로 평성 '庚(경)' 평운이다. 평측은 차례로 '平
平仄仄仄平平, 仄仄平平仄仄平, 仄仄仄平平仄仄, 平平仄仄仄平平, 仄平仄仄平平仄, 仄仄
平平仄仄平, 平仄仄平平仄仄, 平平仄仄仄平平'으로 二四不同二六對(이사부동이륙대)와 反法,
粘法(반법, 점법) 등이 모두 잘 이루어진 좋은 작품이다.

273. 李瑢(이용 1418~1453) : 安平大君(안평대군). 조선 세종의 셋째 아들로 書畫家(서화
　　　가)이다. 자 淸之(청지). 호 匪懈堂, 琅玕居士, 梅竹軒(비해당, 낭각거사, 매죽헌). 시호 章昭
　　　(장소). 단종 1년(1453) 수양대군이 金宗瑞(김종서) 등을 죽일 때 함께 몰려 江華(강화)에
　　　서 죽었다. 학문을 사랑했고 시문과 글씨에 뛰어났으며 당대의 유명한 선비와 서민들

까지 그를 따라 중망이 높았다. 遺筆(유필)로 世宗英陵神道碑文(세종 영릉신도비문)이 있다. 중종 때의 金絿(김구), 명종 때의 楊士彦(양사언), 선조 때의 韓石峯(한석봉)과 함께 朝鮮 書道4大家(조선 서도 4대가)라 일컫는다.

273-1 題閣老畫幅(제각로화폭) 각로의 화폭을 두고 짓다

萬疊靑山遠 三間白屋貧 竹林烏鵲晩 一犬吠歸人.

(만첩청산원 삼간백옥빈 죽림오작만 일견폐귀인)

만 겹으로 겹친 푸른 산은 멀리 둘러있는데, 세 칸짜리 초가집 가난하구나.

날 저물어 까막까치들 대밭으로 모여들고,

삽살개 한 마리 집으로 돌아오는 사람 보고 짖네.

[語句] *閣老 : 宰相(재상). 唐(당) 나라 때는 批答(비답) 등을 받아 발표하던 給事中(급사중)을 일컬었고, 明(명) 나라 때 재상을 각로라 했음. *畫幅 : 그림을 그린 크고 작은 종이나 피륙 조각. *白屋 : 가난한 사람의 초가집. *烏鵲 : 까마귀와 까치. 까막까치.

[鑑賞] 어느 정승이 그리거나 가지고 있는 그림에 쓴 시. 그림 속에 그려진 모습을 그대로 시로 옮겼는데, 독자들이 그 그림의 모습을 머릿속에 그려볼 수 있게 절실히 읊었다. 멀리 푸른 산이 몇 겹으로 둘러있는 속에 초가삼간 몇 채가 을씨년스럽게 놓여 있고, 때는 저녁때인데 마을을 두른 대밭에는 까마귀와 까치들이 깃들이려 모여들며, 어느 집 삽살개는 집으로 돌아오는 사람 기척이 나매 짖고 있다. 말하자면 詩中有畫(시중유화)로 아주 쉽게 시 한 편을 이루었다.

5言絕句(5언절구). 압운은 貧, 人 자로 평성 '眞(진) 평운이다. 평측은 차례로 '仄仄平平仄, 平平仄仄平, 仄平平仄仄, 仄仄仄平平'으로 이사부동과 반법, 점법 등이 잘 이루어지고 평측 배치도 고른 좋은 작품이다.

274. 李用休(이용휴 ?) : 조선 정조 때의 문인. 자 景明(경명). 호 惠寰齋(혜환재). 본관 廣州(광주). 父 沂(기). 숙부 剡溪 潛(섬계 잠). 進士及第(진사급제)하여 문명이 높았으며 유고집으로 '剏曼集(단만집)'이 있다. 아들 家煥(가환). →212.

274-1 有感(유감) 느낀 바를 읊다

松林穿盡路三丫 立馬坡邊訪李家 田夫擧鋤東北指 鵲巢村裏露榴花.

(송림천진노삼아 입마파변방이가 전부거서동북지 작소촌리노유화)

소나무 숲을 벗어나니 길은 세 갈래라,

밭둑가에 말을 세우고 이 아무개의 집 어딘가 물으니,

농부는 호미 들어 동북쪽을 가리키는데, 까치 집 있는 마을 안 석류꽃 드러난 곳일세.

[語句] *有感 : 감상이나 느낌이 있음. *丫 : 두 갈래지다. 가닥 나다. →201-1. *坡
邊 : 둑가. 밭 둑가. *訪 : 찾다. 묻다. *田夫 : 농부. 백성. *鵲巢 : 까치 집.

[鑑賞] 제목 그대로 느끼는 바를 훌훌 써 나갔다. 짓느라고 깊이 따져볼 것 없이 즉
흥으로 읊은 小品(소품) 같은 시이다. 이런 것을 行雲流水(행운유수) 또는 天衣無
縫(천의무봉)의 솜씨라 하리라. 친구가 사는 동네를 듣기만 하고 말을 타고 찾아
가는데, 마을이 세 곳으로 갈려 있어 밭에서 일하는 농부에게 물으니 농부는
김매던 호미를 들고 가리킨다. 나무에 까치집이 있고 석류꽃이 흐드러지게 핀
집에 친구는 살고 있었다.

7言絕句(7언절구). 압운은 丫, 家, 花 자로 평성 '麻(마)' 평운이다. 평측은 차례로 '平平仄仄
仄平平, 仄仄平平仄仄平, 平仄平平平仄仄, 仄平平仄仄平平'으로 이사부동이륙대는 셋째 구
에서 어긋났고 따라서 반법은 이루어졌으나 점법이 안 되었다.

275. 李瑀(이우 1542~1609) : 조선 중종 때의 서화가. 자 季獻(계헌). 호 玉山, 竹窩,
奇窩(옥산, 죽와, 기와). 본관 德水(덕수). 父 元秀(원수). 栗谷 李珥(율곡 이이 →283)의 아우. 명
종 22년(1567) 進士及第(진사 급제)하여 軍資監正(군자감정)까지 지냈다. 사람들이 그를
두고 4絕(4절)이라 하니 琴書詩畫(금서시화, 거문고·글씨·시·그림)에 능했기에 한 말이었다.

275-1 甘川值雨到孤山作(감천치우도고산작) 감천에서 비를 만나 고산에 이르러 짓다

洛東飛雨渡長沙 亂撲吟肩濕短蓑 向晚回風吹作雪 孤山千樹摠梅花.
      (낙동비우도장사 난박음견습단사 향만회풍취작설 고산천수총매화)

낙동강에 빗발 날리는 속에서 긴 모랫벌을 건너자니,

빗줄기 마구 때려 어깨 시리고 짧은 도롱이는 다 젖었네.

저녁 들며 회오리바람 불더니 눈으로 바뀌어, 고산 땅의 모든 나무 매화꽃일세.

[語句] *甘川 : 경상북도 醴泉郡(예천군)에 있던 지명. 고려 현종 9년(1018) 安東(안동)에 속
하였고 조선에 들어와 예천에 속했는데 현재 甘泉面(감천면)이 있음. *孤山 : 예천군
柳川面 孤山洞(유천면 고산동). *長沙 : 강변의 긴 모래밭, 또는 地名(지명). *撲 : 두드
리다. *短蓑 : 길이가 짧은 도롱이. *回風 : 회오리바람. 廻風(회풍). *摠 : 다. 모두.

[鑑賞] 예천군 동북쪽 감천에서 서남쪽에 있는 고산으로 가는 길에 비를 맞으며 가고 있다. 첫 구의 長沙는 예천군의 지명인지도 모른다. 빗줄기가 바람에 날리며 어깨를 두드려 시리고 허리에 두른 도롱이도 모두 젖었다. 저녁 무렵 고산 마을 가까이 이르면서 회오리바람이 불더니 비는 눈으로 바뀌어 고산의 모든 나무에 雪花(설화)가 피어 매화꽃 같다. 敍景(서경)을 주로 하여 독자에게 한 폭의 그림을 그려볼 수 있게 하는 좋은 시이다.

7언절구. 압운은 沙, 蓑, 花 자로 沙와 花는 평성 '麻(마)' 평운, 蓑도 평성 '歌(가)' 평운으로 통운이 된다. 평측은 차례로 '仄平平仄仄平平, 仄仄平平仄仄平, 仄仄平平平仄仄, 平平平仄仄平平'으로 이사부동이륙대와 반법, 점법 등이 잘 되었다.

276. 李原(이원 1368~1429) : 조선 세종 때의 정승. 자 次山(차산). 호 容軒(용헌). 시호 襄憲(양헌). 본관 固城(고성). 조부 嵒(암 →268). 父 密直副使 崗(밀직부사 강). 정몽주의 문하생으로 문과에 급제하여 우왕 말에 司僕寺丞(사복시승), 공조와 예조의 佐郎(좌랑), 兵曹正郎(병조정랑)을 역임했다. 조선이 개국하자 사헌부에 들었고 정종 때 左副承旨(좌부승지)가 되었다. 태종 때 대사헌, 경기 관찰사, 평양부윤 등을 거쳐 推忠翊戴佐命功臣(추충익대좌명공신)에 예조판서가 되었다. 세종이 즉위하자 우의정, 세종 3년(1421)에 좌의정, 이어 영의정을 지냈는데, 9년간 정승으로 있으면서 정치의 일은 관대했으나, 시기하는 자의 모함으로 礪山(여산)에 귀양가 사망했다.

276-1 安山東軒(안산동헌) 안산 동헌

獨坐東軒望碧山 禪宮隱約白雲間 乞身何日尋僧去 臥聽松風特地寒.
　(독좌동헌망벽산 선궁은약백운간 걸신하일심승거 와청송풍특지한)

동헌에 홀로 앉아 푸른 산을 바라보니, 절간은 희미하게 흰 구름 속에 있구나.
언제 벼슬 그만둠을 허락받아 스님을 찾아가,
누워 솔바람 소리 들으며 아주 시원함을 맛보리.

[語句] *安山 : 경기도 始興郡(시흥군, 지금의 서울 금천구 시흥동)에 있던 지명. 1914년에 수원과 시흥군으로 나누어 예속되었음. *東軒 : 고을원이 공사를 처리하던 대청이나 집. *碧山 : 푸른 산. 靑山(청산). *禪宮 : <佛>절. *隱約 : 분명하지 않음. *乞身 : 신하가 늙어서 벼슬에서 물러나기를 임금에게 청함. 乞骸骨(걸해골). 乞骸之請(걸해지청).

[鑑賞] 30년 가까이 높은 벼슬자리에 있었으니 벼슬에 물리기도 하리라. 안산 동헌에 앉

아 바라보니 청산 속 흰 구름 속에 절간이 어렴풋이 보인다. 언젠가 벼슬 버리고 저 절의 스님을 찾아가 함께 기거하기를 청하여 한가하게 누워 솔바람 소리 들으며 그 시원함을 맛볼 것인고 했다. 직장을 그만두면 시골 고향이나 조용하고 한적한 곳에 가서 한가로이 여생을 보내려는 심정은 예나 지금이나 똑같다 하리라.

7言絶句(7언절구). 압운은 山, 間, 寒 자로 山과 間은 평성 '刪(산)' 평운, 寒도 평성 '寒'으로 두 운자는 通韻(통운)이 된다. 평측은 차례로 '仄仄平平仄仄平, 平平仄仄仄平平, 仄平平仄平平仄, 仄仄平平仄仄平'으로 二四不同二六對(이사부동이륙대)와 反法(반법), 粘法(점법) 등이 규칙대로 잘 이루어진 시이다.

277. 李黿(이원 ?~1504) : 조선 연산군 때 문신. 자 浪翁(낭옹). 호 再思堂(재사당). 본관 慶州(경주). 父 縣令 公麟(현령 공린). 朴彭年(박팽년 →85)의 외손자. 성종 11년(1480) 진사, 성종 20년(1489) 문과 급제하여, 승문원을 거쳐 禮曹正郎(예조정랑)으로 있을 때 연산군의 횡포가 날로 심하여 金宗直(김종직 →46)을 비롯한 많은 선비들이 피살되거나 귀양을 갔다. 후에 太常(태상)에 있으면서 김종직에게 文忠(문충)의 시호를 주자고 주장하다가 郭山(곽산)으로 귀양가서 4년, 다시 羅州(나주)로 이송되었다. 연산군 10년(1504) 갑자사화로 죄가 더해져 사형에 처하게 되었을 때 종이 함께 도망가기를 울며 간청했으나 허락 않고, 형을 받을 때 얼굴빛이 변치 않고 말이 더욱 똑똑했다 한다. 연산군은 더욱 노하여 그의 아버지와 여러 아들도 함께 먼 곳으로 귀양 보냈다. 중종 초에 설원되어 都承旨(도승지)가 추증되었다. 그는 평생에 성현의 글을 널리 읽었고 문장이 우아하고 시도 고상했으며, 공사간에 누구를 원망하거나 상심하는 일이 없었다 한다. 유고로 '金剛錄(금강록)'이 있다.

277-1 初春感興(초춘감흥) 첫 봄의 감흥

陽生混沌竅 萬物自陶鎔 誰知有形物 生此無形中
日月互相代 往來無臭聲 猗歟伏羲心 信合天地情.
　　(양생혼돈규 만물자도용 수지유형물 생차무형중

　　일월호상대 왕래무취성 의여복희심 신합천지정)

혼돈의 구멍에서 양이 생겨나니, 만물이 절로 만들어지듯이 움이 트는구나.
그 누가 알리, 형체 있는 것이 이 형체 없는 혼돈 속에서 생겨나는 줄을.
해와 달이 서로 번갈아 나타나고, 그에 따라 시절이 오고가는데도 냄새나 소리조차 없네.
아름답도다, 팔괘를 만든 복희씨의 마음이여, 천지조화의 뜻에 딱 부합되는 게 아닌가.

[語句] *感興 : 마음에 깊이 감동되어 일어나는 흥취. *陽 : 천지의 두 갈래 중 적극적

인 요소. 곧 해, 밝음, 봄, 불, 수컷 등을 상징함. ↔陰(음). *混沌 : ①천지개벽 초에 천지가 아직 갈라지지 않았던 때의 상태. 元氣未判狀態(원기 미판 상태). 우주 의 비밀. ②사물이 구별할 수 없이 흐리멍덩한 상태. *竅 : 구멍. 콧구멍, 귓구멍 등 통하는 것. *陶鎔 : 흙을 빚거나 쇠를 녹여 물건을 만들 듯 물건이 만들어짐. *有形物 : 형체가 있는 물건. *互相 : 서로. 相互. *猗歟 : 아름답구나. 猗는 '탄식하다', 歟는 '아름답다 하다. 그런가 하다'임. 猗與漆沮 潛有多魚(기특도 하다, 칠수와 저수 물 섶에 고기가 많구나)<詩經 周頌 潛> *伏羲 : 중국 고대의 전설적 임금. 백성들에게 처음으로 고기잡이, 사냥, 목축 등을 가르치고 八卦(팔괘) 와 글자를 만들었다 함. 伏羲氏(복희씨). *信合 : 참으로 합치됨.

[鑑賞] 거칠고 메마른 겨울 대지에 양기가 도는 봄이 오니, 삼라만상이 꿈틀거리며 싹이 나거나 생기가 돈다. 한 덩어리로 뭉쳐 형체가 없던 혼돈이 도용의 조화 처럼 유형의 것으로 나타나게 되니, 무형에서 유형이 생겨나는 것이 아닌가. 해와 달이 번갈아 교대하며 나타나니 세월은 가는데, 오고가는 세월은 냄새도 소리도 없이 우리 곁에 다가오는 것이다. 복희씨가 팔괘를 만들어 음과 양을 구분해 낸 슬기로움을 보라. 바로 하늘과 땅의 조화에 들어맞는다. 첫 봄에 만 물이 소생 생동하는 모습을 보며 그 감흥을 철학적으로 읊은 작품이라 하겠다.

　5言律詩(5언율시). 압운은 鎔, 中, 聲, 情 자로 鎔은 평성 '冬(동)', 中도 평성 '東(동)'으로 평 운이며 通韻(통운)이 되고, 聲과 情은 평성 '庚(경)' 평운이니 2연마다 轉韻(전운)한 셈이다. 평측 은 차례로 '平平仄仄仄, 仄仄仄平平, 平仄平平仄, 平仄平平平, 仄仄仄平仄, 仄平平仄平, 仄平仄平平, 仄仄平仄平'으로 이사부동이 안 된 구는 제 3, 7, 8구이고 반법이나 점법은 이 루어지지 않았다.

278. 李元翼(이원익 1547~1634) : 조선 광해군, 인조 때의 정승. 자 功勵(공려). 호 梧里 (오리). 시호 文忠(문충). 본관 全州(전주). 태종의 왕자 益寧君(익녕군)의 玄孫(현손, 4대손). 선 조 2년(1569) 문과 급제, 承文院(승문원)에 있었고 柳成龍(유성룡)은 그의 슬기로움을 인 정하고 존경했다. 선조 6년에 賀正官(하정관)으로 명 나라에 다녀오고 이듬해 黃海都事 (황해도사)가 되어 인망을 얻었으며, 李珥(이이)가 황해감사로 오자 그 밑에서 일을 솜씨 있게 처리하여 이이가 천거해 선조 9년 (1576) 正言(정언)이 되고 이후 옥당에 들었으 며 선조 16년(1583) 承旨(승지)가 되었다. 그러나, 왕자의 스승인 河洛(하낙)이 승정원이 왕의 총명을 흐리게 한다고 상소하여 그 책임을 지고 파면되었다. 그 후 대사헌이 되 었다가 임진왜란이 일어나자 이조판서로 평안도도순찰사를 겸임하여 평안도로 가고 왕 도 뒤따라갔는데, 평양 사수에 실패하고 그는 定州(정주)에서 군사를 모아 正憲大夫(정 헌대부), 관찰사 겸 순찰사가 되어 대동강 서쪽을 잘 방어했다. 그 후 우의정에 四道都

體察使(사도도체찰사)를 겸하고 이어 좌의정이 되어 여러번 상소를 올려 벼슬을 그만두고 시골에 가 있었다. 선조 37년(1604) 扈聖功臣(호성공신)이 되고 完平府院君(완평부원군)에 피봉되었다. 광해군이 즉위하자 영의정이 되고 왕대비를 폐위할 때 반대하다가 洪川(홍천)으로 귀양갔으나, 인조반정 때 영의정으로 소환되었다. 그는 청렴 정직한 인물로, 광해군을 사형에서 구했고 大同法(대동법)을 시행하여 세 부담을 단일화한 공적이 컸다.

278-1 贈家奴順目(증가노순목) 집의 하인 순목에게 주다

露梁春水野 洪峽夏雲天 跋涉來尋再 多渠繼父賢.
　　(노량춘수야 홍협하운천 발섭내심재 다거계부현)

노들의 봄물 질펀한 들판에, 홍천 산골의 여름 구름 피어나는 하늘 아래를,
산 넘고 물 건너서 어려운 길을 또 찾아왔으니, 네 아비 착함을 많이도 이어받았구나.

[語句] *露梁 : 서울의 노량진. 노들. *洪峽 : 강원도 洪川(홍천) 산골. *跋涉 : 산을 넘고 물을 건너서 감. *渠 : 너. 저. 무엇.

[鑑賞] 지은이가 강원도 홍천 땅에 귀양가 있을 때, 서울 집에서 일하는 하인의 아들이 거듭 찾아와 주는 고마움을 시로써 표시한 것이다. 서울서 홍천까지 먼 길을 산 넘고 물 건너 어려움을 무릅쓰고, 반찬거리라도 짊어지고 집 소식을 전해 주려고 거듭 오니 얼마나 반갑고 고마우랴. 상전과 하인의 계층을 떠난 인간미가 담긴 작품이다.

5言絶句(5언절구). 압운은 天, 賢 자로 평성 '先(선)' 평운이다. 평측은 차례로 '仄平平仄仄, 平仄仄平平, 仄仄平平仄, 平平仄仄平'으로 二四不同(이사부동)과 反法(반법), 粘法(점법) 등이 규칙에 맞게 잘 이루어졌고 평측 글자 배치도 좋은 秀作(수작)으로 卽席詩(즉석시)라 더욱 값지다.

279. 李裕元(이유원 1814~1888) : 조선말의 정치가, 大臣(대신). 자 景春(경춘). 호 橘山, 墨農(귤산, 묵농). 시호 文忠(문충). 본관 慶州(경주). 父 吏曹判書 啓朝(이조판서 계조). 鄭元容(정원용→812)의 姪婿(질서). 헌종 7년(1841) 문과 급제하여 예문관 검열, 규장각 대교, 도승지, 대사헌, 의주부윤, 전라관찰사, 한성판윤, 형조판서 등을 역임하고 고종 원년(1864) 우의정, 동 2년 좌의정, 동 10년(1873) 영의정에 이르렀다. 고종 19년(1882) 7월 全權大臣(전권대신)으로 일본의 辨理公使(변리공사) 花房義質(화방의질, 하나부사)과 濟物浦(제물포, 인천)에서 만나 善後條約 6款(선후조약 6관), 修好條規續約 2款(수호조규속약 2관)을 상의해서 조인했다. 박학하여 예서에도 뛰어나 奉使(봉사)로 연경에 갔을 때 청 나라 조정에서 그의 글씨를 높이 평가했다. 저서로 '林下筆記(임하필기 39권)', '嘉梧藁略(가오고략)',

'橘山文稿(귤산문고)' 등이 있다.

279-1 紅葉亭(홍엽정) 홍엽정

排舖小小摠依樣 摘葉名庵憶老坡 從古名園無定主 主人來少客來多.
(배포소소총의양 적엽명암억노파 종고명원무정주 주인내소객래다)

옛 모양 본따 조그마한 정자 지어,

잎사귀 이름 따서 홍엽정이라 하니 소동파의 일 생각나네.

예부터 이름난 동산은 임자 따로 없는 법,

주인은 자주 안 오고 나그네들만 많이 모이는구나.

[語句] *紅葉 : 붉은 잎. 단풍 든 잎. *排舖 : 排布(배포). ①머리를 써서 일을 이리저리 조리 있게 계획함. ②갈라 나누어 벌여 놓음. 排置(배치). ③배짱. *小小 : 얼마 안 되는 모양. 자질구레함. *依樣 : 모양대로 본뜸. 依樣畫葫蘆(의양화호로, 본을 그대로 따라 호로박을 그림. 독창성이 없음). 宋(송)의 학자 陶穀(도곡)이 당대에 글이 으뜸이었는데 누가 그를 천거하니 태조가 웃으며 "들으니 한림 도곡은 制書(제서)의 초안이 모두 이전 사람들의 옛 초본을 살펴 말만 바꾼 것이라 하니, 이것은 이른바 본만 따라 호로박을 그린 것이다." 하더라 함. *老坡 : '東坡老人(동파노인)' 곧 '蘇東坡(소동파)'를 가리키는 듯함. *從古 : 옛 일에 따름. *名園 : 경치가 뛰어난 庭園(정원) 또는 동산. *定主 : 정해진 주인. 임자.

[鑑賞] 옛 법도대로 조그만 정자를 지어 놓고는 정자 이름을 붉게 단풍 든 잎을 볼 수 있다 하여 홍엽정이라 했으니, 喜雨亭(희우정)을 세우기도 하고 '綠筠軒(녹균헌)' 시를 지어 주기도 한 소동파가 생각난다. 본디 경치 좋은 곳은 임자가 없는 법이라 이 정자에도 주인은 보이지 않고 손님들만 많이 올라 경치를 감상하고 있다. 셋째 구는 白居易(백거이)의 "勝地本來無定主 大都山屬愛山人(경치 뛰어난 곳은 본디 임자가 없으니, 대체로 산은 산을 아끼는 사람의 것이 리.)"와 착상이 같다. →90-16.

7言絶句(7언절구). 압운은 坡, 多 자로 평성 '歌(가)' 평운이다. 평측은 차례로 '平平仄仄仄平仄, 仄仄平平仄仄平, 平仄平平平仄仄, 仄平平仄仄平平'으로 二四不同二六對(이사부동이륙대)와 반법, 점법 등이 규칙대로 잘 이루어졌다.

280. 李殷相(이은상 1617~1678) : 조선 현종 때의 문신. 자 說卿(열경). 호 東里(동리). 시호 文良(문량). 본관 延安(연안). 조부 月沙 廷龜(월사 정구 →294). 父 玄洲 昭漢(현주 소한). 어려서부터 文名(문명)이 뛰어났고 효종 2년(1651) 문과에 급제하여 說書(설서)로 있을 때,

庭試(정시)에 장원했으며 효종 7년 重試(중시)에 급제했다. 조정에 나가기를 30년으로 형조판서에 이르렀고, 성격이 소탈하여 남을 의심치 않았으며 왕 앞에서 국사를 논할 때도 부자의 사이처럼 말씨가 절실했다 한다. 효종의 상사로 莊烈王后(장렬왕후)의 服制(복제) 문제 논쟁이 확대되자 여러 가지 복제에 관한 글을 왕에게 올렸으며, 宋時烈(송시열)이 議禮(의례)의 책임을 지고 먼 곳으로 귀양가자, 집에만 있고 조정에 나가지 않았다. 숙종 4년(1678) 가뭄으로 松嶽(송악)에서 기우제를 지내고 돌아와 병사했다. 어려서 尹鑴(윤휴)와 같은 고향으로 막역하게 지냈으나 윤휴가 출세하여 그릇된 길로 간다고 판단하여 절교했다. 유고에 '東里集(동리집 16권)'이 있다.

280-1 送襄陽尹使君(송양양윤사군) 양양 윤 사또를 송별하다

雪嶽山光雪後宜 一麾行色一琴隨 神仙官府連蓬島 太守風流更習池
靑鎖夢牽留客館 白銅歌作送君詞 春來理屐尋眞地 花下相迎倒接罹.

(설악산광설후의 일휘행색일금수 신선관부연봉도 태수풍류갱습지

청쇄몽견유객관 백동가작송군사 춘래이극심진지 화하상영도접리)

설악산 경치 눈 온 뒤가 더 좋고, 대장 깃발 행렬에 거문고 하나 가졌구나.
관청은 봉래 섬에 이어 있어 신선 같은데, 원님의 풍류는 습가지와도 같아라.
임금님 뵈올 꿈은 객사에 머물게 하니, 임금께서 동호부 내리시며 송별하시었네.
봄이 오면 신발 단속해 신선 사는 곳을 찾아가, 꽃 아래서 서로 맞이해 반가이 만나리.

[語句] *襄陽 : 강원도 동해안 중부에 위치한 군. 繼祖庵(계조암), 飛仙臺(비선대), 臥仙臺(와선대), 五臺山(오대산), 洛山寺(낙산사), 河趙臺(하조대), 淸澗亭(청간정) 등의 명승고적이 있음. *使君 : 나라의 使節(사절)이나 지방 장관. 사또. *雪嶽山 : 강원도 양양군과 麟蹄郡(인제군) 사이에 있는 명산. 최고봉인 大靑峯(대청봉)의 높이는 1,708m이고 百潭寺(백담사), 新興寺(신흥사), 五歲菴(오세암) 등의 고적이 있음. *麾 : 대장 깃발. *行色 : 길 떠날 때 차리고 나선 모양. *官府 : 관청. *蓬島 : 蓬萊(봉래) 섬. 신선이 산다는 상상의 섬으로 三神山(삼신산)의 하나임. *太守 : 지방의 장관. *習池 : 晉(진) 나라 習郁(습욱)의 집 동산에 있던 못. 화려하며 양어장이 있었는데 高陽酒徒 酈食其(고양주도 역이기)가 술에 취해서 빠진 고사가 있음. 習家池(습가지). 高陽池(고양지). *靑鎖 : 대궐 문. *客館 : 다른 곳에서 온 관원을 대접해 묵게 하던 집. 客舍(객사). *白銅 : 금속 이름. 백통. '銅虎符(동호부)'를 표현한 말인 듯함. 동호부는 '구리로 호랑이의 모양을 그려 만든 兵符(병부)'로 한 쪽은 조정에서 보관하고 한 쪽은 고을원에게 주어 군사를 징발하게

하는 것임.<漢書 文帝紀> *理屐 : 나막신을 손질함. 신발 준비를 함. 尋眞 : 진리를 깨우친 사람 곧 신선을 찾음. *羅 : 만나다.

[鑑賞] 강원도 양양군 윤 사또를 송별하는 시로 난해한 편에 속하는 작품이다. 首聯(수련 1~2구)은 양양군에 있는 설악산은 눈으로 덮였을 때의 경치가 좋은데, 사또는 지금 符信(부신)을 앞세우고 거문고 하나도 실어 풍류 있는 사람임을 알 수 있다 했고, 頷聯(함련 3~4구)에서는 양양군은 삼신산의 하나인 봉래 섬과 이어져 있어 거기의 사또는 곧 신선 같으며, 또 그의 풍류스러움은 옛 중국 습욱의 습 가지를 다시 보는 듯하다 했다. 頸聯(경련 5~6 구)은 전환으로 임금님 뵈올 꿈에 이끌려 대궐문 가까운 객관에 머물며, 임금님이 동호부를 내리며 고을을 잘 다스리라는 송별 말씀이 있기를 기대해 왔다는 내용으로, 고을원으로 임명받을 때를 회상한 것이라고 보는데 온전한 풀이가 된 것 같지가 않다. 尾聯(미련 7~8구)은 다시 양양군으로 되돌아가 '이제 봄이 오거든 신발 준비를 잘하여 신선 사는 곳을 찾아가 봄꽃 아래에서 신선과 반갑게 만나라' 했다. 마지막의 '倒接羅'는 '倒屐迎(도사영, 신을 거꾸로 신고 손님을 반겨 맞이함)'과 같은 뜻으로 쓴 말 같다.

7言律詩(7언율시). 압운은 宜, 隨, 池, 詞, 羅 자로 평성 '支(지)' 평운이다. 평측은 차례로 '仄仄平平仄仄平, 仄平平仄仄平平, 平平平仄平平仄, 仄仄平平仄仄平, 平仄仄平平仄仄, 仄平平仄仄平平, 平平仄仄平平仄, 平仄平平仄仄平'으로 二四不同二六對(이사부동이륙대)와 反法, 粘法(반법, 점법) 등이 모두 규칙에 어긋남이 없는 시이다.

281. 李義健(이의건 1533~1621) : 조선 명종 때의 문인. 자 宜中(의중). 호 峒隱(동은). 본관 全州(전주). 세종의 6세손. 명종 19년(1564) 司馬試(사마시)에 급제했고 광해군 2년(1610) 李恒福(이항복)의 추천으로 工曹佐郎(공조좌랑)이 되고 이어 공조정랑에 올랐으나 사퇴했다. 인품이 고매하고 평소 약을 모았다가 가난과 위독에 처한 사람들을 즐겨 구했고, 시와 글씨에도 뛰어났다. 경기도 廣州(광주)에 있는 廣平大君璵墓碑(광평대군여묘비)와 臨汀副正李一祖墓碑(임정부정이일조묘비) 의 비문은 그의 글씨이다.

281-1 幽居卽事(유거즉사) 한적하게 살며 즉흥으로 읊다

坐見遊蜂趁晚衙 日移林影報煎茶 山童不慣當門應 懶出松蹊掃落花.
（좌견유봉진만아 일이임영보전다 산동불관당문응 나출송혜소낙화）

벌이 벌집에 드는 저녁까지 벌들이 나는 걸 구경하는데,

해가 숲 그늘에 들자 차 달였다 하네.

아이놈은 늘 하는 대로 불러도 대답 않고,

어정어정 나가서는 솔밭길의 떨어진 꽃잎만 쓰네.

[語句] *幽居 : 한적하고 외딴 곳에 삶. *卽事 : 눈앞의 사물을 즉흥으로 읊음. *趁
: 좇다. 머뭇거리다. *衙 : 벌집. 마을. *煎茶 : 차를 달임. 烹茶(팽다). *山童 :
데리고 있는 두메 아이. 아이 종. *懶 : 게으르다. *松蹊 : 소나무 길. 솔밭길.
蹊는 '작은 길. 지름길'임.

[鑑賞] 산골 한적한 곳에 집을 짓고 살고 있자니 하도 심심하여 종일토록 벌들이 윙
윙거리며 날아다니는 모양만 구경한다. 해는 어느덧 소나무 그림자 쪽으로 기
울어 저녁때가 되었는데, 계집종이 차를 달여 놓았다고 마시라 한다. 어린 사
내 종 녀석은 불러도 으레 대답 않고 어슬렁어슬렁 방을 나와서는 소나무 길
에 떨어진 낙화만 건성으로 쓸어내고 있다. 생활의 심심한 한 단면을 포착해
쓴 해학적인 시이다.

7言絕句(7언절구). 압운은 衙, 茶, 花 자로 평성 '麻(마)' 평운이다. 평측은 차례로 '仄仄平平
仄仄平, 仄平平仄仄平平, 平平仄仄平平仄, 仄仄平平仄仄平으로 이사부동이륙대와 반법, 점
법 등이 모두 잘 이루어진 좋은 작품이다.

282. 李宜顯(이의현 1669~1745) : 조선 영조 때의 정승. 자 德哉(덕재). 호 陶谷(도곡).
시호 文簡(문간). 본관 龍仁(용인). 父 좌의정 世白(세백). 외조 우의정 鄭維城(정유성). 어
려서 총기가 있어 읽으면 모조리 기억했고, 金昌協(김창협)에게 논어를 배워 자신을 충
실히 하는 공부에만 힘쓰고 벼슬에는 뜻이 없었다. 숙종 20년(1694) 甲戌換局(갑술환국)
으로 서울에 돌아와 음직으로 通德郎(통덕랑)이 되고, 아버지의 명령으로 仁顯王后(인현
왕후, 숙종의 계비, 민유중의 딸) 복위 기념 과거인 殿試(전시)를 보아 급제한 뒤 持平(지평), 수
원부사, 대사간 등을 역임했다. 경종 때 형조, 예조, 이조 등의 판서에 이르러, 경종 2
년(1722) 세자를 세우고자 하던 김창집 등 네 정승이 화를 입자 거기 관련되어 雲山
(운산)에 귀양가 학문 연구에 몰두했다. 영조 1년(1727)에 형조판서로 복권되고 대제학
을 거쳐 영조 3년 우의정이 되었으나 그 해에 정미환국으로 쫓겨났으며, 다음 해 朴
弼夢(박필몽) 등의 반역이 있자 判中樞(판중추)가 되어 평정했다. 사은사로 청 나라에 다
녀오고 영조 11년(1735) 영의정이 되었다. 문집에 '陶谷集(도곡집 32권)'이 있다.

282-1 病起野望 後半(병기야망 후반) 병 앓다 일어나 바깥을 바라보다 후반

寒雲送色連山嶂 積素凝華覆石磯 欲向閑窓收景物 病餘淸興轉依微.
(한운송색연산장 적소응화복석기 욕향한창수경물 병여청흥전의미)

찬 구름 흘러가며 이은 산봉우리 경치를 보여주고,
이내는 낚시터를 덮으며 희게 엉기었구나.
한가하게 창문 열고 모든 경치를 모아들이니,
맑은 흥치로 하여 병이 훨씬 가벼워지네.

[語句] *嶂 : 산봉우리 둘리다. 험하게 연달아 있는 봉우리. *積素 : 여러 겹으로 쌓여 있는 구름이나 연기. *凝 : 엉기다. *磯 : 낚시터. 여울돌[여울 밑에 깔린 돌]. *景物 : 사철에 따라 달라지는 풍물. *淸興 : 맑은 興致(흥치, 흥미와 운치).

[鑑賞] 병중인지 병이 조금 나았을 때인지 모르나, 병을 앓다가 일어나 바깥 들판 경치를 바라보며 지은 시이다. 이 시의 前半(전반)은 "江城雪後似春歸 藹藹平原映夕暉 乍見輕氷浮野渡 還聽幽磵咽林扉(강가에 눈 그치니 봄이 온 듯, 널찍한 들판에 저녁 햇빛 비추네. 얼핏 보니 얇은 얼음이 나루터에 떠서 흐르고, 산골 물소리 숲쪽 사립문에서 졸졸 울리네)"이니, 寫景(사경)을 위주로 한 좋은 작품이다.

7언율시. 인용한 부분의 압운은 磯, 微 자로 평성 '微' 평운이다. 평측은 차례로 '平平仄仄平平仄, 仄仄平平仄仄平, 仄仄平平平仄仄, 仄平平仄仄平平'으로 이사부동이륙대와 반법, 점법 등이 모두 이루어졌다.

283. 李珥(이이 1536~1584) : 조선 중기의 대학자. 자 叔獻(숙헌). 호 栗谷(율곡). 아명 見龍(현룡). 시호 文成(문성). 본관 德水(덕수). 父 元秀(원수). 모 申師任堂(신사임당). 형 璿(선), 璠(번). 제 瑀(우→ 275). 강원도 江陵(강릉) 外家(외가)에서 태어났는데, 외조부 申命和(신명화)는 己卯名賢(기묘명현)의 한 분으로 강릉에서 행세하는 집안이었다. 13세에 進士初試(진사초시)에 급제했고 16세에 그의 성장에 큰 영향을 끼친 모친의 상을 당하여 3년상이 지난 명종 9년(1554) 금강산에 들어가 불교에 귀의했다. 1년만에 집에 돌아와 성리학 연구에 몰두, 명종 13년(1558)에 이름을 떨치던 李滉(이황)을 찾아가 학문을 논의하니 이황은 그의 재능에 크게 감탄했다 한다. 그 해 겨울 別試(별시)에 장원하고 이를 전후해 과거 때마다 장원을 하여 9度壯元(9도장원)이란 칭송을 받았다. 명종 19년(1564) 호조좌랑이 되고 선조 1년(1568)에 서장관으로 명 나라를 다녀왔으며 선조 3년 황해도 海州 野頭村(해주 야두촌)에 들어가 학문의 터를 닦았다. 이듬해 조정의 부름을 받고 청주목사가 되었으나 학문 연구를 위해 다시 사직하고 坡州(파주)에 은퇴했고, 선조 7년(1574) 조정의 요구로 황해감사로 반년간 지냈으며 이후로 자주 조정과 고향을 왕복하면서 대사간, 대사헌, 호조판서, 大提學(대제학), 이조판서, 右贊成(우찬성), 병조판서 등을 역임했다. 선조 10년(1577) 관직에서 물러나 해주에 머물며 隱屛精舍(은

병정사를 짓고 제자를 키우며 학문에 열중했으나 다시 조정의 부름을 받았고, 선조 16
년(1583) 당쟁의 조정을 시도했으나 오히려 탄핵을 받아 일시 퇴직했다가 다시 이조
판서가 되었다. 그는 보기 드문 천재로 성격이나 태도가 이황과는 달리 기상이 호탕
하고 도량이 넓어, 학문에 있어서도 분석적인 해석보다는 근본 원리를 자유롭게 종합
적으로 통찰하는 것이 특징이었다. 그의 사상은 氣發理乘一途說(기발이승일도설)로 대표
되며 도덕적 가치에 있어서도 인간 심리의 근본이 理와 氣의 두 가지 근원이 있지
않고 일원적이라 하여 이황의 四端七情說(사단칠정설)을 배격하였다. 이러한 학설은 徐
敬德(서경덕)과 이황의 설을 절충하여 집대성한 것으로 자기 주장을 발전시키면서 이
주장이 朱子(주자)의 뜻과 어긋난다면 주자가 잘못된 것이라고까지 하는 자신을 얻게
된 것이다. 그는 학문으로 유명할 뿐 아니라 經世家(경세가)로서도 혁혁한 업적을 남겼
으니 임금의 도리와 時務(시무)를 논하고 10만 養兵說(양병설)을 주장, 임진왜란을 예언
하고 대동법의 실시와 社倉(사창) 설치를 제의하는 등, 요순시대의 정치를 실현하려고
했으며 후에 東方之聖人(동방지성인)이란 칭호를 받았는데, 서거 직전의 벼슬은 判敦寧
府事(판돈녕부사)였다. 주요 저서로 '栗谷全書(율곡전서 44권)' '東湖問答(동호문답)' '聖學輯
要(성학집요 13권)' '擊蒙要訣(격몽요결 2권)' '小學集註(소학집주)' 등이 있다.

283-1 哭退溪先生(곡퇴계선생) 퇴계 이황 선생을 곡하다

良玉精金稟氣純 眞源分派自關閩 民希上下同流澤 跡作山林獨善身
虎逃龍亡人事變 瀾回路闢簡編新 南天渺渺幽明障 淚盡腸摧西海濱.

　　(양옥정금품기순 진원분파자관민 민희상하동류택 적작산림독선신

　　호도용망인사변 난회노벽간편신 남천묘묘유명장 누진장최서해빈)

양옥과 정금 같으시고 성품과 기질 또한 순수하셨으며,

선생 학문의 참 근원은 송의 성리학에서 갈려 나왔네.

백성들은 누구나 선생이 함께 해 주기를 바랐으나,

선생은 산림지사로 몸 바로 닦으셨네.

큰 인물 가셨으니 우리 인간사 바뀌어도, 물길 돌리고 갈 길 열으신 저서들 새롭구나.

남쪽 하늘 아득히 먼데 유명으로 가렸으니, 서해 바닷가에서 큰 슬픔에 젖을 뿐일세.

[語句] *哭 : 사람이 죽었을 때나 제사 때에 소리 내어 욺. *退溪 : 조선의 대학자 李
　　滉(이황 1501~ 1570)의 아호. *良玉精金 : 좋은 옥과 고운 금. 인품이 순수하고 온
　　화함. 精金良玉. 明道先生 ~純粹如精金 溫潤如良玉(명도 정호程顥 선생은~순
　　수하기가 정금과 같고 따스하고 인정미가 있음이 양옥 같다)<名臣言行錄外集> *稟

氣 : 성품과 기질. *眞源 : 참 근원. *關閩 : '濂洛關閩之學(염락관민지학)'의 뜻으로 쓴 말로, 염계의 周敦頤(주돈이), 낙양의 程顥(정호), 관중의 張載(장재), 민중의 朱熹(주희) 등 여러 학자의 학문 곧 宋(송) 나라의 性理學(성리학)임. *同流澤 : 같은 흐름으로 누리는 혜택. '함께 함'의 뜻인 듯함. *山林 : 벼슬을 하지 않은, 학식과 도덕이 높은 숨은 선비. 山林之士(산림지사). *獨善身 : 獨善其身(독선기신, 자기 한 몸을 온전하게 잘하여 감). *虎逃龍亡 : 범이 달아나고 용이 죽음. '큰 인물의 사망 곧 퇴계 선생의 서거'를 나타낸 말임. *人事 : 사람이 하는 일. 人間事(인간사). *瀾 : 큰 물결. 눈물 흘리다. *簡編 : 책. 저서. 글월. 簡策(간책). *南天 : 남쪽 하늘. 퇴계 선생의 고향 하늘. *渺渺 : 아득하고 먼 모양. 幽明 : 이 세상과 저 세상. *障 : 가리다. *淚盡腸摧 : 눈물 다하고 창자가 꺾어짐. 슬픔이 극도에 이름.

[鑑賞] 선배요 학문의 반려이며 학설을 달리했던 퇴계 선생께서 서거하셨다는 소식을 접하고 그를 조상해 곡하며 지은 弔詩(조시). 起聯(기련 1~2구)은 퇴계의 인품과 학문의 순수함 및 연원을 밝혔고, 承聯(승련 3~4구)에서는 민중들은 퇴계가 늘 저들과 함께 해 주기를 바랐으나 선생은 벼슬도 버리고 산림에 들어가 몸가짐을 온전히 가짐에 그쳤다 했는데, 民希上下同流澤의 풀이가 쉽지 않다. 轉聯(전련 5~6구)은 범이요 용 같은 큰 분이 가셨으니 사람들의 일이 바뀌더라도, 학문의 흐름을 바로잡고 사람이 가야 할 길을 밝힌 저서가 새로워진다 했다. 마지막 結聯(결련 7~8구)에서는 남쪽 안동의 하늘 아득하고 이제 이승과 저승으로 가리웠으니, 다만 이 서해 바다 쪽에서 곡하는 눈물도 마르고 창자가 꺾어질 듯 큰 슬픔에 잠길 뿐이다 하여, 읽는이도 자연 눈시울을 적시게 하는 절실한 조시라 하리라.

7言律詩(7언율시). 압운은 純, 閩, 身, 新, 濱 자로 평성 '眞(진)' 평운이다. 평측은 차례로 '平仄平平仄仄平, 平平平仄仄平平, 平平仄仄平平仄, 仄仄平平仄仄平, 仄平平平平平仄, 平平仄仄仄平平, 平平仄仄平平仄, 仄仄平平平仄平'으로 二四不同二六對(이사부동이륙대)는 다섯째 구에서 어긋나 '平-平-仄'이 되었고, 反法(반법)과 粘法(점법)은 대체로 이루어졌다. 일곱째 구의 끝 障 자는 '막히다'의 뜻도 되지만 평운 '陽(양)'이어서 압운 규칙에 어긋나게 되므로 거성 '漾(양)' 운인 '가리다'의 뜻으로 처리했다.

283-2 求退有感(구퇴유감) 벼슬에서 물러난 감상

行藏由命豈有人 素志曾非在潔身 閶闔三章辭聖主 江湖一葦載孤臣
疎才只合耕南畝 淸夢徒然繞北辰 茅屋石田還舊業 半生心事不憂貧.

(행장유명기유인 소지증비재결신 창합삼장사성주 강호일위재고신

소재지합경남무 청몽도연요북신 모옥석전환구업 반생심사불우빈)

출세와 은거는 천명이지 어찌 사람에 달렸으리,

본디의 뜻은 몸 사려 깨끗이 가지는 데 있지 않았네.

대궐에 세 번 글 올려 임금께 물러나, 강호의 갈대 쪽배에 외로운 신하 몸 실었노라.

변변치 못한 재주 남녘 밭 갈기에 알맞고,

임금님 못 잊는 맑은 꿈 부질없이 대궐을 감도네.

오막살이와 돌밭 터전 가업으로 돌아가, 남은 일생 가난을 근심하지 않으며 지내리라.

[語句] *有感 : 감상이나 느낌이 있음. *行藏 : 세상에 나옴과 물러가 은퇴함. 쓰임을 받으면 세상에 나와 자기의 道(도)를 행하고 버림을 받으면 물러가 은퇴하는 '用行舍藏(용행사장)'. *素志 : 본디의 뜻. 근본 취지. 素意(소의). *潔身 : 행동을 깨끗이 하여 몸을 더럽히지 않고 깨끗이 함. *閶闔 : 대궐 문의 正門(정문). *江湖 : 강과 호수가 있는 시골. *一葦 : 작은 배. 갈대 잎 하나를 띄워 놓은 것과 같은 작은 배란 뜻임.<詩經 衛風 河廣> *孤臣 : 외로운 신하. 임금의 신임을 받지 못하는 신하. *疎才 : 성긴 재주. '변변치 못한 재주' 겸칭. *南畝 : 양지 바른 남쪽 밭.<詩經 豳風 七月> '남묘'로도 읽음. *徒然 : ①일이 없이 멍하니 있어 심심함. ②그 곳을 떠나지 않음. ③부질없음. 居然(거연). *北辰 : 북극성. 임금이 계신 곳. '北宸(북신, 대궐)'을 비유해 씀. *茅屋 : 초가집. *舊業 : 예부터 이어오는 사업. 家業(가업). *半生 : 반평생.

[鑑賞] 선생의 처세 철학이 담긴 작품이다. '행장을 천명으로 여기고 있으며 본디의 뜻은 내 한 몸을 편히 가지고자 하는 데에 있지 않다. 임금님 곁을 떠나기는 하지만 마음은 늘 임금님 곁에 있어 조정과 나라의 애환을 함께 하려는 마음을 품고 있다. 이제 시골 고향의 본래 삶으로 돌아가 가난을 근심하지 않으며 지내리라.' 했다. 頷聯(함련, 承聯승련 3~4구)과 頸聯(경련, 轉聯전련 4~5구)은 對句(대구)가 잘 이루어졌으니, 閶闔-江湖, 三章-一葦, 辭-載, 聖主-孤臣 ; 疎才- 淸夢, 只合-徒然, 耕-繞, 南畝-北辰의 멋진 짝을 잘 음미해 보자.

7언율시. 압운은 人, 身, 臣, 辰, 貧 자로 평성 '眞(진)' 평운이다. 평측은 차례로 '平平平仄仄仄平, 仄仄平平仄仄平, 平仄平平平仄仄, 平平仄仄仄平平, 平平仄仄平平仄, 仄仄平平仄仄平, 平仄仄平平仄仄, 仄平平仄仄平平'으로 이사부동이륙대와 반법, 점법 등이 규칙대로 잘 이루어진 명작이다.

283-3 出城感懷(출성감회) 서울 성밖으로 나온 감회

四遠雲俱黑 中天日正明 孤臣一掬淚 灑向漢陽城.

(사원운구흑 중천일정명 고신일국루 쇄향한양성)

사방은 구름으로 컴컴한데, 중천에는 해 뚜렷이 밝구나.

이 외로운 신하 눈물 한 줌 짜내어, 임 계신 한양성 안에 뿌려 볼거나.

[語句] *感懷 : 마음에 느낀 생각과 회포. *四遠 : 사방으로 멀리까지. *俱 : 함께. 다. 갖
추다. *中天 : 하늘의 한복판. 中空(중공). *正明 : 바르고 밝음. 正大(정대)하고 公明
(공명)함. *一掬 : 한 웅큼. *灑 : 뿌리다. *漢陽城 : 서울특별시의 옛 이름. 漢城.

[鑑賞] 벼슬을 사임하고 임금님이 계시는 서울 都城(도성)을 벗어 나온 감회를 읊은 짧은
작품. 사방에 구름이 끼어 컴컴한데, 하늘 복판에는 밝은 해가 뚜렷이 떠 공명정대
하게 온 천하를 비추고 있다. 구름을 조정에 가득 버티고 있는 옳지 못한 신하를,
해를 임금에 비유했다고도 볼 수 있다. 율곡 선생은 국가 현실에 참여하는 학자이
므로 자원해 벼슬을 그만두었더라도 당신의 의견이 수용되지 않을 때는 섭섭했으
리라는 생각이 든다. 그리하여 외로운 신하라 했고 임금과 나라를 생각하는 눈물
을 한양 서울 성안으로 뿌려 충성심에 변함없음을 보이고 싶었다 한 것이리라.

5言絕句(5언절구). 압운은 明, 城 자로 평성 '庚(경)' 평운이다. 평측은 차례로 '仄仄平平仄,
平平仄仄平, 平平仄仄仄, 仄仄仄平平'으로 二四不同(이사부동)과 反法, 粘法(반법, 점법) 등이
모두 잘 이루어졌다.

283-4 花石亭(화석정) 화석정

林亭秋已晚 騷客意無窮 遠水連天碧 霜楓向日紅

山吐孤輪月 江含萬里風 寒鴉何處去 聲斷暮雲中.

　　(임정추이만 소객의무궁 원수연천벽 상풍향일홍

　　산토고륜월 강함만리풍 한아하처거 성단모운중)

숲과 정자는 늦가을 지나, 시 짓는 이들의 뜻이 한량없네.

멀리 흐르는 물 하늘에 이어 파랗고, 서리 맞은 단풍 해를 따라 붉구나.

산은 둥근 달 하나 토해냈고, 강은 만리에서 불어오는 바람 머금었네.

까마귀는 추운 날에 어디 가는고, 저무는 구름 속으로 그 우는 소리 끊이는구나.

[語句] *花石亭 : 경기도 坡州郡 法院邑(파주군 법원읍) 紫雲書院(자운서원) 서북쪽 8km
지점 임진강 강가의 정자. *騷客 : 시인. 騷人(소인). *霜楓 : 서리 맞은 단풍잎.
*輪月 : 둥근 달. *萬里風 : 먼 곳에서 불어오는 바람. *寒鴉 : 추위에 떠는
까마귀. *暮雲 : 저물녘의 구름.

[鑑賞] 지은이가 아홉 살에 지었다고 하는 유명한 시이다. 화석정 주변의 숲은 가을 이미 깊어 시인들의 詩心(시심)이 끝없이 펼쳐질 좋은 때이다. 멀리 흐르는 임진 강은 하늘에 닿은 듯 푸르고, 서리 맞은 당풍은 붉기도 하다. 이 연은 對句(대구)가 잘 이루어졌다. 산 위에 둥근 달 하나가 뚜렷이 떠 있어 마치 산이 그 달을 토해 낸 듯하고, 강은 먼데서 불어오는 바람을 안고 있다. 이 연도 대구가 잘 되기로 유명하다. 추위에 떠는 까마귀는 어디로 날아가는가, 저문 구름 속에 그 우는 소리 끊어진다. 鴉는 어떤 자료에는 鴻(홍, 기러기)으로 쓰기도 했다. 이 시 는 지은이의 시적인 천재성을 크게 보이는 작품이라 하리라.

5言律詩(5언율시). 압운은 窮 紅, 風, 中 자로 평성 '東(동)' 평운이다. 평측은 차례로 '平平平仄仄, 平仄仄平平, 仄仄平平仄, 平平仄仄平, 平仄平平仄, 平平仄仄平, 平平平仄仄, 平仄仄平平'으로 이사부동과 반법은 잘 이루었고, 다섯째 구에서 점법이 되지 않았다.

284. 李瀷(이익 1681~1763) : 조선 영조 때의 南人(남인) 실학자. 자 子新(자신). 호 星湖(성호). 본관 驪州(여주). 父 대사헌 夏鎭(하진 →317). 아버지가 雲山(운산)에 유배되어 있을 때 후부인 권씨의 막내아들로 태어났고, 부친이 배소에서 별세하자 고향 경기도 鞍山(안산)으로 돌아와 열 살 때 둘째 형 潛(잠)에게 글을 배웠고 숙종 31년(1705) 增廣試(증광시)에 응시하려 했으나 격식에 문제가 있다 하여 응시 못 하고, 이듬해 형 잠이 장희빈을 옹호하다가 역적으로 몰려 옥사하자 벼슬길을 단념하고 안산의 瞻星里(첨성리)에 은거하며 학문에 몰두했다. 柳馨遠(유형원)의 학풍을 이어 실학의 대가로서 많은 업적을 남겼다. 영조 3년(1727) 왕이 그의 명성을 듣고 繕工假監役(선공가감역)에 임명했으나 사양하고 西學思想(서학사상) 연구 및 저술에 몰두했으며, 그의 학문은 아들과 조카 등 一門(일문)의 家學學派(가학학파)를 형성했다. 그가 僉知中樞府事(첨지중추부사)로 사망하자 조정에서 이조판서를 추증하여 생전의 공로를 추모했다. 저서에 '星湖僿說(성호사설), 藿憂錄(곽우록), 星湖文集(성호문집), 四七新講(사칠신강), 喪威前後錄(상위전후록), 自卜篇(자복편), 觀物編(관물편), 百諺解(백언해), 海東樂府(해동악부)' 등이 있다.

284-1 嘉村送時中寄示大猷(가촌송시중기시대유)

가촌에서 시중을 송별하며 큰 길을 가도록 보여 주다

古峽天寒楓葉紅 駸駸驅馬踏秋風 靑山錯道徑行盡 聞有洪川又在東.

(고협천한풍엽홍 침침구마답추풍 청산착도경행진 문유홍천우재동)

옛 산골짜기에 날씨는 춥고 단풍잎 붉은데, 말을 몰아 가을바람을 헤치며 빨리 달리네. 푸른 산속에서 길을 잘못 잡아 지름길 다하고,

홍천이 어딘가 물으니 더 동쪽이라 하는구나.

[語句] *大猷 : 넓은 길. 천지의 큰 도리. 大道(대도). 秩秩大猷 聖人莫之(바르고 큰 제도는 성인이 이를 꾀하셨도다)<詩經 小雅 巧言> *古峽 : 옛 산골. 원시 그대로의 산골짜기. *駸駸 : 달리는 모양. 駕彼四駱 載驟駸駸(나의 수레를 끄는 네 필 말은 멈출 사이 없이 달리고 달리는구나)<詩經 小雅 四牡> *錯道 : 길이 어긋남. 길을 잃음. *徑行 : 지름길을 감. 조금도 사양함이 없이 생각한 그대로를 행함. *洪川 : 강원도 중앙 서부의 홍천군. 加里山(가리산), 鶴橋(학교), 鶴鳴樓(학명루), 三層石塔(삼층석탑), 희망리의 幢竿支柱(당간지주) 등의 명승고적이 있음.

[鑑賞] 시중이란 사람은 성질이 좀 급하고 혈기 왕성한 청년인가보다. 산골인 홍천 고을을 찾아가는데, 아무래도 미덥지 못하여 지름길을 잡지 말고 큰 길을 따라 가라고 충고한다. 이 시는 시중이 어떻게 가는가를 상상하며 신중해질 것을 당부하는 뜻으로 지어 준 것 같다. 단풍이 고운 천연 그대로의 산골을 홍겹게 말을 달리다보면 길을 잃기 십상이요, 사람들에게 홍천이 어딘가 물으면 아직 멀었다거나 이미 지나왔다고 하리라는 것이다. 길을 갈 때의 조심할 점만이 아니라, 인생길을 어떻게 걸어야 하는가를 보인 敎訓詩(교훈시)의 성격이 짙다.

　　7言絶句(7언절구). 압운은 紅, 風, 東 자로 평성 ‘東’ 평운이다. 평측은 차례로 ‘仄仄平平平仄平, 平平平仄仄平平, 平平仄仄仄平仄, 仄仄平平仄平平’으로 二四不同二六對(이사부동이륙대)와 반법, 점법 등이 모두 잘 이루어졌다.

285. 李益(이익 748~827) : 中唐(중당)의 시인. 자 君虞(군우). 甘肅省 武威市(감숙성 무위시, 옛 涼州 양주) 사람. 大曆(대력) 4년(769) 進士(진사)로 鄭縣尉(정현위)가 되었으나 사직하고, 幽州 節度使(유주절도사) 劉濟(유제)의 막료가 되었다. 憲宗(헌종)이 그가 시로 유명하다는 말을 듣고 集賢殿學士(집현전 학사)를 시키고 이어 秘書監(비서감), 太子賓客(태자빈객)을 거쳐 禮部 尙書(예부상서)에 올랐다. 뛰어난 재주를 가진 李賀(이하)와 동족으로 중당의 시단에 이름을 날렸으며, 그의 시는 邊塞(변새)에 관한 작품이 많고 ‘李君虞詩集(이군우시집 2권)’이 있다.

285-1 江南曲(강남곡) 강남의 노래

嫁得瞿塘賈 朝朝誤妾期 早知潮有信 嫁與弄潮兒.
　　(가득구당고 조조오첩기 조지조유신 가여농조아)

구당의 장사꾼에게 시집을 갔더니, 날이면 날마다 내 믿음과는 어긋나고 마네.
진작 저 밀물 썰물이 믿을 수 있음을 알았더라면, 뱃사공에게 시집갔을 것을.

[語句] *江南 : 揚子江(양자강) 남쪽 지역. 강남곡은 '樂府(악부)의 이름'임. 長干曲(장간곡). *瞿塘 : 호북성 서쪽 巴東(파동) 지역 三峽(삼협)의 하나. →64-10. *賈 : 고-장사. 장사하다. 가-값. 姓(성). *朝朝 : 朝朝暮暮(조조모모). 매일 아침저녁. 언제나. *期 : 기약. 믿음. 期待(기대). *潮有信 : 潮水(조수)가 믿음이 있음. '밀물과 썰물이 일정한 때에 이루어지므로 믿을 수 있음'의 뜻으로 정해 놓은 약속을 潮信(조신)이라 함. *弄潮兒 : 조수를 즐기는 사람 곧 뱃사공.

[鑑賞] 구당협을 중심으로 장사하는 사람에게 시집간 여인의 불만을 읊은 악부의 노래. 장사꾼은 장사를 위해 집을 비우기 일쑤이니 내 생각과는 자주 어긋난다. 저 밀물과 썰물을 보고 있노라니 언제나 꼭 같은 시각에 밀려왔다가 밀려갔다 한다. 이렇게도 일정하게 움직이는 것이 또 있을까. 참으로 믿음직하니 그걸 진작 알았더라면 뱃사공에게 시집갔을 것이다. 白樂天(백낙천)의 '琵琶行(비파행)'에도 "商人重利輕別離 前月浮梁買茶去(상인은 이문을 중히 여기고 이별은 가볍게 보아, 지난달에는 부량으로 차를 사러 가고 없다오)"라 있다. →90-13.

5言絶句(5언절구). 압운은 期, 兒 자로 평성 '支(지)' 평운이다. 평측은 차례로 '仄仄平平仄, 平平仄仄平, 仄平平仄仄, 仄仄仄平平'으로 二四不同(이사부동)과 反法, 粘法(반법, 점법) 등이 규칙대로 잘 이루어졌다.

285-2 汴河曲(변하곡) 변하의 노래

汴水東流無限春 隋家宮闕已成塵 行人莫上長堤望 風起楊花愁殺人.
(변수동류무한춘 수가궁궐이성진 행인막상장제망 풍기양화수쇄인)

변하 강물은 동으로만 흐르고 봄은 끝없이 펼쳐 있는데,
수양제가 지은 궁전은 무너져 먼지 되어 없어져 버렸구나.
나그네여, 긴 둑 위에 올라 바라보지 마오,
바람 일고 버들개지 날려 못내 시름 깊게 할 뿐이니.

[語句] *汴河 : 河南省(하남성)을 흘러 황하로 들어가는 강. 隋煬帝(수양제)가 운하를 파고 기슭에 버드나무를 심고는 40여 채의 汴河行宮(변하 행궁)을 세웠으며, 양제는 변하에 배를 띄우고 廣陵(광릉)으로 놀러가면서 많은 배에 비단 뱃줄을 늘이는 등 갖은 호화를 부렸다 함. *隋家 : 수 나라. *楊花 : 버들의 꽃. 버들개지. 솜 비슷하여 바람에 날려 흩어짐. 버들강아지. *愁殺 : 시름 깊음. 근심함. 殺는 어조사임.

[鑑賞] 수 나라의 멸망과 수 양제의 화사스러웠던 변하 행궁의 생활 등을 회고해 보며 세상만사의 무상함을 읊은 시. 변하 강물은 몇 번째인지 헤아릴 수 없이 많

은 봄을 겪으며 영원히 흘러가는데, 수양제가 세웠던 변하 강가의 마흔 궁전이나 되던 離宮(이궁)은 흔적 없이 사라져 버렸고, 그 때 심었던 버드나무의 버들개지만 날린다. 긴 변하 둑에 올라 바라보아야 그 옛 터가 황량하기만 하여 시름만 자아낼 뿐이다.

7言絕句(7언절구). 압운은 春, 塵, 人 자로 평성 '眞(진)' 평운이다. 평측은 차례로 '仄仄平平平仄平, 平平平仄仄平平, 平平仄仄平平仄, 平仄平平平仄平'으로 二四不同二六對(이사부동이륙대)와 반법, 점법 등이 모두 규칙에 맞다.

285-3 夜上受降城聞笛(야상수항성문적) 밤에 수항성에 올라 피리 소리를 듣다

迴樂烽前沙如雪 受降城外月如霜 不知何處吹蘆管 一夜征人盡望鄉.
<small>(회락봉전사여설 수항성외월여상 부지하처취노관 일야정인진망향)</small>

봉화터 있는 회락 봉우리 앞 모래밭 눈 내린 듯 희고,

수항성 밖 달빛은 서릿발처럼 차구나.

어디서 갈대 피리 부는지 알지 못하지만, 이 밤 변방 군사들은 모두 고향 생각하리라.

[語句] *受降城 : 항복받는 성. 漢武帝(한무제)가 匈奴(흉노)들의 항복을 받으려고 북쪽 변방 황하 연변에 쌓았음. *迴樂烽 : 烽火(봉화) 시설이 있는 회락산 봉우리. *蘆管 : 갈대로 만든 피리. 갈대 줄기. *征人 : 원정에 나가 있는 군사. 나그네 곧 旅客(여객). *望鄉 : 고향을 그리워 함.

[鑑賞] 밤에 변방의 수항성에 올라가 멀리서 들려오는 갈대 줄기로 만든 피리의 처량한 곡조를 들으니, 멀리 국경 지방에 나와 있는 군사들은 누구라 없이 고향 생각에 잠기도록 하는 구슬픈 가락이다. 더구나 회락봉 봉우리 앞의 모랫벌은 달빛을 받아 눈처럼 희고, 수항성 밖에 뜬 달은 서릿발같이 차가운 느낌이니 더욱 고향이 그리워질 게다. 처음 두 구는 對句(대구)가 잘 이루어졌다.

7언절구. 압운은 霜, 鄉 자로 평성 '陽(양)' 평운이다. 평측은 차례로 '平仄平平平平仄, 仄平平仄仄平平, 仄平平仄平平仄, 仄仄平平仄仄平'으로 이사부동이륙대는 첫 구에서 어긋났고 반법과 점법은 그런대로 이루어졌다.

286. 李翊臣(이익신 1631~?) : 조선 孝宗(효종) 때 名筆(명필). 자 國卿(국경). 호 瓦谷(와곡). 본관 完山(완산). 寫字官(사자관)을 역임했다.

286-1 煙寺暮鍾(연사모종) 이내 낀 절간의 저녁 종소리

洞府煙沉石逕陰 夕陽山寺客難尋 風前隱隱鍾聲落 僧在岧嶢第幾岑.

(동부연침석경음 석양산사객난심 풍전은은종성락 승재초요제기잠)

골짜기에 이내 잠겨 돌길 어둑한데, 해 지는 산사를 나그네는 찾아가기 어렵구나.

바람결에 종소리 은은히 울리지만, 저 높고 험한 몇 째 봉우리에 중들이 사는지.

[語句] *煙寺暮鍾 : 연기나 안개에 싸여 분명하게 보이지 않는 절간에서 들려오는 저녁
　　　　종소리. 중국 瀟湘八景圖(소상팔경도) 畫題(화제)의 하나임. →2-1. *洞府 : 골짜기.
　　　　'우묵하게 넓은 골'의 뜻임. *沉 : 잠기다. =沈(침). *石逕 : 돌이 많은 좁은 길.
　　　　石徑(석경). *隱隱 : 그윽하고 은근함. *岧嶢 : 우뚝 높은 모양. *岑 : 산봉우리.

[鑑賞] 지은이가 산속에 있는 절을 찾아가면서 지었는지 소상팔경도의 '연사모종' 화
　　　　폭을 보며 지었는지는 분명하지 않지만, 다른 副題(부제)가 붙지 않은 것을 보면
　　　　실제로 산길을 통해 절간을 찾아가는 길인 듯하다. 煙은 연기를 뜻하지만 안개
　　　　나 아지랑이 또는 운애를 가리키기도 한다. 저녁때라 산에는 이내가 끼어 산길
　　　　이 어둑어둑하여, 처음 오는 사람으로서 산속 절간을 찾기가 쉽지 않다. 절간
　　　　의 종소리는 그윽하게 들려오지만 산들이 높고 험해 어느 봉우리 쪽에 스님들
　　　　이 살고 있는지 모르겠다는 내용이다. 한폭의 동양 신수화가 연상된다.

　　7언절구. 압운은 陰, 尋, 岑 자로 평성 '侵(침)' 평운이다. 평측은 차례로 '仄仄平平仄仄平, 仄平平仄
仄平平, 平平仄仄平平仄, 平仄平平仄仄平'으로 이사부동이륙대와 반법, 점법 등이 잘 형성되었다.

287. 李仁老(이인로 1152~1220) : 고려 明宗(명종) 때 학자. 초명 得玉(득옥). 자 眉叟(미
　　수). 호 雙明齋(쌍명재). 본관 仁川(인천). 증조부 平章事 頗(평장사 오). 어려서부터 총명하
　　여 문장과 글씨에 능하였다. 鄭仲夫(정중부)의 난 때 머리를 깎고 난을 피한 후 다시
　　還俗(환속)했다. 명종 10년(1180) 魁科(괴과)에 급제하여 直史館(직사관)에 있으면서 당대
　　의 학자들인 吳世才(오세재), 林椿(임춘), 趙通(조통), 皇甫杭(황보항), 咸淳(함순), 李湛(이담)
　　들과 결의 친구가 되어 시와 술을 함께 즐기니 세상 사람들이 江左 7賢(강좌 7현)에 비
　　하였다. 신종 때 禮部員外郎(예부 원외랑), 고종 초에 秘書監右諫議大夫(비서감 우간의대부)
　　가 되었으며, 일찍이 書狀官(서장관)으로 중국에 들어가 다년간 풍류 재사로서 耆老宴
　　(기로연)과 文人會席(문인회석)에 참석 않는 일이 없었다. 성미가 급하여 크게 쓰이지는
　　못했지만 시로 유명하여 '翰林別曲(한림별곡)'에도 "元淳文 仁老詩 公老四六~(글에는
　　俞升旦유승단, 시에는 이인로, 사륙문에는 李公老이공로)"라 있다. 저서로 '銀臺集(은
　　대집 20권), 後集(후집 4권), 雙明齋集(쌍명재집 3권), 破閑集(파한집 3권)' 등이 있다.

287-1 過漁陽(과어양) 어양을 지나며

槿花低映碧山峯 卯酒初酣白玉容 舞罷霓裳歡未足 一朝雷雨送猪龍.
(근화저영벽산봉 묘주초감백옥용 무파예상환미족 일조뇌우송저룡)

무궁화는 나직하게 푸른 산봉우리를 비추고, 아침술에 백옥 같은 얼굴 붉네.

예상우의곡霓裳羽衣曲으로 춤을 마쳤으나 흡족하지 못한 때에,

하루아침 우뢰와 비에 돼지용인 안록산安祿山을 보냈구나.

[語句] *漁陽 : 중국 北京(북경)과 그 동북방 일대 곧 范陽(범양) 지방의 중심지. →259-2.
　　　*卯酒 : 卯時(묘시, 아침 6시경)에 마시는 술 곧 아침 술. *酣 : 취하다. 술을 즐기다.
　　　*霓裳 : 霓裳羽衣曲(예상우의곡). 하늘의 신선을 노래하거나 그 음악을 상징하여
　　　지은 악곡. 唐(당) 나라 羅公遠(나공원, 申天師신천사라고도 함)이 玄宗(현종) 임금과 함께
　　　8월 보름에 月宮(월궁)에 이르니, 선녀 10여 명이 흰 비단 무지개 치마를 입고 廣
　　　寒淸虛府(광한청허부)의 넓은 뜰에서 춤을 추고 있어 그 곡 이름을 물으매, '예상우
　　　의곡'이라 해서 나공원이 그 음조를 기억하고 돌아와 악공을 불러 그대로 지었는
　　　데 현종이 지었다고도 함<龍神錄> 예상이나 우의는 '선녀의 옷'임. *猪龍 : 돼지
　　　모양의 용. '안록산'을 가리킴. →260-2.
[鑑賞] 당 현종 때 오랑캐 종족 출신인 안록산이 楊貴妃(양귀비)의 養子(양자)가 되어 范
　　　陽節度使(범양절도사, 河東節度使하동절도사라고도 함)로 승진한 뒤, 양귀비의 오라비 楊
　　　國忠(양국충)과 반목하여 현종 14년(755) 난을 일으키니 이것이 '안록산의 난'이
　　　다. 어양은 그 난의 발생지라 지은이가 거기를 지나며 옛일을 회상해 지은 작
　　　품이다. '무궁화 피는 여름 아침, 양귀비의 옥 같은 얼굴은 아침술로 하여 불그
　　　레하다. 밤새도록 예상우의곡에 맞추어 현종의 궁전에서 춤을 추고 나도 무언
　　　지 모르게 흡족하지 못할 때가 많았는데, 소나기 오듯 안록산이 나타나 양귀비
　　　는 만족하게 되지만, 드디어 안록산의 난을 만나 죽음을 당하고 말았다.'는 뜻
　　　을 담고 있다. → 243-6, 260-2.

　7言絕句(7언절구). 압운은 峯, 容, 龍 자로 평성 '冬(동)' 평운이다. 평측은 차례로 '仄平平仄
仄仄平, 仄仄平平仄仄平, 仄仄仄平平仄仄, 仄平平仄平平平'으로 二四不同二六對(이사부동이
륙대)와 反法(반법), 粘法(점법) 등이 모두 잘 이루어졌다.

287-2 梅花(매화) 매화

姑射冰膚雪作衣 香脣曉露吸珠璣 應嫌俗蘂春紅染 欲向瑤臺駕鶴飛.
(고야빙부설작의 향순효로흡주기 응혐속예춘홍염 욕향요대가학비)

고야산 신선의 얼음 같은 살결 눈으로 옷 지어 입고,
향그런 입술에 새벽이슬 구슬을 마시네.
속된 꽃술들이 봄에 붉은 빛으로 물듦을 못마땅히 여겨,
요대를 향해 학을 타고 가려 하네.

[語句] *姑射 : 姑射山(고야산·고역산). 신선이 사는 곳의 산 이름. 이 곳에 사는 신선은 살결이 얼음이나 눈 같고 예쁘기는 처녀 같으며 바람과 이슬만 먹고 산다고 함<莊子 逍遙遊> *冰膚 : 얼음같이 희고 투명한 듯 맑은 피부. *珠璣 : 구슬. 둥근 구슬[珠]과 네모진 구슬[璣]. *應嫌 : 응당 싫어함. *蘂 : 꽃술. 꽃의 암술과 수술. *瑤臺 : 신선이 사는 곳. 달.

[鑑賞] 매화는 고야산에 사는 신선같이 살결은 얼음처럼 희며 눈으로 지은 옷을 입은 모습이라, 희고 맑으며 고결하다. 그리고, 향기 뿜는 입술 같은 꽃잎은 새벽이슬에 젖어 온갖 구슬을 머금고 있다. 또 매화의 마음은 시기심도 있는 듯 천박한 꽃들이 다투어 피어나 온 봄을 붉게 물들이는 게 싫어서, 하얀 학을 타고 하늘의 신선들이 사는 요대를 향해 날아가려는 듯 공중을 향해 피어났다. 다른 꽃보다 일찍 피어나는 하얀 매화의 청초한 모습을 신선 또는 달에 비유하여 실감나게 표현했으니 매화와 달은 운치를 더하는 모습이다.

7언절구. 압운은 衣, 璣, 飛 자로 평성 '微(미)' 평운이다. 평측은 차례로 '平仄平平仄仄平, 平平仄仄仄平平, 平平仄仄平平仄, 仄仄平平仄仄平'으로 이사부동이륙대와 반법, 점법 등이 7絕의 평측 배치에 잘 맞는 佳作(가작)이다.

287-3 半月城(반월성) 반월성

孤城微彎像半月 荊棘半掩猩鼪穴 鵠嶺靑松氣鬱葱 鷄林黃葉秋蕭瑟
自從大阿倒柄後 中原鹿死何人手 江女空傳玉樹花 春風幾拂金堤柳.
(고성미만상반월 형극반엄성종혈 곡령청송기울총 계림황엽추소슬
자종대아도병후 중원녹사하인수 강녀공전옥수화 춘풍기불금제류)

외로운 성 조금 굽어 반달 모양이고, 가시덤불은 다람쥐 굴을 반쯤 가렸구나.
송악산의 푸른 솔은 기세 울창하고, 계림의 누런 잎 가을 되어 쓸쓸하네.
보검寶劍 태아의 자루를 거꾸로 잡은 뒤,
중원의 진秦 나라 사슴은 누구 손에 죽었던가.
강가 주막의 여인네들 속절없이 망국의 노래 옥수후정화를 부르고,
봄바람 몇 번이나 변하汴河 둑 금제의 버들을 흔들었던가.

[語句] *半月城 : 경상북도 경주에 있는 반달 모양의 신라 때의 성. 月城(월성). 충청남도 부여에도 반월성이 있음. *彎 : 굽다. *荊棘 : 나무의 가시. *猩鼪 : 다람쥐. 猩은 '상상의 동물인 성성이. 원숭이', 鼪은 '다람쥐'임. *鵠嶺 : 개성의 松嶽山(송악산). *鬱葱 : 초목이 빽빽하게 우거진 모양. 기운이 왕성한 모양. *鷄林 : 신라 또는 경주의 옛 이름. *蕭瑟 : 으스스 춥고 쓸쓸함. *大阿 : 太阿(태아). 寶劍(보검, 보배롭고 훌륭한 긴 칼)의 이름. 晉武帝(진무 제) 때의 博物君子(박물군자)인 張華(장화, 자 茂先무선)가 하늘의 斗星 牛星(두성 우성) 별 사이에 늘 자줏빛 서기가 서린 것을 보고, 雷煥(뇌환)이 천문에 능통하다는 말을 들은 바 있어 그를 청하여 다락에 올라 바라보게 하니, 뇌환이 "보검의 精(정)이 위로 하늘에 뻗쳤는데 풍성에 있다." 하여 뇌환을 酆城令(풍성령)으로 임명했음. 뇌환이 고을에 이르러 옛 감옥 터를 파고 돌 함 하나를 얻었는데 그 속에 두 자루의 검이 있었으니, 하나는 龍泉(용천)이요 하나는 태아였음.<晉書> *倒柄 : 자루를 거꾸로 잡음. 太阿倒持(태아도지, 태아 보검을 거꾸로 쥐고 남에게 줌. 大權대권을 신하에게 빼앗김). *中原鹿死 : 중원의 사슴이 죽음. 중원은 '중국. 천하' 사슴은 '황제의 자리'를 뜻하니, '황제가 죽어 없음'의 뜻임. 그리하여 뭇 영웅들이 천하를 차지하려고 다투는 일을 中原逐鹿(중원축록)이라 함. *江女 : 강가의 여인들. '강가 술집의 기생 또는 강가에서 빨래하는 여인'의 뜻으로 쓴 말임. *玉樹花 : 玉樹後庭花(옥수후정화). 중국 남북조 때 陳(진)나라 後主(후주)가 지은 가곡. 음란한 곡조여서 진이 망하는 계기가 되었음<陳書> *金堤 : 수양제의 행궁이 있던 汴河(변하)의 둑. →285-2.

[鑑賞] 신라의 서울이었던 경주의 반월성을 보고 감회를 읊은 시. 반달 모양으로 굽은 외로운 반월성이 가시덤불에 덮이고 다람쥐의 놀이터가 되었다. 송악산의 푸른 솔은 그 기세가 왕성하고, 계림의 나무는 가을 단풍 들어 쓸쓸하다고 일찍이 孤雲 崔致遠(고운 최치원) 공이 설파한 그대로이다. 이 두구는 對句(대구)가 잘 이루어졌다. 나라의 사직을 칼자루 거꾸로 잡듯 신하나 마찬가지였던 고려의 王建(왕건)에게 내어 주었고, 중국의 황제가 망하듯 신라의 왕은 누구의 손에 죽었는가. 강가의 여인네는 헛되이 옥수후정화 망국의 가락을 부르는데, 수양제 때의 변하 강둑의 버드나무를 닮은 버들가지는 몇 번의 봄을 맞이했는지 헤아릴 수 없는 세월이 흘렀구나. 이 모두가 허무한 일에 지나지 않는다.

7言古詩(7언고시). 압운은 月, 穴, 瑟 자와 後, 手, 柳 자로 모두 측운이다. 月은 입성 '月', 穴은 입성 '屑(설)', 瑟도 입성 '質(질)' 운으로 이 세 운은 通韻(통운)이 되고, 後, 手, 柳는 상성 '有(유)' 측운이니, 이 시는 4句1轉(4구1전)으로 운을 바꾸었다고 말한다. 평측은 차례로 '平平平平仄仄仄, 平仄仄仄平平仄, 仄仄平平仄仄平, 平平平仄平平仄, 仄平仄平仄仄仄, 平平仄仄平平仄, 平仄平平仄仄平, 平平仄仄平平仄'으로 二四不同二六對(이사부동이륙대)에 맞지 않는

구는 제 1, 2, 5구의 셋이며, 反法(반법)과 粘法(점법)은 부분적으로 이루어진 곳이 있을 뿐이다.

287-4 白芍藥(백작약) 흰 작약

無賴千花夢已空 一叢香雪獨春風 太眞纔罷溫泉浴 白玉肌膚未點紅.

(무뢰천화몽이공 일총향설독춘풍 태진재파온천욕 백옥기부미점홍)

보잘 것 없는 숱한 꽃들의 꿈 이미 헛되었는데,

한 떨기 향기로운 눈 같은 꽃 홀로 봄바람일세.

양귀비가 온천 목욕을 막 마치고는, 백옥 같은 살결에 아직 연지 찍지 못한 듯하구나.

[語句] *白芍藥 : 꽃이 흰 작약 또는 꽃은 붉고 뿌리가 흰 작약. 뿌리는 한약재로 쓰임.
　　　*無賴 : 의지할 데가 없음. 믿을 데가 없음. *太眞 : 楊貴妃(양귀비)의 호. 唐(당)
　　　나라 玄宗(현종) 임금이 내려주었음. *纔 : 겨우. 잠깐. *肌膚 : 살갗. 살결.

[鑑賞] 작약의 흰 꽃을 두고 읊은 시. 살구나 복숭아 같은 꽃들은 이미 져버렸는데,
　　　눈처럼 희고 향기로운 백작약이 봄바람에 한들거린다. 그 모양이 마치 천하의
　　　미녀 양귀비가 막 驪山(여산)의 華淸宮(화청궁) 온천에서 목욕을 하고 미처 연지를
　　　찍지 않은 살결같이 희디희다. 작약은 모란과 함께 늦은 봄에서 초여름에 걸쳐
　　　피는 꽃으로 흔히 함박꽃이라고도 한다. 그 흰 꽃에서 양귀비의 흰 살결을 연
　　　상해 한 편의 시를 이룬 솜씨가 大家(대가)답다.

　7言絕句(7언절구). 압운은 空, 風, 紅 자로 평성 '東(동)' 평운이다. 평측은 차례로 '平仄平平
仄仄平, 仄平平仄仄平平, 仄平平仄平平仄, 仄仄平平仄仄平'으로 이사부동이륙대와 반법,
점법 등이 규칙에 맞게 잘 이루어졌다.

287-5 寶石亭(보석정) 보석정

石虎宮中荊棘生 銅駝陌上無人行 危亭寶石半零落 殘月依依照古城
當時絲管盡棲咽 泛泛金觴隨曲折 中流空惜魏山河 醉鄕不管陳日月.

(석호궁중형극생 동타맥상무인행 위정보석반영락 잔월의의조고성

당시사관진서열 범범금상수곡절 중류공석위산하 취향불관진일월)

후조 무제의 석호 궁중에 가시가 나고, 동타 선 길가에는 다니는 사람 없어라.

높은 보석정이 반나마 무너졌는데, 새벽달은 희미하게 옛 성을 비추네.

그 당시의 풍악은 슬퍼 목이 메이듯 했고, 금 술잔은 유상곡수 물 따라 흘렀으리.

황하 중류에서 부질없이 위 나라 산천의 아름다움을 말했고,

술에 취한 경지에서는 진 나라 사직을 돌볼 수 없었겠구나.

[語句] *石虎 : 五胡十六國(오호십륙국) 때 後趙(후조)의 武帝(무제, 太祖태조 재위 334~349). 그가 궁중에서 큰 잔치를 베풀 때, 중 佛圖澄(불도증)이 "가시가 숲을 이루어 장차 사람의 옷을 찢으리로다." 하므로 사람을 시켜 궁전 돌밑을 파 보니 가시가 나 있었는데, 사실은 석호의 收養孫(수양손) 冉閔(염민)의 兒名(아명)이 棘奴(극노)로 훗날 석호의 자손이 모두 염민의 손에 죽었다 함. *銅駝 : 靑銅(청동)으로 만든 駱駝像(낙타상). 魏晉(위진) 시대 西晉(서진 265~316) 때 洛陽(각양) 왕궁 앞 네거리에 마주 대하여 세웠는데, 索靖(삭정)이란 사람이 세상의 혼란을 미리 짐작하고 동타를 보면서 "얼마 안 있어 너를 폐허 속에서 보게 되겠구나." 하더니, 과연 五胡(오호)의 침입이 있어 낙양이 폐허가 되었다 함. *陌 : 밭두둑 길. 저자거리. *危亭 : 높은 정자. *零落 : 무너져 모양이 보잘것없이 됨. *殘月 : ①거의 져 가는 달. ②새벽녘의 희미한 달. *依依 : 약하게 하늘거리는 모양. 어렴풋한 모양. 여리고 약함. *絲管 : 관악기와 현악기. 風樂(풍악). 管絃(관현). *棲咽 : 목이 메이듯 함. *泛泛 : 둥둥 떠 있는 모양. 汎汎(범범). *曲折 : 구부려져 꺾임. 물길을 빙돌아 흐르도록 한 曲水(곡수)에 술잔을 띄워 자기가 앉은 앞에 그 잔이 올 때까지 시를 짓는 풍류적인 놀이인 流觴曲水(유상곡수) 잔치에서 곡수의 구부러져 꺾인 굽이를 말하는데, 王羲之(왕희지)의 '蘭亭記(난정기)'에 나오며, 경주의 鮑石亭(포석정) 터에도 곡수의 시설이 남아 있음. *魏山河 : 위 나라의 산천. 전국시대 魏의 武侯(무후, 재위 387~371B.C)가 河水(하수)에서 배를 타고 내려가다가 좌우 천천을 돌아보며 "산천이 장하구나. 이는 위 나라의 보배로다." 하니, 吳起(오기)가 "국가가 오래 가는 것은 덕에 있는 것이지 산천에 있는 것은 아닙니다." 하더라 함. *醉鄕 : 술을 마시어 느끼는 즐거운 경지. 唐(당) 나라 王績(왕적)이 '醉鄕記(취향기)'에서 설정한 가상의 세계임. *不管 : 주관하거나 관리하지 않음. *陳日月 : 진 나라의 해와 달. 세월. 여기서는 '진 나라의 社稷(사직)'으로 풀이했는데 陳後主(진 후주)가 주색에 빠져 있었던 사실을 이르는 것임.

[鑑賞] 후조는 북방 오랑캐 羯族(갈족)인 石勒(석륵)이 황하 중류에 세웠던 나라로 보석정이 있었던 듯하다. 首聯(수련 1~2구)에서는 후조는 수양 손자로 하여, 서진은 청동 낙타상이 계기가 되어 모두 멸망하고 없어졌음을 말했는데, 두 구가 對句(대구)를 이루었다. 頷聯(함련 3~4구)은 높은 보석정이 반쯤 부서졌는데 새벽달은 그 옛 성을 희미하게 비추고 있어 쓸쓸함을 읊었으며 역시 대구가 되었다. 頸聯(경련 5~6구)에서는 후조나 진 나라의 음악은 음탕하거나 애절한 곡조여서 목메게 하는 바가 있었으며 유상곡수의 호화로운 잔치로 술잔이 낭자했었다 했고, 마지막 尾聯(미련 7~8구)에서 위 무후의 헛된 자랑과 진 후주의 늘 술에 취해 있던 사실을 들

어 나라를 지키는 일이 쉽지 않음을 은유하면서 대구를 이루었다. 보석정을 보면서 여러 故事(고사)를 들어 守成(수성) 곧 사직 보전의 어려움을 읊었다.

7言古詩(7언고시). 압운은 生, 行, 城 ; 咽, 折, 月 자로 2연마다 轉韻(전운)했으니, 앞 석 자는 평성 '庚(경)' 평운이고, 咽과 折은 입성 '屑(설)' 측운, 月도 입성 '月' 측운으로 두 운은 通韻(통운)이 된다. 평측은 차례로 '仄仄平平平仄平, 平平仄仄平平平, 平平仄仄仄平仄, 平仄平平仄仄平, 平平平仄仄平平, 仄仄平平平仄仄, 平平平仄仄平平, 平平仄仄平仄仄'으로 이사부동이륙대에 어긋난 곳은 마지막 구 하나뿐이고 반법과 점법은 다섯째 구부터 이루어지지 않았다.

287-6 碑石(비석) 빗돌

筆蹤猶似衛黃門 薤葉離披帶雨昏 無計得尋黃絹語 龜龍剝落長苔痕.
　　(필종유사위황문 해엽이피대우혼 무계득심황견어 귀룡박락장태흔)

붓의 자취는 마치 명필 위황문 같은데,
부춧잎 서체書體는 비스듬히 비를 띠어 흐릿하구나.
비문 잘 지었다는 황견유부黃絹幼婦란 말 찾아볼 길 없고,
귀부龜趺와 용머리 조각 떨어져 이끼만 오래 되네.

[語句] *筆蹤 : 붓으로 글씨를 쓴 자취. *衛黃門 : 옛날의 명필. *薤葉 : 부추잎. 부추잎 모양으로 쓰는 書體(서체). *離披 : ①비스듬함. ②꽃이 활짝 핀 모양. *黃絹語 : 黃絹幼婦外孫薤臼(황견유부 외손제구)라는 말. '누런 비단과 어린 부인 및 딸의 자식과 부추 절구'가 겉뜻이지만 '아주 묘하고 좋은 말'이라는 속뜻을 가졌는데, 황견은 색실이니 絕(절, 色+糸)이 되고 幼婦는 소녀이니 妙(묘, 少+女)가 되며, 外孫은 딸의 아들이니 好(호, 女+子)이고 薤臼는 부추를 찧는 절구로 매운 것을 받으니까 辭(사, 受+辛)가 되어, 전체로 絕妙好辭라는 뜻이 됨. 이 말의 유래는 邯鄲淳(한단순)이 誄詞(뇌사)를 지은 曹娥(조아)의 비문에 蔡邕(채옹)이 이 여덟 글자로 題書(제서)한 것으로, 曹操(조조)와 楊修(양수)가 함께 길을 가다가 이 8글자를 보고 양수는 즉석에서 풀이하였고 조조는 30리를 지나가서야 비로소 깨치어, '有智無智校三十里(유지무지교삼십리)'란 말이 생겼음. 曹娥는 '後漢(후한) 때의 효녀'로 14세 때 익사한 아버지의 시체를 17일만에 찾아 엎고 물에서 나왔다 함. *龜龍 : 龜趺(귀부, 거북 모양으로 만든 비석의 받침돌)와 용 모양을 새긴 螭首(이수, 비 머리에 새긴 뿔 없는 용 모양). *剝落 : 쇠나 돌 같은 것에 새긴 것이 오래 묵어 굵히고 깎여서 떨어짐. *苔痕 : 이끼. 이끼 자국.
[鑑賞] 낡은 비석을 보고 지은 시. 비문을 쓴 글씨 흔적은 명필인 것 같은데, 부추잎

모양의 글씨체가 비에 시달려 흐릿하다. 글 내용이나 서체를 판별하기 어려우니 절묘한 좋은 글이라고 말하기는 어렵고, 비석 받침돌의 거북 모양이나 비석 위의 용 무늬마저 떨어져 나가버렸으니 더욱 아득하다. 인생이란 "살아 백년, 죽어 백년"이라더니 아무리 호화롭게 꾸민 묘지도 세월이 가면 흙으로 되돌아가는 게 철칙이 아닌가. 만물은 無常(무상)인 것이다.

7言絶句(7언절구). 압운은 門, 昏, 痕 자로 평성 '元(원)' 평운이다. 평측은 차례로 '仄平平仄 仄平平, 仄仄平平仄仄平, 平仄仄平平仄仄, 平平仄仄平平平'으로 二四不同二六對(이사부동이륙대)와 反法, 粘法(반법, 점법) 등이 잘 이루어졌다.

287-7 四明狂客(사명광객) 사명광객

萬里吳天一棹歸 荷花零落暮秋時 鏡湖風月元無主 何必君前乞一枝.
(만리오천일도귀 하화영락모추시 경호풍월원무주 하필군전걸일지)

만리 오의 하늘 작은 배로 돌아오니, 연꽃 이미 이운 늦가을일세.
경호의 풍월은 본디 주인이 없는데, 하필 임금님에게서 한 자락을 빌었던고.

[語句] *四明狂客 : 사명산의 광객. 唐(당) 나라 시인 賀知章(하지장 자 季眞계진 659~744)의 별칭. 그가 浙江省(절강성)에 있는 사명산에 은퇴하여 스스로 사명광객이라 했음. →587. 사명산에는 대략 280봉우리가 있고 사방에 영롱한 石窓(석창)이 있어 한중간으로 일월성신의 빛이 통한다 함. 광객은 '미친 사람처럼 언행이 도리에 벗어난 사람'임. *荷花 : 연꽃. *零落 : 초목의 잎이나 꽃이 시들어 떨어짐. 凋落(조락). *鏡湖 : 절강성 紹興市(소흥시)에 있는 鑑湖(감호)의 별칭. 하지장이 禮部侍郎(예부시랑)을 지내고 늙어 고향 吳中(오중)으로 돌아갈 때 玄宗(현종) 임금이 이 호수의 한 구비를 하사하여, 賀監湖(하감호)라 부르게 되었음. *風月 : 淸風(청풍)과 明月(명월). 아름다운 경치. *一枝 : 한 가지. 한 갈래. '한 굽이. 한 자락'의 뜻으로 썼음.

[鑑賞] 만리나 먼 옛 오 나라 땅을 작은 돛단배로 오니, 경호의 연꽃은 이미 져버린 가을도 저물어 가는 때로구나. 경호의 맑은 바람과 밝은 달로 경치 좋은 풍경은 본디부터 정해진 주인이 없는 법이거늘, 계진 공은 어이하여 임금에게서 그 호수 한 자락을 빌게 되었던가. 宋(송) 나라 黃庭堅(황정견 →680)의 시에 "試問淮南風月主(회남 땅의 좋은 경치 주인이 누구인고 물어 보네)"라 있고, 그 주에 "江山風月本無常主 閑者便是主人(강산의 풍월은 본디 정해진 주인이 없고, 그 경치를 즐기는 사람이 편의상 주인이다)" 하여 이 시에서도 인용한 것이다.

7언절구. 압운은 歸, 時, 枝 자로 歸는 평성 '微(미)' 평운, 時와 枝도 평성 '支(지)' 평운으로 두 운은 通韻(통운)이 된다. 평측은 차례로 '仄仄平平仄仄平, 平平平仄仄平平, 仄平平仄平平仄, 平仄平平仄仄平'으로 이사부동이류대와 반법, 점법 등이 규칙에 어긋남이 없이 이루어졌다.

287-8 書天壽僧院壁(서천수승원벽) 천수사의 벽에 쓰다

待客客未到 尋僧僧亦無 唯餘林外鳥 款曲勸提壺.
　　(대객객미도 심승승역무 유여임외조 관곡권제호)

만나기로 한 사람 기다려도 오지를 않고, 스님을 찾아도 스님마저 없구나.
오직 숲의 산새만이 있어, 정답게도 술 마시라고 권하네.

[語句] *僧院 : ①중이 수도하는 곳. 절. 寺院(사원). ②천주교 주도자가 수도하는 곳.* 林外 : 바깥의 숲. 숲 밖. *款曲 : 매우 정답고 친절함. *提壺 : 술병을 듦. '제호제호'라 우는 산새 소리가 '술단지를 들어 술 마시라는 소리'로 들린다는 諧謔的(해학적) 표현임.

[鑑賞] 천수사 절에서 사람을 만나기로 하고 먼저 와 기다리는데 그 사람은 영 안 온다. 중이라도 만나 심심파로 이야기해 보려 해도 중마저 없으니 무료하기 짝이 없다. 마침 주변의 숲에서 들려오는 산새 소리, 제호제호 하고 우는 것이 '더 기다리지 말고 술이나 잡수시오' 하며 관곡하게 권하는 것 같다. 그러나, 절간도 비었고 만나려는 사람도 오지 않으니 술 생각이 간절하지만 술이 어디 있는가. 심심해 즉흥시 하나를 지어 절간 벽에 쓴다고 제목을 달았다.

5言絶句(5언절구). 압운은 無, 壺 자로 평성 '虞(우)' 평운이다. 평측은 차례로 '仄仄仄仄仄, 平平平仄平, 平平平仄仄, 仄仄仄平平'으로 첫 구는 측성으로 일관하였지만, 둘째 구부터는 이사부동과 반법, 점법 등이 이루어져 절구로 처리했다.

287-9 書豊壤縣公舍(서풍양현공사) 풍양현 관사에 쓰다

峯下人家陽朔境 雲間鷄犬武陵源 使君不許黃牛佩 喜見風前麥浪飜.
　　(봉하인가양삭경 운간계견무릉원 사군불허황우패 희견풍전맥랑번)

봉우리 밑 인가들 시월 초하루 정경인데,
구름 사이로 들리는 가축의 울음 무릉도원일세.
사또는 장검長劍 차는 도둑을 허락 않으니,
바람 앞에 일렁이는 보리 물결을 기쁘게 보네.

[語句] *豊壤縣 : 경기도 楊州郡(양주군)에 있던 고을. 고려초에 豊德(풍덕)이었다가 후

에 풍양으로 고쳤고 조선 세종 9년(1427)에 양주에 예속되었음. *公舍 : 官舍 (관사) 곧 벼슬아치가 살도록 관청에서 지은 집. *陽朔 : 음력 10월 초하룻날. * 武陵源 : 武陵桃源(무릉도원). 신선이 살았다는 전설적인 중국의 명승지. 陶淵明 (도연명)이 '桃花源記(도화원기)'에서 설정했음. *使君 : 고을원. 사또. *黃牛佩 : '황소를 참'이 겉뜻이지만 '도적질을 함'을 뜻하는 말임. 漢(한) 나라 때 渤海太 守 龔遂(발해태수 공수)가 도적들을 귀순시키면서 劍(검, 긴 칼)을 찬 사람에게 "왜 소를 차고 있느냐?" 하고, 短刀(단도)를 찬 사람에게는 "왜 송아지를 차고 있느 냐?" 했는데, 검은 소 한 마리, 단도는 송아지 한 마리 값에 해당되어 검이나 단도를 팔아 소나 송아지를 사서 도둑질을 버리고 농사를 지으라는 뜻에서 한 말임. →220-11. *麥浪 : 보리 물결. 다 자란 보리나 밀이 바람에 물결처럼 나 부끼는 모양. *飜 : 뒤치다. 번득이다.

[鑑賞] 풍양현의 마을 모습을 멀리서 보니 5월인데도 10월의 추수 때처럼 풍성해 보이니, 농사일에 바쁘기도 하고 보리 추수 때라 그런가보다. 또 멀리 구름 속에서 나오듯 닭 우는 소리, 개 짖는 소리가 들려오니 바로 신선이 산다는 무릉도원의 풍경이 아닌가. 이 곳 사또는 백성들을 잘 교화하여 도둑이 없는 평화로운 마을을 이룩했으니, 저 보리밭에서 일렁이는 보리 이삭의 물결을 기쁜 마음으로 바라본다. 첫 구의 10월 같다는 표현은 가을이 다가와 으스스 하다는 뜻보다는 오곡백과의 추수로 풍성하다는 표현으로 보아, 풍년을 기약하는 시골의 평화로운 정경을 그렸다.

7言絶句(7언절구). 압운은 源, 飜 자로 평성 '元(원)' 평운이다. 평측은 차례로 '平仄平平平仄仄, 平平平仄仄平平, 仄平仄仄平平仄, 仄仄平平仄仄平'으로 二四不同二六對(이사부동이륙대)와 反法, 粘法(반법, 점법) 등이 잘 이루어진 秀作(수작)이다.

287-10 瀟湘夜雨(소상야우) 소상의 밤비

一帶滄波兩岸秋 風吹細雨洒歸舟 夜來迫近江邊竹 葉葉寒聲摠是愁.
(일대창파양안추 풍취세우쇄귀주 야래박근강변죽 엽엽한성총시수)

푸른 물결 출렁이는 강 양 언덕은 가을 풍경이라,

가랑비 바람에 날려 돌아오는 배에 흩뿌리네.

밤들어 대나무 숲 곁에서 묵노라니,

사각거리는 댓잎 소리 그 모두가 시름만 자아내네.

[語句] *瀟湘夜雨 : 宋(송) 나라 宋迪(송적)이 그린 '瀟湘八景圖(소상팔경도)' 畫題(화제)의 하

나. →2-1. *一帶 : 어떠한 지역의 전부. 一圓(일원). *滄波 : 너른 바다의 푸른 파도. *細雨 : 가랑비. 이슬비. *洒 : 뿌리다. 씻다. =灑(쇄). *寒聲 : 차가운 느낌을 주는 소리. '대나무 잎들이 바람에 사각거리는 소리'를 표현한 말임.

[鑑賞] '소상8경도' 여덟 폭 그림 하나하나마다 시를 지어 쓴 '宋迪八景圖(송적팔경도)'의 하나인 '소상강에 오는 밤비' 그림에 쓴 시. 경치 뛰어난 소상강에 배를 대고 밤비 오는 속에서 느끼는 그림 속 정서를 상상하여 그렸다. 강변은 모두 가을 풍경인데 가랑비는 계속 내려 뱃전을 적신다. 밤들며 강가의 대밭 가에 배를 대니, 내리는 빗방울이 댓잎을 때리며 내는 소리 사각거리어 을씨년스러운 가을에 더욱 시름만 더한다. 그리하여 더욱 鄕愁(향수)를 자아내는 심정을 나타내었다.

7언절구. 압운은 秋, 舟, 愁 자로 평성 '尤(우)' 평운이다. 평측은 차례로 '仄仄平平仄仄平, 平平仄仄仄平平, 仄仄平仄仄平平仄, 仄仄平平仄仄平'으로 이사부동이륙대와 반법, 점법 등이 규칙대로 이루어진 좋은 작품이다.

287-11 逍遙堂 二首 第2首(소요당 이수 제2수) 소요당 두 수 둘째 수

蟪蛄那肯識春秋 坳堂杯水芥爲舟 解笑鯤鵬擊萬里 蓬蒿深處有蜩鳩.
<small>(혜고나긍식춘추 요당배수개위주 해소곤붕격만리 봉호심처유조구)</small>

쓰르라미가 어찌 세월을 알겠는가,
집 안 작은 웅덩이에 물 부우면 지푸라기가 배가 되어 뜨네.
만리 물결치며 날아가는 대붕새를 비웃는 것은,
다북쑥밭 깊이 숨은 매미와 밭 새로구나.

[語句] *逍遙 : 한가롭게 거닐고 돌아다님. *蟪蛄 : 쓰르라미. 여치. 朝菌不知晦朔 蟪蛄不知春秋(아침 버섯은 아침과 저녁이 있음을 알지 못하고, 쓰르라미는 봄과 가을을 알지 못한다)<莊子 逍遙遊> *坳堂 : 땅이 움푹 파인 곳. 웅덩이. 覆杯水於坳堂之上 則芥爲之舟 置杯焉 則膠(한 잔의 물을 웅덩이에 부우면 지푸라기가 배가 되어 뜨지만, 그 웅덩이에 잔을 놓으면 땅에 붙고 만다)<莊子 逍遙遊> *鯤鵬 : 곤 물고기와 붕 새. 전설적인 큰 고기와 새로 '莊子 逍遙遊(장자 소요유)'에 "북극 바다에 사는 곤이 새로 변하여 붕이 되는데, 그 크기는 몇 천 리인지 알 수 없고 태풍이 불면 하늘 9만 리를 날아올라 6개월만에 남극 바다로 간다" 했음. *蓬蒿 : 다북쑥. 쑥이 많이 난 숲. *蜩鳩 : 말매미와 鷽鳩(학구, <small>밭에 사는 새로 작은 비둘기 같은 새</small>). '장자 소요유'에 "붕 새가 9만 리를 날아가니, 매미와 밭 새가 웃으면서 말하기를 '우리는 펄쩍 날아 느릅나무 가지에 올라 머

무는데, 때로는 거기에 이르지도 못하고 땅에 떨어지는 수도 있지만, 무엇 때문에 9만 리나 높이 날아 남극까지 가는가?' 했다"라 있음. 이를 '鷽鳩笑鵬(학구소붕)'이라 하는데 '작은 지혜는 큰 지혜에 미치지 못함. 비천한 사람이 훌륭한 사람을 비웃음'의 뜻으로 쓰는 말임.

[鑑賞] 소요당은 초당이나 사랑방의 堂號(당호)이리라. 逍遙란 말은 '詩經 鄭風 淸人篇(시경 정풍 청인편)'에도 나오지만, '장자'에 '逍遙遊' 편이 있고 장자의 별칭이 逍遙翁(소요옹)이며 시의 내용을 보아도 장자에서 인용한 어휘가 많아 장자를 기리는 당호 같다. 이 시의 첫 수는 "大瓠宜從江海浮 散材寧畏斧斤求 彷徨無爲物莫累 此是莊叟逍遙遊(큰 표주박 바가지는 마땅히 강이나 바다에 띄워 배로 삼아야 하며, 쓸모없는 나무는 도끼나 자귀를 어찌 두려워하리오. 자연 그대로 두어 자유로움에 사물이 누가 되지 않나니, 이것이 곧 장자 노인의 소요유가 아닌가.)"이니, 두 수 모두 장자의 無爲自然(무위자연)의 道家(도가) 사상을 읊었다.

7언절구. 압운은 秋, 舟, 鳩 자로 평성 '尤' 평운이다. 평측은 차례로 '仄仄平仄仄平平, 平平平仄仄平平, 仄仄平平仄仄仄, 平平平仄仄平平'으로 첫 구만 이사부동이륙대가 이루어지지 않았고, 반법과 점법도 성립되지 않아 7言古詩(7언고시)로 분류해도 무방하겠다.

287-12 偶吟(우음) 우연히 읊다

買斷烟林理小園 南窓睡起負朝暄 白頭不悔儒冠誤 尙把塵編敎子孫.
(매단연림이소원 남창수기부조훤 백두불회유관오 상파진편교자손)

이내 낀 긴 숲을 사 작은 동산을 가꾸니, 남쪽 창앞에서 잠 깨어 일어나 아침 햇볕 쪼이네.

백발이지만 선비의 관이 신세 그르쳤다고 후회 않아,

아직도 먼지 앉은 책 펴서 자손 가르치네.

[語句] *偶吟 : 우연히 읊은 노래. 偶詠(우영). *買斷 : 삼. 얻음. 은퇴하려 할 때 산을 산다는 말이 있음. *朝暄 : 아침의 따뜻한 햇볕. '朝暉夕陰(조휘석음, 아침 해의 빛남과 저녁 해의 구름에 가린 경치)'의 경지와 통하는 말임. *白頭 : 허옇게 센 머리. *儒冠誤 : 선비의 관이 신세를 그르침. 杜甫(두보)의 시에 "儒冠多誤身(유관 쓴 선비는 몸을 망치는 사람이 많네)"라 있음. →64-18. *塵編 : 먼지 앉은 책들. 오래 펴 보지 않은 책.

[鑑賞] 벼슬살이에서 퇴직하고 이내가 끼는 산을 사서 작은 동산을 가꾼다. 남향받이 창문을 열고 아침 햇볕을 쪼이니 그렇게 한가로울 수가 없고 그윽한 운치마저 느낀다. 두보는 일찍이 선비된 것이 가난에 쪼들려 신세를 망쳤다고 했지만 나

는 그리 생각되지 않는다. 오래 쌓아 두어 먼지 앉은 책을 다시 펴서 자손들을 가르치니 그 얼마나 뜻있는 일인가. 삶의 보람을 만끽하며 산속에 숨어 사는 재미 또한 벼슬길보다 값지다고 느낀다.

7언절구. 압운은 園, 暄, 孫 자로 평성 '元(원)' 평운이다. 평측은 차례로 '仄仄平平仄仄平, 平平仄仄仄平平, 仄平仄仄平平仄, 仄仄平平仄仄平'으로 이사부동이륙대와 반법, 점법 등이 모두 잘 이루어진 좋은 작품이다.

287-13 題草書簇子(제초서족자) 초서 족자를 두고 짓다

紅葉題詩出鳳城 淚痕和墨尙分明 御溝流水渾無賴 漏洩宮娥一片情.
(홍엽제시출봉성 누흔화묵상분명 어구유수혼무뢰 누설궁아일편정)

단풍잎에 시를 지어 써서 궁성 밖으로 내보내니,
눈물 자국 먹에 아롱져 더욱 분명하구나.
궁전 도랑에 흐르는 물 도무지 믿을 게 못 되어,
궁녀의 한 조각 정을 밖으로 흘러보내다니.

[語句] *簇子 : 글씨나 그림을 꾸며서 벽에 거는 물건. *鳳城 : 대궐. 宮城(궁성). 禁城(금성). *和墨 : 먹 글씨와 잘 어울림. *御溝 : 대궐에서 흘러나오는 개천. *渾 : 모두. 도무지. *無賴 : 의지할 데가 없음. 믿을 바가 못 됨. *漏洩 : 비밀을 밖으로 새어 나가게 함. 漏泄(누설). *宮娥 : 宮女(궁녀). *一片情 : 한 조각 마음. 쏠리는 정.

[鑑賞] 초서로 쓴 족자를 보고 고사가 연상되어 쓴 시. 그 고사는 唐(당) 나라 韓氏宮女(한씨 궁녀) 와 관련되는 이야기로 李建勳(이건훈)의 '宮詞(궁사)'에서 소개했다. →215-1. 단풍잎에 시를 지어 궁중의 흐르는 물에 띄워 인간 세상으로 내보내는 그 낭만이 풍류스럽기는 하나, 사는 재미가 없는 궁중의 힘겨운 심정을 그렇게라도 풀어야 했으리라.

7言絶句(7언절구). 압운은 城, 明, 情 자로 평성 '庚(경)' 평운이다. 평측은 차례로 '平仄平平仄仄平, 仄平平仄仄平平, 仄平平仄平平仄, 仄仄平平仄仄平'으로 二四不同二六對(이사부동이륙대)와 反法, 粘法(반법, 점법) 등이 규칙에 잘 맞는 佳作(가작)이다.

287-14 早春江行 二首 第2首(조춘강행 이수 제2수) 이른 봄 강변을 거닐며 두 수 둘째수

碧岫巉巉攢筆刃 蒼江杳杳漲松烟 暗雲陣陣成奇字 萬里靑天一幅牋.
(벽수참참찬필인 창강묘묘창송연 암운진진성기자 만리청천일폭전)

푸른 산들 우뚝 솟아 붓끝 모아 세운 듯, 파란 강물 아득히 흘러 먹물 넘쳐흐르는 듯.
검은 구름 뭉게뭉게 기이한 글자 이루고, 만리 푸른 하늘 한 폭의 종이로구나.

[語句] *碧岫 : 푸른 산. 岫는 '산의 바위 구멍'임. *巉巉 : 산이 높고 험한 모양. *攢 : 모이다. *筆刃 : 붓의 뾰족한 끝. *杳杳 : 아득함. *漲 : 물이 많거나 붇다. *松烟 : 소나무를 태운 그을음. 먹. *暗雲 : 컴컴하게 낀 구름. *陣陣 : 열을 지은 모양. 끊어졌다가 다시 계속하는 모양. *牋 : 임금에게 올리는 글 곧 牋疏(전소). 글. 편지. 종이.

[鑑賞] 이른 봄에 강가를 거닐어 본다. 멀리 둘러 있는 산에는 아지랑이 같은 봄기운이 서리어 붓끝같이 뾰족한 봉우리들이 모여 있고, 파란 강물은 아득히 흘러 먹물처럼 넘쳐흐른다. 검은 구름 뭉게뭉게 피어오르며 온갖 기이한 글자 모양을 이루고 만리나 멀리 퍼진 푸른 하늘은 마치 길게 글을 쓰는 종이 한 폭과 같다. 산봉우리가 붓이 되고 강물이 먹물이 되어, 푸르게 펼쳐진 하늘에 기이한 글자 모양의 구름을 그렸다는 비유가 특이하며 시인의 상상력은 끝이 없다 하리라. 처음 두 구는 對句(대구)가 되었다. 이 시의 첫 수는 "꽃은 아직 피지 않아 천금같이 귀한 웃음을 터뜨리지 않았는데, 버들은 벌써 물기 올라 한 줌 되는 허리를 흔드는구나. 물고기는 물결을 차며 붉게 번쩍이고, 백로는 하늘 저 멀리 날아 흰 깁이 나부끼는 듯." 하고 읊어 서경적이며 色調(색조)의 대비를 잘 이루었다.

7언절구. 압운은 烟, 牋 자로 평성 '先(선)' 평운이며 첫 구에 압운하지 않았다. 평측은 차례로 '仄仄平平平仄仄, 平平仄仄仄平平, 仄平仄仄平平仄, 仄仄平平仄仄平'으로 이사부동이륙대와 반법, 점법 등이 규칙대로 잘 이루어지고 평측 대비도 잘 되어 내용과 더불어 名作(명작)이다.

287-15 穿石(천석) 뚫린 바위

巨靈含意擘靑山 蓬島樓臺第幾間 明月幾穿深窈窕 白雲應透碧巑岏.
(거령함의벽청산 봉도누대제기간 명월기천심요조 백운응투벽찬완)

물의 신이 생각이 있어 청산을 갈라놓았으니, 봉래산 섬에는 누대가 그 몇 칸이던고.
명월은 몇 번이나 요조한 곳을 깊이 비추었는가,
백운은 응당 푸르고 높은 산에 스며들리라.

[語句] *巨靈 : 물의 신. 황하의 신. 河神(하신). 큰 도끼로 太華山(태화산)과 龍門(용문)을 찍어 열어 놓아 황하수를 통하게 했다고 함. *擘 : 나누다. 巨靈擘太華(거령이 태화산을 나누어 열었네)<李白> *蓬島 : 신선이 산다는 섬의 三神山(삼신산)의 하나인

봉래산. 蓬丘(봉구). *窈窕 : 山水(산수)가 아늑한 모양. 깊고 조용한 境地(경지). *巉岏 : 산이 높고 뾰족한 모양. 높은 모양.

[鑑賞] 산맥이 도끼로 찍은 듯 험한 벼랑을 이룬 황하 유역의 산수를 보며 읊은 시. 중국의 산천은 기묘한 곳이 하도 많아 가는 곳마다 절경이다. 물의 신이 도끼로 잘라낸 듯한 태화산은 그대로 仙境(선경)이요, 저 멀리 있을 봉래산에는 누대가 많으리라. 밝은 달은 깊은 골짜기 밑까지 비추겠고, 흰 구름은 높은 산 깊숙이 스며들어 아름다운 경관을 더한다.

7언절구. 압운은 山, 間, 岏 자로 앞 두 자는 평성 '刪(산)' 평운이고 岏도 평성 '寒(한)' 평운으로 두 운은 通韻(통운)이다. 평측은 차례로 '仄平平仄仄平平, 平仄平平仄仄平, 平仄仄平平仄仄, 仄平平仄仄平平'으로 이사부동이륙대와 반법, 점법 등이 모두 잘 이루어졌다.

287-16 醉鄕(취향) 취향

醉鄕淳寂隔齊州 聞說陶劉始得遊 飮露吸風千萬戶 剪圭何日許封侯.
　(취향순적격제주 문설도유시득유 음로흡풍천만호 전규하일허봉후)

취향은 순박하고 고요해 가슴과 배꼽 지경에 있는데,
도연명陶淵明과 유령劉伶이 처음 거기 노닐었다네.
취향은 이슬 마시고 바람 들이키는 천만 호가 되는 큰 고을인데,
언제 홀笏을 만들어 나를 그 취향의 제후로 봉해 주려는고.

[語句] *醉鄕 : 술에 취한 속의 세계. 술을 마시어 느끼는 즐거운 경지. 唐(당) 나라 王績(왕적)이 '醉鄕記(취향기)'에서 설정한 가상의 세계임. *淳寂 : 순박하고 고요함. *隔齊州 : '제주를 사이 함'이 겉뜻이지만 '술이 가슴과 배꼽 지경에 있음'의 뜻으로 썼음. 晉(진) 나라 桓公(환공)의 하인들이 좋은 술을 '靑州從事(청주종사)', 나쁜 술을 '平原督郵(평원독우)'라 했는데, 평원 지방에는 '鬲縣(격현)'이 있고 청주 지방에는 '齊縣'이 있어 나쁜 술은 가슴 곧 鬲(격)에서 오르내리고 좋은 술은 배꼽 곧 臍(제)까지 내려간다고 말했음. 鬲과 膈, 臍와 齊는 음이 같아서 한 말이니, 이 시의 隔, 齊 자는 가슴과 배꼽을 두고 한 말임.<世說新語> *陶劉 : 陶淵明(도연명, 陶潛도잠 →62)과 劉伶(유령 ?~300? 劉伯倫유백륜). 이들은 모두 술을 즐겼는데, 왕적의 '취향기'에 이들이 취향에 노닐었다고 썼음. *剪圭 : 옥을 깎아 홀을 만듦. 벼슬자리를 줌. *封侯 : 諸侯(제후)로 봉함. 제후.

[鑑賞] 술을 마시어 취한 경지를 읊은 시. 고사를 인용해 그 내용을 모르고는 풀이하기 어렵다. 술은 기분을 도도하게 하고 근심 걱정을 잊게 하기에 忘憂之物(망우지물)

이라 하기도 하고, 모든 약의 으뜸이라 百藥之長(백약지장)이라고도 하나, 몸을 망치는 경우도 있는 양면성을 가진 것이다. 지은이도 술에 취하여 느끼는 즐거운 경지에 들고 싶다고 했지만, 다만 시로 지었을 뿐이 아닐까 생각된다.

7언절구. 압운은 州, 遊, 侯 자로 평성 '尤(우)' 평운이다. 평측은 차례로 '仄平平仄仄平平, 平仄平平仄仄平, 仄仄仄平平仄仄, 仄平平仄仄平平'으로 이사부동이륙대와 반법, 점법 등이 제대로 이루어진 작품이다.

287-17 獻時宰回文(헌시재회문) 재상에게 드리는 회문시

早學求遊宦 詩成謾苦辛 老懷春絮亂 衰鬓曉霜新
倒甑朝炊斷 飢腸夜吼頻 報恩心款款 誰是救枯鱗.

(조학구유환 시성만고신 노회춘서란 쇠빈효상신

도증조취단 기장야후빈 보은심관관 수시구고린)

일찍 학문을 닦아 벼슬하렷더니, 시만 이루고 괜한 고생뿐이네.
늙은이의 회포는 봄 버들개지 날리듯 하고, 허연 구레나룻 새벽 서리 새롭구나.
쌀독 기울이니 아침 끼니 끊이고, 주린 창자는 밤새 꾸르륵 소리 나네.
은혜 갚을 생각은 간절하건만, 목마른 고기 같은 나 누가 구해 주리.

[語句] *時宰 : 당시의 宰相(재상).<文獻通考> *回文 : 바로 읽거나 거꾸로 읽거나 세로로 읽든 가로로 읽든 모두 뜻이 이루어지는 시. 回文詩. →259-2. *遊宦 : 먼 곳의 벼슬아치가 됨. *謾 : 또. 속이다. 공연히. *苦辛 : 괴롭고 쓰라림. *絮 : 솜. 버들개지. 柳絮(유서). *鬓 : 鬢(구레나룻 빈)의 俗字(속자). *甑 : 시루. *炊 : 불 때다. 밥 짓다. *腸 : 腸(창자 장)의 속자. *吼 : 사나운 짐승이 울다. 울다. *款款 : 충실한 모양. 款은 '정성스럽다. 정성'임. *枯鱗 : 마른 비늘 곧 물을 벗어나 죽게 된 물고기. 轍中鱗(철중린, 수레바퀴 자국의 물에 든 고기).<莊子 外物>

[鑑賞] 당시의 정승들에게 늙은 자신의 처지를 하소연한 작품. 공부는 했지만 시만 지었을 뿐 이루어 놓은 것 없이 가난하게 백발 된 처지를 말하고, 누가 구해 주면 그 은혜는 잊지 않으리라 했다. 이 시는 회문시이므로 거꾸로 써 보면 다음과 같다.

"鱗枯救是誰 款款心恩報 頻吼夜腸飢 斷炊朝甑倒 新霜曉鬓衰 亂絮春懷老 辛苦謾成詩 宦遊求學早(목마른 고기 구해 줄 이 그 누군가, 은혜 갚을 생각은 간절하다네. 자주 꾸르륵거려 밤에는 창자 주리고, 끼니 못 끊이니 아침 쌀독 거꾸로 누웠구나. 새로 내린 서리 같이 새벽 구레나룻 세고, 어지러운 버들개지 봄날 늙은 회포 일으키네. 애쓴 나머지 시는 이루어졌지만, 벼슬살이하려고 일찍이 공부했었다네)."

5言律詩(5언율시). 압운은 辛, 新, 頻, 鱗 자로 평성 '眞(진)' 평운이다. 평측은 차례로 '仄仄平平, 平平平仄平, 仄平平仄仄, 平仄仄平平, 仄仄平平仄, 平平仄仄平, 仄平平仄仄, 平仄仄平平'으로 二四不同(이사부동)과 反法, 粘法(반법, 점법) 등이 잘 이루어졌다. 한편 거꾸로 배열해 본 시의 압운은 報, 倒, 老, 무 자로 앞 두 자는 거성 '號(호)' 측운, 뒤의 老와 무는 상성 '晧(호)' 측운으로 轉韻(전운)이 되었고, 한 꿰미 곧 韻紐(운뉴, 讀音독음은 같으나 四聲사성을 달리하는 운자)를 이루었다.

287-18 扈從放牓(호종방방) 과거 급제 발표를 하시는 임금님을 수행하다

半簾紅日黃金闕 多士三千鴈成列 忽從丹陛姓名傳 縱步靑雲歧路闊
吐鳳成文價盆高 畫蛇着足難藏拙 老手曾經百戰餘 今怪吳牛虛喘月.
　　(반렴홍일황금궐 다사삼천안성렬 홀종단폐성명전 종보청운기로활

　　토봉성문가익고 화사착족난장졸 노수증경백전여 금괴오우허천월)

황금 궁궐에 아침 해 붉고 주렴 반쯤 드리웠는데, 많은 선비들 기러기 줄짓듯 섰구나.
문득 대궐 붉은 층계에서 성명을 부르니, 청운 따라 걸음 옮겨 갈림길 넓어지네.
훌륭한 글 이루니 값어치 더욱 높고,
뱀 그리며 발까지 덧붙였으니 치졸함을 감추기 어렵네.
익숙한 솜씨로 일찍 백전을 겪었는데,
오 나라 소가 달을 보고 헐떡거리듯 함이 괴이하구나.

[語句] *扈從 : 임금을 隨行(수행)함. 御駕(어가)를 모시고 따라감. *放牓 : 과거 급제자의 이름을 부르거나 써 붙이는 일. 급제자에게 紅牌(홍패)나 白牌(백패)를 주는 일. 放榜(방방). *丹陛 : 붉게 칠한 층층대. 궁궐. 丹墀(단지). *歧路 : 갈림길. 岐路(기로). *吐鳳 : 봉황을 토함. 훌륭한 문장을 지음. 漢(한) 나라 揚雄(양웅)이 꿈에 흰 봉황[白鳳백봉]을 삼키고 나서 太玄經(태현경)을 지었으니 이를 呑鳳(탄봉)이라 함. *畫蛇着足 : 뱀을 그리는데 발까지 덧붙여 그림. 쓸데없는 것을 덧붙여 오히려 실패함. 畫蛇添足(화사첨족). 蛇足. 楚(초)의 祭官(제관)이 머슴들에게 술을 내린 바, 여럿이 마시기에는 부족하여 땅에 뱀을 먼저 그리는 사람이 마시기로 하고 그리는데, 먼저 그린 머슴이 술병을 잡고는 "나는 발까지 그릴 수 있다." 하며 발을 그리니, 다음으로 그린 머슴이 뱀에 무슨 발이 있느냐며 술을 빼앗아 마시더라는 故事(고사)가 있음<戰國齊策> *老手 : 노련한 솜씨. *吳牛喘月 : 오 나라 소가 달을 보고도 해로 알고 헐떡거림. 몹시 두려워함. 오 나라의 소는 논밭을 가는 일이 고되어 밤에 달을 보고도 해로 알고 헐떡거린다 함.<世說 言語>

[鑑賞] 과거에 급제하는 선비들을 발표하는 장소에 임금을 모시고 따라가 보고 지은 작품. 首聯(수련 1~2구)은 아침해 붉게 비치는 대궐 붉은 구슬발을 드리운 앞뜰에 재주 있는 선비들이 기러기 줄짓듯 나란히 서 있다 했고, 頷聯(함련 3~4구)에서는 드디어 급제자의 명단이 발표되니 급제한 선비의 앞길은 청운에 오를 만큼 훤히 넓게 트이었다 했으며 對句(대구)를 이루었다. 頸聯(경련 5~6구)에서는 내용을 전환하여 선비들이 지은 글에 대한 비평으로, 봉황을 토한 듯 훌륭한 글도 있고 쓸데없이 덧붙인 글도 있음을 대구로 표현했다. 尾聯(미련 7~8구)은 마무리로 지은이의 경험을 곁들여 아무리 자신 있는 선비도 科擧場(과거장)에 들어오면 불안해지니 참으로 이상한 일이라 맺었다.

7言古詩(7언고시). 압운은 闕, 列, 闊, 拙, 月 자로 모두 입성 측운인데, 闕과 月은 '月', 列과 拙은 '屑(설)', 闊은 '曷(갈)' 운으로 모두 通韻(통운)이다. 평측은 차례로 '仄平平仄平平仄, 平仄平平仄平仄, 仄平平仄仄平平, 平仄平平平仄仄, 仄仄平平仄仄平, 仄平仄仄平平仄, 仄仄平平仄仄平, 平仄平平平仄仄'으로 二四不同二六對(이사부동이륙대)는 잘 이루어졌으나, 반법과 점법이 고르게 형성되지 못했다.

288. 李仁復(이인복 1308~1374) : 고려 恭愍王(공민왕) 때 학자, 문신. 자 克禮(극례). 호 樵隱(초은). 시호 文忠(문충). 본관 京山(경산, 星山성산). 조부 星山君 兆年(성산군 조년). 父 檢校侍中 褒(검교시중 포). 宋學(송학)의 태두인 白頤正(백이정)에게 배워 문장에 능하였고 주자학에 밝았다. 충숙왕 때 19세로 과거 급제하여 福州司錄(복주사록), 春秋供奉(춘추공봉)에 보직되고 충혜왕 때 起居舍人(기거사인)으로 元(원)의 制科(제과)에 급제하여 大寧路錦州判官(대녕로금주판관) 벼슬을 받고 돌아와 起居注(기거주)에 승진했다. 충목왕 때 右代言(우대언)을 거쳐 密直提學(밀직제학), 三司左使(삼사좌사)가 되었다. 공민왕 때 政堂文學(정당문학)으로 감찰대부를 겸했으며 星山君(성산군)에 피봉되고, 參知中書政事(참지중서정사), 판개성부사, 첨의평리, 찬성사를 역임했다. 신돈에게 거슬려 퇴직했다가 判三司事(판삼사사), 檢校侍中(검교시중)에 이르고 安興府院君(안흥부원군)에 피봉되었다. 불교를 배척했으며 성격이 강직하고 문장에 뛰어나 충렬, 충선, 충숙왕 들의 실록, 古今金鏡錄(고금금경록) 등을 편수했다. 신돈의 사람됨이 단정치 못해 후일 반드시 변고가 있을 것임을 공민왕에게 말하여 왕이 그의 선견지명을 듣지 못했음을 개탄했고, 또 그의 아우 仁任(인임)과 仁敏(인민)에 대하여는 나라와 가문을 망치리라 말했는데 과연 그 말대로 되었다고 한다.

288-1 錄鎭邊軍人語 五首 中 3首(녹진변군인어 오수 중 3수)
　　　변방 수비 군인의 말을 기록하다 다섯 수 중에서 세 수

烽火遙傳警 弓刀卽啓行 休言今賊易 倭俗本輕生.<제3수>

慶尙徵兵急 全羅轉粟遲 自從囊褚盡 誰與療朝飢.<제4수>

樓上旌旗動 江頭鼓角鳴 終當聞杕杜 免使賦重英.<제5수>

　(봉화요전경 궁도즉계행 휴언금적이 왜속본경생

　경상징병급 전라전속지 자종낭저진 수여요조기

　누상정기동 강두고각명 종당문체두 면사부중영)

봉화는 멀리서 경계하라 전하는데, 활과 검을 갖추어 곧 출발하네.

이번의 도적은 치기 쉽다고 말하지 말라,

왜놈들 풍속이 본디 목숨을 가벼이 여기니.<제3수>

경상도에는 징병이 급하고, 전라도에는 군량 운반이 더디네.

이제 자루와 주머니가 비어, 누구와 함께 아침 요기를 하겠는고.<제4수>

누대 위에서는 장군 깃발 휘날리고, 강기슭에서는 북과 나발 소리 울리네.

끝내는 체두 노래 듣게 되어, 이모 중영의 군 복무 부역을 면하게 되겠지.<제5수>

[語句] *鎭邊 : 국경을 진압시키는 일. *啓行 : ①여행길을 출발함. ②앞서서 인도함. 여기서는 ②의 뜻임. *休言 : 말을 그침. *輕生 : 삶 곧 목숨을 가벼이 여김. *徵兵 : 군사를 뽑아 불러 냄. *轉粟 : 곡식 곧 식량을 옮김. *囊褚 : 곡식 자루와 주머니. 褚는 '주머니'임. *療朝飢 : 아침 요기. 아침 시장기를 면함. *旌旗 : 기. 장군의 깃발. 旌은 '깃대 끝에 꿩의 꽁지깃 곧 장목으로 꾸민 기'임. *江頭 : 강 머리. 강의 나루. *鼓角 : 북과 나발[나팔]. *杕杜 : 홀로 선 아가위나무. 詩經 唐風(시경 당풍)의 편명으로 '독신자의 노래'인데 군인으로 나갔다가 돌아오는 군사를 위로하는 뜻을 가졌음. *重英 : 二矛重英(이모중영). 두 개의 창에 각각 붉은 새털 날개를 단 장식. 이 두 창을 수레 위에 나란히 세우면 겹쳐 보이므로 重英이라 했음. 二矛重英 河上乎翱翔(이모중영으로 황하 기슭을 날듯이 달리네)<詩經 鄭風 淸人> 황하 가에 수자리 사는 병사의 모습을 노래한 내용임.

[鑑賞] 우리 해역을 침범하는 倭寇(왜구)들을 물리치는 군사들의 하는 말을 적었다는 작품. 이 앞 두 수는 "나는 본디 농가의 아들로 지금 바다에서 침범하는 왜적들을 방어하네. 늘 바다의 상태가 좋지 못해 열병하는 배에 오르기가 두렵네.<第1首> 깊은 동산에 봄볕 따스하고 높은 누대에는 달 그림자 맑아라. 지난날 노래하며 춤추던 자리, 싸움 독촉하는 소리만 들리네.<第2首>"이다. 평화를 염원하는 지은이의 바람이 담긴 전쟁시이다.

　5言絶句(5언절구) 5수 중 세 수. 셋째 수의 압운은 行, 生 자로 평성 '庚(경)'이며, 평측은 차

례로 '平仄平平仄, 平平仄仄平, 平平平仄仄, 平仄仄平平'이다. 넷째 수의 압운은 遲, 飢 자로 평성 '支(지)'이고, 평측은 차례로 '仄仄平平仄, 平平仄仄平, 仄平平仄仄, 平仄仄平平'이다. 다섯 째 수의 압운은 鳴, 英 자로 평성 '庚'이다. 평측은 차례로 '平仄平平仄, 平平仄仄平, 平平平仄仄, 仄仄仄平平'인데, 세 수 모두 평운 압운이며 二四不同(이사부동)과 反法, 粘法(반법, 점법) 등이 잘 형성된 모범적인 시이다.

288-2 送慶尙鄭按廉(송경상정안렴) 경상도 안렴사로 가는 정 공을 송별하다

聞說先賢按嶺南 動將絲竹醉厭厭 近來物議君知否 淸似夷齊謂不廉.
(문설선현안영남 동장사죽취염염 근래물의군지부 청사이제위불렴)

선현들이 이르기를 영남 안렴사가 되면,
풍악風樂을 잡히고는 술에 취해 편히 즐긴다 하니,
요즘 사람들의 평판을 그대 혹시 아는지,
맑기가 백이숙제 같아도 청렴하지 못하다고 한다네.

[語句] *按廉 : 按廉使(안렴사). 고려 때 지방 장관으로 조선 시대의 觀察使(관찰사)와 같음. *聞說 : 듣는 바에 의하면. 聞道(문도). 聽說(청설). *先賢 : 지난날의 어진이. 先哲(선철). *按 : 살피다. '안렴사로 감'의 뜻임. *嶺南 : 경상남북도 지방. *絲竹 : 관악기와 현악기. 풍악. 管絃(관현). *厭厭 : 마음이 편하고 조용한 모양. 厭厭良人 秩秩德音(자상하고 점잖으신 당신이여, 다정하신 그 음성이여)<詩經 秦風 小戎> *物議 : ①여러 사람의 평판. 物論(물론). ②論議(논의). 말썽. *知否 : 아는지 모르는지. *夷齊 : 伯夷叔齊(백이숙제). 殷(은)의 고결한 형제 선비.
[鑑賞] 경상도 관찰사로 부임해 가는 정공에게 부디 청렴한 정치를 펴라고 당부하는 시. 관찰사로 가면 대개가 政事(정사)보다는 樂工(악공)과 官妓(관기) 들을 동원하여 歌舞(가무)에 열중한다는 소문이 있는데, '특히 경상도 관찰사가 심하다는 것이다. 이러한 평판을 그대는 듣지 못했는가? 요즈음 세상은 옛날의 백이숙제같이 고결한 선비도 청렴하지 못하다고 하니 명심하게나.' 했다. 우정 어린 충고라 하리라.

7言絶句(7언절구). 압운은 南, 厭, 廉 자로 南은 평성 '覃(담)' 평운, 뒤의 두 자도 평성 '鹽(염)' 평운으로 두 운자는 通韻(통운)이 된다. 평측은 차례로 '仄仄平平仄仄平, 仄平平仄仄平平, 仄平仄仄平平仄, 平仄平平仄仄平'으로 二四不同二六對(이사부동이륙대)와 반법, 점법 등이 모두 규칙에 맞다.

288-3 益齋李文忠公挽詞 三首(익재이문충공만사) 익재 이문충공 만사 세 수

宣祖崇儒要贊襄 故留元老相今王 十分潤色重興盛 身退年高道更光<제1수>

夷險忠誠竟不渝 曾隨永廟入燕都 同車只有吾文烈 行到重泉得見無 <제2수>
近世文章與世衰 公將大手獨持危 剗除舊習開來學 須信東方有退之 <제3수>

(선조숭유요찬양 고류원로상금왕 십분윤색중흥성 신퇴연고도갱광

이험충성경불투 증수영묘입연도 동거지유오문렬 행도중천득견무

근세문장여세쇠 공장대수독지위 잔제구습개내학 수신동방유퇴지)

조종들이 유교를 숭상하여 보필을 구하니,

그로 하여 원로가 남아 지금 임금의 재상이 되었네.

그 문장 더없이 빛나 나라의 번성을 거듭되게 했고, 연세 높아 물러나니 그 도가 다시 빛났네. <第1首>

평탄하나 험하나 충성은 끝내 변치 않아, 일찍이 충혜왕 따라 원元의 서울 연경에 들어갔는데,

그 때 동행한 이는 오직 조년兆年 내 선친이었으니, 지금 저승에 이르러 서로 만나 보시는지. <第2首>

근세의 문장이 세상과 함께 쇠퇴해 갈 때, 공이 큰 솜씨로 홀로 높이 가지셨네.

문장의 구습을 잘라 버리고 후세 학문의 길을 열었으니,

우리 동방의 한퇴지임을 마땅히 믿어야 하리라. <第3首>

[語句] *益齋李文忠 : 고려말의 학자요 문신인 李齊賢(이제현 1287~1367). 益齋는 아호, 文忠은 시호임. →297. *挽詞 : 죽은 이를 슬퍼하여 지은 글이나 시. 輓詞(만사). 挽章(만장). *宣祖 : 조상들이 베풀거나 밝게 함. '역대의 임금 곧 祖宗(조종)들이 베풀었음'의 뜻임. *崇儒 : 유교를 숭상함. *要 : 구하다. 모으다. *贊襄 : 일을 도와 이룸. 임금의 덕을 도와 정치를 성취하게 함. 輔弼(보필)함. 皐陶曰 予未有知 思日贊贊襄哉(고요가 말하기를 "제가 아는 것이 없사오나, 날로 도우며 도와 일을 이루도록 할 생각뿐입니다" 했다.) <書經 皐陶謨> *元老 : 덕망이 높은 사람 또는 功臣(공신). *潤色 : 윤택이 나는 빛. '익재 이제현의 문장이 빛남'을 두고 한 말임. *重興盛 : 거듭 번성함. *道更光 : 도나 도덕이 다시 빛남. *夷險 : 평탄한 길과 험한 길. *渝 : 변하다. 더러워지다. *永廟 : 충혜왕 조정. 충혜왕의 능이 永陵(영릉)임. *燕都 : 원의 서울 燕京(연경). 지금의 北京(북경)임. *同車 : 수레를 함께 탐. 동행함. *文烈 : 충혜왕 때의 충신인 李兆年(이조년 1268~1342)의 시호. → 298. *重泉 : 먼 곳. 저승. 黃泉(황천). *近世 : 가까운 지난날의 세상. *文章 : 글. 文章家(문장가, 글을 뛰어나게 잘 짓는 사람). *將 : ~으로써. ~을 가지고. *大手 : 큰 솜씨. 大手筆(대수필, 훌륭한 문장을 짓는 솜씨. 大文章家대문장가). *危 : 높다. *剗除 : 잘라 없앰. 剗은 '깎다. 평평하다'임. *來學 : ①스승의 집으로 와서 배움. ②후세의 학자. 후세의 학문. 後學(후학). 여기서는 ②임. *須信 : 모름지기 믿음. 마땅히 믿어야 함. *退之 : 中唐(중당)의 학자요 대문장가인 韓愈(한유 768~824)의 자. →599.

[鑑賞] 익재 이제현 공을 弔喪(조상)한 시로 7언절구 세 수이다. 첫 수는 고려 말기에 유학의 기풍이 일어 숭유 정책이 이루어지려 할 때 익재는 원로로서 임금을 돕다가 늙어서 벼슬에서 물러나매 그 도가 더욱 빛났다 찬양했고, 둘째 수는 익재가 '나라가 평화로울 때나 어지러울 때나 늘 충성을 다했으며 내 선친인 이조년과 함께 왕을 따라 연경까지 갔었는데 지금 저승에서 두 분이 만나보시는지 어떠신지.' 하여 아버지도 회고하며 두 분의 교분을 기렸다. 마지막 수에서는 익재 공은 우리나라의 한퇴지 같은 분이라 했다.

7언절구 세 수. 첫 수의 압운은 襄, 王, 光 자로 평성 '陽(양)'이고 평측은 차례로 '平仄平平平仄平, 仄平平仄仄平平, 仄平仄仄平平仄, 平仄平平仄仄平'이며, 둘째 수의 압운은 渝, 都, 無 자로 역시 평성 '虞(우)'이며 평측은 차례로 '平仄平平仄仄平, 平平仄仄仄平平, 平平仄仄平平仄, 平仄仄仄平平平'이다. 셋째 수는 압운이 衰, 危, 之 자로 평성 '支(지)'이고 평측은 차례로 '仄仄平平仄仄平, 平平仄仄仄平平, 仄平仄仄平平仄, 平仄平平仄仄平'이다. 세 수 모두 평운 압운이며 二四不同二六對(이사부동이륙대)와 反法, 粘法(반법, 점법) 등이 7언절구 평측 배치 규칙에 잘 맞는 좋은 작품이다.

289. 李資玄(이자현 1061~1125) : 고려 예종 때의 학자. 자 眞精(진정). 호 息庵(식암). 시호 眞樂(진락). 본관 仁川(인천). 조부 中書令 子淵(중서령 자연). 문종 때 급제하고 선종 때 大樂署丞(대악서승)이 되었다가 벼슬을 버리고 춘천의 淸平山(청평산)에 들어가 文殊院(문수원)을 수리하여 살면서 10여 곳에 堂(당)과 암자를 짓고 禪學(선학)을 닦았다. 예종 12년(1117) 南京(남경, 지금의 서울)에서 예종을 만나 특별 우대를 받으며 정치와 養性(양성)의 요점을 하문하니 '心要(심요)' 한 편을 바쳤으며, 왕후와 공주에게서 의복을 받았다. 인종도 크게 예우하면서 병석에 누우매 어의를 보내어 문병하고 차와 약을 하사했으며 사후에 시호를 내렸다. 저서로 '追和百藥公樂道詩(추화백약공낙도시 1권), 南遊詩(남유시 1권), 禪機語録(선기어록 1권), 歌頌(가송 1권), 布袋頌(포대송 1권)' 등이 있고 청평산에 '淸平息庵(청평식암)'이란 큰 해서를 썼다.

289-1 樂道吟(낙도음) 도를 즐김을 읊다

家在碧山岑 從來有寶琴 不妨彈一曲 祇是少知音.
　　(가재벽산잠 종래유보금 불방탄일곡 지시소지음)

집은 푸른 산봉우리에 있고, 이전부터 내려오는 보배 거문고를 가졌네.
한 곡조 타는 것도 좋으나, 다만 그 곡조를 알아줄 사람 없어라.

[語句] *樂道 : 도를 즐김. 安貧樂道(안빈낙도, 곤궁하게 살면서도 편안한 마음으로 자기의 분수를 지킴)와 관련됨. *碧山 : 푸른 산. *岑 : 산봉우리. *不妨 : 거리낄 것 없음. 방해되

지 않음. *祇 : 다만. '地神(지신). 편안하다. 크다'의 뜻이면 기로 읽음. 祇 자는 '공경할, 삼갈 지'임. *知音 : 음악 곡조의 뜻을 잘 앎. 마음이 통하는 친한 벗.

[鑑賞] 지은이는 眞樂이라는 시호를 받았으니 벼슬을 버리고 청평산에 들어가 선학을 닦은 행적에 따른 알맞은 시호이리라. 이 시도 청평산에 은거하면서 지은 작품이 아닌가 한다. 사는 곳은 푸른 산속 봉우리에 있어, 벗이란 오직 전부터 가지고 있는 거문고 하나라, 한 곡조 타 보고 싶지만 그 곡조를 알아듣는 사람 없으니 타 볼 수도 없다. 외롭고 한가로운 삶이지만 그런 것을 느끼지 않는 경지에 들었다 하리라.

5言絶句(5언절구). 압운은 쏙, 쭉, 흡 자로 평성 '侵(침)' 평운이며 5언절구는 첫 구에 압운하지 않는데, 이 시는 독특하게 첫 구에도 압운했다. 평측은 차례로 平仄仄平平, 平平仄仄平, 仄平平仄仄, 平仄仄平平'으로 이사부동과 반법, 점법 등이 잘 이루어진 좋은 작품이다.

290. 李藏用(이장용 1201~1272) : 고려 元宗(원종) 때의 문신. 초명 仁祺(인기). 자 顯甫(현보). 시호 文眞(문진). 본관 仁川(인천). 先代(선대) 子淵(자연), 資玄(자현 →289). 父 樞密院使 儆(추밀원사 경). 고종 때 과거 급제하여 西京司錄(서경사록), 中書門下平章事(중서문하평장사)에 이르렀다. 원종 5년(1264) 왕을 따라 사신으로 蒙古(몽고)에 가서 海東賢人(해동현인)의 칭을 받았으며 돌아와서 門下侍郎(문하시랑), 慶源郡開國伯(경원군개국백)으로 피봉 되었다. 林衍(임연)이 원종을 폐립할 때 왕의 의혹을 사서 靈興島(영여도)에 유배되었으나 몽고의 병부시랑 黑的(흑적)의 힘으로 방면되었다. 원종 8년 監修國史(감수국사)로 신종, 희종, 강종의 3代實錄(3대실록)을 편수했고, 동왕 9년에 門下侍中(문하시중)에 이르렀다. 그는 풍채가 아름답고 총명하여 經史(경사)에 두루 통하고 음양, 의약, 律曆(율력)에 이르기까지 통했으며 저서에 '禪家宗派圖(선가종파도)'가 있다.

290-1 三角山文殊寺 中(삼각산문수사 중) 삼각산 문수사 중간

睟容宛若福城東 寶趺高馼金猊脊 相望遍吉長者居 誰識法界玄關闢
大慈的的鐲煩襟 一掬涓涓貯靈液 遊人恐觸天龍嗔 卜飮試呪盃梭擲.

(수용완약복성동 보부고어금예척 상망편길장자거 수식법계현관벽

대자적적견번금 일국연연저영액 유인공촉천룡진 복음시주배사척)

인자한 얼굴 복성 동쪽서 만난 문수보살 그대로요, 가부좌로 높이 금사자를 타셨구나.
편길장자 계신 곳을 마주 바라보지만, 법계의 도문道門을 누가 열어줄 것인고.
대자비의 환한 모습이 속세의 번뇌를 없애 주며, 샘물은 졸졸 흘러 영묘한 물이 되네.
관람하는 사람들 천룡의 꾸지람을 두려워하여,
주원呪願 받을 샘물 마시고자 물잔을 북 놀리듯 하는구나.

[語句] *三角山 : 서울 북쪽의 鎭山(진산, 도읍 뒤의 큰 산). →156-2. *文殊寺 : 삼각산 大南門(대남문) 옆 문수봉 아래의 절. 일명 문수암. 고려 예종 4년(1109) 釋 坦 然(석 탄연)이 창건했고 조선 문종 1년(1451) 延昌公主(연창공주)가 중건했으며, 6 ·25때 불탄 것을 1957년 信洙(신수)가 다시 세웠음. 5백 나한이 있던 것으로 유명함. *睟容 : 부드럽고 윤기 있는 얼굴. 임금의 화상. 御眞(어진). *福城 : 인 도의 지명. 善財童子(선재동자)가 불법을 잘 아는 사람 곧 善知識(선지식)을 두루 찾아다니다가 이 복성 동쪽에서 文殊菩薩(문수보살)을 만났음<華嚴經> *寶趺 : 跏趺坐(가부좌)를 미화한 말로 '거룩한 가부좌'의 뜻임. 가부좌는 '두 발등을 포 개고 도사려 앉는 앉음새 곧 책상다리를 하고 앉는 일'임. *金猊 : 금으로 만 든 사자. 부처가 앉는 자리를 '猊座(예좌) 또는 獅子座(사자좌)'라 함. *遍吉長者 : 부처에 공양을 많이 하며 덕망 있는 사람의 이름. *法界 : <佛>佛法(불법)의 구역. 불교를 수도하는 사람들의 세계. *玄關 : <佛>①현묘한 도로 들어가는 문 곧 禪學(선학)에 들거나 佛道(불도)로 귀의함. ②禪寺(선사)의 작은 문. *闢 : 열다. *大慈 : <佛>가엾은 사람을 크게 사랑하는 일. 큰 慈悲(자비). 大慈大悲. *的的 : 밝은 모양. 明明(명명). *躑 : 밝다. *煩襟 : 가슴 속 煩惱(번뇌, 심신이 시 달려 괴로움). *涓涓 : 시냇물이 졸졸 흐르는 모양. *靈液 : 신령스럽고 기묘한 물. 이슬. *天龍 : <佛>여덟 하늘[諸天제천]과 龍神(용신). *嗔 : 성내다. *卜 : 점. 점치다. *呪 : 呪文(주문). 저주하다. 呪願(주원) 곧 法會(법회) 때 중이 施主(시 주)의 행복을 비는 일. *擲 : 던지다. 擲梭(척사, 북을 놀리며 베를 짬).

[鑑賞] 삼각산 문수봉 아래 있는 문수사를 읊은 7言排律(7언배율)로 모두 30연 60구의 장시이다. 인용한 부분은 15연에서 20연까지로, 이 앞의 대강은 "공무를 끝내 고 문수사로 가노라니 인간 세상을 벗어난다. 하늘과 해가 가깝고 한강이 한 일 자로 그어 있으며 문수사는 단청이 빛난다."이다. 인용한 부분의 뒤는 "부처 에게 비는 행사가 자주 있는 절인데 중의 청으로 하룻밤을 절에서 묵노라니 가을 산나물밥도 좋고 이부자리도 괜찮다. 밤이 깊어 고요해지니 부산한 속세 가 부질없게 느껴지며 잠이 들었다. 아이놈이 불러 단잠을 깨니 붉은 해가 솟 았다. 다시 속세로 돌아감이 부끄러우나 청산을 더럽혔다는 욕을 먹지나 않으 려는가, 임금님 모시는 몸이라 욕하기야 할까."이다.

7언배율 30연 중 4연. 압운은 㬌, 闢, 液, 擲 자로 입성 '陌(맥)' 측운으로 이 시 모두 이 운으로 일관했다. 평측은 차례로 '仄平仄仄仄平平, 仄平平仄平平仄, 平平仄仄仄仄平, 平仄 仄仄平平仄, 仄平仄仄平平平, 仄仄平平平平仄, 平平仄仄平平仄, 仄仄仄仄平平仄'으로 이 사부동이륙대에 맞는 곳은 제 1, 2, 5, 7구로 반이다. 반법이나 점법은 이루어지지 않았다.

290-2 自寬(자관) 스스로 위로하다

萬事唯宜一笑休 蒼蒼在上豈容求 但知吾道何如耳 不用斜陽獨倚樓.

(만사유의일소휴 창창재상기용구 단지오도하여이 불용사양독의루)

모든 일은 그저 한 번 웃고 말아야지,

푸르디푸른 하늘이 어찌 구하려는 대로 들어주리오.

다만 내 도가 어떠한가를 알고자 할 뿐, 석양에 홀로 누각에 기댈 것 없으리.

[語句] *自寬 : 자기에게 관대함. 스스로 위로함. *蒼蒼 : 빛이 썩 푸르름. *在上 : 위에 있음. 임금이나 하늘. *斜陽 : 저녁 때 서쪽으로 기울어진 해. 또는 그 햇빛. *倚 樓 : 누각에 올라 그 기둥에 기댐. 杜甫(두보)의 '江山(강산)' 시에 "공훈과 업적에는 자주 거울을 보게 되고, 현달함과 은둔함은 홀로 다락에 기대었네[動業頻看鏡 行 藏獨倚樓]"라 있는데, 언제 공명을 이루게 될는지 모르고 늙어가는 신세라는 뜻임.

[鑑賞] 세상만사 그저 웃어 넘겨야지 아등바등 매달려 보아야 뜻대로 되지 않는다. 그러기에 사람들은 사람으로서 해야 할 바를 다한 뒤에 하늘에 맡긴다 곧 '盡 人事待天命(진인사대천명)'<初學如要 知命>이라 한 것이리라. 다만 내 가는 길이나 행하는 도덕이 어떠한지를 알고자 할 뿐, 공적이라든가 출세 등에 연연하지 않 는다. 늘 案頭(안두)에 두고 음미해 보아야 할 시이다.

7言絶句(7언절구). 압운은 休, 求, 樓 자로 평성 '尤(우)' 평운이다. 평측은 차례로 '仄仄平平 仄仄平, 平平仄仄仄平平, 仄平平仄平平仄, 仄仄平平仄仄平'으로 二四不同二六對(이사부동이 륙대)와 反法, 粘法(반법, 점법) 등이 잘 이루어진 뛰어난 작품이다.

290-3 慈悲嶺(자비령) 자비령

慈悲嶺路十八折 一劍橫當萬戈絶 如今四海自昇平 空有杜鵑啼落月.

(자비령로십팔절 일검횡당만과절 여금사해자승평 공유두견제낙월)

자비령 고갯길 열여덟 구비인데,

장검 하나 비껴들고 지키면 일만 군사의 창들이 못 덤비네.

이제는 온 천하가 태평하니, 두견새만이 지는 달 아래 부질없이 우는구나.

[語句] *慈悲嶺 : 황해도 瑞興郡(서흥군) 서부 60리 지점에 있는 고개. 일명 岊嶺(절령). 고 려 원종 11년(1270)부터 충렬왕 16년(1290)까지 원 나라와의 경계였음. 평양과 개 성 사이의 중요한 통로로 절령여란 驛站(역참)이 있었고, 공민왕 10년(1361) 11 월 홍건적이 쳐들어오매 여기서 방어했으나 패했음. 조선 세조 때 이 재에 虎患

(호환)이 많았고 명 나라 사신들이 黃州(황주) 남쪽 10km 지점에 있는 棘城路(극성로)를 통하여 왕래하므로 역참을 옮겼음. *一劍橫當萬戈絶 : 一夫當關 萬夫莫開(일부당관 만부막개) 곧 한 장정이 관문을 지켜도 만 명 장정이 그 관문을 깨뜨리지 못함과 같은 뜻임. →64-13. *如今 : 지금. 현재. *昇平 : 나라가 태평함. 承平(승평). *杜鵑 : ①두견새. 두견이. 子規(자규). 不如歸(불여귀). ②진달래. 두견화. 여기서는 ①의 뜻임. *落月 : 지는 달. 傾月(경월).

[鑑賞] 자비령 고갯길은 열여덟 굽이지는 험한 재라 중국의 函谷關(함곡관)과 우리나라 남쪽의 鳥嶺(조령) 같은 '일부당관 만부막개'의 요새지이다. 이제는 나라가 편안하니 지키는 군사들도 없어 두견새만 지는 달 아래 부질없이 울고 있을 뿐이다. 敍景(서경)을 중심으로 읊은 속에 敍情(서정)이 짙게 깔린 명작이라 하리라.

7言古詩(7언고시). 압운은 折, 絶, 月 자로 앞 두 자는 입성 '屑(설)' 측운, 月도 입성 '月' 측운으로 두 운은 통운이 된다. 평측은 차례로 '平平仄仄仄仄仄, 平平仄仄仄平平, 平平仄仄仄平平, 平仄仄平平仄仄'으로 이사부동이류대는 처음 두 구에서 어긋났고, 반법과 점법은 이루어지지 않았으니 고시이기에 상관없다.

291. 李縡(이재 1678~1746) : 조선 숙종, 영조 때 학자. 자 熙卿(희경). 호 陶庵, 寒泉(도암, 한천). 시호 文正(문정). 본관 中峰(중봉, 牛峰우봉). 조부 정승 翮(숙). 父 進士 晩昌(진사 만창). 숙종 28년(1702) 謁聖文科(알성문과)에 급제, 刑曹參判(형조참판), 漢城府右尹(한성부우윤)에 이르러 均田使(균전사)로 영남에 내려가 시급한 대책을 진술했다가 벼슬을 삭탈당했다. 1720년 경종이 즉위 하자 예조참판으로 기용되어 도승지, 대사헌, 이조참판을 거쳐 경종 2년(1722) 홍문관 應敎(응교), 홍문관과 예문관의 대제학, 資憲(자헌), 한성판윤, 공조판서, 의정부 좌우참찬 등을 역임했다. 辛壬士禍(신임사화 1721~1722)에 숙부 晩成(만성)이 피살되매 벼슬을 버리고 雪岳(설악)에 들어가 성리학 연구에 힘썼으며, 영조 1년(1725) 여러 번 疏(소)를 올렸으나 받아들여지지 않았고, 경기도 龍仁(용인)으로 퇴거하니 그를 찾아와 학문을 배우는 선비가 많았다. 저서에 '陶庵集(도암집 50권), 語類抄節(어류초절), 近思尋源(근사심원), 五先生徽言(오선생휘언), 檢身錄(검신록), 四禮便覽(사례편람)' 등이 있다. 숙종의 계비 仁顯王后(인현왕후)는 그의 이모이며, 아들 濟遠(제원)도 글을 잘했고 大司諫(대사간)에 이르렀다.

291-1 城西卽事(성서즉사) 성서에서 즉흥으로 읊다

燕語鶯啼白日斜 春光歸去屬誰家 池塘四月生顔色 開遍薔薇滿架花.
(연어앵제백일사 춘광귀거속수가 지당사월생안색 개편장미만가화)

제비 지저귀고 꾀꼬리 울며 해는 기우는데, 봄빛은 그 어디로 갔는가.

4월 연못은 그 모습 살아나고, 장미는 활짝 피어 덩굴 가득 꽃이로구나.

[語句] *卽事 : 눈앞의 사물을 즉흥으로 읊어 내는 일. *白日 : 밝은 해. *池塘 : 못. 연못. *顔色 : 얼굴빛. 가진 모습. *遍 : 두루.

[鑑賞] 봄이 가려는 음력 4월의 자연 모습을 즉흥 서경적으로 읊었다. 하루 종일 제비는 재잘거리고 꾀꼬리도 꾀꼴거리니 해는 서쪽으로 기울고, 그 화사하던 봄 경치는 어디로 가 버리는가. 연못은 사월 되자 본디의 모습으로 돌아오고, 장미는 만발해 덩굴 가득 꽃이라 했다. 둘째 구에 가는 봄에 대한 아쉬움이 抒情(서정)으로 담겼고, 붓 가는 대로 시 한 편을 이루었다.

7언절구. 압운은 斜, 家, 花 자로 평성 '麻(마)' 평운이다. 평측은 차례로 '仄仄平平仄仄平, 平平平仄仄平平, 平平仄仄平平仄, 平仄平平仄仄平'으로 이사부동이륙대와 반법, 점법 등이 잘 이루어졌다.

292. 李適之(이적지 ?~747) : 唐(당) 나라 玄宗(현종) 때 정승[左相좌상]. 왕족 출신으로 손님을 좋아하고 술을 즐겨 말술을 마셔도 흔들리지 않았으며, 좌상을 역임한 후 李林甫(이임보)의 모함으로 좌천되어 天寶(천보) 6년 스스로 음독해 죽었다. 杜甫(두보)의 '飮中八仙歌(음중팔선가)'에 "左相日興費萬錢 飮如長鯨吸百川 擧杯樂聖稱避賢(좌상 이적지는 날마다 술값 만 전을 쓰며, 큰 고래가 온 냇물 들이키듯 마시는데, 잔을 들고는 청주淸酒는 즐겨도 탁주濁酒는 꺼린다 했네)" 라 있다. →64-35.

292-1 罷相(파상) 정승을 그만두고

避賢初罷相 樂聖且銜盃 爲問門前客 今朝幾箇來.
<small>(피현초파상 낙성차함배 위문문전객 금조기개래)</small>

귀찮은 현인-막걸리-를 피하여 정승을 그만두고,
성인-청주淸酒-의 심정을 즐기려 또 잔을 드네.
집 사람에게 묻노니 오늘 아침에는 대문 앞에 몇 손님이나 오셨던고.

[語句] *避賢 : 겉뜻은 '현인 곧 어진이를 피함'이지만 속뜻은 '탁주 곧 막걸리를 피함'을 뜻함. *樂聖 : '聖人(성인)을 즐김'이나 '淸酒(청주) 곧 맑은 술을 즐김'의 뜻임. →234-42. *銜 : 머금다. '재갈. 직함' 등의 뜻도 있는 글자임. *幾箇 : 몇 낱. 몇 개. 여기서는 '몇 사람'의 蔑稱(멸칭)으로 썼음.

[鑑賞] 지은이는 앞에서 소개한 대로 동료인 이임보와 대립하여 참소를 입고 면직되었는데, 퇴직 후 평소에 친했던 벼슬아치들이 이임보의 눈총이 두려워 찾아오지 않음을 섭섭하게 여겨 날마다 술을 마시며 이 시를 지었다고 한다. 쓸쓸하게 혼

자서 술을 마시며 아내에게 묻는다. "오늘 아침에는 우리 집 대문 앞에 날 찾아 오는 녀석이 몇 명이나 되는가?" 벼슬길에 있을 때는 그렇게도 즐겁고 다정하게 술잔을 나누던 놈들이 벼슬을 그만두니 찾아오지 않는 고까운 심정을 토로한 작품이다. '정승 집 개가 죽으면 조문객이 몰리지만, 막상 정승이 죽으면 조문 오는 사람이 아무도 없더라.'는 말은 고금에 똑같이 통하는 말일 것이다.

5言絕句(5언절구). 압운은 盃, 來 자로 평성 '灰(회)' 평운이다. 평측은 차례로 '仄平平仄仄, 仄仄仄平平, 平仄平平仄, 平平仄仄平'으로 二四不同(이사부동)과 反法, 粘法(반법, 점법) 등이 잘 이루어진 작품이다.

293. 李婷(이정 1454~1488) : 조선 德宗(덕종, 세조의 맏아들)의 맏아들, 성종의 형. 月山大君(월산대군). 자 子美(자미). 시호 孝文(효문). 세조가 사랑하여 궁중에서 자랐고 활쏘기와 말타기를 비롯하여 여러 학문까지 친히 세조의 가르침을 받았으며, 성종 2년(1471) 월산대군과 佐理功臣(좌리공신)에 책록되었다. 경서와 史記(사기)를 좋아했고 문장이 아담하여 당시의 문인들이 모두 탄복했다. 성종이 자주 그 집에 가서 기거와 접대를 집안 사람의 예로 행했고, 그의 정자에 이르러 風月亭(풍월정)이라 이름지었으며 5언율시를 친히 지어 주었다. 자연을 사랑하여 高陽(고양)의 북촌에 별장을 두었으며 평생에 문사를 좋아했으나 교제가 드물었다. 사후에 고양에 장사하고 성종이 任士洪(임사홍)에게 명하여 神道碑銘(신도비명)을 짓게 했다. 성을 쓰지 않고 이름인 婷 자만 쓰기도 했으니 조선 왕족 중 그런 경우가 더러 있다.

293-1 有所思(유소사) 그리는 바가 간절하다

朝亦有所思 暮亦有所思 所思在何處 千里路無涯
風潮望難越 雲鴈託無期 欲寄音情久 中心難如絲.

(조역유소사 모역유소사 소사재하처 천리로무애

풍조망난월 운안탁무기 욕기음정구 중심난여사)

아침에도 그리움이 간절하고, 저녁에도 그리움이 간절하네.

그리운 분 어디 계신고, 천리 먼 길 가이없구나.

바람 불고 바닷물 불어 간너기 어렵고, 기러기 편에 편지도 전할 기약 없구나.

소식 전하려 애쓴 지 오래라, 이 마음 속 실같이 엉클어지네.

[語句] *有所思 : 생각하는 바가 있음. 그리워함이 있음. *無涯 : 끝이 없음. 無際(무제). *風潮 : ① 바람과 潮水(조수). 바람에 따라 흐르는 조수. ②시대에 따라 변하는 세태. 여기서는 ①의 뜻임. *雲鴈 : 하늘을 나는 기러기. 雲은 '하늘'의

뜻임. *音情 : 편지나 소식. *中心 : 마음속. 心髓(심수).

[鑑賞] 有所思의 대상은 지은이의 부친인 德宗, 가장 사랑해 주던 조부인 世祖(세조), 동생인 현재의 왕 成宗(성종), 또는 아내나 사랑하는 여인 등을 想定(상정)할 수 있겠다. 어떻든 간절한 그리움을 끝없는 천리 먼 길, 바람과 조수, 소식 전한다는 기러기 등을 들어 표현했다. 소식을 듣지도 못하고 전하지도 못하니, 마음 속은 엉클어진 실타래처럼 갈피를 잡을 수 없다 했다.

5言古詩(5언고시). 압운은 思, 涯, 期, 絲 자로 涯만 평성 '佳(가)' 평운, 나머지 석 자도 평성 '支(지)' 평운으로 通韻(통운)이 되며 첫 구에도 압운했다. 평측은 차례로 '平仄仄仄平, 仄仄仄仄平, 仄平仄平仄, 平仄仄平平, 平平平平仄, 平仄仄平平, 仄仄平平仄, 平平平平平'으로 이사부동에 맞는 곳은 넷째, 여섯째, 일곱째 구의 셋뿐이라 반법이나 점법은 이루어지지 않았다.

294. 李廷龜(이정구 1564~1635) : 조선 인조 때 정승. 자 聖徵(성징). 호 月沙, 保晩亭(월사, 보만정). 시호 文忠(문충). 본관 延安(연안). 延城府院君 石亨(연성부원군 석형)의 玄孫(현손, 5세손). 父 縣令 啓(현령 계). 선조 23년(1590) 문과에 급제하고 檢閱(검열)에서 시작하여 예조와 병조의 正郞(정랑), 兵曹參知(병조참지), 承文院副提調(승문원부제조), 공조참판, 공조와 호조 판서, 左贊成(좌찬성)을 거쳐 大提學(대제학)과 右議政(우의정)에 이르렀다. 임진왜란 때 奏請使(주청사)로 명 나라에 가 이름을 떨쳤고, 선조에서 인조에 걸쳐 40여 년 정승 반열에 있었으며, 문장이 능하여 象村 申欽(상촌 신흠), 谿谷 張維(계곡 장유), 澤堂 李植(택당 이식)과 함께 조선 중기 문장 4대가라 일컬어졌다. 국경에 주둔한 명 나라 毛文龍(모문룡)의 군대가 우리나라에 대해서는 성의가 없고 金(금)의 군사와 싸울 의사가 없다고 인조에게 진언했고, 李适(이괄)의 난에 왕을 公州(공주)로 모셨으며 丁卯胡亂(정묘호란) 때는 왕을 모시고 江都(강도, 江華島 강화도)에 피난하여 화의를 반대했다. 저서로 '月沙集(월사집 25권), 書筵講義(서연강의 1권), 大學講義(대학강의 1권)' 등이 있다.

294-1 尋僧(심승) 중을 찾아가다

石逕崎嶇杖滑苔 淡雲疎磬共徘徊 沙彌叉手迎門語 師在前山宿未回.
(석경기구장활태 담운소경공배회 사미차수영문어 사재전산숙미회)

돌길이 험하여 지팡이는 이끼에 미끌어지고, 은은한 풍경 소리 구름 속에 메아리지네. 사미승이 깍지끼고 문에서 맞으면서, 스님은 앞산 절에서 묵고 아직 안 돌아왔다는구나.

[語句] *石逕 : 돌이 많은 좁은 길. 石徑(석경). *崎嶇 : 산길이 험준함. *滑 : 미끄럽다. *淡雲 : 곱게 살짝 낀 구름. *疎磬 : 은은하게 들리는 風磬(풍경) 소리. *徘徊 : 이

리저리 거닐어 다님. 어슷거림. 머뭇거림. *沙彌 : <佛>十戒(십계)를 받고 불도를 닦는 불문에 막 들어간 미숙한 중. 沙彌僧(사미승). *叉手 : 두 손을 깍지낌.

[鑑賞] 제목을 '隱寂尋僧(은적심승)'이라고도 하는 시인데, 隱寂은 '고요하고 쓸쓸한 곳에 숨어 삶', '은적산' 또는 '은적암' 중 하나로 쓴 말이겠다. 사람의 왕래가 드문 곳이라 좁은 돌길에 바위에 이끼가 잔뜩 끼어 짚는 지팡이가 미끄러진다. 곱게 살짝 긴 구름 속으로 절의 풍경 소리가 은은히 메아리치는 속을 찾아가니, 사미승이 두 손을 깍지끼고 절을 하며 맞이하면서 "스님께서는 어젯밤에 앞산 절에 가서서 묵고 아직 돌아오지 않으셨습니다." 한다. 마치 신선이 사는 선경에 찾아간 듯한 느낌을 주는 시이다.

7言絕句(7언절구). 압운은 苔, 徊, 回 자로 평성 '灰(회)' 평운이다. 평측은 차례로 '仄仄平平仄仄平, 仄平平仄平平平, 平平平仄平平仄, 平仄平平仄仄平'으로 二四不同二六對(이사부동이륙대)와 반법, 점법 등이 규칙에 어긋남이 없다.

295. 李鼎輔(이정보 1693~1766) : 조선 영조 때의 문신. 자 士受(사수). 호 三洲(삼주). 시호 文簡(문간). 본관 延安(연안). 父 戶曹判書 雨臣(호조판서 우신). 영조 8년(1732) 문과에 급제하여 藝文館檢閱(예문관 검열)을 거쳐 司憲府持平(사헌부 지평)으로 있을 때, 영조가 붕당의 화에 질려 여러 당파를 병용한 일에 대해 시급한 일 열 한 가지 곧 時務11策(시무11책)을 적은 글을 올려 극언하여 그 책임을 지고 물러났다. 영조 13년(1737)에 다시 弘文館副修撰(홍문관 부수찬)에 뽑히고 이조판서가 되어 유림의 몰락을 개탄하며 金元行(김원행), 宋明欽(송명흠) 등 선비를 기용하여 세인들을 놀라게 했다. 이후 兩館 大提學(양관 대제학)을 지내면서 禮曹判書(예조판서)를 겸임했다. 직책에 충실하며 아첨을 모르고 올바른 상소를 정성껏 반복하여 올렸으며, 특히 四六體(사륙체) 글씨에 능했고 뛰어난 歌客(가객)으로 시조 80여 수를 지었다.

295-1 暮至山寺(모지산사) 저녁 때 산사에 이르다

老栢風生一院淸 疎林隱隱暮鐘鳴 峰頭岸幘茫然立 脚下雲烟冉冉生.
(노백풍생일원청 소림은은모종명 봉두안책망연립 각하운연염염생)

오래된 잣나무에 바람 일며 절 일대는 맑아, 숲 속으로 은은히 울려오는 저녁 종소리. 봉우리 올라 갓 젖히며 우두커니 섰노라니, 발아래로는 운연이 부드러이 피어나네.

[語句] *栢 : 잣나무. 柏(잣나무, 측백나무 백)의 俗字(속자)임. *院 : 절. 절의 뜰. '저쪽으로 보이는 절이 있는 터전 곧 절 一帶(일대)'의 뜻임. *疎林 : 나무가 듬성듬성 서 있는 숲. *隱隱 : 먼 데서 울리는 소리가 아득하여 똑똑하지 않음. *暮鐘 : 해

질 무렵에 치는 종. 晚鐘(만종). *岸幘 : 頭巾(두건, 幘)을 높이 쓰고 이마를 드러
냄. 갓을 비스듬히 씀. *茫然 : 넓고 멀어 아득한 모양. 멀거니 있는 모양. 茫
은 원문에서 불분명한 글자임. *雲烟 : 구름과 연기. *冉冉 : 나아가는 모양.
부드럽고 약한 모양. 부드러워 늘어지는 모양.

[鑑賞] 산속에 있는 절을 해질 녘에 찾아가며 보이는 풍경을 읊었다. 죽죽 뻗친 오래
된 잣나무 가지가 바람에 흔들리니 절이 있는 일대가 깨끗하게 느껴지고, 듬성
한 숲속으로 은은하게 들려오는 절간의 저녁 종소리가 맑다. 절이 보이는 봉우
리에 땀이 밴 갓을 젖혀 쓰고는 망연히 서 있노라니, 발밑으로 구름과 이내가
부드럽게 피어난다. 고요하고 한적한 산속 절에 가까이 간 것이지 절에 도착한
것은 아직 아닌 듯하다.

　7言絕句(7언절구). 압운은 淸, 鐘, 生 자로 평성 '庚(경)' 평운이다. 평측은 차례로 '仄仄平平
仄仄平, 平平仄仄仄平平, 平平仄仄平平仄, 仄仄平平仄仄平'으로 二四不同二六對(이사부동이
륙대)와 反法, 粘法(반법, 점법) 등이 잘 이루어진 좋은 작품이다.

296. 李褆(이제 1394~1462) : 조선 태종의 맏아들, 세종의 형. 讓寧大君(양녕대군). 자 厚伯(후백).
시호 剛靖(강정). 元敬王后 閔氏(원경왕후 민씨)의 소생으로 태종 4년(1404) 세자로 책봉되었으나,
동왕 18년(1418) 영의정 柳廷顯(유정현) 등이 문무백관을 이끌고 세자가 失德(실덕)이 많음을 들
어 폐하기를 청하였다. 태종이 처음에는 불응했으나 결국 忠寧大君(충녕대군, 후의 세종)을 세자로
책봉했고, 그는 양녕대군으로 降封(강봉)되어 경기도 廣州(광주)로 쫓겨 내려갔다. 이로부터 그는
덕이 없음을 자탄하고 각지를 유랑하며 풍류객들과 사귀었다. 세종도 우애를 표하기를 지극히
하여 그를 두터이 대했다고 한다. 시와 글씨에 능하여 서울 남대문의 편액 '崇禮門(숭례문)'은
그의 글씨라는 설이 있으며, 후손 李趾光(이지광)이 '讓寧大君事蹟(양녕대군사적 1책)'을 편찬했다.

296-1 聞寧越凶報(문영월흉보) 영월의 흉보를 듣고

龍御歸何處 愁雲起越中 空山十月夜 痛哭訴蒼穹.
　(용어귀하처 수운기월중 공산시월야 통곡소창궁)

임금님은 어디로 가셨는가, 시름겨운 구름 영월 땅에서 일어났구나.
가을 낙엽 져 빈 산의 시월 밤, 통곡하며 하늘의 무심함을 호소하네.

[語句] *寧越 : 강원도의 고을 이름. →76-1. *凶報 : 사람이 죽었다는 通報(통보). 凶音
(흉음). 여기서는 '영월에 유폐되었던 단종[魯山君노산군]이 사망했다는 소식'임. *龍
御 : 임금이 마차를 몲. 임금의 죽음. 龍馭(용어)와 같은 뜻으로 썼음. 龍은 '임금

에 관한 사물의 接頭辭(접두사)'의 구실을 하기도 하는 글자임. *越中 : 영월 땅.
*空山 : 빈 산. 사람이 없는 산중. *蒼穹 : 새파란 하늘. 蒼天(창천).

[鑑賞] 세조에게 왕위를 빼앗기고 노산군으로 강봉되어 산중 벽지와 다름없던 강원도
영월 땅에 쫓겨 가 있던 단종이 죽었다는 소식을 접하고 슬픈 심정을 읊은 작
품이다. 어린 나이로 왕위에 올라 자기의 뜻을 제대로 펴 보지도 못하고 숙부
인 수양대군에게 왕위를 내어 준 어린 從孫(종손)이자 宗孫(종손)이니 어찌 가련
하고 안타깝지 않으랴. 그런 심정을 담은 弔詩(조시)이기에 읽는 이들도 절로 눈
시울이 젖으리라.

5言絕句(5언절구). 압운은 中, 穹 자로 평성 '東(동)' 평운이다. 평측은 차례로 '仄仄平平仄,
平平仄仄平, 平平仄仄仄, 仄仄仄平半'으로 이사부동과 반법, 점법 등이 모두 잘 이루어졌다.

297. 李齊賢(이제현 1287~1367) : 고려말 시인, 학자. 자 仲思(중사). 초명 之公(지공). 호
益齋(익재). 시호 文忠(문충). 본관 慶州(경주). 父 檢校政丞 瑱(검교정승 진). 安珦(안향)의 문
인으로 충렬왕 27년(1301) 15세로 成均試(성균시)에 장원하고 또 丙科(병과)에 급제하여
동왕 34년(1308) 藝文春秋館(예문춘추관)에 들어갔다. 成均 樂正(성균 악정) 때 충선왕이
불러 원 나라 연경에 건너가 萬卷堂(만권당)에서 원의 명사 姚燧(요수), 閻復(염복), 趙孟
頫(조맹부) 등과 사귀어 학문이 더욱 심오해졌으며, 그 때 陳鑑如(진감여)가 그리고 湯炳
龍(탕병룡)이 贊(찬)을 쓴 그의 초상화는 현재 우리나라의 국보로 지정되어 있다. 충숙왕
10년(1323) 柳淸臣(유청신), 吳潛(오잠) 등이 원 나라에 글을 올려 고려에 省(성)을 세워
원의 여러 성과 동등하게 하자고 할 때, 이제현은 都堂(도당, 후의 의정부)에 글을 올려
고려 4백 년의 토대가 무너진다고 호소하여 그 문제를 철회토록 했다. 충선왕의 귀양
지인 西蕃(서번)에 따라갔으며 密直司事(밀직사사), 僉議評理(첨의평리), 政堂文學(정당문학),
三司使(삼사사) 등을 역임했다. 충목왕이 즉위하자 鷄林府院君(계림부원군)에 피봉되고 공
민왕이 원 나라에 있으면서 즉위하매 右政丞(우정승)에 임명되었으며 征東省事(정동성사)
를 맡자, 元從功臣(원종공신)인 趙日新(조일신)이 자기보다 윗자리에 있는 사람을 시기함
을 알고는 벼슬을 내 놓았으므로 후일 조일신의 난 때 화를 모면할 수 있었다. 그 후
우정승을 두 번 지내고 門下侍中(문하시중)으로 있다가 공민왕 6년(1357)에 벼슬에서
떠났으며 왕명으로 집에서 '三朝實錄(삼조실록)'을 수찬하고 종묘 위패의 序次(서차)를
정했다. 그는 뛰어난 천재로 더 없는 공부를 쌓아갔고 排佛論(배불론)을 폈으며, 조선
말 학자 金澤榮(김택영 →49)은 그를 '3천 년래 우리 시문학의 제일인자'라 했다. 저서
에 '益齋亂藁(익재난고), 櫟翁稗說(역옹패설), 益齋集(익재집)' 등이 있다.

297-1 金剛山 二絕-摩訶衍(금강산 이절-마하연) 금강산 두 절구-마하연

山中日亭午 草露渥芒屨 古寺無居僧 白雲滿庭戶.

(산중일정오 초로악망구 고사무거승 백운만정호)

해는 한낮이건만 산속이라, 풀에 맺힌 이슬에 신발 함빡 젖네.

오래된 절간에 스님은 살지 않고, 흰 구름만 뜰에 가득하구나.

[語句] *金剛山 : 강원도 북부에 있는 명산. →14-2, 29-1. *摩訶衍 : 內金剛(내금강) 萬瀑洞(만폭동) 상류 제일 깊은 곳인 마하연동 또는 마하연 암자. 앞에 妙吉祥(묘길상)이 있음. 암자는 신라 義湘大師(의상대사)가 세웠다 함. 摩訶는 불교 용어로 '아주 뛰어남. 不可思議(불가사의)한 일. 위대함. 훌륭함' 등의 뜻을 가진 범어 Maha에서 온 말이며, 衍은 '퍼지다. 넓히다. 남다'임. *亭午 : 한낮. 낮 12시. 正午(정오). *渥 : 젖다. 두텁다. *芒屨 : 짚신. 미투리. 芒屨(망리). 芒鞋(망혜). 屨는 '삼으로 만든 신'임. *庭戶 : 뜰. 마당과 집 출입구.

[鑑賞] 뒤에 인용하는 보덕굴을 지나 더 올라가야 마하연이 나오니, 사실은 보덕굴이 첫 수인데 가나다 순으로 인용하여 이 시를 먼저 실었다. 워낙 깊고 폭포가 많은 곳이라 한낮에도 풀끝에 맺힌 이슬이 마르지 않아 미투리 신발을 적신다. 마하연 옛 암자에 중들은 살지 않아 뜰 가득 흰 구름이 덮여 있다. 마치 신선이 사는 경지에 든 듯하니, 宋(송)의 처사 魏野(위야)도 "白雲滿地無人掃(흰 구름이 땅에 가득 깔렸는데도 쓸어내는 사람 없구나)" 하고 읊지 않았던가. →174-1.

　5言古詩(5언고시). 압운이라 볼 수 있는 것이 午, 屨, 戶 자인데 午와 戶는 상성 '麌(우)' 측운이고 屨는 거성 '遇(우)' 측운이니 通韻(통운)이 되지 않아, 한 꿰미의 음 곧 韻紐(운뉴)라 하겠다. 평측은 차례로 '平平仄平仄, 仄仄仄平仄, 仄仄平平平, 仄平仄平仄'으로 둘째 구와 셋째 구만 二四不同(이사부동)에 맞아, 反法(반법)이나 粘法(점법)은 이루어지지 않았다.

297-2 金剛山 二絕-普德窟(금강산 이절-보덕굴) 금강산 두 절구-보덕굴

陰風生巖曲 溪水深更綠 倚杖望層巓 飛簷駕雲木.

(음풍생암곡 계수심갱록 의장망층전 비첨가운목)

음산한 바람은 바위 굽이에서 일고, 시냇물은 깊으면서 새파랗네.

지팡이에 의지해 높이 겹친 산봉우리를 쳐다보노라니,

날아갈 듯한 보덕굴 추녀는 구름 두른 나무에 걸려 있구나.

[語句] *普德窟 : 내금강 폭포의 연속인 만폭동을 지나 높은 벼랑에 지은 암자. *陰

風 : 음산하고 서늘한 바람. *巖曲 : 바위 굽이. 바위들이 겹쳐 놓여 굽어 돌게 된 곳. *倚杖 : 지팡이를 짚음. 지팡이에 의지함. *層巓 : 겹쳐진 산봉우리. *飛簷 : 높은 처마. 잘 지은 집의 번쩍 들린 추녀. 飛檐(비첨). 飛宇(비우). *駕 : 멍에하다. 넘다. *雲木 : 구름과 나무. 구름에 둘린 나무.

[鑑賞] 앞의 '마하연' 시와 한 제목인 紀行詩(기행시). 폭포의 골이라 서늘한 바람이 바위 굽이마다에서 일어 산을 오르노라 흐르는 땀을 씻어 준다. 골짜기 물은 왜 그다지도 깊은지 푸르다 못해 새파랗다. 지팡이 짚고 서서 높이 겹친 산봉우리들을 쳐다보니, 보덕굴 암자의 추녀 끝이 구름을 타고 있는 듯하다. 보덕굴은 낭떠러지에 지은 암자라 신선이나 살 곳이요 물과 바람과 구름과 나무가 함께 하는 절경이라고 읊은 敍景詩(서경시)이다.

5언고시. 압운은 曲, 綠, 木 자로 曲과 綠은 입성 '沃(옥) 측운, 木도 입성 '屋(옥) 측운으로 通韻(통운)이다. 평측은 차례로 '平平平平仄, 平仄平仄仄, 仄仄平平平, 平平仄平仄'으로 이사부동은 셋째 구만 이루어졌으니, 반법이나 점법도 무시되었다.

297-3 達尊杏花韻 三首 第2首(달존행화운 삼수 제2수)
달존의 살구꽃 운을 따라 짓다 세 수 둘째 수

淡蕩春光小巷西 倚墻無語俯長堤 蔕裝絳蠟風吹折 花蔟丹砂雨壓低
驚墮佳人金捍撥 巧黏游騎錦障泥 綠陰靑子空惆悵 滿意尋芳莫解携.
(담탕춘광소항서 의장무어부장제 체장강랍풍취절 화족단사우압저

경타가인금한발 교점유기금장니 녹음청자공추창 만의심방막해휴)

날 맑아 화기로운 봄날 작은 마을 서쪽에서,
담에 기대어 말없이 긴 둑을 굽어보고 있구나.
붉은 밀랍으로 단장된 꽃꼭지는 바람 불어 꺾이고,
단사로 뭉친 듯한 꽃떨기를 비가 나직이 눌렀구나.
꽃잎은 미인의 금 비파채에 놀라 떨어지기도 하고,
유람하는 말의 비단 말다래에 교묘히 붙네.
녹음이 되고 열매 맺히면 공연히 슬퍼지리니, 마음껏 꽃놀이 하며 헤어지지 마세나.

[語句] *達尊 : 어느 사람의 아호나 어느 중의 법호 또는 '존경하는 어느 사람'인 듯함. '세상 사람이 모두 섬겨 받들 만한 사람 또는 대상'의 뜻을 가진 말임.<孟子公孫丑下> *淡蕩 : 맑고 넓음. 날이 맑게 개어 화기로움. *小巷 : 작은 陋巷(누항, 좁은 길거리, 누추한 마을). *蔕 : 꼭지. *絳蠟 : 붉은 蜜蠟(밀랍, 꿀의 찌꺼기). *花蔟 :

꽃떨기. 꽃가지. *丹砂 : 붉은 색 광물 이름. 이것을 먹으면 신선이 된다고 함. *墮 : 떨어지다. 떨어뜨리다. *捍撥 : 비파 채의 끝에 붙인 장식. *黏 : 붙다. 끈끈하다. =粘(점). *障泥 : 말다래. 말의 배 양쪽에 달아 늘어뜨리어 진땅의 흙이 튀는 것을 막아 내는 기구. *靑子 : 푸른 열매. 익지 않은 살구. *惆悵 : 근심하고 슬퍼함. 실심한 모양. *滿意 : 마음이 흡족함. 心滿意足(심만의족)의 준말임. *尋芳 : 꽃을 찾음. 꽃다운 곳을 찾아감. *携 : 가지다. 들다. 이끌다.

[鑑賞] 달존이란 사람이 살구꽃을 읊은 시의 운자를 따라 지은 시. 次韻(차운)한 시라 할 수 있겠다. 首聯(수련 1~2구)은 화창한 봄날 마을 서쪽에 살구꽃 가지가 긴 둑을 내려다보듯 담장 밖으로 뻗어 있다 했고, 頷聯(함련 3~4구)은 붉은 빛 살구꽃 꼭지는 바람에 꺾이기도 했고 빨간 꽃 가득한 가지는 비에 젖어 늘어졌다 했다. 頸聯(경련 5~6구)은 轉換(전환)으로 꽃놀이 나온 여인이 켜는 비파채에 부딪쳐 꽃잎이 떨어지기도 하고 유람 나온 한량들의 말다래와 안장에 꽃잎이 나붙기도 한다는 것이다. 함련과 경련은 對句(대구)가 이루어졌다. 마지막 尾聯(미련 7~8구)에서는 봄이 자꾸 가 꽃이 지고 새파란 살구가 맺히면 꽃놀이도 못하게 되니 꽃이 만발한 이 때를 한껏 즐기자고 맺었다. 이 시의 첫 수에서는 '살구꽃 아래에서 놀며 술에 취하던 추억을 말했고, 셋째 수는 대궐 남쪽 수천 그루의 살구나무에서 살구꽃 만발한 모습을 읊었다.

7言律詩(7언율시). 압운은 西, 堤, 低, 泥, 携 자로 평성 '齊(제) 평운이다. 평측은 차례로 '平仄平平仄仄平, 仄平平仄仄平平, 仄平仄仄平平仄, 平仄平平仄仄平, 平仄平平平平仄, 仄平平仄仄平平, 仄平平仄仄平平, 仄仄平平仄仄平'으로 二四不同二六對(이사부동이륙대)와 반법, 점법 등이 잘 이루어지고 평측 배치도 좋은 명작이다.

297-4 比干墓 二首(비간묘 이수) 비간의 묘 두 수

周王封墓禮殷臣 爲惜忠言見殺身 何事華陽歸馬後 蒲輪不謝採薇人 <제1수>
從來忿欲蔽良知 日暮令人有逆施 哿矣親祠比干墓 胡然却仆魏徵碑 <제2수>

(주왕봉묘예은신 위석충언견살신 하사화양귀마후 포륜불사채미인)

(종래분욕폐양지 일모영인유역시 가의친사비간묘 호연각부위징비)

무왕이 비간 묘를 돋우어 은의 신하를 예우한 것은,
충언을 하다가 살신함을 애석해 함이라.
또 말을 화산으로 돌려 보내고는,
어째서 백이숙제에게 수레 보내어 모시기를 사양했던고.<첫 수>
본디 분노와 욕심은 양심을 가리는 것이라,

오자서처럼 '날 저물면 일을 거슬러 시행' 하니,

당 태종이 비간의 묘에 몸소 제사함은 좋았으나, 어찌하여 위징의 비는 넘어뜨렸던가.<둘째 수>

[語句] *比干 : 중국 고대 殷(은) 나라 끝 임금 紂王(주왕)의 숙부. 주의 나쁜 짓을 바른 말로 간하다가 노여움을 사서 살해당했는데, 주왕이 노하여 말하기를 '내가 듣기로 聖人(성인)은 그 심장에 일곱 구멍이 있다더라.' 하며 비간을 죽여 그 심장을 보았다 함<史記 殷本紀> *周王 : 주 나라 첫 임금인 武王(무왕). 은의 주왕을 정벌하고 비간의 묘를 만들었음. *封墓 : 무덤 위에 흙을 더 쌓음, 또는 그렇게 만든 무덤. *忠言 : 진심으로 하는 말. 올바르게 타이르는 말. *殺身 : 목숨을 바침. 殺身成仁(살신성인, 몸을 바쳐 옳은 도리를 행함)<論語 衛靈公> 殺身成己(살신성기)<三國遺事 권5>. *華陽歸馬 : 전쟁에 쓰던 말을 화양의 남쪽 기슭으로 돌려보냄. 전쟁을 그침. 주 무왕이 은의 주왕을 쳐서 멸하고는 말은 화산 남쪽으로 보내고 소는 桃林(도림)의 들에 풀어 놓아 다시 쓰지 않을 것을 온 천하에 보이었음<書經 武成> *蒲輪 : 부들로 바퀴를 싼 수레. 어진 사람을 모셔올 때 수레를 보내면서 바퀴가 덜컹거리지 않도록 부들로 바퀴를 싸서 보냈음. *採薇人 : 고사리 캐는 사람 곧 伯夷叔齊(백이숙제). 백이숙제는 은 나라 孤竹君(고죽군)의 두 아들로 무왕이 주왕을 정벌하는 것을 말리다가 듣지 않자 首陽山(수양산)에 들어가 고사리를 캐어 먹으며 숨어 살다가 죽은 고결한 선비들임. →115-3. *忿欲 : 분함과 욕심. *良知 : 선천적 지능. 마음의 본체. 良心(양심). *日暮逆施 : 해는 저물고 길은 머니 거꾸로 시행함. 춘추시대 楚(초)의 伍子胥(오자서)가, 부형이 모두 초의 平王(평왕)에게 죽임을 당하자, 吳(오)에 망명하여 闔閭(합려)를 도와 초를 쳐서 평왕의 무덤을 파헤치고 그 시체를 3백 번 두들겼음. 이에 친구 申包胥(신포서)가 사람을 시켜 너무 심하다고 말하니, 오자서는 "日暮途遠(일모도원)하니 거꾸로 행하고 역으로 하노라." 했음. 이는 唐(당) 나라 太宗(태종)이 욕심이 많아 무모하게 고구려를 정벌한 일을 비유적으로 인용한 것임. *嘗矣 : 정말 훌륭함. 기막히게 좋음. 嘗는 '옳다. 아름답다'임. *祠 : ①祠堂(사당). ② 제사지내다. 祀(사). 여기서는 ②의 뜻임. *仆 : 엎드리다. 넘어뜨리다. *魏徵 : 당 태종의 신하. 鄭國公(정국공). 直諫(직간)으로 유명했으며 그가 죽은 뒤 태종이 비석을 세워 주었다가, 후에 위징이 평소 직간한 초고를 집에 남겨 둔 것을 보고는 자기의 허물을 드러냈다고 격노하여 비석을 넘어뜨리라 명했음. 뒤에 고구려에 패하고 와서 뉘우치고 비석을 다시 세웠는데, 처음 비석을 세울 때는 그의 직간을 아쉬워하며 "짐이 이제 한 거울을 잃었노라" 하고 말했다 함.

[鑑賞] 비간의 묘소를 지나며 읊은 작품인데 故事(고사)를 알지 못하면 풀이하기 까다
롭다. '帝王世紀(제왕세기)'에 보면 夏(하) 나라의 마지막 임금인 桀王(걸왕)은 肉山
脯林(육산포림) 곧 고기의 산과 고기포의 숲을 만든 사치를 누렸고, 은 나라 마지
막 임금인 주왕은 酒池肉林(주지육림) 곧 술로 못을 이루고 고기로 숲을 만들어
호화로운 술잔치를 벌였다고 했으니, 이런 것이 나라를 망치는 원인이 되었던
것이다. 첫 수에서는 주 나라 무왕이 은의 주왕의 잘못을 간하다가 죽음을 당
한 비간의 살신성인을 기리어 그의 묘를 돋우어 주었으면서, 전쟁을 다시는 않
겠다고 군사용 말을 방목하면서도 자기를 간했던 백이숙제 같은 고결한 선비를
불러들이지 않았는가 하고 나무랐다. 둘째 수는 당 태종의 행적을 꼬집었는데
오자서처럼 분함과 욕심으로 고구려를 정벌코자 했으니 양심을 잃은 것이었고,
비간의 묘에 친히 제사 지내면서도 직간하던 위징의 비석을 쓰러뜨린 일은 이
만저만한 모순이 아니라고 비꼬았다.

　　7言絕句(7언절구) 두 수. 압운은 첫 수가 臣, 身, 人 자로 평성 '眞(진)' 평운, 둘째 수는 知,
施, 碑 자로 역시 평성 '支(지)' 평운이다. 평측은 차례로 '平平平仄仄平平, 仄仄平平仄仄平,
平仄平平平仄仄, 平平仄仄仄平平 ; 平平仄仄仄平平, 仄仄平平仄仄平, 仄仄平平仄仄仄,
平平仄仄仄平平'으로 二四不同二六對(이사부동이륙대)는 둘째 수 셋째 구만 어긋났고 反法(반법)
과 粘法(점법)은 그런대로 이루어진 좋은 작품이다.

297-5 山中雪夜(산중설야) 산 속의 눈 오는 밤

　　紙被生寒佛燈暗 沙彌一夜不鳴鐘 應嗔宿客開門早 要看庵前雪壓松.
　　　(지피생한불등암 사미일야불명종 응진숙객개문조 요간암전설압송)

　　종이 이불에 찬 기운 스미고 불전의 등불 어두운데,
　　사미는 한밤 내내 종 한 번 울리지 않네.
　　왜 종을 안 치느냐 꾸짖으려 자던 나그네 일찍 문을 여니,
　　다만 보이는 것은 암자 앞의 눈에 눌린 소나무뿐이라.

[語句] *紙被 : 종이 이불. 지난날 솜이불이 없을 때 종이 또는 신문지나 돗자리를 이불
　　대신 덮고 자는 일이 있었음. *佛燈 : <佛>부처 앞에 바치는 등불. *沙彌 : <佛>
　　十戒(십계)를 받고 佛門(불문)에 막 들어와 처음 머리를 깎은 어린 중. 沙彌僧(사미승).
　　*應嗔 : 응당 꾸짖음. 꾸짖음이 마땅함. *宿客 : 자는 손님. 原註(원주)에 "백낙천은
　　'손님을 재운다'는 뜻으로 쓴 경우가 있으나, 여기서는 '犬迎曾宿客(강아지는 자고
　　간 손님을 맞이하네)'라 읊은 두보의 시에 따라 '자는 손님'으로 썼다."라 있음. *

雪壓松 : 쌓인 눈으로 하여 가지가 처진 소나무. 눈이 많이 와 소나무 가지에 쌓이면 가지가 밑으로 처지거나 심하면 부러지는 경우가 있음.

[鑑賞] 이 시는 지은이의 시 중에서 명작이라 할 만한 작품이다. 徐居正(서거정)은 '東人詩話(동인시화)'에서 "能寫出山家雪夜奇趣 讀之令人 沆瀣生牙頰間(절간 눈 온 밤의 기이한 정취를 능히 그려냈으니, 읽으면 사람으로 하여금 시원하고 맑은 기운이 입안에 가득하게 한다)"라 하고는 "益老平生詩法 盡在此詩(익재 이제현의 평생 닦은 시의 재주가 이 시에 모두 들어 있다)" 라 한 崔瀣(최해)의 평을 인용했다. 이불 삼아 덮은 돗자리 속으로 찬 기운 스며들어 잠을 이룰 수 없는데 부처님 앞의 등불은 가물거린다. 추워서 그런가 사미승 어린 중은 울려야 할 종이나 法鼓(법고)를 한 밤 내내 울리지 않는다. 왜 종을 치지 않느냐고 나그네인 내가 꾸짖으려고 일어나 문을 여니, 밤새 내린 눈에 눌린 소나무 가지가 축 늘어진 모습만 눈에 들어 올 뿐이다. 陶淵明(도연명)의 '悠然見南山(유연히 남산이 눈에 비쳐 오네)'와 같은 경지라 하리라. →62-3.

7언절구. 압운은 鐘, 松 자로 평성 '冬(동)' 평운이다. 평측은 차례로 '仄仄平平仄平仄, 平平仄仄仄平平, 平仄仄仄平平仄, 仄平平平平仄平'으로 이사부동이륙대에 맞는 곳은 둘째 구뿐이며 반법만 이루어지고 점법은 어긋났다. 古詩(고시)로 분류해도 되나 평측 배치가 좋아 절구로 처리했다.

297-6 松都八詠 -西江月艇(송도팔영 -서강월정) 개성의 명소 여덟 곳 -서강의 달 실은 배

江寒夜靜得魚遲 獨倚蓬窓捲釣絲 滿目靑山一船月 風流未必載西施.
(강한야정득어지 독의봉창권조사 만목청산일선월 풍류미필재서시)

강물 차고 밤은 고요하나 고기 낚기지 않아, 봉창에 홀로 기대어 낚싯줄을 거두네.
눈에 가득 청산이요 배 그득 달 실어,
서시 같은 미인을 싣는 것만이 풍류가 아니로구나.

[語句] *松都 : 고려의 서울인 開城(개성). 松京(송경). →179-2, 228-1. *蓬窓 : 배의 창문. *一 : 온 통. *未必 : 반드시 그러한 것이 아님. 未必然(미필연). *西施 : 춘추시대 越(월)의 미인. →60-1, 164-6.

[鑑賞] '송도팔영'은 고려의 서울 송도의 名勝(명승) 8곳을 읊은 시인데, 그 詩題(시제)는 '鵠嶺春晴(곡령춘청), 龍山秋晚(용산추만), 紫洞尋僧(자동심승), 靑郊送客(청교송객), 熊川禊飮(웅천계음), 龍野尋春(용야심춘), 南浦烟蓑(남포연사) 그리고 이 서강월정'이다. 송도 교외의 서강에 낮부터거나 달밤에 배를 띄우고 낚시질을 한다. 밤들며 강물도 차고 고기도 낚아지지 않아 낚싯줄을 거두어 돌아온다. 눈에 가득 푸른 산

이 들어오고 배는 온통 달을 실었다. 이 정취 있는 풍경을 즐기노라니, 풍류란 반드시 서시와 같은 미녀를 배에 싣고 즐기는 것만이 아님을 알겠다. '滿目靑山一船月'이 시적이고 참신하다 하겠다.

　　7언절구. 압운은 遲, 絲, 施 자로 평성 '支(지)' 평운이다. 평측은 차례로 '平平仄仄仄平平, 仄仄平平仄仄平, 仄仄平平仄平仄, 平平仄仄仄平平'으로 이사부동이륙대는 셋째 구에서 어긋나 '仄-平-仄'이어야 할 것이 '仄-平-平'이 되었다. 반법과 점법은 그런대로 이루어졌다.

297-7 廬山三笑(여산삼소) 여산에서 세 분이 웃은 일

釋道於儒理本齊 强將分別自相迷 三賢用意無人識 一笑非關過虎溪.
　　(석도어유이본제 강장분별자상미 삼현용의무인식 일소비관과호계)

불교와 도교도 유교와 이치는 본디 같은데, 억지로 분별하여 스스로 미혹하네.
세 사람의 어진 뜻을 사람들은 모르니,
한 바탕 웃음이 호계를 지나치는 것과는 상관없다네.

[語句] *廬山 : 중국 江西省 九江市(강서성 구강시)에 있는 명산. →105-1, 234-31. *廬山三笑 : 慧遠法師(혜원법사)가 여산의 東林寺(동림사)에 있었는데, 陶淵明(도연명)과 陸修靜(육수정)이 찾아왔다가 돌아갈 때 道(도)의 설명에 혜원이 평소의 전송에 넘지 않던 호계를 지나왔으므로, 세 사람이 모두 웃은 일. 혜원은 평소 호계 밖으로는 나가지 않겠다는 安居禁足(안거금족)을 맹세했는데, 이 날은 도의 설명에 열중하여 모르는 사이에 호계를 넘어 범이 우는 소리를 듣고는 맹세를 깨뜨렸음을 알았다는 것임. 이들이 크게 웃는 모습을 그린 그림을 '廬山三笑圖(여산삼소도) 또는 虎溪三笑圖(호계삼소도)' 또는 줄여서 '三笑圖'라 함.<廬山記> *釋道 : 불교와 도교. 釋은 '석가모니. 부처. 중'을 뜻함. *齊 : 가지런하다. *相迷 : 서로 迷惑(미혹)함. 정신이 헷갈려 갈팡질팡 헤맴. *三賢 : 어진 세 사람. 곧 혜원법사, 도연명, 육수정. *用意 : 마음을 먹음. 마음을 씀. 뜻을 가다듬음. *非關 : 관련 또는 관계가 없음.

[鑑賞] 여산 호계에서 불교도인 혜원과 유교도인 도연명[도잠]과 도교 신봉자인 육수정의 세 사람이 웃고 있는 그림을 보거나 그 고사를 떠올려 지은 시이다. 유교든 불교든 도교든 그 근본 원리는 인간의 탐구란 점에서 일치된다. 그런 것을 억지로 구분하여 儒佛仙(유불선)으로 갈라놓았을 뿐이 아니겠는가. 각 종교나 철학의 도통한 현자인 이들 세 사람이 크게 웃은 일은 단순히 호계를 넘은 破戒(파계)에 그 뜻이 있지 않고, 보다 깊은 인간 省察(성찰)의 자세에 眞面目(진면목)이

있다는 내용을 담은 작품이다.

7言絕句(7언절구). 압운은 齊, 迷, 溪 자로 평성 '齊' 평운이다. 평측은 차례로 '仄仄平平仄 仄平, 仄平平仄仄平平, 平平仄仄平平仄, 仄仄平平仄平平'으로 二四不同二六對(이사부동이륙 대)와 反法, 粘法(반법, 점법) 등이 잘 이루어진 典型的(전형적)인 시라서, 내용이나 형식의 두 측면에서 모두 뛰어난 명작이라고 본다.

297-8 題長安逆旅 三首 第3首(제장안역려 삼수 제3수)
중국 장안의 여관에서 짓다 세 수 셋째 수

早信忠誠可動天 孰云仁聖竟容奸 鷄竿曙色開暘谷 鳳闕春光到雪山

讖雨池蛙喧欲鬪 唳雲皐鶴倦思還 區區吳薛何爲者 自鼓嚨胡徹帝關.

(조신충성가동천 숙운인성경용간 계간서색개양곡 봉궐춘광도설산

참우지와훤욕투 여운고학권사환 구구오설하위자 자고농호철제관)

충성이면 하늘도 움직일 줄 일찍이 믿었더니,

임금님이 간사함을 용납할 줄 누가 알았으리.

닭 홰의 새벽빛 양곡에 펼쳐지고, 대궐의 봄빛은 설산에까지 이르네.

날 굿어 비 오려고 못 안 개구리들 시끄러이 싸우는데,

구름 높이 울며 나는 학은 지치어 돌아가려 하는구나.

보잘 것 없는 오씨와 설씨는 무얼 하는 자들이기에,

스스로 목구멍을 놀려 황제의 귀에까지 들리게 했던고.

[語句] *長安 : 唐(당) 나라 서울. 지금의 섬서성 西安市(서안시). →59-1. *逆旅 : 여관. 逆은 '迎(맞이할 영)'과 같음. *孰云 : 누가 말했는가. *仁聖 : 어질고 덕망이 있는 성인. 임금. 군주. *鷄竿 : 닭의 홰. 닭장 안에 닭이 올라앉게 가로지른 나무. *曙色 : 새벽 빛. 서광을 받은 산천의 빛깔. *暘谷 : 동쪽의 해 뜨는 곳.<書經 堯典> *鳳闕 : 대궐. 궁궐의 문. 禁闕門(금궐문). *雪山 : 눈이 쌓인 산. 네팔의 히말라야 산 또는 新疆省(신강성)의 天山山脈(천산산맥). *讖 : 조짐. 징조. *池蛙 : 못 안의 개구리. '功績(공적)을 얻으려는 간사한 무리'라는 原註(원주)가 있음. *唳雲皐鶴 : 구름 높이에서 우는 학. 皐는 '언덕. 높다'임. '閔漬(민지)와 許有全(허유전)의 두 늙은 신하가 충선왕의 일로 원 나라 임금에게 글을 올리려다가 방해하는 자가 있어 두 분이 오래 머무르지 못하고 귀국하려 함을 이른다.'라는 원주가 있음. 허유전은 충선왕이 원 나라에서 귀양 가게 되자 81세의 고령으로 아내의 병이 위독함을 돌보지 않고 민지와 더불어 원에 건너가 반년간 머무르며 충선왕의 석방 운동을 했으나 심양왕

룜(고) 등의 방해로 목적을 이루지 못하고 돌아온 일이 있음. *區區 : 변변하지 못함. 잘고 용렬함. *吳薛 : 오씨와 설씨. 미상이나 민지와 허유전의 일을 방해한 사람들 같음. *嚨 : 목구멍. *胡徹 : 어찌 통하게 했는가. '왜 들리게 했던가'의 뜻임. *帝關 : 皇宮(황궁). '원 나라 궁궐 곧 원의 임금'을 뜻함.

[鑑賞] 지은이는 중국 서쪽 오랑캐 땅으로 귀양가는 충선왕을 따라 서번까지 갔다고 했으니, 이 시는 서번에서 혼자 돌아오는 길에 장안의 여관에 묵으며 지은 작품 같다. 첫 수는 '지친 나그네로 장안에 오니 임금님 가신 隴西(농서, 중국 농산산맥 지방) 쪽에 구름 멀고 시름에 잠겨 텅 빈 듯한 고국을 생각하네. 벼슬하려는 마음 자꾸 엷어지지만 붉은 노을 같은 충성심은 남아 있구나.'이고, 둘째 수는 '고려는 예의의 고장으로 중국의 은혜를 입어 삼국 시대부터 영원한 동맹국인데, 참소로 말미암아 형제 불화의 싸움처럼 되었네. 그러나 종묘의 신령이 도와 고려 왕업은 다시 흥하리라.'이다. 원 나라보다 약한 조국 고려에 대한 안타까운 심정과 고려 사직의 흥륭을 염원한 애국시이다.

7言律詩(7언율시). 압운은 天, 奸, 山, 還, 關 자로 天은 평성 '先(선)' 평운, 奸도 평성 '寒(한)' 평운, 뒤의 석 자도 평성 '刪(산)' 평운으로 이들 운자는 通韻(통운)이 되니, 통운이 되는 세 운을 쓴 셈이다. 평측은 차례로 '仄仄平平仄仄平, 仄平平仄平平平, 平平仄仄平平仄, 仄仄平平仄仄平, 仄仄平平平仄仄, 仄平平仄仄平平, 平平平仄平平仄, 仄仄平平仄仄平'으로 이사부동이륙대 와 반법, 점법 등이 모두 잘 형성되었다.

297-9 涿郡(탁군) 탁군

美壤每每接大行 東秦右臂北燕吭 劉郞却愛蠶叢國 故里虛生羽葆桑.

(미양매매접태행 동진우비북연항 유랑각애잠총국 고리허생우보상)

아름다운 땅은 늘 태행산에 닿아 있어,

동쪽은 진의 오른 팔이요 북은 연 땅의 목일세.

유비는 오히려 촉 땅을 좋아해,

고향 집 앞에 임금의 양산 같은 뽕나무가 헛되이 났었네.

[語句] *涿郡 : 蜀漢(촉한) 劉備(유비)의 고향. 지금의 하북성 張家口市(장가구시) 아래의 涿鹿縣(탁록현)이 옛날 涿縣(탁현), 탁군 또는 涿州(탁주)가 아닌가 함. *每每 : 늘. 번번이. 어두운 모양. *大行 : '태행'으로 읽고 '太行(태행)'으로 쓰기도 하는 말로, 河北(하북)과 山東(산동)의 경계에 있는 산임. *吭 : 목구멍. 새의 목구멍. *劉郞 : 劉備(161~223). 삼국시대 蜀漢(촉한)의 시조로 자는 玄德(현덕), 廟號(묘호)는

昭烈皇帝(소열황제)임. 후한 靈帝(영제) 때 黃巾賊(황건적)을 쳐서 공을 세우고 뒤에 諸葛亮(제갈량 →437)을 얻어 사천성 成都(성도)에 도읍하며 漢의 후계자로서 魏(위) 및 吳(오) 나라와 대립했고, 白帝城(백제성)에서 병사했음. 劉先主(유선주). *蠶叢國 : 蜀 나라. 蠶叢은 촉 나라 선조 이름의 하나임. *故里 : 고향 마을. *虛生 : 헛되이 생김. *羽葆 : 새의 깃으로 장식한 儀式用(의식용) 華蓋(화개, 日傘일산).

[鑑賞] 유비의 고향인 탁군을 지나며 옛날을 회고하고 읊은 시. 탁군은 황하 유역으로 서쪽으로 진 땅, 북쪽으로는 연 땅, 남으로는 태행산과 경계를 이루는 정치의 중심지 또 교통의 요충지이다. 그러한 요지인데도 유비는 중국 서남쪽 옛 촉 나라 땅을 좋아하여 거기를 근거지로 삼아, 탁현에 났던 임금의 화개처럼 생긴 뽕나무가 아무 뜻이 없는 게 되고 말았다고 한탄했다. 유비가 어릴 때 이 뽕나무 밑에서 아이들과 놀면서 "나는 장차 이런 일산으로 덮는 수레를 탈 것이다." 하여 말대로 촉한의 황제가 되었던 것이다. 그러나, 지은이는 유비가 中原(중원)으로 나오지 못한 일을 매우 안타까워하여 이 시가 이루어진 것이리라.

7언절구. 압운은 行, 吭, 桑 자로 볼 수 있는데, 吭과 桑은 평성 '陽(양)' 평운이고, 行은 '갈 행'이면 평성 '庚(경)', '항렬. 행렬 항'이면 평성 '陽' 운인데 이 시에서 '항'으로 읽는지도 모르며, 陽과 庚 운은 통운이 되지 않으니 첫 구에 압운하지 않았다고 보아도 좋겠다. 평측은 차례로 '仄仄仄仄仄仄平, 平平仄仄仄平平, 平平仄仄平平仄, 仄仄平平仄仄平'으로 첫 구는 변칙 구성이며 둘째 구부터 二四不同二六對(이사부동이륙대)와 反法, 粘法(반법, 점법) 등이 이루어졌다고 하겠다.

297-10 函谷關(함곡관) 함곡관

形勝平看十二齊 下臨無路上無梯 土囊約住黃河北 地軸勾連白日西
天意已歸三尺劍 人心豈特一丸泥 秋禾滿畝風塵靜 穩跨征鞍聽午鷄.

(형승평간십이제 하림무로상무제 토낭약주황하북 지축구련백일서

천의이귀삼척검 인심기특일환니 추화만무풍진정 온과정안청오계)

경치 뛰어나 열 두 봉우리 나란히 내려다보이며,

내려가는 길 없고 위로 오르는 사다리 없네.

흙부대로 황하의 북쪽을 막았고, 지축은 밝은 해 서쪽에 굽어 닿았구나.

하늘의 뜻 이미 한고조의 삼척검에 돌아갔는데,

인심은 어찌 함곡관을 막는 데에만 있으리.

가을 곡식 이랑에 가득하고 풍진 고요하니,

말안장에 편히 걸터앉아 낮닭 울음소리 듣네.

[語句] *函谷關 : 전국시대 秦(진)에서 산동 6국으로 통하던 관문. 洛陽(낙양) 서쪽에 있으며 험하기로 유명하여 天下第一險關(천하제일험관)이라 함. 紫氣關(자기관). *形勝 : 지세나 경치가 뛰어남. *平看 : 평평하게 보임. *十二齊 : 함곡관 부근의 12봉우리가 가지런함. *約住 : 얽어매어 놓임. *地軸 : 땅의 중심. *勾連 : 굽어 이어짐. *天意 : 하늘의 뜻. 天心(천심). *三尺劍 : 길이가 석 자인 칼. 漢高祖(한고조) 劉邦(유방)이 "나는 布衣(포의)로 삼척검을 들고 천하를 얻었다." 하고 말해 그를 가리키는 말로 씀. *特 : 단지. 겨우. ~에 지나지 않다. *一丸泥 : 한 덩어리 진흙 뭉치. 후한 隗囂(외효)의 부하 장수인 王元(왕원)이 "청컨대 이 왕원이 한 덩이 진흙으로 동쪽 함곡관을 막아버리겠습니다."<後漢書 隗囂傳>했는데, 이는 '적의 門戶(문호)를 봉쇄 하는 일이 힘들지 않음'의 뜻이며 이를 '一丸泥封函谷關(일환니봉함곡관)'이라 함. *秋禾 : 가을 벼. 가을의 논밭 곡식. *畝 : 밭이랑. *風塵 : ①바람에 날리는 먼지. ②세상의 속된 일. ③전쟁터의 티끌. 거친 戰場(전장). 兵塵(병진). 여기서는 ③의 뜻으로 썼음. *跨 : 걸터앉다. *征鞍 : 타고 가는 말의 안장. *午鷄 : 한낮에 우는 닭. 午鷄聲(오계성)의 줄인 말.

[鑑賞] 천하에서 가장 험하다는 함곡관을 넘으며 지은 시. 다음에 소개하는 函關行(함관행)'도 같은 무렵 지었으리라. '높이 솟은 관문이라 열 두 봉우리가 평평하게 내려다보이고 내려가는 길도 오르는 길도 없다.' '마치 흙부대로 막은 듯 황하가 북쪽으로 막혔고 땅의 중심은 해 지는 서쪽으로 치우쳐 있다.' 이 頷聯(함련 3~4구)은 對句(대구)가 잘 이루어졌다. '하늘의 뜻은 이미 한 고조에게 돌아갔으니, 함곡관 관문을 막는다고 인심이 돌아서랴.' 이 頸聯(경련 5~6구)도 대구가 되었다. 尾聯(미련 7~8구)은 '가을 들판에 곡식이 익어가고 전쟁판도 그치었으니, 한가로이 말 타고 가며 낮닭 우는 소리만 정겹게 듣는다.'로 서정과 서경을 고루 펼친 명작이다.

7言律詩(7언율시). 압운은 齊, 梯, 西, 泥, 鷄 자로 평성 '齊' 평운이다. 평측은 차례로 '平仄 平平仄仄平, 仄平平仄仄平平, 仄平仄仄平平仄, 仄仄平平仄仄平, 平仄仄平平仄仄, 平平仄 仄仄平平, 平平仄仄平平仄, 仄仄平平平仄平'으로 이사부동이륙대와 반법, 점법 등이 모두 잘 이루어진 좋은 시이다.

297-11 函關行 後半 (함관행 후반) 함곡관 시 후반

馮驩無魚空自歎 雍門有琴且勿彈 冀關天心函谷遠 誰膏吾車度千山

張陳應慚養卒口 毛薛亦讓屠兒手 丈夫有志無賢愚 莫惜黃金鑄鷄狗.

(풍환무어공자탄 옹문유금차물탄 기궐천심함곡원 수고오거도천산

장진응참양졸구 모설역양도아수 장부유지무현우 막석황금주계구)

제 나라 맹상군 식객 풍환이 생선 반찬 없다고 부질없이 탄식하니,

맹상군을 울린 옹문주는 거문고를 가졌어도 아직 타지 말라.

큰 궁궐은 하늘 중심같이 깊고 함곡관은 먼데,

누가 내 수레에 기름을 잘 쳐 주어 천 고개의 산을 넘으리.

장이와 진여는 응당 말 모는 종의 구변에 부끄러워했을 게고,

모공과 설공도 역시 백정의 솜씨에는 지기들 수완을 양보해야 했네.

대장부가 뜻을 세움에는 잘나고 못남이 없나니,

닭 울음 잘 내는 자나 개 도둑질 잘하는 자 들의 공을 드러냄에 비용을 아끼지 말라.

[語句] *函關 : 함곡관. *行 : 시의 한 형식으로 '노래'의 뜻을 가졌고 古詩(고시)임을
나타냄. →9-5. *馮驩 : 齊(제) 나라 孟嘗君(맹상군)의 食客(식객). 그가 처음 맹상군
을 찾아가니 하등객으로 대접하므로 長鋏(장협, 긴 칼)을 퉁기며 "칼아, 돌아가자,
밥상에 생선 반찬이 없구나." 하여, 맹상군이 대접을 잘 하기 시작했음. 이 고사
에서 '彈鋏(탄협, 칼을 퉁김. 불만을 드러냄), 食無魚(식무어)'란 말이 생겼음. *自歎 : 스스
로 탄식함. *雍門 : 雍門周(옹문주). 거문고의 명수로 슬픈 곡조를 타 사람들을 울
렸는데, 맹상군이 그를 불러 "나도 울게 할 수 있느냐?" 했음. 그가 거문고를 들
고 "맹상군 천추 만세 후에 나무 하고 소 먹이는 아이들이 무덤에 올라가 '맹상
군의 존귀함도 무릇 이 무덤이로구나.' 할 것이오." 하는 내용의 슬픈 곡조를 타
니 맹상군이 눈물을 줄줄 흘리더라 함.<說苑> *冀闕 : 秦(진)의 궁궐. 큰 궁궐.
冀는 '바라다. 하고자 하다. 冀州기주 고을.'임. *天心 : 하늘의 중심. *張陳 : 秦
의 말기 반란이 일어났을 때 趙王(조왕)의 신하 장수 인 張耳(장이)와 그의 부하 장
수 陳餘(진여). 조왕이 燕王(연왕)에게 잡혀 있을 때, 장이와 진여가 돌려주기를 청
했으나 연왕이 듣지 않자, 말을 기르는 종이 연왕에게 가서 구변으로 달래어 조
왕을 모시고 돌아온 일이 있음. *毛薛 : 전국시대 때 趙 나라의 처사인 毛公(모
공)과 薛公(설공). 魏(위) 나라 信陵君(신릉군)이 秦의 공격을 받은 조 나라를 구하기
위해 자기의 부하인 백정 朱亥(주해)를 데리고 가서, 주해가 진의 대장 晉鄙(진비)
를 철퇴로 때려죽이고 군사를 빼앗아 조 나라를 구하고, 융숭한 대접을 받으면서
모공과 설공 등과 함께 교유했음. *屠兒手 : 백정 아이의 솜씨 곧 朱亥의 수완.
*賢愚 : 현명함과 어리석음. *鑄鷄犬 : '닭소리 잘 낸 자와 개를 잘 도둑질한
자 들의 동상을 만듦 곧 그들의 공적을 크게 드러냄'의 뜻으로 쓴 말임.

[鑑賞] 이 시의 서문을 보자. "공자는 세 사람이면 내 스승 하나는 있고 열 집이면 忠信
(충신)한 집 하나는 있다고 하셨다. 맹상군의 빈객은 3천 명인데, 어찌 그 속에 어진

지혜, 기특한 꾀를 가진 선비 하나도 없어서 닭 울음을 내거나 개 도둑질하는 자들의 힘을 빌어진 나라에서 벗어났단 말인가. 빈객들을 좋아한 맹상군은 마치 용을 좋아한 葉公(섭공)이요, 옥잠을 꽂고 구슬신을 신은 그의 문객들은 거짓용일 뿐이었던가. 닭 울음 내기와 개 도둑질은 천한 기술이지만, 그들이 부끄러워하지도 않았고 성공하고 나서도 자랑하지 않았으니, 이는 분명히 남보다 나은 역량을 지녔으면서도 낮은 자리에 스스로 묻힌 것이며, 기회를 보아 재주를 발휘한 것은 사람들의 헛자랑을 바로잡으려 했거나 맹상군이 함부로 손님을 사귀는 것을 풍자코자 한 것인지 알 수 없다." 또 이 시의 전반은 "맹상군은 3천 문객도 적다는 듯 수레가 서울 臨淄(임치) 길에 가득했고, 큰 갓은 키[箕기]와 같고 대검은 턱을 괴었으며 한번 승낙하는 말은 태산보다 무거웠어라. 진 나라 서울 咸陽(함양)의 먼지가 맹상군을 늦게 했고 고향 돌아갈 꿈은 하늘 끝 일이요 꽃다운 풀에 길 잘못 들었구나. 외로운 학이 새장에 갇힌 신세요 사나운 범인 秦王(진왕)이 고깃덩어리를 얻어 배불리는 형국이라."이다. 후세 宋(송) 나라 王安石(왕안석)도 서문과 같은 비평을 했고, 맹상군이 재상을 주겠다는 진왕의 초청을 받고 갔다가 오히려 갇힌 신세가 되었던 고사를 상기하여 함곡관을 겨우 빠져나와 도망쳐 온 그를 해학적으로 풍자했다.

7言古詩(7언고시) 전 8연[16구] 후반부. 압운은 歎, 彈, 山, 口, 手, 狗 자로 歎과 彈은 평성 '寒(한)', 山도 평성 '刪(산)' 평운이니 두 운은 通韻(통운)이 되며, 뒤의 석 자는 모두 상성 '有(유)' 측운인데, 네 구마다 轉韻(전운)한 것이다. 이 시 전반부는 상성 '篠(소), 皓(호), 巧(교)' 측운을 두었는데 모두 통운이 된다. 평측은 차례로 '平平平平平仄平, 平平仄平仄仄平, 仄仄平平平仄仄, 平平平平仄平平, 平平平平仄仄仄, 平仄仄仄平平仄, 仄平仄仄平平平, 仄仄平平仄平仄'으로 二四不同二六對(이사부동이륙대)는 제2, 3, 7, 8구의 넷만 이루어졌고, 反法(반법)이나 粘法(점법)은 무시되었으니 이는 고시이기에 고려의 대상이 되지 않는다.

297-12 和朴石齋尹樗軒用銀臺集瀟湘八景韻 平沙落雁(화박석재윤저헌용은대집소상팔경운 평사낙안)

석재 박공과 저헌 윤공이 은대집에 쓴 소상팔경 시에 화운하다 평사낙안

行行點點整還斜 欲下寒空宿暖沙 怪得翩翻移別岸 舳艫人語隔蘆花.
(행행점점정환사 욕하한공숙난사 괴득편번이별안 축로인어격노화)

줄줄이 또 점점이 바로 날다 비껴 날아,
찬 하늘을 내려 따스한 모래밭에서 잠자려 하다가,
이상하게도 다시 날아 다른 언덕으로 옮기니,
갈대꽃을 사이해 뱃사람들 얘기 나누기 때문일세.

[語句] *和韻 : 남이 지은 시의 韻字(운자)를 써서 시를 지어 응답함. '次韻(차운)'과 비

슷함. *石齋, 樗軒 : 누구누구의 호인지 미상임. *銀臺集 : 金富軾(김부식)의 문집. 임진왜란 때까지는 전해 졌다함. →30. *瀟湘八景 : 중국 호남성의 소수와 상강이 모이는 곳에 있는 8곳의 아름다운 경치. →2-1. *平沙落雁 : 모래밭에 기러기가 내림. '소상팔경'의 하나로 平沙는 '모래펄'임. →2-1. *翩翻 : 펄럭펄럭 날리는 모양. 휘돌아 날아가는 모양. *舳艫 : 배의 고물[船尾선미]과 이물[船首선수, 뱃머리]. 배. *蘆花 : 갈대의 꽃.

[鑑賞] 지은이가 '은대집'에 실린 석재와 저헌이 지은 '소상팔경시'에 화운한 7言絕句(7언절구) 여덟 수를 읊었는데, 인용한 것은 그 중 평사낙안이다. 이 뒤로 遠浦歸帆(원포귀범), 瀟湘夜雨(소상야우), 洞庭秋月(동정추월), 山市晴嵐(산시청람), 漁村落照(어촌낙조), 江天暮雪(강천모설), 煙寺晚鍾(연사만종) 등 7수가 있으나 인용하지 못해 아쉽다. '기러기 무리가 줄을 짓다가는 점들이 모인 듯 한 덩어리가 되었다가 하며 날다가 찬 하늘에서 따스한 모래펄에 내려앉는다. 내렸는가 했는데 다시 날아올라 건너편 언덕으로 옮겨 앉는다. 왜 그러는가를 따져보니 갈대꽃 숲속에서 배에 탄 사람들의 말소리가 들려오기 때문이었다.' 그림 속 정경을 읊은 敍景詩(서경시)이다.

7言絕句(7언절구). 압운은 斜, 沙, 花 자로 평성 '麻(마)' 평운이다. 평측은 차례로 '平平仄仄仄平平, 仄仄平平仄仄平, 仄仄平平平仄仄, 仄平平仄仄平平'으로 이사부동이륙대와 반법, 점법 등이 잘 이루어졌다.

297-13 黃土店 三首 第2首(황토점 삼수 제2수) 황토점 세 수 둘째 수

咄咄書空但坐愁 式微何處是菟裘 十年艱險魚千里 萬古升沉貉一丘
白日西飛魂正斷 碧江東注淚先流 滿門簪履無鷄狗 飽德如吾死合羞.

(돌돌서공단좌수 식미하처시도구 십년간험어천리 만고승침맥일구

백일서비혼정단 벽강동주누선류 만문잠리무계구 포덕여오사합수)

허공에 헛글씨 쓰며 시름하고 앉았노라니,

고생하시는 우리 임금 어디가 몸 쉬실 곳일꼬.

10년의 갖은 고난 천리를 올라온 물고기요, 만고의 흥망 역사는 한 언덕의 담비로다.

밝은 해 서편으로 달리니 넋이 끊어지고,

푸른 강물 동쪽으로 마구 가니 눈물 먼저 흐르네.

맹상군 문객처럼 닭 소리 내고 개를 훔치는 재주 가진 벼슬아치도 이 많은 중에 없는가, 은덕 크게 입은 나 같은 사람은 죽도록 부끄럽구나.

[語句] *黃土店 : 지명. 어디인지 미상이나 河北省(하북성)의 몽고와 遼寧省(요녕성) 가까운 平泉

縣(평천현)에 黃土梁子(황토량자)란 곳이 있음. *咄咄書空 : 아주 기괴한 일이라며 허공에 대고 글씨를 씀. 晉(진)의 殷浩(은호)가 벼슬에서 파면되자 방안에서 온종일 공중에 대고 '咄咄怪事(돌돌괴사, 아주 기괴하고 뜻밖의 일)'란 네 글자를 쓰며 앉아 있었다고 함<晉書 殷浩傳> 咄咄은 '뜻밖의 일에 놀라 지르는 소리'임. *式微 : 詩經 國風 邶風(시경 국풍 패풍)의 편명. 임금이 나라를 잃고 남의 나라에 가 살면서 고생함을 읊은 시인데, 고려의 上王 忠宣王(상왕 충선왕)을 두고 쓴 말임. *菟裘 : 魯(노) 나라 隱公(은공)이 은거하던 곳. '늙어 돌아가 살 곳'의 뜻으로도 씀. *艱險 : 어렵고 험함. 괴로움. 고생. *升沉 : 인생의 성함과 쇠함. 昇沈(승침). *貉一丘 : 한 언덕의 담비. 漢(한)의 楊揮(양휘)가 "옛날과 이제가 같은 언덕의 담비 굴과 같다" 했는데, '같은 무리[同流동류]'란 뜻으로 쓴 말임. 貉은 '담비 학·맥'으로 貊(담비 학) 자와 같음. *東注 : 동쪽으로 쏟아짐. 동으로 세차게 흘러감. *簪履 : 비녀와 신발. 玉簪(옥잠, 옥비녀)과 珠履(주리, 구슬 신발). 趙(조)의 平原君(평원군) 식객들은 玳瑁簪(대모잠)을 꽂았고, 楚(초)의 春申君(춘신군) 식객들은 주옥으로 만든 신발을 신은 일을 두고 한 말인데, 여기서는 '門客(문객)'의 뜻으로 썼음. →296-11.
*鷄狗 : 닭과 개. 여기서는 맹상군의 문객 중 '닭 울음소리를 잘 내거나 개를 도둑질 잘 하는 사람'의 뜻으로 쓴 말임. →297-11. *飽德 : ① 덕에 배부름. 곧 덕이나 혜택을 실컷 입음. ②술과 음식에 취하고 배부름. 잔치에 초대받았을 때 예를 갖추어 사양하는 말로 많이 쓰는 말임<詩經 旣醉篇序> 여기서는 ①의 뜻임. *羞 : 부끄럽다.

[鑑賞] 이 시는 "황토점에서 상왕인 충선왕이 참소를 입고도 해명하지 못한다는 소식을 듣고 짓는다"는 주가 있다. 첫 수는 "세상일 근심됨이 많아 차마 들을 수 없어서 쓰러져가는 다리 위에 말을 세우고 할 말조차 잊어버리네. 저 밝은 해가 언제 내 마음 밝혀 주려는가, 여기 청산에서 홀로 눈물 뿌릴 뿐이라. 촉 땅 棧道(잔도)를 불태운 張良(장량)이 어찌 믿음을 저버리며, 翳桑(예상) 땅에서 趙盾(조순)의 밥을 얻어먹은 靈輒(영첩)이 그 은혜를 몰랐으랴. 걱정되는 이 마음 날개 돋을 기술조차 없어 높은 하늘을 훨훨 날아 대궐에다 대고 외쳐보지도 못하네."이고, 셋째 수는 "내 창자 속에 얼음과 숯불이 함께 든 듯 갈피 잡을 수 없고, 燕山(연산) 한 번 바라볼라치면 몇 번이고 탄식이네. 고래가 개미에 시달린다 누가 말했으며 달 속의 두꺼비를 이와 서캐가 헐뜯는다 했던고, 우리 임금님 처지가 고래와 두꺼비 같구나. 나 재주 없으니 얼굴 붉힐 만하고 엎어진 것 바로세워야 하는 중책에 머리 희어지네. 옛 周公(주공)이 금등 상자에 남긴 충성의 글 만고에 빛나니, 管叔(관숙)과 蔡叔(채숙)이 주 나라 왕실을 그르치려는 계책이 용납 안 되듯 우리 임금님 누명 벗겨지리라."이다. 고사를 인용해 가며 오직 충선왕에 대한 충성심만을 보인 격조 높은 작품이다.

7言律詩(7언율시). 압운은 愁, 裘, 丘, 流, 羞 자로 평성 '尤(우)' 평운이다. 평측은 차례로 '仄仄平平仄仄平, 仄平平仄仄平平, 仄平平仄仄平平仄, 仄仄平平仄仄平, 仄仄平平平仄仄, 仄平平仄仄平平, 仄平平仄平平仄, 仄仄平平仄仄平'으로 이사부동이륙대와 반법, 점법 등이 잘 이루어져, 형식으로 보나 내용으로 보나 명작이라 할 만하다.

297-14 淮陰漂母墳 二首(회음표모분 이수) 회음 땅의 빨래하던 노파의 무덤 두 수

重士憐窮義自深 豈將一飯望千金 歸來却責南昌長 未必王孫識母心.<제1수>
婦人猶解識英雄 一見殷勤慰困窮 自棄爪牙資敵國 項王無賴目重瞳.<제2수>

(중사련궁의자심 기장일반망천금 귀래각책남창장 미필왕손식모심)

(부인유해식영웅 일견은근위곤궁 자기조아자적국 항왕무뢰목중동)

선비를 중하게 또 곤궁을 가엾게 여겨 의리가 깊었는데,
어찌 밥 한 그릇으로 천금을 바랐으랴.
후에 한신은 도리어 남창 정장을 꾸짖었으니,
그가 표모의 마음을 알았다 할 수 없으리.<첫 수>
빨래하던 부인은 그래도 영웅을 알아, 한 번 보자 은근히 그 곤궁함을 위로했는데,
자기의 발톱과 어금니가 되어 도와 줄 선비 한신을 버려 적에게 주었으니,
항우의 한 눈에 두 눈동자는 믿을 바 못 되는구나.<둘째 수>

[語句] *淮陰漂母 : 江蘇省 淮陰縣(강소성 회음현)은 漢(한) 나라 韓信(한신)의 고향이면서 그가 실각한 뒤의 封地(봉지)인데, 한신이 어릴 때 그 곳 시정잡배들에게서 그들의 가랑이 밑으로 기어나 가는 치욕을 당했고, 빨래하는 여인 곧 표모의 동정을 받아 여러 날 밥을 얻어먹었으며, 거기 南昌亭長(남창 정장)의 집에서도 밥을 빌어 먹었으나 정장의 아내는 한신을 귀찮게 여겨 밥을 일찍 지어 먹고는 한신이 가면 밥이 없다고 거절했음. 한신이 성공한 후 표모에게 금 천근을 주어 사례했고 남창 정장을 불러서는 "그대는 小人(소인)이라 은혜를 끝까지 베풀지 못하더구만." 하며 백금을 주더라 함. *一飯望千金 : 밥 한 그릇을 주며 천금의 보상을 받기를 바람. 한신이 밥을 주는 표모에게 "제가 성공하면 후히 갚겠습니다." 하니 표모는 "내가 그대를 동정한 것이지 어찌 뒷날의 갚음을 받기를 바란 것이리오." 하더라 함. *亭長 : 지금의 면장이나 邑長(읍장). *未必 : 반드시 그런 것이 아님. 未必然(미필연). *王孫 : 당신. 2인칭 대명사 존칭. →164-8. *困窮 : 가난하고 궁함. *爪牙 : 발톱과 어금니. 발톱이나 어금니가 짐승의 몸 을 보호하듯 임금을 보필하는 선비나 신하. 왕의 호위 무사. 爪牙之士(조아지사). *資敵國 : 적국이 가

지도록 함. 한신은 처음에 項羽(항우)의 진영으로 갔으나 쓰이지 못하고 劉邦(유방)에게 가서 중용되었음. *項王 : 楚(초)의 항우. *無賴 : 의지하지 못함. 믿을 바가 못됨. *重瞳 : 이중으로 된 눈동자 곧 한 눈에 눈동자가 두 개인 눈. 重明(중명).

[鑑賞] 한신이 곤궁할 때 적극 도와준 빨래하던 여인의 무덤을 두고 읊은 시 두 수. '표모는 선비를 중히 여기고 가난을 가엾이 여기는 의리가 깊어, 어찌 후일의 보상을 바라며 한신에게 밥을 주었으랴. 후에 한신은 자기를 조금 홀대한 남창의 읍장을 꾸짖었다니, 그가 표모의 본심을 알았다고는 할 수 없겠구나.' '빨래하는 부인은 그래도 한신이 영웅의 기상이 있음을 알아보아 한 번 보고는 곤궁함을 은근히 위로해 주었는데, 무지하여라, 항우는 눈 하나에 두 개의 눈동자를 가졌으면서도 한신을 알아보지 못하고 적국인 유방의 막하로 가도록 내버려 두었단 말인가.' 한신의 도량이 넓지 못함과 항우의 무지를 호되게 꾸짖었고, 반면 표모의 眼目(안목)이 영웅 호걸보다 윗수임을 기리었다.

7言絶句(7언절구) 두 수. 첫 수의 압운은 深, 金, 心 자로 평성 '侵(침)' 평운이고, 평측은 차례로 '仄仄平平仄仄平, 仄平仄仄仄平平, 平平仄平平平仄, 仄平平平仄仄平'으로 二四不同二六對(이사부동이륙대)와 反法(반법), 粘法(점법) 등이 잘 이루어졌다. 둘째 수는 압운이 雄, 窮, 瞳 자로 역시 평성 '東(동)' 평운이며, 평측은 차례로 '仄平平仄仄平平, 仄仄平平仄仄平, 仄仄仄平平仄仄, 仄平平仄仄平平'으로 첫 수와 마찬가지로 이사부동이륙대나 반법, 점법 등이 이루어졌다.

298. 李兆年(이조년 1268~1342) : 고려 충혜왕 때 학자, 충신. 자 元老(원로). 호 百花軒(백화헌). 시호 文烈(문열). 본관 京山(경산, 星山성산). 父 長庚(장경). 충렬왕 20년(1294) 鄕貢進士(향공진사)로 문과에 급제하여 安南書記(안남 서기)가 되고, 동왕 32년(1306) 秘書郎(비서랑)으로 왕과 함께 원 나라에 갔을 때 원의 王惟紹(왕유소), 宋邦英(송방영) 등이 충렬왕 부자를 이간하자 화를 입고 먼 곳으로 귀양 갔다가 귀국하여 13년간 고향에 있었다. 충숙왕 5년(1336) 瀋陽王 暠(심양왕 고)가 충숙왕을 무고하므로 원 나라에 들어가 밝히니 조정이 모두 칭찬했다. 충혜왕이 복위한 뒤 政堂文學 藝文館大提學(정당문학 예문관 대제학)에 임명되고 星山君(성산군)에 피봉되었으나, 이 후 그의 諫言(간언)을 왕이 받아들이지 않으므로 벼슬을 내놓았다. 공민왕 때 星山侯(성산후)에 추증되고 충혜왕의 사당에 함께 모셔졌다. 어릴 때부터 지조가 있고 도량이 커서 학문에 힘써 문장이 뛰어났으며 經史(경사)에 밝았고 直諫(직간)하기로 유명했다. '이화에 월백하고 은한이 삼경인 제, 일지춘심(一枝春心)을 자규야 알랴마는, 다정도 병인 양하여 잠 못 들어 하노라.'란 시조를 남겼다.

298-1 次百花軒(차백화헌) 백화헌에서

爲報栽花更莫加 數盈於百不須過 雪梅霜菊淸標外 浪紫浮紅也謾多.
(위보재화갱막가 수영어백불수과 설매상국청표외 낭자부홍야만다)

이르노니 이 꽃 저 꽃 더 보태어 심을 것 없네, 꽃 종류가 뭐 백에 차야 맛인가.

눈 속에 피는 매화와 서리 속 국화의 깨끗한 기품 외의,

흔해 빠진 자줏빛이나 경박스러운 붉은 빛의 꽃들이야 다 부질없는 것들이네.

[語句] *百花軒 : 여러 가지 꽃이 피는 집. 지은이의 아호이기도 함. *栽花 : 꽃을 재배함. *不須 : 반드시 ~해야 할 필요가 없음. *淸標 : 깨끗하고 氣品(기품, 고 상하게 보이는 모습)이 있음. *浪 : 희롱거리가 되다. 허망하다. *浮 : 가볍다. 덧없 다. *謾 : 무색하다. 믿을 바가 못 되다.

[鑑賞] 지은이의 집에서는 많은 화초를 가꾸었던가보다. 그러기에 아호를 '백화헌'이 라 짓지 않았을까. 꽃을 가꾸며 살피고 느껴 보니, 눈 속에서도 피는 매화와 서리 내리는 늦가을 추위에 아랑곳없이 피는 국화를 당할 화초가 없다. 그래서 이 두 가지 꽃 외에는 심지 말라고 당부한다. 그 밖의 자줏빛과 붉은 꽃들은 너무 흔하거나 경박하여 가꿀 필요가 없다는 것이다. 작자의 고고한 인품을 짐 작케 하는 시이다.

7언절구. 압운은 加, 過, 多 자로 加는 평성 '麻(마)' 평운, 過와 多도 평성 '歌(가)' 평운으로 두 운은 通韻(통운)이다. 평측은 차례로 '平仄平平仄仄平, 仄平平仄仄平平, 仄平平仄平平仄, 仄仄平平仄仄平'으로 이사부동이륙대와 반법, 점법 등이 잘 이루어진 작품이다.

299. 李存吾(이존오 1341~1371) : 고려 공민왕 때 충신. 자 順慶(순경). 호 孤山(고산). 본관 慶州(경주). 일찍이 고아가 되고 학문에 힘써 10여 세에 12徒(도)에서 공부했으며, 공민왕 9년(1360) 문과에 급제하여 水原書記(수원서기)를 지내고 史翰(사한, 예문관·춘추관)에 있을 때 정몽주, 정도전, 박상충, 전녹생, 이숭인, 김구용, 김제안 등과 친교가 있어 학문을 토론 했으며 監察糾正(감찰규정)을 거쳐 공민왕 15년(1366)에 正言(정언)이 되었다. 辛旽(신돈)이 집권하여 횡포를 일삼자 왕에게 글을 올려 그를 탄핵하다가 왕의 노여움을 샀으나 李穡 (이색) 등의 힘으로 극형을 면하고 長沙監務(장사감무)로 좌천되고 후에 충남 공주의 石灘(석 탄)에서 은둔 생활을 하며 울분으로 병을 얻어 32세로 사망하니, 왕이 그의 충성을 깨달 아 成均館大司成(성균관 대사성)을 추증했다.

299-1 送李副令靷使江浙省(송이부령인사강절성)

부령 이인이 강절성에 사절로 감을 송별하다

天地紛爭間幾回 南朝往事不勝哀 君歸應過岳王墓 爲我丁寧酹一盃.

(천지분쟁문기회 남조왕사불승애 군귀응과악왕묘 위아정녕뇌일배)

천지간에 어지러운 전쟁 몇 번이던가, 남조의 지난 일들 슬픔에 겹네.

그대 가면 응당 악왕묘를 지나리니, 나를 대신해 꼭 술 한 잔 부어 주오.

[語句] *副令 : 종5품 관직. *李靷 : 미상. *江浙省 : 현재 중국의 浙江省. 宋(송, 南宋 남송)의 수도가 절강성 杭州(항주)였는데, 이 때는 남송이 멸망하고 河南王(하남왕)이 차지하고 있었음. *紛爭 : 말썽을 일으켜 시끄럽게 다툼. *南朝 : 남방의 조정 곧 南宋. *往事 : 지나간 일. *岳王 : 남송의 명장이요 충신인 岳飛(?~1141). 湯陰(탕음) 사람으로 자가 鵬擧(붕거)이며 武穆王(무목왕)에 봉해졌고 등에 精忠報國 (정충보국) 네 글자를 새기고 金(금) 나라를 쳐서 중원을 회복하려는 主戰派(주전파)였 으나 간악한 재상 秦檜(진회)가 금과의 강화를 주장하며 악비를 모함해 옥사시키 니 39세였음. *丁寧 : 꼭. 반드시. 간절히 타이르는 뜻을 가진 말임. *酹 : 酹酒 (뇌주). 땅에 술을 부어 降神(강신)을 비는 일. →253-1.

[鑑賞] 이인이란 분이 하남왕에게 사신으로 감을 송별하는 시인데, 셋째 구의 歸 자 로 하여 '하남 왕의 사신인 이인이 고려에 사신으로 왔다가 돌아감을 송별함' 으로 생각할 수도 있다. 아무튼 이 세상에 전쟁도 많이 일어나 남으로 쫓긴 송 나라 곧 남송이 멸망한 일은 슬프기 그지없다. 그대는 응당 악비의 묘를 지나 갈 것이니, 가는 길에 반드시 내 대신 그 묘에 강신 술 한 잔 따라 주라고 간 곡히 당부한다. 당시에는 원 나라에 시달리던 고려 조정이라 전부터 친밀했던 송 나라가 그리웠을 것이라, 악비를 들어 고려에의 충성을 나타내었다.

7言絕句(7언절구). 압운은 回, 哀, 盃 자로 평성 '灰(회) 평운이다. 평측은 차례로 '平仄平平 仄仄平, 平平仄仄仄平平, 平平平仄仄平仄, 仄仄平平仄平平'으로 二四不同二六對(이사부동이 륙대)와 反法, 粘法(반법, 점법) 등이 잘 이루어졌다.

299-2 宿弟存中錦州村家有感(숙제존중금주촌가유감) 아우 존중의 금주 집에서 묵으며

愧我與君俱老大 眼前豚犬已多生 天胡早奪爺孃壽 不見兒童項領成.

(괴아여군구노대 안전돈견이다생 천호조탈야양수 불견아동항령성)

부끄러워라 나나 자네 다같이 늙어, 눈앞에는 자식들이 벌써 많이 생겼구나.

하늘은 어찌해 우리 부모의 수명을 일찍 앗아가,

아이들 목덜미 굵게 자란 걸 못 보시게 했나.

[語句] *錦州 : 충청남도 錦山郡(금산군). *村家 : 시골 마을에 있는 집. *老大 : 한창때를
지나 늙음. ↔少壯(소장). *豚犬 : 돼지와 개. '자기 아들' 겸칭. 豚兒(돈아). *爺孃 :
부모 속칭. 爺娘(야낭). *項領 : 굵은 목덜미. 목. 駕彼四牡 四牡項領(네 필 숫말로
수레 몰아 나가니, 네 필 말의 목은 굵기도 하네)<詩經 小雅 節南山>

[鑑賞] 금산 시골 마을에 사는 아우 존중의 집에 묵으며 느끼는 생각을 즉석에서 읊
은 시. '우리 형제 다같이 나이 먹으며 늙어 눈앞에 서는 아이들 보게나, 많이
낳기도 했지만 잘 자라기도 했구나. 하늘은 어찌하여 우리 부모님들 수를 짧게
하여, 우리 아이들 목덜미 굵직하게 자란 모양을 못 보시도록 했는가.' 조카들
을 보며 잘 자라난 걸 대견해 하면서, 이렇게 자라난 손자들을 보지 못하고 돌
아가신 부모를 추모하는 효심도 그린 좋은 작품이다.

7언절구. 압운은 生, 成 자로 평성 '庚(경)' 평운이며 첫 구에는 압운하지 않았다. 평측은 차
례로 '仄仄平平平仄仄, 平平平仄仄平平, 平平仄仄平平仄, 仄仄平平平仄仄平'으로 이사부동이
륙대와 반법, 점법 등이 잘 이루어진 시이다.

299-3 次韻金仲賢齊顔(차운김중현제안) 중현 김제안의 시에 차운하다

不須揩眼苦看書 隨意吟哦亦自如 黃鳥園林淸晝永 偶然乘興愛吾廬.
(불수개안고간서 수의음아역자여 황조원림청주영 우연승흥애오려)

억지로 눈 비비면서 괴로이 책 볼 것 없이, 생각 따라 읊조리는 게 역시 자여하다네.
꾀꼬리는 동산에서 낮이 맑고 길도록 종일 울어 주니,
우연하게도 흥을 타 내 오두막집이 사랑스럽다네.

[語句] *金齊顔(?~1368) : 고려 공민왕 때 문신. 자가 仲賢임. →45. *不須 : ~할
필요가 없음. →298-1. *揩眼 : 눈을 비빔. *隨意 : 생각나는 대로 좇아함. 適
宜(적의). *吟哦 : 시나 노래를 소리 높여 읊음. *自如 : 기색이 태연함. 큰일을
당해도 당황하거나 기색이 변하지도 않고 침착함. 自若(자약). *黃鳥 : 꾀꼬리.
→180-1. *園林 : 집터에 딸린 수풀. 정원의 동산. *乘興 : 흥을 탐. 흥취를
띰. *愛吾廬 : 내 집을 좋아함. 孟夏草木長 繞屋樹扶疎 衆鳥欣有託 吾亦愛
吾廬(첫여름에 초목은 자라고 집을 두른 나무들 무성하니, 뭇 새들은 깃들일
곳이 있어 즐거워하고 나 또한 내 집을 사랑한다네)<陶潛 讀山海經>

[鑑賞] 정치와 학문으로 친한 동료인 중현의 시에 차운한 시. '나이 먹어 눈이 잘 안

보이니 억지로 눈 비비며 책을 읽으려 할 것이 없다. 흥이 나면 생각나는 대로 시가를 지어 읊는 게 자유로운 것일세. 보게나, 집 뒤 동산에서 꾀꼬리는 밝은 낮 다하도록 꾀꼴꾀꼴 울어대고 있으니, 덩달아 내 마음도 흥겨워져 내 조그만 오두막집이 그렇게도 사랑스러울 수 없다네.' 늘그막에 벼슬과 학문 연구에서 벗어나 자연 속에서 그 자연에 순응하며 유유자적한 삶을 즐기는 우리 옛 선비들의 노후를 짐작케 하는 작품이다.

　　7언절구. 압운은 書, 如, 廬 자로 평성 '魚(어)' 평운이다. 평측은 차례로 '仄平平仄仄平平, 平仄平平仄仄平, 平仄平平平仄仄, 仄平平仄仄平平'으로 이사부동이륙대와 반법, 점법 등이 잘 이루어진 좋은 작품이다.

299-4 還朝路上望三角山(환조노상망삼각산) 서울로 돌아오는 길에 삼각산을 바라보다

　　三朶奇峯逈接天　虛無元氣積雲煙　仰看廉利攪長劍　橫似參差簪碧蓮
　　數載讀書蕭寺裏　二年留滯漢江邊　孰云造物無情者　今日相看兩慘然.
　　　(삼타기봉형접천 허무원기적운연 앙간염리참장검 횡사참치치용벽련
　　　수재독서소사리 이년유체한강변 숙운조물무정자 금일상간양참연)

세 떨기 기묘한 봉우리가 멀리 하늘에 닿았으니,
허무의 정기가 구름과 이내에 쌓여 있구나.
위로 보면 서슬이 장검을 찌르는 듯, 가로로 보면 올망졸망한 푸른 연꽃이 솟은 듯.
몇 년을 저 산의 절간에서 글 읽었고, 두 해를 한강 가에 머물렀었네.
누가 조물주를 무정타 말했던고, 오늘 삼각산을 마주 보니 가슴 뭉클하구나.

[語句] *還朝 : 조정 곧 서울로 돌아옴. *三角山 : 서울 북쪽의 산. 일명 北漢山(북한 산). →156-2. *三朶 : 세 떨기. 삼각산의 세 봉우리인 '백운대, 인수봉, 만경대 [국망봉]'를 비유함. *逈 : 멀다. *虛無 : ①아무것도 없이 텅빔. 사물이 덧없음. 無常(무상). ②<道敎>천지 만물은 인식을 초월한 '하나'라는 본체에서 발생하는 데, 그 본체는 형상이 없어 볼 수도 들을 수도 없는 허무임. *元氣 : 본디 타고난 기운. 만물의 정기. *雲煙 : 구름과 연기. *廉利 : 서슬이 날카로움. 廉 은 '맑다. 검소하다. 서슬'임. *攪 : 찌르다. 붙들다. *參差 : 혹은 짧고 혹은 길어서 가지런하지 않은 모양. 參差不齊(참치부제). 參差荇菜 左右流之(올망졸망 한 마름풀을 이리저리 뒤지어 찾는구나)<詩經 關雎> *載 : 해. 年(년). *蕭寺 : 절. →205-1. *造物 : 하늘과 땅의 모든 물건을 만듦. 그렇게 만들고 주재하는 신 곧 造物主(조물주). *慘然 : 슬픔. 슬프고 참혹한 모양.

[鑑賞] 수원 서기로 있다가거나 남부 지방에 갔다가 서울인 개성으로 돌아가는 길에 南京(남경) 곧 현재의 서울을 지나면서 삼각산을 바라보고 지은 작품이다. 首聯(수련 1~2구)은 '삼각산의 세 봉우리가 멀리 하늘에 닿듯 높이 솟았는데, 태고의 기운이 운연 속에 잠긴 모습으로 장엄하다' 했고, 頷聯(함련 3~4구)에서는 '위로 우러러보니 바위산의 서슬이 마치 장검의 날처럼 날카롭고, 옆으로 보니 크고 작은 푸른 연꽃이나 연잎이 올망졸망 솟아오르는 듯하다' 했는데 對句(대구)가 되었으며 敍景的(서경적)이라 實句(실구)라 한다. 頸聯(경련 5~6구)은 전환으로 지난날을 회고하여 '저 삼각산 속의 절간에서 몇 년 동안 공부했고, 한강 가에서 두 해를 머물렀던 추억 어린 곳'이라 하여 역시 대구를 이루었으며 이는 抒情的(서정적)이라 虛句(허구)라 한다. 함련과 경련은 이와 같이 실구와 허구의 배치가 있어 前實後虛(전실후허), 전허후실 등 허실론이 있게 된다. 尾聯(미련 7~8구)은 마무리로 '이렇게 추억 어린 삼각산을 바라보니 조물주의 조화를 느끼게 되며 가슴 뭉클해진다.' 했다. 起承轉結(기승전결)의 놓임이 뛰어나 律詩(율시)의 본보기가 되는 명작이다.

　　7言律詩(7언율시). 압운은 天, 煙, 蓮, 邊, 然 자로 평성 '先(선)' 평운이다. 평측은 차례로 '平仄平平仄仄平, 平平平仄仄平平, 仄平平仄平平仄, 平仄平平仄仄平, 仄仄仄平平仄仄, 仄平平仄仄平平, 仄平仄仄平平仄, 平仄平平仄仄平'으로 二四不同二六對(이사부동이륙대)와 反法, 粘法(반법, 점법) 등이 잘 이루어졌는데, 둘째 구는 측운이 둘, 다섯째 구는 평운이 둘이어서 아쉽다면 아쉽다 하겠지만, 평측 배치가 좋은 대조를 이루어 묘미가 있다.

300. 李種元(이종원 1849?~) : 조선 고종 때 承旨(승지). 자 汝長(여장). 호 遂堂(수당). 본관 德水(덕수). 고종 때 문과 급제했다.

300-1 宿松京次滄江金澤榮來示韻(숙송경차창강김택영내시운)
송경에 묵으며 창강 김택영이 낸 운에 차운하다

落日松京道 秋風白蓼花 醉來仍着睡 何必問誰家.
　　(낙일송경도 추풍백료화 취래잉착수 하필문수가)

해가 질 때 송경으로 가는데, 가을바람에 흰 여뀌 꽃 날리네.

술 취하면 아무데서나 잠들면 되지, 하필 누구 집이냐고 물어야 하랴.

[語句] *松京 : 고려의 서울인 開城(개성). *金澤榮(1850~1927) : 韓末(한말)의 유학자. 호 滄江, 韶護堂主人(창강, 소호당주인). →49. *來示 : 내 보임. 와서 알림. *落日 : 서쪽에 지는 해. 落陽(낙양). 夕陽(석양). *蓼花 : 여뀌의 꽃. *仍 : 인하다. 그대로 따르다. 거듭.

[鑑賞] 몇 사람이 우연히 개성의 같은 객주집에 모여 술자리를 벌였으리라. 모두 선
비들이라 창강이 운자를 내어 간단한 詩會(시회)가 이루어지니 운자는 花와 家
자이다. 이에 지은이는 망설임 없이 위와 같은 20자 절구를 달필로 써서 내니
모두들 잘 지었다고 칭송하며, 술잔이 몰려들었으리라. 평범하게 지어 나가다가
마무리에 가서 끝구가 詩的(시적)이라 작품 대접을 받았으리라. 이런 감칠맛이
한시의 매력이기도 하다.

　　5言絕句(5언절구). 압운은 花, 家 자로 평성 '麻(마)' 평운이다. 평측은 차례로 '仄仄平平仄,
平平仄仄平, 仄平平仄仄, 平仄仄平平'으로 이사부동과 반법, 점법 등이 잘 이루어졌다.

301. 李佐薰(이좌훈 ?) : 조선 정조 때 선비. 자 國輔(국보). 호 烟巖(연암). 본관 平昌(평
　　창). 父 承旨 東顯(승지 동현).

301-1 江上古寺(강상고사) 강가의 옛 절

薄暮疎鍾度遠林 寒山寂寂老僧心 水流鳥語無人到 明月梨花一院深.
　　(박모소종도원림 한산적적노승심 수류조어무인도 명월이화일원심)

땅거미 질 무렵 먼 숲을 거쳐 종소리 은은히 들리는데, 산속 적적해 노스님 외롭구나.
물소리 새 소리뿐 사람은 오지 않고, 배꽃을 비추는 밝은 달 아래 절간 깊숙하여라.

[語句] *江上 : 강가. *薄暮 : 땅거미. 해가 막 떨어져 어스레한 때. *疎鍾 : 작게
　　들리는 종소리. *寂寂 : 고요하고 쓸쓸함. *老僧 : 나이 많은 중. ↔小僧(소승).
　　*無人到 : 찾아오는 사람이 없음. *一院 : 절의 마당 또는 境內(경내).
[鑑賞] 강가에 있는 절이지만 매우 궁벽한 곳인가보다. 해가 막 졌는데 먼 숲쪽에서
　　절의 저녁 종소리가 은은히 들리니, 쓸쓸한 산속이라 늙은 중은 외롭게 살리라.
　　들리는 것은 물소리와 새 소리뿐 찾아오는 사람이 없고, 밝은 달은 배꽃을 비
　　추어 훤한데 절의 경내는 더욱 깊숙하다. 寒山은 '추운 산'이겠지만 배꽃 곧
　　梨花란 말이 있어 시간적 배경이 초여름이라 '쓸쓸한 산'으로 풀었다.

　　7言絕句(7언절구). 압운은 林, 心, 深 자로 평성 '侵(침)' 평운이다. 평측은 차례로 '仄仄平平
仄仄平, 平平仄仄仄平平, 仄平仄仄平平仄, 平仄平平仄仄平'으로 이사부동이륙대와 반법,
점법 등이 잘 이루어진 작품이다.

302. 李胄(이주 1468~1504) : 조선 연산군 때 문신. 자 胄之(주지). 호 忘軒(망헌). 본관
　　固城(고성). 증조부 좌의정 原(원). →276. 父 縣監 評(현감 평). 성종 19년(1488) 문과 급

제, 檢閱(검열)을 거쳐 正言(정언)을 지냈는데 문장에 능했으며 直言(직언)으로 유명했다. 연산군 4년(1498) 戊午士禍(무오사화) 때 金宗直(김종직)의 門人(문인)으로 몰려 珍島(진도)로 귀양 갔다가 동왕 10년(1504) 甲子士禍(갑자사화) 때, 전에 궐내에 臺諫廳(대간청)을 설치하기를 청한 일이 있다는 이유로 金宏弼(김굉필 →25) 등과 함께 梟首(효수)되었다.

302-1 次安邊樓題(차안변루제) 안변루를 지은 시에 차운하다

鐵關天險似秦中 古塞悲笳落遠空 凍雨斜連千嶂雪 飢鴉驚叫一林風
百年去住身先老 半世悲歡氣挫雄 萬里羈懷愁不語 關河迢遞近山戎.
(철관천험사진중 고새비가낙원공 동우사련천장설 기아경규일림풍
백년거주신선로 반세비환기좌웅 만리기회수불어 관하초체근산융)

철령은 천연으로 험해 함곡관 같은데,
옛 요새에서 들리는 구슬픈 호가 소리 먼 하늘에 번지네.
진눈깨비는 잇달은 봉우리의 흰 눈에 이었고,
주린 까마귀 숲에 부는 바람에 놀라 우짖는구나.
백년을 갔다 머물다 하다가 몸 먼저 늙었고,
반평생의 슬픔과 기쁨에서 장한 기운 꺾이었네.
만리의 나그네 시름을 말하지 않거니, 압록강은 멀어 만주 야인이 사는 산융에 가깝구나.

[語句] *安邊 : 함경남도 최남단의 安邊郡(안변군). 고려 때는 登州(등주)라 했다가 登州安邊都護府(등주안변도호부)를 두었음. 삼방 폭포, 고음 폭포, 석왕사, 삼방 약수, 학성 산성, 철령, 추가령 등 명승고적이 있음. *鐵關 : 안변 추가령구조곡의 철령 또는 그 관문. 해발 685 m. *天險 : 지세가 천연적으로 험함. *秦中 : 중국의 요새 函谷關(함곡관). →64-49. *笳 : 호드기. 물오른 버들가지나 밀짚의 토막으로 만든 피리의 하나. 胡笳(호가, 날라리, 풀잎피리). *凍雨 : 진눈깨비. 겨울에 내리는 찬비. *斜連 : 빗겨 이어짐. *嶂 : 연달아 있는 봉우리. *去住 : 가거나 머무름. *半世 : 일생 동안의 절반. 반평생. *挫 : 꺾다. 꺾이다. *羈懷 : 나그네의 회포. *關河 : 관문과 강, 곧 북방 국경과 鴨綠江(압록강). *迢遞 : 멀고 먼 모양. 迢遙(초요). *山戎 : 춘추시대 중국 河北省(하북성)에 웅거하던 종족. 우리나라에서는 '滿洲(만주)의 野人(야인)들'을 가리킴.

[鑑賞] 이 시는 고려 공민왕 때 학자인 鄭樞(정추)의 '次安邊官舍韻(차안변관사운)'과 조선 성종 때 우의정인 許琮(허종)의 '次安邊東軒韻詠雪(차안변동헌운영설)'과 압운이 같으니, 그 시들에 차운한 성격의 작품이다. 안변은 秋哥嶺構造谷(추가령구조곡) 곧 지

난날의 추가령지구대에 놓여 있어 철령이나 산방 골짜기, 추가령 등이 있어 험준한 곳이며 옛날 京元線(경원선) 철도가 지나던 곳이다. 앞 네 구 곧 首聯(수련)과 頷聯(함련)은 敍景(서경)이고 뒤의 네 구 곧 頸聯(경련)과 尾聯(미련)은 敍情(서정)이다.

7언율시. 압운은 中, 空, 風, 雄, 戎 자로 평성 '東(동)' 평운이다. 평측은 차례로 '仄平平仄仄平平, 仄仄平平仄仄平, 仄仄平平平仄仄, 平平平仄仄平平, 仄平仄仄平平仄, 仄仄平平仄仄平, 仄仄平平平仄仄, 平平平仄仄平平'으로 이사부동이륙대와 반법, 점법 등이 잘 이루어진 좋은 작품이다.

303. 李浚慶(이준경 1499~1572) : 조선 선조 때의 영의정. 자 原吉(원길). 호 東皐(동고). 시호 忠正(충정). 본관 廣州(광주). 父 副修撰 守貞(부수찬 수정). 연산군 10년(1504) 甲子士禍(갑자사화) 때 집안이 화를 만났고, 중종 26년(1531) 문과에 급제하여 金安老(김안로) 등에게 화를 입었으나 그들이 처형된 뒤 기용되어 吏曹正郎(이조정랑), 應敎(응교), 直提學(직제학)을 역임했다. 인종 초에 李芑(이기), 林百齡(임백령) 등의 미움을 받아 외직으로 황해도관찰사가 되고, 명종 3년(1548) 병조판서에 올랐으나 동왕 5년 報恩(보은)에 귀양 갔으며 이기가 재상을 그만둔 뒤 풀려났다. 명종 8년(1553) 호남 지방 都巡察使(도순찰사)가 되어 海寇(해구)들을 격퇴하고 우찬성이 되었다가 동왕 13년 우의정, 동왕 20년(1565) 영의정이 되었다. 2년 뒤 명종이 임종할 때 밤중에 불려가 왕통을 이을 후계자 정하기를 청하여 中殿(중전, 왕비)과 의논해서 河城君 鈞(하성군 균)을 왕으로 세우니 선조이다. 선조 1년(1568) 벼슬에서 물러나 几杖(궤장)을 받았으며, 왕에게 趙光祖(조광조)의 참화 雪寃(설원), 鄭夢周(정몽주)의 후손 기용, 이기와 鄭彦慤(정언각)의 官爵 追奪(관작 추탈), 재해 때의 稅貢 減免(세공 감면) 등을 진언하여 모두 실시되게 했다. 어려서는 黃孝獻(황효헌)에게 배웠고 자라서는 종형 李延慶(이연경)에게 성리학을 배웠다. 항상 조정 신하 사이의 화목을 염려했으며 중종에서 선조까지 네 朝廷(조정)을 겪으면서 처신이 청렴하고 다스림이 엄격했다. 李元翼(이원익)의 책 읽는 소리를 듣고 명성을 드날릴 것을 예측해 그가 병으로 앓을 때 선조께 진언하여 산삼 서 근을 내리도록 하여 이원익을 살렸다는 일화가 있으며, 임종 때 가까운 장래에 당쟁이 있을 것을 예언했다 한다. 형인 潤慶(윤경)은 兵曹判書(병조판서)를 역임했다.

303-1 明廟挽詞(명묘만사) 명종 임금 만사

半夜催宣召 蒼黃寢殿升 龍顔纔及覩 玉几已難憑
聖嗣由前定 宗祊遂有承 三朝猶未死 忍見禍相仍.

　　(반야최선소 창황침전승 용안재급도 옥궤이난빙

　　성사유전정 종팽수유승 삼조유미사 인견화상잉)

한밤중에 급하게 부름이 있으시어, 창황하게 침전에 올랐더니,

용안을 잠깐 뵈옵자, 옥궤에 기대어 앉으시기 이미 어려웠나이다.

다음 임금님은 전에 말씀 있으시어 정해졌으니, 종묘 제사는 이어지게 되었나이다.

세 임금님을 모시며 차마 죽지 못하여, 오늘 또 이 망극한 일을 당하게 되나이다.

[語句] *明廟 : 조선 13대 임금 明宗(명종 1534~1567). 廟는 '사당. 종묘. 묘당. 조정'임. *挽詞 : 죽은 이를 슬퍼하여 지은 글. 輓詞(만사). →288-3. *半夜 : 한밤중. *催 : 재촉하다. *宣召 : 임금의 부르심. 宣招(선초). *蒼黃 : 어찌할 바를 모를 만큼 매우 급함. 倉皇(창황). *寢殿 : 임금의 침실이 있는 전각. 능 앞의 丁(정) 자 모양으로 지은 丁字閣(정자각)을 뜻하기도 함. *龍顔 : 임금의 얼굴. 天顔(천안). 玉顔(옥안). *纔 : 겨우. 잠깐. *覯 : 보다. *玉几 : 옥으로 된 案席(안석). '임금이 앉는 자리'의 뜻임. 相被冕服 憑玉几(모시는 이가 관과 조복을 입히시어 옥궤에 기대어 앉으셨다)<書經 顧命> *憑 : 기대다. 의지하다. *聖嗣 : 임금의 대를 잇는 사람. 황태자나 왕자. *宗祊 : 宗廟(종묘)의 문 또는 문안.<左傳 襄公24년> 祝祭于祊 祀事孔明(절차를 주관하는 祝史축사가 문안에서 신께 고하니, 제사가 훌륭하게 갖추어졌도다)<詩經 小雅 楚茨> 祊은 '사당문 제사[廟門祭묘문제]'임. *三朝 : 三代 朝廷(3대 조정) 곧 중종, 인종 및 명종의 세 조정. *忍見 : 차마 못 볼 것을 보게 됨. *禍 : 불행한 일 곧 명종의 죽음. *相仍 : 거듭됨.

[鑑賞] 명종이 昇遐(승하)하여 股肱之臣(고굉지신)으로서 망극함을 못 이겨 지은 弔詩(조시). 한밤중에 급히 대궐로 들라는 전갈을 받고 불행을 예감하며 침전에 올라 임금님을 잠깐 뵈니 이미 안석에 기대어 앉지 못하는 지경에 이르렀더라. 이 때 後嗣(후사)를 정해 달라하여 宣祖(선조) 왕으로 정해졌다지만, 시에서는 전에 임금의 말씀이 있으셨다고 표현했다. 이는 신하의 도리로 자기가 주장했다고 할 수 없기 때문이리라. 그리하여 宗廟社稷(종묘사직)은 이어지게 되었는데, 자기는 역대 세 임금을 모시며 차마 죽지 못해 이런 불행을 거듭하게 된다고 했다.

5言律詩(5언율시). 압운은 升, 憑, 承, 仍 자로 평성 '蒸(증)' 평운이다. 평측은 차례로 '仄仄平平仄, 平平仄仄平, 平平平仄仄, 仄仄仄平平, 仄仄平平仄, 平平仄仄平, 平平平仄仄, 仄仄仄平平'으로 二四不同(이사부동)과 反法(반법), 粘法(점법) 등이 잘 이루어진 좋은 작품이다.

304. 李俊民(이준민 1524~1590) : 조선 명종·선조 때 문신. 자 子修(자수). 호 新菴(신암). 본관 全義(전의). 父 參奉 公亮(참봉 공량). 南溟 曺植(남명 조식)의 생질로 명종 4년(1549) 문과에 급제하고 동왕 11년(1556) 重試(중시)에 급제했으며, 벼슬이 平安道觀察使(평안도

관찰사), 吏曹判書(이조판서) 등 4道方伯(4도 방백)과 5曹判書(5조 판서)를 지내고 左參贊(좌참찬)
을 역임했다. 선조 중년에 당파 싸움이 치열해지자 그 軋轢(알력)을 미워하고, 오로지 栗
谷 李珥(율곡 이이)의 東人·西人(동인·서인) 조정에 대한 태도에 경복할 뿐이었으며, 율곡
이 죽자 당파인들이 율곡을 비방하는 것을 보고는 자신의 원수처럼 여겼다. 명종과 선
조를 섬기면서 벼슬하기 40여 년을 청렴결백하게 政事(정사)를 펴, 사심이 없는 문신으
로서 詩文(시문)이 힘차서 그 인품과 같았다.

304-1 挽栗谷(만율곡) 율곡을 애도하다

芝蘭空室不聞香 奠罷單杯老淚長 斷雨殘雲藏栗谷 世間無復識吾狂.
　　(지란공실불문향 전파단배노루장 단우잔운장율곡 세간무부식오광)

지초 난초의 방 비어 향기도 없고,
제사 마치고 잔 올리며 이 늙은 몸 눈물 그지없구나.
비 그치고 남은 구름 율곡에 가득찼으니,
이 세상에 누가 있어 답답한 내 마음 알아보리.

[語句] *挽 : 애도하다. '당기다'의 뜻도 가진 자임. *栗谷 : 조선 중기 대학자 李珥
　　의 아호. →283. 경기도 坡州郡(파주군)의 지명에 栗谷里(율곡리)가 있음. *芝蘭 :
　　芝草(지초)와 난초. '깨끗하고 맑음. 君子(군자)'를 비유함. 지초는 '①지치과에 속
　　하는 다년생 풀로 여름에 흰 꽃이 피며 약재로 쓰임. 紫草(자초). ②靈芝(영지)'
　　임. *聞香 : 향내를 맡음. *奠 : 장사지내기 전 靈前(영전)에 간단한 술과 과일
　　을 드리는 禮式(예식). *單杯 : 한 잔 술. *世間 : 세상.
[鑑賞] 지은이는 1524년(중종 19년)에 나고 율곡은 1536년(중종 31년)에 태어났으니
　　열두 살 차가 되며, 율곡이 지은이보다 6년전에 돌아갔다. 두 분은 함께 벼슬
　　살이를 하며 교분을 쌓았으리라. 지은이 소개에서 쓴 대로 율곡의 蕩平策(탕평
　　책)을 적극 지지했으니 더욱 돈독한 사이였으리라. 그렇게 기대하던 율곡이 먼
　　저 가니 얼마나 상심이 되었으랴. 짧은 挽詩(만시)지만 읽는 사람으로 하여금 눈
　　시울이 젖게 한다. 芝蘭은 율곡을 상징한 말이다.

　　7言絶句(7언절구). 압운은 香, 長, 狂 자로 평성 '陽(양)' 평운이다. 평측은 차례로 '平平平仄
仄平平, 仄仄平平仄仄平, 仄仄平平平仄仄, 仄平平仄仄平平'으로 二四不同二六對(이사부동이
륙대)와 반법, 점법 등이 잘 이루어졌다.

304-2 題畫屛(제화병) 꽃 그림 병풍을 두고 짓다

十尋古木連雲起 數畝叢篁遶砌深 栖鳥不猜飛鳥樂 歲寒相對各無心.
(십심고목연운기 수무총황요체심 서조불시비조락 세한상대각무심)

열 길 오랜 나무에 구름이 일고, 촘촘히 들어선 대나무 처마를 둘렀구나.

나무에 앉은 새는 날아가는 새의 즐거움을 시샘하지 않나니,

추운 겨울에는 서로 무심한 경지에 이르는 법이리.

[語句] *十尋 : 열 발. 尋은 '두 팔을 벌린 길이'임. *畝 : 밭이랑. 본디 음은 '묘'임. *叢篁 : 대숲. 떨기로 난 대나무. 叢竹(총죽). *遶砌 : 처마를 둘러쌈. *栖鳥 : 나무에 앉은 새. 栖=棲(서, 깃들이다). *猜 : 시기하다. 의심하다. *歲寒 : 추운 계절. 겨울. *無心 : 마음이 텅 빔. 아무 생각이 없음. <佛>물욕이나 속세에 전혀 관심이 없는 경지.

[鑑賞]지은이가 명종 때의 權臣(권신)인 李樑(이양, 효령대군의 5대손)의 모함으로 外職(외직)으로 역임하기 10여 년에 江界府使(강계부사)로 부임하니, 이양이 이미 거기에 귀양 와 있어서 지은이는 술과 안주를 준비하여 그를 찾아갔다. 이양은 지난 잘못을 뉘우치고 부끄러워하며 그림 병풍을 내놓고 畫題詩(화제시)를 지어달라 하므로 지은이가 즉석에서 쓴 시가 이 시이다. 그림 속 풍경을 시로 표현했지만 시를 통하여 이양을 용서하는 뜻을 隱喻(은유)한 작품이라 하리라.

7言絶句(7언절구). 압운은 深, 心 자로 평성 '侵(침)' 평운이다. 평측은 차례로 '仄平仄仄平平仄, 仄仄平平仄仄平, 平仄仄平平仄仄, 仄平平仄仄平平'으로 二四不同二六對(이사부동이륙대)와 反法, 粘法(반법, 점법) 등이 잘 이루어졌다.

304-3 竹西樓(죽서루) 죽서루

天地無心客 江湖有約人 斜陽樓百尺 虛送故園春.
(천지무심객 강호유약인 사양누백척 허송고원춘)

속세의 일에 얽매이지 않는 나그네요, 자연 속에 살기를 기약한 이 몸이라지만,

저녁 해에 죽서루 우뚝 솟았음을 보니, 고향의 봄 그리며 헛 세월만 보내고 있구나.

[語句] *竹西樓 : 강원도 三陟市(삼척시)에 있는 2층 누각. 關東八景(관동팔경)의 하나임. → 235-2. *天地 : 하늘과 땅. 우주. 세상. *江湖 : 강과 호수. 자연. *斜陽 : 저녁 때 서쪽으로 기울어진 해. 또는 그 햇빛. *故園 : 옛 뜰. 옛 동산. 예전에 살던 곳.

[鑑賞] 벼슬이나 세상 일 홀홀 떨쳐버리고 산천경개 감상에 나선 길에 죽서루에 들렀

으리라. 천지에 무심한 나그네요 강호에 살기로 기약한 몸이라 자처하면서도, 사양에 솟은 죽서루를 올려다보노라니 문득 고향 생각이 나서 이 봄을 헛되이 보내고 있지나 않는가 하는 생각이 든다는 것이리라. 첫 구와 둘째 구는 對句(대구)가 잘 이루어졌고, 虛送故園春이 온갖 情緖(정서)의 縮約(축약)이다.

5言絶句(5언절구). 압운은 人, 春 자로 평성 '眞(진)' 평운이다. 평측은 차례로 '平仄平平仄, 平平仄仄平, 平平平仄仄, 平仄仄平平'으로 이사부동과 반법, 점법 등이 잘 이루어지고 평측 배치가 좋은 佳作(가작)이다.

305. 李知深(이지심 ?~1170) : 고려 의종 때 國子監大司成(국자감 대사성). 의종 24년 (1170) 鄭仲夫(정중부)의 武臣亂(무신란) 때 죽음을 당했다.

305-1 感秋回文(감추회문) 가을 감상 회문시

散暑知秋早 悠悠稍感傷 亂松靑蓋倒 流水碧蘿長
岸遠凝煙皓 樓高散吹凉 半天明月好 幽室照輝光.
　　(산서지추조 유유초감상 난송청개도 유수벽라장
　　안원응연호 누고산취량 반천명월호 유실조휘광)

더위 가시어 가을이 됨을 알겠는데, 이 생각 저 생각으로 마음 아프구나.
소나무 가지 처져 푸른 일산 펼친 듯, 흐르는 물은 파란 넝쿨 따라 길게 이어지네.
연기는 언덕 멀리까지 희게 엉기었고, 누각 높으니 바람을 몰아 서늘타.
중천의 밝은 달이 좋아, 어둠침침한 방을 밝게 비추어 주는구나.

[語句] *回文 : 바로 읽거나 거꾸로 읽거나 모두 뜻이 이루어지는 시. 回文詩(회문시). → 259-2, 287-17. *散暑 : 더위가 흩어짐. 더위가 가심. *悠悠 : 여유롭고 한가한 모양. '이 생각 저 생각'의 뜻으로 쓴 말임. *稍 : 점점. *感傷 : 느끼어 마음 아파함. *亂松 : 어지러이 얽힌 소나무. *靑蓋 : 푸른 지붕. 푸른 日傘(일산). *蘿 : 담쟁이나 칡, 댕댕이 등의 덩굴[넝쿨]. *凝煙 : 연기가 엉김. *吹 : ①'불다. 숨쉬다. 악기를 불다'이면 평성 '支(지)' 운임. ②'바람. 부르다. 부추기다'이면 거성 '寘(치)' 운임. 여기서는 ②'바람'의 뜻임. *半天 : 그다지 높지 않은 하늘. 半空中(반공중). 中天(중천). *幽室 : 어둠침침한 방. *輝光 : 비치는 빛. 빛이 남.

[鑑賞] 이 시는 회문시이니 거꾸로 놓아 보면 "光輝照室幽 好月明天半 凉吹散高樓 皓煙凝遠岸 長蘿碧水流 倒蓋靑松亂 傷感稍悠悠 早秋知暑散"이 되고, 풀이는 "밝은 달빛이 어두운 방을 비추니, 중천에 뜬 달이 밝아 좋구나. 바람 시원

하게 높은 누각에 몰아 불고, 흰 연기는 저 먼 기슭까지 엉기었구나. 길게 이어진 넝쿨 푸른 물 따라 흐르고, 일산이 뒤집히듯 푸른 솔 늘어졌네. 쓸쓸한 생각은 그지없는데, 첫가을 되어 더위도 가시는구나."라고 하리라. 가을에는 서글픈 감상에 젖게 마련인데, 소나무와 냇물과 멀리 낀 연기와 시원한 바람 그리고 밝은 달이 있어 그나마 마음을 달래어 준다는 내용으로 서경이 중심이다.

5言律詩(5언율시). 압운은 傷, 長, 凉, 光 자로 평성 '陽(양)' 평운이다. 평측은 차례로 '仄仄平平仄, 平平仄仄平, 仄平平仄仄, 平仄仄平平, 仄仄平平仄, 平平仄平平, 仄平平仄仄, 平仄仄平平'으로 이사부동과 반법, 점법 등이 잘 이루어졌다. 한편 거꾸로 놓아 본 시는 압운이 半, 岸, 亂, 散 자로 거성 '翰(한)' 측운이 되어 5言古詩(5언고시)가 되는 것이며 평측은 같다.

306. 李志完(이지완 1575~1617) : 조선 선조 때 문신. 자 養吾(양오). 호 斗峯(두봉). 본관 驪州(여주). 父 贊成 尙毅(찬성 상의). 숙부 尙信(상신 →239). 제 志定(지정). 선조 30년(1597) 문과에 급제했고 다시 중시에도 급제하여 湖堂(호당, 讀書堂독서당)에 들었으며 經史(경사)에 통하고 특히 周易(주역)에 밝았다. 광해군 때 폐모의 논의가 일어나자 正論(정론)을 주장하는 상소를 올려 극간하고 이 때부터 두문불출했다. 판서와 右參贊(우참찬)을 지냈고 驪城君(여성군)에 피봉되었다.

306-1 松京南樓(송경남루) 송경의 남쪽 누각

獨鳥孤城外 殘鍾古寺秋 興亡千載事 長嘯倚南樓.
(독조고성외 잔종고사추 흥망천재사 장소의남루)

외로운 성 밖에는 새들뿐, 옛 절에서 은은히 울려 오는 종소리 쓸쓸한 가을이라.
흥망성쇠는 천년 지난 일, 남쪽 누각 문에 기대어 길게 탄식하네.

[語句] *松京 : 고려의 서울이었던 開城(개성). *南樓 : 개경의 남쪽 문 누각. 內城(내성)에 南大門(남대문)이 있으며, 敬德宮(경덕궁) 남쪽 外城(외성)에 南門이 있음. *孤城 : 외로운 성. '개성'을 말함. *殘鍾 : 종소리의 여운. *千載 : 千年(천년). 오랜 세월. *長嘯 : 길고 세차게 내부는 휘파람. 또는 시나 노래를 길게 읊조림.

[鑑賞] 개성의 남대문이나 남문에 기대어 서서 일대를 돌아보며 회포를 읊은 작품. 첫 구의 獨 자는 鳥와 직결된다고 보지 않고 '사람은 보이지 않고 새들만이라'는 구 전체와 호응된다고 보았다. 둘째 구의 秋로 해서 시간적 배경이 가을임을 나타내고, 끝구의 長嘯는 '긴 탄식'으로 풀이했는데 李穡(이색)의 '浮碧樓(부벽루)' 시의 "長嘯倚風磴(장소의풍등 →243-4)"처럼 '길게 시를 읊음'으로 보아도

좋겠다. 인간 사회에는 흥망성쇠가 필연적으로 따르는 법이기는 하지만, 황폐해
진 옛 고려의 서울이었던 곳에 와 보니 너무나도 감회가 깊어 읊었으리라.

　　5言絕句(5언절구). 압운은 秋, 樓 자로 평성 '尤(우)' 평운이다. 평측은 차례로 '仄仄平平仄,
平平仄仄平, 平平平仄仄, 平仄仄平平'으로 二四不同(이사부동)과 反法, 粘法(반법, 점법) 등이
모두 잘 이루어졌다.

307. 李之氐(이지저 1092~1145) : 고려 인종 때 重臣(중신). 자 子固(자고). 시호 文正(문정). 본
　　관 仁川(인천). 父 侍中 公壽(시중 공수). 魁科(괴과)에 급제하여 인종 초에 右正言(우정언)으로서
　　공정한 소신이 정승들의 비위를 거슬려 西海道按察使(서해도 안찰사)로 나갔다. 당시 李資謙
　　(이자겸)이 국권을 잡으니 지방 관청에서 그에게 바칠 뇌물을 거두는 등 악폐가 심하므로 이
　　를 금지하려다가 이자겸의 미움을 받아 平州府事(평주부사)로 쫓겨갔다. 인종 4년(1126) 자겸
　　이 죽자 다시 등용되어 起居注(기거주) 때, 妙淸(묘청), 白壽翰(백수한) 등이 요술로 조정을 현혹
　　게 했으나 이지저만은 그들을 배척하고 서경천도론을 극구 반대했다. 인종 13년(1135) 그들
　　이 서경에서 반란을 일으켰을 때 中書舍人(중서사인)으로서 조정에 그들과 내통하는 자가 있
　　음을 밝혀 文公仁(문공인), 林景淸(임경청) 등을 파면케 했다. 어사대부, 동지추밀원사, 예부상
　　서, 정당문학, 守司空左僕射(수사공좌복야) 등을 거쳐 參知政事(참지정사) 때 사망하니 中書侍
　　郞平章事(중서시랑평장사)가 추증되었다. 그는 풍채가 좋고 마음이 후하며 문장에 뛰어났다.

307-1 西都口號(서도구호) 서도에서 읊다

　　大同江水琉璃碧 長樂宮花錦繡紅 玉輦一遊非好事 太平風月與民同.
　　　　(대동강수유리벽 장락궁화금수홍 옥련일유비호사 태평풍월여민동)

　　대동강 강물은 유리같이 파랗고, 장락궁의 꽃들 비단 수로 붉구나.
　　임금님 수레 한 번 거둥함이 놀기 좋아해서가 아니라,
　　태평 풍월을 백성과 함께 하고자 함이라.

[語句] *西都 : 고구려 수도였던 평안남도 平壤(평양). 西京(서경). *口號 : 읊조림. 즉석
　　에서 시를 지어 쓰지 않고 입으로 읊음. →164-5. *琉璃 : 건축에서 쓰는 투명
　　한 물질. '아청빛이 나는 보석'인 瑠璃(유리)와 구별됨. *玉輦 : 임금이 타던 덩
　　모양의 가마. 輦(연). 鸞駕(난가). 鸞輿(난여). *好事 : 일 곧 놀이를 좋아함. *太平
　　風月 : 세상이 편안하여 맑은 바람과 밝은 달을 대하여 즐겁게 노는 일. *與
　　民同 : 백성들과 함께 즐김. 與民同樂(여민동락).
[鑑賞] '대동강 강물은 유리처럼 맑고 깨끗하며, 장락궁에 핀 꽃들은 비단에 수를 놓

은 듯 붉다.' 이 起(기)와 承(승)은 敍景(서경)으로 對句(대구)가 잘 되었다. 다음은 視點(시점)을 돌려 敍情(서정)이다. '고려의 임금님이 여기 서경을 거둥하는 것은 경치를 좋아해서가 아니라, 태평세월의 풍류를 백성들과 함께 즐기는 여민동락을 위해 납신다.' 하여 충성심도 곁들였다.

7言絶句(7언절구). 압운은 紅, 同 자로 평성 '東(동)' 평운이며 첫 구에 압운을 하지 않아 관례에서 벗어났다. 평측은 차례로 '仄平平仄平平仄, 平仄平平仄仄平, 仄仄仄平平仄仄, 仄平平仄仄平平'으로 二四不同二六對(이사부동이륙대)와 반법, 점법 등은 어긋남이 없다.

308. 李智活(이지활 ?) : 조선 단종 때 志士(지사). 호 孤隱(고은). 본관 星州(성주). 단종이 왕위를 물려주고 나자 벼슬을 버리고 경상남도 居昌(거창)에 은거했다.

308-1 望月亭(망월정) 망월정

夜夜相思到夜深 東來殘月兩鄕心 此時寃恨無人識 孤倚山亭淚不禁.
  (야야상사도야심 동래잔월양향심 차시원한무인식 고의산정누불금)

밤마다 그리워하는 마음 밤 깊은 줄 모르게 일고,
동편의 새벽달 단종 임금과 나의 처량한 마음일세.
이 분하고 한스러운 내 마음 남들은 몰라, 홀로 산 속 정자에 올라 실컷 운다오.

[語句] *望月亭 : '거창의 산에 세운 정자 이름'인 듯함. *相思 : 서로 그리워함. '단종을 그리워함'임. *殘月 : 거의 다 져 가는 달. 새벽녘의 희미한 달. *兩鄕心 : 두 고을에 사는 두 사람의 처량한 마음. 兩鄕을 '단종이 유폐된 강원도 영월과 내가 있는 거창'으로 보았음. *寃恨 : 怨望(원망, 분하고 불만스러움)과 한스러움. *山亭 : 산 속에 지은 정자. *禁 : 이기다[평성 '侵(침)' 운]. 淚不禁은 '흐르는 눈물을 이기지 못함'임.

[鑑賞] 왜 단종을 생각하는 시로 볼 것인가, 사랑하는 아내나 戀人(연인)을 그리워한다고 보아도 마땅하리라. 그러나, 지은이는 단종이 왕위에서 쫓기다시피 물러나자 벼슬을 버리고 시골 고향 거창에 은거했으니, 단종을 그리워한 시로 보는 것이다. 당시는 세조의 세상이라 이 시를 공개하지 못했을 것이고, 설령 세상에 알려진다 해도 단순한 戀情(연정)의 작품이라 둘러댈 수 있었을 것이다. 우리 옛분들은 이렇게 은유하는 작품을 많이 지었던 것을 상기할 일이다.

7언절구. 압운은 深, 心, 禁 자로 평성 '侵(침)' 평운이다. 평측은 차례로 '仄仄平平仄仄平, 平平平仄仄平平, 仄平平仄平平仄, 平仄平平仄仄平'으로 이사부동이류대와 반법과 점법이 모두 잘 이루어진 좋은 시이다.

309. 李稷(이직 1362~1431) : 조선 세종 때의 문신. 자 虞廷(우정). 호 亨齋(형재). 시호 景文
(경문). 본관 星州(성주). 증조부 政堂文學 兆年(정당문학 조년 →298). 父 評理 仁敏(평리 인민).
고려 우왕 3년(1377) 문과 급제 후 密直司右副代言(밀직사 우부대언)을 역임하고 공양왕 때
藝文館提學(예문관 제학)을 지냈으며, 이성계 조선 태조를 도와 개국공신이 되고 知議政府
事(지의정부사)에 올랐다. 정종 1년(1399)에 西北面都巡問察理使(서북면도순문찰리사)로서 倭船
(왜선) 6척을 격퇴하여 공을 세우고 參知同府事(참지동부사)가 되었으며, 태종 때 佐命功臣(좌
명공신)이 되고 대사헌, 이조판서를 거쳐 태종 12년(1412) 星山府院君(성산부원군), 동왕 14년
우의정, 이듬해에 성주로 귀양 갔다. 세종 6년(1424) 영의정이 되고 2년 뒤 좌의정으로
이듬해 벼슬에서 물러났다. 태종 3년(1403) 判司平府事(판사평부사)로 있을 때 왕명에 의해
銅活字 癸未字(동활자 계미자)를 만드는 일을 閔無疾(민무질) 등과 함께 감독한 바 있다.

309-1 應製文皇帝賜本國世子詩 終聯(응제문황제사본국세자시 종련)
    문황제가 우리 나라 세자에게 내린 시에 따라 짓다 끝 연
吾王述職誠于享 保我生民分土壤 世子朝天弱冠年 跋涉幾多馳莽蒼
至尊嘉歎心無它 賜寵仍觀學試才 三韓自古禮文邦 君臣大義安敢隤
仗信世守東門鑰 布昭聖武除奸惡 但願年登萬姓安 古來固國非城郭.
    (오왕술직성우향 보아생민분토양 세자조천약관년 발섭기다치망창
    지존가탄심무타 사총잉관학시재 삼한자고예문방 군신대의안감퇴
    장신세수동문약 포소성무제간악 단원연등만성안 고래고국비성곽)

우리 임금님 술직하심이 정성스러우셔서, 우리 백성들을 보호하시려 땅을 나누어 주셨고,
우리 세자는 약관에 천자를 뵈오려고, 산 넘고 물 건너 광막한 들판을 달려왔소.
황제가 귀여워하시니 바라는 생각 없고,
이어 은총을 내려 세자의 재주를 시험해 보려 하셨네.
우리나라는 예로부터 예문의 나라, 임금과 신하의 대의를 어찌 무너뜨리리오.
믿고 의지하며 중국의 동쪽을 대대로 지킬 것이니,
성무를 밝게 펴시어 간악함을 없애 주오.
다만 풍년 들어 만백성이 편안해지기를 바라오며,
예로부터 나라를 굳게 하는 것이 성곽만은 아닐 것이오.

[語句] *應製 : 임금의 명에 따라 시나 글을 짓는 일. 임금이 지은 시문에 따라 지음.
    →70-1. *文皇帝 : 明(명) 나라의 제3대 임금인 永樂帝(영락제, 太宗태종, 成祖성조, 재
    위1402~1424). *世子 : 왕위를 이을 왕자. 王世子(왕세자). 여기서는 '조선 태종의

세자였던 褆(제, 뒤의 讓寧大君양녕대군 →295)'임. *述職 : 직무를 진술함. 諸侯(제후)인 왕이 종주국의 天子(천자)에게 謁見(알현)하는 일.<孟子梁惠王下> *誠于享 : 정성스럽게 드림. *生民 : 백성. 국민. 生靈(생령). *朝天 : 천자를 봄. *弱冠 : 남자 나이 스무 살 때.<禮記 曲禮上> *跋涉 : 벌판이나 산길을 가고[跋], 물을 건너감[涉]. 멀리 여행함.<詩經 鄘風載馳> *莽蒼 : 광막한 들판. 풀이 무성하여 퍼렇게 보이는 들. *至尊 : 임금. 천자. *嘉歎 : 嘉尙(가상, 착하고 귀엽게 여겨 칭찬함)하게 여겨 감탄함. *它 : 다르다. 佗(타)의 古字(고자)임. *寵 : 사랑하다. 귀여워하다. 恩寵(은총). *試才 : 재주가 있고 없음을 시험하여 봄. 試藝(시예). *禮文 : 예법과 문물. 문화제도. *大義 : 바르고 큰 의리. *隤 : 무너지다. 기울어지다. *仗信 : 믿음으로 의지함. 믿고 의지함. *世守 : 대대로 지켜 내려감. *鑰 : 자물쇠. 열쇠. *聖武 : 知德(지덕)이 뛰어나고 武勇(무용)을 갖추고 있음. 聖智(성지, 성인의 슬기)하고 勇武함. *奸惡 : 간사하고 악독함. *年登 : 곡식이 잘 익음. 풍년이 듦. *城郭 : 성. 內城(내성)과 外城(외성) 모두.

[鑑賞] 태종의 세자[후의 양녕대군]가 명 나라 영락제를 뵈러 갔을 때 영락제가 세자에게 시를 지어 주었는데, 이 시는 그 시에 차운한 것으로 모두 18연 36구가 되는 장시이다. 영락제가 지은 시의 끝 6연을 보면, "昔年王子來朝享 車騎蕭蕭出平壤 淸霜殺柳水凝氷 廻首寒郊連莽蒼 余褆修貢萬里來 年過十五堪成才 讀書學道勿自棄 勉旃毋使家聲隤 從來禍福無門鑰 依伏之機乘善惡 高山可礪海可移 萬古忠誠是邻郭(지난해에 왕자가 멀리 여기 올 때, 수레와 말로 평양을 나왔겠지. 찬 서리에 버들은 시들고 강물은 얼어, 머리 돌려 보니 허허벌판이었겠지. 우리 세자 제야, 만리 길에 조공을 온 너, 나이 열다섯이 지나 재주는 어른이 될 만하다. 글 읽고 도를 배워 가문의 명성을 무너뜨리지 말라. 화와 복은 본디 문이 없는 법, 드러나고 숨는 기틀은 선악에 따르느니라. 높은 산을 갈아 평평하게 하고 바다도 옮길 수 있으나, 만고의 충성만이 튼튼한 성곽이리라.)"이니, 이 시와 압운이 같음을 알 수 있다. 事大性(사대성)이 짙은 시임을 느끼는데, 이는 당시의 국제 관계로는 어쩔 수 없었으리라. 끝 두 구는 명 나라 임금에게 한 말로도 볼 수 있으나, 우리나라 세자에게 바란다고 보는 것이 타당하겠다. 풍년 들고 백성이 편안하기를 바라며 나라를 튼튼히 하는 것은 성곽이 아니라 왕자의 덕임을 강조했다.

7言古詩(7언고시) 18연 36구 중 끝 6연. 압운은 轉韻(전운)이 많이 되었으니, 享과 壤 자는 상성 '養(양)' 측운이고 蒼 자는 평성 '陽(양)' 평운으로 이 네 구는 韻紐(운뉴)를 이루었다. 다음의 才와 隤 자는 평성 '灰(회)' 평운이고 鑰, 惡, 郭 자는 입성 '藥(약)' 측운이다. 평측은 차례

로 '平平仄仄平平仄, 仄仄平平平仄仄, 仄仄平平仄仄平, 仄仄仄平平平平 ; 仄平平仄平平平, 仄仄平平仄仄平, 平平仄仄平平平, 平平仄仄平仄平 ; 仄仄仄平平平仄, 仄仄平平平仄仄, 仄仄平平仄仄平, 仄平仄仄平平仄'으로 二四不同二六對(이사부동이륙대)가 이루어지지 않은 곳은 제 4, 8, 9구의 셋뿐이고, 反法(반법)과 粘法(점법)은 형성되지 않았다.

310. 李集(이집 1314~1388) : 고려말 학자. 초명 元齡(원령). 호 遁村, 浩然(둔촌, 호연). 본관 廣州(광주). 父 唐(당). 충숙왕 때 문과 급제했으며 문장과 절개로 알려졌고 이색, 정몽주, 이숭인 들과 서로 존경하는 친구였다. 일찍이 辛旽(신돈)에게 반항하자 신돈이 죽이려 하매 아버지를 업고 永川(영천)으로 도망가서 崔允道(최윤도)의 집에 숨어 살았다. 공민왕 20년(1371) 신돈이 살해되자 돌아와 이름을 集, 호를 浩然으로 고치고 奉順大夫(봉순대부), 判典校寺事(판전교시사)를 잠시 지내고는 벼슬에 뜻이 없어 驪州 川寧縣(여주 천녕현)에 내려가 독서로 소일했다. 그가 사망하자 정몽주, 이숭인 등이 함께 조시를 지어 애도했고, 문집에 '遁村集(둔촌집)'이 있다.

310-1 漢陽途中(한양도중) 한양 길에서

病餘身已老 客裏歲將窮 瘦馬鳴斜日 羸僮背朔風
臨津冰合凍 華岳雪連空 回首松山下 君門縹渺中.

(병여신이로 객리세장궁 수마명사일 이동배삭풍

임진빙합동 화악설련공 회수송산하 군문표묘중)

병든 나머지 몸 이미 늙었는데, 나그넷길에 한 해가 가려는구나.
여윈 말은 석양에 울고, 지쳐 있는 종놈은 삭풍을 등지며 가네.
임진강은 얼음이 얼어붙었고, 삼각산에는 눈이 하늘로 이었네.
머리 돌려 송악산을 보니, 그 아래 어렴풋한 속에 너의 집이 있겠구나.

[語句] *漢陽 : '서울'의 옛 이름. *瘦 : 여위다. 파리하다. *斜日 : 저녁때의 지는 해. 夕陽(석양). *羸僮 : 여윈 종. 지친 종. 羸는 '여위다. 파리하다. 고달프다. 지치다'이고, 僮은 '종. 하인'임. *朔風 : 겨울철의 북풍. *臨津 : 임진강. 함경 남도 文川郡(문천군) 馬息嶺(마식령)에서 발원하여 강원도, 황해도, 경기도를 거쳐 경기도 坡州(파주) 남쪽에서 한강과 합류, 江華灣(강화만)으로 들어감. 길이 254 km. *冰凍 : 얼음이 얼어붙음. *華岳 : 三角山(삼각산). *松山 : 개성의 松嶽山(송악산). *君門 : 그대의 집 문. '임금의 궁전 문'으로 볼 수도 있으나 표현이 좀 약함. *縹渺 : 어렴풋하여 뚜렷하지 않은 모양.
[鑑賞] 벼슬을 그만두고 경기도 여주 천녕으로 은거하러 갈 때 읊은 시 같다. 겨울

저녁 무렵 임진강을 지난다. 병든 몸에 덧없이 한 해는 가려 하는 세모, 타고
가는 파리한 말은 석양에 울고 말을 모는 종 또한 여위고 지쳐 있는 모습에
찬 북풍을 등으로 맞고 있다 했는데 이 3, 4 두 구 곧 頷聯(함련)은 對句(대구)가
되었다. 임진강은 얼어붙었고 삼각산의 덮인 눈은 하늘에 이어 있다. 이 연도
대구이니 臨津-華岳, 氷合凍-雪連空으로 짝이 잘 이루어진 것이다. 오던 길을
뒤돌아보니 송악산이 어렴풋하게 보이는데, 그 아래가 바로 내 종의 집이것다
하고 맺었다. 보이는 대로 생각나는 대로 훌훌 지어 나간 좋은 시이다.

5言律詩(5언율시). 압운은 窮, 風, 空, 中 자로 평성 '東(동)' 평운이다. 평측은 차례로 '仄平
平仄仄, 仄仄仄平平, 仄仄平平仄, 平平仄仄平, 平平平仄仄, 平仄平平仄, 平仄平平仄, 平
平仄仄平'으로 이사부동과 반법, 점법 등이 잘 이루어지고 평측 배치도 좋은 작품이다.

311. 李昌符(이창부 ?) : 晚唐(만당)의 시인. 자 嚴夢(암몽). 懿宗 咸通(의종 함통) 4년(863)
에 進士(진사)에 급제하여 尙書郎(상서랑), 膳部員外郎(선부 원외랑) 등을 역임했고, 詩集(시
집) 한 권이 있다.

311-1 旅遊傷春(여유상춘) 나그네의 봄 시름

酒醒鄕關遠 迢迢聽漏終 曙分林影外 春盡雨聲中
鳥倦江村路 花殘野岸風 十年成低事 羸馬厭西東.
　(주성향관원 초초청루종 서분임영외 춘진우성중

　조권강촌로 화잔야안풍 십년성저사 이마염서동)

술 깨고 나니 고향은 더욱 멀어지고, 아득히 들리던 물시계 물 듣는 소리 그쳤구나.
숲 그늘 멀리서 새벽이 열리고, 비 오는 소리 속에 봄날은 가네.
새들은 강마을 길 날기에 지치었고, 꽃들은 들 언덕 바람에 시드네.
10 년 동안 이룬 일 무엇인고, 이제는 여윈 말도 다니기 싫어하는구나.

[語句] *旅遊 : 유람 여행. *傷春 : 봄을 시름함. 봄이 감으로 하여 마음 상함. *鄕
　關 : 고향. *迢迢 : 멀고 아득한 모양. *漏 : 물시계. 漏刻(누각). *曙 : 새벽. *
　鳥倦 : '鳥倦飛(조권비) 곧 새가 날기를 게을리 함 또는 날다가 지침'의 뜻으로
　썼음. 雲無心以出岫 鳥倦飛而知還(구름은 무심히 산의 바위 속을 돌아 나오
　고, 새는 날다가 지쳐 다시 산으로 돌아올 줄 아는구나.)<陶潛 歸去來辭> *低事
　: 무슨 일. 어떤 일. *羸馬 : 여윈 말. 지친 말.
[鑑賞] 봄은 고향이 생각나게 하고 그리워지게 되는 魔力(마력)을 가진 계절이다. 지은

이는 여기저기 경치 좋은 곳을 구경하며 유람하다가 타향에서 봄날을 맞이했다. 저녁이 되어 주막에서 묵으며 막걸리라도 마시고 잠이 들었겄다. 눈을 뜨니 잠결에 아득히 들리던 누각 소리도 그쳐 버린 때이다. 비 오는 소리 속에 새벽이 오고 밖을 내다보니, 새들은 강마을 길 따라 지친 듯 날고 저 언덕의 꽃들도 바람에 시드는 듯하다. 이는 꼭 지금의 내 마음과 같이 게으르고 지쳐 버린 모습이다. 문득 지난날을 떠올리니 이 10년 동안 내가 해 놓은 일이 무엇인가? 아무것도 한 것이라곤 없다. 타고 다니는 여윈 말마저 이제는 다니기 지친 모양, 주인인 나와 똑같은 모습이다. 頷聯(함련 3~4구)과 頸聯(경련 5~6구)은 作詩法(작시법)대로 對(대)가 잘 이루어진 佳作(가작)이다.

5言律詩(5언율시). 압운은 終, 中, 風, 東 자로 평성 '東' 평운이다. 평측은 차례로 '仄仄平平仄, 平平仄仄平, 仄平平仄仄, 平仄仄平平, 仄仄平平仄, 平平仄仄平, 仄平平仄平, 平仄仄平平'으로 일곱째 구만 二四不同(이사부동)에 어긋났고, 反法(반법)과 粘法(점법)은 그런대로 이루어졌다.

312. 李詹(이첨 1345~1405) : 고려말 문장가. 자 中叔(중숙). 호 雙梅堂(쌍매당). 시호 文安(문안). 본관 洪州(홍주). 父 熙祥(희상). 공민왕 14년(1365) 監試(감시), 3년 뒤 親試(친시)에 각각 급제하여 藝文館檢閱(예문관 검열)에 임명되고 이듬해에 右正言(우정언) 등을 거쳐, 공양왕 4년(1392) 知申事(지신사)에 이르러 사건으로 結城(결성, 洪城홍성)에 귀양 갔다. 조선 태조 7년(1398)에 吏曹典書(이조전서)를 거쳐 태종 2년(1402) 知議政府事(지의정부사)로 명 나라에 進賀副使(진하부사)로 다녀와 正憲大夫(정헌대부)가 되었다. 문장에 능하여 손에서 책이 떠나지 않았고, 글씨도 잘 썼다. 작품에 假傳體說話文學(가전체 설화문학)인 '楮生傳(저생전)'이 있다. 저생전은 종이를 擬人化(의인화)하여 세상 사람들을 경계하는 내용으로 '東文選(동문선 권101)'에 실려 있다.

312-1 宿滅浦院樓(숙멸포원루) 멸포원루에 묵다

長江袞袞向東流 野闊山開天盡頭 舟楫幾年人渡水 風塵萬里客登樓
煙籠杜子淸淮夜 月小蘇仙赤壁秋 岐路向南通巨鎭 征驂時到此中留.
   (장강곤곤향동류 야활산개천진두 주즙기년인도수 풍진만리객등루

   연롱두자청회야 월소소선적벽추 기로향남통거진 정참시도차중류)

양자강은 출렁출렁 끝없이 동쪽으로 흐르는데,

들은 넓고 산은 트이어 하늘 끝에 닿았구나.

배들은 몇 해나 사람을 태워 건네었는가, 풍진 만리에 나그네 되어 누각에 올랐네.

연기 자욱해 두목의 진회 같은 맑은 밤 풍경이요,

달이 작으니 소식이 읊은 적벽부의 가을일세.

갈림길에서 남으로 가면 큰 진영과 통하니,

먼 길 가는 마차들이 이따금 여기서 머문다네.

[語句] *滅浦院樓 : 중국의 지명[滅浦]과 여관인 듯함. *長江 : 길게 흐르는 강. 여기서
는 '揚子江(양자강)'임. *袞袞 : 큰물이 출렁거리며 끝없이 흐르는 모양. 滾滾(곤곤).
*舟楫 : 배와 삿대. 배의 총칭. *風塵萬里 : 편하지 못한 만리 먼 길. *煙籠 :
연기에 싸임. *杜子 : 晩唐(만당)의 시인 杜牧(두목). →63. *淮 : 秦淮(진회). 江蘇
省 江寧縣(강소성 강녕현)의 지명. 두목의 시 '泊秦淮(박진회)' 참조. →63-3. *蘇仙 :
宋(송)의 문호 蘇軾(소식). →119. *赤壁秋 : 소식이 지은 '赤壁賦(적벽부)' 속의 가
을. '적벽부' 첫머리에 "壬戌之秋 七月旣望(임술년 가을 7월 열 엿샛날에)"라
있고 그의 '後赤壁賦(후적벽부)'에 "山高月小 水落石出(산은 높고 달은 작으며 물
은 줄고 돌이 드러났다)"라 있음. *岐路 : 가다가 길이 갈라지는 곳. 갈림길. *
巨鎭 : 규모가 큰 陣營(진영). 節制使(절제사)의 진영. *征驂 : 먼 곳을 가는 驂馬
(참마, 수레를 끄는 세 필 중 뒤의 말 한 필). '먼 길을 가는 마차를 탄 손님'의 뜻임.

[鑑賞] 양자강 가 멸포라는 나루에 묵으며 지은 시. 首聯(수련 1~2구)은 출렁거리며 동
으로 흘러가는 양자강 강변은 들이 넓고 산도 트이어 끝없는 게 하늘에 닿은
듯하다 했고, 頷聯(함련 3~4구)에서는 많은 배들은 여태 얼마나 많은 사람을 태워
거네주었을 것인가 감탄하고, 나는 풍진 만리 나그네되어 이 여관의 누각에 올
랐다 하여 對句(대구)를 이루었다. 頸聯(경련 5~6구)은 전환으로 두목과 소식이 읊
었던 글귀를 인용해 표현한 寫景(사경)이니 물안개와 연기로 자욱한 밤에 산이
높아 달이 작게 보이는 풍경이라 했다. 이 연 역시 대구가 잘 되었으며 함련
은 敍情(서정)이요 경련은 敍景(서경)이니 前虛後實(전허후실)이라 하겠다. →298-4
참조. 尾聯(미련 7~8구)은 마무리로 이 곳은 교통의 요지라서 먼 길 가는 사람들
이 마차를 타고 와 묵고 가는 곳이라 했다. 그 풍경을 머릿속에 그려볼 수 있
도록 지은 名作(명작)이라 하리라.

7言律詩(7언율시). 압운은 流, 頭, 樓, 秋, 留 자로 평성 '尤(우)' 평운이다. 평측은 차례로 '平
平仄仄仄平平, 仄仄平平平仄平, 平仄平平平仄仄, 平平仄仄仄平平, 平平仄仄平平仄, 仄仄
平平仄仄平, 平仄仄平平仄仄, 平平平仄仄平平'으로 二四不同二六對(이사부동이륙대)와 반법,
점법 등이 모두 이루어졌는데, 끝 구가 측성이 둘뿐이어서 아쉽다.

312-2 慵甚(용심) 게으름이 심하다

平生志願已蹉跎 爭奈慵疎十倍多 午寢覺來花影轉 暫携稚子看新荷.

(평생지원이차타 쟁내용소십배다 오침각래화영전 잠휴치자간신하)

평생에 뜻하던 바는 이미 틀려 버려,

게으르고 데면데면함이 열 곱절 늘었으니 이를 어이하리.

낮잠 깨고 나니 꽃 그림자 옮겨져, 잠깐 어린애 손잡고 새로 핀 연꽃을 보네.

[語句] *慵 : 게으르다. *志願 : 바라고 원함. 바라던 뜻. *蹉跎 : 미끄러져 넘어짐. 실패함. *慵疎 : 게으르고 치밀하지 못함. *午寢 : 낮잠. 午睡(오수). *花影 : 꽃의 그림자. *携 : 이끌다. 들다. *稚子 : 어린애. 幼兒(유아). *荷 : 蓮(연). 연꽃.

[鑑賞] 게으름이라 하니 1936년 벨지움 자유학술원 입회사로 연설한 벨기에의 사회학자 자끄 러끌레르끄(Jaques Leclercq 1891~1971)의 '게으름의 찬양'이란 연설문의 한 구절이 생각난다. "아름다움이 아름다움으로 보이고 꽃을 피우게 되는 것은, 뛰면서 되는 일도 아니고 군중의 소란 한가운데에서 이루어지는 일도 아니며 번다한 바쁜 일들 틈바구니에서 생기는 일도 결코 아닙니다. 고독, 정적, 한가로움이 있고서야 탄생도 있는 법입니다. 때로는 섬광 짓듯 생각이나 걸작이 피어나는 것도, 이미 오래고 한가로운 잉태기가 그에 앞서 있었기 때문입니다." 사람이 무엇을 감상하려면 멈추어야 하고 무엇을 생각하려 해도 멈추어야 하듯이 한가와 여유 곧 게으름 속에서 새로운 창조가 생겨난다는 것이다. 이 시는 게으름을 후회하는 듯하지만 낮잠 자고 어린 손자의 손을 이끌어 새로 피어난 연꽃을 보는 데서, 자기의 생각을 다듬고 인생을 觀照(관조)하게 되는 것이 아닐까?

7언절구. 압운은 跎, 多, 荷 자로 평성 '歌(가)' 평운이다. 평측은 차례로 '平平仄仄仄平平, 仄仄平平仄仄平, 仄仄仄平平仄仄, 仄平仄仄平平平'으로 이사부동이륙대와 반법, 점법 등이 이루어졌다.

312-3 蔚州雜題(울주잡제) 울주에서 지은 시

雲雨紛紛作晦明 鴻毛直似太山輕 天涯孤枕故鄕夢 月下誰家長笛聲

骨肉百年三遠別 波瀾萬丈一浮生 莫嫌席地南來盡 還有滄溟眼底平.

(운우분분작회명 홍모직사태산경 천애고침고향몽 월하수가장적성

골육백년삼원별 파란만장일부생 막혐석지남래진 환유창명안저평)

비구름 날리며 흐릴락 맑을락 하는데, 큰 산은 기러기 털같이 가벼워 보이네.

하늘 멀리 떨어진 곳에서 외로이 고향 꿈 꿀 뿐인데,

그 누가 달 아래에서 피리 길게 부는가.

평생에 부모 형제와 세 번 멀리 이별했으니, 파란만장한 한낱 뜬 인생이로구나.

돗자리만한 땅이 남녘으로 끝닿았다 탓하지 말라,

눈앞에 다시 드넓은 바다가 펼쳐 있으니.

[語句] *蔚州 : 蔚山廣域市(울산광역시)의 고려 때 이름. 百楊寺(백양사), 五峰寺(오봉사), 文殊庵(문수암), 兵營城址(병영성지), 鶴城公園(학성공원), 二水三山(이수삼산), 西生城址(서생성지), 鶴城城址(학성성지) 등의 명승고적이 있음. *雜題 : 이것저것 생각나는 대로 지은 시. 뒤섞여 구별하기 어려운 제목. *晦明 : 어둠과 밝음. *鴻毛 : 기러기의 털. 아주 가벼운 사물. *太山 : 아주 큰 산. *天涯 : 하늘 끝. 아득히 떨어진 타향. *孤枕 : 혼자 자는 외로운 베개. *骨肉 : 부자 형제 등 가까운 혈족. 骨肉之親(골육지친). *波瀾萬丈 : 삶이나 일이 몹시 起伏(기복, 강해짐과 약해짐)과 변화가 심함. *浮生 : 덧없는 인생. *席地 : 땅에 앉음. 앉는 자리. *滄溟 : 너르고 큰 바다. 滄海(창해). *眼底 : 눈 밑. 눈 아래.

[鑑賞] 울산에서 생각나는 대로 느끼는 대로 읊은 시. 비구름이 빠르게 날아가니 높은 산도 흔들리는 듯하게 보여 아주 가볍게 보인다. 집에서 멀리 떨어진 이 곳에서 혼자 외로이 지내며 고향의 꿈만 꾼다. 더구나 달 아래에서는 고향 생각이 더욱 간절하여 외로움을 더하는 법인데 누가 피리를 구슬프게 불어 내 마음을 더 슬프게 하는고. 골육지친과 세 번이나 멀리 이별한 나의 삶도 참파란만장하다. 여기를 돗자리만하게 좁은 곳이라 싫어하지 말라, 저 멀리 펼치어 있는 넓고 푸른 바다가 곧 시야를 시원하게 해 주고 있으니까.

7言律詩(7언율시). 압운은 明, 輕, 聲, 生, 平 자로 평성 '庚(경)' 평운이다. 평측은 차례로 '平仄平平仄仄平, 平平仄仄仄平平, 平平平仄仄平仄, 仄仄平平平仄平, 仄仄仄平平仄仄, 平平仄仄仄平平, 仄平仄仄平平仄, 平仄平平仄仄平'으로 二四不同二六對(이사부동이륙대)와 反法(반법), 粘法(점법) 등은 이루어졌는데, 셋째 구는 孤平(고평, 끝 석 자가 仄-平-仄이 됨), 넷째 구는 孤仄(고측, 平 -仄-平)이 되어 아쉽다면 아쉬운 편이라 하겠다.

312-4 自適(자적) 마음대로 즐기다

舍後桑枝嫩 畦西薤葉抽 陂塘春水滿 稚子解撑舟.
(사후상지눈 휴서해엽추 파당춘수만 치자해탱주)

집 뒤 뽕나무 가지에 새싹 트고, 서쪽 밭두둑 밑에 부추 잎 길게 나왔구나.
못둑에는 봄물이 넘치고, 아이는 매어 있던 배를 풀어 노 저으려 하네.

[語句] *自適 : 무엇에도 속박됨이 없이 마음 내키는 대로 즐김. 悠悠自適(유유자적). *嫩 : 어리다. 연약하다. 嫩芽(눈아, 새로 돋아나는 싹). *畦 : 밭두둑. 밭가의 지경을

이루어 두두룩하게 된 언덕. *薤葉 : 부추 잎. 부추는 '달래과의 다년생 풀'로 씨는 韭子(구자)라 하여 약재로 쓰이고, 잎과 꽃은 먹음. *抽 : 뽑다. 빼다. 당기다. *陂塘 : 연못 둑. 陂는 '**파**-언덕. 방죽. **피**-기울어지다. 치우치다'이고 塘은 '못. 방죽'임. *春水 : 봄철에 흐르는 물. 春水滿四澤 夏雲多奇峰(언 땅 녹은 봄물 못마다 가득, 여름 구름 기이한 봉우리 많구나)<陶潛 四時> →62-2. *稚子 : 어린아이. *解撑舟 : 매어 놓은 배를 풀어 가짐. 배를 띄워 노 저을 줄을 앎. 撑은 '버티다. 취하다. 헤치다'임.

[鑑賞] 만물이 소생하기 시작하는 봄을 맞아 유유자적하는 심정을 짧게 읊은 시. 뽕나무 새싹이 나오고 부추는 길게 자라 베어 먹을 만하게 되었다. 첫 두 구는 對句(대구)를 이루었으니 舍- 畦, 後-西, 桑枝-薤葉, 嫩-抽로 각각 짝이 된 것이다. 겨우내 얼음으로 덮였던 못에는 물이 넘치고 손자 아이는 매어 놓았던 강가의 배를 풀어 노 저어 보려고 한다. 삼라만상이 모두 生動(생동)하는 봄 풍경인 것이다.

5言絶句(5언절구). 압운은 抽, 舟 자로 평성 '尤(우) 평운이다. 평측은 차례로 '仄仄平平仄, 平平仄仄平, 平平平仄仄, 仄仄仄平平'으로 이사부동과 반법, 점법 등이 잘 이루어지고 평측 배열도 고른 5絶의 전형이 되는 작품이다.

312-5 重遊合浦(중유합포) 합포를 다시 유람하다

天機人事兩參差 城郭依然似舊時 細竹更長新出笋 殘花還有未開枝
江湖半夜孤舟夢 幕府十年千首詩 此日南樓風景好 元戎何處駐旌旗.
(천기인사양참치 성곽의연사구시 세죽갱장신출순 잔화환유미개지

강호반야고주몽 막부십년천수시 차일남루풍경호 원융하처주정기)

하늘의 기밀과 사람의 일은 서로 엇갈리지만, 성곽은 다름없이 예 그대로로구나.

세죽은 다시 새 순이 나오고, 남은 꽃은 못 다 핀 가지에 남아 있네.

합포의 밤중에 외로운 배에서 회고하니,

여기 벼슬살이 10년에 남은 것은 시 천여 수일세.

오늘 남루의 풍경이 아주 좋은데, 절도사는 어디에 지휘 깃발 꽂고 머무는가.

[語句] *重遊 : 다시 유람함. '다시 가 봄'이라 할 수도 있음. *合浦 : 경상남도 馬山市(마산시)의 지명. 일명 還珠(환주). 신라 때 骨浦縣(골포현)으로 경덕왕 때 합포로 고쳐 義安郡(의안군, 현 창원시)에 속하였고, 고려 현종 9년(1018) 金州(금주, 김해)에 속했다가 충렬왕 8년(1282) 會原(회원)으로 고쳐 縣令(현령)을 두었으며, 조선 태종 때 昌原(창원)에 예속했음. *天機 : 모든 조화를 꾸미는 하늘의 기밀. 하늘의 뜻. *人

事 : 사람이 하는 일. *參差 : '參差不齊(참치부제)'의 준말. 고르지 않아 가지런하지 않음. *依然 : 전과 다름이 없음. *細竹 : 굵기가 작고 가는 대나무의 일종. *笋 : 죽순. 대 싹. =筍(순). *殘花 : 떨어지고 남은 꽃. 시들어가는 꽃. *江湖 : 강과 호수. 자연. *半夜 : 한밤중. *幕府 : 절도사나 대장군이 업무를 보는 곳 또는 本陣(본진). *元戎 : ①군사용 큰 수레. ②元帥(원수). 大將(대장). 절도사. ③많은 병사. 여기서는 ②의 뜻임. 戎은 '兵器(병기). 戰車(전차). 전쟁. 크다'임. *旌旗 : 기. 지휘 깃발. 旌斾(정패).

[鑑賞] 전에 벼슬살이하던 합포에 다시 유람하며 지은 작품. 사람은 늙기도 하고 죽기도 하여 바뀌지만 자연은 늘 그대로라 합포의 성곽은 지난날 그 모습이다. 세죽의 죽순이 새로이 돋아나고 봄이 가 아직 못 다 핀 꽃이 피어 있다 하여, 이 頷聯(함련 3~4구)은 대구가 되었다. 다음에는 視點(시점)을 서정으로 돌려 전에 합포에서 벼슬 살기 10년을 회고하니 남은 것은 천여 수의 시를 지은 것뿐이라 허망하다. 이 頸聯(경련 5~6구)도 대구이다. 오늘 이 남루의 경치가 뛰어난데, 절도사는 여기를 놓아두고 어디에 가 있는가 하고 맺었다. 여기서 元戎은 그 당시 곧 공민왕 17년(1367)에 慶尙道都巡問使(경상도 도순문사)로 합포에 머물던, 편저자의 傍祖(방조) 埜隱 田祿生(야은 전녹생) 선생을 이르는 것 같다.

7언율시. 압운은 差, 時, 枝, 詩, 旗 자로 평성 '支(지)' 평운이다. 평측은 차례로 '平平平仄仄平平, 平仄平平仄仄平, 仄仄仄平平仄仄, 平平平仄仄平平, 平平仄仄平平仄, 仄仄仄平平仄平, 仄仄平平平仄仄, 平平平仄仄平平'으로 이사부동이륙대와 반법, 점법 등이 모두 이루어졌다.

313. 李最中(이최중 1715~1784) : 조선 영조 때 문신. 자 季良, 仁夫(계량, 인부). 호 韋庵(위암). 본관 全州(전주). 父 縣監 顯應(현감 현응). 영조 20년(1744) 司馬試(사마시), 동왕 27년(1751) 문과에 각각 급제하여 홍문관 제학, 이조판서를 거쳐 右參贊(우참찬)으로 있을 때 병으로 사퇴하고 三溪 巢雲庵(삼계 소운암)에 은거하며 항상 우국의 일념은 변치 않고 조정에 일이 있으면 잠을 못 자고 걱정했다. 정조 8년(1784) 誣獄(무옥)에 연좌되어 楸子島(추자도)에 감금되어 죽었다. 성격이 강직 청렴했으며 洪國榮(홍국영)이 국권을 좌우할 때 높은 벼슬에 앉히려고 사람을 보내어 권했으나 단호히 거절했으며, 영조와 정조 2대에 걸쳐 30년을 섬기는 동안 맑은 지조로 일관했다. 문집에 '韋庵集(위암집 6권)'이 있다.

313-1 卽景(즉경) 눈앞에 보이는 경치

草蟲鳴入床 坐覺秋意深 雲山明月出 靑天如我心.

(초충명입상 좌각추의심 운산명월출 청천여아심)

풀벌레 우는 소리 침상 아래 들고, 방에 앉아서도 가을 기분 깊어라.

구름 서린 먼 산에 밝은 달 솟으니, 푸른 하늘은 내 마음을 맑게 하는구나.

[語句] *卽景 : 그 자리에서 보이는 경치. *入床 : 침상 또는 섬돌 아래 들어옴. *秋意 : 가을다운 기분이나 맛.

[鑑賞] 이 시는 지은이가 아홉 살 때 지은 시라 한다. 아직 簾(염, 챰념 또는 平仄평측) 맞추기는 서투르지만, 눈에 보이는 것을 느끼는 대로 엮어 나간 솜씨는 높이 사야 하리라. 방에 앉아 귀뚜라미 우는 소리 들리니 가을 기분을 느끼겠고 문을 열고 나와 보니, 밝은 달이 먼 산에 걸려 있어 밤 푸른 하늘이 개어 내 마음 맑아진다.

5言絕句(5언절구). 압운은 深, 心 자로 평성 '侵(침)' 평운이다. 평측은 차례로 '仄平平仄平, 仄仄平仄平, 平平平仄仄, 平平平仄平'으로 二四不同(이사부동)은 둘째 구에서 어긋났고 反法(반법)과 粘法(점법)도 제대로 이루어지지 않은데다가, 첫 구는 측성으로 맺어야 하는데 床 자 평성으로 맺었으니 古詩(고시)라 해도 되겠다.

314. 李春元(이춘원 1571~1634) : 조선 광해군 때 문신. 이름 信元(신원). 자 立之, 元吉(입지, 원길). 호 九晥(구원). 본관 咸平(함평). 洪至誠(홍지성)과 思菴 朴淳(사암 박순 →75)에게 글을 배우고 향교에 나가 단연 학문의 두각을 나타냈다. 26세에 庭試(정시)에 급제하여 承文院權知副正字(승문원 권지부정자)를 시작으로 좌승지가 되었을 때 광해군 5년(1613) 광해군의 母后(모후) 유폐를 반대하다가 파면되었다. 이듬해 복직하여 병조참의를 거쳐 가선대부의 위계에 올라 간신들에게 조금도 굴하지 않았으며, 동왕 9년(1617) 垂簾聽政(수렴청정) 의식의 폐지에 반대하여 파면되었다. 동왕 12년(1620) 지돈녕부사가 되어 명 나라의 사신을 安州(안주)에서 맞이하고 중풍에 걸려 돌아왔다. 인조 1년(1623) 인조반정 후 한직을 맡기며 정양하라 했으나 사양했다. 일찍이 光陽縣監(광양현감)으로 있을 때 남원을 포위한 倭賊(왜적)과 싸워 위기에 빠진 관군을 구원한 바 있다.

314-1 淸虛樓別亞使(청허루별아사) 청허루에서 부사신을 송별하다

樓上淸風白露寒 峽天星斗夜闌干 留君共聽長江水 更覺明朝別意難.
　　(누상청풍백로한 협천성두야난간 유군공청장강수 갱각명조별의난)

누각 위에는 맑은 바람에 흰 이슬 찬데, 산골 하늘의 밤 별들 유난히 반짝이네.

그대 붙잡고 긴 강물 소리 함께 듣나니, 내일 아침 헤어지기 어려움을 다시금 깨닫네.

[語句] *淸虛樓 : 누각 이름. *亞使 : '사신 일행의 副使臣(부사신) 곧 副使'인 듯함.

*峽天 : 산골짜기에서 보이는 하늘. *星斗 : 별. 北斗(북두)와 南斗(남두). *闌干 : 달빛이 환하거나 별빛이 반짝이는 모양. *別意 : 惜別(석별)하는 마음.

[鑑賞] 사람을 전송할 때에는 다리께나 정자 또는 누각까지 가서 이별하는 게 관습이었다. 이 시도 아는 부사를 내일 이별하기로 하고 전 날 저녁에 청허루에 함께 올라 이별주를 나눈다. 때는 백로 철인 가을인가보다. 누각에는 맑은 바람이 감돌고 흰 이슬 내려 찬 기운을 느낀다. 바람 맑으니 골짜기의 좁은 하늘이나마 별들이 유난히 반짝인다. 둘이 함께 술잔 나누며 강물 소리를 듣고 있으려니, 우리 내일 아침 도저히 헤어질 수 없을 것 같다.

7言絶句(7언절구). 압운은 寒, 干, 難 자로 평성 '寒' 평운이다. 평측은 차례로 '平仄平平仄仄平, 仄平平仄仄平平, 平平仄仄平平仄, 仄仄平平仄仄平'으로 二四不同二六對(이사부동이륙대)와 반법, 점법 등이 잘 이루어진 좋은 작품이다.

315. 李賀(이하 Li Ho 790~816) : 中唐(중당)의 시인. 자 長吉(장길). 당 나라 왕족으로 鄭王(정왕)의 후예이며 하남성 宜陽縣 昌谷(의양현 창곡) 사람이다. 7세에 능히 시를 지은 鬼才(귀재)로 進士(진사)에 급제했으나 아버지의 이름이 문제되어 쓰이지 못했는데, 韓愈(한유)는 그 때문에 '諱辯(휘변)'을 지은 바 있다. 協律郎(협률랑)을 지냈으나 24세에 백발이 되고 몸이 파리했으며 눈썹이 짙은 결핵 체질이라 27세로 요절했다. 예민한 감각을 지녀 초현실성, 환상성이 짙은 시를 지어 諷刺奇癖詩人(풍자기벽시인) 또는 詩壇(시단)의 異端兒(이단아)라 일컬어졌다. 시집에 '李長吉歌詩(이장길가시 4권)'와 '外集(외집 1권)'이 있다.

315-1 大堤曲(대제곡) 대제곡

妾家住橫塘 紅紗滿桂香 靑雲敎綰頭上髻 明月與作耳邊璫
蓮風起江畔春 大堤上留北人 郎食鯉魚尾 妾食猩猩脣
莫指襄陽道 綠浦歸帆少 今日菖蒲花 明朝楓樹老.

(첩가주횡당 홍사만계향 청운교관두상고 명월여작이변당

연풍기강반춘 대제상유북인 낭식이어미 첩식성성순

막지양양도 녹포귀범소 금일창포화 명조풍수로)

저는 횡당에 사는데, 붉은 창문 앞에는 계수나무 향기가 가득하다오.
푸른 구름은 제 트레머리가 되어 주고, 밝은 달은 귀고리가 되어 주지요.
연꽃 위로 바람 부는 강가의 봄에,
색향 대제에서는 북쪽으로 가는 이를 붙들어 묵게 하고는,
"당신은 잉어 꼬리를 잡수어요, 저는 원숭이의 입술을 먹을께요." 하겠지요.

양양 근방으로는 가지 말아요, 녹포 갯가에는 돌아오는 배 드물어요.

오늘은 창포꽃 피는 좋은 날이지만, 다음 날이면 단풍 들어 시들고 만다오.

[語句] *大堤曲 : 중국 襄陽(양양) 부근에 있는 色鄕(색향)인 대제를 읊은 노래. *妾家 : 저의 집. 妾은 '여자의 自稱(자칭)'임. *橫塘 : 南京市(남경시) 부근의 지명. *紅沙 : 紅沙窓(홍사창). 붉은 비단을 바른 창. 沙窓은 '여인이 거처하는 방의 창문'임. *桂香 : 계수나무의 향기. 계수나무는 '녹나무과의 교목'으로 중국 남부와 동인도에서 나며 특이한 芳香(방향)이 있음. *敎綰 : 틀어 올림. 綰은 '얽다. 꿰다'임. *鬐 : 올린 머리결. 트레머리. *瑙 : 귀고리. *江畔 : 강가. *郎 : 사내. 남편. 임. 당신<2인칭>. *鯉魚 : 잉어. *猩猩 : 원숭이의 일종으로 지능 수준이 높고 힘이 세다고 함. *綠浦 : 푸른 갯가 또는 포구 이름. *菖蒲 : 창포과의 다년생 풀. 6~7월에 황록색 꽃이 다닥다닥 핌.

[鑑賞] 남경 부근의 횡당에 사는 여인이 남편이나 사랑하는 임에게 양양의 대제에는 가지 말도록 당부하는 내용으로, 5言句(5언구)와 6언구, 7언구가 섞인 雜體詩(잡체시)이다. 처음 네 구는 자기가 사는 곳과 집 그리고 푸른 구름 같은 헤어스타일과 밝은 달 같은 귀고리를 단 제 모습을 자랑했다. 두 번째 네 구는 연꽃을 스쳐 불어오는 바람과 강가의 봄이 오면 색향 대제에서는 북으로 가는 나그네들을 유혹하는데, 8진미와 强壯(강장)의 효능이 있다는 잉어 꼬리와 원숭이 입술[혀]을 들어 "당신은 잉어 꼬리를 잡수세요, 저는 원숭이 입술을 먹을게요." 하고 꾈는지도 모른다. 마지막 네 구는 그러한 대제에 제발 가지 말라 하고는 한 번 가기만 하면 돌아오는 사람이 드물다는 것이며, 지금은 창포 꽃 피는 좋은 계절같이 청춘이지만 세월이 지나면 단풍 들 듯 늙고 만다는 것이다. 당시로서는 퍽 에로틱한 작품이었으리라.

잡체시 6연 12구. 압운은 세 운을 썼으니, 塘, 香, 瑙 자는 평성 '陽(양)' 평운이고, 春, 人, 脣 자도 평성 '眞(진)' 평운이며, 道와 老 자는 상성 '皓(호)' 측운이요 少 자도 상성 '篠(소)' 측운으로 두 운은 通韻(통운)이다. 평측은 차례로 '仄平仄仄平, 平平仄仄平, 平平平仄平仄仄, 平仄仄仄仄平平 ; 平平仄平仄平, 仄平仄仄平仄, 平仄平平仄, 仄仄平平平 ; 仄仄平平仄, 仄仄平平仄, 平仄平平平, 平平平仄仄平'으로 이사부동이나 二四不同二六對(이사부동이륙대)와 反法, 粘法(반법, 점법) 등은 부분적으로만 이루어져 따져 보지 않기로 한다.

315-2 將進酒(장진주) 술 권하는 노래

琉璃鍾 琥珀濃 小樽酒滴眞珠紅 烹龍炮鳳玉脂泣 羅屛繡幕圍香風

吹龍笛 擊鼉鼓 皓齒歌 細腰舞 況是靑春日將暮 桃花亂落如紅雨
勸君終日酩酊醉 酒不到劉伶墳上土.

(유리종 호박농 소준주적진주홍 팽룡포봉옥지읍 나병수막위향풍

취용적 격타고 호치가 세요무 황시청춘일장모 도화난락여홍우

권군종일명정취 주부도유령분상토)

유리 술잔에 호박처럼 노란 술은 독하고, 조그만 술통의 술은 진주처럼 붉구나.

용을 삶고 봉황을 구우니 옥 같은 기름이 지글지글,

비단 병풍 수놓인 장막은 향그런 바람에 싸여 있구나.

용 피리 불고 악어가죽 북을 치니, 하얀 이 드러내며 노래하고 한 줌 허리 놀리며 춤추네.

하물며 이 봄도 저무려 하고, 복사꽃 어지러이 붉은 비 오듯 떨어짐에랴.

그대에게 권하노니 종일토록 마시고 양껏 취하자꾸나,

이 술이 유령의 무덤에까지 가지는 않을테니.

[語句] *將進酒 : 술을 권함. 樂府(악부)의 제목임. →234-50. *琉璃鍾 : 유리 술잔. *琥珀濃 : 호박처럼 투명하고 고운 황색의 술이 진함 곧 독함. *烹龍炮鳳 : 용을 삶고 봉황을 구움. '珍味(진미)의 요리를 장만함'의 뜻임. *龍笛 : 용 모양을 새긴 피리 또는 불면 용의 울음소리가 나는 피리. *鼉鼓 : 악어 가죽으로 만든 북. *皓齒 : 희고 깨끗한 이. 미녀. *細腰 : 가는 허리. 周(주)의 幽王(유왕)이 총애하던 褒姒(포사)라는 미녀가 허리 가늘기로 유명함. *靑春 : 새싹이 돋는 봄철. *酩酊 : 몸을 가눌 수 없도록 술에 몹시 취함. *劉伶(?~300?) : 晋(진) 나라 죽림 7현의 한 사람. 자 伯倫(백륜). 술을 몹시 즐기었고 '酒德頌(주덕송)'을 지었음.

[鑑賞] 술을 권하는 시로 잘 알려진 것은 李白(이백)의 '將進酒'와 松江 鄭澈(송강 정철)의 사설시조 '將進酒辭(장진주사)'이리라. 이백의 시는 234-50에서 소개한 대로 13연 25구의 장시로 '내 가죽옷을 술과 바꾸어서라도 술로써 그대와 내가 가진 인생의 시름을 녹여 버리자'고 맺었고, 송강의 사설시조는 "한 잔 먹세그려 또 한 잔 먹세그려, 꽃 꺾어 算山 놓고 무진무진 먹세그려.……"라 했다. 이는 이백의 다른 시에 나오는 "一杯一杯復一杯(한 잔 한 잔에 거듭되는 또 한 잔이라)"[→234-13]와 이미지가 통한다. 이 시도 청춘 시절은 짧으니 만화방창한 봄날에 노래하며 춤추는 술판을 종일토록 벌여 보자고 했다.

잡체시 7연 13구로 3言句(3언구), 7언구, 8언구가 쓰이었다. 압운은 轉韻(전운)이 되어 鍾, 濃, 紅, 風 자에서 앞 두 자는 평성 '冬(동)' 운, 뒤의 두 자도 평성 '東(동)' 평운으로 통운이 된다. 다음의 鼓, 舞, 雨, 土 자는 상성 '麌(우)' 측운이다. 평측은 차례로 '平平平, 仄仄平, 仄平仄

仄平平平, 平平平仄仄仄仄, 平平仄仄平平仄 ; 平平仄, 仄平仄, 仄仄平, 仄平仄, 仄仄平平
仄平仄, 平平仄仄平平平, 仄平仄仄仄仄仄, 仄仄仄平平仄仄仄'으로 이사부동이류대는 제 3,
5, 11구의 셋만 이루어졌으니 반법과 점법은 이루어지지 않았다.

315-3 啁少年 初·終聯(조소년 초·종련) 소년에게 말해 주다 첫 연과 끝 연
　　靑驄馬肥金鞍光 龍腦入縷羅衫香 美人狹坐飛瓊觴 貧人喚云天上郞
　　別起高樓連碧篠 絲曳紅鱗出深沼 有時半醉百花前 背把金丸落飛鳥 <초련>
　　少年安得長少年 海波尙變爲桑田 枯榮遞傳急如矢 天公豈肯爲君偏
　　莫道韶華鎭長在 髮白面皺專相待 <종련>
　　　　(청총마비금안광 용뇌입루나삼향 미인협좌비경상 빈인환운천상랑

　　　　별기고루연벽소 사예홍린출심소 유시반취백화전 배파금환낙비조

　　　　소년안득장소년 해파상변위상전 고영체전급여시 천공기긍위군편

　　　막도소화진장재 발백면추전상대)

총이말 말은 살쪘고 금 안장 빛나는데, 용뇌 넣은 실로 지은 저고리 향기롭기도 해라.
미인을 끼고 앉아 옥 술잔 돌리니, 가난뱅이들은 이들을 하늘에서 온 신선이라 하네.
푸른 세죽 대밭에 따로 누각 세웠고, 깊은 늪에 낚싯줄 던져 붉은 물고기 낚는구나.
때로는 온갖 꽃 핀 동산에서 반나마 취하고, 등에 멘 쇠 탄환 쏘아 나는 새 떨구기도 하네.
　　　　　　　　　　　　　　　　　　　　　　　　　　　　　　<初聯>

소년이 어찌 백년 소년일 수 있으랴, 바닷물도 바뀌어 뽕밭으로 되느니라.
흥성하고 쇠퇴함은 뒤바뀌기 나는 화살과 같으니, 하늘이 어찌 그대들만을 편드리오.
봄 경치가 오래 있을 것이라 말하지 말라,
백발과 얼굴 주름살이 기다렸다는 듯 한꺼번에 몰려온다네. <終聯>

[語句] *啁 : 지껄이다. *靑驄馬 : 총이말. 푸른 빛깔에 흰 색이 섞인 말. *龍腦 : 龍
　　腦香科(용뇌향과)의 상록 교목. 보르네오와 수마트라 원산으로 높이 30m 가량이며
　　꽃은 누르고 향기가 있음. 이 나무에서 채취한 무색투명의 용뇌향은 약이나 향료
　　의 원료, 口腔劑(구강제)와 방충제 등으로 쓰임. *縷 : 실. *羅衫 : 엷은 비단으로
　　짠 적삼. *瓊觴 : 붉은 옥으로 만든 술잔. *喚 : 부르다. *碧篠 : 푸른 細竹(세죽,
　　굵기가 가는 대의 일종. 시누대). *曳 : 끌다. 당기다. *紅鱗 : 붉은 빛 비늘을 가진 물고
　　기. *把 : 잡다. *金丸 : 금 곧 쇠로 만든 탄알[彈丸탄환]. *海波~ : '桑田碧海(상
　　전벽해), 뽕나무밭 곧 육지가 바뀌어 푸른 바다가 됨-세상 모든 일이 덧없이 변함'
　　의 뜻을 말한 구절임. *枯榮 : 시듦과 무성함. 쇠함과 성함. 榮枯. 榮落(영락). *
　　遞傳 : 차례로 여러 곳을 거쳐 전해짐. 변하여 달라짐. 變轉(변전). *肯 : 즐기다.

옳다 하다. '즐거이 ~ 하다'의 뜻임. *韶華 : 봄 경치. 젊음. 청년 시절. 韶光(소광). *鎭長在 : 오래 자리잡고 있음. 鎭은 '수자리. 진정하다. 누르다'임. *專 : 오로지. 한 곳으로. *相待 : 서로 기다림.

[鑑賞] 이 시는 王維(왕유)와 李白(이백)의 '少年行(소년행 →164-7, 234-21)' 시와 마찬가지로 樂府題(악부제)의 일종이다. 앞의 두 시는 4구로 된 짧은 7言古詩(7언고시)로 서울 소년들의 생활 단면을 비교적 긍정적으로 표현했으나, 이 시는 11연이나 되는 비교적 긴 7언고시로 소년들의 천박 경솔한 모습을 풍자해 그리고는, 청춘은 잠깐 동안에 가 버린다는 것을 교훈으로 제시했다. 생략한 중간의 내용은 '소년은 객지에 나가 고생해 본 일이 없고 거느리는 여인이 3백이 넘는다고 자랑하니, 이들이 어찌 농사짓는 백성들의 괴로움과 세금 독촉 받고 길쌈한 피륙을 稅納(세납)하는 쓰라림을 알리. 금과 옥 없는 게 없으니 거드름도 피우고 늘 한량들과 사귀며 의기양양하네. 태어나서 글은 반줄도 읽지 않았고 다만 황금으로 귀한 지위을 사려고 할 뿐이라.'이다.

7言古詩(7언고시) 11연 22구. 압운은 네 구마다 전운했는데, 光, 香, 觴, 郎 자는 평성 '陽(양)' 평운으로 구마다 압운했고, 篠, 沼, 鳥 자는 상성 '篠' 측운이며, 年, 田, 偏 자는 평성 '先(선)' 평운, 在, 待 자는 상성 '賄(회)' 측운이다. 평측은 차례로 '平平仄平平平平, 平仄仄仄平平平, 仄平仄仄平平平, 平平仄平平仄平 ; 仄仄平平平仄仄, 平仄平平仄仄仄, 仄平仄仄仄平平, 仄仄平平仄平仄 ; 仄平平仄平仄平, 仄仄平仄仄仄平平, 平平仄平仄平仄, 平平仄平仄平平 ; 仄仄平平仄平仄, 仄仄仄仄平平仄'으로 二四不同二六對(이사부동이륙대)는 제 3, 5, 7, 10, 12구의 다섯뿐이라 反法(반법)이나 粘法(점법)은 이루어지지 않았다.

316. 李昰應(이하응 1820~1898) : 興宣大院君(흥선대원군). 조선 고종의 攝政(섭정) 대원군. 자 時伯(시백). 호 石坡(석파). 시호 獻懿(헌의). 父 南延君 球(남연군 구). 영조의 현손이요 고종의 아버지로 24세에 흥선군으로 피봉 되고 宗親府堂上(종친부 당상), 五衛都摠官(오위도총관)을 역임했으나, 戚族(척족) 안동 김씨의 횡포로 불우한 처지가 되어 부랑 생활로, 빈민굴의 생활 실태까지 잘 알게 되었다. 철종이 후사 없이 죽자 후사 결정권을 가진 趙大妃(조대비, 翼宗妃익종비)와 密計(밀계)가 있어, 둘째 아들 命福(명복, 후의 고종)을 세자로 삼고 대원군이 되어 섭정하며 정책 결정권을 부여받았다. 이후 10년간 새로운 정치 수립에 착수하여 많은 장단점을 남겨놓았다. 쇄국 정책을 썼으나 특히 며느리 閔妃(민비)와의 알륵이 있어, 민비측이 집권하자 일본과의 국교로 그의 쇄국정책은 무너졌다. 고종 19년(1882) 壬午軍亂(임오군란) 때 세력을 만회했으나 청의 李鴻章(이홍장)에게 끌려서 天津 保定府(천진 보정부)에 연금되었다가, 고종 22년(1885) 귀국하여 음모를 계속해 고종 폐위 책동, 동학란 관련, 청일 전쟁 유발, 일본의 대원군 영입,

갑오경장 등의 사건이 일어났다. 고종 32년(1895) 乙未事變(을미사변)으로 민비가 일본인들에 의해 살해되자 갈등은 일단락되었으나 대원군도 차차 정치를 멀리하였다. 그는 詩文, 書畫(시문, 서화)에 능하여 '墨蘭圖(묵란도)'가 고궁박물관에 소장되어 있다.

316-1 我笑堂(아소당) 아소당

吾負吾身任不輕 退公閒日酒樽傾 從知往事皆吾夢 惟愧餘年任世情
理屐山村俚談好 聞蟬溪柳古詩成 細論百歲安排地 我笑前生又此生.

(오부오신임불경 퇴공한일주준경 종지왕사개오몽 유괴여년임세정

이극산촌이담호 문선계류고시성 세론백세안배지 아소전생우차생)

내 몸을 내가 짊어지니 가볍지 않아, 나라 일에서 물러나 한가한 날 술잔만 기울이네.

지난 일 모두 꿈같이 허무하고, 여생을 세상 인정에 맡기니 부끄럽구나.

두메에서 나막신 신고 백성들 얘기 듣기 구수하고,

냇가 버들의 매미 소리 시흥을 돋우네.

백년의 내 삶을 자질구레하게 따져 보니, 전생이나 이승이나 다 헛된 웃음뿐이로구나.

[語句] *餘年 : 죽을 때까지의 나머지 세월. 餘生(여생). *世情 : 세상의 사정이나 인심. *理屐 : 나막신을 손질함. 나막신을 신음. * 山村 : 산에 있는 마을. 두메. *俚談 : 백성들 곧 민간의 이야기. 俚는 '속되다. 상말'임. *古詩成 : 漢詩(한시)를 지어 이룸. '시흥이 일어남'으로 쓴 말임. *細論 : 세밀한 의논. 자질구레한 주장. *安排 : 잘 알맞게 벌여 펼쳐 놓음. 있는 그대로 만족함. *前生 : <佛>이 세상에 나오기 전의 세상. 三生(삼생, 전생·현생·후생)의 하나임. *此生 : 이승. 살아 있는 이 세상. 現生(현생).

[鑑賞] 이 시는 고종의 나이 22세가 되어 親政(친정) 논의가 일어, 대원군인 지은이가 민비와 대립하다가 失勢(실세)하여 경기도 楊州(양주)에 은퇴했을 때 지은 작품이리라. '아소당'이란 초당을 짓고 村老(촌로)들과 어울려 막걸리 잔이라도 나누며 한담 중에 지었으리라. 頷聯(함련, 承聯승련)과 頸聯(경련, 轉聯전련)은 작시법대로 對句(대구)를 이루었다. 인생이란 지내놓고 보면 모두 헛되고 무상한 것, 지난 일을 곱씹어 무엇하랴. 그저 허허 웃어넘길 수밖에 없는 게 아닌가.

7言律詩(7언율시). 압운은 輕, 傾, 情, 成, 生 자로 평성 '庚(경)' 평운이다. 평측은 차례로 '平仄平平仄仄平, 仄平平仄仄平平, 平平仄仄平平仄, 平仄平平仄仄平, 仄仄平平仄仄仄, 平平平仄仄平平, 仄平仄仄平平仄, 仄仄平平仄仄平'으로 이사부동이륙대는 다섯째 구에서 어긋났고 반법과 점법은 대개 이루어졌다.

317. 李夏鎭(이하진 1628~1682) : 조선 숙종 때 문관. 자 夏卿(하경). 호 梅山, 六寓堂(매산, 육우당). 본관 驪州(여주). 父 持平 志安(지평 지안). 현종 7년(1666) 문과 급제했고 숙종 6년(1680) 大司諫(대사간) 때 配享(배향) 문제와 右贊成 尹鑴(우찬성 윤휴)의 사건을 두고 상소를 올려 晉州牧使(진주목사)로 좌천되고 이어 관직을 빼앗기고는 雲山(운산)에 귀양 가서 죽었는데, 숙종 11년(1685) 직첩을 다시 주었다. 기억력이 뛰어나고 시에 능하여 잠시 동안에 몇 편을 지었고 筆法(필법)이 뛰어났다. 벼슬에 있어서는 후진들을 인도하여 公道(공도)를 넓히고 사기를 북돋우어 줌을 첫째로 삼아 儒林(유림)의 領袖(영수)가 되었다.

317-1 夜雨(야우) 밤비

江雨蕭蕭夜未央 漁燈明滅荻花凉 小亭人與瓶俱臥 天外歸鴻意獨長.
(강우소소야미앙 어등명멸적화량 소정인여병구와 천외귀홍의독장)

강에 내리는 비 밤중 아님에도 쓸쓸한데,
고기잡이 배의 등불 깜박이고 갈대 꽃 서늘하네.
작은 정자에는 사람과 술병이 같이 누웠고,
하늘 저 멀리 돌아가는 외기러기 그 뜻 무궁타.

[語句] *蕭蕭 : 바람이나 빗소리가 쓸쓸함. *未央 : 중앙이나 가운데가 아님. *明滅 : 불이 깜박임. 보였다 안 보였다 함. *荻花 : 갈대의 꽃. *臥 : 눕다. 굽히다. *天外 : 하늘 저쪽. 아주 높거나 먼 곳.

[鑑賞] 한 폭의 風景畫(풍경화)를 그려볼 수 있는 敍景詩(서경시)이다. 강가에는 갈대꽃이 끝없이 피어 있고 조그만 정자에는 술에 취한 사람이 누워 있는데 그 옆에는 마시던 빈 술병도 주인 따라 눕혀 있다. 하늘 저편에 북으로 돌아가는 외기러기가 구름 속으로 사라져 가고 밤비는 부슬부슬 내려 한밤중이 아닌데도 어둑하다. 강에는 고기잡이배에 켜 둔 등불이 깜박이고 있다. '사람과 술병이 함께 누워 있다'거나 '하늘 멀리 날아가는 무궁한 기러기의 뜻' 같은 것이 시적인 표현이다.

7言絕句(7언절구). 압운은 央, 凉, 長 자로 평성 '陽(양)' 평운이다. 평측은 차례로 '平仄平平仄仄平, 平平平仄仄平平, 仄平平仄平平仄, 平仄平平仄仄平'으로 이사부동이륙대와 반법, 점법 등이 잘 이루어진 좋은 시이다.

318. 李學逵(이학규 1770~1835) : 조선 정조 때 문인. 자 醒叟(성수). 호 洛下生(낙하생). 본관 平昌(평창, 平原평원). 父 應薰(응훈). 유복자로 10여 세가 되도록 외가에서 자라며 외조부 惠寰 李用休(혜환 이용휴 →274)에게서 唐人詩絕句(당인시 절구)를 배웠다. 약관에 명성

을 얻어 정조의 인정을 받아 '奎章全韻(규장전운)' 편찬에 참여하여 여러 文士(문사)들과 교유했다. 순조 원년(1801) 辛酉邪獄(신유사옥)이 일어나 외종 李家煥(이가환 →211) 등과 구금되어 신문을 받아 혐의점이 없지만, 동년 봄에 전라도 綾州(능주, 현 전남 화순)로 유배되고 다시 경남 金海(김해)로 移配(이배)되어, 동왕 24년(1824) 풀려 나와 충북 충주 근처에서 살며 여생을 마쳤다. 유고 문집으로 '洛下生全集(낙하생전집 3권)'이 전한다.

318-1 嚇鵲令(하작령) 까치 쫓으라는 명령

寧當七年病 不聞嚇鵲令 寧出五銅瓶 不納一銀瓶

爾父清如水 文節眞無子 向聞劉尙書 號令無古初

嘷鴞搜林木 走鹿歸牢獄 軍民至今言 何時無此賢.

(영당칠년병 불문하작령 영출오동병 불납일은병

이부청여수 문절진무자 향문유상서 호령무고초

호효수임목 주록귀뇌옥 군민지금언 하시무차현)

차라리 7년 앓는 병을 견딜지언정, 까치 쫓으라는 하작령은 듣지 못하겠네.

차라리 다섯 개의 동병은 내놓을망정, 한 개의 은병은 바칠 수 없네.

그 아버지는 물같이 청렴했다지만, 그 아버지 문절공은 정말 자식이 없는 셈이었구나.

전에 들으니 유상서는, 지난날에는 없었던 호령을 내려,

올빼미 소리에 숲을 수색케 하고는, 사슴을 놓치면 감옥에 가두었다 하네.

군인이고 백성이고 지금 하는 말이, 어느 때인들 이런 어진 이가 없으랴 하네.

[語句] *嚇鵲令 : 까치를 을러 쫓아버리라는 명령. 고려 때 朱印遠(주인원)이 경상도로 按廉勸農使(안렴권농사)로 가서 까치 소리를 듣기 싫어해 활로 쫓도록 명하고, 까치 소리가 한번 들리면 곧 화폐의 일종인 銀瓶을 징수했다 함. 嚇는 '위협하다. 꾸짖다'임. *寧 : 차라리. *銅瓶 : 고려 때 화폐의 일종으로 銀瓶보다 아래 단위임. *爾父 : 그의 아버지, 곧 朱悅(주열 ?~1287)로 시호가 文節(문절)임. *向聞 : 전에 들었음. 向=嚮(접때 향). *劉尙書 : 유 정승. 누구인지 미상임. 尙書는 '고려 六部(육부, 고려의 관청으로 조선의 六曹육조와 같음)의 으뜸 벼슬'임. *無古初 : 지난날에는 없던 처음. *嘷鴞 : 올빼미 울음소리. 嘷는 '짖다. 고함지르다'이고, 鴞는 '올빼미. 솔개'임. *牢獄 : 죄인을 가두는 곳. 감옥. *此賢 : 이 어진이. '貪官汚吏(탐관오리)'임을 비꼬아 쓴 말임.

[鑑賞] 당시 경상도 지방에 전해 내려오는 이야기 곧 '고려 때 주인원이 안렴 권농사로 와서 까치 소리를 듣기 싫어해서, 백성들에게 활로 까치를 쫓이버리도록 명

을 내리고 까치 소리가 한 번 들리면 곧 은병을 징수하니, 백성들이 그 고통을 참을 수 없었다더라.’는 말을 듣고 지은 작품이다. 주인원의 아버지 주열은 고려 충렬왕 때 賢臣(현신)이요 문장가였으며, 충청도·경상도·전라도 안찰사를 지냈는데, 가는 곳마다 청렴하기로 명성을 떨쳤고 知都僉議府事(지도첨의부사)에 올랐으며, 재물을 탐하지 않아 늘 빈한한 선비로 지내 왕이 항상 칭찬하고 文節(이)란 시호까지 내린 분이었다고 한다. 한편 그 아들 주인원은 경상도 안렴 권농사로 나갈 때 정승들이 모두 ‘인망이 없는 자’라 했으나, 인원이 가는 베를 왕에게 바쳐 왕이 정승들의 말을 듣지 않았으며, 그 후 환관 李信(이신), 柳允珪(유윤규), 左承旨 趙簡(좌승지 조간) 등이 왕 앞에서 인원과 對質(대질)하며 그의 비리를 낱낱이 밝히니, 인원은 고개를 들지 못하여 파직당했다 한다. 이 시에서 ‘文絕眞無子’와 ‘何時無此賢’은 그 얼마나 諧謔的(해학적)이며 嘲笑(조소)가 깃든 시구인가. 시는 이렇게 비리를 고발하고 사회를 정화시키는 구실도 하는 것이다.

5言古詩(5언고시) 6연 12구. 압운은 독특하게 구마다 압운한 每句押韻法(매구압운법) 중 轉韻(전운)한 형식인데, 病·令 자는 거성 ‘敬(경)’ 측운, 瓶 자는 평성 ‘靑(청)’ 평운, 水·子 자는 상성 ‘紙(지)’ 측운, 書·初 자는 평성 ‘魚(어)’ 평운, 木·獄 자는 각각 입성 ‘屋(옥)’과 ‘沃(옥)’ 측운으로 通韻(통운)이 되며, 言·賢 자도 각각 평성 ‘元(원)’과 ‘先(선)’ 평운으로 역시 통운이 된다. 평측은 차례로 ‘平平仄平仄, 仄平仄仄仄, 平仄仄平平, 仄仄仄平平, 仄仄平平仄, 平仄平平仄, 仄平平仄平, 仄仄平仄平, 平平平平仄, 仄仄平平仄, 平平仄平平, 平平平仄平’으로 二四不同(이사부동)에 어긋난 곳은 제 1, 8, 9, 11구의 넷이고, 反法(반법)과 粘法(점법)은 이루어지지 않았으니 고시이기 때문이다.

319. 李恒老(이항로 1792~1868) : 조선 말기의 학자. 초명 光老(광로). 자 而述(이술). 호 華西(화서). 시호 文敬(문경). 본관 碧珍(벽진). 父 友鹿軒 晦章(우록헌 회장). 세 살 때 ‘千字文(천자문)’을 떼고 여섯 살에 ‘十八史略(십팔사략)’을 배웠으며 12세에 ‘尙書(상서, 書經서경)’를 배울 정도로 학문적 성취가 빨랐다. 순조 8년(1808) 17세에 과거에 급제했으나 과거 부정을 목격하고 벼슬길을 단념했다. 헌종 6년(1840) 49세에 經史(경사)에 밝은 선비로 천거되어 徽慶園參奉(휘경원 참봉)에 임명되었으나 나가지 않고 고향 경기도 楊平 蘗溪(양평 벽계, 서종면)에서 후진을 양성하며 헌종 13년(1847) 집 동쪽에 霽月臺(제월대)를 세웠다. 고종 원년(1864) 趙斗淳(조두순)의 추천으로 掌苑署別提(장원서 별제), 全羅都事(전라도사), 司憲府持平(사헌부 지평), 掌令(장령) 등을 제수받았으나 사퇴했는데, 工曹參判(공조참판)을 역임했다는 설도 있다. 성리학에 밝았고 衛正斥邪(위정척사)의 정신에 투철했으며, 경복궁 중건과 서원 철폐로 하여 흥선대원군과 사이가 나빠졌다. 사후 內部大臣(내부대신)이 추증되고 시호를 받았으며, 저서는 대개 아들과 제자들에게 대작시켰는데 ‘華東

歷史合編綱目(화동역사합편강목 60권)', '碧溪雅言(벽계아언 12권)', '朱子大全集箚(주자대전 집차)', '文集(문집 60권)', '門人語錄(문인어록)', '周易解義(주역해의)' 등이 있다.

319-1 蒙宥後寓感(몽유후우감) 사면을 받은 감상

含笑入囹圄 白頭輕死生 午天恩牌降 涕淚始縱橫.

　　(함소입영어 백두경사생 오천은패강 체루시종횡)

쓴웃음으로 감옥에 들어가니, 늙은 몸이라 죽고 사는 게 가벼웠네.

한낮에 사면 은혜 내리시니, 임금님 은덕에 겨워 눈물 이리저리 흐르는구나.

[語句] *蒙宥 : 죄를 용서받음. 형벌을 면제받음. 赦免(사면). *寓感 : 감상을 부침. *囹圄 : 죄수를 가두는 곳. 監獄(감옥). 牢獄(뇌옥). *白頭 : ①허옇게 센 머리. 白首(백수). ②지체는 높으나 벼슬 하지 않은 선비. *午天 : 한낮. *恩牌 : 은전을 베푸는 문서. *涕淚 : 슬피 울어서 흐르는 눈물. *縱橫 : 가로 세로.

[鑑賞] 조선 철종 13년(1862)은 도처에서 민란이 일어났던 해였다. 이로 인해 지은이도 체포되어 투옥되었다가 풀려났으니, 이 시는 그 때 지은 작품이다. 아무 죄 없이 체포되어 수감되니 쓴웃음이 나올 수밖에 없었고, 일흔 노인의 몸이라 죽고 사는 것은 초월한 꼬장꼬장한 선비였다. 그런데도 사면하라는 은전이 내리니 임금님의 고마움에 눈물이 마구 흘렀다.

　5言絶句(5언절구). 압운은 生, 橫 자로 평성 '庚(경)' 평운이다. 평측은 차례로 '平仄仄平仄, 仄平平仄平, 仄平平平仄, 仄仄仄平平'으로 이사부동은 셋째 구에서 어긋났고 반법과 점법은 그런대로 이루어졌다.

320. 李恒福(이항복 1556~1618) : 조선 선조 때 정치가. 자 子常(자상). 호 弼雲, 淸化眞人, 東岡, 白沙(필운, 청화진인, 동강, 백사). 시호 文忠(문충). 본관 慶州(경주). 고려 李齊賢(이제현 →297)의 후손. 父 參贊 夢亮(참찬 몽량). 어려서 골목대장인 惡童(악동)이었으나 모친의 책망을 듣고 학문에 힘썼으며 16세에 어머니의 사망 후 學宮(학궁, 成均館성균관)에 들어가 학문이 크게 이루어져 權轍(권철) 정승의 손녀사위 곧 權慄(권율) 장군의 사위가 되었으며, 선조 13년(1580) 漢陰 李德馨(한음 이덕형)과 함께 문과 급제하여 承文 正子, 檢閱(승문 정자, 검열)을 거쳐 才學(재학)으로 추천받아 湖堂(호당, 讀書堂독서당)을 거쳐 玉堂(옥당, 弘文館홍문관)에 들어가 임금의 신임을 받았다. 호조참의 때 錢穀(전곡)의 출납에 밝아 尹斗壽(윤두수) 판서의 칭찬을 받았고, 鄭汝立(정여립)의 모반 사건을 다스린 공으로 平難功臣(평난공신)이 되었다. 承旨(승지) 때 士禍(사화)의 우두머리인 鄭澈(정철)의 罪案(죄

안) 처리에 태만했다는 탄핵을 받아 파면되었다. 임진왜란 때 도승지가 되어 왕을 모시고 임진강을 건너 개성에 이르러 이조참판이 되고 鰲城君(오성군)에 봉해졌으며, 두 왕자를 호위해 먼저 평양에 가서 형조판서로 특진되었다. 왕의 寧邊(영변) 피난과 명나라에 구원병을 청하자고 이덕형과 함께 청했다. 이후 병조판서를 다섯 번 지내며 군대를 정비했고 선조 31년(1598) 우의정에 부원군이 되었으며, 丁應泰(정응태)의 무고 사건 陳奏使(진주사)로 명 나라에 다녀왔다. 이어 영의정이 되어 鄭仁弘(정인홍) 등이 成渾(성혼)을 무고하는 사건에서 성혼을 변호하다가 정철의 당이라는 혐의로 자진 사퇴했다. 광해군 때 臨海君(임해군)을 변호했고 永昌大君(영창대군)의 구원에 힘썼으며, 仁穆大妃(인목대비) 폐모의 논의에 적극 반대하다가 北靑(북청)에 귀양가 죽었다. 천성이 孝友敦睦(효우돈목)했고 조정에 벼슬하기 40여 년 동안 늘 당쟁에 초연하려고 노력했다. 저서에 '北遷日錄(북천일록 2권)', '奏疏啓議(주소계의 2권)', '四禮訓蒙(사례훈몽 1권)', '魯史零言(노사영언 15권)', '白沙集(백사집 17권)' 등이 있다.

320-1 寄申敬叔(기신경숙) 신경숙에게 주다

兩地俱爲放逐臣 中間消息各沾巾 淸平山下昭陽水 日夜西流到漢津.
　　　(양지구위방축신 중간소식각첨건 청평산하소양수 일야서류도한진)

우리가 있는 두 곳 모두 쫓겨나 귀양살이하는 곳인데,
들려오는 소식에 눈물만 적시네.
청평산 아래 흐르는 소양강 강물,
서쪽으로 밤낮 없이 흘러 서울 한강 나루에 이르겠구나.

[語句] *申敬叔 : 申欽(신흠 1566~1628). 인조 때 학자로 자가 敬叔임. →140. *兩地 : 지은이가 귀양가 있는 북청과 신흠이 귀양간 춘천. *放逐 : 쫓아냄. 벼슬을 삭탈하고 제 고장으로 내려쫓던 형벌인 放逐鄕里(방축향리). *沾巾 : 눈물로 수건이 젖음. *淸平山 : 강원도 춘천시 北山面 淸平里(북산면 청평리)에 있는 산. *昭陽 : 소양강. →3-1. *漢津 : 한강 또는 한양의 나루. '대궐이 있는 서울'의 뜻임.

[鑑賞] 신흠은 지은이보다 열 살 아래지만 신흠과 함께 '宣祖實錄(선조실록)'을 편찬한 일이 있어 돈독한 사이였으리라. 신흠은 광해군 5년(1613) 영창대군의 獄事(옥사)가 일어났을 때 선조의 遺敎7臣(유교7신)의 한 사람으로 관직에서 쫓거나 춘천으로 귀양갔고 지은이는 북청으로 귀양갔으니 같은 처지였다. 끝 구는 자기 집을 그리워하는 뜻도 있겠지만, 임금에의 충성을 나타낸 구절이라 하겠다.

　7言絶句(7언절구). 압운은 臣, 巾, 津 자로 평성 '眞(진)' 평운이다. 평측은 차례로 '仄仄平平

仄仄平, 平平平仄仄平平, 平平平仄平平仄, 仄仄平平仄仄平'으로 二四不同二六對(이사부동이
륙대)와 反法(반법), 粘法(점법) 등이 모두 잘 이루어진 좋은 작품이다.

320-2 夜坐(야좌) 밤에 앉아서

終宵黙坐算歸程 曉月窺人入戶明 忽有孤鴻天外過 來時應自漢陽城.
　　(종소묵좌산귀정 효월규인입호명 홀유고홍천외과 내시응자한양성)

밤새도록 묵묵히 앉아 언제나 집으로 돌아가려나 생각하노라니,

새벽달은 지게문에 들어와 나를 엿보는구나.

문득 하늘 저쪽으로 가는 외기러기 소리 들리니,

그 기러기 올 때 응당 한양성을 거쳤으리.

[語句] *終宵 : 밤새도록. 終夜(종야). *黙坐 : 잠잠히 앉아 있음. *歸程 : 돌아가거나
돌아오는 길. 歸路(귀로). 歸途(귀도). 回程(회정). *曉月 : 새벽달. *孤鴻 : 외기러
기. 孤雁(고안). *天外 : 하늘 저쪽. *應 : 마땅히. 應當(응당). *漢陽城 : 임금이
있는 서울 都城(도성).

[鑑賞] '북청 適所(적소)라 이 생각 저 생각에 잠은 오지 않아 밤새도록 앉아 쓸쓸히 비
쳐 오는 달빛을 벗삼는다. 이른 봄 되어 기러기는 북쪽으로 날아가며 우는데,
그 기러기는 고향 서울 하늘을 지나왔겠구나. 내 언제 고향 집에 갈 수 있으려
나.' 지은이가 귀양 가느라 鐵嶺(철령 → 301-1)을 넘으며 "철령 높은 재에 자고 가
는 저 구름아, 고신원루孤臣怨淚를 비삼아 띄워다가, 임 계신 구중심처九重深處에
뿌려 본들 어떠리."라고 시조를 읊었다. "하루는 광해군이 대궐 뒤뜰에서 잔치를
벌여 노는데, 궁중 기생 중 이 시조를 창하니 임금이 '이는 새로운 소리로다,
어디서 배웠느냐?' 하니, 대답하되 '요즘 전해 오는 노래에 이르기를 이것은 이
아무개의 지은 바라 하더이다.' 아뢰니, 임금이 다시 부르게 하고 슬픈 기색을
띄워 눈물을 흘리니 시가 사람을 감동시킴이 이와 같다."<金萬重 西浦漫筆>

7언절구. 압운은 程, 明, 城 자로 평성 '庚(경)' 평운이다. 평측은 차례로 '平平仄仄仄平平,
仄仄平平仄仄平, 仄仄平平平仄仄, 平平平仄仄平平'으로 이사부동이류대와 반법, 점법 등이
모두 규칙에 맞게 이루어진 좋은 작품이다.

321. 李海壽(이해수 1536~1599) : 조선 중기의 명신. 자 大仲(대중). 호 敬齋, 藥圃(경재,
약포). 본관 全義(전의). 父 領議政 鐸(영의정 탁). 명종 18년(1562) 문과 급제하여 벼슬은
선조 29년(1596) 禮曹參議(예조참의)에 이르렀다. 栗谷 李珥(율곡 이이)와 벗했으며 강직
단아했고 시와 筆法(필법)이 뛰어났다.

321-1 次淸心樓韻(차청심루운) 청심루 시에 차운하다

驪江秋水鏡澄澄 江上靑山面面層 孤鶩落霞眞羃畫 雁聲鷗夢畫誰能.
(여강추수경징징 강상청산면면층 고목낙하진멱화 안성구몽화수능)

여강의 가을 강물 거울같이 맑고 맑아, 강가의 푸른 산들 하나하나 비쳐 있네.
외따오기와 지는 노을의 풍경 바로 이내 낀 그림인데,
기러기 울음과 백구의 졸음 속 꿈 그 뉘라서 그려내려는고.

[語句] *淸心樓 : 경기도 驪州(여주)에 있는 누각. *驪江 : 여주에 흐르는 남한강. 여주
의 옛 이름. *澄 : 맑다. *面面層 : 하나하나의 모습들이 겹침. '강물에 비친
산 모습'을 형용한 말임. *孤鶩 : 따오기 한 마리. *落霞 : 엷은 안개. 꺼져 가
는 노을. *羃 : 연기 자욱히 덮이다. *鷗夢 : 모랫벌에서 조는 갈매기의 마음.

[鑑賞] 청심루 시에 차운한 작품이 '東文選(동문선)'에 여러 수가 실렸는데 운자는 이 시
와 다르니, 이 시는 누구의 시에 차운한 것인지 상고하지 못했다. 여주는 神勒
寺(신륵사)를 비롯한 명승고적이 많고 경치가 뛰어난 고장이라 시인 묵객들이 남
긴 작품이 많다. 이 시는 다분히 唐(당) 나라 王勃(왕발)의 '滕王閣序(등왕각서)'의
분위기가 풍기니, "落霞與孤鶩齊飛 秋水共長天一色(지는 노을은 외로운 따오
기와 함께 날고, 가을 강물과 하늘은 푸른빛 한가지로 끝없이 펼쳐 있구나.)"와
같은 풍경이다. 처음 두 구는 對句(대구)가 되었고, 끝 연의 '기러기 울음, 백구의
꿈 아울러 누가 능히 그려내리오.'가 독창적인 구절이라 하리라.

7언절구. 압운은 澄, 層, 能 자로 평성 '蒸(증)' 평운이다. 평측은 차례로 '平平平仄仄平平,
平仄平平仄仄平, 平仄仄平平仄仄, 仄平平仄仄平平'으로 이사부동이륙대와 반법, 점법 등이
모두 잘 이루어진 작품이다.

322. 李荇(이행 1478~1534) : 조선 중종 때 정승. 자 擇之(택지). 호 容齋, 靑鶴道人(용재, 청학
도인). 시호 文憲(문헌). 본관 德水(덕수). 父 司諫 宜茂(사간 의무). 연산군 1년(1495) 18 세에
문과 급제하고 檢閱(검열)로 있을 때, 연산군이 생모 윤씨를 追崇(추숭)하려 하매 극간하다가
충주로 유배당하고 다시 咸安(함안)으로 移配(이배)되었다. 중종 10년(1515) 대사간 때 폐비
愼氏(신씨, 중종비였던 端敬王后단경왕후)의 복위를 상소하는 朴祥(박상), 金淨(김정) 등의 주장을 극
력 반대했고, 2년 뒤 大司憲(대사헌) 때 무고를 당하자 벼슬을 버리고 沔川(면천, 현 충남 당진군
면천면)에 은거했다. 중종 14년(1519) 己卯士禍(기묘사화) 이듬해에 공조참판, 대제학에 임명되
고 우의정과 좌의정에 이르렀다. 동왕 26년(1531) 金安老(김안로)의 간사함을 공격하다가 이
듬해 咸從(함종)으로 귀양가 병사했다. 김안로와는 예문관에 함께 근무하며 그를 극력 옹호

했으나 뒤에 그의 간사함을 깨달았다 한다. 어릴 때부터 총명하고 학문을 좋아했으며 키가 10척 장신이었고 그림도 잘 그렸다고 하며, 문집에 '容齋集(용재집 7권)'이 있다.

322-1 霜月(상월) 차가운 달

晚來微雨洗長天 入夜高風捲暝煙 夢覺曉鍾寒徹骨 素娥靑女鬪嬋娟.
　(만래미우세장천 입야고풍권명연 몽각효종한철골 소아청녀투선연)

저녁 되며 내리는 이슬비 하늘을 맑게 하고, 밤들어 부는 바람 저물 녘 연기 거두네.
새벽 종소리에 꿈을 깨 오싹 추워지니,
달 선녀 소아와 상신 청녀가 고움을 다투기 때문일세.

[語句] *霜月 : ①서리와 달. ②서리가 내린 밤의 달. ③음력 11월. 여기서는 ②의 뜻임. *微雨 : 보슬보슬 내리는 가는 비. 가랑비. 이슬비. *暝煙 : 저물 녘에 끼는 연기. *曉鍾 : 새벽종. 曉鐘(효종). ↔暮鍾(모종). *徹骨 : 뼈에 사무침. *素娥 : 달에 산다는 선녀. 姮娥·嫦娥(항아). *靑女 : 서리와 눈을 내리게 하는 女神(여신). *嬋娟 : 곱고 아름다움. 嬋娟媚(선연미, 진달래).

[鑑賞] '서리 내리는 늦가을이나 초겨울 저녁 가랑비 내리더니 하늘은 씻은 듯 깨끗하고 밤이 되며 센 바람이 부니 저물 녘에 끼는 연기마저 거두어 갔다. 절에서 치는 새벽 종소리에 문득 잠이 깨니 추위로 오싹해진다. 왜 이리 추운가, 생각해 보니 달의 선녀 항아와 서리의 여신 청녀가 서로 고움을 다투느라, 청녀의 심술로 서리 내리게 해 이렇게 추워진 듯하다.' 앞 두 구는 대구가 되며 敍景(서경)이고 뒤의 두 구는 敍情(서정)으로 참신하다.

7言絶句(7언절구). 압운은 天, 煙, 娟 자로 평성 '先(선)' 평운이다. 평측은 차례로 '仄平平仄 仄平平, 仄仄平平仄仄平, 仄仄平平平仄仄, 平平平仄仄平平'으로 二四不同二六對(이사부동이륙대)와 反法(반법), 粘法(점법) 등이 이루어졌다. 둘째 구의 暝 자는 '어둡다. 캄캄하다'의 뜻도 있지만 운이 평성 '靑(청)'이 되어 이륙대 곧 '仄[夜]-平[暝]'으로 맞지 않게 되기에 거성 '徑(경)' 측운인 '저물다. 쓸쓸하다'의 뜻을 가진 것으로 처리했다.

323. 李行(이행 1352~1432) : 고려말의 충신. 자 周道(주도). 호 騎牛子, 白巖, 一可道(기우자, 백암, 일가도). 시호 文節(문절). 본관 黃驪(황려, 驪州여주). 父 牧使 天白(목사 천백). 공민왕 20년(1371) 문과 급제하여 翰林, 修撰(한림, 수찬)을 거쳐 우왕 때 典醫副正(전의부정)으로 耽羅(탐라, 제주도)에 건너가 星主(성주) 高臣傑(고신걸)의 아들 鳳禮(봉례)를 데리고 돌아오니, 이때부터 탐라는 고려에 귀순하게 되었다. 창왕 때 左司議大夫(좌사의대부)로 토지 제도의 폐

를 논하여 知申事(지신사)가 되었으며, 공양왕 2년(1390) 李穡(이색)과 함께 청주 감옥에 갇혔다가 水災(수재)로 석방되었다. 경연참찬관, 예문관 대제학 등을 지내고 이조판서 때 判典客寺事 趙英珪(판전객시사 조영규)가 鄭夢周(정몽주)를 살해하니 상소를 올려 조영규를 만고의 凶惡漢(흉악한)으로 몰았다. 고려가 망하자 醴泉洞(예천동)에 숨어 살았는데, 조선 태조가 敎諭文(교유문)을 지어달라 했으나 병을 이유로 거절했고 조영규의 탄핵으로 平海(평해, 현 경북 울진군 평해읍)에 귀양 가 그 곳에서 耘谷 元天錫(운곡 원천석), 冶隱 吉再(야은 길재) 등 명유와 교유하며 지냈다. 조선 태조와 태종이 수차 조정에 나오도록 간청했으나 끝까지 거절했다. 아들 逖(적)도 벼슬을 거절했으나 그는 자기와 처지가 다르다며 벼슬할 것을 권해 예문관 직제학을 지냈다. 문집으로 '騎牛子集(기우자집)'이 있다.

323-1 題金城東軒(제금성동헌) 금성 동헌에서 짓다

客裏秋風落 唫哦興渺然 溪山雲影薄 松菊露華鮮
倦鳥知何往 征驢更不前 平生無寸効 慙愧老承宣.

(객리추풍락 음아흥묘연 계산운영박 송국노화선

권조지하왕 정려갱부전 평생무촌효 참괴노승선)

나그네 신세로 가을바람에 낙엽지니, 시 읊조리지만 흥취는 묘연쿠나.
산과 골짜기에 구름이 엷고, 소나무와 국화에 이슬이 고와라.
날다 지친 새들 어디로 갈지를 아는데, 내 나귀는 앞으로 가려 하지 않네.
한평생 조그만한 보람도 이루지 못했으니, 승지를 지낸 이 늙은 몸 부끄러워라.

[語句] *金城 : 강원도 철원 옆의 金化郡(금화군). 본래 고구려의 也次忽(야차홀)인데 신라 경덕왕 때 益城郡(익성군)으로 고쳤고 고려 초에 금성으로 고쳤음. 1914년 금화군에 속하게 되었음. *東軒 : 고을원이 公事(공사)를 처리하던 대청이나 집. *唫哦 : 시나 노래를 소리 높여 읊음. 吟哦(음아). *渺然 : 멀고 넓어 아득함. *露華 : 이슬의 반짝임. 露光(노광). *倦鳥 : 날다가 지친 새. 鳥倦飛而知還(새도 날다가 지쳐서 다시 산으로 돌아올 줄 아네.)<陶潛 歸去來辭> *征驢 : 타고 가는 나귀. *寸効 : 조그마한 보람이나 공적. 効는 '效(효)'의 俗字(속자)임. *慙愧 : 부끄럽게 여김. *承宣 : 承政院(승정원)의 관직. 承旨(승지). 왕의 秘書官(비서관).

[鑑賞] 首聯(수련 1~2구)은 나그네 몸으로 금성 동헌에서 낙엽 지는 가을을 맞이하며 시를 읊조려 보나 그 홍취는 일지 않는다 했고, 頷聯(함련 3~4구)은 對句(대구)를 잘 이루면서 시냇물 골짜기와 산에는 구름 엷고 소나무와 국화에 이슬 내려 곱게 반짝인다 했다. 頸聯(경련 5~6구)은 전환의 구실을 하며, 새들도 날다가 제 돌아

갈 곳을 알고 있는데 내가 타고 다니는 나귀는 더 가기를 싫어한다 하여, 역시 대구를 잘 맞추었고 도잠의 '귀거래사'의 구절을 원용했다. 마지막 尾聯(미련 7~8구)은 내 평생에 조금의 보람도 남기지 못했으니 나라의 녹을 먹은 몸으로 부끄럽기 짝이 없다고 맺었다. 이 시는 충성을 다하던 고려 왕조를 붙들지 못하고 나라를 잃게 한 통분한 심정을 담고 있다.

5言律詩(5언율시). 압운은 然, 鮮, 前, 宣 자로 평성 '先(선)' 평운이다. 평측은 차례로 '仄仄平平仄, 平平仄仄平, 平平平仄平, 平仄仄平平, 仄仄平平仄, 平平仄仄平, 平平平仄平, 平仄仄平平'으로 이사부동과 반법, 점법 등이 잘 이루어지고 평측도 고르며 함련과 경련의 대구도 잘 이룬 5律의 典型(전형)이 되는 명작이다.

324. 李玄錫(이현석 1647~1703) : 조선 숙종 때 문신, 학자. 자 夏瑞(하서). 호 游齋(유재). 시호 文肅(문숙). 본관 全州(전주). 父 尙揆(상규). 숙종 1년(1675) 문과에 급제하여 檢閱, 三司(검열, 삼사)를 거쳐 參贊(참찬)과 刑曹判書(형조판서)에 이르렀고, 유고에 '游齋集(유재집)'이 있다.

324-1 漫吟(만음) 흥 나는 대로 읊다

九月西風晩稻黃 寒林落葉盡迎霜 田翁白酒來相餉 漫興陶然醉夕陽.
(구월서풍만도황 한림낙엽진영상 전옹백주내상향 만흥도연취석양)

9월 서풍에 누런 벼이삭 황금물결이요, 차가운 숲 서리맞아 낙엽 지는데,
시골 늙은이 막걸리 들고 와 함께 권커니 잣커니 마시니,
석양에 얼큰히 취해 심히 흥겹구나.

[語句] *漫吟 : 멋대로 읊음. *稻黃 : 벼가 누렇게 익음. *田翁 : 시골의 늙은 농부나 늙은이. *白酒 : ①빛깔이 흰 술. 막걸리. ②배갈. *相餉 : 서로 권함. 餉은 '먹이다. 보내다'임. *漫興 : 특별한 느낌을 받지 않으면서 저절로 일어나는 흥취. *陶然 : 술이 얼큰히 취한 모양.

[鑑賞] 음력 9월 가을에 농촌에서 지내며 즉흥으로 일어나는 詩興(시흥)을 읊은 작품이다. 서쪽에서 불어오는 선선한 가을바람 곧 金風(금풍)은 추수 때가 다 된 황금 벼 이삭들에 물결친다. 가을바람도 금풍이니 벼 이삭의 황금 들판과 같은 영상이다. 그 서풍에 숲은 차가워지고 낙엽들은 우수수 진다. 이런 때 풍년이라 웃음 짓는 이웃 노인이 막걸리 통을 들고 와 같이 마시자 한다. 불감청인언정 고소원이라 함께 주거니 받거니 잔을 돌리다 보니 석양에 취흥이 도도해서 한 수

읊지 않고는 어찌 배기랴. 훈훈한 농촌의 한가로운 한 때의 모습인 것이다.

7言絕句(7언절구). 압운은 黃, 霜, 陽 자로 평성 '陽' 평운이다. 평측은 차례로 '平仄平平仄仄平, 平平仄仄仄平平, 平平仄仄平平仄, 仄仄平平仄仄平'으로 二四不同二六對(이사부동이륙대)와 反法, 粘法(반법, 점법) 등이 참으로 잘 이루어져 7絕의 전형이 되는 좋은 작품이다.

325. 李玄逸(이현일 1627~1704) : 조선 숙종 때 학자, 문신. 자 翼升(익승). 호 葛菴(갈암). 시호 文敬(문경). 본관 載寧(재령). 父 石溪 時明(석계 시명). 9세 때 글을 지어 사람들을 놀라게 했고, 숙종 초에 學行(학행)으로 眉叟 許穆(미수 허목)의 추천이 있어 持平(지평)에 특채되었다. 祭酒(좨주), 예조참판을 거쳐 大司憲(대사헌) 때 왕에게 疏(소)를 올려 陞補(승보), 學製(학제), 都會(도회), 雜科(잡과) 등의 제도를 폐지하고 덕행과 문예를 주로 하는 朱子(주자)의 학교 제도를 따를 것을 주장하여 과거 제도의 개혁을 기하였다. 그 후 이조참판으로 贊善(찬선)이 되고 이조판서에 이르렀다. 일찍이 趙嗣基(조사기)의 죄를 구원하려 하다가 洪原(홍원)으로 귀양 가고 다시 鍾城(종성)으로 옮겼다가 석방되었다. 저서에 '栗谷四七辨(율곡사칠변)', '洪範行義(홍범행의)', '尊周論(존주론)', '新編八陣圖說(신편팔진도설)', '永慕錄(영모록)', '愁州管窺錄(수주관규록)' 등이 있다.

325-1 絕筆(절필) 글 쓰기를 그만두다

草草人間世 居然八十年 生平何所事 要不愧皇天.
(초초인간세 거연팔십년 생평하소사 요불괴황천)

허둥지둥 괴로운 인간 세상에, 내 나이 어느덧 여든이로구나.
평생에 한 일이 뭐던고, 하늘을 우러러 부끄러움이 없는 거라네.

[語句] *絕筆 : ①죽기 전에 쓴 마지막 글이나 글씨. ②붓을 놓고 다시는 글을 쓰지 않음. *草草 : ①근심하는 모양. 괴로운 모양. ②바쁜 모양. 款曲(관곡, 정답고 친절함)하지 않은 모양. 허둥지둥. *居然 : 문득. 아무 일 없이. *所事 : 한 일. 일해 남긴 바. *皇天 : 넓고 큰 하늘. 하느님.

[鑑賞] '바쁘고도 괴롭게 살아온 인생이 어느덧 여든 나이가 되었다. 내 평생에 이루어 놓은 일 무엇인가. 해 놓은 일이 아무것도 없다. 다만 내 이때까지 하늘에 부끄러운 일을 하지 않았다고 자부하니 이것만은 세상에 내놓을 만하구나. 이제 글짓기를 그만두는 마당에 소회를 읊어 본 것이다.' 지은이는 나라를 위해 한 일도 많고 저서도 많이 남겼건만 이렇게 해 놓은 일이 없다고 겸양했다. 凡夫(범부)야 무슨 할 말이 있으랴.

5言絶句(5언절구). 압운은 年, 天 자로 평성 '先(선)' 평운이다. 평측은 차례로 '仄仄平平仄, 平平仄仄平, 平平平仄仄, 仄仄仄平平'으로 이사부동과 반법, 점법 등이 잘 이루어졌다.

326. 李好閔(이호민 1553~1634) : 조선 선조 때의 功臣(공신). 자 孝彦(효언). 호 五峰(오봉). 시호 文僖(문희). 본관 延安(연안). 父 國柱(국주). 선조 17년(1584) 문과 급제하고 應敎, 典翰(응교, 전한)을 거쳐 執義(집의)로 임진왜란을 만나 龍灣(용만, 義州의주)까지 왕을 모셨으며, 遼陽(요양)에 가 李如松(이여송)에게 구원을 청하여 평양 싸움을 승리로 이끌었다. 副提學(부제학)으로 중국과의 왕래 문서를 맡아 주관했고 예조판서에 이어 대제학, 左贊成(좌찬성)에 이르렀으며, 扈聖功臣(호성공신)에 책록되고 延陵君(연릉군)에 피봉, 후에 부원군이 되었다. 광해군 7년(1615) 鄭仁弘(정인홍 →414) 등의 遠竄論(원찬론)을 만나 7년간 교외에서 待罪(대죄)했고, 인조반정 후 지난 조정의 옛 신하로 특히 우대를 받았다. 18세 때 李滉(이황 →329)을 찾아갔고 6경에 능했으며 시는 의기가 장하여 거리낌이 없이 지었다 하며, 문집으로 '五峰集(오봉집 16권)'이 있다.

326-1 龍灣行在聞下三道兵進攻漢城(용만행재문하삼도병진공한성)
용만 행재소에서 남도의 군사가 서울로 진격한다는 말을 듣다

干戈誰著老萊衣 萬事人間意漸微 地勢已終蘭子島 行人不見漢陽歸
天心錯莫臨江水 廟算凄凉對夕暉 聞道南兵近乘勝 幾時三捷復王畿.

(간과수착노래의 만사인간의점미 지세이종난자도 행인불견한양귀

천심착막임강수 묘산처량대석휘 문도남병근승승 기시삼첩복왕기)

전쟁 중이라 누가 노부모를 모시겠는가, 인간 만사가 전혀 경황 없구나.

우리 땅의 맥락은 난자 섬에서 끝났고, 서울 간다는 사람은 볼 수가 없네.

임금님 심사 착잡하게 강에 다다랐고,

조정 신하들 계책 없어 처량하게 저녁 해 마주했네.

남도의 군사들이 날로 승승장구한다고 들으니,

거듭 이겨 언제 왕성을 회복하게 되려나.

[語句] *龍灣 : 평안북도 의주의 고려 성종 12년(993) 이후의 이름. *行在 : 行在所(행재소). 왕이 거둥할 때 머무는 곳. *下三道 : 충청, 전라, 경상의 삼도. 三南(삼남). *進攻 : 앞으로 나아가서 적을 공격함. 進擊(진격). *漢城 : 지금 '서울'의 옛 이름. *干戈 : 방패와 창. 전쟁. *著 : ①'나타날, 지을 **저**' ②'붙을, 입을 **착**' = 着(착). *老萊衣 : 楚(초)의 효자인 老萊子(노래자)가 부모 앞에서 입었던 색동저고리. 孝誠(효성). 노래자의 나이 70이 되도록 양친이 살아 있어서 어버이를 즐겁게

하려고, 그들 앞에서 어린애 노릇을 하여 색동옷을 입고 춤을 추거나 물그릇을 들고 가다가 자빠져서 엉엉 울기도 하며 온갖 재롱을 부렸다 함. *地脈 : 地層(지층)의 脈絡(맥락, 서로 연결된 계통). '疆土(강토)'의 뜻임. *蘭子島 : '의주 부근의 섬'인 듯함. *天心 : 임금의 마음. 天意(천의). *錯莫 : 서로 뒤섞여 어지러움. 錯亂(착란). *廟算 : 조정의 계획. 정승들의 나라를 다스리는 方略(방략, 방법과 꾀). *凄凉 : 초라하고 구슬픔. *夕暉 : 해질 무렵에 비치는 햇빛. 夕照(석조). *聞道 : 듣는 바에 의하면. 말하는 것을 들음. *乘勝 : 적을 싸워 물리치고 그 위세로 앞으로 나감. 乘勝長驅(승승장구). *三捷 : 세 번 이김. 여러 번 이김. *王畿 : 王都(왕도) 부근의 땅. 周(주)에서는 '王城(왕성)의 주위 천리 사방'이었음.

[鑑賞] 임진왜란 때 왕을 모시고 의주에 피난 가서 막막하게 지내던 차에 삼남 지방 의병들이 왜적을 무찌르며 적의 수중에 있는 서울 회복을 위해 북상한다는 말을 듣고 지은 시. 首聯(수련 1~2구)은 전쟁과 피난으로 인한 참상이다. 경황이 없는 상황이라 누가 부모를 모실 수 있으랴 했다. 頷聯(함련 3~4구)은 수련을 이어 나라의 운명이 여기 의주에서 끝장나는 듯하며 서울로 간다는 사람은 찾아볼 길 없다 하여 對句(대구)를 이루어 절망의 연속이다. 頸聯(경련 5~6구)도 임금과 신하들의 막막한 모습을 그린 絶唱(절창)으로 紫霞 申緯(자하 신위)는 '東人論詩絶句(동인논시절구)'에서 "임금의 마음 아득한 강물에 다다랐고, 정승들 계략 처량해 저녁해만 마주했네. 강엄江淹은 드문 재주였다 말하지 말라, 이호민의 출중함도 한 세상에 드문 일이었네(天心錯莫臨江水 廟算凄凉對夕暉 休說江郞才欲盡 五峰剛壘一時稀)"라 찬양했다. 尾聯(미련 7~8구)에서 비로소 희망을 가지게 되니 국토 수복의 기치를 높이자고 외친 것이다.

　　7言律詩(7언율시). 압운은 衣, 微, 歸, 暉, 畿 자로 평성 '微' 평운이다. 평측은 차례로 '平平平仄仄平平, 仄仄平平仄仄平, 仄仄仄平平仄仄, 平平仄仄仄平平, 平平仄仄平平仄, 仄仄平平仄仄平, 仄仄平平仄平仄, 仄平平仄仄平平'으로 二四不同二六對(이사부동이륙대)는 일곱째 구에서 어긋났고 反法(반법)과 粘法(점법)은 그런대로 이루어졌다.

327. 李混(이혼 1252~1312) : 고려 충선왕 때 문신, 학자. 자 去華, 太初(거화, 태초). 시호 文莊(문장). 본관 全義(전의). 원종 때 17세로 登科(등과)하여 廣州參軍(광주참군), 國學學正(국학학정)을 거쳐 충렬왕 때 同知察直司事(동지찰직사사), 文翰學士(문한학사)를 역임하고 承旨(승지) 때 언론 관련 일로 여러번 파면되었다. 충선왕이 즉위하자 僉議侍郞贊成事(첨의시랑찬성사)가 되어 官制(관제)를 개정하니 퇴직자가 많아 원망하는 사람이 많았다. 왕을 따라 원나라에 갔다가 돌아와 大詞伯(대사백)이 되고 壁上三韓功臣(벽상삼한공신)의 호가 더해졌다.

실직자들의 원망과 궁중 妃嬪 淑妃(비빈 숙비)의 미움을 사서 淮州(회주)와 禮州(예주)의 牧使(목사)로 좌천되었다가 僉議政丞(첨의정승)을 지내고 은퇴했다. 성품이 관대하고 후했으나 탐심이 많아 벼슬아치의 선발을 맡아 재산을 모았다. 손님 대하기를 좋아하여 거문고와 바둑을 즐겼으며 서울 남쪽에 福山莊(복산장)을 짓고 소일했는데, 詩文(시문)에 능하였고 寧海(영해)에 귀양 갔을 때 舞鼓(무고)를 지어 樂府(악부)에 전하였으며 시집 약간 권이 전한다.

327-1 西京永明寺(서경영명사) 서경의 영명사

永明寺中僧不見 永明寺前江自流 山空孤塔立庭際 人斷小舟橫渡頭
長天去鳥欲何向 大野東風吹不休 往事微茫問無處 淡煙斜日使人愁.

(영명사중승불견 영명사전강자류 산공고탑입정제 인단소주횡도두

장천거조욕하향 대야동풍취불휴 왕사미망문무처 담연사일사인수)

영명사 안에 중은 보이지 않고, 영명사 앞에는 강물만 절로 흐르네.

텅 빈 산에 탑 하나만 절 앞 뜰 가에 섰고,

사람 끊인 나루에는 작은 배만 멋대로 동동 떴구나.

먼 하늘에 나는 새는 어디로 가려는고,

넓은 들판에는 샛바람만 쉴 새 없이 불어 오네.

지난 일 아득하여 물어볼 길 없으니, 엷은 이내 비낀 석양에 선 나 시름겨워 하노라.

[語句] *西京 : 고구려 서울이었던 지금의 평안남도 平壤(평양). *永明寺 : 평양의 牡丹峯(모란봉) 부근의 절. 乙密臺(을밀대)도 모란봉에 있음. →243-4. *孤塔 : 하나라서 외로워 보이는 탑. *渡頭 : 나루. 나루터. *往事 : 지나간 일. '고구려 때의 역사적 사실'을 두고 쓴 말임. *微茫 : 희미하고 아득함. *淡煙 : 엷게 낀 연기. *斜日 : 저녁때의 지는 해. 夕陽(석양).

[鑑賞] 고구려 때 이미 세웠던 유래가 있는 평양의 영명사 절을 읊었다. 史實(사실)이나 故事(고사)의 인용은 없으나, '江自流'는 李白(이백)의 鳳凰臺詩(봉황대시)에서 "鳳去臺空江自流(봉황 떠나자 누대 비어 강물만 흐르네)"를 떠올리고, 끝의 '使人愁'도 崔顥(최호)가 '黃鶴樓(황학루)' 시에서 "煙波江上使人愁(이내 낀 장강 언덕에서 시름겨워 하노라)"라 읊은 뒤로 많이 쓰이는 詩句(시구)가 된 말이다. 그리고, 둘째 구의 '永明寺'는 첫 구에 이미 썼기에 다른 말로 바꾸어 썼더라면 좋았겠으니, '上古寺(상고사)' 같은 말을 쓰면 二四不同二六對(이사부동이륙대)에도 맞게 될 것이 아닐까 하고 감히 생각해 본다. 이 시는 敍景(서경)으로 일관하다가 結聯(결련)에서 敍情(서정)으로 맺은 것이 특이하다.

7言律詩(7언율시). 압운은 流, 頭, 休, 愁 자로 평성 '尤(우)' 평운이다. 평측은 차례로 '仄平仄仄平仄仄, 仄平仄平平仄平, 平平平仄仄平仄, 平仄仄仄仄平平, 平平仄仄仄平仄, 仄仄平平平仄平, 仄仄平平仄平仄, 仄平平仄仄平平'으로 이사부동이륙대에 어긋난 곳은 제 1, 2, 7구의 셋 뿐이지만 반법과 점법이 이루어지지 않았다. 그리고, 첫 구에 압운하지 않았고 孤平(고평)이나 孤仄(고측)이 많아 古詩(고시)로 볼 수도 있다.

327-2 春日江上卽事 三首 第3首(춘일강상즉사 삼수 제3수)
봄날 강 위에서 즉흥으로 읊다 세 수 끝 수

風定江淸上小舟 兩兩鴛鴦相對浮 愛之欲近忽飛去 芳洲日暮謾回頭.
(풍정강청상소주 양량원앙상대부 애지욕근홀비거 방주일모만회두)

바람 자고 강물 맑아 조각배에 오르니, 짝을 지은 원앙새도 마주 떠 있구나.

그 모양 귀여워 가까이 가려는데 문득 날아가 버리니,

고운 모래섬 해 지는 속에 하릴없이 고개 돌렸소.

[語句] *卽事 : 눈앞의 사물을 즉흥으로 읊는 일. *兩兩 : 둘씩 둘씩. 둘이 함께. *鴛鴦 : 오리과의 물새. 암수가 다정하기로 유명하여 '다정한 부부'에 비유함. *芳洲 : 꽃다운 섬. 洲는 '흙이나 모래가 물 속에 쌓여 물위에 나타난 섬'임. 謾 : 느리게. 속은 듯하여. 하릴없이.

[鑑賞] 봄날에 강가와 배를 타고 즉흥으로 읊은 작품. 처음 두 수는 "多景樓(다경루) 앞에는 강물이 하늘에 닿았고, 連滄橋(연창교) 밖에는 풀들이 연기 같네. 화창한 바람 솔솔 불어 그치지 않고, 가랑비 보슬보슬 그치다 오다 하네.<第1首> 어젯밤 내린 비로 강물은 불었고, 아침 되자 언덕의 버들 싱싱하구나. 건너는 사람 없어 빈 배 이리저리 떠돌고, 물결 잔잔해 짝 지은 제비들 물을 차며 나는구나.<第2首>"이다. 봄날의 정경을 서정적으로 읊은 좋은 시이다.

7言絶句(7언절구). 압운은 舟, 浮, 頭 자로 평성 '尤(우)' 평운이다. 평측은 차례로 '平仄平平仄仄平, 仄仄平平平仄平, 仄平仄仄仄平仄, 平平仄仄仄平平'으로 이사부동이륙대는 모두 이루어졌고 첫 구와 둘째 구는 점법, 셋째 구에서 반법이 되고 넷째 구에서 점법이 되어, 반법과 점법의 규칙에는 맞지 않다.

328. 李華(이화 715~766) : 中唐(중당)의 시인. 자 遐叔(하숙). 直隷省 趙州(직예성 조주) 사람. 현종 때 監察御史(감찰어사)를 지냈으나 安祿山(안록산)을 섬긴 일이 있어서 그것이 부끄러워 그 벼슬을 그만두었다.

328-1 春行寄興(춘행기흥) 봄날을 가며 감흥을 부치다

宜陽城下草萋萋 澗水東流復向西 芳樹無人花自落 春山一路鳥空啼.

(의양성하초위위 간수동류부향서 방수무인화자락 춘산일로조공제)

의양성 아래 풀은 시들었고, 산골 물은 동으로 흐르다가 다시 서편으로 흘러가네.

사람이 보지 않는데도 나무의 꽃은 절로 지고,

봄 산 외길에는 산새만 부질없이 우는구나.

[語句] *宜陽城 : 하남성 의양현 의양의 성. *萋萋 : 시든 모양. *澗水 : 산골 냇물.
*芳樹 : 꽃이 핀 나무. 향기가 있는 나무.

[鑑賞] 봄날에 의양을 지나며 떠오르는 감흥을 읊은 작품. 시의 분위기가 쓸쓸하고
황폐한 느낌을 준다. 둘째 구는 자연 현상이지만 인심의 바뀜을 내비치고, 셋
째 구가 시적 표현이니 꽃이야 사람들이 보든 말든 제 스스로 피고 지는 것이
아닌가. 끝구의 '春山一路'는 사람이 다니는 길이라기보다 새들이 날아다니는
길인 것이니 이런 표현도 특이하다 하리라.

7언절구. 압운은 萋, 西, 啼 자로 萋는 평성 '支(지)' 평운, 西와 啼도 평성 '齊(제)' 평운으
로 두 운은 通韻(통운)이 된다. 평측은 차례로 '平平平仄仄平平, 仄仄平平仄仄平, 平仄平平
平仄仄, 平平仄仄仄平平'으로 이사부동이류대와 반법, 점법 등이 모두 잘 이루어졌다.

329. 李滉(이황 1501~1570) : 조선 중기의 대학자, 東方朱子(동방 주자). 자 景浩(경호). 호 退
溪, 陶叟, 退陶(퇴계, 도수, 퇴도). 시호 文純(문순). 본관 眞寶(진보). 父 進士 埴(진사 식). 경북
예안에서 출생하여 7개월만에 아버지를 잃고 어머니와 숙부 堣(우)에게 양육되었다. 중종
23년(1528) 진사에 급제하고 동왕 28년(1533) 성균관에 들어가 이듬해에 문과 급제하여,
正字, 博士, 典籍, 戶曹佐郞(정자, 박사, 전적, 호조좌랑)을 거쳐 중종 34년(1539) 홍문관 修撰
(수찬)이 되었다. 그 후 승진을 거듭하여 성균관 司成(사성)이 되었으나 사직하고 고향에 돌
아가 학문을 연마했다. 그러나 조정에서 다시 불러 홍문관 校理(교리)를 거쳐 인종 1년
(1545) 典翰(전한)이 되었다. 을사사화가 일어나 화를 입어 한때 파직되었다가 복직되었지
만 이미 벼슬에 뜻을 두지 않았을 때이므로 사직하고 고향에서 養眞庵(양진암)을 짓고 학
문에 몰두하며, '朱子全書(주자전서)'를 읽고 성리학을 연구, 마침내 대성하여 '동방의 주자'
란 칭호를 받았고, 이로부터 사방에서 학자들이 모여들어 학문을 배웠다. 정부의 부름이
있어도 오래 머물지 않고 부득이한 경우에는 外職(외직)을 자청하여 명종 초에 丹陽, 豊
基(단양, 풍기) 등의 군수를 역임하고 귀향하여 寒棲庵(한서암)을 지었다. 명종 7년(1552) 다시
소환되어 홍문관 교리, 대사성, 부제학, 공조참판 등에 임명되었으나 모두 사양하고, 명종

10년(1555) 고향으로 돌아가 賜額書院(사액서원)인 陶山書院(도산서원)을 세워 학문과 사색의 생활을 계속했다. 栗谷 李珥(율곡 이이)가 방문한 것이 이 때이며, 명종이 관직에 나오지 않는 그를 애석히 여겨 화공으로 하여금 도산의 경치를 그려 오게 하여 감상했다 한다. 그의 사상은 50~60세에 완성되었는데, 이 기간에 저술한 것으로 '啓蒙傳疑(계몽전의), 朱子書節要(주자서절요), 宋季元明理學通錄(송계원명이학통록), 人心經釋疑(인심경석의), 奇大升(기대승)과 문답한 四端七情分理氣書(사단칠정분이기설)' 등의 명저가 있다. 명종 말에 예조판서가 되고 선조 1년(1568) 대제학, 判中樞兼知經筵(판중추겸지경연)이 되어 '戊辰六條疏(무진육조소), 聖學十圖(성학십도)'를 지으니 이는 國恩(국은)에 보답하고 학문을 계발하기 위한 만년의 대표작이다. 그가 사망하자 선조는 시호를 내리고 영의정을 추증했으며 광해군 2년(1610) 文廟(문묘)에 배향했다. 성리학의 철학적 기초는 宇宙論的理氣論(우주론적 이기론)인데, 이황은 이와 기가 같은 비중으로 상호작용을 한다는 理氣互發說(이기호발설)이어서 理氣二元論(이기이원론)을 견지, 주자의 이기론을 완벽하게 이해한 수준이라는 평가를 받았다. 그의 제자들은 후세의 嶺南學派(영남학파)를 형성했다. 저서는 앞에 든 외에 '修正天命圖說(수정천명도설), 自省錄(자성록), 喪禮問答(상례문답), 陶山十二曲(도산십이곡), 退溪集(퇴계집)' 등이 있다.

329-1 光影塘(광영당) 광영 연못

小塘淸徹底 天光共雲影 更待月印心 眞成灑落境.
　　(소당청철저 천광공운영 갱대월인심 진성쇄락경)

조그마한 연못 맑디맑아, 하늘이 구름과 함께 그림자 지네.

기다리던 달이 떠 수심水心에 박히면, 참으로 상쾌하고 시원한 경지를 이루리라.

[語句] *徹底 : 속 깊이 밑바닥까지 투철함. *天光 : 맑게 갠 하늘의 빛. 天色(천색). *印心 : 마음에 새겨짐. 水面(수면)의 중심에 박힘. *灑落 : 기분이 상쾌하고 시원함.

[鑑賞] 광영당이란 조그만 연못을 읊었지만 지은이의 道學(도학)을 나타내는 시이다. '못이 워낙 맑아 하늘의 푸른빛과 구름의 흰 빛이 그대로 모조리 비치어 있다. 저녁 되어 달이 떠 수면의 중심에 떠 보이면, 이보다 더 쇄락한 경지가 또 있으랴.' 이 시에서 '月印心'이 詩眼(시안)이니 '물이 氣(기)요 달은 理(이)다. 말하자면 氣發而理乘之(기발이이승지)다. 기가 일단 발해서 하늘빛도 구름도 다 비치지만 이때 이가 乘(승)해야 최고선 곧 쇄락경의 경지에 도달하게 된다.' <崔根德 退溪思想의 詩的照明> 물이 아무리 모든 것을 다 비춘다 해도 달이 없으면 무의미하다는 것이리라.

5言古詩(5언고시). 압운은 影, 境 자로 상성 '梗(경)' 측운이다. 평측은 차례로 '仄平平仄仄, 平平仄平仄, 仄仄仄仄平, 平平仄仄仄'으로 二四不同(이사부동)은 첫 구와 넷째 구에서만 이루어졌고, 反法(반법)과 粘法(점법)은 고시이므로 지켜지지 않았다.

329-2 書季任倦遊錄後(서계임권유록후) 계임의 권유록 뒤에 쓰다

獨坐林亭夏日明 靑溪琴筑碧山屛 誦詩遙想人如玉 淸獻風流百世名.
　　(독좌임정하일명 청계금축벽산병 송시요상인여옥 청헌풍류백세명)

숲 정자에 혼자 앉으니 여름 햇빛 밝기도 하고,
파란 시냇물은 거문고요 푸른 산은 병풍일세.
시 읊조리며 아득히 옥 같은 분들을 생각하니, 어진이의 풍류는 백세토록 이름나리라.

[語句] *琴筑 : 거문고와 비파. *誦詩 : 詩歌(시가)를 외어 읊음. 誦詠(송영). *人如玉 :
　　옥 같은 사람, 곧 덕이 높은 군자. *淸獻 : 청렴한 어진이. 獻은 '어진 사람'
　　임. *風流 : 속된 일을 떠나 풍치가 있고 멋스러운 놀이.

[鑑賞] 계임이란 사람이 지은 '倦遊錄'이란 저서 뒤에 쓴 後記(후기)나 跋文(발문) 성격
　　의 시로 저서 내용이나 그 지은이를 생각하며 지었다. '그대 홀로 숲 속 정자
　　에 앉으니 여름 햇빛 밝기도 하며, 푸른 시냇물 소리는 바로 거문고나 비파 소
　　리요 푸른 산은 곧 병풍이 되리. 시 읊으며 멀리 도덕군자를 생각하리니, 그대
　　같은 어진이의 풍류는 백대토록 영원히 이름이 나리라.' 했다. 군자의 고고한
　　풍류를 기리었고, '시냇물 소리가 거문고 가락이 되고 푸른 산이 병풍되어 둘
　　러 있다'는 표현이 기발하다 하리라.

　　7言絶句(7언절구). 압운은 明, 屛, 名 자로 明과 名은 평성 '庚(경)' 평운, 屛도 평성 '靑(청)' 평
운으로 通韻(통운)이다. 평측은 차례로 '仄仄平平仄仄平, 平平平仄仄平平, 仄平平仄仄平仄, 平
仄平平仄仄平'으로 二四不同二六對(이사부동이륙대)와 반법, 점법 등이 잘 이루어졌다.

329-3 野池(야지) 들의 못

露草夭夭繞水涯 小塘淸活淨無沙 雲飛鳥過元相管 只怕時時燕蹴波.
　　(노초요요수애 소당청활정무사 운비조과원상관 지파시시연축파)

이슬에 젖은 풀 야들야들 물가를 둘렀고, 작은 연못 맑고 깨끗해 모래도 없구나.
구름 흐르고 새들 스치어 서로 어울리건만, 다만 제비 때때로 날아와 물결 찰까 두렵네.

[語句] *夭夭 : 가냘프며 아름다움. 젊은 모양. 성한 모양. 桃之夭夭 灼灼其華(밋밋
　　한 복사나무 활짝 꽃 피웠구나.)<詩經 周南桃夭> *水涯 : 물가. *小塘 : 작은 연
　　못. *淸活 : 맑고 생기가 있음. *元相管 : 서로 어울림. 기운[元]이 서로 서로
　　맡겨져 어울림[管], 말하자면 '詩經 大雅 旱麓(시경 대아 한록)'에 있는 "鳶飛戾天
　　魚躍于淵(솔개는 날아 하늘에 이르고, 고기는 뛰어 연못에 놀도다)"와 같은 경

지를 말함. *怕 : 두려워하다.

[鑑賞] 앞에서 감상한 '光影塘' 시와 같은 맥락인데, 지은이가 18세 때 溫溪里(온계리) 근처 燕谷里(연곡리)에 놀러갔다가 맑은 못을 보고 지었다고 한다. 셋째 구까지는 敍景(서경)인데 心象(심상, 마음에 새겨진 이미지)의 순수성을 읊은 도학적인 시이다. 구름이 물에 비치고 새들이 날아 지나가는 것은 어울리는 모습이지만, 가끔 제비들 날아와 고요하고 담담한 물을 흔들어 분위기를 깨 버리는 게 두렵다 했다. 이를 두고 퇴계 선생의 제자 金富倫(김부륜)은 "天理流行而恐人欲間之(하늘의 이치 따라 펼쳐지는데, 인간의 작위作爲가 끼어들까봐 두렵다)"고 평했다.

7언절구. 압운은 沙, 波 자로 沙는 평성 '麻(마)' 평운, 波도 평성 '歌(가)' 평운으로 두 운은 通韻(통운)이 된다. 첫 구의 涯자도 평성 '佳(가)' 평운이나 통운이 되지 않고 韻紐(운뉴 → 286-17)는 된다. 평측은 차례로 '仄仄平平仄仄平, 仄平平平仄平平, 平平仄仄平平仄, 仄仄平平仄仄平'으로 二四不同二六對(이사부동이륙대)와 反法, 粘法(반법, 점법) 등이 잘 이루어지고 평측 배열도 좋아서, 내용상으로나 형식상으로 보아 名作(명작)이라 하겠다.

329-4 次友人韻(차우인운) 벗의 시에 차운하다

性癖常耽靜 形骸實怕寒 松風關院聽 梅雪擁爐看
世味衰年別 人生末路難 悟來成一笑 曾是夢槐安.

(성벽상탐정 형해실파한 송풍관원청 매설옹로간

세미쇠년별 인생말로난 오래성일소 증시몽괴안)

내 습관은 늘 고요함을 즐기고, 내 몸은 실로 추위를 두려워하여,

집에서는 조용히 솔바람 소릴 듣고,

매화와 눈은 추위를 타기에 화로를 끼고서야 본다네.

세상 재미는 늙어감에 따라 별로인데, 인생의 마지막 길 가기 어렵구나.

깨달으니 모두 한바탕 웃음거리요, 일찍이 상상의 나라 괴안국 같은 허황된 꿈이어라.

[語句] *性癖 : 성질과 버릇. 굳어진 습관. *耽靜 : 고요함을 즐김. *形骸 : 몸과 뼈. 뼈대. *關院 : 고향 집. *世味 : 세상맛. 세상을 살아가는 재미나 취미. *衰年 : 늙어 쇠약해 가는 나이. *槐安 : 상상의 나라인 槐安國(괴안국). 중국 唐(당) 나라 淳于焚(순우분)이 槐樹(괴수, 느티나무) 밑에서 자다가 꿈속에서 가 본 곳이라 함.

[鑑賞] 만년에 친구의 시에 차운한 작품. 首聯(수련 1~2구)은 자신이 고요함을 즐기며 추위를 탄다고 시의 虛頭(허두)를 삼고, 頷聯(함련 3~4구)에서는 수련의 내용을 구체화하여 고요를 좋아하는 것은 솔바람 듣기이고, 추위를 타기에 눈 속에 피는

매화와 눈을 玩賞(완상)하려면 화로를 끼고 보아야 한다 했는데, 對句(대구)가 잘 이루어졌다. 頸聯(경련 5~6구)은 내용을 전환하여 늘그막이 되니 세상 재미가 별로이고, 인생의 마지막 길을 가기가 더 어렵다 하여 역시 대구를 이루었다. 尾聯(미련 7~8구)은 시의 마무리로 인생이란 한바탕 웃음거리요 괴안국 고사처럼 허황된 꿈에 지나지 않는다고 맺었다. 詩語(시어) 속에 학자로서의 行路(행로)와 인생을 達觀(달관)한 뜻이 숨어 있다 하겠다.

5言律詩(5언율시). 압운은 寒, 看, 難, 安 자로 평성 '寒' 평운이다. 평측은 차례로 '仄仄平平仄, 平平仄仄平, 平平平仄仄, 仄仄仄平平, 仄仄平平仄, 平平仄仄平, 仄平平仄仄, 平仄仄平平'으로 이사부동을 비롯하여 반법, 점법 등이 잘 이루어지고 평측도 고른 훌륭한 시이다.

329-5 和答栗谷詩(화답율곡시) 율곡 이이의 시에 화답하다

病我牢關不見春 公來披豁醒心神 始知名下無虛士 堪愧年前闕敬身
佳穀莫容稊熟美 遊塵不許鏡磨新 過情詩語須刪去 努力功夫各自親.
　　(병아뇌관불견춘 공래피활성심신 시지명하무허사 감괴연전궐경신
　　가곡막용제숙미 유진불허경마신 과정시어수산거 노력공부각자친)

병으로 문 닫아 걸어 봄 구경도 못 했는데, 공이 와서 훤히 뚫려 정신이 깨어났네.
그대 이름 따른 헛된 선비가 아님을 알겠고,
내 지난날 몸가짐을 삼가지 못한 게 부끄럽네.
잘 자란 벼논에 피 같은 잡초 없고, 갈고 닦은 거울에는 티가 끼지 못하는 법이라,
정에 지나치는 말을랑 모두 빼어 버리고, 학문 연마에 노력해 서로 서로 정진하세나.

[語句] *牢關 : 빗장을 굳게 잠금. *披豁 : 시원하게 헤쳐짐. 훤히 뚫림. *心神 : 마음과 정신. *名下 : 이름. 名義(명의, 문서상의 이름. 칭호). *虛士 : 헛된 선비. 이름뿐인 선비. *堪 : 견디다. 이기다. *闕 : 허물. 비다. *敬身 : 몸가짐을 삼감. *佳穀 : 좋은 곡식. 벼. *稊 : 가라지. 강아지풀. 稊稗(제패, 가라지와 피. 잡초). *熟美 : 초목이 잘 익음. *遊塵 : 날리는 티끌. *詩語 : 시에서 쓰는 말. 시에 들어 있는 말. *刪去 : 필요 없는 말이나 구절을 깎아 버림. 刪削(산삭). *功夫 : 학문이나 기술을 닦음. 工夫(공부).

[鑑賞] 율곡이 퇴계 선생을 찾아간 것이 명종 13년(1558)이니, 그의 나이 23세였고 퇴계는 58세였다. 율곡은 이때 퇴계에게 시를 지어 올렸으니, "溪分洙泗派 峰秀武夷山 活計經千卷 生涯屋數間 襟懷開霽月 談笑止狂瀾 小子求聞道 非偷半日閑(여기 도산의 물줄기는 공자 맹자의 수사 강에서 갈려 나왔고, 봉우리는

주자의 무이산 봉우리처럼 빼어났어라. 삶의 계책이란 천 권의 경서뿐이요, 평생에 초가집 두어칸만일세. 가슴에 품은 회포 비 갠 뒤의 달 같고, 하시는 말씀 세찬 물결 그치게 하네. 저는 도를 구해 들으려는 데 있지, 반나절이라도 한가로이 보내려는 게 아니오이다.)"라 했는데, 넷째 구 '生涯'를 '行藏'으로 쓴 자료도 있다. 홍안 소년 같은 율곡을 본 퇴계는 율곡이 棟梁之材(동량지재)임을 알아보고 이 시를 지어 화답했으리라. 넷째 구는 자신이 잠시나마 관직에 몸담았던 일을 부끄럽다 한 것이며, 頸聯(경련 5~6구)은 대구가 잘 된 名句(명구)로 학문 분발을 격려했고, 끝 연 곧 尾聯(미련)은 정을 나누는 시를 주고받을 것 없이 서로가 열심히 학문을 닦아가자는 다짐이며 당부라 하겠다.

7言律詩(7어율시). 압운은 春, 神, 身, 新, 親 자로 평성 '眞(진) 평운이다. 평측은 차례로 '仄仄平平仄仄平, 平平平仄仄平平, 仄平平仄平平仄, 平仄平平仄仄平, 平仄仄平平仄仄, 平平仄仄仄平平, 仄平平仄平平仄, 仄仄平平仄仄平'으로 이사부동이륙대와 반법, 점법 등이 잘 이루어진 좋은 작품이다.

330. 李後白(이후백 1520~1578) : 조선 선조 때 문신. 자 季眞(계진). 호 靑蓮居士(청련거사). 시호 文淸(문청). 본관 延安(연안). 증조부 淑珹(숙함). 명종 10년(1555) 문과 급제하여 奇大升(기대승 →694)과 명성을 함께 했으며, 提學(제학), 吏曹·戶曹判書(이조·호조판서)를 지내고 延陽君(연양군)에 피봉되었다. 仁聖王后(인성왕후, 仁宗妃인종비 박씨)의 사후 조정의 服制(복제)에 여러 이론이 있어 3년상을 주장, 선조의 재가를 받았다. 선조 6년(1573) 奏請使(주청사)로 명 나라에 가서 宗系(종계)를 辨誣(변무)한 공으로 사후에 光國功臣(광국공신)에 책록되었다. 어려서부터 글을 잘 하여 崔慶昌(최경창 →526), 白光勳(백광훈 →755)과 사귀었고 湖南(호남)에서 명망이 높았다.

330-1 絕句(절구) 절구

細雨迷歸路 騎驪十里風 野梅隨處發 魂斷暗香中.
(세우미귀로 기려십리풍 야매수처발 혼단암향중)

가랑비에 집으로 가는 길 헛갈리고, 말 타고 가는 십리 길에 바람 불어오네.
들매화 곳곳이 피어나, 그윽한 그 향기에 넋 잃을 판일세.

[語句] *細雨 : 가랑비. *驪 : 가라말. 털빛이 검은 말. *野梅 : 야생의 매화나무. *隨處 : 어디든지. 닿는 곳마다. *暗香 : 아주 그윽하게 풍기는 향기.
[鑑賞] 절구는 起承轉結(기승전결)의 네 구로 된 한시를 말하는데, 한 줄 곧 한 구가 5 자씩 20자이면 5言絕句(5언절구)라 하고, 한 구가 7자씩 28자이면 7言絕句(7언절구)라

한다. 참고로 이 시를 분석해 보자. '가랑비에 집으로 돌아가는 길이 헛갈리고'는 起 곧 생각을 일으키는 구로 가볍게 펴야 하는 규칙에 맞게 실마리를 삼았고, '騎驪十里風'은 承 곧 기를 이어받는 구로 조용히 이었다. '들매화 곳곳이 피어 나'는 轉 곧 내용을 전환하는 구로 시의 主眼(주안)이 되며 살아 움직이는 듯 또는 운치가 있게 지어야 하는데, 앞 구의 비와 바람에서 들매화로 전 환했으니 규칙에 맞다. '斷魂暗香中'은 結 곧 시의 맺음으로 轉을 수습하여 끝내어야 하니 이 시도 들매화의 그윽한 향기에 마음이 아찔한 정도라 하여 잘 마무리 지은 것이다.

5言絶句(5언절구). 압운은 風, 中 자로 평성 '東(동)' 평운이다. 평측은 차례로 '仄仄平平仄, 平平仄仄平, 仄平平仄仄, 平仄仄平平'으로 二四不同(이사부동)과 反法, 粘法(반법, 점법) 등이 잘 이루어진 좋은 작품이다.

331. 李羲發(이희발 1768~1819) : 조선 순조 때 문신. 자 天文(천문). 호 雲谷(운곡). 본 관 永川(영천). 순조 때 문과에 급제하여 判書(판서)에 이르렀다.

331-1 統軍亭(통군정) 통군정

日暮邊城獨倚欄 一聲羌笛戍樓間 憑君欲識中原界 笑指長江西岸山.
  (일모변성독의란 일성강적수루간 빙군욕식중원계 소지장강서안산)

저무는 날 변성의 통군정에 올라 난간에 기대니,

오랑캐 피리 소리 수루에서 들려오네.

소리 질러 중국 땅이 어디냐고 물으니, 웃으며 압록강 서쪽 기슭 산을 가리키는구나.

[語句] *統軍亭 : 평안북도 義州(의주) 서북 높은 대 위의 정자. 설립이나 명칭의 유래는 분명치 않으나, 조선 초기에 봉화대가 있어서 동쪽의 永口(영구), 남쪽의 威遠(위원) 봉화대와 마주 서 있었다 함. 순조 23년(1823) 세 번째로 개축했고, 청일·노일 전쟁 때 일본군이 포병 진지로 썼으며, 경치가 좋아 예부터 시로 많이 읊어졌음. *邊城 : 변방에 있는 성. *倚欄 : 난간에 기댐. 난간으로 오름. *羌笛 : 오랑캐들의 피리. *戍樓 : 적군의 동정을 망보려고 성 위에 지은 望樓(망루). *憑 : 부탁하다. 기대다. *中原 : ①漢族(한족)이 일어난 황하 유역 지방. ②중국 땅. 여기서는 ②의 뜻으로 썼음. *長江 : 물줄기가 긴 강. 鴨綠江(압록강).
[鑑賞] 의주는 임진왜란 때 선조 임금이 蒙塵(몽진)해 가 있던 유서 깊은 국경 도시이며, 거기 통군정은 국경 수비의 요새로 군사들을 지휘 통솔한다는 뜻을 가진 정자이니 우리나라의 중요한 역사적 시설이다. 날은 저물어 가지만 홀로 통군정에 오르

니 저쪽 수루에서 호적 소리 구슬프게 들려온다. 그 사람을 향해 큰 소리로 중국 땅이 어디쯤이냐고 물으니 그는 웃으며 압록강 서쪽 江岸(강안)의 산을 가리킨다. 이 연은 꼭 피리 부는 사람에게 물었다기보다 스스로에게 自問自答(자문자답)한 것이라 해도 좋겠으며, 국경 지방에서의 감회를 담담히 그렸다.

7言絶句(7언절구). 압운은 欄, 間, 山 자로 欄은 평성 '寒(한)' 평운, 間과 山도 평성 '刪(산)' 평운으로 두 운은 通韻(통운)이 된다. 평측은 차례로 '仄仄平平仄仄平, 仄平平仄仄平平, 平平仄仄平平仄, 仄仄平平平仄平'으로 二四不同二六對(이사부동이륙대)와 반법, 점법 등이 모두 규칙대로 이루어졌다.

332. 李喜朝(이희조 1655~1724) : 조선 숙종, 경종 때 유학자. 자 同甫(동보). 호 芝村(지촌). 시호 文簡(문간). 본관 延安(연안). 父 副提學 端相(부제학 단상). 宋時烈(송시열)의 수제자 중의 한 사람. 金壽恒(김수항)에게 권세가인 許積(허적)을 탄핵하는 글을 보냈으며 숙종 6년(1680) 추천으로 처음 健元陵(건원릉) 참봉에 임명되었으나 사양했다. 다시 추천으로 典設別檢(전설별검)이 되었으며 공조좌랑과 鎭川縣監(진천현감)이 되어 치적을 올렸고, 일시 사퇴했다가 다시 仁川(인천) 현감으로 재등용되어, 동궁서연관·사헌부지평·천안군수 등을 지내고 掌樂正(장악정)으로 있다가 海州牧使(해주목사)로 내려가 栗谷(율곡)의 유적지인 石潭(석담)을 찾고 瑤琴亭(요금정)을 세웠다. 이후 대사헌, 이조참판에 이르러 경종 1년(1721) 金昌集(김창집) 등 4대신의 참화에 연좌되어 靈巖(영암)으로 귀양갔다가 鐵山(철산)에 移配(이배)되는 도중 定州(정주)에서 사망했다. 그는 후진을 가르치기에 힘썼고 '尤書節要(우서절요), 朱子大全箚疑(주자대전차의), 朱陸同異輯覽(주육동이집람), 宋元明書節要(송원명서절요), 五先生書節要(오선생서절요), 海東儒先錄(해동유선록)' 등 후진을 위한 책을 냈으며 문집에 '芝村集(지촌집)'이 있다.

332-1 高山九曲琴灘(고산구곡금탄) 고산구곡의 금탄

八曲溪山何處開 琴灘終日好沿洄 牙絃欲奏無人和 獨待靑天霽月來.
(팔곡계산하처개 금탄종일호연회 아현욕주무인화 독대청천제월래)

여덟째 굽이는 어디로 열리었는가, 금탄 여울을 종일토록 오르내리니 좋으네.

거문고 타려 하나 화답하는 사람 없어, 홀로 푸른 하늘에 밝은 달 떠오르기 기다리네.

[語句] *高山九曲 : 황해도 해주 석담의 뛰어난 경치 9곳. 栗谷 李珥(율곡 이이)가 석담에서 후진들을 가르치면서 朱子(주자)의 武夷九曲(무이구곡)을 본따 이름 붙인 것으로 '高山九曲歌(고산구곡가)' 10수의 시조를 읊은 바 있음. 구곡은 관암, 화암, 취병, 송애, 은병, 조협, 풍암, 금탄, 문산 등임. *琴灘 : 고산구곡의 여덟 번째. '거문고 여울-거문고 소리를 내며 흐르는 여울'이란 뜻을 가졌음. *沿洄 : 물

따라 오르고[洄] 내려옴[沿]. *牙絃 : 거문고 줄[絃]과 줄을 퉁길 때 손가락에 끼는 상아 골무[牙]. 거문고. *霽月 : 비 온 뒤의 밝고 맑은 달.

[鑑賞] 율곡의 '고산 9곡' 중 여덟 번째인 금탄을 읊은 시. 율곡의 그 시조는 "팔곡은 어디메오 금탄에 달이 밝다. 옥진금휘(玉軫金徽)로 수삼곡(數三曲)을 노는 말이, 고조 (古調)를 알 리 없으니 혼자 즐겨 하노라."이니, 이 시의 내용도 그와 비슷하지 않은가. 옥진금휘는 '옥으로 만든 거문고 바탕과 거문고 줄을 괴는 금으로 만든 기러기 발'로 거문고의 美稱(미칭)이다. '팔곡은 금탄이 있는 골짜기와 산인데 종일토록 배로 금탄을 오르내려도 싫증이 나지 않는다. 거문고 켜려 해도 알아듣는 사람 없으니 홀로 밝고 맑은 달뜨기를 기다린다' 했다. 실제로 거문고를 켠다기보다 개울 이름 그대로 거문고 소리를 내며 흐르는 물소리인 것이다.

7언절구. 압운은 開, 洄, 來 자로 평성 '灰(회) 평운이다. 평측은 차례로 '仄仄平平平仄平, 平平平仄仄平平, 平平仄仄平平平, 仄仄平平仄仄平'으로 이사부동이륙대와 반법, 점법 등은 잘 이루어졌는데, 셋째 구의 끝 자가 평성 和 자여서 아쉽다.

333. 印份(인빈 ?) : 미상이나 고려 의종 때[1146~1170]의 선비로 추정되며, 延安印氏(연 안 인씨)의 시조 引侯(인후 1250~1311 충렬왕비 齊國公主제국공주의 시종으로 귀화했음)보다 앞선 인물 인 듯하다.

333-1 東都懷古(동도회고) 동도의 옛일을 생각하다

昔年鷄貴國 王氣歇山河 代遠人安在 江流水自波
舊墟空草木 遺俗尙絃歌 崔薛無因見 嗟嗟可奈何.

(석년계귀국 왕기헐산하 대원인안재 강류수자파

구허공초목 유속상현가 최설무인견 차차가내하)

옛날의 신라 나라, 그 산하에 왕기는 끊어지고,

시대가 머니 그 때 사람들 어찌 있으랴, 강물만이 절로 굽이칠 뿐일세.

옛터에는 초목만 우거지고, 남겨진 풍속 거문고 노래 가락에 아직 남았네.

최치원과 설총 같은 이들 볼 길 없으니, 섧고도 섧구나 어찌할거나.

[語句] *東都 : 신라 서울 慶州(경주)의 고려 때 별칭. 東京(동경). 四京(사경)의 하나임. * 鷄貴國 : 신라의 이칭. 백성들이 닭신[鷄神계신]을 섬기며 머리에 닭깃 장식을 하고 있어서 그렇게 부르는데, 天竺(천축, 인도) 사람들이 海東(해동)을 부르되 '구구탁 반설라(矩矩吒 磐說羅)'라 하니, 구구탁은 '닭', 반설라는 '귀하다'는 말이라 함.<三

國遺事 권4 義解 歸竺諸師> *王氣 : 왕이 날 징조 또는 왕이 될 징조. *舊墟 : 옛 날 성이나 건물이 있었던 자리. 옛터. 舊蹟(구적). *遺俗 : 후세에 끼친 풍속. 遺風(유풍). *絃歌 : 거문고 등 현악기를 타면서 노래를 부르는 일. *崔薛 : 신라 때 학자였던 崔致遠(최치원)과 薛聰(설총). *無因 : 원인이나 인연이 없음. *嗟嗟 : 아 아<감탄사> 탄식하는 말임. *奈何 : 어찌하랴.

[鑑賞] 신라 옛 일을 회상하여 읽는 사람들도 절로 탄식하게 하는 좋은 시이다. 首聯(수련 1~2구)은 경주의 산과 강은 옛 신라의 왕기가 다했다고 안타까워했고, 頷聯(함련 3~4구)에서는 '산천은 의구한데 인걸은 간 데 없네.'란 고려의 서울 송도를 읊은 고려말 학자 吉再(길재)의 시조가 연상되고 對句(대구)가 잘 이루어졌다. 이 수련과 함련은 起(기)와 承(승)으로 멀리서 본 경주의 자연 환경이다. 頸聯(경련 5~6구)은 轉(전)으로 현재의 경주의 모습이다. 신라 때의 유적은 잡초에 묻혔고 신라 때의 흥성했음이 술집 풍악으로 남아 있다 하여 역시 대구를 잘 이루었다. 尾聯(미련 7~8구)은 結(결)로 최치원이나 설총 같은 뛰어났던 인물들을 볼 수 없으며 그런 위인들이 이어서 태어나지 않았음을 탄식으로 맺었다.

5言律詩(5언율시). 압운은 河, 波, 歌, 何 자로 평성 '歌' 평운이다. 평측은 차례로 '仄平平仄仄, 平仄仄平平, 仄仄平平仄, 平平仄仄平, 仄平平仄仄, 平仄仄平平, 平仄平平仄, 平平仄仄平'으로 二四不同(이사부동)과 反法, 粘法(반법, 점법) 등이 잘 이루어진 좋은 작품이다.

334. 麟坪大君(인평대군 1622~1658) : 조선 인조의 셋째 왕자, 효종의 아우. 이름 㴠(요). 자 用涵(용함). 호 松溪(송계). 시호 忠敬(충경). 병자호란 후 청 나라의 압박이 날로 심해지자 인조를 도와 외교적 사명을 받들어 청에 가서 공을 세운 바 컸다. 호란의 비분을 읊은 시조가 전하며 글씨와 그림에도 뛰어났다. 저서에 '燕行錄(연행록), 山行錄(산행록), 松溪集(송계집)'이 있다.

334-1 奉和樂善齋口號(봉화낙선재구호) 낙선재의 형 효종의 시에 즉석에서 화운하다

一天霜雁送寒聲 河漢迢迢夜氣晶 臥病胡床仍不寐 透簾明月照深情.
　　(일천상안송한성 하한초초야기정 와병호상잉불매 투렴명월조심정)

하늘의 기러기 소리 차갑게 들려오는데, 은하수 저 멀리에 있고 밤 기운 맑네.
병 앓느라 잠들지 못하고 걸상에 앉아,
발을 스며드는 밝은 달빛 내 깊은 마음 비추는구나.

[語句] *奉和 : 임금이나 귀인의 詩句(시구)에 시로 和答(화답)함. *樂善齋 : 서울 昌德

宮(창덕궁) 敦化門(돈화문) 동편에 있는 전각 堂號(당호). 효종의 潛邸(잠저, 왕위에 오르
기 전에 살던 집)였음. *口號 : 앉은 자리에서 시나 글을 지어 부름. 口占(구점). *霜
雁 : 서리 내리는 추운 날의 기러기. *河漢 : 銀河水(은하수). 은하. *迢迢 : 멀
고 아득한 모양. *晶 : 수정. 맑다. 영채 나다. *胡床 : 중국식 걸상의 하나. *
仍 : 인하다. 그대로 따르다. 거듭. *不寐 : 잠이 오지 않음. *深情 : 깊은 정.
참된 마음. 상대편을 깊이 생각하는 마음. 眞心(진심).

[鑑賞] 효종은 인조의 둘째아들로 昭顯世子(소현세자)가 왕위에 오르지 못하고 죽어 왕
이 되었다. 이 시는 그 바로 아래 아우인 인평대군이 효종이 아직 왕위에 오르
지 않았을 때 그의 시에 즉석에서 화운하여 읊은 작품이다. 효종은 鳳林大君
(봉림대군)일 때 형인 소현세자와 함께 燕京(연경, 북경)에 8년간이나 인질로 잡혀 있
었던 것이다. 이 때 봉림대군이 지은 '燕京有感(연경유감)' 7언율시의 운자가 聲,
情 등이었다. 물론 이 시는 그 시에 화운하지는 않았고 다른 시에 봉화했으리
라. 이 시는 청 나라의 치욕에 노심초사하는 형 봉림대군의 심정을 달래며 격
려하려는 정이 넘치는 작품이다.

　7言絶句(7언절구). 압운은 聲, 晶, 情 자로 평성 '庚(경)' 평운이다. 평측은 차례로 '仄平平仄
仄平平, 平仄平平仄仄平, 仄仄平平平仄仄, 仄平平仄仄平平'으로 二四不同二六對(이사부동이
륙대)와 반법, 점법 등이 잘 이루어졌다.

335. 一然(일연 1206~1289) : 고려 후기의 高僧(고승). 俗姓 金氏(속성 김씨). 이름 見明(견명).
　　자 晦然(회연), 一然. 호 無極, 睦庵(무극, 목암). 시호 普覺(보각). 塔號(탑호) 靜照(정조). 본관
　　章山(장산, 慶山경산). 父 彦弼(언필). 樂浪郡夫人(낙랑군부인)으로 봉해진 어머니가, 일연의 태
　　몽에 해무리가 집에 들어와 그 광명이 사흘이나 배를 쏘더라 한다. 9세에 海陽 無量寺
　　(해양 무량사)에서 중이 되어 禪學(선학)을 배우고 여러 곳을 다니면서 불전을 연구하여 22
　　세에 禪上床科(선상상과)에 뽑히고 그 후 寶幢菴, 無住菴, 定林寺, 妙門菴(보당암, 무주암, 정
　　림사, 묘문암) 등의 주지로서 禪觀(선관)을 탐구했다. 三重大師(삼중대사)를 거쳐 41세에 禪師(선
　　사), 54세에 대선사, 56세에 원종의 부름을 받아 서울에 올라가 禪月寺(선월사) 주지로 있
　　으면서 멀리 牧牛和尙(목우화상)의 법을 이었다. 이후 불경 강론, 절의 중수 등의 일을 하
　　다가 72세에 충렬왕의 부름을 받아 雲門寺(운문사) 주지, 충렬왕 9년(1283) 78세에 國尊
　　(국존, 國師국사)에 책봉되고 圓經沖照(원경충조)라는 호를 받았다. 연로한 어머니를 모시기 위
　　해 麟角寺(인각사, 경북 군위군 고로면 화수동 소재)로 옮겨 九山門都會(구산문도회)를 두 번 열었고,
　　충렬왕 15년(1289) 병이 나자 왕에게 글을 남기고 제자들과 문답한 후 두 손으로 金剛
　　印(금강인)을 맺고 사망했다. 인각사에 탑과 비석이 남아 있고 행적비는 운문사 동쪽 기슭

에 있으며, 저서로 '三國遺事(삼국유사 9권), 語錄(어록 2권), 偈頌雜著(게송잡저 3권), 諸乘法數(제승법수 7권), 祖庭事苑(조정사원 30권), 禪門拈頌事苑(선문념송사원 30권)' 등 백여 권이 세상에 유행했다 하나 '삼국유사' 다섯 권만 현존한다.

335-1 異次頓讚頌(이차돈찬송) 이차돈을 찬송하다

殉義輕生已足驚 天花白乳更多情 俄然一劒身亡後 院院鍾聲動帝京.
(순의경생이족경 천화백유갱다정 아연일검신망후 원원종성동제경)

의에 죽어 목숨을 가벼이 하니 누가 아니 놀라랴,

하늘에서 내리는 꽃 젖빛 피 더욱 다정해라.

아연히 한 칼에 비록 몸은 죽었지만,

절간마다에서 울리는 종소리 온 장안을 뒤흔들었으리.

[語句] *異次頓(503~527) : 신라 법흥왕 때의 불교 순교자. 염촉사인. →109-1. *讚頌 : 美德(미덕)을 칭찬함. 감사하여 칭찬함. 讚美(찬미). *殉義 : 義(의, 바른 도리나 옳은 행위)를 위해 죽음. *輕生 : 삶 곧 목숨을 가벼이 여김. *天花 : <佛>하늘에서 떨어지는 꽃. 天上妙花(천상묘화). 고승이 설법할 때 천화가 떨어진다고 함. 이차돈이 순교할 때 기상 이변은 있었으나 천화가 떨어졌다는 기록은 없음<三國遺事 권3 興法 厭髑滅身> *白乳 : 흰 젖 같은 피. *俄然 : 갑작스러운 모양. *院 : 절. 절이나 암자. 寺院(사원). *帝京 : 임금이 있는 서울. 서울 장안. 帝鄉(제향).

[鑑賞] 이차돈의 불교를 위해 지기 몸을 버린 희생정신을 찬송한 시로 '삼국유사' 제3권에 실려 있다. '불교를 위해 제 목숨을 가벼이 하여 모두를 놀라게 했고, 순교할 때 기상의 이변이 일고 흰 젖 같은 피가 벤 목에서 솟은 일 등 그 숭고한 정신이 정겹기도 하다. 갑작스러이 단 칼에 몸을 희생했지만, 그로 하여 절마다 울리는 종소리에 신라 서울 경주 사람들이 감동했으니 그 얼마나 뜻깊은 일인가' 했다. 역시 고려의 大覺國師(대각국사)도 이차돈 사당을 참배하고 지은 시에 '나 또한 불법이 행해지지 않는 어려움을 만나면, 내 몸을 아끼지 않으리라.' 하고 다짐한 점과 다른 듯하면서도 상통된다. →109-1.

7언절구. 압운은 驚, 情, 京 자로 평성 '庚(경)' 평운인데, 첫째 구와 넷째 구의 輕, 聲 자로 같은 운자여서 아쉽다. 평측은 차례로 '仄仄平平仄仄平, 平平仄仄仄平平, 平平仄仄平平仄, 仄仄平平仄仄平'으로 이사부동이륙대와 반법, 점법 등이 모두 잘 이루어졌다.

336. 林慶業(임경업 1594~1646) : 조선 인조 때 崇明派(숭명파) 장군. 자 英伯(영백). 호 孤

松(고송). 시호 忠愍(충민). 본관 平澤(평택). 判書 整(판서 정)의 후손이며 충주에서 출생했고 어려서부터 용맹하여 전쟁놀이 때는 스스로 원수가 되었다. 말을 잘 타고 활을 잘 쏘아 광해군 10년(1618) 무과 급제하고 인조 2년(1624) 李适(이괄)의 난이 일어나자 관군에 응모 출전하여 鞍峴(안현) 싸움에서 공을 세워 振武原從功臣 勳1等(진무원종공신 훈1등)을 받았고, 동왕 5년(1627) 全羅右營將(전라우영장), 동 中軍(중군)에 올랐다. 동왕 14년(1636) 병자호란 때 義州府尹(의주부윤)이 되어 淸軍(청군)을 국경에서 막으려고 원병을 청했으나, 金自點(김자점)의 방해로 뜻을 이루지 못하고 드디어 남한산성이 포위당하기에 이르렀다. 인조 20년(1642) 청 나라 군사가 錦州(금주)를 포위하자 명 나라와 내통하여 대항코자 했으나, 일이 탄로되자 명 나라로 도피했고 청이 중국 南京(남경)을 함락하자 잡히었다. 청 나라에서는 부귀를 약속하며 달랬으나 굴하지 않으므로 그 충성을 가상히 여겨 죽이지 않고 투옥했다. 때마침 우리나라에서 정승 沈器遠(심기원)의 모반 사건에 임경업이 관련되었다 하여 인조는 청에 사신을 보내 본국에 송환되었으며, 인조는 그가 모반에 관련이 없음을 알고 석방하려 했으나 김자점의 모함으로 피살되고 말았다. 그의 형 亨業(형업)은 효성이 지극해 정조 때 旌閭門(정려문)이 세워졌다.

336-1 劒銘(검명) 검명

三尺龍泉萬卷書 皇天生我意何如 山東宰相山西將 彼丈夫兮我丈夫.
(삼척용천만권서 황천생아의하여 산동재상산서장 피장부혜아장부)

석 자 길이 용천 명검과 만 권의 책들, 하늘이 나를 내신 뜻 이에 있지 않은가.
산동 출신의 정승들과 산서에서 나온 장수들, 그들이 대장부라면 나 또한 대장부일세.

[語句] *劒銘 : 긴 칼에 새긴 글이나 시. *龍泉 : 寶劍(보검)의 이름. 太阿(태아)도 보검이어서 병칭하여 '용천태아'라 함. 晉(진)의 張華(장화)와 雷煥(뇌환)이 酆城(풍성)의 옛 監獄(감옥) 터를 파서 얻은 두 보검이 용천과 태아임. *皇天 : 넓고 큰 하늘. 하느님. *山東宰相山西將 : 중국의 秦(진)과 漢(한) 나라 이래로 산동 지방에서는 정승이 많이 나고, 산서 지방에서는 장수가 많이 난 일. '지방에 따라 특징이 다른 인물이 나옴'의 뜻으로도 씀. *丈夫 : 늠름하고 씩씩한 남자. 大丈夫(대장부). ↔拙丈夫(졸장부).

[鑑賞] 사나이 대장부의 씩씩한 기개를 읊은 시. 임경업 장군은 한글 고대소설 '임경업전'이 있을 만큼 유명한 장수이다. '무예와 학문을 겸하게 한 하늘의 뜻이 나에게 있지 않은가. 곳에 따라 다른 인물이 난다지만 그들이 대장부라면 나 또한 그들 못지않은 대장부이다.' 했다.

7言絕句(7언절구). 압운은 書, 如, 夫 자로 書와 如는 평성 '魚(어)' 평운, 夫도 평성 '虞(우)' 평운으로 두 운은 通韻(통운)이다. 평측은 차례로 '平仄平平仄仄平, 平平平仄仄平平, 平平仄 仄平平仄, 仄仄平平仄仄平'으로 二四不同二六對(이사부동이륙대)와 反法(반법), 粘法(점법) 등이 모두 잘 이루어진 좋은 시이다.

337. 任奎(임규 1119~1187) : 고려 인종, 의종 때 문신. 시호 文肅(문숙). 본관 長興(장흥). 父 門下侍中 元厚(문하시중 원후). 인종비 恭睿王后(공예왕후)의 남동생으로 벼슬이 平章事(평장사)에 이르렀다.

337-1 江村夜興(강촌야흥) 강마을 밤의 흥취

月黑鳥飛渚 烟沉江自波 漁舟何處宿 漠漠一聲歌.
　　(월흑오비저 연침강자파 어주하처숙 막막일성가)

달은 흐릿한데 까마귀 물가에 날고, 연기 잠긴 강에 물결만 이네.
고기잡이 배 어디서 묵는지, 막막한 속에 뱃노래 한 가락만 들리는구나.

[語句] *渚 : 물가. *沉 : 沈(잠길, 흐릴 침)과 同字(동자). *漠漠 : 넓고 멀어서 아득함.
[鑑賞] 강마을 저녁 한때의 모습을 그림 그리듯 쉬운 말로 지었다. 흐릿한 달, 물가를 날아 깃을 찾아가는 까마귀, 연기 낀 강에 이는 파도 등은 서경적이고, '고기잡이배는 어디에 있는지 보이지 않고 뱃노래 한 가락만 애처롭게 들려올 뿐'이라는 구절은 다분히 서정적이다. 시각적 영상과 청각적 영상이 조화된 작품이다.

5言絕句(5언절구). 압운은 波, 歌 자로 평성 '歌' 평운이다. 평측은 차례로 '仄仄平平仄, 平平平仄平, 平平平仄仄, 仄仄仄平平'으로 이사부동과 반법, 점법 등이 모두 이루어졌다.

338. 林樸(임박 ?) : 고려 공민왕 때 문신. 자 元質(원질). 본관 吉安(길안). 공민왕 9년 (1360) 무과에 급제하여 開城參軍事(개성참군사)가 되고, 다음해에 홍건적이 개성을 함락하자 병법에 정통하므로 元帥 金得培(원수 김득배)의 참모로 전략을 세웠으며, 남으로 피난 갈 때 史籍(사적)과 儀軌(의궤) 등을 땅에 묻었다가 적이 평정된 후 파내어 그 일부나마 보전하였다. 書狀官(서장관)으로 원 나라에 갔을 때 원 나라에서 德興君(덕흥군, 충선왕 셋째 아들)을 고려의 왕으로 세우려는 것을 반대하여 귀국하자 왕의 특전으로 中書舍人(중서사인)에 이어 典儀令(전의령), 濟州宣撫使(제주선무사), 大司成(대사성) 등을 역임했다. 辛旽(신돈)에게 아부하여 권세를 누렸으나 공민왕이 弑逆(시역)되고 李仁任(이인임) 등이 우왕을 옹립하여 공민왕의 맏아들이라고 글을 꾸며 원 나라에 보낼 때, 朴尙衷

(박상충), 鄭道傳(정도전) 등과 함께 이 문서에 서명하지 않아 길안으로 귀양갔다가 다시 務安(무안)으로 杖流(장류)되어 가는 도중 刑吏(형리)에게 밟혀 죽었다.

338-1 題德興君素屛(제덕흥군소병) 덕흥궁의 소병을 두고 짓다

棄本滔滔逐末行 泰山還似一毫輕 投鞭直欲橫江去 嗜餠徒勞畫地成
得瓮舞時誰識破 吹竽混處謾求榮 莫將繪事迷人目 我愛天然古石屛.
　　(기본도도축말행 태산환사일호경 투편직욕횡강거 기병도로화지성

　　득옹무시수식파 취우혼처만구영 막장회사미인목 아애천연고석병)

근본을 버리는 도도한 세상 흐름 말초만 좇으니, 태산도 털 하나처럼 가볍게 되고 마네.
말채찍들 던져 강 흐름을 막고는 곧장 강을 건너려는 무모를 행하고,
떡을 좋아해서 땅에 떡을 그리듯 하네.
옹기 독을 얻고 좋아라 춤출 때 그 누가 독이 깨질 줄 알았으며,
생황 악기를 부는 악공 틈에 속여 끼어 영화를 구하려 해서야 되랴.
괜스레 그림 그려 붙여 남의 눈 헛갈리게 하지 마오,
나는 자연 그대로의 울타리로 둘러선 바위 벼랑이 좋다오.

[語句] *德興君 : 고려 충선왕의 셋째아들. 이름 塔思帖木兒(탑사첩목아). 어머니는 宮人(궁인)인데 궁에서 나와 白文擧(백문거)의 집에서 낳았고, 어려서부터 원 나라에 있었으며 원의 임금에 아부하여 고려에 많은 해를 끼쳤음. *素屛 : 글씨나 그림을 붙이지 않고 흰 종이로만 바른 병풍. *滔滔 : ①물이 질편하게 거칠 것 없이 흐르는 모양. ②물 흐르듯 말을 잘하는 모양. ③훨훨 가는 모양. *泰山 : 높고 큰 산. 중국 5嶽(악)의 하나. 산동성 泰安市(태안시)에 있음. *投鞭 : 말채찍을 강에 던짐. 投鞭斷流(투편단류) 곧 채찍을 던져 넣어 강의 흐름을 막음. 물을 건너는 군사가 많음을 형용하는 말로, 五胡十六國(오호십륙국) 때 前秦(전진)의 世祖 苻堅(세조 부견)이 東晉(동진)을 치려고 하면서 자랑한 말임<晉書 苻堅載記> *嗜餠畫地 : 떡을 좋아해 땅에 떡을 그림. '그림의 떡, 소용없는 사물'을 비유함. 畫地爲餠不可食也(땅에 떡을 그려야 먹을 수가 없다)<史通> 嗜는 '즐기다. 욕심내다'임. *徒勞 : 헛된 수고. *得瓮 : 독을 얻음. 瓮=甕(독. 물장군 옹). 옹기장수가 독을 쓰고 자다가 큰 부자가 된 꿈을 꾸고 좋아 날뛰는 바람에 독만 깨뜨렸다 하고, 어떤 사람이 밤에 자리에 누워 '작은 그릇 장사를 하여 차차 항아리를 마련하고 더 보태어 큰 독을 사서 큰 부자가 될 수 있겠구나,' 하고 공상하다가 기뻐 일어나 춤추던 끝에 옆에 있는 술독을 깨뜨렸다는 이야기가 있는데, 앞의 떡을 땅에 그리는 일과 합치어

'甕算畫餠(옹산화병)' 곧 옹기장수의 셈과 그림의 떡이라 함. *吹竽混處 : 한데 섞여 생황을 연주함. 齊(제)의 宣王(선왕)이 생황 음악 소리를 듣기 좋아해 악사 3백 명을 갖추었는데, 南郭處士(남곽처사)란 사람은 불 줄도 모르면서 그 속에 섞여 녹을 후하게 받았음. 뒤에 泯王(민왕)이 즉위하여 한 사람씩 연주하는 생황 소리 듣기를 좋아하니 남곽은 폭로될까 두려워 도망치더라 하니, 이를 '濫竽(남우) 또는 濫吹(남취)'라 하여 '관직의 수나 채우는 사람, 무능한 자가 재능 있는 듯 흉내냄'을 비유하는 말로 씀. 竽는 '큰 笙簧(생황)'임. *謾 : 속이다. *繪事 : 그림 그리는 일. 子曰繪事後素(공자 말씀하시기를 "그림 그릴 때 채색을 마치고 흰 가루로 바탕을 칠 하느니라" 하셨다)<論語 八佾> *迷 : 헛갈리다. 迷惑(미혹)하다.

[鑑賞] 원 나라에 가서 덕흥군의 방에 있는 빈 병풍을 읊었는데, 그것이 오히려 자연 그대로라서 좋다고 했다. 首聯(수련 1~2구)은 당시의 잘못된 풍조를 말했으니 본바탕을 버리고 사람들이 말초 지엽적인 것에 집착하여 태산 같은 높은 것도 보잘것없는 것으로 만들어 버린다 했다. 頷聯(함련 3~4구)은 對句(대구)로 부견의 고사와 그림의 떡 얘기를 들어 아무 실속이 없는 일들만 추구한다고 나무랐으며, 頸聯(경련 5~6구)도 함련을 이어 실속 없는 일과 실력이 없으면서 있는 체 과시하는 풍조를 꼬집었는데 역시 대구가 되었다. 尾聯(미련 7~8구)은 마무리로 세상 돌아가는 게 이러하니 이 병풍도 그대로 두어야지, 글씨나 그림을 넣을 엄두도 내지 말라고 당부했다. 소병이 곧 천연 그대로라 근본을 잃지 않음이라는 것이다.

7言律詩(7언율시). 압운은 行, 輕, 成, 榮, 屛 자로 앞 넉 자는 평성 '庚(경)' 평운, 끝의 屛은 평성 '靑(청)' 운인데 두 운은 通韻(통운)이 된다. 평측은 차례로 '仄仄平平仄仄平, 仄平平仄仄平平, 平平仄仄平平仄, 仄仄平平仄仄平, 仄仄平仄平仄仄, 平平仄仄仄平平, 仄仄平仄平平仄, 仄仄平平仄仄平'으로 二四不同二六對(이사부동이륙대)와 反法(반법), 粘法(점법) 등이 잘 이루어진 좋은 시이다.

339. 任埅(임방 1640~1724) : 조선 숙종 때 문신. 자 大仲(대중). 호 水村(수촌). 시호 文僖(문희). 본관 豊川(풍천). 父 義伯(의백). 일찍이 진사 급제하여 宋時烈(송시열)과 宋浚吉(송준길)의 문하에서 공부하고 현종 12년(1671) 昌陵參奉(창릉참봉) 등을 거쳐 戶曹正郎(호조정랑)일 때 송시열이 귀양가고 仁顯王后(인현왕후)가 폐위되니 벼슬을 버렸다. 숙종 20년(1694) 다시 義禁府都事(의금부 도사)를 시작으로 군자감정, 단양군수, 사옹원첨정을 역임하고 숙종 28년(1702) 63세로 문과 급제했다. 공조판서, 議政府右參贊(의정부 우참찬)에 이르고 경종 1년(1721) 獄事(옥사)에 관련되어 咸從(함종)으로 귀양가고 다시 金川(금천)에 옮겨져 병사했다. 청렴 정직하고 의분을 참지 못하는 성격이라 남의 원망도 샀으나, 늘 주역과 논어를 탐독하고 시를 읊으며 살았다.

339-1 山村(산촌) 산골 마을

一抹炊烟生 孤村在山下 柴門老樹枝 不繫行人馬.

(일말취연생 고촌재산하 시문노수지 불계행인마)

한 줄기 밥 짓는 연기 끼이고, 외딴 마을 산밑에 있네.
사립문 밖에 고목 가지 늘어졌는데, 행인의 말도 매어 있지 않구나.

[語句] *一抹 : 한 번 길게 칠한 듯한 연기의 모양. 抹은 '바르다. 지우다. 스치다'임.
*炊烟 : 밥 짓는 연기. *孤村 : 외딴 마을. *柴門 : 사립문. *行人 : 길가는
사람. 나그네.

[鑑賞] 산중 외딴 마을의 고적한 풍경을 읊은 시. 저녁밥을 짓는 연기 외줄로 굴뚝에
서 피어오르고, 외로운 마을이 산 아래 있다. 사립문 밖에 고목나무 서 있지만,
지나는 사람 없어 말도 매어 있지 않다.

5言古詩(5언고시). 압운은 下, 馬 자로 상성 '馬' 측운이다. 평측은 차례로 '仄仄平平平, 平
平仄平平, 平平仄仄平, 仄仄平平平'으로 이사부동은 둘째 구에서만 어긋났고 반법과 점법은
그런대로 이루어졌다.

340. 任叔英(임숙영 1576~1623)

340. 任叔英(임숙영 1576~1623) : 조선 광해군 때 문신. 초명 湘(상). 자 茂叔(무숙). 호
疎庵(소암). 본관 豊川(풍천). 父 監役 奇(감역 기). 어려서부터 기발해 그의 글귀는 사람들
을 놀라게 했다. 선조 34년(1601) 진사 급제하여 성균관에 들어가, 10년 동안 논의가
남달라 동배들이 경원했고 성균관의 儒疏(유소)는 대개 그의 글이었다. 광해군 3년(1611)
別試(별시)의 對策(대책) 시험에서 왕실 인척의 발호와 환관들의 정치 개입 등 수만 마디
의 글을 올려 광해군의 노여움을 샀으나, 영의정 李恒福(이항복)의 절실한 諫言(간언)으로
丙科末席(병과말석)에 급제했다. 承文院 正字, 博士(승문원 정자, 박사)를 거쳐 注書(주서) 때
영창대군의 誣獄(무옥)이 일어나자 벼슬을 버리고 귀향했다. 그 후 간사한 무리들의 무
고로 유배되었다가 인조반정 때 죄 없이 벼슬에서 물러났다 하여 인조가 6품직을 내렸
으나 고사했고, 司憲府持平(사헌부 지평) 때 사망했다.

340-1 무行(조행) 아침 일찍 떠나며

客子就行路 早乘西北風 鷄聲月落後 水氣曉寒中
孤店鳴雙杵 空林語百蟲 自憐千里外 長作一飛蓬.

(객자취행로 조승서북풍 계성월락후 수기효한중

고점명쌍저 공림어백충 자련천리외 장작일비봉)

나그네로 가야 하는 길에 오르니, 이른 새벽 하늬바람을 맞는구나.

달이 지자 닭 우는 소리 들리고, 새벽 추위 속에 물 흐르는 기세 거세네.

외딴 주막에서는 다듬이 겹방망이 소리 들리고, 쓸쓸한 숲에서는 온갖 벌레 우네.

천리 밖 멀리 오래 떠돌아야 하는, 바람에 날리는 쑥대 같은 내 신세 참 가엾구나.

[語句] *早行 : 아침 일찍 길을 떠남. *客子 : 나그네. *行路 : 가는 길. 세상에서 살아 나가는 길. *水氣 : 물 기운. 물의 기세. *孤店 : 외딴 주막. *雙杵 : 두 방망이. '한 사람이 두 방망이로 또는 두 사람이 각각 두 방망이로 옷감을 다듬는 일. 쌍다듬이질. 겹다듬이질'을 뜻함. 杵는 '공이. 방망이'임. *空林 : ①나무의 잎이 떨어져 빈 듯한 숲. ②인가에서 멀리 떨어져 쓸쓸한 숲. *自憐 : 나 스스로가 가엾음. *飛蓬 : 바람에 날리는 쑥대. ①이리저리 떠돌아다님. ②머리칼이 헝클어짐.

[鑑賞] 광해군 때 유배지를 향해 가며 지은 시가 아닌가 싶다. '서북풍, 달 지자 울어대는 닭 울음, 새벽 추위, 외딴 주막, 다듬이 겹방망이 소리, 가을벌레 우는 소리' 등으로 외롭고 을씨년스러운 느낌을 잘 표현했다. 故事(고사) 등의 인용 없이 일상적인 용어를 詩語(시어)로 써서 서정과 서경을 고르게 표현한 솜씨가 대가답다 하리라. 물론 규칙에 맞게 3, 4구와 5, 6구는 각각 對句(대구)를 이루었다.

　5言律詩(5언율시). 압운은 風, 中, 蟲, 蓬 자로 평성 '東(동)' 평운이다. 평측은 차례로 '仄仄仄平仄, 仄平平仄平, 平平仄仄仄, 仄仄仄平平, 平仄平平仄, 平平仄仄平, 仄平平仄仄, 平仄仄平平'으로 이사부동과 반법, 점법 등이 모두 이루어졌다.

341. 林億齡(임억령 1496~1568) : 조선 명종 때 文官(문관). 자 大椿(대춘). 호 石川(석천). 본관 善山(선산). 진사 급제 후 중종 20년(1525) 문과에 급제했다. 학식이 높고 성격이 강직하여 일을 민첩하게 처리했으며 문장에도 뛰어났다. 인종 1년(1545) 士禍(사화)가 일어났을 때 동생 百齡(백령)이 간교한 무리들에게 아부하여 선비들이 화를 입게 하므로 글을 보내어 간절히 경계했으나 백령이 듣지 않았다. 벼슬을 버렸다가 錦山郡守(금산군수)로 있을 때 백령이 原從功臣(원종공신)의 錄券(녹권)을 보내오니, 산골에 들어가 제문을 지어 읽고 녹권을 불태우고는 병을 핑계로 군수를 사임하고 海南(해남)에서 살았다. 후에 江原監司(강원감사)로 있다가 諫院(간원)의 탄핵으로 파직되었으며 문집에 '石川集(석천집)'이 있다.

341-1 鷺(노) 해오라기

　人方憑水檻 鷺亦入沙灘 白髮雖相似 吾閒鷺未閒.
　　(인방빙수함 노역입사탄 백발수상사 오한노미한)

나는 물가 누각 난간에 막 기대었고, 해오라기 또한 모래 여울물에 들었구나.

백발인 것은 비록 비슷하나, 나는 한가한데 백로는 그렇지 못하여라.

[語句] *鷺 : 해오라기. 白鷺(백로). *方 : 바야흐로. 이제 곧. *憑 : 의지하다. *檻 : 난간. 欄檻(난함). *沙灘 : 바닥이 모래로 된 여울.

[鑑賞] 냇물에 떠 있는 백로나 물가의 누각에 오른 나나 흰빛 일색인 머리는 똑같으나, 백로는 먹이를 찾아 물에 떴으니 먹이 찾느라 바쁘지만 나는 한가로이 누각에 오른 것이 다르다. 대개 백로를 보면 한가하고 평화스러운 모습이라고 표현하는데, 이 시는 그렇지 않다. 물새가 어디 할 일이 없어 물위나 물가에 있겠는가, 모두 먹이를 찾느라고 거기 있는 것이다. 벼슬을 버리고 은거할 때 지었으리라.

5言絶句(5언절구). 압운은 灘, 閒 자인데 灘은 평성 '寒(한)' 평운, 閒도 평성 '刪(산)' 평운으로 두 운은 通韻(통운)이다. 평측은 차례로 '平平平仄仄, 仄仄仄平平, 仄仄平平仄, 平平仄仄平'으로 二四不同(이사부동)과 反法(반법), 粘法(점법) 등이 잘 이루어졌다.

341-2 凌波臺 中(능파대 중) 능파대 중간

秦帝作長橋 歲久風濤決 壯士擲蜀筍 浮出龍王穴.
(진제작장교 세구풍도결 장사척촉순 부출용왕혈)

진시황이 해 뜨는 곳을 보려고 놓던 긴 돌다리가,

오랜 세월 바람과 파도에 부서진 것인가,

어느 장사가 촉 나라 죽순을 던져, 그 석순이 용왕굴에서 떠나온 것인지.

[語句] *凌波臺 : 강원도 三陟市(삼척시) 북쪽 10리 해안에 있는 기묘한 바위. 湫岩(추암)이라고도 하며 屈岩(굴암)과 마주 바라보여 바다위의 신선 세계라 일컬으며, 그 해안에 세운 정자 이름이기도 함. *秦帝 : 중국의 秦始皇(진시황). 그가 해 뜨는 곳을 가 보겠다고 바다에 긴 돌다리를 놓아 가니, 神人(신인)이 나타나 돌을 몰아 바닷속에 가라앉게 하는데 돌이 빨리 움직이지 않으면 채찍으로 갈겨 돌에서 피가 나더라 함. 이 다리를 秦橋(진교)라 했음. *風濤 : 바람과 큰 물결. *決 : 끊어지다. 부서지다. *蜀筍 : 촉 땅의 石筍(석순). 현재의 四川省(사천성)인 촉은 여러 가지 모양의 험한 바위로 된 산들이 많아서 쓴 말인 듯함. *龍王 : 바닷속 龍宮(용궁)의 임금.

[鑑賞] 이 시는 능파대의 장관을 읊은 14연 28구의 장시이다. 능파는 '급류의 물결이나 파도 위를 걷다'의 뜻을 가졌으니 바다와 바위가 잘 어울린 광경을 떠올릴 수 있겠다. 능파대의 서쪽 바위 위에는 신선이 끌던 소와 수레바퀴 자국이 남

아 있었고, 그 위에 용의 묘가 있었다고 하나 오래 전에 없어졌다는 기록이 있다. 또 바위굴이 있어 이를 龍湫(용추)라 하며 가뭄에는 기우제를 지냈다 한다. 위에서 인용한 부분은 능파대 바위의 석순 같은 모양을 그렸다.

5言古詩(5언고시). 압운은 決, 穴 자로 입성 '屑(설)' 측운이다. 평측은 차례로 '平仄仄平平, 仄仄平平仄, 仄仄仄仄仄, 平仄平平仄'으로 이사부동은 셋째 구에서 어긋나 모두 측성으로 일관했고, 반법과 점법은 이루어지지 않았다.

342. 任元濬(임원준 1423~1500) : 조선 성종 때 문신. 자 子深(자심). 호 四友堂(사우당). 본관 豊川(풍천). 증조부 고려 判密直 君輔(판밀직 군보). 세조 2년(1456) 문과, 重試(중시)에 급제하고 拔英登俊試(발영등준시)에 뽑혔다. 드문 才士(재사)로 密陽(밀양)에 귀양 갔을 때 당시 관찰사가 그의 문장을 시험해 보고 크게 탄복하여 세종에게 특사를 상소했고, 세종은 조정에 불러들여 집현전의 撰書局(찬서국)에 있도록 했다. 명 나라 英宗(영종)이 복위하자 이를 축하하기 위해 表文(표문)을 지을 때 세조는 원준을 불렀으나 늦게 들어와 왕의 문초를 받은 뒤 '遑遽表(황거표)'를 지어 올려 칭찬을 받고 용서되었다. 左參贊(좌참찬)을 지낼 때 崔恒(최항 →568) 등과 같이 '經國大典(경국대전)'을 편찬하고 세조가 친히 지은 '醫藥論(의약론)'에 註解(주해)를 붙였다. 그 후 左贊成(좌찬성)에 이르렀고 성종 2년(1471) 佐理功臣(좌리공신)에 책록되었으며 西河君(서하군)에 피봉되었으나 중종반정 때 죄를 입어 사형되었다.

342-1 雲(운) 구름

駘蕩三春後 悠揚萬里雲 凌風千丈直 映日五花文
祥光應玉殿 瑞氣擁金門 待得從龍日 爲霖佐聖君.
　　(태탕삼춘후 유양만리운 능풍천장직 영일오화문

　　상광응옥전 서기옹금문 대득종룡일 위림좌성군)

무르익은 봄날에, 멀리 뻗친 구름 유유히 떠돌며,

바람 타고 천 길 곧게 오르니, 햇빛에 비치어 오색 무늬 이루네.

상서로운 빛은 옥당전玉堂殿을 둘러싸고, 상서로운 기운은 금마문金馬門에 서리는구나.

용을 따르는 날을 기다렸다가, 장마비 되어 풍년 되도록 성군을 도우리라.

[語句] *駘蕩 : 봄 경치가 화창하고 무르익은 모양. *三春 : 봄 석 달 곧 음력 정월에서 3월까지의 기간. 봄. *悠揚 : 모습이 듬직하여 급하지 않음. *凌風 : 바람을 탐. 凌은 '업신여기다'임. *五花文 : 5색 무늬. *祥光 : 상서로운 빛. *玉殿 : 아름다운 궁전. 玉堂殿(옥당전, 홍문관의 전각). *瑞氣 : 길한 조짐의 기운. *金

門 : 대궐의 문. ※玉堂金馬(옥당금마) : 漢(한) 나라 궁궐의 옥당전과 금마문. 翰林院(한림원). 홍문관. *霖 : 장마. 殷(은)의 고종이 傳說(부열)을 신하로 삼으며 "가뭄에는 너를 소낙비로 삼으리." 했음<書經 說命> *聖君 : 德化(덕화, 어질고 너그럽게 교화시킴)가 뛰어난 어진 임금.

[鑑賞] 이 시는 밀양에 유배된 지은이를 관찰사의 특사 상소로 해서, 세종이 조정에 불러 시험코자 시를 짓게 해서 지은 작품으로 세종이 잘 지었다고 칭찬했다 한다. '봄날 유유히 흐르는 구름이 햇빛을 타고 오색 무늬를 보인다. 이로 하여 궁전에 상서로운 빛이 비치고 대궐 문에는 서기가 어리었다. 내 저 구름을 타고서 용이 나타나기를 기다려 좋은 비를 내리게 해 우리 어지신 임금님을 도와 드리리라.' 했으니 그 충성심을 가상하게 여겼으리라.

5言律詩(5언율시). 압운은 雲, 文, 門, 君 자로 門만 평성 '元(원)' 운이고 나머지는 평성 '文' 평운인데 두 운은 通韻(통운)이 된다. 평측은 차례로 '仄仄平平仄, 平平仄仄平, 平平平仄仄, 仄仄仄平平, 平平仄仄仄, 仄仄平平平, 仄仄平平仄, 平平仄仄平'으로 이사부동은 모두 잘 이루어졌으나, 다섯째 구에서 점법이 되지 않았고 반법은 그런대로 이루어졌다.

343. 林惟正(임유정 ?) : 고려 19대 明宗(명종 재위1170~1197) 무렵의 國子祭酒(국자좨주). '東文選(동문선)'에 5언·7언율시, 7언배율, 7언절구 등 그의 시 35수가 수록되었는데, 모두 중국 사람들의 시에서 한 구씩 모아 한 편의 작품을 이룬 것이다. 이런 시를 集句(집구) 또는 百家衣詩(백가의시)라 한다.

343-1 敍情(서정) 내 마음을 펴다

百年三萬六千日 三萬六千能幾何 談笑勝愁歌勝哭 不妨談笑助淸歌.
(백년삼만륙천일 삼만륙천능기하 담소승수가승곡 불방담소조청가)

백년은 3만 6천 날인데, 그 3만 6천 날인들 얼마 되는가.
담소는 시름보다 낫고 노래는 곡소리보다 나으니,
담소로 맑은 노래 도움이 해롭지 않으리.

[語句] *敍情 : 자기의 감정, 情緖(정서)를 펴 그려냄. 抒情(서정). *幾何 : 얼마. *談笑 : 웃으면서 이야기함. *淸歌 : 맑은 소리로 부르는 노래.

[鑑賞] 다른 사람들이 이미 읊은 시구들을 모아 한 편의 작품을 이룬 집구 또는 백가의시인데, 중국에서는 晉(진) 나라 때부터 있어 太原(태원)의 王舒王(왕서왕)이 시작하고 宋(송)의 黃庭堅(황정견, 호 山谷산곡) 등이 이어받았다. 특히 王安石(왕안석, 자 介甫개보, 별칭 荊公형공)이 집구에 능해 본디의 시보다 더 나았다고 한다. 이 시의 첫

구는 李白(이백)의 '襄陽歌(양양가)'의 한 구이며, 둘 째 구는 敏若(민야, 민약)의 시
구라 한다. 셋째 구는 白居易(백거이, 자 樂天낙천)의 시구이며 끝 구는 李師中(이사
중)의 것이라 한다. 많은 시를 알고 있지 않고는 쓸 수 없는 유형의 작품이라
짓기가 어쩌면 창작보다 더 어려우리라.

7言絕句(7언절구). 압운은 何, 歌 자로 평성 '歌' 평운이다. 평측은 차례로 '仄平平仄仄平仄,
平仄仄平平仄平, 平仄仄平平仄仄, 仄平平仄仄平平'으로 二四不同二六對(이사부동이륙대)와 反
法(반법), 粘法(점법) 등이 잘 이루어졌으니, 알맞은 시구를 골라내기에 얼마나 애를 썼으랴.

344. 任有後(임유후 1601~1673) : 조선 인조 때의 명신. 자 孝伯(효백). 호 萬休(만휴). 시호 貞
僖(정희). 본관 豊川(풍천). 父 校理 守正(교리 수정). 인조 4년(1626) 庭試(정시)에 급제하고 이듬
해 정묘호란 때 假注書(가주서)로 斥和(척화)를 주장했으며, 아우 之後(지후)가 반란을 음모하다
가 배반하고 이를 정승들에게 누설하니, 기만을 당한 고향 사람의 무고로 숙부인 判書 就正
(판서 취정)과 그 아들 형제가 모두 杖死(장사)되고, 화를 모면한 유후는 아우 지후와 義絕(의절)하
여 종신토록 만나지 않았다. 강원도 蔚珍(울진, 현재 경상북도)에서 학문을 연구하다가 효종 때 다
시 벼슬하여 鍾城府使(종성부사)로 있으면서 受降樓(수항루)를 세우고 學舍(학사)를 짓는 등 변경
지방의 치적이 많았다. 禮曹參判, 承旨, 都承旨, 戶曹參判(예조참판, 승지, 도승지, 호조참판) 등을
지내고 慶州府尹(경주부윤)으로 고을을 잘 다스렸다. 문장이 뛰어났으며 만년에는 周易(주역)을
가장 좋아했다고 한다. 울진, 삼척을 비롯한 영동 지방의 명승을 읊은 시가 많이 전한다.

344-1 佛影寺十四景 芙蓉城(불영사십사경 부용성) 불영사 열 네 승경 부용성
怪禽岩畔叫 月照芙蓉城 谷靜桂香滿 仙人吹玉笙.
　　(괴금암반규 월조부용성 곡정계향만 선인취옥생)

기이하게 생긴 새 바위 가에서 울고, 달은 부용성을 비추네.
골짜기 조용한데 계수나무 향기 가득하고, 신선의 옥피리 소리 들려오는 듯.

[語句] *佛影寺 : 울진군 西面 下院里(서면 하원리)에 있는 절. 신라 진덕여왕 5년(651)
　　　義湘大師(의상대사)가 창건했는데, 대사가 불영사 뒷산이 인도의 天竺山(천축산)과 같
　　　다 하여 천축산이라 이름짓고, 앞의 못에 서린 9마리 용을 주문으로 쫓아내고 그
　　　자리에 절을 지어 九龍寺(구룡사)라 했음. 후에 서편 산에 있는 부처 모양의 바위
　　　가 늘 못에 비춰지므로 불영사라 개칭했음. 경내에 義湘殿(의상전)이 있는데 실제
　　　로는 仁顯王后願堂(인현왕후원당)임이 밝혀졌음. *芙蓉城 : 불영사 서편의 연꽃처럼
　　　생긴 바위 성. 임진왜란이 일어나던 해 정월 초하루 여기에 둥지를 튼 학 한 쌍

이 절로 내려오는 등 異蹟(이적)이 생기더니, 왜란이 일어나 절이 모두 탔다고 함.

*玉笙 : 옥으로 만든 笙簧(생황). 옥피리.

[鑑賞] 불영사는 경치 좋기로 이름난 불영계곡을 끼고 있는 유명한 古刹(고찰)이다. 편저자가 고향에서 국민학교, 중하교 다닐 때는 遠足(원족) 곧 소풍을 가던 곳으로 그 때는 남자 스님들이 있었는데, 지금은 女僧(여승)만 있다는 말을 들었다. 불영사 14경은 부용성을 비롯하여 金塔峰(금탑봉), 靑螺峰(청라봉), 三角峰(삼각봉), 海雲峰(해운봉), 香爐峰(향로봉), 鍾岩峰(종암봉), 元曉窟(원효굴), 義湘臺(의상대), 五龍臺(오룡대), 坐忘臺(좌망대), 丹霞洞(단하동), 龍穴(용혈), 鶴巢(학소) 등이다. 연꽃같이 생긴 부용성의 太古然(태고연)한 풍경을 읊은 좋은 시이다.

5言絶句(5언절구). 압운은 城, 笙 자로 평성 '庚(경)' 평운이다. 평측은 차례로 '仄平平仄仄, 仄仄平平平, 仄仄仄平仄, 平平平仄平'으로 이사부동과 반법, 점법 등이 이루어졌는데, 끝 두 구는 孤平(고평)과 孤仄(고측)이지만 음조가 조화를 잘 이루어었다.

344-2 春江泛舟(춘강범주) 봄 강물에 배를 띄우다

靑帘高出杏花村 沽酒歸來日已昏 醉臥蓬窓春睡穩 不知風雨滿江門.

(청렴고출행화촌 고주귀래일이혼 취와봉창춘수온 부지풍우만강문)

행화촌에 술집 깃발 높이 날리는데, 술을 사서 배에 오르니 날은 이미 황혼이로구나.

봉창에 취해 누워 편히 봄 졸음에 잠기니,

비바람 쳐 나루의 배다리 잠긴 줄을 몰랐네.

[語句] *泛舟 : 배를 물에 띄움. *靑帘 : 술집의 푸른 깃발. 帘은 '술집 깃발'임. 宋(송)나라의 술파는 사람이 술을 판다는 표지의 깃발을 높이 달더라 함<韓非子> *杏花村 : 살구꽃 핀 마을. 주막이 있는 마을. →63-6. *沽 : 사다. 팔다. *歸來 : 돌아옴. 배로 돌아옴. *蓬窓 : 배의 창문. 배 안의 방처럼 꾸민 곳. *睡 : 자다. 졸음. *江門 : 강나루의 배를 대는 나무다리의 문. 배다리. 江門橋(강문교).

[鑑賞] 봄날에 강에 놀이를 나와 배에 술을 싣고 즐기다보니 이미 저녁 황혼이 되었다. 술에 취해 배 안에서 봄 졸음에 잠겼으니 비바람이 쳐서 나루의 배다리까지 물이 불어 출렁거리는 것을 알지 못하였다. 봄날 뱃놀이의 흥취를 나타낸 작품이다.

7언절구. 압운은 村, 昏, 門 자로 평성 '元(원)' 평운이다. 평측은 차례로 '平平平仄仄平平, 平仄平平仄仄平, 仄仄平平平仄仄, 仄平平仄仄平平'으로 이사부동이륙대와 반법, 점법 등이 규칙에 맞게 잘 이루어졌다.

345. 林悌(임제 1549~1587) : 조선 선조 때 문인. 자 子順(자순). 호 白湖, 謙齋, 楓江, 嘯

痴(백호, 겸재, 풍강, 소치). 본관 羅州(나주). 父 節度使 晋(절도사 진). 일찍이 속리산에 들어가 大谷 成運(대곡 성운)에게 師事(사사)했으며, 선조 9년(1576) 生員, 進士(생원, 진사)에 급제하고 이 듬해 大科(대과, 문과) 급제했다. 禮曹正郎兼知製敎(예조정랑 겸 지제교) 때 李珥(이이), 許篈(허봉), 楊士彦(양사언) 등이 그의 뛰어난 기질을 칭찬했는데, 당시 선비들이 동서로 나뉘어 다투는 것을 개탄하고 명산을 찾아다니면서 비분강개 속에 요절했다. 문장과 시와 글씨 및 거문고 와 노래에도 능하였고, 愁城志(수성지), 花史(화사), 元生夢遊錄(원생몽유록) 등 소설을 지었다. 일설에 의하면 平安都事(평안도사)로 부임하는 길에 당대의 명기 黃眞伊(황진이)의 묘를 지나 다가 제문을 지어 술을 붓고 일장통곡했다 하여, 士林(사림)의 물의를 일으켜 도사의 직을 사임했다 한다. 황진이를 위한 시조 두 수가 전하고 '白湖集(백호집 18책)'이 있다.

345-1 無語別(무어별) 말도 못하고 헤어지다

十五越溪女 羞人無語別 歸來掩重門 泣向梨花月.
　　(십오월계녀 수인무어별 귀래엄중문 읍향이화월)

완사계 여인같이 아리따운 열다섯 살 아가씨, 남부끄러워 말 못 하고 헤어졌구나.
집에 돌아와 안문을 지치고는, 배꽃을 비추는 달 마주하고 눈물 흘리네.

[語句] *無語 : 말하지 못함. '좋아한다고 말하지 못함'임. 無言(무언, 말이 없음). *越溪女 : 아리따운 여인. '越(월) 땅의 浣紗溪(완사계)에 사는 처녀 곧 西施(서시) 같은 미 인'이란 뜻임. *羞人 : 사람을 부끄러워함. '만나는 총각을 부끄러워함'임. *掩 : 가리다. 덮다. *重門 : 대문 안에 다시 세운 문. 안문. 中門(중문).

[鑑賞] 서로 좋아하는 처녀와 총각이 낮에 서로의 눈짓으로 '오늘 달이 뜬 뒤 어디에 서 만나자'는 약속이 이루어져, 처녀는 집 안 사람 모르게 중문과 대문을 빠져 나가 총각을 만나고는 돌아왔다. 돌아와서는 중문을 지치고 뜰안의 배나무 꽃 을 비추는 달 아래에서 '왜 좋아한다는 말 한 마디도 못 하고 이렇게 돌아오고 말았나.' 하고 후회하며 울고 있다. 깨끗하고 순수함을 보여 주는 시이다. 지은 이가 순수하지 않고는 나올 수 없는 작품이다. 군더더기가 없는 속에 하루의 길다면 긴 처녀 총각의 이야기가 농축되어 있다 하리라. 어떤 자료에는 제목을 '閨怨(규원)'이라 하기도 했다.

　5言古詩 短篇(5언고시 단편). 압운은 別, 月 자로 別은 입성 '屑(설)' 운, 月도 입성 '月' 측운 으로 두 운은 通韻(통운)이다. 평측은 차례로 '仄仄仄平仄, 平平平仄仄, 平平仄平平, 仄仄平 平仄'으로 二四不同(이사부동)은 셋째 구가 어긋났고 反法(반법)과 粘法(점법)은 그런대로 이루어 졌다. 5언절구로 보아도 된다 하겠지만, 측운 압운에 첫 구와 셋째 구의 평측 배열도 고르지 못해 고시로 분류했다.

345-2 浿江歌(패강가) 패강의 노래

浿江兒女踏春陽 江上垂楊正斷腸 無限烟絲若可織 爲君裁作舞衣裳.

(패강아녀답춘양 강상수양정단장 무한연사약가직 위군재작무의상)

평양의 처녀들 봄나들이 나왔는데, 강가의 수양버들 애끊게 하는구나.

저 많은 버들개지 모아 길쌈 할 수 있다면, 임의 옷 날아갈 듯이 지어 드리련만.

[語句] *浿江 : 大同江(대동강)의 옛 이름. 西京(서경, 평양). *春陽 : 봄볕. 春光(춘광). 봄 경치. 韶光(소광). *斷腸 : 창자가 끊어질 듯이 슬픔. *烟絲 : 솜처럼 날리는 버들개지. *舞衣裳 : 춤을 출 때 입는 옷. 날아갈 듯한 고운 옷.

[鑑賞] 봄날 수양버들 늘어진 대동강 가에서 봄놀이 나온 여인네들을 바라보며 지은 시. 버들개지가 구름처럼 날리니, 여인네들은 그것이 실을 뽑을 수 있는 솜이 라면 얼마나 좋을까 하고 생각할 것이라 짐작했다. 요즈음은 그 버들개지가 公害(공해) 물질이라 하여 기피하지만, 옛날에는 버들개지 날리는 광경이 고향을 연상시키는 정겨운 것이었다. 버들개지가 바람에 날려 한 곳에 뭉쳐 있는 것을 만져보면 부드러운 것이 꼭 솜 같기는 했다.

7言絶句(7언절구). 압운은 陽, 腸, 裳 자로 평성 '陽' 평운이다. 평측은 차례로 '仄平平仄仄平平, 平仄平平仄仄平, 平仄平平仄仄仄, 仄平平仄仄平平'으로 二四不同二六對(이사부동이륙대)와 반법, 점법 등이 모두 이루어졌다.

346. 林椿(임춘 ?) :

고려 仁宗(인종, 재위 1122~1146) 때 문인. 자 耆之(기지). 본관 西河(서하). 백부 宗庇(종비). 여러번 과거에 실패하고 의종 24년(1170) 鄭仲夫(정중부)의 난에 간신히 목숨을 건졌으며, 李奎報(이규보), 吳世才(오세재) 등과 함께 江左七賢(강좌 7현)의 한 사람으로 시와 술로 세월을 보냈다. 한문과 唐詩(당시)에 뛰어났으며 그의 시문은 '三韓詩龜鑑(삼한시귀감)'에 올라 있고, 저서에 '說話集(설화집), 麴醇傳(국순전), 孔有傳(공유전), 西河先生集(서하선생집 6권)'이 있다.

346-1 茶店晝睡 二首(다점주수 이수) 다점에서의 낮잠 두 수

頹然臥榻便忘形 午枕風來睡自醒 夢裡此身無處着 乾坤都是一長亭<제1수>

虛樓罷夢正高春 兩眼空濛看遠峰 誰識幽人閑氣味 一軒春睡敵千鍾<제2수>

(퇴연와탑편망형 오침풍래수자성 몽리차신무처착 건곤도시일장정)

(허루파몽정고용 양안공몽간원봉 수식유인한기미 일헌춘수적천종)

술에 취해 평상에 누워 모든 형식을 버리니,

한낮 베갯머리에 바람 불어 잠 절로 깨네.

꿈속의 이 몸 머물 곳이 없어, 하늘과 땅이란 도무지 이 한 큰 주막일러라.<첫 수>

빈 누각에서 꿈을 깨니 바로 저녁 4시인데, 두 눈 흐릿하게 먼 봉우리를 바라보네.

세상 피해 숨어 사는 사람의 멋을 그 누가 알리오,

한 자리에서의 봄 낮잠이 천종 많은 녹봉에 맞먹는다는 것을.<둘째수>

[語句] *茶店 : ①차를 파는 가게. ②찻집. 茶房(다방). *頹然 : 무너지는 모양. 술에 취해 넘어지는 모양.<柳宗元 始得西山宴游記> *榻 : 긴 걸상. 平床(평상). *忘形 : 威儀(위의)나 禮度(예도) 등 형식적인 것을 벗어버림. 忘形交(망형교, 노소나 지위나 용모 등이 다름을 잊고 서로 사귀는 교제). *乾坤 : 하늘과 땅. 陽(양)과 陰(음). *長亭 : 길가에 있는 나그네를 위한 큰 旅亭(여정, 酒幕주막). 먼 길을 떠나는 사람을 전송하는 곳. 작은 주막은 短亭(단정)이라 하는데 5리에 단정, 10리에 장정 하나를 둔다고 함. *高舂 : 오후 네 시 무렵. 저녁 준비를 위해 방아를 찧는 때라는 뜻임.<淮南子> *空濛 : 흐릿한 모양. 이슬비가 뽀얗게 내리는 모양. 안개가 자욱하게 낀 모양. *幽人 : 세상의 어지러움을 피해 그윽한 곳에 숨어 사는 사람. *氣味 : 마음과 취미. 기분. 멋. *千鍾 : 많은 양. 가장 높은 관직의 祿俸(녹봉). 千鍾祿. 鍾은 '말[斗두]의 단위. 1종은 8~10 斛(곡)이며, 1곡은 열 말 곧 한 섬'임.

[鑑賞] 첫 수는 '차도 팔고 술도 파는 주막에서 술에 취해, 체면이나 염치 같은 것을 모두 벗어버리고 마당의 평상에 누워 노곤한 봄 낮잠을 즐기니, 바람 솔솔 불어 잠이 깨고 하늘과 땅이 떠나야 할 이 주막 같은 덧없는 것이라' 했는데, 李白(이백)도 "천지는 만물의 숙소요, 일월 곧 세월은 그 천지 사이를 지나는 영원한 나그네라." 했고<春夜宴桃李園序>, 晉(진)의 劉伶(유령)도 "幕天席地 縱意所如(하늘을 지붕 삼고 땅을 자리 삼아, 마음 가는 대로 자유분방하노라)"<酒德頌>라 했으니, 모두 삼라만상의 무상을 표현했다 하리라. 둘째 수는 '저녁 밥 준비하는 시간에 잠이 깨니 청산이 흐릿하게 바라보인다. 세상을 피해 사는 사람이 이 봄 낮잠을 즐기는 일이 벼슬아치의 많은 녹봉보다 낫다는 것을 그 누가 알리오'라 했으니 자유인의 고고한 삶이다.

7언절구 두 수. 압운은 첫 수가 形, 醒, 亭자로 평성 '靑(청)' 평운이고, 둘째 수는 舂, 峰, 鍾 자로 역시 평성 '冬(동)' 평운이다. 평측은 차례로 '平平仄仄仄平平, 仄仄平平仄仄平, 仄仄仄平平仄仄, 平平平仄仄平平 ; 平平仄仄仄平平, 仄仄平平仄仄平, 平仄平平平仄仄, 仄平平仄仄平平'으로 이사부동이륙대와 반법, 점법 등이 잘 이루어지고, 평측 배열도 짝을 잘 이루어 내용과 함께 형식도 잘 갖추어진 名作(명작)이다.

346-2 冬日途中(동일도중) 겨울날 길을 가며

凌晨獨出洛州城 幾許長亭與短亭 跨馬行衝微雪白 舉鞭吟數亂峰靑
天邊日落歸心促 野外風寒醉面醒 寂寞孤村投宿處 人家門戶早常扃.

<small>(능신독출낙주성 기허장정여단정 과마행충미설백 거편음수난봉청</small>

<small>천변일락귀심촉 야외풍한취면성 적막고촌투숙처 인가문호조상경)</small>

새벽 일찍 홀로 서울의 성을 나와, 크고 작은 주막 몇 곳이나 지났는가.
말은 가랑눈 하얗게 덮인 길을 밟으며 가고,
나는 채찍 들어 푸른 봉우리들을 세며 가노라.
하늘 저쪽에 해 지니 돌아갈 마음 서둘러지고, 들판의 찬 바람에 취한 얼굴 깨는구나.
적막한 외딴 마을에서 하룻밤 묵으려 하니,
집집마다 대문 빗장 일찍이도 잠가 버렸네.

[語句] *途中 : 길을 가고 있는 동안. *凌晨 : 혹독한 새벽. 새벽을 지남. '이른 새벽'임. *洛州 : 서울. '당 나라 수도 洛陽(낙양) 같은 서울 곧 개성'임. *幾許 : 얼마. *長亭, 短亭 : 주막. →앞 시. *跨馬 : 타고 가는 말. *行衝 : 가며 부딪침. 밟으며 감. *微雪 : 가랑눈. *亂峰 : 어지럽게 늘어선 봉우리. 많은 산봉우리. *天邊 : 하늘 가. 하늘 저쪽. *歸心 : 고향으로 돌아가고 싶은 마음. *孤村 : 외진 마을. *投宿 : 숙소에 머무름. 주막이나 여관에서 잠. *扃 : 빗장.

[鑑賞] 겨울 새벽에 홀로 서울 성곽을 나와 긴 여행길에 오른 일을 읊었는데, 쓸쓸한 느낌을 준다. 首聯(수련 1~2구)은 새벽에 혼자 길을 떠나 많은 주막을 지났다 했고, 頷聯(함련 3~4구)은 눈발이 날려 하얀 길을 말은 그 눈을 밟으며 가고, 나는 수없이 펼쳐지는 푸른 산봉우리들을 시를 읊듯 세면서 간다 하여 對句(대구)가 되었다. 頸聯(경련 5~6구)은 서산으로 해는 지니 빨리 가야겠다는 조바심이 일고, 들판의 찬 바람으로 주막에서 요기한 술기운이 깬다 하여 역시 대구가 되었다. 尾聯(미련 7~8구)은 하루의 나그넷길이 끝나 호젓한 마을에 당도하여 하룻밤 자고 갈 집을 물색하니, 모두 대문을 닫아걸어 얻기 어려움으로 마무리했다.

7言律詩(7언율시). 압운은 城, 亭, 靑, 醒, 扃 자로 城은 평성 '庚(경)' 운, 나머지는 평성 '靑' 평운으로 두 운은 通韻(통운)이 된다. 평측은 차례로 '平平仄仄仄平平, 仄仄平平仄仄平, 仄仄平平平仄仄, 仄平平仄仄平平, 平平仄仄平平仄, 仄仄平平仄仄平, 仄仄平平平仄仄, 平平平仄仄平平'으로 二四不同二六對(이사부동이륙대)와 反法(반법), 粘法(점법) 등이 잘 이루어진 작품이다.

346-3 暮春聞鶯(모춘문앵) 늦봄에 꾀꼬리 울음소리를 듣다

田家甚熟麥將稠 綠樹時聞黃栗留 似識洛陽花下客 慇懃百囀未能休.

(전가심숙맥장조 녹수시문황률류 사식낙양화하객 은근백전미능휴)

시골집에 오디 익고 보리도 익어 가는데, 푸른 나무숲에서 때때로 들려오는 꾀꼬리 소리.

꽃 아래서 풍류놀이 즐기는 서울 손님임을 안다는 듯,

은근하게 꾀꼴대어 쉬지 않는구나.

[語句] *暮春 : 늦은 봄. 晚春(만춘). 殘春(잔춘). *葚 : 오디. 뽕나무의 열매. 桑實(상실). *稠 : 빽빽하다. 많다. 진하다. *黃栗 : 누런 밤송이. '꾀꼬리'를 비유해 쓴 말임. *花下客 : 봄철에 꽃구경을 하며 꽃나무 아래에서 즐기는 사람. *囀 : 새 지저귀다. *未能 : ~하지 않음.

[鑑賞] 산뜻하여 당 나라 시인들의 시를 연상하게 하는 작품이다. 오디도 익어 따 먹을 만하고 보리도 누렇게 익어가는 늦봄이다. 노란 꾀꼬리는 녹음 속에 숨어 꾀꼴꾀꼴 하고 운다. 마치 '당신은 서울에서 武臣(무신)들에게 쫓겨 이 농촌으로 숨어든 풍류 선비가 아니오?' 하는 듯 울기를 그치지 않으니, 그놈이 내 심정을 아는지 모르는지 한편으로는 야속하고 또 한편으로는 정겹다.

7言絕句(7언절구). 압운은 稠, 留, 休 자로 평성 '尤(우)' 평운이다. 평측은 차례로 '平平仄仄仄平平, 仄仄平平平仄平, 仄仄仄平平仄仄, 平平仄仄仄平平'으로 이사부동이륙대와 반법, 점법 등이 다 잘 이루어졌다.

346-4 與李眉叟會湛之家(여이미수회담지가) 이미수와 함께 담지의 집에 모이다

久因流落去長安 空學南音戴楚冠 歲月屢驚羊胛熟 風騷重會鶴天寒

十年計活挑燈話 半世功名抱鏡看 自笑老來追後輩 文思宦意一時闌.

(구인유락거장안 공학남음대초관 세월누경양갑숙 풍소중회학천한

십년계활도등화 반세공명포경간 자소노래추후배 문사환의일시란)

오래도록 떠도느라 서울을 떠나, 헛되이 남방 가락 배우느라 초 나라 관을 쓰듯 했네.

세월은 양의 어깻살 익을 동안만큼이나 빨라 자주 놀라고,

시 짓고 풍류놀이로 또 모이니 학이 나는 하늘 싸늘하구나.

10년을 살아온 일 등불 심지 돋우며 이야기하고,

반세상 공명 거울 당겨 들여다보며 헛되이 보내고 말았구나.

늙어 후배를 따르는 일 스스로 우습나니,

글 할 생각과 벼슬살이 뜻 한꺼번에 없어졌네.

[語句] *李眉叟 : 고려 명종 때 학자 李仁老(이인로 1152~1220)의 字(자). →287. *湛之 : 고려 명종 때의 학자 李湛之(이담지 ?). 이인로, 吳世才(오세재), 임춘, 趙通(조통), 皇甫抗(황보항), 咸淳(함순) 등과 함께 江左七賢(강좌7현)이라 불리웠음. 강좌칠현은 '고려 후기의 일곱 선비'로 이들은 서로 의를 맺어 忘年之友(망년지우)를 삼고 시와 술을 즐겨 중국 晉(진)의 죽림7현에 비했고, 우리나라 淸談(청담)의 풍조가 이로부터 성해졌음. *流落 : 떠돌아다님. *南音 : 남국 사람의 말이나 음악. *楚冠 : 중국 양자강 남쪽 楚(초) 지방의 관. 南冠(남관). 초 나라 鍾儀(종의)가 남관을 쓰고 포로가 되어 晉侯(진후) 앞에서 초의 가락 곧 南音으로 거문고를 탄 고사<左傳 成公7年>가 있어서 '고국에 대한 정이 도타운 포로'를 뜻하는 말로 씀. *羊胛熟 : 양의 어깻살이 익음. 아주 짧은 동안. 북극 지방은 낮이 길고 밤이 짧아 해가 진 뒤 양갑을 삶아 익을 동안 벌써 동쪽이 훤해진다고 함. *風騷 : 詩經(시경)의 國風(국풍)과 楚辭(초사)의 離騷(이소). 곧 시와 운문 또는 풍류. *計活 : 살아갈 계책. 生計(생계). 活計. *挑燈 : 등잔의 심지를 돋움. 등잔불을 밝게 함. *半世 : 반세상. 일생 동안의 절반. *功名 : 공을 세운 명예. 공을 세워 이름을 떨침. *鏡看 : 거울을 봄. '공명이 언제 이를는지 모르고 늙어감'임. 動業頻看鏡(공훈이나 업적을 이룰 수 있나 없나를 스스로 보려고 자주 거울을 들여다보네)<杜甫 江上> *文思 : ①글을 지으려는 생각. 글 할 생각. ②학문과 교양이 있고 생각이 깊음. ③문장의 구상. *宦意 : 벼슬 하려는 뜻. 宦情(환정). *闌 : 다하다. 드물다. 늦다.

[鑑賞] 강좌 7현들이 이담지의 집에 모여 시와 술을 곁들인 청담을 주고받을 때 지은 시. 정중부의 난으로 문인들이 화를 입을 때 지은이는 다행히 이를 피해 嶺湖南(영호남) 지방에 숨어 들어 죽음을 면했으리라. 그러니 10년간 남쪽 사투리에 접했다 했다. 頷聯(함련) 곧 承聯(승련)과 頸聯(경련) 곧 轉聯(전련)은 각각 對句(대구)가 잘 이루어졌으니 이는 작시법의 규칙인 것이다. 함련은 세월이 빠름과 추운 때 우리 다시 모였다 했고, 경련은 지난 10년 동안의 살아 온 일을 심지 돋우며 이야기하고 한 세상 공명을 이루기는 이제 틀려 버렸다고 한탄했다. 이제는 후배들에게 영광의 자리를 내어 주어야 하니, 글로써 이름을 내고 벼슬살이 하려던 꿈은 깨어져버렸다고 맺었다. 사실 지은이의 백부인 임종비 文人(문인)은 집안 자질들에게 "우리가 閥族(벌족)의 반열에 들지 못하니, 글로 이름을 내는 길밖에 없느니라." 하고 말했다는 것이다. 지은이는 비록 벼슬은 못 했어도 문장으로 이름을 드날렸으니 백부의 가르침을 잘 실천했다 하리라. 임종비는 아우가 翰林(한림)이 됨을 기뻐해 시를 지어 주었고 아우도 그 시에 화답한 시가 '東文選(동문선)'에 실려 있다.

7언율시. 압운은 安, 冠, 寒, 看, 闌 자로 평성 '寒' 평운이다. 평측은 차례로 '仄平平仄仄

平平, 平仄平平仄仄平, 仄仄仄平平仄仄, 平平平仄仄平平, 仄平仄仄平平仄, 仄仄平平仄仄平, 仄仄仄平平仄仄, 平平仄仄仄平平'으로 二四不同二六對(이사부동이륙대)와 反法, 粘法(점법) 등이 모두 이루어진 좋은 작품이다.

詩 題 索 引 (시제 색인)

(시 제목, 지은이, 수록 페이지 순이며 *표는 중국 작자의 작품임)

한시 작가·작품 사전 (상)

편저자 소개

전관수
- 아호 衆山(중산). '33년 경북 울진 생
- 주소 서울 강북구 수유6동 532-112(능안3길 14-1)
- 전화 (02)993-9965 010-5578-9965
- 울진농고(축산과), 서울대 사범대 교육학과 졸업
  고려대학교 교육대학원 교육학석사
- 경기·서울 중등교사·교감, 문교부 교육연구사(장학사), 전 한국한시
  협회 회원 역임
- 저서 : 한시 감상과 작법의 기초('95)
  - 국역 척주한시집('97)
  - 문집 수유송('02)
  - 한시어사전('02)

― 漢詩 810人選 ―

漢詩 作家·作品 事典 (上)

인쇄일 초판1쇄 2007년 11월 1일 / **발행일** 초판1쇄 2007년 11월 15일
지은이 전관수 / **발행인** 정구형 / **발행처** 국학자료원 / **등록일** 제324-2006-0041호
편집 이초희, 박지혜, 김나경 / **영업** 정찬용
총무 박지연, 한미애 / **물류** 김종효, 박홍주

서울시 강동구 성내1동 447-11 현영B/D 2층 / Tel : 442-4623~4 Fax : 442-4625
www.kookhak.co.kr / E-mail : kookhak2001@hanmail.net
ISBN 978-89-6137-267-1 *94080 / **가 격** 100,000원
ISBN 978-89-6137-266-4 *94080[set]

저자와의 협의하에 인지는 생략합니다.